MultiMath.blu 2

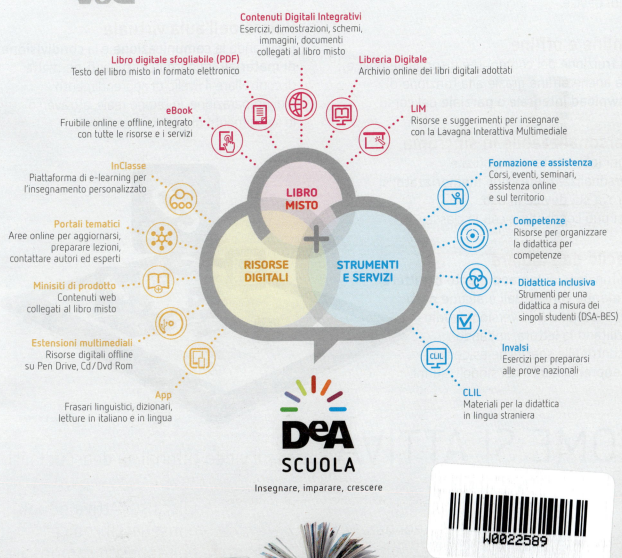

eBook. Cos'è

La versione digitale amplifica la proposta formativa del corso, grazie a una serie di rimandi che portano dal testo a risorse multimediali interattive fruibili online e offline.

Multidevice
Utilizzabile ovunque, su **tutti i tipi di dispositivo**: PC/Mac, netbook, tablet, LIM, con **impaginazione ottimizzata** per la lettura su ogni device.

Online e offline
La fruizione dei contenuti è disponibile online, ma anche offline grazie alla funzione di **download integrale** o **parziale** del corso.

Personalizzabile in sincronia
Ogni **intervento** di modifica e personalizzazione viene **memorizzato**, si ritrova **sui device in uso** e si può condividere con la classe.

Facile da studiare
La funzione di **ingrandimento carattere**, le **mappe concettuali** e **alcune parti del testo** anche in versione **audio** facilitano la lettura, andando incontro alle specifiche esigenze di apprendimento dei singoli alunni.

Semplice da usare
Intuitivo e immediato, consente di **consultare**, **organizzare** e **condividere** contenuti e risorse digitali con facilità.

Fulcro dell'aula virtuale
Facilitando la **comunicazione** e la **condivisione di materiali** fra docenti e studenti, permette di controllare il livello di apprendimento e di preparazione, in tempo reale, attraverso lo svolgimento di esercizi interattivi.

COME SI ATTIVA (guarda il video tutorial su deascuola.it)

1 Vai su deascuola.it, registrati o accedi per attivare il tuo eBook

2 Clicca su "Attiva eBook" e inserisci il codice* nell'apposito campo

* Trovi il tuo codice sulla seconda di copertina del libro o puoi acquistarlo su deascuola.it

eBook. Come si usa

L'eBook, una volta attivato, si può leggere, consultare e personalizzare utilizzando l'App di lettura bSmart, che mette a disposizione un kit di funzioni tecnologicamente avanzate.

L'App di lettura bSmart, fruibile online o installata sul tuo device, ti mostrerà una scrivania comprensiva di:

❶ **Libreria Digitale:** qui potrai conservare i tuoi corsi e scegliere se **consultarli online o scaricarli**, anche un capitolo alla volta, e usarli senza connetterti

❷ **Classi:** qui potrai entrare a far parte di una **classe virtuale** e tenerti in contatto con compagni e docenti anche oltre l'orario di lezione.

L'App di lettura bSmart, inoltre, ti permette di usare l'eBook come un quaderno, grazie a queste barre degli strumenti di **personalizzazione**:

consente di **preparare la lezione** ritagliando parti di testo e/o immagini e creando **mappe concettuali** interattive

consente di **evidenziare**, aggiungere **note testuali** e inserire forme e/o frecce utili a dare rilievo a concetti e nozioni particolarmente significativi di una pagina

consente di rendere l'eBook ancora più tuo grazie all'inserimento di **link a siti esterni** e di altri contenuti: dal semplice testo alla foto fino ai video.

L'eBook, completando e integrando sul digitale il libro di testo, diventerà per te uno strumento più stimolante e coinvolgente di studio, approfondimento ed esercitazione interattiva.

3 Inserito il codice, vai su bSmart.it, registrati o accedi per iniziare a usare il tuo eBook

4 Consulta l'eBook online nella tua Libreria Digitale o scarica l'App di lettura offline sui tuoi device**

** Da **bSmart.it** per PC/Mac - Da **iTunes** per iPad - Da **Google Play** per Android.

internet: deascuola.it
e-mail: info@deascuola.it

Redattore responsabile: Stefano Parravicini
Tecnico responsabile: Gianluigi Ronchetti
Redazione: Valentina Abate; Edistudio, Milano
Redattore multimediale: Rachele Ambrosetti
Impaginazione: La Pulce, Vigevano (PV)
Progetto grafico: Carlo Cibrario-Sent
Copertina: Simona Corniola

Art Director: Nadia Maestri

L'opera è stata realizzata con la collaborazione del prof. Davide Schiasaro.

L'Editore ringrazia la prof.ssa Nella Dodero per i materiali di cui ha concesso gentilmente l'uso.
L'Editore ringrazia la prof.ssa Antonina Latini per gli esercizi di cui ha concesso gentilmente l'uso.

Contributi:
problemi di apertura: prof. Carlo Bertoni (capitoli 1, 2, 5, 6, 7, 8, 9, 10, 13, 14, 15), dott.ssa Valentina Abate (capitolo 3), prof. Marco Ferrara (capitolo 4)
esercizi: prof.ssa Alessandra Brena, prof. Davide Schiasaro, prof. Vittorio Riezzo, prof.ssa Gioia Setti
esercizi della rubrica "Verso le competenze": prof.ssa Alessandra Brena
lezioni interattive "SpiegaMatica": prof. Domenico Ciceri
schede "English for Maths": dott. Anteo D'Angiò, prof. Davide Schiasaro
indice analitico: dott. Anteo D'Angiò (stesura), dott.ssa Anna Aiello (revisione)
revisione scientifica: prof.ssa Federica Pizzetti, dott.ssa Valentina Abate, prof.ssa Alessandra Brena, prof.ssa Gioia Setti, dott.ssa Francesca Piardi
revisione delle schede "Laboratorio di matematica": dott. Alessandro Cattaneo, dott.ssa Simona Riva
correzione degli esercizi: dott.ssa Valentina Abate, ing. Claudio Corradi, dott. Lorenzo Dusty Costa, prof. Vittorio Riezzo

L'editore ringrazia per la consulenza didattica: prof. Marcello Bonomo, prof.ssa Anna Langellotti, prof.ssa Marina Leonoris, prof. Massimiliano Maurizio, prof.ssa Adriana Minocci, prof. Donato Paciello, prof.ssa Angelina Pizzarelli, prof.ssa Silvia Savioli, prof. Antonio Spagnolo

Excel è un marchio depositato di Microsoft Corporation.
Attività interattive e laboratori realizzati con il software GeoGebra (www.geogebra.org).
Videolezioni a cura di Lezionidimate.

Proprietà letteraria riservata
© 2014 De Agostini Scuola SpA – Novara
1ª edizione: Gennaio 2014
Printed in Italy

Le fotografie di questo volume sono state fornite da:
iStockphoto, Photos, Shutterstock

L'Editore dichiara la propria disponibilità a regolarizzare eventuali omissioni o errori di attribuzione.
Nel rispetto del DL 74/92 sulla trasparenza nella pubblicità, le immagini escludono ogni e qualsiasi possibile intenzione o effetto promozionale verso i lettori.
Tutti i diritti riservati. Nessuna parte del materiale protetto da questo copyright potrà essere riprodotta in alcuna forma senza l'autorizzazione scritta dell'Editore.

Fotocopie per uso personale del lettore possono essere effettuate nei limiti del 15% di ciascun volume dietro pagamento alla SIAE del compenso previsto dall'art. 68, commi 4 e 5, della legge 22 aprile 1941 n. 633. Le fotocopie effettuate per finalità di carattere professionale, economico o commerciale o comunque per uso diverso da quello personale possono essere effettuate a seguito di specifica autorizzazione rilasciata da CLEARedi, Centro Licenze e Autorizzazioni per le Riproduzioni Editoriali, Corso di Porta Romana, 108 – 20122 Milano – e-mail: autorizzazioni@clearedi.org e sito web www.clearedi.org.

Eventuali segnalazioni di errori, refusi, richieste di chiarimento sul funzionamento dei supporti multimediali del corso o spiegazioni sulle scelte operate dagli autori e dalla Casa Editrice possono essere inviate all'indirizzo di posta elettronica info@deascuola.it.

Stampa: L.E.G.O. S.p.A. - Stabilimento di Lavis (TN)

Ristampa	1	2	3	4	5	6	7	8	9	10	11
Anno		2015		2016		2017		2018		2019	

Indice

Retta nel piano cartesiano e sistemi lineari

Il piano cartesiano e la retta

▶ **Il piano cartesiano** 4
1. Coordinate cartesiane **4** • 2. Distanza tra due punti **6** • 3. Punto medio di un segmento **8**

▶ **Retta passante per l'origine** 9
4. Equazione di una retta passante per l'origine **9** • 5. Considerazioni sul coefficiente angolare **10** • 6. Bisettrici dei quadranti **12** • 7. Forma esplicita e forma implicita dell'equazione di una retta passante per l'origine **12**

▶ **Retta in posizione generica** 13
8. Equazione in forma esplicita **13** • 9. Coefficiente angolare della retta passante per due punti **15** • 10. Forma esplicita e forma implicita dell'equazione di una retta **17** • 11. Rette parallele **19** • 12. Punto di intersezione di due rette **20** • 13. Rette perpendicolari **20** • 14. Retta passante per un punto dato e con un assegnato coefficiente angolare **22** • 15. Retta passante per due punti dati **23** • 16. Distanza di un punto da una retta **24**

▶ **Funzioni lineari a tratti** 24
17. Esempi grafici **24**

■ **Teoria.zip** 29

■ **Esercizi** 32

Autovalutazione 64 • **Esercizi per il recupero** 65 • **Esercizi di approfondimento** 68 • **Verso la Prova Invalsi** 70

Sistemi lineari

▶ **Generalità sui sistemi** 72
1. Equazioni in due incognite **72** • 2. Sistemi di equazioni **74**

▶ **Interpretazione grafica di un sistema lineare di due equazioni in due incognite** 77
3. Rappresentazione dell'insieme delle soluzioni **77** • 4. Relazione tra i coefficienti di un sistema determinato, impossibile, indeterminato **78**

▶ **Risoluzione algebrica di un sistema lineare di due equazioni in due incognite** 81
5. Il metodo di sostituzione **81** • 6. Il metodo di confronto **82** • 7. Il metodo di eliminazione o riduzione **83** • 8. Sistemi impossibili e sistemi indeterminati **85** • 9. La regola di Cramer **86**

▶ **Sistemi lineari di tre equazioni in tre incognite** 89
10. Equazioni in tre incognite **89** • 11. Sistemi in tre incognite **89** • 12. Il metodo di sostituzione **90** • 13. Il metodo di eliminazione **90**

■ **Teoria.zip** 93

■ **Esercizi** 96

Autovalutazione 136 • **Esercizi per il recupero** 137 • **Esercizi di approfondimento** 142 • **Verso la Prova Invalsi** 143

■ **VERSO LE COMPETENZE** 144
■ **LABORATORIO DI MATEMATICA** 146
■ **ENGLISH FOR MATHS** 148

INDICE

Radicali in ℝ

Radicali in ℝ

▶ **Radicali di indice n** 152
  1. Introduzione **152** • 2. Radicali di indice pari **153** • 3. Radicali di indice dispari **156** • 4. Indice pari, indice dispari: considerazioni conclusive **158** • 5. Condizioni di esistenza di un radicale e di espressioni letterali irrazionali **158** • 6. Prima proprietà fondamentale dei radicali **159** • 7. Seconda proprietà fondamentale dei radicali **160** • 8. Addizione algebrica di radicali **161**

▶ **Proprietà invariantiva e sue applicazioni** 162
  9. Proprietà invariantiva **162** • 10. Semplificazione di radicali **163** • 11. Riduzione di radicali allo stesso indice **164** • 12. Confronto di radicali **165**

▶ **Moltiplicazione e divisione di radicali** 166
  13. Prodotto di radicali con lo stesso indice **166** • 14. Quoziente di radicali con lo stesso indice **168** • 15. Prodotto e quoziente di radicali con indici diversi **169**

▶ **Trasporto di un fattore fuori e dentro il simbolo di radice** 169
  16. Trasporto di un fattore fuori dal simbolo di radice **169** • 17. Trasporto di un fattore dentro il simbolo di radice **172**

▶ **Potenza e radice di un radicale** 172
  18. Potenza di un radicale **172** • 19. Radice di un radicale **173**

▶ **Razionalizzazione e radicali doppi** 174
  20. Razionalizzazione del denominatore di una frazione **174** • 21. Radicali quadratici doppi **176**

▶ **Potenze con esponente reale** 177
  22. Potenze con esponente razionale **177** • 23. Potenze con esponente irrazionale **179**

■ **Teoria.zip** 181

■ **Esercizi** 185
  Autovalutazione **227** • Esercizi per il recupero **228** • Esercizi di approfondimento **231**

■ VERSO LE COMPETENZE 233
■ LABORATORIO DI MATEMATICA 235
■ ENGLISH FOR MATHS 237

L'algebra di secondo grado e complementi

Equazioni di secondo grado e di grado superiore

▶ **Equazioni di secondo grado** 242
  1. Generalità e classificazione **242**

▶ **Risoluzione delle equazioni di secondo grado** 243
  2. Equazioni monomie **243** • 3. Equazioni pure **244** • 4. Equazioni spurie **245** • 5. Equazioni complete **245** • 6. Formula ridotta **249**

▶ **Relazioni tra radici e coefficienti** 250
  7. Somma e prodotto delle radici **250** • 8. Scomposizione del trinomio di secondo grado **252** • 9. Regola di Cartesio **254** • 10. Equazioni parametriche **256**

▶ **La parabola e le equazioni di secondo grado** 256
  11. Il grafico della funzione quadratica: la parabola **256** • 12. Equazioni di secondo grado e parabole **259**

▶ **Equazioni di grado superiore al secondo** 260

L'algebra di secondo grado e complementi

13. Equazioni binomie 260 • 14. Equazioni trinomie 261 • 15. Equazioni risolubili mediante scomposizioni in fattori e legge di annullamento del prodotto 264 • 16. Equazioni reciproche 266

■ **Teoria.zip** 270

■ **Esercizi** 274

Autovalutazione 338 • **Esercizi per il recupero** 339 • **Esercizi di approfondimento** 342 • **Verso la Prova Invalsi** 344

Disequazioni di secondo grado e di grado superiore

▶ Disequazioni di secondo grado 346
1. Risoluzione grafica 346 • 2. Schema generale per la risoluzione grafica 349

▶ Segno del trinomio di secondo grado 353
3. Studio del segno per via grafica 353 • 4. Studio del segno per via algebrica 355

▶ Disequazioni binomie e trinomie 356
5. Disequazioni binomie 356 • 6. Disequazioni trinomie 359

■ **Teoria.zip** 362

■ **Esercizi** 364

Autovalutazione 395 • **Esercizi per il recupero** 396 • **Esercizi di approfondimento** 400 • **Verso la Prova Invalsi** 402

Sistemi di secondo grado e di grado superiore

▶ Sistemi di secondo grado 404
1. Risoluzione di sistemi di due equazioni in due incognite 404 • 2. I sistemi di secondo grado e le coniche 405 • 3. Sistemi di tre equazioni in tre incognite 407

▶ Sistemi simmetrici 407
4. Equazioni simmetriche e sistemi simmetrici 407 • 5. Risoluzione dei sistemi simmetrici 408

▶ Sistemi omogenei 409

■ **Teoria.zip** 412

■ **Esercizi** 413

Autovalutazione 436 • **Esercizi per il recupero** 437 • **Esercizi di approfondimento** 439 • **Verso la Prova Invalsi** 439

Equazioni e disequazioni irrazionali

▶ Le equazioni irrazionali 442
1. Definizione e richiami 442

▶ Equazioni contenenti radicali quadratici 443
2. Eliminazione dei radicali 443 • 3. Considerazioni sull'elevamento al quadrato dei due membri di un'equazione 444 • 4. Risoluzione con verifica delle soluzioni: primo metodo 445 • 5. Risoluzione con le condizioni di accettabilità: secondo metodo 448 • 6. Risoluzione dell'equazione $\sqrt{f(x)} = g(x)$ 450

▶ Equazioni con radicali cubici o di indice n 451
7. Risoluzione di un'equazione contenente solo radicali cubici 451 • 8. Risoluzione di un'equazione contenente radicali di indice n 452

L'algebra di secondo grado e complementi

- ▶ **Disequazioni irrazionali** 453
  9. Nozioni fondamentali **453** • 10. Disequazioni del tipo $\sqrt{f(x)} \gtreqless g(x)$ **455**

- ■ **Teoria.zip** 459

- ■ **Esercizi** 460
  Autovalutazione **477** • Esercizi per il recupero **478** • Esercizi di approfondimento **479**

Trasformazioni geometriche nel piano cartesiano

- ▶ **Concetti fondamentali** 482
- ▶ **Simmetrie centrali** 482
  1. Simmetria rispetto a un punto **482**
- ▶ **Simmetrie assiali** 483
  2. Simmetria rispetto a una parallela a un asse cartesiano **483** • 3. Simmetrie rispetto alle bisettrici dei quadranti **484**
- ▶ **Traslazioni** 485
  4. Equazioni della traslazione **485**
- ▶ **Rotazioni** 485
  5. Rotazioni attorno all'origine **485**
- ▶ **Dilatazioni e omotetie** 486
  6. Dilatazioni **486** • 7. Omotetie **487**
- ▶ **Composizione di trasformazioni** 488
  8. Trasformazione composta **488**

- ■ **Teoria.zip** 491

- ■ **Esercizi** 493
  Autovalutazione **509** • Esercizi per il recupero **510** • Esercizi di approfondimento **512** • Verso la Prova Invalsi **514**

- ■ **VERSO LE COMPETENZE** 516
- ■ **LABORATORIO DI MATEMATICA** 520
- ■ **ENGLISH FOR MATHS** 521

Dati e revisioni

Calcolo delle probabilità

- ▶ **Concetti fondamentali** 526
  1. Introduzione **526** • 2. Definizioni **526** • 3. Evento elementare, evento certo, evento impossibile, evento aleatorio **527** • 4. Eventi unici ed eventi ripetibili. Frequenza **528**

- ▶ **Eventi e probabilità** 529
  5. Definizione di probabilità **529** • 6. Probabilità e frequenza **531** • 7. Operazioni con gli eventi **532**

- ▶ **Teoremi sulla probabilità** 534
  8. Probabilità totale **534** • 9. Probabilità contraria **537** • 10. Probabilità condizionata **538** • 11. Eventi dipendenti, eventi indipendenti **540** • 12. Probabilità composta **542** • 13. Applicazione dei teoremi sulla probabilità **543**

- ■ **Teoria.zip** 548

Dati e revisioni

■ **Esercizi** 549

Autovalutazione 563 • Esercizi per il recupero 564 • Esercizi di approfondimento 564 • Verso la Prova Invalsi 565

■ **VERSO LE COMPETENZE** 567
■ **LABORATORIO DI MATEMATICA** 568
■ **ENGLISH FOR MATHS** 570

Geometria nel piano euclideo

Luoghi geometrici, circonferenza. Poligoni inscritti e circoscritti

10

▶ **Luoghi geometrici** 574
  1. Definizione di luogo geometrico 574 • 2. Asse di un segmento 574 • 3. Bisettrice di un angolo 575

▶ **Definizioni e proprietà della circonferenza e del cerchio** 576
  4. Circonferenza e cerchio 576 • 5. Parti della circonferenza e del cerchio 579 • 6. Confronto, somma, differenza di archi 581 • 7. Proprietà delle corde 582

▶ **Posizioni reciproche di rette e circonferenze** 586
  8. Posizioni reciproche di una retta e di una circonferenza 586 • 9. Rette tangenti a una circonferenza 588 • 10. Posizioni reciproche di due circonferenze 589

▶ **Angoli alla circonferenza** 590
  11. Definizioni e proprietà 590 • 12. Costruzioni con riga e compasso 594

▶ **Punti notevoli di un triangolo** 595
  13. Circocentro 595 • 14. Ortocentro 595 • 15. Incentro 596 • 16. Excentro 597 • 17. Baricentro 598

▶ **Poligoni inscritti e circoscritti** 599
  18. Definizioni e proprietà generali 599 • 19. Triangoli inscritti e circoscritti 600 • 20. Quadrilateri inscritti e circoscritti 601

▶ **Poligoni regolari** 602
  21. Definizione di poligono regolare 602 • 22. Proprietà dei poligoni regolari 602

■ **Teoria.zip** 606

■ **Esercizi** 610

Esercizi per il recupero 630 • Esercizi di approfondimento 632 • Verso la Prova Invalsi 634

Equivalenza delle superfici piane

11

▶ **Equivalenza ed equiscomponibilità** 636
  1. Area di una superficie 636 • 2. Somma, differenza e confronto di superfici 637 • 3. Figure equiscomponibili 639

▶ **Poligoni equivalenti** 640
  4. Teoremi di equivalenza 640 • 5. Trasformazione di poligoni 644 • 6. Misure delle aree di poligoni 646

▶ **Teoremi di Euclide e di Pitagora** 648
  7. Primo teorema di Euclide 648 • 8. Teorema di Pitagora 649 • 9. Secondo teorema di Euclide 650

Geometria nel piano euclideo

▶ **Lunghezza della circonferenza e area del cerchio** 652
   10. Misura della lunghezza della circonferenza 652 • 11. Misura dell'area del cerchio 654

■ **Teoria.zip** 657

■ **Esercizi** 660

   Esercizi per il recupero 672 • **Esercizi di approfondimento** 673 • **Verso la Prova Invalsi** 674

12 Grandezze geometriche. Teorema di Talete

▶ **Classi di grandezze** 676
   1. Classi di grandezze omogenee 676 • 2. Misura delle grandezze 677

▶ **Grandezze proporzionali** 684
   3. Rapporto di grandezze omogenee 684 • 4. Proporzioni tra grandezze 686 • 5. Grandezze direttamente proporzionali 688 • 6. Esempi di grandezze direttamente proporzionali 691 • 7. Rettangoli equivalenti e segmenti in proporzione 695 • 8. Grandezze inversamente proporzionali 697

▶ **Teorema di Talete e sue conseguenze** 698
   9. Teorema di Talete 698 • 10. Parallela a un lato di un triangolo 699 • 11. Costruzioni con riga e compasso 701 • 12. Teorema della bisettrice 702

■ **Teoria.zip** 705

■ **Esercizi** 709

   Esercizi per il recupero 722 • **Esercizi di approfondimento** 724 • **Verso la Prova Invalsi** 724

13 Similitudine e applicazioni

▶ **Similitudine dei triangoli** 726
   1. Introduzione intuitiva al concetto di similitudine 726 • 2. Triangoli simili 726 • 3. Criteri di similitudine dei triangoli 727 • 4. Proprietà dei triangoli simili 732

▶ **Teoremi di Euclide** 736
   5. Primo teorema di Euclide 736 • 6. Secondo teorema di Euclide 737

▶ **Corde, secanti e tangenti di una circonferenza** 739
   7. Teorema delle corde 739 • 8. Teorema delle secanti 740 • 9. Teorema della tangente e della secante 741

▶ **Similitudine dei poligoni** 742
   10. Poligoni simili 742 • 11. Proprietà dei poligoni simili 744 • 12. Perimetri e aree di poligoni regolari 746

▶ **Sezione aurea e rapporto aureo** 747
   13. Sezione aurea di un segmento 747 • 14. Costruzione della sezione aurea di un segmento 748 • 15. Il rapporto aureo nelle figure geometriche 749

■ **Teoria.zip** 752

■ **Esercizi** 754

   Esercizi per il recupero 776 • **Esercizi di approfondimento** 778 • **Verso la Prova Invalsi** 779

Geometria nel piano euclideo

Trasformazioni geometriche nel piano euclideo

14

▶ **Trasformazioni isometriche** 782
   1. Trasformazioni geometriche 782 • 2. Isometrie 784

▶ **Simmetrie** 786
   3. Simmetria centrale 786 • 4. Centro di simmetria di una figura 788 • 5. Simmetria assiale 789 • 6. Asse di simmetria di una figura 790 • 7. Assi e centri di simmetria di poligoni notevoli 791

▶ **Traslazione e rotazione** 793
   8. Vettori 793 • 9. Traslazione 794 • 10. Angoli orientati 795 • 11. Rotazione 796

▶ **Composizione di trasformazioni isometriche** 798
   12. Trasformazione composta 798 • 13. Composizione di isometrie 799

▶ **Trasformazioni non isometriche** 802
   14. Omotetia 802 • 15. Similitudine 804

▶ **Proprietà invarianti** 806
   16. Proprietà invarianti rispetto all'insieme delle similitudini 806 • 17. Proprietà invarianti rispetto all'insieme delle isometrie 807

■ **Teoria.zip** 809

■ **Esercizi** 812

   Esercizi per il recupero 828 • Esercizi di approfondimento 831 • Verso la Prova Invalsi 831

Applicazioni dell'algebra alla geometria

15

▶ **Problemi geometrici** 834
   1. Risoluzione algebrica dei problemi geometrici 834 • 2. Le fasi della risoluzione algebrica di un problema geometrico 834 • 3. Osservazioni sui poligoni inscritti 835 • 4. Esempi di risoluzione algebrica di problemi geometrici 835

▶ **Relazioni metriche tra gli elementi di figure notevoli** 838
   5. Triangoli 838 • 6. Raggi delle circonferenze circoscritta e inscritta a un triangolo 840 • 7. Trapezi circoscritti 841 • 8. Lati di poligoni regolari 843

■ **Teoria.zip** 846

■ **Esercizi** 848

   Esercizi per il recupero 863 • Esercizi di approfondimento 865 • Verso la Prova Invalsi 868

■ **VERSO LE COMPETENZE** 870
■ **LABORATORIO DI MATEMATICA** 874
■ **ENGLISH FOR MATHS** 876

Indice analitico 877

Matrici

Legenda delle icone relative ai contenuti digitali

- Argomenti aggiuntivi
- Approfondimenti
- Esempi aggiuntivi
- Dimostrazioni

- Videodimostrazioni
- Videolezioni

- SpiegaMatica
- Laboratorio di matematica

- File GeoGebra del "Laboratorio di matematica"

- Foglio elettronico del "Laboratorio di matematica"

- Audio della scheda "English for Maths"

- Esercizi svolti aggiuntivi
- Soluzioni

- Esercizi aggiuntivi interattivi

Simboli utilizzati nel corso

INSIEMI NUMERICI

$\mathbb{N}$	insieme dei numeri naturali, zero compreso
$\mathbb{N}^*$	insieme dei numeri naturali, zero escluso
$\mathbb{Z}$	insieme dei numeri interi relativi
$\mathbb{Q}$	insieme dei numeri razionali
$\mathbb{R}$	insieme dei numeri reali
$\mathbb{R}^+$	insieme dei numeri reali positivi
$\mathbb{R}^-$	insieme dei numeri reali negativi
$\mathbb{R}_0^+$	insieme dei numeri reali positivi e dello zero
$\mathbb{R}_0^-$	insieme dei numeri reali negativi e dello zero

INSIEMI

$\in$	appartiene
$\notin$	non appartiene
$\mid$	tale che
$\exists$	esiste
$\nexists$	non esiste
$\forall$	per ogni
$\emptyset$	insieme vuoto
$\subseteq$	è contenuto
$\subset$	è strettamente contenuto
$\cup$	unione
$\cap$	intersezione
$-$	differenza insiemistica
$(a\,;b)$	coppia ordinata
$\times$	prodotto cartesiano
$\overline{A}$	complementare dell'insieme A

LOGICA

$\overline{p}$	negazione della proposizione p
$\vee$	o, oppure
$\wedge$	e, contemporaneamente
$\rightarrow$	se..., allora... (implicazione)
$\leftrightarrow$	se e solo se (doppia implicazione)
$\Rightarrow$	deduzione logica
$\Leftrightarrow$	condizione necessaria e sufficiente

FUNZIONI

$f: A \rightarrow B$	funzione da A a B
f^{-1}	funzione inversa di f
$\circ$	simbolo di composizione di funzioni
$f \circ g$	funzione composta di f con g

ALGEBRA

$=$	uguale
$\neq$	diverso
$\simeq$	circa uguale
$<$	minore
$>$	maggiore
$\leq$	minore o uguale
$\geq$	maggiore o uguale
$\pm$	più o meno
$\lvert x \rvert$	valore assoluto di x
π	pi greco ($\simeq 3{,}14$)
∞	infinito

INTERVALLI LIMITATI

$[a\,;b]$	chiuso
$(a\,;b)$	aperto
$[a\,;b)$	chiuso a sinistra e aperto a destra
$(a\,;b]$	chiuso a destra e aperto a sinistra

INTERVALLI ILLIMITATI

$[a\,;+\infty)$	chiuso a sinistra, illimitato a destra
$(a\,;+\infty)$	aperto a sinistra, illimitato a destra
$(-\infty\,;a]$	chiuso a destra, illimitato a sinistra
$(-\infty\,;a)$	aperto a destra, illimitato a sinistra

GEOMETRIA

$\parallel$	parallelo
$\perp$	perpendicolare
$\equiv$	coincidente
$\cong$	congruente
$\doteq$	equivalente, equiesteso
$\sim$	simile
$\overline{AB}$	misura della lunghezza del segmento AB
$\vec{v}$	vettore

TRASFORMAZIONI

σ_x	simmetria rispetto all'asse x
σ_O	simmetria rispetto all'origine
σ_C	simmetria rispetto al punto C
σ_y	simmetria rispetto all'asse y
$\sigma_{y=x}$	simmetria rispetto alla bisettrice del 1°-3° quadrante
σ_r	simmetria rispetto alla retta r
$\tau(a\,;b)$	traslazione di vettore $\vec{v}(a\,;b)$
$\delta(h\,;k)$	dilatazione di coefficienti h e k
ω_k	omotetia di rapporto k
$\rho_{C,\alpha}$	rotazione di centro C e ampiezza α

TRIGONOMETRIA

rad	radianti
sen x	seno di x
cos x	coseno di x
tan x	tangente di x

DATI E PREVISIONI

M	media
M_A	media armonica
σ^2	varianza
σ	scarto quadratico medio o deviazione standard
$\overline{E}$	evento contrario dell'evento E
$p(E)$	probabilità dell'evento E
$p(A/B)$	probabilità dell'evento A condizionata all'evento B

RETTA NEL PIANO CARTESIANO E SISTEMI LINEARI

- **CAPITOLO 1**
  Il piano cartesiano e la retta
- **CAPITOLO 2**
  Sistemi lineari

- VERSO LE COMPETENZE
- LABORATORIO DI MATEMATICA
- ENGLISH FOR MATHS

OBIETTIVI

Conoscenze

- ▶ Punto medio di un segmento e distanza tra due punti nel piano cartesiano.
- ▶ Equazione della retta: forma esplicita e forma implicita; relazioni tra i coefficienti e la posizione nel piano cartesiano.
- ▶ Relazioni di parallelismo e di perpendicolarità tra rette.
- ▶ Formule fondamentali riguardanti l'equazione di una retta: retta passante per un punto e con un assegnato coefficiente angolare, coefficiente angolare ed equazione della retta passante per due punti, distanza tra un punto e una retta.
- ▶ Concetto di equazione in due incognite, insieme delle soluzioni e sua rappresentazione grafica nel piano cartesiano nel caso di equazione lineare.
- ▶ Sistemi lineari in due o tre incognite: sistemi determinati, indeterminati e impossibili; metodi risolutivi.

Abilità

- ▶ Calcolare la distanza tra due punti e le coordinate del punto medio di un segmento nel piano cartesiano.
- ▶ Rappresentare graficamente una retta di cui sia nota l'equazione e risolvere graficamente il problema dell'intersezione tra due rette di cui si conoscono le equazioni.
- ▶ Utilizzare le varie formule sull'equazione della retta per risolvere problemi.
- ▶ Utilizzare i vari metodi di risoluzione di un sistema lineare in due o tre incognite, riconoscendo quando il sistema è determinato, indeterminato o impossibile.
- ▶ Impostare e risolvere problemi con l'utilizzo di due o tre incognite.

COMPETENZE

- ▶ Utilizzare le tecniche e le procedure del calcolo aritmetico e algebrico, rappresentandole anche sotto forma grafica.
- ▶ Individuare le strategie appropriate per la soluzione di problemi.
- ▶ Analizzare dati e interpretarli sviluppando deduzioni e ragionamenti sugli stessi anche con l'ausilio di rappresentazioni grafiche, usando consapevolmente gli strumenti di calcolo e le potenzialità offerte da applicazioni specifiche di tipo informatico.

Capitolo 1

Il piano cartesiano e la retta

▶ Il piano cartesiano
▶ Retta passante per l'origine
▶ Retta in posizione generica
▶ Funzioni lineari a tratti

Qual è il prezzo giusto?

FIGURA 1

La Stereovision ha inventato e brevettato un nuovo tipo di schermo televisivo che permette la visualizzazione 3D senza occhialini.
La Stereovision è la prima azienda a entrare nel mercato con un prodotto di questo tipo. Grazie al brevetto, per ora non ha concorrenza e perciò ha ampia libertà nella scelta del prezzo. Quale prezzo le permette di realizzare il massimo profitto?
Se impone un prezzo alto guadagnerà molto per ogni pezzo, ma ne venderà pochi; se impone un prezzo basso ne venderà molti, ma ognuno darà un modesto margine di guadagno.

Come fa a stabilire a quale prezzo conviene vendere lo schermo?

Soluzione a pag. 27

Il piano cartesiano

1. Coordinate cartesiane

Sappiamo che è possibile stabilire una **corrispondenza biunivoca tra i numeri reali e i punti di una retta orientata**, sulla quale siano state fissate un'**origine** e un'**unità di misura delle lunghezze**. Si dice allora che sulla retta si è stabilito un **sistema di coordinate** e la retta è chiamata **asse reale**. Il numero reale associato al punto P della retta è la *coordinata ascissa* di P o, più semplicemente, l'**ascissa** di P (**FIGURA 2**).

> L'ascissa di P si indica con x_P.

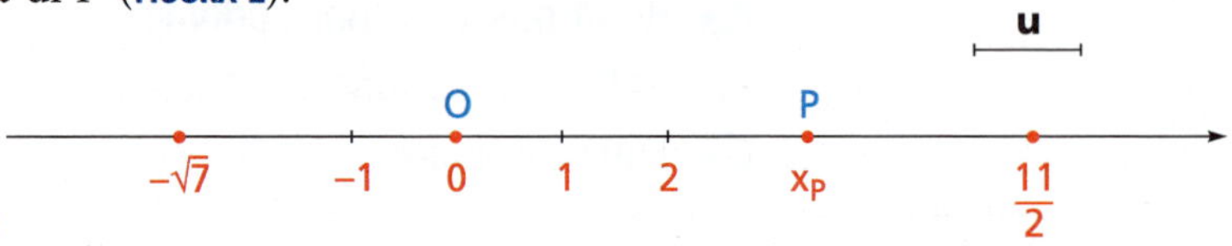

FIGURA 2

Punti sull'asse: $-\sqrt{7}$, -1, 0, 1, 2, x_P, $\dfrac{11}{2}$; origine O; punto P; unità u.

> **IMPORTANTE!**
> Nello studio della **geometria analitica**, cioè della geometria nel piano cartesiano, assumeremo come parallele due rette di un piano che abbiano intersezione vuota o che coincidano:
> $$r \parallel s$$
> $$\updownarrow$$
> $$r \cap s = \varnothing \ \vee \ r = s$$
> Con questa definizione, la *relazione di parallelismo* è una *relazione di equivalenza*, cioè gode delle proprietà riflessiva, simmetrica e transitiva.
> La classe di equivalenza cui appartengono tutte e sole le rette tra loro parallele costituisce la *direzione* di tutte le rette della classe.

Sappiamo anche che è possibile stabilire una **corrispondenza biunivoca tra le coppie ordinate $(x ; y)$ di numeri reali e i punti del piano**. Per ottenere tale corrispondenza si procede nel modo seguente.
Consideriamo, in un piano, due rette perpendicolari che chiameremo x e y. Solitamente si traccia la retta x orizzontalmente e la retta y verticalmente.
Fissiamo su ciascuna delle due rette un sistema di coordinate. La retta x è detta **asse x** o **asse delle ascisse**, la retta y è detta **asse y** o **asse delle ordinate**. Inoltre

- il punto di intersezione dei due assi, che chiameremo O, sarà l'**origine** comune dei sistemi di riferimento sui due assi e sarà associato su entrambi al numero 0;
- il **verso positivo** dell'asse x sarà da sinistra a destra e quello dell'asse y sarà dal basso verso l'alto (questa convenzione può essere modificata nel caso di particolari applicazioni tecnico-scientifiche);
- l'**unità di misura** sarà la stessa su entrambi gli assi, anche se in alcuni casi, per esigenze grafiche, conviene utilizzare unità diverse. Nel caso di applicazioni fisiche o tecniche le unità di misura sui due assi sono invece solitamente diverse.

Si dice allora che è stato fissato un **sistema di riferimento cartesiano ortogonale** xOy o Oxy nel piano o, semplicemente, che è stato fissato un **piano cartesiano**.

Consideriamo ora un generico punto P del piano (**FIGURA 3**) e tracciamo, a partire da esso, le perpendicolari PH e PK, rispettivamente all'asse x e all'asse y. Al punto H, che è la proiezione di P sull'asse x, è associato, nel sistema di coordinate fissato su tale retta, un numero reale che indicheremo proprio con la lettera x; analogamente, al punto K è associato un numero reale che indicheremo con y. In questo modo facciamo corrispondere al punto P la **coppia ordinata di numeri reali** $(x ; y)$.

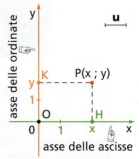

FIGURA 3

> $P \to (x ; y)$

Viceversa, data una coppia ordinata di numeri reali $(x ; y)$, individuiamo sull'asse delle ascisse il punto H di coordinata x e sull'asse delle ordinate il punto K di coordinata y. Tracciamo da H la perpendicolare all'asse x e da K la perpendicolare all'asse y. Il punto di intersezione P di tali perpendicolari è in questo modo associato alla coppia ordinata $(x ; y)$.

> $(x ; y) \to P$

Abbiamo stabilito così una **corrispondenza biunivoca** tra i punti del piano e le coppie ordinate di numeri reali. Per indicare che il punto P corrisponde alla coppia $(x\,;\,y)$, scriveremo

$$P(x\,;\,y)$$

e diremo che x e y sono le **coordinate cartesiane** di P; più precisamente, diremo che x è l'**ascissa** e y è l'**ordinata** di P. La scrittura $P(x\,;\,y)$ si legge «P di coordinate x e y».

> ■ **ATTENZIONE!**
>
> - Poiché vi è una corrispondenza biunivoca tra i punti del piano e le coppie ordinate di numeri reali, si usa spesso *identificare* l'insieme delle coppie ordinate di numeri reali con l'insieme dei punti del piano: si dice, ad esempio, «il punto $(-3\,;\,2)$» anziché, come sarebbe più corretto, «il punto di coordinate $(-3\,;\,2)$».
> - In genere si sottintende che il sistema di riferimento cartesiano sia **monometrico**, cioè sui due assi x e y sia stata fissata la stessa unità di misura; in caso contrario verrà segnalato che il sistema di riferimento è *dimetrico*.

ESEMPIO

Rappresentiamo nel piano cartesiano il punto

$$P\left(\frac{5}{2}\,;\,-2\right)$$

In questo caso risulta $x_P = \frac{5}{2}$ e $y_P = -2$.

Individuiamo sull'asse x il punto H, di coordinata $\frac{5}{2}$; individuiamo poi sull'asse y il punto K, di coordinata -2. Infine tracciamo da H la perpendicolare all'asse x, da K la perpendicolare all'asse y: il punto di intersezione delle due perpendicolari è il punto P richiesto (**FIGURA 4**).

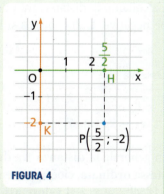

FIGURA 4

Per indicare l'ascissa e l'ordinata di un generico punto P si possono usare anche scritture del tipo $P(x_P\,;\,y_P)$ o anche $P(x_0\,;\,y_0)$, $P(x_1\,;\,y_1)$, ...

I quadranti

I due assi cartesiani dividono il piano in quattro angoli retti, detti **quadranti**. Il primo quadrante convenzionalmente è posto in alto a destra, gli altri seguono in senso antiorario.

I *punti interni* a ciascun quadrante hanno tutti ascissa dello stesso segno e ordinata dello stesso segno (**FIGURA 5**).

I punti dell'asse x hanno ordinata 0, i punti dell'asse y hanno ascissa 0. L'origine O ha entrambe le coordinate uguali a 0, cioè $O(0\,;\,0)$.

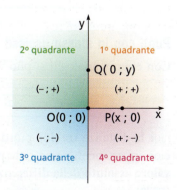

FIGURA 5

$P \in$ asse $x \rightarrow P(x\,;\,0)$
$Q \in$ asse $y \rightarrow Q(0\,;\,y)$
O origine $\rightarrow O(0\,;\,0)$

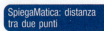 SpiegaMatica: distanza tra due punti

2. Distanza tra due punti

Vogliamo calcolare la distanza tra due punti, conoscendone le coordinate.

> Nel piano cartesiano, con **distanza tra due punti** si indica indifferentemente sia la lunghezza del segmento che li congiunge sia la misura (della lunghezza) di tale segmento.

Punti con la stessa ordinata

Calcoliamo la distanza tra i due punti $A(3; 2)$ e $B(7; 2)$ con ascisse entrambe positive. Dalla **FIGURA 6** si ha

$$\overline{AB} = \overline{HB} - \overline{HA} = 7 - 3 = 4$$

Osserva che

$$\left.\begin{array}{l} x_B - x_A = 7 - 3 = 4 \\ x_A - x_B = 3 - 7 = -4 \end{array}\right\rangle |x_B - x_A| = |x_A - x_B| = 4 = \overline{AB}$$

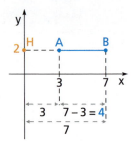

FIGURA 6

Calcoliamo la distanza tra i due punti $A(-3; 3)$ e $B(5; 3)$ con ascisse discordi. Dalla **FIGURA 7** si ha

$$\overline{AB} = \overline{AH} + \overline{HB} = 3 + 5 = 8$$

Osserva che

$$\left.\begin{array}{l} x_B - x_A = 5 - (-3) = 5 + 3 = 8 \\ x_A - x_B = -3 - 5 = -8 \end{array}\right\rangle |x_B - x_A| = |x_A - x_B| = 8 = \overline{AB}$$

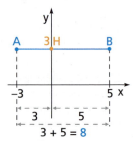

FIGURA 7

Calcoliamo la distanza tra i due punti $A(-7; 1)$ e $B(-2; 1)$ con ascisse entrambe negative. Dalla **FIGURA 8** si ha

$$\overline{AB} = \overline{AH} - \overline{BH} = 7 - 2 = 5$$

Osserva che

$$\left.\begin{array}{l} x_B - x_A = -2 - (-7) = -2 + 7 = 5 \\ x_A - x_B = -7 - (-2) = -7 + 2 = -5 \end{array}\right\rangle |x_B - x_A| = |x_A - x_B| = 5 = \overline{AB}$$

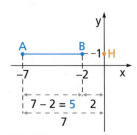

FIGURA 8

In generale **la distanza tra due punti** A e B **con la stessa ordinata**, cioè appartenenti a una retta parallela all'asse x, **è il valore assoluto della differenza delle loro ascisse** (**FIGURA 9**):

$$y_A = y_B \quad \longrightarrow \quad \overline{AB} = |x_B - x_A|$$

> La formula si può anche scrivere
> $$\overline{AB} = |x_A - x_B|$$

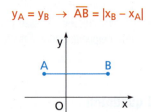

FIGURA 9

Punti con la stessa ascissa

Con esempi analoghi si può verificare che

$$x_A = x_B \quad \longrightarrow \quad \overline{AB} = |y_B - y_A|$$

cioè **la distanza tra due punti con la stessa ascissa**, cioè appartenenti a una retta parallela all'asse y, **è il valore assoluto della differenza delle loro ordinate** (**FIGURA 10**).

> La formula si può anche scrivere
> $$\overline{AB} = |y_A - y_B|$$

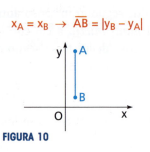

FIGURA 10

ESEMPIO

1 Calcoliamo la distanza tra i punti $A(-3; -1)$ e $B(-3; -7)$.

$$x_A = x_B = -3 \quad \longrightarrow \quad \overline{AB} = |y_B - y_A| = |-7 - (-1)| = |-6| = 6$$

Punti in posizione generica

Consideriamo ora due punti qualsiasi $A(x_A; y_A)$ e $B(x_B; y_B)$.
Applichiamo il teorema di Pitagora al triangolo rettangolo AHB (**FIGURA 11**):

$$\overline{AB} = \sqrt{\overline{HB}^2 + \overline{AH}^2} \qquad \boxed{1}$$

Inoltre risulta:

- $\overline{HB} = |x_B - x_H| \xrightarrow{x_H = x_A} \overline{HB} = |x_B - x_A|$
- $\overline{AH} = |y_H - y_A| \xrightarrow{y_H = y_B} \overline{AH} = |y_B - y_A|$

Sostituendo nella $\boxed{1}$ le espressioni di $\overline{HB}$ e $\overline{AH}$ appena trovate, si ottiene

$$\overline{AB} = \sqrt{|x_B - x_A|^2 + |y_B - y_A|^2}$$

cioè

$$\boxed{\overline{AB} = \sqrt{(x_B - x_A)^2 + (y_B - y_A)^2}}$$

Questa è la **formula generale della distanza tra due punti** del piano cartesiano.
La formula precedente può essere scritta anche nella forma

$$\overline{AB} = \sqrt{(x_A - x_B)^2 + (y_A - y_B)^2}$$

ESEMPIO

2 Calcoliamo la distanza tra i punti $P(-4; 6)$ e $Q(-1; 2)$.
Applichiamo la formula generale:

$$\overline{PQ} = \sqrt{(x_Q - x_P)^2 + (y_Q - y_P)^2} = \sqrt{[-1-(-4)]^2 + (2-6)^2} =$$
$$= \sqrt{3^2 + (-4)^2} = \sqrt{9+16} = \sqrt{25} = 5$$

Matematica e modelli: dove deve passare il canale?

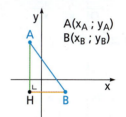

FIGURA 11

Dalla definizione di valore assoluto possiamo dedurre che, per esempio,

$$|a|^2 = a^2$$
$$|a-b|^2 = (a-b)^2$$

- Se A e B coincidono, cioè se AB è il segmento nullo, dalla formula si ha $\overline{AB} = 0$.
- La distanza d tra un generico punto $P(x; y)$ e l'origine $O(0; 0)$ è
$$d = \sqrt{x^2 + y^2}.$$

■ **OSSERVAZIONE**

La formula generale della distanza tra due punti si può applicare anche nei casi particolari in cui sia $x_A = x_B$ oppure $y_A = y_B$, cioè quando il segmento AB è parallelo a uno degli assi.
Infatti, tenendo presente che, come vedrai, $\sqrt{x^2} = \sqrt{|x|^2} = |x|$ per qualsiasi $x \in \mathbb{R}$, risulta:

$$y_A = y_B \quad \longrightarrow \quad y_B - y_A = 0 \quad \longrightarrow$$
$$\longrightarrow \quad \overline{AB} = \sqrt{(x_B - x_A)^2 + (y_B - y_A)^2} = \sqrt{(x_B - x_A)^2} = |x_B - x_A|$$

Analogamente, se è $x_A = x_B$ dalla formula generale si ottiene $\overline{AB} = |y_B - y_A|$.

3. Punto medio di un segmento

Vogliamo determinare le coordinate del punto medio M di un segmento AB di cui conosciamo le coordinate degli estremi $A(x_A ; y_A)$ e $B(x_B ; y_B)$.

Punti con la stessa ordinata

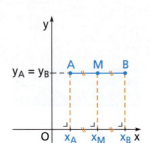

FIGURA 12

In questo caso il segmento AB è parallelo all'asse x. Dalla **FIGURA 12** si deduce che

$$\overline{AM} = \overline{MB} \longrightarrow |x_M - x_A| = |x_B - x_M| \longrightarrow x_M - x_A = x_B - x_M \longrightarrow$$

$$\longrightarrow 2x_M = x_A + x_B \longrightarrow x_M = \frac{x_A + x_B}{2}$$

L'ordinata di M è $y_M = y_A = y_B$.

Punti con la stessa ascissa

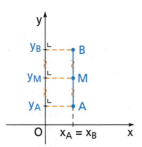

FIGURA 13

In questo caso il segmento AB è parallelo all'asse y. Dalla **FIGURA 13** si deduce che

$$\overline{AM} = \overline{MB} \longrightarrow |y_M - y_A| = |y_B - y_M| \longrightarrow y_M - y_A = y_B - y_M \longrightarrow$$

$$\longrightarrow 2y_M = y_A + y_B \longrightarrow y_M = \frac{y_A + y_B}{2}$$

L'ascissa di M è $x_M = x_A = x_B$.

Punti in posizione generica

Se il segmento AB non è parallelo né all'asse x né all'asse y, tracciamo da A, M, B sia le perpendicolari all'asse x sia le perpendicolari all'asse y e osserviamo la **FIGURA 14**.

- Le rette AA', MM', BB' sono tra loro parallele perché tutte e tre sono perpendicolari all'asse x. Consideriamo tali rette appartenenti a un fascio di rette parallele tagliate dalla retta AB e dall'asse x.
Per il teorema del fascio di rette parallele, se $AM \cong MB$ allora risulta $A'M' \cong M'B'$. Quindi M' è il punto medio di $A'B'$ e di conseguenza si ha

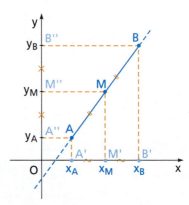

FIGURA 14

$$x_{M'} = \frac{x_{A'} + x_{B'}}{2} \longrightarrow x_M = \frac{x_A + x_B}{2}$$

- Ripetendo lo stesso ragionamento sulle rette parallele AA'', MM'', BB'' tagliate dalla retta AB e dall'asse y si ha $A''M'' \cong M''B''$. Quindi M'' è il punto medio di $A''B''$ e perciò

$$y_{M''} = \frac{y_{A''} + y_{B''}}{2} \longrightarrow y_M = \frac{y_A + y_B}{2}$$

Possiamo quindi affermare che **le coordinate del punto medio di un segmento di estremi $A(x_A ; y_A)$ e $B(x_B ; y_B)$ sono la semisomma delle corrispondenti coordinate degli estremi:**

$$x_M = \frac{x_A + x_B}{2} \qquad y_M = \frac{y_A + y_B}{2}$$

TEOREMA DEL FASCIO DI PARALLELE

In un fascio di rette parallele tagliate da due trasversali, a segmenti congruenti su una trasversale corrispondono segmenti congruenti sull'altra.

La **semisomma** di due numeri a e b è

$$\frac{a+b}{2}$$

> **ESEMPIO**
> Determiniamo le coordinate del punto medio M del segmento di estremi $P(2;-6)$ e $Q(-4;2)$.
>
> Applichiamo le formule, ponendo P e Q al posto di A e B:
>
> $$\left. \begin{array}{l} x_M = \dfrac{x_P + x_Q}{2} \longrightarrow x_M = \dfrac{2+(-4)}{2} = -1 \\ y_M = \dfrac{y_P + y_Q}{2} \longrightarrow y_M = \dfrac{-6+2}{2} = -2 \end{array} \right\} \longrightarrow M(-1;-2)$$

■ Retta passante per l'origine

4. Equazione di una retta passante per l'origine

Consideriamo la funzione di equazione

$$y = 2x$$

il cui grafico, nel piano cartesiano, passa per l'origine $O(0;0)$: infatti per $x=0$ è $y = 2 \cdot 0 = 0$.
Determiniamo altri due punti del grafico; ad esempio (**TABELLA 1**):

- per $x=1$ è $y = 2 \cdot 1 = 2 \longrightarrow A(1;2)$ è un punto del grafico;
- per $x=3$ è $y = 2 \cdot 3 = 6 \longrightarrow B(3;6)$ è un punto del grafico.

Se osserviamo la **FIGURA 15**, è evidente che i punti O, A, B del grafico della funzione di equazione $y = 2x$ sono allineati, cioè appartengono a una stessa retta.

Saremmo giunti alla stessa conclusione anche scegliendo i punti A e B nel terzo quadrante oppure uno nel primo e l'altro nel terzo quadrante.

TABELLA 1

$y = 2x$	
x	y
0	0
1	2
3	6
...	...

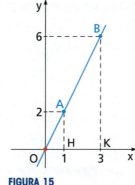

FIGURA 15

Generalizzando quanto ora visto, possiamo concludere che

$$y = mx$$

è l'**equazione di una retta passante per l'origine degli assi cartesiani**.

Il numero reale m, coefficiente di x, è il **coefficiente angolare** della retta di equazione $y = mx$. Tale nome è dovuto al fatto che il valore di m dipende dall'inclinazione della retta rispetto all'asse x.
Se $x \neq 0$, l'equazione può essere scritta nella forma

$$\dfrac{y}{x} = m \quad \text{con } x \neq 0$$

che può essere vista come l'equazione del luogo dei punti del piano per i quali è costante il rapporto tra l'ordinata e l'ascissa.

MODI DI DIRE
Nel caso di funzioni matematiche spesso, per semplicità, si identifica, sia pur impropriamente, la funzione con la sua equazione.

È possibile dimostrare, utilizzando il concetto di similitudine, che i punti O, A, B sono allineati.

MODI DI DIRE
Spesso, per semplicità, si identifica, sia pur impropriamente, la retta con la sua equazione.

Un **luogo** (**geometrico**) è una figura formata da tutti e soli i punti che godono di una determinata proprietà.

> **SAI GIÀ CHE...**
>
> La retta di equazione $y = mx$ è il grafico della **funzione della proporzionalità diretta**: raddoppiando, triplicando... il valore assegnato alla variabile indipendente x, raddoppia, triplica... il valore assunto dalla variabile dipendente y.

Ricordando che i punti interni al primo e al terzo quadrante hanno coordinate dello stesso segno e quelli interni al secondo e al quarto quadrante hanno coordinate di segno opposto, possiamo dedurre quanto segue:

- se $m > 0$, la retta di equazione $y = mx$ giace nel primo e nel terzo quadrante (**FIGURA 16**);
- se $m < 0$, la retta di equazione $y = mx$ giace nel secondo e nel quarto quadrante (**FIGURA 17**).

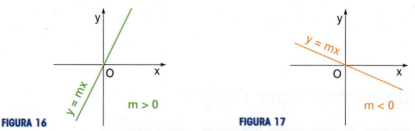

FIGURA 16   **FIGURA 17**

Se poi è $m = 0$, l'equazione $y = mx$ diventa $y = 0 \cdot x$, cioè $y = 0$; quest'ultima è l'equazione del luogo dei punti del piano cartesiano con ordinata uguale a zero (**FIGURA 18**):

$$y = 0 \text{ è l'equazione dell'asse } x$$

Osserviamo infine che l'asse delle ordinate, pur essendo una retta che passa per l'origine, non può avere equazione della forma $y = mx$ e per essa **non** è definito il coefficiente angolare.

L'asse y, infatti, non può essere il grafico di una funzione di x, perché al valore $x = 0$ sono associati infiniti valori di y. Poiché l'asse y è il luogo dei punti di ascissa uguale a zero, possiamo concludere che (**FIGURA 19**)

$$x = 0 \text{ è l'equazione dell'asse } y$$

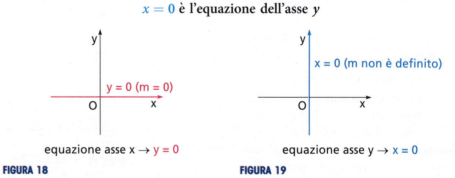

equazione asse x → y = 0   equazione asse y → x = 0

FIGURA 18   **FIGURA 19**

Riassumendo: una retta passante per l'origine, distinta dall'asse y, ha equazione $y = mx$; viceversa, l'equazione $y = mx$ è rappresentata graficamente da una retta passante per l'origine e non coincidente con l'asse y. L'equazione $y = mx$, pertanto, rappresenta il luogo dei punti del piano di ordinata direttamente proporzionale all'ascissa.

5. Considerazioni sul coefficiente angolare

Consideriamo una retta r, passante per l'origine, di equazione $y = mx$. Indichiamo con A il punto di r che ha ascissa uguale a 1. L'ordinata di A si ottiene dall'equazione di r:

$$\text{per } x = 1 \text{ è } y = m \cdot 1 = m \longrightarrow A(1; m)$$

cioè **il coefficiente angolare di una retta passante per l'origine e non coincidente con l'asse y è l'ordinata del punto di ascissa 1 della retta** (FIGURE 20 e 21).

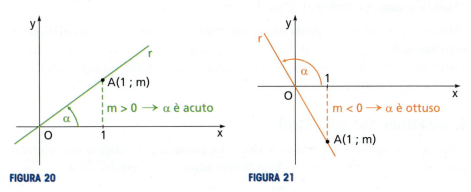

FIGURA 20

FIGURA 21

È evidente che al variare di m varia la *pendenza*, cioè l'inclinazione, della retta rispetto all'asse x. Diamo a tale proposito la seguente definizione.

> **DEFINIZIONE   ANGOLO TRA UNA RETTA r E L'ASSE x**
>
> L'angolo formato da una retta r, *passante per l'origine*, con l'asse x è l'angolo che il semiasse positivo delle ascisse dovrebbe descrivere in verso *antiorario* per sovrapporsi a r.

> La definizione di angolo di una retta con l'asse x si può estendere a *tutte* le rette del piano cartesiano che intersechino l'asse x. Si conviene inoltre che per le rette parallele all'asse x tale angolo sia nullo.

Nelle **FIGURE 20** e **21**, α è l'angolo formato dalla retta r con l'asse x. Possiamo fare le seguenti osservazioni.

- Se $m > 0$, il punto $A(1\,;\,m)$ è interno al primo quadrante e la retta r giace nel primo e nel terzo quadrante (**FIGURA 20**). L'angolo α è acuto:

$$0° < \alpha < 90°$$

- Se $m < 0$, il punto $A(1\,;\,m)$ è interno al quarto quadrante e la retta r giace nel secondo e nel quarto quadrante (**FIGURA 21**). L'angolo α è ottuso:

$$90° < \alpha < 180°$$

> Nel piano cartesiano, con la stessa lettera (ad esempio α) si indica sia l'angolo sia la sua ampiezza.

Se invece $m = 0$, il punto $A(1\,;\,m)$ appartiene all'asse x; pertanto la retta r coincide con l'asse x e α è l'angolo nullo: $\alpha = 0°$. Abbiamo così ritrovato che $m_{\text{asse }x} = 0$.

Osserviamo ora la **FIGURA 22**, in cui sono rappresentate diverse rette passanti per l'origine; possiamo pensare a esse come a diverse posizioni della retta r di equazione $y = mx$.

- Se l'angolo α è **acuto** e la sua ampiezza assume valori sempre più vicini a 90°, il coefficiente angolare m assume valori positivi sempre più grandi: si usa dire che se l'ampiezza di α tende a 90° per difetto, m tende a «più infinito».

- Se l'angolo α è **ottuso** e la sua ampiezza assume valori sempre più vi-

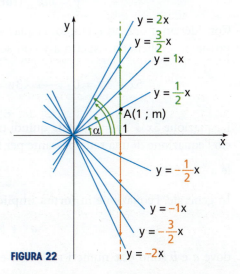

FIGURA 22

cini a 90°, il coefficiente angolare *m* assume valori negativi sempre più grandi in valore assoluto: si usa dire che se l'ampiezza di α tende a 90° per eccesso, *m* tende a «meno infinito».

Abbiamo pertanto ritrovato, da un punto di vista geometrico, che **il coefficiente angolare dell'asse *y* non è definito**; in base a quanto esposto, possiamo anche comprendere perché si usi dire, seppur impropriamente, che *il coefficiente angolare dell'asse y è infinito*.

6. Bisettrici dei quadranti

Sono particolarmente importanti le due rette passanti per l'origine che si ottengono per $m = 1$ e per $m = -1$. Esse hanno equazioni, rispettivamente,

$$y = x \qquad y = -x$$

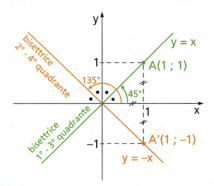

- $y = x$ è l'equazione del luogo dei punti che hanno l'ordinata uguale all'ascissa: come risulta evidente anche dalla **FIGURA 23**, si tratta della retta **bisettrice del primo e terzo quadrante** ($m = 1$ e $\alpha = 45°$).

- $y = -x$ è l'equazione del luogo dei punti che hanno l'ordinata opposta all'ascissa: si tratta della retta **bisettrice del secondo e quarto quadrante** ($m = -1$ e $\alpha = 135°$).

FIGURA 23

7. Forma esplicita e forma implicita dell'equazione di una retta passante per l'origine

Abbiamo visto che l'equazione di una retta passante per l'origine, non coincidente con l'asse *y*, è

$$y = mx \quad \text{(forma esplicita)}$$

> Un'equazione è scritta in **forma esplicita** (rispetto a *y*) quando in essa la variabile *y* è esplicitata ed espressa in funzione di *x*:
> $y = f(x)$

Consideriamo ora, ad esempio, l'equazione $5x + 3y = 0$.
Possiamo esplicitarla rispetto a *y* con semplici passaggi algebrici:

$$5x + 3y = 0 \longrightarrow 3y = -5x \longrightarrow y = \underbrace{-\frac{5}{3}}_{m} x$$

L'equazione $5x + 3y = 0$ è stata quindi trasformata nella forma $y = mx$ ed è perciò l'equazione di una retta passante per l'origine, con coefficiente angolare uguale a $-\frac{5}{3}$.

In generale, l'equazione in **forma implicita** di una retta passante per l'origine è

$$ax + by = 0$$

dove *a* e *b* sono due numeri reali non entrambi nulli.

▶ Se $b \neq 0$, si ha

$$\underbrace{ax + by = 0}_{\text{forma implicita}} \longrightarrow by = -ax \xrightarrow{b \neq 0} \underbrace{y = -\frac{a}{b}x}_{\substack{\text{forma esplicita}\\ y = mx}} \text{ con } m = -\frac{a}{b}$$

Nel caso particolare in cui risulti $a = 0$, è anche $m = 0$: ritroviamo $y = 0$, cioè l'equazione dell'asse x.

▶ Se $a \neq 0 \wedge b = 0$, si ha

$$ax + by = 0 \xrightarrow{b=0} ax = 0 \xrightarrow{a \neq 0} \underbrace{x = 0}_{\text{equazione asse } y}$$

Quindi l'equazione $ax + by = 0$, con a e b non entrambi nulli, può rappresentare *qualsiasi retta passante per l'origine, compreso l'asse y*.

> **Tutte** le rette passanti per l'origine, compreso l'asse y, hanno equazione della forma
>
> $$ax + by = 0$$
>
> (a e b non entrambi nulli).

■ Retta in posizione generica

8. Equazione in forma esplicita

Consideriamo la retta r, passante per l'origine, di equazione $y = \frac{1}{2}x$.

Dal punto $Q(0\,;\,3)$ dell'asse y conduciamo la retta s parallela a r (**FIGURA 24**).

Se A è un generico punto di r, possiamo scrivere:

$$A\left(x\,;\,\frac{1}{2}x\right)$$

Sia B il punto di s che ha la stessa ascissa di A. Osserviamo che il quadrilatero $ABQO$, avendo i lati opposti paralleli, è un parallelogramma; quindi, essendo $\overline{AB} = \overline{OQ}$, l'ordinata di B è uguale a quella di A, aumentata di 3 (**FIGURA 24**). Pertanto risulta

$$B\left(x\,;\,\frac{1}{2}x + 3\right)$$

Quindi la retta s è il luogo dei punti le cui ordinate superano di 3 quelle dei punti, di uguale ascissa, appartenenti alla retta r di equazione $y = \frac{1}{2}x$.

L'equazione della retta s sarà dunque

$$y = \frac{1}{2}x + 3$$

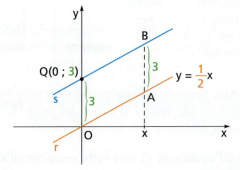

FIGURA 24

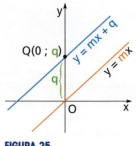

FIGURA 25

Possiamo generalizzare il procedimento seguito nell'esempio e affermare che

$$y = mx + q$$

è l'**equazione di una retta che interseca l'asse y nel punto di ordinata q ed è parallela alla retta, passante per l'origine, di equazione $y = mx$** (FIGURA 25).

Il termine q è detto **ordinata** (o **intercetta**) **all'origine** e m è il **coefficiente angolare**.

L'equazione $y = mx + q$ è, come sappiamo, quella della **funzione lineare**: se è $q = 0$, essa ha la forma $y = mx$ dell'equazione di una retta passante per l'origine.

Ricordando le considerazioni sul coefficiente angolare di una retta per l'origine, possiamo dire che:

- se $m > 0$, la retta di equazione $y = mx + q$ forma con l'asse x un angolo α **acuto** (FIGURA 26);

- se $m < 0$, la retta di equazione $y = mx + q$ forma con l'asse x un angolo α **ottuso** (FIGURA 27).

Se $m = 0$, si ottiene $y = q$, che è l'equazione del luogo dei punti di ordinata q (FIGURA 28):

$y = q$ **è l'equazione di una retta parallela all'asse x**

> Per $q = 0$, l'equazione $y = q$ diventa l'equazione $y = 0$ dell'asse x.

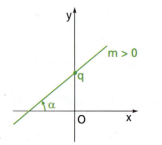

FIGURA 26

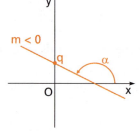

FIGURA 27

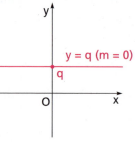

FIGURA 28

Infine, poiché l'asse y è l'unica retta passante per l'origine per la quale non è definito il coefficiente angolare m, l'equazione $y = mx + q$ non può rappresentare una retta parallela all'asse y. Una tale retta, inoltre, non può essere il grafico di una funzione $y = f(x)$ perché a un valore di x corrispondono infiniti valori di y (FIGURA 29).

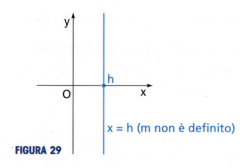

FIGURA 29

> Per $h = 0$, l'equazione $x = h$ diventa l'equazione $x = 0$ dell'asse y.

Consideriamo una retta parallela all'asse y, che intersechi l'asse x nel punto di coordinate $(h; 0)$. Poiché tale retta è il luogo dei punti di ascissa h, possiamo concludere che la sua equazione è $x = h$:

$x = h$ **è l'equazione di una retta parallela all'asse y**

ESEMPIO

Rappresentiamo graficamente la retta r di equazione $y = -\frac{1}{3}x - 2$.

La retta r ha coefficiente angolare $m = -\frac{1}{3}$ e ordinata all'origine $q = -2$.

Poiché per individuare una retta sono sufficienti due punti, determiniamo due punti di r a nostro piacere. Ad esempio (**TABELLA 2**):

- per $x = 0$ è $y = -\frac{1}{3} \cdot 0 - 2 = -2$ (ordinata all'origine)
- per $x = -3$ è $y = -\frac{1}{3} \cdot (-3) - 2 = 1 - 2 = -1$

La retta r passa quindi per i punti $Q(0\,;\,-2)$ e $B(-3\,;\,-1)$ (**FIGURA 30**).

TABELLA 2

x	y
0	−2
−3	−1

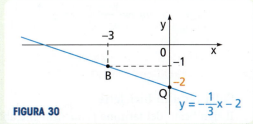

FIGURA 30

9. Coefficiente angolare della retta passante per due punti

Consideriamo una retta r di equazione $y = mx + q$ e su di essa due punti distinti *qualsiasi*

$$A(x_1\,;\,y_1) \quad \text{e} \quad B(x_2\,;\,y_2)$$

Le coordinate dei due punti devono verificare l'equazione di r, cioè deve risultare:

$$A(x_1\,;\,y_1) \in r \longrightarrow y_1 = mx_1 + q$$
$$B(x_2\,;\,y_2) \in r \longrightarrow y_2 = mx_2 + q$$

Sottraiamo membro a membro le due uguaglianze ottenute:

$$y_2 - y_1 = mx_2 + q - (mx_1 + q) \longrightarrow y_2 - y_1 = mx_2 + \cancel{q} - mx_1 - \cancel{q} \longrightarrow$$
$$\longrightarrow y_2 - y_1 = m(x_2 - x_1)$$

$a = b$
$c = d$
$\Downarrow$
$a - c = b - d$

Osserviamo ora che risulta senz'altro $x_2 - x_1 \neq 0$; infatti la retta r, essendo dotata di coefficiente angolare, non è parallela all'asse y.
Possiamo così ricavare

$$\boxed{m = \frac{y_2 - y_1}{x_2 - x_1}}$$

- La formula può essere scritta così:
$m = \frac{y_1 - y_2}{x_1 - x_2}$.

Se poniamo

$$\Delta x = x_2 - x_1 \quad \text{e} \quad \Delta y = y_2 - y_1$$

possiamo anche scrivere

$$m = \frac{\Delta y}{\Delta x}$$

Δ si legge «delta» ed è una lettera maiuscola greca; è spesso usata per indicare una «variazione», cioè una differenza.

- Se $x_1 = x_2$ il coefficiente m non ha significato e la retta AB è parallela all'asse y.

In tal modo ritroviamo che il coefficiente angolare di una retta ne indica la *pendenza* (**FIGURA 31**).

Possiamo concludere dicendo che:

il coefficiente angolare di una retta, non parallela all'asse *y*, passante per due punti dati è uguale al rapporto tra la differenza delle ordinate dei due punti e la differenza delle corrispondenti ascisse.

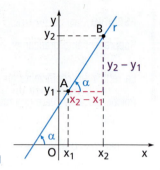

FIGURA 31

> **ESEMPIO**
>
> Il coefficiente angolare della retta *r* passante per i punti $A(-2\,;\,3)$ e $B(1\,;\,-4)$ è
>
> $$m_r = \frac{y_B - y_A}{x_B - x_A} = \frac{-4 - 3}{1 - (-2)} = \frac{-7}{3} = -\frac{7}{3}$$

▸ PER COMPRENDERE MEGLIO

Sulla retta in bicicletta

Il significato del termine *pendenza*, che abbiamo introdotto per le rette nel piano cartesiano, è analogo al significato che questa parola ha in molte situazioni reali.

Ad esempio, se si parla di *pendenza di una strada* si intende il rapporto tra il dislivello e la lunghezza della proiezione orizzontale di quella strada.

Se percorrendo un tratto di strada ci si sposta in orizzontale di 120 metri con un dislivello di 12 metri (**FIGURA 32**), la pendenza della strada è

$$\frac{12}{120} = \frac{1}{10} = 10\%$$

FIGURA 32

Riportiamo il modello della **FIGURA 32** in un piano cartesiano (**FIGURA 33**), dove il tratto di strada è rappresentato dal segmento *AB*. Nel nuovo modello

- il dislivello è misurato dalla differenza delle ordinate di *A* e di *B*, cioè da $\Delta y = y_2 - y_1$;

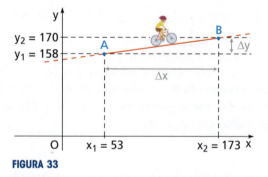

FIGURA 33

- la lunghezza della proiezione del tratto di strada è misurata dalla differenza delle ascisse di *A* e di *B*, cioè da $\Delta x = x_2 - x_1$.

La pendenza della strada, che è il rapporto tra queste differenze, corrisponde allora al coefficiente angolare della retta *AB*:

$$m = \frac{\Delta y}{\Delta x} = \frac{y_2 - y_1}{x_2 - x_1}$$

Le uniche differenze rilevanti tra il concetto matematico di *coefficiente angolare* o *pendenza di una retta* e il concetto di pendenza nel linguaggio corrente sono che, nell'uso comune, la pendenza si indica di solito in percentuale e non si considerano pendenze positive o negative, cioè non si distingue tra pendenza di una salita (che in matematica sarebbe positiva) e di una discesa (che in matematica sarebbe negativa).

La retta con il trucco

Per tracciare su un foglio a quadretti, in un piano cartesiano, una retta di cui conosci l'equazione in forma esplicita, puoi ricorrere a un «trucco» basato sul concetto di pendenza.

Supponi di dover disegnare la retta r di equazione

$$y = \frac{2}{3}x - 2$$

In questa equazione è $q = -2$; considera quindi il punto $Q(0; -2)$ di intersezione tra r e l'asse y. La pendenza di r, rappresentata dal coefficiente angolare $\frac{2}{3}$, è il rapporto tra la differenza delle ordinate, Δy, e la differenza delle ascisse, Δx, di due suoi punti. Perciò (**FIGURA 34**), partendo da Q, spostati prima verso destra di 3 quadretti ($\Delta x = 3$) e poi verso l'alto di 2 quadretti ($\Delta y = 2$); segna il punto A in cui sei arrivato. La retta su cui giace il segmento QA ha coefficiente angolare $\frac{\Delta y}{\Delta x} = \frac{2}{3}$, uguale a quello della retta assegnata: quindi il punto A appartiene alla retta che devi disegnare. Dunque la retta che cerchi è la retta QA (**FIGURA 34**).

Se invece il coefficiente angolare fosse stato per esempio $\frac{5}{4}$, avresti dovuto spostarti prima di 4 quadretti verso destra e poi di 5 verso l'alto.

Questo metodo vale anche se il coefficiente angolare è un numero intero; ad esempio, se è $m = 2 = \frac{2}{1}$, ti devi spostare prima di 1 quadretto verso destra e poi di 2 verso l'alto.

Fai attenzione che, se il coefficiente angolare è negativo, ti devi spostare prima verso destra e poi verso il basso.

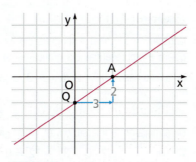

FIGURA 34

10. Forma esplicita e forma implicita dell'equazione di una retta

Abbiamo visto che l'equazione di una generica retta del piano, non parallela all'asse y, ha **forma esplicita** $y = mx + q$.

Consideriamo ora, ad esempio, l'equazione

$$3x - 5y + 10 = 0$$

Possiamo esplicitare questa equazione rispetto a y:

$$3x - 5y + 10 = 0 \quad \rightarrow \quad -5y = -3x - 10 \quad \rightarrow \quad y = \frac{3}{5}x + 2$$

L'equazione $3x - 5y + 10 = 0$ è stata quindi trasformata nella forma $y = mx + q$, con $m = \dfrac{3}{5}$ e $q = 2$, e perciò è l'equazione di una retta passante per il punto $(0 ; 2)$ e di coefficiente angolare $\dfrac{3}{5}$.

L'equazione in **forma implicita** di una generica retta del piano è

$$ax + by + c = 0$$

dove a e b sono numeri reali non entrambi nulli.

▶ Se $b \neq 0$, l'equazione può essere posta in **forma esplicita**:

$$ax + by + c = 0 \longrightarrow by = -ax - c \xrightarrow{b \neq 0} y = \underbrace{-\dfrac{a}{b}}_{m} x \underbrace{-\dfrac{c}{b}}_{q}$$

$$m = -\dfrac{a}{b}$$
$$q = -\dfrac{c}{b}$$

Per $a = 0$ si ha l'equazione $y = q$ di una parallela all'asse x (eventualmente l'asse x stesso, se è anche $c = 0$).

▶ Se $b = 0 \wedge a \neq 0$, l'equazione diviene

$$ax + c = 0 \xrightarrow{a \neq 0} x = \underbrace{-\dfrac{c}{a}}_{h}$$

e sappiamo che $x = h$ è l'equazione di una retta parallela all'asse y (se è anche $c = 0$, l'equazione diviene $x = 0$, che è l'equazione dell'asse y).

Possiamo concludere che l'equazione $ax + by + c = 0$, con a e b non entrambi nulli può rappresentare *qualsiasi retta* del piano cartesiano, *comprese le rette parallele all'asse y*. Per tale motivo l'equazione in **forma implicita** $ax + by + c = 0$ viene detta **equazione generale della retta**.

Tutte le rette del piano, comprese quelle parallele all'asse y, hanno equazione della forma

$$ax + by + c = 0$$

(a e b non entrambi nulli).

ESEMPIO

Consideriamo la retta r di equazione $2x - 3y + 12 = 0$. Determiniamone il coefficiente angolare e rappresentiamola graficamente.

In questo caso è $a = 2$, $b = -3$, $c = 12$ e il coefficiente angolare della retta data è

$$m = -\dfrac{a}{b} = -\dfrac{2}{-3} = +\dfrac{2}{3}$$

Determiniamo le intersezioni di r con gli assi cartesiani:
- per $x = 0$ è $2 \cdot 0 - 3y + 12 = 0 \longrightarrow -3y = -12 \longrightarrow y = 4$
- per $y = 0$ è $2x - 3 \cdot 0 + 12 = 0 \longrightarrow 2x = -12 \longrightarrow x = -6$

La retta r interseca gli assi nei punti

$$Q(0 ; 4) \quad \text{e} \quad P(-6 ; 0) \quad \text{(vedi FIGURA 35)}$$

Ovviamente avremmo potuto procedere anche scrivendo l'equazione di r in forma esplicita:

$$y = \dfrac{2}{3}x + 4$$

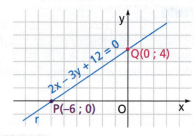

FIGURA 35

11. Rette parallele

Se due rette r e s hanno lo stesso coefficiente angolare, cioè hanno equazioni

$$y = mx + q_1$$
$$y = mx + q_2$$

allora le rette r e s sono entrambe parallele alla stessa retta t, passante per l'origine, di equazione $y = mx$ (FIGURA 36).
Ciò significa, per la proprietà transitiva del parallelismo, che le rette r e s sono tra loro parallele.

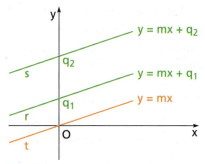

FIGURA 36

In **FIGURA 36** abbiamo supposto
$$q_1 \neq q_2 \neq 0$$

Viceversa, se due rette r e s, non parallele all'asse y, sono parallele, allora esiste la retta t per l'origine, di equazione $y = mx$, parallela a entrambe. Le rette r e s avranno equazioni

$$y = mx + q_1$$
$$y = mx + q_2$$

e quindi hanno lo stesso coefficiente angolare.

Possiamo quindi concludere che **due rette**, non parallele all'asse y, **sono parallele se e solo se hanno lo stesso coefficiente angolare**.

■ **RICORDA!**
Per una retta parallela all'asse y, il coefficiente angolare non è definito.

> **ESEMPI**
>
> **1** Le rette di equazioni $y = \frac{1}{2}x + 11$ e $y = \frac{1}{2}x - 3$ sono parallele perché hanno entrambe coefficiente angolare $m = \frac{1}{2}$.
>
> **2** Le rette di equazioni $y = 3x + 1$ e $y = \frac{1}{3}x - 2$ **non** sono *parallele* perché **non** hanno lo *stesso coefficiente angolare*.

Fascio improprio di rette

Sappiamo che l'insieme di tutte le rette di un piano tra loro parallele prende il nome di **fascio improprio** di rette. Nell'equazione

$$y = mx + q \qquad q \in \mathbb{R}$$

consideriamo m come costante e q come parametro. In questo caso $y = mx + q$ è **l'equazione di un fascio di rette parallele**, tutte **di coefficiente angolare** m (FIGURA 37).

Ad esempio, l'equazione del fascio di rette parallele di coefficiente angolare $\frac{2}{3}$ è

$$y = \frac{2}{3}x + q \qquad q \in \mathbb{R}$$

$x = h$, con h parametro, è l'equazione del fascio di rette parallele all'asse y.

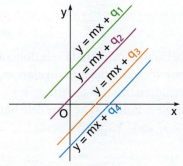

FIGURA 37

12. Punto di intersezione di due rette

> Due rette con lo stesso coefficiente angolare sono parallele e quindi o coincidono o non hanno alcun punto comune.

Se due rette hanno coefficienti angolari diversi, allora sono incidenti, cioè si intersecano in un punto.

Per determinare il punto comune a due rette incidenti possiamo procedere, almeno nei casi più semplici, per via grafica.

Ad esempio, consideriamo due rette r e s di equazioni

> Procedendo per via grafica è più comodo se le equazioni delle due rette sono scritte in **forma esplicita**.

$$r: y = -x + 1$$
$$s: y = -4x - 2$$

Disegniamo r e s utilizzando le consuete tabelle (**TABELLA 3** e **TABELLA 4**): come sappiamo, per ciascuna retta basta individuare due punti (**FIGURA 38**).

Dopo aver disegnato le due rette, possiamo notare che il loro punto d'intersezione sembra avere ascissa -1 e ordinata 2. Per verificare l'esattezza di tale osservazione aggiungiamo una riga alle precedenti tabelle, ponendo $x = -1$; in effetti, constatiamo che il punto $P(-1\,;\,2)$ appartiene sia alla retta r sia alla retta s ed è quindi il punto di intersezione cercato.

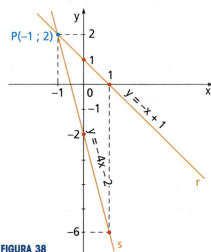

FIGURA 38

> Nel prossimo capitolo imparerai metodi algebrici per determinare il punto di intersezione di due rette, di cui sono note le equazioni, senza che sia necessario disegnarle.

TABELLA 3

$r: y = -x + 1$	
x	y
0	1
1	0
−1	2

→ $(0\,;\,1) \in r$
→ $(1\,;\,0) \in r$
$(-1\,;\,2) \in r$

TABELLA 4

$s: y = -4x - 2$	
x	y
0	−2
1	−6
−1	2

→ $(0\,;\,-2) \in s$
→ $(1\,;\,-6) \in s$
$(-1\,;\,2) \in s$

$P(-1\,;\,2)$ **punto di intersezione** di r e s

13. Rette perpendicolari

Consideriamo due rette r e s, non parallele agli assi, di equazioni

$$r: y = m_r x + q_r \quad \text{con } m_r \neq 0$$
$$s: y = m_s x + q_s \quad \text{con } m_s \neq 0$$

> Se r e s non sono parallele agli assi, le loro equazioni si possono esprimere in forma esplicita e i loro coefficienti angolari sono definiti e diversi da zero:
> $m_r \neq 0 \quad m_s \neq 0$

Vogliamo esprimere la relazione di perpendicolarità tra r e s mediante una relazione tra i coefficienti angolari m_r ed m_s.

Consideriamo le due rette r' e s', rispettivamente parallele a r e a s, passanti per l'origine. Poiché rette parallele hanno coefficienti angolari uguali, le equazioni di r' e s' sono rispettivamente

$$r': y = m_r x$$
$$s': y = m_s x$$

Pertanto r' e s' sono perpendicolari se e solo se lo sono r e s:

$$r \perp s \quad \longleftrightarrow \quad r' \perp s'$$

Consideriamo il punto A di r' e il punto B di s' di ascissa 1 (**FIGURA 39**); le loro ordinate si trovano sostituendo 1 al posto di x nelle equazioni di r' e s':

$$A(1\,;\,m_r) \qquad B(1\,;\,m_s)$$

Osserviamo che r' e s' sono perpendicolari se e solo se il triangolo AOB è rettangolo in O. D'altra parte, il triangolo AOB è rettangolo in O se e solo se vale il teorema di Pitagora:

$$\overline{AB}^2 = \overline{OA}^2 + \overline{OB}^2$$

Calcoliamo:

$$\overline{AB} = |m_r - m_s| \quad \longrightarrow \quad \overline{AB}^2 = (m_r - m_s)^2$$

$$\overline{OA} = \sqrt{(1-0)^2 + (m_r - 0)^2} \quad \longrightarrow \quad \overline{OA}^2 = 1 + m_r^2$$

$$\overline{OB} = \sqrt{(1-0)^2 + (m_s - 0)^2} \quad \longrightarrow \quad \overline{OB}^2 = 1 + m_s^2$$

Pertanto:

$$\overline{AB}^2 = \overline{OA}^2 + \overline{OB}^2 \quad \longrightarrow \quad (m_r - m_s)^2 = 1 + m_r^2 + 1 + m_s^2 \quad \longrightarrow$$

$$\longrightarrow \quad \cancel{m_r^2} - 2m_r m_s + \cancel{m_s^2} = 1 + \cancel{m_r^2} + 1 + \cancel{m_s^2} \quad \longrightarrow \quad -2m_r m_s = 2$$

da cui

$$\boxed{m_r m_s = -1}$$

oppure

$$\boxed{m_r = -\frac{1}{m_s}}$$

Possiamo quindi concludere che **due rette**, non parallele agli assi, **sono perpendicolari se e solo se il prodotto dei loro coefficienti angolari è −1**, o, equivalentemente, **se e solo se il coefficiente angolare di una è l'opposto del reciproco del coefficiente angolare dell'altra**.

$A(1\,;\,m_r) \quad B(1\,;\,m_s)$
$O(0\,;\,0)$

Se una delle rette r e s è parallela all'asse x, la sua perpendicolare è parallela all'asse y: la prima retta ha coefficiente angolare uguale a zero, mentre quello della seconda non è definito. In questo caso le relazioni trovate non hanno significato.

ESEMPIO

Verifichiamo che le rette r e s di equazioni

$$r:\ \underbrace{y = 2x + 1}_{y\,=\,mx\,+\,q} \qquad s:\ \underbrace{2x + 4y - 5 = 0}_{ax\,+\,by\,+\,c\,=\,0}$$

sono perpendicolari.

Individuiamo i coefficienti angolari di r e s:

$$m_r = 2 \qquad m_s = -\frac{a}{b} = -\frac{2}{4} = -\frac{1}{2}$$

Il coefficiente angolare di s è l'opposto del reciproco del coefficiente angolare di r, quindi r e s sono perpendicolari.

Giungiamo alla stessa conclusione osservando che il prodotto dei coefficienti angolari è uguale a -1:

$$m_r \cdot m_s = 2 \cdot \left(-\frac{1}{2}\right) = -1$$

Il coefficiente angolare di s si può calcolare anche scrivendo l'equazione di s in forma esplicita:

$$2x + 4y - 5 = 0$$
$$\downarrow$$
$$4y = -2x + 5$$
$$\downarrow$$
$$y = -\frac{1}{2}x + \frac{5}{4}$$
$$\downarrow$$
$$m_s = -\frac{1}{2}$$

14. Retta passante per un punto dato e con un assegnato coefficiente angolare

L'equazione

$$y - y_0 = m(x - x_0)$$

è quella di una retta che passa per il punto $P(x_0 ; y_0)$ e ha coefficiente angolare m. L'equazione, infatti, può essere scritta nella forma esplicita

$$y = \underbrace{m}_{\text{coefficiente angolare}} x + \underbrace{y_0 - mx_0}_{\text{ordinata all'origine}}$$

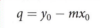
$$q = y_0 - mx_0$$

Inoltre, la retta considerata passa per $P(x_0 ; y_0)$ qualunque sia il valore di m; infatti le coordinate di P verificano l'equazione indipendentemente dal valore di m:

$$y - y_0 = m(x - x_0) \xrightarrow{x = x_0 \,\wedge\, y = y_0} y_0 - y_0 = m(x_0 - x_0) \longrightarrow$$

$$\longrightarrow 0 = m \cdot 0 \longrightarrow 0 = 0 \quad (\textit{vero per ogni } m \in \mathbb{R})$$

> **ESEMPIO**
>
> Scriviamo l'equazione della retta passante per $P(3 ; -5)$ e di coefficiente angolare $\frac{1}{2}$.
>
> L'equazione richiesta si ottiene ponendo nella formula $x_0 = 3$, $y_0 = -5$ e $m = \frac{1}{2}$:
>
> $$y - (-5) = \frac{1}{2}(x - 3) \longrightarrow y + 5 = \frac{1}{2}x - \frac{3}{2} \longrightarrow$$
>
> $$\longrightarrow y = \frac{1}{2}x - \frac{3}{2} - 5 \longrightarrow y = \frac{1}{2}x - \frac{13}{2}$$
>
> L'equazione ottenuta può anche essere scritta nella forma implicita $x - 2y - 13 = 0$.

Fascio proprio di rette

Sappiamo che l'insieme di tutte le rette di un piano passanti per un punto P prende il nome di **fascio proprio di rette** o anche di **fascio di rette di centro P**. Se nell'equazione

$$y - y_0 = m(x - x_0) \qquad m \in \mathbb{R}$$

consideriamo costanti le coordinate $(x_0 ; y_0)$ e variabile il coefficiente angolare m, otteniamo l'**equazione del fascio di rette passanti per il punto $P(x_0 ; y_0)$**, con l'esclusione della retta di equazione $x = x_0$ passante per P. Infatti, per tale retta, parallela all'asse y, non è definito il coefficiente angolare (**FIGURA 40**).
Ad esempio:

- $y - 3 = m(x + 2)$ è l'equazione del fascio di rette di centro $P(-2 ; 3)$, con esclusione della retta di equazione $x = -2$;
- $y = mx$ è l'equazione del fascio di rette di centro $O(0 ; 0)$, con esclusione dell'asse y;
- $y - 2 = m(x - 1)$ e $x = 1$ sono le equazioni che rappresentano in modo completo il fascio proprio di rette di centro $P(1 ; 2)$.

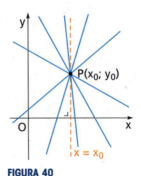
FIGURA 40

15. Retta passante per due punti dati

Ci proponiamo di determinare l'equazione della retta passante per due punti $P(x_1; y_1)$ e $Q(x_2; y_2)$ di cui sono note le coordinate. Possono presentarsi tre casi.

▶ Se $x_1 = x_2$, la retta PQ è parallela all'asse y: l'equazione di PQ è $x = x_1$.

▶ Se $y_1 = y_2$, la retta PQ è parallela all'asse x: l'equazione di PQ è $y = y_1$.

▶ Se $x_1 \neq x_2 \wedge y_1 \neq y_2$, la retta PQ non è parallela né all'asse y né all'asse x. Poiché la retta PQ passa per $P(x_1; y_1)$, la sua equazione sarà della forma

$$y - y_1 = m(x - x_1) \quad \text{con } m \in \mathbb{R}$$

Dobbiamo ora determinare m; poiché PQ non è parallela all'asse x, il suo coefficiente angolare è

$$m_{PQ} = \frac{y_2 - y_1}{x_2 - x_1}$$

Sostituendo il valore di m_{PQ} nell'equazione troviamo

$$y - y_1 = \frac{y_2 - y_1}{x_2 - x_1}(x - x_1)$$

Dividendo entrambi i membri per $y_2 - y_1$, che è diverso da zero per le ipotesi fatte, otteniamo

$$\boxed{\frac{y - y_1}{y_2 - y_1} = \frac{x - x_1}{x_2 - x_1}} \qquad x_1 \neq x_2 \wedge y_1 \neq y_2$$

> La formula vale anche se si scambiano tra loro y_1 e y_2 e anche x_1 e x_2.

che è l'**equazione della retta**, non parallela ad alcun asse, **passante per i due punti $P(x_1; y_1)$ e $Q(x_2; y_2)$**. Osserviamo che un terzo punto $S(x_3; y_3)$ appartiene alla retta PQ, ossia è allineato con P e Q, se e solo se le sue coordinate verificano l'equazione della retta PQ. Pertanto, ponendo $y = y_3$ e $x = x_3$ in tale equazione, determineremo la **condizione di allineamento di tre punti distinti $P(x_1; y_1)$, $Q(x_2; y_2)$, $S(x_3; y_3)$**:

$$\boxed{\frac{y_3 - y_1}{y_2 - y_1} = \frac{x_3 - x_1}{x_2 - x_1}} \qquad x_1 \neq x_2 \wedge y_1 \neq y_2$$

ESEMPI

1 Scriviamo l'equazione della retta passante per $A(2; -3)$ e $B(-1; 4)$.

Dopo aver osservato che la retta AB non è parallela né all'asse x né all'asse y, applichiamo la formula ponendo, ad esempio, $x_1 = 2$, $y_1 = -3$ e $x_2 = -1$, $y_2 = 4$:

$$\frac{y - y_1}{y_2 - y_1} = \frac{x - x_1}{x_2 - x_1} \longrightarrow \frac{y - (-3)}{4 - (-3)} = \frac{x - 2}{-1 - 2} \longrightarrow$$

$$\longrightarrow \frac{y + 3}{7} = \frac{x - 2}{-3} \longrightarrow -3(y + 3) = 7(x - 2) \longrightarrow$$

$$\longrightarrow -3y - 9 = 7x - 14 \longrightarrow 7x + 3y - 5 = 0$$

2 Verifichiamo che i punti $A(0; 1)$, $B(3; 4)$, $C(1; 2)$ sono allineati.

Dobbiamo verificare se vale la condizione di allineamento, ponendo ad esempio:

$x_1 = 0$ e $y_1 = 1$ $\qquad x_2 = 3$ e $y_2 = 4$ $\qquad x_3 = 1$ e $y_3 = 2$

$$\frac{y_3 - y_1}{y_2 - y_1} = \frac{x_3 - x_1}{x_2 - x_1} \longrightarrow \frac{2 - 1}{4 - 1} = \frac{1 - 0}{3 - 0} \longrightarrow \frac{1}{3} = \frac{1}{3} \quad \text{(vero)}$$

Pertanto i punti A, B, C sono allineati.

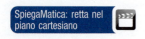
SpiegaMatica: retta nel piano cartesiano

16. Distanza di un punto da una retta

Sia H il piede della perpendicolare condotta da un punto P a una retta r (**FIGURA 41**). La distanza del punto P dalla retta r è la lunghezza del segmento PH o la sua misura:

$$d = \overline{PH}$$

FIGURA 41

Nel piano cartesiano si può determinare tale distanza se si conoscono le coordinate di P e l'equazione della retta r (**FIGURA 42**).

La **distanza** d del punto $P(x_0\,;\,y_0)$ dalla retta r di equazione $ax + by + c = 0$ è data dalla formula

$$d = \frac{|ax_0 + by_0 + c|}{\sqrt{a^2 + b^2}}$$

Tralasciamo la dimostrazione.

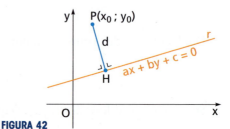
FIGURA 42

Se l'equazione di r è nella forma esplicita $y = mx + q$, occorre ricavare l'equazione in forma implicita $mx - y + q = 0$. La formula diventa

$$d = \frac{|mx_0 - y_0 + q|}{\sqrt{m^2 + 1}}$$

ESEMPIO

Calcoliamo la distanza del punto $P(-5\,;\,1)$ dalla retta di equazione $4x - 3y + 7 = 0$.
In questo caso è

$$x_0 = -5 \quad y_0 = 1 \quad a = 4 \quad b = -3 \quad c = 7$$

Applichiamo la formula:

$$d = \frac{|ax_0 + by_0 + c|}{\sqrt{a^2 + b^2}} \longrightarrow$$

$$\longrightarrow d = \frac{|4(-5) - 3 \cdot 1 + 7|}{\sqrt{4^2 + (-3)^2}} = \frac{|-20 - 3 + 7|}{\sqrt{16 + 9}} = \frac{|-16|}{\sqrt{25}} = \frac{16}{5}$$

Funzioni lineari a tratti

17. Esempi grafici

Sono dette **funzioni lineari a tratti** quelle il cui grafico è costituito da segmenti, da semirette o da segmenti e semirette.

Abbiamo già incontrato una funzione lineare a tratti: la **funzione modulo** $y = |x|$.

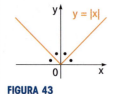
FIGURA 43

ESEMPI

1 Tracciamo il grafico della funzione definita da

$$y = \begin{cases} -x & \text{per } x < -1 \\ x - 5 & \text{per } 0 \leq x < 6 \end{cases}$$

e individuiamo il dominio e il codominio della funzione.

La relazione precedente può anche essere scritta nella forma equivalente

$$\underbrace{\begin{cases} y = -x \\ x < -1 \end{cases}}_{A} \lor \underbrace{\begin{cases} y = x - 5 \\ 0 \leq x < 6 \end{cases}}_{B}$$

▶ Le relazioni **A** definiscono una semiretta privata della sua origine, contenuta nella retta di equazione $y = -x$ (bisettrice del 2°-4° quadrante): per ottenerla occorre considerare solo i punti della retta la cui ascissa è minore di -1 (**FIGURA 44**).

▶ Le relazioni **B** definiscono un segmento, privato di un estremo, contenuto nella retta di equazione $y = x - 5$: per ottenerlo occorre considerare solo i punti della retta le cui ascisse soddisfano la condizione $0 \leq x < 6$ (**FIGURA 45**). Come sappiamo, per tracciare la retta di equazione $y = x - 5$ basta individuare due suoi punti qualsiasi: in questo caso, però, è opportuno considerare proprio i due punti della retta le cui ascisse sono 0 e 6.

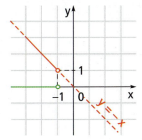

FIGURA 44

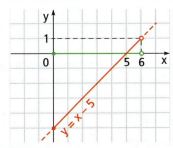

FIGURA 45

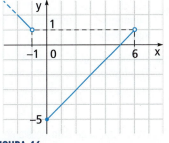

FIGURA 46

Il grafico della funzione è in **FIGURA 46** e si ottiene riunendo la semiretta e il segmento prima considerati. Dall'esame della figura possiamo dedurre il dominio e il codominio:

$$D = \{x \in \mathbb{R} | x < -1 \lor 0 \leq x < 6\} = (-\infty\,;\,-1) \cup [0\,;\,6)$$
$$C = \{y \in \mathbb{R} | -5 \leq y < 1 \lor y > 1\}$$

2 Tracciamo il grafico della funzione **parte intera**: tale funzione associa a ogni numero reale x il più grande intero relativo minore o uguale a x. La parte intera di un numero x si indica con uno dei seguenti simboli:

$$\text{int}(x) \qquad [x] \qquad \text{floor}(x) \text{ (in inglese)}$$

In base alla definizione data possiamo scrivere, ad esempio, $\text{int}(-3) = -3$, $\text{int}(4) = 4$, $\text{int}(0) = 0$, $\text{int}(2{,}9987) = 2$, $\text{int}(-7{,}1) = -8$, $\text{int}\left(-\dfrac{5}{2}\right) = \text{int}(-2{,}5) = -3$, $\text{int}(-\sqrt{3}) = \text{int}(-1{,}732...) = -2$, $\text{int}\left(\dfrac{17}{3}\right) = \text{int}(5{,}666...) = 5$.

Il grafico della funzione $y = \text{int}(x)$ è in **FIGURA 47**.

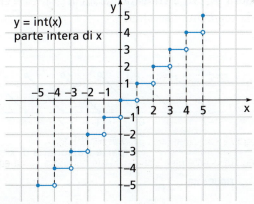

FIGURA 47

Il grafico di $y = \text{int}(x)$ è costituito da infiniti segmenti paralleli all'asse x, di misura 1, privi dell'estremo destro. Infatti, si ha

...
per $-2 \leq x < -1 \longrightarrow y = \text{int}(x) = -2$
per $-1 \leq x < 0 \longrightarrow y = \text{int}(x) = -1$
per $0 \leq x < 1 \longrightarrow y = \text{int}(x) = 0$
per $1 \leq x < 2 \longrightarrow y = \text{int}(x) = 1$
per $2 \leq x < 3 \longrightarrow y = \text{int}(x) = 2$
...

Il **dominio** della funzione parte intera è $\mathbb{R}$ e il **codominio** è $\mathbb{Z}$, cioè l'insieme dei numeri interi relativi.

> Su alcuni testi si trova, per la parte frazionaria di un numero x, la scrittura
> $(x) = x - \text{int}(x)$

3 Tracciamo il grafico di un'altra funzione lineare a tratti, la funzione **parte frazionaria**. Tale funzione, che indicheremo con f, associa a ogni numero reale la differenza tra il numero stesso e la sua parte intera:

$$f(x) = x - \text{int}(x)$$

Dalla definizione data possiamo ad esempio scrivere

$f(-5) = 0 \quad f(0) = 0 \quad f(132) = 0 \quad f(2{,}34) = 2{,}34 - 2 = 0{,}34$
$f(5{,}1) = 5{,}1 - 5 = 0{,}1 \quad f(-2{,}4) = -2{,}4 - (-3) = 0{,}6$
$f(-0{,}8) = -0{,}8 - (-1) = 0{,}2$

Come puoi notare, la parte frazionaria di un numero reale è sempre maggiore o uguale a zero:

$$x - \text{int}(x) \geq 0 \quad \forall x \in \mathbb{R}$$

Ad esempio:

per $-2 \leq x < -1 \longrightarrow y = f(x) = x - (-2) = x + 2$
per $-1 \leq x < 0 \longrightarrow y = f(x) = x - (-1) = x + 1$
per $0 \leq x < 1 \longrightarrow y = f(x) = x - 0 = x$
per $1 \leq x < 2 \longrightarrow y = f(x) = x - 1$
per $2 \leq x < 3 \longrightarrow y = f(x) = x - 2$

e così via.
Il grafico della funzione, in **FIGURA 48**, è costituito da infiniti segmenti, tutti inclinati di 45° sull'asse x e tutti privati dell'estremo che non appartiene all'asse x.
Il dominio di f è $\mathbb{R}$ e il codominio è l'intervallo $[0; 1)$.

> Se k è il generico numero intero relativo, la funzione ha equazione
> $y = x - k$ per tutti gli x dell'intervallo $[k; k+1)$.

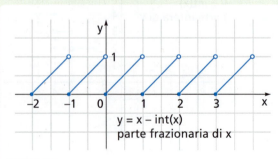

$y = x - \text{int}(x)$
parte frazionaria di x

FIGURA 48

Qual è il prezzo giusto?

Soluzione del problema di pag. 3

Come fa la Stereovision a stabilire a quale prezzo conviene vendere lo schermo televisivo che ha brevettato?

I manager della Stereovision sanno che non conviene vendere il nuovo schermo televisivo né a un prezzo troppo alto né a uno troppo basso. Come faranno a stabilire un prezzo adeguato?
Per risolvere problematiche di questo tipo si studia il mercato potenziale di un certo prodotto, analizzando le cosiddette *curva di domanda* e *curva di offerta*.
La **curva di domanda** descrive il comportamento dei consumatori e lega la quantità di pezzi acquistati al loro prezzo; è una funzione in cui quando il prezzo aumenta si vendono meno pezzi. Una tipica curva di domanda è riportata in **FIGURA 49a**.
Osserviamo che se il prezzo supera un certo limite la quantità venduta scende a zero.
La **curva di offerta** descrive il comportamento del produttore e lega la quantità di pezzi prodotti e messi in commercio al loro prezzo. A differenza della curva di domanda, se il prezzo è troppo basso non è conveniente produrre, mentre è redditizio farlo se il prezzo è alto (**FIGURA 49b**).

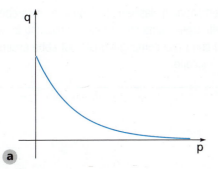
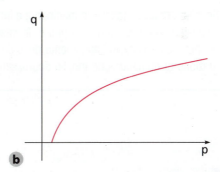

FIGURA 49
Una curva di domanda (**a**) e una curva di offerta (**b**). La variabile indipendente p è il prezzo del bene, mentre q indica la quantità acquistata (per la curva di domanda) o prodotta (per la curva di offerta)

In un modello semplificato possiamo rappresentare le curve di domanda e offerta con la funzione più semplice, cioè la funzione lineare, e poi interpretare il significato dei parametri che compaiono nella sua equazione: il grafico sarà quindi una retta. Nelle formule usiamo come variabili p e q al posto di x e y, e indichiamo i parametri con m (il coefficiente angolare) e k (l'ordinata all'origine). Perciò l'equazione di una generica retta è $q = mp + k$.
Affinché il modello abbia significato economico, dobbiamo considerare solo le parti di retta corrispondenti alle condizioni $p > 0$ e $q > 0$; quindi, in realtà, si tratta di segmenti o semirette (**FIGURA 50**).

FIGURA 50

Nel caso della curva di domanda, p_{max} rappresenta il prezzo corrispondente a $q = 0$: quindi si tratta del massimo prezzo che il consumatore è disposto a pagare per quel bene, mentre per prezzi superiori la quantità acquistata è nulla.

Invece il coefficiente angolare *m* (che per la domanda è negativo) indica la diminuzione di domanda conseguente all'aumento di una unità di prezzo.

Nella curva di offerta, p_{min} indica il prezzo minimo per cui i produttori sono disposti a mettere in commercio il bene, mentre il coefficiente angolare (positivo) rappresenta l'aumento di produzione conseguente all'aumento di una unità di prezzo.

Il punto *E* rappresenta la situazione in cui il mercato è in equilibrio: il prezzo è tale per cui la quantità richiesta dai consumatori è uguale a quella offerta dai produttori.

ESERCIZI

1. Che effetto può avere una diminuzione dello stipendio medio dei consumatori sulla curva di domanda? Pensi che modifichi *k*, *m* o entrambi? Dipende dal tipo di bene? Quale effetto può avere sul prezzo di equilibrio di un oggetto?

2. Viene messa a punto una nuova tecnologia di produzione che permette di ridurre i costi di produzione delle automobili. Quale effetto può avere sulla curva di offerta? E sul prezzo di equilibrio?

3. Quale situazione si crea se il prezzo è minore del prezzo di equilibrio?

4. Quale situazione si crea se il prezzo è maggiore di quello di equilibrio?

5. Scegli un prodotto (anche immaginario) e intervista i tuoi compagni di classe chiedendo loro se sarebbero disposti a comprarlo a diversi prezzi. In base ai dati raccolti rappresenta su un piano cartesiano la serie dei punti che descrive l'andamento della domanda. Discuti con i tuoi compagni quale potrebbe essere la funzione di domanda che meglio approssima il campione raccolto.

Il piano cartesiano e la retta

Il piano cartesiano

▶ **Coordinate cartesiane e quadranti del piano cartesiano**

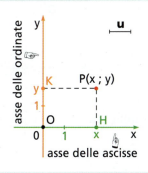 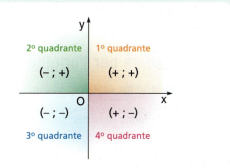

Per esempio $P(5 ; 3)$ indica il punto che ha coordinate 5 e 3, cioè *ascissa* 5 e *ordinata* 3. Si può scrivere anche $x_P = 5$, $y_P = 3$.

$$\text{Origine} \longrightarrow O(0 ; 0) \qquad P \in \text{asse } x \longrightarrow P(x ; 0) \qquad P \in \text{asse } y \longrightarrow P(0 ; y)$$

▶ **Distanza tra due punti**

La distanza tra due punti $A(x_A ; y_A)$ e $B(x_B ; y_B)$ è la misura $\overline{AB}$ del segmento AB.

SpiegaMatica: distanza tra due punti

- **Caso 1.** A e B hanno la stessa ordinata, cioè appartengono a una retta parallela all'asse x:

$$y_A = y_B \longrightarrow \overline{AB} = |x_B - x_A|$$

$A(-2 ; 2)$ e $B(3 ; 2)$ $\longrightarrow$ $\overline{AB} = |+3 - (-2)| = 5$

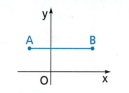

- **Caso 2.** A e B hanno la stessa ascissa, cioè appartengono a una retta parallela all'asse y:

$$x_A = x_B \longrightarrow \overline{AB} = |y_B - y_A|$$

$A(2 ; 5)$ e $B(2 ; 1)$ $\longrightarrow$ $\overline{AB} = |1 - 5| = |-4| = 4$

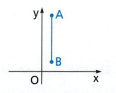

- **Caso generale.** A e B sono in posizione qualsiasi:

$$\overline{AB} = \sqrt{(x_B - x_A)^2 + (y_B - y_A)^2}$$

$A(-3 ; 8)$ e $B(5 ; 2)$ $\longrightarrow$

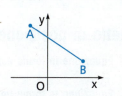

$\longrightarrow \overline{AB} = \sqrt{(5+3)^2 + (2-8)^2} = \sqrt{8^2 + (-6)^2} = \sqrt{64 + 36} = \sqrt{100} = 10$

La formula generale vale anche nei casi 1 e 2.

Teoria.zip

▶ **Coordinate del punto medio di un segmento**

$$x_M = \frac{x_A + x_B}{2} \qquad y_M = \frac{y_A + y_B}{2}$$

$$A(9\,;\,2) \qquad B(-6\,;\,12) \quad \longrightarrow$$

$$\longrightarrow \quad x_M = \frac{9-6}{2} \qquad y_M = \frac{2+12}{2} \quad \longrightarrow \quad M\left(\frac{3}{2}\,;\,7\right)$$

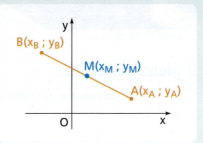

Queste formule si possono applicare anche se i punti hanno la stessa ascissa o la stessa ordinata.

Retta passante per l'origine

▶ **Equazione in forma esplicita**: $y = mx$ (m coefficiente angolare).

▶ **Equazione in forma implicita**: $ax + by = 0$ con a e b non entrambi nulli $\left(m = -\dfrac{a}{b} \text{ coefficiente angolare se } b \neq 0\right)$.

▶ **Coefficiente angolare** di una retta passante per l'origine (distinta dall'asse y) è
  - il rapporto tra l'ordinata e l'ascissa di un suo qualsiasi punto diverso dall'origine;
  - l'ordinata del suo punto di ascissa 1.

▶ **Equazione dell'asse x**: $y = 0$ ($m = 0$).

▶ **Equazione dell'asse y**: $x = 0$ (m **non** è definito).

▶ **Angolo formato da una retta r con l'asse x**: è l'angolo che il semiasse positivo delle ascisse dovrebbe descrivere in verso antiorario per sovrapporsi alla retta r.

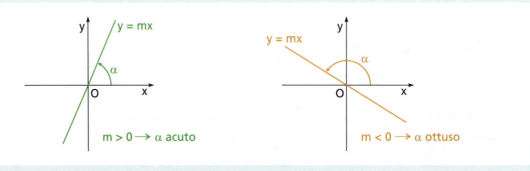

▶ **Bisettrici dei quadranti**
  - $y = x$ (bisettrice del 1°-3° quadrante: $m = 1$ e $\alpha = 45°$)
  - $y = -x$ (bisettrice del 2°-4° quadrante: $m = -1$ e $\alpha = 135°$).

Retta in posizione generica

▶ **Equazione in forma esplicita**: $y = mx + q$ (m coefficiente angolare; q ordinata all'origine).

▶ **Equazione in forma implicita**: $ax + by + c = 0$ con a e b non entrambi nulli $\left(m = -\dfrac{a}{b}, \text{ se } b \neq 0\right)$.

▶ **Retta parallela all'asse y**: $x = h$ (m non è definito).

▶ **Retta parallela all'asse x**: $y = q$ ($m = 0$).

▶ **Coefficiente angolare della retta passante per due punti $A(x_1; y_1)$ e $B(x_2; y_2)$, con $x_1 \neq x_2$**

$$m = \frac{y_2 - y_1}{x_2 - x_1}$$

$A = (-4; 4)$ e $B(8; -2)$ $\qquad m_{AB} = \frac{-2 - 4}{8 + 4} = \frac{-6}{12} = -\frac{1}{2}$

▶ **Rette parallele**: due rette r e s, non parallele all'asse y, sono parallele tra loro se e solo se hanno lo stesso coefficiente angolare. In simboli

$$r \parallel s \iff m_r = m_s$$

$r: 4x + y + 1 = 0 \quad$ e $\quad s: y = -4x + 5 \qquad m_r = m_s = -4$

▶ **Rette perpendicolari**: due rette r e s, non parallele agli assi cartesiani, sono perpendicolari tra loro se e solo se il prodotto dei loro coefficienti angolari è -1. In simboli

$$r \perp s \iff m_r \cdot m_s = -1 \qquad \text{oppure} \qquad r \perp s \iff m_r = -\frac{1}{m_s}$$

$r: y = 5x + 1 \quad$ e $\quad s: y = -\frac{1}{5}x - 2 \qquad m_r = 5 \qquad m_s = -\frac{1}{5} \quad \longrightarrow \quad m_r \cdot m_s = 5 \cdot \left(-\frac{1}{5}\right) = -1$

▶ **Equazione della retta passante per il punto $P(x_0; y_0)$ e con coefficiente angolare m**

$$y - y_0 = m(x - x_0)$$

L'equazione della retta passante per il punto $P(3; -1)$ e con coefficiente angolare 2 è

$$y + 1 = 2(x - 3) \quad \longrightarrow \quad y = 2x - 7$$

▶ **Equazione della retta passante per due punti $P(x_1; y_1)$ e $Q(x_2; y_2)$**

$$\frac{y - y_1}{y_2 - y_1} = \frac{x - x_1}{x_2 - x_1} \qquad \text{con } x_1 \neq x_2 \wedge y_1 \neq y_2$$

La retta passante per $P(3; 4)$ e $Q(-1; -2)$ ha equazione $\dfrac{y - 4}{-2 - 4} = \dfrac{x - 3}{-1 - 3} \longrightarrow 3x - 2y - 1 = 0$.

▶ **Condizione di allineamento** di tre punti distinti $P(x_1; y_1)$, $Q(x_2; y_2)$, $S(x_3; y_3)$

$$\frac{y_3 - y_1}{y_2 - y_1} = \frac{x_3 - x_1}{x_2 - x_1} \qquad \text{con } x_1 \neq x_2 \wedge y_1 \neq y_2$$

I punti $P(3; 4)$, $Q(-1; -2)$ e $S(5; 7)$ sono allineati, infatti soddisfano la condizione

$$\frac{7 - 4}{-2 - 4} = \frac{5 - 3}{-1 - 3} \quad \longrightarrow \quad -\frac{1}{2} = -\frac{1}{2}$$

▶ **Distanza d di un punto $P(x_0; y_0)$ da una retta di equazione $ax + by + c = 0$**

$$d = \frac{|ax_0 + by_0 + c|}{\sqrt{a^2 + b^2}}$$

La distanza di $P(-2; 5)$ dalla retta $4x - 3y + 1 = 0$ è

$$d = \frac{|-8 - 15 + 1|}{\sqrt{16 + 9}} = \frac{22}{5}$$

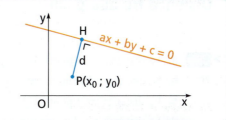

SpiegaMatica: retta nel piano cartesiano

Funzioni lineari a tratti

Si chiamano **funzioni lineari a tratti** quelle funzioni il cui grafico è costituito da segmenti, da semirette oppure da segmenti e semirette.

Capitolo 1 — Esercizi

- Il piano cartesiano
- Retta passante per l'origine
- Retta in posizione generica
- Funzioni lineari a tratti
- Esercizi di riepilogo
- Autovalutazione
- Esercizi per il recupero
- Esercidi di approfondimento
- Verso la Prova Invalsi

■ Il piano cartesiano

Coordinate cartesiane

VERO O FALSO?

1 **a.** Il punto di coordinate $(3\,;\,-7)$ appartiene al secondo quadrante. [V] [F]
b. Tutti i punti che hanno coordinate concordi appartengono al primo quadrante. [V] [F]
c. I punti che hanno ordinata positiva appartengono al primo o al secondo quadrante. [V] [F]
d. I punti interni al quarto quadrante hanno entrambe le coordinate negative. [V] [F]

QUESITI A RISPOSTA MULTIPLA

2 A quale quadrante appartiene il punto $A(1\,;\,-3)$?
  [a] Primo   [b] Secondo   [c] Terzo   [d] Quarto

3 I punti interni al terzo quadrante hanno
  [a] entrambe le coordinate positive   [b] ascissa positiva e ordinata negativa
  [c] ascissa negativa e ordinata positiva   [d] entrambe le coordinate negative

4 Quale dei seguenti punti appartiene al secondo quadrante?
  [a] $A(5\,;\,-2)$ [b] $B(-3\,;\,1)$ [c] $C(4\,;\,4)$ [d] $D(-3\,;\,-6)$

Distanza tra due punti

VERO O FALSO?

5 **a.** La distanza tra i punti $A(3\,;\,1)$ e $B(3\,;\,5)$ è 4. [V] [F]
b. Se due punti hanno la stessa ordinata non si può calcolare la loro distanza. [V] [F]
c. La distanza tra i punti $A(2\,;\,7)$ e $B(2\,;\,2)$ è -5. [V] [F]
d. La distanza tra due generici punti $A(x_A\,;\,y_A)$ e $B(x_B\,;\,y_B)$ è $|x_B - x_A| + |y_B - y_A|$. [V] [F]

QUESITI A RISPOSTA MULTIPLA

6 La distanza tra $A(1\,;\,1)$ e $B(4\,;\,5)$ è   [a] 3   [b] 2   [c] 4   [d] 5

7 La distanza tra $A(-1\,;\,3)$ e $B(5\,;\,3)$ è   [a] 3   [b] 4   [c] 5   [d] 6

▷▶ **8** La distanza tra i punti di una delle seguenti coppie è 2. Qual è la coppia?

[a] $A(1\,;\,1)$ e $B(3\,;\,3)$ [b] $C(3\,;\,3)$ e $D(4\,;\,4)$
[c] $E(4\,;\,-2)$ e $F(4\,;\,2)$ [d] $G(-3\,;\,5)$ e $H(-1\,;\,5)$

Calcola la distanza tra i punti delle seguenti coppie.

ESERCIZI SVOLTI

▷▶ **9** $A(-3\,;\,6)$ e $B(-3\,;\,-2)$

La rappresentazione dei punti A e B è nella figura a lato.
Poiché $x_A = x_B = -3$, la distanza tra A e B è data dalla formula

$$\overline{AB} = |y_B - y_A|$$

Otteniamo
$$\overline{AB} = |-2 - 6| = |-8| \longrightarrow \overline{AB} = 8$$

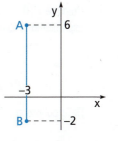

▷▶ **10** $A(-4\,;\,-3)$ e $B(1\,;\,9)$

La rappresentazione dei punti A e B è nella figura a lato.
In questo caso $x_A \neq x_B$ e $y_A \neq y_B$. Dobbiamo pertanto applicare la formula generale:

$$\overline{AB} = \sqrt{(x_B - x_A)^2 + (y_B - y_A)^2}$$

Otteniamo perciò:
$$\overline{AB} = \sqrt{[1-(-4)]^2 + [9-(-3)]^2} = \sqrt{5^2 + 12^2} =$$
$$= \sqrt{169} \longrightarrow \overline{AB} = 13$$

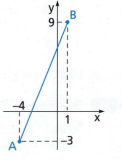

▷▶ **11** $A(2\,;\,3)$ e $B(2\,;\,-6)$ $\qquad$ $A(-5\,;\,4)$ e $B(-3\,;\,4)$ $\qquad$ [9; 2]

▷▶ **12** $A(3\,;\,1)$ e $B(8\,;\,1)$ $\qquad$ $A(-2\,;\,6)$ e $B(-2\,;\,-6)$ $\qquad$ [5; 12]

▷▶ **13** $A(3\,;\,-1)$ e $B(3\,;\,-4)$ $\qquad$ $A(7\,;\,-1)$ e $B(13\,;\,-1)$ $\qquad$ [3; 6]

▷▶ **14** $A(2\,;\,1+\pi)$ e $B(-6\,;\,1+\pi)$ $\qquad$ $A\left(\frac{1}{\pi}\,;\,-12\right)$ e $B\left(\frac{1}{\pi}\,;\,-3\right)$ $\qquad$ [8; 9]

▷▶ **15** $A\left(\sqrt{19}\,;\,\frac{1}{2}\right)$ e $B\left(\sqrt{19}\,;\,-\frac{3}{2}\right)$ $\qquad$ $A\left(-\frac{1}{3}\,;\,\sqrt{5}\right)$ e $B\left(\frac{1}{3}\,;\,\sqrt{5}\right)$ $\qquad$ $\left[2;\,\frac{2}{3}\right]$

▷▶ **16** $A(-2\,;\,-9)$ e $B(-2\,;\,9)$ $\qquad$ $A(11\,;\,-33)$ e $B(-11\,;\,-33)$ $\qquad$ [18; 22]

▷▶ **17** $A(-4\,;\,1)$ e $B(-1\,;\,2)$ $\qquad$ $A(-2\,;\,1)$ e $B(2\,;\,4)$ $\qquad$ $[\sqrt{10};\,5]$

▷▶ **18** $A(2\,;\,1)$ e $B(1\,;\,2)$ $\qquad$ $A(-10\,;\,1)$ e $B(2\,;\,6)$ Videolezione $\qquad$ $[\sqrt{2};\,13]$

▷▶ **19** $A(-6\,;\,3)$ e $B(0\,;\,-5)$ $\qquad$ $A(0\,;\,-5)$ e $B(-2\,;\,0)$ $\qquad$ $[10;\,\sqrt{29}]$

▷▶ **20** $A(6\,;\,0)$ e $B(0\,;\,8)$ $\qquad$ $A\left(-\frac{3}{2}\,;\,2\right)$ e $B\left(\frac{3}{2}\,;\,-2\right)$ $\qquad$ [10; 5]

▷▶ **21** $A\left(\frac{4}{5}\,;\,0\right)$ e $B\left(\frac{1}{5}\,;\,\frac{4}{5}\right)$ $\qquad$ [1]

▷▶ **22** $A\left(\frac{11}{10}\,;\,-\frac{1}{2}\right)$ e $B\left(\frac{1}{2}\,;\,\frac{3}{10}\right)$ $\qquad$ [1]

▷▶ **23** $A\left(-\frac{13}{15}\,;\,\frac{1}{3}\right)$ e $B\left(\frac{1}{3}\,;\,\frac{29}{15}\right)$ Videolezione $\qquad$ [2]

▷▶ **24** $A\left(\frac{9}{5}\,;\,-\frac{13}{15}\right)$ e $B\left(5\,;\,-\frac{49}{15}\right)$ $\qquad$ [4]

ESERCIZI

ESERCIZI SVOLTI

▶▶ 25 Dato il punto $A(6; 3)$, determiniamo sull'asse y un punto P tale che $\overline{AP} = 10$.

Osserva che determinare un punto nel piano cartesiano significa calcolarne le coordinate. In questo caso abbiamo che
- l'ascissa di P è 0, perché il punto appartiene all'asse y;
- l'ordinata di P è incognita: indichiamola con y.

Quindi è $P(0; y)$.
Esprimiamo la distanza tra A e P in funzione dell'incognita y:

$$\overline{AP} = \sqrt{(x_P - x_A)^2 + (y_P - y_A)^2} \longrightarrow \overline{AP}^2 = (x_P - x_A)^2 + (y_P - y_A)^2 \longrightarrow$$

$$\longrightarrow \overline{AP}^2 = (0 - 6)^2 + (y - 3)^2 \longrightarrow \overline{AP}^2 = 36 + y^2 - 6y + 9 \longrightarrow \overline{AP}^2 = y^2 - 6y + 45$$

Dalla condizione $\overline{AP} = 10 \longrightarrow \overline{AP}^2 = 100$ otteniamo

$$y^2 - 6y + 45 = 100 \longrightarrow \underbrace{y^2 - 6y - 55}_{\substack{\text{trinomio notevole} \\ \text{nella variabile } y \\ (s=-6,\ p=-55)}} = 0 \longrightarrow (y + 5)(y - 11) = 0 \begin{cases} y_1 = -5 \\ y_2 = 11 \end{cases}$$

Esistono quindi due punti che hanno la proprietà richiesta: $P_1(0; -5)$ e $P_2(0; 11)$.

▶▶ 26 Determiniamo sull'asse x un punto equidistante da $A(-2; 1)$ e $B(4; -5)$.

Dobbiamo determinare l'ascissa di un punto $P(x; 0)$ in modo che sia $\overline{PA} = \overline{PB}$, cioè $\overline{PA}^2 = \overline{PB}^2$:

$$\overline{PA} = \sqrt{(x_P - x_A)^2 + (y_P - y_A)^2} \longrightarrow$$
$$\longrightarrow \overline{PA}^2 = [x - (-2)]^2 + (0 - 1)^2 = x^2 + 4x + 5$$

$$\overline{PB} = \sqrt{(x_P - x_B)^2 + (y_P - y_B)^2} \longrightarrow$$
$$\longrightarrow \overline{PB}^2 = (x - 4)^2 + [0 - (-5)]^2 = x^2 - 8x + 41$$

Si ha pertanto

$$\overline{PA}^2 = \overline{PB}^2 \longrightarrow \cancel{x^2} + 4x + 5 = \cancel{x^2} - 8x + 41 \longrightarrow 12x = 36 \longrightarrow x = 3$$

Il punto richiesto è perciò $P(3; 0)$.

▶▶ 27 Determiniamo, sulla retta r passante per il punto $P(2; 1)$ e parallela all'asse x, un punto Q in modo che la misura di PQ sia 3.

Affinché P e Q si trovino su una parallela all'asse x, deve essere $y_P = y_Q$; quindi, poiché $y_P = 1$, deve essere anche $y_Q = 1$.
La distanza tra P e Q è espressa da $|x_Q - x_P|$; pertanto, affinché risulti $\overline{PQ} = 3$, si deve avere

$$|x_Q - x_P| = 3 \longrightarrow |x_Q - 2| = 3$$

Poiché il valore assoluto di un numero è uguale a 3 *solo* se quel numero è 3 o -3, l'ultima relazione diviene

$$|x_Q - 2| = 3 \begin{cases} x_Q - 2 = -3 \longrightarrow x_Q = -1 \\ x_Q - 2 = 3 \longrightarrow x_Q = 5 \end{cases}$$

Il problema proposto ha quindi due soluzioni (vedi figura a lato); tenendo presente che, come già sappiamo, $y_Q = 1$, il punto cercato può essere

$Q_1(-1\,;\,1)$ oppure $Q_2(5\,;\,1)$

Notiamo che i punti Q_1 e Q_2 sono simmetrici rispetto a P.

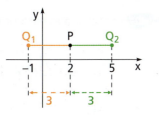

▶▶ **28** Determina sull'asse x un punto la cui distanza da $A(-3\,;\,3)$ sia 5. $\qquad [(-1\,;\,0) \text{ e } (7\,;\,0)]$

▶▶ **29** Determina sull'asse y un punto la cui distanza da $A(9\,;\,-12)$ sia 15. $\qquad [(0\,;\,-24) \text{ e } (0\,;\,0)]$

▶▶ **30** Determina sull'asse x un punto la cui distanza da $A\left(\dfrac{1}{5}\,;\,\dfrac{8}{5}\right)$ sia $\dfrac{8}{5}$. $\qquad \left[\left(\dfrac{1}{5}\,;\,0\right)\right]$

▶▶ **31** Determina sull'asse y un punto la cui distanza da $A\left(-\dfrac{9}{11}\,;\,\dfrac{2}{7}\right)$ sia $\dfrac{9}{11}$. $\qquad \left[\left(0\,;\,\dfrac{2}{7}\right)\right]$

▶▶ **32** Determina sulla retta r passante per $P(4\,;\,-3)$ e parallela all'asse y un punto Q in modo che la misura di PQ sia 8. $\qquad [Q_1(4\,;\,5) \text{ e } Q_2(4\,;\,-11)]$

▶▶ **33** Determina sulla retta r passante per $P(-10\,;\,-2)$ e parallela all'asse x un punto Q in modo che la misura di PQ sia 2. $\qquad [Q_1(-12\,;\,-2) \text{ e } Q_2(-8\,;\,-2)]$

▶▶ **34** Determina sulla retta r passante per $P\left(3\,;\,-\dfrac{1}{4}\right)$ e parallela all'asse y un punto Q in modo che la misura di PQ sia 1. $\qquad \left[Q_1\left(3\,;\,\dfrac{3}{4}\right) \text{ e } Q_2\left(3\,;\,-\dfrac{5}{4}\right)\right]$

▶▶ **35** Determina sull'asse x un punto equidistante da $A(5\,;\,-2)$ e $B(6\,;\,-3)$. $\qquad [(8\,;\,0)]$

▶▶ **36** Determina sull'asse y un punto equidistante da $A(-5\,;\,3)$ e $B(4\,;\,6)$. $\qquad [(0\,;\,3)]$

▶▶ **37** Determina sull'asse x un punto equidistante da $A\left(-\dfrac{2}{3}\,;\,\dfrac{3}{2}\right)$ e $B\left(1\,;\,-\dfrac{5}{6}\right)$. $\qquad \left[\left(-\dfrac{3}{10}\,;\,0\right)\right]$

▶▶ **38** Determina sull'asse y un punto equidistante da $A\left(\dfrac{1}{2}\,;\,-\dfrac{1}{2}\right)$ e $B(-1\,;\,1)$. $\qquad \left[\left(0\,;\,\dfrac{1}{2}\right)\right]$

■ **ESERCIZI SVOLTI**

▶▶ **39** Determiniamo il perimetro del triangolo di vertici $A(2\,;\,2)$, $B(-1\,;\,-2)$, $C\left(-\dfrac{17}{2}\,;\,2\right)$.

Calcoliamo le misure dei lati:

$\overline{AB} = \sqrt{(x_B - x_A)^2 + (y_B - y_A)^2} \quad \longrightarrow \quad \overline{AB} = \sqrt{(-1-2)^2 + (-2-2)^2} = \sqrt{25} = 5$

$\overline{AC} = |x_C - x_A| \quad \longrightarrow \quad \overline{AC} = \left|-\dfrac{17}{2} - 2\right| = \dfrac{21}{2}$

$\overline{BC} = \sqrt{(x_C - x_B)^2 + (y_C - y_B)^2} \quad \longrightarrow \quad \overline{BC} = \sqrt{\left[-\dfrac{17}{2} - (-1)\right]^2 + [2-(-2)]^2} = \sqrt{\dfrac{289}{4}} = \dfrac{17}{2}$

La misura del perimetro di ABC è perciò $5 + \dfrac{21}{2} + \dfrac{17}{2} = 24$.

ESERCIZI

▷▶ 40 Verifichiamo analiticamente **se** il triangolo di vertici $A(2; 4)$, $B(-1; 0)$, $C\left(\dfrac{58}{5}; -\dfrac{16}{5}\right)$ è rettangolo.

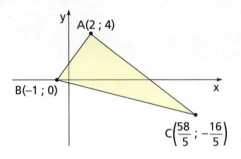

> **NOTA BENE**
> Verificare *analiticamente* una proprietà significa verificarla per mezzo del calcolo algebrico e non, ad esempio, per via grafica. Usualmente le verifiche richieste in matematica sono verifiche analitiche e quindi l'avverbio «analiticamente» di solito è sottinteso.

Basta verificare che per il triangolo ABC vale il teorema di Pitagora. Si ha:

$$\overline{AB}^2 = (-1 - 2)^2 + (0 - 4)^2 = 25$$

$$\overline{AC}^2 = \left(\dfrac{58}{5} - 2\right)^2 + \left(-\dfrac{16}{5} - 4\right)^2 = 144$$

$$\overline{BC}^2 = \left(\dfrac{58}{5} + 1\right)^2 + \left(-\dfrac{16}{5} - 0\right)^2 = 169$$

Poiché risulta $25 + 144 = 169 \longrightarrow \overline{AB}^2 + \overline{AC}^2 = \overline{BC}^2$, possiamo concludere che ABC è un triangolo rettangolo; l'ipotenusa è BC e l'angolo in A è retto.

▷▶ 41 Verifica se il triangolo di vertici $A(-1; 0)$, $B(-4; -3)$, $C(4; -8)$ è isoscele. [sì: $BC \cong AC$]

▷▶ 42 Verifica se il triangolo di vertici $A(2; 3)$, $B(-5; -3)$, $C(7; -5)$ è isoscele. [no]

▷▶ 43 Verifica se il triangolo di vertici $A\left(\dfrac{2}{5}; -1\right)$, $B\left(-2; \dfrac{3}{5}\right)$, $C(0; 1)$ è isoscele. [sì]

▷▶ 44 Verifica se il triangolo di vertici $A(1; -3)$, $B(-1; 5)$, $C(8; 3)$ è isoscele. [sì]

▷▶ 45 Verifica se il triangolo di vertici $A(-2; -2)$, $B(-4; 1)$, $C(2; 5)$ è scaleno. [sì]

▷▶ 46 Verifica se il triangolo di vertici $A(2; 3)$, $B(-3; 1)$, $C(-1; 6)$ è scaleno. [no]

▷▶ 47 Verifica se il triangolo di vertici $A(1; -1)$, $B(5; 2)$, $C\left(-\dfrac{31}{5}; \dfrac{43}{5}\right)$ è rettangolo. Videolezione [sì]

▷▶ 48 Verifica se il triangolo di vertici $A(2; 1)$, $B\left(\dfrac{7}{2}; 3\right)$, $C\left(-\dfrac{13}{10}; \dfrac{33}{5}\right)$ è rettangolo. [sì]

▷▶ 49 Verifica se il triangolo di vertici $A(10; 3)$, $B\left(10; \dfrac{21}{4}\right)$, $C(7; 7)$ è rettangolo. [no]

▷▶ 50 Verifica se il triangolo di vertici $A(4; 6)$, $B(7; 2)$, $C\left(7; \dfrac{33}{4}\right)$ è rettangolo. [no]

▷▶ 51 Verifica che il quadrilatero di vertici $A(2; 2)$, $B(8; 2)$, $C(10; 5)$, $D(4; 5)$ è un parallelogramma (basta verificare che i lati opposti siano congruenti).

▷▶ 52 Verifica che il quadrilatero di vertici $A(1; 0)$, $B(6; 0)$, $C(9; 4)$, $D(4; 4)$ è un rombo.

▷▶ 53 Sono dati i punti $A(0; 5)$, $B(-1; 2)$, $C(2; -1)$, $D(1; 3)$, $E\left(\dfrac{2}{5}; -\dfrac{6}{5}\right)$, $F(3; -3)$. Verifica che i due triangoli ABC e DEF sono congruenti.

ESERCIZIO SVOLTO

54 Dati i punti $A(5; -3)$ e $B(-2; -4)$, determiniamo sull'asse x un punto C in modo che il triangolo ABC sia rettangolo in C.

Affinché ABC sia un triangolo rettangolo in C, deve essere

$$\overline{AC}^2 + \overline{BC}^2 = \overline{AB}^2 \qquad \boxed{1}$$

Indichiamo con $(x; 0)$ le coordinate del punto C e determiniamo $\overline{AB}^2$, $\overline{BC}^2$ e $\overline{AC}^2$:

$\overline{AB}^2 = (x_B - x_A)^2 + (y_B - y_A)^2 \quad \longrightarrow \quad \overline{AB}^2 = (-2-5)^2 + [-4-(-3)]^2 \quad \longrightarrow \quad \overline{AB}^2 = 50$

$\overline{BC}^2 = (x_C - x_B)^2 + (y_C - y_B)^2 \quad \longrightarrow \quad \overline{BC}^2 = [x-(-2)]^2 + [0-(-4)]^2 \quad \longrightarrow \quad \overline{BC}^2 = x^2 + 4x + 20$

$\overline{AC}^2 = (x_C - x_A)^2 + (y_C - y_A)^2 \quad \longrightarrow \quad \overline{AC}^2 = (x-5)^2 + [0-(-3)]^2 \quad \longrightarrow \quad \overline{AC}^2 = x^2 - 10x + 34$

Sostituendo nell'uguaglianza $\boxed{1}$ le espressioni ora trovate, otteniamo

$$x^2 - 10x + 34 + x^2 + 4x + 20 = 50 \quad \longrightarrow \quad 2x^2 - 6x + 4 = 0 \quad \longrightarrow$$
$$\longrightarrow \quad x^2 - 3x + 2 = 0 \quad \longrightarrow \quad (x-1)(x-2) = 0 \quad \longrightarrow \quad x = 1 \lor x = 2$$

Il problema ha perciò due soluzioni: i punti che godono della proprietà richiesta sono

$$C_1(1; 0) \quad \text{e} \quad C_2(2; 0)$$

---

55 Dati i punti $A(1; 3)$ e $B(-1; -2)$, determina sull'asse x un punto C in modo che il triangolo ABC sia isoscele sulla base AB. $\left[C\left(\dfrac{5}{4}; 0\right)\right]$

56 Dati i punti $A\left(\dfrac{5}{2}; 0\right)$ e $B\left(-5; \dfrac{5}{2}\right)$, determina sull'asse y un punto C in modo che il triangolo ABC sia isoscele sulla base AB. $[C(0; 5)]$

57 Dati i punti $A(5; -4)$ e $B(1; 2)$, determina sull'asse x un punto C in modo che il triangolo ABC sia isoscele sulla base BC. $[C_1(-1; 0) \text{ e } C_2(11; 0)]$

58 Dati i punti $A(7; -5)$ e $B(-4; 3)$, determina sull'asse y un punto C in modo che il triangolo ABC sia isoscele sulla base AC. $[C_1(0; -10) \text{ e } C_2(0; 16)]$

59 Dati i punti $A(-5; 9)$ e $B(1; 1)$, determina sull'asse x un punto C in modo che il triangolo ABC sia rettangolo con ipotenusa AB. $[C(-2; 0)]$

60 Dati i punti $A\left(\dfrac{1}{2}; 0\right)$ e $B\left(-\dfrac{1}{2}; 0\right)$, determina sull'asse y un punto C in modo che il triangolo ABC sia rettangolo con ipotenusa AB. $\left[C_1\left(0; -\dfrac{1}{2}\right) \text{ e } C_2\left(0; \dfrac{1}{2}\right)\right]$

61 Dati i punti $A(-2; 3)$ e $B(2; 6)$, determina sull'asse y un punto C in modo che il triangolo ABC sia rettangolo con ipotenusa AC. $\left[C\left(0; \dfrac{26}{3}\right)\right]$

62 Dati i punti $A\left(\dfrac{1}{2}; -\dfrac{1}{3}\right)$ e $B\left(1; \dfrac{1}{3}\right)$, determina sull'asse x un punto C in modo che il triangolo ABC sia rettangolo con ipotenusa AC. $\left[C\left(\dfrac{13}{9}; 0\right)\right]$

63 L'ipotenusa di un triangolo rettangolo ha per estremi i punti $A(-1; 2)$ e $B(3; -4)$. Determina il vertice C dell'angolo retto, sapendo che la sua ascissa è l'opposto dell'ordinata di B. $[C_1(4; 1) \text{ e } C_2(4; -3)]$

64 Dati i punti $A(3; 0)$, $B(8; 12)$, $C(5; 16)$, determina sull'asse y un punto D in modo che il quadrilatero $ABCD$ sia un parallelogramma (deve essere $\overline{AB} = \overline{CD}$ e $\overline{AD} = \overline{BC}$). $[D(0; 4)]$

ESERCIZI

Punto medio di un segmento

QUESITI A RISPOSTA MULTIPLA

▷▶ **65** Le coordinate del punto medio del segmento di estremi $A(6; 4)$ e $B(-6; -4)$ sono
- **a** $(3; 2)$
- **b** $(-3; -2)$
- **c** $(0; 0)$
- **d** $(5; -5)$

▷▶ **66** L'origine $O(0; 0)$ è il punto medio di AB e le coordinate di A sono $(3; -1)$. Quali sono le coordinate di B?
- **a** $(-1; 3)$
- **b** $(1; -3)$
- **c** $(3; -1)$
- **d** $(-3; 1)$

▷▶ **67** Se A e B sono due punti dell'asse x, che cosa si può dire del punto medio di AB?
- **a** Appartiene all'asse x
- **b** Appartiene all'asse y
- **c** È l'origine
- **d** Nessuna delle risposte precedenti è corretta

Rappresenta nel piano cartesiano i segmenti che hanno per estremi i punti delle seguenti coppie e determina le coordinate dei loro punti medi.

▷▶ **68** $A(3; 3)$ e $B(3; -7)$ $A(-5; 4)$ e $B(-1; 4)$ $[(3; -2); (-3; 4)]$

▷▶ **69** $A(3; -3)$ e $B(-3; 3)$ $A(4; 4)$ e $B(-4; -4)$ $[(0; 0); (0; 0)]$

▷▶ **70** $A(12; 3)$ e $B(4; -3)$ $A(-7; 4)$ e $B(7; 4)$ $[(8; 0); (0; 4)]$

▷▶ **71** $A(-5; -1)$ e $B(4; 3)$ $A(9; 4)$ e $B(2; -9)$ $\left[\left(-\frac{1}{2}; 1\right); \left(\frac{11}{2}; -\frac{5}{2}\right)\right]$

▷▶ **72** $A\left(\frac{5}{3}; \frac{7}{4}\right)$ e $B\left(\frac{1}{3}; \frac{5}{4}\right)$ $A\left(1; -\frac{5}{6}\right)$ e $B\left(-\frac{2}{3}; \frac{4}{3}\right)$ $\left[\left(1; \frac{3}{2}\right); \left(\frac{1}{6}; \frac{1}{4}\right)\right]$

▷▶ **73** Calcola la distanza del punto $P(3; 1)$ dal punto medio del segmento di estremi $A(4; 9)$ e $B(10; 8)$. $\left[\frac{17}{2}\right]$

■ ESERCIZIO SVOLTO

▷▶ **74** Il punto medio del segmento AB è $M(4; -5)$ e le coordinate di A sono $(-3; -1)$. Determiniamo le coordinate dell'estremo B.

Si ha:

$$\left.\begin{array}{l} x_M = \dfrac{x_A + x_B}{2} \longrightarrow 4 = \dfrac{-3 + x_B}{2} \longrightarrow 8 = -3 + x_B \longrightarrow x_B = 11 \\ y_M = \dfrac{y_A + y_B}{2} \longrightarrow -5 = \dfrac{-1 + y_B}{2} \longrightarrow -10 = -1 + y_B \longrightarrow y_B = -9 \end{array}\right\} \longrightarrow B(11; -9)$$

▷▶ **75** Il punto medio del segmento AB è $M(3; -5)$ e le coordinate di A sono $(1; -3)$. Determina le coordinate dell'estremo B. $[(5; -7)]$

▷▶ **76** Il punto medio del segmento AB è $M(4; 5)$ e le coordinate di A sono $(3; 3)$. Determina le coordinate dell'estremo B. $[(5; 7)]$

▷▶ **77** Di un triangolo ABC sono noti i vertici $A(-4; 0)$ e $B(8; 0)$ e il punto medio $M(5; 4)$ del lato BC. Calcola la misura del perimetro del triangolo. $[32]$

▷▶ **78** Dato il triangolo di vertici $A(1; 2)$, $B(6; 5)$ e $C(13; -3)$, determina i punti medi M e N dei lati AB e BC. Calcola poi le misure di MN e AC e verifica che $\overline{MN} = \dfrac{1}{2}\overline{AC}$. $\left[\overline{MN} = \dfrac{13}{2}; \overline{AC} = 13\right]$

79 Dato il triangolo di vertici $A(8; -2)$, $B(2; -2)$, $C(5; 2)$, determina i punti medi M, N e P dei suoi lati; determina poi i perimetri di ABC e di MNP e verifica che il perimetro di ABC è il doppio di quello di MNP.

[i perimetri misurano 16 e 8]

ESERCIZIO SVOLTO

80 Dato il triangolo di vertici

$$A(2; -3) \quad B(12; -3) \quad C(7; 10)$$

verifichiamo che è isoscele e calcoliamone la misura dell'area.

Calcoliamo le misure dei lati del triangolo:

- $\overline{AB} = |x_B - x_A| \longrightarrow$
  $\longrightarrow \overline{AB} = |12 - 2| \longrightarrow$
  $\longrightarrow \overline{AB} = 10$

- $\overline{AC} = \sqrt{(x_C - x_A)^2 + (y_C - y_A)^2} \longrightarrow$
  $\longrightarrow \overline{AC} = \sqrt{(7-2)^2 + [10-(-3)]^2} \longrightarrow$
  $\longrightarrow \overline{AC} = \sqrt{194}$

- $\overline{BC} = \sqrt{(x_C - x_B)^2 + (y_C - y_B)^2} \longrightarrow$
  $\longrightarrow \overline{BC} = \sqrt{(7-12)^2 + [10-(-3)]^2} \longrightarrow$
  $\longrightarrow \overline{BC} = \sqrt{194}$

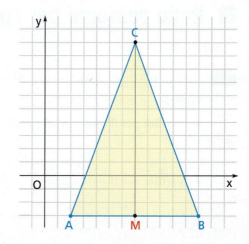

Si ha $\overline{AC} = \overline{BC}$ e quindi ABC è isoscele sulla base AB. Per determinarne l'area dobbiamo conoscere l'altezza relativa ad AB; a tale scopo, osserviamo che, in un triangolo isoscele, la mediana relativa alla base è anche altezza. Pertanto, per calcolare la misura dell'altezza, dobbiamo innanzitutto determinare le coordinate del punto medio M della base AB:

$$x_M = \frac{x_A + x_B}{2} \longrightarrow x_M = \frac{2+12}{2} = 7 \qquad y_A = y_B = -3$$

Si ha quindi $M(7; -3)$; la misura dell'altezza, che è la mediana MC, è data da

$$\overline{MC} = |y_C - y_M| \longrightarrow \overline{MC} = |10 - (-3)| \longrightarrow \overline{MC} = 13$$

La misura dell'area di ABC è dunque:

$$S_{ABC} = \frac{1}{2} \text{base} \cdot \text{altezza} = \frac{1}{2}\overline{AB} \cdot \overline{MC} \longrightarrow S_{ABC} = \frac{1}{2} \cdot 10 \cdot 13 = 65$$

81 Dato il triangolo di vertici $A(3; -4)$, $B(4; -8)$, $C(5; -4)$, verifica che è isoscele e calcolane la misura dell'area. $[AB \cong BC; \ 4]$

82 Dato il triangolo di vertici $A(8; 1)$, $B(16; 7)$, $C\left(\frac{24}{5}; \frac{68}{5}\right)$, verifica che è isoscele e calcolane la misura dell'area. [60]

83 Dato il triangolo di vertici $A\left(-4; -\frac{7}{2}\right)$, $B\left(\frac{8}{5}; -\frac{1}{5}\right)$, $C\left(0; -\frac{13}{2}\right)$, verifica che è isoscele e calcolane la misura dell'area. [15]

84 Dato il triangolo di vertici $A(5; -1)$, $B(-1; -1)$, $C(2; 3)$, verifica che è isoscele e determinane l'area. Calcola poi le coordinate dei punti medi M, N e P dei suoi lati e verifica che anche MNP è un triangolo isoscele e che la sua area è un quarto di quella di ABC.

[le aree misurano 12 e 3]

ESERCIZI

▷▶ **85** Verifica che il quadrilatero di vertici $A(-3\,;\,-2)$, $B(-1\,;\,5)$, $C(4\,;\,6)$, $D(2\,;\,-1)$ è un parallelogramma.

> **RICORDA!**
> In un parallelogramma le diagonali hanno lo stesso punto medio.

▷▶ **86** Dati i punti $A(0\,;\,3)$, $B(-1\,;\,-2)$, $C(6\,;\,0)$, determina un punto D in modo che $ABCD$ sia un parallelogramma. $\qquad [D(7\,;\,5)]$

▷▶ **87** Dati i punti $A(-1\,;\,8)$, $B(7\,;\,10)$, $C(6\,;\,3)$, determina un punto D in modo che $ABCD$ sia un parallelogramma. Calcola poi le coordinate dei punti medi M, N, P, Q dei lati del parallelogramma $ABCD$ e verifica che anche $MNPQ$ è un parallelogramma. $\qquad [D(-2\,;\,1)]$

■ Retta passante per l'origine

Quesiti

COMPLETARE...

▷▶ **88** Verifica **se** i punti $A(25\,;\,-10)$ e $B\left(-\dfrac{1}{5}\,;\,\dfrac{3}{25}\right)$ appartengono alla retta r di equazione $y = -\dfrac{2}{5}x$. Devi verificare se le coordinate di A e di B soddisfano l'equazione di r.

- **Verifica per il punto $A(25\,;\,-10)$.** Sostituiamo $x = 25$ e $y = \ldots$ nell'equazione $y = \dfrac{\ldots}{\ldots}$ di r:

$$\ldots = -\frac{2}{5} \cdot \ldots \quad \longrightarrow \quad -10 = -10 \text{ (vero)} \quad \longrightarrow \quad A \in r$$

- **Verifica per il punto $B\left(-\dfrac{1}{5}\,;\,\dfrac{3}{25}\right)$.** Sostituiamo $x = \ldots$ e $y = \ldots$ nell'equazione di r:

$$\ldots = -\frac{2}{5} \cdot \ldots \quad \longrightarrow \quad \frac{3}{25} = \frac{2}{25} \text{ (falso)} \quad \longrightarrow \quad B \notin r$$

▷▶ **89** Il punto $A\left(\dfrac{1}{3}\,;\,\ldots\right)$ appartiene alla retta di equazione $2x + 3y = 0$.

▷▶ **90** Il punto $P\left(\ldots\,;\,\dfrac{2}{3}\right)$ appartiene alla retta di equazione $y = -\dfrac{4}{3}x$.

▷▶ **91** Il punto $A(2\,;\,3)$ appartiene alla retta passante per l'origine di equazione $y = \dfrac{\ldots}{\ldots}x$.

▷▶ **92** Nella figura a lato sono rappresentate le rette di equazioni

$$y = -0{,}5x \qquad y = \frac{1}{2}x \qquad y = \frac{3}{2}x \qquad y = -\frac{7}{2}x \qquad y = -2x$$

Associa a ciascuna retta la corrispondente equazione.

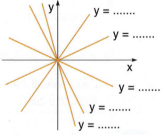

▷▶ **93** Nella figura a lato sono rappresentate quattro rette di coefficienti angolari m_1, m_2, m_3, m_4. Sapendo che

$$m_1 < m_2 < 0 < m_3 < m_4$$

associa a ciascuna retta la corrispondente equazione.

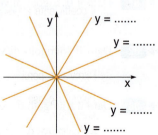

VERO O FALSO?

▷▶ **94** **a.** Il coefficiente angolare della retta di equazione $2x + 3y = 0$ è $-\dfrac{2}{3}$. $\qquad$ V F

b. La retta di equazione $x = \dfrac{3}{5}y$ ha coefficiente angolare $\dfrac{3}{5}$. $\qquad$ V F

c. $x + y = 0$ è l'equazione della bisettrice del 1°-3° quadrante. V F
d. L'asse delle ordinate ha equazione $y = 0$. V F

95 a. La retta di equazione $y = -x$ forma con l'asse x un angolo di 135°. V F
b. Il punto $A(3 ; 1)$ appartiene alla retta di equazione $y = \frac{1}{3}x$. V F
c. Il coefficiente angolare dell'asse x non è definito. V F
d. L'ordinata del punto di ascissa 2 della retta $2x + 5y = 0$ è $-\frac{4}{5}$. V F

QUESITI A RISPOSTA MULTIPLA

96 La retta di equazione $2x - 3y = 0$
- **a** passa per il punto $A(2 ; 3)$
- **b** ha coefficiente angolare negativo
- **c** passa per il punto $P\left(\frac{5}{2} ; \frac{5}{3}\right)$
- **d** giace nel 2° e nel 4° quadrante

97 La retta r passa per l'origine $O(0 ; 0)$ e per il punto $P(2 ; 4)$.
- **a** L'equazione di r è $y = \frac{1}{2}x$
- **b** La retta r passa anche per il punto $P\left(\frac{3}{2} ; 4\right)$
- **c** Il coefficiente angolare di r è il doppio di quello della retta di equazione $4x + y = 0$
- **d** L'angolo α formato da r con l'asse x è tale che $45° < \alpha < 90°$

98 La retta che, tra la seguenti, forma con l'asse x l'angolo (convesso) maggiore è
- **a** $y = 2x$
- **b** $y = 155x$
- **c** $y = \frac{1}{2}x$
- **d** $y = -\frac{1}{100}x$

ESERCIZI SVOLTI

99 Consideriamo la retta r di equazione $2x + 3y = 0$.
a. Tracciamo r dopo averne calcolato il coefficiente angolare.
b. Determiniamo il suo punto A di ordinata $\frac{5}{2}$.
c. Verifichiamo se il punto $P\left(-4 ; \frac{13}{5}\right)$ appartiene a r.

a. L'equazione di r è data in forma implicita, cioè nella forma $ax + by = 0$, con $a = 2$ e $b = 3$. Il suo coefficiente angolare è quindi

$$m = -\frac{a}{b} = -\frac{2}{3}$$

Il coefficiente angolare m può anche essere determinato scrivendo l'equazione di r nella forma esplicita $y = mx$:

$$2x + 3y = 0 \longrightarrow 3y = -2x \longrightarrow y = \underbrace{-\frac{2}{3}}_{m} x$$

Ritroviamo perciò $m = -\frac{2}{3}$.

Poiché r passa per l'origine, per disegnarla basta individuare un altro suo punto.
Ad esempio, dall'equazione $y = -\frac{2}{3}x$ si ha:

$$\text{per } x = 3 \longrightarrow y = -\frac{2}{3} \cdot 3 = -2$$

e quindi la retta r passa anche per il punto $Q(3 ; -2)$.

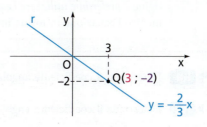

b. Determiniamo ora il punto A, sapendo che $A \in r$ e che la sua ordinata è $\frac{5}{2}$.

Per ricavare l'ascissa di A utilizziamo, ad esempio, l'equazione di r in forma implicita:

$$2x + 3y = 0 \xrightarrow{y = \frac{5}{2}} 2x + 3 \cdot \frac{5}{2} = 0 \longrightarrow 2x = -\frac{15}{2} \longrightarrow x = -\frac{15}{4}$$

Pertanto risulta

$$A\left(-\frac{15}{4}\,;\,\frac{5}{2}\right)$$

c. Infine, verifichiamo analiticamente *se* il punto $P\left(-4\,;\,\frac{13}{5}\right)$ appartiene a r; sostituiamo perciò le coordinate di P nell'equazione di r. Utilizziamo, ad esempio, la forma esplicita:

$$y = -\frac{2}{3}x \xrightarrow{x=-4 \,\wedge\, y=\frac{13}{5}} \frac{13}{5} = -\frac{2}{3} \cdot (-4) \longrightarrow \frac{13}{5} = \frac{8}{3} \;(falso)$$

Concludiamo che P non appartiene a r.

▷▶ **100** Scriviamo l'equazione della retta r che passa per l'origine e per il punto $P\left(\frac{5}{2}\,;\,\frac{3}{4}\right)$.

▶ L'equazione di r, in forma esplicita, è del tipo $y = mx$; le coordinate di P devono verificare tale equazione:

$$y = mx \xrightarrow{x=\frac{5}{2} \,\wedge\, y=\frac{3}{4}} \frac{3}{4} = m \cdot \frac{5}{2} \longrightarrow \frac{3}{4} = \frac{10m}{4} \longrightarrow m = \frac{3}{10} \longrightarrow y = \frac{3}{10}x$$

Osserva che il coefficiente angolare di r può anche essere ricavato così:

$$m = \frac{y_P}{x_P} = \frac{\frac{3}{4}}{\frac{5}{2}} = \frac{3}{4_2} \cdot \frac{2^1}{5} = \frac{3}{10}$$

▶ In alternativa avremmo potuto procedere nel modo seguente, utilizzando l'equazione in forma implicita:

$$ax + by = 0 \xrightarrow{x=\frac{5}{2} \,\wedge\, y=\frac{3}{4}} a \cdot \frac{5}{2} + b \cdot \frac{3}{4} = 0 \longrightarrow 10a + 3b = 0 \longrightarrow a = -\frac{3}{10}b$$

L'equazione di r è quindi

$$ax + by = 0 \xrightarrow{a=-\frac{3}{10}b} -\frac{3}{10}bx + by = 0 \longrightarrow$$

$$\xrightarrow{b \neq 0} -\frac{3}{10}x + y = 0 \longrightarrow$$

$$\longrightarrow \underbrace{-3x + 10y = 0}_{\text{equazione di } r \text{ in forma implicita}} \longrightarrow 10y = 3x \longrightarrow \underbrace{y = \frac{3}{10}x}_{\text{equazione di } r \text{ in forma esplicita}}$$

■ **OSSERVAZIONE**

Poiché la retta r non coincide con nessuno dei due assi cartesiani, nella sua equazione in forma implicita è senz'altro $a \neq 0$ e $b \neq 0$.

■ **RICORDA!**

Dall'**ESERCIZIO SVOLTO 100** puoi facilmente comprendere che per scrivere l'equazione di una retta per l'origine *è preferibile utilizzare l'equazione in forma esplicita*: essa infatti contiene *un solo* parametro (m), mentre l'equazione in forma implicita ne contiene *due* (a e b).

▷▶ **101** Determina il coefficiente angolare delle rette $y = 5x$, $5y = 3x$, $2x + 7y = 0$, $x = \frac{8}{3}y$. $\left[5;\,\frac{3}{5};\,-\frac{2}{7};\,\frac{3}{8}\right]$

▷▶ **102** Determina il coefficiente angolare delle rette $0{,}3x - 0{,}1y = 0$, $2x + 4y = 0$, $3y - 8x = 0$. $\left[3;\,-\frac{1}{2};\,\frac{8}{3}\right]$

103 Rappresenta graficamente la retta di equazione $y = -\frac{1}{4}x$. Qual è l'ascissa del suo punto di ordinata $\frac{1}{12}$? $\left[-\frac{1}{3}\right]$

104 Data la retta r di equazione $2x + 5y = 0$, stabilisci, senza rappresentare graficamente r, se i punti $A(15 ; -6)$ e $B\left(11 ; -\frac{9}{2}\right)$ appartengono a essa. $[A \in r; B \notin r]$

105 Data la retta r di equazione $3x + 2y = 0$, sia A il suo punto di ascissa -2. Determina l'ordinata di A e la distanza di A dall'origine O. $[y_A = 3; \overline{AO} = \sqrt{13}]$

106 Rappresenta graficamente la retta di equazione $3x + 4y = 0$. Detti poi A e B i suoi punti rispettivamente di ascissa $\frac{1}{3}$ e ordinata $-\frac{1}{8}$, calcola la misura del segmento AB. $\left[\overline{AB} = \frac{5}{24}\right]$

Videolezione

107 Rappresenta graficamente le rette r e s di equazioni $y = \frac{3}{2}x$ e $y = -3x$. Siano A e B i due punti di r e di s che hanno ascissa -2. Determina la misura del segmento AB. $[\overline{AB} = 9]$

108 Rappresenta graficamente le rette r e s di equazioni $2x - 3y = 0$ e $3x + 4y = 0$. Siano P e Q i due punti di r e di s che hanno ordinata $\frac{5}{3}$. Determina la misura del segmento PQ. $\left[\overline{PQ} = \frac{85}{18}\right]$

109 Rappresenta graficamente le rette r e s rispettivamente di equazioni $y = -\frac{1}{2}x$ e $y = 2x$. Siano A il punto di r di ascissa 2 e B il punto di s di ordinata 2. Determina le misure dei lati del triangolo AOB e verifica che esso è rettangolo in O e isoscele. $[\sqrt{5}; \sqrt{5}; \sqrt{10}]$

110 Rappresenta graficamente le rette s e t rispettivamente di equazioni $2x + 3y = 0$ e $3x - 2y = 0$. Sia P il punto di s di ascissa 3 e sia Q il punto di t di ordinata -3. Determina le misure dei lati del triangolo POQ e verifica che esso è rettangolo in O e isoscele. $[\sqrt{13}; \sqrt{13}; \sqrt{26}]$

111 Determina il coefficiente angolare della retta che passa per l'origine e per il punto $(2 ; 7)$. $\left[\frac{7}{2}\right]$

112 Determina il coefficiente angolare della retta che passa per l'origine e per il punto $\left(\frac{1}{2} ; 3\right)$. $[6]$

113 Scrivi l'equazione della retta che passa per l'origine e per il punto $(-4 ; 1)$. $\left[y = -\frac{1}{4}x\right]$

114 Scrivi l'equazione della retta che passa per l'origine e per il punto $(3 ; 1)$. $[x - 3y = 0]$

115 Scrivi l'equazione della retta r che passa per l'origine e per il punto $A(4 ; 6)$. Verifica che $B(-2 ; -3) \in r$ e che $C(2 ; 7) \notin r$. $[3x - 2y = 0]$

116 Determina l'ordinata del punto di ascissa -3 che appartiene alla retta passante per l'origine e di coefficiente angolare $\frac{2}{5}$. $\left[-\frac{6}{5}\right]$

117 Determina l'ascissa del punto di ordinata $\frac{1}{2}$ che appartiene alla retta passante per l'origine e di coefficiente angolare $-\frac{1}{4}$. $[-2]$

118 Verifica che i punti $A(-3 ; 6)$ e $B\left(-\frac{1}{4} ; \frac{1}{2}\right)$ sono allineati con l'origine. (Scrivi l'equazione della retta OA e poi verifica che...)

119 Verifica che i punti $P(3 ; 2)$ e $Q\left(-\frac{1}{3} ; -\frac{2}{9}\right)$ sono allineati con l'origine.

120 Scrivi l'equazione della retta che passa per l'origine e per il punto $(\pi ; 0)$. $[y = 0]$

ESERCIZI

121 Scrivi l'equazione della retta che passa per l'origine e per il punto $(0\,;\,10^{-4})$. $\qquad [x = 0]$

122 Il triangolo isoscele AOB ha la base OA sull'asse x; l'ascissa di A è 6 e l'ordinata di B è 4. Scrivi l'equazione della retta OB. $\qquad [4x - 3y = 0]$

123 Il triangolo isoscele OAB ha la base OA, di misura 4, sull'asse x e il vertice B nel terzo quadrante. Sapendo che la misura dell'area del triangolo è 16, scrivi l'equazione della retta OB. $\qquad [y = 4x]$

124 Il punto A dell'asse y ha ordinata 10 e il segmento OA è la base del triangolo isoscele OAB, essendo B un punto del primo quadrante. Determina B, sapendo che la misura dell'area del triangolo OAB è 60. Calcola poi la misura del perimetro del triangolo e scrivi l'equazione della retta OB.
$\qquad [B(12\,;\,5);\ 36;\ 5x - 12y = 0]$

Retta in posizione generica

Forma esplicita e forma implicita dell'equazione di una retta

VERO O FALSO?

125
- **a.** La retta di equazione $y = \dfrac{1}{2}x + 0{,}5$ ha il coefficiente angolare uguale all'ordinata all'origine.   V F
- **b.** La retta di equazione $y = 3 + 2x$ ha coefficiente angolare 3.   V F
- **c.** La retta di equazione $y = \dfrac{4 + 2x}{3}$ ha coefficiente angolare $\dfrac{2}{3}$.   V F
- **d.** La retta di equazione $x = \dfrac{4}{5}y + 3$ ha coefficiente angolare $\dfrac{4}{5}$.   V F
- **e.** Le rette di equazioni $y = 2x - 1$ e $y = 2 - 4x$ hanno lo stesso punto di intersezione con l'asse x.   V F

126
- **a.** Il coefficiente angolare della retta di equazione $2x + 3y - 12 = 0$ è $-\dfrac{2}{3}$.   V F
- **b.** Il coefficiente angolare della retta di equazione $3y - 1 = \dfrac{2}{3}x$ è $-\dfrac{2}{9}$.   V F
- **c.** La retta di equazione $2x + 5y - 10 = 0$ ha ordinata all'origine 2.   V F
- **d.** Il punto $A\left(2\,;\,\dfrac{7}{2}\right)$ appartiene alla retta di equazione $4x - 2y - 1 = 0$.   V F

127
- **a.** La retta di equazione $2x + 3y + 4 = 0$ forma un angolo acuto con l'asse x.   V F
- **b.** $x - 8 = 0$ è l'equazione di una retta parallela all'asse x.   V F
- **c.** La retta di equazione $y - 3 = 0$ non ha coefficiente angolare.   V F
- **d.** La retta passante per $A(2\,;\,14)$ e $B(2\,;\,-17)$ ha equazione $x - 2 = 0$.   V F

QUESITI A RISPOSTA MULTIPLA

128 Il coefficiente angolare della retta che passa per $A(2\,;\,-3)$ e $B(-4\,;\,1)$ è
- **a** $\dfrac{3}{2}$
- **b** $-\dfrac{3}{2}$
- **c** $\dfrac{2}{3}$
- **d** $-\dfrac{2}{3}$

129 La retta di equazione $2x + 3y - 3 = 0$
- **a** passa per $A\left(4\,;\,-\dfrac{4}{3}\right)$
- **b** ha coefficiente angolare $-\dfrac{3}{2}$
- **c** ha ordinata all'origine uguale a 1
- **d** forma con l'asse x un angolo acuto

130 La retta *s* disegnata in figura ha equazione
a. $y + 2 = 0$
b. $y - 2 = 0$
c. $x + 2 = 0$
d. $x - 2 = 0$

131 La retta *t* disegnata in figura ha equazione
a. $3x + 2 = 0$
b. $3y - 2 = 0$
c. $3x - 2 = 0$
d. $3y + 2 = 0$

132 La retta *v* disegnata in figura ha equazione
a. $x - y - 2 = 0$
b. $x + y + 2 = 0$
c. $x - y + 2 = 0$
d. $x + y - 2 = 0$

133 La retta *a* disegnata in figura ha equazione
a. $y = x - 2$
b. $y = \frac{1}{2}x - 1$
c. $y = 2x - 1$
d. $y = 2 - \frac{1}{2}x$

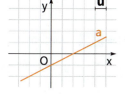

134 La retta *b* disegnata in figura ha equazione
a. $y = -2x - \frac{1}{2}$
b. $y = -x - \frac{1}{2}$
c. $y = -\frac{1}{2}x - \frac{1}{2}$
d. $y = x - \frac{1}{2}$

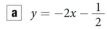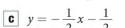

135 La retta *r* disegnata in figura ha equazione
a. $y = 3x + 1$
b. $y = -3x - 1$
c. $y = 3x - 1$
d. $y = -3x + 1$

136 La retta di equazione $x + 2y - 3 = 0$ è

a.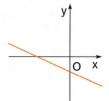
b.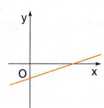
c.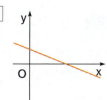
d.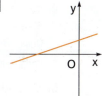

---

137 Determina il coefficiente angolare della retta che passa per i punti indicati.

a. $A(4; -1)$ e $B(-3; -4)$ $\left[\frac{3}{7}\right]$ b. $A(-1; -1)$ e $B\left(\frac{2}{3}; -\frac{3}{4}\right)$ $\left[\frac{3}{20}\right]$

c. $A\left(\frac{1}{3}; \frac{2}{3}\right)$ e $B\left(\frac{5}{3}; \frac{7}{3}\right)$ $\left[\frac{5}{4}\right]$ d. $A(2; 0)$ e $B\left(0; -\frac{1}{2}\right)$ $\left[\frac{1}{4}\right]$

e. $A\left(\frac{1}{3}; 4\right)$ e $B\left(\frac{19}{7}; 4\right)$ $[0]$ f. $A\left(\frac{2}{5}; 3\right)$ e $B\left(\frac{2}{5}; -4\right)$ [non è definito]

Deduci dai seguenti grafici l'equazione della retta tracciata.

138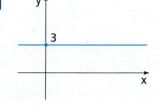

139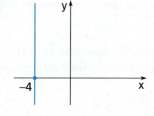

140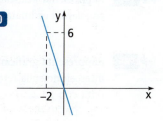

ESERCIZI

▷▷ **141**

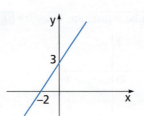

▷▷ **142**

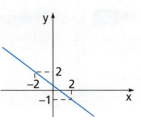

▷▷ **143**

■ ESERCIZIO SVOLTO

▷▷ **144** Tracciamo la retta r di equazione $2x - y + 4 = 0$, dopo averne individuato il coefficiente angolare e le intersezioni con gli assi. Verifichiamo se r passa per i punti $P\left(\frac{1}{2}; 5\right)$ e $Q\left(\frac{3}{2}; 6\right)$.

L'equazione di r è data nella forma implicita $ax + by + c = 0$, con $a = 2$, $b = -1$, $c = 4$.

- Il coefficiente angolare di r è
$$m = -\frac{a}{b} = -\frac{2}{-1} = 2$$

- Determiniamo l'intersezione di r con l'asse x, ponendo $y = 0$ nell'equazione della retta:
$$2x - y + 4 = 0 \xrightarrow{y=0} 2x - 0 + 4 = 0 \longrightarrow x = -2$$

Quindi $A(-2; 0)$ è il punto di intersezione di r con l'asse x (vedi figura a lato).

- Determiniamo l'intersezione di r con l'asse y, ponendo $x = 0$ nell'equazione della retta:
$$2x - y + 4 = 0 \xrightarrow{x=0} 0 - y + 4 = 0 \longrightarrow y = 4$$

Quindi $B(0; 4)$ è il punto di intersezione di r con l'asse y.

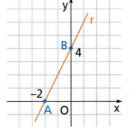

- Verifichiamo se $P \in r$ sostituendo le sue coordinate nell'equazione di r:
$$2x - y + 4 = 0 \xrightarrow{x=\frac{1}{2} \wedge y=5} 2 \cdot \frac{1}{2} - 5 + 4 = 0 \longrightarrow 0 = 0 \text{ (vero)} \longrightarrow P \in r$$

- Verifichiamo se $Q \in r$:
$$2x - y + 4 = 0 \xrightarrow{x=\frac{3}{2} \wedge y=6} 2 \cdot \frac{3}{2} - 6 + 4 = 0 \longrightarrow 1 = 0 \text{ (falso)} \longrightarrow Q \notin r$$

▷▷ **145** Traccia la retta r di equazione $y = 2x - 3$ e verifica che r passa per $A(-3; -9)$ e non passa per $B\left(\frac{1}{8}; -\frac{5}{2}\right)$.

▷▷ **146** Traccia la retta s di equazione $y = 5 - x$ e verifica che s passa per $P\left(\frac{1}{3}; \frac{14}{3}\right)$ e non passa per $Q(-0,\overline{3}; 4,\overline{3})$.

▷▷ **147** Rappresenta graficamente la retta di equazione $3x - 6y + 12 = 0$, dopo averne individuato il coefficiente angolare, l'ordinata all'origine e le intersezioni con gli assi.
$$\left[m = \frac{1}{2}; \; q = 2; \; (-4; 0) \text{ e } (0; 2)\right]$$

▷▷ **148** Rappresenta graficamente la retta di equazione $3x + 4y + 5 = 0$ e determina il punto medio del segmento intercettato sulla retta dagli assi cartesiani (cioè del segmento che ha per estremi i punti di intersezione della retta con gli assi).
$$\left[\left(-\frac{5}{6}; -\frac{5}{8}\right)\right]$$

149 Disegna la retta r di equazione $y = \frac{1}{2}x + 3$. Stabilisci se i punti $P\left(\frac{19}{3}; \frac{35}{6}\right)$ e $Q\left(\frac{4}{5}; \frac{17}{5}\right)$ appartengono a r. Sia poi A il punto di r di ascissa -6 e B quello di ordinata 1. Calcola la misura del segmento AB.
$$\left[P \notin r;\ Q \in r;\ \overline{AB} = \sqrt{5}\right]$$

150 Rappresenta graficamente la retta r di equazione $y = \frac{3x-4}{2}$. Se A e B sono i punti di intersezione di r con gli assi e O è l'origine, quanto misura l'area del triangolo OAB?
$$\left[\frac{4}{3}\right]$$

151 Disegna la retta di equazione $\frac{2}{3}x + y + 2 = 0$. Se A e B sono i suoi punti di intersezione con gli assi, calcola la misura del perimetro del triangolo ABO. Qual è l'equazione della retta passante per O e parallela alla retta data?
$$\left[5 + \sqrt{13};\ y = -\frac{2}{3}x\right]$$

152 La retta r ha equazione $y = -\frac{2}{3}x - 2$. Dopo averla rappresentata graficamente, indica con A il suo punto di intersezione con l'asse x e con P il suo punto di ordinata -2. Calcola le misure del perimetro e dell'area del triangolo APO.
$$\left[5 + \sqrt{13};\ 3\right]$$

153 Rappresenta graficamente la retta r di equazione $x = \frac{3}{5}y - 9$. Qual è l'equazione della retta passante per l'origine e parallela a r? Indica poi con A il punto di intersezione di r con l'asse y e con B il punto di r che ha ascissa uguale a 1. Calcola la misura dell'area del quadrilatero $OABH$, dove H è la proiezione ortogonale di B sull'asse x.
$$\left[y = \frac{5}{3}x;\ \frac{95}{6}\right]$$

Rette parallele e rette perpendicolari. Punto di intersezione di due rette

VERO O FALSO?

154 a. La retta di equazione $y = x + 1925$ è parallela alla retta $x - y - 10 = 0$. V F

b. La retta $y = \frac{1}{2}x + 1$ è perpendicolare alla retta $4x + 2y + 6 = 0$. V F

c. Le rette di equazioni $y = \frac{2x+5}{4}$ e $y = 7 + \frac{1}{2}x$ sono parallele. V F

d. Le rette di equazioni $y = 2x - 4$ e $2x + 4y - 7 = 0$ sono perpendicolari. V F

155 a. Le rette di equazioni $y = 2x - 3$ e $0{,}4x - 0{,}2y - 0{,}6 = 0$ sono coincidenti. V F

b. Rette incidenti hanno coefficienti angolari diversi tra loro, purché per ciascuna retta sia definito il rispettivo coefficiente angolare. V F

c. La retta che passa per $P(2;\ -3)$ e $Q(-3;\ -4)$ è perpendicolare alla retta $y = -5x + 3$. V F

d. Se due rette hanno coefficienti angolari opposti, sono perpendicolari. V F

QUESITI A RISPOSTA MULTIPLA

156 La retta di equazione $y = \frac{2}{3}x - 1$

<u>a</u> è parallela a quella di equazione $4x + 3y - 1 = 0$

<u>b</u> è perpendicolare a quella di equazione $6x + 9y + 1 = 0$

<u>c</u> interseca uno degli assi nel punto $\left(\frac{3}{2};\ 0\right)$

<u>d</u> passa per il punto $\left(\frac{9}{2};\ 4\right)$

157 Le rette $2x + 5y - 3 = 0$ e $4x - 10y + 9 = 0$ sono

<u>a</u> incidenti   <u>b</u> parallele e distinte   <u>c</u> perpendicolari   <u>d</u> coincidenti

ESERCIZI

ESERCIZI SVOLTI

158 Verifichiamo che le rette r e s di equazioni

$$r: 2x + 3y - 5 = 0 \quad \text{e} \quad s: 4x + 6y + 3 = 0$$

sono parallele.

▶ Le equazioni di r e s sono nella forma implicita $ax + by + c = 0$; possiamo calcolare direttamente m_r e m_s:

$$\left. \begin{array}{l} m_r = -\dfrac{a}{b} = -\dfrac{2}{3} \\ m_s = -\dfrac{a}{b} = -\dfrac{4}{6} = -\dfrac{2}{3} \end{array} \right\} \longrightarrow m_r = m_s \longrightarrow r \parallel s$$

▶ In alternativa, possiamo dedurre il parallelismo di r e s scrivendo in forma esplicita le corrispondenti equazioni:

$$\left. \begin{array}{l} r: 3y = -2x + 5 \longrightarrow y = -\dfrac{2}{3}x + \dfrac{5}{3} \\ s: 6y = -4x - 3 \longrightarrow y = -\dfrac{2}{3}x - \dfrac{1}{2} \end{array} \right\} \longrightarrow m_r = m_s \longrightarrow r \parallel s$$

159 Verifichiamo che le rette r e s di equazioni

$$r: 3x + 4y - 11 = 0 \quad \text{e} \quad s: 8x - 6y + 1 = 0$$

sono perpendicolari.

I coefficienti angolari delle due rette sono:

$$m_r = -\dfrac{3}{4} \qquad m_s = -\dfrac{8}{-6} = \dfrac{4}{3}$$

Poiché $m_r \cdot m_s = -\dfrac{3}{4} \cdot \dfrac{4}{3} = -1$, si ha che $r \perp s$.

---

160 Individua, tra le rette seguenti, quelle parallele:

$a: y = \dfrac{1}{2}x + 1 \qquad b: y = 3x - 1 = 0 \qquad c: x - 2y - 4 = 0 \qquad d: \dfrac{3}{2}x - \dfrac{1}{2}y + 7 = 0$

$[a \parallel c; \ b \parallel d]$

161 Individua, tra le rette seguenti, quelle perpendicolari:

$a: y = \dfrac{2}{3}x - 1 \qquad b: x + y = 3 \qquad c: x - y = 2 \qquad d: 3x + 2y - 4 = 0$

$[a \perp d; \ b \perp c]$

162 Individua, tra le rette seguenti, quelle parallele e quelle perpendicolari:

$a: y = \dfrac{2}{5}x + 1 \qquad b: 3x + 2y - 1 = 0 \qquad c: y = \dfrac{2}{3}x + 3 \qquad d: 2x - 5y + 25 = 0$

$[a \parallel d; \ b \perp c]$

163 Verifica che la retta r passante per $(4; -2)$ e $(-1; -3)$ è parallela alla retta $x - 5y + 7 = 0$, senza scrivere l'equazione di r.

164 Verifica che la retta r passante per $(2; -3)$ e $(-4; 1)$ è perpendicolare alla retta $3x - 2y + 8 = 0$, senza scrivere l'equazione di r.

165 Verifica che la retta passante per $A(-1; -2)$ e $B(0; 1)$ è perpendicolare alla retta per $C(6; 0)$ e $D\left(1; \dfrac{5}{3}\right)$.

166 Data l'equazione $y = \dfrac{3}{4}x + 3$ della retta r, scrivi le equazioni delle due rette, passanti per l'origine, l'una parallela e l'altra perpendicolare a r. $\left[y = \dfrac{3}{4}x; \ y = -\dfrac{4}{3}x\right]$

167 Data l'equazione $2x - 8y + 3 = 0$ della retta r, scrivi le equazioni delle due rette, passanti per l'origine, l'una parallela e l'altra perpendicolare a r. $[x - 4y = 0; \ 4x + y = 0]$

▷▷ **168** La retta r passa per $\left(\frac{1}{2}; -\frac{3}{5}\right)$ ed è parallela all'asse y. Qual è la sua equazione? $\qquad$ $[2x - 1 = 0]$

▷▷ **169** La retta r passa per $\left(\frac{2}{3}; -\frac{4}{5}\right)$ ed è perpendicolare all'asse x. Qual è la sua equazione? $[3x - 2 = 0]$

▷▷ **170** Determina l'equazione della retta che passa per $(2; -4)$ ed è parallela all'asse x. $\qquad$ $[y + 4 = 0]$

▷▷ **171** Determina l'equazione della retta che passa per $\left(\frac{1}{2}; -\frac{2}{3}\right)$ ed è perpendicolare all'asse y. $[3y + 2 = 0]$

▷▷ **172** Rappresenta graficamente la retta r di equazione $3x - 2y = 6$, dopo aver determinato le sue intersezioni A e B con gli assi, rispettivamente, x e y. Indica con P il punto della retta r di ordinata 3 e calcola le misure del perimetro e dell'area del triangolo OAP. Infine, scrivi le equazioni delle rette passanti per O, l'una parallela e l'altra perpendicolare a r.
$\left[A(2; 0); \ B(0; -3); \ P(4; 3); \ 7 + \sqrt{13}; \ 3; \ y = \frac{3}{2}x; \ y = -\frac{2}{3}x\right]$

Date le seguenti rette, determina il loro eventuale punto di intersezione.

ESERCIZI SVOLTI

▷▷ **173** $y = \frac{7}{2}x + 3$ e $3x + y = 16$

Dopo aver scritto anche la seconda equazione in forma esplicita, cioè $y = -3x + 16$, possiamo osservare che le due rette hanno coefficienti angolari $\frac{7}{2}$ e -3, diversi tra loro, e quindi sono *incidenti*.

Disegniamo le due rette utilizzando le consuete tabelle.

$y = \frac{7}{2}x + 3$

x	y
0	3
−2	−4
2	10

$y = -3x + 16$

x	y
3	7
4	4
2	10

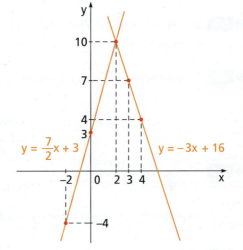

$P(2; 10)$
punto di intersezione

▷▷ **174** $2x + 3y + 3 = 0$ e $4x + 6y - 1 = 0$

Scriviamo entrambe le equazioni in forma esplicita:

$$y = -\frac{2}{3}x - 1 \quad \text{e} \quad y = -\frac{2}{3}x + \frac{1}{6}$$

Osserviamo che le due rette sono parallele e distinte, perché hanno lo stesso coefficiente angolare $\left(-\frac{2}{3}\right)$ e ordinate all'origine diverse $\left(-1 \neq \frac{1}{6}\right)$.

Quindi non esiste il punto di intersezione.

▷▷ **175** $y = \frac{3}{4}x - \frac{1}{4}$ e $x - \frac{4}{3}y - \frac{1}{3} = 0$

Scriviamo in forma esplicita anche la seconda equazione:

$$x - \frac{4}{3}y - \frac{1}{3} = 0 \ \longrightarrow \ 3x - 4y - 1 = 0 \ \longrightarrow \ -4y = -3x + 1 \ \longrightarrow \ y = \frac{3}{4}x - \frac{1}{4}$$

Notiamo che le due rette hanno la stessa equazione e quindi sono coincidenti.

ESERCIZI

176 $3x - 2y = 0$ e $x + y - 5 = 0$ [(2 ; 3)]

177 $y = 5$ e $4x - 3y = 9$ [(6 ; 5)]

178 $-x - 2y + 1 = 0$ e $2x - 3y = 2$ [(1 ; 0)]

179 $-2x + y = 5$ e $x + 9y + 12 = 0$ [(-3 ; -1)]

180 $-4x + y - 12 = 0$ e $2x + 3y - 8 = 0$ [(-2 ; 4)]

181 $x + y + 18 = 0$ e $y = -x + 32$ [rette parallele e distinte]

182 $y = \frac{2}{3}x - \frac{1}{3}$ e $x - \frac{3}{2}y - \frac{1}{2} = 0$ [rette coincidenti]

183 $2x - y - 7 = 0$ e $-x + 2y + 5 = 0$ [(3 ; -1)]

184 $x - \frac{3}{2}y = 2$ e $x + \frac{4}{3}y = 2$ [(2 ; 0)]

185 $y = \frac{1}{2}x + \frac{3}{4}$ e $\frac{2}{3}x - \frac{4}{3}y + 1 = 0$ [rette coincidenti]

186 $y = -\frac{1}{2}x + \frac{1}{4}$ e $x + 2y - 8 = 0$ [rette parallele e distinte]

187 $2x + y - 1 = 0$ e $\frac{2}{3}x + 0,\overline{3}y - 0,\overline{3} = 0$ [rette coincidenti]

---

188 Le equazioni delle rette r e s sono

$$r: y = 4 - x \qquad s: y = 3x - 8$$

Rappresenta graficamente r e s e individua il loro punto P di intersezione. Detti A e B i punti di ordinata 5 delle due rette, calcola la misura dell'area del triangolo ABP. $\left[P(3 ; 1); \frac{32}{3}\right]$

189 Verifica che le rette

$$r: x - y + 2 = 0 \qquad s: 3x - y = 0 \qquad t: x + 2y - 7 = 0$$

passano per uno stesso punto (prima determina il punto P di intersezione tra r e s e poi verifica che P appartiene a t). [$P(1 ; 3)$]

190 Verifica che le rette

$$x - 2y = 0 \qquad 3x + y + 7 = 0 \qquad 2x - 3y + 1 = 0$$

passano per uno stesso punto (vedi **ESERCIZIO 189**). [(-2 ; -1)]

191 Verifica che le rette

$$r: x + y - 4 = 0 \qquad s: 3x + 2y = 13 \qquad t: x + 5y = 0$$

passano per uno stesso punto A. Detti B il punto della retta t di ascissa 0 e C il punto di coordinate $(2 ; -1)$, determina le misure del perimetro e dell'area del triangolo ABC. $\left[A(5 ; -1); \sqrt{26} + \sqrt{5} + 3; \frac{3}{2}\right]$

192 Determina i vertici del triangolo individuato dalle rette

$$2x - y - 1 = 0 \qquad x + y - 5 = 0 \qquad x - 2y + 1 = 0$$

[(1 ; 1); (2 ; 3); (3 ; 2)]

193 Rappresenta graficamente le rette

$$r: x + 2y = 4 \qquad s: x + y = 2 \qquad t: 7x - y = 28$$

Determina i vertici del triangolo ABC, dove A è l'intersezione di r con s, B quella di r con t e C è il punto di t di ordinata 7. Verifica che il triangolo ABC è isoscele sulla base AB. [$A(0 ; 2); B(4 ; 0); C(5 ; 7)$]

194 Rappresenta graficamente le rette

$$r: x - y - 1 = 0 \qquad s: x + y - 7 = 0$$

Siano A il punto di intersezione di r con s, B quello di r con l'asse x e C quello di s con l'asse x. Determina i vertici del triangolo ABC, verifica che esso è isoscele e calcolane la misura dell'area. Successivamente, detto D il punto di intersezione di r con l'asse y, calcola le misure del perimetro e dell'area del triangolo OBD, dopo aver verificato che anch'esso è isoscele. $\left[A(4; 3); \; B(1; 0); \; C(7; 0); \; 9; \; D(0; -1); \; 2 + \sqrt{2}; \; \dfrac{1}{2}\right]$

Rette e parametri

ESERCIZIO SVOLTO

195 Data la retta r di equazione

$$(k-1)x + 2ky - 3 = 0 \quad \text{con } k \in \mathbb{R}$$

determina il valore del parametro k in modo che

a. r passi per $A(2; 3)$

b. r non passi per $P(-1; 4)$

c. r sia parallela alla retta t di equazione $y = 3x - 1$

d. r sia perpendicolare alla retta s di equazione $y = -4x + 2$

L'equazione di r è nella forma implicita $ax + by + c = 0$ con

$$a = k - 1 \qquad b = 2k \qquad c = -3$$

a. Le coordinate di A devono verificare l'equazione di r:

$$(k-1)x + 2ky - 3 = 0 \xrightarrow{x=2 \,\wedge\, y=3} \underbrace{(k-1) \cdot 2 + 2k \cdot 3 - 3 = 0}_{A \in r} \longrightarrow$$

$$\longrightarrow 2k - 2 + 6k - 3 = 0 \longrightarrow 8k = 5 \longrightarrow k = \dfrac{5}{8}$$

b. Le coordinate di P **non** devono verificare l'equazione di r:

$$(k-1)x + 2ky - 3 = 0 \xrightarrow{x=-1 \,\wedge\, y=4} \underbrace{(k-1)(-1) + 2k \cdot 4 - 3 \neq 0}_{P \notin r} \longrightarrow$$

$$\longrightarrow -k + 1 + 8k - 3 \neq 0 \longrightarrow 7k \neq 2 \longrightarrow k \neq \dfrac{2}{7}$$

c. La retta t, di equazione $y = 3x - 1$, ha coefficiente angolare $m_t = 3$.
La retta r ha coefficiente angolare $m_r = -\dfrac{a}{b} = -\dfrac{k-1}{2k}$.
Affinché sia $r \parallel t$ deve risultare $m_r = m_t$:

$$-\dfrac{k-1}{2k} = 3 \xrightarrow{k \neq 0} -k + 1 = 6k \longrightarrow k = \dfrac{1}{7}$$

d. La retta s, di equazione $y = -4x + 2$, ha coefficiente angolare $m_s = -4$.
Affinché sia $r \perp s$, deve risultare $m_r \cdot m_s = -1$:

$$-\dfrac{k-1}{2k} \cdot (-4) = -1 \xrightarrow{k \neq 0} 2(k-1) = -k \longrightarrow k = \dfrac{2}{3}$$

Determina per quale valore del parametro reale k il punto P appartiene alla retta r.

196 $r: (k-1)x + ky - 3(k+3) = 0, \quad P\left(-\dfrac{1}{2}; \dfrac{2}{3}\right)$ $\qquad [-3]$

197 $r: (3k-2)x - (2k+1)y + k = 0, \quad P\left(-\dfrac{1}{5}; \dfrac{1}{4}\right)$ $\qquad \left[\dfrac{3}{2}\right]$

ESERCIZI

▶▶ **198** $r: 7x - 8y + 2 = 0$, $P(k - 1; 2k - 1)$ $\left[\dfrac{1}{3}\right]$

▶▶ **199** $r: 9x + 5y + 3 = 0$, $P(3k + 1; 2 - k)$ $[-1]$

▶▶ **200** Data la retta r di equazione
$$(k - 1)x + y + k - 2 = 0 \quad \text{con } k \in \mathbb{R}$$
determina il valore del parametro k in modo che

a. r passi per $A(1; 2)$; $\left[\dfrac{1}{2}\right]$

b. r non passi per $B(-2; 3)$; $[k \neq 3]$

c. r passi per $C(-1; 3)$; [nessun valore di k]

d. r passi per $D(-1; 1)$. $[\forall k \in \mathbb{R}]$

▶▶ **201** Data la retta r di equazione $x + ay + 1 = 0$, con $a \in \mathbb{R}$, determina per quale valore di a il punto $A(2; 3)$ appartiene a r. Esiste un valore di a per cui $B(1; 0) \in r$? $[-1;\ \text{no}]$

▶▶ **202** Nel fascio di rette parallele alla retta di equazione $y = -\dfrac{1}{2}x + 3$, individua quella che passa per il punto $P\left(\dfrac{2}{3}; -\dfrac{4}{3}\right)$. $\left[y = -\dfrac{1}{2}x - 1\right]$

▶▶ **203** Data la retta r di equazione
$$(b - 2)x - (2b - 1)y + 1 = 0 \quad \text{con } b \in \mathbb{R}$$
determina il valore del parametro b in modo che

a. r sia parallela alla retta di equazione $y = 2x + \sqrt{57}$; $[0]$

b. r sia perpendicolare alla retta di equazione $3x - y + 1 = 0$; $\left[\dfrac{7}{5}\right]$

c. r sia parallela alla bisettrice del 1°- 3° quadrante. $[-1]$

▶▶ **204** Considera le rette di equazioni
$$y = 2x - 3 \qquad y = (2a - 3)x + 2$$
Per quale valore di a le due rette sono parallele? E per quale valore di a sono perpendicolari?

$\left[\text{parallele per } a = \dfrac{5}{2};\ \text{perpendicolari per } a = \dfrac{5}{4}\right]$

▶▶ **205** Data la retta r di equazione $mx - (m - 1)y + m - 2 = 0$, determina m in modo che

a. r sia parallela all'asse x; $[0]$

b. r sia parallela all'asse y; $[1]$

c. r sia parallela alla retta s di equazione $2x + y - 3 = 0$; $\left[\dfrac{2}{3}\right]$

d. r sia parallela alla retta t di equazione $2x - 2y - 3 = 0$; [nessun valore di m]

e. r sia perpendicolare a t; $\left[\dfrac{1}{2}\right]$

f. $A(1; 2) \in r$; $B(0; 1) \in r$; $C(2; 4) \in r$. $[\forall m \in \mathbb{R};\ \text{nessun valore di } m;\ 2]$

▶▶ **206** Data la retta $(1 + k)x + (k - 2)y - 2 = 0$, determina k in modo che essa passi per il punto della retta $x + y + 1 = 0$ di ordinata 5. $[-18]$

▶▶ **207** Determina il valore del parametro a in modo che le rette di equazioni $x + ay - 5 = 0$ e $2x - 3y - 1 = 0$ non abbiano punti in comune. $\left[-\dfrac{3}{2}\right]$

Retta passante per un punto dato e con un assegnato coefficiente angolare

Scrivi l'equazione della retta che passa per il punto P indicato e ha il coefficiente angolare m assegnato.

▷▶ **208** $P(2\,;\,3)$ $m = 5$ $[y = 5x - 7]$ ▷▶ **209** $P(-2\,;\,4)$ $m = -2$ $[y = -2x]$

▷▶ **210** $P(3\,;\,-1)$ $m = \dfrac{1}{2}$ $[x - 2y - 5 = 0]$ ▷▶ **211** $P(-2\,;\,-3)$ $m = -\dfrac{1}{3}$ $[x + 3y + 11 = 0]$

▷▶ **212** $P\left(2\,;\,-\dfrac{1}{2}\right)$ $m = -\dfrac{1}{2}$ $[x + 2y - 1 = 0]$ ▷▶ **213** $P(1\,;\,2)$ $m = -2$ $[y = -2x + 4]$

▷▶ **214** $P(6\,;\,-5)$ $m = -1$ $[y = -x + 1]$ ▷▶ **215** $P(1\,;\,-2)$ $m = 1$ $[y = x - 3]$

ESERCIZI SVOLTI

▷▶ **216** Scriviamo l'equazione della retta r che passa per il punto $A(2\,;\,-1)$ ed è parallela alla retta s di equazione $2x + 3y - 13 = 0$.

La retta r, essendo parallela alla retta s, avrà lo stesso coefficiente angolare di s, cioè $-\dfrac{2}{3}$.

L'equazione di r si ottiene quindi dall'equazione $y - y_0 = m(x - x_0)$ ponendo $x_0 = 2$, $y_0 = -1$ e $m = -\dfrac{2}{3}$:

$$y - (-1) = -\dfrac{2}{3}(x - 2) \longrightarrow 2x + 3y - 1 = 0$$

▷▶ **217** Scriviamo l'equazione della retta r che passa per $P(-2\,;\,3)$ ed è parallela alla retta s passante per $A(2\,;\,5)$ e $B(-3\,;\,4)$.

Per ottenere il coefficiente angolare della retta s passante per A e B non è necessario determinare l'equazione di tale retta; basta infatti applicare la formula del coefficiente angolare della retta passante per due punti dati:

$$m_s = m_{AB} = \dfrac{y_B - y_A}{x_B - x_A} = \dfrac{4 - 5}{-3 - 2} = \dfrac{1}{5}$$

La retta r, essendo parallela a s, ha anch'essa coefficiente angolare $\dfrac{1}{5}$ e, dovendo passare per $P(-2\,;\,3)$, ha equazione

$$y - 3 = \dfrac{1}{5}[x - (-2)] \longrightarrow x - 5y + 17 = 0$$

▷▶ **218** Scriviamo l'equazione della retta r che passa per $P\left(\dfrac{1}{2}\,;\,-\dfrac{1}{3}\right)$ ed è perpendicolare alla retta s di equazione $y = -\dfrac{4}{3}x + 37$.

Il coefficiente angolare di s è $-\dfrac{4}{3}$ e quindi il coefficiente angolare di r, perpendicolare a s, è l'opposto del reciproco di $-\dfrac{4}{3}$:

$$m_r = -\dfrac{1}{m_s} = -\dfrac{1}{-\dfrac{4}{3}} = \dfrac{3}{4}$$

L'equazione di r è quindi

$$y - y_0 = m(x - x_0) \xrightarrow{x_0 = \frac{1}{2},\, y_0 = -\frac{1}{3},\, m = \frac{3}{4}} y - \left(-\dfrac{1}{3}\right) = \dfrac{3}{4}\left(x - \dfrac{1}{2}\right) \longrightarrow 18x - 24y - 17 = 0$$

219 Scrivi l'equazione della retta che passa per il punto $(-3; 1)$ ed è parallela alla retta di equazione $2x - y - 5 = 0$. $\qquad [2x - y + 7 = 0]$

220 Scrivi l'equazione della retta che passa per il punto $\left(\dfrac{1}{2}; 2\right)$ ed è parallela alla retta di equazione $3x + 2y - 6 = 0$. $\qquad [6x + 4y - 11 = 0]$

221 Scrivi l'equazione della retta che passa per il punto $\left(-\dfrac{1}{3}; -\dfrac{3}{4}\right)$ ed è parallela alla retta di equazione $y = \dfrac{2}{3}x - 0{,}759$. $\qquad [24x - 36y - 19 = 0]$

222 Scrivi l'equazione della retta che passa per il punto $\left(-2; \dfrac{1}{3}\right)$ ed è parallela alla bisettrice del 1°-3° quadrante. $\qquad [3x - 3y + 7 = 0]$

223 Scrivi l'equazione della retta che passa per il punto $\left(-\dfrac{2}{3}; 1\right)$ ed è parallela alla bisettrice del 2°-4° quadrante. $\qquad [3x + 3y - 1 = 0]$

224 Scrivi l'equazione della retta che passa per il punto $(0; -4)$ e forma con l'asse x un angolo di 45°. $\qquad [y = x - 4]$

225 Scrivi l'equazione della retta che passa per il punto $(1; -2)$ e forma con l'asse x un angolo di 135°. $\qquad [y = -x - 1]$

226 Scrivi l'equazione della retta che passa per il punto $P(-4; 1)$ ed è parallela alla retta passante per $A(3; 2)$ e $B(5; 6)$. $\qquad [2x - y + 9 = 0]$

227 Scrivi l'equazione della retta che passa per il punto $(-3; 2)$ ed è perpendicolare alla retta di equazione $y = 5x + 3$. $\qquad [x + 5y - 7 = 0]$

228 Scrivi l'equazione della retta che passa per il punto $\left(2; -\dfrac{1}{3}\right)$ ed è perpendicolare alla retta di equazione $3x - 2y - 77 = 0$. $\qquad [2x + 3y - 3 = 0]$

229 Dati i punti $A(2; 3)$ e $B(3; 5)$, scrivi l'equazione della retta che passa per B ed è perpendicolare alla retta AB. $\qquad [x + 2y - 13 = 0]$

230 Scrivi l'equazione della retta che passa per il punto di intersezione delle rette

$$r: x - 2y + 5 = 0 \qquad s: 5x + y + 3 = 0$$

ed è parallela alla retta $3x + y + 13 = 0$. $\qquad [3x + y + 1 = 0]$

231 Considera la retta r di equazione $x + 2y - 4 = 0$ e il punto $P(3; 3)$. Determina il punto H che è il piede della perpendicolare condotta da P a r (H è anche detto *proiezione ortogonale* o semplicemente *proiezione* di P sulla retta r). $\qquad [H(2; 1)]$

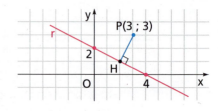

232 Dal punto $P(-3; 4)$ conduci la retta perpendicolare alla retta r di equazione $2x - 3y - 8 = 0$. Determina la proiezione H di P su r. $\qquad [H(1; -2)]$

233 Verifica che il piede della perpendicolare condotta dal punto $(1; 3)$ alla retta di equazione $x + y - 2 = 0$ appartiene all'asse y.

Scrivi l'equazione dell'asse del segmento che ha per estremi i punti A e B indicati.

ESERCIZIO SVOLTO

▷▷ **234** $A(-1\,;\,2)$ e $B\left(2\,;\,\dfrac{1}{2}\right)$

Come sappiamo, l'asse di un segmento è la retta perpendicolare al segmento e passante per il suo punto medio. Procediamo come segue.

- Il coefficiente angolare della retta AB è
$$m_{AB} = \dfrac{y_B - y_A}{x_B - x_A} = \dfrac{\dfrac{1}{2} - 2}{2 - (-1)} = -\dfrac{1}{2}$$

- Il coefficiente angolare m dell'asse di AB è
$$m = -\dfrac{1}{m_{AB}} = -\dfrac{1}{-\dfrac{1}{2}} = 2$$

> **ATTENZIONE!**
> Per determinare l'asse di AB dati i punti A e B, non è necessario scrivere l'equazione della retta AB, ma è sufficiente conoscere il coefficiente angolare di AB.

- Le coordinate del punto medio M di AB sono
$$\left.\begin{array}{l} x_M = \dfrac{x_A + x_B}{2} = \dfrac{-1 + 2}{2} = \dfrac{1}{2} \\ y_M = \dfrac{y_A + y_B}{2} = \dfrac{2 + \dfrac{1}{2}}{2} = \dfrac{5}{4} \end{array}\right\} \longrightarrow M\left(\dfrac{1}{2}\,;\,\dfrac{5}{4}\right)$$

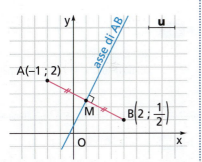

- L'equazione dell'asse di AB è quella della retta per $M\left(\dfrac{1}{2}\,;\,\dfrac{5}{4}\right)$ con coefficiente angolare 2:
$$y - \dfrac{5}{4} = 2\left(x - \dfrac{1}{2}\right) \longrightarrow 8x - 4y + 1 = 0$$

▷▷ **235** $A(-2\,;\,1)$ e $B(3\,;\,-1)$ $\qquad[10x - 4y - 5 = 0]$

▷▷ **236** $A\left(\dfrac{1}{2}\,;\,-1\right)$ e $B(1\,;\,1)$ $\qquad[4x + 16y - 3 = 0]$

▷▷ **237** $A\left(\dfrac{3}{4}\,;\,\dfrac{1}{4}\right)$ e $B\left(-\dfrac{1}{2}\,;\,-\dfrac{3}{2}\right)$ $\qquad[20x + 28y + 15 = 0]$

▷▷ **238** $A(0\,;\,-4)$ e $B\left(\dfrac{3}{4}\,;\,0\right)$ $\qquad[24x + 128y + 247 = 0]$

▷▷ **239** $A(-2\,;\,1)$ e $B(-2\,;\,5)$ $\qquad[y - 3 = 0]$

▷▷ **240** $A(3\,;\,1)$ e $B(7\,;\,1)$ $\qquad[x - 5 = 0]$

▷▷ **241** Verifica che gli assi dei tre lati del triangolo di vertici $(6\,;\,4)$, $(5\,;\,1)$ e $(2\,;\,2)$ passano per uno stesso punto (il circocentro del triangolo). $\qquad$[il circocentro del triangolo è il punto $(4\,;\,3)$]

▷▷ **242** Verifica che le altezze del triangolo di vertici $(-7\,;\,7)$, $(-1\,;\,-1)$ e $(5\,;\,11)$ passano per uno stesso punto (l'ortocentro del triangolo).

> Costruzione dell'ortocentro di un triangolo con GeoGebra

[l'ortocentro del triangolo è il punto $(-3\,;\,5)$]

▷▷ **243** Determina l'ortocentro del triangolo di vertici $(-4\,;\,3)$, $(1\,;\,8)$ e $(1\,;\,2)$. (**Attenzione!** Per uno dei tre lati non è definito il coefficiente angolare: l'altezza a esso relativa ha coefficiente angolare uguale a zero...)

[l'ortocentro del triangolo è il punto $(0\,;\,3)$]

ESERCIZI

Retta passante per due punti dati

Scrivi l'equazione della retta passante per i punti A e B indicati, utilizzando, se possibile, l'equazione della retta passante per due punti dati.

ESERCIZI SVOLTI

244 $A(2; -4)$ e $B(-3; -1)$

Assumiamo, ad esempio, come primo punto A e come secondo punto B. Avremo così

$$x_1 = 2 \quad y_1 = -4 \quad \text{e} \quad x_2 = -3 \quad y_2 = -1$$

Poiché risulta $x_1 \neq x_2$ e $y_1 \neq y_2$, possiamo utilizzare l'equazione della retta passante per due punti:

equazione di $AB \longrightarrow \dfrac{y - y_1}{y_2 - y_1} = \dfrac{x - x_1}{x_2 - x_1} \longrightarrow \dfrac{y - (-4)}{-1 - (-4)} = \dfrac{x - 2}{-3 - 2} \longrightarrow$

$\longrightarrow \dfrac{y + 4}{3} = \dfrac{x - 2}{-5} \longrightarrow -5(y + 4) = 3(x - 2) \longrightarrow 3x + 5y + 14 = 0$

245 $A(2; -14)$ e $B(7; -14)$

Non possiamo ricorrere all'equazione della retta passante per due punti perché in questo caso è $y_1 = y_2 = -14$; da ciò deduciamo che la retta AB è parallela all'asse x ed è il luogo dei punti del piano che hanno ordinata uguale a -14:

$$y = -14 \longrightarrow y + 14 = 0$$

246 $A(-3; 0)$ e $B(1; 2)$ $\quad [x - 2y + 3 = 0]$ **247** $A(0; 1)$ e $B(3; 3)$ $\quad [2x - 3y + 3 = 0]$

248 $A(4; 0)$ e $B(0; 2)$ $\quad [x + 2y - 4 = 0]$ **249** $A(-3; 0)$ e $B(0; -5)$ $\quad [5x + 3y + 15 = 0]$

250 $A(1; -1)$ e $B(-2; -10)$ $\quad [3x - y - 4 = 0]$ **251** $A(2; 7)$ e $B(2; 19)$ $\quad [x - 2 = 0]$

252 $A(1; 5)$ e $B(257; 5)$ $\quad [y - 5 = 0]$ **253** $A(4; 6)$ e $B(-2; 6)$ $\quad [y - 6 = 0]$

254 $A(5; 1)$ e $B(5; -10)$ $\quad [x - 5 = 0]$ **255** $A(-2; 2)$ e $B(2; 2)$ $\quad [y - 2 = 0]$

256 $A(4; 0)$ e $B\left(-2; -\dfrac{3}{2}\right)$ $\quad [x - 4y - 4 = 0]$ **257** $A\left(1; \dfrac{1}{6}\right)$ e $B\left(3; \dfrac{3}{2}\right)$ $\quad [4x - 6y - 3 = 0]$

258 $A\left(\dfrac{1}{2}; \dfrac{4}{5}\right)$ e $B(5; -1)$ $\quad [2x + 5y - 5 = 0]$

259 $A\left(1; -\dfrac{5}{2}\right)$ e $B\left(-\dfrac{1}{2}; 2\right)$ $\quad [6x + 2y - 1 = 0]$

260 $A(-3; -3)$ e $B\left(\dfrac{1}{2}; -\dfrac{11}{6}\right)$ $\quad [x - 3y - 6 = 0]$

261 $A\left(\dfrac{1}{4}; -\dfrac{7}{3}\right)$ e $B\left(\dfrac{1}{4}; \dfrac{7}{3}\right)$ $\quad [4x - 1 = 0]$

262 $A\left(\dfrac{1}{9}; \dfrac{1}{9}\right)$ e $B\left(-\dfrac{1}{3}; -\dfrac{7}{9}\right)$ $\quad \left[y = 2x - \dfrac{1}{9}\right]$

263 $A(-\pi; 7)$ e $B(-\pi; 12)$ $\quad [x + \pi = 0]$

264 $A(\sqrt{2}; 16)$ e $B(\sqrt{2}; \sqrt{3})$ $\quad [x - \sqrt{2} = 0]$

265 Verifica che i punti $A(2; 0)$, $B\left(1; -\frac{1}{2}\right)$ e $C\left(\frac{1}{3}; -\frac{5}{6}\right)$ sono allineati. (Puoi scrivere l'equazione della retta AB e poi verificare che C appartiene a tale retta; in alternativa puoi subito verificare la condizione di allineamento di tre punti $\frac{y_3 - y_1}{y_2 - y_1} = \frac{x_3 - x_1}{x_2 - x_1}$ ...)

266 Verifica l'allineamento dei punti $(2; -2)$, $(-4; -5)$, $\left(1; -\frac{5}{2}\right)$.

267 Verifica l'allineamento dei punti $\left(1; -\frac{3}{2}\right)$, $(4; 0)$, $\left(\frac{1}{3}; -\frac{11}{6}\right)$.

268 Scrivi l'equazione della retta che passa per il punto di intersezione delle rette
$$r: x + 3y + 1 = 0 \qquad s: 2x - y - 5 = 0$$
e che ha ordinata all'origine 5. $\qquad [y = -3x + 5]$

269 Scrivi l'equazione della retta r che interseca gli assi coordinati nei punti $(3; 0)$ e $(0; 3)$ e l'equazione della retta s che taglia gli assi nei punti $(-5; 0)$ e $\left(0; -\frac{3}{2}\right)$. $\qquad [r: x + y - 3 = 0;\ s: 3x + 10y + 15 = 0]$

270 La retta r passa per $A(1; -3)$ e $B(0; -5)$. La retta s passa per $C(4; -3)$ e $D(1; 0)$. Determina il punto P di intersezione tra r e s. $\qquad [P(2; -1)]$

271 La retta r passa per $A(1; 4)$ e $B(-1; 3)$. La retta s passa per $C(-2; 0)$ e $D\left(\frac{1}{2}; -5\right)$. Determina il punto P di intersezione tra r e s. $\qquad [P(-3; 2)]$

272 Scrivi l'equazione della retta passante per il punto $\left(-1; \frac{1}{2}\right)$ e parallela alla retta che taglia gli assi x e y nei punti rispettivamente di ascissa 2 e ordinata 4. $\qquad [4x + 2y + 3 = 0]$

273 Trova l'equazione della retta passante per il punto $(-1; 2)$ e perpendicolare alla retta che taglia gli assi x e y rispettivamente in $(5; 0)$ e $(0; -4)$. $\qquad [5x + 4y - 3 = 0]$

274 Sono dati i punti $A\left(4; \frac{1}{2}\right)$, $B\left(3; -\frac{1}{4}\right)$ e $C\left(3; \frac{1}{4}\right)$. Determina le equazioni dei tre lati del triangolo ABC. (Per equazione di un lato si intende l'equazione della retta che contiene quel lato.)
$$\left[y = \frac{3}{4}x - \frac{5}{2};\ y = \frac{1}{4}x - \frac{1}{2};\ x = 3\right]$$

275 Sono dati i punti $A(0; 5)$, $B(6; 0)$ e $C(1; 3)$. Chiamiamo r la retta AB, s la retta AC e t la retta OC. Scrivi le equazioni delle rette r, s, t. Determina poi la misura del perimetro del triangolo ABC.
$$\left[r: 5x + 6y = 30;\ s: 2x + y = 5;\ t: y = 3x;\ \sqrt{61} + \sqrt{34} + \sqrt{5}\right]$$

276 Scrivi le equazioni delle tre mediane del triangolo di vertici $(1; 8)$, $(3; 1)$, $(-4; -3)$ e verifica che passano per uno stesso punto (il baricentro del triangolo). $\qquad [(0; 2)]$

Distanza di un punto da una retta

Calcola la distanza tra il punto e la retta indicati.

ESERCIZIO SVOLTO

277 $(-2; 5)$ e $y = -\frac{4}{3}x + 6$

Indichiamo con P il punto dato. Scriviamo l'equazione della retta nella forma implicita $ax + by + c = 0$:
$$y = -\frac{4}{3}x + 6 \longrightarrow 3y = -4x + 18 \longrightarrow \underbrace{4x + 3y - 18 = 0}_{a = 4,\ b = 3,\ c = -18}$$

ESERCIZI

La distanza d richiesta è data dalla formula $d = \dfrac{|ax_0 + by_0 + c|}{\sqrt{a^2 + b^2}}$ con $a = 4$, $b = 3$, $c = -18$, $x_0 = x_P = -2$, $y_0 = y_P = 5$:

$$d = \dfrac{|4 \cdot (-2) + 3 \cdot 5 - 18|}{\sqrt{4^2 + 3^2}} = \dfrac{|-8 + 15 - 18|}{\sqrt{16 + 9}} = \dfrac{|-11|}{\sqrt{25}} = \dfrac{11}{5}$$

▶▶ **278** $(2\,;\,3)$ e $3x + 4y + 6 = 0$ $\left[\dfrac{24}{5}\right]$ ▶▶ **279** $(3\,;\,4)$ e $24x - 7y + 6 = 0$ $[2]$

▶▶ **280** $\left(-1\,;\,-\dfrac{1}{2}\right)$ e $3x - 4y - 12 = 0$ $\left[\dfrac{13}{5}\right]$ ▶▶ **281** $(0\,;\,0)$ e $5x + 12y - 1 = 0$ $\left[\dfrac{1}{13}\right]$

▶▶ **282** $(2\,;\,2)$ e $7x + 24y - 3 = 0$ $\left[\dfrac{59}{25}\right]$ ▶▶ **283** $\left(\dfrac{2}{3}\,;\,-\dfrac{1}{3}\right)$ e $3x + 4y - 4 = 0$ $\left[\dfrac{2}{3}\right]$

▶▶ **284** $(2\,;\,-3)$ e $12x - 5y - 5 = 0$ $\left[\dfrac{34}{13}\right]$

▶▶ **285** Determina la distanza dell'origine dalla retta che interseca gli assi in $(4\,;\,0)$ e $(0\,;\,-3)$. $\left[\dfrac{12}{5}\right]$

▶▶ **286** Determina la distanza dell'origine dalla retta che passa per i punti $(-1\,;\,4)$ e $(5\,;\,-4)$. $\left[\dfrac{8}{5}\right]$

▶▶ **287** Determina la distanza dell'origine dalla retta che passa per $(2\,;\,3)$ ed è perpendicolare alla retta di equazione $12x - 5y + 1 = 0$. $\left[\dfrac{46}{13}\right]$

▶▶ **288** Determina la distanza del punto $P(2\,;\,4)$ dalla retta che passa per $A(1\,;\,1)$ ed è parallela alla retta di equazione $3x - 4y - 1 = 0$. $\left[\dfrac{9}{5}\right]$

Calcola la misura dell'area del triangolo i cui vertici sono i punti indicati.

■ **ESERCIZIO SVOLTO**

▶▶ **289** $A(0\,;\,0)$, $B(12\,;\,5)$, $C(-1\,;\,4)$

Se consideriamo AB come base, si ha

$$S = \dfrac{\overline{AB} \cdot \overline{CH}}{2}$$

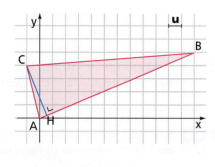

- Misura della base AB:

$$\overline{AB} = \sqrt{(x_B - x_A)^2 + (y_B - y_A)^2} = \sqrt{(12 - 0)^2 + (5 - 0)^2} =$$
$$= \sqrt{144 + 25} = \sqrt{169} = 13$$

- Equazione in forma implicita della retta AB:

$$\dfrac{y - y_A}{y_B - y_A} = \dfrac{x - x_A}{x_B - x_A} \quad \rightarrow \quad \dfrac{y - 0}{5 - 0} = \dfrac{x - 0}{12 - 0} \quad \rightarrow \quad 5x - 12y = 0$$

- Distanza del punto C dalla retta AB (misura dell'altezza CH):

$$\overline{CH} = \dfrac{|5 \cdot (-1) - 12 \cdot 4|}{\sqrt{5^2 + 12^2}} = \dfrac{53}{13}$$

- Misura S dell'area del triangolo ABC:

$$S = \dfrac{\overline{AB} \cdot \overline{CH}}{2} = \dfrac{13 \cdot \dfrac{53}{13}}{2} = \dfrac{53}{2}$$

▷▷ **290** $A(3\,;\,2)$ $B(3\,;\,9)$ $C(7\,;\,3)$ $[14]$

▷▷ **291** $A(-4\,;\,9)$ $B(8\,;\,0)$ $C(1\,;\,-1)$ $\left[\dfrac{75}{2}\right]$

▷▷ **292** $A\left(-\dfrac{10}{3}\,;\,10\right)$ $B\left(\dfrac{2}{3}\,;\,7\right)$ $C\left(-\dfrac{5}{2}\,;\,\dfrac{20}{3}\right)$ $\left[\dfrac{65}{12}\right]$

▷▷ **293** $A(18\,;\,3)$ $B(-6\,;\,-15)$ $C(-10\,;\,7)$ $[300]$

▷▷ **294** $A(11\,;\,10)$ $B\left(4\,;\,\dfrac{61}{4}\right)$ $C\left(-\dfrac{1}{5}\,;\,\dfrac{17}{5}\right)$ $\left[\dfrac{105}{2}\right]$

Calcola la distanza tra le rette parallele delle seguenti coppie.

ESERCIZIO SVOLTO

▷▷ **295** $4x - 3y - 6 = 0$ e $4x - 3y - 3 = 0$

Indichiamo con r la retta di equazione $4x - 3y - 6 = 0$ e con s la retta di equazione $4x - 3y - 3 = 0$.
Dopo aver disegnato r e s, osserviamo che la distanza richiesta è la distanza di un punto qualsiasi di una delle due rette dall'altra.
Ad esempio, se A è il punto di intersezione tra s e l'asse y, la distanza tra le due rette è, in figura, AH.
Ponendo $x = 0$ nell'equazione di s, si ha

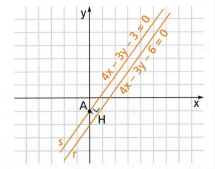

$$\underbrace{4x - 3y - 3 = 0}_{\text{equazione di } s} \xrightarrow{x=0} 0 - 3y - 3 = 0 \longrightarrow$$

$$\longrightarrow \quad y = -1 \quad \longrightarrow \quad A(0\,;\,-1)$$

Dobbiamo calcolare la distanza di $A(0\,;\,-1)$ dalla retta r di equazione $4x - 3y - 6 = 0$:

$$\overline{AH} = \dfrac{|4 \cdot 0 - 3 \cdot (-1) - 6|}{\sqrt{4^2 + (-3)^2}} = \dfrac{3}{5}$$

▷▷ **296** $3x + 4y + 12 = 0$ e $3x + 4y - 6 = 0$ $\left[\dfrac{18}{5}\right]$

▷▷ **297** $5x - 12y + 1 = 0$ e $5x - 12y + 3 = 0$ $\left[\dfrac{2}{13}\right]$

▷▷ **298** $7x - 24y - 4 = 0$ e $7x - 24y + 2 = 0$ $\left[\dfrac{6}{25}\right]$

▷▷ **299** $8x - 15y + 3 = 0$ e $y = \dfrac{8}{15}x - \dfrac{4}{15}$ $\left[\dfrac{7}{17}\right]$

▷▷ **300** $3x - 4y - 5 = 0$ e $y = \dfrac{3}{4}x + \dfrac{5}{4}$ $[2]$

Funzioni lineari a tratti

Traccia il grafico delle seguenti funzioni e determinane dominio e codominio.

▷▷ **301** $y = \begin{cases} -x + 1 & \text{per } x \leq 0 \\ -x - 3 & \text{per } x > 0 \end{cases}$ $[D = \mathbb{R};\ C = (-\infty\,;\,-3) \cup [1\,;\,+\infty)]$

▷▷ **302** $y = \begin{cases} 2 & \text{per } -5 \leq x < 1 \\ 2x & \text{per } x > 1 \end{cases}$ $[D = [-5\,;\,1) \cup (1\,;\,+\infty);\ C = [2\,;\,+\infty)]$

ESERCIZI

▷▷ **303** $y = \begin{cases} 2x - 1 & \text{per } -2 < x \leq 0 \\ 2x + 4 & \text{per } 1 \leq x < 3 \end{cases}$ $\qquad [D = (-2\,;\,0] \cup [1\,;\,3);\ C = (-5\,;\,1] \cup [6\,;\,10)]$

▷▷ **304** $y = \begin{cases} 1 - 2x & \text{per } x \leq -1 \\ x + 1 & \text{per } 1 \leq x < 3 \end{cases}$ $\qquad [D = (-\infty\,;\,-1] \cup [1\,;\,3);\ C = [2\,;\,+\infty)]$

▷▷ **305** $y = \begin{cases} -\dfrac{3}{2} & \text{per } x < -3 \\ \dfrac{1}{2}x & \text{per } -3 \leq x \leq 2 \\ 1 & \text{per } x > 2 \end{cases}$ $\qquad \left[D = \mathbb{R};\ C = \left[-\dfrac{3}{2}\,;\,1\right]\right]$

▷▷ **306** $y = \begin{cases} -x & \text{per } x \leq -3 \\ x + 3 & \text{per } -3 < x < 0 \\ -x + 3 & \text{per } 0 \leq x < 3 \end{cases}$ $\qquad [D = (-\infty\,;\,3);\ C = \mathbb{R}^+ = (0\,;\,+\infty)]$

▷▷ **307** $y = \begin{cases} -x - 1 & \text{per } x \leq -1 \\ 0{,}5x + 0{,}5 & \text{per } -1 < x < 1 \\ x & \text{per } x \geq 1 \end{cases}$ $\qquad [D = \mathbb{R};\ C = \mathbb{R}_0^+ = [0\,;\,+\infty)]$

▷▷ **308** $y = \begin{cases} 2x + 12 & \text{per } -6 < x < -4 \\ |x| & \text{per } -4 \leq x < 8 \\ 8 & \text{per } x > 8 \end{cases}$ $\qquad [D = (-6\,;\,8) \cup (8\,;\,+\infty);\ C = [0\,;\,8]]$

▷▷ **309** Il grafico in figura è quello di una funzione lineare a tratti. Determina il dominio, il codominio e una possibile legge matematica che definisca la funzione.
$[D = \mathbb{R} - \{0\,;\,3\};\ C = \mathbb{R}_0^+ = (0\,;\,+\infty);\ \ldots]$

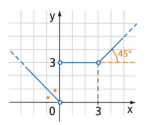

Moduli e funzioni lineari a tratti

Traccia il grafico delle seguenti funzioni, indicando per ciascuna di esse il dominio e il codominio.

■ **ESERCIZI SVOLTI**

▷▷ **310** $y = x - |x - 2|$

La funzione è definita per qualsiasi x reale: $D = \mathbb{R}$.
Ricordando la definizione di valore assoluto, possiamo osservare che

$$y = x - |x - 2| \quad \longrightarrow \quad \begin{cases} x - 2 \geq 0 \\ y = x - (x - 2) \end{cases} \vee \begin{cases} x - 2 < 0 \\ y = x - [-(x - 2)] \end{cases}$$

Dobbiamo quindi tracciare il grafico della funzione lineare a tratti così definita:

$$\begin{cases} x \geq 2 \\ y = 2 \end{cases} \vee \begin{cases} x < 2 \\ y = 2x - 2 \end{cases}$$

o, il che è lo stesso,

$$y = \begin{cases} 2 & \text{per } x \geq 2 \\ 2x - 2 & \text{per } x < 2 \end{cases}$$

Tracciamo la retta di equazione $y = 2$ (figura a lato) e consideriamone solo i punti la cui ascissa è maggiore o uguale a 2. Tracciamo poi per punti la retta di equazione $y = 2x - 2$, osservando che passa per i punti $A(2\,;\,2)$ e, per esempio, $B(0\,;\,-2)$ e consideriamo solo i punti di tale retta la cui ascissa è minore di 2. Riunendo le due semirette ottenute si ha il grafico della funzione data. Dall'esame della figura possiamo anche dedurre che il codominio della funzione data è $C = \{y \in \mathbb{R} \mid y \leq 2\} = (-\infty\,;\,2]$.

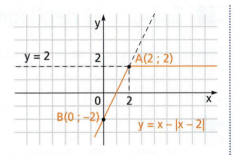

▷▷ **311** $y = 2|x + 1| - |x| + 1$

La funzione data ha per dominio $\mathbb{R}$.
Dopo avere studiato il segno degli argomenti dei moduli presenti nell'equazione della funzione, possiamo dedurre che è necessario distinguere tre casi:

- se $x \leq -1 \longrightarrow y = 2[-(x+1)] - (-x) + 1 \longrightarrow y = -x - 1$
- se $-1 < x < 0 \longrightarrow y = 2(x+1) - (-x) + 1 \longrightarrow y = 3x + 3$
- se $x \geq 0 \longrightarrow y = 2(x+1) - x + 1 \longrightarrow y = x + 3$

L'equazione data equivale quindi a

$$y = \begin{cases} -x - 1 & \text{per } x \leq -1 \\ 3x + 3 & \text{per } -1 < x < 0 \\ x + 3 & \text{per } x \geq 0 \end{cases}$$

Il grafico cercato (vedi figura a lato) si ottiene riunendo

- la semiretta definita da $\begin{cases} x \leq -1 \\ y = -x - 1 \end{cases}$ (osserva che la retta di equazione $y = -x - 1$ passa per i punti $(-1\,;\,0)$ e, ad esempio, $(0\,;\,-1)$);

- il segmento, privato dei suoi estremi, definito da $\begin{cases} -1 < x < 0 \\ y = 3x + 3 \end{cases}$ (osserva che la retta di equazione $y = 3x + 3$ passa per i punti $(-1\,;\,0)$ e $(0\,;\,3)$);

- la semiretta definita da $\begin{cases} x \geq 0 \\ y = x + 3 \end{cases}$ (osserva che la retta di equazione $y = x + 3$ passa per i punti $(0\,;\,3)$ e, ad esempio, $(-3\,;\,0)$).

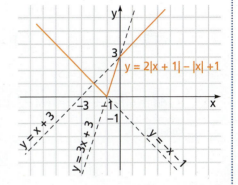

Dalla figura deduciamo che il codominio della funzione è $\{y \in \mathbb{R} \mid y \geq 0\} = [0\,;\,+\infty) = \mathbb{R}_0^+$.

▷▷ **312** $y = |x - 3| - x$

▷▷ **313** $y = \dfrac{|x-2|}{x-2} + 2$

▷▷ **314** $y = x + \dfrac{x-4}{|x-4|}$

▷▷ **315** $y = 2|x+1| + x$

▷▷ **316** $y = 2x - 1 - |x - 1|$

▷▷ **317** $y = 3x + 2 - \dfrac{|x|}{x}$

▷▷ **318** $y = |x+2| + |x| - 4$

▷▷ **319** $y = |2x - 1| - |x + 4|$

▷▷ **320** $y = |x+2| + 2|x-2|$

▷▷ **321** $y = 2 - |x-4| - \dfrac{x}{|x|}$

▷▷ **322** $y = 1 + |2 - x| + \dfrac{|x-2|}{x-2}$

▷▷ **323** $y = x - |x - 3| + \dfrac{2x+2}{|x+1|}$

▷▷ **324** $y = |x-3| + |x+1| + |x|$

▷▷ **325** $y = |2x+3| - |x-1| - |x| - x + 3$

▷▷ **326** $y = x - |1 - x| + |x| + \dfrac{x+2}{|x+2|}$

Esercizi di riepilogo

Calcola la distanza dal punto alla retta dati senza utilizzare la formula della distanza.

ESERCIZIO SVOLTO

▶▶ **327** $\quad 5x - 12y - 6 = 0 \qquad P\left(6 \, ; \, -\dfrac{7}{4}\right)$

Dal punto P mandiamo le parallele agli assi fino a intersecare la retta:

$$5x - 12y - 6 = 0 \xrightarrow{x=6} 30 - 12y - 6 = 0 \longrightarrow y = 2 \longrightarrow A(6\,;\,2)$$

$$5x - 12y - 6 = 0 \xrightarrow{y=-\frac{7}{4}} 5x - 12\left(-\dfrac{7}{4}\right) - 6 = 0 \longrightarrow x = -3 \longrightarrow B\left(-3\,;\,-\dfrac{7}{4}\right)$$

Resta così individuato il triangolo rettangolo ABP, di ipotenusa AB; sia PH l'altezza relativa all'ipotenusa.
Se h è la distanza cercata, risulta $h = \overline{PH}$ ed è

$$h = \dfrac{\overline{PA} \cdot \overline{PB}}{\overline{AB}} \quad \text{(altezza = doppia area/base)}$$

- $\overline{PA} = |y_A - y_P| = \left|2 - \left(-\dfrac{7}{4}\right)\right| = \dfrac{15}{4}$
- $\overline{PB} = |x_B - x_P| = |-3 - 6| = 9$
- $\overline{AB} = \sqrt{\overline{PA}^2 + \overline{PB}^2} = \sqrt{\left(\dfrac{15}{4}\right)^2 + 9^2} = \sqrt{\dfrac{225}{16} + 81} = \sqrt{\dfrac{1521}{16}} = \dfrac{39}{4}$

Pertanto

$$h = \dfrac{\overline{PA} \cdot \overline{PB}}{\overline{AB}} = \dfrac{\dfrac{15}{4} \cdot 9}{\dfrac{39}{4}} = \dfrac{15}{4} \cdot 9^3 \cdot \dfrac{4}{39_{13}} = \dfrac{45}{13}$$

▶▶ **328** $\quad 3x - 4y - 24 = 0 \qquad P(4\,;\,5) \qquad\qquad \left[\dfrac{32}{5}\right]$

▶▶ **329** $\quad y = \dfrac{12}{5}x \qquad\qquad P(-5\,;\,12) \qquad\qquad \left[\dfrac{120}{13}\right]$

▶▶ **330** $\quad 4x - 3y + 1 = 0 \qquad P\left(2\,;\,-\dfrac{1}{2}\right) \qquad\qquad \left[\dfrac{21}{10}\right]$

ESERCIZIO SVOLTO

▶▶ **331** Le rette r e s hanno equazioni

$$r: y = \dfrac{1}{2}x + \dfrac{7}{2} \qquad s: y = 2x + 8$$

e si intersecano nel punto A.
Il punto B di r ha ascissa 1 e il punto D di s ha ordinata 7.
Determiniamo il vertice C del parallelogramma $ABCD$.

Per risolvere il problema, ricordiamo che le diagonali di un parallelogramma hanno lo stesso punto medio. Cominciamo a determinare i vertici A, B, D:

- A è il punto di intersezione delle rette r e s; procedendo come nell'**ESERCIZIO SVOLTO 173** troviamo $A(-3\,;\,2)$.

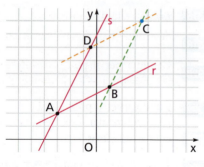

- Per ottenere l'ordinata di B poniamo $x = 1$ nell'equazione di r:
$$y = \frac{1}{2} \cdot 1 + \frac{7}{2} = 4 \longrightarrow B(1\,;\,4)$$

- Per ottenere l'ascissa di D poniamo $y = 7$ nell'equazione di s:
$$7 = 2x + 8 \longrightarrow x = -\frac{1}{2} \longrightarrow D\left(-\frac{1}{2}\,;\,7\right)$$

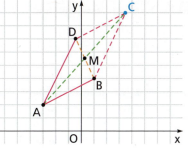

Determiniamo ora il punto medio M della **diagonale BD** del parallelogramma $ABCD$:

$$M\left(\frac{x_B + x_D}{2}\,;\,\frac{y_B + y_D}{2}\right) \longrightarrow M\left(\frac{1}{4}\,;\,\frac{11}{2}\right)$$

Il punto M è anche il punto medio della **diagonale AC**:

$$x_M = \frac{x_A + x_C}{2} \quad \text{e} \quad y_M = \frac{y_A + y_C}{2} \longrightarrow \frac{1}{4} = \frac{-3 + x_C}{2} \quad \text{e} \quad \frac{11}{2} = \frac{2 + y_C}{2} \longrightarrow$$
$$\longrightarrow x_C = \frac{7}{2} \quad \text{e} \quad y_C = 9 \longrightarrow C\left(\frac{7}{2}\,;\,9\right)$$

332 Di un parallelogramma $ABCD$ si conoscono i vertici consecutivi $A(1\,;\,1)$, $B(5\,;\,2)$, $C(3\,;\,4)$. Determina il quarto vertice D. $[D(-1\,;\,3)]$

333 Determina il punto C dell'asse x equidistante dai punti $A(-3\,;\,4)$ e $B(1\,;\,5)$. $\left[C\left(\frac{1}{8}\,;\,0\right)\right]$

334 Un triangolo isoscele ha il vertice C sulla retta $x + 2y - 10 = 0$ e gli estremi della base nei punti $A(-2\,;\,1)$ e $B(4\,;\,-2)$. Determina il circocentro del triangolo. $\left[\left(\frac{23}{16}\,;\,\frac{3}{8}\right)\right]$

335 I lati di un triangolo giacciono sulle rette di equazioni $y - 3 = 0$, $x - 2y + 4 = 0$, $x - y - 1 = 0$. Calcola le coordinate dei vertici e la misura S dell'area del triangolo. $[(2\,;\,3);\ (4\,;\,3);\ (6\,;\,5);\ S = 2]$

336 Le rette di equazioni $x = 0$, $y = \frac{1}{2}x - 3$, $x - 2 = 0$, $x - 2y - 2 = 0$ individuano un quadrilatero. Verifica che è un parallelogramma e calcolane la misura dei lati. $[2\,;\,\sqrt{5}]$

337 Calcola la misura dell'area del triangolo individuato dalle rette di equazioni $y = 2$, $3x - 2y + 1 = 0$, $3x + y - 14 = 0$. $\left[\frac{9}{2}\right]$

338 Verifica che i punti medi dei lati del quadrilatero di vertici $A(2\,;\,2)$, $B(8\,;\,4)$, $C(6\,;\,7)$, $D(3\,;\,6)$ sono vertici di un parallelogramma. **Videolezione**

339 Determina sulla bisettrice del 1°-3° quadrante un punto C, sapendo che è equidistante dai punti $A(6\,;\,0)$ e $B(2\,;\,2)$. Determina poi il baricentro G del triangolo ABC. $[C(7\,;\,7);\ G(5\,;\,3)]$

340 Verifica che la parallela condotta per il punto $(-1\,;\,3)$ alla retta che congiunge i punti $(5\,;\,2)$ e $(1\,;\,-2)$ determina con gli assi cartesiani un triangolo di area di misura 8.

341 Conduci per il punto di intersezione delle rette $3x + 4y - 8 = 0$ e $x + 3y - 1 = 0$ le parallele alle rette $y + x = 0$ e $y - 2x = 0$ e verifica che il triangolo formato da esse con la retta $2y - x = 0$ è isoscele.

342 Conduci per il punto $A(0\,;\,3)$ la retta r parallela alla retta $x - 3y = 0$ e per il punto $B(1\,;\,0)$ la retta s perpendicolare alla retta $x + 2y = 0$; dopo aver determinato il punto C, comune a r e s, verifica che il triangolo ABC è isoscele. $[C(3\,;\,4);\ \overline{AB} = \overline{AC} = \sqrt{10}]$

343 Tre vertici di un parallelogramma $ABCD$ sono i punti $A(3\,;\,2)$, $B(8\,;\,1)$, $C(10\,;\,4)$; determina il quarto vertice D. $[D(5\,;\,5)]$

Autovalutazione

TEMPO MASSIMO: 60 MINUTI

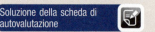
Soluzione della scheda di autovalutazione

1 Associa le seguenti equazioni alle rette descritte di seguito:

   a. $x = 0$ **b.** $y = 0$ **c.** $x = 2$ **d.** $y = -3$ **e.** $y = -2x$

   1. retta non parallela agli assi **2.** asse x **3.** retta parallela all'asse x
   4. asse y **5.** retta parallela all'asse y

   (*Scrivi il numero di fianco alla lettera*)

   a. ...... **b.** ...... **c.** ...... **d.** ...... **e.** ......

2 Una retta ha equazione, in forma esplicita, $y = -\dfrac{3}{2}x + \dfrac{2}{3}$. Qual è la sua equazione in forma implicita?

   a $9x + 6y - 4 = 0$ **b** $9x - 6y - 4 = 0$ **c** $9x + 6y + 4 = 0$
   d $6x + 9y - 4 = 0$ **e** $6x - 9y + 4 = 0$

3 Le rette di equazioni $3x - 2y = 0$ e $-6x + y + 9 = 0$ si intersecano nel punto

   a $(4\,;\,6)$ **b** $(1\,;\,-3)$ **c** $(3\,;\,-1)$
   d $(6\,;\,-4)$ **e** $(2\,;\,3)$ **f** nessuno dei precedenti

4 Quale delle seguenti coppie è formata da rette parallele?

   a $4x - y = 0$ e $x - 4y = 0$ **b** $y = 3x - 2$ e $6x - 2y + 5 = 0$
   c $3x + 2y - 2 = 0$ e $3x - 2y - 2 = 0$ **d** $y = -2x + 3$ e $2x - y + 3 = 0$

5 Quale delle seguenti coppie è formata da rette perpendicolari?

   a $4x - y = 0$ e $x + 4y = 0$ **b** $y = 3x - 2$ e $2x - 6y + 5 = 0$
   c $3x + 2y - 2 = 0$ e $3x - 2y - 2 = 0$ **d** $y = -2x + 3$ e $2x - y + 3 = 0$

6 Qual è il coefficiente angolare della retta che passa per i punti $(3\,;\,-3)$ e $(-1\,;\,7)$?

   a 0 **b** $-\dfrac{5}{2}$ **c** $-\dfrac{2}{5}$ **d** $\dfrac{5}{2}$ **e** $\dfrac{2}{5}$

7 Verifica che il triangolo di vertici $A(3\,;\,-1)$, $B(3\,;\,-3)$, $C(5\,;\,-2)$ è isoscele e calcolane la misura dell'area.

8 Determina sull'asse x un punto equidistante da $A(-2\,;\,1)$ e da $B(3\,;\,-4)$.

esercizio	1	2	3	4	5	6	7	8	totale
punteggio	1,5	0,75	1	0,75	0,75	0,75	2,25	2,25	10
esito									

Esercizi per il recupero

Altri esercizi per il recupero

VERO O FALSO?

1
a. Il punto $P(-1\,;\,-1)$ appartiene al secondo quadrante.   V F
b. I punti che hanno ascissa negativa appartengono al secondo o al terzo quadrante.   V F
c. La distanza tra i punti $A(4\,;\,-3)$ e $B(-2\,;\,-3)$ è 2.   V F
d. Se A e B hanno la stessa ordinata, la loro distanza è $|y_B - y_A|$.   V F
e. Se A e B hanno la stessa ordinata, allora il punto medio di AB ha ordinata uguale a zero.   V F
f. I punti con le coordinate discordi appartengono al terzo quadrante.   V F
g. Il punto $P(-5\,;\,0)$ è sull'asse x.   V F

Trova le distanze tra i punti delle seguenti coppie.

2 $P(-1\,;\,3)$ e $Q(-6\,;\,3)$ $P(-1\,;\,3)$ e $R(11\,;\,-6)$ $P(-1\,;\,3)$ e $S(-1\,;\,0)$ [5; 15; 3]

3 $A(-12\,;\,7)$ e $B(-12\,;\,0)$ $A(-12\,;\,7)$ e $C(12\,;\,7)$ $A(-12\,;\,7)$ e $D(12\,;\,0)$ [7; 24; 25]

Determina il punto medio di ciascuno dei segmenti aventi per estremi i punti indicati.

4 $A(13\,;\,-2)$ e $B(13\,;\,2)$ $C(-23\,;\,-4)$ e $D(-21\,;\,14)$ $[M_{AB}(13\,;\,0);\ M_{CD}(-22\,;\,5)]$

5 $P(16\,;\,-3)$ e $Q(1\,;\,3)$ $R(-8\,;\,7)$ e $S(15\,;\,-10)$ $\left[M_{PQ}\left(\dfrac{17}{2}\,;\,0\right);\ M_{RS}\left(\dfrac{7}{2}\,;\,-\dfrac{3}{2}\right)\right]$

---

6   Verifica che il triangolo che ha per vertici l'origine, $A(2\,;\,4)$ e $B(-2\,;\,1)$ è rettangolo.

7   Calcola la misura del perimetro e dell'area del triangolo di vertici $A(3\,;\,0)$, $B(6\,;\,4)$ e $C(3\,;\,8)$.
$[2p = 18,\ S = 12]$

8   Calcola la misura delle mediane del triangolo che ha per vertici i punti $A(-9\,;\,-4)$, $B(7\,;\,-4)$ e $C(-1\,;\,14)$.
$[AM_{BC} = BM_{AC} = 15,\ CM_{AB} = 18]$

Associa a ciascuna delle seguenti equazioni la rispettiva retta.

9   a. $y = -2$ b. $y = x - 2$ c. $y = x + 2$ d. $y = -x - 2$ e. $x = -2$ f. $y = 2 - x$

1. 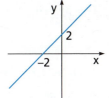   2. 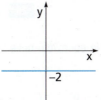   3.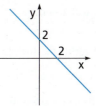

4. 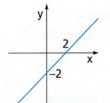   5. 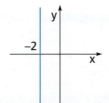   6.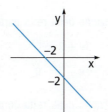

(*Scrivi di fianco alla lettera il numero della figura corrispondente*)

a. ......   b. ......   c. ......   d. ......   e. ......   f. ......

ESERCIZI

10 a. $2x - 4y + 12 = 0$ b. $y - 4 = 0$ c. $x + 5 = 0$ d. $x - y = 0$

1.   2.   3. 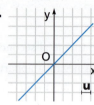 4.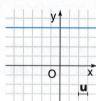

(Scrivi di fianco alla lettera il numero della figura corrispondente)

a. ...... b. ...... c. ...... d. ......

Scrivi per ciascuna retta (data in forma implicita) l'equazione in forma esplicita, determinane il coefficiente angolare e l'ordinata all'origine.

11 $5x - 3y + 9 = 0$ **12** $x + 7 = 0$ **13** $3x - 1 = 0$

14 $2y + 1 = 0$ **15** $x - 2y - 9 = 0$ **16** $2x + 5y = 0$

Scrivi per ciascuna retta l'equazione in forma esplicita, determinane il coefficiente angolare, l'ordinata all'origine e stabilisci se il punto indicato a fianco le appartiene.

17 $r: 9x + 5 = 0$, $R\left(-\dfrac{5}{9}; \dfrac{1}{3}\right)$ $s: 5x - 7y + 3 = 0$, $S\left(\dfrac{1}{10}; \dfrac{1}{2}\right)$ $t: 3y - 7 = 0$, $C\left(0; -\dfrac{1}{3}\right)$

18 $a: 8x + y = 0$, $P\left(\dfrac{1}{4}; 2\right)$ $r: 3x + 2y - 4 = 0$, $A\left(\dfrac{1}{3}; \dfrac{3}{2}\right)$ $p: 5x - 2 = 0$, $B\left(\dfrac{1}{5}; -\dfrac{2}{3}\right)$

Individua tra le seguenti rette quelle parallele e quelle perpendicolari.

19 $r: 4x - 6y - 7 = 0$ $s: 3x + 2y = 0$ $t: 3x - 2y$ $u: 2x - 3y - 5 = 0$

20 $a: 7x - 3y = 0$ $b: 7x - 3 = 0$ $c: 3y + 7 = 0$ $d: 6x + 14y - 5 = 0$

Determina l'eventuale punto P di intersezione tra le rette delle seguenti coppie.

21 $x - y = 0$ e $2x + 5y = 0$ **22** $x + y - 1 = 0$ e $y + 2 = 0$

23 $2x - 3y - 2 = 0$ e $x + y - 1 = 0$ **24** $x + 4y = 0$ e $-2x - 8y + 3 = 0$

25 $2x + y - 3 = 0$ e $3x + 2y - 3 = 0$ **26** $x + y - 2 = 0$ e $2x + 3y = 0$

Determina i vertici del triangolo *ABC*, conoscendo le equazioni delle rette dei lati.

27 $AB: x - 2y + 6 = 0$ $BC: x + 2 = 0$ $AC: 2x - y = 0$ $[A(2; 4); B(-2; 2); C(-2; -4)]$

28 $AB: 5x - y + 16 = 0$ $BC: x + 7y - 4 = 0$ $AC: x + y - 4 = 0$ $[A(-2; 6); B(-3; 1); C(4; 0)]$

Scrivi l'equazione della retta parallela alla retta *r* assegnata e passante per il punto *P* indicato.

29 $r: 5x - 3y + 7 = 0$ $P(-3; -5)$ $[5x - 3y = 0]$

30 $r: 4x - 3y + 5 = 0$ $P(2; -1)$ $[4x - 3y - 11 = 0]$

Scrivi l'equazione della retta perpendicolare alla retta *r* assegnata e passante per il punto *P* indicato.

31 $r: 2x - 6y + 5 = 0$ $P(-1; 2)$ $[3x + y + 1 = 0]$

32 $r: 4x - 3y + 5 = 0$ $P(2; -1)$ $[3x + 4y - 2 = 0]$

Scrivi l'equazione dell'asse del segmento di estremi A e B.

33 $A(2; -4)$ e $B(-4; 6)$ **34** $A(2; -4)$ e $B(2; 6)$ **35** $A(2; -4)$ e $B(-4; -4)$

Scrivi l'equazione della rette passanti per le coppie di punti assegnate.

36 $A(-3; 0), B(4; -1)$ $C(-6; 10), D(-6; 7)$ $[x + 7y + 3 = 0; \ x = -6]$

37 $A(-7; 1), B(11; 1)$ $C(-7; 2), D(3; -3)$ $[y = 1; \ x + 2y + 3 = 0]$

Determina le equazioni delle rette dei lati del triangolo ABC, note le coordinate dei vertici.

38 $A(0; 0)$ $B(2; -3)$ $C(2; 2)$ $[AB: 3x + 2y = 0; \ BC: x - 2 = 0; \ AC: x - y = 0]$

39 $A(-9; -6)$ $B(5; -6)$ $C(0; 6)$ $[AB: y = -6; \ BC: 12x + 5y = 30; \ AC: 4x - 3y + 18 = 0]$

Individua tra le seguenti terne quelle formate da punti allineati.

40 $A(0; 1)$ $B(5; -2)$ $C(3; 0)$ **41** $A(0; -1)$ $B(1; 2)$ $C(-2; -7)$

42 $A(3; 2)$ $B(1; 7)$ $C(7; -8)$ **43** $A(0; 0)$ $B(3; 4)$ $C(4; 3)$

Determina la distanza del punto P dalla retta r.

44 $P(-4; 2), r: 2x - 3y + 1 = 0$ $P(-3; 4), r: 2x - 3 = 0$ $\left[\dfrac{13}{\sqrt{13}}; \ \dfrac{9}{2}\right]$

45 $P(-2; -2), r: x + y - 2 = 0$ $P(3; -1), r: x + 2 = 0$ $\left[\dfrac{6}{\sqrt{2}}; \ 5\right]$

46 $P(0; 0), r: 5x - 12y - 13 = 0$ $P(3; -1), r: y + 4 = 0$ $[1; \ 3]$

Trova l'area del triangolo di cui sono dati i vertici.

47 $A(-2; 2)$ $B(2; -4)$ $C(5; 2)$ $[21]$ **48** $A(-4; -3)$ $B(3; -4)$ $C(0; 1)$ $[16]$

49 $A(0; 0)$ $B(0; -4)$ $C(6; -3)$ $[12]$ **50** $A(0; 0)$ $B(5; 10)$ $C(8; 6)$ $[25]$

QUESITI A RISPOSTA MULTIPLA

51 Quale dei seguenti punti appartiene alla retta di equazione $3x + 2y = 0$?

   a $A(2; -3)$ **b** $B\left(-\dfrac{2}{3}; -\dfrac{3}{2}\right)$ **c** $C\left(0; \dfrac{1}{2}\right)$ **d** $D(-1; 1)$

52 Quale dei seguenti punti appartiene alla retta di equazione $3x + 2 = 0$?

   a $A(2; -3)$ **b** $B\left(-\dfrac{2}{3}; -\dfrac{3}{2}\right)$ **c** $C(0; 0)$ **d** $D(-1; 1)$

53 Il coefficiente angolare della retta $5x - 2y + 3 = 0$ è

   a $\dfrac{2}{5}$ **b** $\dfrac{5}{2}$ **c** $-\dfrac{2}{5}$ **d** $-\dfrac{5}{2}$

54 Il punto $P(-1; 5)$ appartiene alla retta di equazione $x - 2y + k = 0$ se k è uguale a

   a -5 **b** 5 **c** -11 **d** 11

55 Date tre rette r, s e t di equazioni $r: 4x + 3y - 2 = 0$, $s: 3x + 4y - 6 = 0$ e $t: 3x - 4y - 1 = 0$, indica quale relazione è vera.

   a $r \perp s$ **b** $r \perp t$ **c** $s \perp t$ **d** $s \parallel t$

ESERCIZI

56 L'equazione di una retta di coefficiente angolare m, passante per il punto $(x_0; y_0)$, è

    a $y_0 = mx_0 + q$ **b** $x - x_0 = m(y - y_0)$

    c $y - y_0 = m(x - x_0)$ **d** $y - x = m(y_0 - x_0)$

    e $y - y_0 = mx - x_0$

57 L'equazione della retta passante per due punti assegnati di coordinate $(x_1; y_1)$ e $(x_2; y_2)$, con $x_1 \neq x_2$ e $y_1 \neq y_2$, è

    a $\dfrac{y-x}{y_2-x_2} = \dfrac{y_1-x_1}{y_2-x_2}$ **b** $\dfrac{y-y_1}{y_2-y_1} = \dfrac{x-x_1}{x_2-x_1}$

    c $y_2 - y_1 = m(x_2 - x_1)$ **d** $\dfrac{y-y_1}{y-y_2} = \dfrac{x-x_1}{x-x_2}$

■ Esercizi di approfondimento

1 Considera la funzione $f(x) = |x-2| - 2\dfrac{x}{|x|} + x$.

    a. Traccia il grafico della funzione $y = f(x)$ determinandone dominio e codominio.

                                                                                           $[D = \mathbb{R} - \{0\}; \, C = \mathbb{R}_0^+]$

    b. Dall'esame del grafico deduci per quali valori di x risulta $f(x) \geq 4$. $[x < 0 \lor x \geq 4]$

Per ciascuna delle seguenti funzioni lineari a tratti, traccia il grafico e indica il dominio e il codominio.

2 $y = \dfrac{x^2 - x - 6}{|x-3|}$ **3** $y = \dfrac{|x^2 - x - 6|}{x-3}$

4 $y = \dfrac{2x^2 - 7x + 6}{2-x}$ **5** $y = \dfrac{|3x^2 + 2x - 1|}{1+x} + x + 1$

6 $y = \dfrac{|x+2|}{x+2} + \dfrac{|x-1|}{2x-2} - \dfrac{|x-4|}{x-4} + |x-1| - |x-4|$ **7** $y = \dfrac{x^2+x-6}{2-x} + \dfrac{|x^2+x-6|}{x+3}$

8 $y = \dfrac{x^3 - 4x^2 + x + 6}{x^2 - x - 2}$ **9** $y = \dfrac{x^3 - 4x^2 + x + 6}{|x^2 - x - 2|}$

10 $y = \dfrac{x^3 + x^2 - x - 1}{x^2 + 2x + 1} + \dfrac{|2x-1|}{1-2x} + x$

11 Una banca a ogni fine mese registra i capitali depositati da cinque suoi clienti, che abbiamo indicato con A, B, C, D, E. Partendo dal grafico descrivi la situazione di ciascun cliente.

Se si indica con x il numero dei mesi, con y il deposito in euro, deduci che per il cliente E si ha:

$$y = \begin{cases} 200 & \text{per } 0 \leq x \leq 8 \\ 200 \cdot x - 1400 & \text{per } 8 < x \leq 12 \end{cases}$$

Trova y in funzione di x per gli altri clienti.

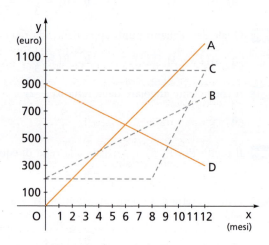

12 **MATEMATICA E... FISICA** Tre punti A, B, C si trovano su una retta r, su cui è fissato un sistema di ascisse, e si muovono sulla retta per 8 secondi.
Nel grafico sono riportate le distanze dall'origine O della retta r a cui si trova ciascun punto a ogni istante. Descrivi i movimenti di A e B. In quale istante B incontra A e in quale istante incontra C? Che cosa si può dire del punto C?

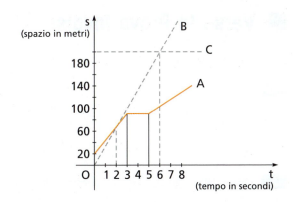

13 **MATEMATICA E... FISICA** Un automobilista percorre in 30 minuti, con velocità costante, uno spazio di 50 km. Qual è la sua velocità? Dopo una sosta di 15 minuti si muove per 75 minuti alla velocità di 80 km/h. Quanto spazio percorre in questo secondo tratto? Disegna il grafico portando sull'asse delle ascisse il tempo e sull'asse delle ordinate lo spazio. Se avesse percorso l'intero spazio senza soste, quale velocità costante avrebbe dovuto tenere per impiegare lo stesso tempo? Quale sarebbe in questo secondo caso il grafico?

14 **MATEMATICA E... FISICA** Un punto materiale si muove di moto uniforme. Sapendo che nell'istante $t = 1$ s dista 7 m dall'origine, e che per $t = 2$ s la sua distanza dall'origine è di 4 m, scrivi la legge del moto e rappresentala su un piano cartesiano. $[s = 10 - 3t]$

15 **MATEMATICA E... FISICA** Un punto materiale si muove di moto uniformemente accelerato. Sapendo che all'istante $t = 1$ s la sua velocità è di 5 m/s e che all'istante $t = 1,5$ s è di 6 m/s, scrivi

a. la legge della velocità e rappresentala su un piano cartesiano; $[v = 3 + 2t]$

b. la legge del moto. $[s = t^2 + 3t]$

16 **MATEMATICA E... FISICA** Il grafico a lato rappresenta i moti di due corpi A e B.

a. Scrivi le leggi del moto dei due corpi. $[s_A = 1 + 2t;\ s_B = 10 - t]$

b. Qual è il significato del punto di intersezione fra le due rette?

c. Calcola analiticamente a quale distanza dall'origine del moto e dopo quanto tempo avviene la situazione descritta al punto **b.** $[t = 3;\ s = 7]$

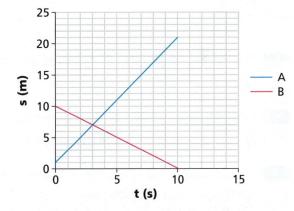

17 **MATEMATICA E... FISICA** Gli andamenti del volume in funzione della temperatura (in gradi Celsius) di due sostanze diverse nello stesso stato di aggregazione sono rappresentati da rette aventi la medesima ordinata all'origine e diverso coefficiente angolare. Quale delle seguenti informazioni si può dedurre?

a. Non può trattarsi di sostanze allo stato solido.

b. Non può trattarsi di liquidi.

c. Non può trattarsi di gas.

d. Non ci sono elementi per rispondere.

Indica la risposta esatta e motivala.

18 **MATEMATICA E... FISICA** Un gas perfetto subisce una trasformazione isoterma. Se riportiamo in ordinata la pressione del gas, quale grandezza dobbiamo riportare in ascissa affinché il grafico corrispondente sia una retta? Quale sarà il significato del coefficiente angolare?

Verso la Prova Invalsi

QUESITI A RISPOSTA MULTIPLA

1 La retta $4x + 3y - 1 = 0$

- **a** è parallela alla retta $y = \frac{4}{3}x + 5$
- **b** è perpendicolare alla retta $4y + 3x + \pi = 0$
- **c** passa per il punto $P\left(-\frac{15}{4}; 0\right)$
- **d** interseca l'asse y nel punto $Q\left(0; \frac{1}{3}\right)$

2 Quale delle seguenti coppie è formata da rette non parallele?

- **a** $\pi x - 2\pi y = 0$; $y = \frac{3}{6}x + \sqrt{3}$
- **b** $12x + 4y + \sqrt{57} = 0$; $36x + 1 = -12y$
- **c** $-\frac{9}{4}x + \frac{3}{16}y = 0$; $y = 12x + \pi$
- **d** $y = 11$; $x = -3$

3 Quale delle seguenti coppie è formata da rette non perpendicolari?

- **a** $x = 13$; $y = -5$
- **b** $-3x - 7y + \sqrt{14} = 0$; $9y = 21x - \sqrt{2}$
- **c** $\pi x + 2y = 0$; $2\pi y = -4x + 9\pi$
- **d** $x = -y$; $4x - 4y = 0$

4 Quali sono le equazioni delle rette r e s in figura?

- **a** $x + y = -4$ e $-x + 4y = -4$
- **b** $-2x - 2y = -8$ e $4y = x - 4$
- **c** $y = -x + 4$ e $y = 4x - 4$
- **d** $-x + y + 4 = 0$ e $-x - 4y + 4 = 0$

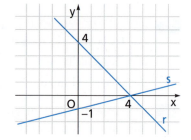

5 La retta passante per $A(1; 0)$ e parallela alla bisettrice del 1° e 3° quadrante ha equazione:

- **a** $x + y = -1$
- **b** $-x + y = -1$
- **c** $2x + 2y + 1 = 0$
- **d** $-6x + 6y - 6 = 0$

6 La retta passante per $A(-2; -1)$ e perpendicolare alla bisettrice del 2° e 4° quadrante ha equazione:

- **a** $y = 2x + 1$
- **b** $y = -x + 1$
- **c** $x + y = -1$
- **d** $-x + y = 1$

7 La retta passante per i punti $P(4; -2)$ e $Q(1; 3)$

- **a** ha equazione $5x + 3y = -14$
- **b** è parallela alla retta $y = -\frac{3}{5}x + \frac{14}{5}$
- **c** è perpendicolare alla retta $5y = 3x + 1$
- **d** passa per il punto $A\left(\frac{1}{5}; 5\right)$

8 Per quale valore di k la retta di equazione $(k-1)x + ky + 5 = 0$ è parallela alla retta $y - 2 = 0$?

- **a** $k = 0$
- **b** $k = \frac{1}{2}$
- **c** $\nexists k \in \mathbb{R}$
- **d** $k = 1$

Capitolo 2

Sistemi lineari

- Generalità sui sistemi
- Interpretazione grafica di un sistema lineare di due equazioni in due incognite
- Risoluzione algebrica di un sistema lineare di due equazioni in due incognite
- Sistemi lineari di tre equazioni in tre incognite

Algebra Motors

FIGURA 1

La concessionaria Autopiù vende tre modelli della celebre casa automobilistica Algebra Motors: il *Tetraedro* (furgone a uso commerciale), la *Ipotesi 2000* (auto sportiva) e la *Secante* (station wagon).
Il direttore della concessionaria deve scegliere quanti esemplari mettere in esposizione per ciascun modello. Per prendere questa decisione deve valutare lo spazio che ha a disposizione, il denaro che può investire e i modelli che vengono venduti maggiormente.

Come può il direttore valutare questi aspetti e decidere quante auto esporre?

 Soluzione a pag. 91

■ Generalità sui sistemi

1. Equazioni in due incognite

Consideriamo l'**equazione nelle due incognite** x e y

$$2x + y = 4 \qquad \boxed{1}$$

e la coppia ordinata $(1\,;\,2)$. Se sostituiamo a x il valore 1 e a y il valore 2 la $\boxed{1}$ si trasforma in una uguaglianza vera:

$$2x + y = 4 \xrightarrow{x=1 \,\wedge\, y=2} 2 \cdot 1 + 2 = 4 \longrightarrow 4 = 4 \; (vero)$$

Diremo quindi che $(1\,;\,2)$ è una soluzione della $\boxed{1}$; si può anche scrivere che $\begin{cases} x = 1 \\ y = 2 \end{cases}$ è una soluzione della $\boxed{1}$.

Puoi verificare, ad esempio, che anche la coppia ordinata $\left(\dfrac{1}{2}\,;\,3\right)$ è soluzione della $\boxed{1}$, mentre la coppia $(1\,;\,3)$ non lo è.

Possiamo quindi dare la seguente definizione.

> **DEFINIZIONE** **SOLUZIONE DI UN'EQUAZIONE IN DUE INCOGNITE**
> Una coppia ordinata di numeri reali è soluzione di un'equazione in due incognite se, sostituendo il primo numero alla prima incognita e il secondo numero alla seconda incognita, l'equazione si trasforma in un'uguaglianza vera.

Di solito indicheremo la prima incognita con x e la seconda con y.

L'insieme delle soluzioni di un'equazione in due incognite è perciò un insieme di coppie ordinate di numeri reali; poiché ogni coppia ordinata di numeri reali può essere rappresentata da un punto del piano cartesiano, **l'insieme delle soluzioni di un'equazione in due incognite può essere rappresentato da un insieme di punti del piano cartesiano**.

Analogamente a quanto abbiamo già visto per le equazioni in una incognita, diremo che un'equazione in due incognite è:

- **determinata** se l'insieme delle sue soluzioni è costituito da un *numero finito di coppie* ordinate di numeri reali: l'equazione ha un numero finito di soluzioni;
- **indeterminata** se l'insieme delle sue soluzioni è costituito da un *numero infinito di coppie* ordinate di numeri reali: l'equazione ha infinite soluzioni;
- **impossibile** se l'insieme delle sue soluzioni è *vuoto*: l'equazione non ha soluzioni.

> **ESEMPI**
>
> **1** L'equazione $x^2 + y^2 = -1$ è **impossibile**. Infatti il primo membro, somma di due numeri maggiori o uguali a zero, assumerà sempre un valore maggiore o uguale a zero e non potrà mai essere uguale al secondo, che è -1.
>
> **2** L'equazione $x^2 + y^2 = 0$ è **determinata**. Infatti la somma di due numeri maggiori o uguali a zero è zero se e solo se entrambi gli addendi sono nulli. Quindi risulta $x^2 + y^2 = 0$ se e solo se x e y sono entrambi zero. Perciò l'unica soluzione dell'equazione considerata è la coppia ordinata $(0\,;\,0)$.

■ ATTENZIONE!
È **errato** dire che 1 e 2 sono *due* soluzioni dell'equazione $\boxed{1}$: infatti tali numeri costituiscono *una* soluzione solo se considerati in coppia e nell'ordine dato.

Se una coppia ordinata $(x_0\,;\,y_0)$ di numeri reali è soluzione di un'equazione in x e y si dice anche che l'equazione è **verificata** per $x = x_0 \wedge y = y_0$ (o è **soddisfatta** dalla coppia $(x_0\,;\,y_0)$).

Un'equazione indeterminata in due incognite è un'**identità** se *qualunque* coppia ordinata di numeri reali è una sua soluzione, eventualmente con l'esclusione di quelle coppie che facciano perdere significato all'equazione stessa. Ad esempio,
$(x + y)^2 =$
$= x^2 + 2xy + y^2$
è un'identità e l'insieme delle sue soluzioni è $\mathbb{R} \times \mathbb{R}$.

3 L'equazione $y = 2x$ si trasforma in un'uguaglianza vera se e solo se al posto di x e y si sostituiscono due numeri tali che il secondo sia il doppio del primo. Sono soluzioni di questa equazione, ad esempio, le coppie ordinate

$$(0\,;\,0) \quad (1\,;\,2) \quad (-12\,;\,-24) \quad \left(\frac{4}{3}\,;\,\frac{8}{3}\right) \quad \ldots$$

Essa ha perciò infinite soluzioni e quindi è **indeterminata**. *Non* è però un'*identità*: infatti non è vero che qualsiasi coppia di numeri reali è una sua soluzione. Ad esempio, non sono soluzioni le coppie $(2\,;\,3)$, $(-2\,;\,4)$ e in generale tutte le coppie di numeri tali che il secondo elemento non sia il doppio del primo.

Anche le equazioni in due incognite possono essere classificate in *equazioni intere, frazionarie, numeriche, letterali*.

Anche i *principi di equivalenza*, con tutte le loro conseguenze, illustrati per le equazioni in una incognita, sono validi per quelle in due incognite. Quindi un'equazione intera nelle incognite x e y, mediante opportune trasformazioni, può essere posta nella **forma canonica** (o **normale**)

$$P(x\,;\,y) = 0$$

dove $P(x\,;\,y)$ è un polinomio in x e y. Diremo **grado** dell'equazione il grado di $P(x\,;\,y)$; ad esempio, l'equazione $x^2 y + 5y = 1$ è di 3° grado.

Le equazioni di primo grado in due incognite, di cui ci occuperemo in questo capitolo, sono dette anche **equazioni lineari**; esse sono le equazioni che possono essere scritte nella forma

$$ax + by + c = 0$$

oppure, se $b \neq 0$, nella forma

$$y = mx + q$$

> Queste considerazioni si estendono anche alle equazioni in tre o più incognite.

Rappresentazione grafica delle soluzioni di un'equazione lineare

Consideriamo nuovamente l'equazione

$$2x + y = 4$$

Essa è un'equazione lineare in x e y che può essere scritta nella forma canonica

$$2x + y - 4 = 0$$

o, equivalentemente, nella forma

$$y = -2x + 4$$

Disegniamo nel piano cartesiano la retta r di equazione $y = -2x + 4$ (**FIGURA 2**).

> Nel precedente capitolo abbiamo visto che
> $$ax + by + c = 0$$
> è l'equazione di una retta nel piano cartesiano, purché a e b non siano entrambi nulli.

TABELLA 1

x	y
0	4
1	2
2	0
3	−2
...	...

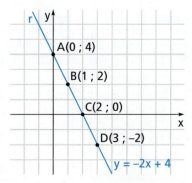

FIGURA 2

> Già sappiamo che per tracciare una retta nel piano cartesiano è sufficiente determinare le coordinate di due suoi punti.

La **TABELLA 1** ci suggerisce che possiamo ottenere infinite coppie ordinate, come ad esempio $(0\,;\,4)$, $(1\,;\,2)$, $(2\,;\,0)$, $(3\,;\,-2)$, ..., ciascuna delle quali è una soluzione dell'equazione $y = -2x + 4$ ed è rappresentata, nel piano cartesiano, da un punto della retta r.

In generale possiamo dire che se a e b non sono entrambi nulli, **l'insieme delle soluzioni dell'equazione lineare $ax + by + c = 0$ è rappresentato, nel piano cartesiano, da una retta**. Ciò significa che:

- se una coppia ordinata di numeri reali è soluzione di una data equazione lineare, questi numeri sono le coordinate di un punto che appartiene alla retta;
- viceversa, se un punto appartiene a una data retta, le sue coordinate sono soluzione dell'equazione di tale retta.

Poiché i punti di una retta sono infiniti, possiamo dire che le equazioni lineari $ax + by + c = 0$ sono *indeterminate* (con esclusione del caso $a = b = 0 \wedge c \neq 0$).

> Ad esempio, nel caso prima considerato, le infinite soluzioni dell'equazione $2x + y = 4$ sono le coppie
> $(x\,;\,-2x + 4)$
> al variare di x in $\mathbb{R}$.

2. Sistemi di equazioni

Consideriamo ancora l'equazione lineare in due incognite

$$2x + y = 4 \qquad \text{(2)}$$

le cui infinite soluzioni sono rappresentate graficamente in **FIGURA 2**.
Contemporaneamente alla (2) consideriamo ora l'equazione

$$x - y + 1 = 0 \qquad \text{(3)}$$

Anche la (3) è un'equazione lineare nelle stesse due incognite x e y e ha infinite soluzioni. Considerare *contemporaneamente* la (2) e la (3) significa considerare il **sistema** formato dalle loro equazioni

$$\begin{cases} 2x + y = 4 \\ x - y + 1 = 0 \end{cases}$$

Ci chiediamo ora se esistono delle *soluzioni comuni* alle due equazioni, cioè se esistono delle coppie ordinate di numeri reali che verificano **contemporaneamente** le due equazioni.
Il sistema può essere scritto nella forma equivalente

$$\begin{cases} y = -2x + 4 \\ y = x + 1 \end{cases}$$

In **FIGURA 3** sono rappresentate sia la retta r di equazione $y = -2x + 4$, di coefficiente angolare -2, sia la retta s di equazione $y = x + 1$, di coefficiente angolare 1.

> Le rette r e s hanno coefficienti angolari diversi e quindi sono incidenti, cioè hanno un punto di intersezione.

TABELLA 2

$r: y = -2x + 4$	
x	y
0	4
2	0
1	2
...	...

TABELLA 3

$s: y = x + 1$	
x	y
0	1
−1	0
1	2
...	...

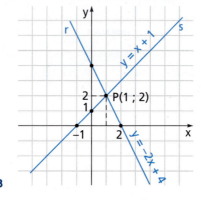

FIGURA 3

Dalle **TABELLE 2** e **3** e dal grafico si osserva che le due rette r e s si intersecano nel punto $P(1\,;\,2)$. Pertanto la coppia ordinata $(1\,;\,2)$ è soluzione sia della ② sia della ③ ed è quindi soluzione del sistema

$$\begin{cases} 2x + y = 4 \\ x - y + 1 = 0 \end{cases}$$

La soluzione può anche essere scritta nella forma

$$\begin{cases} x = 1 \\ y = 2 \end{cases}$$

In generale si ha la seguente definizione.

> **DEFINIZIONE** **SISTEMA DI EQUAZIONI**
> Si dice sistema di equazioni un insieme di due o più equazioni considerate contemporaneamente.

- r rappresenta l'insieme S_1 delle soluzioni della ②.
- s rappresenta l'insieme S_2 delle soluzioni della ③.
- L'insieme S delle soluzioni del sistema è dato da
$$S = S_1 \cap S_2 = \\ = \{(1\,;\,2)\}$$

Questa definizione e la successiva valgono indipendentemente dal numero di incognite presenti nelle equazioni.

Per indicare che le equazioni fanno parte di un sistema si usa scriverle su righe diverse riunite da una parentesi graffa posta alla loro sinistra.

Grado di un sistema. Sistemi lineari

> **DEFINIZIONE** **GRADO DI UN SISTEMA**
> Si dice grado di un sistema il prodotto dei gradi delle equazioni che lo compongono.

Ad esempio, il sistema $\begin{cases} x^3y^2 + x - 1 = y \\ xy - x + 2y = 0 \end{cases}$ è un sistema, nelle incognite x e y, di grado $5 \cdot 2 = 10$.

La prima equazione ha grado 5 e la seconda ha grado 2.

I **sistemi di primo grado** sono costituiti da equazioni di primo grado e sono anche detti **sistemi lineari**; il sistema $\begin{cases} 2x + y = 4 \\ x - y + 1 = 0 \end{cases}$ che abbiamo interpretato graficamente è un esempio di sistema lineare di due equazioni in due incognite. Un sistema lineare di due equazioni in due incognite, ad esempio x e y, si dice in **forma normale** (o **canonica**) quando è scritto nella forma

$$\begin{cases} a_1 x + b_1 y = c_1 \\ a_2 x + b_2 y = c_2 \end{cases}$$

Per ridurre un sistema in forma normale, basta applicare in ogni equazione i principi di equivalenza.

dove i coefficienti a_1, a_2, b_1, b_2, c_1, c_2 sono numeri reali e in particolare c_1 e c_2 sono detti *termini noti*.
Nel caso sia $c_1 = c_2 = 0$ il sistema lineare è detto **omogeneo**.
In *ciascuna* delle due equazioni di un sistema lineare deve comparire *almeno una* delle incognite.

> ■ **AVVERTENZA**
> In questo capitolo risolveremo solo **sistemi lineari** di due equazioni in due incognite oppure di tre equazioni in tre incognite.

Soluzioni di un sistema in due incognite

Abbiamo visto che la coppia ordinata (1 ; 2) è soluzione del sistema di equazioni
$\begin{cases} 2x + y = 4 \\ x - y + 1 = 0 \end{cases}$ perché è soluzione di entrambe le equazioni che lo compongono.

> **DEFINIZIONE SOLUZIONE DI UN SISTEMA IN DUE INCOGNITE**
>
> Si dice che una coppia ordinata di numeri reali è soluzione di un sistema di equazioni in due incognite se, sostituendo tali numeri alle corrispondenti incognite, tutte le equazioni del sistema si trasformano in uguaglianze vere.

[Queste considerazioni valgono anche per sistemi con più di due incognite.]

Analogamente a quanto visto per le equazioni, due **sistemi** si dicono **equivalenti** se hanno lo stesso insieme delle soluzioni.
Dalla definizione si deduce che ogni soluzione del sistema è anche soluzione di ciascuna equazione del sistema. Perciò **l'insieme delle soluzioni di un sistema è l'intersezione degli insiemi delle soluzioni di tutte le sue equazioni**.

Risolvere un sistema significa determinare le sue soluzioni, cioè le soluzioni comuni a tutte le sue equazioni.

Un sistema si dice **impossibile** se non ha soluzioni, **determinato** se ha un numero finito di soluzioni, **indeterminato** se ha infinite soluzioni.
Se un sistema *non* è determinato, risulta impossibile o indeterminato.

Per verificare se una coppia di numeri è effettivamente soluzione di un sistema di due equazioni in due incognite, si sostituiscono tali numeri al posto delle corrispondenti incognite in entrambe le equazioni. Se entrambe le equazioni risultano verificate, la coppia di numeri è una soluzione del sistema; se invece almeno una delle due equazioni non risulta verificata, la coppia di numeri non è una soluzione del sistema.

Un *sistema lineare omogeneo* di due equazioni in due incognite ammette sempre la *soluzione nulla*, cioè è verificato per $x = 0 \land y = 0$. Quindi un sistema lineare omogeneo non può essere impossibile e, se è determinato, la soluzione nulla è la sua unica soluzione.

Se una delle equazioni di un sistema è impossibile, il sistema stesso è impossibile.

> **ESEMPIO**
>
> Verifichiamo se le coppie (2 ; −1) e (−4 ; 5) sono soluzioni del sistema $\begin{cases} 3x - 2y = 8 \\ x + y = 1 \end{cases}$.
>
> Per verificare se la coppia (2 ; −1) è soluzione del sistema dato, sostituiamo in entrambe le equazioni 2 al posto di x e −1 al posto di y; otteniamo:
>
> $\begin{cases} 3 \cdot 2 - 2(-1) = 8 \\ 2 + (-1) = 1 \end{cases} \longrightarrow \begin{cases} 6 + 2 = 8 \\ 2 - 1 = 1 \end{cases} \longrightarrow \begin{cases} 8 = 8 \quad (vero) \\ 1 = 1 \quad (vero) \end{cases}$
>
> Entrambe le equazioni risultano verificate. Possiamo dire che la coppia (2 ; −1) è una soluzione del sistema.

> Verifichiamo ora se la coppia $(-4; 5)$ è soluzione del sistema; sostituiamo -4 al posto di x e 5 al posto di y:
>
> $$\begin{cases} 3(-4) - 2 \cdot 5 = 8 \\ -4 + 5 = 1 \end{cases} \longrightarrow \begin{cases} -12 - 10 = 8 \\ 1 = 1 \end{cases} \longrightarrow \begin{cases} -22 = 8 \quad (falso) \\ 1 = 1 \quad (vero) \end{cases}$$
>
> In questo caso è verificata solo la seconda equazione: la coppia $(-4; 5)$ *non* è soluzione del sistema.

■ Interpretazione grafica di un sistema lineare di due equazioni in due incognite

SpiegaMatica: sistemi lineari

3. Rappresentazione dell'insieme delle soluzioni

Vogliamo generalizzare dal punto di vista dell'interpretazione grafica le considerazioni svolte nel **PARAGRAFO 2** sul sistema $\begin{cases} 2x + y = 4 \\ x - y + 1 = 0 \end{cases}$.

Consideriamo un sistema lineare di *due equazioni* in *due incognite* nella forma canonica

$$\begin{cases} a_1 x + b_1 y = c_1 \\ a_2 x + b_2 y = c_2 \end{cases}$$

Se indichiamo rispettivamente con S_1 e S_2 gli insiemi delle soluzioni della prima e della seconda equazione e con S l'insieme delle soluzioni del sistema, abbiamo visto che $S = S_1 \cap S_2$.
Indichiamo con

r_1 la retta di equazione $a_1 x + b_1 y = c_1$
r_2 la retta di equazione $a_2 x + b_2 y = c_2$

L'insieme delle soluzioni $S_1 \cap S_2$ è rappresentato nel piano cartesiano dall'insieme $r_1 \cap r_2$.
Osserviamo che $S_1 \cap S_2$ è un insieme di coppie ordinate di numeri reali, mentre $r_1 \cap r_2$ è un insieme di punti del piano cartesiano; tali insiemi possono anche essere vuoti.
Si possono presentare tre casi.

▶ **Le due rette coincidono**. In questo caso le due equazioni del sistema sono rappresentate dalla medesima retta. Ogni coppia ordinata formata dalle coordinate di un punto di tale retta è soluzione di entrambe le equazioni e quindi del sistema. Poiché una retta è costituita da infiniti punti, il **sistema** è **indeterminato** (**FIGURA 4**):

$$r_1 \cap r_2 = r_1 \longrightarrow S_1 \cap S_2 = S_1$$

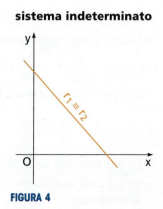

sistema indeterminato

> Se due rette r_1 e r_2 coincidono si dice che sono parallele e coincidenti e si scrive
> $$r_1 \equiv r_2$$

FIGURA 4

▶ **Le due rette sono parallele e distinte** e quindi non hanno alcun punto in comune. Non esiste alcuna soluzione comune alle due equazioni del sistema e il **sistema è impossibile** (FIGURA 5):

$$r_1 \cap r_2 = \emptyset \quad \longrightarrow \quad S_1 \cap S_2 = \emptyset$$

▶ **Le due rette sono incidenti**. In questo caso esse si intersecano in un punto $P(x_0; y_0)$. Le coordinate di tale punto soddisfano entrambe le equazioni del sistema e ne costituiscono quindi l'unica soluzione. Il **sistema è determinato** (FIGURA 6):

$$r_1 \cap r_2 = \{P\} \quad \longrightarrow \quad S_1 \cap S_2 = \{(x_0; y_0)\}$$

Possiamo dunque osservare che un sistema lineare di due equazioni in due incognite, se è determinato, ha una sola soluzione.

sistema impossibile

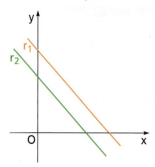

FIGURA 5

sistema determinato

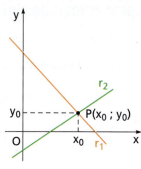

FIGURA 6

4. Relazione tra i coefficienti di un sistema determinato, impossibile, indeterminato

Riprendiamo in considerazione il sistema $\begin{cases} a_1x + b_1y = c_1 \\ a_2x + b_2y = c_2 \end{cases}$. Supponiamo che risulti $b_1 \neq 0$ e che siano diversi da zero anche tutti i coefficienti della seconda equazione ($a_2 \neq 0$, $b_2 \neq 0$, $c_2 \neq 0$).

Possiamo allora scrivere il sistema nella forma equivalente

$$\begin{cases} y = -\dfrac{a_1}{b_1}x + \dfrac{c_1}{b_1} \\ y = -\dfrac{a_2}{b_2}x + \dfrac{c_2}{b_2} \end{cases}$$

dove entrambe le equazioni sono nella forma $y = mx + q$. Tali equazioni, come sappiamo, sono rappresentate da due rette i cui coefficienti angolari sono rispettivamente $-\dfrac{a_1}{b_1}$ e $-\dfrac{a_2}{b_2}$ e le cui ordinate all'origine sono rispettivamente $\dfrac{c_1}{b_1}$ e $\dfrac{c_2}{b_2}$. Si possono presentare tre casi.

> Se qualche coefficiente del sistema risulta nullo, è consigliabile esaminare caso per caso se il sistema è determinato, impossibile o indeterminato.

▶ $\dfrac{a_1}{b_1} = \dfrac{a_2}{b_2} \wedge \dfrac{c_1}{b_1} = \dfrac{c_2}{b_2} \quad \longrightarrow \quad \dfrac{a_1}{a_2} = \dfrac{b_1}{b_2} = \dfrac{c_1}{c_2}$

Le due rette hanno lo stesso coefficiente angolare e la stessa ordinata all'origine e quindi coincidono (sono parallele e coincidenti). Pertanto il sistema è **indeterminato**.

▶ $\dfrac{a_1}{b_1} = \dfrac{a_2}{b_2} \wedge \dfrac{c_1}{b_1} \neq \dfrac{c_2}{b_2} \longrightarrow \dfrac{a_1}{a_2} = \dfrac{b_1}{b_2} \neq \dfrac{c_1}{c_2}$

Le due rette hanno lo stesso coefficiente angolare, ma ordinate all'origine diverse e quindi sono parallele e distinte. Pertanto il sistema è **impossibile**.

▶ $\dfrac{a_1}{b_1} \neq \dfrac{a_2}{b_2} \longrightarrow \dfrac{a_1}{a_2} \neq \dfrac{b_1}{b_2}$

Le due rette hanno coefficienti angolari diversi e sono perciò incidenti. Pertanto il sistema è **determinato**.

I risultati ottenuti valgono anche nel caso sia $b_1 = 0$ e possono essere così riassunti:

$$\dfrac{a_1}{a_2} = \dfrac{b_1}{b_2} = \dfrac{c_1}{c_2} \longrightarrow \text{sistema indeterminato}$$

$$\dfrac{a_1}{a_2} = \dfrac{b_1}{b_2} \neq \dfrac{c_1}{c_2} \longrightarrow \text{sistema impossibile}$$

$$\dfrac{a_1}{a_2} \neq \dfrac{b_1}{b_2} \longrightarrow \text{sistema determinato}$$

con $a_2 \neq 0$, $b_2 \neq 0$, $c_2 \neq 0$

> Osserva che la relazione
> $$\dfrac{a_1}{b_1} = \dfrac{a_2}{b_2}$$
> può essere considerata come la proporzione
> $$a_1 : b_1 = a_2 : b_2$$
> Permutando i medi, si ha
> $$a_1 : a_2 = b_1 : b_2$$
> $$\downarrow$$
> $$\dfrac{a_1}{a_2} = \dfrac{b_1}{b_2}$$
> Analogamente:
> $$\dfrac{c_1}{b_1} = \dfrac{c_2}{b_2}$$
> $$\downarrow$$
> $$\dfrac{c_1}{c_2} = \dfrac{b_1}{b_2}$$

ESEMPI

1 Consideriamo il sistema $\begin{cases} 2x + 6y = 3 \\ 4x = 5 - 9y \end{cases}$

Per prima cosa scriviamolo in forma normale:

$\begin{cases} 2x + 6y = 3 \\ 4x + 9y = 5 \end{cases}$ dove $\begin{matrix} a_1 = 2 & b_1 = 6 & c_1 = 3 \\ a_2 = 4 & b_2 = 9 & c_2 = 5 \end{matrix}$

Si ha

$$\dfrac{a_1}{a_2} = \dfrac{2}{4} = \dfrac{1}{2} \wedge \dfrac{b_1}{b_2} = \dfrac{6}{9} = \dfrac{2}{3} \longrightarrow \dfrac{a_1}{a_2} \neq \dfrac{b_1}{b_2}$$

Il sistema è determinato.

2 Consideriamo il sistema $\begin{cases} \dfrac{3}{2}x - 2y = \dfrac{5}{8} \\ x - \dfrac{4}{3}y = \dfrac{1}{2} \end{cases}$ già scritto in forma normale.

Troviamo

$$\dfrac{a_1}{a_2} = \dfrac{\frac{3}{2}}{1} = \dfrac{3}{2} \qquad \dfrac{b_1}{b_2} = \dfrac{-2}{-\frac{4}{3}} = \dfrac{3}{2} \qquad \dfrac{c_1}{c_2} = \dfrac{\frac{5}{8}}{\frac{1}{2}} = \dfrac{5}{4}$$

e perciò il sistema è impossibile perché $\dfrac{a_1}{a_2} = \dfrac{b_1}{b_2} \neq \dfrac{c_1}{c_2}$.

Di solito, però, conviene operare con coefficienti interi. In questo caso, moltiplicando per 8 entrambi i membri della prima equazione e per 6 quelli della seconda, otteniamo:

$$\begin{cases} 12x - 16y = 5 \\ 6x - 8y = 3 \end{cases}$$

Osserviamo ora che i primi membri delle due equazioni del sistema ottenuto possono essere resi uguali, ad esempio dividendo entrambi i membri della prima equazione per 2:

$$\begin{cases} 6x - 8y = \dfrac{5}{2} \\ 6x - 8y = 3 \end{cases}$$

A questo punto è facile riconoscere che quest'ultimo sistema è impossibile: infatti l'espressione $6x - 8y$ non può mai assumere contemporaneamente due valori diversi, cioè $\dfrac{5}{2}$ e 3.

Si suol dire che le due **equazioni** sono **incompatibili**. Il sistema dato risulta perciò impossibile.

3 Il sistema $\begin{cases} \dfrac{5}{4}x - \dfrac{2}{3}y = \dfrac{5}{2} \\ -\dfrac{3}{4}x + \dfrac{2}{5}y = -\dfrac{3}{2} \end{cases}$ è in forma normale. Calcoliamo i rapporti

$$\dfrac{a_1}{a_2} = \dfrac{\frac{5}{4}}{-\frac{3}{4}} = -\dfrac{5}{3} \qquad \dfrac{b_1}{b_2} = \dfrac{-\frac{2}{3}}{\frac{2}{5}} = -\dfrac{5}{3} \qquad \dfrac{c_1}{c_2} = \dfrac{\frac{5}{2}}{-\frac{3}{2}} = -\dfrac{5}{3}$$

Il sistema risulta **indeterminato** perché $\dfrac{a_1}{a_2} = \dfrac{b_1}{b_2} = \dfrac{c_1}{c_2}$.

Anche in questo caso osserviamo che il sistema può essere scritto nella forma

$$\begin{cases} 15x - 8y = 30 \\ -15x + 8y = -30 \end{cases} \longrightarrow \begin{cases} 15x - 8y = 30 \\ 15x - 8y = 30 \end{cases}$$

> Poiché
> $y = \dfrac{15x - 30}{8}$, le infinite soluzioni del sistema sono le coppie
> $\left(x ; \dfrac{15x - 30}{8}\right)$ con $x \in \mathbb{R}$.

È evidente che il sistema è in realtà costituito da una sola equazione; tale equazione, lineare in due incognite, è indeterminata e le infinite coppie $(x ; y)$ che sono soluzioni dell'equazione $15x - 8y = 30$ sono soluzioni anche del sistema, che risulta così **indeterminato**.

4 Nel sistema $\begin{cases} 2x + 3y = 0 \\ \dfrac{1}{3}x + \dfrac{1}{2}y = 0 \end{cases}$ risulta $\dfrac{a_1}{a_2} = 6$ e $\dfrac{b_1}{b_2} = 6$, ma non è possibile applicare le formule perché il rapporto $\dfrac{c_1}{c_2}$ non è definito. Osserviamo che la seconda equazione può essere scritta nella forma $2x + 3y = 0$ e quindi il sistema è **indeterminato** perché formato da due equazioni uguali.

5 Il sistema omogeneo $\begin{cases} 2x + 5y = 0 \\ 3x + y = 0 \end{cases}$ è senz'altro **determinato** perché $\dfrac{a_1}{a_2} = \dfrac{2}{3}$, $\dfrac{b_1}{b_2} = 5$ e risulta perciò $\dfrac{a_1}{a_2} \neq \dfrac{b_1}{b_2}$. Quindi l'unica soluzione è la coppia $(0 ; 0)$.

■ **OSSERVAZIONE**

È utile ricordare che quando è possibile scrivere un sistema nella forma

$\begin{cases} ax + by = c_1 \\ ax + by = c_2 \end{cases} \longrightarrow$ sistema non determinato $\begin{cases} \text{se } c_1 = c_2, \text{ il sistema è } \textbf{indeterminato} \\ \text{se } c_1 \neq c_2, \text{ il sistema è } \textbf{impossibile} \end{cases}$

Risoluzione algebrica di un sistema lineare di due equazioni in due incognite

5. Il metodo di sostituzione

Per risolvere un sistema lineare di due equazioni in due incognite (che supporremo essere x e y) con il **metodo di sostituzione**, si devono compiere i seguenti passi.

a. Si riduce il sistema a **forma normale** e, se è determinato, si passa al punto **b.**.

b. Si risolve una delle due equazioni rispetto a una delle due incognite, ad esempio la x: ciò significa scrivere tale equazione nella forma $x = A$, dove A è un'espressione in cui compare generalmente l'altra incognita y, ma non x.

c. Si sostituisce, al posto di x, nell'altra equazione, l'espressione A prima trovata. In questo modo si ottiene un'equazione nella sola incognita y.

d. Si risolve l'equazione così ottenuta, determinando il valore di y.

e. Si sostituisce nell'espressione A, al posto di y, il valore trovato in **d.**, determinando così quello di x.

Eseguendo i passi sopra descritti, il sistema iniziale viene trasformato in altri sistemi, tutti equivalenti tra loro. Ciò accade, oltre che per i principi di equivalenza delle equazioni, anche per il seguente principio di equivalenza, valido per i sistemi con un numero qualsiasi di equazioni e di incognite.

> **PRINCIPIO DI SOSTITUZIONE**
>
> Risolvendo un'equazione di un sistema rispetto a un'incognita e sostituendo al posto di tale incognita, nelle restanti equazioni, l'espressione così trovata, si ottiene un sistema equivalente al sistema dato.

Se il sistema risulta impossibile o indeterminato, si traggono subito le conclusioni e non si procede oltre.

ESEMPIO
Risolviamo il sistema

$$\begin{cases} \dfrac{12x-7}{2} - \dfrac{3(2x+y)}{10} = \dfrac{7}{10} \\ \dfrac{2x+y}{3} = \dfrac{4}{9} + \dfrac{x+y}{2} \end{cases}$$

a. Riduciamo il sistema a forma normale; eseguendo le varie semplificazioni, otteniamo:

$$\begin{cases} 18x - y = 14 \\ 3x - 3y = 8 \end{cases}$$

$a_1 = 18 \quad b_1 = -1$
$a_2 = 3 \quad b_2 = -3$

Abbiamo

$\dfrac{a_1}{a_2} = 6 \;\wedge\; \dfrac{b_1}{b_2} = \dfrac{1}{3} \quad \longrightarrow \quad \dfrac{a_1}{a_2} \neq \dfrac{b_1}{b_2} \quad \longrightarrow \quad$ sistema determinato

b. Ricaviamo l'incognita y dalla prima equazione:

$$\begin{cases} -y = -18x + 14 \\ 3x - 3y = 8 \end{cases} \quad \longrightarrow \quad \begin{cases} y = 18x - 14 \\ 3x - 3y = 8 \end{cases}$$

c. Sostituiamo nella seconda equazione l'espressione $18x - 14$ al posto di y:

$$\begin{cases} y = 18x - 14 \\ 3x - 3(18x - 14) = 8 \end{cases} \quad \boxed{5}$$

Per il **PRINCIPIO DI SOSTITUZIONE** il sistema $\boxed{5}$ è equivalente al sistema $\boxed{4}$.

d. Nella seconda equazione ora compare solo l'incognita x. Risolviamo quindi tale equazione:

$$\begin{cases} y = 18x - 14 \\ 3x - 54x + 42 = 8 \end{cases} \rightarrow \begin{cases} y = 18x - 14 \\ -51x = -34 \end{cases} \rightarrow \begin{cases} y = 18x - 14 \\ x = \dfrac{34}{51} \end{cases} \rightarrow$$

$$\rightarrow \begin{cases} y = 18x - 14 \\ x = \dfrac{2}{3} \end{cases}$$

e. Sostituiamo, nella prima equazione, il valore $\dfrac{2}{3}$ al posto di x:

$$\begin{cases} y = 18 \cdot \dfrac{2}{3} - 14 \\ x = \dfrac{2}{3} \end{cases} \rightarrow \begin{cases} y = -2 \\ x = \dfrac{2}{3} \end{cases} \quad \begin{cases} x = \dfrac{2}{3} \\ y = -2 \end{cases}$$

Si può anche dire che la coppia ordinata $\left(\dfrac{2}{3}; -2\right)$ è l'unica soluzione del sistema dato.

Osserviamo che dalla prima equazione del sistema $\boxed{4}$ avremmo anche potuto ricavare $x = \dfrac{y + 14}{18}$. In tal modo però si sarebbero introdotti, nei calcoli, dei coefficienti frazionari che abbiamo invece evitato.

6. Il metodo di confronto

Una variante del metodo di sostituzione per la risoluzione di un sistema lineare di due equazioni in due incognite è costituita dal **metodo di confronto**; per applicare tale metodo risolutivo si devono compiere i seguenti passi.

a. Si riduce il sistema a forma normale e, se è determinato, si passa al punto **b.**.

b. Si ricava l'incognita y, in funzione di x, da *entrambe* le equazioni del sistema e si confrontano, cioè si uguagliano, le due espressioni di y così ottenute; si trova così un'equazione nella sola incognita x, risolvendo la quale si ha il valore di x.

c. Si ricava l'incognita x, in funzione di y, da *entrambe* le equazioni del sistema e si confrontano le due espressioni di x così ottenute, determinando in tal modo il valore di y.

È evidente che l'ordine di esecuzione dei passi **b.** e **c.** può anche essere invertito.

ESEMPIO
Risolviamo il sistema

$$\begin{cases} x + 2y = 7 \\ 2x - y = -1 \end{cases}$$

Il sistema dato è già in forma normale e quindi possiamo subito eseguire i passi **b.** e **c.**:

$$\begin{cases} x + 2y = 7 \\ 2x - y = -1 \end{cases}$$

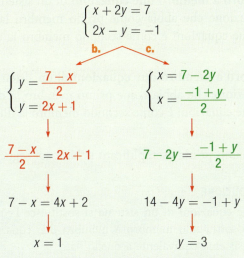

La coppia ordinata (1 ; 3) è quindi la soluzione del sistema dato.

Poiché risulta
$\dfrac{a_1}{a_2} = \dfrac{1}{2}$ e $\dfrac{b_1}{b_2} = -2$
ed è $\dfrac{1}{2} \neq -2$, il sistema è determinato.

■ **METODO COMBINATO CONFRONTO-SOSTITUZIONE**

Volendo si può eseguire solo il passo **b.** o solo il passo **c.** e sostituire il valore dell'incognita, così determinato, in una delle due equazioni del sistema, ricavando il valore dell'altra incognita. Nel precedente esempio, se avessimo prima eseguito solo il passo **c.**, determinando così $y = 3$, avremmo potuto ricavare il valore di x sostituendo $y = 3$ nella prima equazione del sistema:

$$x = 7 - 2y \xrightarrow[y=3]{} x = 7 - 2 \cdot 3 \longrightarrow x = 1$$

7. Il metodo di eliminazione o riduzione

Per comprendere il **metodo di eliminazione**, detto anche di **riduzione**, e il principio su cui esso si basa, esaminiamo un semplice esempio. Consideriamo il sistema

$$\begin{cases} 2x + 3y = 7 \\ 2x - 3y = 1 \end{cases}$$

Matematica nella storia: un... sistema antico per risolvere i problemi, i sistemi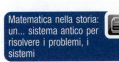

▶ *Sommiamo membro a membro* le due equazioni:

$$(2x + 3y) + (2x - 3y) = 7 + 1 \longrightarrow \underline{2x} + \cancel{3y} + \underline{2x} - \cancel{3y} = 8$$

Otteniamo così un'equazione nella sola incognita x:

$$4x = 8 \longrightarrow x = 2$$

Osserva che nelle due equazioni del sistema i coefficienti di y sono numeri **opposti**.

▶ *Sottraiamo membro a membro* le due equazioni:

$$(2x + 3y) - (2x - 3y) = 7 - 1 \longrightarrow \cancel{2x} + \underline{3y} - \cancel{2x} + \underline{3y} = 6$$

Otteniamo così un'equazione nella sola incognita y:

$$6y = 6 \longrightarrow y = 1$$

Osserva che nelle due equazioni del sistema i coefficienti di x sono **uguali**.

Abbiamo così ottenuto la soluzione, che è $x = 2 \wedge y = 1$.

In generale possiamo osserviamo quanto segue.

▶ **Sommare membro a membro due equazioni** di un sistema significa formare una nuova equazione che abbia come primo membro la somma dei primi membri delle due equazioni e come secondo membro la somma dei secondi membri.

▶ **Sottrarre membro a membro due equazioni** di un sistema significa formare una nuova equazione che abbia come primo membro la differenza dei primi membri delle due equazioni e come secondo membro la differenza dei secondi membri.

Il metodo che abbiamo prima esemplificato si basa sul seguente principio.

> **PRINCIPIO DI RIDUZIONE**
> Se a una delle equazioni di un sistema si sostituisce l'equazione ottenuta sommando o sottraendo membro a membro due equazioni del sistema, si ottiene un sistema equivalente a quello dato.

Per applicare utilmente questo principio occorre che, nella forma normale del sistema, i coefficienti di un'incognita siano, nelle due equazioni, uguali od opposti. Se ciò non accade, prima di procedere si applicherà in una o in entrambe le equazioni del sistema il secondo principio di equivalenza delle equazioni.

I passi da compiere sono quindi i seguenti.

a. Si riduce il sistema in **forma normale** e, se è determinato, si passa al punto **b.**.

b. Se i coefficienti dell'incognita y nelle due equazioni sono uguali od opposti, si passa subito al punto **c.**. In caso contrario si moltiplicano entrambi i membri di una delle due equazioni, o di entrambe, per opportune costanti non nulle, in modo da rendere tali coefficienti uguali od opposti. Se i coefficienti sono interi, si cercherà di renderli uguali, in valore assoluto, al minimo comune multiplo dei loro valori assoluti.

c. Se i coefficienti dell'incognita y nelle due equazioni sono opposti, si sommano membro a membro le due equazioni; se invece tali coefficienti sono uguali, si sottraggono membro a membro le due equazioni.

d. Si ottiene così un'equazione che contiene solo l'incognita x; risolvendola si determina il valore di x.

e. Si prende nuovamente in considerazione il sistema, scritto in forma normale, e si ripetono i passi **b.**, **c.** e **d.** per eliminare l'incognita x e ricavare il valore di y.

> **ESEMPIO**
>
> Risolviamo il sistema $\begin{cases} 2x + 6y = 13 \\ -5x + 4y = -4 \end{cases}$
>
> **a.** Il sistema è già in forma normale ed è determinato perché $\dfrac{a_1}{a_2} \neq \dfrac{b_1}{b_2}$.
>
> **b.** Cerchiamo di eliminare l'incognita y. I coefficienti di y nella prima e nella seconda equazione sono rispettivamente 6 e 4 e il loro *mcm* è 12. Moltiplichiamo entrambi i membri

$a_1 = 2 \quad b_1 = 6$
$a_2 = -5 \quad b_2 = 4$
$\dfrac{a_1}{a_2} = -\dfrac{2}{5}$
$\dfrac{b_1}{b_2} = \dfrac{3}{2}$

della prima equazione per $12:6=2$ ed entrambi i membri della seconda equazione per $12:4=3$:

$$\begin{cases} 2 \cdot (2x+6y) = 2 \cdot 13 \\ 3 \cdot (-5x+4y) = 3 \cdot (-4) \end{cases} \longrightarrow \begin{cases} 4x+12y = 26 \\ -15x+12y = -12 \end{cases}$$

c. I coefficienti di y nelle due equazioni sono ora uguali. Per eliminare l'incognita y sottraiamo membro a membro la seconda equazione dalla prima:

$$(4x+12y)-(-15x+12y) = 26-(-12) \longrightarrow$$
$$\longrightarrow \quad 4x+\cancel{12y}+15x-\cancel{12y} = 26+12 \longrightarrow 19x = 38$$

d. Abbiamo ottenuto un'equazione che contiene solo l'incognita x; risolvendola determiniamo il valore di x:

$$19x = 38 \longrightarrow x = 2$$

e. Ripetiamo i precedenti passi, a partire dal sistema dato, per eliminare l'incognita x e determinare il valore di y. Consideriamo i valori assoluti dei coefficienti di x; essi sono 2 e 5 e si ha $mcm(2;5) = 10$. Moltiplichiamo perciò entrambi i membri della prima equazione per $10:2=5$ ed entrambi i membri della seconda per $10:5=2$:

$$\begin{cases} 5 \cdot (2x+6y) = 5 \cdot 13 \\ 2 \cdot (-5x+4y) = 2 \cdot (-4) \end{cases} \longrightarrow \begin{cases} 10x+30y = 65 \\ -10x+8y = -8 \end{cases}$$

I coefficienti di x nelle due equazioni sono ora opposti. Per eliminare l'incognita x sommiamo membro a membro le due equazioni:

$$(10x+30y)+(-10x+8y) = 65+(-8) \longrightarrow 38y = 57 \longrightarrow y = \frac{3}{2}$$

Possiamo concludere che la soluzione del sistema è la coppia ordinata $\left(2;\dfrac{3}{2}\right)$.

> **RICORDA!**
> Quando determini il mcm dei coefficienti dell'incognita che vuoi eliminare, *puoi limitarti a considerare il loro valore assoluto*. In questo modo renderai tali coefficienti *uguali in valore assoluto*, cioè uguali od opposti.

> **METODO COMBINATO ELIMINAZIONE-SOSTITUZIONE**
>
> Nella pratica il metodo di **eliminazione** si utilizza, di solito, congiuntamente al metodo di **sostituzione**. Nell'esempio precedente, dopo aver determinato, al passo **d.**, $x=2$, si sostituisce tale valore al posto di x in una delle due equazioni del sistema dato, ad esempio nella prima:
>
> $$2x+6y = 13 \xrightarrow{x=2} 2 \cdot 2 + 6y = 13 \longrightarrow$$
> $$\longrightarrow 6y = 13-4 \longrightarrow 6y = 9 \longrightarrow y = \frac{3}{2}$$
>
> In un caso come quello dell'esempio introduttivo è invece comodo utilizzare il metodo di eliminazione per determinare entrambe le incognite.

8. Sistemi impossibili e sistemi indeterminati

Supponiamo di volere risolvere un sistema lineare di due equazioni in due incognite, ridotto a forma normale, con il metodo di sostituzione o con quello di eliminazione, *senza aver preventivamente verificato se il sistema è determinato*. In tal caso:

- se si giunge a un'equazione impossibile, allora il sistema è **impossibile**;
- se si giunge a un'equazione indeterminata, allora il sistema è **indeterminato**.

Ad esempio, supponiamo di volere risolvere il sistema, visibilmente impossibile,

$$\begin{cases} x + y = 5 \\ x + y = 2 \end{cases}$$

Utilizzando il metodo di eliminazione e sottraendo membro a membro le due equazioni, si ottiene

$$0 \cdot x + 0 \cdot y = 5 - 2$$

che è un'equazione impossibile e quindi dobbiamo dedurne che il sistema è impossibile.

Utilizzando invece il metodo di sostituzione avremo:

$$\begin{cases} y = 5 - x \\ x + (5 - x) = 2 \end{cases} \longrightarrow \begin{cases} y = 5 - x \\ 0 \cdot x = -3 \end{cases} \text{ (eq. impossibile)} \longrightarrow \text{sistema impossibile}$$

9. La regola di Cramer

Matematica nella storia: i sistemi dal 1600 al 1900

La regola di Cramer consente di risolvere in modo rapido un sistema lineare di due equazioni in due incognite scritto nella forma canonica

$$\begin{cases} a_1 x + b_1 y = c_1 \\ a_2 x + b_2 y = c_2 \end{cases}$$

dove a_1, a_2, b_1, b_2, c_1, c_2 sono numeri reali.

Incominciamo a risolvere il sistema con il metodo di eliminazione. Per eliminare l'incognita y moltiplichiamo entrambi i membri della prima equazione per b_2 ed entrambi i membri della seconda equazione per b_1, supponendo $b_1 \neq 0 \wedge b_2 \neq 0$. Sottraiamo poi membro a membro la seconda equazione dalla prima:

$$\begin{cases} a_1 b_2 x + b_1 b_2 y = c_1 b_2 \\ a_2 b_1 x + b_2 b_1 y = c_2 b_1 \end{cases}$$
$$\overline{(a_1 b_2 - a_2 b_1) x + 0 y = c_1 b_2 - c_2 b_1}$$

Se risulta $a_1 b_2 - a_2 b_1 \neq 0$, otteniamo

$$x = \frac{c_1 b_2 - c_2 b_1}{a_1 b_2 - a_2 b_1} \qquad \boxed{6}$$

Procedendo in modo analogo supponendo $a_1 \neq 0 \wedge a_2 \neq 0$, e sempre nell'ipotesi che sia $a_1 b_2 - a_2 b_1 \neq 0$, otteniamo

$$y = \frac{a_1 c_2 - a_2 c_1}{a_1 b_2 - a_2 b_1} \qquad \boxed{7}$$

Il numero $a_1 b_2 - a_2 b_1$ è detto **determinante** del sistema e lo indicheremo con la lettera D:

$$D = a_1 b_2 - a_2 b_1$$

Se $D = 0$, si ha:
$$a_1 b_2 - a_2 b_1 = 0$$
$$\downarrow$$
$$a_1 b_2 = a_2 b_1$$
$$\downarrow$$
$$\frac{a_1}{a_2} = \frac{b_1}{b_2}$$
$$\downarrow$$
il sistema è impossibile o indeterminato

Se $D \neq 0$ il sistema è determinato; se invece $D = 0$ il sistema è impossibile o indeterminato.

Le formule $\boxed{6}$ e $\boxed{7}$ valgono anche quando qualche coefficiente delle incognite è nullo, purché $D \neq 0$.

Facciamo ora alcune schematizzazioni per facilitare la memorizzazione delle formule $\boxed{6}$ e $\boxed{7}$ e poter poi enunciare la regola di Cramer.

▶ Indicheremo il **determinante del sistema** dato con lo schema

$$\begin{vmatrix} a_1 & b_1 \\ a_2 & b_2 \end{vmatrix}$$

che si ottiene scrivendo i coefficienti delle incognite incolonnati in una tabella. Una volta compilata questa tabella, per calcolare il determinante possiamo procedere così:

$$D = \begin{vmatrix} a_1 & b_1 \\ a_2 & b_2 \end{vmatrix} = \begin{vmatrix} a_1 & b_1 \\ a_2 & b_2 \end{vmatrix} = a_1 b_2 - a_2 b_1$$

In pratica l'espressione del determinante del sistema si ottiene sommando il prodotto degli elementi della diagonale rossa con il prodotto, cambiato di segno, degli elementi della diagonale verde.

▶ Il numero $c_1 b_2 - c_2 b_1$ è il **determinante dell'incognita** x, che indicheremo con D_x:

$$D_x = c_1 b_2 - c_2 b_1$$

La sua espressione si può ottenere, a partire dal determinante del sistema, sostituendo i termini noti c_1 e c_2 al posto dei coefficienti a_1 e a_2 dell'incognita x:

$$D_x = \begin{vmatrix} c_1 & b_1 \\ c_2 & b_2 \end{vmatrix} = \begin{vmatrix} c_1 & b_1 \\ c_2 & b_2 \end{vmatrix} = c_1 b_2 - c_2 b_1$$

▶ In modo analogo, sempre a partire dal determinante del sistema, sostituendo i termini noti al posto dei coefficienti di y, si ottiene il **determinante dell'incognita** y, che indicheremo con D_y:

$$D_y = \begin{vmatrix} a_1 & c_1 \\ a_2 & c_2 \end{vmatrix} = \begin{vmatrix} a_1 & c_1 \\ a_2 & c_2 \end{vmatrix} = a_1 c_2 - a_2 c_1$$

Tenuto conto della [6], della [7] e dei determinanti introdotti, possiamo enunciare la seguente regola.

REGOLA DI CRAMER

Dato il sistema $\begin{cases} a_1 x + b_1 y = c_1 \\ a_2 x + b_2 y = c_2 \end{cases}$ si calcola il determinante del sistema:

$$D = \begin{vmatrix} a_1 & b_1 \\ a_2 & b_2 \end{vmatrix} = a_1 b_2 - a_2 b_1$$

Se risulta $D \neq 0$, il sistema è determinato e si calcolano anche i determinanti delle incognite:

$$D_x = \begin{vmatrix} c_1 & b_1 \\ c_2 & b_2 \end{vmatrix} = c_1 b_2 - c_2 b_1 \qquad D_y = \begin{vmatrix} a_1 & c_1 \\ a_2 & c_2 \end{vmatrix} = a_1 c_2 - a_2 c_1$$

La soluzione del sistema è

$$\begin{cases} x = \dfrac{D_x}{D} \\ y = \dfrac{D_y}{D} \end{cases} \quad \text{con } D \neq 0$$

Come già detto, se $D = 0$ il sistema non è determinato e può risultare impossibile o indeterminato.

ESEMPI

1 Risolviamo il sistema $\begin{cases} 4x - 15y = 48 \\ 2x + 5y = -4 \end{cases}$

Calcoliamo il determinante del sistema:

$$D = \begin{vmatrix} 4 & -15 \\ 2 & 5 \end{vmatrix} = 4 \cdot 5 - (-15) \cdot 2 = 20 - (-30) = 50$$

Il determinante è diverso da zero e quindi il sistema è determinato. Perciò procediamo calcolando i determinanti delle due incognite:

$$D_x = \begin{vmatrix} 48 & -15 \\ -4 & 5 \end{vmatrix} = 48 \cdot 5 - (-15) \cdot (-4) = 240 - 60 = 180$$

$$D_y = \begin{vmatrix} 4 & 48 \\ 2 & -4 \end{vmatrix} = 4 \cdot (-4) - 48 \cdot 2 = -16 - 96 = -112$$

Otteniamo perciò

$$\begin{cases} x = \dfrac{D_x}{D} \\ y = \dfrac{D_y}{D} \end{cases} \longrightarrow \begin{cases} x = \dfrac{180}{50} \\ y = \dfrac{-112}{50} \end{cases} \longrightarrow \begin{cases} x = \dfrac{18}{5} \\ y = -\dfrac{56}{25} \end{cases}$$

2 Risolviamo il sistema $\begin{cases} -\dfrac{3}{5}x + \dfrac{3}{7}y = \dfrac{2}{3} \\ x - \dfrac{5}{7}y = 2 \end{cases}$

Calcoliamo il determinante del sistema:

$$D = \begin{vmatrix} -\dfrac{3}{5} & \dfrac{3}{7} \\ 1 & -\dfrac{5}{7} \end{vmatrix} = \left(-\dfrac{3}{5}\right) \cdot \left(-\dfrac{5}{7}\right) - \dfrac{3}{7} \cdot 1 = \dfrac{3}{7} - \dfrac{3}{7} = 0$$

Poiché il determinante del sistema è zero, il sistema è impossibile o indeterminato ed è inutile calcolare i determinanti delle incognite.
Per sapere se il sistema è impossibile o indeterminato possiamo osservare che esso è scritto in forma normale e che risulta:

$$\dfrac{a_1}{a_2} = \dfrac{-\dfrac{3}{5}}{1} = -\dfrac{3}{5} \qquad \dfrac{b_1}{b_2} = \dfrac{\dfrac{3}{7}}{-\dfrac{5}{7}} = -\dfrac{3}{5} \qquad \dfrac{c_1}{c_2} = \dfrac{\dfrac{2}{3}}{2} = \dfrac{1}{3}$$

Poiché $\dfrac{a_1}{a_2} = \dfrac{b_1}{b_2} \neq \dfrac{c_1}{c_2}$ il sistema è **impossibile**.

3 Risolviamo il sistema $\begin{cases} \dfrac{3}{4}x - \dfrac{5}{6}y = \dfrac{1}{2} \\ -9x + 10y = -6 \end{cases}$

Calcoliamo il determinante del sistema:

$$D = \begin{vmatrix} \dfrac{3}{4} & -\dfrac{5}{6} \\ -9 & 10 \end{vmatrix} = \dfrac{3}{4} \cdot 10 - \left(-\dfrac{5}{6}\right) \cdot (-9) = \dfrac{15}{2} - \dfrac{15}{2} = 0$$

Anche in questo caso, essendo nullo il determinante del sistema, è inutile calcolare i determinanti delle incognite. Puoi vedere facilmente che, eliminando i denominatori nella prima equazione e cambiando il segno a tutti i termini della seconda, il sistema diviene

$$\begin{cases} \dfrac{9x - 10y}{12} = \dfrac{6}{12} \\ 9x - 10y = 6 \end{cases} \longrightarrow \begin{cases} 9x - 10y = 6 \\ 9x - 10y = 6 \end{cases}$$

ed essendo formato da due equazioni uguali è **indeterminato**.

Sistemi lineari di tre equazioni in tre incognite

La regola di Cramer per i sistemi lineari di tre equazioni in tre incognite

10. Equazioni in tre incognite

Come una soluzione di una equazione in due incognite è una coppia ordinata di numeri reali, così una soluzione di un'equazione in tre incognite è una **terna ordinata** di numeri reali.
Consideriamo ad esempio l'equazione

$$x^2 + y + z = 6$$

nelle tre incognite x, y, z.
La terna ordinata $(-1\,;\,3\,;\,2)$ è una **soluzione** dell'equazione perché se sostituiamo a x il valore -1, a y il valore 3 e a z il valore 2, l'equazione si trasforma in un'uguaglianza vera:

$$x^2 + y + z = 6 \quad \xrightarrow{x=-1 \,\wedge\, y=3 \,\wedge\, z=2} \quad (-1)^2 + 3 + 2 = 6 \quad \longrightarrow \quad 6 = 6 \ (vero)$$

Possiamo anche scrivere che
$$\begin{cases} x = -1 \\ y = 3 \\ z = 2 \end{cases}$$
è una soluzione dell'equazione.

Puoi verificare, ad esempio, che anche la terna $(0\,;\,5\,;\,1)$ è soluzione dell'equazione, mentre la terna $(1\,;\,-1\,;\,4)$ non lo è.
In generale, una soluzione di una equazione in n incognite è una n-pla ordinata di numeri reali.
Per le equazioni in tre o più incognite valgono le considerazioni fatte per le equazioni in due incognite. In particolare un'equazione lineare nelle tre incognite x, y, z ha la forma

$$ax + by + cz + d = 0$$

«n-pla» o «n-upla» si legge «ennupla».

Ovviamente per le equazioni in tre o più incognite le soluzioni non possono essere rappresentate nel piano cartesiano.

11. Sistemi in tre incognite

Una soluzione di un sistema in tre incognite è una terna ordinata di numeri reali che verificano contemporaneamente le equazioni del sistema.
In generale una soluzione di un sistema in n incognite è una n-pla ordinata di numeri reali che verificano contemporaneamente le equazioni del sistema.
I **sistemi lineari**, come sappiamo, sono i sistemi di primo grado, che sono costituiti esclusivamente da **equazioni di primo grado**. Anche un sistema lineare con più di due incognite, se è determinato, ha una sola soluzione.

Se i termini noti di tutte le equazioni del sistema lineare sono uguali a zero, il sistema è **omogeneo** e, se è determinato, ha per unica soluzione la *soluzione nulla*.

> **ESEMPIO**
> Consideriamo il seguente sistema lineare di tre equazioni in tre incognite:
> $$\begin{cases} x + y = 3 \\ y + z = 5 \\ z + x = 4 \end{cases}$$
> La terna ordinata (1 ; 2 ; 3) è soluzione di tale sistema.
> Per verificarlo basta sostituire, nelle sue equazioni, 1 al posto di x, 2 al posto di y e 3 al posto di z:
> $$\begin{cases} 1 + 2 = 3 \ (vero) \\ 2 + 3 = 5 \ (vero) \\ 3 + 1 = 4 \ (vero) \end{cases}$$

■ **OSSERVAZIONE**

Non è necessario che in ciascuna equazione del sistema compaiano tutte le incognite.

12. Il metodo di sostituzione

Il metodo di sostituzione consente di risolvere anche i sistemi lineari di tre equazioni in tre incognite.

> **ESEMPIO**
> Risolviamo il sistema lineare $\begin{cases} x + 2y - 2z = -5 \\ 2x - 2y + z = -5 \\ x - y + 2z = -1 \end{cases}$
>
> Ricaviamo l'incognita x dalla prima equazione e nelle equazioni rimanenti sostituiamo alla x l'espressione trovata:
> $$\begin{cases} x = -5 - 2y + 2z \\ 2(-5 - 2y + 2z) - 2y + z = -5 \\ (-5 - 2y + 2z) - y + 2z = -1 \end{cases} \longrightarrow \begin{cases} x = -5 - 2y + 2z \\ -6y + 5z = 5 \\ -3y + 4z = 4 \end{cases}$$
>
> Notiamo che la seconda e la terza equazione del sistema così ottenuto formano un sistema di due equazioni nelle due incognite y e z, che possiamo risolvere con uno dei metodi noti, ricavando
> $$\begin{cases} -6y + 5z = 5 \\ -3y + 4z = 4 \end{cases} \longrightarrow \begin{cases} y = 0 \\ z = 1 \end{cases}$$
>
> Quindi avremo
> $$\begin{cases} x = -5 - 2y + 2z \\ y = 0 \\ z = 1 \end{cases} \longrightarrow \begin{cases} x = -5 - 2 \cdot 0 + 2 \cdot 1 \\ y = 0 \\ z = 1 \end{cases} \longrightarrow \begin{cases} x = -3 \\ y = 0 \\ z = 1 \end{cases}$$
>
> La soluzione del sistema dato è anche espressa dalla terna $(-3 ; 0 ; 1)$.

13. Il metodo di eliminazione

Il **principio di riduzione** vale in generale per tutti i sistemi lineari e consente di risolverli con il **metodo di eliminazione**; tuttavia qui non vogliamo formulare un metodo generale di eliminazione. Ci limitiamo a notare che la sua applicazione può, in alcuni casi, semplificare notevolmente i calcoli necessari per la risoluzione di un sistema.

Spesso si usa il metodo di eliminazione combinato con quello di sostituzione.

ESEMPIO

Risolviamo il sistema $\begin{cases} x + y + z = 0 \\ x - y - z = 4 \\ -x + y - z = -4 \end{cases}$

Osserviamo che le incognite y e z, nella prima e nella seconda equazione, compaiono con coefficienti opposti. Dunque, sommando membro a membro tali equazioni, tali incognite si eliminano e otterremo un'equazione nella sola incognita x; sostituiremo poi tale equazione al posto della prima equazione del sistema:

$$\begin{array}{r} x + y + z = 0 \\ x - y - z = 4 \\ \hline 2x = 4 \end{array} \longrightarrow \begin{cases} 2x = 4 \\ x - y - z = 4 \\ -x + y - z = -4 \end{cases}$$

Dalla prima equazione del nuovo sistema ricaviamo facilmente $x = 2$. Osserviamo ora che nella seconda e nella terza equazione x e y compaiono con coefficienti opposti. Sommiamo perciò membro a membro tali equazioni e sostituiamo l'equazione così ottenuta al posto della terza equazione del sistema:

$$\begin{array}{r} +x - y - z = 4 \\ -x + y - z = -4 \\ \hline - 2z = 0 \end{array} \longrightarrow \begin{cases} x = 2 \\ x - y - z = 4 \\ -2z = 0 \end{cases}$$

Dalla terza equazione ricaviamo $z = 0$. Sostituiamo $x = 2$ e $z = 0$ al posto delle incognite corrispondenti nella seconda equazione; ricaveremo così anche il valore di y:

$$\begin{cases} x = 2 \\ 2 - y - 0 = 4 \\ z = 0 \end{cases} \longrightarrow \begin{cases} x = 2 \\ y = -2 \\ z = 0 \end{cases}$$

Algebra Motors

Soluzione del problema di pag. 71

In che modo il direttore della concessionaria Autopiù può valutare quante auto della Algebra Motors esporre?

Per rispondere alla domanda il direttore deve valutare lo spazio a disposizione nella concessionaria, il denaro che può investire e quanti esemplari si vendono per ciascuno dei tre modelli.
Proviamo a costruire un modello matematico su queste condizioni.

FIGURA 7

La prima condizione è data dallo spazio a disposizione: il direttore ha valutato che può accogliere 10 auto al massimo.
Indichiamo rispettivamente con T, I, S il numero di esemplari dei modelli *Tetraedro*, *Ipotesi 2000*, *Secante*. Scriviamo perciò la condizione precedente come

$$T + I + S = 10$$

Questa condizione non basta a fissare la quantità per i tre modelli di auto in modo univoco, perché abbiamo scritto un'equazione in tre incognite, che ammette infinite soluzioni. Notiamo che le variabili introdotte rappresentano oggetti concreti, quindi accetteremo solo le soluzioni costituite da valori interi e positivi. Formalmente possiamo scrivere la condizione di accettabilità delle soluzioni nel modo seguente:

$$T, I, S \in \mathbb{N} \quad 1 \leq T \leq 8 \quad 1 \leq I \leq 8 \quad 1 \leq S \leq 8$$

Alcuni esempi di soluzioni accettabili sono le terne:

$$T = 2 \quad I = 3 \quad S = 5; \qquad T = 3 \quad I = 3 \quad S = 4; \qquad T = 2 \quad I = 4 \quad S = 4$$

Al contrario, ad esempio, la terna $T = 10$, $I = -5$, $S = 5$ soddisfa l'equazione ma non la condizione di accettabilità.

Il direttore ha a disposizione un budget limitato. Supponiamo che voglia impiegare 270 000 euro. Alla concessionaria un *Tetraedro* costa 25 000 euro, una *Ipotesi 2000* costa 35 000 euro e una *Secante* costa 15 000 euro. Possiamo esprimere il limite di spesa ponendo:

$$25\,000T + 35\,000I + 15\,000S = 270\,000$$

che semplificata diventa:

$$5T + 7I + 3S = 54$$

Possiamo riassumere le valutazioni fatte nel seguente sistema:

$$\begin{cases} T + I + S = 10 \\ 5T + 7I + 3S = 54 \end{cases} \quad T, I, S \in \mathbb{N}^*$$

Le soluzioni possibili sono le terne:

$$T = 2 \quad I = 5 \quad S = 3; \qquad T = 4 \quad I = 4 \quad S = 2; \qquad T = 6 \quad I = 3 \quad S = 1$$

Per far sì che il sistema abbia una e una sola soluzione, è necessario aggiungere una terza equazione.
La terza condizione può derivare dal mercato: i dati di vendita mostrano che Algebra Motors vende un numero di *Ipotesi 2000* uguale al doppio delle *Secanti* e il direttore vorrebbe rispettare questa proporzione anche all'interno della sua concessionaria. L'equazione che esprime i rapporti tra i modelli è

$$I = 2S$$

e il sistema diventa:

$$\begin{cases} T + I + S = 10 \\ 5T + 7I + 3S = 54 \\ I = 2S \end{cases} \quad T, I, S \in \mathbb{N}^*$$

che ammette un'unica soluzione:

$$T = 4 \quad I = 4 \quad S = 2$$

Osserviamo che non è detto che esista sempre una e una sola soluzione. Ad esempio, se i dati di vendita mostrassero che Algebra Motors vende un numero di *Ipotesi 2000* uguale al doppio delle *Tetraedro*, il sistema non avrebbe soluzioni. Se invece i dati mostrassero che la differenza tra le *Ipotesi 2000* e le *Secanti* vendute è sempre uguale a due, il sistema ammetterebbe le 3 soluzioni sopra indicate.
Se infine fosse presente un'altra condizione, per esempio che i *Tetraedri* venduti sono il triplo delle *Secanti*, il sistema non avrebbe soluzioni.

ESERCIZI

1 Si deve progettare un viaggio in tre tappe, per un totale di 1000 km. Per calcolare la lunghezza delle tappe, costruisci un modello matematico delle tappe discutendo le condizioni, in modo che il problema sia determinato, e risolvi il sistema ottenuto.

2 Si deve dividere tra tre persone un'eredità di 200 000 euro. Costruisci un modello matematico della suddivisione discutendo le condizioni in modo che il problema sia determinato, e risolvi il sistema ottenuto.

Sistemi lineari

Generalità sui sistemi

Equazioni in due incognite

▶ **Soluzione di un'equazione in due incognite**: una *coppia ordinata di numeri reali* è soluzione di un'equazione in due incognite se, sostituendo il primo numero della coppia alla prima incognita dell'equazione e il secondo numero alla seconda incognita, l'equazione si trasforma in un'uguaglianza vera.
Ad esempio, la coppia $(3\,;\,-10)$ è soluzione dell'equazione $x^2 + y + 1 = 0$:

$$x^2 + y + 1 = 0 \xrightarrow{x=3\,\wedge\,y=-10} 3^2 + (-10) + 1 = 0 \longrightarrow 0 = 0\ (vero)$$

Analogamente alle equazioni in una incognita, un'equazione in due incognite può essere **determinata**, **indeterminata**, **impossibile**.
Un'equazione in due incognite è un'**identità** se qualunque coppia ordinata di numeri reali è una sua soluzione, con l'esclusione, eventualmente, di quelle coppie che facciano perdere significato all'equazione stessa; ad esempio

$$(x+y)(x-y) = x^2 - y^2 \longrightarrow S = \mathbb{R} \times \mathbb{R}$$

▶ **Grado**: se un'equazione in due incognite è scritta nella *forma canonica* o *normale* $P(x\,;\,y) = 0$ dove $P(x\,;\,y)$ è un polinomio nelle variabili x e y, il grado dell'equazione è il grado di $P(x\,;\,y)$.
Ad esempio, l'equazione $x + xy - 3y = 1$ è di 2° grado.
Le **equazioni di primo grado** in due incognite, ridotte a forma normale, si presentano nella forma $ax + by + c = 0$ e sono anche dette **equazioni lineari**.

▶ **Rappresentazione grafica delle soluzioni**: l'insieme delle soluzioni di un'equazione lineare in due incognite *nel piano cartesiano* è rappresentato da una **retta**.

Sistemi di equazioni

▶ **Sistema di equazioni**: è l'insieme di due o più equazioni considerate contemporaneamente.

▶ **Grado di un sistema**: è il prodotto dei gradi delle equazioni che lo compongono; ad esempio

$\begin{cases} x^2 + y^2 = 4 \\ x + y^3 = 1 \end{cases}$ è un sistema di due equazioni nelle due incognite x e y, di grado $2 \cdot 3 = 6$.

▶ **Soluzione di un sistema di equazioni in due incognite**
Una coppia ordinata di numeri reali è una soluzione di un sistema in due incognite se è soluzione di tutte le equazioni del sistema. Quindi l'insieme delle soluzioni di un sistema è l'intersezione degli insiemi delle soluzioni di tutte le sue equazioni. Un sistema si dice **impossibile** se non ha soluzioni, **determinato** se ha un numero finito di soluzioni, **indeterminato** se ha infinite soluzioni.

$\begin{cases} x = 2 \\ y = 3 \end{cases}$ è soluzione del sistema $\begin{cases} x + y = 5 \\ x^2 + y^2 = 13 \end{cases}$; infatti $\begin{cases} 2 + 3 = 5 \\ 2^2 + 3^2 = 13 \end{cases} \longrightarrow \begin{cases} 5 = 5\ (vero) \\ 13 = 13\ (vero) \end{cases}$

▶ **Sistema lineare**: è un sistema di primo grado, ossia composto da equazioni di primo grado. Un **sistema lineare di due equazioni in due incognite** è in **forma normale** o **canonica** quando è scritto nella forma

$$\begin{cases} a_1 x + b_1 y = c_1 \\ a_2 x + b_2 y = c_2 \end{cases} \qquad a_1,\ a_2,\ b_1,\ b_2,\ c_1,\ c_2 \in \mathbb{R}$$

Se $c_1 = c_2 = 0$ il sistema lineare si dice **omogeneo**.

Teoria.zip

Interpretazione grafica di un sistema lineare di due equazioni in due incognite

Dato il sistema $\begin{cases} a_1 x + b_1 y = c_1 \\ a_2 x + b_2 y = c_2 \end{cases}$ se interpretiamo $\begin{cases} a_1 x + b_1 y = c_1 \longrightarrow \text{eq. retta } r_1 \\ a_2 x + b_2 y = c_2 \longrightarrow \text{eq. retta } r_2 \end{cases}$ si ha che il sistema è

- **determinato** se r_1 e r_2 sono incidenti;
- **impossibile** se r_1 e r_2 sono parallele e distinte;
- **indeterminato** se r_1 e r_2 sono la stessa retta ($r_1 \equiv r_2$, cioè r_1 e r_2 sono parallele e coincidenti).

Sistema determinato
(rette incidenti)

$\begin{cases} x + y = 1 \\ x - y = 1 \end{cases} \longrightarrow \begin{cases} x = 1 \\ y = 0 \end{cases}$

Sistema impossibile
(rette parallele e distinte)

$\begin{cases} x + y = -1 \quad (m = -1) \\ x + y = 2 \quad (m = -1) \end{cases}$

Sistema indeterminato
(rette coincidenti)

$\begin{cases} x - y = -1 \\ 2x - 2y = -2 \end{cases} y = x + 1$

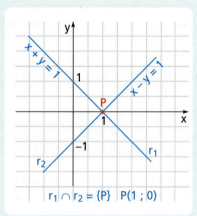

$r_1 \cap r_2 = \{P\} \quad P(1;0)$

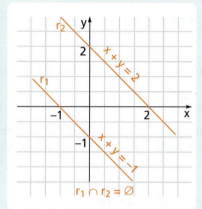

$r_1 \cap r_2 = \emptyset$

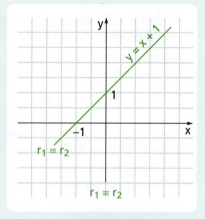

$r_1 \equiv r_2$

SpiegaMatica: sistemi lineari

▶ **Relazioni tra i coefficienti** (con $a_2 \neq 0$, $b_2 \neq 0$, $c_2 \neq 0$)

$$\frac{a_1}{a_2} = \frac{b_1}{b_2} = \frac{c_1}{c_2} \longrightarrow \text{sistema indeterminato}$$

$$\frac{a_1}{a_2} = \frac{b_1}{b_2} \neq \frac{c_1}{c_2} \longrightarrow \text{sistema impossibile}$$

$$\frac{a_1}{a_2} \neq \frac{b_1}{b_2} \longrightarrow \text{sistema determinato}$$

Risoluzione algebrica di un sistema lineare di due equazioni in due incognite

▶ **Risoluzione con il metodo di sostituzione:** si risolve una delle equazioni del sistema rispetto a una incognita e si sostituisce l'espressione di tale incognita nell'altra equazione.

$\begin{cases} 2x - y = 7 \\ -x + 2y = -5 \end{cases} \longrightarrow \begin{cases} y = \boxed{2x - 7} \\ -x + 2(2x - 7) = -5 \end{cases} \longrightarrow \begin{cases} y = 2x - 7 \\ 3x = 9 \end{cases} \longrightarrow$

$\longrightarrow \begin{cases} y = 2 \cdot 3 - 7 \\ x = 3 \end{cases} \longrightarrow \begin{cases} x = 3 \\ y = -1 \end{cases}$

▶ **Risoluzione con il metodo del confronto**: si risolvono entrambe le equazioni del sistema rispetto a y, si uguagliano le espressioni ottenute e si risolve rispetto a x l'equazione trovata. Si procede analogamente per determinare y.

$$\begin{cases} 2x - y = 7 \\ -x + 2y = -5 \end{cases} \nearrow \begin{cases} y = 2x - 7 \\ y = \dfrac{x-5}{2} \end{cases} \longrightarrow 2x - 7 = \dfrac{x-5}{2} \longrightarrow x = 3 \searrow$$

$$\searrow \begin{cases} x = \dfrac{y+7}{2} \\ x = 2y + 5 \end{cases} \longrightarrow \dfrac{y+7}{2} = 2y + 5 \longrightarrow y = -1 \nearrow \begin{cases} x = 3 \\ y = -1 \end{cases}$$

▶ **Risoluzione con il metodo di eliminazione o riduzione**: si moltiplicano entrambi i membri di ciascuna equazione per opportuni numeri, in modo da rendere i coefficienti di y uguali od opposti, quindi si sommano (o sottraggono) membro a membro le due equazioni in modo da eliminare la y; si risolve quindi rispetto a x l'equazione ottenuta. In modo analogo si determina y.

$$\begin{cases} 2x - 3y = 4 \\ 3x + 4y = 6 \end{cases} \longrightarrow \begin{matrix} 4 \\ 3 \end{matrix} \begin{cases} 2x - 3y = 4 \\ 3x + 4y = 6 \end{cases} \longrightarrow \begin{cases} 8x - 12y = 16 \\ 9x + 12y = 18 \end{cases} \longrightarrow x = 2 \searrow$$

$$\overline{17x = 34}$$

$$\begin{cases} 2x - 3y = 4 \\ 3x + 4y = 6 \end{cases} \longrightarrow \begin{matrix} 3 \\ 2 \end{matrix} \begin{cases} 2x - 3y = 4 \\ 3x + 4y = 6 \end{cases} \longrightarrow \begin{cases} 6x - 9y = 12 \\ 6x + 8y = 12 \end{cases} \longrightarrow y = 0 \nearrow \begin{cases} x = 2 \\ y = 0 \end{cases}$$

$$\overline{ - 17y = 0}$$

▶ **Risoluzione con il metodo di Cramer**: dopo aver scritto il sistema in forma normale, si calcola il determinante

$$D = \begin{vmatrix} a_1 & b_1 \\ a_2 & b_2 \end{vmatrix} = a_1 b_2 - a_2 b_1.$$ Se risulta $D = 0$, il sistema non è determinato e può essere indeterminato o impossibile. Se è $D \neq 0$, il sistema è determinato: calcolati i determinanti D_x e D_y

$$D_x = \begin{vmatrix} c_1 & b_1 \\ c_2 & b_2 \end{vmatrix} = c_1 b_2 - c_2 b_1 \qquad D_y = \begin{vmatrix} a_1 & c_1 \\ a_2 & c_2 \end{vmatrix} = a_1 c_2 - a_2 c_1$$

l'unica soluzione del sistema è $x = \dfrac{D_x}{D} \wedge y = \dfrac{D_y}{D}$.

Ad esempio: $\begin{cases} 2x - 3y = 4 \\ 3x + 4y = 6 \end{cases}$, $D = \begin{vmatrix} 2 & -3 \\ 3 & 4 \end{vmatrix} = 2 \cdot 4 - 3(-3) = 17 \neq 0 \longrightarrow$ sistema determinato

e quindi $\begin{cases} x = \dfrac{D_x}{D} = \dfrac{\begin{vmatrix} 4 & -3 \\ 6 & 4 \end{vmatrix}}{17} = \dfrac{16 + 18}{17} = \dfrac{34}{17} \\ y = \dfrac{D_y}{D} = \dfrac{\begin{vmatrix} 2 & 4 \\ 3 & 6 \end{vmatrix}}{17} = \dfrac{12 - 12}{17} = \dfrac{0}{17} \end{cases} \longrightarrow \begin{cases} x = 2 \\ y = 0 \end{cases}$

Sistemi lineari di tre equazioni in tre incognite

▶ **Soluzioni**: una **soluzione di un sistema in tre incognite** è una **terna ordinata di numeri reali** che verificano contemporaneamente le equazioni del sistema.

▶ Per risolvere un sistema lineare di tre o più equazioni in altrettante incognite si possono applicare, anche in modo combinato, il **metodo di sostituzione** e il **metodo di eliminazione**.

Capitolo 2 — Esercizi

- Generalità sui sistemi
- Interpretazione grafica di un sistema lineare di due equazioni in due incognite
- Risoluzione algebrica di un sistema lineare di due equazioni in due incognite
- Sistemi numerici frazionari
- Sistemi letterali interi
- Problemi di primo grado con due incognite
- Sistemi lineari di tre equazioni in tre incognite
- Autovalutazione
- Esercizi per il recupero
- Esercizi di approfondimento
- Verso la Prova Invalsi

Generalità sui sistemi

Equazioni in due incognite

VERO O FALSO?

1
a. L'equazione $(x+y)^2 = x^2 + y^2$ è di secondo grado. V F
b. Un'equazione in due incognite non può essere impossibile. V F
c. Tutte le equazioni in due incognite sono indeterminate. V F
d. Le equazioni in due incognite hanno due soluzioni. V F

2
a. L'equazione $y = x^2$ è indeterminata. V F
b. L'equazione $(x+y)^2 - 2xy = x^2 + y^2$ ha come insieme delle soluzioni l'insieme $\mathbb{R} \times \mathbb{R}$. V F
c. L'equazione $\dfrac{x^2 - y^2}{x + y - 3} = \dfrac{(x+y)(y-x)}{3 - x - y}$ è una identità. V F
d. L'equazione $(x+y)^2 = -(4y + 3x)^2$ è impossibile. V F

QUESITI A RISPOSTA MULTIPLA

3 Quale delle seguenti coppie è una soluzione dell'equazione $x - y = 0$?
a. $(2\,;\,-2)$ b. $(-1\,;\,-1)$ c. $(-3\,;\,3)$ d. $(1\,;\,0)$ e. Nessuna

4 Quale delle seguenti coppie è una soluzione dell'equazione $2x - y + 1 = 0$?
a. $(0\,;\,0)$ b. $(1\,;\,-1)$ c. $(-1\,;\,3)$ d. $(0\,;\,2)$ e. Nessuna

5 Il grafico a fianco rappresenta l'insieme delle soluzioni dell'equazione
a. $x = 2$ b. $y = 2$
c. $x + y = 2$ d. $y = x + 2$
e. $xy = 2$ f. $x - y = 2$

6 Verifica che l'equazione $x^2 + y^2 - 8x - 6y + 20 = 0$ è soddisfatta dalle seguenti coppie di numeri

$$\begin{cases} x = 2 \\ y = 2 \end{cases} \qquad \begin{cases} x = 5 \\ y = 1 \end{cases} \qquad \begin{cases} x = 6 \\ y = 4 \end{cases}$$

7 Quali delle seguenti coppie di numeri sono soluzioni dell'equazione $4x - 3y = 1$?

$$\begin{cases} x = 0 \\ y = -\dfrac{1}{3} \end{cases} \qquad \begin{cases} x = 1 \\ y = 0 \end{cases} \qquad \begin{cases} x = -2 \\ y = -3 \end{cases} \qquad \begin{cases} x = 4 \\ y = -2 \end{cases} \qquad \begin{cases} x = \dfrac{1}{2} \\ y = \dfrac{1}{3} \end{cases}$$

[sì; no; sì; no; sì]

Sistemi di equazioni

VERO O FALSO?

8 a. Un sistema di due equazioni in due incognite può avere solo due soluzioni. V F
b. Un sistema è impossibile se e solo se tutte le sue equazioni sono impossibili. V F
c. Un sistema è indeterminato se e solo se tutte le sue equazioni sono indeterminate. V F
d. Un sistema costituito da un'equazione impossibile e da un'equazione indeterminata è indeterminato. V F

9 a. Un sistema lineare contiene solo equazioni di primo grado. V F
b. Se una delle equazioni di un sistema lineare è indeterminata, allora è indeterminato anche il sistema. V F
c. Se una delle equazioni di un sistema lineare è impossibile, allora è impossibile anche il sistema. V F
d. Un sistema lineare omogeneo non può essere impossibile. V F

QUESITI A RISPOSTA MULTIPLA

10 Il grado di un sistema è

  a la somma dei gradi delle sue equazioni
  b il prodotto dei gradi delle sue equazioni
  c il grado dell'equazione che ha grado maggiore tra quelle che lo compongono
  d il grado della prima equazione del sistema

11 Il grado del sistema $\begin{cases} x^2 - x^2y^2 + y^2 = 1 \\ x^2 + xy + y^2 = 3 \end{cases}$ è

  a 2 **b** 4 **c** 6 **d** 8

12 Quale dei seguenti sistemi è di sesto grado?

  a $\begin{cases} x^6 - y^6 = 63 \\ x^6 + y^6 = 65 \end{cases}$ **b** $\begin{cases} x^4 - y^4 = 15 \\ x^2 + y^2 = 5 \end{cases}$ **c** $\begin{cases} x^3 - y^3 = 7 \\ x^2 + y^2 = 5 \end{cases}$ **d** $\begin{cases} x^6 - y = 63 \\ x + y^6 = 3 \end{cases}$

13 Quale dei seguenti sistemi è di ottavo grado?

  a $\begin{cases} x^4 - y^2 = 15 \\ x^2 + y^4 = 5 \end{cases}$ **b** $\begin{cases} x^4 - y^4 = 15 \\ x + y^2 = 5 \end{cases}$ **c** $\begin{cases} x^8 - y^8 = 255 \\ x^8 + y^8 = 257 \end{cases}$ **d** $\begin{cases} x^8 - y = 255 \\ x + y^8 = 3 \end{cases}$

ESERCIZI

14 Quale coppia ordinata è soluzione del sistema $\begin{cases} x - y = 0 \\ x + y = 2 \end{cases}$?

a $(0\,;\,2)$ **b** $(1\,;\,1)$ **c** $(1\,;\,-1)$ **d** $(0\,;\,0)$ **e** $(x\,;\,y)$ **f** Nessuna

Determina il grado dei seguenti sistemi.

ESERCIZI SVOLTI

15 **a.** $\begin{cases} x^2 + y^2 = 1 \\ x + y = 1 \end{cases}$ **b.** $\begin{cases} x^2 + y^2 = 14 \\ xy^2 = 6 \end{cases}$

Il sistema **a.** è formato da un'equazione di secondo grado e da un'equazione di primo grado: il grado del sistema **a.** è quindi $2 \cdot 1 = 2$.
Il sistema **b.** è formato da un'equazione di secondo grado e da una di terzo grado: il grado del sistema **b.** è $2 \cdot 3 = 6$.

16 $\begin{cases} (x+1)^2 + y^2 = (y+1)^2 + x^2 \\ 2x + y + 1 = 2(x + y + 1) - 3x \end{cases}$

Per determinare il grado del sistema, trasformiamolo nel modo seguente:

$\begin{cases} x^2 + 2x + 1 + y^2 = y^2 + 2y + 1 + x^2 \\ 2x + y + 1 = 2x + 2y + 2 - 3x \end{cases} \longrightarrow \begin{cases} 2x - 2y = 0 \\ 3x - y = 1 \end{cases} \longrightarrow \begin{cases} x - y = 0 \\ 3x - y = 1 \end{cases}$

Il sistema così ottenuto è costituito da due equazioni di primo grado e quindi è di **primo grado**, cioè lineare. Inoltre esso è scritto in forma normale.

---

17 $\begin{cases} xy - 3x = 2 \\ x^3 + \dfrac{1}{2}xy^2 = 1 \end{cases}$ $\begin{cases} \dfrac{3}{4}x + \dfrac{1}{2}y - 3 = 0 \\ x^3 + 2y^3 = 5 \end{cases}$ $[6°\,;\,3°]$

18 $\begin{cases} (y - x)^2 + 7x - 12y + 3 = (x + y)(x - y) + 2y(y - x) \\ (x + 1 - 2y)(x + 1 + 2y) = (x - 2y)(x + 2y) + 5y \end{cases}$ $[1°]$

19 $\begin{cases} xy = 3 \\ x^2 - y^2 + 2xy = 1 \\ 2x^4 - 3y^2 + 4xy - x = 0 \end{cases}$ $[16°]$

20 $\begin{cases} (x - 2)^2 + (2x + 3)(y - 1) = (x - 2)(x + 2y) \\ x^3 - 2y^2 = 6 \end{cases}$ $[3°]$

21 $\begin{cases} (x - 1)^3 - 2(y + 2)^2 = 1 \\ (4x + 3y - 4)(6x^2 - 1) = (8x + 6y - 3)(3x^2 + 10) \end{cases}$ $[6°]$

---

22 Verifica se le coppie $\left(3\,;\,\dfrac{1}{2}\right)$, $\left(-1\,;\,\dfrac{11}{5}\right)$ e $(2\,;\,1)$ sono soluzioni del sistema $\begin{cases} x + 2y = 4 \\ 2x + 5y = 9 \end{cases}$.

[no; no; sì]

23 Determina i parametri h e k in modo che il sistema $\begin{cases} x + hy - 1 = 0 \\ x + 3y + k = 0 \end{cases}$ sia verificato da $\begin{cases} x = 1 \\ y = 1 \end{cases}$.

$[h = 0 \wedge k = -4]$

24 Determina i parametri a e b in modo che il sistema $\begin{cases} ax + 3y = 16 \\ 6x - by = 4 \end{cases}$ sia verificato da $\begin{cases} x = -2 \\ y = 4 \end{cases}$.

$[a = -2 \wedge b = -4]$

Interpretazione grafica di un sistema lineare di due equazioni in due incognite

QUESITI A RISPOSTA MULTIPLA

 25 Se le rette che rappresentano le equazioni di un sistema lineare in due incognite coincidono, il sistema

     a ☐ è determinato   **b** ☒ è indeterminato   **c** ☐ è impossibile   **d** ☐ non si può dire nulla

 26 Quale dei seguenti sistemi è impossibile?

     a ☒ $\begin{cases} 2x - y = 3 \\ y - 2x = 3 \end{cases}$ **b** ☐ $\begin{cases} 2x - y = 3 \\ 2y - x = 0 \end{cases}$ **c** ☐ $\begin{cases} 2x - y = 3 \\ y - 2x = -3 \end{cases}$ **d** ☐ $\begin{cases} x - y = 4 \\ x + y = 4 \end{cases}$

 27 Quale dei seguenti sistemi è indeterminato?

     a ☐ $\begin{cases} 2x - y = 3 \\ y - 2x = 3 \end{cases}$ **b** ☐ $\begin{cases} 2x - y = 3 \\ 2y - x = 0 \end{cases}$ **c** ☐ $\begin{cases} 2x - y = 3 \\ 2x + y = -3 \end{cases}$ **d** ☒ $\begin{cases} \frac{2}{3}x + y = 4 \\ 2x + 3y = 12 \end{cases}$

Risolvi graficamente i seguenti sistemi.

ESERCIZIO SVOLTO

 28 $\begin{cases} 2x - y = 2 \\ x + y = 4 \end{cases}$

▶ Per tracciare la retta r di equazione $2x - y = 2$, determiniamone due punti, ad esempio le intersezioni con gli assi. Ponendo in tale equazione $x = 0$, otteniamo

$$2 \cdot 0 - y = 2 \longrightarrow -y = 2 \longrightarrow$$
$$\longrightarrow y = -2 \longrightarrow A(0; -2) \in r$$

Poniamo ora $y = 0$:

$$2x - 0 = 2 \longrightarrow x = 1 \longrightarrow B(1; 0) \in r$$

▶ Operando in modo analogo sulla seconda equazione, otteniamo i due punti $C(0; 4)$ e $D(4; 0)$ appartenenti alla retta s che la rappresenta.

▶ Tracciamo la retta r, passante per i punti A e B, e la retta s, passante per i punti C e D. Osservando la figura, possiamo pensare che le due rette si intersechino nel punto $P(2; 2)$ e quindi che la coppia ordinata $(2; 2)$ sia la soluzione del sistema.

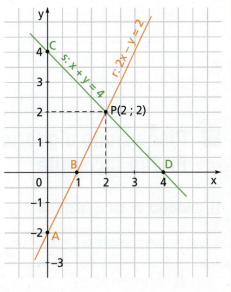

▶ Verifichiamo ora se $x = 2 \wedge y = 2$ è soluzione del sistema, sostituendo 2 al posto di x e 2 al posto di y in entrambe le equazioni:

$$\begin{cases} 2 \cdot 2 - 2 = 2 \\ 2 + 2 = 4 \end{cases} \longrightarrow \begin{cases} 2 = 2 \text{ (vero)} \\ 4 = 4 \text{ (vero)} \end{cases}$$

Abbiamo così verificato che $\begin{cases} x = 2 \\ y = 2 \end{cases}$ è soluzione del sistema.

29 $\begin{cases} x + 2y = 8 \\ x - y = -1 \end{cases}$ $\left[\begin{cases} x = 2 \\ y = 3 \end{cases}\right]$ ▶▶ **30** $\begin{cases} 3x - 2y = -12 \\ x + 2y = 4 \end{cases}$ $\left[\begin{cases} x = -2 \\ y = 3 \end{cases}\right]$

31 $\begin{cases} 3x - 2y = -12 \\ 12x - 8y = 24 \end{cases}$ [impossibile]   ▶▶ **32** $\begin{cases} 2x + y = -10 \\ 2x - y = 6 \end{cases}$ $\left[\begin{cases} x = -1 \\ y = -8 \end{cases}\right]$

ESERCIZI

33 $\begin{cases} 7x - 3y = 21 \\ -7x + 3y = -21 \end{cases}$ [indeterminato] **34** $\begin{cases} 2x - y = 0 \\ 2x + y = 4 \end{cases}$ $\left[\begin{cases} x = 1 \\ y = 2 \end{cases}\right]$

35 $\begin{cases} 15x - y = -15 \\ 2x + y = -2 \end{cases}$ $\left[\begin{cases} x = -1 \\ y = 0 \end{cases}\right]$ **36** $\begin{cases} 3x - 2y = 12 \\ 3x - y = 9 \end{cases}$ $\left[\begin{cases} x = 2 \\ y = -3 \end{cases}\right]$

37 $\begin{cases} 5x + 3y = -45 \\ 5x + 6y = -60 \end{cases}$ $\left[\begin{cases} x = -6 \\ y = -5 \end{cases}\right]$ **38** $\begin{cases} 3x + 5y = 30 \\ 3x - 2y = -12 \end{cases}$ $\left[\begin{cases} x = 0 \\ y = 6 \end{cases}\right]$

39 $\begin{cases} 5x - 6y = 12 \\ -10x + 12y = 5 \end{cases}$ [impossibile] **40** $\begin{cases} 12x - 9y = -18 \\ -16x + 12y = 24 \end{cases}$ [indeterminato]

41 Giustifica graficamente che un sistema lineare omogeneo o ha come unica soluzione quella nulla o ha infinite soluzioni tra le quali quella nulla. Nel caso del sistema $\begin{cases} x - 2y = 0 \\ 2x - 4y = 0 \end{cases}$, verifica che le sue infinite soluzioni possono essere espresse dalle coppie ordinate $\left(t; \dfrac{1}{2}t\right)$ con $t \in \mathbb{R}$.

42 Associa a ogni grafico il sistema corrispondente.

a. $\begin{cases} x = -3y + 3 \\ x + 3y - 9 = 0 \end{cases}$ b. $\begin{cases} -2x + 2y + 8 = 0 \\ x - 4 = y \end{cases}$ c. $\begin{cases} 3x + 2y = -6 \\ 9x = -18 + 6y \end{cases}$

1. 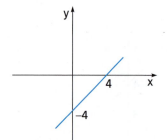 2. 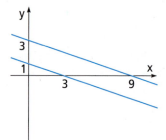 3.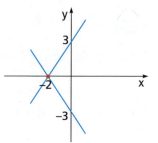

■ Risoluzione algebrica di un sistema lineare di due equazioni in due incognite

Il metodo di sostituzione

Risolvi i seguenti sistemi con il metodo di sostituzione. Altri esercizi

■ **ESERCIZIO SVOLTO**

43 $\begin{cases} 2(x + 2y - 1) = 4x - y \\ 3x - y = 6 + x \end{cases}$

Per prima cosa riduciamo il sistema in forma normale:

$$\begin{cases} 2x + 4y - 2 = 4x - y \\ 2x - y = 6 \end{cases} \longrightarrow \begin{cases} -2x + 5y = 2 \\ 2x - y = 6 \end{cases}$$

Poiché $\dfrac{-2}{2} \neq \dfrac{5}{-1}$, il sistema è determinato.

Risolviamo la seconda equazione rispetto all'incognita y:

$$\begin{cases} -2x + 5y = 2 \\ -y = 6 - 2x \end{cases} \longrightarrow \begin{cases} -2x + 5y = 2 \\ y = 2x - 6 \end{cases}$$

Sostituiamo l'espressione $2x - 6$ così trovata al posto dell'incognita y nella prima equazione:
$$\begin{cases} -2x + 5(2x - 6) = 2 \\ y = 2x - 6 \end{cases}$$

La prima equazione ora contiene solo l'incognita x; risolviamola:
$$\begin{cases} -2x + 5(2x - 6) = 2 \\ y = 2x - 6 \end{cases} \rightarrow \begin{cases} -2x + 10x - 30 = 2 \\ y = 2x - 6 \end{cases} \rightarrow \begin{cases} 8x = 32 \\ y = 2x - 6 \end{cases} \rightarrow \begin{cases} x = 4 \\ y = 2x - 6 \end{cases}$$

Infine sostituiamo nella seconda equazione il valore di x così determinato:
$$\begin{cases} x = 4 \\ y = 2 \cdot 4 - 6 \end{cases} \rightarrow \begin{cases} x = 4 \\ y = 2 \end{cases}$$

▷▶ **44** $\begin{cases} 4x + y = -8 \\ -2x + y = 10 \end{cases}$ $\left[\begin{cases} x = -3 \\ y = 4 \end{cases}\right]$ ▷▶ **45** $\begin{cases} 2x + y = 5 \\ x - 3y = -1 \end{cases}$ $\left[\begin{cases} x = 2 \\ y = 1 \end{cases}\right]$

▷▶ **46** $\begin{cases} 7x - y = 7 \\ 5x - 3y = 5 \end{cases}$ $\left[\begin{cases} x = 1 \\ y = 0 \end{cases}\right]$ ▷▶ **47** $\begin{cases} 6x + 2y = 1 \\ 3x + y = 1 \end{cases}$ [impossibile]

▷▶ **48** $\begin{cases} 6x + 2y = 1 \\ 24x + 8y = 4 \end{cases}$ [indeterminato] ▷▶ **49** $\begin{cases} 12x - 7y = 10 \\ 6x - 5y = 2 \end{cases}$ $\left[\begin{cases} x = 2 \\ y = 2 \end{cases}\right]$

▷▶ **50** $\begin{cases} 6x - 3y = 5 \\ 2x - y = 2 \end{cases}$ [impossibile] ▷▶ **51** $\begin{cases} 6x - 3y = 7 \\ 3x - 4y = 1 \end{cases}$ $\left[\begin{cases} x = \frac{5}{3} \\ y = 1 \end{cases}\right]$

▷▶ **52** $\begin{cases} 6x + 5y = -2 \\ 2x - 3y = 4 \end{cases}$ $\left[\begin{cases} x = \frac{1}{2} \\ y = -1 \end{cases}\right]$ ▷▶ **53** $\begin{cases} 3x - 5y = 2 \\ 4x - 3y = -1 \end{cases}$ $\left[\begin{cases} x = -1 \\ y = -1 \end{cases}\right]$

▷▶ **54** $\begin{cases} (3x-5)^2 - (3x-2)(3x-7) = 6(1-y) \\ 6x(2y-1) - 12y(x-1) = 5 \end{cases}$ [impossibile]

▷▶ **55** $\begin{cases} \dfrac{10}{9}x - \dfrac{1}{2}y = \dfrac{2}{3} \\ \dfrac{4}{5}x - \dfrac{3}{10}y = \dfrac{1}{2} \end{cases}$ $\left[\begin{cases} x = \dfrac{3}{4} \\ y = \dfrac{1}{3} \end{cases}\right]$

▷▶ **56** $\begin{cases} \dfrac{3}{4}\left(\dfrac{2}{9}x - y\right) = \dfrac{1}{6}\left(3x - \dfrac{3}{2}y + 4\right) \\ 2(x-3)^2 - 2(x-1)(x-4) = 3y + 14 \end{cases}$ [indeterminato]

▷▶ **57** $\begin{cases} \dfrac{2}{3}\left(\dfrac{3}{4}x + y - \dfrac{1}{2}\right) = \dfrac{5}{4}\left(2x - \dfrac{2}{15}y + \dfrac{1}{5}\right) \\ \dfrac{1}{6}x + \dfrac{9}{4}y - \dfrac{1}{8} = \dfrac{2}{3}x + 2y + \dfrac{1}{12} \end{cases}$  $\left[\begin{cases} x = \dfrac{1}{3} \\ y = \dfrac{3}{2} \end{cases}\right]$

Il metodo di confronto

Risolvi i seguenti sistemi con il metodo di confronto.

ESERCIZIO SVOLTO

▷▶ **58** $\begin{cases} 3x - 2y = 2 \\ y - 2x = 1 \end{cases}$

Risolviamo con il **metodo combinato confronto-sostituzione**.

Il sistema dato, cioè $\begin{cases} 3x - 2y = 2 \\ -2x + y = 1 \end{cases}$, è determinato perché $\dfrac{3}{-2} \neq \dfrac{-2}{1}$.

ESERCIZI

Ricaviamo x da entrambe le equazioni:

$$\begin{cases} x = \dfrac{2+2y}{3} \\ x = \dfrac{y-1}{2} \end{cases} \longrightarrow \dfrac{2+2y}{3} = \dfrac{y-1}{2} \longrightarrow 4+4y = 3y-3 \longrightarrow y = -7$$

Sostituiamo $y = -7$ in una delle due equazioni del sistema dato, ad esempio la seconda:

$$y - 2x = 1 \xrightarrow{y=-7} -7 - 2x = 1 \longrightarrow x = -4$$

La soluzione cercata è perciò $\begin{cases} x = -4 \\ y = -7 \end{cases}$.

▷▶ **59** $\begin{cases} 2x - 8y = 7 \\ x - 7y = 5 \end{cases}$ $\left[\begin{cases} x = \dfrac{3}{2} \\ y = -\dfrac{1}{2} \end{cases}\right]$ ▷▶ **60** $\begin{cases} x - 6y = 7 \\ 5x - 8y = 2 \end{cases}$ $\left[\begin{cases} x = -2 \\ y = -\dfrac{3}{2} \end{cases}\right]$

▷▶ **61** $\begin{cases} 6x + y = 10 \\ 8x - 3y = -4 \end{cases}$ $\left[\begin{cases} x = 1 \\ y = 4 \end{cases}\right]$ ▷▶ **62** $\begin{cases} 9x - 11y = 5 \\ 6x - 5y = 1 \end{cases}$ $\left[\begin{cases} x = -\dfrac{2}{3} \\ y = -1 \end{cases}\right]$

▷▶ **63** $\begin{cases} 8x - 12y = 16 \\ 2x - 3y = 4 \end{cases}$ [indeterminato] ▷▶ **64** $\begin{cases} 8x - 9y = 13 \\ 2x - 3y = 4 \end{cases}$ $\left[\begin{cases} x = \dfrac{1}{2} \\ y = -1 \end{cases}\right]$

▷▶ **65** $\begin{cases} (3x-2)^2 = x(9x-8) + y \\ 2x(3y-5) = (2x+3)(3y-2) \end{cases}$ $\left[\begin{cases} x = 1 \\ y = 0 \end{cases}\right]$ ▷▶ **66** $\begin{cases} 10^6 x + 10^5 y = 10^{-4} \\ 10^5 x + 10^4 y = 10^{-5} \end{cases}$ [indeterminato]

▷▶ **67** $\begin{cases} 2x(6y-5) = 2(2x+1)(2y-5) \\ 2(3x+1) = y - 1 \end{cases}$ $\left[\begin{cases} x = -\dfrac{1}{2} \\ y = 0 \end{cases}\right]$

▷▶ **68** $\begin{cases} \dfrac{5}{6}x + y - \dfrac{2}{3} = \dfrac{1}{2}x + \dfrac{1}{4}y - 1 \\ -\dfrac{1}{5}x + \dfrac{1}{4}y - 1 = \dfrac{2}{15}x + 2y - \dfrac{2}{3} \end{cases}$ $\left[\begin{cases} x = -1 \\ y = 0 \end{cases}\right]$

▷▶ **69** $\begin{cases} \dfrac{3}{4}\left(x - \dfrac{2}{9}y - \dfrac{1}{3}\right) = \dfrac{5}{3}\left(\dfrac{2}{5}x - \dfrac{3}{10}y - \dfrac{1}{4}\right) \\ \dfrac{3}{2}\left(x - \dfrac{2}{3}y - \dfrac{5}{6}\right) = \dfrac{1}{6}\left(10x - 2y - \dfrac{3}{2}\right) \end{cases}$ [impossibile]

▷▶ **70** $\begin{cases} \dfrac{4}{5}\left(10x - \dfrac{1}{8}y\right) = \dfrac{2}{3}\left(\dfrac{3}{5}x - \dfrac{1}{4}\right) \\ \dfrac{1}{3}x\left(\dfrac{5}{2}y - 6\right) - \dfrac{5}{2}y\left(\dfrac{1}{3}x - \dfrac{1}{5}\right) = \dfrac{7}{6} \end{cases}$ $\left[\begin{cases} x = \dfrac{1}{6} \\ y = 3 \end{cases}\right]$

▷▶ **71** $\begin{cases} \dfrac{x-3}{4} - \dfrac{y+4}{3} = \dfrac{3x+4y}{6} \\ \dfrac{2x+20}{15} - \dfrac{x-2y}{10} = 1 \end{cases}$ $\left[\begin{cases} x = -5 \\ y = -\dfrac{5}{6} \end{cases}\right]$

▷▶ **72** $\begin{cases} \dfrac{8x-5y}{3} - \dfrac{10x-y+3}{2} = 2 \\ \dfrac{8x+y+1}{6} - \dfrac{2x-y}{4} = 1 \end{cases}$ [impossibile]

▷▶ **73** $\begin{cases} \dfrac{2x-y}{12} - \dfrac{3y-1}{9} = \dfrac{y-2y}{6} \\ (x-1)^2 - \dfrac{x(3x-2)}{3} = y \end{cases}$ $\left[\begin{cases} x = -\dfrac{1}{4} \\ y = \dfrac{4}{3} \end{cases}\right]$

▷▶ **74** $\begin{cases} \left(2x - \dfrac{5}{2}\right)\left(\dfrac{5}{2}y + 2\right) = \left(x + \dfrac{5}{4}y\right)^2 - \left(x - \dfrac{5}{4}y\right)^2 \\ \dfrac{3x+6y+13}{2} = 5x - 3y \end{cases}$ $\left[\begin{cases} x = -5 \\ y = -4 \end{cases}\right]$

Il metodo di eliminazione o riduzione

Risolvi i seguenti sistemi con il metodo di eliminazione.

Altri esercizi

ESERCIZIO SVOLTO

▷▷ **75** $\begin{cases} 5x - 4y = 14 \\ x + 6y = -4 \end{cases}$

Il sistema si presenta già in forma normale ed è determinato perché $\dfrac{5}{1} \neq \dfrac{-4}{6}$. Al fine di eliminare l'incognita y, cerchiamo di renderne i coefficienti uguali, in valore assoluto, al loro mcm che è 12. Moltiplichiamo perciò entrambi i membri della prima equazione per 3 ed entrambi i membri della seconda equazione per 2; osservando che i coefficienti di y risultano opposti, sommiamo membro a membro le due equazioni:

$$\begin{matrix} 3 \\ 2 \end{matrix} \begin{cases} 5x - 4y = 14 \\ x + 6y = -4 \end{cases} \longrightarrow \begin{cases} 15x - 12y = 42 \\ 2x + 12y = -8 \end{cases} \\ \overline{17x = 34} \longrightarrow x = 2$$

Per eliminare l'incognita x, moltiplichiamo entrambi i membri della seconda equazione per 5 e sottraiamo quindi membro a membro le due equazioni:

$$\begin{matrix} 1 \\ 5 \end{matrix} \begin{cases} 5x - 4y = 14 \\ x + 6y = -4 \end{cases} \longrightarrow \begin{cases} 5x - 4y = 14 \\ 5x + 30y = -20 \end{cases} \\ \overline{// - 34y = 34} \longrightarrow y = -1$$

La soluzione del sistema dato è perciò $\begin{cases} x = 2 \\ y = -1 \end{cases}$.

▷▷ **76** $\begin{cases} 6x - 5y = 8 \\ 2x + 3y = -2 \end{cases}$ $\left[\begin{cases} x = \dfrac{1}{2} \\ y = -1 \end{cases}\right]$

▷▷ **77** $\begin{cases} 8x - 11y = 9 \\ 7x + 11y = 6 \end{cases}$ $\left[\begin{cases} x = 1 \\ y = -\dfrac{1}{11} \end{cases}\right]$

▷▷ **78** $\begin{cases} 7x + 5y = -2 \\ 7x - 2y = 5 \end{cases}$ $\left[\begin{cases} x = \dfrac{3}{7} \\ y = -1 \end{cases}\right]$

▷▷ **79** $\begin{cases} 3x - 10y = 10 \\ 6x + 5y = -5 \end{cases}$ $\left[\begin{cases} x = 0 \\ y = -1 \end{cases}\right]$

▷▷ **80** $\begin{cases} 14x - 9y = 2 \\ 14x - 6y = -1 \end{cases}$ $\left[\begin{cases} x = -\dfrac{1}{2} \\ y = -1 \end{cases}\right]$

▷▷ **81** $\begin{cases} 10x - 7y = 3 \\ 15x - 14y = 1 \end{cases}$ $\left[\begin{cases} x = 1 \\ y = 1 \end{cases}\right]$

▷▷ **82** $\begin{cases} 15x + 7y = 3 \\ 10x - 21y = 2 \end{cases}$ $\left[\begin{cases} x = \dfrac{1}{5} \\ y = 0 \end{cases}\right]$

▷▷ **83** $\begin{cases} (2x - 3)(3y - x) + 2x(x - 3y) = 3y - 1 \\ 2(3x - 2) - 3(2y + 3) = 6y - 11x \end{cases}$ $\left[\begin{cases} x = 1 \\ y = \dfrac{1}{3} \end{cases}\right]$

▷▷ **84** $\begin{cases} 3(2x - y)(x + 1) - 3x(2x + y) = 1 - 6xy \\ (6x - y)^2 - 2(3x - y)(6x + 1) = (y + 1)(y - 1) \end{cases}$ $\left[\begin{cases} x = \dfrac{1}{6} \\ y = 0 \end{cases}\right]$

▷▷ **85** $\begin{cases} (x - 3y + 2)^2 - (3x - y - 3)^2 = 8(x + y)(y - x) \\ (2x - 1)(y + 2) = 2y(x + 1) \end{cases}$ Videolezione  $\left[\begin{cases} x = \dfrac{7}{2} \\ y = 4 \end{cases}\right]$

▷▷ **86** $\begin{cases} \dfrac{1}{6}\left(\dfrac{4}{5}x - \dfrac{9}{10}y\right) = \dfrac{2}{5}\left(\dfrac{5}{8}y - \dfrac{1}{3}\right) \\ \dfrac{3}{7}\left(\dfrac{1}{3}x - \dfrac{1}{12}\right) = \dfrac{3}{2}\left(\dfrac{1}{9}x - \dfrac{1}{18}y\right) \end{cases}$ $\left[\begin{cases} x = 2 \\ y = 1 \end{cases}\right]$

ESERCIZI

▷▷ 87 $\begin{cases} \dfrac{4x-3y}{24} - \dfrac{2x-y-10}{12} - \dfrac{x-1}{16} = 1 \\ \dfrac{3}{5}\left(\dfrac{3x-1}{6} - \dfrac{5y+4}{9}\right) = \dfrac{x-y-1}{3} \end{cases}$ $\left[\begin{cases} x=-1 \\ y=-1 \end{cases}\right]$

▷▷ 88 $\begin{cases} \dfrac{2}{3}\left(\dfrac{3x-y}{4} - \dfrac{x-3}{6}\right) = \dfrac{4x-6y+3}{18} \\ \left(\dfrac{2}{5}x - \dfrac{5}{2}\right)^2 - \left(\dfrac{3}{5}y - \dfrac{5}{3}\right)^2 = \left(\dfrac{2}{5}x + \dfrac{3}{5}y\right)\left(\dfrac{2}{5}x - \dfrac{3}{5}y\right) + \dfrac{35}{36} \end{cases}$ $\left[\begin{cases} x=\dfrac{1}{8} \\ y=-\dfrac{9}{8} \end{cases}\right]$

La regola di Cramer

Risolvi i seguenti sistemi, se determinati, con il metodo di Cramer.

Altri esercizi

ESERCIZIO SVOLTO

▷▷ 89 $\begin{cases} x - 6y = -3 \\ 4x + 3y = 6 \end{cases}$

Calcoliamo il determinante del sistema:

$$D = \begin{vmatrix} 1 & -6 \\ 4 & 3 \end{vmatrix} = 1 \cdot 3 - (-6) \cdot 4 = 27$$

Il determinante è diverso da zero, quindi il sistema è determinato. Calcoliamo i determinanti delle due incognite:

$$D_x = \begin{vmatrix} -3 & -6 \\ 6 & 3 \end{vmatrix} = (-3) \cdot 3 - (-6) \cdot 6 = 27 \qquad D_y = \begin{vmatrix} 1 & -3 \\ 4 & 6 \end{vmatrix} = 1 \cdot 6 - (-3) \cdot 4 = 18$$

La soluzione del sistema perciò è

$$\begin{cases} x = \dfrac{D_x}{D} \\ y = \dfrac{D_y}{D} \end{cases} \longrightarrow \begin{cases} x = \dfrac{27}{27} \\ y = \dfrac{18}{27} \end{cases} \longrightarrow \begin{cases} x = 1 \\ y = \dfrac{2}{3} \end{cases}$$

▷▷ 90 $\begin{cases} 12x + 13y = 33 \\ 4x + 10y = 28 \end{cases}$ $\left[\begin{cases} x=-\dfrac{1}{2} \\ y=3 \end{cases}\right]$ **▷▷ 91** $\begin{cases} 13x - 7y = 12 \\ 91x - 49y = 84 \end{cases}$ [indeterminato]

▷▷ 92 $\begin{cases} 27x - 8y = 78 \\ 17x + 3y = 25 \end{cases}$ $\left[\begin{cases} x=2 \\ y=-3 \end{cases}\right]$ **▷▷ 93** $\begin{cases} 14x - 15y = -13 \\ 35x + 20y = 2 \end{cases}$ $\left[\begin{cases} x=-\dfrac{2}{7} \\ y=\dfrac{3}{5} \end{cases}\right]$

▷▷ 94 $\begin{cases} 12x - 17y = 10 \\ -36x + 51y = 3 \end{cases}$ [impossibile] **▷▷ 95** $\begin{cases} 15x - 20y = -18 \\ -7x + 15y = 5 \end{cases}$ $\left[\begin{cases} x=-2 \\ y=-\dfrac{3}{5} \end{cases}\right]$

▷▷ 96 $\begin{cases} (5x-2)^2 - 5x(5x-2y) = (5x-2)(2y-5) \\ (3x-5y)^2 + 30xy = 9(x-2)^2 + (5y-3)^2 \end{cases}$ $\left[\begin{cases} x=0 \\ y=\dfrac{3}{2} \end{cases}\right]$

▷▷ 97 $\begin{cases} \dfrac{7}{8}\left(\dfrac{2}{21}x + y\right) - \dfrac{5}{6}\left(\dfrac{3}{10}y - 1\right) = \dfrac{3}{4} \\ \dfrac{4}{27}x - \dfrac{10}{9}y + \dfrac{1}{2} = \dfrac{1}{9}x - \dfrac{7}{6}y + \dfrac{11}{18} \end{cases}$ $\left[\begin{cases} x=4 \\ y=-\dfrac{2}{3} \end{cases}\right]$

104

98 $\begin{cases} \dfrac{4x-3y+5}{8} - \dfrac{2x-7y}{12} = \dfrac{3y+5}{6} \\ \dfrac{4}{9}\left(x - \dfrac{y-30}{8}\right) - \dfrac{10}{27}\left(2 - \dfrac{x+2y}{10}\right) - \dfrac{32x-4y-7}{54} = 1 \end{cases}$ $\left[\begin{cases} x=-2 \\ y=-3 \end{cases}\right]$

99 $\begin{cases} \dfrac{4}{15}\left(\dfrac{3x+6y}{4} - \dfrac{2x-1}{6}\right) - \dfrac{10}{9}\left(\dfrac{2y-3}{5} - 1\right) = 2 \\ \dfrac{3}{2}\left(x+1 - \dfrac{2x-5y}{6}\right) - \dfrac{5}{8}\left(x - \dfrac{6y-4}{5}\right) = \dfrac{15}{4} \end{cases}$ $\left[\begin{cases} x=2 \\ y=1 \end{cases}\right]$

Risolvi i seguenti sistemi con il metodo di Cramer e con l'aiuto di una calcolatrice.

100 $\begin{cases} 0,01x + 100y = -99,98 \\ 100x + 0,01y = 199,99 \end{cases}$ $\left[\begin{cases} x=2 \\ y=-1 \end{cases}\right]$

101 $\begin{cases} 3x + 2y = 0,032 \\ 2x + 3y = 0,023 \end{cases}$ $\left[\begin{cases} x=0,01 \\ y=0,001 \end{cases}\right]$

102 $\begin{cases} 10^{-6}x - 10^{-4}y = -0,999 \\ 10^{-5}x + 10^{-5}y = 0,11 \end{cases}$ $\left[\begin{cases} x=1000 \\ y=10\,000 \end{cases}\right]$

103 $\begin{cases} 10^3 x + 10^8 y = 11 \cdot 10^5 \\ 10^2 x + 10^6 y = 2 \cdot 10^4 \end{cases}$ $\left[\begin{cases} x=10^2 \\ y=10^{-2} \end{cases}\right]$

104 $\begin{cases} 4 \cdot 10^{12} x + 3 \cdot 10^{15} y = 3,0008 \cdot 10^{12} \\ 1,1 \cdot 10^{-3} x + 2,2 \cdot 10^{-4} y = 4,4 \cdot 10^{-7} \end{cases}$ $\left[\begin{cases} x=2 \cdot 10^{-4} \\ y=10^{-3} \end{cases}\right]$

Esercizi di riepilogo sui metodi di risoluzione

Risolvi i seguenti sistemi numerici interi con il metodo che preferisci.

105 $\begin{cases} 3x + 2y = 4 \\ 2y - \dfrac{3}{2}(x+3) = -5 \end{cases}$ $\begin{cases} x + 2y = 2(2x-y+5) \\ 2 - 3x = y - 1 + 2(x+6) \end{cases}$ $\left[\begin{cases} x=1 \\ y=\dfrac{1}{2} \end{cases}; \begin{cases} x=-2 \\ y=1 \end{cases}\right]$

106 $\begin{cases} -[x - 3(y-1)] + 2x = 3 \\ 2(3x - y) + 3(1-x) = -12 \end{cases}$ $\begin{cases} -2x + y = 3 \\ 3y + x^2 = (3+x)^2 \end{cases}$ $\left[\begin{cases} x=-3 \\ y=3 \end{cases}; \text{indeterminato}\right]$

107 $\begin{cases} \dfrac{y+1}{3} + \dfrac{1}{2}x = 4 \\ \dfrac{1}{2} - \dfrac{1}{6}(x+y) = \dfrac{2}{3}x - \dfrac{1}{3}y \end{cases}$ $\left[\begin{cases} x=\dfrac{28}{13} \\ y=\dfrac{101}{13} \end{cases}\right]$

108 $\begin{cases} \dfrac{3}{4}(x+y) = 2\left(x - \dfrac{5}{6}\right) + 2y \\ x + y - 1 = 0 \end{cases}$ $\begin{cases} \dfrac{1}{4}(x-y) = x - y \\ 2x - 3y = 3(x-y) - x \end{cases}$ [impossibile; indeterminato]

109 $\begin{cases} \dfrac{12x-7}{2} - \dfrac{3(2x+y)}{10} = \dfrac{7}{10} \\ \dfrac{2x+y}{3} = \dfrac{4}{9} + \dfrac{x+y}{2} \end{cases}$ $\left[\begin{cases} x=\dfrac{2}{3} \\ y=-2 \end{cases}\right]$

110 $\begin{cases} x + \dfrac{1}{6}(y - 9x) - \dfrac{1}{3}(y+1) = -\dfrac{1}{2} \\ y - \dfrac{2}{3}x = \dfrac{20}{9} \end{cases}$ $\left[\begin{cases} x=-\dfrac{1}{3} \\ y=2 \end{cases}\right]$

111 $\begin{cases} \left(x - \dfrac{1}{2}y\right)\left(3 - \dfrac{1}{2}\right) - \left(x + \dfrac{1}{2}y\right)\left(3 + \dfrac{1}{2}\right) + 3y + \dfrac{1}{2} = 0 \\ \dfrac{3x-y}{4} - \dfrac{1}{2}(x+y) = 3 \cdot 2^{-3} - y \end{cases}$ $\left[\begin{cases} x=\dfrac{1}{2} \\ y=1 \end{cases}\right]$

ESERCIZI

▷▷ 112 $\begin{cases} 30x(y+1) + y(5x+4) + (9x+y-4)(x-4y-2) = (3x+2y)(3x-2y) \\ (3x-2)(2y+3) - (3y+2)(2x-3) = 2(3x+2y-6) \end{cases}$ $\left[\begin{cases} x = 8 \\ y = -4 \end{cases}\right]$

▷▷ 113 $\begin{cases} \dfrac{(4x-y)^2}{4} - (2x-1)^2 = \dfrac{y(y-8x+4)}{4} \\ \left(2x - \dfrac{y+3}{2}\right)^2 + \dfrac{6x-y-2}{2} = \dfrac{(4x-y)^2}{4} \end{cases}$ $\left[\begin{cases} x = -\dfrac{1}{4} \\ y = -2 \end{cases}\right]$

▷▷ 114 $\begin{cases} \dfrac{(6x-1)^2}{12} - \dfrac{(3x-y)(3x-4)}{3} - \dfrac{(4x-5)(y+2)}{4} = 1 \\ \dfrac{3}{8}\left(x - \dfrac{x+3}{9}\right) = \dfrac{1}{3}\left(\dfrac{36x-y}{36} + \dfrac{x-1}{3}\right) \end{cases}$ [impossibile]

▷▷ 115 $\begin{cases} \left[\dfrac{3}{4}\left(\dfrac{x-3}{3} - \dfrac{3y-1}{2}\right) - \dfrac{x-4y-1}{4}\right]^2 = \left(-\dfrac{y}{8}\right)^2 + \dfrac{x}{16} \\ \left(1 - \dfrac{x+2y}{3}\right)\left(1 + \dfrac{x-2y}{3}\right) = \dfrac{(x+2y)(2y-x)}{9} - x \end{cases}$ $\left[\begin{cases} x = 1 \\ y = \dfrac{3}{2} \end{cases}\right]$

▷▷ 116 $\begin{cases} \dfrac{2}{7}\left(\dfrac{x+3}{2} - \dfrac{y-1}{3}\right) - \dfrac{1}{3}\left(\dfrac{2x-1}{7} - y\right) = \dfrac{1}{7} \\ \dfrac{x+y}{2 - \dfrac{1}{2}} - \dfrac{x-y}{1 + \dfrac{1}{2}} = y - \dfrac{2}{3} \end{cases}$ $\left[\begin{cases} x = 1 \\ y = -2 \end{cases}\right]$

▷▷ 117 $\begin{cases} \dfrac{2}{5}\left[\left(\dfrac{x+3}{2} - \dfrac{y+2}{3}\right) - \left(1 - \dfrac{1}{6}\right)y\right] = x\left(2 + \dfrac{3}{5}\right) \\ \dfrac{x}{1 - \dfrac{1}{5}} + y\left[1 - \left(-\dfrac{1}{2}\right)^2\right] + \dfrac{1}{3} = 0 \end{cases}$ $\left[\begin{cases} x = \dfrac{1}{3} \\ y = -1 \end{cases}\right]$

▷▷ 118 Determina i parametri a e b in modo che il sistema $\begin{cases} -x + ay = a + b \\ bx - \dfrac{5}{3}y = a \end{cases}$ sia verificato da $\begin{cases} x = \dfrac{1}{2} \\ y = -\dfrac{1}{2} \end{cases}$.

$\left[a = \dfrac{1}{3} \wedge b = -1\right]$

▷▷ 119 Dato il sistema letterale $\begin{cases} 2ax + 3by = 1 \\ (a-1)x + by - 3 = 0 \end{cases}$, determina i valori dei parametri a e b in modo che $\begin{cases} x = 1 \\ y = -1 \end{cases}$ sia una soluzione del sistema.

$[a = 11 \wedge b = 7]$

Sistemi e principio di identità dei polinomi

> **■ ESERCIZI SVOLTI**
>
> **▷▷ 120** Determiniamo i valori dei parametri a e b in modo che risultino identicamente uguali i polinomi
>
> $$A(x) = ax^2 + bx + 3 \quad \text{e} \quad B(x) = (2a - b + 3)x^2 + (3a - 4b + 1)x + 3$$
>
> Per il principio di identità dei polinomi, $A(x)$ e $B(x)$ sono identicamente uguali se e solo se, ridotti a forma normale, hanno uguali i coefficienti dei termini di uguale grado. Osserviamo che
> - i termini noti dei due polinomi sono uguali (indipendentemente da a e da b)

- coefficiente di x^2 in $A(x) \longrightarrow a$
  coefficiente di x^2 in $B(x) \longrightarrow 2a - b + 3$
  Pertanto deve risultare
  $$a = 2a - b + 3 \qquad \boxed{1}$$

- coefficiente di x in $A(x) \longrightarrow b$
  coefficiente di x in $B(x) \longrightarrow 3a - 4b + 1$
  Pertanto deve risultare
  $$b = 3a - 4b + 1 \qquad \boxed{2}$$

Ponendo a sistema le relazioni $\boxed{1}$ e $\boxed{2}$ otteniamo il sistema $\begin{cases} a = 2a - b + 3 \\ b = 3a - 4b + 1 \end{cases}$ che, risolto, dà
$$a = -7 \land b = -4$$
Come possiamo facilmente verificare, per tali valori dei parametri a e b si ha
$$A(x) = B(x) = -7x^2 - 4x + 3$$

▶▶ **121** Determiniamo i parametri a e b in modo che risulti
$$\frac{2x - 7}{x^2 - x - 2} = \frac{a}{x + 1} + \frac{b}{x - 2} \qquad \boxed{3}$$

Incominciamo a osservare che $x^2 - x - 2 = (x + 1)(x - 2)$. Dovrà quindi essere, per la $\boxed{3}$,
$$\frac{2x - 7}{(x + 1)(x - 2)} = \frac{a(x - 2) + b(x + 1)}{(x + 1)(x - 2)} \longrightarrow \frac{2x - 7}{(x + 1)(x - 2)} = \frac{(a + b)x - 2a + b}{(x + 1)(x - 2)}$$

Affinché quest'ultima uguaglianza sia verificata per ogni valore di x diverso da -1 e da 2, i numeratori delle due frazioni devono essere polinomi identicamente uguali. Per il principio di identità dei polinomi deve quindi essere
$$\begin{cases} 2 = a + b \\ -7 = -2a + b \end{cases} \longrightarrow \ldots \longrightarrow \begin{cases} a = 3 \\ b = -1 \end{cases}$$
Ti lasciamo il compito di verificare che risulta $\dfrac{2x - 7}{x^2 - x - 2} = \dfrac{3}{x + 1} - \dfrac{1}{x - 2}$.

▶▶ **122** Per quali valori dei parametri m e n i polinomi
$$A(x) = (m - 2n)x^2 + (m - 1)x + 4 \qquad \text{e} \qquad B(x) = x^2 + (3n - 4)x + 4$$
sono identicamente uguali? $\qquad [m = 9 \land n = 4]$

▶▶ **123** Determina i parametri a e b in modo che i polinomi
$$(2a + b)x^3 + (b - a)x^2 - 3x - 1 \qquad \text{e} \qquad ax^3 + (2b - 1)x^2 - 3x - 1$$
siano identicamente uguali. $\qquad$ [nessun valore di a e di b]

▶▶ **124** Determina il valore dei parametri h e k in modo che i polinomi
$$hx^2 + 2x + (x - 1)^3 \qquad \text{e} \qquad x^3 + (2k - 5)x^2 + (k - 2h)x - 1$$
risultino identicamente uguali.
$$\left[h = -\frac{8}{3} \land k = -\frac{1}{3}\right]$$

▶▶ **125** Determina i parametri h e k in modo che sia verificata l'uguaglianza $\dfrac{2x - 3}{x^2 - x - 2} = \dfrac{h}{x + 1} + \dfrac{k}{x - 2}$.
$$\left[h = \frac{5}{3} \land k = \frac{1}{3}\right]$$

▶▶ **126** Per quali valori di a e di b risulta $\dfrac{1}{x^2 - 4} = \dfrac{a}{x - 2} + \dfrac{b}{x + 2}$? $\qquad \left[a = \dfrac{1}{4} \land b = -\dfrac{1}{4}\right]$

ESERCIZI

▶▶ **127** Determina i parametri a e b in modo che risulti $\dfrac{2}{2x^2 + x - 3} = \dfrac{a}{x-1} + \dfrac{b}{2x+3}$. $\left[a = \dfrac{2}{5} \wedge b = -\dfrac{4}{5}\right]$

▶▶ **128** Determina i parametri a e b in modo che risulti $\dfrac{3x+4}{6x^2 - x - 2} = \dfrac{a}{2x+1} + \dfrac{b}{3x-2}$.
$\left[a = -\dfrac{5}{7} \wedge b = \dfrac{18}{7}\right]$

■ Sistemi numerici frazionari

Risolvi i seguenti sistemi numerici frazionari, cioè contenenti equazioni frazionarie, ponendo le condizioni di accettabilità e verificando quindi l'accettabilità delle soluzioni trovate.

Altri esercizi

■ ESERCIZIO SVOLTO

▶▶ **129** $\begin{cases} \dfrac{1}{y+1} + \dfrac{1}{x+2} = \dfrac{4-y}{(x+2)(y+1)} \\ \dfrac{x-y}{x-7} + 1 = 0 \end{cases}$

Nelle equazioni del sistema le incognite compaiono anche in alcuni denominatori. Saranno perciò accettabili solo quei valori di x e di y per cui non si annulla alcun denominatore. Le condizioni di accettabilità sono perciò:

$$\text{C.A.: } x \neq -2 \wedge x \neq 7 \wedge y \neq -1$$

Svolgiamo i calcoli ed eliminiamo i denominatori:

$\begin{cases} \dfrac{x+2+y+1}{(x+2)(y+1)} = \dfrac{4-y}{(x+2)(y+1)} \\ \dfrac{x-y+x-7}{x-7} = 0 \end{cases} \longrightarrow \begin{cases} x+y+3 = 4-y \\ 2x-y-7 = 0 \end{cases} \longrightarrow \begin{cases} x+2y = 1 \\ 2x-y = 7 \end{cases}$

Il sistema ottenuto è lineare e si presenta in forma normale. Risolviamolo, ad esempio, per sostituzione:

$\begin{cases} x = 1-2y \\ 2(1-2y)-y = 7 \end{cases} \longrightarrow \begin{cases} x = 1-2y \\ 2-5y = 7 \end{cases} \longrightarrow \begin{cases} x = 1-2y \\ y = -1 \end{cases} \longrightarrow \begin{cases} x = 3 \\ y = -1 \end{cases}$

La soluzione del sistema ② trovata non soddisfa la condizione $y \neq -1$ e perciò non è accettabile per il sistema ①. Il sistema dato non ha soluzioni e quindi è impossibile.

▶▶ **130** $\begin{cases} \dfrac{4}{3} - 5 \cdot \dfrac{1}{y} = \dfrac{2-x}{y} \\ 2(x-1) = \dfrac{5}{3}y + 12 \end{cases}$ $\begin{cases} \dfrac{x - y^2 - 1}{2y} = 2 - \dfrac{y}{2} \\ \dfrac{3x^2 - 6y + 4}{3x - 3} = x + \dfrac{8}{9} \end{cases}$ $\left[\text{impossibile}; \begin{cases} x = 7 \\ y = \dfrac{3}{2} \end{cases}\right]$

▶▶ **131** $\begin{cases} \dfrac{1}{3}\left(\dfrac{x-2y}{2} - 3\right) = \dfrac{1}{2}\left(\dfrac{3x-4y}{2} - y\right) - \dfrac{9}{2} \\ \dfrac{3\left[x - \dfrac{1}{4}(2y-1)\right]}{x+1} = \dfrac{13}{4} \end{cases}$ $\left[\begin{cases} x = 2 \\ y = -2 \end{cases}\right]$

▶▶ **132** $\begin{cases} \dfrac{4x-3}{6y-3} = 1 \\ \dfrac{6x-3y}{5x} = \dfrac{x-6y-3}{3x} + \dfrac{38}{15} \end{cases}$ [impossibile]

133 $\begin{cases} \dfrac{1}{x} - \dfrac{2}{y-2} = \dfrac{4}{xy-2x} \\ \dfrac{1}{x-1} = \dfrac{1}{y-2} \end{cases}$ Videolezione $\left[\begin{cases} x = -5 \\ y = -4 \end{cases} \right]$

134 $\begin{cases} \dfrac{y-1}{x-2} - \dfrac{y+1}{x+2} = \dfrac{2}{x^2-4} \\ \dfrac{x+1}{y} - \dfrac{x-y}{y-2} = 1 \end{cases}$ $\begin{cases} \dfrac{x+y+3}{x-y+2} + 1 = 0 \\ \dfrac{0{,}2x + 1{,}4y}{(-3)^5 : (-3)^3} = 0{,}1 \end{cases}$ $\left[\text{impossibile}; \begin{cases} x = -2{,}5 \\ y = 1 \end{cases} \right]$

135 $\begin{cases} \dfrac{2}{5}\left(\dfrac{x+y-1}{3} - \dfrac{x-y+1}{2}\right) + \dfrac{2}{3}\left(\dfrac{2x-y}{5} - \dfrac{x+y}{2}\right) = \dfrac{1}{5} - \dfrac{2}{3}x \\ \dfrac{x+y+2}{x-y+1} = \dfrac{3}{2} \end{cases}$ $\left[\begin{cases} x = 1 \\ y = 0 \end{cases} \right]$

136 $\begin{cases} y + \dfrac{3}{x-1} + \dfrac{2+xy}{1-x} = 0 \\ \dfrac{1}{x+y-1} - \dfrac{1}{x-y+1} = \dfrac{x-y}{x^2-y^2-1+2y} \end{cases}$ [impossibile]

137 $\begin{cases} \left(\dfrac{1}{2} - \dfrac{y+1}{x+3}\right) = \dfrac{3-3y}{x+3} \\ \left(\dfrac{y+2}{3} + x - 1\right) : \left(\dfrac{x+1}{3} - \dfrac{y-1}{2}\right) = \dfrac{16}{7} \end{cases}$ [impossibile]

138 $\begin{cases} \dfrac{2x}{x-3} = \dfrac{2y-1}{y+2} \\ \dfrac{2x+1}{x-3} + \dfrac{3}{y+2} = 2 \end{cases}$ $\begin{cases} \dfrac{2x+1}{x-2} + \dfrac{y-2}{2y+1} = \dfrac{5}{2} \\ \dfrac{x-2y}{2y-1} = \dfrac{x-2y-2}{2y+1} \end{cases}$ $\left[\text{impossibile}; \begin{cases} x = 1 \\ y = -\dfrac{3}{4} \end{cases} \right]$

139 $\begin{cases} \dfrac{x+y}{x+3} - \dfrac{x+y}{x-3} = \dfrac{3}{x^2-9} \\ \dfrac{x-2y}{y} - \dfrac{3(x-2y)}{3y+1} = \dfrac{5x-1}{3y^2+y} \end{cases}$ $\begin{cases} \dfrac{x-1}{x-2} - \dfrac{x+y+1}{x^2-4x+4} = 1 \\ \dfrac{2x+3y}{y+1} - \dfrac{2x+3y}{y-1} = \dfrac{10}{y^2-1} \end{cases}$ $\left[\begin{cases} x = 1 \\ y = -\dfrac{3}{2} \end{cases} ; \text{impossibile} \right]$

140 $\begin{cases} \dfrac{1}{x-2} - \dfrac{1}{y} - \dfrac{2}{2x-1} = \dfrac{2x}{y-2xy} \\ \dfrac{1}{3}\left(\dfrac{2}{1-2x} - \dfrac{9x-y}{xy-2y}\right) = \dfrac{10}{2x^2-5x+2} - \dfrac{3}{y} \end{cases}$ $\left[\begin{cases} x = 0 \\ y = \dfrac{2}{3} \end{cases} \right]$

141 $\begin{cases} \dfrac{3}{2}\left(1 - \dfrac{y-2}{y}\right) - \dfrac{4}{3}\left(1 - \dfrac{x-3}{x-2}\right) = \dfrac{2x-y-5}{xy-2y} \\ \dfrac{1}{xy+y} - \dfrac{1}{2y-xy} = \dfrac{1}{x^2-x-2} \end{cases}$ [impossibile]

142 $\begin{cases} \dfrac{1}{8y+12} + \dfrac{1}{15x+10} = 0 \\ \dfrac{3}{2y+6} + \dfrac{1}{x+1} = \dfrac{3x+14y+22}{12xy+36x+12y+36} \end{cases}$ $\left[\begin{cases} x = -2 \\ y = 1 \end{cases} \right]$

143 $\begin{cases} \dfrac{x+y}{x-2} - \dfrac{y-2}{y+1} = \dfrac{(y-1)^2+y}{xy+x-2y-2} \\ \dfrac{x+2}{3x-3} - \dfrac{x+y}{3x-6y} = \dfrac{y}{2y-x} \end{cases}$ [impossibile]

ESERCIZI

▷▶ **144** $\begin{cases} \dfrac{1}{2x-y-1} + \dfrac{1}{2x+y+1} = \dfrac{y+5}{4x^2-y^2-1-2y} \\ \dfrac{2x^{-1}+y^{-1}}{\dfrac{6}{xy}-\dfrac{1}{y}} + \dfrac{3x-2y}{x-6} = 2 \end{cases}$ [impossibile]

Sistemi riconducibili a sistemi lineari con cambiamenti di variabili

Risolvi i seguenti sistemi che, con opportuni artifici e sostituzioni di variabili, si riconducono a sistemi lineari di due equazioni in due incognite.

■ **ESERCIZIO SVOLTO**

▷▶ **145** $\begin{cases} \dfrac{3}{x} - \dfrac{4}{y} = 7 \\ \dfrac{1}{x} + \dfrac{2}{y} = 1 \end{cases}$

Il sistema è numerico frazionario. Le condizioni di accettabilità delle soluzioni sono

C.A.: $x \neq 0 \wedge y \neq 0$

Se eliminiamo i denominatori, si ottengono due equazioni di secondo grado: il sistema dato è quindi di quarto grado.
È però preferibile risolvere il sistema eseguendo una *sostituzione delle variabili*. Poniamo:

$$\dfrac{1}{x} = s \quad \wedge \quad \dfrac{1}{y} = t$$

Il sistema dato divent:

$\begin{cases} 3 \cdot \dfrac{1}{x} - 4 \cdot \dfrac{1}{y} = 7 \\ \dfrac{1}{x} + 2 \cdot \dfrac{1}{y} = 1 \end{cases} \xrightarrow{\frac{1}{x}=s \wedge \frac{1}{y}=t} \underbrace{\begin{cases} 3s - 4t = 7 \\ s + 2t = 1 \end{cases}}_{\text{sistema lineare in } s \text{ e } t} \rightarrow \cdots \rightarrow \begin{cases} s = \dfrac{9}{5} \\ t = -\dfrac{2}{5} \end{cases}$

Quindi risulta

$\begin{cases} \dfrac{1}{x} = \dfrac{9}{5} \\ \dfrac{1}{y} = -\dfrac{2}{5} \end{cases} \rightarrow \begin{cases} x = \dfrac{5}{9} \\ y = -\dfrac{5}{2} \end{cases}$ (accettabile)

▷▶ **146** $\begin{cases} \dfrac{1}{x} + \dfrac{2}{y} = 8 \\ \dfrac{3}{x} - \dfrac{1}{y} = 3 \end{cases}$ $\left[\begin{cases} x = \dfrac{1}{2} \\ y = \dfrac{1}{3} \end{cases}\right]$

▷▶ **147** $\begin{cases} \dfrac{1}{2x} + \dfrac{1}{y} = 1 \\ \dfrac{3}{x} - \dfrac{1}{y} = \dfrac{5}{2} \end{cases}$ $\left[\begin{cases} x = 1 \\ y = 2 \end{cases}\right]$

▷▶ **148** $\begin{cases} \dfrac{x+1}{x} - \dfrac{y+1}{y} + \dfrac{1}{2} = 0 \\ \dfrac{1}{x} + \dfrac{1}{y} = \dfrac{3}{2} \end{cases}$ $\left[\begin{cases} x = 2 \\ y = 1 \end{cases}\right]$

▷▶ **149** $\begin{cases} \dfrac{7}{2x+3y} + \dfrac{1}{x-2y} = -\dfrac{12}{19} \\ \dfrac{1}{2x+3y} - \dfrac{2}{x-2y} = \dfrac{39}{19} \end{cases}$ $\left[\begin{cases} x = 5 \\ y = 3 \end{cases}\right]$

▷▶ **150** $\begin{cases} \dfrac{2}{x} - \dfrac{1}{y} = 3 \\ \dfrac{1}{x} + \dfrac{2}{y} = 4 \end{cases}$ $\left[\begin{cases} x = \dfrac{1}{2} \\ y = 1 \end{cases}\right]$

▷▶ **151** $\begin{cases} \dfrac{1}{x} - \dfrac{3}{4y} + 2 = 0 \\ \dfrac{2}{3x} + \dfrac{3}{2y} = \dfrac{20}{3} \end{cases}$ $\left[\begin{cases} x = 1 \\ y = \dfrac{1}{4} \end{cases}\right]$

110

152 $\begin{cases} \dfrac{1}{2x-1} + \dfrac{2}{y+1} = \dfrac{2}{3} \\ \dfrac{3}{2x-1} - \dfrac{4}{y+1} = \dfrac{1}{3} \end{cases}$ $\left[\begin{cases} x=2 \\ y=5 \end{cases}\right]$ **153** $\begin{cases} \dfrac{x}{y} + \dfrac{x-1}{y+1} = 3 \\ \dfrac{x}{y} - \dfrac{x-1}{y+1} = 1 \end{cases}$ $\left[\begin{cases} x=4 \\ y=2 \end{cases}\right]$

■ Sistemi letterali interi

Sistemi determinati, indeterminati, impossibili

■ **ESERCIZIO SVOLTO**

154 Determiniamo per quali valori del parametro k il sistema

$$\begin{cases} (k-2)x + y = 3 \\ (k+2)x - 3y = 1 \end{cases}$$

è impossibile. Vi sono valori di k per i quali il sistema è indeterminato?

Per la regola di Cramer il sistema dato è determinato se il suo determinante è diverso da zero. Occorre quindi cercare quei valori di k per cui si annulla il determinante del sistema e verificare se per tali valori il sistema è indeterminato o impossibile. Si ha

$$D = \begin{vmatrix} k-2 & 1 \\ k+2 & -3 \end{vmatrix} = (k-2)(-3) - 1(k+2) = -4k + 4$$

Quindi

$$D = 0 \longrightarrow -4k + 4 = 0 \longrightarrow k = 1$$

Per $k = 1$ il sistema dato non è determinato e diviene:

$$\begin{cases} -x + y = 3 \\ 3x - 3y = 1 \end{cases} \quad \boxed{1}$$

Dobbiamo stabilire se il sistema ➀ è indeterminato o impossibile. Notiamo che, se moltiplichiamo per -3 entrambi i membri della prima equazione, i primi membri delle due equazioni divengono uguali:

$$\begin{cases} 3x - 3y = -9 \\ 3x - 3y = 1 \end{cases}$$

Risulta così evidente che questo sistema è impossibile: l'espressione $3x - 3y$ non può assumere contemporaneamente i valori -9 e 1.
Saremmo giunti allo stesso risultato se avessimo osservato le relazioni tra i coefficienti del sistema ➀, cioè $\dfrac{-1}{3} = \dfrac{1}{-3} \neq \dfrac{3}{1}$.

Concludiamo quindi che il sistema dato è impossibile per $k = 1$. Inoltre, visto che per tutti gli altri valori di k il sistema, avendo determinante diverso da zero, è determinato, possiamo affermare che non esiste alcun valore di k per cui il sistema è indeterminato.

155 Determina il valore del parametro a per il quale il sistema $\begin{cases} 2x - 3y = 1 \\ 10x + ay = 4 \end{cases}$ è impossibile. Esistono valori di a per cui il sistema è indeterminato?

$[-15; \text{no}]$

156 Determina i valori del parametro a per i quali sono impossibili i sistemi

$$\begin{cases} \dfrac{2}{3}x - \dfrac{1}{2}y = 4 \\ ax - y = 2 \end{cases} \qquad \begin{cases} 2x - 3y = 1 \\ (a-1)x + (2a+1)y = 4 \end{cases} \qquad \left[\dfrac{4}{3}; \dfrac{1}{7}\right]$$

ESERCIZI

157 Determina il valore del parametro k per il quale il seguente sistema è indeterminato

$$\begin{cases} 3x - 2y = 5 \\ (k-1)x - 2ky = k - 2 \end{cases}$$

$\left[-\dfrac{1}{2}\right]$

158 Determina il valore del parametro k per il quale il sistema $\begin{cases} kx + y = 3(k-1) \\ (k-1)x - 2y = 4 \end{cases}$ non è determinato. Per tale valore è impossibile o indeterminato?

$\left[\dfrac{1}{3};\text{ indeterminato}\right]$

159 Dato il sistema $\begin{cases} ax + by = 1 \\ x + y = -2 \end{cases}$ determina i valori dei parametri a e b per i quali esso è determinato, impossibile o indeterminato.

$\left[a = b = -\dfrac{1}{2},\text{ indeterminato}; \ a = b \neq -\dfrac{1}{2},\text{ impossibile}; \ a \neq b,\text{ determinato}\right]$

160 Determina il parametro a in modo che il sistema $\begin{cases} (a-1)x + 3y = a \\ (a-1)x + 2y = 1 \end{cases}$ sia determinato. Come risulta il sistema quando non è determinato?

$[a \neq 1,\text{ determinato}; \ a = 1,\text{ impossibile}]$

161 Determina i valori dei parametri di a e b per i quali il sistema $\begin{cases} ax + by = 8 \\ 2x + (2b-1)y = 4 \end{cases}$ è indeterminato. Per $a = 6$ e $b = \dfrac{3}{5}$ come risulta il sistema?

$\left[a = 4 \text{ e } b = \dfrac{2}{3};\text{ impossibile}\right]$

Risoluzione dei sistemi letterali interi

Risolvi i seguenti sistemi letterali per i quali non è necessaria la discussione.

Altri esercizi

> **AVVERTENZA**
> Per risolvere e discutere un sistema letterale è possibile ricorrere a tutti i metodi algebrici ma, di solito, conviene utilizzare la **regola di Cramer**.

162 $\begin{cases} bx - y = (b+1)^2 \\ (b-1)x - y = b(b+1) \end{cases}$ $\quad$ $\begin{cases} 2ax + (a-1)y = 2a \\ 2(a+1)x + ay = 2a + 2 \end{cases}$ $\quad \left[\begin{cases} x = b+1 \\ y = -(b+1) \end{cases}; \begin{cases} x = 1 \\ y = 0 \end{cases}\right]$

163 $\begin{cases} (1-a)x - ay = 1 - 2a \\ ax + (a+1)y = 2a \end{cases}$ $\quad$ $\begin{cases} x + y = 2b \\ (b+1)x + (b-1)y = 2b^2 - 2 \end{cases}$ $\quad \left[\begin{cases} x = 1-a \\ y = a \end{cases}; \begin{cases} x = b-1 \\ y = b+1 \end{cases}\right]$

164 $\begin{cases} 2ax + 2(a+1)y = a - 1 \\ (a-1)x + 2ay = -1 \end{cases}$ $\quad$ $\begin{cases} x - y = -1 \\ (a+1)x - ay = -1 \end{cases}$ $\quad \left[\begin{cases} x = 1 \\ y = -\dfrac{1}{2} \end{cases}; \begin{cases} x = a - 1 \\ y = a \end{cases}\right]$

165 $\begin{cases} (a-1)x + ay = -1 \\ (a+1)x + y = a \end{cases}$ $\quad$ $\begin{cases} (b-1)x - 2y = b \\ (b+2)x + 2by = 2 \end{cases}$ $\quad \left[\begin{cases} x = 1 \\ y = -1 \end{cases}; \begin{cases} x = 1 \\ y = -\dfrac{1}{2} \end{cases}\right]$

166 $\begin{cases} bx - (b-1)y = 1 \\ (2b+3)x - (2b+1)y = -1 \end{cases}$ $\quad$ $\begin{cases} x + 3(2h-1)y = 2h \\ (3h-1)x - 3hy = 2h - 1 \end{cases}$ $\quad \left[\begin{cases} x = b \\ y = b+1 \end{cases}; \begin{cases} x = 1 \\ y = \dfrac{1}{3} \end{cases}\right]$

167 $\begin{cases} hx + (h+3)y = -3h \\ (h-4)x + (h-1)y = -3h \end{cases}$ $\quad \left[\begin{cases} x = h \\ y = -h \end{cases}\right]$

Risolvi e discuti i seguenti sistemi letterali.

ESERCIZIO SVOLTO

168 $\begin{cases} ax + 9y = 3 \\ x + ay = 1 \end{cases}$

Dopo aver osservato che il sistema è già in forma normale, calcoliamo il determinante del sistema e i determinanti delle incognite:

$$D = \begin{vmatrix} a & 9 \\ 1 & a \end{vmatrix} = a^2 - 9 \qquad D_x = \begin{vmatrix} 3 & 9 \\ 1 & a \end{vmatrix} = 3a - 9$$

$$D_y = \begin{vmatrix} a & 3 \\ 1 & 1 \end{vmatrix} = a - 3$$

DISCUTERE...

Analogamente a quanto visto per le equazioni letterali, discutere un sistema letterale significa stabilire i valori o le relazioni tra i parametri per cui esso è determinato, impossibile o indeterminato.

Il determinante del sistema si annulla se è $a^2 - 9 = 0 \longrightarrow a^2 = 9 \longrightarrow a = \pm 3$. Per tali valori di a il sistema non è determinato e dobbiamo stabilire se è impossibile o indeterminato.

• Se $a = -3$, il sistema diviene:

$$\begin{cases} -3x + 9y = 3 \\ x - 3y = 1 \end{cases}$$

Dividendo per -3 entrambi i membri della prima equazione si ha:

$$\begin{cases} x - 3y = -1 \\ x - 3y = 1 \end{cases}$$

Tale sistema è impossibile perché l'espressione $x - 3y$ non può assumere contemporaneamente il valore -1 e il valore 1.

• Se $a = 3$, il sistema diviene:

$$\begin{cases} 3x + 9y = 3 \\ x + 3y = 1 \end{cases} \longrightarrow \begin{cases} x + 3y = 1 \\ x + 3y = 1 \end{cases}$$

e quindi, essendo composto dalle stesse equazioni, è indeterminato.

• Per tutti i valori di a diversi da 3 e -3, cioè per $a \neq \pm 3$, il sistema è determinato e possiamo esprimerne la soluzione mediante la regola di Cramer:

$$\begin{cases} x = \dfrac{D_x}{D} \\ y = \dfrac{D_y}{D} \end{cases} \longrightarrow \begin{cases} x = \dfrac{3a-9}{a^2-9} = \dfrac{3(a-3)}{(a-3)(a+3)} \\ y = \dfrac{a-3}{a^2-9} = \dfrac{a-3}{(a-3)(a+3)} \end{cases} \longrightarrow \begin{cases} x = \dfrac{3}{a+3} \\ y = \dfrac{1}{a+3} \end{cases}$$

Concludendo:

• $a = -3 \longrightarrow$ sistema impossibile

• $a = 3 \longrightarrow$ sistema indeterminato

• $a \neq \pm 3 \longrightarrow$ sistema determinato $\longrightarrow \begin{cases} x = \dfrac{3}{a+3} \\ y = \dfrac{1}{a+3} \end{cases}$

169 $\begin{cases} 2x + y = a + 2 \\ ax + (a-1)y = 2a \end{cases}$ $\left[a = 2, \text{ indeterminato}; \ a \neq 2: \begin{cases} x = a+1 \\ y = -a \end{cases} \right]$

170 $\begin{cases} (a-1)x + (a+1)y = -2a \\ (a+1)x + (a-1)y = 2a \end{cases}$ $\left[a = 0, \text{ indeterminato}; \ a \neq 0: \begin{cases} x = a \\ y = -a \end{cases} \right]$

ESERCIZI

171 $\begin{cases} 2kx + y = 3k \\ (k+1)x - 2y = 1-k \end{cases}$ $\left[k = -\dfrac{1}{5}, \text{ indeterminato}; \; k \neq -\dfrac{1}{5}: \begin{cases} x = 1 \\ y = k \end{cases} \right]$

172 $\begin{cases} mx + (m+1)y = m \\ x + 3y = 2m \end{cases}$ $\left[m = \dfrac{1}{2}, \text{ indeterminato}; \; m \neq \dfrac{1}{2}: \begin{cases} x = -m \\ y = m \end{cases} \right]$

173 $\begin{cases} ax + (a+1)y = 3 \\ x + 2y = 2 \end{cases}$ $\left[a = 1, \text{ impossibile}; \; a \neq 1: \begin{cases} x = \dfrac{4-2a}{a-1} \\ y = \dfrac{2a-3}{a-1} \end{cases} \right]$

174 $\begin{cases} 2x + y - a + 2 = 0 \\ ax + (a-1)y - 4 + 2a = 0 \end{cases}$ $\left[a = 2, \text{ indeterminato}; \; a \neq 2: \begin{cases} x = a+1 \\ y = -(a+4) \end{cases} \right]$

175 $\begin{cases} mx + 2y = 4 \\ (m-1)x + y = m \end{cases}$ $\left[m = 2, \text{ indeterminato}; \; m \neq 2: \begin{cases} x = 2 \\ y = 2-m \end{cases} \right]$

176 $\begin{cases} bx + (b-1)y = 5b \\ 2x + y = 8 + b \end{cases}$ $\left[b = 2, \text{ indeterminato}; \; b \neq 2: \begin{cases} x = b+4 \\ y = -b \end{cases} \right]$

177 $\begin{cases} (a-2)x + 2y = 6 \\ (a-3)x + y = a-1 \end{cases}$ $\left[a = 4, \text{ indeterminato}; \; a \neq 4: \begin{cases} x = 2 \\ y = 5-a \end{cases} \right]$

178 $\begin{cases} (p+1)(x-1) - (p-1)(y+1) = p-1 \\ (p+1)(x-y) = x+1 \end{cases}$ $\left[p = -\dfrac{1}{3}, \text{ indeterminato}; \; p \neq -\dfrac{1}{3}: \begin{cases} x = p \\ y = p-1 \end{cases} \right]$

179 $\begin{cases} (x-y)(2m-1) - (x+y)(2m+1) = y - 2m \\ (x+1)(m-1) - m(x+y) = (m+1)(2m-1) \end{cases}$ $\left[m = -\dfrac{1}{2}, \text{ indeterminato}; \; m \neq \dfrac{1}{2}: \begin{cases} x = -4m^2 \\ y = 2m \end{cases} \right]$

180 $\begin{cases} x - y = b \\ ax - by = a^2 \end{cases}$ $\left[a = b, \text{ indeterminato}; \; a \neq b: \begin{cases} x = a+b \\ y = a \end{cases} \right]$

181 $\begin{cases} x + y = a + b \\ ax + b(y - 2b) = (a-b)^2 \end{cases}$ $\left[a = b, \text{ indeterminato}; \; a \neq b: \begin{cases} x = a - 2b \\ y = 3b \end{cases} \right]$

182 $\begin{cases} (a+b)x - by = b^2 \\ ax + 2by = 3ab \end{cases}$ $\left[a = -\dfrac{2}{3}b \vee b = 0, \text{ indeterminato}; \; a \neq -\dfrac{2}{3}b \wedge b \neq 0: \begin{cases} x = b \\ y = a \end{cases} \right]$

ESERCIZIO SVOLTO

183 $\begin{cases} mx + (m-1)y = 2m + 3 \\ mx + (m-1)y = m + 1 \end{cases}$

Osserviamo che i primi membri delle due equazioni del sistema sono uguali. Il sistema si presenta quindi nella forma

$\begin{cases} ax + by = c_1 \\ ax + by = c_2 \end{cases}$ e, come sappiamo, è indeterminato se $c_1 = c_2$ ed è impossibile se $c_1 \neq c_2$.

Infatti se calcolassimo il determinante del sistema dato troveremmo che esso è nullo per qualsiasi valore del parametro m e quindi il sistema dato non è mai determinato.
I secondi membri delle due equazioni del sistema sono uguali se

$$2m + 3 = m + 1 \longrightarrow m = -2$$

Quindi

- $m = -2 \longrightarrow$ il sistema è indeterminato
- $m \neq -2 \longrightarrow$ il sistema è impossibile

184 $\begin{cases} (a+b)x + (a-b)y = 2a - 3b \\ (a+b)x + (a-b)y = a - 2b \end{cases}$ $[a = b, \text{ indeterminato}; \; a \neq b, \text{ impossibile}]$

▷▷ **185** $\begin{cases} a(x-y) + 2y = a \\ a(ax + 2x - 2) = (a+2)(a-2)y \end{cases}$ $\quad [a = 0, \text{ indeterminato}; \ a \neq 0, \text{ impossibile}]$

▷▷ **186** $\begin{cases} x(b+1) - y(b^2 - 1) = b^2 + 1 \\ x - y(b-1) = 1 \end{cases}$ $\quad [b = 0 \vee b = 1, \text{ indeterminato}; \ b \neq 0 \wedge b \neq 1, \text{ impossibile}]$

▷▷ **187** $\begin{cases} (2a+b)x - (a-b)y = 2a \\ a(2x-y) + b(x+y) = b \end{cases}$ $\quad [b = 2a, \text{ indeterminato}; \ b \neq 2a, \text{ impossibile}]$

▷▷ **188** $\begin{cases} a(a+2)x + (4-a^2)y = 2a \\ ax + (2-a)y = a \end{cases}$ $\quad [a = 0, \text{ indeterminato}; \ a \neq 0, \text{ impossibile}]$

■ ESERCIZIO SVOLTO

▷▷ **189** $\begin{cases} (a-2)x + 2y - 3 = 0 \\ 3x - \dfrac{y}{a-1} = \dfrac{2a-1}{a^2 - 3a + 2} \end{cases}$ ①

Incominciamo a osservare che il sistema dato è letterale *intero* perché nessuna incognita compare al denominatore. Scriviamo il sistema ① nella forma

$$\begin{cases} (a-2)x + 2y = 3 \\ 3x - \dfrac{y}{a-1} = \dfrac{2a-1}{(a-1)(a-2)} \end{cases} \quad ②$$

Possiamo osservare che, se assegniamo al parametro *a* il valore 1 oppure il valore 2, la seconda equazione perde significato e, con essa, perde significato il sistema stesso. Pertanto, analogamente a quanto visto per le equazioni letterali, poniamo le **condizioni di esistenza del sistema**:

C.E: $a \neq 1 \ \wedge \ a \neq 2$

Possiamo ora ridurre il sistema ② alla forma equivalente

$$\begin{cases} (a-2)x + 2y = 3 \\ 3(a-1)(a-2)x - (a-2)y = 2a - 1 \end{cases} \quad ③$$

Incominciamo a calcolare il determinante del sistema ③:

$$D = \begin{vmatrix} a-2 & 2 \\ 3(a-1)(a-2) & -(a-2) \end{vmatrix} = -(a-2)^2 - 6(a-1)(a-2) =$$

$$= -(a-2)(7a-8) = \underbrace{(a-2)}_{\neq 0 \text{ per C.E.}}(8-7a)$$

Essendo $a \neq 2$ per le C.E., possiamo osservare che il determinante si annulla solo per $a = \dfrac{8}{7}$.

Primo caso Se $a \neq \dfrac{8}{7}$ il determinante D è diverso da 0 e il sistema è determinato.

Calcoliamo anche i determinanti delle incognite:

$$D_x = \begin{vmatrix} 3 & 2 \\ 2a-1 & -(a-2) \end{vmatrix} = -3a + 6 - 4a + 2 = 8 - 7a$$

$$D_y = \begin{vmatrix} a-2 & 3 \\ 3(a-1)(a-2) & 2a-1 \end{vmatrix} = (a-2)(2a-1) - 9(a-1)(a-2) =$$

$$= (a-2)(2a - 1 - 9a + 9) = (a-2)(8 - 7a)$$

ESERCIZI

La soluzione del sistema ③, e quindi anche del sistema ①, è per $a \neq \dfrac{8}{7}$ e per a soddisfacente le C.E.,

$$\begin{cases} x = \dfrac{D_x}{D} \\ y = \dfrac{D_y}{D} \end{cases} \longrightarrow \begin{cases} x = \dfrac{8 - 7a}{(a-2)(8-7a)} \\ y = \dfrac{(a-2)(8-7a)}{(a-2)(8-7a)} \end{cases} \longrightarrow \begin{cases} x = \dfrac{1}{a-2} \\ y = 1 \end{cases}$$

Secondo caso   Se $a = \dfrac{8}{7}$ il sistema ③ diventa

$$\begin{cases} \left(\dfrac{8}{7} - 2\right)x + 2y = 3 \\ 3\left(\dfrac{8}{7} - 1\right)\left(\dfrac{8}{7} - 2\right)x - \left(\dfrac{8}{7} - 2\right)y = 2 \cdot \dfrac{8}{7} - 1 \end{cases} \longrightarrow \cdots \longrightarrow \begin{cases} 6x - 14y = -21 \\ 6x - 14y = -21 \end{cases}$$

ed è quindi indeterminato.

Concludendo:

- $a = 1 \lor a = 2 \longrightarrow$ il sistema perde significato

- $a = \dfrac{8}{7} \longrightarrow$ il sistema è indeterminato

- $a \neq 1 \land a \neq 2 \land a \neq \dfrac{8}{7} \longrightarrow \begin{cases} x = \dfrac{1}{a-2} \\ y = 1 \end{cases}$

▶▶ **190** $\begin{cases} \dfrac{x - 4m}{m} = y - 5m \\ \dfrac{x + 2y}{7} - 2m = 0 \end{cases}$ $\left[\begin{array}{l} m = 0, \text{ il sistema perde significato;} \\ m = -2, \text{ indeterminato;} \quad m \neq -2 \land m \neq 0: \begin{cases} x = 4m \\ y = 5m \end{cases} \end{array} \right]$

▶▶ **191** $\begin{cases} 3x - 2y = a - 8 \\ \dfrac{x}{a-2} + \dfrac{y}{a+1} = 2 \end{cases}$ $\left[\begin{array}{l} a = 2 \lor a = -1, \text{ il sistema perde significato;} \\ a = \dfrac{4}{5}, \text{ indeterminato;} \\ a \neq 2 \land a \neq -1 \land a \neq \dfrac{4}{5}: \begin{cases} x = a - 2 \\ y = a + 1 \end{cases} \end{array} \right]$

▶▶ **192** $\begin{cases} (a+2)x + y = a \\ 2x - \dfrac{y}{a-1} + \dfrac{a}{a+2} = 0 \end{cases}$ $\left[\begin{array}{l} a = -2 \lor a = 1, \text{ il sistema perde significato;} \\ a = 0, \text{ indeterminato;} \\ a \neq -2 \land a \neq 0 \land a \neq 1: \begin{cases} x = \dfrac{1}{a+2} \\ y = a - 1 \end{cases} \end{array} \right]$

▶▶ **193** $\begin{cases} \dfrac{x + 2a}{a} + \dfrac{y - 2a}{a - 2} = \dfrac{4}{a} \\ \dfrac{x - 3a}{a - 2} + \dfrac{y + 3a}{a} = \dfrac{6}{a} \end{cases}$ $\left[\begin{array}{l} a = 0 \lor a = 2, \text{ il sistema perde significato;} \\ a = 1, \text{ indeterminato;} \\ a \neq 0 \land a \neq 1 \land a \neq 2: \begin{cases} x = a + 4 \\ y = 6 - a \end{cases} \end{array} \right]$

▶▶ **194** $\begin{cases} \dfrac{x + y + 3a}{4a - 4} + \dfrac{y}{a + 1} = \dfrac{2a}{a^2 - 1} \\ \dfrac{x}{a} + \dfrac{y}{a + 1} = \dfrac{a + 2}{a + 1} \end{cases}$ $\left[\begin{array}{l} a = 0 \lor a = 1 \lor a = -1, \text{ il sistema perde significato;} \\ a = \dfrac{3}{4}, \text{ indeterminato;} \\ a \neq 0 \land a \neq \pm 1 \land a \neq \dfrac{3}{4}: \begin{cases} x = 2a \\ y = -a \end{cases} \end{array} \right]$

▶▶ **195** $\begin{cases} \dfrac{x}{a + 3} + \dfrac{y}{a - 1} - 2 = 0 \\ ax + y = a^2 + 4a - 1 \end{cases}$ $\left[\begin{array}{l} a = -3 \lor a = 1, \text{ il sistema perde significato;} \\ a = -1, \text{ indeterminato;} \quad a \neq -3 \land a \neq \pm 1: \begin{cases} x = a + 3 \\ y = a - 1 \end{cases} \end{array} \right]$

Risoluzione dei sistemi letterali frazionari

Risolvi i seguenti sistemi letterali frazionari

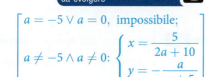 Esercizio svolto e altri esercizi da svolgere

196 $\begin{cases} \dfrac{3ax+2y}{ax-3y}=1 \\ 2x-y=1 \end{cases}$
$\left[a=-5 \vee a=0, \text{ impossibile}; \quad a\neq -5 \wedge a\neq 0: \begin{cases} x=\dfrac{5}{2a+10} \\ y=-\dfrac{a}{a+5} \end{cases} \right]$

197 $\begin{cases} \dfrac{2y-1}{3x-a}=\dfrac{1}{2a} \\ \dfrac{2x+a}{3y-1}=\dfrac{3}{2}a \end{cases}$
$\left[a=0, \text{ il sistema perde significato}; \quad a\neq 0: \begin{cases} x=a \\ y=1 \end{cases} \right]$

198 $\begin{cases} \dfrac{a}{y}=\dfrac{2a}{x+y}+y^{-1} \\ x-y=2 \end{cases}$
$\left[a=0 \vee a=1, \text{ impossibile}; \quad a\neq 0 \wedge a\neq 1: \begin{cases} x=a+1 \\ y=a-1 \end{cases} \right]$

199 $\begin{cases} \dfrac{y+1}{x}=a \\ \dfrac{x+1}{y}=1 \end{cases}$
$\left[a=\pm 1, \text{ impossibile}; \quad a\neq \pm 1: \begin{cases} x=\dfrac{2}{a-1} \\ y=\dfrac{a+1}{a-1} \end{cases} \right]$

200 $\begin{cases} ax-y=1 \\ \dfrac{x+1}{y}=2 \end{cases}$
$\left[a=-1 \vee a=\dfrac{1}{2}, \text{ impossibile}; \quad a\neq -1 \wedge a\neq \dfrac{1}{2}: \begin{cases} x=\dfrac{3}{2a-1} \\ y=\dfrac{a+1}{2a-1} \end{cases} \right]$

201 $\begin{cases} \dfrac{x-3}{a-2}+\dfrac{y-7}{a-4}=2 \\ \dfrac{1}{x-y+1}=-1 \end{cases}$
$\left[a=2 \vee a=4, \text{ il sistema perde significato}; \quad a=3, \text{ indeterminato}; \quad a\neq 2 \wedge a\neq 3 \wedge a\neq 4: \begin{cases} x=a+1 \\ y=a+3 \end{cases} \right]$

■ Problemi di primo grado con due incognite

> **OSSERVAZIONE**
> Anche nel caso dei problemi con due incognite la scelta delle incognite spesso non è unica: uno stesso problema si può risolvere scegliendo le incognite in modi diversi. Inoltre, a volte, un problema che apparentemente richiede due incognite si può risolvere utilizzandone una sola.

Problemi sui numeri

Altri esercizi

202 Determina due numeri sapendo che la differenza fra il primo e i $\dfrac{5}{9}$ del secondo è 20 e che la somma dei $\dfrac{5}{6}$ del primo e della terza parte del secondo è 31. [30; 18]

203 Determina due numeri sapendo che il maggiore supera di 8 i $\dfrac{3}{4}$ del minore e che la somma di $\dfrac{1}{5}$ del maggiore e dei $\dfrac{3}{8}$ del minore è 10. [20; 16]

ESERCIZI

▷▷ 204 Sommando ai $\frac{4}{11}$ della somma di due numeri i $\frac{5}{6}$ della loro differenza, si ottiene 65; sottraendo dalla differenza tra il doppio del maggiore e il triplo del minore i $\frac{2}{5}$ del minore, si ottiene 4. Trova i due numeri.
[70; 40]

▷▷ 205 Determina due numeri sapendo che la loro somma è cinque volte la loro differenza e che i $\frac{7}{9}$ del maggiore superano di 5 i $\frac{3}{4}$ del minore.
[18; 12]

▷▷ 206 Determina tre numeri sapendo che la loro somma è 60, che il secondo è $\frac{2}{3}$ del primo e che la somma di $\frac{1}{5}$ del primo e dei $\frac{3}{2}$ del terzo è 21. $\left(\text{Indica i tre numeri rispettivamente con } x, \frac{2}{3}x, y...\right)$
[30; 20; 10]

▷▷ 207 Dividi il numero 45 in tre parti sapendo che la prima è il doppio della terza e che la differenza tra la prima parte e la seconda è uguale alla differenza tra la seconda parte e la terza. (Indica le tre parti rispettivamente con $2x, y, x...$)
[20; 15; 10]

▷▷ 208 Dividi il numero 36 in tre parti sapendo che la prima è il doppio della seconda e che la seconda supera di 6 i $\frac{2}{13}$ della somma delle altre due.
[20; 10; 6]

▷▷ 209 Il rapporto tra due numeri è $\frac{2}{5}$; aggiungendo 8 al maggiore e togliendo 8 al minore si ottengono due nuovi numeri il cui rapporto è $\frac{11}{3}$. Trova i primi due numeri.
[32; 80]

▷▷ 210 Trova due numeri sapendo che il rapporto tra la loro somma e la loro differenza è 5 e che, aggiungendo 8 al maggiore e sottraendo 2 al minore, si ottengono due numeri il cui rapporto è $\frac{10}{3}$.
[12; 8]

▷▷ 211 Determina due numeri sapendo che, dividendo il triplo del maggiore per il minore, si ottiene quoziente 5 e resto 5; aggiungendo 7 ai $\frac{3}{5}$ del maggiore si ottiene il doppio del minore.
[15; 8]

▷▷ 212 Determina due numeri sapendo che, dividendo il primo per il secondo, si ottiene 3 per quoziente e 2 per resto e che, dividendo la somma del primo con 2 per la somma del secondo con 3, si ottiene 2 per quoziente e 20 per resto.
[68; 22]

■ ESERCIZIO SVOLTO

▷▷ 213 In un numero naturale n di due cifre, la cifra delle decine supera di 2 il doppio della cifra delle unità; determiniamo n sapendo che, aggiungendogli il numero che si ottiene invertendo le sue cifre, si ha per somma 121.

Se indichiamo con x la cifra delle decine e con y la cifra delle unità nel numero n, risulta $n = 10x + y$; il numero ottenuto da n invertendo l'ordine delle cifre sarà quindi $10y + x$. Poniamo le condizioni di accettabilità (C.A.) per le soluzioni, tenendo presente che le incognite x e y rappresentano delle cifre:

$$x \in \mathbb{N} \land 0 \leq x \leq 9 \qquad y \in \mathbb{N} \land 0 \leq y \leq 9$$

Dalle informazioni date dal problema possiamo scrivere il sistema

$$\begin{cases} x = 2 + 2y \\ (10x + y) + (10y + x) = 121 \end{cases} \rightarrow \begin{cases} x = 2 + 2y \\ 11x + 11y = 121 \end{cases} \rightarrow \begin{cases} x = 2 + 2y \\ x + y = 11 \end{cases}$$

Risolviamo con il metodo di sostituzione:

$$\begin{cases} x = 2 + 2y \\ 2 + 2y + y = 11 \end{cases} \rightarrow \begin{cases} x = 2 + 2y \\ 3y = 9 \end{cases} \rightarrow \begin{cases} x = 8 \\ y = 3 \end{cases}$$

La soluzione trovata è accettabile. Il numero n richiesto è 83.

▷▷ **214** In un numero di due cifre la somma delle cifre è 8; dividendo il numero per la cifra delle unità si ottiene quoziente 4 e resto 2. Trova il numero. [26]

▷▷ **215** In un numero di due cifre la cifra delle unità supera di 2 il triplo della cifra delle decine; scambiando le due cifre, si ottiene un nuovo numero che supera di 54 il primo. Trova i due numeri. [28; 82]

▷▷ **216** Trova un numero di due cifre sapendo che la cifra delle unità supera di 3 quella delle decine. Scambiando le due cifre, si ottiene un nuovo numero che è i $\frac{7}{4}$ del primo. [36]

▷▷ **217** In un numero di tre cifre la cifra delle unità è il doppio di quella delle decine e la somma delle tre cifre è 11. Scambiando le cifre delle centinaia e delle decine, si ottiene un nuovo numero che supera il precedente di 90. Trova il numero. [236]

▷▷ **218** Una frazione è equivalente a $\frac{7}{10}$; il denominatore supera il numeratore di 6. Trova la frazione. $\left[\frac{14}{20}\right]$

▷▷ **219** Aggiungendo 6 al numeratore di una frazione e sottraendo 4 al denominatore si ottiene una nuova frazione equivalente a $\frac{3}{2}$; sottraendo 2 al numeratore della prima frazione e aggiungendo 7 al suo denominatore si ottiene una frazione equivalente a $\frac{1}{3}$. Trova la prima frazione. $\left[\frac{9}{14}\right]$

▷▷ **220** Aggiungendo 2 a entrambi i termini di una frazione si ottiene una nuova frazione equivalente a $\frac{5}{3}$; aggiungendo 1 al doppio del numeratore della frazione data si ottiene la somma di 6 con il triplo del denominatore della frazione data. Determina la frazione. $\left[\frac{13}{7}\right]$

Problemi vari

Altri esercizi

■ **ESERCIZI SVOLTI**

▷▷ **221** **MATEMATICA E... REALTÀ** Oggi abbiamo comperato 2 litri di latte e 6 vasetti di yogurt, spendendo 5,40 euro; la settimana precedente avevamo acquistato, allo stesso prezzo, 3 litri di latte e 4 vasetti di yogurt, spendendo 5,10 euro. Quanto costa un litro di latte e quanto un vasetto di yogurt?

a. Individuiamo le incognite:

x = prezzo, in euro, di un litro di latte

y = prezzo, in euro, di un vasetto di yogurt

b. Poniamo le C.A.: le incognite x e y rappresentano dei prezzi, che devono essere positivi:

C.A.: $x > 0 \land y > 0$

c. Scriviamo le equazioni: se il prezzo di un litro di latte in euro è x, oggi per 2 litri di latte abbiamo speso $2x$ euro; per i 6 vasetti di yogurt, che costano y euro ciascuno, abbiamo speso $6y$ euro. In totale abbiamo speso $(2x + 6y)$ euro. Dato che abbiamo speso 5,40 euro, deve essere:

$$2x + 6y = 5{,}40$$

Analogamente la settimana precedente abbiamo speso $3x$ euro per il latte e $4y$ euro per lo yogurt. Sappiamo di aver speso 5,10 euro e quindi deve essere:

$$3x + 4y = 5{,}10$$

d. Risolviamo il sistema formato dalle due equazioni precedenti:

$$\begin{cases} 2x + 6y = 5{,}40 \\ 3x + 4y = 5{,}10 \end{cases}$$

Risolviamolo, ad esempio, con la regola di Cramer:

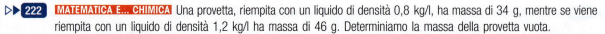
$$D = \begin{vmatrix} 2 & 6 \\ 3 & 4 \end{vmatrix} = -10 \qquad D_x = \begin{vmatrix} 5{,}40 & 6 \\ 5{,}10 & 4 \end{vmatrix} = -9 \qquad D_y = \begin{vmatrix} 2 & 5{,}40 \\ 3 & 5{,}10 \end{vmatrix} = -6$$

Il sistema è determinato e si ha:

$$\begin{cases} x = \dfrac{D_x}{D} \\ y = \dfrac{D_y}{D} \end{cases} \longrightarrow \begin{cases} x = \dfrac{-9}{-10} \\ y = \dfrac{-6}{-10} \end{cases} \longrightarrow \begin{cases} x = 0{,}90 \\ y = 0{,}60 \end{cases}$$

e. Confrontiamo la soluzione del sistema con le condizioni di accettabilità: si ha $0{,}90 > 0$ e $0{,}60 > 0$, quindi la soluzione trovata è accettabile.

f. Formuliamo la soluzione del problema: un litro di latte costa 0,90 euro, un vasetto di yogurt 0,60 euro.

▷▷ **222** **MATEMATICA E... CHIMICA** Una provetta, riempita con un liquido di densità 0,8 kg/l, ha massa di 34 g, mentre se viene riempita con un liquido di densità 1,2 kg/l ha massa di 46 g. Determiniamo la massa della provetta vuota.

a. Individuiamo le incognite: i dati che abbiamo a disposizione ci indicano la massa complessiva della provetta e del liquido che essa contiene. Quest'ultima dipende dalla densità del liquido stesso, che è nota, e dalla capacità della provetta, che invece è incognita. È quindi opportuno assumere come incognite la massa e la capacità della provetta:

$x =$ massa, in kilogrammi, della provetta vuota

$y =$ capacità, in litri, della provetta

b. Poniamo le condizioni di accettabilità: è evidente che, per il loro significato, x e y devono essere positivi:

C.A.: $x > 0 \land y > 0$

c. Scriviamo le equazioni: la massa del liquido contenuto nella provetta si ottiene moltiplicando la sua densità per la capacità della provetta. La capacità in litri della provetta è y mentre la densità è nel primo caso 0,8 kg/l, nel secondo 1,2 kg/l. Perciò la massa del liquido in kilogrammi è nel primo caso $0{,}8y$ e nel secondo $1{,}2y$. Possiamo quindi dire che quando la provetta è riempita con il primo liquido la massa complessiva è $x + 0{,}8y$; d'altra parte sappiamo che tale massa complessiva è di 34 g, ossia 0,034 kg. Si deve quindi avere

$$x + 0{,}8y = 0{,}034$$

Analogamente, quando la provetta è riempita con il secondo liquido la sua massa complessiva è $x + 1{,}2y$; d'altra parte sappiamo che essa è di 46 g, ossia 0,046 kg. Si deve quindi avere

$$x + 1{,}2y = 0{,}046$$

> ■ **ATTENZIONE!**
> Ricorda che le unità di misura che utilizzi devono essere tra loro coerenti. Se la densità è espressa in kg/l, la massa dovrà essere espressa in kilogrammi e la capacità in litri.

d. Risolviamo il sistema formato dalle due equazioni precedenti

$$\begin{cases} x + 0{,}8y = 0{,}034 \\ x + 1{,}2y = 0{,}046 \end{cases}$$

utilizzando ad esempio il metodo di sostituzione:

$$\begin{cases} x = 0{,}034 - 0{,}8y \\ (0{,}034 - 0{,}8y) + 1{,}2y = 0{,}046 \end{cases} \longrightarrow \begin{cases} x = 0{,}034 - 0{,}8y \\ 0{,}4y = 0{,}012 \end{cases} \longrightarrow \begin{cases} x = 0{,}01 \\ y = 0{,}03 \end{cases}$$

e. Confrontiamo la soluzione con le condizioni di accettabilità: si ha $0{,}01 > 0$ e $0{,}03 > 0$, quindi la soluzione trovata è accettabile.

f. Formuliamo la soluzione: la massa della provetta è rappresentata, in kilogrammi, dall'incognita x; perciò la provetta ha massa di 0,01 kg o, se si preferisce, 10 grammi.

223 **MATEMATICA E... REALTÀ** Oggi ho comperato 2 DVD e 5 CD, spendendo 72 euro. Il mese scorso, a prezzi invariati, avevo pagato 80 euro per 3 DVD e 4 CD. Quanto costa un DVD? E quanto un CD?

[16 euro; 8 euro]

224 **MATEMATICA E... REALTÀ** Il caffè di qualità A costa 12 euro al kg, mentre quello di qualità B costa 8 euro al kg. Quali quantità delle due qualità di caffè occorre miscelare per ottenere 1 kg di miscela al costo di 11 euro?

[750 g e 250 g]

225 **MATEMATICA E... REALTÀ** È stato acquistato un carico di cioccolato costituito da tavolette di cioccolato fondente, del peso di 150 grammi al prezzo di 1,20 euro ciascuna, e da tavolette di cioccolato al latte, del peso di 200 grammi al prezzo di 1,50 euro ciascuna. Il peso totale del carico è di 60 kg e il suo valore complessivo è di 465 euro. Quante sono le tavolette di cioccolato fondente? Quante quelle di cioccolato al latte?

[200 tavolette di cioccolato fondente; 150 di cioccolato al latte]

226 **MATEMATICA E... REALTÀ** In un cortile vi sono polli e conigli: in totale le teste sono 50 e le zampe 140. Quanti sono i polli e quanti i conigli? [30 polli e 20 conigli]

227 **MATEMATICA E... CHIMICA** Miscelando un liquido A di densità 1,15 kg/l con un liquido B di densità 0,95 kg/l, si vuole ottenere un litro di liquido di densità 1 kg/l. Quali quantità dei due liquidi occorre miscelare?

[0,25 l e 0,75 l]

228 **MATEMATICA E... REALTÀ** Su uno scaffale vi sono 95 confezioni di caffè, alcune da 250 g, altre da 500 g. Sapendo che sullo scaffale si trovano 40 kg di caffè, quante sono le confezioni da 250 g e quante quelle da 500 g?

[30 e 65]

229 **MATEMATICA E... REALTÀ** Da un bacino di raccolta acque viene prelevato un certo quantitativo di acqua e tale operazione porta il contenuto del bacino stesso a 60 000 metri cubi. In un momento successivo viene immesso nel bacino un quantitativo d'acqua uguale al doppio di quello prelevato portando il contenuto del bacino a 120 000 metri cubi. Quanta acqua conteneva inizialmente il bacino? Quanta ne è stata prelevata con la prima operazione? [90 000 m^3; 30 000 m^3]

230 **MATEMATICA E... REALTÀ** Un aereo che ha appena effettuato il pieno rifornimento di carburante pesa 15 000 kg. Dopo aver effettuato un volo di trasferimento consumando $\frac{2}{3}$ del carburante imbarcato, l'aereo atterra nell'aeroporto di destinazione. Il suo peso all'arrivo è di 12 500 kg. Quanto pesa l'aereo senza carburante? Quanto carburante può imbarcare? [11 250 kg; 3750 kg]

231 **MATEMATICA E... REALTÀ** In un bar ci sono un certo numero di tavoli e sedie con una gamba di appoggio e alcuni tavoli e sedie con 4 gambe. Attorno a ogni tavolo si vogliono disporre 4 sedie. Se si disponessero le sedie con una gamba attorno ai tavoli con una gamba di appoggio e le sedie con 4 gambe attorno agli altri tavoli, si avrebbero in totale 160 gambe. Se invece si mettessero le sedie con 4 gambe attorno ai tavoli con una gamba e quelle con una gamba attorno ai tavoli con 4 gambe, si avrebbero in totale 244 gambe. Quanti tavoli hanno un solo punto di appoggio? E quanti ne hanno 4? [12; 5]

232 **MATEMATICA E... REALTÀ** Un cane pastore mangia settimanalmente 15,8 kg tra carne e carboidrati (pasta, riso, ecc.). La quantità di carne giornaliera è di un kilogrammo inferiore al doppio della quantità di carboidrati. Quanta carne mangia il cane? Quanta pasta e riso? [10,2 kg; 5,6 kg]

233 **MATEMATICA E... REALTÀ** Un produttore di vini acquista due carichi di uva che pesano complessivamente 2500 kg. Il primo è composto da uve con tasso zuccherino medio dell'11%. Il secondo da uve con tasso zuccherino del 16%. Una volta effettuata la pigiatura dell'uva si verifica che il mosto ha un tasso zuccherino del 14%. Quanto pesano rispettivamente i due carichi di uva? [1000 kg; 1500 kg]

ESERCIZI

234 **MATEMATICA E... REALTÀ** Un'azienda agricola semina esclusivamente grano e riso alternando ogni anno le zone seminate: la parte che l'anno precedente era stata seminata a grano viene sfruttata come risaia l'anno successivo e viceversa, producendo da una stessa zona, ogni anno, un numero di quintali uguali a quello dell'anno precedente. L'anno scorso l'azienda ha rivenduto il grano a 0,075 euro al kilogrammo e il riso a 0,25 euro al kilogrammo, incassando complessivamente 2300 euro. Quest'anno il prezzo del grano è aumentato del 2% e quello del riso dell'1%, così l'azienda calcola di incassare complessivamente 1622 euro. Qual è la produzione di grano e di riso di quest'anno? [400 kg di grano; 8000 kg di riso]

235 **MATEMATICA E... REALTÀ** In un acquario vivono complessivamente 35 pesci tropicali di due specie diverse. I pesci della prima specie mangiano 2 grammi di mangime ciascuno ogni giorno. I pesci della seconda specie mangiano ciascuno 3 grammi di mangime ogni giorno. Il consumo settimanale di mangime dell'acquario è di 560 grammi. Quanti pesci di ciascuna specie ci sono nell'acquario?
[25 della prima specie e 10 della seconda]

236 **MATEMATICA E... REALTÀ** Un'autobotte con cisterna a due comparti è piena di gasolio e benzina. Se si togliessero 2000 kg di benzina e si sostituissero con un uguale quantitativo di gasolio, il peso del gasolio risulterebbe il doppio di quello della benzina, mentre se si sostituissero 2000 kg di gasolio con 2000 kg di benzina, il peso del gasolio e della benzina coinciderebbero. Qual è il peso del gasolio e quale quello della benzina contenuti nella cisterna? [14 000 kg di gasolio; 10 000 kg di benzina]

237 **MATEMATICA E... REALTÀ** L'età di un padre supera di 6 anni il triplo dell'età del figlio; tra 15 anni l'età del padre sarà il doppio dell'età del figlio. Calcola l'età attuale del padre e del figlio. [33; 9]

238 **MATEMATICA E... REALTÀ** La somma delle età di due fratelli è 25 anni; fra 10 anni l'età del maggiore sarà i $\frac{5}{4}$ dell'età del minore. Determina le età attuali dei due fratelli. [15; 10]

239 **MATEMATICA E... REALTÀ** Determina le età attuali di due sorelle sapendo che sottraendo 2 anni ai $\frac{5}{3}$ dell'età della minore si ottiene l'età della maggiore e che fra 6 anni l'età della maggiore sarà i $\frac{4}{3}$ di quella della minore.
[18; 12]

240 **MATEMATICA E... REALTÀ** In un negozio di articoli sportivi vi sono 31 scatole di palline da tennis. Alcune scatole contengono 3 palline e altre ne contengono 4. In totale vi sono 104 palline. Quante scatole da 3 e quante da 4 palline vi sono? [20; 11]

241 **MATEMATICA E... REALTÀ** Due autocarri effettuano un giro di consegne del materiale prodotto da una ditta. Il primo autocarro ha un peso a vuoto uguale a metà del peso a vuoto del secondo autocarro, mentre il suo carico è il doppio di quello del secondo autocarro. Una volta caricati, i due autocarri pesano entrambi 12 t. Determina il peso a vuoto e il carico dei due autocarri. [primo autocarro: 8 t e 4 t; secondo: 4 t e 8 t]

242 **MATEMATICA E... REALTÀ** All'istante iniziale una clessidra si trova nella situazione indicata in figura. Si sa che, dopo 20 secondi, un certo numero di granelli è passato dalla parte superiore A a quella inferiore B in modo che la quantità di granelli in A è ora i $\frac{2}{3}$ di quella iniziale, mentre la quantità di granelli in B è triplicata e che la quantità di granelli rimasti in A supera ancora di 2000 granelli quella contenuta in B. Quanti granelli c'erano nella parte superiore e quanti in quella inferiore della clessidra all'istante iniziale? Dopo quanti secondi tutti i granelli si troveranno in B? [12 000; 2000; 60 s]

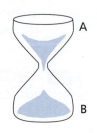

243 **MATEMATICA E... CHIMICA** Mescolando 4 litri di una soluzione A con 8 litri della soluzione B si ottiene una miscela che contiene il 40% di alcol. Se invece si mescolano 6 litri di A con 3 litri di B si ottiene una miscela che contiene il 30% di alcol. Quali percentuali di alcol sono contenute da A e da B? [20%; 50%]

ESERCIZIO SVOLTO

▶▶ **244** **MATEMATICA E... FISICA** Un'automobile percorre in 3 ore un tragitto, viaggiando in parte in autostrada alla velocità media di 120 km/h e in parte su strada statale alla velocità media di 80 km/h. Si sa che con un litro di benzina l'automobile percorre 12 km in autostrada oppure 16 km su strada statale. Alla fine del viaggio sono stati consumati 20 litri di benzina. Quanti kilometri ha percorso l'automobile?

Poniamo:
$$x = \text{numero di kilometri percorsi in autostrada } (x \geq 0)$$
$$y = \text{numero di kilometri percorsi su strada statale } (y \geq 0)$$

Dalla relazione $\dfrac{\text{spazio}}{\text{velocità}} = \text{tempo}$ otteniamo:

$$\dfrac{x}{120} = \text{tempo (in ore) trascorso in autostrada}$$
$$\dfrac{y}{80} = \text{tempo (in ore) trascorso su strada statale}$$

Dato che il tempo impiegato dall'automobile a percorrere l'intero tragitto è di 3 ore, otteniamo:

$$\dfrac{x}{120} + \dfrac{y}{80} = 3 \longrightarrow 2x + 3y = 720$$

Dalle informazioni riguardanti il consumo di benzina abbiamo:

$$\dfrac{x}{12} = \text{numero di litri di benzina consumati in autostrada}$$
$$\dfrac{y}{16} = \text{numero di litri di benzina consumati su strada statale}$$

e poiché il consumo totale è stato di 20 litri, possiamo scrivere:

$$\dfrac{x}{12} + \dfrac{y}{16} = 20 \longrightarrow 4x + 3y = 960$$

Risolvendo il sistema $\begin{cases} 2x + 3y = 720 \\ 4x + 3y = 960 \end{cases}$ otteniamo $\begin{cases} x = 120 \\ y = 160 \end{cases}$ e concludiamo che l'automobile ha percorso **280 km**, dei quali 120 in autostrada e 160 su strada statale.

▶▶ **245** **MATEMATICA E... FISICA** Un ciclista percorre un circuito in 8 minuti e 6 secondi. In una seconda prova il ciclista percorre il circuito a una velocità media superiore di 5 km/h a quella della prova precedente e il tempo scende a 7 minuti e 12 secondi. Qual è la velocità del ciclista nella prima prova e quale la lunghezza del circuito? [40 km/h; 5,4 km]

▶▶ **246** **MATEMATICA E... FISICA** Un'auto da corsa percorre un circuito, durante un test di velocità, in 1 minuto e 12 secondi. Durante una seconda prova la velocità media dell'auto aumenta di 9 km/h e il tempo di percorrenza scende a 1 minuto esatto. Qual è la lunghezza del circuito? Qual è la velocità dell'auto nella prima prova? [900 m; 12,5 m/s]

▶▶ **247** **MATEMATICA E... FISICA** Le città A e B si trovano sulle rive di un fiume. Un traghetto, per andare da A a B, impiega 1 ora e 40 minuti, mentre per compiere il percorso inverso impiega 2 ore e 20 minuti. Sapendo che la velocità del traghetto, in assenza di correnti, è di 18 km/h, calcola la distanza tra le due città. (Indica con x la velocità, in km/h, della corrente e con y la distanza, in kilometri, tra A e B.) [35 km]

▶▶ **248** **MATEMATICA E... ECONOMIA** Luca e Francesco sono due fratelli che hanno investito i loro risparmi, complessivamente 28 000 euro, in certificati di deposito bancari. Nella banca dove è cliente Luca l'interesse netto dei certificati è del 3% annuo; nella banca di Francesco l'interesse è invece del 2,5%. Trascorso un anno dal loro investimento i due fratelli percepiscono, complessivamente, un interesse di 765 euro. Quale somma ha inizialmente investito ciascuno dei due fratelli? [Luca: 13 000 euro; Francesco: 15 000 euro]

I sistemi lineari e i polinomi

249 Determina i parametri a e b in modo che per il polinomio $P(x) = ax^2 + bx - 3$ risulti
$$P\left(-\frac{1}{2}\right) = 0 \qquad P\left(\frac{1}{2}\right) = -2$$
$[a = 8 \wedge b = -2]$

250 Determina il termine noto del polinomio $P(x) = x^3 + bx + c$, sapendo che
$$P(-1) = -5 \qquad P(4) = 0$$
$[b = -12 \wedge c = -16]$

251 Determina i parametri b e d in modo che il polinomio $P(x) = x^3 + bx^2 - x + d$ sia divisibile per $(x + 1)$ e per $(x - 2)$.
$[b = -2 \wedge d = 2]$

252 Determina i coefficienti incogniti del polinomio $P(x) = ax^3 + 2x^2 + cx + d$ in modo che esso sia divisibile per $(3x + 2)$, per $(x + 2)$ e per $(x - 2)$.
$[a = 3 \wedge c = -12 \wedge d = -8]$

253 Determina i parametri b e c in modo che il polinomio $P(x) = 3x^2 + bx + c$ abbia come zeri $x = -4$ e $x = 3$.
$[b = 3 \wedge c = -36]$

254 Determina i coefficienti incogniti del polinomio $P(x) = ax^2 + bx - 1$ in modo che esso abbia come zeri $x = -\frac{1}{2}$ e $x = \frac{1}{3}$.
$[a = 6 \wedge b = 1]$

255 Determina per quali valori dei parametri h e k i due polinomi $2x^2 + (2h - k)x - h$ e $2x^2 - (2k + 1)x + (k - 2)$ sono identicamente uguali.
$[h = -3 \wedge k = 5]$

Problemi sulla retta nel piano cartesiano

ESERCIZIO SVOLTO

256 Scrivi l'equazione della retta passante per i punti $A(1\,;\,3)$ e $B\left(\frac{1}{2}\,;\,2\right)$ senza utilizzare la formula dell'equazione della retta per un punto o per due punti.

Poiché $x_A \neq x_B$, la retta AB non è parallela all'asse y e quindi ha equazione

$$y = mx + q \qquad \boxed{1}$$

Le coordinate di A e quelle di B dovranno soddisfare l'equazione $\boxed{1}$:

$$A(1\,;\,3) \in r \xrightarrow{x=1 \wedge y=3} 3 = m \cdot 1 + q \qquad \boxed{2}$$

$$B\left(\frac{1}{2}\,;\,2\right) \in r \xrightarrow{x=\frac{1}{2} \wedge y=2} 2 = m \cdot \frac{1}{2} + q \qquad \boxed{3}$$

Possiamo determinare i coefficienti m e q risolvendo il sistema formato dalle relazioni $\boxed{2}$ e $\boxed{3}$:

$$\begin{cases} m + q = 3 \\ \frac{1}{2}m + q = 2 \end{cases} \rightarrow \cdots \rightarrow \begin{cases} m = 2 \\ q = 1 \end{cases}$$

La retta AB ha quindi equazione $y = 2x + 1$.

257 Scrivi l'equazione della retta passante per i punti $A\left(-\frac{4}{5}\,;\,\frac{3}{2}\right)$ e $B(1\,;\,0)$ senza utilizzare la formula della retta per un punto o per due punti.
$[5x + 6y - 5 = 0]$

258 Scrivi l'equazione della retta passante per i punti $A\left(\frac{2}{5}\,;\,2\right)$ e $B\left(\frac{7}{10}\,;\,\frac{5}{2}\right)$ senza utilizzare la formula della retta per un punto o per due punti.
$[5x - 3y + 4 = 0]$

Date le seguenti rette, determina il loro eventuale punto di intersezione.

▶▶ **259** $5x - 9y - 7 = 0$ e $4x + 15y - 13 = 0$ $\left[\left(2; \dfrac{1}{3}\right)\right]$

▶▶ **260** $x + 13y - 13 = 0$ e $\dfrac{2}{13}x - 5y + 5 = 0$ $[(0; 1)]$

▶▶ **261** $3x - 4y = -1$ e $6x + 2y - 3 = 0$ $\left[\left(\dfrac{1}{3}; \dfrac{1}{2}\right)\right]$

▶▶ **262** $2x + 5y - 6 = 0$ e $8x - 3y - 1 = 0$ $\left[\left(\dfrac{1}{2}; 1\right)\right]$

▶▶ **263** Dati i punti $A(2; 4)$, $B(8; 2)$, $C(7; 5)$ e $D(4; 2)$, determina le equazioni delle rette AB e CD e le coordinate del loro punto di intersezione. $[AB: x + 3y = 14;\ CD: x - y = 2;\ (5; 3)]$

▶▶ **264** Dati i punti $A(-3; 1)$, $B(7; -3)$, $C(-1; -3)$ e $D(5; 1)$, determina le equazioni delle rette AB e CD e le coordinate del loro punto di intersezione. $[AB: 2x + 5y = -1;\ CD: -2x + 3y = -7;\ (2; -1)]$

▶▶ **265** Scrivi l'equazione della retta che passa per il punto comune alle rette

$$r: 3x - y + 1 = 0 \qquad s: x + 2y - 8 = 0$$

ed è perpendicolare alla retta $2x + y - 10 = 0$. $[7x - 14y + 44 = 0]$

▶▶ **266** Data la retta r di equazione $2x + y - 5 = 0$ e il punto $P(-5; 3)$, determina il piede H della perpendicolare condotta da P a r. $\left[H\left(-\dfrac{1}{5}; \dfrac{27}{5}\right)\right]$

▶▶ **267** Le rette r ed s hanno equazioni

$$r: 4x - 4y + 3 = 0 \qquad s: 12x + 8y + 19 = 0$$

Dopo aver determinato il loro punto P di intersezione e averle rappresentate graficamente, indica con A e B i punti di intersezione delle due rette con l'asse y. Calcola la misura dell'area del triangolo APB.

$\left[P\left(-\dfrac{5}{4}; -\dfrac{1}{2}\right);\ \dfrac{125}{64}\right]$

▶▶ **268** Le rette r ed s hanno equazioni

$$r: y = -\dfrac{3}{5}x \qquad s: 4x - 2y - 13 = 0$$

Dopo aver determinato il loro punto comune P e averle rappresentate graficamente, indica con A e B i loro punti di ascissa $\dfrac{1}{2}$. Calcola la misura dell'area del triangolo ABP. $\left[P\left(\dfrac{5}{2}; -\dfrac{3}{2}\right);\ \dfrac{26}{5}\right]$

▶▶ **269** Determina i vertici del triangolo i cui lati giacciono sulle rette

$$x + 4y = 3 \qquad 3x + 2y = 17 \qquad x - y + 1 = 0$$

$\left[\left(-\dfrac{1}{5}; \dfrac{4}{5}\right);\ \left(\dfrac{31}{5}; -\dfrac{4}{5}\right);\ (3; 4)\right]$

▶▶ **270** Rappresenta graficamente la retta r di equazione $3x + 4y = 12$ e considera il triangolo OAB che ha i vertici A e B su r. Sapendo che A appartiene anche all'asse x e B all'asse y, determina le misure del perimetro e dell'area del triangolo OAB. Successivamente, considerata la retta s di equazione $8x - 6y - 7 = 0$, indica con C il suo punto di ascissa 3 e verifica che il triangolo ABC è isoscele sulla base AB e che le rette r ed s si intersecano nel punto medio M di AB. $\left[12;\ 6;\ C\left(3; \dfrac{17}{6}\right);\ M\left(2; \dfrac{3}{2}\right)\right]$

ESERCIZI

ESERCIZIO SVOLTO

271 Verifica che le tre altezze del triangolo di vertici $A(-3;1)$, $B(0;3)$ e $C(1;-2)$ passano per uno stesso punto (l'**ortocentro** del triangolo).

- Coefficienti angolari (delle rette) dei lati del triangolo:

$$m_{AB} = \frac{y_B - y_A}{x_B - x_A} = \frac{3-1}{0+3} = \frac{2}{3}$$

$$m_{BC} = \frac{y_C - y_B}{x_C - x_B} = \frac{-2-3}{1-0} = -5$$

$$m_{CA} = \frac{y_A - y_C}{x_A - x_C} = \frac{1+2}{-3-1} = -\frac{3}{4}$$

> **SAI GIÀ CHE...**
> L'**ortocentro** di un triangolo è il punto per cui passano le tre altezze del triangolo.

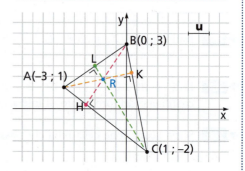

- Coefficienti angolari (delle rette) delle tre altezze:

$$m_{BH} = -\frac{1}{m_{CA}} = \frac{4}{3}$$

$$m_{CL} = -\frac{1}{m_{AB}} = -\frac{3}{2}$$

$$m_{AK} = -\frac{1}{m_{BC}} = \frac{1}{5}$$

- Equazione dell'altezza BH:

$$y - y_B = m_{BH}(x - x_B) \longrightarrow y - 3 = \frac{4}{3}(x - 0) \longrightarrow 4x - 3y + 9 = 0$$

- Equazione dell'altezza CL:

$$y - y_C = m_{CL}(x - x_C) \longrightarrow y - (-2) = -\frac{3}{2}(x - 1) \longrightarrow 3x + 2y + 1 = 0$$

- Equazione dell'altezza AK:

$$y - y_A = m_{AK}(x - x_A) \longrightarrow y - 1 = \frac{1}{5}[x - (-3)] \longrightarrow x - 5y + 8 = 0$$

Poniamo ora a sistema le equazioni di due altezze, ad esempio quelle di BH e di CL; otterremo così l'ortocentro R:

$$\begin{cases} 4x - 3y + 9 = 0 \\ 3x + 2y + 1 = 0 \end{cases} \longrightarrow R\left(-\frac{21}{17}; \frac{23}{17}\right)$$

Dobbiamo infine verificare che la terza altezza, cioè AK, passa anch'essa per R; basta sostituire le coordinate di R nell'equazione di AK e constatare che si ottiene un'uguaglianza vera:

$$\underbrace{x - 5y + 8 = 0}_{\text{equazione di } AK} \xrightarrow{x = -\frac{21}{17} \wedge y = \frac{23}{17}} -\frac{21}{17} - 5 \cdot \frac{23}{17} + 8 = 0 \longrightarrow \frac{-21 - 115 + 136}{17} = 0 \longrightarrow$$

$$\longrightarrow 0 = 0 \quad (\text{vero})$$

272 Determina l'ortocentro del triangolo di vertici $(-1;1)$, $(2;3)$ e $(3;4)$. $\qquad [(17;-17)]$

273 Verifica che gli assi dei tre lati del triangolo di vertici $A(2;-1)$, $B(4;1)$ e $C(0;3)$ passano per uno stesso punto (il **circocentro** del triangolo).

274 Determina il circocentro del triangolo di vertici $(1;0)$, $(4;0)$ e $(3;2)$.

$$\left[\text{il circocentro del triangolo è il punto } \left(\frac{5}{2}; \frac{1}{2}\right)\right]$$

▷▷ **275** Scrivi l'equazione della retta a passante per il punto $\left(\frac{1}{3}; -2\right)$ e parallela all'asse y e quella della retta b passante per $(1; 1)$ e di coefficiente angolare -2. Rappresenta graficamente le due rette e calcola la misura S dell'area del trapezio rettangolo che tali rette determinano con i due assi cartesiani.

$$\left[a: 3x - 1 = 0;\ b: y = -2x + 3;\ S = \frac{8}{9}\right]$$

▷▷ **276** Le quattro rette di equazioni $x - y - 1 = 0$, $y = -x + 11$, $y = 6 + x$, $x + y + 5 = 0$ individuano un quadrilatero. Verifica che tale quadrilatero è un rettangolo e determinane i vertici. Verifica poi che le diagonali del rettangolo sono congruenti e si tagliano reciprocamente a metà (cioè hanno lo stesso punto medio M).

$$\left[\text{vertici: } (6; 5),\ \left(\frac{5}{2}; \frac{17}{2}\right),\ \left(-\frac{11}{2}; \frac{1}{2}\right),\ (-2; -3);\ M\left(\frac{1}{4}; \frac{11}{4}\right)\right]$$

▷▷ **277** Date le rette $r: 22x - 3y + 43 = 0$ e $s: x + 6y - 41 = 0$, conduci dal punto $C\left(\frac{5}{2}; -5\right)$ la retta t parallela alla retta $x + 5y = 0$ e la retta v parallela a $22x - 5y = 0$. Si sa inoltre che le rette r ed s si intersecano nel punto A, r e t nel punto B ed s e v nel punto D. Verifica che il quadrilatero $ABCD$ ha le diagonali congruenti, dopo aver calcolato le coordinate di A, B, D.

$$\left[(-1; 7);\ \left(-\frac{5}{2}; -4\right);\ (5; 6)\right]$$

Problemi di geometria

Altri esercizi

■ **ESERCIZIO SVOLTO**

▷▷ **278** Il semiperimetro di un rettangolo è cinque volte la base e l'altezza supera di 3 cm la base. Determiniamo le dimensioni del rettangolo.

Assumiamo come incognite le dimensioni del rettangolo:

$x = $ misura, in cm, della base
$y = $ misura, in cm, dell'altezza

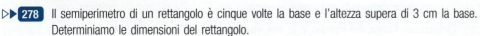

Ovviamente dovrà essere $x > 0$ e $y > 0$.
Il semiperimetro del rettangolo misura $x + y$ e, dovendo essere cinque volte la base, si avrà

$$x + y = 5x$$

Inoltre, poiché l'altezza supera di 3 cm la base, si deve avere

$$y = 3 + x$$

Scriviamo il sistema con le equazioni trovate e risolviamolo:

$$\begin{cases} x + y = 5x \\ y = 3 + x \end{cases} \longrightarrow \begin{cases} x = 1 \\ y = 4 \end{cases}$$

Quindi la base del rettangolo è lunga **1 cm**, l'altezza è lunga **4 cm**.

Avremmo potuto risolvere questo problema anche senza ricorrere a un sistema; infatti, ponendo

$x = $ misura in centimetri della base $(x > 0)$

dalle informazioni fornite si deduce subito che la misura dell'altezza dev'essere $x + 3$. Quindi il semiperimetro misura $(x + 3) + x$, e dovendo esso essere cinque volte la base si può scrivere l'equazione

$$(x + 3) + x = 5x \longrightarrow x = 1$$

Si ottiene così la misura in centimetri della base e da essa si deduce quella dell'altezza, 4.

▷▷ **279** In un rombo la somma delle diagonali è 70 cm. Determina il perimetro del rombo sapendo che la differenza fra i $\frac{3}{5}$ della diagonale maggiore e i $\frac{7}{10}$ di quella minore è 3 cm. [100 cm]

ESERCIZI

280 In un triangolo il lato maggiore è $\frac{8}{5}$ del minore e il terzo lato è il doppio della differenza degli altri due lati. Determina i lati sapendo che il perimetro è 38 cm. [16 cm; 12 cm; 10 cm]

281 La base di un triangolo isoscele supera di 2 m il lato e la somma dei $\frac{2}{3}$ della base e dei $\frac{3}{5}$ del lato è i $\frac{7}{16}$ del perimetro. Determina i lati e l'area del triangolo. [12 m; 10 m; 10 m; 48 m²]

282 Il perimetro di un triangolo isoscele è lungo 36 cm; il rapporto tra un lato e metà base è $\frac{5}{4}$. Determina l'area del triangolo e la distanza del piede dell'altezza relativa alla base da ognuno dei lati obliqui. [48 cm²; 4,8 cm]

283 Un rettangolo ha il perimetro di 70 cm e il suo lato maggiore supera di 10 cm i $\frac{2}{3}$ del lato minore. Determina l'area e la diagonale del rettangolo. [300 cm²; 25 cm]

284 Il rapporto tra i lati di un rettangolo è $\frac{15}{8}$ e il perimetro è 69 cm. Determina l'area e la diagonale del rettangolo. [270 cm²; 25,5 cm]

285 L'area di un rombo è 960 cm² e il rapporto tra le sue diagonali è $\frac{8}{15}$. Determina il perimetro e l'altezza del rombo. $\left[136 \text{ cm}; \frac{480}{17} \text{ cm}\right]$

286 In un rombo la differenza delle diagonali è 4 cm e la somma di $\frac{1}{3}$ della diagonale minore con i $\frac{3}{4}$ della maggiore è 16 cm. Determina l'area del rombo e la sua altezza. [96 cm²; 9,6 cm]

287 Il perimetro di un trapezio isoscele è 92 cm; il lato obliquo è il doppio della base minore e la differenza fra i $\frac{3}{5}$ del lato obliquo e la sesta parte della base maggiore è la metà della base minore. Calcola l'area del trapezio. [312 cm²]

288 In un trapezio rettangolo la base maggiore è doppia della minore e supera di 2 m il lato obliquo; la somma dei $\frac{3}{2}$ della base minore e dei $\frac{2}{5}$ del lato obliquo è 13 m. Determina il perimetro e l'area del trapezio. [36 m; 72 m²]

289 In un trapezio isoscele la base minore è i $\frac{2}{5}$ del lato obliquo, il perimetro è 80 cm e la somma della quarta parte della base maggiore con la metà della base minore è 12 cm. Determina l'altezza del trapezio. [16 cm]

290 In un trapezio rettangolo il lato obliquo forma con la base maggiore un angolo di 45° e la somma delle basi è 40 cm. Determina l'area del trapezio sapendo che la somma dei $\frac{5}{6}$ dell'altezza e dei $\frac{3}{4}$ della base maggiore è 44 cm. [480 cm²]

291 In un trapezio il rapporto delle proiezioni dei lati obliqui sulla base maggiore è $\frac{9}{16}$; la base maggiore è i $\frac{7}{5}$ della somma tra i $\frac{3}{5}$ della base minore e 19 cm. Determina il perimetro del trapezio sapendo che la somma delle basi è 45 cm e che l'altezza è 12 cm. [80 cm]

292 In un trapezio rettangolo la proiezione del lato obliquo sulla base maggiore è 9 m e la somma delle basi supera di 5 m il triplo dell'altezza; si sa inoltre che i $\frac{4}{5}$ della base maggiore superano di 8 m l'altezza. Determina i lati e verifica che la diagonale minore è perpendicolare al lato obliquo. [16 m; 12 m; 25 m; 15 m]

293 In un trapezio isoscele i lati obliqui formano con la base maggiore angoli di 45°; sommando ai $\frac{4}{9}$ della base maggiore $\frac{1}{3}$ della minore si ottiene 17 cm, mentre aggiungendo 4 cm all'altezza e sottraendo 5 cm alla base minore si ottengono segmenti di uguale lunghezza. Determina le basi e l'area del trapezio.

[27 cm; 15 cm; 126 cm^2]

294 Un trapezio isoscele è diviso dalla parallela al lato obliquo condotta per uno degli estremi della base minore in un triangolo e in un parallelogrammo; si sa che l'area del trapezio, la cui altezza è di 3 cm, è di 42 cm^2 e che il rapporto tra l'area del triangolo e quella del parallelogramma così formati è $\frac{2}{5}$. Determina il perimetro del trapezio.

[38 cm]

Sistemi lineari di tre equazioni in tre incognite

Risoluzione di un sistema lineare di tre equazioni in tre incognite

Esercizio svolto ed esercizi da svolgere con il metodo di Cramer

Risolvi i seguenti sistemi.

Altri esercizi

ESERCIZIO SVOLTO

295
$$\begin{cases} 2x - y + z = 12 \\ x + 2y - z = -10 \\ x + y + z = 2 \end{cases}$$

Applicheremo il metodo di sostituzione. Risolviamo la prima equazione rispetto all'incognita z:

$$\begin{cases} z = 12 - 2x + y \\ x + 2y - z = -10 \\ x + y + z = 2 \end{cases}$$

Sostituiamo l'espressione $12 - 2x + y$ al posto dell'incognita z nella seconda e terza equazione:

$$\begin{cases} z = 12 - 2x + y \\ x + 2y - (12 - 2x + y) = -10 \\ x + y + (12 - 2x + y) = 2 \end{cases} \longrightarrow \begin{cases} z = 12 - 2x + y \\ 3x + y = 2 \\ -x + 2y = -10 \end{cases}$$

Nella seconda e nella terza equazione ora non compare più l'incognita z. Risolviamo la seconda equazione rispetto all'incognita y e sostituiamo l'espressione trovata, nella terza equazione, al posto di y:

$$\begin{cases} z = 12 - 2x + y \\ y = 2 - 3x \\ -x + 2y = -10 \end{cases} \longrightarrow \begin{cases} z = 12 - 2x + y \\ y = 2 - 3x \\ -x + 2(2 - 3x) = -10 \end{cases} \longrightarrow \begin{cases} z = 12 - 2x + y \\ y = 2 - 3x \\ -7x = -14 \end{cases}$$

Nella terza equazione compare solo l'incognita x; risolviamola e quindi sostituiamo, nella seconda equazione, il valore trovato al posto di x:

$$\begin{cases} z = 12 - 2x + y \\ y = 2 - 3x \\ x = 2 \end{cases} \longrightarrow \begin{cases} z = 12 - 2x + y \\ y = 2 - 3 \cdot 2 \\ x = 2 \end{cases} \longrightarrow \begin{cases} z = 12 - 2x + y \\ y = -4 \\ x = 2 \end{cases}$$

Sostituiamo ora i valori di x e di y nella prima equazione:

$$\begin{cases} z = 12 - 2 \cdot 2 - 4 \\ y = -4 \\ x = 2 \end{cases} \longrightarrow \begin{cases} z = 4 \\ y = -4 \\ x = 2 \end{cases}$$

Possiamo perciò affermare che il sistema dato è determinato e la sua soluzione è $\begin{cases} x = 2 \\ y = -4 \\ z = 4 \end{cases}$.

ESERCIZI

296 $\begin{cases} x+y+z=1 \\ 2x+y-z=6 \\ x-y+2z=-5 \end{cases}$ $\begin{cases} x-y+z=-1 \\ x+2y-z=8 \\ 3x-y+2z=3 \end{cases}$ $\left[\begin{cases} x=1 \\ y=2 \\ z=-2 \end{cases} ; \begin{cases} x=2 \\ y=3 \\ z=0 \end{cases}\right]$

297 $\begin{cases} 2x+y+z=1 \\ 4x-y+z=-5 \\ -x+y+2z=5 \end{cases}$ $\begin{cases} 3x-y-z=8 \\ x+y=1 \\ 2y-z=-1 \end{cases}$ $\left[\begin{cases} x=-1 \\ y=2 \\ z=1 \end{cases} ; \begin{cases} x=2 \\ y=-1 \\ z=-1 \end{cases}\right]$

298 $\begin{cases} 3x+2y+z=3 \\ x-y+z=\dfrac{5}{6} \\ x+y=\dfrac{5}{6} \end{cases}$ $\begin{cases} x+2y+z=3 \\ -2x+y-2z=-1 \\ y+z=4 \end{cases}$ $\left[\begin{cases} x=\dfrac{1}{3} \\ y=\dfrac{1}{2} \\ z=1 \end{cases} ; \begin{cases} x=-2 \\ y=1 \\ z=3 \end{cases}\right]$

299 $\begin{cases} -3x+2y+z=-4 \\ 3x-2y+z=6 \\ 3x+2y-z=12 \end{cases}$ $\begin{cases} x+y=1 \\ y+z=2 \\ x+z=3 \end{cases}$ $\left[\begin{cases} x=3 \\ y=2 \\ z=1 \end{cases} ; \begin{cases} x=1 \\ y=0 \\ z=2 \end{cases}\right]$

300 $\begin{cases} x+2y+3z=1 \\ x+y+z=2 \\ 3x+2y+z=3 \end{cases}$ $\begin{cases} 2x+y+z=4 \\ x+2y+z=0 \\ x+y+2z=-4 \end{cases}$ $\left[\text{impossibile}; \begin{cases} x=4 \\ y=0 \\ z=-4 \end{cases}\right]$

301 $\begin{cases} x+\dfrac{1}{2}y+\dfrac{1}{3}z=4 \\ x+y+z=6 \\ \dfrac{1}{3}x+\dfrac{1}{2}y+z=4 \end{cases}$ $\begin{cases} x+\dfrac{y+z}{2}=\dfrac{3}{2} \\ \dfrac{x+y}{2}+z=\dfrac{2}{3} \\ \dfrac{x+z}{2}+y=-\dfrac{3}{2} \end{cases}$ $\left[\begin{cases} x=3 \\ y=0 \\ z=3 \end{cases} ; \begin{cases} x=\dfrac{8}{3} \\ y=-\dfrac{10}{3} \\ z=1 \end{cases}\right]$

302 $\begin{cases} x+\dfrac{y+2z}{2}=-3 \\ x-\dfrac{y+2z}{2}=3 \\ x+\dfrac{y+3z}{3}=-4 \end{cases}$ $\begin{cases} x+\dfrac{y+2}{2}=\dfrac{3}{2} \\ y+\dfrac{x-2z}{3}=-2 \\ z-\dfrac{x+y}{2}=2 \end{cases}$ $\left[\begin{cases} x=0 \\ y=6 \\ z=-6 \end{cases} ; \begin{cases} x=1 \\ y=-1 \\ z=2 \end{cases}\right]$

303 $\begin{cases} 2x-3y+z=1 \\ x-y+2z=0 \\ 3x-5y=2 \end{cases}$ $\begin{cases} z-2y=5 \\ x+2y-z=1 \\ x-2y+z=3 \end{cases}$ $[\text{indeterminato; impossibile}]$

304 $\begin{cases} x+y-z=-2 \\ 2x+y+z=1 \\ x+2y+4z=1 \end{cases}$ $\begin{cases} x+y-z=3 \\ 2x-y+z=3 \\ x+z=1 \end{cases}$ $\left[\begin{cases} x=1 \\ y=-2 \\ z=1 \end{cases} ; \begin{cases} x=2 \\ y=0 \\ z=-1 \end{cases}\right]$

305 $\begin{cases} x+3y-4z=0 \\ 4x-3y+z=0 \\ x+y-z=0 \end{cases}$ $\begin{cases} x+0{,}5y-2z=0 \\ 0{,}\bar{3}x+0{,}1\bar{6}y-0{,}\bar{6}z=0 \\ x-4y+3z=0 \end{cases}$ $\left[\begin{cases} x=0 \\ y=0 \\ z=0 \end{cases} ; \text{indeterminato}\right]$

306 $\begin{cases} 0{,}\bar{3}x+y+z=2 \\ x+0{,}\bar{3}y+z=0 \\ x+y+0{,}\bar{3}z=-2 \end{cases}$ $\begin{cases} 0{,}\bar{1}x-0{,}\bar{2}y+0{,}\bar{3}z=1 \\ 0{,}\bar{2}x-0{,}\bar{3}y+0{,}\bar{1}z=1 \\ 0{,}\bar{3}x-0{,}\bar{1}y+0{,}\bar{2}z=1 \end{cases}$ $\left[\begin{cases} x=-3 \\ y=0 \\ z=3 \end{cases} ; \begin{cases} x=1{,}5 \\ y=-1{,}5 \\ z=1{,}5 \end{cases}\right]$

307 $\begin{cases} x+y-z=-2a \\ 2x+y+z=a \\ x+2y+4z=a \end{cases}$ $\begin{cases} x+y-z=3a \\ 2x-y+z=3 \\ x+z=1 \end{cases}$ $\left[\begin{cases} x=a \\ y=-2a \\ z=a \end{cases} ; \begin{cases} x=a+1 \\ y=a-1 \\ z=-a \end{cases}\right]$

Ricordando il principio di identità dei polinomi, risolvi i seguenti esercizi.

308 Determina tre costanti a, b, c in modo che risulti verificata la seguente uguaglianza:
$$\frac{1}{x^3 - 6x^2 + 11x - 6} = \frac{a}{x-1} + \frac{b}{x-2} + \frac{c}{x-3}$$
$$\left[a = \frac{1}{2};\ b = -1;\ c = \frac{1}{2}\right]$$

309 Determina a, b, c in modo che risulti $\dfrac{4x^2 + 5x + 3}{x^3 + 2x^2 - x - 2} = \dfrac{a}{x-1} + \dfrac{b}{x+1} + \dfrac{c}{x+2}$.
$$[a = 2;\ b = -1;\ c = 3]$$

310 Determina, se esistono, i numeri a, b e c, in modo che sia verificata la seguente relazione:
$$\frac{2x^2 - 1}{3x^3 + 5x^2 - 2x} = \frac{a}{x} + \frac{b}{3x - 1} + \frac{c}{x + 2}$$
$$\left[a = c = \frac{1}{2};\ b = -1\right]$$

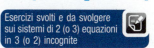

Problemi con tre incognite

Problemi sui numeri

311 Determina tre numeri, sapendo che la loro somma è 70, che il primo è $\dfrac{2}{5}$ del terzo e che il secondo supera di 4 il doppio del primo. [12; 28; 30]

312 Determina tre numeri, sapendo che la somma del primo con il doppio del secondo e con il triplo del terzo è 100, che il secondo è $\dfrac{2}{3}$ del primo e che la somma di $\dfrac{1}{5}$ del primo con $\dfrac{3}{2}$ del terzo è 21. [30; 20; 10]

313 Trova tre numeri, sapendo che la loro somma è 64, che se si aggiunge 4 al primo e al secondo si ottengono due numeri proporzionali a 5 e 6, mentre se si sottrae 4 al secondo e al terzo si ottengono due numeri proporzionali a 2 e 3. [16; 20; 28]

314 Tre numeri hanno per somma 43; si sa che è 5 la differenza tra il primo e il secondo e 7 la differenza tra il secondo e il terzo. Trova i tre numeri. [20; 15; 8]

315 La somma di tre numeri è 54; aggiungendo 6 al primo, si ottengono $\dfrac{3}{4}$ del terzo; sottraendo 2 dal secondo, si ottengono $\dfrac{2}{3}$ del terzo. Trova i tre numeri. [12; 18; 24]

316 La somma di tre numeri è 64, il maggiore è $\dfrac{7}{4}$ del minore e la somma del maggiore con il minore supera di 4 il doppio del numero intermedio. Trova i tre numeri. [28; 20; 16]

317 Dividi il numero 120 in tre parti, sapendo che la somma di $\dfrac{2}{5}$ della prima con $\dfrac{1}{4}$ della seconda è uguale alla terza parte e che, sottraendo dal doppio della prima $\dfrac{7}{4}$ della seconda, si ottiene ancora la terza parte. [50; 40; 30]

318 Dividi il numero 61 in tre parti, sapendo che la prima è il doppio della seconda e che dividendo la seconda parte per la terza si ottiene quoziente 2 e resto 4. [36; 18; 7]

319 Dividi il numero 32 in tre parti, sapendo che la prima è il triplo della terza e che dividendo la seconda parte per la terza si ottiene quoziente 2 e resto 2. [15; 12; 5]

ESERCIZI

▷▷ 320 Trova il numero naturale n di tre cifre, sapendo che

a. la somma delle cifre è 12;

b. la somma delle cifre delle centinaia con il triplo delle cifre delle unità, diminuita del doppio della cifra delle decine, è 2;

c. la somma di n con il numero ottenuto da questo invertendo l'ordine delle cifre è 888.

(*Suggerimento*: indica con x, y, z rispettivamente la cifra delle centinaia, delle decine e delle unità. Quindi $n = 100x + 10y + z...$) [741]

▷▷ 321 Determina un numero di tre cifre, sapendo che

a. la somma delle cifre è 3;

b. la somma della cifra delle centinaia con il triplo della cifra delle unità, diminuita del doppio della cifra delle decine, è 11;

c. sommando il numero con quello ottenuto da questo invertendo l'ordine delle cifre è 465.

[impossibile]

▷▷ 322 In un numero di tre cifre la cifra delle centinaia è doppia di quella delle decine; dividendo il numero per la somma delle cifre si ottiene per quoziente 60 e resto 1; scambiando fra loro la cifra delle unità con quella delle decine si ottiene un nuovo numero, minore del precedente, che differisce di 9 dal primo numero. Trova il primo numero. [421]

▷▷ 323 In un numero di tre cifre la cifra delle centinaia è la somma delle altre due cifre; la cifra delle decine è il doppio della differenza tra la cifra delle centinaia e il doppio di quella delle unità. Dividendo il numero dato per la somma delle cifre si ha per quoziente 53 e per resto 9. Trova il numero. [963]

Problemi vari

Altri esercizi

ESERCIZIO SVOLTO

▷▷ 324 Il caffè arabica contiene l'1,2% di caffeina e costa 10 euro al kilogrammo. Il caffè robusta di prima qualità contiene il 2,2% di caffeina e costa 6 euro al kilogrammo. Il caffè robusta di seconda qualità contiene il 2,6% di caffeina e costa 4 euro al kilogrammo. Quali quantità delle tre qualità sono necessarie per produrre 20 kg di una miscela contenente l'1,8% di caffeina al costo di 7,50 euro al kilogrammo?

a. **Individuiamo le incognite**:
x = n° kilogrammi di caffè arabica;
y = n° kilogrammi di caffè robusta di prima qualità;
z = n° kilogrammi di caffè robusta di seconda qualità.

b. **Poniamo le condizioni di accettabilità**: ciascuna delle tre variabili dovrà assumere un valore maggiore o uguale a zero, perché quantità negative non avrebbero senso, e minore o uguale a 20, perché nessuna delle tre qualità può, da sola, superare i 20 kg di miscela che si vogliono produrre:

C.A.: $0 \leq x \leq 20$ $0 \leq y \leq 20$ $0 \leq z \leq 20$

c. **Cerchiamo le equazioni**.

▶ Poiché la quantità di miscela che vogliamo ottenere è uguale a 20 kg, dev'essere uguale a 20 la somma delle quantità, in kilogrammi, delle tre qualità di caffè:

$$x + y + z = 20$$

> **OSSERVAZIONE**
> Avremmo potuto utilizzare solo le due incognite
> x = n° kilogrammi di caffè arabica
> y = n° kilogrammi di caffè robusta di prima qualità
> indicando con $20 - x - y$ il numero di kilogrammi di caffè robusta di seconda qualità.

▶ La quantità, in kilogrammi, di caffeina contenuta in x kilogrammi di caffè arabica è l'1,2% di x, ossia $\frac{1,2}{100}x$.
Analogamente le quantità di caffeina contenute nelle due qualità di robusta sono, rispettivamente, $\frac{2,2}{100}y$ e $\frac{2,6}{100}z$. Quindi la quantità di caffeina totale nella miscela è $\frac{1,2}{100}x + \frac{2,2}{100}y + \frac{2,6}{100}z$. D'altra parte, se vogliamo che i 20 kg di miscela contengano l'1,8% di caffeina, la quantità totale di caffeina dev'essere l'1,8% di 20 kg, ossia $\frac{1,8}{100} \cdot 20$. Perciò deve risultare

$$\frac{1,2}{100}x + \frac{2,2}{100}y + \frac{2,6}{100}z = \frac{1,8}{100} \cdot 20 \qquad \boxed{2}$$

▶ Infine, il costo di x kilogrammi di caffè arabica è di $10x$ euro, mentre i costi di ciascuna delle due qualità di robusta sono, in euro, rispettivamente $6y$ e $4z$. Se vogliamo che la miscela costi 7,50 euro/kg, il costo totale dei 20 kg di miscela dev'essere $20 \cdot 7{,}50$ euro. Scriviamo perciò

$$10x + 6y + 4z = 7{,}50 \cdot 20 \qquad \boxed{3}$$

d. Risolviamo il sistema: il sistema che dobbiamo risolvere è formato dalle equazioni ①, ② e ③:

$$\begin{cases} x + y + z = 20 \\ \frac{1,2}{100}x + \frac{2,2}{100}y + \frac{2,6}{100}z = \frac{1,8}{100} \cdot 20 \\ 10x + 6y + 4z = 7{,}50 \cdot 20 \end{cases} \longrightarrow \begin{cases} x + y + z = 20 \\ 12x + 22y + 26z = 360 \\ 5x + 3y + 2z = 75 \end{cases} \longrightarrow \begin{cases} x = 10 \\ y = 5 \\ z = 5 \end{cases}$$

e. Confrontiamo la soluzione con le condizioni di accettabilità: si ha $0 \leq 10 \leq 20$, $0 \leq 5 \leq 20$ e $0 \leq 5 \leq 20$, quindi la soluzione trovata è accettabile.

f. Formuliamo la soluzione: per produrre la miscela desiderata occorrono 10 kg di caffè di qualità arabica, 5 kg di robusta di prima qualità e 5 kg di robusta di seconda qualità.

---

325 **MATEMATICA E... ECONOMIA** Si distribuiscono 12 000 euro fra tre persone in modo che la prima persona riceva la terza parte della somma di quanto ricevono le altre due persone e che la somma del doppio di quanto riceve la prima con la metà di ciò che riceve la seconda sia 8100 euro. Determina la somma che riceve ciascuna delle tre persone. [3000 euro; 4200 euro; 4800 euro]

326 **MATEMATICA E... REALTÀ** Un gruppo di tifosi segue la propria squadra in trasferta, noleggiando tre pullman; un terzo dei tifosi prende posto nel primo pullman e nel terzo pullman vi sono sette tifosi in meno che nel primo. Al termine dell'incontro di calcio, tredici tifosi decidono di non tornare. Gli altri si sistemano nel modo seguente: nel primo pullman vi sono 6 tifosi in meno che all'andata, nel terzo 1 in più che all'andata, nel secondo prendono posto 40 tifosi. Quanti erano i tifosi? [123]

327 **MATEMATICA E... REALTÀ** Determina le età di tre fratelli, sapendo che l'età del maggiore è $\frac{5}{7}$ della somma delle età degli altri due fratelli; 10 anni fa l'età del maggiore era $\frac{5}{4}$ della somma delle età degli altri due fratelli; fra 4 anni l'età del secondo sarà $\frac{5}{4}$ di quella del fratello minore. [20; 16; 12]

328 **MATEMATICA E... REALTÀ** Una famiglia è formata da padre, madre, figlia; l'età della figlia è $\frac{2}{7}$ di quella della madre e l'età del padre supera di 6 anni quella della madre. Trova l'età attuale dei componenti la famiglia, sapendo che tra due anni la somma delle età della madre e della figlia supererà di 4 anni l'età del padre. [34; 28; 8]

ESERCIZI

▷▷ **329** **MATEMATICA E... REALTÀ** In una famiglia il padre e la madre hanno la stessa età e l'età della figlia maggiore è $\frac{3}{8}$ della differenza fra l'età di ciascun genitore e il triplo dell'età della sorella minore; fra 2 anni l'età dei genitori supererà di 14 anni gli $\frac{8}{7}$ della somma delle età delle due figlie. Determina le età attuali dei componenti la famiglia, sapendo che la figlia maggiore ha due anni in più della minore. [28; 28; 6; 4]

▷▷ **330** **MATEMATICA E... REALTÀ** In un cortile vi sono galline, oche e conigli per un totale di 38 teste e 108 zampe. Determina il numero delle galline, delle oche, dei conigli sapendo che la somma di $\frac{1}{3}$ del numero delle galline e di $\frac{1}{4}$ di quello dei conigli è 8. [12 galline; 10 oche; 16 conigli]

▷▷ **331** **MATEMATICA E... REALTÀ** Un serbatoio è riempito da tre diversi condotti in 5 minuti; se fossero aperti solo i primi due condotti il serbatoio si riempirebbe in 10 minuti, mentre si riempirebbe in 6 minuti se si aprissero solo il secondo e il terzo condotto. Determina in quanto tempo ogni condotto riempirebbe da solo lo stesso serbatoio. [30 minuti; 15 minuti; 10 minuti]

▷▷ **332** **MATEMATICA E... REALTÀ** Paolo, Mario, Enrico possiedono complessivamente 105 DVD. Il numero di DVD di Enrico è $\frac{7}{6}$ del numero di quelli di Paolo. Si sa inoltre che Mario, dopo aver regalato 5 DVD a Paolo, viene ad avere lo stesso numero di DVD di Paolo. Determina il numero di DVD posseduto inizialmente da ciascuno dei tre amici. [30; 40; 35]

▷▷ **333** **MATEMATICA E... FISICA** Un'automobile parte da una località A e raggiunge una località B, distante 120 km, ritornando quindi in A. Il percorso è composto da un tratto pianeggiante, da A a C, e da un tratto in salita, da C a B. L'automobile percorre il tratto pianeggiante, sia all'andata sia al ritorno, in un'ora, viaggiando alla stessa velocità costante, e percorre a velocità costante anche il tratto in salita, in 40 minuti, e al ritorno, lo stesso tratto in discesa, in 24 minuti. Sapendo che la velocità dell'automobile in discesa supera di 20 km/h quella in piano, determina le velocità dell'auto in piano, in salita e in discesa. [80 km/h; 60 km/h; 100 km/h]

▷▷ **334** **MATEMATICA E... CHIMICA** Si hanno a disposizione tre miscele; la prima contiene il 30% di alcol e ha una densità di 0,8 kg/l, la seconda contiene il 20% di alcol e ha una densità di 0,9 kg/l, la terza contiene il 10% di alcol e ha una densità di 1,1 kg/l. In quali quantità occorre mescolarle per ottenere 10 l di una nuova miscela contenente il 19,5% di alcol e con una densità di 935 g/l? [2,5 l; 4,5 l; 3 l]

Problemi di geometria

Altri esercizi

▷▷ **335** Determina gli angoli di un triangolo, sapendo che sottraendo da $\frac{3}{4}$ del primo angolo $\frac{2}{5}$ del secondo si ottengono 55° e che aggiungendo al secondo la metà del terzo si ottengono 65°. [100°; 50°; 30°]

▷▷ **336** Determina gli angoli di un triangolo, sapendo che la somma di due di essi supera di 20° il terzo angolo e che la somma della sesta parte del primo con la quarta parte del secondo è uguale alla quarta parte del terzo. [60°; 40°; 80°]

▷▷ **337** In un triangolo il primo angolo è la semisomma degli altri due e la somma di $\frac{3}{2}$ del secondo e di $\frac{1}{3}$ del terzo è 145°. Determina gli angoli. [60°; 90°; 30°]

▷▷ **338** Determina gli angoli di un triangolo, sapendo che la differenza tra il triplo del primo e il doppio del secondo supera di 15° il terzo, mentre il rapporto tra il complementare del primo angolo e quello del secondo è $\frac{2}{3}$. [60°; 45°; 75°]

339 In un quadrilatero gli angoli opposti sono supplementari; il primo angolo è uguale a $\frac{4}{3}$ del quarto e la somma di $\frac{3}{4}$ del secondo e della metà del quarto supera di 40° il primo angolo. Determina i quattro angoli.
[80°; 120°; 100°; 60°]

340 In un quadrilatero la somma del primo e del secondo angolo supera di 10° il terzo e il quarto angolo supera di 10° i $\frac{3}{2}$ del secondo. Determina gli angoli del quadrilatero sapendo che la somma del primo e del terzo è di 150°.
[40°; 80°; 110°; 130°]

341 In un parallelepipedo rettangolo tre facce, aventi in comune uno stesso vertice, hanno perimetri rispettivamente di 40 cm, 64 cm e 56 cm. Determina le lunghezze degli spigoli.
[8 cm; 12 cm; 20 cm]

342 In un trapezio $ABCD$, di perimetro 108 cm, la base maggiore AB supera di 12 cm il lato obliquo BC e la somma di $\frac{5}{2}$ dell'altezza con $\frac{2}{3}$ della base minore DC è 57 cm. Si sa inoltre che il lato obliquo BC è $\frac{5}{3}$ dell'altezza e che il lato AD è di 18 cm. Determina le basi del trapezio e l'area, verificando che il trapezio risulta rettangolo.
[42 cm; 18 cm; 540 cm²]

343 Determina il perimetro e i lati di un triangolo, sapendo che la somma del doppio del primo lato e degli altri due è lunga 55 cm, la somma del doppio del secondo lato e degli altri due è lunga 56 cm e la somma del doppio del terzo lato e degli altri due è lunga 57 cm. È possibile determinare il perimetro senza conoscere la lunghezza di ciascun lato?
[42 cm; 13 cm; 14 cm; 15 cm; sì, addizionando le somme indicate si ha il quadruplo del perimetro]

Autovalutazione

TEMPO MASSIMO: 75 MINUTI

1 a. L'insieme delle soluzioni di un'equazione lineare con due incognite può essere rappresentato da una retta nel piano cartesiano. V F
   b. Un sistema si dice lineare se tutte le sue equazioni sono di primo grado. V F
   c. Non esistono sistemi lineari impossibili. V F
   d. Un sistema lineare di due equazioni in due incognite può avere solo due soluzioni. V F

2 Quale dei seguenti sistemi è impossibile?

a $\begin{cases} x - y = 3 \\ 2x - 2y = 6 \end{cases}$ b $\begin{cases} x - y = 3 \\ x + y = 3 \end{cases}$ c $\begin{cases} x - y = 3 \\ y - x = 3 \end{cases}$ d $\begin{cases} x + 2y = -1 \\ 2x + y = -1 \end{cases}$

3 Quale dei seguenti sistemi è indeterminato?

a $\begin{cases} x - y = 3 \\ 2x - 2y = 3 \end{cases}$ b $\begin{cases} x - 5y = 3 \\ x + 5y = 3 \end{cases}$ c $\begin{cases} 2x - y = 4 \\ y - 2x = -4 \end{cases}$ d $\begin{cases} 2x - 3y = 2 \\ 4x - 6y = 2 \end{cases}$

4 Risolvi il sistema $\begin{cases} \frac{2}{3}x + 3y = 8 \\ -x + \frac{1}{2}y = -2 \end{cases}$ con il metodo di eliminazione e con il metodo di confronto.

5 Se acquisto 3 kg di arance e 1 kg di mele spendo 4,20 euro; se invece acquisto 2 kg di arance e 2 kg di mele spendo 4,40 euro. Quanto costa un kg di arance? E uno di mele?

6 Determina un numero naturale di due cifre, sapendo che se si somma $\frac{1}{3}$ della cifra delle decine con $\frac{3}{7}$ di quella delle unità si ottiene 5 e che se si sottrae 9 al numero che si ottiene invertendo le cifre si ha il numero cercato.

7 È stato consegnato, al magazzino di un supermercato, un carico di 1200 scatole di tre diversi tipi di legumi.
- Ciascuna scatola di fagioli pesa 250 g e costa 0,85 euro.
- Ciascuna scatola di piselli pesa 300 g e costa 0,85 euro.
- Ciascuna scatola di ceci pesa 300 g e costa 1,00 euro.

Calcola quante scatole di ciascun tipo di legume vi sono nel carico, sapendo che questo pesa 335 kg e il suo valore è di 1050 euro.

esercizio	1	2	3	4	5	6	7	totale
punteggio	0,25 · 4	0,5	0,5	2	2	2	2	10
esito								

Esercizi per il recupero

Altri esercizi per il recupero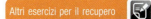

VERO O FALSO?

1   **a.** Un'equazione in due incognite ha sempre infinite soluzioni.   V F
    b. L'equazione $x(x-2y) + y(y-2) = (x-y)^2 + x + 2$ è di secondo grado.   V F
    c. L'equazione $4x - 3 = 5y$ è ridotta a forma normale.   V F
    d. Le soluzioni dell'equazione $7x - y = 10$ sono della forma $(x\,;\,7x - 10)$, con $x \in \mathbb{R}$.   V F
    e. Se S_1 e S_2 sono gli insiemi delle soluzioni delle due equazioni di un sistema, l'insieme delle soluzioni del sistema è $S_1 \cup S_2$.   V F

2   **a.** Il grado di un sistema è il prodotto dei gradi delle sue equazioni.   V F
    b. Un sistema è impossibile solo se le sue equazioni sono impossibili.   V F
    c. Un sistema di due equazioni è lineare se entrambe le equazioni lo sono.   V F
    d. La forma normale del sistema $\begin{cases} 7x - 3y + 7 = 5x - 2y \\ (x-2)(y+2) = (x+3)(y-3) \end{cases}$ è $\begin{cases} 2x - y = -7 \\ x - y = -1 \end{cases}$.   V F

Determina il grado delle seguenti equazioni.

3 $2xy^3(4x^2 - y) = (3x^2 + y^3)(8x^3 - y)$ $4(3x^2 - y)(x - y) = 3x(2x - y)^2 - 3xy^2$ $[5°;\,2°]$

4 $(x - y + 2)^2 = (x - y)^2$ $(x + 3y^2)(x^2 - 3y^2) = (3x + y^2)(3x^2 - 9y^2 + 1)$ $[1°;\,3°]$

Stabilisci quali delle coppie di numeri indicate a fianco di ogni equazione ne sono soluzioni.

5 $5(2y^2 - 1) = (2x + 1)(2x - 1)$ $(-3\,;\,2),\ \left(-\dfrac{1}{3}\,;\,\dfrac{2}{3}\right),\ \left(0\,;\,-\dfrac{1}{2}\right)$ $\left[(-3\,;\,2),\ \left(-\dfrac{1}{3}\,;\,-\dfrac{2}{3}\right)\right]$

6 $3x(x - 2y)^2 = (2x - y)^3$ $(-3\,;\,3),\ \left(0\,;\,-\dfrac{1}{2}\right),\ \left(\dfrac{1}{2}\,;\,-\dfrac{1}{2}\right)$ $\left[(-3\,;\,3),\ \left(\dfrac{1}{2}\,;\,-\dfrac{1}{2}\right)\right]$

Determina il grado dei seguenti sistemi e, se sono lineari, riducili a forma normale.

7 $\begin{cases} (x+3)(y-3) = xy + 9 \\ \dfrac{x+4}{2} + \dfrac{y+4}{3} = \dfrac{y-x}{6} \end{cases}$ $\left[1°;\ \begin{cases} -x + y = 6 \\ 4x + y = -20 \end{cases}\right]$

8 $\begin{cases} (x+3y)(x-3y) = (x+3)(x-3) \\ \dfrac{x^2+2}{3} - \dfrac{y^2-3}{2} = \dfrac{x}{3} \end{cases}$ $[4°]$

9 $\begin{cases} (2x^2+1)^2 = (2y^2+1)^2 \\ 5x - 4y = (x-y)(x+2y) \end{cases}$ $[8°]$

VERO O FALSO?

10   **a.** Se le rette che rappresentano le equazioni di un sistema lineare sono parallele e distinte, il sistema è indeterminato.   V F
    b. Se un sistema lineare è determinato le rette che rappresentano le sue equazioni si incontrano in un punto.   V F
    c. Se il sistema $\begin{cases} ax + by = c \\ a'x + b'y = c' \end{cases}$ è impossibile, le rette $r: ax + by - c = 0$ e $r': a'x + b'y - c' = 0$ sono parallele e distinte.   V F

ESERCIZI

d. La soluzione del sistema $\begin{cases} 3x+5y=1 \\ 4x-y=14 \end{cases}$ è data dalle coordinate del punto di intersezione delle rette $r: 3x+5y+1=0$ e r': $4x-y+14=0$.

e. Il sistema $\begin{cases} 4x-y=3 \\ 2x+3y=1 \end{cases}$ si interpreta graficamente come in figura.

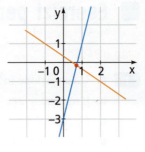

Risolvi graficamente i seguenti sistemi lineari.

11 $\begin{cases} 2x+3y=0 \\ x+2y=-1 \end{cases}$ [(3; −2)]   **12** $\begin{cases} 2x+3y=0 \\ 4x+6y=3 \end{cases}$ [impossibile]

13 $\begin{cases} 3x+6y=-3 \\ x+2y=-1 \end{cases}$ [indeterminato]   **14** $\begin{cases} 2x+3y=3 \\ 3x-2y=11 \end{cases}$ [(3; −1)]

15 $\begin{cases} 3x+2y=5 \\ 6x+4y=-10 \end{cases}$ [impossibile]   **16** $\begin{cases} 2x+3y=3 \\ 6x+9y=9 \end{cases}$ [indeterminato]

VERO O FALSO?

17 a. Il metodo di sostituzione non si può applicare a un sistema impossibile.

b. Con il metodo di sostituzione si risolve un'equazione rispetto a un'incognita e si sostituisce il valore trovato all'altra incognita nell'altra equazione.

c. Se nella risoluzione di un sistema si perviene a un'equazione impossibile, il sistema è impossibile.

d. Se nel sistema $\begin{cases} 4x+y=11 \\ 3x-2y=33 \end{cases}$ si risolve la prima equazione rispetto a y, si trova un'equazione in x: $3x+22+8x=33$.

Risolvi i seguenti sistemi con il metodo di sostituzione.

18 $\begin{cases} x+3y=-1 \\ 2x-9y=8 \end{cases}$ $\left[\begin{cases} x=1 \\ y=-\dfrac{2}{3} \end{cases}\right]$ **19** $\begin{cases} \dfrac{2}{3}x-5y=4 \\ x-\dfrac{15}{2}y=6 \end{cases}$ [indeterminato]

20 $\begin{cases} \dfrac{x+1}{2}=\dfrac{y+3}{3} \\ \dfrac{1}{2}x-\dfrac{2}{3}y=\dfrac{2}{3}x+\dfrac{1}{2}y+\dfrac{10}{9} \end{cases}$ $\left[\begin{cases} x=\dfrac{1}{3} \\ y=-1 \end{cases}\right]$

Risolvi i seguenti sistemi con il metodo di confronto.

21 $\begin{cases} 2x-3y=2 \\ 6x+6y=1 \end{cases}$ $\left[\begin{cases} x=\dfrac{1}{2} \\ y=-\dfrac{1}{3} \end{cases}\right]$ **22** $\begin{cases} 2x-y=4 \\ x+3y=9 \end{cases}$ $\left[\begin{cases} x=3 \\ y=2 \end{cases}\right]$

23 $\begin{cases} x+y=2 \\ -x+2y=-17 \end{cases}$ $\left[\begin{cases} x=7 \\ y=-5 \end{cases}\right]$ **24** $\begin{cases} \dfrac{2x+y}{4}=\dfrac{x+2y}{6}-\dfrac{1}{2} \\ \dfrac{3}{2}(x-y+2)=\dfrac{5}{6}x-y \end{cases}$ $\left[\begin{cases} x=0 \\ y=6 \end{cases}\right]$

Risolvi i seguenti sistemi con il metodo di eliminazione.

25 $\begin{cases} 3x+5y=1 \\ 4x+y=7 \end{cases}$ $\left[\begin{cases} x=2 \\ y=-1 \end{cases}\right]$ **26** $\begin{cases} 3x-4y=8 \\ -2x+\dfrac{8}{3}y=4 \end{cases}$ [impossibile]

27 $\begin{cases} \dfrac{1}{2}(4x+6y)+\dfrac{6x+9y}{3}+4=0 \\ \dfrac{10x+3y}{3}-2x+\dfrac{1}{6}(14x+12y-1)+3=0 \end{cases}$ $\left[\begin{cases} x=-\dfrac{1}{2} \\ y=-\dfrac{1}{3} \end{cases}\right]$

Risolvi i seguenti sistemi con il metodo di Cramer.

28 $\begin{cases} 4x + 3y = 1 \\ 3x - 2y = 5 \end{cases}$ $\left[\begin{cases} x = 1 \\ y = -1 \end{cases}\right]$

29 $\begin{cases} x(2x - 3) - 2(x - 1)^2 = y \\ x(2y - 3) = y(2x + 3) \end{cases}$ $\left[\begin{cases} x = 1 \\ y = -1 \end{cases}\right]$

30 $\begin{cases} \dfrac{x+2}{3} + \dfrac{5}{12} = \dfrac{y+3}{2} \\ \dfrac{(x+2)(y+3)}{2} = \left(x + \dfrac{1}{8}y\right)^2 - \left(x - \dfrac{1}{8}y\right)^2 + \dfrac{13}{4} \end{cases}$ $\left[\begin{cases} x = \dfrac{1}{2} \\ y = -\dfrac{1}{2} \end{cases}\right]$

VERO O FALSO?

31
a. Se nel sistema $\begin{cases} 2x + 3y = -11 \\ 7x - 3y = 2 \end{cases}$ si sottraggono membro a membro le due equazioni, si ha un'equazione in x.   V F

b. Se il determinante di un sistema lineare è zero, il sistema è impossibile.   V F

c. Il metodo di Cramer permette di risolvere sistemi che non si possono risolvere con altri metodi.   V F

d. Se un sistema lineare ha $D \neq 0$ e $D_x = 0$, è impossibile.   V F

Risolvi i seguenti sistemi frazionari.

32 $\begin{cases} \dfrac{x-2}{x} = \dfrac{y}{y+2} \\ \dfrac{x}{x-2} + \dfrac{2}{y-2} = 1 \end{cases}$ $\left[\begin{cases} x = 3 \\ y = 1 \end{cases}\right]$

33 $\begin{cases} \dfrac{1}{8y+12} - \dfrac{1}{x} = \dfrac{1}{2xy+3x} \\ \dfrac{3}{4y+6} - \dfrac{4}{x} = \dfrac{2}{2xy+3x} \end{cases}$ $\left[\begin{cases} x = -4 \\ y = \dfrac{-5}{2} \end{cases}\right]$

34 $\begin{cases} \dfrac{2x-2}{x+2} - \dfrac{y}{y-3} = 1 \\ \dfrac{2}{x+1} + \dfrac{1}{xy+y} = \dfrac{1}{y} \end{cases}$ $\left[\begin{cases} x = 2 \\ y = 1 \end{cases}\right]$

35 $\begin{cases} \dfrac{2x}{x-1} - \dfrac{y}{y+1} = 1 \\ \dfrac{x+2}{x} - \dfrac{y-1}{y+1} = \dfrac{1}{xy+x} \end{cases}$ [impossibile]

VERO O FALSO?

36
a. Il sistema $\begin{cases} x - ay = 1 \\ ax - y = a \end{cases}$ ha l'unica soluzione $\begin{cases} x = 1 \\ y = 0 \end{cases}$.   V F

b. Il sistema $\begin{cases} x - ay = 1 \\ ax + y = a \end{cases}$ ha l'unica soluzione $\begin{cases} x = 1 \\ y = 0 \end{cases}$.   V F

c. Il sistema $\begin{cases} ax - ay = a + 2 \\ (a-1)x + (a+3)y = a+3 \end{cases}$ per $a = -1$ è impossibile.   V F

Risolvi e discuti, se necessario, i seguenti sistemi letterali.

37 $\begin{cases} 2x - y = a \\ x + 3y = 4a \end{cases}$ $\begin{cases} 2x - 3y = 4a - 9b \\ \dfrac{x}{2} - \dfrac{2}{3}y = a - 2b \end{cases}$ $\left[\begin{cases} x = a \\ y = a \end{cases}; \begin{cases} x = 2a \\ y = 3b \end{cases}\right]$

38 $\begin{cases} (a+1)x + 2y = a^2 + 1 \\ ax + (a+1)y = a^2 + 1 \end{cases}$ $\left[\begin{cases} x = a - 1 \\ y = 1 \end{cases}\right]$

39 $\begin{cases} (a-1)x + (a+1)y = 1 - 3a \\ ax + (a-1)y = 0 \end{cases}$ $\left[a = \dfrac{1}{3}, \text{ indeterminato; } a \neq \dfrac{1}{3}: \begin{cases} x = a - 1 \\ y = -a \end{cases}\right]$

40 $\begin{cases} a(x+y) = 2(x-2) \\ a(x+y) = 2(2a+y) \end{cases}$ $\left[a = 1, \text{ indeterminato; } a \neq 1: \begin{cases} x = a + 2 \\ y = -a \end{cases}\right]$

ESERCIZI

Risolvi i seguenti problemi di primo grado con due incognite.

41 Determina due numeri, sapendo che, aggiungendo al primo il doppio del secondo, si ottiene 92 e, aggiungendo al secondo il doppio del primo, si ottiene 88. [28; 32]

42 Un numero di due cifre aumenta di 18 se si raddoppia la cifra delle decine e si dimezza quella delle unità, mentre diventa i suoi $\frac{7}{6}$ se si raddoppia la cifra delle unità. Qual è il numero? [24]

43 Determina una frazione, sapendo che, se si aggiunge a entrambi i termini 10, si ottiene una frazione equivalente a $\frac{8}{9}$, mentre se si sottrae a entrambi i termini 5, se ne ottiene una equivalente a $\frac{3}{4}$. $\left[\frac{14}{17}\right]$

44 Stefano compra 5 quaderni e 3 penne e Lorenza 4 quaderni e 6 penne. Se Stefano ha speso 7,80 euro e Lorenza 8,40 euro, quanto costa un quaderno e quanto una penna? [1,20 euro; 0,60 euro]

45 Determina due angoli, sapendo che il complementare del primo è $\frac{3}{4}$ del secondo e che il complementare del secondo è la metà del primo. [36°; 72°]

46 Determina i lati e l'area di un triangolo isoscele avente il perimetro lungo 48 cm sapendo che, se si aumenta di 1 cm ciascun lato e si diminuisce di 2 cm la base, il triangolo diventa equilatero.
[18 cm; 15 cm; 15 cm; 108 cm²]

VERO O FALSO?

47
a. Un sistema lineare determinato di tre equazioni in tre incognite ha tre soluzioni. V F
b. In un sistema lineare il numero di incognite dev'essere uguale al numero di equazioni. V F
c. Tutte le equazioni lineari in cui compaiono tre incognite sono indeterminate. V F
d. Il principio di riduzione non è valido per i sistemi con più di due equazioni. V F

Risolvi i seguenti sistemi.

48 $\begin{cases} \frac{2}{3}x - y + 2z = -2 \\ \frac{1}{6}x + y - \frac{1}{2}z = 1 \\ x + \frac{1}{4}y + \frac{3}{2}z = -1 \end{cases}$ $\left[\begin{cases} x = -3 \\ y = 2 \\ z = 1 \end{cases}\right]$

49 $\begin{cases} \frac{x}{3} - \frac{y}{4} = \frac{1}{2} \\ \frac{x}{6} + \frac{y+z}{7} = \frac{3}{2} \\ \frac{x}{3} + \frac{y}{2} - \frac{z}{5} = 1 \end{cases}$ $\left[\begin{cases} x = 3 \\ y = 2 \\ z = 5 \end{cases}\right]$

Risolvi i seguenti problemi di primo grado con tre incognite.

50 Determina un numero di tre cifre sapendo che la somma della cifra delle unità e di quella delle decine supera di 6 quella delle centinaia, che se si scambia la cifra delle centinaia con quella delle unità si ottiene un numero che supera quello dato di 396 e che la somma delle tre cifre è 16. [529]

51 MATEMATICA E... REALTÀ In una famiglia la somma delle età dei genitori e del figlio è 84. Trova le età dei tre componenti sapendo che 4 anni fa la somma delle età del padre e della madre era 11 volte quella del figlio, mentre fra 8 anni tale somma sarà il quintuplo di quella del figlio. [padre: 38 anni; madre: 36 anni; figlio: 10 anni]

52 Determina gli angoli di un triangolo sapendo che la semisomma del primo e del secondo supera di 12° il terzo, mentre la semidifferenza tra il primo e il secondo è l'angolo complementare del terzo. [102°; 26°; 52°]

53 Determina gli angoli di un quadrilatero $ABCD$ sapendo che $\widehat{A}$ e $\widehat{D}$ sono congruenti, che la differenza tra $\frac{9}{8}$ di $\widehat{A}$ e la metà di $\widehat{B}$ è congruente a $\widehat{C}$ e che la somma di $\widehat{A}$ e $\widehat{C}$ supera $\widehat{B}$ di 24°.
[$\widehat{A} = \widehat{D} = 96°$; $\widehat{B} = 120°$; $\widehat{C} = 48°$]

QUESITI A RISPOSTA MULTIPLA

54 Quale delle seguenti equazioni è un'identità?

- **a** $xy + x = (x+1)(y-1)$
- **b** $x(x-y) - y(x-y) = (x-y)^2$
- **c** $x(x-y) - y(x-y) = (x-y)(x+y)$
- **d** $x(y-1) + y + 1 = (x-1)(y-1)$

55 Quale delle seguenti coppie ordinate è soluzione dell'equazione $\frac{3}{4}xy - \frac{4}{3}y = -\frac{1}{2}x + \frac{1}{6}$?

- **a** $(2\,;\,5)$
- **b** $(2\,;\,-5)$
- **c** $(-2\,;\,5)$
- **d** $(-2\,;\,-5)$

56 Indica qual è il grado del sistema $\begin{cases} (x-y)^2 = (x+y)(x-y) \\ (x^2-2y)^3 = (x^2-2y)(x^4+2x^2y+4y^2) \end{cases}$.

- **a** Settimo
- **b** Ottavo
- **c** Decimo
- **d** Dodicesimo

57 Il sistema $\begin{cases} x+2y=1 \\ 2x+3y=0 \end{cases}$ è verificato dalla coppia

- **a** $(0\,;\,0)$
- **b** $(1\,;\,0)$
- **c** $(3\,;\,-1)$
- **d** $(-3\,;\,2)$

58 Se una delle due equazioni di un sistema lineare in due incognite è

- **a** determinata, il sistema è determinato
- **b** impossibile, il sistema è impossibile
- **c** indeterminata, il sistema è indeterminato
- **d** impossibile e l'altra indeterminata, il sistema è indeterminato

59 Il determinante del sistema $\begin{cases} 2x-y=1 \\ x+y=2 \end{cases}$ è

- **a** 0
- **b** 1
- **c** 2
- **d** 3
- **e** -1
- **f** -3

60 Per $a = -4$ il sistema $\begin{cases} ax - (a+2)y = 2 \\ (a-2)x + 3y = 3 \end{cases}$ è

- **a** determinato con soluzione $(-1\,;\,-1)$
- **b** determinato con soluzione $(0\,;\,1)$
- **c** indeterminato
- **d** impossibile

61 Il sistema $\begin{cases} kx + (k-2)y = 10 \\ (k+2)x + (k+1)y = 1-k \end{cases}$

- **a** per $k=-4$ è indeterminato
- **b** per $k=-4$ è impossibile
- **c** per $k=4$ è indeterminato
- **d** per $k=4$ è impossibile

62 Il sistema risolutivo del problema «Se i partecipanti a una gita scolastica pagassero 20 euro a testa mancherebbero 60 euro per coprire le spese, se pagassero 22 euro avanzerebbero 24 euro. Quanti sono i partecipanti e quanto costa la gita?», posto uguale a n il numero dei partecipanti e uguale a s il costo in euro, è

- **a** $\begin{cases} 20n = s+60 \\ 22n = s-24 \end{cases}$
- **b** $\begin{cases} 20n = s-60 \\ 22n = s+24 \end{cases}$
- **c** $\begin{cases} 20n - s = 60 \\ 22n - 24 = s \end{cases}$
- **d** $\begin{cases} 20n - 60 = s \\ 22n + 24 = s \end{cases}$

63 Quale terna ordinata è soluzione del sistema $\begin{cases} x-y+z=1 \\ x+y-z=1 \\ x-y-z=-1 \end{cases}$?

- **a** $(1\,;\,1\,;\,-1)$
- **b** $(1\,;\,1\,;\,1)$
- **c** $(1\,;\,0\,;\,0)$
- **d** $(0\,;\,0\,;\,0)$
- **e** $(1\,;\,-1\,;\,1)$

64 Il determinante di un sistema indeterminato

- **a** è 0
- **b** è 1
- **c** è -1
- **d** dipende dal sistema

Esercizi di approfondimento

1 Dato il polinomio $P(x) = ax^3 + bx^2 + 2x - 1$, determina i valori dei parametri a e b, sapendo che la divisione di $P(x)$ per $(x+1)$ è esatta, mentre la divisione di $P(x)$ per $(x-1)$ dà resto 3. $\left[a = -\dfrac{1}{2}; \; b = \dfrac{5}{2}\right]$

2 Sono dati i polinomi $A(x) = ax^3 + (2a-b)x^2 + (b+1)x + b$ e $B(x) = bx^3 + (2b-3a)x^2 + a - b$. Determina i parametri a e b, sapendo che i due polinomi, divisi entrambi per $(x-1)$, danno lo stesso resto e che $A(-1) = B(2)$. $\left[a = b = -\dfrac{1}{4}\right]$

3 Considera il polinomio $P(x) = ax^3 + bx^2 + cx + 2$. Determina a, b, c, sapendo che

  a. il polinomio, diviso per $(x-1)$ o per $(x-2)$, ha lo stesso resto;
  b. il resto della divisione di $P(x)$ per $(x+1)$ supera di 1 il resto della divisione di $P(x)$ per $(x+2)$;
  c. la somma dei tre coefficienti incogniti è zero. $\left[a = \dfrac{1}{18}; \; b = -\dfrac{1}{6}; \; c = \dfrac{1}{9}\right]$

4 Siano a, b, c, d quattro numeri tali che

$$\dfrac{a}{b+c} = 2 \qquad \dfrac{c}{d} = 3 \qquad \dfrac{d}{a-2} = 1$$

Determina:

  a. il valore dell'espressione $\dfrac{(-2a-1)^3 - 2ab(c+6) + 1}{d(a-2)(b+c)}$ per $a = 1$; $[-94]$

  b. per quali valori di a, b, c, d è soddisfatta l'uguaglianza $2ab + \dfrac{5}{3}ac = 1$;
  $\left[a = \dfrac{1}{2}; \; b = \dfrac{19}{4}; \; c = -\dfrac{9}{2}; \; d = -\dfrac{3}{2}\right]$

  c. per quali valori di a, b, c, d è soddisfatta l'uguaglianza $a^2 - c^2 - 33 = (d+1)^2 - 3(3a^2 - 2)$.
  [nessun valore di a, b, c, d]

5 Sapendo che $a + 2b = c - 3b + 1 = 2a + 3c - 5 = -b - c$, determina, se possibile, il valore delle seguenti espressioni.

  a. $\dfrac{2a - 2bc + 1}{b + 1}$ $[-8]$

  b. $\dfrac{3ab - c}{2c + 5}$ [priva di significato]

  c. $\dfrac{4ac + 85}{b^2 - 4}$ [indeterminata]

6 Sia $n = 8a + 1 = 5b + 2 = 8b - 2a - 17$ con $a, b, c \in \mathbb{Z}$.
  a. Determina il resto della divisione di n per 13. [deve essere $n = 57$ e $R = 5$]
  b. Scrivi n nel sistema di numerazione in base 2. $[n = (111001)_2]$

7 In un numero di tre cifre la cifra delle centinaia è uguale alla somma delle cifre delle decine e delle unità; la cifra delle decine è uguale alla differenza tra la cifra delle centinaia e quella delle unità. Dividendo il numero per la somma delle cifre si ottiene per quoziente 52 e resto 3. Trova il numero.
(Indicando con x la cifra delle unità, con y quella delle decine, la cifra delle centinaia è $x + y$...)

[il problema, apparentemente indeterminato, ammette, invece, come soluzione solo i tre numeri 211, 523, 835]

Verso la Prova Invalsi

Soluzioni degli esercizi

QUESITI A RISPOSTA MULTIPLA

1 Il sistema $\begin{cases} \frac{1}{2}x + 3y + 1 = 0 \\ 2x + 12y + 4 = 0 \end{cases}$

- **a** è determinato
- **b** è impossibile
- **c** è indeterminato
- **d** nessuna delle risposte precedenti è corretta

2 L'interpretazione grafica a lato corrisponde al sistema

- **a** $\begin{cases} x + y = 1 \\ x - 2y = 2 \end{cases}$
- **b** $\begin{cases} 2x + 2y = 2 \\ x - 2y + 2 = 0 \end{cases}$
- **c** $\begin{cases} -x - y = 1 \\ x - 2y = -2 \end{cases}$
- **d** $\begin{cases} x + y = -1 \\ x - 2y = 2 \end{cases}$

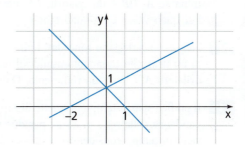

3 L'interpretazione grafica a lato corrisponde al sistema

- **a** $\begin{cases} 3x + 5y = -15 \\ 3x + 5y = -30 \end{cases}$
- **b** $\begin{cases} 5x + 3y = 15 \\ 5x + 3y = 30 \end{cases}$
- **c** $\begin{cases} 5x + 3y = -15 \\ 5x + 3y = -30 \end{cases}$
- **d** $\begin{cases} 3x + 5y = 15 \\ 3x + 5y = 30 \end{cases}$

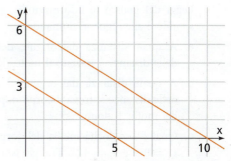

4 Il sistema $\begin{cases} (k+1)x - ky = 4k \\ 2x + 3y = -3 \end{cases}$ è determinato se

- **a** $k = -\frac{3}{5}$
- **b** $k = -3$
- **c** $k \neq -\frac{3}{5}$
- **d** $k \neq 0$

5 Il sistema che formalizza il problema «determina due numeri sapendo che la somma del primo con il triplo del secondo è uguale a 6 e che la somma dell'opposto del primo con il secondo è uguale all'opposto di 2»

- **a** è $\begin{cases} x + 3y = 6 \\ \frac{1}{x} + y = \frac{1}{2} \end{cases}$
- **b** è $\begin{cases} 3(x + y) = 6 \\ -x + y = -2 \end{cases}$
- **c** è $\begin{cases} x + 3y = 6 \\ y - x = -2 \end{cases}$
- **d** nessuna delle risposte precedenti è corretta

6 Individua il sistema che ha per soluzione $x = 1 \wedge y = 0$.

- **a** $\begin{cases} 2x^2 - 4x + 4y + 2 = 0 \\ y = x - 1 \end{cases}$
- **b** $\begin{cases} x^2 + y^2 = 1 \\ xy = 1 \end{cases}$
- **c** $\begin{cases} 2 = 4x - 5y - 2 \\ \frac{x^3}{y} = 1 \end{cases}$
- **d** $\begin{cases} x^3 + y^3 + 3x + 3y = 4 \\ \frac{y}{x - 1} = 0 \end{cases}$

7 Il sistema di primo grado $\begin{cases} 8x - 6y + 2z - 1 = 0 \\ -4x + 3y - z + 2 = 0 \\ 2x - \frac{3}{2}y + \frac{1}{2}z - 1 = 0 \end{cases}$

- **a** è determinato con soluzione $(1; 1; 1)$
- **b** è indeterminato
- **c** è impossibile
- **d** nessuna delle risposte precedenti è corretta

143

Verso le competenze

1 Dimostra che i punti $A(0\,;\,3)$, $B(-1\,;\,-1)$ e $C\left(\dfrac{1}{2}\,;\,5\right)$ sono allineati calcolando esclusivamente la loro distanza. Determina la retta passante per i tre punti e disegnala in un piano cartesiano.

2 Nel piano cartesiano sono dati i punti $A(a\,;\,a)$, $B(a+b\,;\,a+c)$, $C(a+d\,;\,a)$ e $D(a+b+d\,;\,a+c)$. Determina se $ACDB$ è un quadrilatero particolare. Per quali valori di a, b, c, d il quadrilatero è un rettangolo? Per quali valori è un quadrato?

3 Nel piano cartesiano sono dati i punti $A(a\,;\,a)$, $B(a+b\,;\,a)$, $C(a\,;\,a+c)$. Verifica che tali punti sono i vertici di un triangolo rettangolo usando il teorema di Pitagora. Determina poi un punto D in modo tale che il quadrilatero $ABCD$ sia un rettangolo. Determina infine l'equazione della retta AD.

4 Il grafico spazio-tempo permette di rappresentare in che posizione si trova un corpo a ogni istante del moto. La pendenza della retta passante per due punti del grafico corrisponde alla velocità media dell'oggetto nell'intervallo di tempo considerato.
Leggi dal grafico le informazioni necessarie per rispondere alle seguenti domande.

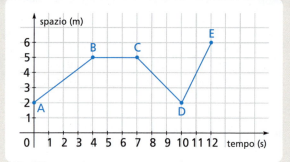

a. A quale distanza dall'origine della misurazione delle distanze è iniziato il moto del corpo?

b. A quale distanza dall'origine della misurazione delle distanze si trova il corpo dopo 5 s dall'inizio del moto? E dopo 8 s?

c. Qual è la velocità media del corpo tra gli istanti $t_A = 0$ s e $t_B = 4$ s? Tra gli istanti $t_D = 10$ s e $t_E = 12$ s? Tra gli istanti $t_C = 7$ s e $t_E = 12$ s?

d. Come interpreti il tratto del grafico tra i punti B e C?

e. Ricordando che la legge oraria che descrive il moto rettilineo uniforme di un corpo, in moto con velocità costante v_0 e che si trova nell'istante iniziale a una distanza s_0 dall'origine della misurazione delle distanze, è

$$s = s_0 + vt$$

determina la legge oraria di un secondo corpo che si muove di moto rettilineo uniforme e il cui grafico del moto passa per gli stessi punti B e D del grafico rappresentato nell'immagine.

5 Il grafico velocità-tempo permette di rappresentare la velocità di un corpo in ogni istante del moto. La pendenza della retta passante per due punti del grafico corrisponde all'accelerazione media dell'oggetto nell'intervallo di tempo considerato.
Leggi dal grafico le informazioni necessarie per rispondere alle seguenti domande.

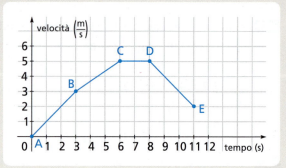

a. Qual è la velocità iniziale del corpo?

b. Qual è la velocità del corpo dopo 3 s, dopo 7 s e dopo 10 s dall'inizio del moto?

c. Qual è l'accelerazione media del corpo tra gli istanti $t_B = 3$ s e $t_C = 6$ s? Tra gli istanti $t_D = 8$ s e $t_E = 11$ s? Tra gli istanti $t_A = 3$ s e $t_D = 8$ s?

d. Come interpreti il tratto del grafico tra i punti C e D?

e. Ricordando che la legge fisica che descrive la velocità di un corpo in moto rettilineo uniformemente accelerato con accelerazione a e con velocità iniziale v_0 è

$$v = v_0 + at$$

determina la legge delle velocità di un secondo corpo che si muove di moto rettilineo uniformemente accelerato e il cui grafico passa per gli stessi punti B e D del grafico rappresentato nell'immagine.

6 La legge economica che lega i capitali presi in prestito e il compenso che spetta a chi presta il denaro è $I = C \cdot r \cdot t$, dove I è l'interesse maturato da parte di chi ha prestato il denaro, C è il capitale preso in prestito, t è il tempo in anni di concessione del prestito, r è il tasso percentuale di interesse.
Leggi dal grafico le informazioni necessarie per rispondere alle seguenti domande.

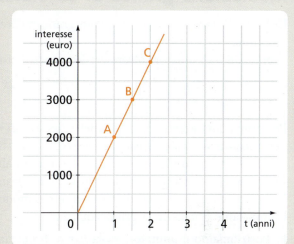

a. Qual è l'interesse maturato dopo un anno? Qual è l'interesse maturato dopo un anno e sei mesi? Qual è l'interesse maturato dopo due anni?

b. Sapendo che il capitale iniziale preso in prestito era di 25 000 euro, qual è il tasso di interesse?

c. Dopo quattro anni quale sarà l'interesse maturato?

7 I grafici h e g nell'immagine rappresentano le aree rispettivamente del trapezio $ABED$ e del triangolo ECD, in funzione della scelta del punto E su BC.
Leggi dal grafico le informazioni necessarie per rispondere alle seguenti richieste, sapendo che le misure sono espresse in centimetri.

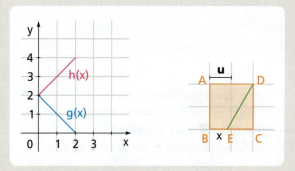

a. Esplicita le funzioni h e g.

b. Qual è la lunghezza del lato del quadrato $ABCD$?

c. Quali sono le aree del trapezio e del triangolo quando $x = 0{,}5$ cm?

8 Trova due numeri la cui differenza è 12 e la differenza tra il quadrato del maggiore e il quadrato del minore è uguale all'opposto di 24.

9 Giulia ha 5 anni in meno di Cristina e il triplo della somma del doppio dei suoi anni con quelli di Cristina è uguale a 24. Determina l'età di Giulia e quella di Cristina.

10 Quest'anno Alessandra ha la metà degli anni di suo papà. 15 anni fa il papà aveva il triplo degli anni di Alessandra. Quanti anni ha Alessandra?

11 Un panettiere prepara in un giorno 120 teglie di focaccia da 8 porzioni l'una. La porzione di focaccia farcita costa 3,50 euro e la focaccia semplice 2,50 euro. Se il proprietario del forno ha incassato 2900 euro in un giorno vendendo tutto, quante porzioni di focaccia farcita e semplice ha preparato?

12 In una classe si sono tenute le elezioni del rappresentante. Tra i due candidati, l'alunno eletto ha vinto con il doppio dei voti dell'avversario. I voti corrispondono al 60% degli alunni della classe, compresi i 3 assenti. Da quanti alunni è composta la classe? Quanti voti ha ottenuto il rappresentante?

13 Con il vino contenuto in una damigiana da 45 l è possibile riempire 28 bottiglie piccole e 16 bottiglie grandi. Il vino contenuto in una bottiglia piccola riempie metà della bottiglia grande. Quali sono le capacità delle due bottiglie?

Laboratorio di matematica

Risoluzione grafica di un sistema lineare

Utilizziamo GeoGebra per risolvere graficamente un sistema di due equazioni di primo grado in due incognite.
Supponiamo di dover risolvere graficamente il sistema

$$\begin{cases} 2x - 3y = 1 \\ x + 2y = 4 \end{cases}$$

Per prima cosa accertiamoci che nella finestra di GeoGebra siano visibili *Assi*, *Griglia* e *Vista Algebra*.
Per visualizzare *Assi* e *Griglia* facciamo clic con il tasto destro in una posizione qualsiasi della *Vista Grafica* di GeoGebra e spuntiamo le relative opzioni. In alternativa possiamo attivare la *barra di stile*, facendo clic sul triangolino nero accanto al titolo *Vista Grafica*, quindi facendo clic sulle icone relative ad assi e griglia.
Per la *Vista Algebra*, procediamo invece nel modo usuale dal menu *Visualizza*.
Cominciamo a inserire la prima equazione.

a. Posizioniamo il puntatore nella *barra di inserimento* e facciamo clic.

b. Digitiamo 2x−3y=1 e premiamo *Invio*.

GeoGebra disegna una retta, grafico dell'equazione appena inserita, cui assegna il nome **a**; nella *Vista Algebra* (a sinistra) viene visualizzata l'equazione, scritta nella forma

a: 2x−3y=1

Il nome dell'equazione coincide con quello della retta che la rappresenta.
Inseriamo anche la seconda equazione del sistema, ripetendo i passaggi descritti.
Vediamo il risultato in **FIGURA 1**.
Osserviamo che le due rette sembrano incontrarsi in corrispondenza dell'intersezione di due linee della griglia. Questa circostanza potrebbe farci ritenere di essere in grado di determinare immediatamente le coordinate di tale punto, ma è meglio lasciare a GeoGebra questo compito. Infatti non possiamo essere certi che la nostra supposizione sia corretta: il punto di intersezione delle rette potrebbe essere «molto vicino» al punto di intersezione delle linee della griglia, ma non coincidente con esso; se così fosse, l'esame della figura ci trarrebbe in inganno.
Costruiamo il punto di intersezione delle due rette.

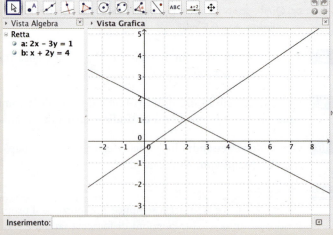

FIGURA 1

c. Selezioniamo, nel menu del secondo pulsante (icona), lo strumento *Intersezione di due oggetti*, denotato dall'icona .

d. Portiamo il puntatore vicino alla retta *a* e, quando questa appare evidenziata, facciamo clic.

e. Portiamo il puntatore vicino alla retta *b* e, quando questa appare evidenziata, facciamo clic.

Viene così creato il punto di intersezione delle due rette, a cui GeoGebra assegna il nome **A**; nella *Vista Algebra*, è visualizzata ora una nuova voce, corrispondente al punto appena creato (**FIGURA 2**).

Possiamo perciò affermare che le coordinate di tale punto sono **(2;1)**, quindi la soluzione del sistema è

$$\begin{cases} x = 2 \\ y = 1 \end{cases}$$

È importante sapere che GeoGebra rappresenta le coordinate dei punti come numeri decimali. Nell'esempio ora svolto la soluzione del sistema è una coppia di numeri interi, e quindi abbiamo potuto ottenere la soluzione esatta. Ma se proviamo a risolvere con GeoGebra il seguente sistema:

$$\begin{cases} -3x + 2y = 0 \\ x + 2y = 5 \end{cases}$$

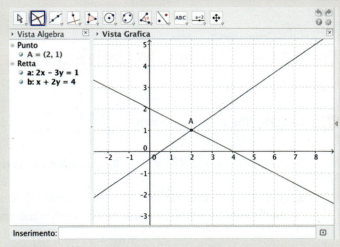

FIGURA 2

otteniamo, per il punto di intersezione, le coordinate **(1.25;1.88)**: GeoGebra utilizza per impostazione predefinita il punto al posto della virgola come separatore decimale, e un arrotondamento a due cifre decimali. Potremmo quindi assumere

$$\begin{cases} x = 1.25 \\ y = 1.88 \end{cases}$$

come soluzione approssimata del sistema (**FIGURA 3**). Per ottenere un'approssimazione migliore possiamo aumentare il numero di cifre decimali visibili. Apriamo il menu *Opzioni* e muoviamo il puntatore sulla voce *Arrotondamento*; si aprirà un sottomenu in cui possiamo scegliere il numero di cifre decimali da visualizzare.

Le coordinate di *B* visualizzate nella *Vista Algebra* divengono **(1.25,1.875)**; in effetti la soluzione esatta del sistema è

$$\begin{cases} x = \dfrac{5}{4} \\ y = \dfrac{15}{8} \end{cases}$$

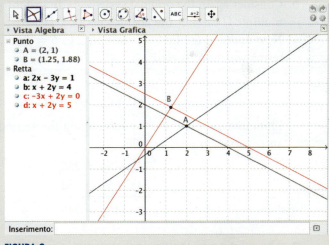

FIGURA 3

Modificare il colore degli oggetti in GeoGebra

Nella **FIGURA 3** possiamo notare come le rette *c* e *d* siano visualizzate in rosso. Per colorare un oggetto geometrico in GeoGebra portiamo il mouse su di esso, finché non appare selezionato; facciamo clic con il tasto destro e selezioniamo la voce *Proprietà*. Si aprirà la relativa finestra di dialogo in cui faremo clic sulla scheda *Colore*, nella quale possiamo scegliere il colore in cui visualizzare la retta selezionata.
In alternativa possiamo modificare con un clic il colore degli oggetti presenti nella *Vista Grafica*, selezionandoli e utilizzando la *barra di stile*, come spiegato in precedenza.

File GeoGebra del laboratorio

English for Maths

Elimination method for solving systems of linear equations in two variables

1 Consider the following system $\begin{cases} 6x + y = 70 \\ 8x - 3y = 11 \end{cases}$ ①

    a. eliminate the variable y;   **b.** eliminate the variable x;   **c.** write the solution of the system.

a. In order to eliminate the variable y, multiply both sides of the first equation by 3 so that the coefficients of y will be equal in absolute value and opposite in sign

$$\begin{cases} 3(6x + y) = 3(70) \\ 8x - 3y = 11 \end{cases} \longrightarrow \begin{cases} 18x + 3y = 210 \\ 8x - 3y = 11 \end{cases}$$

Combine the two equations by using vertical addition and obtain an equation in one variable

$$\begin{array}{r} 18x + 3y = 210 \\ 8x - 3y = 11 \\ \hline 26x = 221 \end{array} \longrightarrow x = \frac{221}{26} \longrightarrow x = \frac{17}{2}$$

b. Consider again the original system ①. In order to eliminate the variable x, find the least common multiple (LCM) of the coefficients of x $LCM(6\,;\,8) = 24$.
Now multiply the first equation by $24:6 = 4$ and the second equation by $24:8 = 3$ so that the x terms will sum to zero:

$$\begin{cases} 4(6x + y) = 4(70) \\ 3(8x - 3y) = 3(11) \end{cases} \longrightarrow \begin{cases} 24x + 4y = 280 \\ 24x - 9y = 33 \end{cases}$$

Eliminate the variable x by subtracting the second equation from the first equation. This leads to an equation in one variable

$$\begin{array}{r} 24x + 4y = 280 \\ 24x - 9y = 33 \\ \hline 13y = 247 \end{array} \longrightarrow y = \frac{247}{13} \longrightarrow y = 19$$

c. The solution to the original system is the ordered pair $\left(\dfrac{17}{2}\,;\,19\right)$.

What does it mean?

x-terms Termini in x ossia monomi aventi x come parte letterale. Si scrive anche **x terms**

Opposite in sign Di segno opposto

Original system È il sistema scritto esattamente nella forma in cui è assegnato, prima di qualsiasi trasformazione

Least common multiple Minimo comune multiplo

RADICALI IN $\mathbb{R}$

CAPITOLO 3
Radicali in $\mathbb{R}$

- VERSO LE COMPETENZE
- LABORATORIO DI MATEMATICA
- ENGLISH FOR MATHS

OBIETTIVI

Conoscenze

- Definizioni di radice di indice pari e di radice di indice dispari e consapevolezza della loro differenza.
- Prima e seconda proprietà fondamentale dei radicali.
- Proprietà invariantiva e importanza delle sue applicazioni.
- Operazioni con i radicali: prodotto e quoziente di radicali, potenza e radice di un radicale.
- Trasformazioni dei radicali: trasporto di un fattore fuori e dentro il simbolo di radice, razionalizzazione del denominatore di una frazione, trasformazione dei radicali doppi.
- Concetto di potenza con esponente razionale e irrazionale.

Abilità

- Applicare le due proprietà fondamentali dei radicali.
- Applicare la proprietà invariantiva dei radicali e semplificare radicali.
- Eseguire le varie operazioni e trasformazioni con i radicali.
- Calcolare il valore di espressioni contenenti radicali.
- Applicare le nozioni sui radicali alla risoluzione di equazioni e disequazioni a coefficienti irrazionali.

COMPETENZE

- Utilizzare le tecniche e le procedure del calcolo aritmetico ed algebrico, rappresentandole anche sotto forma grafica.
- Analizzare dati e interpretarli sviluppando deduzioni e ragionamenti sugli stessi anche con l'ausilio di rappresentazioni grafiche, usando consapevolmente gli strumenti di calcolo e le potenzialità offerte da applicazioni specifiche di tipo informatico.

Capitolo 3

Radicali in ℝ

- Radicali di indice *n*
- Proprietà invariantiva e sue applicazioni
- Moltiplicazione e divisione di radicali
- Trasporto di un fattore fuori e dentro il simbolo di radice
- Potenza e radice di un radicale
- Razionalizzazione e radicali doppi
- Potenze con esponente reale

Alfiere contro Cavallo

FIGURA 1

Partita di scacchi viventi. In 8 mosse l'alfiere bianco dà scacco al re (**FIGURA 2**): partita conclusa.

Pegaso, il cavallo bianco, esce stremato dalla partita e dice: «Come sempre mi sono mosso più di tutti i neri messi insieme!». Alfi, l'alfiere bianco, risponde: «Certo, ti vuoi muovere sempre "in avanti" e "di lato". Scommetti che se ci scambiamo i ruoli e ripetiamo la partita mi muovo perfino meno di te?». «Sfida accettata!», ribatte prontamente Pegaso.

Chi vince la sfida?

 Soluzione a pag. 180

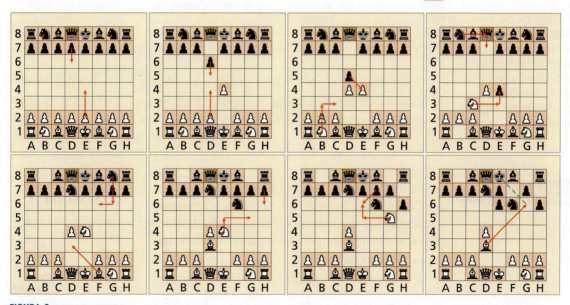

FIGURA 2
Partita di scacchi: i pezzi bianchi muovono per primi

Radicali di indice n

1. Introduzione

Sappiamo che un **numero reale** può essere razionale o irrazionale. Infatti l'insieme $\mathbb{R}$ dei numeri reali è un *ampliamento* dell'insieme $\mathbb{Q}$ dei numeri razionali, come hai studiato nel primo volume (**CAPITOLO 2**).

▶ Un **numero razionale** è sempre esprimibile mediante una frazione e ha una rappresentazione decimale finita oppure infinita e periodica, come ad esempio:

$$1{,}2 = \frac{6}{5} \quad \text{e} \quad 1{,}22222\ldots = 1{,}\overline{2} = \frac{11}{9}$$

▶ Un **numero irrazionale** *non* può essere espresso mediante una frazione e ha una rappresentazione decimale infinita e non periodica, come ad esempio:

$$\sqrt{2} = 1{,}4142135\ldots$$

In questo capitolo impareremo a operare con i **radicali**, cioè con i numeri irrazionali del tipo:

$$\sqrt{2} \quad \sqrt{3} \quad \ldots \quad \sqrt[3]{2} \quad \sqrt[3]{5} \quad \ldots$$

Questi numeri possono essere rappresentati mediante approssimazioni decimali (ad esempio $\sqrt{2} \simeq 1{,}41$). Tuttavia, eseguendo operazioni di calcolo con tali approssimazioni, si ottengono risultati approssimati. Per ottenere risultati esatti è necessario imparare a operare con i radicali. Vediamo un esempio.

> **ESEMPIO**
> Supponiamo di dover moltiplicare i due numeri irrazionali $\sqrt{2}$ e $\sqrt{8}$.
> Non possiamo operare con le loro rappresentazioni decimali, perché esse sono infinite e non periodiche. Possiamo però operare con delle approssimazioni, per difetto e per eccesso, ad esempio esatte alla terza cifra decimale dopo la virgola. Abbiamo in tal modo:
>
>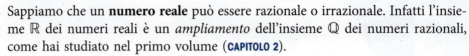
>
> $$1{,}414 \cdot 2{,}828 < \sqrt{2} \cdot \sqrt{8} < 1{,}415 \cdot 2{,}829 \longrightarrow 3{,}998792 < \sqrt{2} \cdot \sqrt{8} < 4{,}003035$$
>
> In questo caso particolare non riusciamo a determinare neppure una cifra esatta del risultato. Se invece operiamo con i radicali, come impareremo tra poco, otteniamo un risultato esatto:
>
> $$\sqrt{2} \cdot \sqrt{8} = \sqrt{2 \cdot 8} = \sqrt{16} = 4$$

Come ora vedremo, l'estrazione di radice di indice n è l'operazione inversa dell'elevamento a potenza con esponente n. Quando si parla di radicali di indice n si intende *sempre* che n sia un **numero naturale diverso da zero**:

$$n \in \mathbb{N}^*$$

essendo $\mathbb{N}^*$ l'insieme dei numeri naturali, escluso lo zero:

$$\mathbb{N}^* = \{1\,;\,2\,;\,3\,;\,4\,;\,\ldots\}$$

Matematica nella storia: rappresentazione dei numeri irrazionali sulla retta reale

SAI GIÀ CHE...
In generale, nel calcolo approssimato gli errori da cui sono affetti i risultati possono essere maggiori degli errori da cui sono affetti i dati di partenza (**propagazione degli errori**).

Matematica nella storia: i radicali nella storia

SAI GIÀ CHE...
L'insieme dei *numeri naturali* è
$$\mathbb{N} = \{0\,;\,1\,;\,2\,;\,\ldots\}$$
Il generico numero naturale viene di solito indicato con la lettera n o anche con altre lettere, come m, p, q, ...

2. Radicali di indice pari

DEFINIZIONE RADICE DI INDICE PARI

Se n è un numero naturale *pari* diverso da zero e a è un numero reale maggiore o uguale a zero, si definisce *radice n-esima* di a il numero reale b, positivo o nullo, la cui potenza n-esima è uguale ad a.
In simboli

$$\sqrt[n]{a} = b \longleftrightarrow b^n = a \qquad a \geq 0, \; b \geq 0, \; n \in \mathbb{N}^*, \; n \text{ pari}$$

- $\sqrt[n]{}$ è il simbolo di radice n-esima;
- a è il **radicando**, positivo o nullo;
- b è la **radice n-esima**, positiva o nulla;
- l'espressione $\sqrt[n]{a}$ è il **radicale**;
- n è l'**indice** (pari) della radice e anche del radicale.

Non viene definito il radicale di indice zero:

$$\sqrt[0]{a} \text{ non ha significato}$$

Per $n = 2$ si ottiene la definizione di radice quadrata. Nello scrivere un radicale di indice 2 (**radicale quadratico**), l'indice viene di solito omesso:

$$\sqrt[2]{a} = \sqrt{a} \qquad a \geq 0$$

ESEMPI

1. $\sqrt[2]{81} = \sqrt{81} = 9$ perché $9^2 = 81$ $\qquad \sqrt{\dfrac{1}{4}} = \dfrac{1}{2}$ perché $\left(\dfrac{1}{2}\right)^2 = \dfrac{1}{4}$

   $\sqrt{2{,}25} = 1{,}5$ perché $1{,}5^2 = 2{,}25$ $\qquad \sqrt[4]{16} = 2$ perché $2^4 = 16$

   $\sqrt[4]{0{,}0001} = 0{,}1$ perché $0{,}1^4 = 0{,}0001$ $\qquad \sqrt[6]{\dfrac{1}{64}} = \dfrac{1}{2}$ perché $\left(\dfrac{1}{2}\right)^6 = \dfrac{1}{64}$

2. $\sqrt{0} = 0$ perché $0^2 = 0$ $\qquad \sqrt[10]{0} = 0$ perché $0^{10} = 0$ $\qquad \ldots$

   $\sqrt{1} = 1$ perché $1^2 = 1$ $\qquad \sqrt[6]{1} = 1$ perché $1^6 = 1$ $\qquad \ldots$

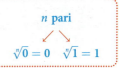

È importante notare che nella definizione sono richieste due condizioni:

$$a \geq 0 \qquad b \geq 0$$

Condizione $a \geq 0$ Poiché n è **pari**, la relazione

$$b^n = a$$

implica che **il radicando a deve essere necessariamente positivo o nullo**; infatti, qualunque sia b, essendo n pari risulta sempre $b^n \geq 0$.
Ad esempio, supponiamo di volere determinare la radice quadrata di -4: se tale radice esistesse dovrebbe essere un numero reale b il cui quadrato è -4. Ma, come sappiamo, non esiste alcun numero reale b tale che $b^2 = -4$.
Concludiamo quindi che la radice quadrata di -4 non esiste e che la scrittura $\sqrt{-4}$ è priva di significato.

Possiamo quindi generalizzare e concludere che

la radice di indice pari di un numero negativo non esiste

Non hanno quindi significato espressioni del tipo

$$\sqrt{-25} \qquad \sqrt[4]{-3} \qquad \sqrt[6]{-\frac{1}{7}} \qquad \sqrt[8]{-5} \qquad \ldots$$

Condizione $b \geq 0$ Affinché la radice n-esima di un numero $a \geq 0$ sia definita in modo univoco, si conviene che **il suo valore b sia anch'esso un numero positivo o nullo**.

Per comprendere la necessità della condizione $b \geq 0$ supponiamo, ad esempio, di dover determinare la radice quadrata del numero positivo 4. Per determinare $\sqrt{4}$ ($a = 4$ e $b = \sqrt{4}$), possiamo osservare che risulta

$$(+2)^2 = +4$$
$$(-2)^2 = +4$$

Esistono perciò due numeri reali il cui quadrato è 4, e precisamente $+2$ e -2. Potresti quindi pensare che valga sia $\sqrt{4} = 2$ sia $\sqrt{4} = -2$. Ma non è così, perché in matematica ogni **operazione** deve dar luogo a un **unico risultato**. Se accettassimo sia $\sqrt{4} = 2$ sia $\sqrt{4} = -2$, l'operazione di estrazione di radice quadrata sarebbe definita in modo «ambiguo»: non sapremmo quale dei due numeri scegliere come radice di 4. Inoltre, dovremmo concludere, per la proprietà transitiva dell'uguaglianza, che $2 = -2$!

Per questo motivo si è *convenuto* di scegliere come *radice del numero positivo* 4 il *numero positivo* $+2$, cioè il numero che ha lo stesso segno del radicando 4. Pertanto è

$$\sqrt{4} = +2$$

e **non** scriveremo mai $\sqrt{4} = -2$ e neppure $\sqrt{4} = \pm 2$.
Possiamo quindi generalizzare e concludere che

la radice di indice pari di un numero positivo è un numero positivo

Osserviamo ora che la radice di indice pari di un numero positivo a è

- **razionale** se a è la potenza n-esima di un numero razionale;
- **irrazionale** se a *non* è la potenza n-esima di un numero razionale.

> ■ NON FARLO!
> È **grave errore** scrivere, ad esempio,
> $\sqrt{25} = -5$
> $\sqrt{49} = \pm 7$
> $\sqrt[4]{81} = -3$
> $\sqrt[6]{\frac{1}{64}} = \pm \frac{1}{2}$

ESEMPIO

3 $\sqrt{\frac{25}{49}}$ è un numero razionale perché $\frac{25}{49} = \left(\frac{5}{7}\right)^2$ e quindi $\sqrt{\frac{25}{49}} = \frac{5}{7}$.

$\sqrt[4]{16}$ è un numero razionale perché $16 = 2^4$ e quindi $\sqrt[4]{16} = 2$.

Sono irrazionali i numeri $\sqrt{8}$, $\sqrt{11}$, $\sqrt[4]{5}$, $\sqrt[6]{6}$, ...

È possibile dimostrare che **la radice di indice pari di un numero positivo o nullo esiste ed è unica**; di tale radice è sempre possibile determinare quante cifre decimali dopo la virgola si desiderano.

ESEMPIO

4 Determiniamo le prime due cifre dopo la virgola della rappresentazione decimale di $\sqrt{17}$, senza utilizzare il tasto «radice quadrata» della calcolatrice scientifica.

Poiché 17 non è il quadrato di alcun numero intero, allora $\sqrt{17}$ è un numero irrazionale. Sappiamo però che $\sqrt{17}$ è quel numero positivo il cui quadrato è 17.

▶ Cominciamo a osservare che

$$\left.\begin{array}{l}4^2 = 16 < 17 \\ 5^2 = 25 > 17\end{array}\right\} \longrightarrow 4 < \sqrt{17} < 5$$

Possiamo quindi dedurre che 4 è la parte intera di $\sqrt{17}$, cioè 4 è la cifra che precede la virgola nella rappresentazione decimale di $\sqrt{17}$:

$$\sqrt{17} = 4,\ldots$$

▶ Ora consideriamo i numeri decimali, compresi tra 4 e 5, con *una cifra* dopo la virgola e confrontiamo i loro quadrati con 17. Avremo

$$\left.\begin{array}{l}4{,}1^2 = 16{,}81 < 17 \\ 4{,}2^2 = 17{,}64 > 17\end{array}\right\} \longrightarrow 4{,}1 < \sqrt{17} < 4{,}2$$

e quindi $\sqrt{17} = 4,1\ldots$

▶ Consideriamo poi i numeri decimali, compresi tra 4,1 e 4,2, con *due* cifre dopo la virgola e confrontiamo i loro quadrati con 17. Avremo

$$\left.\begin{array}{l}4{,}11^2 = 16{,}8921 < 17 \\ 4{,}12^2 = 16{,}9744 < 17 \\ 4{,}13^2 = 17{,}0569 > 17\end{array}\right\} \longrightarrow 4{,}12 < \sqrt{17} < 4{,}13$$

e quindi

$$\sqrt{17} = 4{,}12\ldots$$

Naturalmente con questo procedimento si possono ricavare anche le successive cifre decimali di $\sqrt{17}$.
Come sai, i numeri

    4   4,1   4,12

sono *approssimazioni per difetto* di $\sqrt{17}$ (rispettivamente a meno di una unità, un decimo, un centesimo).
Invece

    5   4,2   4,13

sono *approssimazioni per eccesso* di $\sqrt{17}$ (rispettivamente a meno di una unità, un decimo, un centesimo).

▎ **OSSERVAZIONE**

Il procedimento indicato per il calcolo delle prime cifre decimali di $\sqrt{17}$ costituisce un **algoritmo** per il calcolo delle cifre decimali della radice quadrata di qualsiasi numero positivo. Nel seguito, se vorrai conoscere un valore approssimato della radice di indice pari di un numero positivo, potrai ovviamente ricorrere a una calcolatrice scientifica.

Poiché risulta

$$\sqrt{17} = 4{,}12\ldots$$

si può scrivere anche

$$\sqrt{17} \simeq 4{,}12$$

È invece *errato* scrivere

$$\sqrt{17} = 4{,}12$$

perché in questo modo si affermerebbe che $\sqrt{17}$ è razionale, mentre abbiamo visto che $\sqrt{17}$ è irrazionale.

3. Radicali di indice dispari

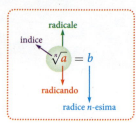

DEFINIZIONE **RADICE DI INDICE DISPARI**

Se n è un numero naturale *dispari*, si definisce *radice n-esima* del numero reale a il numero reale b la cui potenza n-esima è uguale ad a.
In simboli

$$\sqrt[n]{a} = b \iff b^n = a \qquad a \in \mathbb{R},\ b \in \mathbb{R},\ n \in \mathbb{N}^*,\ n \text{ dispari}$$

Per $n = 3$ si ottiene la definizione di radice cubica: l'espressione $\sqrt[3]{a}$ è detta **radicale cubico**.
Osserviamo che, dalla definizione, per $n = 1$ si ha $\sqrt[1]{a} = a$ perché $a^1 = a$.
Il simbolo di radice di indice 1 può quindi essere trascurato perché al posto di $\sqrt[1]{a}$ si può scrivere a:

$$\sqrt[1]{a} = a \qquad a \in \mathbb{R}$$

ESEMPI

1. $\sqrt[3]{\dfrac{8}{27}} = \dfrac{2}{3}$ perché $\left(\dfrac{2}{3}\right)^3 = \dfrac{8}{27}$

   $\sqrt[3]{-\dfrac{27}{8}} = -\dfrac{3}{2}$ perché $\left(-\dfrac{3}{2}\right)^3 = -\dfrac{27}{8}$

   $\sqrt[5]{32} = 2$ perché $2^5 = 32$

   $\sqrt[5]{-0{,}00032} = -0{,}2$ perché $(-0{,}2)^5 = -0{,}00032$

2. $\sqrt[5]{0} = 0$ perché $0^5 = 0$ $\qquad \sqrt[17]{0} = 0$ perché $0^{17} = 0$

   $\sqrt[7]{1} = 1$ perché $1^7 = 1$ $\qquad \sqrt[9]{1} = 1$ perché $1^9 = 1$

   $\sqrt[5]{-1} = -1$ perché $(-1)^5 = -1$ $\qquad \sqrt[11]{-1} = -1$ perché $(-1)^{11} = -1$

Per n dispari:
$$\sqrt[n]{0} = 0$$
$$\sqrt[n]{1} = 1$$
$$\sqrt[n]{-1} = -1$$

Confrontiamo ora le definizioni di radice di indice pari e di radice di indice dispari.

▶ Nella definizione di radice di indice *pari* si pongono delle condizioni sia sul radicando a sia sul risultato b dell'operazione (sia a sia b devono essere positivi o nulli).

▶ Nella definizione di radice di indice *dispari* non si pone alcuna condizione su a e b. Infatti dalla relazione $b^n = a$ si deduce che

- se a è positivo, allora b^n è positivo e quindi, essendo n dispari, anche b è positivo;
- se a è negativo, allora b^n è negativo e quindi, essendo n dispari, anche b è negativo;
- se $a = 0$ allora $b^n = 0$ e quindi $b = 0$.

Pertanto

- **la radice di indice dispari di un numero positivo è un numero positivo;**
- **la radice di indice dispari di un numero negativo è un numero negativo;**
- **la radice di indice dispari di zero è zero.**

Analogamente a quanto accade per la radice di indice pari, il numero $\sqrt[n]{a}$ (con n dispari e $a \in \mathbb{R}$) è *razionale* quando a è la potenza n-esima di un numero razionale. In caso contrario $\sqrt[n]{a}$ risulta *irrazionale*. Quindi:

- sono razionali $\sqrt[3]{27} = 3$; $\sqrt[5]{-\dfrac{32}{243}} = -\dfrac{2}{3}$; $\sqrt[7]{128} = 2$; ...

- sono irrazionali $\sqrt[3]{7}$; $\sqrt[5]{4}$; $\sqrt[7]{\dfrac{1}{3}}$; $\sqrt[9]{\dfrac{10}{7}}$; ...

È possibile dimostrare che **la radice di indice dispari di un numero reale esiste ed è unica**; di tale radice è sempre possibile determinare quante cifre si desiderano.

> **ESEMPIO**
>
> **3** Determiniamo le prime due cifre dopo la virgola della rappresentazione decimale del numero irrazionale $\sqrt[3]{10}$, senza utilizzare il tasto «radice cubica» della calcolatrice scientifica.
>
> Procediamo come nell'esempio **4** del paragrafo precedente, dopo aver osservato che $\sqrt[3]{10}$ è un numero positivo il cui cubo è 10.
>
> ▶ Cominciamo a osservare che
>
> $$\left.\begin{array}{l} 2^3 = 8 < 10 \\ 3^3 = 27 > 10 \end{array}\right\} \longrightarrow 2 < \sqrt[3]{10} < 3 \longrightarrow \sqrt[3]{10} = 2,...$$
>
> ▶ Notiamo poi che
>
> $$\left.\begin{array}{l} 2{,}1^3 = 9{,}261 < 10 \\ 2{,}2^3 = 10{,}648 > 10 \end{array}\right\} \longrightarrow 2{,}1 < \sqrt[3]{10} < 2{,}2 \longrightarrow \sqrt[3]{10} = 2{,}1...$$
>
> ▶ Infine avremo
>
> $2{,}11^3 = 9{,}393931 < 10 \qquad 2{,}12^3 = 9{,}528128 < 10$
> $2{,}13^3 = 9{,}663597 < 10 \qquad 2{,}14^3 = 9{,}800344 < 10$
>
> $$\left.\begin{array}{l} 2{,}15^3 = 9{,}938375 < 10 \\ 2{,}16^3 = 10{,}077696 > 10 \end{array}\right\} \longrightarrow 2{,}15 < \sqrt[3]{10} < 2{,}16 \longrightarrow$$
>
> $$\longrightarrow \sqrt[3]{10} = 2{,}15...$$
>
> I numeri 2; 2,1; 2,15 sono approssimazioni per difetto di $\sqrt[3]{10}$.
> I numeri 3; 2,2; 2,16 sono approssimazioni per eccesso di $\sqrt[3]{10}$.

Un'importante proprietà dei radicali con indice dispari

Come abbiamo visto, l'estrazione di radice con indice pari è possibile solo se il radicando è positivo o nullo, mentre l'estrazione di radice con indice dispari è possibile anche se il radicando è negativo.
Una semplice, ma importante, proprietà dei radicali con *indice dispari* ci consentirà, nel seguito, di **operare solo con radicandi positivi**.
Illustriamo tale proprietà con un esempio.
Sappiamo che $\sqrt[3]{-8} = -2$; essendo $2 = \sqrt[3]{8}$, potremo scrivere

$$\sqrt[3]{-8} = -\sqrt[3]{8}$$

Possiamo così generalizzare il risultato appena visto:

$$\boxed{\sqrt[2n+1]{-a} = -\sqrt[2n+1]{a} \qquad a \in \mathbb{R},\ n \in \mathbb{N}}$$

> Per differenziare un radicale di indice pari da un radicale di indice dispari, talvolta si scrive
>
> - $\sqrt[2n]{a}$ per indicare un radicale di indice **pari**
>
> - $\sqrt[2n+1]{a}$ per indicare un radicale di indice **dispari**
>
> essendo $2n$ un numero naturale *pari* e $2n+1$ uno *dispari*.

TEORIA

> **ATTENZIONE!**
> Si può portar fuori dal simbolo di radice il segno *meno* **solo** se il radicale è di indice *dispari*.

$$-\sqrt[2n+1]{a} = \sqrt[2n+1]{-a}$$

avendo indicato con $2n+1$ un generico indice dispari. Questa proprietà, che vale per qualunque $a \in \mathbb{R}$, ci consente di «**portar fuori**» **il segno meno da un radicale di indice dispari**. Ad esempio:

$$\sqrt[3]{-5} = -\sqrt[3]{5}$$

$$\sqrt[7]{-3} = -\sqrt[7]{3}$$

$$\sqrt[5]{2} = \sqrt[5]{-(-2)} = -\sqrt[5]{-2} \quad \ldots$$

Se leggiamo da destra a sinistra la ①, possiamo anche affermare che il segno meno può essere «portato dentro» il simbolo di radice di indice dispari. Ad esempio:

$$-\sqrt[5]{6} = \sqrt[5]{-6}$$

4. Indice pari, indice dispari: considerazioni conclusive

Dalle definizioni di radice di indice pari e di radice di indice dispari, possiamo dedurre che la radice di zero è sempre zero, indipendentemente dall'indice della radice; analogamente la radice di 1 è sempre 1, qualunque sia l'indice:

> **RICORDA!**
> L'indice n di un radicale è sempre un numero naturale *diverso da zero*.
> Per $n = 1$ è $\sqrt[1]{a} = a$ e quindi, di solito, i radicali che si considerano hanno indice $n \geq 2$.

$$\boxed{\sqrt[n]{0} = 0 \qquad \sqrt[n]{1} = 1 \qquad n \in \mathbb{N}^* \ (n \text{ pari o dispari})}$$

Riassumiamo in una tabella le considerazioni fatte sulle definizioni di radice di indice pari e di indice dispari.

TABELLA 1

indice \ radicando	$a > 0$	$a < 0$
n pari	$\sqrt[n]{a} > 0$	$\sqrt[n]{a}$ non esiste
n dispari	$\sqrt[n]{a} > 0$	$\sqrt[n]{a} < 0$

Possiamo anche dire che **la radice n-esima di un numero a diverso da zero, se esiste, ha lo stesso segno di a**.

5. Condizioni di esistenza di un radicale e di espressioni letterali irrazionali

Oltre ai radicali numerici, cioè ai radicali che hanno come radicando un numero o un'espressione numerica, è possibile considerare radicali i cui radicandi sono espressioni contenenti una o più lettere, come ad esempio:

$$\sqrt{x-1} \qquad \sqrt[4]{a-b} \qquad \sqrt[3]{2x+3} \qquad \sqrt[6]{\frac{x-1}{x+1}} \qquad \ldots$$

▶ Le **condizioni di esistenza** (**C.E.**) di un radicale con radicando letterale sono le condizioni cui devono soddisfare i numeri reali rappresentati dalle lettere che compaiono nel radicando, affinché il radicale stesso abbia significato.

- Nel caso di **indice pari**, il radicando deve avere significato ed essere positivo o nullo.

- Nel caso di **indice dispari**, il radicando deve avere significato e non vi è alcuna condizione da porre sul segno del radicando.

Ad esempio:

radicale	$\sqrt{x}$	$\sqrt{\dfrac{1}{x-2}}$	$\sqrt[4]{a-3}$	$\sqrt[3]{x-4}$	$\sqrt[5]{\dfrac{a+2b}{a-b}}$	$\sqrt[10]{abc}$
C.E.	$x \geq 0$	$\begin{cases} x-2 \neq 0 \\ \dfrac{1}{x-2} \geq 0 \end{cases}$ $\downarrow$ $x > 2$	$a-3 \geq 0$ $\downarrow$ $a \geq 3$	$\forall x \in \mathbb{R}$	$a \neq b$	$abc \geq 0$

> Nel caso in cui nel radicando vi siano delle frazioni algebriche, occorrerà porre le condizioni affinché anche le frazioni abbiano significato e cioè i denominatori non si annullino. Tali condizioni vanno poste indipendentemente dall'indice del radicale.

▶ Si dicono **espressioni letterali irrazionali** quelle espressioni in cui compare almeno un radicale con radicando letterale, come ad esempio:

$$\sqrt{a} + \sqrt[3]{a-3} \qquad \frac{1}{x-2} + \sqrt{x-1} \qquad \frac{\sqrt{x}-\sqrt{y}}{\sqrt{x^2+y^2}}$$

$$\frac{1}{2}\sqrt{a} + 2\sqrt[7]{a} + a^2 - 3\sqrt{a-1}$$

I radicali precedentemente considerati, come $\sqrt{x-1}$, $\sqrt[4]{a-b}$, ..., $\sqrt[10]{ab}$, sono particolari espressioni letterali irrazionali.

Le *condizioni di esistenza* di un'espressione letterale irrazionale sono le condizioni cui devono soddisfare i numeri reali rappresentati dalle lettere affinché l'espressione stessa abbia significato.

6. Prima proprietà fondamentale dei radicali

Dalle due definizioni di radice n-esima si deduce che se $\sqrt[n]{a}$ esiste, allora essa è un numero la cui potenza n-esima è a. Pertanto

$$\left(\sqrt[n]{a}\right)^n = a \qquad n \in \mathbb{N}^* \begin{cases} n \text{ pari}, \ a \geq 0 \\ n \text{ dispari}, \ a \in \mathbb{R} \end{cases}$$

Questa formula esprime la **prima proprietà fondamentale dei radicali**.
Osserviamo che nel caso in cui n sia pari, la condizione di esistenza di $\left(\sqrt[n]{a}\right)^n$ è $a \geq 0$.

> ■ **NON FARLO!**
> Sarebbe un **grave errore** se tu scrivessi l'uguaglianza
> $$(\sqrt[4]{-5})^4 = -5$$
> perché la proprietà fondamentale non è applicabile.
> Infatti nel caso n pari ($n = 4$) deve essere $a \geq 0$, mentre qui è $a = -5 < 0$ e il primo membro dell'uguaglianza non ha significato.

ESEMPI

1. $(\sqrt{2})^2 = 2$; $(\sqrt[3]{5})^3 = 5$; $(\sqrt[7]{-0{,}01})^7 = -0{,}01$; $\left(\sqrt[5]{\sqrt{2}}\right)^5 = \sqrt{2}$;
   $\left(\sqrt[7]{1-\sqrt{2}}\right)^7 = 1-\sqrt{2}$

2. $(\sqrt[5]{a-2})^5 = a-2$ per qualsiasi $a \in \mathbb{R}$: infatti il radicale è di indice dispari.

3. $(\sqrt[4]{a-2})^4 = a-2$ per $a \geq 2$. Infatti il radicale è di indice pari e la prima proprietà fondamentale dei radicali vale solo se è soddisfatta la condizione di esistenza del radicale stesso.

7. Seconda proprietà fondamentale dei radicali

Consideriamo il radicale $\sqrt[n]{a^n}$. Per giungere a una formula per il suo calcolo, dobbiamo distinguere alcuni casi.

n dispari

Osserviamo che, per n dispari, a^n ha lo stesso segno di a; quindi per n dispari il radicale $\sqrt[n]{a^n}$ esiste per qualsiasi valore di a ed è positivo se $a > 0$, negativo se $a < 0$. Quindi, per $a \neq 0$, esso è concorde con a. Ricordando la definizione di radice n-esima di indice dispari, avremo

$$\sqrt[n]{a^n} = a \qquad n \text{ dispari}, \ a \in \mathbb{R} \qquad \boxed{2}$$

Ad esempio, applicando la ②, avremo $\sqrt[7]{3^7} = 3$; $\sqrt[5]{(-4)^5} = -4$.

n pari

Osserviamo che, per n pari, risulta $a^n \geq 0$ per qualsiasi $a \in \mathbb{R}$ e quindi il radicale $\sqrt[n]{a^n}$ risulta definito e positivo o nullo per ogni valore di a. D'altra parte, se n è pari si ha $a^n = |a|^n$ e quindi, essendo $|a| \geq 0$ e ricordando la definizione di radice n-esima di indice pari, si ha $\sqrt[n]{a^n} = \sqrt[n]{|a|^n} = |a|$.
Possiamo quindi scrivere:

$$\sqrt[n]{a^n} = |a| \qquad n \text{ pari}, \ a \in \mathbb{R} \qquad \boxed{3}$$

Ad esempio, avremo $\sqrt{5^2} = |5| = 5$; $\sqrt[4]{(-2)^4} = |-2| = 2$.

Osserviamo che, per definizione di valore assoluto di un numero reale, dalla ③ si deduce che:

- $a > 0 \longrightarrow \sqrt[n]{a^n} = a$. Ad esempio, $\sqrt{37^2} = 37$, $\sqrt[6]{5^6} = 5$.
- $a < 0 \longrightarrow \sqrt[n]{a^n} = -a$. Ad esempio, $\sqrt{\underbrace{(-6)}_{a\,=\,-6}^2} = -(-6) = 6$.

Caso generale

La ② e la ③ esprimono la **seconda proprietà fondamentale** dei radicali e possono essere così schematizzate:

$$\boxed{\sqrt[n]{a^n} = \begin{cases} |a| & n \text{ pari} \\ a & n \text{ dispari} \end{cases} \qquad n \in \mathbb{N}^*, \ a \in \mathbb{R}}$$

> ■ **SAI GIÀ CHE...**
>
> Il **valore assoluto** o **modulo** di un numero reale a è:
>
> $$|a| = \begin{cases} a & \text{se } a \geq 0 \\ -a & \text{se } a < 0 \end{cases}$$
>
> Ad esempio, avremo
> - per $a = 5 > 0$
> $$|5| = 5$$
> - per $a = -6 < 0$
> $$|-6| = -(-6) = 6$$
> - per $a = 0$
> $$|0| = 0$$
>
> Inoltre:
> n pari $\longrightarrow a^n = |a|^n$

> ■ **NON FARLO!**
>
> - $\underbrace{\sqrt{(-3)^2}}_{+} = \underbrace{-3}_{-}$
>
> - $\underbrace{\sqrt[6]{(1-\sqrt{5})^6}}_{+} =$
> $= \underbrace{1 - \sqrt{5}}_{-}$
>
> sono **uguaglianze errate** perché il primo membro è positivo mentre il secondo è negativo!

> **ESEMPI**
>
> **1** Indice dispari $\longrightarrow \sqrt[3]{10^3} = 10$; $\sqrt[7]{(-2,6)^7} = -2,6$; $\sqrt[5]{(-\pi)^5} = -\pi$; ...
>
> Indice pari $\longrightarrow \sqrt[4]{7^4} = 7$; $\sqrt{(-3)^2} = |-3| = 3$ oppure $\sqrt{(-3)^2} = -(-3) = 3$
>
> oppure $\sqrt{(-3)^2} = \sqrt{9} = 3$;
>
> $\sqrt[6]{(1-\sqrt{5})^6} = \left| 1 - \sqrt{5} \right| = \sqrt{5} - 1$
> $\phantom{\sqrt[6]{(1-\sqrt{5})^6} = \ }\underbrace{\phantom{1-\sqrt{5}}}_{1-\sqrt{5}\,<\,0}$

2 Consideriamo alcuni radicali del tipo $\sqrt[n]{a^n}$, con **n pari**, di cui non si conosce il segno di *a*.

▶ $\sqrt{x^2} = |x| \qquad \sqrt{a^2 - 2ab + b^2} = \sqrt{(a-b)^2} = |a-b|$

$\sqrt[4]{(x^2 + 2x + 1)^2} = \sqrt[4]{(x+1)^4} = |x+1|$

Osserviamo che tutti i radicali dati sono definiti per qualsiasi valore delle lettere presenti in essi e rappresentano numeri positivi o nulli. Anche i rispettivi risultati sono positivi o nulli.

▶ $\sqrt{(x-3)^2} = x - 3$ per $x \geq 3$; $\sqrt{(x-5)^2} = -(x-5) = 5 - x$ per $x \leq 5$

3 Nel caso **n dispari**, per l'esistenza del radicale $\sqrt[n]{a^n}$ non ha importanza conoscere il segno di *a*:

$\sqrt[3]{x^3} = x \qquad \sqrt[5]{(a-1)^5} = a - 1 \qquad \sqrt[7]{(1-2x)^7} = 1 - 2x$

■ NON FARLO!

Se *non* conosci il segno di *x*, *non* puoi scrivere

$$\sqrt{x^2} = x$$

Tale **uguaglianza** è **errata** perché il primo membro è positivo o nullo per ogni *x*, mentre il secondo può essere positivo, negativo o nullo.

8. Addizione algebrica di radicali

Tra le operazioni con i radicali che studierai non incontrerai l'addizione. Infatti, salvo in alcuni casi particolari, non esistono regole per trasformare in un unico radicale la somma di due radicali, neppure nel caso in cui essi abbiano lo stesso indice.

In generale, **la somma delle radici *n*-esime di due numeri non è la radice *n*-esima della somma dei due numeri**:

$$\sqrt[n]{a} + \sqrt[n]{b} \neq \sqrt[n]{a+b}$$

Ad esempio:

$$\left.\begin{array}{l}\sqrt{9} + \sqrt{16} = 3 + 4 = 7 \\ \sqrt{9+16} = \sqrt{25} = 5\end{array}\right\} \longrightarrow \sqrt{9} + \sqrt{16} \neq \sqrt{9+16}$$

Analogamente

$$\sqrt[n]{a} - \sqrt[n]{b} \neq \sqrt[n]{a-b}$$

Le somme algebriche in cui compaiono dei radicali si possono semplificare solo se gli addendi sono radicali con lo stesso indice e lo stesso radicando, eventualmente moltiplicati per un coefficiente (**radicali simili**). In questo caso si opera come per la somma algebrica di monomi simili.
Ad esempio:

$$5\sqrt{3} + 7\sqrt{3} = (5+7)\sqrt{3} = 12\sqrt{3}$$

mettiamo in evidenza $\sqrt{3}$

Matematica e modelli: aritmetica dei lacci da scarpe

Ovviamente è anche

$$\sqrt[n]{a+b} \neq \sqrt[n]{a} + \sqrt[n]{b}$$

e tale relazione viene ricordata, di solito, in modo sintetico, dicendo che **la radice della somma non è la somma delle radici**. Analogamente

$$\sqrt[n]{a-b} \neq \sqrt[n]{a} - \sqrt[n]{b}$$

Analogamente a quanto avviene nel calcolo letterale, invece di scrivere $5 \cdot \sqrt{3}$ si usa anche scrivere $5\sqrt{3}$, omettendo il segno di moltiplicazione.

Primi passi nel calcolo con i radicali

Le altre operazioni (moltiplicazione, divisione, elevamento a potenza) tra radicali con lo stesso indice e lo stesso radicando, moltiplicati eventualmente per un coefficiente, possono essere eseguite utilizzando le regole già note per i numeri razionali e i monomi. Negli esercizi avrai modo di vedere numerosi esempi.

Proprietà invariantiva e sue applicazioni

9. Proprietà invariantiva

> **PROPRIETÀ INVARIANTIVA DEI RADICALI**
>
> Dato un radicale di indice n, il cui radicando è una potenza a^m di un numero reale a positivo o nullo, il suo valore non cambia se si moltiplicano l'indice n del radicale e l'esponente m del radicando per uno stesso numero naturale p diverso da zero.
> In simboli
>
> $$\sqrt[n]{a^m} = \sqrt[np]{a^{mp}} \qquad a \geq 0,\ m \in \mathbb{N}^*,\ n \in \mathbb{N}^*,\ p \in \mathbb{N}^*$$

ATTENZIONE!
Se fosse $a < 0$, la proprietà invariantiva potrebbe non valere!

È importante tenere presente che la proprietà invariantiva dei radicali vale per $a \geq 0$.
Si dice che $\sqrt[n]{a^m}$ e $\sqrt[np]{a^{mp}}$ sono **radicali equivalenti** perché rappresentano lo stesso numero.

DIMOSTRAZIONE

Per dimostrare l'uguaglianza che esprime la proprietà invariantiva consideriamo il primo membro, cioè il radicale $\sqrt[n]{a^m}$, ed eleviamolo alla np:

$$(\sqrt[n]{a^m})^{np} = [(\sqrt[n]{a^m})^n]^p = (a^m)^p = a^{mp}$$

(prima proprietà fondamentale dei radicali; proprietà delle potenze; proprietà delle potenze)

Quindi, considerando il primo e l'ultimo membro, abbiamo

$$(\sqrt[n]{a^m})^{np} = a^{mp} \quad \longrightarrow \quad \sqrt[np]{a^{mp}} = \sqrt[n]{a^m}$$

(definizione di radice di indice np)

Per la proprietà simmetrica dell'uguaglianza, otteniamo

$$\sqrt[n]{a^m} = \sqrt[np]{a^{mp}}$$

c.v.d.

Le dimostrazioni della proprietà invariantiva e dei teoremi sui radicali che vedremo nel seguito si basano sulla definizione di radice. In queste dimostrazioni supporremo sempre che i **radicandi** siano **positivi o nulli** e le **potenze** contenute in essi siano **a base positiva o nulla**. Nelle applicazioni vedremo, caso per caso, come usare questi teoremi quando tali ipotesi non siano verificate.

ESEMPI

1 Trasformiamo il radicale quadratico $\sqrt{3}$ in un radicale di indice 4 e in uno di indice 6.
Applichiamo la proprietà invariantiva osservando che qui è $n = 2$, $m = 1$, $a = 3 > 0$:

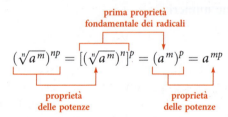

2 Verifichiamo la validità della proprietà invariantiva su un esempio:

$$\sqrt{4} = \sqrt[2\cdot3]{4^{1\cdot3}} = \sqrt[6]{4^3} = \sqrt[6]{64}$$

$= 2$ perché $2^2 = 4$ $= 2$ perché $2^6 = 64$

3 Trasformiamo $\sqrt[3]{-5}$ in un radicale di indice 6.

Per prima cosa osserviamo che non è possibile applicare direttamente al radicale dato la proprietà invariantiva perché $a = -5 < 0$.
Osserviamo però che l'*indice* del radicale è *dispari* e quindi possiamo portare fuori dal simbolo di radice il segno meno, ottenendo così un radicando positivo.
Quindi avremo

$$\sqrt[3]{-5} = -\sqrt[3]{5} = -\sqrt[3\cdot2]{5^{1\cdot2}} = -\sqrt[6]{5^2} = -\sqrt[6]{25}$$

Ricorda quindi che

$$\sqrt[3]{-5} = -\sqrt[3]{5}$$

non è applicabile la proprietà invariantiva perché $a = -5 < 0$

è applicabile la proprietà invariantiva con $a = 5 > 0$

> **NON FARLO!**
> Applicare la proprietà invariantiva a $\sqrt[3]{-5}$, con $a = -5 < 0$, dà un **risultato errato**, infatti:
>
> $$\sqrt[3]{-5} \rightarrow$$
>
> $$\rightarrow \sqrt[3\cdot2]{(-5)^{1\cdot2}} \rightarrow$$
>
> $$\rightarrow \sqrt[6]{25}$$
>
> L'uguaglianza
>
> $$\sqrt[3]{-5} = \sqrt[6]{25}$$
>
> è **errata** perché un numero negativo non può essere uguale a un numero positivo!

10. Semplificazione di radicali

Per la proprietà simmetrica dell'uguaglianza, la formula che esprime la proprietà invariantiva dei radicali, può essere riscritta così:

$$\sqrt[np]{a^{mp}} = \sqrt[n]{a^m} \qquad a \geq 0,\ m \in \mathbb{N}^*,\ n \in \mathbb{N}^*,\ p \in \mathbb{N}^*$$

Pertanto **un radicale** della forma $\sqrt[np]{a^{mp}}$, con *a* positivo o nullo, **può essere semplificato dividendo l'indice del radicale e l'esponente del radicando per uno stesso divisore comune *p*.**
Il risultato della semplificazione è il radicale $\sqrt[n]{a^m}$, equivalente al radicale $\sqrt[np]{a^{mp}}$.
In genere *p* è il *massimo comune divisore* tra l'indice del radicale e l'esponente del radicando: in tal caso la semplificazione conduce a un **radicale irriducibile**, cioè non ulteriormente semplificabile. Un radicale è perciò irriducibile quando il suo indice e l'esponente del radicando sono numeri primi tra loro.

> **ATTENZIONE!**
> Anche per la semplificazione di un radicale occorre ricordare la condizione $a \geq 0$. Se fosse $a < 0$ l'uguaglianza potrebbe non valere.

ESEMPI

1 Semplifichiamo il radicale $\sqrt[15]{2^{10}}$.

L'indice del radicale, 15, e l'esponente 10 del radicando hanno il fattore 5 in comune. Qui è $a = 2 > 0$, quindi possiamo procedere alla semplificazione. Dividiamo per 5 l'indice e l'esponente:

$$\sqrt[15]{2^{10}} = \sqrt[15:5]{2^{10:5}} = \sqrt[3]{2^2} = \sqrt[3]{4}$$

2 Procedendo come nel precedente esempio, avremo

$$\sqrt[3]{31^3} = \sqrt[1]{31^1} = \sqrt[1]{31} = 31 \qquad \sqrt[5]{3^{10}} = \sqrt[1]{3^{10:2}} = \sqrt[1]{3^2} = \sqrt{9} = 9$$

$$\sqrt[6]{3^4} = \sqrt[3]{3^2} = \sqrt[3]{3^2} = \sqrt[3]{9} \qquad \sqrt[10]{7^{15}} = \sqrt[2]{7^{15:3}} = \sqrt{7^3}$$

$$\sqrt[6]{27} = \sqrt[2]{3^3} = \sqrt{3} \qquad \sqrt[4]{9} = \sqrt[2]{3^2} = \sqrt{3}$$

> Se $a > 0$ la semplificazione del radicale $\sqrt[n]{a^n}$ equivale all'applicazione della seconda proprietà fondamentale dei radicali. Infatti, per la proprietà invariantiva
>
> $$\sqrt[n]{a^n} = \sqrt[n:n]{a^{n:n}} =$$
> $$= \sqrt[1]{a^1} = a$$

TEORIA

3 Semplifichiamo il radicale $\sqrt[4]{(-3)^6}$.

In questo caso è $a = -3 < 0$ e quindi non possiamo subito semplificare. Basta però osservare che $(-3)^6 = (+3)^6$ e quindi avremo

$$\sqrt[4]{(-3)^6} = \sqrt[4]{(+3)^6} =$$
$$= \sqrt[24]{+3^{6\cdot 3}} = \sqrt{3^3} = \sqrt{27}$$

Osserva che il radicale dato, $\sqrt[4]{(-3)^6}$, rappresenta un numero positivo e che il radicale semplificato, $\sqrt{27}$, è anch'esso positivo.

> ■ **NON FARLO!**
> Se tu semplificassi subito il radicale $\sqrt[4]{(-3)^6}$ con $a = -3 < 0$, otterresti un **risultato errato**. Infatti
> $$\sqrt[4]{(-3)^6} = \sqrt{(-3)^3} = \sqrt{-27}$$
> che è una **uguaglianza assurda** perché $\sqrt[4]{(-3)^6}$ è un numero positivo, mentre $\sqrt{-27}$ non esiste.

4 Semplifichiamo il radicale $\sqrt[10]{(-2)^6}$.

Anche in questo caso è $a = -2 < 0$. Procediamo come nell'esempio **3**:

$$\sqrt[10]{(-2)^6} = \sqrt[10]{(+2)^6} = \sqrt[5\cdot 10]{2^{6\cdot 3}} = \sqrt[5]{2^3} = \sqrt[5]{8}$$

Nota che sia il radicale dato sia il risultato sono numeri positivi.

5 $\sqrt[15]{(-2)^3} = \sqrt[15]{-2^3} = -\sqrt[15]{2^3} = -\sqrt[5\cdot 10]{2^{3}} = -\sqrt[5]{2}$

6 Il radicale $\sqrt[4]{-7^8}$ non può essere semplificato perché esso non ha significato: infatti il suo indice è pari e il suo radicando è $-7^8 < 0$.

■ **NON FARLO!**
Qui, se tu semplificassi, nonostante sia $a = -2 < 0$, otterresti una **uguaglianza errata**:

$$\underbrace{\sqrt[10]{(-2)^6}}_{+} = \underbrace{\sqrt[5]{(-2)^3}}_{-}$$

11. Riduzione di radicali allo stesso indice

La proprietà invariantiva ci consente di trasformare due o più radicali in radicali che abbiano tutti lo stesso indice.

La riduzione dei radicali allo stesso indice permette, come vedremo, di

- confrontare i valori numerici dei radicali con indici diversi;
- moltiplicare o dividere radicali con indici diversi.

Solitamente, quando si opera tale riduzione, si sceglie come nuovo indice comune il minimo comune multiplo tra gli indici dei radicali, detto anche *minimo comune indice*.

Il procedimento che si segue è analogo a quello che si utilizza per ridurre allo stesso denominatore due o più frazioni numeriche.

> **REGOLA**
> Per ridurre due o più radicali al minimo comune indice, si procede così.
> **a.** Si semplificano, se possibile, i radicali dati.
> **b.** Si calcola il *mcm* degli indici: esso è il *minimo comune indice*.
> **c.** Si trasforma ciascun radicale in un altro che ha per indice il minimo comune indice, applicando la proprietà invariantiva: per ciascun radicale, si divide l'indice comune per l'indice del radicale e si moltiplicano sia l'indice del radicale sia l'esponente del radicando per il quoziente ottenuto.

ESEMPIO

Riduciamo allo stesso indice i radicali

$$\sqrt[12]{7^8} \qquad \sqrt[5]{-2} \qquad \sqrt[8]{(-3)^4}$$

a. Semplifichiamo il primo radicale:

$$\sqrt[12]{7^8} = \sqrt[3\cdot 4]{7^{8\cdot 2}} = \sqrt[3]{7^2}$$

Nel secondo radicale, di indice dispari, portiamo fuori dal simbolo di radice il segno meno:

$$\sqrt[5]{-2} = -\sqrt[5]{2}$$

Nel terzo radicale rendiamo positiva la base della potenza nel radicando e poi semplifichiamo:

$$\sqrt[8]{(-3)^4} = \sqrt[2\cdot 4]{(+3)^{4\cdot 1}} = \sqrt{3}$$

I tre radicali irriducibili da ridurre allo stesso indice sono quindi

$$\sqrt[3]{7^2} \qquad -\sqrt[5]{2} \qquad \sqrt{3}$$

b. $mcm(3\,;\,5\,;\,2) = 30$

c. $\sqrt[3]{7^2} = \sqrt[3\cdot 10]{7^{2\cdot 10}} = \sqrt[30]{7^{20}} \qquad -\sqrt[5]{2} = -\sqrt[5\cdot 6]{2^{1\cdot 6}} = -\sqrt[30]{2^6}$

$30 : 3 = 10 \qquad\qquad 30 : 5 = 6$

$\sqrt{3} = \sqrt[2\cdot 15]{3^{1\cdot 15}} = \sqrt[30]{3^{15}}$

$30 : 2 = 15$

12. Confronto di radicali

Tra due radicali con lo stesso indice, è minore quello che ha radicando minore. In generale si ha

$$a < b \longleftrightarrow \sqrt[n]{a} < \sqrt[n]{b} \quad n \in \mathbb{N}^* \begin{cases} n \text{ pari}, \ a \geq 0, \ b \geq 0 \\ n \text{ dispari}, \ a \in \mathbb{R}, \ b \in \mathbb{R} \end{cases}$$

Per confrontare due o più radicali con indici diversi, occorre prima ridurli allo stesso indice.

ESEMPI

1 $\sqrt[3]{12} < \sqrt[3]{13}$ perché $12 < 13$

$\sqrt[5]{-3} < \sqrt[5]{-2}$ perché $-3 < -2$

2 Confrontiamo $\sqrt[3]{5}$ e $\sqrt[4]{10}$ (senza utilizzare la calcolatrice scientifica).

Riduciamo i due radicali allo stesso indice $12 = mcm(3\,;\,4)$:

$$\sqrt[3]{5} = \sqrt[3\cdot 4]{5^4} = \sqrt[12]{625}$$

$$\sqrt[4]{10} = \sqrt[4\cdot 3]{10^3} = \sqrt[12]{1000}$$

Poiché $625 < 1000$ risulta $\sqrt[12]{625} < \sqrt[12]{1000}$, cioè

$$\sqrt[3]{5} < \sqrt[4]{10}$$

TEORIA

Moltiplicazione e divisione di radicali

13. Prodotto di radicali con lo stesso indice

> - Il teorema vale anche nel caso di tre o più fattori.
> - Il teorema vale sia per n pari sia per n dispari.

PRODOTTO DI RADICALI

Il prodotto di due radicali con lo stesso indice e radicando positivo o nullo è un radicale che ha per indice lo stesso indice e per radicando il prodotto dei radicandi dei radicali dati.
In simboli

$$\sqrt[n]{a} \cdot \sqrt[n]{b} = \sqrt[n]{ab} \qquad a \geq 0,\ b \geq 0,\ n \in \mathbb{N}^*$$

DIMOSTRAZIONE

Eleviamo il primo membro dell'uguaglianza da dimostrare alla potenza di esponente n e operiamo nel modo seguente:

$$(\sqrt[n]{a} \cdot \sqrt[n]{b})^n = (\sqrt[n]{a})^n \cdot (\sqrt[n]{b})^n = a \cdot b$$

(proprietà delle potenze $(xy)^n = x^n y^n$; prima proprietà fondamentale dei radicali)

Quindi abbiamo

$$(\sqrt[n]{a} \cdot \sqrt[n]{b})^n = ab \quad \longrightarrow \quad \sqrt[n]{ab} = \sqrt[n]{a} \cdot \sqrt[n]{b}$$

(definizione di radice di indice n)

Per la proprietà simmetrica dell'uguaglianza otteniamo

$$\sqrt[n]{a} \cdot \sqrt[n]{b} = \sqrt[n]{ab} \qquad \text{c.v.d.}$$

Nel caso n *dispari*, il teorema vale anche in presenza di radicandi negativi.

> In seguito potrai scrivere subito
> $\sqrt{2} \cdot \sqrt{3} = \sqrt{6}$
> $\sqrt[3]{5} \cdot \sqrt[3]{3} = \sqrt[3]{15}$

ESEMPIO

1. - $\sqrt{2} \cdot \sqrt{3} = \sqrt{2 \cdot 3} = \sqrt{6}$ $\qquad \sqrt[3]{5} \cdot \sqrt[3]{3} = \sqrt[3]{5 \cdot 3} = \sqrt[3]{15}$

   - $\sqrt{2} \cdot \sqrt{8} = \sqrt{2 \cdot 8} = \sqrt{16} = 4$ $\qquad \sqrt[5]{8} \cdot \sqrt[5]{4} = \sqrt[5]{8 \cdot 4} = \sqrt[5]{32} = 2$

   - $\sqrt{2} \cdot \sqrt{3} \cdot \sqrt{5} = \sqrt{2 \cdot 3 \cdot 5} = \sqrt{30}$

   - $\sqrt[4]{\dfrac{1}{3}} \cdot \sqrt[4]{\dfrac{2}{7}} \cdot \sqrt[4]{9} = \sqrt[4]{\dfrac{1}{\cancel{3}_1} \cdot \dfrac{2}{7} \cdot \cancel{9}^3} = \sqrt[4]{\dfrac{6}{7}}$

   - $\sqrt{3} \cdot \sqrt{3} = \begin{cases} (\sqrt{3})^2 = 3 \\ \sqrt{3 \cdot 3} = \sqrt{9} = 3 \end{cases}$

   - $\sqrt[5]{-7} \cdot \sqrt[5]{3} = -\sqrt[5]{7} \cdot \sqrt[5]{3} = -\sqrt[5]{7 \cdot 3} = -\sqrt[5]{21}$

   - $\sqrt[3]{-2} \cdot \sqrt[3]{-5} = \begin{cases} (-\sqrt[3]{2})(-\sqrt[3]{5}) = +\sqrt[3]{2} \cdot \sqrt[3]{5} = \sqrt[3]{2 \cdot 5} = \sqrt[3]{10} \\ \sqrt[3]{(-2)(-5)} = \sqrt[3]{10} \end{cases}$

Leggendo la formula $\sqrt[n]{a} \cdot \sqrt[n]{b} = \sqrt[n]{ab}$ da destra a sinistra, ossia per la proprietà simmetrica dell'uguaglianza, si ha

$$\sqrt[n]{ab} = \sqrt[n]{a} \cdot \sqrt[n]{b} \qquad a \geq 0,\ b \geq 0,\ n \in \mathbb{N}^*$$

Anche in questo caso, se *n* è *dispari*, la formula vale indipendentemente dai segni di *a* e di *b*.

> La formula si esprime sinteticamente dicendo che: la **radice del prodotto** è il **prodotto delle radici**.

ESEMPIO

2 $\sqrt{15} = \sqrt{3 \cdot 5} = \sqrt{3} \cdot \sqrt{5}$ $\qquad \sqrt{8} = \sqrt{4 \cdot 2} = \sqrt{4} \cdot \sqrt{2} = 2\sqrt{2}$

$\sqrt[3]{12} = \sqrt[3]{3 \cdot 4} = \sqrt[3]{3} \cdot \sqrt[3]{4}$

■ NON FARLO!

Nel caso *n pari* sarebbe **grave errore** applicare la formula $\sqrt[n]{ab} = \sqrt[n]{a} \cdot \sqrt[n]{b}$ con $a < 0$ e $b < 0$. Ad esempio

$$\underbrace{\sqrt{(-2)(-2)}}_{\sqrt{4}\,=\,2} \quad \text{non è} \quad \underbrace{\sqrt{-2} \cdot \sqrt{-2}}_{\text{non ha significato perché } \sqrt{-2} \text{ non esiste!}}$$

Reciproco di un radicale

Per $a \neq 0$, il reciproco di $\sqrt[n]{a}$, che si indica con $\dfrac{1}{\sqrt[n]{a}}$, è $\sqrt[n]{\dfrac{1}{a}}$.

Infatti

$$\sqrt[n]{a} \cdot \sqrt[n]{\frac{1}{a}} = \sqrt[n]{a \cdot \frac{1}{a}} = \sqrt[n]{1} = 1$$

> ■ SAI GIÀ CHE...
>
> Due numeri sono reciproci se il loro prodotto è 1.

Pertanto

$$\frac{1}{\sqrt[n]{a}} = \sqrt[n]{\frac{1}{a}} \qquad \text{con} \begin{cases} a > 0,\ n \text{ pari} \\ a \neq 0,\ n \text{ dispari} \end{cases}$$

Analogamente puoi verificare che il reciproco di $\sqrt[n]{\dfrac{a}{b}}$ è $\sqrt[n]{\dfrac{b}{a}}$:

$$\frac{1}{\sqrt[n]{\dfrac{a}{b}}} = \sqrt[n]{\frac{b}{a}} \qquad \text{con} \begin{cases} \dfrac{a}{b} > 0,\ n \text{ pari} \\ a \neq 0,\ b \neq 0,\ n \text{ dispari} \end{cases}$$

ESEMPIO

3 Il reciproco di $\sqrt{2}$ si può scrivere $\dfrac{1}{\sqrt{2}}$ oppure $\sqrt{\dfrac{1}{2}}$. Il reciproco di $\sqrt{\dfrac{7}{5}}$ è $\sqrt{\dfrac{5}{7}}$.

Il reciproco di $\sqrt[3]{-4}$ è $\dfrac{1}{\sqrt[3]{-4}} = -\dfrac{1}{\sqrt[3]{4}}$ oppure $\sqrt[3]{\dfrac{1}{-4}} = -\sqrt[3]{\dfrac{1}{4}}$.

14. Quoziente di radicali con lo stesso indice

> • Il teorema vale anche nel caso di più divisioni successive.
> • Il teorema vale sia per n pari sia per n dispari.
> • Si può anche scrivere
> $$\sqrt[n]{a} : \sqrt[n]{b} = \sqrt[n]{a:b}$$

QUOZIENTE DI RADICALI

Il quoziente di due radicali con lo stesso indice, il primo con radicando positivo o nullo e il secondo con radicando positivo, è un radicale che ha per indice lo stesso indice e per radicando il quoziente dei radicandi dei radicali dati.
In simboli

$$\frac{\sqrt[n]{a}}{\sqrt[n]{b}} = \sqrt[n]{\frac{a}{b}} \qquad a \geq 0,\ b > 0,\ n \in \mathbb{N}^*$$

La dimostrazione è del tutto analoga a quella relativa al prodotto di radicali e la tralasciamo.
Nel caso n *dispari*, il teorema vale anche in presenza di radicandi negativi.
Per eseguire la divisione tra due radicali si può anche moltiplicare il primo per il reciproco del secondo.

ESEMPIO

1 • $\dfrac{\sqrt{8}}{\sqrt{2}} = \sqrt{\dfrac{8}{2}} = \sqrt{4} = 2 \qquad \sqrt[3]{108} : \sqrt[3]{4} = \sqrt[3]{108:4} = \sqrt[3]{27} = 3$

• $\sqrt{2} : \sqrt{3} : \sqrt{5} = \sqrt{2:3:5} = \sqrt{\dfrac{2}{3} : 5} = \sqrt{\dfrac{2}{3} \cdot \dfrac{1}{5}} = \sqrt{\dfrac{2}{15}}$

• $\dfrac{\sqrt[3]{-2}}{\sqrt[3]{3}} = \begin{cases} \dfrac{-\sqrt[3]{2}}{\sqrt[3]{3}} = -\sqrt[3]{\dfrac{2}{3}} \\ \sqrt[3]{\dfrac{-2}{3}} = -\sqrt[3]{\dfrac{2}{3}} \end{cases}$

• $\sqrt[5]{-96} : \sqrt[5]{-3} = \begin{cases} (-\sqrt[5]{96}) : (-\sqrt[5]{3}) = \sqrt[5]{96:3} = \sqrt[5]{32} = 2 \\ \sqrt[5]{(-96):(-3)} = \sqrt[5]{32} = 2 \end{cases}$

• $\sqrt{6} : \sqrt{\dfrac{3}{7}} = \begin{cases} \sqrt{6 : \dfrac{3}{7}} = \sqrt{\dfrac{42}{3}} = \sqrt{14} \\ \sqrt{6} \cdot \sqrt{\dfrac{7}{3}} = \sqrt{6 \cdot \dfrac{7}{3}} = \sqrt{14} \end{cases} \left(\sqrt{\dfrac{7}{3}} \text{ è il reciproco di } \sqrt{\dfrac{3}{7}} \right)$

Per la proprietà simmetrica dell'uguaglianza, dalla formula $\dfrac{\sqrt[n]{a}}{\sqrt[n]{b}} = \sqrt[n]{\dfrac{a}{b}}$ si ha

$$\sqrt[n]{\frac{a}{b}} = \frac{\sqrt[n]{a}}{\sqrt[n]{b}} \qquad a \geq 0,\ b > 0,\ n \in \mathbb{N}^*$$

Anche in questo caso, se n è *dispari*, la formula vale indipendentemente dai segni di a e b ($b \neq 0$).

> • La formula si esprime sinteticamente dicendo che: **la radice del quoziente è il quoziente delle radici**.
> • Si può anche scrivere
> $$\sqrt[n]{a:b} = \sqrt[n]{a} : \sqrt[n]{b}$$

ESEMPIO

2 • $\sqrt{\dfrac{3}{4}} = \dfrac{\sqrt{3}}{\sqrt{4}} = \dfrac{\sqrt{3}}{2}$

- $\sqrt{\dfrac{1}{5}} = \dfrac{\sqrt{1}}{\sqrt{5}} = \dfrac{1}{\sqrt{5}}$

- $\sqrt[5]{-\dfrac{7}{32}} = -\sqrt[5]{\dfrac{7}{32}} = -\dfrac{\sqrt[5]{7}}{\sqrt[5]{32}} = -\dfrac{\sqrt[5]{7}}{2}$

■ NON FARLO!

Analogamente a quanto visto per il prodotto devi fare attenzione:

$$\underbrace{\sqrt{\dfrac{-4}{-4}}}_{\sqrt{+1}\,=\,1} \quad \text{non è} \quad \underbrace{\dfrac{\sqrt{-4}}{\sqrt{-4}}}_{\substack{\text{non ha significato}\\ \text{perché } \sqrt{-4} \text{ non esiste!}}}$$

15. Prodotto e quoziente di radicali con indici diversi

Per calcolare prodotti e quozienti di radicali con indici diversi, occorre prima ridurre i radicali allo stesso indice.
Poiché la riduzione allo stesso indice comporta l'applicazione della proprietà invariantiva, è bene ricordare che tale proprietà si applica ai radicali della forma $\sqrt[n]{a^m}$ con $a \geq 0$.

ESEMPI

1 $\sqrt{2} \cdot \sqrt[3]{3} = \sqrt[6]{2^3} \cdot \sqrt[6]{3^2} = \sqrt[6]{2^3 \cdot 3^2} = \sqrt[6]{8 \cdot 9} = \sqrt[6]{72}$

- 6 è l'indice comune
- proprietà invariantiva
- prodotto di radicali con lo stesso indice

2 $\sqrt[3]{-2} \cdot \sqrt[4]{2} = -\sqrt[3]{2} \cdot \sqrt[4]{2} = -\sqrt[12]{2^4} \cdot \sqrt[12]{2^3} = -\sqrt[12]{2^4 \cdot 2^3} = -\sqrt[12]{2^{4+3}} =$
$= -\sqrt[12]{2^7} = -\sqrt[12]{128}$

3 $\dfrac{\sqrt[4]{2}}{\sqrt{2}} = \dfrac{\sqrt[4]{2}}{\sqrt[4]{2^2}} = \sqrt[4]{\dfrac{2}{2^2}} = \sqrt[4]{\dfrac{1}{2}} = \dfrac{\sqrt[4]{1}}{\sqrt[4]{2}} = \dfrac{1}{\sqrt[4]{2}}$

■ Trasporto di un fattore fuori e dentro il simbolo di radice

16. Trasporto di un fattore fuori dal simbolo di radice

Radicali del tipo $\sqrt[n]{a^n b}$**, con** $a \geq 0$ **e** $b \geq 0$

Consideriamo l'espressione

$$\sqrt[n]{a^n b} \qquad \text{con } a \geq 0 \text{ e } b \geq 0$$

dove nel radicando compare una potenza con esponente uguale all'indice della radice.

> Si può anche parlare di operazione del «portar fuori radice».

TEORIA

> **SAI GIÀ CHE...**
> Per $a \geq 0$ si ha $\sqrt[n]{a^n} = a$ sia per n pari sia per n dispari (seconda proprietà fondamentale).

Applichiamo prima il teorema del prodotto di radicali e poi la seconda proprietà fondamentale; otteniamo

$$\sqrt[n]{a^n b} = \sqrt[n]{a^n} \cdot \sqrt[n]{b} = a \cdot \sqrt[n]{b}$$

da cui

$$\sqrt[n]{a^n b} = a\sqrt[n]{b} \qquad a \geq 0,\ b \geq 0,\ n \in \mathbb{N}^*$$

Si dice che il fattore a^n è stato *portato fuori dal simbolo di radice* ed è diventato il fattore a.

Se n è *dispari* la formula resta valida $\forall a, b \in \mathbb{R}$; in tal caso, infatti, il teorema del prodotto e la seconda proprietà fondamentale valgono indipendentemente dai segni di a e di b.

> **ATTENZIONE!**
> In presenza di un radicale del tipo $\sqrt{a^n + b}$, a^n è un **addendo** del radicando e **non** può essere «portato fuori».

ESEMPI

1 $\sqrt{12} = \sqrt{4 \cdot 3} = \sqrt{2^2 \cdot 3} = 2\sqrt{3}$ $\sqrt{75} = \sqrt{25 \cdot 3} = \sqrt{5^2 \cdot 3} = 5\sqrt{3}$

$\sqrt[3]{24} = \sqrt[3]{8 \cdot 3} = \sqrt[3]{2^3 \cdot 3} = 2\sqrt[3]{3}$

2 $\sqrt[3]{(-4)^3(-5)} = (-4)\sqrt[3]{-5} = -4 \cdot (-\sqrt[3]{5}) = 4\sqrt[3]{5}$

portiamo fuori il fattore $(-4)^3$ *portiamo il $-$ fuori dal simbolo di radice cubica*

oppure

$\sqrt[3]{(-4)^3(-5)} = \sqrt[3]{-4^3 \cdot (-5)} = \sqrt[3]{4^3 \cdot 5} = 4\sqrt[3]{5}$

3 Consideriamo il radicale $\sqrt[4]{(-2)^4 \cdot 3}$.

In questo caso, $a = -2 < 0$ e l'indice del radicale non è dispari, e quindi non si può applicare la formula $\sqrt[n]{a^n b} = a\sqrt[n]{b}$. Tuttavia, osservando che $(-2)^4 = (+2)^4$, risulta:

$$\underbrace{\sqrt[4]{(-2)^4 \cdot 3}}_{a = -2 < 0} = \underbrace{\sqrt[4]{(+2)^4 \cdot 3}}_{a = +2 > 0} = 2\sqrt[4]{3}$$

> **NON FARLO!**
> È **errato** scrivere
> $\sqrt[4]{(-2)^4 \cdot 3} =$
> $= (-2) \cdot \sqrt[4]{3}$
> perché il primo membro è un numero positivo, il secondo è un numero negativo.

Se n è pari e *non si conosce* il segno di a, risulta

$$\sqrt[n]{a^n b} = \sqrt[n]{a^n} \cdot \sqrt[n]{b} = |a|\sqrt[n]{b} \qquad n \text{ pari},\ b \geq 0$$

seconda proprietà fondamentale

ESEMPI

4 $\sqrt{2x^2} = \sqrt{x^2 \cdot 2} = |x|\sqrt{2}$

5 $\sqrt[4]{5(x-y)^4} = |x-y|\sqrt[4]{5}$

> **NON FARLO!**
> È **grave errore** scrivere
> $$\sqrt{2x^2} = x\sqrt{2}$$
> perché $\sqrt{2x^2} \geq 0\ \forall x \in \mathbb{R}$, mentre $x\sqrt{2}$ può essere positivo, negativo o nullo.

Radicali del tipo $\sqrt[n]{a^m b}$ con $m > n$, $a \geq 0$ e $b \geq 0$

Consideriamo il caso in cui il radicale si presenti nella forma

$$\sqrt[n]{a^m b} \qquad \text{con } m > n,\ a \geq 0,\ b \geq 0$$

Distinguiamo due casi.

▶ m è multiplo di n

In questo caso, essendo $m = q \cdot n$, si ha

$$\sqrt[n]{a^m b} = \underbrace{\sqrt[n]{a^{qn} \cdot b}}_{} = \underbrace{\sqrt[n]{(a^q)^n \cdot b}}_{} = a^q \cdot \sqrt[n]{b}$$

proprietà delle potenze

ESEMPI

6 $\sqrt{7^6 \cdot 5} = \sqrt{7^{3\cdot 2} \cdot 5} = \sqrt{(7^3)^2 \cdot 5} = 7^3 \cdot \sqrt{5} = 343\sqrt{5}$

7 $\sqrt[3]{5^{18} \cdot 4} = \sqrt[3]{5^{6\cdot 3} \cdot 4} = \sqrt[3]{(5^6)^3 \cdot 4} = 5^6 \cdot \sqrt[3]{4}$

Operando in modo più rapido, possiamo scrivere

$$\sqrt[3]{5^{18} \cdot 4} = 5^6 \cdot \sqrt[3]{4}$$

$18 : 3 = 6$

▶ m non è multiplo di n

In questo caso la divisione tra m ed n avrà quoziente q e resto $r \neq 0$:

$$m = q \cdot n + r$$

Avremo

$$\sqrt[n]{a^m b} = \underbrace{\sqrt[n]{a^{qn+r} b}}_{} = \underbrace{\sqrt[n]{a^{qn} \cdot a^r \cdot b}}_{} = \sqrt[n]{(a^q)^n \cdot a^r b} = a^q \cdot \sqrt[n]{a^r b}$$

proprietà delle potenze
$x^{\alpha + \beta} = x^\alpha \cdot x^\beta$

ESEMPIO

8 $\sqrt[3]{5^{20} \cdot 4}$

Poiché la divisione tra 20 e 3 ha 6 per quoziente e 2 per resto, cioè $20 = 6 \cdot 3 + 2$, si ha

$$\sqrt[3]{5^{20} \cdot 4} = \sqrt[3]{5^{6\cdot 3 + 2} \cdot 4} = \sqrt[3]{5^{6\cdot 3} \cdot 5^2 \cdot 4} = \sqrt[3]{(5^6)^3 \cdot 5^2 \cdot 4} =$$
$$= 5^6 \cdot \sqrt[3]{5^2 \cdot 4} = 5^6 \cdot \sqrt[3]{100}$$

Possiamo anche procedere in modo più rapido:

$$\sqrt[3]{5^{20} \cdot 4} = 5^6 \cdot \sqrt[3]{5^2 \cdot 4} = 5^6 \cdot \sqrt[3]{100}$$

$20 : 3 \begin{cases} q = 6 \\ r = 2 \end{cases}$

TEORIA

> Si può anche parlare di operazione del «portar dentro radice».

17. Trasporto di un fattore dentro il simbolo di radice

In alcuni casi può essere utile e necessario trasportare dentro il simbolo di radice un fattore esterno. Questa operazione è evidentemente quella inversa dell'operazione del «portar fuori radice»:

$$a\sqrt[n]{b} = \sqrt[n]{a^n b} \qquad a \geq 0,\ b \geq 0,\ n \in \mathbb{N}^*$$

Il fattore a si può «portare dentro radice», come fattore del radicando, elevandolo alla potenza di esponente uguale all'indice del radicale.
Anche in questo caso, se n è *dispari* la formula vale indipendentemente dai segni di a e di b.

> **■ ATTENZIONE!**
> Se n è pari, è possibile portar dentro il simbolo di radice solo fattori positivi.
> Se davanti al radicale di indice pari vi è un numero negativo, si lascia fuori il segno meno e si porta dentro il valore assoluto del numero.

ESEMPI

1 $2\sqrt{5} = \sqrt{2^2 \cdot 5} = \sqrt{4 \cdot 5} = \sqrt{20}$; $\dfrac{1}{2}\sqrt[3]{2} = \sqrt[3]{\left(\dfrac{1}{2}\right)^3 \cdot 2} = \sqrt[3]{\dfrac{1}{8} \cdot 2} = \sqrt[3]{\dfrac{1}{4}}$

2 $-2\sqrt[3]{3}$

In questo caso l'indice del radicale è $n = 3$, dispari. Possiamo procedere in due modi diversi:

$$-2\sqrt[3]{3} = \begin{cases} -\sqrt[3]{2^3 \cdot 3} = -\sqrt[3]{24} \\ \sqrt[3]{(-2)^3 \cdot 3} = \sqrt[3]{-8 \cdot 3} = \sqrt[3]{-24} = -\sqrt[3]{24} \end{cases}$$

3 $-3\sqrt{2}$

In questo caso l'indice del radicale è $n = 2$ ed è quindi pari. Davanti al radicale vi è il numero negativo -3, ma dobbiamo considerare $a = 3$; portiamo il fattore 3 dentro radice, elevandolo al quadrato, e **lasciamo il segno meno fuori dal radicale**:

$$-3\sqrt{2} = -\sqrt{3^2 \cdot 2} = -\sqrt{9 \cdot 2} = -\sqrt{18}$$

4 $x\sqrt{2}$ con $x \in \mathbb{R}$

In questo caso non conosciamo il segno di x e quindi occorre distinguere due casi.

▶ $x \geq 0 \longrightarrow \underbrace{x}_{\geq 0}\sqrt{2} = \sqrt{x^2 \cdot 2} = \sqrt{2x^2}$

▶ $x < 0 \longrightarrow \underbrace{x}_{<0}\sqrt{2} = -\underbrace{(-x)}_{>0}\sqrt{2} = -\sqrt{(-x)^2 \cdot 2} = -\sqrt{2x^2}$

> **■ NON FARLO!**
> Sarebbe un **grave errore** «portare dentro radice» il numero negativo -3. Infatti $-3\sqrt{2} < 0$, mentre
> $\sqrt{(-3)^2 \cdot 2} = \sqrt{18} > 0$.

> **■ NON FARLO!**
> Sarebbe un **grave errore** scrivere $x\sqrt{2} = \sqrt{2x^2}$; infatti $x\sqrt{2}$ è un numero positivo, negativo o nullo, mentre $\sqrt{2x^2} \geq 0,\ \forall x \in \mathbb{R}$.

■ Potenza e radice di un radicale

18. Potenza di un radicale

> **POTENZA DI UN RADICALE**
> La potenza m-esima di un radicale con radicando positivo o nullo è un radicale che ha per indice lo stesso indice e per radicando la potenza m-esima del radicando del radicale dato.
> In simboli
>
> $$(\sqrt[n]{a})^m = \sqrt[n]{a^m} \qquad a \geq 0,\ m \in \mathbb{N}^*,\ n \in \mathbb{N}^*$$

DIMOSTRAZIONE

Eleviamo alla potenza n-esima il primo membro dell'uguaglianza che dobbiamo dimostrare e applichiamo l'opportuna proprietà delle potenze:

$$[(\sqrt[n]{a})^m]^n = (\sqrt[n]{a})^{mn} = (\sqrt[n]{a})^{nm} = [(\sqrt[n]{a})^n]^m = a^m$$

$\underbrace{}_{\text{prima proprietà fondamentale}}$

Quindi abbiamo

$$[(\sqrt[n]{a})^m]^n = a^m \longrightarrow \sqrt[n]{a^m} = (\sqrt[n]{a})^m$$

$\underbrace{}_{\text{definizione di radice di indice } n}$

Per la proprietà simmetrica, l'ultima uguaglianza diventa $(\sqrt[n]{a})^m = \sqrt[n]{a^m}$.

c.v.d.

Se n è *dispari*, la formula vale anche se a è *negativo*.

La formula può anche essere letta da destra a sinistra:

$$\sqrt[n]{a^m} = (\sqrt[n]{a})^m \qquad a \geq 0, \ m \in \mathbb{N}^*, \ n \in \mathbb{N}^*$$

- Se $n = m$ la formula si riduce alla prima proprietà fondamentale.
- Se n è pari e $a < 0$ la formula non ha significato.

ESEMPI

1. $(\sqrt[5]{3})^2 = \sqrt[5]{3^2} = \sqrt[5]{9}$ $\qquad \sqrt{8} = \sqrt{2^3} = (\sqrt{2})^3$

2. $(\sqrt{2})^7 = \sqrt{2^7} = \sqrt{2^{3\cdot2+1}} = \sqrt{(2^3)^2 \cdot 2^1} = 2^3 \cdot \sqrt{2^1} = 8\sqrt{2}$

   $\underbrace{}_{\text{portiamo fuori radice}}$

3. $(\sqrt[3]{-2})^2 = \begin{cases} \sqrt[3]{(-2)^2} = \sqrt[3]{4} \\ (-\sqrt[3]{2})^2 = +(\sqrt[3]{2})^2 = \sqrt[3]{4} \end{cases}$

4. $(\sqrt[5]{-4})^3 = \begin{cases} \sqrt[5]{(-4)^3} = \sqrt[5]{-64} = -\sqrt[5]{64} = -2\sqrt[5]{2} \\ (-\sqrt[5]{4})^3 = -(\sqrt[5]{4})^3 = -\sqrt[5]{4^3} = -2\sqrt[5]{2} \end{cases}$

19. Radice di un radicale

TEOREMA 1

La radice di un radicale con radicando positivo o nullo è uguale a una radice che ha per radicando lo stesso radicando e per indice il prodotto degli indici del radicale dato.

In simboli

$$\sqrt[m]{\sqrt[n]{a}} = \sqrt[m \cdot n]{a} \qquad a \geq 0, \ m \in \mathbb{N}^*, \ n \in \mathbb{N}^*$$

TEORIA

DIMOSTRAZIONE

Consideriamo il primo membro dell'uguaglianza da dimostrare, eleviamolo alla mn e applichiamo l'opportuna proprietà delle potenze:

$$\left(\sqrt[m]{\sqrt[n]{a}}\right)^{mn} = \left[\left(\sqrt[m]{\sqrt[n]{a}}\right)^m\right]^n = (\sqrt[n]{a})^n = a$$

prima proprietà fondamentale   prima proprietà fondamentale

Abbiamo quindi

$$\left(\sqrt[m]{\sqrt[n]{a}}\right)^{mn} = a \longrightarrow \sqrt[mn]{a} = \sqrt[m]{\sqrt[n]{a}}$$

definizione di radice di indice mn

Per la proprietà simmetrica, l'ultima uguaglianza diventa $\sqrt[m]{\sqrt[n]{a}} = \sqrt[mn]{a}$.

c.v.d.

> Se $a < 0$, la formula non vale se anche uno solo degli indici è pari.

Se m ed n sono entrambi *dispari*, la formula vale anche nel caso in cui sia $a < 0$.
La formula si può estendere al caso di più radici; ad esempio

$$\sqrt[m]{\sqrt[n]{\sqrt[p]{a}}} = \sqrt[mnp]{a} \qquad a \geq 0, \; m \in \mathbb{N}^*, \; n \in \mathbb{N}^*, \; p \in \mathbb{N}^*$$

La formula può anche essere letta da destra a sinistra:

$$\boxed{\sqrt[mn]{a} = \sqrt[m]{\sqrt[n]{a}} \qquad a \geq 0, \; m \in \mathbb{N}^*, \; n \in \mathbb{N}^*}$$

> Gli indici si possono scambiare (esempio **2**):
> $$\sqrt[m]{\sqrt[n]{a}} = \sqrt[n]{\sqrt[m]{a}}$$

ESEMPI

1 $\sqrt[3]{\sqrt[4]{2}} = \sqrt[3 \cdot 4]{2} = \sqrt[12]{2}$ $\sqrt{\sqrt{3}} = \sqrt[4]{3}$ $\sqrt[3]{\sqrt[4]{\sqrt[5]{6}}} = \sqrt[60]{6}$

2 $\sqrt[21]{5} = \sqrt[3]{\sqrt[7]{5}} = \sqrt[7]{\sqrt[3]{5}}$

3   Consideriamo $\sqrt[3]{\sqrt[5]{-2}}$, dove il radicando è negativo; dopo aver osservato che i due indici sono dispari, potremo procedere in due modi:

$$\sqrt[3]{\sqrt[5]{-2}} = \begin{cases} \sqrt[3]{-\sqrt[5]{2}} = -\sqrt[3]{\sqrt[5]{2}} = -\sqrt[15]{2} \\ \sqrt[15]{-2} = -\sqrt[15]{2} \end{cases}$$

Razionalizzazione e radicali doppi

20. Razionalizzazione del denominatore di una frazione

Nel calcolo di espressioni contenenti radicali, si possono incontrare frazioni al cui denominatore compaiono dei radicali, come ad esempio:

$$\frac{2}{\sqrt{3}} \qquad \frac{\sqrt{2}+1}{\sqrt{5}+\sqrt{3}} \qquad \frac{1}{\sqrt[4]{2}} \qquad \ldots$$

Per agevolare i calcoli è talvolta opportuno trasformare una frazione in un'altra equivalente che *non abbia* radicali al denominatore. Questa operazione prende il nome di **razionalizzazione del denominatore** di una frazione. Per effettuare tale operazione si applica la proprietà invariantiva delle frazioni moltiplicando il numeratore e il denominatore per uno stesso opportuno fattore, detto anche *fattore razionalizzante*.

Esamineremo questo procedimento solo in alcuni semplici casi.

Il denominatore è un radicale quadratico

Per fissare le idee, supponiamo che la frazione sia della forma

$$\frac{b}{\sqrt{a}} \qquad (a > 0)$$

Per razionalizzare il denominatore si moltiplicano il numeratore e il denominatore per il fattore razionalizzante $\sqrt{a}$. Infatti, ricordando che per la prima proprietà fondamentale dei radicali è $(\sqrt{a})^2 = a$, si ha

$$\frac{b}{\sqrt{a}} = \frac{b}{\sqrt{a}} \cdot \frac{\sqrt{a}}{\sqrt{a}} = \frac{b\sqrt{a}}{(\sqrt{a})^2} = \frac{b\sqrt{a}}{a}$$

> **ESEMPIO**
>
> **1** $\quad \dfrac{1}{\sqrt{2}} = \dfrac{1}{\sqrt{2}} \cdot \dfrac{\sqrt{2}}{\sqrt{2}} = \dfrac{\sqrt{2}}{(\sqrt{2})^2} = \dfrac{\sqrt{2}}{2}$
>
> $\quad \dfrac{5}{\sqrt{5}} = \dfrac{5}{\sqrt{5}} \cdot \dfrac{\sqrt{5}}{\sqrt{5}} = \dfrac{5\sqrt{5}}{(\sqrt{5})^2} = \dfrac{\cancel{5}\sqrt{5}}{\cancel{5}} = \sqrt{5}$

Il denominatore è un radicale di indice *n*

Possiamo supporre che la frazione sia della forma

$$\frac{b}{\sqrt[n]{a^m}} \qquad (a > 0, \ m < n, \ m \in \mathbb{N}^*, \ n \in \mathbb{N}^*)$$

Il fattore razionalizzante è $\sqrt[n]{a^{n-m}}$; infatti, ricordando l'opportuna proprietà delle potenze e la seconda proprietà fondamentale dei radicali, si ha

$$\frac{b}{\sqrt[n]{a^m}} = \frac{b}{\sqrt[n]{a^m}} \cdot \frac{\sqrt[n]{a^{n-m}}}{\sqrt[n]{a^{n-m}}} = \frac{b\sqrt[n]{a^{n-m}}}{\sqrt[n]{a^m \cdot a^{n-m}}} = \frac{b\sqrt[n]{a^{n-m}}}{\sqrt[n]{a^{\cancel{m}+n-\cancel{m}}}} =$$

$$= \frac{b\sqrt[n]{a^{n-m}}}{\sqrt[n]{a^n}} = \frac{b\sqrt[n]{a^{n-m}}}{a}$$

> Se è $m > n$ conviene *prima* portare fuori radice il fattore a con l'opportuno esponente e poi eseguire la razionalizzazione.

> **ESEMPI**
>
> **2** $\quad \dfrac{1}{\sqrt[3]{2}} = \dfrac{1}{\sqrt[3]{2^1}} \cdot \dfrac{\sqrt[3]{2^2}}{\sqrt[3]{2^2}} = \dfrac{\sqrt[3]{2^2}}{\sqrt[3]{2^1 \cdot 2^2}} = \dfrac{\sqrt[3]{4}}{\sqrt[3]{2^{1+2}}} = \dfrac{\sqrt[3]{4}}{\sqrt[3]{2^3}} = \dfrac{\sqrt[3]{4}}{2}$
>
> $\quad n = 3, \ m = 1, \ n - m = 3 - 1 = 2$
> fattore razionalizzante $\sqrt[3]{2^2}$
>
> **3** $\quad \dfrac{11}{\sqrt[7]{11^4}} = \dfrac{11}{\sqrt[7]{11^4}} \cdot \dfrac{\sqrt[7]{11^3}}{\sqrt[7]{11^3}} = \dfrac{11\sqrt[7]{11^3}}{\sqrt[7]{11^4 \cdot 11^3}} = \dfrac{11\sqrt[7]{11^3}}{\sqrt[7]{11^7}} = \dfrac{\cancel{11}\sqrt[7]{11^3}}{\cancel{11}} = \sqrt[7]{1331}$
>
> $\quad n = 7, \ m = 4, \ n - m = 7 - 4 = 3$
> fattore razionalizzante $\sqrt[7]{11^3}$

Il denominatore è la somma algebrica di due radicali quadratici o di un radicale quadratico e di un numero razionale

Consideriamo ad esempio le frazioni della forma

$$\frac{c}{\sqrt{a} \pm \sqrt{b}} \qquad \frac{c}{a \pm \sqrt{b}} \qquad \frac{c}{\sqrt{a} \pm b}$$

Per determinare il fattore razionalizzante occorre tenere presente il prodotto notevole $(A+B)(A-B) = A^2 - B^2$ e la prima proprietà fondamentale dei radicali. Nell'ipotesi $a > 0$ e $b > 0$, risulta

$$(\sqrt{a} + \sqrt{b})(\sqrt{a} - \sqrt{b}) = (\sqrt{a})^2 - (\sqrt{b})^2 = a - b$$
$$(a + \sqrt{b})(a - \sqrt{b}) = a^2 - (\sqrt{b})^2 = a^2 - b$$
$$(\sqrt{a} + b)(\sqrt{a} - b) = (\sqrt{a})^2 - b^2 = a - b^2$$

I fattori razionalizzanti sono riassunti nella seguente tabella.

TABELLA 2

denominatore	$\sqrt{a} + \sqrt{b}$	$\sqrt{a} - \sqrt{b}$	$a + \sqrt{b}$	$a - \sqrt{b}$	$\sqrt{a} + b$	$\sqrt{a} - b$
fattore razionalizzante	$\sqrt{a} - \sqrt{b}$	$\sqrt{a} + \sqrt{b}$	$a - \sqrt{b}$	$a + \sqrt{b}$	$\sqrt{a} - b$	$\sqrt{a} + b$

ESEMPI

4 $\dfrac{3}{\sqrt{5}+\sqrt{2}} = \dfrac{3}{\sqrt{5}+\sqrt{2}} \cdot \dfrac{\sqrt{5}-\sqrt{2}}{\sqrt{5}-\sqrt{2}} = \dfrac{3(\sqrt{5}-\sqrt{2})}{(\sqrt{5})^2-(\sqrt{2})^2} = \dfrac{3(\sqrt{5}-\sqrt{2})}{5-2} =$

$= \dfrac{\cancel{3}(\sqrt{5}-\sqrt{2})}{\cancel{3}} = \sqrt{5}-\sqrt{2}$

5 $\dfrac{2}{3-\sqrt{5}} = \dfrac{2}{3-\sqrt{5}} \cdot \dfrac{3+\sqrt{5}}{3+\sqrt{5}} = \dfrac{2(3+\sqrt{5})}{3^2-(\sqrt{5})^2} = \dfrac{2(3+\sqrt{5})}{9-5} =$

$= \dfrac{\overset{1}{\cancel{2}}(3+\sqrt{5})}{\underset{2}{\cancel{4}}} = \dfrac{3+\sqrt{5}}{2}$

21. Radicali quadratici doppi

Si chiama *radicale quadratico doppio*, o semplicemente **radicale doppio**, un'espressione della forma

$$\sqrt{a + \sqrt{b}} \quad \text{oppure} \quad \sqrt{a - \sqrt{b}}$$

Un radicale doppio può, in alcuni casi, essere trasformato nella somma algebrica di due radicali «semplici», uno dei quali può eventualmente essere un numero razionale. A tale scopo si possono applicare le seguenti formule, che sono valide se sono soddisfatte le condizioni indicate:

Dimostrazione della formula dei radicali doppi

> ⚠ **ATTENZIONE!**
> Ha senso ed è utile applicare queste formule solo nel caso in cui $a^2 - b$ è il quadrato di un numero razionale.

$$\sqrt{a + \sqrt{b}} = \sqrt{\frac{a + \sqrt{a^2 - b}}{2}} + \sqrt{\frac{a - \sqrt{a^2 - b}}{2}}$$

$$\sqrt{a - \sqrt{b}} = \sqrt{\frac{a + \sqrt{a^2 - b}}{2}} - \sqrt{\frac{a - \sqrt{a^2 - b}}{2}}$$

$a > 0,\ b > 0,\ a^2 - b > 0$

ESEMPI

1 Trasformiamo il radicale doppio $\sqrt{3+\sqrt{5}}$ nella somma di due radicali semplici.

In questo caso è $a=3$, $b=5$, $a^2-b=9-5=4=2^2$. Applicando la prima formula avremo

$$\sqrt{3+\sqrt{5}} = \sqrt{\frac{3+\sqrt{4}}{2}} + \sqrt{\frac{3-\sqrt{4}}{2}} = \sqrt{\frac{3+2}{2}} + \sqrt{\frac{3-2}{2}} =$$

$$= \sqrt{\frac{5}{2}} + \sqrt{\frac{1}{2}}$$

Il risultato può anche essere scritto così:

$$\frac{\sqrt{5}+1}{\sqrt{2}}$$

oppure

$$\frac{(\sqrt{5}+1)\sqrt{2}}{2}$$

2 Il radicale doppio $\sqrt{3-\sqrt{2}}$ non è trasformabile nella somma di due radicali semplici perché $a^2-b=3^2-2=7$ e 7 **non** è il quadrato di un numero razionale. Applicando la seconda formula otterremmo

$$\sqrt{3-\sqrt{2}} = \sqrt{\frac{3+\sqrt{7}}{2}} - \sqrt{\frac{3-\sqrt{7}}{2}}$$

cioè un'espressione evidentemente più complessa di quella assegnata.

3 Il radicale doppio $\sqrt{1+\sqrt{3}}$ non è trasformabile nella somma di radicali semplici perché $a^2-b=1^2-3=-2<0$.

■ Potenze con esponente reale

22. Potenze con esponente razionale

> **DEFINIZIONE**   **POTENZA CON ESPONENTE RAZIONALE**
>
> La potenza di un numero reale positivo che ha per esponente una frazione a termini positivi è uguale al radicale che ha per indice il denominatore della frazione e per radicando la potenza del numero con esponente uguale al numeratore della frazione.
> In simboli
>
> $$a^{\frac{m}{n}} = \sqrt[n]{a^m} \qquad a>0,\ m \in \mathbb{N}^*,\ n \in \mathbb{N}^*$$

Leggendo l'uguaglianza da destra a sinistra si ha

$$\sqrt[n]{a^m} = a^{\frac{m}{n}}$$

e quindi un radicale con radicando del tipo a^m, con $a>0$, può essere scritto come *potenza con esponente frazionario*.

Si dice che
$$a^{\frac{m}{n}} \quad \left(\frac{m}{n} \in \mathbb{Q}\right)$$
è una **potenza con esponente frazionario**.

ESEMPI

1 $2^{\frac{3}{5}} = \sqrt[5]{2^3} = \sqrt[5]{8}$ $8^{\frac{2}{3}} = \sqrt[3]{8^2} = \sqrt[3]{64} = 4$ $3^{\frac{1}{2}} = \sqrt[2]{3^1} = \sqrt{3}$

2 $\sqrt[3]{4} = \sqrt[3]{2^2} = 2^{\frac{2}{3}}$ $\sqrt[7]{125} = \sqrt[7]{5^3} = 5^{\frac{3}{7}}$ $\sqrt{5} = 5^{\frac{1}{2}}$

TEORIA

Si definisce poi anche la potenza a esponente frazionario negativo (sempre con base $a > 0$):

$$a^{-\frac{m}{n}} = \frac{1}{a^{\frac{m}{n}}} = \frac{1}{\sqrt[n]{a^m}} \qquad a > 0,\ m \in \mathbb{N}^*,\ n \in \mathbb{N}^*$$

Resta così definita la potenza con base reale positiva ed esponente razionale positivo o negativo.

> La definizione di potenza con esponente frazionario si può così completare:
> - $a^{\frac{0}{n}} = a^0 = 1$ per $a > 0$, $n \in \mathbb{N}^*$
> - $0^{\frac{m}{n}} = 0$ per $m \in \mathbb{N}^*$, $n \in \mathbb{N}^*$

ESEMPI

3 $\quad 8^{-\frac{1}{3}} = \dfrac{1}{8^{\frac{1}{3}}} = \dfrac{1}{\sqrt[3]{8^1}} = \dfrac{1}{2} \qquad \left(\dfrac{1}{2}\right)^{-\frac{3}{2}} = 2^{\frac{3}{2}} = \sqrt[2]{2^3} = \sqrt{2^2 \cdot 2} = 2\sqrt{2}$

4 $\quad \left(\dfrac{4}{3}\right)^{-\frac{3}{2}} = \left(\dfrac{3}{4}\right)^{\frac{3}{2}} = \sqrt{\left(\dfrac{3}{4}\right)^3} = \sqrt{\left(\dfrac{3}{4}\right)^2 \cdot \dfrac{3}{4}} = \dfrac{3}{4}\sqrt{\dfrac{3}{4}} = \dfrac{3}{4} \cdot \dfrac{1}{2}\sqrt{3} =$

$\quad = \dfrac{3}{8}\sqrt{3}$

> Come per le potenze con esponente intero negativo, si ha l'uguaglianza
> $$\left(\frac{a}{b}\right)^{-\frac{m}{n}} = \left(\frac{b}{a}\right)^{\frac{m}{n}}$$
> con $\dfrac{a}{b} > 0$.

Proprietà delle potenze con esponente razionale

Si potrebbe dimostrare che le potenze con esponente razionale godono delle stesse proprietà di cui godono le potenze con esponente intero:

$$a^{\frac{m}{n}} \cdot a^{\frac{p}{q}} = a^{\frac{m}{n} + \frac{p}{q}} \qquad a^{\frac{m}{n}} : a^{\frac{p}{q}} = a^{\frac{m}{n} - \frac{p}{q}}$$

$$\left(a^{\frac{m}{n}}\right)^{\frac{p}{q}} = a^{\frac{m}{n} \cdot \frac{p}{q}} \qquad (ab)^{\frac{m}{n}} = a^{\frac{m}{n}} \cdot b^{\frac{m}{n}}$$

$$\left(\frac{a}{b}\right)^{\frac{m}{n}} = \frac{a^{\frac{m}{n}}}{b^{\frac{m}{n}}}$$

> Nelle formule a lato i valori delle lettere devono essere tali che le uguaglianze indicate abbiano significato.

Verifichiamo con un esempio la prima proprietà, ossia

$$3^{\frac{3}{4}} \cdot 3^{\frac{5}{6}} = 3^{\frac{3}{4} + \frac{5}{6}}$$

▶ **Primo membro**:

$$3^{\frac{3}{4}} \cdot 3^{\frac{5}{6}} = \sqrt[4]{3^3} \cdot \sqrt[6]{3^5} = \underbrace{\sqrt[12]{(3^3)^3} \cdot \sqrt[12]{(3^5)^2}}_{\text{indice comune 12}} =$$

proprietà invariantiva

$$= \sqrt[12]{3^9 \cdot 3^{10}} = \sqrt[12]{3^{9+10}} = \sqrt[12]{3^{19}} = 3^{\frac{19}{12}}$$

▶ **Secondo membro**:

$$3^{\frac{3}{4} + \frac{5}{6}} = 3^{\frac{9+10}{12}} = 3^{\frac{19}{12}}$$

Resta così verificata l'uguaglianza di partenza.

> **ESEMPIO**
>
> 5 $2^{\frac{1}{2}} \cdot 2^{\frac{1}{4}} = 2^{\frac{1}{2}+\frac{1}{4}} = 2^{\frac{2+1}{4}} = 2^{\frac{3}{4}}$ $\left(3^{\frac{1}{2}}\right)^{\frac{2}{3}} = 3^{\frac{1}{2} \cdot \frac{2}{3}} = 3^{\frac{1}{3}}$
>
> $5^{\frac{3}{7}} : 5^{\frac{1}{5}} = 5^{\frac{3}{7}-\frac{1}{5}} = 5^{\frac{15-7}{35}} = 5^{\frac{8}{35}}$

23. Potenze con esponente irrazionale

Vogliamo ora cercare di dare un significato alle potenze con esponente irrazionale. Consideriamo, ad esempio, l'espressione $3^{\sqrt{2}}$. Come già sai, l'esponente $\sqrt{2}$ non è un numero razionale: non possiamo perciò ricorrere alla definizione data in precedenza. Tuttavia sappiamo che il numero irrazionale $\sqrt{2}$ può essere approssimato mediante dei numeri razionali, che costituiscono le sue approssimazioni per difetto e per eccesso. Ad esempio risulta

$$1{,}4 = \frac{14}{10} < \sqrt{2} < 1{,}5 = \frac{15}{10}$$

$$1{,}41 = \frac{141}{100} < \sqrt{2} < 1{,}42 = \frac{142}{100}$$

$$1{,}414 = \frac{1414}{1000} < \sqrt{2} < 1{,}415 = \frac{1415}{1000}$$

$$\dots\dots\dots\dots\dots\dots\dots\dots\dots\dots\dots\dots\dots\dots\dots\dots$$

È perciò naturale considerare le potenze di 3, con esponenti razionali uguali a tali approssimazioni, come delle approssimazioni del numero $3^{\sqrt{2}}$ che stiamo cercando di definire. Si ha, ad esempio,

$$3^{1{,}4} = 3^{\frac{14}{10}} = 3^{\frac{7}{5}} = \sqrt[5]{3^7} = 4{,}655536\dots$$

$$3^{1{,}5} = 3^{\frac{15}{10}} = 3^{\frac{3}{2}} = \sqrt{3^3} = 5{,}196152\dots$$

Poiché l'esponente $\sqrt{2}$ è compreso tra le due approssimazioni 1,4 e 1,5, è lecito aspettarsi che il numero $3^{\sqrt{2}}$ sia compreso tra $3^{1,4}$ e $3^{1,5}$:

$$4{,}655536\dots < 3^{\sqrt{2}} < 5{,}196152\dots$$

In altre parole, supporremo che $3^{1,4}$ e $3^{1,5}$ siano approssimazioni, rispettivamente per difetto e per eccesso, di $3^{\sqrt{2}}$. Tali approssimazioni non sono però sufficienti a determinare neppure la parte intera della rappresentazione decimale di $3^{\sqrt{2}}$; procediamo perciò considerando approssimazioni via via migliori di $\sqrt{2}$:

$$3^{1{,}41} = 4{,}706965\dots < 3^{\sqrt{2}} < 4{,}758961\dots = 3^{1{,}42}$$

Possiamo quindi dedurre che

$$3^{\sqrt{2}} = 4{,}7\dots$$

Continuando si ha

$$3^{1{,}414} = 4{,}727695\dots < 3^{\sqrt{2}} < 4{,}732891\dots = 3^{1{,}415}$$

$$3^{1{,}4142} = 4{,}728733\dots < 3^{\sqrt{2}} < 4{,}729253\dots = 3^{1{,}4143}$$

e quindi dovrà essere

$$3^{\sqrt{2}} = 4{,}72\dots$$

Continuando in questo modo si possono determinare altre cifre dopo la virgola. Perciò è così definito il numero reale $3^{\sqrt{2}}$.

Si potrebbe poi dimostrare che anche per le potenze con esponente irrazionale valgono le consuete proprietà già dimostrate per le potenze con esponente razionale.

Alfiere contro Cavallo

 Soluzione del problema di pag. 151

Si muove di meno Alfi nel ruolo di cavallo bianco o Pegaso nel ruolo di alfiere bianco?

All'inizio del capitolo abbiamo lasciato Pegaso, il cavallo bianco, stanco dopo una partita di scacchi.
Vedendolo stremato Alfi, l'alfiere bianco, lo sfida sostenendo di riuscire a percorrere le mosse del cavallo bianco e a muoversi meno di Pegaso nel ruolo dell'alfiere. È vero?
Per capirlo dobbiamo calcolare le distanze percorse. Supponiamo, per semplicità, che quando un pezzo si sposta di un quadretto percorra una distanza uguale a $1u$. Nella prima partita Pegaso si è mosso di $(3+3+3+3)u = 12u$, mentre Alfi si è mosso in diagonale di $(2 \cdot \sqrt{2} + 3 \cdot \sqrt{2})u = 5 \cdot \sqrt{2}u$, quindi una distanza minore rispetto al percorso di Pegaso perché $5 \cdot \sqrt{2} < 5 \cdot 2 = 10$.
Proviamo ora a invertire i ruoli: Pegaso sarà l'alfiere bianco e si muoverà «in avanti» e «di lato», Alfi sarà il cavallo bianco e si muoverà in diagonale, spostandosi direttamente dalla casella iniziale a quella finale in linea retta (**FIGURA 3**).

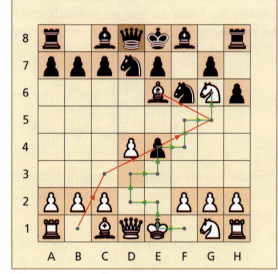

FIGURA 3

Per sapere di quante unità si è spostato Alfi dobbiamo prima sapere quanto è lunga la diagonale, e quindi dobbiamo calcolare l'ipotenusa di un triangolo rettangolo di cateti $2u$ e $1u$, come la mossa del cavallo (**FIGURA 4**).
Otteniamo $d = (\sqrt{2^2 + 1^2})u = \sqrt{5}u$.
Pegaso si era spostato per 4 volte e quindi Alfi percorrerà $4 \cdot \sqrt{5}u$.
Invece Pegaso deve percorrere le mosse dell'alfiere bianco ed essendo ostinato si sposta «in avanti» e «di lato», percorrendo $10u$.
Chi ha ragione? Cioè, $4 \cdot \sqrt{5}u$ è maggiore o minore di $10u$?

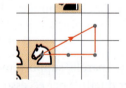

FIGURA 4

Dallo studio dei radicali sappiamo trasportare un fattore dentro il simbolo di radice. Possiamo usare questa operazione per confrontare questi due risultati e otteniamo:

$$10u = \sqrt{100}u \quad \text{e} \quad 4 \cdot \sqrt{5}u = \sqrt{80}u$$

Essendo $\sqrt{100}u > \sqrt{80}u$, Alfi ha ragione!
Infatti per arrivare dal vertice di un rettangolo al suo opposto conviene sempre percorrere la diagonale!
Dobbiamo notare che Alfi ha avuto fortuna. Ad esempio se, durante la prima partita, Pegaso avesse fatto una mossa in più risulterebbe $5 \cdot \sqrt{5} > 10$. Oppure, chissà, forse Alfi sapeva che avrebbe vinto perché sa fare i conti con i radicali!

Esercizi

Teoria.zip — Radicali in ℝ

Radicali di indice *n*

▶ **n pari**: la radice *n*-esima ($n \neq 0$) di un numero *a*, positivo o nullo, è il numero *b*, positivo o nullo, la cui potenza *n*-esima è uguale ad *a*.

▶ **n dispari**: la radice *n*-esima di un numero reale *a* è il numero reale *b* la cui potenza *n*-esima è *a*.
In simboli:

$$\sqrt[n]{a} = b \longleftrightarrow b^n = a \qquad n \in \mathbb{N}^* \begin{cases} n \text{ pari} & a \geq 0, \ b \geq 0 \\ n \text{ dispari} & a \in \mathbb{R}, \ b \in \mathbb{R} \end{cases}$$

▶ $a \longrightarrow$ **radicando**; $\sqrt[n]{a} \longrightarrow$ **radicale**; $n \longrightarrow$ **indice** del radicale o della radice.

▶ $\sqrt[1]{a} = a$; $\sqrt[2]{a} = \sqrt{a}$ (**radicale quadratico**); $\sqrt[3]{a}$ (**radicale cubico**)

▶ $\forall n \in \mathbb{N}^* \longrightarrow \sqrt[n]{0} = 0$; $\forall n \in \mathbb{N}^* \longrightarrow \sqrt[n]{1} = 1$; per *n* dispari $\longrightarrow \sqrt[n]{-1} = -1$

▶ La radice di indice pari di un numero negativo **non esiste**.

▶ La radice *n*-esima (*n* pari o *n* dispari) di un numero positivo è un numero positivo.

▶ La radice *n*-esima (*n* dispari) di un numero negativo è un numero negativo.

$$\sqrt[4]{\frac{1}{16}} = \frac{1}{2} \text{ perché } \left(\frac{1}{2}\right)^4 = \frac{1}{16} \qquad \sqrt[6]{-2} \text{ non esiste} \qquad \sqrt[7]{-128} = -2 \text{ perché } (-2)^7 = -128$$

▶ $\sqrt[2n+1]{-a} = -\sqrt[2n+1]{a}$ (il segno meno può essere «portato fuori» oppure «portato dentro» al simbolo di radice di indice *dispari*): $\sqrt[3]{-10} = -\sqrt[3]{10}$ e $-\sqrt[5]{7} = \sqrt[5]{-7}$.

▶ **Condizioni di esistenza (C.E.)** di radicali con radicando letterale:
n **pari** $\longrightarrow$ il radicando deve avere significato ed essere positivo o nullo.
n **dispari** $\longrightarrow$ il radicando deve avere significato.

$$\sqrt{a-1} \longrightarrow a \geq 1; \quad \sqrt[4]{\frac{x+2}{x^2}} \longrightarrow x \geq -2 \wedge x \neq 0; \quad \sqrt[3]{a-3} \longrightarrow \forall a \in \mathbb{R}; \quad \sqrt[7]{\frac{1}{x-5}} \longrightarrow x \neq 5$$

▶ **Espressione letterale irrazionale**: espressione in cui compare almeno un radicale con radicando letterale

$$\sqrt{x-1} + \frac{1}{\sqrt[4]{2-x}} \longrightarrow \text{C.E.: } \begin{cases} x-1 \geq 0 \\ 2-x > 0 \end{cases} \longrightarrow 1 \leq x < 2$$

▶ **Prima proprietà fondamentale dei radicali**

$$(\sqrt[n]{a})^n = a \qquad n \in \mathbb{N}^* \begin{cases} n \text{ pari} & a \geq 0 \\ n \text{ dispari} & a \in \mathbb{R} \end{cases}$$

$(\sqrt[3]{4})^3 = 4; \quad \left(\sqrt[4]{\frac{1}{3}}\right)^4 = \frac{1}{3}; \quad (\sqrt[5]{-2})^5 = -2$

▶ **Seconda proprietà fondamentale dei radicali**

$$\sqrt[n]{a^n} = \begin{cases} |a| & n \text{ pari} \\ a & n \text{ dispari} \end{cases} \qquad n \in \mathbb{N}^*, \ a \in \mathbb{R}$$

$\sqrt[3]{2^3} = 2; \quad \sqrt[7]{\left(-\frac{1}{2}\right)^7} = -\frac{1}{2}; \quad \sqrt[4]{5^4} = 5; \quad \sqrt{(-2)^2} = |-2| = 2; \quad \sqrt{(x-6)^2} = |x-6|$

Teoria.zip

▶ **Somma algebrica di radicali**

$$\sqrt[n]{a} \pm \sqrt[n]{b} \neq \sqrt[n]{a \pm b}$$

$$\underbrace{8\sqrt{2} + 2\sqrt{2} - 13\sqrt{2}}_{\text{radicali simili}} = (8 + 2 - 13)\sqrt{2} = -3\sqrt{2}$$

Proprietà invariantiva e sue applicazioni

▶ **Proprietà invariantiva**

$$\underbrace{\sqrt[n]{a^m} = \sqrt[np]{a^{mp}}}_{\text{radicali equivalenti}} \qquad a \geq 0,\ m \in \mathbb{N}^*,\ n \in \mathbb{N}^*,\ p \in \mathbb{N}^*$$

▶ **Semplificazione di radicali**

$$\sqrt[np]{a^{mp}} = \sqrt[n]{a^m} \qquad a \geq 0,\ m \in \mathbb{N}^*,\ n \in \mathbb{N}^*,\ p \in \mathbb{N}^*$$

$$\sqrt[20]{3^{15}} = \sqrt[20:5]{3^{15:5}} = \sqrt[4]{3^3} = \sqrt[4]{27}; \qquad \sqrt[12]{5^8} = \sqrt[3\cdot 4]{5^{8\cdot 2}} = \sqrt[3]{5^2} = \sqrt[3]{25}$$

▶ **Riduzione di radicali allo stesso indice**: dopo aver eventualmente semplificato i radicali, si determina il *mcm* degli indici (detto anche minimo comune indice). Si trasforma poi ciascun radicale, con la proprietà invariantiva, in un radicale che ha per indice il *mcm* degli indici.

$$\sqrt[8]{8};\ \sqrt[12]{10^5};\ \sqrt[4]{5^3} \xrightarrow{mcm(8;12;4)=24} \sqrt[8\cdot 3]{8^3};\ \sqrt[12\cdot 2]{10^{5\cdot 2}};\ \sqrt[4\cdot 6]{5^{3\cdot 6}} \longrightarrow \sqrt[24]{8^3};\ \sqrt[24]{10^{10}};\ \sqrt[24]{5^{18}}$$

▶ **Confronto di radicali**: occorre ridurre i radicali allo stesso indice; il radicale minore è quello che ha radicando minore.

Moltiplicazione e divisione di radicali

▶ **Prodotto di radicali con lo stesso indice**

$$\sqrt[n]{a} \cdot \sqrt[n]{b} = \sqrt[n]{ab} \qquad a \geq 0,\ b \geq 0,\ n \in \mathbb{N}^*$$

> Se n è dispari la formula vale $\forall\, a, b \in \mathbb{R}$.
> $$\sqrt{7} \cdot \sqrt{2} = \sqrt{7 \cdot 2} = \sqrt{14}$$
> $$\sqrt[3]{2} \cdot \sqrt[3]{4} = \sqrt[3]{2 \cdot 4} = \sqrt[3]{8} = 2$$
> $$\sqrt[5]{-2} \cdot \sqrt[5]{-3} = \sqrt[5]{(-2)(-3)} = \sqrt[5]{6}$$

▶ **Reciproco di $\sqrt[n]{a}$**

$$\frac{1}{\sqrt[n]{a}} = \sqrt[n]{\frac{1}{a}} \quad \text{con} \quad \begin{cases} a > 0,\ n \text{ pari} \\ a \neq 0,\ n \text{ dispari} \end{cases}$$

▶ **Reciproco di $\sqrt[n]{\dfrac{a}{b}}$**

$$\frac{1}{\sqrt[n]{\dfrac{a}{b}}} = \sqrt[n]{\frac{b}{a}} \quad \text{con} \quad \begin{cases} \dfrac{a}{b} > 0,\ n \text{ pari} \\ a \neq 0,\ b \neq 0,\ n \text{ dispari} \end{cases}$$

▶ **Quoziente di radicali con lo stesso indice**

$$\frac{\sqrt[n]{a}}{\sqrt[n]{b}} = \sqrt[n]{\frac{a}{b}} \qquad a \geq 0,\ b > 0,\ n \in \mathbb{N}^*$$

> Se n è *dispari* la formula vale $\forall\, a, b \in \mathbb{R}$, con $b \neq 0$.

$$\frac{\sqrt{10}}{\sqrt{2}} = \sqrt{\frac{10}{2}} = \sqrt{5}; \qquad \sqrt[3]{18} : \sqrt[3]{6} = \sqrt[3]{18:6} = \sqrt[3]{3}; \qquad \frac{\sqrt[5]{-7}}{\sqrt[5]{4}} = \sqrt[5]{\frac{-7}{4}} = -\sqrt[5]{\frac{7}{4}}$$

▶ **Prodotto e quoziente di radicali con indici diversi**
Per calcolare prodotti e quozienti di radicali con indici diversi, prima si riducono i radicali allo stesso indice, applicando la proprietà invariantiva e poi si esegue la moltiplicazione o la divisione.

$$\underbrace{\sqrt[3]{-2} \cdot \sqrt{5} = -\sqrt[3]{2} \cdot \sqrt{5} = -\sqrt[6]{2^2} \cdot \sqrt[6]{5^3}}_{\text{la proprietà invariantiva si applica a radicali con radicandi positivi}} \cdot \sqrt[6]{4 \cdot 125} = -\sqrt[6]{500}$$

Trasporto di un fattore fuori e dentro il simbolo di radice

$$\sqrt[n]{a^n b} = a\sqrt[n]{b} \qquad a \geq 0,\ b \geq 0 \qquad n \in \mathbb{N}^*$$

(portar dentro a / portar fuori a^n)

- Se n è dispari la formula vale $\forall\, a, b \in \mathbb{R}$.

$$\sqrt{18} = \sqrt{3^2 \cdot 2} = 3\sqrt{2}; \quad \sqrt[5]{7^5 \cdot 3} = 7\sqrt[5]{3} \quad (\textit{portar fuori})$$

$$2\sqrt{3} = \sqrt{2^2 \cdot 3} = \sqrt{12}; \quad 3\sqrt[7]{2} = \sqrt[7]{3^7 \cdot 2} \quad (\textit{portar dentro})$$

- Se n è pari e *non si conosce* il segno di $a \longrightarrow \sqrt[n]{a^n b} = |a|\sqrt[n]{b}$.
  Se n è pari si possono portar dentro **solo** i fattori positivi.

- Per portar fuori da una radice di indice n un fattore con esponente $m > n$ si procede così:

$$\sqrt[n]{a^m b} = a^q \cdot \sqrt[n]{a^r b}$$

$m : n \begin{cases} q \text{ (quoziente)} \\ r \text{ (resto)} \end{cases}$

Se m è un multiplo di n, risulta $m : n = q$ ($r = 0 \longrightarrow a^r = 1$).

$$\sqrt[5]{6^{19} \cdot 5} = 6^3 \cdot \sqrt[5]{6^4 \cdot 5} \qquad \sqrt{2^{10} \cdot 5} = 2^5 \cdot \sqrt{5}$$

$19 : 5 \begin{cases} 3 \text{ (quoziente)} \\ 4 \text{ (resto)} \end{cases}$ \qquad $10 : 2 = 5$

Potenza e radice di un radicale

▶ **Potenza di un radicale**

$$(\sqrt[n]{a})^m = \sqrt[n]{a^m} \qquad a \geq 0,\ m \in \mathbb{N}^*,\ n \in \mathbb{N}^*$$

Se n è *dispari*, la formula vale anche per $a < 0$.

$$(\sqrt[3]{3})^2 = \sqrt[3]{3^2} = \sqrt[3]{9} \qquad (\sqrt[4]{5})^2 = \sqrt[4]{5^2} = \sqrt{5} \qquad (\sqrt[5]{-2})^3 = \sqrt[5]{-8} = -\sqrt[5]{8}$$

▶ **Radice di un radicale**

$$\sqrt[m]{\sqrt[n]{a}} = \sqrt[mn]{a} \qquad a \geq 0,\ m \in \mathbb{N}^*,\ n \in \mathbb{N}^*$$

Se m ed n sono entrambi *dispari*, la formula vale anche per $a < 0$.

$$\sqrt{\sqrt[3]{5}} = \sqrt[2\cdot 3]{5} = \sqrt[6]{5} \qquad \sqrt[4]{\sqrt{2}} = \sqrt[8]{2} \qquad \sqrt[3]{\sqrt[5]{-4}} = \sqrt[15]{-4} = -\sqrt[15]{4}$$

Teoria.zip

Razionalizzazione e radicali doppi

▶ **Razionalizzare il denominatore di una frazione** significa trasformare la frazione in un'altra equivalente che non abbia radicali al denominatore. La frazione trasformata si ottiene applicando la proprietà *invariantiva delle frazioni*, moltiplicando numeratore e denominatore per un opportuno *fattore razionalizzante*.

frazione	$\dfrac{b}{\sqrt{a}}$	$\dfrac{b}{\sqrt[n]{a^m}}$ $(m<n)$	$\dfrac{c}{\sqrt{a}\pm\sqrt{b}}$	$\dfrac{c}{a\pm\sqrt{b}}$	$\dfrac{c}{\sqrt{a}\pm b}$
fattore razionalizzante	$\sqrt{a}$	$\sqrt[n]{a^{n-m}}$	$\sqrt{a}\mp\sqrt{b}$	$a\mp\sqrt{b}$	$\sqrt{a}\mp b$
frazione equivalente con denominatore privo di radicali	$\dfrac{b\sqrt{a}}{a}$	$\dfrac{b\sqrt[n]{a^{n-m}}}{a}$	$\dfrac{c(\sqrt{a}\mp\sqrt{b})}{a-b}$	$\dfrac{c(a\mp\sqrt{b})}{a^2-b}$	$\dfrac{c(\sqrt{a}\mp b)}{a-b^2}$

$$\frac{7}{\sqrt{5}}=\frac{7}{\sqrt{5}}\cdot\frac{\sqrt{5}}{\sqrt{5}}=\frac{7\sqrt{5}}{5} \qquad \frac{1}{\sqrt[5]{27}}=\frac{1}{\sqrt[5]{3^3}}\cdot\frac{\sqrt[5]{3^2}}{\sqrt[5]{3^2}}=\frac{\sqrt[5]{9}}{\sqrt[5]{3^5}}=\frac{\sqrt[5]{9}}{3}$$

$$\frac{2}{\sqrt{10}-\sqrt{6}}=\frac{2}{\sqrt{10}-\sqrt{6}}\cdot\frac{\sqrt{10}+\sqrt{6}}{\sqrt{10}+\sqrt{6}}=\frac{2(\sqrt{10}+\sqrt{6})}{(\sqrt{10})^2-(\sqrt{6})^2}=\frac{2(\sqrt{10}+\sqrt{6})}{10-6}=\frac{\sqrt{10}+\sqrt{6}}{2}$$

Radicali quadratici doppi

$$\sqrt{a\pm\sqrt{b}}=\sqrt{\frac{a+\sqrt{a^2-b}}{2}}\pm\sqrt{\frac{a-\sqrt{a^2-b}}{2}} \qquad a>0,\ b>0,\ a^2-b>0$$

La formula va applicata se (a^2-b) è il quadrato di un numero razionale.

$$\sqrt{7-2\sqrt{6}}=\underbrace{\sqrt{7-\sqrt{24}}}_{\substack{a=7,\ b=24\\ a^2-b=49-24=25}}=\sqrt{\frac{7+\sqrt{25}}{2}}-\sqrt{\frac{7-\sqrt{25}}{2}}=\sqrt{\frac{7+5}{2}}-\sqrt{\frac{7-5}{2}}=\sqrt{6}-1$$

Potenze con esponente reale

▶ **Potenze con esponente razionale**

$$a^{\frac{m}{n}}=\sqrt[n]{a^m} \qquad a>0,\ m\in\mathbb{N}^*,\ n\in\mathbb{N}^*$$

$$a^{-\frac{m}{n}}=\frac{1}{a^{\frac{m}{n}}}=\frac{1}{\sqrt[n]{a^m}} \qquad a>0,\ m\in\mathbb{N}^*,\ n\in\mathbb{N}^*$$

$$7^{\frac{2}{3}}=\sqrt[3]{7^2}=\sqrt[3]{49} \qquad 3^{-\frac{1}{2}}=\frac{1}{\sqrt{3}} \qquad \left(\frac{2}{3}\right)^{-\frac{1}{3}}=\left(\frac{3}{2}\right)^{\frac{1}{3}}=\sqrt[3]{\frac{2}{3}}$$

▶ **Potenze con esponente reale (razionale o irrazionale):** valgono le note proprietà, ricordando che le basi devono essere numeri reali positivi:

$$a^\alpha\cdot a^\beta=a^{\alpha+\beta} \qquad a^\alpha:a^\beta=a^{\alpha-\beta} \qquad a^{-\alpha}=\frac{1}{a^\alpha}$$

$$(a^\alpha)^\beta=a^{\alpha\beta} \qquad (ab)^\alpha=a^\alpha b^\alpha \qquad \left(\frac{a}{b}\right)^\alpha=\frac{a^\alpha}{b^\alpha}$$

$$3^{\frac{1}{3}}\cdot 3^{\frac{1}{5}}=3^{\frac{1}{3}+\frac{1}{5}}=3^{\frac{5+3}{15}}=3^{\frac{8}{15}} \qquad (3^{\sqrt{3}})^{\sqrt{2}}=3^{\sqrt{6}}$$

Capitolo 3 — Esercizi

- Radicali di indice *n*
- Proprietà invariantiva e sue applicazioni
- Moltiplicazione e divisione di radicali
- Trasporto di un fattore fuori e dentro il simbolo di radice
- Potenza e radice di un radicale
- Razionalizzazione del denominatore di una frazione
- Radicali quadratici doppi
- Esercizi di riepilogo sul calcolo con i radicali
- I coefficienti irrazionali nell'algebra e nella geometria analitica
- Potenze con esponente reale
- Autovalutazione
- Esercizi per il recupero
- Esercizi di approfondimento

■ Radicali di indice *n*

Radicali di indice pari e di indice dispari

VERO O FALSO?

Quesiti a risposta multipla

1 a. $\sqrt{9} = \pm 3$ V F   b. $\sqrt{-5} = -\sqrt{5}$ V F
    c. $\sqrt[3]{-7} = -\sqrt[3]{7}$ V F   d. $\sqrt{\dfrac{0{,}49}{0{,}36}} = \dfrac{7}{6}$ V F

2 a. Il radicale $\sqrt{-a^2}$ esiste solo per $a = 0$.   V F
    b. $\sqrt[3]{1} = \sqrt{1}$ V F
    c. $\sqrt{-1} = \sqrt[3]{-1}$ V F
    d. I radicali quadratici rappresentano sempre numeri irrazionali.   V F

3 a. La somma di due radicali quadratici non nulli può essere zero.   V F
    b. La somma di due radicali cubici non nulli può essere zero.   V F
    c. $\sqrt{49} = -7$ V F
    d. $\sqrt{169}$ è un numero irrazionale.   V F

4 a. $\sqrt[4]{\dfrac{1}{16}} = \pm \dfrac{1}{2}$ V F   b. $-\sqrt[5]{3} = \sqrt[5]{-3}$ V F
    c. $\sqrt[4]{256} = 4$ V F   d. $\sqrt[6]{-6} = -\sqrt[6]{6}$ V F

5 a. $\sqrt[5]{-0{,}03} < 0$ V F   b. $\sqrt[6]{(-2)^4} < 0$ V F
    c. $\sqrt[8]{-2^4} > 0$ V F   d. $\sqrt[4]{-3^2} < 0$ V F

6 a. $-\sqrt{-3} = \sqrt{3}$ V F   b. $\sqrt[3]{5} + \sqrt[3]{-5} = 0$ V F
    c. $-\sqrt[5]{-3} = \sqrt[5]{3}$ V F   d. $\sqrt[3]{-4^2} > 0$ V F

ESERCIZI

Calcola il valore dei seguenti radicali.

7 $\sqrt{144}$; $\sqrt{\dfrac{16}{25}}$; $\sqrt{\dfrac{1}{121}}$; $\sqrt{\dfrac{49}{81}}$; $\sqrt{\dfrac{169}{4}}$; $\sqrt{0{,}25}$ $\left[12;\ \dfrac{4}{5};\ \dfrac{1}{11};\ \dfrac{7}{9};\ \dfrac{13}{2};\ 0{,}5\right]$

8 $\sqrt{0{,}\overline{1}}$; $\sqrt{0{,}09}$; $\sqrt{0{,}04}$; $\sqrt{0{,}16}$; $\sqrt{1{,}44}$; $\sqrt{0{,}0001}$; $\sqrt{1{,}69}$ $[0{,}\overline{3};\ 0{,}3;\ 0{,}2;\ 0{,}4;\ 1{,}2;\ 0{,}01;\ 1{,}3]$

9 $\sqrt[3]{64}$; $\sqrt[3]{-\dfrac{1}{64}}$; $\sqrt[3]{-125}$; $\sqrt[3]{216}$; $\sqrt[3]{-1000}$; $\sqrt[3]{-343}$ $\left[4;\ -\dfrac{1}{4};\ -5;\ 6;\ -10;\ -7\right]$

10 $\sqrt[3]{\dfrac{27}{1000}}$; $\sqrt[3]{-\dfrac{125}{64}}$; $\sqrt[3]{-\dfrac{1}{216}}$; $\sqrt[3]{\dfrac{512}{729}}$; $\sqrt[3]{-0{,}008}$; $\sqrt[3]{0{,}027}$ $\left[\dfrac{3}{10};\ -\dfrac{5}{4};\ -\dfrac{1}{6};\ \dfrac{8}{9};\ -0{,}2;\ 0{,}3\right]$

11 $\sqrt[6]{64}$; $\sqrt[5]{-243}$; $\sqrt[4]{625}$; $\sqrt[8]{256}$ $[2;\ -3;\ 5;\ 2]$

12 $\sqrt[4]{\dfrac{1}{256}}$; $\sqrt[5]{\dfrac{32}{243}}$; $\sqrt[6]{\dfrac{729}{64}}$; $\sqrt[8]{\dfrac{1}{6561}}$ $\left[\dfrac{1}{4};\ \dfrac{2}{3};\ \dfrac{3}{2};\ \dfrac{1}{3}\right]$

Calcola il valore delle seguenti espressioni numeriche.

13 $\sqrt{(\sqrt{36}+\sqrt{25})\cdot 11}$; $\sqrt[3]{-6+\sqrt[3]{-8}}$; $\sqrt{-3\cdot\sqrt[3]{-27}}$ $[11;\ -2;\ 3]$

14 $\sqrt{\sqrt[3]{64}:\sqrt{16}+8}$; $\sqrt[3]{9\cdot\sqrt[3]{-8}+3\cdot\sqrt[3]{-27}}$ $[3;\ -3]$

15 $\sqrt[3]{-8}\cdot\sqrt[3]{-5}+\sqrt[3]{-27}:\sqrt{16}$; $\sqrt{6+\sqrt[3]{-8}}\cdot\sqrt[3]{25\cdot\sqrt{16+\sqrt{81}}}$ $[1;\ 10]$

16 $\sqrt[3]{-8\cdot\sqrt{4}+\sqrt{68-\sqrt{16}}}$; $\sqrt{84-\sqrt[3]{5+11\cdot\sqrt{4}}}$ $[-2;\ 9]$

17 $\sqrt[4]{12+\sqrt{16}}$; $\sqrt[5]{81\cdot\sqrt[3]{27}}$; $\sqrt[6]{\sqrt[3]{64}+20\cdot\sqrt[4]{81}}$ $[2;\ 3;\ 2]$

18 $\sqrt[3]{-125}+\sqrt[3]{8}+\sqrt[4]{625}-\sqrt[7]{128}$; $\sqrt[5]{29+\sqrt[4]{74+\sqrt{46+\sqrt[3]{27}}}}+\sqrt[5]{-1}+\sqrt[31]{0}$ $[0;\ 1]$

Valori approssimati di una radice

QUESITI A RISPOSTA MULTIPLA

19 Senza utilizzare il tasto «radice quadrata» della calcolatrice, determina le prime tre cifre decimali di $\sqrt{10}$.
 a 3,262 **b** 3,162 **c** 3,170 **d** 3,163

20 Senza utilizzare il tasto «radice cubica» della calcolatrice, determina le prime tre cifre decimali di $\sqrt[3]{6}$.
 a 1,811 **b** 1,821 **c** 1,816 **d** 1,817

21 Utilizzando la calcolatrice stabilisci quale delle seguenti è un'approssimazione per difetto di $\sqrt{13}$.
 a 3,61 **b** 3,611 **c** 3,6054 **d** 3,606

22 Utilizzando la calcolatrice stabilisci quale delle seguenti è un'approssimazione per eccesso di $\sqrt[3]{17}$.
 a 2,5 **b** 2,57 **c** 2,58 **d** 2,571

Senza utilizzare il tasto «radice quadrata» o il tasto «radice cubica» della calcolatrice scientifica, determina le prime due cifre dopo la virgola dei seguenti numeri irrazionali.

23 $\sqrt{15}$ [3,87...] **24** $\sqrt{5}$ [2,23...] **25** $\sqrt{3}$ [1,73...]

26 $\sqrt[3]{4}$ [1,58...] **27** $\sqrt[3]{9}$ [2,08...] **28** $\sqrt[3]{5}$ [1,70...]

Condizioni di esistenza di un radicale e di espressioni letterali irrazionali

Determina le condizioni di esistenza dei seguenti radicali con radicando letterale.

ESERCIZI SVOLTI

29 $\sqrt[3]{\dfrac{x-1}{x+3}}$

Poiché il radicale è di indice dispari, non è necessaria alcuna condizione sul segno del radicando.
Il radicando, però, non deve perdere significato e quindi deve essere $x + 3 \neq 0 \longrightarrow x \neq -3$:

C.E.: $x \neq -3$

30 $\sqrt[4]{\dfrac{x-1}{x+3}}$

Poiché il radicale è di indice pari, esso esiste purché il suo radicando sia positivo o nullo; deve perciò essere $\dfrac{x-1}{x+3} \geq 0$. Inoltre, affinché il radicando stesso abbia significato deve essere $x + 3 \neq 0$. Pertanto per l'esistenza del radicale dato deve essere $\dfrac{x-1}{x+3} \geq 0 \wedge x \neq -3$.

Come sappiamo, risolvendo la disequazione frazionaria $\dfrac{x-1}{x+3} \geq 0$, escluderemo già dai risultati il valore $x = -3$ per cui si annulla il denominatore.
Risolviamo, nel solito modo, la disequazione frazionaria e troveremo: $x < -3 \vee x \geq 1$.
In conclusione, C.E.: $x < -3 \vee x \geq 1$.

31 $\sqrt[3]{a-1}$; $\sqrt{a-3}$; $\sqrt[6]{5-a}$; $\sqrt{\dfrac{1}{a-4}}$ $\qquad [a \in \mathbb{R};\ a \geq 3;\ a \leq 5;\ a > 4]$

32 $\sqrt[5]{\dfrac{x^2+1}{x^2-4}}$; $\sqrt[7]{\dfrac{x^2-9}{x^2+25}}$; $\sqrt[3]{\dfrac{1}{x^2}}$; $\sqrt{\dfrac{4-x}{x-6}}$ $\qquad [x \neq \pm 2;\ x \in \mathbb{R};\ x \neq 0;\ 4 \leq x < 6]$

33 $\sqrt{\dfrac{2x+1}{3x-1}}$; $\sqrt[4]{\dfrac{x^2+4}{x-3}}$; $\sqrt[10]{\dfrac{x+1}{x^2+3}}$ $\qquad \left[x \leq -\dfrac{1}{2} \vee x > \dfrac{1}{3};\ x > 3;\ x \geq -1\right]$

34 $\sqrt{(a-2)(a-3)}$; $\sqrt[4]{(a-1)(4-a)}$; $\sqrt{a^2-2a-3}$ $\qquad [a \leq 2 \vee a \geq 3;\ 1 \leq a \leq 4;\ a \leq -1 \vee a \geq 3]$

35 $\sqrt{6-a-a^2}$; $\sqrt{x(x-1)(x-2)}$; $\sqrt[3]{x^3+45x-377}$; $\sqrt[4]{6a-a^2-9}$

$\qquad [-3 \leq a \leq 2;\ 0 \leq x \leq 1 \vee x \geq 2;\ x \in \mathbb{R};\ a = 3]$

36 $\sqrt{\dfrac{x^2-4}{x+1}}$; $\sqrt[3]{\dfrac{1}{x^3-9x}}$; $\sqrt[5]{\dfrac{x}{(x+1)^4+2}}$ $\qquad [-2 \leq x < -1 \vee x \geq 2;\ x \neq 0 \wedge x \neq \pm 3;\ x \in \mathbb{R}]$

37 $\sqrt[3]{ab}$; $\sqrt{ab}$ $\qquad [a \in \mathbb{R} \wedge b \in \mathbb{R};\ a\ e\ b\ \text{concordi oppure}\ a = 0 \vee b = 0]$

38 $\sqrt{a^4b}$; $\sqrt[6]{\dfrac{x^2}{y}}$ $\qquad [b \geq 0 \wedge a \in \mathbb{R}\ \text{oppure}\ a = 0 \wedge b \in \mathbb{R};\ y > 0 \wedge x \in \mathbb{R}\ \text{oppure}\ x = 0 \wedge y \neq 0]$

Determina le condizioni di esistenza delle seguenti espressioni letterali irrazionali.

ESERCIZIO SVOLTO

39 $\sqrt{x-6} + \sqrt{x-2} + \sqrt[3]{\dfrac{1}{x-7}}$

- $\sqrt{x-6}$ esiste per $x \geq 6$
- $\sqrt[3]{\dfrac{1}{x-7}}$ esiste purché sia definito il radicando, cioè per $x \neq 7$
- $\sqrt{x-2}$ esiste per $x \geq 2$

L'espressione data ha significato per i valori di x che risolvono il sistema

$$\begin{cases} x \geq 6 \\ x \geq 2 \\ x \neq 7 \end{cases} \longrightarrow x \geq 6 \wedge x \neq 7$$

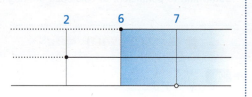

Pertanto avremo C.E.: $x \geq 6 \wedge x \neq 7$ oppure, equivalentemente, C.E.: $6 \leq x < 7 \vee x > 7$.

▷▶ **40** $\sqrt{x-2} + 3\sqrt{x-4}$; $\sqrt{a-3} + \sqrt[4]{\dfrac{1}{a-5}}$; $\sqrt{1-x} + \sqrt{2-x}$ $\qquad [x \geq 4;\ a > 5;\ x \leq 1]$

▷▶ **41** $\sqrt{x+3} - \sqrt{5-x}$; $\dfrac{\sqrt{y-3}}{y}$; $\dfrac{\sqrt[6]{a-5}}{a-5}$; $\dfrac{\sqrt[4]{a-1}}{a-2}$ $\qquad [-3 \leq x \leq 5;\ y \geq 3;\ a > 5;\ a \geq 1 \wedge a \neq 2]$

▷▶ **42** $\sqrt{a-3} \cdot \sqrt{a-4}$; $\sqrt{(a-3)(a-4)}$; $\dfrac{\sqrt{a-2}}{\sqrt{a-1}}$; $\sqrt{\dfrac{a-2}{a-1}}$

$\qquad [a \geq 4;\ a \leq 3 \vee a \geq 4;\ a \geq 2;\ a < 1 \wedge a \geq 2]$

▷▶ **43** $\sqrt[n]{\dfrac{x-1}{x-2}} + \sqrt[n+1]{4x - x^2}$ $\qquad [x \leq 1 \vee x > 2$ per n pari; $0 \leq x \leq 4 \wedge x \neq 2$ per n dispari$]$

Prima e seconda proprietà fondamentale dei radicali

VERO O FALSO?

Altri esercizi "Vero o falso?", quesiti

▷▶ **44** a. $\sqrt{3} \cdot \sqrt{3} = 3$ ☐V ☐F b. $\sqrt{-2} \cdot \sqrt{-2} = -2$ ☐V ☐F

c. $(\sqrt{a})^2 = a,\ \forall a \in \mathbb{R}$ ☐V ☐F d. $\left(\sqrt{1-\sqrt{3}}\right)^2 = 1 - \sqrt{3}$ ☐V ☐F

▷▶ **45** a. $\sqrt[4]{(-7)^4} = -7$ ☐V ☐F b. $\sqrt[7]{(-2)^7} = -2$ ☐V ☐F

c. $\sqrt[3]{(1+\sqrt{2})^3} = 1 + \sqrt{2}$ ☐V ☐F d. $\sqrt[4]{(\sqrt{5} - 2)^4} = \sqrt{5} - 2$ ☐V ☐F

▷▶ **46** a. $\sqrt{(1-\sqrt{5})^2} = 1 - \sqrt{5}$ ☐V ☐F b. $\sqrt{t^2} = t$ ☐V ☐F

c. $\sqrt{(b-3)^2} = |b-3|$ ☐V ☐F d. $\sqrt{(x^2+1)^2} = x^2 + 1$ ☐V ☐F

▷▶ **47** a. $\sqrt[3]{3} \cdot \sqrt[3]{3} \cdot \sqrt[3]{3} = 3$ ☐V ☐F b. Per $x < 2 \longrightarrow \sqrt[4]{(x-2)^4} = x - 2$ ☐V ☐F

c. $(\sqrt[5]{-3})^4 \cdot \sqrt[5]{-3} = 3$ ☐V ☐F d. Per $x < 0 \longrightarrow \sqrt{x^2} = -x$ ☐V ☐F

Semplifica le seguenti espressioni.

Altri esercizi

▷▶ **48** $(\sqrt{5})^2$; $(\sqrt[3]{7})^3$; $\left(\sqrt[5]{-\dfrac{1}{2}}\right)^5$; $(\sqrt[4]{2{,}1})^4$ $\qquad \left[5;\ 7;\ -\dfrac{1}{2};\ 2{,}1\right]$

▷▶ **49** $\sqrt{7} \cdot \sqrt{7}$; $\sqrt[3]{2} \cdot \sqrt[3]{2} \cdot \sqrt[3]{2}$; $(\sqrt[5]{-1})^5$ $\qquad [7;\ 2;\ -1]$

▷▶ **50** $3 \cdot (\sqrt{2} \cdot \sqrt{2})$; $4 \cdot \sqrt{3} \cdot 2 \cdot \sqrt{3}$; $\sqrt{5} \cdot 2 \cdot \sqrt{5}$ $\qquad [6;\ 24;\ 10]$

▷▶ **51** $2 \cdot \sqrt{3} \cdot \sqrt{3}$; $3 \cdot \sqrt[3]{5} \cdot \sqrt[3]{5} \cdot \sqrt[3]{5}$; $(\sqrt[4]{2})^2 \cdot \sqrt[4]{2} \cdot \sqrt[4]{2}$ $\qquad [6;\ 15;\ 2]$

52 $(\sqrt[4]{2})^4 \cdot (\sqrt{2})^2$; $\sqrt{5} \cdot \sqrt{5} + \sqrt[3]{2} \cdot \sqrt[3]{2} \cdot \sqrt[3]{2}$; $\sqrt[4]{3} \cdot \sqrt[4]{3} \cdot \sqrt[4]{3} \cdot \sqrt[4]{3}$ [4; 7; 3]

53 $\sqrt{(-8)^2}$; $\sqrt[4]{(-11)^4}$; $\sqrt[6]{(-2)^6}$; $(\sqrt[4]{-2})^4$ [8; 11; 2; non ha significato]

54 $(\sqrt{\pi}+2)^2$; $\sqrt{(1+\sqrt{2})^2}$; $\sqrt[5]{-6^5}$ [$\pi+2$; $1+\sqrt{2}$; -6]

55 $\sqrt[5]{(-\pi-3)^5}$; $-\sqrt[7]{(-7)^7}$; $\sqrt[5]{-3^5} + (\sqrt[5]{3})^5$ [$-\pi-3$; 7; 0]

56 $\sqrt[4]{(2+\sqrt{3})^4}$; $\sqrt[5]{(1+\sqrt[3]{2})^5}$; $\sqrt[8]{(\sqrt{3}-\sqrt{2})^8}$ [$2+\sqrt{3}$; $1+\sqrt[3]{2}$; $\sqrt{3}-\sqrt{2}$]

57 $\sqrt{(1-\sqrt{5})^2}$; $\sqrt[4]{(\sqrt{5}-\sqrt{6})^4}$; $\sqrt{\left(\frac{3}{2}-\sqrt{2}\right)^2}$ $\left[\sqrt{5}-1; \sqrt{6}-\sqrt{5}; \frac{3}{2}-\sqrt{2}\right]$

ESERCIZI SVOLTI

Altro esercizio svolto

58 $(\sqrt{5-x})^2$

L'espressione data esiste per $5-x \geq 0 \longrightarrow x \leq 5$. Per la prima proprietà fondamentale dei radicali
$$(\sqrt{5-x})^2 = 5-x \quad \text{per } x \leq 5$$

59 $\sqrt{9x^2+6x+1}$

Il radicale può essere scritto nella forma $\sqrt{(3x+1)^2}$ da cui deduciamo che esso esiste $\forall x \in \mathbb{R}$. Poiché non conosciamo il segno di $3x+1$, per la seconda proprietà fondamentale dei radicali avremo
$$\sqrt{9x^2+6x+1} = \sqrt{(3x+1)^2} = |3x+1|$$

60 $(\sqrt[3]{x+1})^3$; $(\sqrt{a-3})^2$; $(\sqrt[4]{x^2+2x-3})^4$ [$x+1$; $a-3$ per $a \geq 3$; x^2+2x-3 per $x \leq -3 \vee x \geq 1$]

61 $\sqrt[3]{a} \cdot \sqrt[3]{a} \cdot \sqrt[3]{a}$; $\sqrt{a-1} \cdot \sqrt{a-1}$; $\sqrt{-a-1} \cdot \sqrt{-a-1}$ [a; $a-1$ per $a \geq 1$; $-a-1$ per $a \leq -1$]

62 $\left(\sqrt{\frac{x-1}{x-5}}\right)^2$; $(\sqrt[6]{-a^6-64})^6$ $\left[\frac{x-1}{x-5} \text{ per } x \leq 1 \vee x > 5; \text{ non ha significato}\right]$

63 $\sqrt[5]{(x+1)^5}$; $\sqrt[4]{(x-1)^4}$; $\sqrt{x^2-8x+16}$; $\sqrt[3]{(-x-1)^3}$ [$x+1$; $|x-1|$; $|x-4|$; $-x-1$]

64 $\sqrt{x^2+2x+1}$; $\sqrt{4x^2-4x+1}$; $\sqrt{y^2-4y+4}$ [$|x+1|$; $|2x-1|$; $|y-2|$]

65 $\sqrt{x^4+2x^2y+y^2}$; $\sqrt{a^4-2a^2b^2+b^4}$; $\sqrt{a^2-2a+1}$ [$|x^2+y|$; $|a^2-b^2|$; $|a-1|$]

66 $\sqrt[3]{x^3+3x^2+3x+1}$; $\sqrt[3]{8a^3-12a^2+6a-1}$ [$x+1$; $2a-1$]

67 $\sqrt{x^2+10x+25}$ con $x > -5$ $\quad$ $\sqrt{b^2-10b+25}$ con $b < 5$ [$x+5$; $5-b$]

68 $\sqrt{x^2+2x+1}$ con $x < -1$ $\quad$ $\sqrt{a^2-6a+9}$ con $a > 3$ [$-x-1$; $a-3$]

Addizione algebrica di radicali. Primi passi nel calcolo con i radicali

VERO O FALSO?

69 a. $\sqrt{x^2+y^2} = |x|+|y|$ $\quad$ V F $\quad$ b. $\sqrt{3}+\sqrt{5} = \sqrt{8}$ $\quad$ V F

c. $\sqrt{a} : \sqrt{a} = 1, \forall a \in \mathbb{R}$ $\quad$ V F $\quad$ d. $5\sqrt{5}-\sqrt{5} = 4\sqrt{5}$ $\quad$ V F

ESERCIZI

70 a. $\sqrt{3} \cdot \sqrt{3} \cdot \sqrt{3} = 3\sqrt{3}$ V F   b. $\sqrt{3^2 + 7^2} = 10$ V F
  c. $\sqrt{3+3} = \sqrt{3} + \sqrt{3}$ V F   d. $3\sqrt{5} : \sqrt{5} = 3$ V F

71 a. $-\sqrt[3]{-3} + \sqrt[3]{3} = 2\sqrt[3]{3}$ V F   b. $1 + \sqrt{2} = 2{,}4142\ldots$ V F
  c. $2\sqrt[5]{7} - \sqrt[5]{7} = 1$ V F   d. $\frac{1}{2}\sqrt[8]{5} + \frac{1}{2}\sqrt[8]{5} = \sqrt[8]{5}$ V F

72 a. $(\sqrt{2} + 1)^2 = 3$ V F   b. $\sqrt{5-5} = \sqrt{5} - \sqrt{5}$ V F
  c. $\sqrt{10-1} = \sqrt{10} - 1$ V F   d. $(\sqrt{3} + \sqrt{3})\sqrt{3} = 6$ V F

Calcola il valore delle seguenti espressioni numeriche.   Altri esercizi

ESERCIZI SVOLTI

Altri esercizi svolti

73 $4\sqrt{3} - \frac{1}{2}\sqrt{3} - \sqrt{3} = 4 \cdot \sqrt{3} - \frac{1}{2} \cdot \sqrt{3} - 1 \cdot \sqrt{3} = \left(4 - \frac{1}{2} - 1\right) \cdot \sqrt{3} = \frac{8-1-2}{2} \cdot \sqrt{3} = \frac{5}{2}\sqrt{3}$

     raccogliamo $\sqrt{3}$

74 $(\underbrace{\sqrt{3} + \sqrt{3} + \sqrt{3}}_{3\sqrt{3}}) \cdot \sqrt{3} + (\underbrace{\sqrt{2} + \sqrt{2}}_{2\sqrt{2}}) : \sqrt{2} = 3\sqrt{3} \cdot \sqrt{3} + 2\sqrt{2} : \sqrt{2} = 3 \cdot (\sqrt{3} \cdot \sqrt{3}) + \frac{2\sqrt{2}}{\sqrt{2}} =$

$= 3(\sqrt{3})^2 + 2 = 3 \cdot 3 + 2 = 9 + 2 = 11$

     prima proprietà fondamentale

75 $(\sqrt{5} + 2)(\sqrt{5} - 2)$

Occorre ricordare il prodotto notevole $(A+B)(A-B) = A^2 - B^2$:

$(\sqrt{5} + 2)(\sqrt{5} - 2) = (\sqrt{5})^2 - 2^2 = 5 - 4 = 1$ $(\sqrt{5})^2 = 5$ per la prima proprietà fondamentale

$(A + B)(A - B) = A^2 - B^2$

76 $(\sqrt{3} + 2)^2$

Occorre ricordare il prodotto notevole $(A+B)^2 = A^2 + 2AB + B^2$:

$(\sqrt{3} + 2)^2 = (\sqrt{3})^2 + 2 \cdot \sqrt{3} \cdot 2 + 2^2 = 3 + 4\sqrt{3} + 4 = 7 + 4\sqrt{3}$

$(A + B)^2 = A^2 + 2 \cdot A \cdot B + B^2$

77 $(2\sqrt{3} - 1)^2 = (2\sqrt{3})^2 - 2 \cdot 2\sqrt{3} \cdot 1 + 1 = 2^2 \cdot (\sqrt{3})^2 - 4\sqrt{3} + 1 = 4 \cdot 3 - 4\sqrt{3} + 1 = 13 - 4\sqrt{3}$

     prima proprietà fondamentale

78 $(\sqrt{2})^6 = (\sqrt{2})^{2 \cdot 3} = [(\sqrt{2})^2]^3 = 2^3 = 8$ $(\sqrt{2})^2 = 2$ per la prima proprietà fondamentale

     $a^{nm} = (a^n)^m$

79 $\sqrt[3]{7} + 2(\sqrt{3} + \sqrt{2}) - 3(2\sqrt{3} - \sqrt{2}) + \sqrt[3]{-7}$

Nell'ultimo termine, $\sqrt[3]{-7}$, portiamo il segno meno fuori dal simbolo di radice di indice dispari.
Inoltre, applicando la proprietà distributiva, eseguiamo le moltiplicazioni indicate. Avremo

$\cancel{\sqrt[3]{7}} + \underline{2\sqrt{3}} + \underline{\underline{2\sqrt{2}}} - \underline{6\sqrt{3}} + \underline{\underline{3\sqrt{2}}} - \cancel{\sqrt[3]{7}} =$ raccogliamo $\sqrt{3}$ e $\sqrt{2}$ nei termini evidenziati

$= (2-6)\sqrt{3} + (2+3)\sqrt{2} = -4\sqrt{3} + 5\sqrt{2}$

80 $\sqrt[3]{2}+\sqrt[3]{2}+\sqrt[3]{2}$; $\sqrt[3]{21}\cdot\sqrt[3]{21}\cdot\sqrt[3]{21}$; $5\sqrt{3}+4\sqrt{3}-\sqrt{3}$ $\qquad\left[3\sqrt[3]{2};\ 21;\ 8\sqrt{3}\right]$

81 $\sqrt{2}+\sqrt{2}+\sqrt{2}$; $(\sqrt{2}\cdot\sqrt{2})\cdot\sqrt{3}$; $\sqrt{2}\cdot\sqrt{2}\cdot\sqrt{2}$; $a\sqrt{2}+b\sqrt{2}$ $\qquad\left[3\sqrt{2};\ 2\sqrt{3};\ 2\sqrt{2};\ (a+b)\sqrt{2}\right]$

82 $2\sqrt{3}+\sqrt[3]{3}\cdot\sqrt[3]{3}\cdot\sqrt[3]{3}-\sqrt[6]{5^6}$; $(\sqrt[3]{5}:\sqrt[3]{5})+(\sqrt[3]{-5})^3$; $(a-b)\sqrt{2}+b\sqrt{2}$ $\qquad\left[2\sqrt{3}-2;\ -4;\ a\sqrt{2}\right]$

83 $2\sqrt{3}+\sqrt{2}+3\sqrt{2}+\sqrt{3}$; $\dfrac{1}{2}\sqrt{7}-\dfrac{5}{3}\sqrt{11}+\dfrac{1}{4}\sqrt{7}-\dfrac{4}{3}\sqrt{11}$ $\qquad\left[4\sqrt{2}+3\sqrt{3};\ \dfrac{3}{4}\sqrt{7}-3\sqrt{11}\right]$

84 $2\sqrt{3}+3\sqrt{2}-\sqrt{3}+\sqrt{2}$; $2(\sqrt{3}-\sqrt{2})+4(2\sqrt{2}-\sqrt{3})$ $\qquad\left[\sqrt{3}+4\sqrt{2};\ 6\sqrt{2}-2\sqrt{3}\right]$

85 $(\sqrt{2})^2\cdot\sqrt{3}+(\sqrt{5})^2\cdot\sqrt{3}$; $(\sqrt[4]{5})^4+(\sqrt[3]{-3})^3+(\sqrt[5]{7})^5$ $\qquad\left[7\sqrt{3};\ 9\right]$

86 $(3\sqrt{5}+14\sqrt{5}+\sqrt{5}):18$; $(2\sqrt{7}+3\sqrt{7}-\sqrt{7})\cdot\sqrt{7}$ $\qquad\left[\sqrt{5};\ 28\right]$

87 $(5\sqrt[3]{4}+3\sqrt[3]{4}-2\sqrt[3]{4}):\sqrt{36}$; $(\sqrt[3]{6}-2\sqrt[3]{6}+5\sqrt[3]{6}):\sqrt[3]{-6}$ $\qquad\left[\sqrt[3]{4};\ -4\right]$

88 $(\sqrt[3]{2}+4\sqrt[3]{2}-8\sqrt[3]{2}):\sqrt[3]{2}$; $12\sqrt[4]{7}:\sqrt[4]{7}+(\sqrt[4]{3})^4$ $\qquad\left[-3;\ 15\right]$

89 $5\sqrt{3}:\sqrt{3}$; $4\sqrt{2}:(8\sqrt{2})$; $(5\sqrt{3})^2$; $(2\sqrt[3]{3})^3$ $\qquad\left[5;\ \dfrac{1}{2};\ 75;\ 24\right]$

90 $(-2\sqrt[5]{-3})^5$; $-2(\sqrt[5]{-3})^5$; $\dfrac{2}{3}\sqrt{11}:(6\sqrt{11})$; $\left(\sqrt[3]{-\dfrac{1}{3}}\right)^3\cdot(\sqrt{2})^2$ $\qquad\left[96;\ 6;\ \dfrac{1}{9};\ -\dfrac{2}{3}\right]$

91 $\left(\dfrac{\sqrt{2}}{4}\right)^2$; $(\sqrt{3}:3)^2$; $(\sqrt[3]{3}:3)^3$; $(\sqrt[4]{8}:2)^4$ $\qquad\left[\dfrac{1}{8};\ \dfrac{1}{3};\ \dfrac{1}{9};\ \dfrac{1}{2}\right]$

92 $[4\sqrt{5}:(-4)]^2$; $\left(-\dfrac{\sqrt[3]{3}}{3}\right)^3$; $(\sqrt[4]{6}:3)^4$; $\left(-\dfrac{\sqrt[4]{5}}{2}\right)^4$ $\qquad\left[5;\ -\dfrac{1}{9};\ \dfrac{2}{27};\ \dfrac{5}{16}\right]$

93 $\sqrt{2}(\sqrt{2}+3)+\sqrt{3}(2+\sqrt{3})-5$; $2\sqrt{2}(\sqrt{2}+3)-\sqrt{2}(1-2\sqrt{2})$ $\qquad\left[3\sqrt{2}+2\sqrt{3};\ 8+5\sqrt{2}\right]$

94 $(2+\sqrt{5})(2-\sqrt{5})$; $(\sqrt{5}-\sqrt{3})(\sqrt{5}+\sqrt{3})$; $(\sqrt{3}+7)(-7+\sqrt{3})$ $\qquad\left[-1;\ 2;\ -46\right]$

95 $(\sqrt{6}-1)(-1-\sqrt{6})$; $(\sqrt{7}+2\sqrt{2})(\sqrt{7}-2\sqrt{2})$; $(\sqrt{0{,}4}-1)(\sqrt{0{,}4}+1)$ $\qquad\left[-5;\ -1;\ -0{,}6\right]$

96 $\left(\dfrac{\sqrt{2}}{3}-\sqrt{3}\right)\left(\dfrac{\sqrt{2}}{3}+\sqrt{3}\right)$; $\left(1+\dfrac{\sqrt{5}}{5}\right)\left(1-\dfrac{\sqrt{5}}{5}\right)$; $(3\sqrt{5}-1)(1+3\sqrt{5})$ $\qquad\left[-\dfrac{25}{9};\ \dfrac{4}{5};\ 44\right]$

97 $(1+\sqrt{3})^2$; $(\sqrt{2}+4)^2$; $(2\sqrt{5}+1)^2$ $\qquad\left[4+2\sqrt{3};\ 18+8\sqrt{2};\ 21+4\sqrt{5}\right]$

98 $(\sqrt{5}-3)^2$; $(2\sqrt{5}+4)^2$; $(-3+2\sqrt{3})^2$ $\qquad\left[14-6\sqrt{5};\ 36+16\sqrt{5};\ 21-12\sqrt{3}\right]$

99 $(2+\sqrt{3})^2-(3-\sqrt{3})^2$; $(2\sqrt{2}-3)^2+(1-\sqrt{2})^2$ $\qquad\left[10\sqrt{3}-5;\ 20-14\sqrt{2}\right]$

100 $(\sqrt{2})^4+(2-\sqrt{2})^2+(1-3\sqrt{2})(1+3\sqrt{2})+\sqrt[15]{7^{15}}$ $\qquad\left[-4\sqrt{2}\right]$

101 $(\sqrt[5]{-3})^5+(\sqrt{3}-\sqrt{5})(\sqrt{5}+\sqrt{3})+(3\sqrt{3}-1)^2-(\sqrt[3]{3})^3$ $\qquad\left[20-6\sqrt{3}\right]$

102 $(\sqrt[5]{3})^{10}-(\sqrt[3]{2})^9$; $(\sqrt[3]{5})^6+(\sqrt[3]{-3})^9$; $(2\sqrt[3]{5})^3-(\sqrt[4]{2})^{24}$ $\qquad\left[1;\ -2;\ -24\right]$

103 $\left[\sqrt[5]{(3+\sqrt{3})^5}+\sqrt[4]{(4-\sqrt{3})^4}\right]^2:[(\sqrt{50}-1)(\sqrt{50}+1)]$; $(12\sqrt{2}+24):(4\sqrt{2}+8)$ $\qquad\left[1;\ 3\right]$

104 $5\left(\dfrac{1}{2}\sqrt{5}-\dfrac{1}{5}\sqrt{7}\right)-4\left(\dfrac{\sqrt{5}}{2}-\dfrac{\sqrt{7}}{4}\right)+\sqrt[3]{(\sqrt{5})^3}$ $\qquad\left[\dfrac{3}{2}\sqrt{5}\right]$

105 $[(2\sqrt{7}-3)(2\sqrt{7}+3)-(\sqrt{7}+1)^2-(\sqrt{7}-2)^2]:\sqrt[6]{(\sqrt{7})^6}$ $\qquad\left[2\right]$

106 $[(\sqrt{11}+1)^2-(3-\sqrt{11})^2+(\sqrt[3]{2})^9]:\sqrt[4]{(\sqrt{11})^4}$ $\qquad\left[8\right]$

107 $(3\sqrt{2}-\sqrt{3})(3\sqrt{2}+\sqrt{3})-\sqrt[5]{16^5}+\dfrac{(1-\sqrt{2})(1+\sqrt{2})}{(1-\sqrt{3})(1+\sqrt{3})}$ $\qquad\left[-\dfrac{1}{2}\right]$

ESERCIZI

▷▷ **108** $\sqrt[3]{(\sqrt[5]{-8})^5} + \sqrt[4]{(2-\sqrt{3})^4} + \sqrt[4]{(2-2\sqrt{3})^4}$ $\qquad [\sqrt{3}-2]$

▷▷ **109** $\dfrac{1}{1-\sqrt{5}} + \dfrac{1}{1+\sqrt{5}} + \left(\sqrt{\dfrac{1}{2}}-1\right)\left(\sqrt{\dfrac{1}{2}}+1\right)$ Videolezione $\qquad [-1]$

Semplifica le seguenti espressioni letterali. Altri esercizi

■ **ESERCIZIO SVOLTO**

▷▷ **110** $2\sqrt{a} \cdot \sqrt{a} + \sqrt[3]{a} : \sqrt[3]{a}$

Il radicale quadratico $\sqrt{a}$ è definito per $a \geq 0$. Il radicale cubico $\sqrt[3]{a}$ è sempre definito, ma, essendo anche un divisore, deve essere $\sqrt[3]{a} \neq 0 \longrightarrow a \neq 0$. Pertanto risulta C.E.: $a > 0$.
Nell'ipotesi $a > 0$ avremo $2\sqrt{a} \cdot \sqrt{a} + \sqrt[3]{a} : \sqrt[3]{a} = 2(\sqrt{a})^2 + 1 = 2a + 1$.
Per $a \leq 0$ l'espressione data non ha significato.

▷▷ **111** $\sqrt[4]{a^3} + \sqrt{a} : \sqrt{a} \cdot \sqrt[4]{a^3}$ $\qquad [2\sqrt[4]{a^3} \text{ per } a > 0]$

▷▷ **112** $(\sqrt{a}+1)(\sqrt{a}-1) + \sqrt{(a+1)^2}$ $\qquad [2a \text{ per } a \geq 0]$

▷▷ **113** $(1+\sqrt{a})^2 + (\sqrt{a}-1)^2 + (\sqrt[6]{4-a})^6$ $\qquad [a+6 \text{ per } 0 \leq a \leq 4]$

▷▷ **114** $(\sqrt{a}-\sqrt{b})(\sqrt{a}+\sqrt{b}) + (\sqrt[8]{b-1})^8 - \sqrt{(a+2)^2}$ $\qquad [-3 \text{ per } a \geq 0 \wedge b \geq 1]$

▷▷ **115** $(\sqrt[3]{1+\sqrt{x}})^3(1-\sqrt{x}) + (2+\sqrt{x})^2$ $\qquad [4\sqrt{x}+5 \text{ per } x \geq 0]$

▷▷ **116** $(-2\sqrt{a})^2 + (\sqrt{a}-2\sqrt{b})(2\sqrt{b}+\sqrt{a}) + (\sqrt[4]{b-1})^4$ $\qquad [5a-3b-1 \text{ per } a \geq 0 \wedge b \geq 1]$

▷▷ **117** $\dfrac{\sqrt[4]{a^4}}{2} + \dfrac{6a^2}{\sqrt{9a^2}} + a$ $\qquad \left[-\dfrac{3}{2}a \text{ per } a < 0; \dfrac{7}{2}a \text{ per } a > 0\right]$

▷▷ **118** $\dfrac{\sqrt{3x^2-6x+3}}{x^2-1}$ $\qquad \left[-\dfrac{\sqrt{3}}{x+1} \text{ per } x < 1 \wedge x \neq -1; \dfrac{\sqrt{3}}{x+1} \text{ per } x > 1\right]$

Radicali e differenze di quadrati

Altri esercizi

Scomponi i seguenti binomi nel prodotto di due fattori.

■ **ESERCIZI SVOLTI**

▷▷ **119** $x^2 - 3$

Osserviamo che per la prima proprietà fondamentale è
$$3 = (\sqrt{3})^2$$

■ **OSSERVAZIONE**

Il binomio $x^2 - 3$ è irriducibile nell'insieme $\mathbb{Q}$ dei numeri razionali: infatti esso non può essere considerato una differenza di quadrati, perché 3 *non* è il quadrato di alcun numero razionale. Lo stesso binomio, come hai appena visto, è invece scomponibile in fattori nell'insieme $\mathbb{R}$ dei numeri reali.

▷▷ **120** $2x^2 - 5$

Osserviamo che $5 = (\sqrt{5})^2$ e che $2x^2 = (\sqrt{2})^2 x^2 = (\sqrt{2}x)^2$.
Pertanto avremo $2x^2 - 5 = (\sqrt{2}x + \sqrt{5})(\sqrt{2}x - \sqrt{5})$.

> **NOTA BENE**
> Il coefficiente di un monomio precede, di solito, la parte letterale. Tuttavia, se il coefficiente è un radicale, questa consuetudine non sempre è seguita. Ad esempio, invece di scrivere $\sqrt{2} \cdot x = \sqrt{2}x$, si può scrivere $x\sqrt{2}$.

▷▷ **121** $5 - x^2$; $x^2 - 7$; $x^2 - 2$; $x^2 - 10$ $[(\sqrt{5}+x)(\sqrt{5}-x);\ (x+\sqrt{7})(x-\sqrt{7});\ ...]$

▷▷ **122** $2x^2 - 1$; $3x^2 - 4$; $7x^2 - 3$; $5 - 3x^2$ $[(x\sqrt{2}+1)(x\sqrt{2}-1);\ (x\sqrt{3}+2)(x\sqrt{3}-2);\ ...]$

▷▷ **123** $x^4 - 3$; $x^6 - 6$; $x^4 - 11$; $2 - x^6$ $[(x^2+\sqrt{3})(x^2-\sqrt{3});\ (x^3+\sqrt{6})(x^3-\sqrt{6});\ ...]$

▷▷ **124** $2x^8 - 1$; $3x^4 - 4$; $3 - 5x^6$; $1 - 2x^4$ $[(\sqrt{2}x^4+1)(\sqrt{2}x^4-1);\ (x^2\sqrt{3}+2)(x^2\sqrt{3}-2);\ ...]$

Proprietà invariantiva e sue applicazioni

Proprietà invariantiva

Esercizi "Vero o falso?"

Altri esercizi

Trasforma ciascun radicale in un altro equivalente con l'indice a fianco indicato.

ESERCIZI SVOLTI

▷▷ **125** $\sqrt[7]{5^3}$ (indice 14)

$$\sqrt[7]{5^3} = \sqrt[7 \cdot 2]{5^{3 \cdot 2}} = \sqrt[14]{5^6}$$

▷▷ **126** $\sqrt[15]{(-2)^7}$ (indice 30)

La proprietà invariantiva è applicabile a un radicale del tipo $\sqrt[n]{a^m}$ con $a \geq 0$. Qui invece $a = -2 < 0$. Operiamo quindi nel modo seguente:

$$\sqrt[15]{(-2)^7} = \sqrt[15]{-2^7} = -\sqrt[15]{2^7} = -\sqrt[15 \cdot 2]{2^{7 \cdot 2}} = -\sqrt[30]{2^{14}}$$

proprietà invariantiva non applicabile | portiamo fuori il segno meno (indice dispari) | proprietà invariantiva

▷▷ **127** $\sqrt[4]{7^3 \cdot 4^5}$ (indice 8)

$$\sqrt[4]{7^3 \cdot 4^5} = \sqrt[4]{(7^3 \cdot 4^5)^1} = \sqrt[4 \cdot 2]{(7^3 \cdot 4^5)^{1 \cdot 2}} = \sqrt[8]{(7^3)^2 \cdot (4^5)^2} = \sqrt[8]{7^6 \cdot 4^{10}}$$

Qui abbiamo applicato le note proprietà delle potenze $(a \cdot b)^n = a^n \cdot b^n$ e $(a^m)^n = a^{mn}$.

> **IN PRATICA...**
> Nel seguito potrai subito ottenere il risultato moltiplicando sia l'indice della radice sia l'esponente di ciascun fattore del radicando per uno stesso numero.
> Ad esempio:
> $$\sqrt[6]{4^5 \cdot 3^7} = \sqrt[6 \cdot 3]{4^{5 \cdot 3} \cdot 3^{7 \cdot 3}} = \sqrt[18]{4^{15} \cdot 3^{21}} \qquad \sqrt[9]{\frac{2^8}{5^6}} = \sqrt[9 \cdot 2]{\frac{2^{8 \cdot 2}}{5^{6 \cdot 2}}} = \sqrt[18]{\frac{2^{16}}{5^{12}}}$$

ESERCIZI

▷▷ **128** $\sqrt{3}$ (indice 14) $\left[\sqrt[14]{3^7}\right]$ ▷▷ **129** $\sqrt[3]{2}$ (indice 18) $\left[\sqrt[18]{2^6}\right]$

▷▷ **130** $\sqrt[3]{-7}$ (indice 6) $\left[-\sqrt[6]{49}\right]$ ▷▷ **131** $\sqrt[5]{-7}$ (indice 30) $\left[-\sqrt[30]{7^6}\right]$

▷▷ **132** $\sqrt[5]{-3^4}$ (indice 25) $\left[-\sqrt[25]{3^{20}}\right]$ ▷▷ **133** $\sqrt[7]{8}$ (indice 35) $\left[\sqrt[35]{2^{15}}\right]$

▷▷ **134** $\sqrt[8]{(-2)^7}$ (indice 16) [il radicale non ha significato]

▷▷ **135** $\sqrt[4]{(-10)^7}$ (indice 40) [il radicale non ha significato]

▷▷ **136** $\sqrt[7]{-2^6}$ (indice 28) $\left[-\sqrt[28]{2^{24}}\right]$ ▷▷ **137** $\sqrt[5]{(-4)^3}$ (indice 15) $\left[-\sqrt[15]{4^9}\right]$

▷▷ **138** $\sqrt[4]{(-3)^2}$ (indice 20) $\left[\sqrt[20]{3^{10}}\right]$ ▷▷ **139** $\sqrt[8]{3^7 \cdot 2^6}$ (indice 24) $\left[\sqrt[24]{3^{21} \cdot 2^{18}}\right]$

▷▷ **140** $\sqrt[5]{(-2)^9 \cdot 3^3}$ (indice 15) $\left[-\sqrt[15]{2^{27} \cdot 3^9}\right]$ ▷▷ **141** $\sqrt[5]{(-2)^7 \cdot (-3)^4}$ (indice 25) $\left[-\sqrt[25]{2^{35} \cdot 3^{20}}\right]$

▷▷ **142** $\sqrt[3]{\dfrac{7^4}{3^5}}$ (indice 12) $\left[\sqrt[12]{\dfrac{7^{16}}{3^{20}}}\right]$ ▷▷ **143** $\sqrt[5]{\dfrac{(-2)^7}{3^4}}$ (indice 10)

Videolezione $\left[-\sqrt[10]{\dfrac{2^{14}}{3^8}}\right]$

■ ESERCIZIO SVOLTO   Altri esercizi svolti

▶▶ **144** $\sqrt[3]{a-3}$ (indice 12)

Il radicale dato esiste $\forall a \in \mathbb{R}$. Per poter applicare la proprietà invariantiva dobbiamo distinguere due casi a seconda che $a - 3$ sia positivo o nullo oppure negativo.

- Se $a - 3 \geq 0 \longrightarrow a \geq 3$ avremo

$$\sqrt[3]{a-3} = \sqrt[12]{(a-3)^4}$$

- Se $a - 3 < 0 \longrightarrow a < 3$ avremo

$$\underbrace{\sqrt[3]{a-3}}_{\ominus} = \underbrace{-\sqrt[3]{-(a-3)}}_{\text{indice dispari}} = -\underbrace{\sqrt[3]{3-a}}_{\oplus} = -\sqrt[12]{(3-a)^4}$$

Osserviamo che l'esponente 4 è *pari* e quindi è indifferente scrivere, nell'ultimo risultato, $(3-a)^4$ oppure $(a-3)^4$.

Riassumendo, risulta

$$\sqrt[3]{a-3} = \begin{cases} \sqrt[12]{(a-3)^4} & \text{per } a \geq 3 \\ -\sqrt[12]{(a-3)^4} & \text{per } a < 3 \end{cases}$$

▷▷ **145** $\sqrt{x-2}$ (indice 6) $\left[\sqrt[6]{(x-2)^3} \text{ per } x \geq 2\right]$

▷▷ **146** $\sqrt[3]{x+3}$ (indice 9) $\left[\sqrt[9]{(x+3)^3}\right]$

▷▷ **147** $\sqrt[3]{x-5}$ (indice 6) $\left[\sqrt[6]{(x-5)^2} \text{ per } x \geq 5; \; -\sqrt[6]{(x-5)^2} \text{ per } x < 5\right]$

▷▷ **148** $\sqrt[3]{\dfrac{a-2}{a+3}}$ (indice 12) $\left[\sqrt[12]{\left(\dfrac{a-2}{a+3}\right)^4} \text{ per } a < -3 \vee a \geq 2; \; -\sqrt[12]{\left(\dfrac{a-2}{a+3}\right)^4} \text{ per } -3 < a < 2\right]$

Semplificazione di radicali

Semplifica i seguenti radicali.

▶▶ **149** $\sqrt[6]{8}$; $\sqrt[8]{25}$ $\qquad [\sqrt{2};\ \sqrt[4]{5}]$ ▶▶ **150** $\sqrt[10]{3^5}$; $\sqrt[12]{36^2}$ $\qquad [\sqrt{3};\ \sqrt[3]{6}]$

▶▶ **151** $\sqrt[18]{2^9}$; $-\sqrt[6]{4}$ $\qquad [\sqrt{2};\ -\sqrt[3]{2}]$ ▶▶ **152** $\sqrt[18]{16}$; $\sqrt[12]{81}$ $\qquad [\sqrt[9]{4};\ \sqrt[3]{3}]$

▶▶ **153** $\sqrt[12]{(-3)^4}$; $\sqrt[8]{(-4)^6}$ $\qquad [\sqrt[3]{3};\ \sqrt{8}]$ ▶▶ **154** $\sqrt[6]{64}$; $\sqrt[4]{729}$ $\qquad [\sqrt[4]{8};\ \sqrt{27}]$

▶▶ **155** $\sqrt[15]{32}$; $\sqrt[4]{100}$ $\qquad [\sqrt[3]{2};\ \sqrt{10}]$ ▶▶ **156** $\sqrt[6]{0{,}09}$; $\sqrt[4]{0{,}25}$ $\qquad [\sqrt[3]{0{,}3};\ \sqrt{0{,}5}]$

▶▶ **157** $\sqrt[6]{\dfrac{1}{4}}$; $\sqrt[9]{\dfrac{1}{27}}$ $\qquad \left[\sqrt[3]{\dfrac{1}{2}};\ \sqrt[3]{\dfrac{1}{3}}\right]$ ▶▶ **158** $\sqrt[3]{0{,}008}$; $\sqrt[6]{0{,}04}$ $\qquad [0{,}2;\ \sqrt[3]{0{,}2}]$

▶▶ **159** $\sqrt[8]{0{,}01}$; $\sqrt[4]{0{,}49}$ $\qquad [\sqrt[4]{0{,}1};\ \sqrt{0{,}7}]$ ▶▶ **160** $\sqrt[4]{\dfrac{25}{16}}$; $\sqrt[6]{\dfrac{125}{27}}$ $\qquad \left[\sqrt{\dfrac{5}{4}};\ \sqrt{\dfrac{5}{3}}\right]$

ESERCIZI SVOLTI

▶▶ **161** $\sqrt[10]{3^4 \cdot 5^6} = \sqrt[10]{(3^2)^2 \cdot (5^3)^2} = \sqrt[10]{(3^2 \cdot 5^3)^2} = \sqrt[5]{(3^2 \cdot 5^3)} = \sqrt[5]{9 \cdot 125} = \sqrt[5]{1125}$

$a^n \cdot b^n = (ab)^n$; dividiamo per 2 indice ed esponente

OSSERVAZIONE

Nel seguito potrai subito dividere per uno stesso fattore comune sia l'indice del radicale sia ciascuno degli esponenti dei fattori del radicando:

$$\sqrt[10]{3^4 \cdot 5^6} = \sqrt[5]{3^2 \cdot 5^3} = \sqrt[5]{3^2 \cdot 5^3} = \sqrt[5]{1125}$$

▶▶ **162** $\sqrt[14]{14^6 \cdot \left(\dfrac{1}{7}\right)^8} = \sqrt[7]{14^3 \cdot \left(\dfrac{1}{7}\right)^4} = \sqrt[7]{(2\cdot 7)^3 \cdot \dfrac{1}{7^4}} = \sqrt[7]{\dfrac{2^3 \cdot 7^3}{7^4}} = \sqrt[7]{\dfrac{8}{7}}$

vedi osservazione precedente

▶▶ **163** $\sqrt[12]{7^6 \cdot 8^4}$; $\sqrt[8]{5^4 \cdot 2^6}$; $\sqrt[16]{5^{12} \cdot 7^{20}}$; $\sqrt[8]{64 \cdot 81}$ $\qquad [\sqrt{28};\ \sqrt[4]{200};\ \sqrt[4]{5^3 \cdot 7^5};\ \sqrt[4]{72}]$

▶▶ **164** $\sqrt[4]{\dfrac{49}{5^4}}$; $\sqrt[12]{\dfrac{7^4}{3^8}}$; $\sqrt[8]{\dfrac{3^6}{16}}$; $\sqrt[10]{\dfrac{3^{15}}{2^{25}}}$ $\qquad \left[\sqrt{\dfrac{7}{25}};\ \sqrt[3]{\dfrac{7}{9}};\ \sqrt[4]{\dfrac{27}{4}};\ \sqrt{\dfrac{27}{32}}\right]$

▶▶ **165** $\sqrt[12]{4^4 \cdot 3^6}$; $\sqrt[8]{20^4 \cdot \left(\dfrac{1}{5}\right)^6}$; $\sqrt[12]{12^4 \cdot \left(\dfrac{1}{6}\right)^8}$; $\sqrt[8]{2^{24} \cdot \left(\dfrac{3}{4}\right)^4}$ $\qquad \left[\sqrt[6]{432};\ \sqrt[4]{\dfrac{16}{5}};\ \sqrt[3]{\dfrac{1}{3}};\ \sqrt{48}\right]$

▶▶ **166** $\sqrt[16]{\dfrac{49 \cdot 5^4}{3^8}}$; $\sqrt[8]{25^4 \cdot \left(\dfrac{3}{20}\right)^8}$; $\sqrt[9]{\left(\dfrac{2}{3}\right)^3 : \left(\dfrac{4}{3}\right)^6}$; $\sqrt[10]{\left(\dfrac{125}{9}\right)^5 : \left(\dfrac{5}{3}\right)^{10}}$ $\qquad \left[\sqrt[8]{\dfrac{175}{81}};\ \dfrac{3}{4};\ \sqrt[3]{\dfrac{3}{8}};\ \sqrt{5}\right]$

▶▶ **167** $\sqrt[8n]{64^n}$; $\sqrt[9n]{27^{2n}}$; $\sqrt[16n]{16^{3n}}$; $\sqrt[2n^2]{\dfrac{3^{6n}}{4^{2n}}}$ $\qquad \left[\sqrt[4]{8};\ \sqrt[3]{9};\ \sqrt[4]{8};\ \sqrt[n]{\dfrac{27}{4}}\right]$

▶▶ **168** $\sqrt[2n]{3^n \cdot 2^{3n}}$; $\sqrt[3n]{27^n \cdot 4^{3n}}$; $\sqrt[4n]{4^n \cdot 3^{6n}}$; $\sqrt[n]{2^n \cdot 5^{3n} \cdot 7^{n^2}}$ $\qquad [\sqrt{24};\ 12;\ \sqrt{54};\ 250 \cdot 7^n]$

ESERCIZI

▷▷ **169** $\sqrt[3n+6]{2^{3n+6} \cdot 9^{n+2}}$; $\sqrt[2n+4]{2^{3n} \cdot 3^{2n} \cdot 64 \cdot 81}$; $\sqrt[2n-6]{\dfrac{2^n}{8}}$ con $n \geq 4$ $\left[2\sqrt[3]{9};\ 6\sqrt{2};\ \sqrt{2}\right]$

▷▷ **170** $\sqrt[m-n]{\dfrac{2^{m^2+n^2}}{4^{mn}}}$ con $m > n$; $\sqrt[m^2-n^2]{\dfrac{2^{m-n} \cdot 3^{m^2}}{3^{2mn-n^2}}}$ con $m > n$ $\left[2^{m-n};\ \sqrt[m+n]{2 \cdot 3^{m-n}}\right]$

Calcola il valore delle seguenti espressioni.

Altri esercizi

▷▷ **171** $4\sqrt[4]{4} + 2\sqrt{2} : 3 - 2(\sqrt{2}+1)^2$; $3\sqrt[4]{9} - 8\sqrt{3} : 4 + 3(\sqrt{3}-1)^2$ $\left[\dfrac{2}{3}\sqrt{2}-6;\ 12-5\sqrt{3}\right]$

▷▷ **172** $(\sqrt{2}+\sqrt{2}+\sqrt{2}) \cdot \sqrt{2} \cdot \sqrt{2} \cdot \sqrt{2} + \sqrt[6]{9} : (\sqrt[3]{3})$; $3\sqrt[9]{27}+\sqrt{5}:\sqrt{5}-(1-\sqrt{3})^2-3\sqrt[6]{9}$ $[13;\ 2\sqrt{3}-3]$

▷▷ **173** $\left(2\sqrt{2}+3\sqrt{2}+\sqrt[4]{\dfrac{9}{25}\cdot\left(\dfrac{2}{3}\right)^2 \cdot 5^2}\right):\sqrt[6]{8}$ $[6]$

▷▷ **174** $\sqrt[6]{8}+\sqrt{2}:\sqrt{2}-(1-2\sqrt{2})^2+(\sqrt{8}-1)(\sqrt{8}+1)$ $[5\sqrt{2}-1]$

▷▷ **175** $\sqrt[5]{\dfrac{16}{3}\cdot\dfrac{2}{81}}+\sqrt[10]{\dfrac{4}{9}}-\left(\sqrt{\dfrac{2}{5}}-1\right)\left(\sqrt{\dfrac{2}{5}}+1\right)-\sqrt[20]{\dfrac{16}{81}}$ $\left[\dfrac{19}{15}\right]$

▷▷ **176** $\left(\sqrt[6]{\dfrac{7}{3}-\dfrac{2}{27}+\dfrac{1}{9}}-\sqrt[3]{(-2)^3}\right)\left(2-\sqrt[4]{\dfrac{16}{9}}\right)+\left(1+\sqrt{\dfrac{4}{3}}\right)^2$ $\left[5+2\sqrt{\dfrac{4}{3}}\right]$

Semplificazione di un radicale con radicando letterale

Semplifica i seguenti radicali.

Altri esercizi

> ### ESERCIZI SVOLTI
>
> ■ **OSSERVAZIONE**
>
> Come potremo dedurre dagli esempi seguenti, quando si semplifica correttamente un radicale, con radicando letterale, applicando la proprietà invariantiva, **il radicale dato e il radicale semplificato devono**
>
> **a.** avere la stessa condizione di esistenza (C.E.);
> **b.** essere concordi in segno.

▷▷ **177** $\sqrt[4]{x^2}$

Il radicale, di indice pari, è sempre definito perché $x^2 \geq 0$, $\forall x \in \mathbb{R}$ ed è $\sqrt[4]{x^2} \geq 0$. In questo caso non conosciamo il segno della base x del radicando.
Osserviamo però che è $x^2 = |x|^2$ e quindi $\sqrt[4]{x^2} = \sqrt[4]{|x|^2}$. In quest'ultimo radicale il radicando è una potenza la cui base $|x|$ è positiva o nulla, ed è perciò possibile applicare la proprietà invariantiva:

$$\sqrt[4]{x^2} = \sqrt[4]{|x|^2} = \sqrt{|x|} \quad \longrightarrow \quad \sqrt[4]{x^2} = \sqrt{|x|} \quad \forall x \in \mathbb{R}$$

Osserva che il radicale dato e quello semplificato hanno la stessa condizione di esistenza e sono entrambi positivi o nulli.
Nota che sarebbe un **grave errore** scrivere $\sqrt[4]{x^2} = \sqrt{x}$, perché il radicale dato e quello semplificato non hanno la stessa condizione di esistenza.

▷▶ **178** $\sqrt[12]{x^9}$

Il radicale ha significato per $x \geq 0$ e, per tali valori di x, possiamo applicare la proprietà invariantiva e semplificare:

$$\sqrt[12]{x^9} = \sqrt[4]{x^3} \qquad \text{per } x \geq 0$$

Come puoi osservare, entrambi i radicali sono definiti per $x \geq 0$ e sono positivi o nulli.

▷▶ **179** $\sqrt[6]{x^2}$

Il radicale, di indice pari, è sempre definito perché $x^2 \geq 0$, $\forall x \in \mathbb{R}$ ed è $\sqrt[4]{x^2} \geq 0$. In questo caso non conosciamo il segno della base x del radicando.
Dopo avere osservato che $x^2 = |x|^2$, possiamo applicare la proprietà invariantiva:

$$\sqrt[6]{x^2} = \sqrt[6]{|x|^2} = \sqrt[3]{|x|} \longrightarrow \sqrt[6]{x^2} = \sqrt[3]{|x|} \qquad \forall x \in \mathbb{R}$$

Osserva che il radicale dato e quello semplificato hanno la stessa condizione di esistenza e sono entrambi positivi o nulli.
Nota che sarebbe un **grave errore scrivere** $\sqrt[6]{x^2} = \sqrt[3]{x}$ perché i due radicali, pur essendo entrambi definiti $\forall x \in \mathbb{R}$, non sono concordi in segno. Infatti è $\sqrt[6]{x^2} \geq 0$ per qualsiasi x, mentre $\sqrt[3]{x}$ è positivo per $x > 0$ e negativo per $x < 0$.

▷▶ **180** $\sqrt[9]{x^3}$

Il radicale, di indice dispari, è definito per qualsiasi $x \in \mathbb{R}$ ed è positivo se $x > 0$ e negativo se $x < 0$.
Per potere applicare le proprietà invariantiva dobbiamo distinguere due casi.

- Se $x \geq 0$, allora si ha $\sqrt[9]{x^3} = \sqrt[3]{x}$.
- Se $x < 0$, allora si ha $\sqrt[9]{x^3} = -\sqrt[9]{x^3} = -\sqrt[9]{(-x)^3} = -\sqrt[3]{-x} = \sqrt[3]{x}$, come nel caso precedente.

Pertanto si ha

$$\sqrt[9]{x^3} = \sqrt[3]{x} \qquad \forall x \in \mathbb{R}$$

Come puoi osservare, entrambi i radicali sono definiti $\forall x \in \mathbb{R}$ e sono concordi in segno: entrambi positivi se $x > 0$ ed entrambi negativi se $x < 0$.

▷▶ **181** $\sqrt[12]{x^3}$; $\sqrt[15]{x^5}$; $\sqrt[8]{x^2}$; $\sqrt[27]{b^{12}}$ $\qquad \left[\sqrt[4]{x} \text{ per } x \geq 0;\ \sqrt[3]{x};\ \sqrt[4]{|x|};\ \sqrt[9]{b^4}\right]$

▷▶ **182** $\sqrt[4]{(a-1)^2}$; $\sqrt[6]{(a+2)^2}$; $\sqrt[9]{(x-4)^3}$; $\sqrt[12]{(x+3)^3}$ $\qquad \left[\sqrt{|a-1|};\ \sqrt[3]{|a+2|};\ \sqrt[3]{x-4};\ \sqrt[4]{x+3} \text{ per } x \geq -3\right]$

▷▶ **183** $\sqrt[4]{a^2 - 4a + 4}$; $\sqrt[6]{(x+1)^3}$; $\sqrt[6]{a^3 b^3}$ $\qquad \left[\sqrt{|a-2|};\ \sqrt{x+1} \text{ per } x \geq -1;\ \sqrt{ab} \text{ per } ab \geq 0\right]$

▷▶ **184** $\sqrt[8]{(x-5)^4}$; $\sqrt[9]{(a-3)^3}$; $\sqrt[6]{(4y^2 + 9 + 12y)^2}$ $\qquad \left[\sqrt{|x-5|};\ \sqrt[3]{a-3};\ \sqrt[3]{(2y+3)^2}\right]$

▷▶ **185** $\sqrt[8]{(a-2)^6}$; $\sqrt[6]{x^2 + 2xy + y^2}$; $\sqrt[15]{(x+5)^5}$ $\qquad \left[\sqrt[4]{|a-2|^3};\ \sqrt[3]{|x+y|};\ \sqrt[3]{x+5}\right]$

Riduzione di radicali allo stesso indice. Confronto di radicali

Riduci allo stesso indice i radicali dei seguenti gruppi.

■ **ESERCIZIO SVOLTO**

▷▶ **186** $\sqrt{2}$; $\sqrt[6]{4}$; $\sqrt[4]{2}$

Il primo e il terzo radicale sono irriducibili. Il secondo radicale può essere semplificato: $\sqrt[6]{4} = \sqrt[6]{2^2} = \sqrt[3]{2}$.

ESERCIZI

I radicali da ridurre allo stesso indice sono

$$\sqrt{2} \qquad \sqrt[3]{2} \qquad \sqrt[4]{2}$$

$mcm(2; 3; 4) = 12$ (*minimo comune indice*) $\longrightarrow$ $12 : 2 = 6$ $\quad$ $12 : 3 = 4$ $\quad$ $12 : 4 = 3$

$$\sqrt{2} = \sqrt[2]{2^1} = \sqrt[2\cdot 6]{2^{1\cdot 6}} = \sqrt[12]{2^6} = \sqrt[12]{64} \qquad \sqrt[3]{2} = \sqrt[3]{2^1} = \sqrt[3\cdot 4]{2^{1\cdot 4}} = \sqrt[12]{2^4} = \sqrt[12]{16}$$

$$\sqrt[4]{2} = \sqrt[4]{2^1} = \sqrt[4\cdot 3]{2^{1\cdot 3}} = \sqrt[12]{2^3} = \sqrt[12]{8}$$

Poiché $8 < 16 < 64$ possiamo anche dedurre che $\sqrt[12]{8} < \sqrt[12]{16} < \sqrt[12]{64}$ e quindi $\sqrt[4]{2} < \sqrt[3]{4} < \sqrt{2}$.

187 $\sqrt{5};\ \sqrt[3]{5};\ \sqrt[4]{5}$ $\qquad \left[\sqrt[12]{5^6};\ \sqrt[12]{5^4};\ \sqrt[12]{5^3}\right]$ **188** $\sqrt[4]{100};\ \sqrt[6]{5};\ \sqrt[3]{2}$ $\qquad \left[\sqrt[12]{1000};\ \sqrt[12]{25};\ \sqrt[12]{16}\right]$

189 $\sqrt[5]{4};\ \sqrt[4]{8};\ \sqrt[10]{2}$ $\qquad \left[\sqrt[20]{256};\ \sqrt[20]{8^5};\ \sqrt[20]{4}\right]$ **190** $\sqrt[4]{121};\ \sqrt[6]{36};\ \sqrt[8]{64}$ $\qquad \left[\sqrt[12]{11^6};\ \sqrt[12]{6^4};\ \sqrt[12]{8^3}\right]$

191 $\sqrt[4]{2};\ \sqrt[9]{-4};\ \sqrt[6]{4}$ $\qquad \left[\sqrt[36]{2^9};\ -\sqrt[36]{2^8};\ \sqrt[36]{2^{12}}\right]$ **192** $\sqrt[3]{2};\ \sqrt[9]{-3};\ \sqrt[3]{-3}$ $\qquad \left[\sqrt[9]{8};\ -\sqrt[9]{3};\ -\sqrt[9]{27}\right]$

193 $\sqrt{3};\ \sqrt[3]{-6};\ \sqrt[9]{8}$ $\qquad \left[\sqrt[6]{27};\ -\sqrt[6]{36};\ \sqrt[6]{4}\right]$

194 Confronta $\sqrt[3]{7}$ con $\sqrt[4]{15}$. $\qquad \left[\sqrt[3]{7} < \sqrt[4]{15}\right]$ **195** Confronta $\sqrt[8]{7}$ con $\sqrt[6]{4}$. $\qquad \left[\sqrt[6]{4} < \sqrt[8]{7}\right]$

Disponi in ordine crescente i radicali dei seguenti gruppi, dopo averli ridotti allo stesso indice.

196 $\sqrt[4]{15};\ \sqrt[3]{9};\ \sqrt[6]{55}$ $\qquad \left[\sqrt[6]{55} < \sqrt[4]{15} < \sqrt[3]{9}\right]$ **197** $\sqrt{5};\ \sqrt[4]{6};\ \sqrt[8]{8}$ $\qquad \left[\sqrt[8]{8} < \sqrt[4]{6} < \sqrt{5}\right]$

198 $\sqrt{3};\ \sqrt[3]{5};\ \sqrt[4]{6};\ \sqrt[6]{10}$ $\qquad \left[\sqrt[6]{10} < \sqrt[4]{6} < \sqrt[3]{5} < \sqrt{3}\right]$

Moltiplicazione e divisione di radicali

Prodotto di radicali con lo stesso indice

Esercizi "Vero o falso?" e "Completare..."

Esegui le seguenti moltiplicazioni.

Altri esercizi

199 $\sqrt{3}\cdot\sqrt{27};\ \sqrt{12}\cdot\sqrt{3};\ \sqrt{5}\cdot\sqrt{10};\ \sqrt{2}\cdot\sqrt{50};\ \sqrt{75}\cdot\sqrt{12};\ \sqrt{5}\cdot\sqrt{20}$ $\qquad \left[9;\ 6;\ \sqrt{50};\ 10;\ 30;\ 10\right]$

200 $\sqrt{6}\cdot\sqrt{18}\cdot\sqrt{12};\ \sqrt{6}\cdot\sqrt{5}\cdot\sqrt{30};\ \sqrt{2}\cdot\sqrt{75}\cdot\sqrt{6};\ \sqrt{45}\cdot\sqrt{2}\cdot\sqrt{10};\ \sqrt{5}\cdot\sqrt{\dfrac{1}{3}}$ $\qquad \left[36;\ 30;\ 30;\ 30;\ \sqrt{\dfrac{5}{3}}\right]$

201 $\sqrt[4]{2}\cdot\sqrt[4]{18};\ \sqrt[4]{2}\cdot\sqrt[4]{32};\ \sqrt[4]{4}\cdot\sqrt[4]{36};\ \sqrt[6]{5}\cdot\sqrt[6]{10}\cdot\sqrt[6]{160}$ $\qquad \left[\sqrt{6};\ \sqrt{8};\ \sqrt{12};\ \sqrt{20}\right]$

202 $\sqrt[8]{64}\cdot\sqrt[8]{64};\ \sqrt[9]{9}\cdot\sqrt[9]{25};\ \sqrt[14]{12}\cdot\sqrt[14]{3};\ \sqrt[6]{2}\cdot\sqrt[6]{18}\cdot\sqrt[6]{6};\ \sqrt[6]{12}\cdot\sqrt[6]{2}\cdot\sqrt[6]{72}$ $\qquad \left[\sqrt{8};\ \sqrt[3]{15};\ \sqrt[7]{6};\ \sqrt{6};\ \sqrt{12}\right]$

203 $\sqrt[n]{2^{n-1}}\cdot\sqrt[n]{2};\ \sqrt[n+2]{4^n}\cdot\sqrt[n+2]{2^{2-n}}$ $\qquad [2;\ 2]$

Quoziente di radicali con lo stesso indice

Esercizi "Vero o falso?"

Esegui le seguenti divisioni.

204 $\sqrt{27}:\sqrt{3};\ \dfrac{\sqrt{24}}{\sqrt{6}};\ \sqrt{18}:\sqrt{2};\ \dfrac{\sqrt{125}}{\sqrt{5}};\ \sqrt{20}:\sqrt{45};\ \dfrac{\sqrt{72}}{\sqrt{32}}$ $\qquad \left[3;\ 2;\ 3;\ 5;\ \dfrac{2}{3};\ \dfrac{3}{2}\right]$

205 $\sqrt{\dfrac{3}{4}}:\sqrt{\dfrac{3}{25}};\ \sqrt{2}:\sqrt{8}:\sqrt{12};\ \sqrt{90}:\sqrt{2}:\sqrt{5};\ \sqrt{90}:(\sqrt{2}:\sqrt{5})$ $\qquad \left[\dfrac{5}{2};\ \dfrac{1}{\sqrt{48}};\ 3;\ 15\right]$

206 $\sqrt{\dfrac{2}{99}} : \sqrt{\dfrac{11}{8}}; \quad \dfrac{\sqrt[3]{12}}{\sqrt[3]{4}}; \quad \sqrt[3]{250} : \sqrt[3]{-2}; \quad \sqrt[3]{3} : \sqrt[3]{12} : \sqrt[3]{2}$ $\left[\dfrac{4}{33}; \sqrt[3]{3}; -5; \dfrac{1}{2}\right]$

207 $\sqrt[3]{\dfrac{35}{36}} : \sqrt[3]{\dfrac{7}{24}}; \quad \sqrt[7]{-81} : \sqrt[7]{-\dfrac{1}{27}}; \quad \sqrt[6]{128} : (\sqrt[6]{8} : \sqrt[6]{4}); \quad \sqrt[6]{128} : \sqrt[6]{8} : \sqrt[6]{4}$ $\left[\sqrt[3]{\dfrac{10}{3}}; 3; 2; \sqrt[3]{2}\right]$

Espressioni numeriche contenenti radicali

Calcola il valore delle seguenti espressioni.

Esercizi svolti e altri esercizi da svolgere

208 $(\sqrt{2}+\sqrt{10})^2; \quad (\sqrt{3}-\sqrt{5})^2; \quad (\sqrt{7}+\sqrt{2})^2$ $[12+2\sqrt{20}; \; 8-2\sqrt{15}; \; 9+2\sqrt{14}]$

209 $\sqrt{6}:\sqrt{2}+\sqrt{\dfrac{3}{2}}:\dfrac{1}{\sqrt{2}}+\sqrt[4]{9}; \quad (\sqrt{8}:\sqrt{2}+\sqrt[4]{4})^2+(\sqrt{2}+\sqrt{2}+\sqrt{2})^2$ $[3\sqrt{3}; \; 24+4\sqrt{2}]$

210 $(\sqrt{3}+\sqrt{2})^2+(1-\sqrt{6})^2; \quad [(\sqrt{5}+\sqrt{2})^2-7]:\sqrt{10}$ $[12; \; 2]$

211 $(\sqrt{6}-\sqrt{5})^2-(\sqrt{2}-\sqrt{15})^2; \quad (\sqrt{3}+\sqrt{2})(\sqrt{2}-2\sqrt{3})-(\sqrt{3}-\sqrt{2})^2$ $[-6; \; \sqrt{6}-9]$

212 $(\sqrt{18}:\sqrt{2}+\sqrt[6]{8})^2+(1-3\sqrt{2})^2; \quad [(2\sqrt{3}+3\sqrt{5})^2-57]:\dfrac{4}{\sqrt{15}}$ $[30; \; 45]$

213 $(\sqrt{15}-\sqrt{55}+\sqrt{180}):\sqrt{5}; \quad (\sqrt{3}+\sqrt{27}-\sqrt{75}):\sqrt{3}$ $[\sqrt{3}-\sqrt{11}+6; \; -1]$

214 $\dfrac{1}{6}[6+(2\sqrt{5}-3\sqrt{2})^2-(\sqrt{21}+1)(\sqrt{21}-1)]+2\sqrt{(\sqrt{10})^2}$ $[4]$

215 $\left(\sqrt{12}\cdot\sqrt{3}+\sqrt{10}\cdot\sqrt{\dfrac{5}{2}}\right):\sqrt{121}; \quad \sqrt{\sqrt{2}(\sqrt{8}+\sqrt{18}):5}$ $[1; \; \sqrt{2}]$

216 $(\sqrt[4]{4}+\sqrt{2}-1)(2\sqrt{2}+1)+2\sqrt{3}(\sqrt{2}-2\sqrt{3})$ $[2\sqrt{6}-5]$

217 $(2\sqrt{5}+\sqrt{3})(2\sqrt{3}-\sqrt{5})+(\sqrt{5}-\sqrt{3})^2; \quad [\sqrt{2}(\sqrt{3}+\sqrt{5})^2-8\sqrt{2}]:\sqrt{6}:\sqrt{2}$ $\left[4+\sqrt{15}; \; 2\sqrt{\dfrac{5}{2}}\right]$

218 $\dfrac{1}{4}(\sqrt[3]{5^6}-\sqrt[3]{125})+\left(\sqrt{2}\cdot\sqrt{15}\cdot\sqrt{\dfrac{1}{6}}\right):\sqrt{\dfrac{5}{2}}$ $[5+\sqrt{2}]$

219 $\sqrt[3]{\dfrac{11}{5}}\cdot\sqrt[3]{\dfrac{10}{9}}\cdot\sqrt[3]{\dfrac{4}{33}}+\sqrt[3]{\dfrac{-2^6\cdot 5^3}{27}}; \quad (\sqrt{2}-2\sqrt{5})(3\sqrt{2}+\sqrt{5})+5\sqrt{5}(3+\sqrt{2})$ $[-6; \; 15\sqrt{5}-4]$

220 $\sqrt{\dfrac{10}{3}\cdot\dfrac{\sqrt{6}}{\sqrt{35}}}\cdot\sqrt{7}+\left(\dfrac{1}{\sqrt{3}}\right)^2\cdot\sqrt{(-1,5)^2}\cdot\left(\dfrac{\sqrt{6}}{\sqrt{5}}\right)^2$ $\left[\dfrac{13}{5}\right]$

221 $(\sqrt[3]{32}\cdot\sqrt[3]{2}+\sqrt[3]{-56}:\sqrt[3]{7}+\sqrt{3})(2-\sqrt{3})$ $[1]$

222 $(\sqrt[5]{25}\cdot\sqrt[5]{-125}+\sqrt[3]{-63}:\sqrt[3]{7}\cdot\sqrt[3]{-3}+\sqrt{2})(\sqrt{2}+2)$ $[-2]$

223 $(\sqrt{2}+3\sqrt{5})(3\sqrt{2}-\sqrt{5})+(\sqrt{10}-4)^2-(\sqrt{15}-\sqrt{2})^2$ $[2\sqrt{30}]$

224 $\left[\sqrt{\dfrac{\sqrt{75}}{\sqrt{3}}}+\left(\sqrt[4]{\dfrac{\sqrt{6}}{\sqrt{2}}}\right)^4\right]:\sqrt{5}\cdot\left(1-\sqrt{\dfrac{3}{5}}\right)$ $\left[\dfrac{2}{5}\right]$

ESERCIZI

Radicali e raccoglimenti

Scomponi in fattori le seguenti somme.

ESERCIZI SVOLTI

Altro esercizio svolto

▶▶ **225** $\sqrt{15} + \sqrt{10}$

Scomponiamo in fattori i radicandi e ricordiamo che $\sqrt{a \cdot b} = \sqrt{a} \cdot \sqrt{b}$ (con $a \geq 0$ e $b \geq 0$):

$$\sqrt{15} + \sqrt{10} = \sqrt{3 \cdot 5} + \sqrt{2 \cdot 5} = \underbrace{\sqrt{3} \cdot \sqrt{5} + \sqrt{2} \cdot \sqrt{5}}_{\text{raccogliamo } \sqrt{5}} = \sqrt{5}(\sqrt{3} + \sqrt{2})$$

▶▶ **226** $2 + \sqrt{2} + \sqrt{6} + \sqrt{3} = \underbrace{(\sqrt{2})^2}_{\text{prima proprietà fondamentale}} + \sqrt{2} + \sqrt{2 \cdot 3} + \sqrt{3} = \underbrace{(\sqrt{2})^2 + \sqrt{2} + \sqrt{2} \cdot \sqrt{3} + \sqrt{3}}_{\text{raccogliamo parzialmente}} =$

$= \underbrace{\sqrt{2}(\sqrt{2} + 1) + \sqrt{3}(\sqrt{2} + 1)}_{\text{raccogliamo } (\sqrt{2}+1)} = (\sqrt{2} + 1)(\sqrt{2} + \sqrt{3})$

▶▶ **227** $\sqrt{6} + \sqrt{2}$; $\sqrt{15} + \sqrt{3}$; $\sqrt{10} - \sqrt{2}$; $\sqrt{30} - \sqrt{10}$ $[\sqrt{2}(\sqrt{3} + 1);\ \sqrt{3}(\sqrt{5} + 1);\ ...]$

▶▶ **228** $\sqrt{6} + 2\sqrt{2} + \sqrt{3} + 2$; $\sqrt{15} + \sqrt{6} + 2\sqrt{5} + 2\sqrt{2}$ $[(\sqrt{3} + 2)(\sqrt{2} + 1);\ (\sqrt{5} + \sqrt{2})(\sqrt{3} + 2)]$

▶▶ **229** $\sqrt{18} + \sqrt{15} + \sqrt{6} + \sqrt{5}$; $3\sqrt{2} + 9\sqrt{3} + \sqrt{10} + 3\sqrt{15}$ $[(\sqrt{6} + \sqrt{5})(\sqrt{3} + 1);\ (\sqrt{2} + 3\sqrt{3})(3 + \sqrt{5})]$

▶▶ **230** $\sqrt{3} + \sqrt{18} + \sqrt{2} + \sqrt{12}$; $\sqrt{6} - \sqrt{2} - \sqrt{15} + \sqrt{5}$ $[(1 + \sqrt{6})(\sqrt{3} + \sqrt{2});\ (\sqrt{3} - 1)(\sqrt{2} - \sqrt{5})]$

▶▶ **231** $\sqrt{14} - 2\sqrt{7} - \sqrt{10} + 2\sqrt{5}$; $\sqrt{15} + \sqrt{3} + 5 + \sqrt{5}$ $[(\sqrt{2} - 2)(\sqrt{7} - \sqrt{5});\ (\sqrt{5} + 1)(\sqrt{3} + \sqrt{5})]$

▶▶ **232** $3 + \sqrt{3} + \sqrt{21} + \sqrt{7}$; $3 - \sqrt{3} - \sqrt{6} + \sqrt{2}$ $[(\sqrt{3} + 1)(\sqrt{3} + \sqrt{7});\ (\sqrt{3} - 1)(\sqrt{3} - \sqrt{2})]$

Radicali e semplificazioni di frazioni

Semplifica le seguenti frazioni.

Esercizio svolto e altri esercizi da svolgere

▶▶ **233** $\dfrac{\sqrt{3} + 3}{4 + 4\sqrt{3}}$; $\dfrac{\sqrt{15} + \sqrt{10}}{2 + \sqrt{6}}$; $\dfrac{7 + \sqrt{7}}{(\sqrt{7} + 1)^2}$ $\left[\dfrac{\sqrt{3}}{4};\ \sqrt{\dfrac{5}{2}};\ \dfrac{\sqrt{7}}{\sqrt{7} + 1}\right]$

▶▶ **234** $\dfrac{6\sqrt{6} - 3\sqrt{2} + 2\sqrt{3} - 1}{2\sqrt{6} - \sqrt{2} - 2\sqrt{3} + 1}$; $\dfrac{\sqrt{5} + \sqrt{3} - \sqrt{10} - \sqrt{6}}{\sqrt{5} + \sqrt{3} + 2\sqrt{10} + 2\sqrt{6}}$ $\left[\dfrac{3\sqrt{2} + 1}{\sqrt{2} - 1};\ \dfrac{1 - \sqrt{2}}{1 + 2\sqrt{2}}\right]$

▶▶ **235** $\dfrac{2\sqrt{3} - \sqrt{15} + 2\sqrt{2} - \sqrt{10}}{(\sqrt{3} + \sqrt{2})^2}$; $\dfrac{\sqrt[4]{9} - \sqrt[6]{8}}{\sqrt{3} - \sqrt{2} + \sqrt{6} - 2}$ $\left[\dfrac{2 - \sqrt{5}}{\sqrt{3} + \sqrt{2}};\ \dfrac{1}{1 + \sqrt{2}}\right]$

▶▶ **236** $\dfrac{\sqrt[5]{2} + \sqrt[5]{20}}{\sqrt[5]{64}(1 + \sqrt[5]{10})}$; $\dfrac{\sqrt[3]{3} - \sqrt[3]{6}}{2\sqrt[3]{2} - 2}$; $\dfrac{\sqrt[3]{3} - \sqrt[3]{15}}{\sqrt[3]{2} - \sqrt[3]{10}}$ $\left[\dfrac{1}{2};\ -\dfrac{\sqrt[3]{3}}{2};\ \sqrt[3]{\dfrac{3}{2}}\right]$

Prodotto e quoziente di radicali con indici diversi

Calcola i seguenti prodotti e quozienti.

Altri esercizi

ESERCIZIO SVOLTO

▶▶ **237** $\sqrt[4]{2} \cdot \sqrt[3]{4} : \sqrt[12]{32}$

Il minimo comune indice è 12. Riducendo allo stesso indice avremo

$$\sqrt[4]{2} \cdot \sqrt[3]{2^2} : \sqrt[12]{2^5} = \sqrt[12]{2^3} \cdot \sqrt[12]{(2^2)^4} : \sqrt[12]{2^5} = \sqrt[12]{2^3 \cdot 2^8 : 2^5} = \sqrt[12]{2^{3+8-5}} = \sqrt[\cancel{12}^2]{2^{\cancel{6}}} = \sqrt{2}$$

semplifichiamo

▶▶ **238** $\sqrt{2} \cdot \sqrt[3]{2}; \quad \sqrt{3} \cdot \sqrt[4]{3}; \quad \sqrt[3]{9} \cdot \sqrt[4]{9}; \quad \sqrt[3]{-2} \cdot \sqrt[9]{-4}; \quad \sqrt[3]{-3} \cdot \sqrt[4]{3}$ $\left[\sqrt[6]{32}; \sqrt[4]{27}; \sqrt[6]{3^7}; \sqrt[9]{32}; -\sqrt[12]{3^7}\right]$

▶▶ **239** $\sqrt[5]{-2} \cdot \sqrt[10]{2}; \quad \sqrt{3} \cdot \sqrt[4]{3} \cdot \sqrt[3]{3}; \quad \sqrt[3]{\dfrac{1}{4}} : \sqrt[4]{\dfrac{3}{8}}; \quad \sqrt[4]{\dfrac{27}{7}} : \sqrt[3]{\dfrac{3}{49}}$ $\left[-\sqrt[10]{8}; \sqrt[12]{3^{13}}; \sqrt[12]{\dfrac{2}{27}}; \sqrt[12]{21^5}\right]$

▶▶ **240** $\sqrt[8]{81} : \sqrt[5]{9}; \quad \sqrt[5]{2+\dfrac{1}{3}} : \sqrt{2-\dfrac{1}{4}}; \quad \sqrt{1+\dfrac{1}{2}} \cdot \sqrt[3]{1-\dfrac{1}{3}}$ $\left[\sqrt[10]{3}; \sqrt[10]{\dfrac{4^5}{3^2 \cdot 7^3}}; \sqrt[6]{\dfrac{3}{2}}\right]$

▶▶ **241** $\sqrt[4]{4-\dfrac{7}{2}} : \sqrt[6]{\dfrac{5}{2}}; \quad \sqrt{2} : \sqrt[3]{4} \cdot \sqrt[24]{16^4}; \quad \sqrt[3]{3} \cdot \sqrt[9]{-3^2} : \sqrt[6]{3}$ $\left[\dfrac{1}{\sqrt[12]{50}}; \sqrt{2}; -\sqrt[18]{3^7}\right]$

▶▶ **242** $\sqrt[3]{2^n \cdot 3^m} \cdot \sqrt{4^n \cdot 27^m}; \quad \sqrt[6]{2^{4n}3^m}; \quad \sqrt[6]{8^n \cdot 3^{2n+3}} : \sqrt[5]{2^n \cdot 3^{n+2}}$ $\left[2^{2n} \cdot 3^{2m}; \sqrt[30]{2^{9n} \cdot 3^{4n+3}}\right]$

Prodotti e quozienti di radicali letterali

Prodotti e quozienti di radicali letterali con lo stesso indice

Esegui le seguenti moltiplicazioni e divisioni.

Altri esercizi

> **ESERCIZIO SVOLTO**
>
> ▶▶ **243** $\sqrt{\dfrac{x+1}{x-2}} \cdot \sqrt{\dfrac{x-2}{x-4}}$
>
> Dobbiamo per prima cosa determinare le condizioni di esistenza dell'espressione data, tenendo conto che vi sono due radicali di indice pari:
>
> $$\begin{cases} \dfrac{x+1}{x-2} \geq 0 \land x \neq 2 \\ \dfrac{x-2}{x-4} \geq 0 \land x \neq 4 \end{cases} \rightarrow \begin{cases} x \leq -1 \lor x > 2 \\ x \leq 2 \lor x > 4 \end{cases} \rightarrow x \leq -1 \lor x > 4$$
>
> Pertanto
>
> C.E.: $x \leq -1 \lor x > 4$
>
> Se le C.E. sono soddisfatte, e quindi i radicandi positivi o nulli, possiamo eseguire la moltiplicazione dei due radicali:
>
> $$\sqrt{\dfrac{x+1}{x-2}} \cdot \sqrt{\dfrac{x-2}{x-4}} = \sqrt{\dfrac{x+1}{\cancel{x-2}} \cdot \dfrac{\cancel{x-2}}{x-4}} = \sqrt{\dfrac{x+1}{x-4}} \quad \text{per } x \leq -1 \lor x > 4$$

▶▶ **244** $\sqrt[3]{a} \cdot \sqrt[3]{b}; \quad \sqrt[3]{a} \cdot \sqrt[3]{a^2}; \quad \sqrt[5]{a} \cdot \sqrt[5]{a} \cdot \sqrt[5]{a^2}; \quad \sqrt[3]{\dfrac{1}{a}} \cdot \sqrt[3]{a^2}$ $\left[\sqrt[3]{ab}; a; \sqrt[5]{a^4}; \sqrt[3]{a} \text{ per } a \neq 0\right]$

▶▶ **245** $\sqrt[4]{a} \cdot \sqrt[4]{a-2}; \quad \sqrt{a} \cdot \sqrt{a+2}$ $\left[\sqrt[4]{a(a-2)} \text{ per } a \geq 2; \sqrt{a(a+2)} \text{ per } a \geq 0\right]$

▶▶ **246** $\sqrt{2-a} \cdot \sqrt{\dfrac{1}{a+1}}; \quad \sqrt{3-a} \cdot \sqrt{a-4}$ $\left[\sqrt{\dfrac{2-a}{a+1}} \text{ per } -1 < a \leq 2; \text{ prodotto non calcolabile perché...}\right]$

ESERCIZI

247 $\sqrt{x}\cdot\sqrt{x+1}\cdot\sqrt{x-1}$; $\sqrt{\dfrac{1}{a-2}}\cdot\sqrt{a+2}$ $\left[\sqrt{x(x^2-1)}\text{ per }x\geq 1;\ \sqrt{\dfrac{a+2}{a-2}}\text{ per }a>2\right]$

248 $\sqrt[4]{a^2-4}\cdot\sqrt[4]{\dfrac{1}{a-2}}$; $\sqrt{x^2-4}\cdot\sqrt{\dfrac{1}{x+2}}$ $\left[\sqrt[4]{a+2}\text{ per }a>2;\ \sqrt{x-2}\text{ per }x\geq 2\right]$

249 $\dfrac{\sqrt[3]{a^2}}{\sqrt[3]{a}}$; $\dfrac{\sqrt[5]{a^2-4}}{\sqrt[5]{a-2}}$; $\dfrac{\sqrt{x-1}}{\sqrt{x^2+1}}$ $\left[\sqrt[3]{a}\text{ per }a\neq 0;\ \sqrt[5]{a+2}\text{ per }a\neq 2;\ \sqrt{\dfrac{x-1}{x^2+1}}\text{ per }x\geq 1\right]$

250 $\sqrt{\dfrac{a-1}{a+2}}:\sqrt{a-1}$; $\sqrt{x-3}:\sqrt{\dfrac{x-3}{x+2}}$ $\left[\sqrt{\dfrac{1}{a+2}}\text{ per }a>1;\ \sqrt{x+2}\text{ per }x>3\right]$

Prodotti e quozienti di radicali letterali con indici diversi

Calcola i seguenti prodotti e quozienti.

Altri esercizi

ESERCIZIO SVOLTO

251 $\sqrt{a-2}:\sqrt[3]{a-3}$

Il radicale quadratico esiste per $a\geq 2$ e, per tali valori di a, il radicando del radicale cubico non ha segno costante. Osservando lo schema possiamo distinguere due casi.

▶ **Primo caso.** Se $a>3$ abbiamo

$$\sqrt{a-2}\cdot\sqrt[3]{a-3}=\sqrt[6]{(a-2)^3}\cdot\sqrt[6]{(a-3)^2}=$$
$$=\sqrt[6]{(a-2)^3(a-3)^2}$$

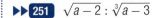

▶ **Secondo caso.** Se $2\leq a\leq 3$ abbiamo

$$\sqrt{a-2}\cdot\sqrt[3]{a-3}=\sqrt{a-2}\cdot[-\sqrt[3]{-(a-3)}]=\sqrt{a-2}\cdot(-\sqrt[3]{3-a})=-\sqrt[6]{(a-2)^3}\cdot\sqrt[6]{(3-a)^2}=$$
$$=-\sqrt[6]{(a-2)^3(a-3)^2}$$

252 $\sqrt[5]{a}\cdot\sqrt[3]{a^2}$; $\sqrt[3]{x}\cdot\sqrt[5]{x^2}\cdot\sqrt[15]{x^4}$; $\sqrt[7]{a^3}\cdot\sqrt[4]{a}$ $\left[\sqrt[15]{a^{13}};\ x;\ \sqrt[28]{a^{19}}\text{ per }a\geq 0\right]$

253 $\sqrt{a-2}\cdot\sqrt[3]{a-2}$; $\sqrt{a-2}:\sqrt[3]{a-2}$ $\left[\sqrt[6]{(a-2)^5}\text{ per }a\geq 2;\ \sqrt[6]{a-2}\text{ per }a>2\right]$

254 $\sqrt{x-4}\cdot\sqrt[5]{x}$; $\sqrt[3]{1-y}\cdot\sqrt{y-3}$ $\left[\sqrt[10]{x^2(x-4)^5}\text{ per }x\geq 4;\ -\sqrt[6]{(1-y)^2(y-3)^3}\text{ per }y\geq 3\right]$

255 $\sqrt{x-1}\cdot\sqrt[3]{x-1}\cdot\sqrt[9]{\dfrac{1}{(1-x)^5}}:\sqrt[18]{(x-1)^5}$ $[-1\text{ per }x>1]$

256 $\sqrt[3]{\dfrac{1-a}{(a+2)^2}}\cdot\sqrt{\dfrac{a+2}{a-1}}:\sqrt[6]{\dfrac{a^2+4a+4}{a-1}}$ $\left[-\sqrt{\dfrac{1}{a+2}}\text{ per }a>1\right]$

Trasporto di un fattore fuori e dentro il simbolo di radice

Trasporto di un fattore fuori dal simbolo di radice

Nei seguenti radicali porta fuori dal simbolo di radice tutti i possibili fattori.

Esercizi "Vero o falso?"

Altri esercizi

ESERCIZI SVOLTI

Altri esercizi svolti

257 $\sqrt{125} = \sqrt{25 \cdot 5} = \sqrt{5^2 \cdot 5} = 5\sqrt{5}$; $\sqrt[3]{250} = \sqrt[3]{125 \cdot 2} = \sqrt[3]{5^3 \cdot 2} = 5\sqrt[3]{2}$

258 $\sqrt{\dfrac{3}{16}} = \sqrt{\dfrac{1}{16} \cdot 3} = \sqrt{\left(\dfrac{1}{4}\right)^2 \cdot 3} = \dfrac{1}{4}\sqrt{3}$; $\sqrt[3]{\dfrac{7}{8}} = \sqrt[3]{\dfrac{1}{8} \cdot 7} = \sqrt[3]{\left(\dfrac{1}{2}\right)^3 \cdot 7} = \dfrac{1}{2}\sqrt[3]{7}$

259 $\sqrt{49 \cdot 36 \cdot 17} = \sqrt{7^2 \cdot 6^2 \cdot 17} = \sqrt{(7 \cdot 6)^2 \cdot 17} = (7 \cdot 6)\sqrt{17} = 42\sqrt{17}$

260 $\sqrt{\dfrac{9}{5}} = \sqrt{3^2 \cdot \dfrac{1}{5}} = 3\sqrt{\dfrac{1}{5}}$ oppure $\sqrt{\dfrac{9}{5}} = \dfrac{\sqrt{9}}{\sqrt{5}} = \dfrac{3}{\sqrt{5}}$

261 $\sqrt[3]{\dfrac{27}{4}} = \sqrt[3]{27 \cdot \dfrac{1}{4}} = \sqrt[3]{3^3 \cdot \dfrac{1}{4}} = 3\sqrt[3]{\dfrac{1}{4}}$ $\left(= 3 \cdot \dfrac{\sqrt[3]{1}}{\sqrt[3]{4}} = 3 \cdot \dfrac{1}{\sqrt[3]{4}} = \dfrac{3}{\sqrt[3]{4}}\right)$

Si può procedere anche così: $\sqrt[3]{\dfrac{27}{4}} = \dfrac{\sqrt[3]{27}}{\sqrt[3]{4}} = \dfrac{3}{\sqrt[3]{4}}$.

262 $\sqrt[8]{(-7)^8 \cdot 3} = \sqrt[8]{(+7)^8 \cdot 3} = 7\sqrt[8]{3}$; $\sqrt[5]{0{,}00003} = \sqrt[5]{0{,}00001 \cdot 3} = \sqrt[5]{0{,}1^5 \cdot 3} = 0{,}1 \cdot \sqrt[5]{3}$

attenzione!

263 $\sqrt{52}$; $\sqrt{72}$; $\sqrt{98}$; $\sqrt{54}$; $\sqrt{63}$ $\quad\left[2\sqrt{13};\ 6\sqrt{2};\ 7\sqrt{2};\ 3\sqrt{6};\ 3\sqrt{7}\right]$

264 $\sqrt{24}$; $\sqrt{40}$; $\sqrt{45}$; $\sqrt{128}$; $\sqrt{48}$ $\quad\left[2\sqrt{6};\ 2\sqrt{10};\ 3\sqrt{5};\ 8\sqrt{2};\ 4\sqrt{3}\right]$

265 $\sqrt{\dfrac{12}{5}}$; $\sqrt{\dfrac{7}{150}}$; $\sqrt{\dfrac{5}{9}}$; $\sqrt{\dfrac{16}{3}}$; $\sqrt{\dfrac{81}{5}}$ $\quad\left[2\sqrt{\dfrac{3}{5}};\ \dfrac{1}{5}\sqrt{\dfrac{7}{6}};\ \dfrac{1}{3}\sqrt{5};\ \dfrac{4}{\sqrt{3}};\ \dfrac{9}{\sqrt{5}}\right]$

266 $\sqrt{0{,}03}$; $\sqrt{0{,}32}$; $\sqrt{0{,}0012}$; $\sqrt{0{,}0018}$ $\quad\left[0{,}1 \cdot \sqrt{3};\ 0{,}4 \cdot \sqrt{2};\ 0{,}02 \cdot \sqrt{3};\ 0{,}03 \cdot \sqrt{2}\right]$

267 $\sqrt[3]{16}$; $\sqrt[3]{81}$; $\sqrt[4]{32}$; $\sqrt[5]{64}$; $\sqrt[3]{54}$; $\sqrt[3]{48}$; $\sqrt[3]{135}$ $\quad\left[2\sqrt[3]{2};\ 3\sqrt[3]{3};\ 2\sqrt[4]{2};\ 2\sqrt[5]{2};\ 3\sqrt[3]{2};\ 2\sqrt[3]{6};\ 3\sqrt[3]{5}\right]$

268 $\sqrt[3]{\dfrac{40}{81}}$; $\sqrt[3]{\dfrac{135}{16}}$; $\sqrt[3]{\dfrac{250}{81}}$; $\sqrt[3]{27 \cdot 125 \cdot 2}$; $\sqrt[3]{729 \cdot 16}$ $\quad\left[\dfrac{2}{3}\sqrt[3]{\dfrac{5}{3}};\ \dfrac{3}{2}\sqrt[3]{\dfrac{5}{2}};\ \dfrac{5}{3}\sqrt[3]{\dfrac{2}{3}};\ 15\sqrt[3]{2};\ 18\sqrt[3]{2}\right]$

269 $\sqrt[3]{0{,}002}$; $\sqrt[3]{0{,}000024}$; $\sqrt[3]{0{,}000192}$; $\sqrt[3]{128 \cdot 125}$ $\quad\left[0{,}1 \cdot \sqrt[3]{2};\ 0{,}02 \cdot \sqrt[3]{3};\ 0{,}04 \cdot \sqrt[3]{3};\ 20\sqrt[3]{2}\right]$

270 $\sqrt[4]{\dfrac{32}{81}}$; $\sqrt[4]{\dfrac{32}{243}}$; $\sqrt[4]{(-6)^4 \cdot 3}$; $\sqrt[5]{\dfrac{(-12)^5}{(-5)^6}}$ $\quad\left[\dfrac{2}{3}\sqrt[4]{2};\ \dfrac{2}{3}\sqrt[4]{\dfrac{2}{3}};\ 6\sqrt[4]{3};\ -\dfrac{12}{5}\sqrt[5]{\dfrac{1}{5}}\right]$

ESERCIZI SVOLTI

Altri esercizi svolti

271 $\sqrt{7^8 \cdot 3} = \sqrt[2]{(7^4)^2 \cdot 3} = 7^4 \cdot \sqrt{3}$ oppure $\sqrt{7^8 \cdot 3} = \sqrt[2]{7^8 \cdot 3} = 7^4 \cdot \sqrt{3}$

proprietà delle potenze $8:2=4$

ESERCIZI

▷▷ **272** $\sqrt[4]{3^{21} \cdot 4^{11} \cdot 5^{40}} = 3^5 \cdot 4^2 \cdot 5^{10} \cdot \sqrt[4]{3^1 \cdot 4^3} = 3^5 \cdot 4^2 \cdot 5^{10} \cdot \sqrt[4]{192}$

$21 : 4 \begin{cases} q = 5 \\ r = 1 \end{cases} \qquad 11 : 4 \begin{cases} q = 2 \\ r = 3 \end{cases} \qquad 40 : 4 = 10$

▷▷ **273** $\sqrt{10^8 \cdot 3}; \quad \sqrt{5^6 \cdot 2}; \quad \sqrt[3]{7^{18} \cdot 3}; \quad \sqrt[3]{6^{30} \cdot 5}$ $\qquad \left[10^4 \cdot \sqrt{3}; \; 125\sqrt{2}; \; 7^6 \cdot \sqrt[3]{3}; \; 6^{10} \cdot \sqrt[3]{5}\right]$

▷▷ **274** $\sqrt{7^7 \cdot 2}; \quad \sqrt{6^6 \cdot 3}; \quad \sqrt[3]{4^9 \cdot 3}; \quad \sqrt[4]{2^{12} \cdot 3}$ $\qquad \left[343\sqrt{14}; \; 216\sqrt{3}; \; 64\sqrt[3]{3}; \; 8\sqrt[4]{3}\right]$

▷▷ **275** $\sqrt[5]{3^{15} \cdot 2}; \quad \sqrt[6]{4^{24} \cdot 3}; \quad \sqrt{3^8 \cdot 5^6 \cdot 2}$ $\qquad \left[27\sqrt[5]{2}; \; 256\sqrt[6]{3}; \; 3^4 \cdot 5^3 \cdot \sqrt{2}\right]$

▷▷ **276** $\sqrt[3]{3^{12} \cdot 2^{18} \cdot 5}; \quad \sqrt[4]{32 \cdot 5^{24}}; \quad \sqrt[8]{2^{16} \cdot 3^{32} \cdot 5}$ $\qquad \left[3^4 \cdot 2^6 \cdot \sqrt[3]{5}; \; 2 \cdot 5^6 \cdot \sqrt[4]{2}; \; 324\sqrt[8]{5}\right]$

▷▷ **277** $\sqrt{3^7 \cdot 2^9 \cdot 5^4}; \quad \sqrt[3]{2^{10} \cdot 3^6 \cdot 5^{11}}; \quad \sqrt[4]{3^6 \cdot 2^{13}}$ $\qquad \left[10\,800\sqrt{6}; \; 9000\sqrt[3]{50}; \; 24\sqrt[4]{18}\right]$

▷▷ **278** $\sqrt[n]{2^{2n} \cdot 3^{n+1}}; \quad \sqrt[2n]{3^{6n} \cdot 2^{n+1}}; \quad \sqrt[2n]{2^n \cdot 3^{2n+3}}$ $\qquad \left[12 \cdot \sqrt[n]{3}; \; 54 \cdot \sqrt[2n]{2}; \; 3 \cdot \sqrt[2n]{2^n \cdot 27}\right]$

▷▷ **279** $\sqrt[n]{2^{5n} \cdot 3^{3n+1}}; \quad \sqrt[n]{2^{n+3} \cdot 3^{n-1} \cdot 5}; \quad \sqrt[n+1]{2^{2n+2} \cdot 3^{3n+3} \cdot 7}$ $\qquad \left[864 \cdot \sqrt[n]{3}; \; 6 \cdot \sqrt[n]{\dfrac{40}{3}}; \; 108 \cdot \sqrt[n+1]{7}\right]$

▷▷ **280** $\sqrt[n-1]{2^{n^2-1} 3^{2n-2} \cdot 5}$ con $n \geq 2$; $\quad \sqrt[n]{2^{n+1} \cdot 3^{2n+3} \cdot 5^{3n-1}}$ $\qquad \left[2^{n+1} \cdot 9 \cdot \sqrt[n-1]{5}; \; 2250 \cdot \sqrt[n]{\dfrac{54}{5}}\right]$

■ ESERCIZI SVOLTI

Altri esercizi svolti

▷▷ **281** $\sqrt[4]{x^4 y}$

Osserviamo innanzitutto che il radicale esiste $\forall x \in \mathbb{R}$ e per $y \geq 0$. Trasportiamo il fattore x^4 fuori dal simbolo di radice e otteniamo

$$\sqrt[4]{x^4 y} = |x|\sqrt[4]{y} \qquad \text{per } y \geq 0$$

▷▷ **282** $\sqrt[5]{x^5 y}$

In questo caso l'indice del radicale è dispari e quindi

$$\sqrt[5]{x^5 y} = x\sqrt[5]{y} \qquad \forall x \in \mathbb{R}, \; \forall y \in \mathbb{R}$$

▷▷ **283** $\sqrt{5x^2 - 10x + 5}$

Dopo aver scritto il radicale quadratico nella forma $\sqrt{5(x-1)^2}$, osserviamo che esso è definito $\forall x \in \mathbb{R}$. Però, non conoscendo il segno di $(x-1)$, dobbiamo «portar fuori» tale fattore in valore assoluto:

$$\sqrt{5x^2 - 10x + 5} = \sqrt{5(x-1)^2} = |x-1|\sqrt{5} \qquad \forall x \in \mathbb{R}$$

▷▷ **284** $\sqrt[3]{3x^3}; \quad \sqrt[3]{54a^3 b^3}; \quad \sqrt[3]{(a^3 + 3a^2 b + 3ab^2 + b^3)c}$ $\qquad \left[x\sqrt[3]{3}; \; 3ab\sqrt[3]{2}; \; (a+b)\sqrt[3]{c}\right]$

▷▷ **285** $\sqrt[3]{125 a^3 b^9 c^2}; \quad \sqrt[5]{32 x^2 y^5 z^{15}}; \quad \sqrt[3]{a^7 b^3}$ $\qquad \left[5ab^3 \cdot \sqrt[3]{c^2}; \; 2yz^3 \cdot \sqrt[5]{x^2}; \; a^2 b\sqrt[3]{a}\right]$

▷▷ **286** $\sqrt[5]{2a^5 b^{10} c^{19}}; \quad \sqrt[3]{a^4 + a^3}; \quad \sqrt[3]{16(x-y)^4}$ $\qquad \left[ab^2 c^3 \cdot \sqrt[5]{2c^4}; \; a\sqrt[3]{a+1}; \; 2(x-y)\sqrt[3]{2(x-y)}\right]$

▷▷ **287** $\sqrt[6]{x^6 y^4}; \quad \sqrt[6]{a^6 b^7}; \quad \sqrt[4]{a^5 b^7}$ $\qquad \left[|x|\sqrt[3]{y^2}; \; |a|b\sqrt[6]{b} \text{ per } b \geq 0; \; ab\sqrt[4]{ab^3} \text{ per } ab \geq 0\right]$

▷▷ **288** $\sqrt{2a^2 - 4ab + 2b^2}; \quad \sqrt{a^2 x + 2abx + b^2 x}; \quad \sqrt[4]{a^4 b}$ $\qquad \left[|a-b|\sqrt{2}; \; |a+b|\sqrt{x} \text{ per } x \geq 0; \; |a|\sqrt[4]{b} \text{ per } b \geq 0\right]$

▷▷ **289** $\sqrt[4]{9(x^2 + 6x + 9)^2}; \quad \sqrt[6]{128(x^3 + 3x^2 + 3x + 1)^2}$ $\qquad \left[|x+3|\sqrt{3}; \; 2|x+1|\sqrt[6]{2}\right]$

▷▷ **290** $\sqrt{x^3 - 2x^2 + x}; \quad \sqrt{x^3 + 2x^2 + x}$ $\qquad \left[|x-1|\sqrt{x} \text{ per } x \geq 0; \; (x+1)\sqrt{x} \text{ per } x \geq 0\right]$

Calcola il valore delle seguenti espressioni numeriche.

▷▷ **291** $2\sqrt{2} + \sqrt{18} - \sqrt{8} + \sqrt{50}$; $5\sqrt{27} - \sqrt{75}$ $[8\sqrt{2};\ 10\sqrt{3}]$

▷▷ **292** $\sqrt{72} + \sqrt{8} - \sqrt{18}$; $\sqrt{90} - \sqrt{40}$ $[5\sqrt{2};\ \sqrt{10}]$

▷▷ **293** $\sqrt{125} + \sqrt{180} - 3\sqrt{20}$; $2\sqrt{5} - \sqrt{45}$ $[5\sqrt{5};\ -\sqrt{5}]$

▷▷ **294** $\sqrt{32} + 2\sqrt{18} - 3\sqrt{50}$; $\sqrt{243} - \sqrt{12}$ $[-5\sqrt{2};\ 7\sqrt{3}]$

▷▷ **295** $\sqrt{\dfrac{9}{8}} - \sqrt{\dfrac{49}{18}} + \sqrt{\dfrac{81}{50}}$; $\sqrt{\dfrac{3}{4}} - \sqrt{\dfrac{27}{25}} + \sqrt{\dfrac{75}{36}}$ $\left[\dfrac{29}{30}\sqrt{\dfrac{1}{2}};\ \dfrac{11}{15}\sqrt{3}\right]$

▷▷ **296** $2\sqrt[3]{3} + \sqrt[3]{81} - 4\sqrt[3]{3}$; $\sqrt[3]{16} - 4\sqrt[3]{250} + 3\sqrt[3]{54}$ $[\sqrt[3]{3};\ -9\sqrt[3]{2}]$

▷▷ **297** $5\sqrt[3]{16} - \sqrt[3]{54} + \sqrt[4]{162} - \sqrt[4]{32} + \sqrt[3]{250}$ I radicali con GeoGebra $[12\sqrt[3]{2} + \sqrt[4]{2}]$

▷▷ **298** $(\sqrt{12} + \sqrt{27} - \sqrt{48}) : (2\sqrt{3}) + (\sqrt{50} + \sqrt{18} - \sqrt{8}) : (3\sqrt{2}) - \sqrt[4]{\left(-\dfrac{1}{2}\right)^4}$ $[2]$

Trasporto di un fattore dentro il simbolo di radice

Esercizi "Vero o falso?"

Nelle seguenti espressioni trasporta dentro il simbolo di radice il fattore esterno e, se possibile, semplifica.

Altri esercizi

ESERCIZI SVOLTI

▷▷ **299** $3\sqrt{7} = 3\sqrt[2]{7} = \sqrt[2]{3^2 \cdot 7} = \sqrt{63}$

Abbiamo portato dentro radice il fattore esterno 3, con esponente uguale all'indice della radice.

▷▷ **300** $2\sqrt[5]{3} = \sqrt[5]{2^5 \cdot 3} = \sqrt[5]{96}$

▷▷ **301** $2^7 \cdot 3^5 \cdot \sqrt[4]{6} = (2^7 \cdot 3^5)\sqrt[4]{6} = \sqrt[4]{(2^7 \cdot 3^5)^4 \cdot 6} = \sqrt[4]{(2^7)^4 \cdot (3^5)^4 \cdot 2 \cdot 3} = \sqrt[4]{2^{28} \cdot 3^{20} \cdot 2 \cdot 3} = \sqrt[4]{2^{29} \cdot 3^{21}}$

▷▷ **302** $-9\sqrt{2} = -\sqrt[2]{9^2 \cdot 2} = -\sqrt{162}$
il segno meno viene lasciato fuori dal simbolo di radice quadrata!

▷▷ **303** $\underbrace{(2+\sqrt{3})}_{\text{fattore esterno} > 0}\sqrt{7-4\sqrt{3}} = \sqrt[2]{(2+\sqrt{3})^2(7-4\sqrt{3})} = \sqrt{\underbrace{(4 + 2 \cdot 2 \cdot \sqrt{3} + 3)}_{(A+B)^2 = A^2 + 2AB + B^2}(7-4\sqrt{3})} =$

$= \sqrt{\underbrace{(7+4\sqrt{3})(7-4\sqrt{3})}_{(A+B)(A-B)=A^2-B^2}} = \sqrt{7^2 - (4\sqrt{3})^2} = \sqrt{49 - 16 \cdot 3} = \sqrt{49 - 48} = \sqrt{1} = 1$

▷▷ **304** $3\sqrt{3}$; $2\sqrt{2}$; $\dfrac{1}{2}\sqrt{2}$; $\dfrac{1}{3}\sqrt{3}$ $\left[\sqrt{27};\ \sqrt{8};\ \sqrt{\dfrac{1}{2}};\ \sqrt{\dfrac{1}{3}}\right]$

▷▷ **305** $\dfrac{1}{2}\sqrt{12}$; $\dfrac{2}{3}\sqrt{18}$; $\dfrac{3}{4}\sqrt{\dfrac{2}{3}}$; $\dfrac{1}{3}\sqrt{\dfrac{3}{2}}$ $\left[\sqrt{3};\ \sqrt{8};\ \sqrt{\dfrac{3}{8}};\ \sqrt{\dfrac{1}{6}}\right]$

ESERCIZI

▷▷ **306** $\dfrac{1}{2}\sqrt[3]{2}$; $2\sqrt[4]{\dfrac{1}{4}}$; $\dfrac{2}{3}\sqrt[3]{\dfrac{9}{4}}$; $\dfrac{1}{3}\sqrt[3]{9}$ $\qquad\left[\sqrt[3]{\dfrac{1}{4}};\ \sqrt{2};\ \sqrt[3]{\dfrac{2}{3}};\ \sqrt[3]{\dfrac{1}{3}}\right]$

▷▷ **307** $-3\sqrt{5}$; $\quad -3\sqrt[3]{3}$; $\quad -\dfrac{1}{2}\sqrt[5]{8}$ $\qquad\left[-\sqrt{45};\ -\sqrt[3]{81};\ -\sqrt[5]{\dfrac{1}{4}}\right]$

▷▷ **308** $5^5\cdot 2^9\cdot\sqrt[6]{10}$; $\dfrac{2}{3}\sqrt[5]{\dfrac{9}{4}}$; $\left(\dfrac{2}{3}\right)^5\cdot\left(\dfrac{9}{4}\right)^6\cdot\sqrt[4]{\dfrac{3}{2}}$ $\qquad\left[\sqrt[6]{5^{31}\cdot 2^{55}};\ \sqrt[5]{\dfrac{8}{27}};\ \sqrt[4]{\left(\dfrac{3}{2}\right)^{29}}\right]$

▷▷ **309** $(\sqrt{5}-1)\sqrt{6+2\sqrt{5}}$; $\quad (1+\sqrt{3})\sqrt{4+2\sqrt{3}}$ $\qquad [4;\ 4+2\sqrt{3}]$

▷▷ **310** $(2-\sqrt{3})\sqrt{7+4\sqrt{3}}$; $\quad (3+2\sqrt{2})\sqrt{17-12\sqrt{2}}$; $\quad (1-\sqrt{2})\sqrt{2}$ $\qquad\left[1;\ 1;\ -\sqrt{6-4\sqrt{2}}\right]$

▷▷ **311** $(\sqrt{2}-\sqrt{3})\sqrt{5+2\sqrt{6}}$; $\quad (\sqrt{2}+\sqrt{3})\sqrt{5+\sqrt{24}}$; $\quad (\sqrt{3}-2)\sqrt{2+\sqrt{3}}$ $\qquad\left[-1;\ 5+2\sqrt{6};\ -\sqrt{2-\sqrt{3}}\right]$

▷▷ **312** $\dfrac{2}{3}\cdot\sqrt[n]{\dfrac{3^{n+1}}{2^{n+1}}}$; $\quad 12\cdot\sqrt[n-1]{\dfrac{2^{n+2}}{3^{n-1}}}\quad$ con $n\geq 2$ $\qquad\left[\sqrt[n]{\dfrac{3}{2}};\ \sqrt[n-1]{8^n}\right]$

■ ESERCIZI SVOLTI

Altro esercizio svolto

▷▷ **313** $x\sqrt[3]{\dfrac{1}{x^2}}$

Poiché l'indice del radicale è dispari possiamo portare il fattore esterno x dentro il simbolo di radice, dopo aver osservato che l'espressione data esiste per $x\neq 0$:

$$x\sqrt[3]{\dfrac{1}{x^2}}=\sqrt[3]{x^3\cdot\dfrac{1}{x^2}}=\sqrt[3]{x}\quad\text{per }x\neq 0$$

▷▷ **314** $(x+1)\sqrt{x}$

La condizione di esistenza del radicale dato è $x\geq 0$ e, per tali valori di x, il fattore esterno $(x+1)$ è positivo. Pertanto

$$(x+1)\sqrt{x}=\sqrt{x(x+1)^2}\quad\text{per }x\geq 0$$

▷▷ **315** $a\sqrt[3]{\dfrac{1}{a}}$; $\quad (a-1)\sqrt[3]{a-1}$; $\quad x^3\cdot\sqrt[5]{\dfrac{1}{x^2}}$ $\qquad\left[\sqrt[3]{a^2}\text{ per }a\neq 0;\ \sqrt[3]{(a-1)^4};\ \sqrt[5]{x^{13}}\text{ per }x\neq 0\right]$

▷▷ **316** $(a-1)\sqrt[3]{\dfrac{1}{a^2-2a+1}}$; $\quad (x-2)^2\cdot\sqrt[5]{\dfrac{1}{x^2-4x+4}}$ $\qquad\left[\sqrt[3]{a-1}\text{ per }a\neq 1;\ \sqrt[5]{(x-2)^8}\text{ per }x\neq 2\right]$

▷▷ **317** $(a-2)\sqrt{a-3}$; $\quad (a^2+3)\sqrt{a-2}$ $\qquad\left[\sqrt{(a-3)(a-2)^2}\text{ per }a\geq 3;\ \sqrt{(a-2)(a^2+3)^2}\text{ per }a\geq 2\right]$

▷▷ **318** $\dfrac{1}{a-b}\sqrt{a-b}$; $\quad \dfrac{1}{y-x}\sqrt{x-y}$ $\qquad\left[\dfrac{1}{\sqrt{a-b}}\text{ per }a>b;\ -\dfrac{1}{\sqrt{x-y}}\text{ per }x>y\right]$

▷▷ **319** $(x-1)\sqrt{3}$; $\quad (a-b)\sqrt{2}$ $\qquad\left[\sqrt{3(x-1)^2}\text{ per }x\geq 1\text{ e }-\sqrt{3(x-1)^2}\text{ per }x<1;\right.$

$\left.\sqrt{2(a-b)^2}\text{ per }a\geq b\text{ e }-\sqrt{2(a-b)^2}\text{ per }a<b\right]$

Potenza e radice di un radicale

Potenza di un radicale

Calcola le potenze indicate e semplifica.

ESERCIZI SVOLTI

320 $\left(\dfrac{1}{2}\sqrt{2}\right)^3 = \left(\dfrac{1}{2}\right)^3 \cdot (\sqrt{2})^3 = \dfrac{1}{8} \cdot \sqrt{2^3} = \dfrac{1}{8}\sqrt[2]{2^2 \cdot 2^1} = \dfrac{1}{8} \cdot 2\sqrt{2} = \dfrac{1}{4}\sqrt{2}$

(proprietà delle potenze; potenza di un radicale; portiamo fuori)

321 $(\sqrt{2}+\sqrt{3})^3 = (\sqrt{2})^3 + 3\cdot(\sqrt{2})^2\cdot\sqrt{3} + 3\cdot\sqrt{2}\cdot(\sqrt{3})^2 + (\sqrt{3})^3 =$

• potenza di un radicale
∗ prima proprietà fondamentale dei radicali

$(A+B)^3 = A^3 + 3A^2B + 3AB^2 + B^3$

$= \sqrt{2^3} + 3\cdot 2\cdot\sqrt{3} + 3\cdot\sqrt{2}\cdot 3 + \sqrt{3^3} =$

$= \sqrt{2^2\cdot 2} + 6\sqrt{3} + 9\sqrt{2} + \sqrt{3^2\cdot 3} = 2\sqrt{2} + 6\sqrt{3} + 9\sqrt{2} + 3\sqrt{3} = 11\sqrt{2} + 9\sqrt{3}$

(trasportiamo fuori radice)

322 $(3\sqrt{2})^2;\quad (2\sqrt{5})^2;\quad (\sqrt{7})^3;\quad (\sqrt{2})^3;\quad (\sqrt[3]{2})^2;\quad (\sqrt[4]{2})^2$ $\qquad [18;\ 20;\ 7\sqrt{7};\ 2\sqrt{2};\ \sqrt[3]{4};\ \sqrt{2}]$

323 $\left(\dfrac{1}{2}\sqrt{2}\right)^2;\quad \left(\dfrac{1}{3}\sqrt{3}\right)^2;\quad \left(\dfrac{1}{3}\sqrt{3}\right)^3;\quad \left(\dfrac{2}{3}\sqrt[4]{\dfrac{3}{2}}\right)^5$ $\qquad \left[\dfrac{1}{2};\ \dfrac{1}{3};\ \dfrac{1}{9}\sqrt{3};\ \dfrac{16}{81}\sqrt[4]{\dfrac{3}{2}}\right]$

324 $(\sqrt{3}\cdot\sqrt[3]{12})^2;\quad (3\sqrt{2})^5\cdot\dfrac{\sqrt{2}}{2};\quad \left(\sqrt[3]{2}\cdot\sqrt[5]{(-2)^3}\right)^{10}$ $\qquad [6\sqrt[3]{18};\ 972;\ 512\sqrt[3]{2}]$

325 $(2+\sqrt{2})^3;\quad (1-\sqrt{3})^3;\quad (\sqrt{2}+2\sqrt{3})^3$ $\qquad [20+14\sqrt{2};\ 10-6\sqrt{3};\ 38\sqrt{2}+36\sqrt{3}]$

326 $(\sqrt{2}+\sqrt{5})^3;\quad (\sqrt{7}-1)^3;\quad (3\sqrt{2}-\sqrt{5})^3$ $\qquad [17\sqrt{2}+11\sqrt{5};\ 10\sqrt{7}-22;\ 99\sqrt{2}-59\sqrt{5}]$

327 $(\sqrt[3]{2}+1)^2;\quad (\sqrt[3]{2}+1)^3$ $\qquad [\sqrt[3]{4}+2\sqrt[3]{2}+1;\ 3(1+\sqrt[3]{2}+\sqrt[3]{4})]$

328 $(1+\sqrt{2})^2\cdot(2+\sqrt{2})^2;\quad (1+\sqrt{3})^2\cdot(2-\sqrt{3})^2;\quad (\sqrt{3}\cdot 2\sqrt[3]{2})^3$ $\qquad [34+24\sqrt{2};\ 4-2\sqrt{3};\ 48\sqrt{3}]$

329 $\left(\sqrt[3]{\dfrac{5}{9}}\right)^2\cdot\left(\sqrt[4]{\dfrac{3}{5}}\right)^3\cdot\left(\sqrt[9]{-\dfrac{5}{3}}\right)^6 : \left(-\sqrt[12]{\dfrac{5}{27}}\right);\quad \left(\sqrt[3]{-2}\cdot\sqrt[9]{\dfrac{4}{3}}\right)^6$ $\qquad \left[-\dfrac{1}{3}\sqrt{5};\ 8\sqrt[3]{\dfrac{2}{9}}\right]$

330 $(\sqrt[3]{3}+2\sqrt[5]{6})^2 - (\sqrt[3]{3}+\sqrt[5]{6})(\sqrt[3]{3}-\sqrt[5]{6})$ $\qquad [5\sqrt[5]{36}+4\sqrt[15]{8\cdot 3^8}]$

331 $(\sqrt[3]{2}+\sqrt[3]{3})^2;\quad (\sqrt[3]{2}+\sqrt[3]{3})^3$ $\qquad [\sqrt[3]{4}+\sqrt[3]{9}+2\sqrt[3]{6};\ 5+3\sqrt[3]{12}+3\sqrt[3]{18}]$

332 $(\sqrt[3]{2}+\sqrt{2})^2;\quad (\sqrt{5}+\sqrt[3]{3})^2$ $\qquad [\sqrt[3]{4}+2\sqrt[6]{32}+2;\ 5+\sqrt[3]{9}+2\sqrt[6]{1125}]$

333 $(\sqrt[4]{a-1})^4;\quad (\sqrt{a}+\sqrt{b})^3$ $\qquad [a-1 \text{ per } a\geq 1;\ a\sqrt{a}+3a\sqrt{b}+3b\sqrt{a}+b\sqrt{b} \text{ per } a\geq 0,\ b\geq 0]$

334 $(\sqrt[3]{a}+\sqrt[3]{b})^2;\quad (\sqrt[3]{a}+\sqrt[3]{b})^3$ $\qquad [\sqrt[3]{a^2}+2\sqrt[3]{ab}+\sqrt[3]{b^2};\ a+3\sqrt[3]{a^2b}+3\sqrt[3]{ab^2}+b]$

335 $(1+\sqrt[6]{2})^2(1-\sqrt[6]{2})^2;\quad (\sqrt[4]{2}+\sqrt[6]{3})^3(\sqrt[4]{2}-\sqrt[6]{3})^3$ $\qquad [1+\sqrt[3]{4}-2\sqrt[3]{2};\ 2\sqrt{2}-6\sqrt[3]{3}+3\sqrt[6]{648}-3]$

ESERCIZI

Radicali e somme/differenze di cubi

Scomponi in fattori i seguenti binomi, considerandoli somme o differenze di cubi.

▷▷ **336** $x + 2 = (\sqrt[3]{x})^3 + (\sqrt[3]{2})^3 = ...$ $\qquad [(\sqrt[3]{x} + \sqrt[3]{2})(\sqrt[3]{x^2} - \sqrt[3]{2x} + \sqrt[3]{4})]$

▷▷ **337** $a - b; \quad 1 - a$ $\qquad [(\sqrt[3]{a} + \sqrt[3]{b})(\sqrt[3]{a^2} + \sqrt[3]{ab} + \sqrt[3]{b^2}); \ (1 - \sqrt[3]{a})(1 + \sqrt[3]{a} + \sqrt[3]{a^2})]$

▷▷ **338** $xy + 8; \quad ab - 27$ $\qquad [(\sqrt[3]{xy} + 2)(\sqrt[3]{x^2y^2} - 2\sqrt[3]{xy} + 4); \ ...]$

Radice di un radicale

Esercizi "Vero o falso?"

Trasforma le seguenti espressioni in modo che contengano un solo radicale; quindi, se possibile, semplificale e trasporta fuori dalla radice i fattori con esponente maggiore o uguale all'indice della radice.

Altri esercizi

▷▷ **339** $\sqrt{\sqrt{5}}; \quad \sqrt[3]{\sqrt{2}}; \quad \sqrt[4]{\sqrt[3]{10}}; \quad \sqrt[3]{\sqrt[3]{3}}$ $\qquad [\sqrt[4]{5}; \ \sqrt[6]{2}; \ \sqrt[12]{10}; \ \sqrt[9]{3}]$

▷▷ **340** $\sqrt{\sqrt{32}}; \quad \sqrt{\sqrt{128}}; \quad \sqrt[3]{\sqrt{8}}; \quad \sqrt{\sqrt[3]{3^7}}$ $\qquad [2\sqrt[4]{2}; \ 2\sqrt[4]{8}; \ \sqrt{2}; \ 3\sqrt[6]{3}]$

▷▷ **341** $\sqrt[3]{-\sqrt{2}}; \quad \sqrt[3]{-\sqrt[5]{-3}}; \quad \sqrt[4]{-\sqrt[3]{-2}}; \quad \sqrt[3]{\sqrt[3]{-2^{11}}}$ $\qquad [-\sqrt[6]{2}; \ \sqrt[15]{3}; \ \sqrt[12]{2}; \ -2\sqrt[9]{4}]$

ESERCIZI SVOLTI

Altri esercizi svolti

▷▷ **342** $\sqrt{3\sqrt[3]{3}} = \sqrt[2]{\sqrt[3]{3^3 \cdot 3}} = \sqrt[2\cdot 3]{3^{4}} = \sqrt[3]{3^2} = \sqrt[3]{9}$

        portiamo dentro il 3   semplifichiamo il radicale

▷▷ **343** $\sqrt{\dfrac{2}{\sqrt{3}}} = \sqrt{2 \cdot \dfrac{1}{\sqrt{3}}} = \sqrt{\sqrt{2^2 \cdot \dfrac{1}{3}}} = \sqrt{\sqrt{2^2 \cdot \dfrac{1}{3}}} = \sqrt[4]{\dfrac{4}{3}}$

▷▷ **344** $\sqrt{3\sqrt{3}}; \quad \sqrt[3]{2\sqrt{2}}; \quad \sqrt[4]{9\sqrt{3}}; \quad \sqrt[3]{81\sqrt[3]{3}}; \quad \sqrt[3]{-25\sqrt[5]{25}}$ $\qquad [\sqrt[4]{27}; \ \sqrt{2}; \ \sqrt[8]{243}; \ 3\sqrt[9]{81}; \ -\sqrt[5]{625}]$

▷▷ **345** $\sqrt[3]{-4\sqrt{2}}; \quad \sqrt[3]{3\sqrt[3]{9}}; \quad \sqrt{2\sqrt[3]{2}}; \quad \sqrt{3\sqrt{\sqrt{3}}}; \quad \sqrt{\sqrt{2\sqrt{2}}}$ $\qquad [-\sqrt[6]{32}; \ \sqrt[6]{3^5}; \ \sqrt[3]{4}; \ \sqrt[8]{243}; \ \sqrt[8]{8}]$

▷▷ **346** $\sqrt{\sqrt[3]{2\sqrt{2}}}; \quad \sqrt{2\sqrt{2\sqrt{2\sqrt{2}}}}; \quad \sqrt[3]{4\sqrt{2\sqrt[3]{2}}}; \quad \sqrt{2\sqrt[3]{8\sqrt{2}}}$ $\qquad [\sqrt[4]{2}; \ \sqrt[16]{2^{15}}; \ \sqrt[9]{2^8}; \ 2\sqrt[12]{2}]$

▷▷ **347** $\sqrt{\sqrt[3]{2}} \cdot \sqrt[4]{2}; \quad \sqrt[4]{\sqrt[5]{6}} \cdot \sqrt{\sqrt[5]{4}} : \sqrt[10]{\sqrt{3}}; \quad \dfrac{\sqrt[4]{\sqrt[3]{5}}}{\sqrt[3]{\sqrt{5}}}$ $\qquad \left[\sqrt[12]{32}; \ \sqrt[4]{2}; \ \dfrac{1}{\sqrt[12]{5}}\right]$

▷▷ **348** $\dfrac{\sqrt{\sqrt[5]{8}}}{\sqrt[5]{\sqrt[3]{2}}}; \quad \sqrt[6]{5} \cdot \sqrt[4]{\sqrt{10}} \cdot \sqrt[3]{\sqrt{2}}; \quad \dfrac{\sqrt[5]{\sqrt[3]{3}} \cdot \sqrt[3]{\sqrt{2}}}{\sqrt[6]{\sqrt[5]{6}}}$ $\qquad [\sqrt[30]{128}; \ \sqrt[24]{10^7}; \ \sqrt[30]{48}]$

▷▷ **349** $\sqrt[5]{4\sqrt[7]{2}} \cdot \sqrt[7]{8\sqrt{2}} : (\sqrt[4]{2})^2; \quad \sqrt{3\sqrt{3}} \cdot \sqrt[3]{3\sqrt{3}}$ $\qquad [\sqrt[7]{8}; \ 3\sqrt[4]{3}]$

ESERCIZIO SVOLTO

Altri esercizi svolti

▷▷ **350** $\sqrt[3]{(a-1)\sqrt{a}}$

Per l'esistenza dell'espressione data deve essere $a \geq 0$ e poiché è possibile portare dentro il simbolo di radice quadrata solo i numeri positivi dovremo considerare il segno di $a - 1$ (vedi schema).

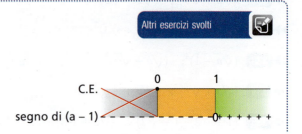

- Se $0 \leq a \leq 1$ il fattore $(a-1)$ è negativo e quindi

$$\sqrt[3]{(a-1)\sqrt{a}} = \sqrt[3]{-(1-a)\sqrt{a}} = -\sqrt[3]{(1-a)\sqrt{a}} = -\sqrt[3]{\sqrt{a(1-a)^2}} = -\sqrt[6]{a(a-1)^2}$$

- Se $a > 1$ il fattore $(a-1)$ è positivo e quindi

$$\sqrt[3]{(a-1)\sqrt{a}} = \sqrt[3]{\sqrt{a(a-1)^2}} = \sqrt[6]{a(a-1)^2}$$

▷▷ **351** $\sqrt[5]{x^2 \cdot \sqrt[3]{x}}$; $\sqrt[5]{x^4 \cdot \sqrt[3]{x^2}}$; $\sqrt[3]{x \cdot \sqrt[3]{x^2}}$; $\sqrt[7]{x^n \cdot \sqrt[3]{x^{2n}}}$ $\left[\sqrt[15]{x^7};\ \sqrt[15]{x^{14}};\ \sqrt[9]{x^5};\ \sqrt[21]{x^{5n}}\right]$

▷▷ **352** $\sqrt[5]{(x-2)\sqrt{x}}$ $\left[\sqrt[10]{x(x-2)^2} \text{ per } x \geq 2 \text{ e } -\sqrt[10]{x(x-2)^2} \text{ per } 0 \leq x < 2\right]$

▷▷ **353** $\sqrt[4]{(a-1)\sqrt{\dfrac{1}{1-a}}}$; $\sqrt[4]{(x-2)\sqrt[8]{2-x}}$ [non ha significato; 0 per $x=2$]

▷▷ **354** $\sqrt[4]{(a-1)\sqrt[3]{a-2}}$; $\sqrt{(x-2)\sqrt[3]{7-x}}$

$\left[\sqrt[12]{(a-1)^3(a-2)} \text{ per } a \leq 1 \vee a \geq 2;\ \sqrt[6]{(x-2)^3(7-x)} \text{ per } 2 \leq x \leq 7\right]$

■ Razionalizzazione del denominatore di una frazione

Razionalizza i denominatori delle seguenti frazioni.

■ ESERCIZI SVOLTI

▷▷ **355** $\dfrac{2}{\sqrt{10}} = \dfrac{2 \cdot \sqrt{10}}{\sqrt{10} \cdot \sqrt{10}} = \dfrac{2\sqrt{10}}{(\sqrt{10})^2} = \dfrac{2\sqrt{10}}{10} = \dfrac{\sqrt{10}}{5}$

▷▷ **356** $\dfrac{3}{\sqrt{3}} = \dfrac{3}{\sqrt{3}} \cdot \dfrac{\sqrt{3}}{\sqrt{3}} = \dfrac{3\sqrt{3}}{(\sqrt{3})^2} = \dfrac{3\sqrt{3}}{3} = \sqrt{3}$

In alternativa, puoi operare così, ricordando che per la prima proprietà fondamentale è $3 = (\sqrt{3})^2$:

$$\dfrac{3}{\sqrt{3}} = \dfrac{(\sqrt{3})^2}{\sqrt{3}} = \sqrt{3}$$

▷▷ **357** $\dfrac{2}{3\sqrt{12}} = \dfrac{2}{3\sqrt{4 \cdot 3}} = \dfrac{2}{3 \cdot 2\sqrt{3}} = \dfrac{1}{3\sqrt{3}} \cdot \dfrac{\sqrt{3}}{\sqrt{3}} = \dfrac{\sqrt{3}}{3(\sqrt{3})^2} = \dfrac{\sqrt{3}}{3 \cdot 3} = \dfrac{\sqrt{3}}{9}$

▷▷ **358** $\dfrac{5+\sqrt{5}}{2\sqrt{5}} = \dfrac{5+\sqrt{5}}{2\sqrt{5}} \cdot \dfrac{\sqrt{5}}{\sqrt{5}} = \dfrac{5\sqrt{5}+(\sqrt{5})^2}{2(\sqrt{5})^2} = \dfrac{5\sqrt{5}+5}{2 \cdot 5} = \dfrac{5(\sqrt{5}+1)}{2 \cdot 5} = \dfrac{\sqrt{5}+1}{2}$

In alternativa, puoi operare così, osservando che $5 = \sqrt{5} \cdot \sqrt{5}$:

$$\dfrac{5+\sqrt{5}}{2\sqrt{5}} = \dfrac{\sqrt{5} \cdot \sqrt{5}+\sqrt{5}}{2\sqrt{5}} = \dfrac{\sqrt{5}(\sqrt{5}+1)}{2\sqrt{5}} = \dfrac{\sqrt{5}+1}{2}$$

▷▷ **359** $\dfrac{1}{\sqrt{11}}$; $\dfrac{1}{3\sqrt{3}}$; $\dfrac{10}{\sqrt{5}}$; $\dfrac{2}{\sqrt{7}}$; $\dfrac{9}{\sqrt{3}}$ $\left[\dfrac{\sqrt{11}}{11};\ \dfrac{\sqrt{3}}{9};\ 2\sqrt{5};\ \dfrac{2\sqrt{7}}{7};\ 3\sqrt{3}\right]$

ESERCIZI

360 $\dfrac{1}{\sqrt{12}}$; $\dfrac{2}{\sqrt{27}}$; $\dfrac{3}{\sqrt{8}}$; $\dfrac{10}{\sqrt{18}}$; $\dfrac{5}{\sqrt{125}}$ $\qquad \left[\dfrac{\sqrt{3}}{6}; \dfrac{2}{9}\sqrt{3}; \dfrac{3}{4}\sqrt{2}; \dfrac{5}{3}\sqrt{2}; \dfrac{\sqrt{5}}{5}\right]$

361 $\dfrac{2+\sqrt{2}}{\sqrt{2}}$; $\dfrac{3+\sqrt{3}}{\sqrt{3}}$; $\dfrac{2-\sqrt{2}}{2\sqrt{2}}$; $\dfrac{3\sqrt{5}-5}{\sqrt{15}}$ $\qquad \left[\sqrt{2}+1; \sqrt{3}+1; \dfrac{\sqrt{2}-1}{2}; \dfrac{3\sqrt{3}-\sqrt{15}}{3}\right]$

362 $\dfrac{\sqrt{3}+3\sqrt{2}}{2\sqrt{2}}$; $\dfrac{\sqrt{3}-3}{2\sqrt{3}}$; $\dfrac{\sqrt{6}+3\sqrt{3}}{\sqrt{12}}$ $\qquad \left[\dfrac{\sqrt{6}+6}{4}; \dfrac{1-\sqrt{3}}{2}; \dfrac{\sqrt{2}+3}{2}\right]$

363 $\dfrac{\sqrt{6}-\sqrt{8}}{\sqrt{2}}$; $\dfrac{\sqrt{15}+\sqrt{10}}{\sqrt{5}}$; $\dfrac{\sqrt{24}+\sqrt{40}}{\sqrt{8}}$ $\qquad \left[\sqrt{3}-2; \sqrt{3}+\sqrt{2}; \sqrt{3}+\sqrt{5}\right]$

364 $\dfrac{9+\sqrt{3}}{\sqrt{3}}$; $\dfrac{3-\sqrt{3}}{\sqrt{3}}$; $\dfrac{\sqrt{12}-\sqrt{6}}{\sqrt{6}}$ $\qquad \left[3\sqrt{3}+1; \sqrt{3}-1; \sqrt{2}-1\right]$

365 $\dfrac{a+b}{\sqrt{a+b}}$; $\dfrac{a^2-4}{\sqrt{a-2}}$ $\qquad \left[\sqrt{a+b} \text{ per } a>-b; (a+2)\sqrt{a-2} \text{ per } a>2\right]$

366 $\dfrac{(x+3)\sqrt{x-3}}{\sqrt{x^2-9}}$; $\dfrac{4-a^2}{\sqrt{2-a}}$ $\qquad \left[\sqrt{x+3} \text{ per } x>3; (2+a)\sqrt{2-a} \text{ per } a<2\right]$

367 $\dfrac{a\sqrt{b}+b\sqrt{a}}{\sqrt{ab}}$; $\dfrac{\sqrt{a+2}}{\sqrt{a-2}}$ $\qquad \left[\sqrt{a}+\sqrt{b} \text{ per } a>0 \wedge b>0; \dfrac{\sqrt{a^2-4}}{a-2} \text{ per } a>2\right]$

ESERCIZI SVOLTI

368 $\dfrac{1}{\sqrt[3]{5}} = \dfrac{1}{\sqrt[3]{5}} \cdot \dfrac{\sqrt[3]{5^2}}{\sqrt[3]{5^2}} = \dfrac{\sqrt[3]{5^2}}{\sqrt[3]{5 \cdot 5^2}} = \dfrac{\sqrt[3]{25}}{\sqrt[3]{5^3}} = \dfrac{\sqrt[3]{25}}{5}$

369 $\dfrac{1}{\sqrt[3]{25}} = \dfrac{1}{\sqrt[3]{5^2}} \cdot \dfrac{\sqrt[3]{5}}{\sqrt[3]{5}} = \dfrac{\sqrt[3]{5}}{\sqrt[3]{5^2 \cdot 5}} = \dfrac{\sqrt[3]{5}}{\sqrt[3]{5^3}} = \dfrac{\sqrt[3]{5}}{5}$

370 $\dfrac{7}{\sqrt[15]{7^{11}}} = \dfrac{7}{\sqrt[15]{7^{11}}} \cdot \dfrac{\sqrt[15]{7^4}}{\sqrt[15]{7^4}} = \dfrac{7\sqrt[15]{7^4}}{\sqrt[15]{7^{11} \cdot 7^4}} = \dfrac{7\sqrt[15]{7^4}}{\sqrt[15]{7^{15}}} = \dfrac{\cancel{7}\sqrt[15]{7^4}}{\cancel{7}} = \sqrt[15]{7^4}$

371 $\dfrac{1}{\sqrt[4]{8}}$; $\dfrac{1}{\sqrt[3]{3}}$; $\dfrac{1}{\sqrt[3]{7}}$; $\dfrac{1}{\sqrt[5]{9}}$; $\dfrac{3}{2\sqrt[3]{3}}$; $\dfrac{10}{\sqrt[3]{25}}$ $\qquad \left[\dfrac{\sqrt[4]{2}}{2}; \dfrac{\sqrt[3]{9}}{3}; \dfrac{\sqrt[3]{49}}{7}; \dfrac{\sqrt[5]{27}}{3}; \dfrac{\sqrt[3]{9}}{2}; 2\sqrt[3]{5}\right]$

372 $\dfrac{12}{\sqrt[3]{36}}$; $\dfrac{5}{3\sqrt[3]{10}}$; $\dfrac{8}{\sqrt[3]{16}}$; $\dfrac{15}{\sqrt[3]{40}}$; $\dfrac{6}{5\sqrt[3]{24}}$; $\dfrac{4}{3\sqrt[4]{8}}$ $\qquad \left[2\sqrt[3]{6}; \dfrac{\sqrt[3]{100}}{6}; 2\sqrt[3]{4}; \dfrac{3}{2}\sqrt[3]{25}; \dfrac{\sqrt[3]{9}}{5}; \dfrac{2}{3}\sqrt[4]{2}\right]$

373 $\dfrac{3}{2\sqrt[4]{9}}$; $\dfrac{15}{2\sqrt[3]{48}}$; $\dfrac{10}{3\sqrt[3]{80}}$; $\dfrac{15}{\sqrt[5]{25}}$; $\dfrac{5}{\sqrt[3]{25}}$; $\dfrac{11}{\sqrt[6]{11^5}}$ $\qquad \left[\dfrac{\sqrt{3}}{2}; \dfrac{5}{8}\sqrt[3]{36}; \dfrac{\sqrt[3]{100}}{6}; 3\sqrt[5]{125}; \sqrt[3]{5}; \sqrt[6]{11}\right]$

374 $\dfrac{2}{\sqrt[7]{32}}$; $\dfrac{3}{\sqrt[9]{3^7}}$; $\dfrac{4}{\sqrt[10]{4^7}}$; $\dfrac{5}{\sqrt[11]{5^9}}$; $\dfrac{6}{\sqrt[6]{12}}$ $\qquad \left[\sqrt[7]{4}; \sqrt[9]{9}; \sqrt[5]{8}; \sqrt[11]{25}; \sqrt[6]{2^4 \cdot 3^5}\right]$

375 $\dfrac{a}{\sqrt[3]{a}}$; $\dfrac{a}{\sqrt[3]{a^2}}$; $\dfrac{3ab}{\sqrt[3]{ab}}$ $\qquad \left[\sqrt[3]{a^2} \text{ per } a \neq 0; \sqrt[3]{a} \text{ per } a \neq 0; 3\sqrt[3]{a^2b^2} \text{ per } ab \neq 0\right]$

376 $\dfrac{x}{\sqrt[4]{x}}$; $\dfrac{a-1}{\sqrt[4]{(a-1)^3}}$; $\dfrac{ab}{\sqrt[4]{a^2b^3}}$ $\qquad \left[\sqrt[4]{x^3} \text{ per } x>0; \sqrt[4]{a-1} \text{ per } a>1; \sqrt[4]{a^2b} \text{ per } a>0 \wedge b>0 \right.$
$\left. \text{e } -\sqrt[4]{a^2b} \text{ per } a<0 \wedge b>0\right]$

377 $\dfrac{a-\sqrt[3]{a^2}}{\sqrt[3]{a^2}}$; $\dfrac{\sqrt[3]{ab^2}+\sqrt[3]{a^2b}}{\sqrt[3]{ab}}$ $\qquad \left[\sqrt[3]{a}-1 \text{ per } a \neq 0; \sqrt[3]{b}+\sqrt[3]{a} \text{ per } ab \neq 0\right]$

ESERCIZI SVOLTI

▶▶ **378** $\dfrac{6}{\sqrt{5}-\sqrt{2}} = \dfrac{6}{\sqrt{5}-\sqrt{2}} \cdot \dfrac{\sqrt{5}+\sqrt{2}}{\sqrt{5}+\sqrt{2}} = \dfrac{6(\sqrt{5}+\sqrt{2})}{(\sqrt{5})^2-(\sqrt{2})^2} = \dfrac{6(\sqrt{5}+\sqrt{2})}{5-2} =$

$= \dfrac{\cancel{6}^{2}(\sqrt{5}+\sqrt{2})}{\cancel{3}} = 2(\sqrt{5}+\sqrt{2})$

▶▶ **379** $\dfrac{1-\sqrt{3}}{1+\sqrt{3}} = \dfrac{1-\sqrt{3}}{1+\sqrt{3}} \cdot \dfrac{1-\sqrt{3}}{1-\sqrt{3}} = \dfrac{(1-\sqrt{3})^2}{1^2-(\sqrt{3})^2} = \dfrac{1-2\sqrt{3}+3}{1-3} = \dfrac{4-2\sqrt{3}}{-2} =$

$= -\dfrac{\cancel{2}(2-\sqrt{3})}{\cancel{2}} = \sqrt{3}-2$

▶▶ **380** $\dfrac{1}{\sqrt{3}+\sqrt{2}}; \quad \dfrac{1}{\sqrt{3}-\sqrt{2}}; \quad \dfrac{1}{\sqrt{3}-2}; \quad \dfrac{1}{3-\sqrt{2}}$ $\qquad \left[\sqrt{3}-\sqrt{2}; \; \sqrt{3}+\sqrt{2}; \; -(\sqrt{3}+2); \; \dfrac{3+\sqrt{2}}{7}\right]$

▶▶ **381** $\dfrac{9}{\sqrt{5}-\sqrt{2}}; \quad \dfrac{6}{3-\sqrt{3}}; \quad \dfrac{12}{\sqrt{7}+1}; \quad \dfrac{5}{\sqrt{7}+\sqrt{2}}$ $\qquad [3(\sqrt{5}+\sqrt{2}); \; 3+\sqrt{3}; \; 2(\sqrt{7}-1); \; \sqrt{7}-\sqrt{2}]$

▶▶ **382** $\dfrac{2+\sqrt{3}}{2-\sqrt{3}}; \quad \dfrac{\sqrt{2}+\sqrt{3}}{\sqrt{3}-\sqrt{2}}; \quad \dfrac{\sqrt{7}-\sqrt{3}}{\sqrt{7}+\sqrt{3}}$ $\qquad \left[7+4\sqrt{3}; \; 5+2\sqrt{6}; \; \dfrac{5-\sqrt{21}}{2}\right]$

▶▶ **383** $\dfrac{\sqrt{5}+2}{\sqrt{5}-2}; \quad \dfrac{\sqrt{7}-1}{\sqrt{7}+1}; \quad \dfrac{9\sqrt{11}-9\sqrt{2}}{\sqrt{11}+\sqrt{2}}$ $\qquad \left[9+4\sqrt{5}; \; \dfrac{4-\sqrt{7}}{3}; \; 13-2\sqrt{22}\right]$

▶▶ **384** $\dfrac{11}{3\sqrt{5}-2\sqrt{3}}$ (il fattore razionalizzante è $3\sqrt{5}+2\sqrt{3}$) $\qquad \left[\dfrac{3\sqrt{5}+2\sqrt{3}}{3}\right]$

▶▶ **385** $\dfrac{41}{2-3\sqrt{5}}; \quad \dfrac{12}{2\sqrt{3}+3\sqrt{2}}$ $\qquad [-(2+3\sqrt{5}); \; 2(3\sqrt{2}-2\sqrt{3})]$

▶▶ **386** $\dfrac{14}{3\sqrt{5}+\sqrt{3}}; \quad \dfrac{7}{2\sqrt{5}-\sqrt{6}}$ $\qquad \left[\dfrac{3\sqrt{5}-\sqrt{3}}{3}; \; \dfrac{2\sqrt{5}+\sqrt{6}}{2}\right]$

▶▶ **387** $\dfrac{2}{\sqrt{3-\sqrt{5}}}$ (come fattore razionalizzante è consigliabile $\sqrt{3+\sqrt{5}}$) $\qquad \left[\sqrt{3+\sqrt{5}}\right]$

▶▶ **388** $\dfrac{1}{\sqrt{3+\sqrt{5}}}; \quad \dfrac{\sqrt{7-2\sqrt{6}}}{\sqrt{7+2\sqrt{6}}}; \quad \dfrac{1}{\sqrt{\sqrt{2}-1}}$ $\qquad \left[\dfrac{\sqrt{3-\sqrt{5}}}{2}; \; \dfrac{7-2\sqrt{6}}{5}; \; \sqrt{\sqrt{2}+1}\right]$

▶▶ **389** $\dfrac{\sqrt{3}-1}{\sqrt{4-2\sqrt{3}}}; \quad \dfrac{1+\sqrt{10}}{\sqrt{11+2\sqrt{10}}}; \quad \dfrac{\sqrt{15}-1}{\sqrt{16-2\sqrt{15}}}$ $\qquad [1; \; 1; \; 1]$

▶▶ **390** $\dfrac{1+2\sqrt{6}}{\sqrt{2}+\sqrt{3}-2} = \dfrac{1+2\sqrt{6}}{(\sqrt{2}+\sqrt{3})-2} \cdot \dfrac{\sqrt{2}+\sqrt{3}+2}{(\sqrt{2}+\sqrt{3})+2} = \ldots$ $\qquad [\sqrt{2}+\sqrt{3}+2]$

▶▶ **391** $\dfrac{2(2-\sqrt{6})}{\sqrt{2}-\sqrt{3}+1}; \quad \dfrac{12}{1+\sqrt{3}-\sqrt{2}}$ $\qquad [\sqrt{2}-\sqrt{3}-1; \; 3(2+\sqrt{6}-\sqrt{2})]$

▶▶ **392** $\dfrac{a}{\sqrt{a}+1}; \quad \dfrac{1-a}{1-\sqrt{a}}$ $\qquad \left[\dfrac{a(\sqrt{a}-1)}{a-1} \text{ per } a \geq 0 \wedge a \neq 1; \; 1+\sqrt{a} \text{ per } a \geq 0 \wedge a \neq 1\right]$

▶▶ **393** $\dfrac{x-3}{\sqrt{x}-\sqrt{3}}; \quad \dfrac{1}{1-\sqrt{a+1}}$ $\qquad \left[\sqrt{x}+\sqrt{3} \text{ per } x \geq 0 \wedge x \neq 3; \; -\dfrac{1+\sqrt{a+1}}{a} \text{ per } a \geq -1 \wedge a \neq 0\right]$

▶▶ **394** $\dfrac{\sqrt{a}-\sqrt{b}}{\sqrt[4]{a}+\sqrt[4]{b}}$ con $a>0 \wedge b>0 \wedge a \neq b$; $\quad \dfrac{\sqrt{2}}{\sqrt[4]{8}-\sqrt[4]{2}}$ $\qquad [\sqrt[4]{a}-\sqrt[4]{b}; \; \sqrt[4]{8}+\sqrt[4]{2}]$

▶▶ **395** $\dfrac{\sqrt[3]{a}-b}{\sqrt[6]{b}+\sqrt[6]{a}}$ con $a>0 \wedge b>0 \wedge a \neq b^3$; $\quad \dfrac{2a-\sqrt[3]{4a^2}}{\sqrt{2a}-\sqrt[3]{2a}}$ con $a>0 \wedge a \neq \dfrac{1}{2}$ $\qquad [\sqrt[6]{a}-\sqrt{b}; \; \sqrt{2a}+\sqrt[3]{2a}]$

ESERCIZI

■ ESERCIZIO SVOLTO

▷▷ **396** $\dfrac{1}{\sqrt[3]{a}-\sqrt[3]{b}}$

Innanzitutto osserviamo che deve essere $a \neq b$ e ricordiamo l'identità

$$A^3 - B^3 = (A - B)(A^2 + AB + B^2)$$

Tenuto conto di questa identità e delle proprietà dei radicali si ha

$$a - b = (\sqrt[3]{a})^3 - (\sqrt[3]{b})^3 = (\sqrt[3]{a} - \sqrt[3]{b})(\sqrt[3]{a^2} + \sqrt[3]{ab} + \sqrt[3]{b^2})$$

da cui risulta evidente che il fattore razionalizzante è

$$\sqrt[3]{a^2} + \sqrt[3]{ab} + \sqrt[3]{b^2}$$

Avremo quindi

$$\dfrac{1}{\sqrt[3]{a}-\sqrt[3]{b}} \cdot \dfrac{\sqrt[3]{a^2}+\sqrt[3]{ab}+\sqrt[3]{b^2}}{\sqrt[3]{a^2}+\sqrt[3]{ab}+\sqrt[3]{b^2}} = \dfrac{\sqrt[3]{a^2}+\sqrt[3]{ab}+\sqrt[3]{b^2}}{(\sqrt[3]{a})^3 - (\sqrt[3]{b})^3} = \dfrac{\sqrt[3]{a^2}+\sqrt[3]{ab}+\sqrt[3]{b^2}}{a-b} \quad \text{per } a \neq b$$

▷▷ **397** $\dfrac{a+b}{\sqrt[3]{a}+\sqrt[3]{b}}$ (fattore razionalizzante $\sqrt[3]{a^2} - \sqrt[3]{ab} + \sqrt[3]{b^2}$) $\qquad \left[\sqrt[3]{a^2} - \sqrt[3]{ab} + \sqrt[3]{b^2} \text{ per } a \neq -b\right]$

▷▷ **398** $\dfrac{3}{1+\sqrt[3]{2}}$; $\quad \dfrac{5}{2-\sqrt[3]{3}}$; $\quad \dfrac{30}{\sqrt[3]{3}+3}$ $\qquad \left[1-\sqrt[3]{2}+\sqrt[3]{4}; \; 4+\sqrt[3]{9}+2\sqrt[3]{3}; \; 9+\sqrt[3]{9}-3\sqrt[3]{3}\right]$

▷▷ **399** $\dfrac{12}{\sqrt[3]{5}-\sqrt[3]{2}}$; $\quad \dfrac{72}{3+\sqrt[3]{9}}$; $\quad \dfrac{1}{\sqrt[3]{7}-2}$ $\qquad \left[4(\sqrt[3]{25}+\sqrt[3]{10}+\sqrt[3]{4}); \; 6(3+\sqrt[3]{3}-\sqrt[3]{9}); \; -(\sqrt[3]{49}+2\sqrt[3]{7}+4)\right]$

Razionalizza i numeratori delle seguenti frazioni.

▷▷ **400** $\dfrac{\sqrt{2}-1}{5}$ (moltiplica numeratore e denominatore per $\sqrt{2}+1$) $\qquad \left[\dfrac{1}{5(\sqrt{2}+1)}\right]$

▷▷ **401** $\dfrac{\sqrt{3}}{4}$; $\quad \dfrac{\sqrt{5}-\sqrt{3}}{2}$; $\quad \sqrt{11}-\sqrt{10}$ $\qquad \left[\dfrac{3}{4\sqrt{3}}; \; \dfrac{1}{\sqrt{5}+\sqrt{3}}; \; \dfrac{1}{\sqrt{11}+\sqrt{10}}\right]$

▷▷ **402** $\dfrac{x+\sqrt{x}}{x}$; $\quad \dfrac{1+\sqrt{2}-\sqrt{3}}{2\sqrt{2}}$ $\qquad \left[\dfrac{x-1}{x-\sqrt{x}} \text{ per } x>0 \wedge x \neq 1; \; \dfrac{1}{1+\sqrt{2}+\sqrt{3}}\right]$

▷▷ **403** $\dfrac{\sqrt[3]{12ab^2}}{6ab}$; $\quad \dfrac{\sqrt{x+1}+1}{x}$ $\qquad \left[\dfrac{1}{\sqrt[3]{18a^2b}} \text{ per } a \neq 0 \wedge b \neq 0; \; \dfrac{1}{\sqrt{x+1}-1} \text{ per } x \geq -1 \wedge x \neq 0\right]$

■ Radicali quadratici doppi

Trasforma i seguenti radicali doppi nella somma algebrica di radicali semplici, quando è possibile.

Altri esercizi

■ ESERCIZIO SVOLTO

Altro esercizio svolto

▷▷ **404** $\sqrt{11 - 6\sqrt{2}}$

Il radicale dato *non* si presenta nella forma $\sqrt{a + \sqrt{b}}$. Occorre portare il fattore 6 dentro il radicale $\sqrt{2}$:

$$\sqrt{11 - 6\sqrt{2}} = \sqrt{11 - \sqrt{6^2 \cdot 2}} = \sqrt{11 - \sqrt{72}}$$

Vogliamo applicare a quest'ultimo radicale la formula $\sqrt{a-\sqrt{b}} = \sqrt{\dfrac{a+\sqrt{a^2-b}}{2}} - \sqrt{\dfrac{a-\sqrt{a^2-b}}{2}}$ con $a = 11$ e $b = 72$.

Dopo aver calcolato

$$a^2 - b = 11^2 - 72 = 121 - 72 = 49$$

e verificato che $a^2 - b$ è il quadrato di un numero razionale, applichiamo la formula:

$$\sqrt{11-\sqrt{72}} = \sqrt{\dfrac{11+\sqrt{49}}{2}} - \sqrt{\dfrac{11-\sqrt{49}}{2}} = \sqrt{\dfrac{11+7}{2}} - \sqrt{\dfrac{11-7}{2}} = 3-\sqrt{2}$$

405 $\sqrt{7+2\sqrt{6}};\quad \sqrt{8-2\sqrt{7}};\quad \sqrt{11+2\sqrt{10}}$ $\left[\sqrt{6}+1;\ \sqrt{7}-1;\ \sqrt{10}+1\right]$

406 $\sqrt{3-\sqrt{5}};\quad \sqrt{9+\sqrt{17}};\quad \sqrt{10-\sqrt{51}}$ $\left[\sqrt{\dfrac{5}{2}}-\sqrt{\dfrac{1}{2}};\ \sqrt{\dfrac{17}{2}}+\sqrt{\dfrac{1}{2}};\ \sqrt{\dfrac{17}{2}}-\sqrt{\dfrac{3}{2}}\right]$

407 $\sqrt{4+\sqrt{7}};\quad \sqrt{11-\sqrt{21}};\quad \sqrt{7+\sqrt{13}}$ $\left[\sqrt{\dfrac{7}{2}}+\sqrt{\dfrac{1}{2}};\ \sqrt{\dfrac{21}{2}}-\sqrt{\dfrac{1}{2}};\ \sqrt{\dfrac{13}{2}}+\sqrt{\dfrac{1}{2}}\right]$

408 $\sqrt{11+\sqrt{57}};\quad \sqrt{4-2\sqrt{3}};\quad \sqrt{31+\sqrt{61}}$ $\left[\sqrt{\dfrac{19}{2}}+\sqrt{\dfrac{3}{2}};\ \sqrt{3}-1;\ \sqrt{\dfrac{61}{2}}+\sqrt{\dfrac{1}{2}}\right]$

409 $\sqrt{\dfrac{7}{4}-2\sqrt{\dfrac{3}{8}}};\quad \sqrt{\dfrac{33}{2}-2\sqrt{\dfrac{91}{2}}};\quad \sqrt{\dfrac{1}{2}+\sqrt{\dfrac{1}{3}}}$ $\left[\sqrt{\dfrac{3}{2}}-\dfrac{1}{2};\ \sqrt{13}-\sqrt{\dfrac{7}{2}};\ \text{non trasformabile}\right]$

410 $\sqrt{\dfrac{5}{6}+\dfrac{2}{\sqrt{6}}};\quad \sqrt{\dfrac{5}{3}+2\sqrt{\dfrac{2}{3}}};\quad \sqrt{\dfrac{1}{3}-\sqrt{\dfrac{1}{5}}}$ $\left[\sqrt{\dfrac{1}{3}}+\sqrt{\dfrac{1}{2}};\ \sqrt{\dfrac{2}{3}}+1;\ \text{non trasformabile}\right]$

■ Esercizi di riepilogo sul calcolo con i radicali

Espressioni numeriche

Semplifica le seguenti espressioni numeriche ed esprimi il risultato in modo che gli eventuali denominatori non contengano radicali.

Altri esercizi

■ **ESERCIZIO SVOLTO**

Altro esercizio svolto

411 $\left(\dfrac{1}{\sqrt{3}-2} + \dfrac{1}{\sqrt{3}+2}\right)\left(\dfrac{1}{\sqrt{5}-1} + \dfrac{\sqrt{5}}{\sqrt{5}+1}\right)$

In questo caso possiamo sommare subito le frazioni, senza razionalizzare i loro denominatori:

$$\left(\dfrac{1}{\sqrt{3}-2}+\dfrac{1}{\sqrt{3}+2}\right)\left(\dfrac{1}{\sqrt{5}-1}+\dfrac{\sqrt{5}}{\sqrt{5}+1}\right) = \dfrac{\sqrt{3}+\cancel{2}+\sqrt{3}-\cancel{2}}{(\sqrt{3}-2)(\sqrt{3}+2)} \cdot \dfrac{\sqrt{5}+1+\sqrt{5}(\sqrt{5}-1)}{(\sqrt{5}-1)(\sqrt{5}+1)} =$$

$$= \dfrac{2\sqrt{3}}{(\sqrt{3})^2-2^2} \cdot \dfrac{\cancel{\sqrt{5}}+1+(\sqrt{5})^2-\cancel{\sqrt{5}}}{(\sqrt{5})^2-1^2} = \dfrac{2\sqrt{3}}{3-4} \cdot \dfrac{1+5}{5-1} = -2\sqrt{3} \cdot \dfrac{6}{4} = -3\sqrt{3}$$

412 $\left[(\sqrt{3}+\sqrt{2})(1-\sqrt{2})+\left(\dfrac{1}{2}\sqrt{2}+\sqrt{3}\right)^2 - \dfrac{3}{2}\right](\sqrt{3}-\sqrt{2})$ $[1]$

413 $[(1+\sqrt{6})^2 - (\sqrt{3}-\sqrt{2})(2\sqrt{3}+3\sqrt{2})](\sqrt{6}-7) + (-2\sqrt[3]{-5})^3$ $[-3]$

ESERCIZI

414 $\dfrac{(\sqrt{7}-1)(\sqrt{7}+1)}{2\sqrt{3}-2\sqrt{2}} \cdot [(2+\sqrt{3})^2 - (\sqrt{2}+2)^2 - 1]$ $\qquad$ [12]

415 $\dfrac{\sqrt{5}-1}{\sqrt{5}+1} \cdot \left[\dfrac{1-4\sqrt{3}}{2} + (\sqrt{3}-1)(\sqrt{3}+1) - (\sqrt{3}-1)^2\right] \cdot \dfrac{4}{3-\sqrt{5}}$ $\qquad$ [−3]

416 $(\sqrt{4+\sqrt{12}} - \sqrt{12})(\sqrt{3}-1) + (1-\sqrt{3})^2$ $\qquad$ [0]

417 $\left[\sqrt[3]{8} : \sqrt{2} + \sqrt{\dfrac{1}{2}\sqrt[4]{2} \cdot \sqrt[8]{128}} + \sqrt[8]{(-2)^4}\right]^3$ $\qquad$ $[54\sqrt{2}]$

418 $[3(\sqrt[3]{2}+1)^2 + (\sqrt[3]{2}-1)^3 - 3(1+\sqrt[6]{2})(1-\sqrt[6]{2}) - 1]\dfrac{(\sqrt{2}-1)(\sqrt{2}+1)}{\sqrt[3]{54}}$ $\qquad$ [4]

419 $\left[\dfrac{3\sqrt{12} - 3\sqrt{2}}{\sqrt{18}} + \sqrt[4]{\left(\dfrac{3}{2}\right)^2} \cdot (\sqrt{6}-2)\right] \cdot \dfrac{1}{(\sqrt{2}-2)^2}$ $\qquad$ $[3+2\sqrt{2}]$

420 $\left(\sqrt{\dfrac{125}{3}} : \sqrt{\dfrac{5}{27}} + \dfrac{\sqrt{20}}{\sqrt{45}} + \dfrac{\sqrt{8}}{\sqrt{18}}\right) : \sqrt{98}$ $\qquad$ $\left[\dfrac{7}{6}\sqrt{2}\right]$

421 $\dfrac{(-\sqrt{3})^2(\sqrt{5}+\sqrt{54}) - \sqrt{3}\left(\sqrt{162} + \sqrt{(-2)^2}\right)}{\sqrt{5}-\sqrt{3}}$ $\qquad$ $\left[\dfrac{9+\sqrt{15}}{2}\right]$

422 $\dfrac{3\sqrt{8} + \sqrt{125} - 2\sqrt{18} + 4\sqrt{50} - \sqrt{45}}{\sqrt{5}+10\sqrt{2}}$ $\qquad$ [2]

423 $[(2\sqrt{5}-3\sqrt{10})^2 - (2\sqrt{2}+1)^2 + (\sqrt{3}-\sqrt{6})^2](11+7\sqrt{2})$ $\qquad$ [230]

424 $(2+\sqrt{3})\sqrt{7-4\sqrt{3}} + (1-\sqrt{2})\sqrt{3+2\sqrt{2}}$ $\qquad$ [0]

425 $\left(\sqrt{2\sqrt{5}}\right)^2 + (2+\sqrt{5})^2 + (3-\sqrt{5})^2 + (\sqrt{7}-7\sqrt{2})(\sqrt{7}+7\sqrt{2})$ $\qquad$ [−68]

426 $\sqrt[3]{(2-\sqrt{2})(2+\sqrt{2})} + \sqrt[4]{\sqrt{26} - 2\sqrt{2}} \cdot \sqrt[4]{\sqrt{26}+2\sqrt{2}}$ $\qquad$ $[\sqrt[3]{2} + \sqrt[4]{18}]$

427 $\dfrac{\sqrt{6}+4\sqrt{3}}{\sqrt{10}+4\sqrt{5}}\left(\dfrac{2}{\sqrt{5}} + \dfrac{1}{\sqrt{5}}\right) : \dfrac{\sqrt{27}}{10}$; $\sqrt{\dfrac{\sqrt[4]{7-4\sqrt{3}} \cdot \sqrt{2-\sqrt{3}}}{\sqrt{5+2\sqrt{6}} \cdot \sqrt{5-2\sqrt{6}}}}$ $\qquad$ $\left[2; \dfrac{\sqrt{6}+\sqrt{2}}{2}\right]$

428 $\left(\dfrac{1}{3} + \dfrac{1}{2\sqrt{3}} - \dfrac{1}{\sqrt{3}-3}\right) \cdot \dfrac{5-2\sqrt{3}}{3}$; $\dfrac{(\sqrt{2\sqrt[3]{4}} \cdot \sqrt[3]{4\sqrt{2}})^2 : 8 + \sqrt[3]{2}}{2\sqrt[3]{4}}$ $\qquad$ $\left[\dfrac{13}{18}; \dfrac{\sqrt[3]{4}}{2}\right]$

429 $\dfrac{\sqrt[3]{2+\sqrt{3}} \cdot \sqrt[9]{(2-\sqrt{3})^3} + \sqrt{5}-1}{\sqrt{5}-2} + \dfrac{1}{\sqrt{5}+2}$ $\qquad$ $[3\sqrt{5}+3]$

430 $\left[\left(\dfrac{1}{\sqrt{5}+1} - \dfrac{1}{\sqrt{5}-1}\right) : \dfrac{\sqrt{8}}{5} + \dfrac{1}{\sqrt{32}}\right]^3 - \dfrac{\sqrt{2}}{4}$ $\qquad$ $\left[-\dfrac{\sqrt{2}}{2}\right]$

431 $\sqrt{72} + \left[\sqrt[4]{(6-\sqrt{2})^4} - \sqrt[9]{(3-2\sqrt{2})^9}\right]^2 - (2\sqrt{3}+3)(2\sqrt{3}-3)$ $\qquad$ $[8+12\sqrt{2}]$

432 $\dfrac{(2\sqrt{2}-1)^2 + (2-\sqrt{2})^2 + 1}{(2-\sqrt{2})^2}$; $\left(\sqrt{2\sqrt[3]{8}} : \sqrt[4]{16\sqrt{2}} + \dfrac{1}{\sqrt[8]{2}}\right)^2 - \dfrac{2}{\sqrt[4]{2}}$ $\qquad$ $[4(2+\sqrt{2}); \sqrt[4]{8}]$

433 $\sqrt{19-6\sqrt{10}}-\sqrt{3-2\sqrt{2}}-\sqrt{10}; \quad \dfrac{\sqrt{7-4\sqrt{3}}+\sqrt{19+8\sqrt{3}}}{\sqrt[10]{32}+(2\sqrt{3}-\sqrt[4]{2})(2\sqrt{3}+\sqrt[4]{2})}$ $\left[-2-\sqrt{2}; \dfrac{1}{2}\right]$

434 $\dfrac{\sqrt{\sqrt{5}-\sqrt{3}}\cdot\sqrt{\sqrt{5}+\sqrt{3}}+\sqrt{\sqrt{7}-1}\cdot\sqrt{\sqrt{7}+1}}{1+\sqrt{3}}$ $[\sqrt{2}]$

435 $\sqrt{\left(\sqrt{\dfrac{4}{5}}+\sqrt{\dfrac{9}{5}}+\sqrt{5}\right)\sqrt{5}-\sqrt{19}\cdot\dfrac{1}{\sqrt{2}}(\sqrt{19}+1)}$ $[9]$

436 $2\sqrt{2}\left(\dfrac{1}{2\sqrt{3}}+\dfrac{1}{\sqrt{3}-\sqrt{6}}\right)\dfrac{\sqrt{3}}{3-\sqrt{2}}+\left(2\sqrt{\dfrac{1}{2}}\right)^2$ $[-\sqrt{2}]$

437 $\sqrt{\dfrac{5-2\sqrt{5}}{5}}\cdot\dfrac{\sqrt{5}+\sqrt{5}}{2\sqrt{2}}+\dfrac{1}{2}\sqrt{6+2\sqrt{5}}; \quad 2\sqrt[n]{2^{1-n}\sqrt[n]{2^{1-n}\sqrt[n]{2^{1-n}}}} : \sqrt[n]{\sqrt[n]{\sqrt[n]{2}}}$ $\left[\dfrac{3\sqrt{5}+1}{4}; 1\right]$

438 $\sqrt[4]{17+12\sqrt{2}}\cdot\sqrt{3-2\sqrt{2}}+(2+\sqrt{3})\sqrt{7-4\sqrt{3}}$ $[2]$

Espressioni letterali

Semplifica le seguenti espressioni letterali dove le condizioni a fianco indicate garantiscono che i radicandi e i loro fattori siano positivi e che gli eventuali denominatori siano diversi da zero.

ESERCIZIO SVOLTO

439 $\dfrac{\sqrt{a+2}}{\sqrt{a+2}-\sqrt{a-2}}-\dfrac{\sqrt{a-2}}{\sqrt{a+2}+\sqrt{a-2}}$ con $a>2$

$\dfrac{\sqrt{a+2}}{\sqrt{a+2}-\sqrt{a-2}}-\dfrac{\sqrt{a-2}}{\sqrt{a+2}+\sqrt{a-2}}=\dfrac{\sqrt{a+2}(\sqrt{a+2}+\sqrt{a-2})-\sqrt{a-2}(\sqrt{a+2}-\sqrt{a-2})}{(\sqrt{a+2}-\sqrt{a-2})(\sqrt{a+2}+\sqrt{a-2})}=$

$=\dfrac{(\sqrt{a+2})^2+\sqrt{a+2}\cdot\sqrt{a-2}-\sqrt{a-2}\cdot\sqrt{a+2}+(\sqrt{a-2})^2}{(\sqrt{a+2})^2-(\sqrt{a-2})^2}=\dfrac{a+2+a-2}{a+2-(a-2)}=\dfrac{2a}{4}=\dfrac{a}{2}$

440 $\dfrac{\sqrt{a+b}}{\sqrt{a+b}-\sqrt{a-b}}-\dfrac{\sqrt{a-b}}{\sqrt{a+b}+\sqrt{a-b}}$ con $a>b>0$ $\left[\dfrac{a}{b}\right]$

441 $\sqrt{a}\cdot\sqrt[3]{a}\cdot\sqrt[4]{a}-\sqrt[12]{a}+\sqrt[8]{\sqrt[3]{a^2}}$ con $a>0$ $[a\sqrt[12]{a}]$

442 $(a\sqrt{b}-2b\sqrt{a})(2\sqrt{b}-\sqrt{a})+\sqrt{ab}(a+4b)$ con $a>0 \wedge b>0$ $[4ab]$

443 $(\sqrt{a+1}-\sqrt{a-2})(\sqrt{a+1}+\sqrt{a-2})$ con $a>2$  $[3]$

444 $\left(\sqrt{a}+\dfrac{a}{a-\sqrt{a}}\right)\left(\sqrt{a}-\dfrac{a}{a+\sqrt{a}}\right)$ con $a>0 \wedge a\neq 1$ $\left[\dfrac{a^2}{a-1}\right]$

445 $\dfrac{\sqrt{b}}{\sqrt{a}+\sqrt{b}}-\dfrac{\sqrt{b}}{\sqrt{a}-\sqrt{b}}+\dfrac{2a}{a-b}$ con $a>0, b>0, a\neq b$ $[2]$

446 $\left(\dfrac{\sqrt[4]{a-2}}{\sqrt[4]{a+2}+\sqrt[4]{a-2}}-\dfrac{\sqrt[4]{a-2}}{\sqrt[4]{a+2}-\sqrt[4]{a-2}}\right)+\dfrac{2\sqrt{a-2}}{\sqrt{a+2}-\sqrt{a-2}}$ con $a>2$ $[0]$

447 $(\sqrt[8]{a}+\sqrt[8]{b})(\sqrt[8]{a}-\sqrt[8]{b})(\sqrt[4]{a}+\sqrt[4]{b})(\sqrt{a}+\sqrt{b})$ con $a>0 \wedge b>0$ $[a-b]$

ESERCIZI

▶▶ **448** $\sqrt{\sqrt[3]{a\sqrt{a}} + \sqrt[3]{b\sqrt{b}}} \cdot \sqrt{\sqrt{a} - \sqrt{b}} \cdot \sqrt{a - b}$ con $a > b > 0$ $[a - b]$

▶▶ **449** $\sqrt[3]{x+1} \cdot \sqrt{x^2 - 1} : \sqrt[6]{(x+1)^5}$ con $x > 1$ $[\sqrt{x-1}]$

▶▶ **450** $\sqrt[3]{(a+b)^2} \cdot \sqrt[4]{\dfrac{4}{a+b}} : \sqrt[6]{8(a+b)^2}$ con $a + b > 0$ $[\sqrt[12]{a+b}]$

▶▶ **451** $(2\sqrt{a} - \sqrt{b})(\sqrt{a} + \sqrt{b}) - (\sqrt{a} - \sqrt{b})^2 + \sqrt{b}(2\sqrt{b} - \sqrt{a})$ con $a > 0 \wedge b > 0$ $[a + 2\sqrt{ab}]$

▶▶ **452** $\left(\sqrt{\sqrt{a} + \sqrt{b}} + \sqrt{\sqrt{a} - \sqrt{b}}\right)^2 (\sqrt{a} - \sqrt{a-b})$ con $a > b > 0$ $[2b]$

▶▶ **453** $\dfrac{\sqrt{x-1}}{\sqrt[3]{x+1}} \cdot \dfrac{\sqrt{x+1}}{\sqrt[3]{x-1}} : \sqrt[6]{x^2 - 1}$ con $x > 1$ $[1]$

▶▶ **454** $\sqrt[4]{a\sqrt{\sqrt[3]{a}}} \cdot \sqrt{\sqrt[3]{a\sqrt[4]{a}}} \cdot \sqrt[8]{a\sqrt[3]{a}}$ con $a > 0$ $[\sqrt[3]{a^2}]$

Semplifica le seguenti espressioni letterali, ponendo le condizioni di esistenza.

Altri esercizi

ESERCIZI SVOLTI

▶▶ **455** $\dfrac{1}{\sqrt[3]{x-2}} \cdot \sqrt{\dfrac{x-2}{x+2}} : \sqrt[6]{\dfrac{x+2}{x-2}}$

Osserviamo per prima cosa che affinché siano possibili tutte le divisioni indicate deve essere $x \neq \pm 2$. Inoltre entrambi i radicali di indice pari hanno significato se risulta

$$\dfrac{x-2}{x+2} > 0 \quad \longrightarrow \quad \ldots \quad \longrightarrow \quad x < -2 \vee x > 2$$

Pertanto

$$\text{C.E.: } x < -2 \vee x > 2$$

Dobbiamo ridurre i tre radicali dell'espressione data all'indice comune 6.
Per trasformare il radicale cubico in un radicale di indice 6 dobbiamo distinguere due casi:

- se $x > 2$ risulta $\underbrace{\sqrt[3]{x-2}}_{\oplus} = \sqrt[6]{(x-2)^2}$

- se $x < 2$ risulta $\underbrace{\sqrt[3]{x-2}}_{\ominus} = -\underbrace{\sqrt[3]{2-x}}_{\oplus} = -\sqrt[6]{(2-x)^2} = -\sqrt[6]{(x-2)^2}$.

Tenendo conto delle C.E. avremo quindi:

- se $x > 2$

$$\dfrac{1}{\sqrt[3]{x-2}} \cdot \sqrt{\dfrac{x-2}{x+2}} : \sqrt[6]{\dfrac{x+2}{x-2}} = \dfrac{1}{\sqrt[6]{(x-2)^2}} \cdot \sqrt[6]{\left(\dfrac{x-2}{x+2}\right)^3} \cdot \sqrt[6]{\dfrac{x-2}{x+2}} =$$

$$= \sqrt[6]{\dfrac{1}{(x-2)^2} \cdot \dfrac{(x-2)^{\cancel{3}}}{(x+2)^3} \cdot \dfrac{x-2}{x+2}} = \underbrace{\sqrt[3\cancel{6}]{\dfrac{(x-2)^{\cancel{2}}}{(x+2)^{\cancel{4}2}}}}_{\text{semplifichiamo il radicale}} = \sqrt[3]{\dfrac{x-2}{(x+2)^2}}$$

- se $x < -2$

$$\frac{1}{\sqrt[3]{x-2}} \cdot \sqrt{\frac{x-2}{x+2}} : \sqrt[6]{\frac{x+2}{x-2}} = -\underbrace{\frac{1}{\sqrt[6]{(x-2)^2}} \cdot \sqrt[6]{\left(\frac{x-2}{x+2}\right)^3} \cdot \sqrt[6]{\frac{x-2}{x+2}}}_{\text{stessi calcoli del caso precedente}} = \ldots = -\sqrt[3]{\frac{x-2}{(x+2)^2}}$$

▷▷ **456** $(\sqrt{x+1} + \sqrt{x^3+x^2} - \sqrt{x^3+3x^2+3x+1}) : \sqrt{x+1}$ $\qquad [|x| - x \text{ per } x > -1]$

▷▷ **457** $\sqrt[3]{x+2} \cdot \sqrt[4]{\frac{(x-2)^2}{x+2}} : \left(\sqrt[6]{x+2} \cdot \sqrt[4]{(x-2)^2}\right)$ $\qquad \left[\sqrt[12]{\frac{1}{x+2}} \text{ per } x > -2\right]$

▷▷ **458** $\sqrt{a^2-1}(\sqrt{a^2+1} - \sqrt{a^2-1}) + \sqrt{a^2+1}(\sqrt{a^2+1} - \sqrt{a^2-1})$ $\qquad [2 \text{ per } a \le -1 \vee a \ge 1]$

▷▷ **459** $\left(\sqrt[4]{\frac{x^8}{a^2-2a+1}} + \sqrt[4]{\frac{16x^4}{a^2-2a+1}} + \sqrt[4]{\frac{1}{a^2-2a+1}}\right)\sqrt{a-1}$ $\qquad [x^2 + 2|x| + 1 \text{ per } a > 1]$

▷▷ **460** $\left(\frac{\sqrt[4]{a^2} \cdot \sqrt[3]{a}}{\sqrt{a} \cdot \sqrt[6]{a}} + \sqrt[12]{a}\right)^2$ $\qquad \left[\sqrt[6]{\frac{1}{a}} + \sqrt[6]{a} + 2 \text{ per } a > 0\right]$

▷▷ **461** $\left[\left(\sqrt{a\sqrt[3]{\frac{1}{a}}}\right)^3 : \left(\sqrt[6]{a^3\sqrt{a}}\right)^3 + 2a\sqrt[4]{a^{-7}}\right]^2 \cdot \frac{a\sqrt{a}}{9}$ $\qquad [1 \text{ per } a > 0]$

▷▷ **462** $\left(\sqrt[3]{(x+1)\sqrt{\frac{1}{x^2-1}}} : \sqrt{\frac{x+1}{x-1}}\right) \cdot \sqrt{\sqrt[3]{\frac{x+1}{x-1}}}$ $\qquad \left[\sqrt[6]{\frac{x-1}{x+1}} \text{ per } x > 1 \text{ e } -\sqrt[6]{\frac{x-1}{x+1}} \text{ per } x < -1\right]$

▷▷ **463** $\sqrt[3]{\frac{(a-1)^4}{a^2+a}} : \left[\sqrt{\frac{a^2-1}{a}} \cdot \sqrt[6]{\left(\frac{a-1}{a+1}\right)^5}\right]$ $\qquad [\sqrt[6]{a} \text{ per } a > 1]$

▷▷ **464** $\sqrt{2-a} \cdot \frac{1}{\sqrt[3]{a^2-4}} \cdot \sqrt[6]{a+2}$ $\qquad \left[-\sqrt[6]{\frac{2-a}{a+2}} \text{ per } -2 < a < 2\right]$

▷▷ **465** $3m^2 - 2\sqrt[6]{m-2} + 4\sqrt[8]{2-m}$ $\qquad [12 \text{ per } m = 2]$

▷▷ **466** $\left(\sqrt{a^2+a^3} - 2\sqrt{a+1} + \sqrt{\frac{1}{a^6} + \frac{1}{a^5}}\right) : \frac{\sqrt{1+a}}{a^3}$ $\qquad \left[|a|a^3 - 2a^3 + \frac{a}{|a|} \text{ per } a > -1 \wedge a \ne 0\right]$

▷▷ **467** $\left[\frac{\frac{4x-1}{2\sqrt{x}+1} \cdot \frac{2x-\sqrt{x}}{\sqrt{x}}}{2\sqrt{x}-1} + \frac{1}{2\sqrt{x}+1}\right] \cdot \frac{4x+4\sqrt{x}+1}{4x}$ $\qquad \left[2\sqrt{x} + 1 \text{ per } x > 0 \wedge x \ne \frac{1}{4}\right]$

▷▷ **468** $\sqrt[n^2-1]{\frac{a^2+b^2}{a^2}} : \left(\sqrt[n-1]{\frac{a^2+b^2}{a^2}} \cdot \sqrt[n+1]{\frac{a^2}{a^2+b^2}}\right)$ con $n \ge 2$ $\qquad \left[\sqrt[n^2-1]{\frac{a^2}{a^2+b^2}} \text{ per } a \ne 0 \wedge b \ne 0\right]$

▷▷ **469** $\left(\sqrt[3n]{1-\frac{y-1}{y+1}} : \sqrt[4n]{\frac{1-y}{2y}}\right) : \sqrt[2n]{\frac{2y}{1-y^2}}$ $\qquad \left[\sqrt[12n]{\frac{2(1-y)^3(1+y)^2}{y^3}} \text{ per } 0 < y < 1\right]$

ESERCIZI

Scomposizioni in fattori

Scomponi in fattori le seguenti espressioni.

▶▶ **470** $\sqrt{2}+\sqrt{14}; \quad 2+\sqrt{2}; \quad 5+\sqrt{5}; \quad 3+4\sqrt{3}$ $\qquad [\sqrt{2}(1+\sqrt{7}); \sqrt{2}(\sqrt{2}+1); \sqrt{5}(\sqrt{5}+1); \sqrt{3}(\sqrt{3}+4)]$

▶▶ **471** $2\sqrt{3}+2+\sqrt{21}+\sqrt{7}; \quad \sqrt{30}+\sqrt{5}-\sqrt{6}-1$ $\qquad [(\sqrt{3}+1)(2+\sqrt{7}); (\sqrt{6}+1)(\sqrt{5}-1)]$

▶▶ **472** $x^2-11; \quad 2x^2-3; \quad 3x^2-1$ $\qquad [(x+\sqrt{11})(x-\sqrt{11}); (x\sqrt{2}+\sqrt{3})(x\sqrt{2}-\sqrt{3}); (x\sqrt{3}+1)(x\sqrt{3}-1)]$

▶▶ **473** $x^2+2\sqrt{3}x+3; \quad 3x^2+2\sqrt{3}x+1$ $\qquad [(x+\sqrt{3})^2; (x\sqrt{3}+1)^2]$

▶▶ **474** $x+2\sqrt{x}+1; \quad a+1+2b\sqrt{a+1}+b^2$ $\qquad [(\sqrt{x}+1)^2 \text{ per } x \geq 0; (\sqrt{a+1}+b)^2 \text{ per } a \geq -1]$

▶▶ **475** $a+9+6\sqrt{a}; \quad 4a+1-4\sqrt{a}$ $\qquad [(\sqrt{a}+3)^2 \text{ per } a \geq 0; (2\sqrt{a}-1)^2 \text{ per } a \geq 0]$

▶▶ **476** $5+2\sqrt{6}=3+2+2\sqrt{6}=(\sqrt{3})^2+...; \quad 3+2\sqrt{2}$ $\qquad [(\sqrt{3}+\sqrt{2})^2; (\sqrt{2}+1)^2]$

▶▶ **477** $9+2\sqrt{14}; \quad 6-2\sqrt{5}$ $\qquad [(\sqrt{7}+\sqrt{2})^2; (\sqrt{5}-1)^2]$

▶▶ **478** $8-2\sqrt{15}; \quad 11+2\sqrt{10}$ $\qquad [(\sqrt{5}-\sqrt{3})^2; (\sqrt{10}+1)^2]$

▶▶ **479** $x^2+(\sqrt{3}+\sqrt{2})x+\sqrt{6}; \quad x^2+(\sqrt{7}-\sqrt{5})x-\sqrt{35}$ $\qquad [(x+\sqrt{2})(x+\sqrt{3}); (x+\sqrt{7})(x-\sqrt{5})]$
(ricorda la scomposizione del trinomio notevole)

▶▶ **480** $x^2-(3+\sqrt{2})x+3\sqrt{2}; \quad x^2+(\sqrt{3}+2)x+2\sqrt{3}$ $\qquad [(x-3)(x-\sqrt{2}); (x+\sqrt{3})(x+2)]$
(ricorda la scomposizione del trinomio notevole)

Semplificazioni di frazioni numeriche e letterali

Semplifica le seguenti frazioni dopo aver scomposto in fattori i loro termini.

▶▶ **481** $\dfrac{\sqrt{15}+\sqrt{6}}{\sqrt{3}}; \quad \dfrac{2+\sqrt{2}}{\sqrt{2}}; \quad \dfrac{\sqrt{35}+\sqrt{7}}{\sqrt{7}}$ $\qquad [\sqrt{5}+\sqrt{2}; \sqrt{2}+1; \sqrt{5}+1]$

▶▶ **482** $\dfrac{3+2\sqrt{3}}{2\sqrt{3}+4}; \quad \dfrac{\sqrt{10}+5\sqrt{5}}{\sqrt{6}+5\sqrt{3}}; \quad \dfrac{2\sqrt{2}+2\sqrt{3}+2}{\sqrt{6}+3+\sqrt{3}}$ $\qquad \left[\dfrac{\sqrt{3}}{2}; \dfrac{\sqrt{5}}{\sqrt{3}}; \dfrac{2}{\sqrt{3}}\right]$

▶▶ **483** $\dfrac{2\sqrt{15}+8\sqrt{3}}{2\sqrt{5}+8}; \quad \dfrac{\sqrt{6}+\sqrt{10}}{\sqrt{21}+\sqrt{35}}; \quad \dfrac{4+2\sqrt{3}}{1+\sqrt{3}}$ $\qquad \left[\sqrt{3}; \dfrac{\sqrt{2}}{\sqrt{7}}; \sqrt{3}+1\right]$

▶▶ **484** $\dfrac{\sqrt{a}+3a}{\sqrt{a}}; \quad \dfrac{x^2-3}{x^2-2\sqrt{3}x+3}; \quad \dfrac{2x\sqrt{3}-3}{4x^2-3}$ $\qquad \left[1+3\sqrt{a} \text{ per } a > 0; \dfrac{x+\sqrt{3}}{x-\sqrt{3}}; \dfrac{\sqrt{3}}{2x+\sqrt{3}}\right]$

▶▶ **485** $\dfrac{a-1}{a+2\sqrt{a}+1}; \quad \dfrac{a^2-5}{a\sqrt{5}+5}; \quad \dfrac{a+2\sqrt{a}}{a+4\sqrt{a}+4}$ $\qquad \left[\dfrac{\sqrt{a}-1}{\sqrt{a}+1} \text{ per } a \geq 0; \dfrac{a-\sqrt{5}}{\sqrt{5}}; \dfrac{\sqrt{a}}{\sqrt{a}+2} \text{ per } a \geq 0\right]$

Divisioni tra polinomi

Esegui le seguenti divisioni applicando la regola di Ruffini.

▶▶ **486** $(2\sqrt{3}x^3+5\sqrt{3}x^2+2\sqrt{3}x-\sqrt{3}):(x+1)$ $\qquad [2\sqrt{3}x^2+3\sqrt{3}x-\sqrt{3}]$

▶▶ **487** $(\sqrt{2}x^2+3\sqrt{3}x+3\sqrt{2}):(x+\sqrt{6})$ $\qquad [\sqrt{2}x+\sqrt{3}]$

▶▶ **488** $[x^3-2\sqrt{2}x^2+(3\sqrt{2}+2)x-6]:(x-\sqrt{2})$ $\qquad [x^2-\sqrt{2}x+3\sqrt{2}]$

▶▶ **489** $[\sqrt{2}a^3-\sqrt{3}(1+\sqrt{2})a^2+(3-2\sqrt{2})a+2\sqrt{6}]:(a-\sqrt{3})$ $\qquad [\sqrt{2}a^2-\sqrt{3}a-2\sqrt{2}]$

▶▶ **490** $(\sqrt{2}k^3-5\sqrt{2}k-2\sqrt{3}):(k-\sqrt{6})$ $\qquad [\sqrt{2}k^2+2\sqrt{3}k+\sqrt{2}]$

▶▶ **491** $[\sqrt{2}x^3+\sqrt{2}x^2-(2\sqrt{2}+1)x+1]:(x-1)$ $\qquad [\sqrt{2}x^2+2\sqrt{2}x-1]$

I coefficienti irrazionali nell'algebra e nella geometria analitica

Equazioni numeriche intere

Risolvi le seguenti equazioni e, nel caso in cui la soluzione sia una frazione con denominatore irrazionale, razionalizza il denominatore.

Altri esercizi

ESERCIZIO SVOLTO

▶▶ **492** $\sqrt{2}(x + \sqrt{5}) = x - \sqrt{10} + 2\sqrt{5}$

Riduciamo l'equazione alla forma $Ax = B$:

$$\sqrt{2}(x + \sqrt{5}) = x - \sqrt{10} + 2\sqrt{5} \longrightarrow x\sqrt{2} + \sqrt{10} = x - \sqrt{10} + 2\sqrt{5} \longrightarrow$$

$$\longrightarrow x\sqrt{2} - x = 2\sqrt{5} - 2\underbrace{\sqrt{10}}_{\sqrt{5}\cdot\sqrt{2}} \longrightarrow x(\sqrt{2} - 1) = 2\sqrt{5}\underbrace{(1 - \sqrt{2})}_{\text{raccogliamo il segno meno}} \longrightarrow$$

$$\longrightarrow \underbrace{x(\sqrt{2} - 1) = -2\sqrt{5}(\sqrt{2} - 1)}_{\text{dividiamo entrambi i membri per }(\sqrt{2} - 1)} \longrightarrow x = -2\sqrt{5}$$

▶▶ **493** $\sqrt{2}x = \sqrt{8}$; $\sqrt{2}x = \sqrt{6}$; $x + \sqrt{3} = 2(x + \sqrt{3})$ $[2;\ \sqrt{3};\ -\sqrt{3}]$

▶▶ **494** $5\sqrt{5}x - \sqrt{20} = \sqrt{45}$; $\sqrt{27}x - \sqrt{12} = \sqrt{3}(x + 1)$ $\left[1;\ \dfrac{3}{2}\right]$

▶▶ **495** $\sqrt{8}x + \sqrt{18}x = 5$; $\sqrt{3}x = \sqrt{6} + \sqrt{27}$; $2x + 2\sqrt{3} = \sqrt{3}x + 4$ $\left[\dfrac{\sqrt{2}}{2};\ \sqrt{2} + 3;\ 2\right]$

▶▶ **496** $2x - 3(x + \sqrt{5}) = 3x - 7\sqrt{5}$; $(3 + \sqrt{3})x = 4\sqrt{3} - (\sqrt{3} - 3)x$ $[\sqrt{5};\ 2]$

▶▶ **497** $\sqrt{3}(x - \sqrt{6} + 1) = \sqrt{3}(1 - x) + \sqrt{18}$ $[\sqrt{6}]$

▶▶ **498** $\dfrac{x\sqrt{2} - \sqrt{3}}{\sqrt{6}} + \dfrac{x}{\sqrt{3}} = \dfrac{3}{2}\sqrt{2}$; $\dfrac{\sqrt{3} + 1}{\sqrt{3} - 1} - \dfrac{x + 5}{\sqrt{3}} = x - \dfrac{5\sqrt{3} - 8}{3 - \sqrt{3}}$ $\left[\sqrt{6};\ \dfrac{\sqrt{3}}{2}\right]$

▶▶ **499** $\dfrac{x + \sqrt{7}}{\sqrt{3}} - \dfrac{x - \sqrt{3}}{\sqrt{7}} = \dfrac{3 - x\sqrt{3}}{\sqrt{21}}$; $\dfrac{x - \sqrt{6}}{\sqrt{3} - 1} - \dfrac{x - \sqrt{2}}{\sqrt{3}} + \sqrt{2} = 0$ $[-\sqrt{7};\ \sqrt{2}]$

Equazioni numeriche frazionarie

Risolvi le seguenti equazioni e, nel caso in cui la soluzione sia una frazione con denominatore irrazionale, razionalizza il denominatore.

Altri esercizi

ESERCIZIO SVOLTO

▶▶ **500** $\dfrac{x - \sqrt{2}}{x + \sqrt{2}} + \dfrac{x + \sqrt{2}}{x - \sqrt{2}} = \dfrac{2x^2 + 2x\sqrt{2}}{x^2 - 2}$

Poiché l'equazione è frazionaria, occorre porre le condizioni di accettabilità (C.A.) delle soluzioni, cioè le condizioni per le quali i denominatori siano diversi da zero.
Osserviamo che:

$$x^2 - 2 = x^2 - (\sqrt{2})^2 = (x + \sqrt{2})(x - \sqrt{2})$$

ESERCIZI

e quindi l'equazione diventa

$$\frac{x-\sqrt{2}}{x+\sqrt{2}} + \frac{x+\sqrt{2}}{x-\sqrt{2}} = \frac{2x^2 + 2x\sqrt{2}}{(x+\sqrt{2})(x-\sqrt{2})} \quad \text{C.A: } x \neq \pm\sqrt{2} \longrightarrow$$

$$\longrightarrow \frac{(x-\sqrt{2})^2 + (x+\sqrt{2})^2}{(x+\sqrt{2})(x-\sqrt{2})} = \frac{2x^2 + 2x\sqrt{2}}{(x+\sqrt{2})(x-\sqrt{2})} \longrightarrow$$

$$\longrightarrow x^2 - 2x\sqrt{2} + 2 + x^2 + 2x\sqrt{2} + 2 = 2x^2 + 2x\sqrt{2} \longrightarrow$$

$$\longrightarrow 2x^2 + 4 = 2x^2 + 2x\sqrt{2} \longrightarrow 2x\sqrt{2} = 4 \longrightarrow x = \frac{4}{2\sqrt{2}} = \frac{2}{\sqrt{2}} \cdot \frac{\sqrt{2}}{\sqrt{2}} = \frac{2\sqrt{2}}{(\sqrt{2})^2} \longrightarrow$$

$$\longrightarrow x = \frac{2\sqrt{2}}{2} \longrightarrow x = \sqrt{2}, \text{ non accettabile per le C.A.}$$

L'equazione data è quindi **impossibile** $\longrightarrow S = \emptyset$.

501 $\dfrac{1}{x} + \dfrac{1}{x - \sqrt{2}} = \dfrac{\sqrt{2}}{x}; \quad \dfrac{3\sqrt{3}}{x}(x - \sqrt{3}) - 3 = \sqrt{3}\left(\dfrac{1}{x} - 1\right)$ $\qquad [-1; \sqrt{3} + 1]$

502 $\dfrac{x+\sqrt{3}}{x-\sqrt{3}} - \dfrac{x-\sqrt{3}}{x+\sqrt{3}} = \dfrac{12}{3 - x^2}$ $\qquad$ [impossibile]

503 $\dfrac{x+\sqrt{3}}{x-\sqrt{3}} + \dfrac{x-\sqrt{3}}{x+\sqrt{3}} + \dfrac{2x^2}{3-x^2} = 0$ $\qquad$ [impossibile]

504 $\dfrac{1}{2\sqrt{2} + x} = \dfrac{4\sqrt{2}}{8 - x^2} + \dfrac{1}{x - 2\sqrt{2}}$ $\qquad$ [indeterminata: $x \neq \pm 2\sqrt{2}$]

505 $\dfrac{\sqrt{2}}{x^2 - 2} + \dfrac{1}{x + \sqrt{2}} = \dfrac{\sqrt{2} - 1}{\sqrt{2} - x}$ $\qquad$ $[1 - \sqrt{2}]$

506 $\dfrac{2x}{x^2 - 5} + \dfrac{x}{x - \sqrt{5}} = \dfrac{x^2 + 2\sqrt{5} + 5}{x^2 - 5}$ $\qquad$ [impossibile]

507 $\dfrac{1 - \sqrt{5}}{\sqrt{5} - x} = \dfrac{x^2 + \sqrt{5}}{x^2 - \sqrt{5}x} + \dfrac{1 - x}{x}$ $\qquad$ [impossibile]

508 $\dfrac{x^2 + \sqrt{5}}{x^2 - \sqrt{5}x} + \dfrac{1 + \sqrt{5}}{\sqrt{5} - x} = \dfrac{x - 1}{x}$ $\qquad$ [indeterminata: $x \neq 0 \wedge x \neq \sqrt{5}$]

Sistemi di equazioni lineari

Risolvi i seguenti sistemi di equazioni numeriche.

Altri esercizi

ESERCIZIO SVOLTO

509 $\begin{cases} \sqrt{2}x + \sqrt{3}y = 5 \\ 3\sqrt{2}x - 4\sqrt{3}y = -6 \end{cases}$

Il sistema è già in forma canonica e possiamo risolverlo con uno dei metodi studiati.
Risolviamolo, ad esempio, con il *metodo di sostituzione*.

$$\begin{cases} x = \dfrac{5 - \sqrt{3}y}{\sqrt{2}} \\ 3\sqrt{2} \cdot \dfrac{5 - \sqrt{3}y}{\sqrt{2}} - 4\sqrt{3}y = -6 \end{cases} \longrightarrow \begin{cases} x = \dfrac{5 - \sqrt{3}y}{\sqrt{2}} \\ 15 - 3\sqrt{3}y - 4\sqrt{3}y = -6 \end{cases} \longrightarrow \ldots$$

$$\ldots \longrightarrow \begin{cases} x = \dfrac{5 - \sqrt{3}\cdot\sqrt{3}}{\sqrt{2}} \\ y = \sqrt{3} \end{cases} \longrightarrow \begin{cases} x = \dfrac{5-3}{\sqrt{2}} = \dfrac{2}{\sqrt{2}} = \dfrac{2}{\sqrt{2}}\cdot\dfrac{\sqrt{2}}{\sqrt{2}} = \dfrac{2\sqrt{2}}{2} = \sqrt{2} \\ y = \sqrt{3} \end{cases} \longrightarrow \begin{cases} x = \sqrt{2} \\ y = \sqrt{3} \end{cases}$$

510 $\begin{cases} 2\sqrt{3}x + \sqrt{2}y = 10 \\ 3\sqrt{3}x - 2\sqrt{2}y = 1 \end{cases}$ Videolezione $\qquad\qquad\qquad \left[\begin{cases} x = \sqrt{3} \\ y = 2\sqrt{2} \end{cases}\right]$

511 $\begin{cases} \dfrac{1}{2}\sqrt{2}x - \dfrac{1}{3}\sqrt{3}y = 2 \\ \sqrt{2}x - 3\sqrt{3}y = 11 \end{cases} \qquad\qquad\qquad\qquad\qquad\qquad \left[\begin{cases} x = \sqrt{2} \\ y = -\sqrt{3} \end{cases}\right]$

512 $\begin{cases} \sqrt{5}x - \sqrt{6}y = -4 \\ 3\sqrt{5}x - 8\sqrt{6}y = 18 \end{cases} \quad \left[\begin{cases} x = -2\sqrt{5} \\ y = -\sqrt{6} \end{cases}\right] \quad$ **513** $\begin{cases} \sqrt{3}x + \sqrt{7}y = 27 \\ \dfrac{\sqrt{3}}{2}x + \dfrac{2\sqrt{7}}{3}y = 17 \end{cases} \quad \left[\begin{cases} x = 2\sqrt{3} \\ y = 3\sqrt{7} \end{cases}\right]$

514 $\begin{cases} x + y = \sqrt{2} + \sqrt{3} \\ x - y = \sqrt{2} - \sqrt{3} \end{cases} \quad \left[\begin{cases} x = \sqrt{2} \\ y = \sqrt{3} \end{cases}\right] \quad$ **515** $\begin{cases} x\sqrt{2} - y\sqrt{3} = 2\sqrt{6} \\ x + y = \sqrt{3} - \sqrt{2} \end{cases} \quad \left[\begin{cases} x = \sqrt{3} \\ y = -\sqrt{2} \end{cases}\right]$

516 $\begin{cases} \sqrt{2}x + \sqrt{3}y = 0 \\ x + y = \sqrt{3} - \sqrt{2} \end{cases} \quad \left[\begin{cases} x = \sqrt{3} \\ y = -\sqrt{2} \end{cases}\right] \quad$ **517** $\begin{cases} x - 2\sqrt{2} = \sqrt{2}y \\ 2x + 2\sqrt{2}y = 8\sqrt{2} \end{cases} \quad \left[\begin{cases} x = 3\sqrt{2} \\ y = 1 \end{cases}\right]$

518 $\begin{cases} x\sqrt{a} + y\sqrt{b} = 0 \\ x + y = \sqrt{a} - \sqrt{b} \end{cases} \qquad\qquad\qquad \left[\begin{cases} x = -\sqrt{b} \\ y = \sqrt{a} \end{cases} \text{ per } a \geq 0 \wedge b \geq 0\right]$

519 $\begin{cases} x - \sqrt{2a} = by \\ 2x + y\sqrt{2a} = \sqrt{18a} + 2b \end{cases} \qquad\qquad\qquad \left[\begin{cases} x = \sqrt{2a} + b \\ y = 1 \end{cases} \text{ per } a \geq 0\right]$

Disequazioni e sistemi di disequazioni

Risolvi le seguenti disequazioni numeriche lineari.

Altri esercizi

ESERCIZI SVOLTI

Altri esercizi svolti

520 $x\sqrt{2} + \sqrt{18} \geq 0$

In questo caso, dato che $\sqrt{18} = \sqrt{3^2 \cdot 2} = 3\sqrt{2}$, conviene dividere entrambi i membri per $\sqrt{2}$:

$$x\sqrt{2} + 3\sqrt{2} \geq 0 \quad \longrightarrow \quad x + 3 \geq 0 \quad \longrightarrow \quad x \geq -3$$

521 $\sqrt{2}x + 3 > \sqrt{5}x + 6$

Trasportiamo nel primo membro i termini con l'incognita e nel secondo i termini noti:

$$\sqrt{2}x - \sqrt{5}x > 6 - 3 \quad \longrightarrow \quad (\sqrt{2} - \sqrt{5})x > 3$$

Il coefficiente dell'incognita è negativo; infatti, essendo $\sqrt{2} < \sqrt{5}$, è $\sqrt{2} - \sqrt{5} < 0$.
Pertanto, dividendo entrambi i membri per $(\sqrt{2} - \sqrt{5})$, dobbiamo cambiare il verso:

$$\dfrac{(\sqrt{2} - \sqrt{5})}{\sqrt{2} - \sqrt{5}}x < \dfrac{3}{\sqrt{2} - \sqrt{5}} \quad \longrightarrow \quad x < \dfrac{3}{\sqrt{2} - \sqrt{5}} \xrightarrow{\text{razionalizziamo il denominatore}} x < -(\sqrt{2} + \sqrt{5})$$

522 $\sqrt{3}x > 6; \quad \sqrt{2}x - 5 < 0; \quad \sqrt{12}x + \sqrt{3} \leq 0$ $\left[x > 2\sqrt{3}; \; x < \dfrac{5\sqrt{2}}{2}; \; x \leq -\dfrac{1}{2}\right]$

523 $1 - \sqrt{2}x > 5; \quad 2(3 - \sqrt{3}x) < 15$ $\left[x < -2\sqrt{2}; \; x > -\dfrac{3}{2}\sqrt{3}\right]$

524 $\sqrt{2}(x-1) + 2 < 2\sqrt{2}x; \quad x(\sqrt{3}+1) < \sqrt{2} + \sqrt{3}x$ $[x > \sqrt{2}-1; \; x < \sqrt{2}]$

525 $\sqrt{2}(x-1) < \dfrac{x+1}{\sqrt{2}}; \quad \dfrac{x+\sqrt{2}}{3} > \dfrac{x+\sqrt{3}}{2}$ $[x < 3; \; x < 2\sqrt{2} - 3\sqrt{3}]$

526 $(1-\sqrt{3})x - 1 > 0; \quad (2-\sqrt{5})x < 1$ $\left[x < -\dfrac{\sqrt{3}+1}{2}; \; x > -(2+\sqrt{5})\right]$

527 $(1-\sqrt{2})x - \sqrt{2} + 1 > 0; \quad (\sqrt{2}-4)x < 14$ $[x < -1; \; x > -(\sqrt{2}+4)]$

528 $x\sqrt{2} > (1-\sqrt{2})(x+1); \quad (\sqrt{2}+2)(x-1) < 1 + 2x$ $\left[x > \dfrac{\sqrt{2}-3}{7}; \; x < 1 + \dfrac{3}{2}\sqrt{2}\right]$

529 $\dfrac{3x}{\sqrt{2}-2} - 1 < \dfrac{x}{\sqrt{2}-2} + \sqrt{2}$ $\left[x > -\dfrac{\sqrt{2}}{2}\right]$

Risolvi i seguenti sistemi di disequazioni numeriche lineari.

Altri esercizi

530 $\begin{cases} \sqrt{2}x - (1-x) < 2\sqrt{2} + 1 \\ x + \sqrt{2} < 2x + 3\sqrt{2} \end{cases}$ $[-2\sqrt{2} < x < 2]$ **531** $\begin{cases} \sqrt{3}x > \sqrt{12} \\ \sqrt{3}x < 3 + 2\sqrt{3}x \end{cases}$ $[x > 2]$

532 $\begin{cases} (1-\sqrt{2})x > 0 \\ (2-\sqrt{2})x < 2 + \sqrt{2} \end{cases}$ $[x < 0]$ **533** $\begin{cases} 2\sqrt{2}x > 6 + \sqrt{2}x \\ 3(1-x) > \sqrt{5}(x-1) \end{cases}$ [impossibile]

534 $\begin{cases} \sqrt{2}(x-2) > \sqrt{3}x \\ \sqrt{2}x < \sqrt{3}x \end{cases}$ [impossibile] **535** $\begin{cases} x + 4 > \sqrt{5}x \\ \sqrt{8}x < 3(2+\sqrt{2}x) \end{cases}$ $[-3\sqrt{2} < x < \sqrt{5}+1]$

536 $\begin{cases} \sqrt{2}x > \sqrt{6} \\ \sqrt{2}(x-2) > 2x - 4 \end{cases}$ $[\sqrt{3} < x < 2]$ **537** $\begin{cases} x + \sqrt{3} < 2\sqrt{3} - 2x \\ x - 1 < \sqrt{3}(x+1) \end{cases}$ $\left[-(2+\sqrt{3}) < x < \dfrac{\sqrt{3}}{3}\right]$

Risolvi le seguenti disequazioni numeriche, frazionarie o intere.

Altri esercizi

538 $(x+\sqrt{2})(x-\sqrt{5}) > 0 \quad\quad x^2 + x\sqrt{3} \leq 0$ $[x < -\sqrt{2} \lor x > \sqrt{5}; \; -\sqrt{3} \leq x \leq 0]$

539 $\dfrac{\sqrt{2}x - 1}{2 + \sqrt{3}x} > 0; \quad \dfrac{\sqrt{2} - \sqrt{6}x}{\sqrt{3}x} > 0$ $\left[x < -\dfrac{2}{3}\sqrt{3} \lor x > \dfrac{\sqrt{2}}{2}; \; 0 < x < \dfrac{\sqrt{3}}{3}\right]$

540 $\sqrt{2} - \dfrac{\sqrt{3}}{x} > 0; \quad \dfrac{\sqrt{5}x + \sqrt{2}}{\sqrt{5}x} > 3$ $\left[x < 0 \lor x > \dfrac{\sqrt{6}}{2}; \; 0 < x < \dfrac{\sqrt{10}}{10}\right]$

541 $\dfrac{2x - \sqrt{2}}{\sqrt{2} - x} - \dfrac{1}{x - \sqrt{2}} > 1; \quad \dfrac{4x}{\sqrt{2} - 3x} > \dfrac{\sqrt{2}}{2\sqrt{2} - 6x} + 1$ $\left[\dfrac{2\sqrt{2}-1}{3} < x < \sqrt{2}; \; \dfrac{3\sqrt{2}}{14} < x < \dfrac{\sqrt{2}}{3}\right]$

542 $\dfrac{3x}{2\sqrt{2} - 6x} < \dfrac{\sqrt{3}x}{\sqrt{2} - 3x} - \dfrac{1}{2}$ $\left[\dfrac{\sqrt{6}}{6} < x < \dfrac{\sqrt{2}}{3}\right]$

543 $\dfrac{\sqrt{2} + x^2}{x + \sqrt{2}} > x; \quad \dfrac{x + \sqrt{2}}{x - 2} > \dfrac{4\sqrt{2}}{2 - x}$ $[-\sqrt{2} < x < 1; \; x < -5\sqrt{2} \lor x > 2]$

Risolvi i seguenti sistemi numerici contenenti anche disequazioni frazionarie.

544 $\begin{cases} \sqrt{3}x - 1 \leq 0 \\ \dfrac{\sqrt{2} - x}{3x - \sqrt{3}} < 0 \end{cases}$ $\left[x < \dfrac{\sqrt{3}}{3}\right]$

545 $\begin{cases} \dfrac{2x + \sqrt{8}}{9x + \sqrt{18}} \geq 0 \\ 9x + \sqrt{27} < 0 \end{cases}$ $[x \leq -\sqrt{2}]$

546 $\begin{cases} \dfrac{\sqrt{3} - x}{x + \sqrt{3}} \geq 0 \\ \dfrac{x - \sqrt{3}}{x - \sqrt{2}} \geq 0 \end{cases}$ $[-\sqrt{3} < x < \sqrt{2} \vee x = \sqrt{3}]$

547 $\begin{cases} \dfrac{4x - 1}{2x} \leq \dfrac{5}{2} \\ \dfrac{\sqrt{5} + 1}{\sqrt{5} - x} \geq 1 \end{cases}$ $[x = -1 \vee 0 < x < \sqrt{5}]$

Radicali, piano cartesiano e retta

Calcola la distanza tra i punti delle seguenti coppie.

548 $A(2\sqrt{2}; 3)$ e $B(-\sqrt{2}; 3)$ $[3\sqrt{2}]$

549 $A(1; \sqrt{3} - 2\sqrt{5})$ e $B(1; 2\sqrt{5} + \sqrt{3})$ $[4\sqrt{5}]$

550 $A(-4; 3\sqrt{2})$ e $B(-2; \sqrt{2})$ $[2\sqrt{3}]$

551 $A(1; \sqrt{6})$ e $B(-3; 3\sqrt{6})$ $[2\sqrt{10}]$

552 $A\left(\dfrac{2}{5}; -\dfrac{1}{2}\right)$ e $B\left(-\dfrac{1}{2}; \dfrac{2}{5}\right)$ $\left[\dfrac{9\sqrt{2}}{10}\right]$

553 $A\left(1; \dfrac{11}{6}\right)$ e $B\left(\dfrac{5}{3}; \dfrac{5}{2}\right)$ $\left[\dfrac{2\sqrt{2}}{3}\right]$

554 Verifica se il triangolo di vertici $A\left(0; -\dfrac{5\sqrt{3}}{8}\right)$, $B(\sqrt{3}; -3\sqrt{3})$, $C(-2\sqrt{3}; \sqrt{3})$ è isoscele. [sì]

555 Verifica se il triangolo di vertici $A(1; 0)$, $B(4; \sqrt{3})$, $C(1; 2\sqrt{3})$ è equilatero. [sì]

556 Determina sull'asse y un punto equidistante da $A\left(\dfrac{1}{2}; -\dfrac{\sqrt{3}}{2}\right)$ e $B(-1; \sqrt{3})$. $\left[\left(0; \dfrac{\sqrt{3}}{3}\right)\right]$

557 Dati i punti $A\left(\dfrac{\sqrt{5}}{2}; 0\right)$ e $B\left(-\sqrt{5}; \dfrac{\sqrt{5}}{2}\right)$, determina sull'asse y un punto C in modo che il triangolo ABC sia isoscele sulla base AB. $[C(0; \sqrt{5})]$

558 Verifica che il punto $P(2\sqrt{2}; -\sqrt{3})$ appartiene alla retta di equazione $x\sqrt{2} - 2y\sqrt{3} - 10 = 0$.

559 Scrivi l'equazione della retta passante per i punti $A(\sqrt{2}; \sqrt{2})$ e $B(-3\sqrt{2}; -7\sqrt{2})$ $[y = 2x - \sqrt{2}]$

560 Scrivi l'equazione della retta che passa per il punto $(\sqrt{2}; \sqrt{2} + 2)$ ed è parallela alla retta di equazione $y = x\sqrt{2} + \sqrt{3}$. $[x\sqrt{2} - y + \sqrt{2} = 0]$

561 Nel fascio di rette di centro $P\left(\dfrac{1}{2}; -\dfrac{1}{2}\right)$ individua la parallela alla retta passante per i punti $A(2\sqrt{2}; \sqrt{2})$ e $B(4\sqrt{2}; 5\sqrt{2})$. $[4x - 2y - 3 = 0]$

562 Nel fascio di rette di centro $P(-\sqrt{3}; 2\sqrt{3})$ individua la retta perpendicolare alla retta di equazione $x\sqrt{3} + y - 6 = 0$. $[x - y\sqrt{3} + 6 + \sqrt{3} = 0]$

563 Determina il punto di intersezione delle rette di equazioni $x - y = 2\sqrt{2}$ e $x\sqrt{2} + 3y\sqrt{2} + 4 = 0$. $[(\sqrt{2}; -\sqrt{2})]$

564 Calcola la distanza tra il punto $P(\sqrt{2}; \sqrt{3})$ e la retta di equazione $x\sqrt{2} - y\sqrt{3} - 4 = 0$. $[\sqrt{5}]$

Potenze con esponente reale

Potenze con esponente razionale

Trasforma le seguenti potenze con esponente razionale in radicali e, se possibile, semplificale.

Altri esercizi

ESERCIZI SVOLTI

▷▷ **565** $8^{\frac{3}{5}} = \sqrt[5]{8^3} = \sqrt[5]{(2^3)^3} = \sqrt[5]{2^9} = 2^1 \cdot \sqrt[5]{2^4} = 2\sqrt[5]{16}$

$9 : 5 \begin{cases} q = 1 \\ r = 4 \end{cases}$

▷▷ **566** $81^{-\frac{3}{4}} = \dfrac{1}{81^{\frac{3}{4}}} = \dfrac{1}{\sqrt[4]{81^3}} = \dfrac{1}{\sqrt[4]{(3^4)^3}} = \dfrac{1}{\sqrt[4]{3^{12}}} = \dfrac{1}{3^3} = \dfrac{1}{27}$

▷▷ **567** $2^{\frac{1}{2}}; \quad 2^{-\frac{1}{3}}; \quad 9^{\frac{3}{2}}; \quad 27^{-\frac{1}{3}}; \quad 81^{-\frac{1}{2}}$ $\qquad \left[\sqrt{2}; \dfrac{1}{\sqrt[3]{2}}; 27; \dfrac{1}{3}; \dfrac{1}{9}\right]$

▷▷ **568** $27^{\frac{4}{3}}; \quad 49^{\frac{3}{2}}; \quad 4^{\frac{3}{4}}; \quad 8^{\frac{2}{5}}$ $\qquad [81; 343; 2\sqrt{2}; 2\sqrt[5]{2}]$

▷▷ **569** $2^{-\frac{1}{3}}; \quad 64^{\frac{2}{3}}; \quad \left(\dfrac{1}{27}\right)^{-\frac{1}{3}}; \quad \left(\dfrac{1}{9}\right)^{-\frac{5}{2}}$ $\qquad \left[\dfrac{1}{\sqrt[3]{2}}; 16; 3; 243\right]$

▷▷ **570** $16^{-\frac{3}{4}}; \quad \left(\dfrac{5}{8}\right)^{\frac{2}{3}}; \quad \left(\dfrac{4}{25}\right)^{-\frac{1}{2}}; \quad 16^{-\frac{2}{3}}$ $\qquad \left[\dfrac{1}{8}; \dfrac{1}{4}\sqrt[3]{25}; \dfrac{5}{2}; \dfrac{1}{4\sqrt[3]{4}}\right]$

Trasforma i seguenti radicali in potenze con esponente frazionario.

▷▷ **571** $\sqrt{2}; \quad \sqrt{3}; \quad \sqrt{6}; \quad \sqrt[3]{7}; \quad \sqrt[4]{2}$ $\qquad \left[2^{\frac{1}{2}}; 3^{\frac{1}{2}}; 6^{\frac{1}{2}}; 7^{\frac{1}{3}}; 2^{\frac{1}{4}}\right]$

▷▷ **572** $\sqrt{27}; \quad \sqrt{\dfrac{8}{27}}; \quad \sqrt[3]{\dfrac{16}{81}}; \quad \sqrt[3]{\dfrac{9}{4}}$ $\qquad \left[3^{\frac{3}{2}}; \left(\dfrac{2}{3}\right)^{\frac{3}{2}}; \left(\dfrac{2}{3}\right)^{\frac{4}{3}}; \left(\dfrac{3}{2}\right)^{\frac{2}{3}}\right]$

▷▷ **573** $\sqrt[3]{\dfrac{1}{81}}; \quad \sqrt[7]{\dfrac{32}{243}}; \quad \sqrt[6]{\dfrac{81}{16}}; \quad \sqrt{\dfrac{1}{216}}$ $\qquad \left[3^{-\frac{4}{3}}; \left(\dfrac{2}{3}\right)^{\frac{5}{7}}; \left(\dfrac{3}{2}\right)^{\frac{2}{3}}; 6^{-\frac{3}{2}}\right]$

Semplifica le seguenti espressioni, contenenti potenze con esponente frazionario, applicando le proprietà delle potenze.

Altri esercizi

ESERCIZIO SVOLTO

Altri esercizi svolti

▷▷ **574** $16 \cdot 4^{\frac{1}{3}} \cdot (2^{\frac{1}{4}})^{\frac{1}{2}} : 8^{\frac{1}{12}} = 2^4 \cdot \underbrace{(2^2)^{\frac{1}{3}}}_{} \cdot \underbrace{(2^{\frac{1}{4}})^{\frac{1}{2}}}_{} : \underbrace{(2^3)^{\frac{1}{12}}}_{} =$

$\qquad\qquad\qquad\qquad\qquad (a^\alpha)^\beta = a^{\alpha \cdot \beta}$

$= 2^4 \cdot 2^{2 \cdot \frac{1}{3}} \cdot 2^{\frac{1}{4} \cdot \frac{1}{2}} : 2^{\cancel{3} \cdot \frac{1}{\cancel{12}_4}} = \underbrace{2^4 \cdot 2^{\frac{2}{3}} \cdot 2^{\frac{1}{8}}}_{a^\alpha \cdot a^\beta = a^{\alpha+\beta}} : 2^{\frac{1}{4}} = 2^{4+\frac{2}{3}+\frac{1}{8}} : 2^{\frac{1}{4}} = 2^{\frac{96+16+3}{24}} : 2^{\frac{1}{4}} =$

$= \underbrace{2^{\frac{115}{24}} : 2^{\frac{1}{4}}}_{a^\alpha : a^\beta = a^{\alpha - \beta}} = 2^{\frac{115}{24} - \frac{1}{4}} = 2^{\frac{115-6}{24}} = 2^{\frac{109}{24}}$

575 $2^{\frac{1}{3}} \cdot 2^{\frac{1}{4}}$; $2^{\frac{2}{3}} \cdot 4^{\frac{2}{3}}$; $8^{\frac{1}{4}} \cdot 2^{\frac{3}{2}}$; $2^{\frac{1}{4}} \cdot 16 \cdot 2^{\frac{1}{3}}$ $\left[2^{\frac{7}{12}};\ 4;\ 2^{\frac{9}{4}};\ 2^{\frac{55}{12}}\right]$

576 $(2^3)^{\frac{1}{2}}$; $\left(3^{\frac{1}{3}}\right)^{\frac{2}{3}}$; $\left(5^{\frac{1}{3}}\right)^{\frac{3}{2}}$; $\left(7^{\frac{3}{4}}\right)^{\frac{8}{3}}$ $\left[2^{\frac{3}{2}};\ 3^{\frac{2}{9}};\ 5^{\frac{1}{2}};\ 49\right]$

577 $\left(2^{\frac{3}{4}}\right)^{\frac{2}{9}} : \left(4^{\frac{1}{4}}\right)^{\frac{2}{3}} : 8^{\frac{1}{9}}$; $25^{\frac{4}{3}} \cdot 125^{\frac{2}{3}} : \left(5^{\frac{1}{2}}\right)^{\frac{1}{3}}$ $\left[2^{-\frac{1}{2}};\ 5^{\frac{9}{2}}\right]$

578 $(2^{-2})^{\frac{1}{2}}$; $\left(3^{\frac{1}{3}}\right)^{-9}$; $\left(2^{\frac{1}{2}}\right)^{-3}$; $\left(3^{-\frac{2}{3}}\right)^{-4}$ $\left[\frac{1}{2};\ \frac{1}{27};\ 2^{-\frac{3}{2}};\ 3^{\frac{8}{3}}\right]$

579 $\left(4^{-\frac{2}{3}}\right)^{-\frac{3}{5}} : (16^2)^{-\frac{1}{4}}$; $\left(27^{-\frac{1}{3}}\right)^{\frac{1}{4}} : \left(81^{\frac{2}{3}}\right)^{-\frac{1}{4}}$ $\left[2^{\frac{14}{5}};\ 3^{\frac{5}{12}}\right]$

Considera le seguenti espressioni contenenti radicali:
a. trasformale in espressioni con esponenti frazionari;
b. semplificale utilizzando le proprietà delle potenze;
c. riscrivi i risultati sotto forma di radicale;
d. verifica i risultati ottenuti semplificando le espressioni iniziali con il calcolo dei radicali.

ESERCIZI SVOLTI

580 $\sqrt[4]{4}$

a. $\sqrt[4]{4} = \sqrt[4]{4^1} = 4^{\frac{1}{4}}$
b. $4^{\frac{1}{4}} = (2^2)^{\frac{1}{4}} = 2^{2 \cdot \frac{1}{4}} = 2^{\frac{1}{2}}$
c. $2^{\frac{1}{2}} = \sqrt[2]{2^1} = \sqrt{2}$
d. $\sqrt[4]{4} = \sqrt[24]{2^2} = \sqrt{2}$

581 $\sqrt{2} \cdot \sqrt{3}$

a. $\sqrt{2} \cdot \sqrt{3} = 2^{\frac{1}{2}} \cdot 3^{\frac{1}{2}}$
b. $2^{\frac{1}{2}} \cdot 3^{\frac{1}{2}} = (2 \cdot 3)^{\frac{1}{2}} = 6^{\frac{1}{2}}$
c. $6^{\frac{1}{2}} = \sqrt[2]{6^1} = \sqrt{6}$
d. $\sqrt{2} \cdot \sqrt{3} = \sqrt{2 \cdot 3} = \sqrt{6}$

582 $\sqrt[12]{16}$; $\sqrt[9]{27}$; $\sqrt[8]{\frac{1}{16}}$; $\sqrt[12]{\frac{1}{81}}$ $\left[\sqrt[3]{2};\ \sqrt[3]{3};\ \sqrt{\frac{1}{2}};\ \sqrt[3]{\frac{1}{3}}\right]$

583 $\sqrt{2} \cdot \sqrt[3]{3}$; $\sqrt[3]{16} : \sqrt{8}$; $\sqrt[4]{4} \cdot \sqrt[3]{2} : \sqrt[6]{8}$; $\sqrt[6]{16} : \sqrt{2} : \sqrt[4]{4}$ $\left[\sqrt[6]{72};\ \sqrt[6]{\frac{1}{2}};\ \sqrt[3]{2};\ \sqrt[3]{\frac{1}{2}}\right]$

584 $\sqrt{2\sqrt{2}}$; $\sqrt{5\sqrt{\frac{1}{5}}}$; $\sqrt[3]{3\sqrt{3}}$ $\left[\sqrt[4]{8};\ \sqrt[4]{5};\ \sqrt{3}\right]$

585 $\sqrt[6]{2} \cdot \sqrt{8} : \sqrt[6]{2\sqrt{32}}$; $\sqrt{27} \cdot \sqrt[3]{3\sqrt{27}}$ $\left[2\sqrt[12]{2};\ 9\sqrt[3]{3}\right]$

586 $\sqrt{125} : \sqrt[3]{5\sqrt{5}} \cdot \sqrt[6]{25\sqrt{5}}$; $\frac{1}{\sqrt{5\sqrt{5}}} \cdot \sqrt[3]{25} : \sqrt[3]{5\sqrt{5}}$ $\left[5\sqrt[12]{5^5};\ \frac{1}{\sqrt[12]{5^7}}\right]$

Potenze con esponente irrazionale

587 Calcola le prime tre cifre decimali dopo la virgola di $3^{1-\pi}$. Quante cifre decimali dopo la virgola occorre considerare nell'esponente? $[3^{-2,142} = 0,095... < 3^{1-\pi} < 3^{-2,141} = 0,095...]$

588 Calcola le prime tre cifre decimali dopo la virgola di $0,5^{\sqrt{2}}$. $[0,5^{1,415} = 0,375... < 0,5^{\sqrt{2}} < 0,5^{1,414} = 0,375...]$

ESERCIZI

Semplifica le seguenti espressioni in cui compaiono potenze con esponente irrazionale. **Altri esercizi**

▷▶ **589** $\dfrac{5^{\sqrt{2}} \cdot 5^{\sqrt{32}}}{5^{\sqrt{8}}}$; $(7^{\sqrt{2}})^{\sqrt{2}}$; $(2^{\sqrt{8}})^{-\sqrt{2}}$; $\left(\dfrac{1}{3^{\sqrt[3]{5}}}\right)^{\sqrt[3]{25}}$ $\qquad \left[5^{3\sqrt{2}};\ 49;\ \dfrac{1}{16};\ \dfrac{1}{243}\right]$

▷▶ **590** $\left(\dfrac{8^{\sqrt{3}}}{2^{6\sqrt{3}}}\right)^{\frac{1}{\sqrt{3}}}$; $\sqrt[7]{(\sqrt{5})^{\sqrt{3}} \cdot 5^{\sqrt{27}}}$; $\dfrac{6^{\sqrt{8}}}{2^{\sqrt{2}} \cdot 3^{\sqrt{2}}}$ $\qquad \left[\dfrac{1}{8};\ 5^{\frac{\sqrt{3}}{2}};\ 6^{\sqrt{2}}\right]$

▷▶ **591** $4^{\pi-1} \cdot \dfrac{2^{\pi}}{8^{\pi}}$; $\left(\dfrac{2^{\pi} \cdot 15^{\pi}}{3^{\pi} \cdot 10^{\pi}}\right)^2$; $\dfrac{2^{\frac{\sqrt{2}}{3}} \cdot 2^{\frac{\sqrt{3}}{3}}}{(\sqrt[3]{2})^{\sqrt{2}+\sqrt{3}}}$ $\qquad \left[\dfrac{1}{4};\ 1;\ 1\right]$

Autovalutazione

TEMPO MASSIMO: 75 MINUTI

1 a. $\sqrt[3]{\sqrt[4]{2}} = \sqrt[7]{2}$ 　V F　　b. $(\sqrt[3]{2} + \sqrt[3]{3})^3 = 5$ 　V F

　　c. $\sqrt[4]{(1-\sqrt{7})^2} = \sqrt{1-\sqrt{7}}$ 　V F　　d. $9^{\frac{1}{3}} \cdot 3^{\frac{1}{3}} = 3$ 　V F

2 a. $\dfrac{1}{\sqrt[3]{5}} = \dfrac{1}{\sqrt[3]{5}} \cdot \dfrac{\sqrt[3]{5}}{\sqrt[3]{5}} = \dfrac{\sqrt[3]{5}}{5}$ 　V F

　　b. $\sqrt[3]{5} \cdot \sqrt[5]{3} = \sqrt[15]{15}$ 　V F

　　c. L'espressione $\sqrt{a} \cdot \sqrt{-a}$ può assumere solo il valore 0. 　V F

　　d. $2^{\frac{3}{5}} = \sqrt[3]{32}$ 　V F

3 Semplifica il radicale $\sqrt[16]{4^6 \cdot 9^8}$.

4 Disponi in ordine crescente $\sqrt{6}, \sqrt[3]{6}, \sqrt[4]{6}$.

Semplifica le seguenti espressioni numeriche e scrivi i risultati in modo che gli eventuali denominatori non contengano radicali.

5 $\dfrac{1}{1-\sqrt{3}} + \dfrac{1}{1+\sqrt{3}} + \sqrt[3]{29 + \sqrt[3]{-8}} - (1-\sqrt{2})^2$

6 $(\sqrt{125} + \sqrt{20} - \sqrt{80})^2 - (\sqrt{5} + \sqrt{3})^2 + 2\sqrt[4]{9}(\sqrt{5} - 1)$

7 $\left(\dfrac{1}{\sqrt{5}-2} + \dfrac{1}{\sqrt{5}+2}\right)^2 \cdot \left(\dfrac{1}{5\sqrt{3}} + \dfrac{1}{4\sqrt{3}}\right)$

8 $\left(\dfrac{\sqrt{\sqrt{5}-2} \cdot \sqrt[8]{(\sqrt{5}+2)^4} + \sqrt{3}}{3+\sqrt{3}} - \dfrac{1}{2\sqrt{3}}\right) \cdot \dfrac{1}{(\sqrt{3}+\sqrt[4]{3})(\sqrt{3}-\sqrt[4]{3})}$

9 $\dfrac{\sqrt[4]{2} \cdot \sqrt[3]{\frac{1}{2}} \cdot \sqrt[4]{2} + \sqrt{19 - 8\sqrt{3}}}{5+\sqrt{3}} + \dfrac{5\sqrt{3}-3}{11}$

Semplifica la seguente espressione letterale dopo averne determinato le condizioni di esistenza.

10 $\sqrt[3]{a+1} \cdot \sqrt{\dfrac{a+2}{a}} : \sqrt[6]{\dfrac{a^3 + 3a^2 + 3a + 1}{a}}$

esercizio	1	2	3	4	5	6	7	8	9	10	totale
punteggio	0,25 · 4	0,25 · 4	0,5	0,5	1	1	1	1	1,5	1,5	10
esito											

Esercizi per il recupero

Altri esercizi per il recupero

VERO O FALSO?

1 a. $\sqrt{51} + \sqrt{49} = 10$ V F   b. $\sqrt[4]{(-5)^4} = -5$ V F

c. $\sqrt{(1-\sqrt{7})^2} = \sqrt{7} - 1$ V F   d. $\sqrt[4]{a^4} = a$ V F

2 a. $\sqrt[4]{(x^2 - 6x + 9)^2} = |x - 3|$ V F   b. $(\sqrt[4]{a-3})^4 = a - 3, \ \forall a \in \mathbb{R}$ V F

c. $\sqrt[5]{4} - \sqrt[5]{-4} = 2\sqrt[5]{4}$ V F   d. $\sqrt[5]{-2} = \sqrt[10]{(-2)^2}$ V F

3 a. $\sqrt[0]{5} = 1$ V F   b. $\sqrt{16} = \pm 4$ V F

c. $\sqrt[3]{-7} = -\sqrt[3]{7}$ V F   d. $\sqrt[4]{-2} = -\sqrt[4]{2}$ V F

4 a. $\sqrt{\sqrt[3]{2}} = \sqrt[5]{2}$ V F   b. $\sqrt{-4} \cdot \sqrt{-4} = 4$ V F

c. $\sqrt[3]{3^7} = 3\sqrt[3]{3}$ V F   d. $\sqrt[4]{2} \cdot \sqrt[4]{3} = \sqrt[8]{6}$ V F

5 a. $\sqrt[3]{1 + 3^3} = 1 + 3 = 4$ V F   b. $\sqrt{(-11)^2} = |-11| = 11$ V F

c. $\dfrac{1}{\sqrt[3]{2}} = \dfrac{\sqrt[3]{2}}{2}$ V F   d. $4^{-\frac{1}{2}} = \dfrac{1}{2}$ V F

6 a. $\sqrt[n]{8^{5n}} = 2^{15}$ V F   b. $\sqrt[3n]{2^{4n}} = 2^n$ V F

c. $\sqrt[n^2]{3^{n^3}} = 3^n$ V F   d. $\sqrt[n+2]{4^{n+3}} = \sqrt{4^3}$ V F

Calcola il valore delle seguenti espressioni.

7 $\sqrt{8 + \sqrt{16} - \sqrt[3]{5^2 + \sqrt[3]{8}}} + (\sqrt[3]{5})^3$ [8]

8 $(\sqrt{3} + \sqrt{2})^2 + (\sqrt{3} - \sqrt{2})^2$ [6]

9 $(\sqrt{3} + 1)^2 + (\sqrt{3} - 1)^2$ [8]

10 $\dfrac{1}{\sqrt{3} - 1} - \dfrac{1}{\sqrt{3} + 1}$ [1]

Determina le condizioni di esistenza dei seguenti radicali.

11 $\sqrt{\dfrac{3 - 5x}{3 + 5x}}$ $\left[-\dfrac{3}{5} \leq x \leq \dfrac{3}{5}\right]$

12 $\sqrt{9x - x^2}$ $[0 \leq x \leq 9]$

13 $\sqrt{\dfrac{1}{4 - 9x^2}}$ $\left[-\dfrac{2}{3} < x < \dfrac{2}{3}\right]$

14 $\sqrt[3]{\dfrac{1}{4 - 9x^2}}$ $\left[x \neq \pm \dfrac{2}{3}\right]$

Utilizzando la proprietà invariantiva, trasforma ciascun radicale in un altro equivalente con l'indice indicato a fianco.

15 $\sqrt[4]{10}$ (indice 12) $\left[\sqrt[12]{1000}\right]$

16 $\sqrt[3]{-6}$ (indice 9) $\left[-\sqrt[9]{216}\right]$

17 $\sqrt[6]{5}$ (indice 18) $\left[\sqrt[18]{125}\right]$

18 $\sqrt[5]{-10}$ (indice 10) $\left[-\sqrt[10]{100}\right]$

19 $\sqrt[10]{10}$ (indice 40) $\left[\sqrt[40]{10\,000}\right]$

20 $\sqrt[13]{13}$ (indice 26) $\left[\sqrt[26]{169}\right]$

Semplifica i seguenti radicali.

21 $\sqrt[14]{256}; \ \sqrt[12]{(-2)^8}$ $\left[\sqrt[7]{16}; \ \sqrt[3]{4}\right]$

22 $\sqrt[8]{\dfrac{81}{16}}; \ \sqrt[10]{\dfrac{32}{7^5}}$ $\left[\sqrt{\dfrac{3}{2}}; \ \sqrt{\dfrac{2}{7}}\right]$

23 $\sqrt[6]{a^2 - 6a + 9}$ $\left[\sqrt[3]{|a - 3|}\right]$

24 $\sqrt[8]{(x^2 + 4xy + 4y^2)^2}$ $\left[\sqrt{|x + 2y|}\right]$

Disponi in ordine crescente i radicali dei seguenti gruppi, dopo averli ridotti allo stesso indice.

25 $\sqrt{5}$; $\sqrt[3]{-12}$; $\sqrt[6]{140}$ $\quad [\sqrt[3]{-12} < \sqrt{5} < \sqrt[6]{140}]$ **26** $\sqrt[4]{48}$; $\sqrt[6]{18}$; $\sqrt[8]{72}$ $\quad [\sqrt[6]{18} < \sqrt[8]{72} < \sqrt[4]{48}]$

Esegui le seguenti moltiplicazioni e divisioni.

27 $\sqrt{\dfrac{10}{3}} \cdot \sqrt{\dfrac{3}{2}}$ $\quad [\sqrt{5}]$ **28** $\sqrt[5]{\dfrac{3}{10}} \cdot \sqrt[5]{-\dfrac{5}{6}} \cdot \sqrt[5]{\dfrac{1}{8}}$ $\quad \left[-\dfrac{1}{2}\right]$

29 $\sqrt[6]{\dfrac{16}{27}} \cdot \sqrt[3]{\dfrac{3}{2}}$ $\quad [\sqrt[6]{2}]$ **30** $\sqrt[6]{\dfrac{32}{9}} \cdot \sqrt[3]{-\dfrac{3}{2}} \cdot \sqrt[4]{\dfrac{1}{8}}$ $\quad \left[-\sqrt[4]{\dfrac{1}{2}}\right]$

31 $\sqrt[4]{\dfrac{32}{25}} : \sqrt{\dfrac{4}{5}}$ $\quad [\sqrt[4]{2}]$ **32** $\sqrt[4]{2 - \dfrac{2}{3}} : \sqrt[6]{1 - \dfrac{5}{9}}$ $\quad [\sqrt[12]{12}]$

33 $\dfrac{2\sqrt[6]{18}}{\sqrt[3]{6}}$ $\quad [\sqrt[6]{32}]$ **34** $\dfrac{\sqrt[3]{5^2 - 3^2}}{\sqrt[6]{10^2 - 6^2}}$ $\quad [\sqrt[3]{2}]$

35 $\sqrt[3]{-\dfrac{25}{4}} : \sqrt[6]{\dfrac{45}{16}} \cdot \sqrt[4]{\dfrac{9}{50}}$ $\quad \left[-\sqrt[12]{\dfrac{9}{8}}\right]$ **36** $\dfrac{12}{\sqrt{48}} \cdot \sqrt[4]{1 - \dfrac{5}{9}}$ $\quad [\sqrt{2}]$

Nei seguenti radicali porta fuori dal simbolo di radice tutti i possibili fattori.

37 $\sqrt{50}$; $\sqrt{20}$; $\sqrt{200}$; $\sqrt{2000}$; $\sqrt[3]{24}$; $\sqrt[3]{108}$; $\sqrt[3]{72}$ $\quad [5\sqrt{2}; 2\sqrt{5}; 10\sqrt{2}; 20\sqrt{5}; 2\sqrt[3]{3}; 3\sqrt[3]{4}; 2\sqrt[3]{9}]$

38 $\sqrt{432}$; $\sqrt[3]{432}$; $\sqrt[4]{432}$; $\sqrt{\dfrac{16}{27}}$; $\sqrt[3]{\dfrac{16}{27}}$; $\sqrt[4]{\dfrac{16}{27}}$ $\quad \left[12\sqrt{3}; 6\sqrt[3]{2}; 2\sqrt[4]{27}; \dfrac{4}{3}\sqrt{\dfrac{1}{3}}; \dfrac{2}{3}\sqrt[3]{2}; 2\sqrt[4]{\dfrac{1}{27}}\right]$

39 $\sqrt{7^2 + 14^2}$; $\sqrt{11^2 - 5^2}$; $\sqrt[3]{2^3 + 7^3}$; $\sqrt[3]{6^3 - 3^3}$; $\sqrt[4]{2^4 + 4^4}$ $\quad [7\sqrt{5}; 4\sqrt{6}; 3\sqrt[3]{13}; 3\sqrt[3]{7}; 2\sqrt[4]{17}]$

Nelle seguenti espressioni trasporta dentro il simbolo di radice il fattore esterno e, se possibile, semplifica.

40 $\dfrac{2}{3}\sqrt[3]{\dfrac{81}{4}}$ $\quad [\sqrt[3]{6}]$ **41** $\dfrac{8}{3}\sqrt{\dfrac{27}{32}}$ $\quad [\sqrt{6}]$ **42** $\left(4 - \dfrac{7}{2}\right)\sqrt{8}$ $\quad [\sqrt{2}]$

43 $\left(\dfrac{7}{2} - 4\right)\sqrt{8}$ $\quad [-\sqrt{2}]$ **44** $6\sqrt{\dfrac{5}{6}}$ $\quad [\sqrt{30}]$ **45** $\left(2 - \dfrac{3}{2}\right)\sqrt[3]{\dfrac{4}{3}}$ $\quad \left[\sqrt[3]{\dfrac{1}{6}}\right]$

46 $(\sqrt{2}+1)\sqrt{\sqrt{2}-1}$ $\quad [\sqrt{\sqrt{2}+1}]$ **47** $(\sqrt{3}+1)\sqrt{\sqrt{3}-1}$ $\quad [\sqrt{2\sqrt{3}+2}]$

48 $(1-\sqrt{3})\sqrt{\sqrt{3}+1}$ $\quad [-\sqrt{2\sqrt{3}-2}]$ **49** $(1-\sqrt{5})\sqrt{\sqrt{5}+1}$ $\quad [-\sqrt{4\sqrt{5}-4}]$

Calcola le seguenti potenze.

50 $\left(\sqrt[6]{\dfrac{7}{3}}\right)^2$ $\quad \left[\sqrt[3]{\dfrac{7}{3}}\right]$ **51** $\left(\sqrt{\dfrac{5}{7}}\right)^3$ $\quad \left[\dfrac{5}{7}\sqrt{\dfrac{5}{7}}\right]$ **52** $\left(\dfrac{1}{2}\sqrt{6}\right)^3$ $\quad \left[\dfrac{3}{4}\sqrt{6}\right]$

Scrivi sotto forma di un unico radicale.

53 $\sqrt[3]{-\dfrac{5}{3}\sqrt{\dfrac{5}{3}}}$ $\quad \left[-\sqrt{\dfrac{5}{3}}\right]$ **54** $\sqrt[5]{\dfrac{3}{2}\sqrt[3]{-\dfrac{9}{4}}}$ $\quad \left[-\sqrt[3]{\dfrac{3}{2}}\right]$ **55** $\sqrt[3]{3\sqrt{\dfrac{2}{3}\sqrt[3]{\dfrac{1}{36}}}}$ $\quad [\sqrt[18]{6}]$

Semplifica le seguenti espressioni.

56 $4\sqrt[6]{27} - \sqrt{72} + \sqrt[4]{144} - \sqrt{18} - \sqrt{108}$ $\quad [-9\sqrt{2}]$

57 $3\sqrt[4]{9} + 5\sqrt[6]{27} - 2\sqrt[8]{81} - 6\sqrt[10]{243} + 3\sqrt{12} - 2\sqrt{27}$ $\quad [0]$

58 $(5\sqrt{6}-1)^2 - 2(5\sqrt{6}-1)(5\sqrt{6}-2) + (5\sqrt{6}-2)^2$ $\quad [1]$

ESERCIZI

59 $[1+(2-\sqrt{5})][1-(2-\sqrt{5})]:(\sqrt{5}-2)$ $\qquad$ $[4]$

60 $\dfrac{\sqrt{5}+\sqrt{2}}{\sqrt{5}-1}+\dfrac{\sqrt{5}-\sqrt{2}}{\sqrt{5}+1}-\dfrac{(5+\sqrt{10})(5-\sqrt{10})}{6}$ $\qquad$ $\left[\dfrac{\sqrt{2}}{2}\right]$

61 $\dfrac{3\sqrt{5}-1}{7+3\sqrt{5}}-\dfrac{\sqrt{5}-1}{7-3\sqrt{5}}-(\sqrt{5}+4)(\sqrt{5}-5)$ $\qquad$ $[6\sqrt{5}]$

62 $\dfrac{3\sqrt{2}-2\sqrt{3}}{3\sqrt{2}+2\sqrt{3}}+\dfrac{3\sqrt{2}+2\sqrt{3}}{2\sqrt{2}-2\sqrt{3}}-2(\sqrt{3}+\sqrt{2})^2$ $\qquad$ $[-4\sqrt{6}]$

63 $\left(\sqrt{5}-\dfrac{1}{\sqrt{5}}\right)^2\left(\dfrac{3-\sqrt{5}}{3+\sqrt{5}}-1\right):\left(1-\dfrac{3}{\sqrt{5}}\right)$ $\qquad$ $[8]$

64 $\left(\dfrac{\sqrt{6}}{\sqrt{6}+\sqrt{2}}+\dfrac{\sqrt{2}}{\sqrt{6}-\sqrt{2}}+\sqrt{3}\right)\dfrac{2}{(\sqrt{3}+1)^2}$ $\qquad$ $[1]$

65 $2\sqrt{\sqrt{a}+2}\cdot\sqrt{\sqrt{a}-2}(\sqrt{a+4}+\sqrt{a-4})-(\sqrt{a^2-16}+1)^2+(a+\sqrt{7})(a-\sqrt{7})$ $\qquad$ $[2a \text{ per } a\geq 4]$

66 $\dfrac{4}{\sqrt{a+1}}+\dfrac{a-3}{2}\left(\dfrac{\sqrt{a+1}}{\sqrt{a+1}+2}-\dfrac{\sqrt{a+1}-2}{\sqrt{a+1}}\right)$ $\qquad$ $[2 \text{ per } a>-1]$

67 $\left(\dfrac{x+\sqrt{x^2-9}}{x-\sqrt{x^2-9}}-\dfrac{x-\sqrt{x^2-9}}{x+\sqrt{x^2-9}}\right)\left(\dfrac{1}{\sqrt{x-3}}-\dfrac{\sqrt{x-3}}{x}\right)$ $\qquad$ $\left[\dfrac{4}{3}\sqrt{x+3} \text{ per } x>3\right]$

68 $(\sqrt{x+1}+\sqrt{x})^2-\left[(x+1)\sqrt{\dfrac{x}{x+1}}-(x-1)\sqrt{\dfrac{x^2+x}{x^2-2x+1}}\right]$

$\qquad$ $[2x+1+2\sqrt{x^2+x} \text{ per } 0\leq x<1; \; 2x+1 \text{ per } x>1]$

Razionalizza i denominatori delle seguenti frazioni.

69 $\dfrac{1}{2\sqrt{3}}$; $\dfrac{20}{3\sqrt{5}}$; $\dfrac{2}{\sqrt[5]{16}}$; $\dfrac{3}{\sqrt[6]{243}}$; $\dfrac{2}{\sqrt[7]{64}}$ $\qquad$ $\left[\dfrac{\sqrt{3}}{6};\;\dfrac{4\sqrt{5}}{3};\;\sqrt[5]{2};\;\sqrt[6]{3};\;\sqrt[7]{2}\right]$

70 $\dfrac{\sqrt{3}+1}{\sqrt{3}-1}$ $\qquad$ $[\sqrt{3}+2]$ $\qquad$ **71** $\dfrac{1}{2\sqrt{2}+\sqrt{7}}$ $\qquad$ $[2\sqrt{2}-\sqrt{7}]$

72 $\dfrac{\sqrt{5}-\sqrt{3}}{3\sqrt{5}+5\sqrt{3}}$ $\qquad$ $\left[\dfrac{4\sqrt{15}-15}{15}\right]$ $\qquad$ **73** $\dfrac{\sqrt{7}+\sqrt{5}}{\sqrt{7}-\sqrt{5}}$ $\qquad$ $[\sqrt{35}+6]$

Trasforma, quando è possibile, i seguenti radicali doppi nella somma algebrica di due radicali semplici.

74 $\sqrt{6+\sqrt{2}}$ $\qquad$ [non trasformabile] $\qquad$ **75** $\sqrt{6-2\sqrt{5}}$ $\qquad$ $[\sqrt{5}-1]$

76 $\sqrt{28-10\sqrt{3}}$ $\qquad$ $[5-\sqrt{3}]$ $\qquad$ **77** $\sqrt{15+6\sqrt{6}}$ $\qquad$ $[3+\sqrt{6}]$

Risolvi le seguenti equazioni.

78 $(x-\sqrt{5})^2-(x+\sqrt{10})^2=5\sqrt{2}$ $\qquad$ $\left[-\dfrac{\sqrt{5}}{2}\right]$

79 $(x\sqrt{2}+1)(x-\sqrt{2})+7x+\sqrt{2}=\sqrt{2}(x+3\sqrt{2})(x-2\sqrt{3})$ $\qquad$ $[-3\sqrt{2}]$

Risolvi i seguenti sistemi di equazioni.

80 $\begin{cases} 2x\sqrt{2}-y\sqrt{3}=6\sqrt{3} \\ 2x-y\sqrt{6}=4\sqrt{6} \end{cases}$ $\qquad$ $\left[\begin{cases} x=\sqrt{6} \\ y=-2 \end{cases}\right]$ $\qquad$ **81** $\begin{cases} (2x-y)\sqrt{2}=2\sqrt{6} \\ (x-2\sqrt{3})\sqrt{3}=6-y\sqrt{3} \end{cases}$ $\qquad$ $\left[\begin{cases} x=2\sqrt{3} \\ y=2\sqrt{3} \end{cases}\right]$

Risolvi le seguenti disequazioni e sistemi di disequazioni.

82 $(x\sqrt{3} - \sqrt{2})^2 - (x\sqrt{2} + \sqrt{3})^2 > (x - \sqrt{6})^2$ $\qquad \left[x < -\dfrac{7\sqrt{6}}{12}\right]$

83 $\dfrac{2x - \sqrt{6}}{\sqrt{6} - 3x} \geq 0$ $\qquad \left[\dfrac{\sqrt{6}}{3} < x \leq \dfrac{\sqrt{6}}{2}\right]$ **84** $\dfrac{5 - x\sqrt{10}}{x\sqrt{10} - 2} < 0$ $\qquad \left[x < \dfrac{\sqrt{10}}{5} \vee x > \dfrac{\sqrt{10}}{2}\right]$

85 $\begin{cases} 7\sqrt{2} - x\sqrt{14} < 0 \\ 8 + x\sqrt{10} \geq 0 \end{cases}$ $\qquad [x > \sqrt{7}]$ **86** $\begin{cases} x\sqrt{6} - 3 \geq 0 \\ 5 - x\sqrt{15} < 0 \end{cases}$ $\qquad \left[x > \dfrac{\sqrt{15}}{3}\right]$

Semplifica le seguenti espressioni.

87 $\left(\dfrac{3}{4}\right)^{\frac{2}{3}} \cdot \left(\dfrac{1}{6}\right)^{\frac{2}{3}}$ $\qquad \left[\dfrac{1}{4}\right]$ **88** $\left(\dfrac{6}{5}\right)^{\frac{1}{2}} : \left(\dfrac{2}{15}\right)^{\frac{1}{2}}$ $\qquad [3]$

89 $\left[\left(\dfrac{4}{49}\right)^{\frac{1}{3}}\right]^{\frac{3}{2}}$ $\qquad \left[\dfrac{2}{7}\right]$ **90** $\left[\left(\dfrac{37}{18}\right)^{\frac{7}{3}}\right]^0$ $\qquad [1]$

91 $\left[\left(\dfrac{1}{2}\right)^{\frac{1}{2}} \cdot \left(\dfrac{1}{2}\right)^{\frac{1}{3}} : \left(\dfrac{1}{2}\right)^{\frac{2}{3}}\right]^{\frac{3}{2}} \cdot \left(\dfrac{9}{8}\right)^{\frac{1}{4}} \cdot \left(\dfrac{3}{4}\right)^{-\frac{1}{2}}$ $\qquad [1]$

92 $4 \cdot \left(2^{\frac{1}{3}} \cdot 3^{\frac{1}{3}} \cdot 6^{\frac{1}{2}}\right)^{\frac{3}{5}} - \left(3^{\frac{1}{2}} + 2^{\frac{1}{2}}\right)^2 + \left(3^{\frac{1}{2}} - 2^{\frac{1}{2}}\right)^2$ $\qquad [0]$

93 $\left(2^{\frac{1}{3}} + 2^{\frac{2}{3}}\right)^2 - \left(2^{\frac{1}{3}} + 2^{-\frac{1}{3}}\right)^2 - 3 \cdot 2^{-\frac{2}{3}}$ $\qquad [2]$

Esercizi di approfondimento

1 Applicando il teorema e la regola di Ruffini, scomponi in fattori il polinomio $x^3 - 6x + 4\sqrt{2}$. (Ricerca le eventuali radici tra i divisori di $4\sqrt{2}$ della forma $\pm\sqrt{2}$; $\pm 2\sqrt{2}$; $\pm 4\sqrt{2}$.) $\qquad [(x - \sqrt{2})^2(x + 2\sqrt{2})]$

2 Verifica l'uguaglianza $\sqrt{4\sqrt{2} + 2\sqrt{6}} = \sqrt[4]{18} + \sqrt[4]{2}$.

3 Verifica l'uguaglianza $\dfrac{\sqrt[2n^2+4]{\dfrac{2^{3n^2}}{4^{n^2}} \cdot \dfrac{1}{4^{-1}}} + \sqrt[2(n-m)^2]{\dfrac{3^{n^2+m^2}}{9^{nm}}}}{\sqrt{3} - \sqrt{2}} = 5 + 2\sqrt{6}$ con $n \neq m$.

4 Risolvi la disequazione $\sqrt{x^2 - 4x + 4} - \sqrt[4]{(x^2 + 6x + 9)^2} < 2x$. $\qquad \left[x > -\dfrac{1}{4}\right]$

5 Si considerino i numeri $2^{\frac{1}{2}}, 3^{\frac{1}{3}}, 5^{\frac{1}{5}}$. Senza usare strumenti di calcolo (salvo che per controllare eventualmente l'esattezza del risultato), disporli in ordine crescente e illustrare il ragionamento fatto per tale operazione.
(*Esame di stato liceo scientifico, 2002 - sessione ordinaria, sperimentazioni autonome*)
(Confronta i numeri a due a due...) $\qquad \left[5^{\frac{1}{5}} < 2^{\frac{1}{2}} < 3^{\frac{1}{3}}\right]$

6 Nota la lunghezza di una corda di un cerchio di dato raggio, calcola quella della corda sottesa dall'angolo al centro uguale alla metà di quello che sottende la corda data.
(*Esame di stato liceo scientifico pni, 2003 - sessione suppletiva*)
(Indica con l la misura della corda, con r quella del raggio e applica due volte il teorema di Pitagora: tieni inoltre presente la formula dei radicali doppi...) $\qquad \left[\dfrac{\sqrt{2}}{2}(\sqrt{2r + l} - \sqrt{2r - l})\right]$

ESERCIZI

7 Semplifica la frazione $\dfrac{\sqrt{ab} - 2\sqrt{b} + 2\sqrt{a} - 4}{3\sqrt{ab} + 6\sqrt{a} - \sqrt{b} - 2}$. $\qquad \left[\dfrac{\sqrt{a}-2}{3\sqrt{a}-1} \text{ per } a \geq 0 \wedge b \geq 0 \wedge a \neq \dfrac{1}{9}\right]$

8 Considera la funzione $f(x)$ di equazione $y = \sqrt{x^2 - 4} + \dfrac{1}{\sqrt{x+6}}$.

   a. Determina il dominio D di f. $\qquad [D = (-6; -2] \cup [2; +\infty)]$

   b. Calcola il valore dell'espressione $\dfrac{3}{4}\sqrt{5} \cdot f(3) - f(2\sqrt{5})$. $\qquad [0]$

   c. Stabilisci per quali valori di a è verificata l'uguaglianza $f(x) = -a^2x^2 - 2ax - 1$. Giustifica la tua risposta. $\qquad$ [nessun valore di a...]

9 Supponendo $n \geq 3$ ed n dispari semplifica il radicale $\sqrt[n^2-2n+1]{\dfrac{x^{n^2}y^n}{(x^{2n} : x)y}}$. $\qquad [x \sqrt[n-1]{y} \text{ con } x \neq 0 \wedge y \neq 0]$

10 I cateti di un triangolo rettangolo isoscele sono lunghi, ciascuno, 1 cm; verifica che la misura, in centimetri, del semiperimetro di tale triangolo è la soluzione dell'equazione $\dfrac{1}{\sqrt{2}+1} + \dfrac{1+\sqrt{2}}{1+\sqrt{2}+x} = \dfrac{1-x}{x} + \sqrt{2}$.

11 Sapendo che $\sqrt[4]{10} = 1{,}778279...$, scrivi

   a. il valore approssimato per eccesso a meno di 10^{-5}; $\qquad [1{,}77828]$

   b. il valore approssimato per difetto a meno di 10^{-3}; $\qquad [1{,}778]$

   c. il valore abbreviato alla terza cifra decimale; $\qquad [1{,}778]$

   d. il valore arrotondato alla quinta cifra decimale. $\qquad [1{,}77828]$

QUESITI A RISPOSTA MULTIPLA

12 Quale delle seguenti uguaglianze non è verificata per ogni valore reale di x?

   a $x^2 + 3\sqrt{5} = \sqrt{(x^2 - \sqrt{5})(x^2 - 1) + x^2(7\sqrt{5} - 1) + \sqrt{5}(9\sqrt{5} - 1)}$

   b $\sqrt{2x(x + 2\sqrt{2}) + 4} = \sqrt{2} \cdot |-x - \sqrt{2}|$

   c $\sqrt{2x(x - \sqrt{2}) + 1} = \sqrt{2}x - 1$

13 Una sola delle seguenti affermazioni relative al numero $x = \dfrac{\sqrt{2} - \sqrt{5}}{(2 - \sqrt{5})(3 - \sqrt{2})}$ è corretta. Quale?

   a $4\sqrt{5} < x < 10$ $\qquad$ **b** $2(1 - 2\sqrt{5}) < x < 11\sqrt{2}$

   c $x < 0$ $\qquad$ **d** $x \in \mathbb{Q}$

14 Semplifica l'espressione $E = \dfrac{\sqrt{\sqrt{\sqrt{a^2 b\sqrt{ab}}} \cdot \sqrt[3]{b\sqrt{a^3\sqrt{a}}} : \sqrt[4]{a\sqrt{b^2\sqrt[3]{a^2}}}}}{\sqrt[4]{\sqrt{ab\sqrt[3]{a}} \cdot \sqrt[8]{a^3 b}}}$. $\qquad [E = \sqrt[48]{ab} \text{ con } a > 0 \wedge b > 0]$

   Determina poi il valore di E in corrispondenza di:

   a. $a = 36$ e $b = 324$ $\qquad [\sqrt[24]{108}]$ $\qquad$ **b.** $a = 44$ e $b = 242$ $\qquad [\sqrt[16]{22}]$

   c. $a = \dfrac{250^{-2}}{3^4}$ e $b = \left(\dfrac{4}{225}\right)^{-2}$ $\qquad \left[\sqrt[24]{\dfrac{1}{40}}\right]$

15 Considera il radicale $R(x) = \sqrt{x^2 + 2x + 1}$ e risolvi le seguenti disequazioni

   a. $R(x) > 2$ $\qquad [x < -3 \vee x > 1]$ $\qquad$ **b.** $R(x) \leq 3$ $\qquad [-4 \leq x \leq 2]$

   c. $x + R(x) < 1$ $\qquad [x < 0]$

Verso le competenze

1 Ordina in senso crescente i seguenti numeri senza usare la calcolatrice.

$$\sqrt{6} \quad \sqrt{5}+\sqrt{6} \quad \sqrt{11} \quad 2\sqrt{5} \quad 2\sqrt{6} \quad \sqrt{5} \quad \sqrt{6}-\sqrt{5} \quad \frac{1}{2}\sqrt{6} \quad \frac{1}{2}\sqrt{5} \quad 1$$

2 Ordina in senso crescente i seguenti numeri senza usare la calcolatrice.

$$(\sqrt{3}+\sqrt{2})(\sqrt{3}-\sqrt{2}) \quad (\sqrt{2}+\sqrt{3})^2 \quad (\sqrt{3}-\sqrt{2})^2 \quad \sqrt{5}(\sqrt{3}-\sqrt{2}) \quad 5$$

3 Ordina in senso crescente i seguenti numeri senza usare la calcolatrice.

$$\sqrt{8} \quad \sqrt[4]{14} \quad \sqrt[6]{25} \quad \sqrt[3]{28}$$

4 Data la funzione $f(x) = \dfrac{x^2+3x-1}{(x-1)(x+1)}$, calcola $f(2-\sqrt{5})$.

5 Data la funzione $f(x) = \dfrac{x-5\sqrt{10}+12}{\sqrt{10}-x}$, calcola $f(6\sqrt{10}-9)$.

6 Facendo riferimento alla figura sottostante, calcola le aree dei seguenti poligoni:

a. ABED   b. BCFE   c. BCIH
d. DEHG   e. ABHG   f. ACIG

7 Facendo riferimento alla figura sottostante, calcola le aree dei seguenti poligoni:

a. ABED   b. BCFE   c. BCIH
d. ACIG   e. DEHG

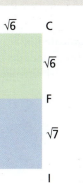
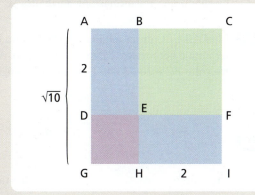

8 Facendo riferimento alla figura a lato, calcola le aree dei seguenti poligoni:

a. BCFE   b. EFIH   c. DEHG
d. ABED   e. ACFD

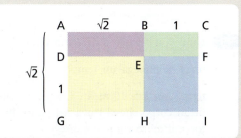

9 Determina il volume del cubo la cui superficie totale è $6(3+2\sqrt{2})$ cm².

10 Determina l'altezza di un parallelogramma di area $(\sqrt{5}-\sqrt{4})$ cm² e base $(\sqrt[4]{5}+\sqrt[4]{4})$ cm. Calcola il volume di un prisma avente per base il parallelogramma e di altezza $(\sqrt{5}+\sqrt{4})$ cm.

VERSO LE COMPETENZE

11 Determina due numeri tali che il maggiore superi di $\sqrt{3}$ il doppio del minore e il rapporto tra il maggiore e il minore sia $5 - \sqrt{3}$.

12 Dati due segmenti AB e CD, CD supera di $\sqrt{2}$ cm il segmento AB e la somma dell'area del quadrato costruito su CD con il doppio dell'area del quadrato costuito su AB non supera il triplo dell'area del rettangolo di dimensioni AB e CD. Determina quali valori possono assumere le lunghezze di AB e CD.

13 In un trapezio rettangolo di base minore AB e base maggiore CD, l'angolo acuto ha ampiezza 45° e la base minore è congruente all'altezza. Sapendo che il lato obliquo BC è lungo 4 cm, determina il perimetro e l'area del trapezio.

14 In un esagono regolare inscritto in una circonferenza la distanza tra il centro della circonferenza e il lato dell'esagono è 6 cm. Determina perimetro e area dell'esagono e della circonferenza.

15 La velocità finale di un corpo in moto rettilineo uniformemente accelerato è $v = \sqrt{v_0^2 + 2ax}$, dove v_0 è la velocità iniziale del corpo, a l'accelerazione costante e x lo spazio percorso. Un bambino lascia cadere una moneta con velocità iniziale nulla, che cade per 15 m con accelerazione costante approssimabile a 10 m/s². Determina la velocità finale della moneta.

16 Le trasformazioni termodinamiche dei gas coinvolgono variazioni di temperatura, volume e pressione. Per particolari trasformazioni, dette adiabatiche, vale la legge:

$$T_f = T_i \left(\frac{V_i}{V_f}\right)^{\gamma - 1}$$

dove γ è un esponente che dipende dal gas che subisce la trasformazione, T_f è la temperatura finale del gas, T_i la temperatura iniziale, V_i il volume iniziale e V_f il volume finale. Determina la temperatura finale di un gas che ha subito una trasformazione adiabatica se $\gamma = \frac{5}{3}$, $T_i = 315 K$, $V_i = 0,06$ m³ e $V_f = 0,03$ m³.

17 I lati AB e BC di un rettangolo $ABCD$ sono lunghi rispettivamente $(2\sqrt{5} + 2\sqrt{2})$ cm e $(2\sqrt{5} - 2\sqrt{2})$ cm. Determina il perimetro e l'area del rettangolo. Aumentando le dimensioni del rettangolo di x, la somma di AB con tre volte BC è $20\sqrt{5}$ cm. Determina la lunghezza di x e l'area del rettangolo.

QUESITI A RISPOSTA MULTIPLA

18 Il numero $\dfrac{(\sqrt[3]{2} - \sqrt[3]{3})(\sqrt[3]{4} + \sqrt[3]{9} + \sqrt[3]{6})}{(\sqrt{12} + \sqrt{15})(15 + \sqrt{6})(\sqrt{12} - \sqrt{15})(15 - \sqrt{6})}$ è

| a | intero | b | razionale positivo | c | razionale negativo |
| d | irrazionale positivo | e | irrazionale negativo |

19 Un corpo lasciato cadere con velocità nulla da un'altezza h impiega un tempo $t = \sqrt{\dfrac{2h}{g}}$ ad arrivare a terra, con $g \simeq 10$ m/s². Calcola il tempo di caduta di un corpo che si trova nel punto in cui una scala tocca il muro come nel disegno.

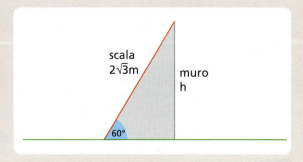

Laboratorio di matematica

Radici e potenze con esponente frazionario

La manipolazione di espressioni contenenti radicali con GeoGebra è un argomento particolarmente delicato: occorre tener conto di alcuni limiti legati alla notazione e alle modalità di calcolo interno del programma.

Cominciamo con l'osservare che GeoGebra dispone di due funzioni predefinite per il calcolo della radice quadrata e della radice cubica: *sqrt* e *cbrt* (da *square root*, cioè radice quadrata, e *cubic root*, cioè radice cubica). Supponiamo, ad esempio, di voler inserire l'espressione $\sqrt{2\sqrt{2}}$.
In una cella vuota della *Vista CAS* digitiamo: `sqrt(2*sqrt(2))` e facciamo clic sul pulsante *Mantieni Inserimento*, denotato dall'icona ✓ (**FIGURA 1**).

FIGURA 1

Per inserire ed elaborare espressioni contenenti radicali con indice diverso da 2 o 3, è necessario trasformarle in potenze con esponente frazionario.
Ad esempio, se vogliamo inserire l'espressione $\sqrt[6]{3+4\sqrt{2}}$, dobbiamo innanzitutto trasformarla in $\left(3+4\cdot 2^{\frac{1}{2}}\right)^{\frac{1}{6}}$, quindi in una cella vuota della *Vista CAS* digitiamo: `(3+4*2^(1/2))^(1/6)` e facciamo nuovamente clic sul pulsante *Mantieni Inserimento* (**FIGURA 2**).

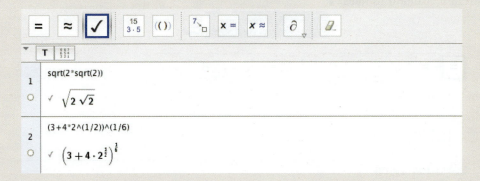

FIGURA 2

È possibile che la semplificazione di espressioni contenenti radicali quadratici o esponenti frazionari restituisca dei risultati che non sei in grado di comprendere: GeoGebra infatti opera nel campo dei numeri complessi, che studierai nei successivi anni di corso. Qui ci limitiamo ad accennare che tale insieme è un ampliamento dell'insieme $\mathbb{R}$ dei numeri reali ossia contiene, oltre ai numeri reali, dei nuovi numeri. In tale insieme esistono n radici *n*-esime di ogni numero (e quindi anche dei numeri reali): ciò significa che, dato un qualsiasi numero (anche reale e negativo!), ci sono due numeri complessi i cui quadrati sono uguali a esso, tre numeri complessi i cui cubi sono uguali a esso, e così via.

LABORATORIO DI MATEMATICA

Per tale motivo, trasformando con GeoGebra espressioni contenenti radicali quadratici con radicando negativo e potenze a esponente frazionario con base negativa, potresti ottenere risultati apparentemente senza significato.

Per evitare tali inconvenienti controlla sempre che i radicandi e le basi delle potenze a esponente frazionario, quando sono numerici, siano sempre maggiori o uguali a zero.

Per esempio se proviamo a inserire $\sqrt{-1}$ (digitando l'espressione `sqrt(-1)`), GeoGebra ci darà come risultato i, che è appunto un numero complesso (FIGURA 3).

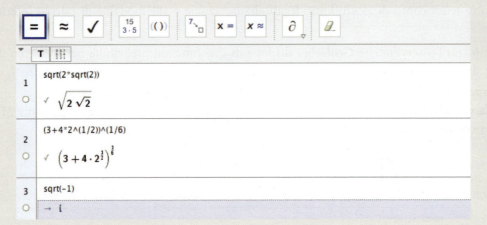

FIGURA 3

In GeoGebra è anche possibile utilizzare espressioni letterali contenenti radici.
Supponiamo di voler inserire e semplificare l'espressione

$$a\sqrt{(b+1)\sqrt[6]{a}} \cdot \sqrt[4]{a(b+1)}$$

Nella riga 4 della *Vista CAS* digitiamo l'espressione

`a*sqrt((b+1)*a^(1/6))*(a*(b+1))^(1/4)`

e facciamo clic sul pulsante *Calcola* (denotato dall'icona `=`).
In questo modo GeoGebra effettuerà tutte le semplificazioni possibili e mostrerà il risultato in FIGURA 4.

> **ATTENZIONE!**
> Poiché GeoGebra opera nell'insieme dei numeri complessi, non abbiamo modo di sapere se i passaggi compiuti abbiano senso all'interno dell'insieme dei numeri reali.

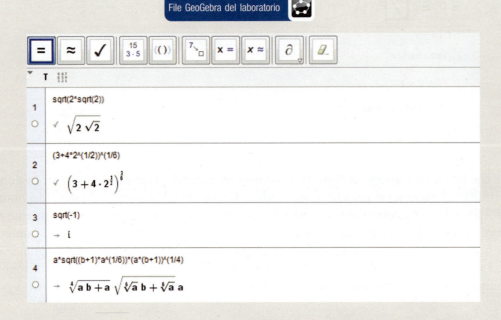

FIGURA 4

English for Maths

Domain of radical expressions

1 Determine the domain of the radical expression $\sqrt{x^2 - 4x - 12} + \dfrac{2x}{\sqrt{x-3}} + \dfrac{\sqrt[3]{x-11}}{x-7}$. Write the domain in inequality notation.

Consider each radical separately.

- $\sqrt{x^2 - 4x - 12}$

  Since the index of the radical is a positive even integer, the radicand must be non-negative. Therefore set the radicand greater than or equal to zero
  $$x^2 - 4x - 12 \geq 0$$
  Factor the trinomial using the factor theorem and synthetic division to obtain
  $$(x+2)(x-6) \geq 0$$
  $x^2 - 4x - 12$ is nonnegative in the interval $(-\infty\,;\,-2] \cup [6\,;\,+\infty)$. Therefore the given radical represent a real number when $x \leq -2$ or $x \geq 6$.

- $\dfrac{2x}{\sqrt{x-3}}$

  The radical has an even index and occurs in the denominator. In this case, the expression inside the radical must be positive. Therefore set the radicand greater than zero. From $x - 3 > 0$ it follows immediately that the domain is $x > 3$.

- $\dfrac{\sqrt[3]{x-11}}{x-7}$

  In this case, the index of the radical is odd. Therefore the domain of $\sqrt[3]{x-11}$ is $\mathbb{R}$. However the values that makes the denominator equal to zero must be excluded. Therefore the domain restriction on the variable is $x \neq 7$.
  The set of real numbers for which the original radical expression is defined is given by the system
  $$\begin{cases} x \leq -2 \vee x \geq 6 \\ x > 3 \\ x \neq 7 \end{cases} \longrightarrow S = [6\,;\,7) \cup (7\,;\,+\infty)$$

  Hence the domain of the original radical expression is $x \geq 6 \wedge x \neq 7$.

What does it mean?

Domain Dominio

Inequality notation L'espressione fa riferimento a un intervallo indicato con i segni di disuguaglianza

Radical, index, radicand Radicale, indice, radicando

Non-negative Equivale a **greater than or equal to**

Domain restriction Letteralmente «limitazione del dominio». Equivale a «condizione di esistenza», «condizione di accettabilità»

ENGLISH FOR MATHS

Equations with irrational coefficients

2 Solve the equation $\dfrac{2}{x+\sqrt{7}} + \dfrac{\sqrt{7}}{x-\sqrt{7}} = \dfrac{3}{x^2 - 7}$.

Factor the denominator on the right side of the equation

$$\dfrac{2}{x+\sqrt{7}} + \dfrac{7}{x-\sqrt{7}} = \dfrac{3}{(x-\sqrt{7})(x+\sqrt{7})}$$

Note that the values of x that make the denominator equal to zero are $x = -\sqrt{7}$, $x = \sqrt{7}$. Therefore the domain restriction is $x \neq \pm\sqrt{7}$.

Find the least common denominator (LCD)

$$LCD = (x-\sqrt{7})(x+\sqrt{7})$$

Now write the equivalent equation using the LCD

$$\dfrac{2(x-\sqrt{7}) + \sqrt{7}(x+\sqrt{7})}{(x-\sqrt{7})(x+\sqrt{7})} = \dfrac{3}{(x-\sqrt{7})(x+\sqrt{7})}$$

Multiply both sides by $(x-\sqrt{7})(x+\sqrt{7})$ and perform the operations

$$2x - 2\sqrt{7} + x\sqrt{7} + 7 = 3$$

Add $2\sqrt{7}$ to both sides and subtract 7 from both sides

$$2x + x\sqrt{7} = -4 + 2\sqrt{7}$$

Factor out x on the left and 2 on the right. Then solve for x

$$x = \dfrac{2(\sqrt{7}-2)}{(\sqrt{7}+2)}$$

To rationalize the denominator multiply the numerator and denominator by $\sqrt{7}-2$

$$x = \dfrac{2(\sqrt{7}-2)}{(\sqrt{7}+2)} \cdot \dfrac{(\sqrt{7}-2)}{(\sqrt{7}-2)} = \dfrac{2(\sqrt{7}-2)^2}{3}$$

What does it mean?

Left side of the equation Primo membro dell'equazione. Con lo stesso significato è usata anche l'abbreviazione **left side**

Least common denominator Minimo comune denominatore

To perform the operations Eseguire le operazioni

To factor out Raccogliere a fattore commune

To rationalize Razionalizzare

L'ALGEBRA DI SECONDO GRADO E COMPLEMENTI

- **CAPITOLO 4**
  Equazioni di secondo grado e di grado superiore
- **CAPITOLO 5**
  Disequazioni di secondo grado e di grado superiore
- **CAPITOLO 6**
  Sistemi di secondo grado e di grado superiore
- **CAPITOLO 7**
  Equazioni irrazionali
- **CAPITOLO 8**
  Trasformazioni geometriche nel piano cartesiano

- VERSO LE COMPETENZE
- LABORATORIO DI MATEMATICA
- ENGLISH FOR MATHS

OBIETTIVI

Conoscenze

- Classificazione delle equazioni di secondo grado: equazioni complete e incomplete e relativi metodi di risoluzione.
- Relazioni tra radici e coefficienti di un'equazione di secondo grado e applicazioni relative.
- Equazioni binomie e trinomie ed equazioni di grado superiore al secondo riconducibili a equazioni di primo o secondo grado.
- Disequazioni di secondo grado e funzione quadratica; disequazioni binomie e trinomie.
- Sistemi di secondo grado e sistemi simmetrici.
- Equazioni irrazionali: problematiche relative all'elevamento al quadrato dei due membri di un'equazione.
- Principali trasformazioni isometriche nel piano cartesiano; dilatazioni e omotetie.

Abilità

- Risolvere equazioni di secondo grado e scomporre un trinomio di secondo grado in fattori.
- Risolvere, nei casi più semplici, le equazioni di grado superiore al secondo (equazioni binomie, trinomie, equazioni scomponibili in fattori di primo o secondo grado, equazioni risolubili con opportune sostituzioni).
- Risolvere graficamente e algebricamente le disequazioni di secondo grado; risolvere disequazioni binomie e trinomie.
- Risolvere sistemi di secondo grado, in due o tre incognite, con il metodo di sostituzione; risolvere sistemi simmetrici di secondo grado o di grado superiore.
- Risolvere problemi di secondo grado con l'utilizzo di due o tre incognite.
- Risolvere equazioni irrazionali contenenti radicali quadratici, sia con il metodo della verifica delle soluzioni sia con il metodo delle condizioni di accettabilità.
- Risolvere semplici problemi su punti, rette e parabole, applicando le principali trasformazioni studiate nel piano cartesiano.

COMPETENZE

- Utilizzare le tecniche e le procedure del calcolo aritmetico e algebrico, rappresentandole anche sotto forma grafica.
- Individuare le strategie appropriate per la soluzione di problemi.
- Analizzare dati e interpretarli sviluppando deduzioni e ragionamenti sugli stessi anche con l'ausilio di rappresentazioni grafiche, usando consapevolmente gli strumenti di calcolo e le potenzialità offerte da applicazioni specifiche di tipo informatico.

Capitolo 4

Equazioni di secondo grado e di grado superiore

- Equazioni di secondo grado
- Risoluzione delle equazioni di secondo grado
- Relazioni tra radici e coefficienti
- La parabola e le equazioni di secondo grado
- Equazioni di grado superiore al secondo

Equazioni e risaie

FIGURA 1

Un imprenditore agricolo, della provincia di Vercelli, ha a disposizione un appezzamento di terreno. Il prossimo anno vorrebbe adibire a risaia una parte di terreno a forma quadrata e una parte a forma di triangolo rettangolo con un cateto (altezza) uguale alla somma dell'altro cateto (base) con il lato del quadrato.

Seminando in primavera del riso Carnaroli (tra le qualità migliori per cucinare il risotto!) e volendo ottenere alla fine dell'estate un numero prestabilito di quintali di riso usando solo lo spazio necessario, quali devono essere le dimensioni dei terreni?

Soluzione a pag. 268

Equazioni di secondo grado

1. Generalità e classificazione

Un'equazione nell'incognita x è di secondo grado se si può ridurre alla **forma canonica** (o **forma normale**)

$$ax^2 + bx + c = 0 \qquad a, b, c \in \mathbb{R} \quad a \neq 0$$

I numeri reali a, b e c sono detti, rispettivamente, **primo**, **secondo** e **terzo coefficiente**; quest'ultimo è anche detto **termine noto**.
Se tutti e tre i coefficienti sono diversi da zero, l'equazione di secondo grado si dice **completa**; se invece almeno uno tra i due coefficienti b e c si annulla, essa si dice **incompleta**.

> Se $a = 0$, l'equazione non è più di secondo grado:
> - se $a = 0 \wedge b \neq 0$, l'equazione è di primo grado;
> - se $a = b = 0$, l'equazione si riduce a un'uguaglianza (vera o falsa).

ESEMPIO

1 L'equazione

$$2x^2 + 3x - 5 = 0$$

è un'equazione di secondo grado in forma canonica. I suoi coefficienti sono

$a = 2$ (primo coefficiente)
$b = 3$ (secondo coefficiente)
$c = -5$ (terzo coefficiente o termine noto)

Poiché tutti i coefficienti sono diversi da zero, l'**equazione** data è di secondo grado **completa**.

Le equazioni di secondo grado incomplete si possono classificare come indicato nella **TABELLA 1**.

TABELLA 1

	equazioni di secondo grado incomplete			
	coefficienti	denominazione	forma canonica	esempio
$a \neq 0$	$b = 0$ $c = 0$	equazione monomia	$ax^2 = 0$	$3x^2 = 0$
	$b = 0$ $c \neq 0$	equazione pura	$ax^2 + c = 0$	$2x^2 - 7 = 0$
	$b \neq 0$ $c = 0$	equazione spuria	$ax^2 + bx = 0$	$3x^2 - 4x = 0$

Come vedremo, le equazioni incomplete si possono risolvere in base a semplici considerazioni; per le equazioni complete, invece, è opportuno introdurre una formula risolutiva.
Se non diremo nulla in contrario risolveremo le equazioni di secondo grado nell'insieme $\mathbb{R}$ dei numeri reali.
Come già sappiamo, i numeri che, sostituiti al posto dell'incognita, trasformano l'equazione in un'uguaglianza vera sono le **soluzioni** o **radici** dell'equazione.
Come vedremo, un'equazione di secondo grado può avere nessuna, una o due soluzioni. In quest'ultimo caso, se x è l'incognita, le due radici si indicano con

$$x_1 \quad \text{e} \quad x_2$$

Al solito indicheremo con S l'**insieme delle soluzioni**: $S \subseteq \mathbb{R}$.

> Un numero c è radice di un polinomio $P(x)$ se $P(c) = 0$, cioè se c è soluzione dell'equazione $P(x) = 0$, e viceversa. Per questo motivo le **soluzioni** di un'equazione sono anche dette **radici** dell'equazione: i due termini vengono usati indifferentemente.

ESEMPIO

2 L'equazione $2x^2 + 3x - 5 = 0$ ha per soluzioni $-\dfrac{5}{2}$ e 1. Infatti

$$2x^2 + 3x - 5 = 0 \xrightarrow[x=-\frac{5}{2}]{} 2\left(-\dfrac{5}{2}\right)^2 + 3\left(-\dfrac{5}{2}\right) - 5 = 0 \longrightarrow$$

$$\longrightarrow \dfrac{25}{2} - \dfrac{15}{2} - 5 = 0 \longrightarrow 0 = 0 \text{ (vero)} \implies x_1 = -\dfrac{5}{2}$$

$$2x^2 + 3x - 5 = 0 \xrightarrow[x=1]{} 2 \cdot 1^2 + 3 \cdot 1 - 5 = 0 \longrightarrow$$

$$\longrightarrow 0 = 0 \text{ (vero)} \implies x_2 = 1$$

Risoluzione delle equazioni di secondo grado

SpiegaMatica: equazioni di secondo grado

2. Equazioni monomie

Consideriamo la seguente equazione monomia:

$$6x^2 = 0$$

Per risolverla, dividiamone entrambi i membri per 6:

$$(6x^2) : 6 = 0 : 6 \longrightarrow x^2 = 0$$

Poiché l'unico numero il cui quadrato è zero è lo zero, l'unica soluzione dell'equazione data è $x = 0$.
Queste considerazioni si possono facilmente generalizzare: data un'equazione monomia, dividiamone entrambi i membri per il primo coefficiente a:

$$ax^2 = 0 \xrightarrow[a \neq 0]{} x^2 = 0 \longrightarrow x = 0$$

Concludiamo quindi che un'equazione di secondo grado monomia è sempre determinata e la sua unica soluzione è $x = 0$; perciò l'insieme delle sue soluzioni è

$$S = \{0\}$$

Possiamo anche osservare che $x^2 = 0$ equivale a $x \cdot x = 0$; dunque, per la **legge di annullamento del prodotto**, si annulla il primo fattore e quindi risulta $x = 0$, oppure si annulla il secondo fattore, e quindi è ancora $x = 0$.
Perciò si usa dire che l'**equazione monomia** di secondo grado ha **due soluzioni coincidenti**

$$x_1 = x_2 = 0$$

o anche che $x = 0$ è soluzione doppia.

■ **IN SINTESI...**

Equazione monomia

$$ax^2 = 0 \longrightarrow$$
$$\longrightarrow x_1 = x_2 = 0$$

ESEMPIO

$4x^2 = 0 \longrightarrow x^2 = 0 \longrightarrow x_1 = x_2 = 0 \longrightarrow S = \{0\}$

3. Equazioni pure

Consideriamo la seguente equazione pura in forma canonica:

$$2x^2 - 32 = 0$$

Per risolverla conviene trasportare il termine noto al secondo membro e dividere entrambi i membri per il primo coefficiente 2:

$$2x^2 - 32 = 0 \quad \longrightarrow \quad 2x^2 = 32 \quad \longrightarrow \quad x^2 = 16$$

Quindi l'equazione considerata ha per soluzioni quei numeri reali il cui quadrato è 16:

$$x_1 = -4 \quad e \quad x_2 = 4$$

Anche l'equazione

$$3x^2 + 9 = 0$$

è un'equazione pura; procedendo in modo analogo otteniamo

$$3x^2 + 9 = 0 \quad \longrightarrow \quad 3x^2 = -9 \quad \longrightarrow \quad x^2 = -3$$

da cui deduciamo che l'equazione $3x^2 + 9 = 0$ è impossibile, perché il quadrato di un numero reale non può essere negativo.
Possiamo estendere questo procedimento a una generica equazione di secondo grado pura:

$$ax^2 + c = 0 \quad \longrightarrow \quad ax^2 = -c \quad \longrightarrow \quad x^2 = -\frac{c}{a}$$

Si possono presentare due casi.

▶ a e c sono **concordi**, cioè hanno lo stesso segno. In questo caso $\frac{c}{a}$ è positivo e il suo opposto $-\frac{c}{a}$ è negativo: pertanto l'uguaglianza $x^2 = -\frac{c}{a}$ non può essere mai verificata da alcun valore di x perché è sempre $x^2 \geq 0$. L'equazione è quindi **impossibile**.

▶ a e c sono **discordi**, cioè hanno segni opposti. In questo caso $\frac{c}{a}$ è negativo e il suo opposto $-\frac{c}{a}$ è positivo. Le soluzioni dell'equazione sono quei numeri reali il cui quadrato è $-\frac{c}{a}$, ossia $x_1 = -\sqrt{-\frac{c}{a}}$ e $x_2 = +\sqrt{-\frac{c}{a}}$. Quindi l'equazione ha due **radici opposte**: $x = \pm\sqrt{-\frac{c}{a}}$.

IN SINTESI...

Equazione pura

$ax^2 + c = 0 \longrightarrow$
$\longrightarrow x^2 = -\frac{c}{a}$

- a, c concordi: impossibile
- a, c discordi:
$x_1 = -\sqrt{-\frac{c}{a}}$
$x_2 = +\sqrt{-\frac{c}{a}}$

Qui $a = 10$ e $c = 11$ sono *concordi* e l'equazione è impossibile.

Qui $a = 4$ e $c = -1$ sono *discordi* e l'equazione ha due radici opposte.

ESEMPI

1 $10x^2 + 11 = 0 \longrightarrow 10x^2 = -11 \longrightarrow x^2 = -\frac{11}{10}$

L'equazione data è **impossibile**, perché non esiste alcun numero reale il cui quadrato sia il numero negativo $-\frac{10}{11}$. Pertanto $S = \emptyset$.

2 $4x^2 - 1 = 0 \longrightarrow 4x^2 = 1 \longrightarrow x^2 = \frac{1}{4} \longrightarrow x = \pm\sqrt{\frac{1}{4}} \longrightarrow x = \pm\frac{1}{2}$

L'insieme delle soluzioni è quindi $S = \left\{-\frac{1}{2}\,;\,\frac{1}{2}\right\}$.

4. Equazioni spurie

Consideriamo la seguente equazione spuria:
$$3x^2 + 10x = 0$$

Per risolverla raccogliamo a fattor comune x al primo membro:
$$x(3x + 10) = 0$$

Per la **legge di annullamento del prodotto** almeno uno dei due fattori, x e $3x + 10$, deve essere 0; quindi otteniamo facilmente le due soluzioni:

$$x(3x+10) = 0 \begin{cases} x = 0 \\ 3x + 10 = 0 \quad \longrightarrow \quad 3x = -10 \quad \longrightarrow \quad x = -\dfrac{10}{3} \end{cases}$$

Qualunque equazione di secondo grado spuria si può risolvere con lo stesso procedimento:

$$ax^2 + bx = 0 \longrightarrow x(ax + b) = 0 \begin{cases} x = 0 \\ ax + b = 0 \longrightarrow ax = -b \longrightarrow x = -\dfrac{b}{a} \end{cases}$$

Possiamo perciò concludere che **ogni equazione** di secondo grado **spuria** è determinata e **ha due soluzioni, di cui una è zero**:

$$x_1 = 0 \quad \text{e} \quad x_2 = -\dfrac{b}{a}$$

Si può anche dire che l'equazione è soddisfatta da $x = 0 \lor x = -\dfrac{b}{a}$.

IN SINTESI...

Equazione spuria

$$ax^2 + bx = 0 \begin{cases} x_1 = 0 \\ x_2 = -\dfrac{b}{a} \end{cases}$$

> **ESEMPIO**
>
> $6x^2 - 16x = 0 \longrightarrow 2x(3x - 8) = 0 \begin{cases} x_1 = 0 \\ 3x - 8 = 0 \longrightarrow x_2 = \dfrac{8}{3} \end{cases}$
>
> Concludiamo quindi che $S = \left\{0; \dfrac{8}{3}\right\}$.

5. Equazioni complete

Per trovare le soluzioni dell'**equazione completa** di secondo grado

$$ax^2 + bx + c = 0 \qquad \text{①}$$

applicheremo un procedimento che è detto **metodo del completamento del quadrato** (di un binomio).

- Moltiplichiamo entrambi i membri dell'equazione per $4a$ (sappiamo che $a \neq 0$):

$$4a(ax^2 + bx + c) = 4a \cdot 0$$
$$\downarrow$$
$$4a^2x^2 + 4abx + 4ac = 0$$

- Per completare il quadrato i cui primi due termini sono $4a^2x^2 = (2ax)^2$ e $4abx = 2 \cdot (2ax) \cdot b$, sommiamo b^2 a entrambi i membri:

$$4a^2x^2 + 4abx + 4ac + b^2 = b^2$$

Matematica nella storia: le equazioni di secondo grado nell'antichità

Applichiamo il metodo all'equazione
$$2x^2 + 3x - 5 = 0$$
$(a = 2; b = 3; c = -5)$
$$\downarrow 4a = 4 \cdot 2 = 8$$
$$8(2x^2 + 3x - 5) = 8 \cdot 0$$
$$\downarrow$$
$$16x^2 + 24x - 40 = 0$$

sommiamo a entrambi i membri
$$\downarrow b^2 = 3^2 = 9$$

$$16x^2 + 24x - 40 + 9 = 9$$

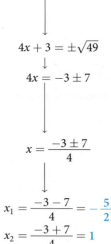

- Trasportiamo il termine $4ac$ al secondo membro:

$$\underbrace{4a^2x^2 + 4abx + b^2}_{\text{quadrato di un binomio}} = b^2 - 4ac$$

- Al primo membro ora vi è il quadrato del binomio $(2ax + b)$ e quindi

$$(2ax + b)^2 = b^2 - 4ac \qquad \boxed{2}$$

L'espressione $b^2 - 4ac$ che compare al secondo membro si indica con la lettera greca maiuscola Δ (delta) e si chiama **discriminante**:

$$\boxed{\Delta = b^2 - 4ac}$$

La ② è verificata se il quadrato dell'espressione $2ax + b$ è uguale a Δ. Occorre distinguere tre casi.

Primo caso. $\Delta = b^2 - 4ac > 0$

In questo caso esiste la radice quadrata di Δ e i numeri il cui quadrato è Δ sono $\pm\sqrt{\Delta}$. L'equazione ②, e perciò la ① a essa equivalente, è soddisfatta se risulta

$$2ax + b = \pm\sqrt{\Delta} \quad \longrightarrow \quad 2ax + b = \pm\sqrt{b^2 - 4ac} \quad \longrightarrow$$

$$\longrightarrow \quad 2ax = -b \pm \sqrt{b^2 - 4ac}$$

da cui la **formula risolutiva**

$$\boxed{x = \frac{-b \pm \sqrt{b^2 - 4ac}}{2a}}$$

Quindi nel caso $\Delta > 0$ l'equazione ha **due soluzioni distinte**:

$$x_1 = \frac{-b - \sqrt{b^2 - 4ac}}{2a} \qquad x_2 = \frac{-b + \sqrt{b^2 - 4ac}}{2a}$$

Secondo caso. $\Delta = b^2 - 4ac = 0$

In questo caso l'equazione ②, e perciò anche la ① a essa equivalente, assume la forma

$$(2ax + b)^2 = 0$$

> Se $\Delta = 0$, l'equazione completa di secondo grado può sempre essere trasformata in modo che il suo primo membro sia il quadrato di un binomio.

il cui primo membro è il quadrato di un binomio. Poiché l'unico numero reale il cui quadrato è zero è lo zero, si deve avere

$$(2ax + b)^2 = 0 \quad \longrightarrow \quad 2ax + b = 0 \quad \longrightarrow \quad 2ax = -b \quad \longrightarrow \quad x = -\frac{b}{2a}$$

Possiamo anche osservare che

$$(2ax + b)^2 = 0 \quad \longrightarrow$$

$$\longrightarrow \quad \underbrace{(2ax + b)(2ax + b) = 0}_{\text{legge di annullamento del prodotto}} \quad \longrightarrow \quad 2ax + b = 0 \;\lor\; 2ax + b = 0 \quad \longrightarrow$$

$$\longrightarrow \quad x = -\frac{b}{2a} \;\lor\; x = -\frac{b}{2a}$$

Quindi, se risulta $\Delta = 0$, possiamo dire che l'equazione $ax^2 + bx + c = 0$ ha **due soluzioni coincidenti**; si scrive

$$x_1 = x_2 = -\frac{b}{2a}$$

Possiamo anche dire che, se $\Delta = 0$, l'equazione ① ha la **soluzione doppia** $x = -\frac{b}{2a}$.

Osserviamo infine che se $\Delta = 0$, le due soluzioni coincidenti si possono anche ricavare dalla formula risolutiva prima ottenuta nel caso $\Delta > 0$. Infatti, se $\Delta = b^2 - 4ac = 0$, da tale formula si ottiene:

$$x_1 = \frac{-b - \sqrt{b^2 - 4ac}}{2a} \longrightarrow x_1 = \frac{-b - \sqrt{0}}{2a} \longrightarrow x_1 = -\frac{b}{2a}$$

$$x_2 = \frac{-b + \sqrt{b^2 - 4ac}}{2a} \longrightarrow x_2 = \frac{-b + \sqrt{0}}{2a} \longrightarrow x_2 = -\frac{b}{2a}$$

> Invece, nel caso di una equazione di primo grado (determinata) si parla anche di **soluzione semplice**.

Terzo caso. $\Delta = b^2 - 4ac < 0$

In questo caso la ② è **impossibile**: infatti, qualunque numero reale si sostituisca al posto di x, il primo membro, che è un quadrato, risulterà maggiore o uguale a zero e non potrà essere uguale al secondo membro, che è negativo. Quindi anche l'equazione ① è impossibile.

■ IN SINTESI…

Equazione completa $\quad ax^2 + bx + c = 0$

▶ $\Delta > 0$: $x_{1,2} = \dfrac{-b \pm \sqrt{b^2 - 4ac}}{2a}$ (2 soluz. distinte)

▶ $\Delta = 0$: $x_1 = x_2 = -\dfrac{b}{2a}$ (2 soluz. coincidenti)

$\Delta \geq 0 \longrightarrow \underbrace{x_{1,2} = \dfrac{-b \pm \sqrt{b^2 - 4ac}}{2a}}_{\text{formula generale}}$

▶ $\Delta < 0$: impossibile (nessuna soluzione)

ESEMPI

1 Risolviamo l'equazione $4x^2 - 5x + 1 = 0$.

L'equazione si presenta nella forma canonica $ax^2 + bx + c = 0$, con $a = 4$, $b = -5$, $c = 1$.
Per prima cosa calcoliamo il discriminante:

$$\Delta = b^2 - 4ac = (-5)^2 - 4 \cdot 4 \cdot 1 = 25 - 16 = 9 > 0$$

Poiché il **discriminante** è **positivo**, vi sono **due soluzioni distinte**:

$$x_{1,2} = \frac{-b \pm \sqrt{b^2 - 4ac}}{2a} \longrightarrow x_{1,2} = \frac{-(-5) \pm \sqrt{9}}{2 \cdot 4}$$

Svolgendo i calcoli, otteniamo:

$$x_{1,2} = \frac{5 \pm 3}{8} \begin{array}{c} \nearrow x_1 = \frac{5-3}{8} \longrightarrow x_1 = \frac{1}{4} \\ \searrow x_2 = \frac{5+3}{8} \longrightarrow x_2 = 1 \end{array}$$

$ax^2 + bx + c = 0$
$4x^2 + (-5)x + 1 = 0$

> Se conosciamo il valore delle due radici di un'equazione di secondo grado con discriminante positivo, indicheremo di solito la radice minore con x_1 e la maggiore con x_2.

TEORIA

> L'insieme delle soluzioni dell'equazione data è quindi $S = \left\{\dfrac{1}{4}; 1\right\}$. Si può anche scrivere che l'equazione è verificata per
>
> $$x = \dfrac{1}{4} \ \lor \ x = 1$$
>
> **2** Risolviamo l'equazione $5x^2 - 8x + 5 = 0$.
>
> L'equazione è già in forma canonica con $a = 5$, $b = -8$, $c = 5$. Calcoliamo il discriminante:
>
> $$\Delta = b^2 - 4ac = (-8)^2 - 4 \cdot 5 \cdot 5 = 64 - 100 = -36 < 0$$
>
> Poiché il **discriminante** è **negativo**, l'equazione è impossibile: $S = \varnothing$.
>
> **3** Risolviamo l'equazione $25x^2 + 20x + 4 = 0$.
>
> L'equazione è già in forma canonica con $a = 25$, $b = 20$, $c = 4$. Calcoliamo il discriminante: $\Delta = 20^2 - 4 \cdot 25 \cdot 4 = 400 - 400 = 0$; quindi l'equazione ha due radici coincidenti:
>
> $$x_1 = x_2 = -\dfrac{b}{2a} = -\dfrac{20}{2 \cdot 25} = -\dfrac{2}{5}$$

Osserva che
$$25x^2 + 20x + 4 = 0$$
$$\downarrow$$
$$(5x + 2)^2 = 0$$
$$\downarrow$$
$$x_1 = x_2 = -\dfrac{2}{5}$$

Osservazioni conclusive

▶ Abbiamo visto che riunendo i casi $\Delta > 0$ e $\Delta = 0$ si ha la **formula generale**:

$$\boxed{ax^2 + bx + c = 0 \quad \xrightarrow[a \neq 0]{} \quad x = \dfrac{-b \pm \sqrt{b^2 - 4ac}}{2a} \quad \text{con } \Delta \geq 0}$$

Questa formula si può applicare anche alle equazioni di secondo grado incomplete, purché sia $\Delta \geq 0$.

*La parola **discriminante** deriva dal verbo latino discriminare (da discrimen, «divisione», che a sua volta deriva da discernere, «distinguere»). Data l'equazione $ax^2 + bx + c = 0$, il valore numerico assunto dal suo discriminante $\Delta = b^2 - 4ac$ permette di distinguere se l'equazione ha o meno soluzioni e, in caso affermativo, di riconoscere se esse sono distinte o coincidenti.*

> **ESEMPIO**
>
> **4** $4x^2 - 9 = 0 \quad \xrightarrow[\Delta = 0^2 - 4 \cdot 4 \cdot (-9) = 144 > 0]{a=4;\ b=0;\ c=-9} \quad x = \dfrac{0 \pm \sqrt{144}}{2 \cdot 4} \ \begin{array}{l} \nearrow x_1 = \dfrac{-12}{8} = -\dfrac{3}{2} \\ \searrow x_2 = \dfrac{12}{8} = \dfrac{3}{2} \end{array}$

▶ La condizione $\Delta \geq 0$ si chiama **condizione di realtà** (o **di esistenza**) delle radici dell'equazione $ax^2 + bx + c = 0$: le radici esistono, e quindi sono numeri reali, solo se $\Delta > 0$ (radici distinte) o se $\Delta = 0$ (radici coincidenti). Nel caso $\Delta < 0$ le radici dell'equazione non esistono.

> ■ **OSSERVAZIONE**
>
> Se nell'equazione $ax^2 + bx + c = 0$ **a** e **c** sono **discordi**, è sempre $\Delta > 0$. Infatti, in tal caso, il prodotto $a \cdot c$ è negativo e quindi $-4ac$ è positivo; perciò $\Delta = b^2 - 4ac$ è la somma di un quadrato con un numero positivo. Ad esempio, l'equazione
>
> $$133x^2 + 54x - 19\sqrt{113} = 0$$
>
> ha certamente due soluzioni distinte.

6. Formula ridotta

La formula generale per risolvere l'equazione di secondo grado $ax^2 + bx + c = 0$ nel caso $\Delta \geq 0$ può anche essere scritta in un'altra forma, come mostrano i seguenti passaggi:

> Al solito è $a \neq 0$.

$$x = \frac{-b \pm \sqrt{b^2 - 4ac}}{2a}$$

$$= \frac{1}{a}\left(-\frac{b}{2} \pm \frac{\sqrt{b^2 - 4ac}}{2}\right) = \frac{1}{a}\left(-\frac{b}{2} \pm \sqrt{\frac{b^2 - 4ac}{4}}\right) =$$

(portiamo il 2 dentro la radice)

$$= \frac{1}{a}\left(-\frac{b}{2} \pm \sqrt{\frac{b^2}{4} - ac}\right)$$

da cui la **formula ridotta**

$$x = \frac{-\frac{b}{2} \pm \sqrt{\left(\frac{b}{2}\right)^2 - ac}}{a} \quad \text{con } \left(\frac{b}{2}\right)^2 - ac = \frac{\Delta}{4} \geq 0$$

> Si ha:
> $$\left(\frac{b}{2}\right)^2 - ac =$$
> $$= \frac{b^2 - 4ac}{4} = \frac{\Delta}{4}$$
> e quindi
> $$\Delta \geq 0 \longleftrightarrow \frac{\Delta}{4} \geq 0$$

dove $\frac{\Delta}{4}$, che si legge «delta quarti», è il **discriminante ridotto**.

Se $\frac{\Delta}{4} = 0$ si hanno le due soluzioni coincidenti $x_1 = x_2 = \frac{-\frac{b}{2}}{a} = -\frac{b}{2a}$.

L'uso della formula ridotta è utile, ma non obbligatorio, nel caso in cui il secondo coefficiente b è «multiplo» di 2.

> b è «multiplo» di 2 se b, o il suo valore assoluto, è un **numero pari** (ad esempio $b = 8 = 2 \cdot 4$) oppure se b è della forma
> $b = 2\sqrt{3}$
> $b = 6\sqrt{5} = 2 \cdot 3\sqrt{5}$
> $b = 2(k+1)$...

ESEMPIO

Risolviamo l'equazione $3x^2 + 14x - 17 = 0$.

L'equazione è già in forma normale ed è

$$a = 3 \qquad \underbrace{b = 14 \longrightarrow \frac{b}{2} = 7}_{b \text{ è pari}} \qquad c = -17$$

con

$$\frac{\Delta}{4} = \left(\frac{b}{2}\right)^2 - ac = 7^2 - 3 \cdot (-17) = 49 + 51 = 100 > 0$$

Applichiamo la formula ridotta:

$$x_{1,2} = \frac{-\frac{b}{2} \pm \sqrt{\left(\frac{b}{2}\right)^2 - ac}}{a} \longrightarrow$$

$$\longrightarrow x_{1,2} = \frac{-7 \pm \sqrt{100}}{3} \quad \nearrow x_1 = \frac{-7 - 10}{3} = -\frac{17}{3}$$
$$\searrow x_2 = \frac{-7 + 10}{3} = 1$$

> Osserva che al denominatore della formula generale vi è $2a$ mentre in quello della formula ridotta vi è a.

Relazioni tra radici e coefficienti

7. Somma e prodotto delle radici

Consideriamo una generica equazione di secondo grado, in forma canonica:

$$ax^2 + bx + c = 0 \qquad a \neq 0$$

Supponiamo $\Delta \geq 0$; le radici dell'equazione, eventualmente coincidenti, sono

$$x_1 = \frac{-b - \sqrt{b^2 - 4ac}}{2a} \qquad x_2 = \frac{-b + \sqrt{b^2 - 4ac}}{2a}$$

▶ La **somma delle radici** è

$$x_1 + x_2 = \frac{-b - \sqrt{b^2 - 4ac}}{2a} + \frac{-b + \sqrt{b^2 - 4ac}}{2a} =$$

$$= \frac{-b - \cancel{\sqrt{b^2 - 4ac}} - b + \cancel{\sqrt{b^2 - 4ac}}}{2a} = \frac{-\cancel{2}b}{\cancel{2}a} = -\frac{b}{a}$$

▶ Il **prodotto delle radici** è

$$x_1 \cdot x_2 = \frac{-b - \sqrt{b^2 - 4ac}}{2a} \cdot \frac{-b + \sqrt{b^2 - 4ac}}{2a} = \frac{(-b)^2 - \left(\sqrt{b^2 - 4ac}\right)^2}{4a^2} =$$

$$= \frac{b^2 - (b^2 - 4ac)}{4a^2} = \frac{\cancel{b^2} - \cancel{b^2} + 4ac}{4a^2} = \frac{\cancel{4}ac}{\cancel{4}a^{\cancel{2}}} = \frac{c}{a}$$

> Applichiamo il prodotto notevole
> $(A - B)(A + B) =$
> $= A^2 - B^2$
> con $A = -b$ e
> $B = \sqrt{b^2 - 4ac}$.

Riassumendo, si ha

$$\boxed{x_1 + x_2 = -\frac{b}{a} \qquad x_1 \cdot x_2 = \frac{c}{a}}$$

Le formule trovate consentono di determinare la somma e il prodotto delle radici di un'equazione di secondo grado in forma normale senza calcolare le radici stesse.

> Se di una equazione conosciamo una radice, ciascuna delle due formule ci permette di ricavare l'altra radice.

ESEMPIO

1 Se consideriamo l'equazione $3x^2 + 2x - 6 = 0$, con

$$a = 3 \qquad b = 2 \qquad c = -6 \qquad \frac{\Delta}{4} = \left(\frac{b}{2}\right)^2 - ac = 1 + 18 = 19 > 0$$

e applichiamo le formule precedenti, abbiamo

$$x_1 + x_2 = -\frac{b}{a} = -\frac{2}{3} \qquad x_1 \cdot x_2 = \frac{c}{a} = \frac{-6}{3} = -2$$

Ti lasciamo il compito di verificare i risultati ottenuti determinando le radici x_1 e x_2 dell'equazione e calcolando poi $x_1 + x_2$ e $x_1 \cdot x_2$.

> Se in un'equazione avessimo $\Delta < 0$, non avrebbe senso calcolare $x_1 + x_2$ e $x_1 \cdot x_2$, poiché x_1 e x_2 non esistono.

Problema: scrivere l'equazione conoscendo le radici

Se dividiamo per $a \neq 0$ entrambi i membri dell'equazione $ax^2 + bx + c = 0$, otteniamo un'equazione equivalente che ha il primo coefficiente uguale a 1:

$$x^2 + \frac{b}{a}x + \frac{c}{a} = 0$$

③

Tenendo presente le formule prima viste, risulta

$$\frac{b}{a} = -(x_1 + x_2) \qquad \frac{c}{a} = x_1 \cdot x_2$$

e perciò l'equazione ③ diventa

$$x^2 - (x_1 + x_2)x + x_1 \cdot x_2 = 0$$

Indicando con $s = x_1 + x_2$ la somma delle radici e con $p = x_1 \cdot x_2$ il loro prodotto, la ③ si può scrivere nella forma

$$\boxed{x^2 - sx + p = 0}$$

cioè

in ogni equazione di secondo grado con il primo coefficiente uguale a 1 e discriminante positivo o nullo, la somma delle radici è uguale all'opposto del secondo coefficiente e il prodotto delle radici è uguale al terzo coefficiente.

> Per risolvere questo problema supponiamo $\Delta \geq 0$
> - $x_1 + x_2 = -\dfrac{b}{a}$
> $\downarrow$
> $\dfrac{b}{a} = -(x_1 + x_2)$
> - $x_1 \cdot x_2 = \dfrac{c}{a}$
> $\downarrow$
> $\dfrac{c}{a} = x_1 \cdot x_2$

ESEMPIO

2 Vogliamo scrivere l'equazione di secondo grado che ha per radici $x_1 = -5$ e $x_2 = 2$.

Calcoliamo la somma e il prodotto delle radici:

$$s = x_1 + x_2 = -5 + 2 = -3 \qquad p = x_1 \cdot x_2 = -5 \cdot 2 = -10$$

L'equazione richiesta è

$$x^2 - sx + p = 0 \quad \longrightarrow \quad x^2 - (-3)x + (-10) = 0 \quad \longrightarrow$$
$$\longrightarrow \quad x^2 + 3x - 10 = 0$$

> Se risolvi l'equazione ottenuta troverai che essa ha per radici proprio -5 e 2.

Problema: trovare due numeri di cui sono noti somma e prodotto

Se s è la somma dei due numeri e p è il loro prodotto, allora i due numeri cercati sono le radici x_1 e x_2 dell'equazione $x^2 - sx + p = 0$.

ESEMPIO

3 Vogliamo determinare due numeri la cui somma sia $\dfrac{11}{6}$ e il cui prodotto sia $-\dfrac{5}{3}$.

I due numeri richiesti sono le radici dell'equazione $x^2 - sx + p = 0$, con $s = \dfrac{11}{6}$ e $p = -\dfrac{5}{3}$:

$$x^2 - sx + p = 0 \xrightarrow[s=\frac{11}{6} \,\wedge\, p=-\frac{5}{3}]{} x^2 - \frac{11}{6}x - \frac{5}{3} = 0$$

Eliminando i denominatori, otteniamo

$$x^2 - \frac{11}{6}x - \frac{5}{3} = 0 \quad \longrightarrow \quad \frac{6x^2 - 11x - 10}{6} = 0 \quad \longrightarrow$$
$$\longrightarrow \quad 6x^2 - 11x - 10 = 0$$

Calcoliamo il discriminante:

$$\Delta = (-11)^2 - 4 \cdot 6 \cdot (-10) = 121 + 240 = 361 = 19^2 > 0$$

TEORIA

> Puoi verificare che
> $-\dfrac{2}{3} + \dfrac{5}{2} = \dfrac{11}{6}$ e
> $\left(-\dfrac{2}{3}\right) \cdot \dfrac{5}{2} = -\dfrac{5}{3}$

L'equazione ha due soluzioni distinte:

$$x_{1,2} = \frac{11 \pm \sqrt{361}}{12} = \frac{11 \pm 19}{12} \quad \begin{array}{l} x_1 = \dfrac{11-19}{12} \longrightarrow x_1 = -\dfrac{2}{3} \\ x_2 = \dfrac{11+19}{12} \longrightarrow x_2 = \dfrac{5}{2} \end{array}$$

I due numeri cercati sono perciò $-\dfrac{2}{3}$ e $\dfrac{5}{2}$.

8. Scomposizione del trinomio di secondo grado

Consideriamo un generico **trinomio di secondo grado**

$$ax^2 + bx + c$$

> Un trinomio di secondo grado può avere nessuna, una o due radici, a seconda che il suo discriminante $\Delta = b^2 - 4ac$ sia minore, uguale o maggiore di zero.

per il quale deve quindi essere $a \neq 0$.
Le sue radici, se esistono, sono le soluzioni della **equazione** a esso **associata** $ax^2 + bx + c = 0$.
Il discriminante $\Delta = b^2 - 4ac$ dell'equazione $ax^2 + bx + c = 0$ è anche detto **discriminante del trinomio** $ax^2 + bx + c$.

Caso $\Delta > 0$. Supponiamo che sia $\Delta > 0$, cioè che il trinomio $ax^2 + bx + c$ abbia due radici distinte x_1 e x_2.
Raccogliamo a fattore comune il primo coefficiente a nell'espressione del trinomio dato:

> Se x_1 e x_2 sono le radici del trinomio, si ha
>
> • $x_1 + x_2 = -\dfrac{b}{a}$
> $\downarrow$
> $\dfrac{b}{a} = -(x_1 + x_2)$
>
> • $x_1 \cdot x_2 = \dfrac{c}{a}$
> $\downarrow$
> $\dfrac{c}{a} = x_1 \cdot x_2$

$$ax^2 + bx + c = a \cdot x^2 + a \cdot \frac{b}{a}x + a \cdot \frac{c}{a} = a\left(x^2 + \frac{b}{a}x + \frac{c}{a}\right) =$$

$$= a[x^2 - (x_1 + x_2)x + x_1 x_2] = a\underbrace{(x^2 - x_1 x - x_2 x + x_1 x_2)}_{\text{eseguiamo un raccoglimento parziale}} =$$

$$= a\underbrace{[x(x - x_1) - x_2(x - x_1)]}_{\text{eseguiamo il raccoglimento totale}} = a(x - x_1)(x - x_2)$$

Pertanto:

$$\boxed{ax^2 + bx + c = a(x - x_1)(x - x_2) \qquad \text{se } \Delta > 0}$$

Se risulta $\Delta = 0$, le radici del trinomio sono coincidenti, cioè $x_1 = x_2$. La formula prima trovata è comunque valida e diviene

$$ax^2 + bx + c = a(x - x_1)(x - x_1)$$

da cui

$$\boxed{ax^2 + bx + c = a(x - x_1)^2 \qquad \text{se } \Delta = 0}$$

Caso $\Delta < 0$. Nel caso in cui invece risulti $\Delta < 0$, il **trinomio** $ax^2 + bx + c$ non ha radici e pertanto risulta **irriducibile**, cioè non è scomponibile in fattori di primo grado.

IN SINTESI...

Trinomio di secondo grado: $ax^2 + bx + c$

Discriminante del trinomio: $\Delta = b^2 - 4ac$

Radici del trinomio ($\Delta \geq 0$): $x_{1,2} = \dfrac{-b \pm \sqrt{b^2 - 4ac}}{2a}$

TABELLA 2

	scomposizione in fattori
$\Delta > 0$	$ax^2 + bx + c = a(x - x_1)(x - x_2)$
$\Delta = 0$	$ax^2 + bx + c = a(x - x_1)^2$
$\Delta < 0$	$ax^2 + bx + c$ è irriducibile

ESEMPI

1 Scomponiamo in fattori il trinomio $2x^2 - 3x + 1$.

Calcoliamo il discriminante del trinomio:

$$\Delta = (-3)^2 - 4 \cdot 2 \cdot 1 = 9 - 8 = 1$$

Essendo $\Delta > 0$, il trinomio ha due radici distinte:

$$x_{1,2} = \frac{3 \pm 1}{4} \quad \begin{array}{l} x_1 = \dfrac{3-1}{4} \longrightarrow x_1 = \dfrac{1}{2} \\ x_2 = \dfrac{3+1}{4} \longrightarrow x_2 = 1 \end{array}$$

Quindi, tenendo presente che il primo coefficiente è $a = 2$, si ha:

$$ax^2 + bx + c = a\ (x - x_1)\ (x - x_2)$$

$$2x^2 - 3x + 1 = 2\left(x - \frac{1}{2}\right)(x - 1) = \not{2}\,\frac{2x - 1}{\not{2}}(x - 1) = (2x - 1)(x - 1)$$

> Le radici del trinomio sono le radici dell'equazione associata
> $$2x^2 - 3x + 1 = 0$$

> Poiché nel trinomio dato non ci sono coefficienti frazionari, è preferibile scrivere senza coefficienti frazionari anche il risultato della scomposizione.

2 Scomponiamo in fattori il trinomio $5x^2 - 4x + \dfrac{4}{5}$.

Calcoliamo il discriminante del trinomio:

$$\Delta = (-4)^2 - 4 \cdot 5 \cdot \frac{4}{5} = 16 - 16 = 0$$

Essendo $\Delta = 0$, il trinomio ha due radici coincidenti

$$x_1 = x_2 = -\frac{b}{2a} \longrightarrow x_1 = x_2 = -\frac{-4}{10} = \frac{2}{5}$$

Perciò, tenendo presente che $a = 5$, si ha

$$ax^2 + bx + c = a\ (x - x_1)^2$$

$$5x^2 - 4x + \frac{4}{5} = 5\left(x - \frac{2}{5}\right)^2 = 5\left(\frac{5x-2}{5}\right)^2 = \not{5}\,\frac{(5x-2)^2}{5^{\not{2}}} = \frac{1}{5}(5x-2)^2$$

> In questo caso nel trinomio è presente un coefficiente frazionario: è perciò impossibile determinarne una scomposizione in fattori in cui non compaiano coefficienti frazionari.

CALCOLI INTELLIGENTI

- Quello che abbiamo illustrato è un metodo generale per la scomposizione in fattori di un trinomio di secondo grado. Tuttavia non devi dimenticare gli altri metodi di scomposizione in fattori che hai studiato in precedenza: infatti, in alcuni casi, è più semplice ricorrere a essi.

Il trinomio dell'esempio **2** si può scomporre in fattori anche così:

$$5x^2 - 4x + \frac{4}{5} = \overbrace{\frac{25x^2 - 20x + 4}{5}}^{\text{quadrato di binomio}} = \frac{(5x-2)^2}{5} = \frac{1}{5}(5x-2)^2$$

- Invece, per scomporre in fattori $x^2 + 3x - 4$, conviene considerarlo come trinomio notevole e determinare due numeri aventi per somma 3 e per prodotto -4; tali numeri sono 4 e -1 e quindi si ha

$$x^2 + 3x - 4 = (x+4)(x-1)$$

A proposito di trinomio notevole…

L'equazione di secondo grado associata al trinomio notevole

$$x^2 + (A+B)x + A \cdot B = (x+A)(x+B)$$

è

$$x^2 + (A+B)x + A \cdot B = 0 \qquad \boxed{4}$$

Risolvendola, otteniamo

$$x^2 + (A+B)x + A \cdot B = 0 \longrightarrow (x+A)(x+B) = 0 \longrightarrow$$
$$\longrightarrow x+A = 0 \ \lor \ x+B = 0 \longrightarrow x = -A \ \lor \ x = -B$$

Le soluzioni dell'equazione $\boxed{4}$ sono quindi $x_1 = -A$ e $x_2 = -B$, da cui $A = -x_1$ e $B = -x_2$. Quindi i **numeri A e B**, che siamo abituati a determinare nel caso in cui essi siano numeri interi, non sono altro che **gli opposti delle radici dell'equazione** $\boxed{4}$.

> **SAI GIÀ CHE…**
>
> Il **trinomio notevole**
> $$x^2 + (A+B)x + A \cdot B$$
> si scompone in
> $$(x+A)(x+B)$$

9. Regola di Cartesio

Consideriamo un'equazione di secondo grado in forma canonica $ax^2 + bx + c = 0$, con $a \neq 0$, e supponiamo che essa abbia soluzioni, cioè che sia $\Delta = b^2 - 4ac \geq 0$. La regola di Cartesio permette di **determinare i segni delle radici senza risolvere l'equazione**, ma semplicemente osservando i segni dei tre coefficienti. Premettiamo che in un polinomio ordinato $P(x)$ o nell'equazione associata $P(x) = 0$ vi è una

- **permanenza** di segno quando due coefficienti consecutivi sono concordi, cioè dello stesso segno;
- **variazione** di segno quando due coefficienti consecutivi sono discordi, cioè di segno opposto.

Notiamo che il primo coefficiente a dell'equazione $ax^2 + bx + c = 0$ si può sempre supporre positivo perché, se non lo fosse, si potrebbe renderlo tale cambiando il segno a tutti i termini dell'equazione: osserviamo che questa operazione non cambia la sequenza delle permanenze e delle variazioni che l'equazione presenta. Allora possiamo limitarci a esaminare i quattro casi della **TABELLA 3**.

> Ad esempio:
>
>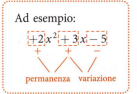

> Per decidere il segno delle radici x_1 e x_2, si devono considerare le relazioni
> $$x_1 \cdot x_2 = \frac{c}{a}$$
> $$x_1 + x_2 = -\frac{b}{a}$$
> Nel caso $\Delta > 0$, in cui vi sono due radici distinte x_1 e x_2, supporremo sempre $x_1 < x_2$.

TABELLA 3

	a	b	c	sequenza
primo caso	+	+	+	due permanenze
secondo caso	+	−	+	due variazioni
terzo caso	+	−	−	una variazione e una permanenza
quarto caso	+	+	−	una permanenza e una variazione

Primo caso. L'equazione presenta **due permanenze** $(+++)$.

Essendo $a > 0$, $b > 0$ e $c > 0$, risulta $\dfrac{c}{a} > 0$ e $-\dfrac{b}{a} < 0$. Quindi

$$x_1 \cdot x_2 > 0 \qquad \text{e} \qquad x_1 + x_2 < 0$$

Dalla prima relazione si deduce che x_1 e x_2 sono concordi (infatti il loro prodotto è positivo) e per la seconda relazione (da cui risulta che la loro somma è negativa) si conclude che entrambe le radici devono essere negative: $x_1 < 0$ e $x_2 < 0$.

Secondo caso. L'equazione presenta **due variazioni** $(+-+)$.

Essendo a e c concordi e b discorde con a, risulta $\dfrac{c}{a} > 0$ e $-\dfrac{b}{a} > 0$. In questo caso si ha quindi

$$x_1 \cdot x_2 > 0 \qquad \text{e} \qquad x_1 + x_2 > 0$$

Essendo positivo il loro prodotto, le due radici x_1 e x_2 devono essere concordi: precisamente, essendo positiva la loro somma, entrambe devono essere positive: $x_1 > 0$ e $x_2 > 0$.

Terzo caso. L'equazione presenta **una variazione e una permanenza** $(+--)$.

Essendo a discorde sia con b sia con c, risulta $\dfrac{c}{a} < 0$ e $-\dfrac{b}{a} > 0$. In questo caso si ha dunque

$$x_1 \cdot x_2 < 0 \qquad \text{e} \qquad x_1 + x_2 > 0$$

Le radici x_1 e x_2 devono essere discordi, essendo negativo il loro prodotto; precisamente, poiché la loro somma è positiva, la maggiore in valore assoluto sarà positiva e l'altra sarà negativa: $x_1 < 0$ e $x_2 > 0$ con $|x_1| < x_2$.

Quarto caso. L'equazione presenta **una permanenza e una variazione** $(++-)$.

Essendo $a > 0$, $b > 0$ e $c < 0$, risulta $\dfrac{c}{a} < 0$ e $-\dfrac{b}{a} < 0$. Si ha quindi

$$x_1 \cdot x_2 < 0 \qquad \text{e} \qquad x_1 + x_2 < 0$$

Anche in questo caso le radici x_1 e x_2 sono discordi; tuttavia, poiché ora la loro somma è negativa, la maggiore in valore assoluto sarà negativa e l'altra sarà positiva: $x_1 < 0$ e $x_2 > 0$ con $|x_1| > x_2$.

I risultati ottenuti sono riassunti dalla seguente regola.

> **REGOLA DI CARTESIO**
> In ogni equazione di secondo grado ridotta a forma normale, con il discriminante positivo o nullo, a ogni variazione dei segni dei coefficienti corrisponde una soluzione positiva e a ogni permanenza una soluzione negativa; se l'equazione ha radici discordi, la radice maggiore in valore assoluto è positiva se la variazione precede la permanenza, è negativa se la permanenza precede la variazione.

ESEMPI

1 Consideriamo l'equazione $2x^2 + 11x + 15 = 0$:

$$+2 \cdot x^2 + 11 \cdot x + 15 = 0 \qquad (\Delta = 11^2 - 4 \cdot 2 \cdot 15 = 1 > 0)$$

$\oplus \quad \oplus \quad \oplus$
permanenza permanenza

L'equazione presenta **due permanenze** e quindi **entrambe le radici sono negative**.

Infatti risolvendo l'equazione troviamo

$$x_1 = -3$$
$$x_2 = -\dfrac{5}{2}$$

2 Nell'equazione $x^2 + \sqrt{2}x - 4 = 0$ il discriminante è positivo ($\Delta = 18 > 0$), quindi le due radici sono distinte. L'equazione presenta **una permanenza** e **una variazione**, quindi **una radice** è **negativa** e **l'altra** è **positiva**. Infatti, risolvendo l'equazione, otteniamo

$$x_1 = -2\sqrt{2} \qquad e \qquad x_2 = \sqrt{2}$$

Inoltre, poiché la permanenza precede la variazione, la radice maggiore in valore assoluto è quella negativa (infatti $|x_1| = 2\sqrt{2} > \sqrt{2} = x_2$).

10. Equazioni parametriche

■ **ATTENZIONE!**

Di solito **non** conviene risolvere l'equazione parametrica, ma è preferibile risolvere il quesito posto basandosi sul concetto di soluzione e sulle relazioni tra radici e coefficienti dell'equazione.

Consideriamo un'equazione letterale, in particolare di secondo grado, contenente un parametro reale k, come ad esempio l'equazione

$$(k+2)x^2 - 2(k+1)x + k = 0 \qquad k \in \mathbb{R}$$

Se è richiesto di determinare i valori del parametro k in modo che sia soddisfatta una particolare *condizione sulle sue radici*, allora l'equazione è chiamata **equazione parametrica**. Ad esempio, la richiesta potrebbe essere una delle seguenti: determinare k in modo che le radici siano reali, cioè che esistano, *oppure* le radici siano coincidenti *oppure* le radici siano numeri opposti *oppure* una delle radici sia il numero 5 e così via.
Nella parte di esercizi troverai numerosi esempi sull'argomento completamente svolti.

SpiegaMatica: la parabola e le equazioni di secondo grado

■ La parabola e le equazioni di secondo grado

11. Il grafico della funzione quadratica: la parabola

Sappiamo che la funzione della proporzionalità quadratica ha equazione

$$y = ax^2$$

e che il suo grafico è, per $a \neq 0$, una parabola con il *vertice* nell'origine degli assi cartesiani e con l'*asse di simmetria* coincidente con l'asse y.
Ad esempio, in **FIGURA 2** è rappresentata la parabola di equazione $y = x^2$.
Si chiama **funzione quadratica** la funzione di equazione

$$y = ax^2 + bx + c \qquad \text{con } a \neq 0$$

dove a, b, c sono numeri reali. Il dominio naturale della funzione è $\mathbb{R}$.

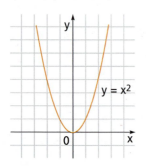

FIGURA 2

Se $b = c = 0$, l'equazione $y = ax^2 + bx + c$ diventa $y = ax^2$, cioè l'equazione della proporzionalità quadratica.

ESEMPIO

1 **MATEMATICA E... FISICA** In un moto rettilineo uniformemente accelerato lo spostamento è una funzione quadratica del tempo:

$$s = \frac{1}{2}at^2 + v_0 t + s_0$$

Tale equazione è del tipo $y = ax^2 + bx + c$ con $t = x$ e $s = y$. Il coefficiente $\frac{1}{2}a$ rappresenta la metà del valore costante dell'accelerazione, v_0 la velocità iniziale e s_0 lo spostamento iniziale.

Il grafico di una funzione quadratica

$$y = ax^2 + bx + c \qquad a \neq 0$$

è una **parabola**: per disegnarla è bene conoscere un certo numero di suoi punti e tener conto di alcune sue proprietà (**FIGURE 3** e **4**).

▶ La parabola di equazione $y = ax^2 + bx + c$ ha l'**asse di simmetria parallelo all'asse y**; quindi, se un punto P appartiene alla parabola, anche il punto P', simmetrico di P rispetto all'asse di simmetria, appartiene alla parabola.
L'equazione dell'asse di simmetria è la retta parallela all'asse y di equazione

$$x = -\frac{b}{2a}$$

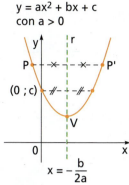

FIGURA 3

▶ Il coefficiente a è legato alla **concavità** della parabola e precisamente:
- se $a > 0$, la concavità è rivolta verso l'alto (**FIGURA 3**);
- se $a < 0$, la concavità è rivolta verso il basso (**FIGURA 4**).

Il coefficiente a indica l'*apertura* della curva; tale apertura aumenta al decrescere di $|a|$.

▶ Il **vertice** della parabola è il punto della curva che appartiene all'asse di simmetria; l'ascissa del vertice è dunque $x = -\frac{b}{2a}$ e l'ordinata si ottiene dall'equazione della parabola ponendo $x = -\frac{b}{2a}$; se indichiamo con $f(x) = ax^2 + bx + c$ l'espressione analitica della funzione quadratica, si ha $V\left(-\frac{b}{2a}\,;\,f\left(-\frac{b}{2a}\right)\right)$, da cui

$$\boxed{V\left(-\frac{b}{2a}\,;\,-\frac{b^2 - 4ac}{4a}\right)}$$

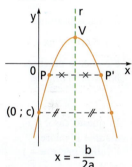

FIGURA 4

Quindi è
$$y_V = -\frac{\Delta}{4a}$$

▶ Ponendo $x = 0$ nell'equazione della parabola, si ottiene $y = c$ e, quindi, il punto di coordinate $(0\,;\,c)$ è il punto di intersezione della parabola con l'asse y. Notiamo che **la parabola interseca sempre l'asse y mentre può intersecare l'asse x o non intersecarlo**.

▶ Se poniamo $f(x) = ax^2 + bx + c$ e consideriamo le **FIGURE 3** e **4**, possiamo osservare che:

- se $a > 0$, $f(x)$ assume il valore **minimo** per $x = -\frac{b}{2a}$ e tale valore minimo è $f\left(-\frac{b}{2a}\right) = -\frac{b^2 - 4ac}{4a}$:

$$min\, f(x) = -\frac{\Delta}{4a} \qquad (a > 0)$$

- se $a < 0$, $f(x)$ assume il valore **massimo** per $x = -\frac{b}{2a}$ e tale valore massimo è $f\left(-\frac{b}{2a}\right) = -\frac{b^2 - 4ac}{4a}$:

$$Max\, f(x) = -\frac{\Delta}{4a} \qquad (a < 0)$$

ESEMPI

2 Rappresentiamo graficamente la funzione quadratica f di equazione $y = x^2 + 2x$.

In questo caso è $a = 1$, $b = 2$, $c = 0$.

Essendo $a > 0$, la parabola volge la concavità verso l'alto; l'equazione dell'asse di simmetria è $x = -\dfrac{b}{2a} = -\dfrac{2}{2 \cdot 1} = -1$ e quindi l'ascissa del vertice V è -1. L'ordinata del vertice è

$$y_V = f(-1) = (-1)^2 + 2(-1) = 1 - 2 = -1$$

Avremmo potuto calcolare l'ordinata del vertice anche così:

$$y_V = -\dfrac{b^2 - 4ac}{4a} \quad \longrightarrow \quad y_V = -\dfrac{4 - 0}{4 \cdot 1} = -1$$

Le coordinate del vertice sono dunque $(-1\,;\,-1)$.

> Se nell'equazione
> $$y = ax^2 + bx + c$$
> è $c = 0$, la parabola *passa per l'origine*.

Per disegnare la parabola (**FIGURA 5**) usiamo la **TABELLA 4**. Puoi osservare che, essendo $c = 0$ nell'equazione $y = x^2 + 2x$, è $f(0) = 0$, cioè la parabola passa per l'origine.

TABELLA 4

x	$y = f(x)$
-3	3
-2	0
-1	-1 ← vertice
0	0
1	3

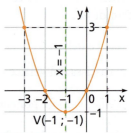

FIGURA 5

> In questo caso, $f(x)$ assume il valore *minimo* per $x = -1$ ed è
> $$\min f(x) = -1$$

3 Disegniamo la parabola di equazione $y = -\dfrac{1}{2}x^2 + x - 1$.

In questo caso è $a < 0$ e quindi la parabola volge la concavità verso il basso. Le coordinate del vertice sono

$$x_V = -\dfrac{b}{2a} = -\dfrac{1}{2\left(-\dfrac{1}{2}\right)} = +1$$

$$y_V = -\dfrac{b^2 - 4ac}{4a} = -\dfrac{1 - 4\left(-\dfrac{1}{2}\right)(-1)}{4\left(-\dfrac{1}{2}\right)} = -\dfrac{1}{2}$$

> $a = -\dfrac{1}{2} \quad b = 1$
> $c = -1$

Quindi il vertice è $V\left(1\,;\,-\dfrac{1}{2}\right)$.

Compilando la **TABELLA 5**, otteniamo il grafico (**FIGURA 6**).

> In alternativa
> $$y_V = f(1)$$

TABELLA 5

x	$y = f(x)$
-1	$-2{,}5$
0	-1
1	$-0{,}5$ ← vertice
2	-1
3	$-2{,}5$

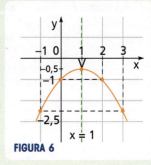

FIGURA 6

> In questo caso, $f(x)$ assume il valore *massimo* per $x = 1$ ed è
> $$\text{Max}\, f(x) = -0{,}5$$

12. Equazioni di secondo grado e parabole

La risoluzione di un'equazione di secondo grado si può interpretare graficamente. Consideriamo, ad esempio, l'equazione

$$x^2 + 2x - 3 = 0 \qquad \boxed{5}$$

Tracciamo, nel piano cartesiano, la parabola (**FIGURA 7**) grafico della funzione quadratica di equazione

$$y = x^2 + 2x - 3 \qquad \boxed{6}$$

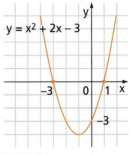

FIGURA 7

I **punti in cui la parabola interseca l'asse x hanno ordinata $y = 0$**. Per determinarne le corrispondenti ascisse basta sostituire 0 al posto di y nell'equazione $\boxed{6}$ della parabola. Si ottiene così l'equazione $0 = x^2 + 2x - 3$ che, scambiando tra loro i due membri, diviene la $\boxed{5}$. Risolvendola si ottengono le due soluzioni $x_1 = -3$ e $x_2 = 1$, che rappresentano proprio le ascisse dei punti di intersezione tra la parabola e l'asse x.

Queste considerazioni si possono generalizzare: la risoluzione di un'equazione di secondo grado

$$ax^2 + bx + c = 0$$

si può sempre interpretare come la ricerca dei punti di intersezione tra l'asse delle ascisse, di equazione $y = 0$, e la parabola di equazione

$$y = ax^2 + bx + c$$

Si possono svolgere a tale proposito alcune considerazioni, illustrate dagli schemi nella **TABELLA 6**. In essi non è riportato l'asse y, perché ciò che interessa è la posizione della parabola rispetto all'asse x.

> Le **radici** dell'equazione $ax^2 + bx + c = 0$ sono gli **zeri** della corrispondente funzione quadratica $y = ax^2 + bx + c$.

TABELLA 6

	$y = ax^2 + bx + c$ $(\Delta = b^2 - 4ac)$		
	$\Delta < 0$	$\Delta = 0$	$\Delta > 0$
$a > 0$	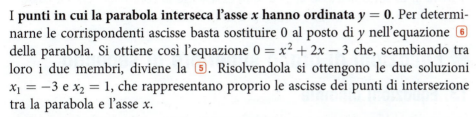		
$a < 0$			

Se $\Delta < 0$, l'equazione $ax^2 + bx + c = 0$ è impossibile. Ciò significa che la parabola non interseca l'asse x. In particolare, se $a > 0$ la parabola giace al di sopra dell'asse x, mentre se $a < 0$ la parabola si trova al di sotto dell'asse x.

Se $\Delta = 0$, l'equazione $ax^2 + bx + c = 0$ ha due soluzioni coincidenti $x_1 = x_2$. Ciò significa che la parabola interseca l'asse x in un solo punto o, come si usa dire, in due punti coincidenti: la **parabola** risulta **tangente** all'asse x e il punto di contatto coincide con il vertice. Anche in questo caso, se $a > 0$ la parabola giace al di sopra dell'asse x, mentre se $a < 0$ la parabola si trova al di sotto dell'asse x. Come abbiamo visto in precedenza è $x_1 = x_2 = -\dfrac{b}{2a}$ e tale valore è proprio l'ascissa del vertice della parabola.

Se $\Delta > 0$, l'equazione $ax^2 + bx + c = 0$ ha due soluzioni distinte x_1 e x_2. Ciò significa che la parabola interseca l'asse x nei due punti di coordinate $(x_1\,;\,0)$ e $(x_2\,;\,0)$. Se $a > 0$, la parabola volge la concavità verso l'alto e quindi il suo vertice si trova al di sotto dell'asse x; se $a < 0$, essa volge la concavità verso il basso e quindi il suo vertice si trova al di sopra dell'asse x.

■ Equazioni di grado superiore al secondo

13. Equazioni binomie

Le **equazioni binomie** sono quelle che possono essere scritte nella forma

$$x^n = h \qquad n \in \mathbb{N}^*,\ h \neq 0$$

Il procedimento per risolvere le equazioni binomie è una semplice applicazione della definizione di radice di indice n. Distingueremo due casi.

> Sappiamo già risolvere le equazioni binomie di primo e di secondo grado ($n = 1$, $n = 2$): nel caso $n = 2$, si tratta di equazioni pure di secondo grado.

▶ ***n* pari**

Supponiamo ad esempio di voler risolvere l'equazione

$$x^4 = 16$$

In base alla definizione di radice di indice n, sappiamo che $\sqrt[4]{16} = 2$ è una soluzione dell'equazione $x^4 = 16$; ma sappiamo anche che, essendo l'esponente 4 un numero pari, si ha $(-2)^4 = (+2)^4 = 16$. Quindi l'insieme delle soluzioni dell'equazione $x^4 = 16$ è $S = \{-2\,;\,2\}$:

$$x^4 = 16 \quad \longrightarrow \quad x = \pm\sqrt[4]{16} \quad \longrightarrow \quad x = \pm 2$$

Invece l'equazione

$$x^4 = -16$$

è impossibile perché, qualsiasi numero reale si sostituisca a x, risulta $x^4 \geq 0$ e quindi x^4 non può essere uguale al numero negativo -16.

▶ ***n* dispari**

Consideriamo ad esempio le equazioni

$$x^5 = 32 \quad \text{e} \quad x^3 = -27$$

In base alla definizione di radice, sappiamo che

$$\sqrt[5]{32} = 2 \qquad \sqrt[3]{-27} = -3$$

A questo punto dobbiamo ricordare che la radice di indice dispari di un numero reale esiste sempre e ha lo stesso segno del radicando; d'altra parte una potenza di esponente dispari ha sempre lo stesso segno della base. Quindi le equazioni $x^5 = 32$ e $x^3 = -27$ hanno una sola soluzione:

$$x^5 = 32 \quad \longrightarrow \quad x = \sqrt[5]{32} \quad \longrightarrow \quad x = 2$$
$$x^3 = -27 \quad \longrightarrow \quad x = \sqrt[3]{-27} \quad \longrightarrow \quad x = -3$$

Possiamo generalizzare le considerazioni precedenti e riassumerle nella **TABELLA 7**.

TABELLA 7

	equazioni binomie $x^n = h$ ($n \in \mathbb{N}^*$, $h \neq 0$)	
	$h > 0$	$h < 0$
n pari	$x = \pm\sqrt[n]{h}$	impossibile
n dispari	$x = \sqrt[n]{h}$	

Equazioni monomie

Nell'equazione binomia $x^n = h$ abbiamo escluso il caso $h = 0$. Per $h = 0$ si ha

$$x^n = 0 \qquad n \in \mathbb{N}^*$$

che è detta **equazione monomia**.
Poiché l'unico numero reale la cui potenza con esponente intero $n \geq 1$ è uguale a 0 è il numero 0, possiamo concludere che l'unica soluzione dell'equazione monomia è $x = 0$ e perciò il suo insieme delle soluzioni è

$$S = \{0\}$$

Possiamo però osservare che

$$x^n = 0 \longrightarrow \underbrace{x \cdot x \cdot \ldots \cdot x}_{n \text{ volte}} = 0 \longrightarrow \underbrace{x = 0 \vee x = 0 \vee \ldots \vee x = 0}_{n \text{ volte}}$$

legge di annullamento del prodotto

e quindi

$$x^n = 0 \longrightarrow x_1 = x_2 = \ldots = x_n = 0$$

cioè l'equazione monomia $x^n = 0$, di grado n, ha **n radici coincidenti** uguali a 0. In questo caso si può anche dire che $x = 0$ è una **radice di molteplicità n** dell'equazione monomia $x^n = 0$.

- Per $n = 2$, $x = 0$ è **radice doppia**.
- Per $n = 3$, $x = 0$ è **radice tripla**.

Per approfondire

> **ESEMPIO**
> L'equazione $x^7 = 0$ è monomia e ha sette radici coincidenti uguali a zero:
> $$x_1 = x_2 = \ldots = x_7 = 0$$
> Possiamo anche dire che:
> $x = 0$ è una radice di molteplicità 7
> L'insieme delle soluzioni è $S = \{0\}$.

14. Equazioni trinomie

Consideriamo la seguente equazione:

$$8x^6 + 19x^3 - 27 = 0 \qquad \boxed{7}$$

In essa compaiono x^3 e $x^6 = (x^3)^2$. Possiamo quindi considerarla una equazione di secondo grado rispetto all'incognita x^3; infatti, se operiamo la *sostituzione*

$$x^3 = y$$

Quando eseguiamo un **cambiamento di incognita** non ha alcuna importanza la lettera usata per indicare la nuova incognita.
Quest'ultima è anche detta *incognita ausiliaria*.

e osserviamo che risulta $x^6 = (x^3)^2 = y^2$, l'equazione $8x^6 + 19x^3 - 27 = 0$ diviene

$$8(x^3)^2 + 19x^3 - 27 = 0$$

$$\underset{x^3 = y}{\downarrow}$$

$$8y^2 + 19y - 27 = 0 \qquad \boxed{8}$$

Risolviamo la $\boxed{8}$:

$$\Delta = 19^2 - 4 \cdot 8 \cdot (-27) = 1225 \longrightarrow$$

$$\longrightarrow y_{1,2} = \frac{-19 \pm \sqrt{1225}}{2 \cdot 8} \begin{cases} y_1 = \dfrac{-19 - 35}{16} = -\dfrac{54}{16} = -\dfrac{27}{8} \\ y_2 = \dfrac{-19 + 35}{16} = \dfrac{16}{16} = 1 \end{cases}$$

I valori così trovati sono le soluzioni della $\boxed{8}$, non della $\boxed{7}$: essi si riferiscono all'incognita y e non all'incognita della $\boxed{7}$, che è x. Per determinare le soluzioni della $\boxed{7}$ dobbiamo ricordare la sostituzione operata ed effettuare la *sostituzione inversa*:

$$y = -\frac{27}{8} \underset{y=x^3}{\longrightarrow} x^3 = -\frac{27}{8} \qquad y = 1 \underset{y=x^3}{\longrightarrow} x^3 = 1$$

Abbiamo così ottenuto due equazioni binomie, che possiamo risolvere facilmente:

$$x^3 = -\frac{27}{8} \longrightarrow x = \sqrt[3]{-\frac{27}{8}} \longrightarrow x = -\frac{3}{2}$$

$$x^3 = 1 \longrightarrow x = \sqrt[3]{1} \longrightarrow x = 1$$

Possiamo perciò affermare che l'insieme delle soluzioni della $\boxed{7}$ è $S = \left\{ -\dfrac{3}{2} ; 1 \right\}$.

Il procedimento che abbiamo seguito nel precedente esempio può essere applicato a tutte le equazioni che si presentano nella forma

$$\boxed{ax^{2n} + bx^n + c = 0 \qquad a \neq 0, \; n \in \mathbb{N}^*}$$

Tali equazioni sono dette **equazioni trinomie**. Per risolvere un'equazione trinomia si opera la **sostituzione**

$$x^n = y$$

Poiché $(x^n)^2 = y^2$, cioè $x^{2n} = y^2$, l'equazione trinomia diviene un'equazione di secondo grado nell'incognita y, detta **equazione ausiliaria** o **associata**:

$$ay^2 + by + c = 0$$

Una volta risolta l'equazione di secondo grado, si applica, alle sue soluzioni, la sostituzione inversa $y = x^n$. In questo modo si ottiene, per ogni soluzione, un'equazione binomia; risolvendo tali equazioni binomie, si ottengono le soluzioni dell'equazione trinomia.

> Se l'equazione di secondo grado associata alla trinomia è impossibile ($\Delta < 0$), anche l'equazione trinomia è impossibile.

ESEMPIO

1 Risolviamo l'equazione trinomia $x^8 + 2x^4 - 3 = 0$.

Eseguiamo la sostituzione $x^4 = y$:

$$x^8 + 2x^4 - 3 = 0 \xrightarrow{x^4 = y} y^2 + 2y - 3 = 0$$

$$\frac{\Delta}{4} = 1^2 - 1 \cdot (-3) = 4 \longrightarrow y_{1,2} = -1 \pm \sqrt{4} \begin{cases} y_1 = -1 - 2 = -3 \\ y_2 = -1 + 2 = 1 \end{cases}$$

Determiniamo ora i valori di x corrispondenti ai valori di y trovati:

$$\left. \begin{array}{l} y = -3 \xrightarrow{y = x^4} x^4 = -3 \longrightarrow \text{impossibile} \\ y = 1 \xrightarrow{y = x^4} x^4 = 1 \longrightarrow x = \pm 1 \end{array} \right\} \longrightarrow x = \pm 1$$

Equazioni biquadratiche

Per $n = 2$ l'equazione trinomia assume la forma

$$\boxed{ax^4 + bx^2 + c = 0 \qquad a \neq 0}$$

Le equazioni in tale forma vengono dette **equazioni biquadratiche**. La sostituzione da operare per risolverle è, ovviamente,

$$x^2 = y$$

> Le equazioni biquadratiche sono un caso particolare di equazione trinomia (equazione trinomia di quarto grado).

ESEMPIO

2 Risolviamo l'equazione biquadratica $4x^4 - 25x^2 + 36 = 0$.

Operiamo la sostituzione $x^2 = y$:

$$4(x^2)^2 - 25x^2 + 36 = 0 \xrightarrow{x^2 = y} 4y^2 - 25y + 36 = 0$$

$$\Delta = (-25)^2 - 4 \cdot 4 \cdot 36 = 625 - 576 = 49 > 0$$

da cui

$$y_{1,2} = \frac{25 \pm \sqrt{49}}{2 \cdot 4} \begin{cases} y_1 = \frac{25 - 7}{8} = \frac{18}{8} = \frac{9}{4} \\ y_2 = \frac{25 + 7}{8} = \frac{32}{8} = 4 \end{cases}$$

Determiniamo ora i valori di x corrispondenti ai valori di y trovati:

$$y = \frac{9}{4} \xrightarrow{y = x^2} x^2 = \frac{9}{4} \longrightarrow x = \pm \frac{3}{2}$$

$$y = 4 \xrightarrow{y = x^2} x^2 = 4 \longrightarrow x = \pm 2$$

Concludiamo che l'equazione proposta ha quattro soluzioni: $-2; -\frac{3}{2}; \frac{3}{2}; 2$.

15. Equazioni risolubili mediante scomposizioni in fattori e legge di annullamento del prodotto

Supponiamo di dover risolvere l'equazione

$$x^3 + x^2 - 4x - 4 = 0$$

Scomponiamo in fattori il polinomio al primo membro mediante un raccoglimento parziale a fattore comune:

$$x^2(x+1) - 4(x+1) = 0 \quad \longrightarrow \quad (x+1)(x^2 - 4) = 0$$

Il primo membro dell'equazione è ora espresso come prodotto di due fattori, mentre il secondo membro è zero. Ma, per la **legge di annullamento del prodotto**, il primo membro può essere uguale a zero se e solo se almeno uno dei suoi due fattori è zero:

$$(x+1)(x^2 - 4) = 0 \quad \longrightarrow \quad x + 1 = 0 \ \lor \ x^2 - 4 = 0$$

Pertanto la risoluzione dell'equazione data, che è un'equazione di terzo grado, è ricondotta alla risoluzione di due equazioni di grado inferiore, rispettivamente di primo e di secondo grado. Si ha

$$\left. \begin{array}{l} x + 1 = 0 \ \longrightarrow \ x = -1 \\ x^2 - 4 = 0 \ \longrightarrow \ x^2 = 4 \ \longrightarrow \ x = \pm 2 \end{array} \right\} \longrightarrow S = \{-2; -1; 2\}$$

L'equazione $x^3 + x^2 - 4x - 4 = 0$ ha quindi tre soluzioni: $-2, -1, 2$.

Possiamo generalizzare questa tecnica: tutte le volte che dobbiamo risolvere un'equazione algebrica del tipo

$$P(x) = 0$$

dove $P(x)$ è un polinomio nell'incognita x, possiamo cercare di scomporre $P(x)$ in un prodotto di fattori:

$$P(x) = 0 \quad \longrightarrow \quad A(x) \cdot B(x) \cdot \ldots = 0$$

Per la legge di annullamento del prodotto ogni soluzione dell'equazione $P(x) = 0$ deve essere soluzione di almeno una delle equazioni

$$A(x) = 0 \qquad B(x) = 0 \qquad \ldots$$

e, viceversa, le soluzioni di tali equazioni sono anche soluzioni dell'equazione $P(x) = 0$.

Sarà perciò sufficiente risolvere le equazioni $A(x) = 0$, $B(x) = 0$, ... e considerare, come soluzioni dell'equazione $P(x) = 0$, tutte le soluzioni così trovate.

ATTENZIONE!
Per applicare la legge di annullamento del prodotto è necessario che il secondo membro sia zero, cioè che l'equazione sia nella forma canonica $P(x) = 0$.

ESEMPIO

1 Risolviamo l'equazione

$$(x^2 + 5)(x - 6) = -30$$

Svolgiamo i prodotti indicati al primo membro e semplifichiamo:

$$x^3 + 5x - 6x^2 - \cancel{30} = \cancel{-30} \quad \longrightarrow \quad x^3 - 6x^2 + 5x = 0 \quad \longrightarrow$$

$$\longrightarrow \quad x(x^2 - 6x + 5) = 0$$

Risolviamo le due equazioni:

- $x = 0$

- $x^2 - 6x + 5 = 0 \longrightarrow \dfrac{\Delta}{4} = (-3)^2 - 1 \cdot 5 = 4 \longrightarrow$

$\longrightarrow x = 3 \pm \sqrt{4} \begin{cases} x = 1 \\ x = 5 \end{cases}$

L'equazione data ha quindi le soluzioni: 0; 1; 5.

Applicazione del teorema e della regola di Ruffini

Consideriamo ancora un'equazione nella **forma canonica**

$$P(x) = 0$$

essendo $P(x)$ un polinomio nella variabile x. Se non si riesce a scomporre in fattori $P(x)$ con altre tecniche, si può provare ad applicare il teorema e la regola di Ruffini. Come già sappiamo si deve quindi procedere nel modo seguente.

a. Si determina una radice c, se esiste, del polinomio $P(x)$;

b. si esegue la divisione di $P(x)$ per $(x - c)$ con la regola di Ruffini, determinando il quoziente $Q(x)$;

c. si riscrive l'equazione $P(x) = 0$ nella forma $(x - c) \cdot Q(x) = 0$ (si dice, sia pur impropriamente, che il polinomio $P(x)$ è stato «abbassato» di grado);

d. si risolvono le equazioni $x - c = 0$ e $Q(x) = 0$; per risolvere quest'ultima, se necessario, si può applicare ancora lo stesso procedimento.

Per la **ricerca di una radice del polinomio $P(x)$** è bene ricordare quanto segue.

▶ Se la somma dei coefficienti del polinomio è zero, il polinomio si annulla per $x = 1$ e quindi una radice di $P(x)$ è 1.

▶ Se la somma dei coefficienti di grado pari è uguale alla somma dei coefficienti di grado dispari, il polinomio si annulla per $x = -1$ e quindi una radice di $P(x)$ è -1.

▶ Le **radici intere** di $P(x)$ vanno cercate tra i divisori del termine noto.

▶ Le **radici razionali** di $P(x)$ vanno cercate tra le frazioni che hanno per numeratore un divisore del termine noto e per denominatore un divisore del coefficiente del termine di grado massimo.

> ■ **SAI GIÀ CHE...**
>
> Per scomporre in fattori il polinomio $P(x)$ con il teorema e la regola di Ruffini, devi trovarne una radice, cioè un numero c tale che $P(c) = 0$. Un tale numero è perciò una soluzione (o radice) dell'equazione $P(x) = 0$ che devi risolvere.

ESEMPIO

2 Risolviamo l'equazione, in forma canonica,

$$2x^4 - 7x^3 + x^2 + 7x - 3 = 0 \qquad \boxed{9}$$

a. Osserviamo che la somma dei coefficienti del polinomio $P(x)$ al primo membro della $\boxed{9}$ è zero:

$$2 - 7 + 1 + 7 - 3 = 0$$

Ciò significa che 1 è radice di $P(x)$ e quindi che

- $x = 1$ è una soluzione dell'equazione $\boxed{9}$;

- il polinomio al primo membro è divisibile per $x - 1$.

> **b.** Eseguiamo la divisione con la regola di Ruffini:
>
> | | 2 | −7 | 1 | 7 | −3 |
> |---|---|----|----|----|----|
> | 1 | | 2 | −5 | −4 | 3 |
> | | 2 | −5 | −4 | 3 | 0 |
>
> **c.** Il quoziente è perciò il polinomio di terzo grado $2x^3 - 5x^2 - 4x + 3$. Il polinomio al primo membro della ⑨ è il prodotto di tale quoziente per il divisore $x - 1$. La ⑨ si può quindi così riscrivere:
>
> $$2x^4 - 7x^3 + x^2 + 7x - 3 = 0 \longrightarrow (x-1)(2x^3 - 5x^2 - 4x + 3) = 0$$
>
> **d.** Cerchiamo ora di scomporre in fattori anche il polinomio $2x^3 - 5x^2 - 4x + 3$. La somma dei suoi coefficienti è $2 - 5 - 4 + 3 = -4 \neq 0$, quindi esso **non** è divisibile per $x - 1$. Le somme dei coefficienti di grado pari e dei coefficienti di grado dispari sono, rispettivamente, $-5 + 3 = -2$ e $2 - 4 = -2$; essendo tali somme uguali tra loro una radice è -1 e il polinomio è divisibile per $x - (-1) = x + 1$. Eseguiamo la divisione:
>
> | | 2 | −5 | −4 | 3 |
> |----|---|----|----|----|
> | −1 | | −2 | 7 | −3 |
> | | 2 | −7 | 3 | 0 |
>
> Il quoziente della divisione è il polinomio di secondo grado $2x^2 - 7x + 3$ e si ha
>
> $$2x^3 - 5x^2 - 4x + 3 = (x+1)(2x^2 - 7x + 3).$$
>
> La ⑨ si può quindi riscrivere nel modo seguente:
>
> $$2x^4 - 7x^3 + x^2 + 7x - 3 = 0 \longrightarrow$$
> $$\longrightarrow (x-1)(2x^3 - 5x^2 - 4x + 3) = 0 \longrightarrow$$
> $$\longrightarrow (x-1)(x+1)(2x^2 - 7x + 3) = 0 \quad \text{⑩}$$
>
> Possiamo ora procedere alla risoluzione ponendo uguali a zero tutti i fattori al primo membro della ⑩:
>
> - $x - 1 = 0 \longrightarrow x = 1$
> - $x + 1 = 0 \longrightarrow x = -1$
> - $2x^2 - 7x + 3 = 0 \longrightarrow \Delta = (-7)^2 - 4 \cdot 2 \cdot 3 = 25 \longrightarrow$
>
> $$\longrightarrow x = \frac{7 \pm \sqrt{25}}{2 \cdot 2} \quad \begin{matrix} \nearrow x = \dfrac{1}{2} \\ \searrow x = 3 \end{matrix}$$
>
> Concludiamo che l'insieme delle soluzioni della ⑨ è $S = \left\{ -1 ; \dfrac{1}{2} ; 1 ; 3 \right\}$.

> Dagli esempi svolti in questo capitolo risulta evidente che **un'equazione algebrica di grado n ha al massimo n radici**.
>
> Questo significa che l'insieme delle soluzioni di un'equazione $P(x) = 0$ di grado n può essere vuoto oppure può contenere un solo elemento, o due, ..., o n elementi. Si può dimostrare che, se l'equazione $P(x) = 0$ è di grado dispari, essa ammette sempre almeno una radice; tuttavia non è detto che sia possibile determinarla con i metodi qui esposti.

16. Equazioni reciproche

Consideriamo un'equazione algebrica, scritta nella forma canonica $P(x) = 0$, dove $P(x)$ è un polinomio ordinato rispetto a x.

> **DEFINIZIONE EQUAZIONE RECIPROCA**
>
> L'equazione $P(x) = 0$ è detta reciproca se i coefficienti dei termini estremi e di quelli equidistanti dagli estremi sono rispettivamente uguali oppure opposti.

Ad esempio, sono reciproche le equazioni

$$2x^3 - 3x^2 - 3x + 2 = 0 \qquad 5x^3 - 31x^2 + 31x - 5 = 0$$

$$12x^4 - 4x^3 - 41x^2 - 4x + 12 = 0 \qquad 2x^4 - 5x^3 + 5x - 2 = 0$$

Ci limiteremo a risolvere equazioni reciproche di **terzo** e di **quarto grado**, che, tranne in un caso, si risolvono scomponendo $P(x)$ in fattori mediante il teorema e la regola di Ruffini.

▶ Un'equazione reciproca di terzo grado della forma

$$ax^3 + bx^2 + bx + a = 0$$

ha sempre come radice $x = -1$.

▶ Un'equazione reciproca di terzo grado della forma

$$ax^3 + bx^2 - bx - a = 0$$

ha sempre come radice $x = 1$.

▶ Un'equazione reciproca di quarto grado della forma

$$ax^4 + bx^3 - bx - a = 0$$

ha sempre come radici $x = -1$ e $x = 1$.

▶ Un'equazione reciproca di quarto grado della forma

$$ax^4 + bx^3 + cx^2 + bx + a = 0$$

si risolve generalmente con un'opportuna *sostituzione di incognita* $\left(\text{si dividono entrambi i membri per } x^2 \neq 0 \text{ e si pone } x + \frac{1}{x} = y\right)$. Tale equazione *non sempre* ha $x = -1$ e $x = 1$ come soluzioni e può essere risolta mediante il teorema e la regola di Ruffini nell'ipotesi che essa abbia radici razionali.

> Negli esercizi vedrai esempi di risoluzione di equazioni reciproche.

La denominazione «**reciproche**», attribuita a questo tipo di equazioni, deriva dalla seguente proprietà: se $x = m$ ($m \neq 0$) è una soluzione, allora anche $x = \frac{1}{m}$, cioè il reciproco di m, è una soluzione.

Verifichiamo tale proprietà ad esempio sull'equazione reciproca di terzo grado della forma

$$ax^3 + bx^2 + bx + a = 0$$

Se $x = m$ ($m \neq 0$) è soluzione di tale equazione, allora risulta vera l'uguaglianza

$$am^3 + bm^2 + bm + a = 0 \qquad \boxed{11}$$

e, dividendo entrambi i membri per $m^3 \neq 0$, otteniamo

$$a + b \cdot \frac{1}{m} + b \cdot \frac{1}{m^2} + a \cdot \frac{1}{m^3} = 0 \longrightarrow$$

$$\longrightarrow a\left(\frac{1}{m}\right)^3 + b\left(\frac{1}{m}\right)^2 + b\left(\frac{1}{m}\right) + a = 0$$

Da quest'ultima uguaglianza possiamo dedurre che anche $x = \frac{1}{m}$ è soluzione della $\boxed{11}$.

Equazioni e risaie

 Soluzione del problema di pag. 241

Se un imprenditore agricolo vuole ottenere un numero prestabilito di quintali di riso Carnaroli, usando solo lo spazio necessario del suo appezzamento, quali devono essere le dimensioni dei terreni?

Per rispondere a questa domanda definiamo le seguenti grandezze:

- c_1, la quantità di riso che si vuole raccogliere nel campo quadrato, misurata in quintali (q);
- c_2, la quantità di riso che si vuole raccogliere nel campo triangolare, misurata in quintali (q);

FIGURA 8

- r, la *resa media* del Carnaroli, misurata in quintali all'ettaro (q/ha), che ci dice quanti quintali di riso è possibile produrre da ogni ettaro di terreno.

Iniziamo a determinare il lato del terreno a forma di quadrato. Indichiamo con l il lato del quadrato, quindi l^2 è l'area dell'appezzamento di terreno in questione: i valori c_1, l, r sono legati tra loro dalla relazione quadratica

$$c_1 = r \cdot l^2 \quad \text{oppure} \quad r \cdot l^2 - c_1 = 0$$

Quindi, se sono note due delle tre variabili, è possibile ricavare la grandezza mancante.
Se l'imprenditore vuole avere una certa quantità c_1 di Carnaroli e conosce la resa r, l'incognita è la grandezza l e dalla relazione precedente si ricava la seguente equazione di secondo grado pura:

$$l^2 = \frac{c_1}{r} \quad \text{da cui} \quad l = \sqrt{\frac{c_1}{r}}$$

(Osserva che la soluzione negativa dell'equazione precedente non è stata considerata perché l rappresenta una grandezza geometrica sempre positiva.)
Consideriamo ora l'appezzamento di terreno a forma di triangolo rettangolo, la cui altezza è data dalla somma della base con il lato del quadrato (**FIGURA 9**). Indichiamo con x la base del triangolo, quanto deve misurare x?
Per rispondere a questa domanda possiamo utilizzare la prima formula adattata al caso di un terreno triangolare, anziché quadrato:

$$c_2 = A_{\text{triangolo}} \cdot r$$

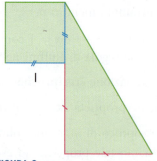
FIGURA 9

da cui

$$c_2 = \frac{1}{2} \cdot \left(x + \sqrt{\frac{c_1}{r}}\right) \cdot x \cdot r \quad \rightarrow \quad \frac{1}{2} \cdot r \cdot x^2 + \frac{1}{2} \cdot \sqrt{\frac{c_1}{r}} \cdot r \cdot x - c_2 = 0 \quad \rightarrow$$

$$\rightarrow \quad \frac{1}{2} \cdot r \cdot x^2 + \frac{1}{2} \cdot \sqrt{c_1 \cdot r} \cdot x - c_2 = 0$$

cioè $r \cdot x^2 + \sqrt{c_1 \cdot r} \cdot x - 2 \cdot c_2 = 0$.

Ora si tratta di risolvere l'equazione di secondo grado in x, così da ottenere che la base del triangolo dovrà misurare:

$$x = \frac{-\sqrt{c_1 \cdot r} + \sqrt{c_1 \cdot r + 8 \cdot c_2 \cdot r}}{2 \cdot r} = \frac{1}{2} \cdot \frac{-\sqrt{c_1 \cdot r} + \sqrt{c_1 \cdot r + 8 \cdot c_2 \cdot r}}{r}$$

Le quantità c_1 e c_2 sono misurate in quintali (q), la resa r è misurata in quintali all'ettaro (q/ha), perciò l'unità di misura di x è:

$$\frac{\sqrt{q \cdot \frac{q}{ha}}}{\frac{q}{ha}} = \sqrt{\frac{q^2}{ha}} \cdot \frac{ha}{q} = \frac{q}{\sqrt{ha}} \cdot \frac{ha}{q} = \frac{ha}{\sqrt{ha}} = \frac{ha}{\sqrt{ha}} \cdot \frac{\sqrt{ha}}{\sqrt{ha}} = \sqrt{ha}$$

$\sqrt{ha}$ è accettabile come unità di misura di lunghezza?
Proviamo a verificarlo: 1 ha $= 10\,000$ m^2, perciò $\sqrt{ha} = \sqrt{10\,000 \text{ m}^2} = 100$ m.
Perciò $\sqrt{ha}$ è un'unità di misura accettabile e il valore di x risulta misurato in centinaia di metri.
Volendo evitare conti così inconsueti, dovresti convertire i dati di quantità e resa usando le unità di misura del Sistema Internazionale.
Per le quantità andrebbero usati i kilogrammi al posto dei quintali, per le rese andrebbero usati i kilogrammi per metro quadrato (kg/m^2) al posto dei quintali per ettaro (q/ha).

Equazioni di secondo grado e di grado superiore

Equazioni di secondo grado: definizioni e risoluzione

▶ **Equazione di secondo grado in forma canonica:** $ax^2 + bx + c = 0$

- primo coefficiente ($a \neq 0$)
- secondo coefficiente
- terzo coefficiente

▶ **Equazioni complete e incomplete**

Equazione completa ⟶ tutti i coefficienti sono diversi da zero
Equazione incompleta ⟶ almeno uno dei due coefficienti b e c è uguale a zero

▶ **Risoluzione delle equazioni incomplete ($a \neq 0$)**

denominazione	forma	soluzioni	
equazione monomia ($b = c = 0$)	$ax^2 = 0$	$x_1 = x_2 = 0$ ($x = 0$ soluzione doppia)	
equazione pura ($b = 0 \wedge c \neq 0$)	$ax^2 + c = 0$	a, c concordi ⟶ impossibile	
		a, c discordi ⟶ $x_1 = -\sqrt{-\dfrac{c}{a}}$; $x_2 = +\sqrt{-\dfrac{c}{a}}$	
equazione spuria ($b \neq 0 \wedge c = 0$)	$ax^2 + bx = 0$	$x_1 = 0$; $x_2 = -\dfrac{b}{a}$	

$7x^2 = 0 \longrightarrow x^2 = 0 \longrightarrow x_1 = x_2 = 0 \qquad x^2 + 4 = 0 \longrightarrow x^2 = -4 \longrightarrow$ impossibile

$9x^2 - 16 = 0 \longrightarrow x^2 = \dfrac{16}{9} \longrightarrow x = \pm\sqrt{\dfrac{16}{9}} = \pm\dfrac{4}{3}$

$3x^2 + 2x = 0 \longrightarrow x(3x + 2) = 0 \longrightarrow x = 0 \vee x = -\dfrac{2}{3}$

▶ **Equazioni complete: formula generale**

equazione	$ax^2 + bx + c = 0$ ($a \neq 0$)
discriminante	$\Delta = b^2 - 4ac$
$\Delta < 0$	equazione impossibile
$\Delta \geq 0$	$x_{1,2} = \dfrac{-b \pm \sqrt{b^2 - 4ac}}{2a}$

- Nel caso particolare in cui sia $\Delta = 0$, la formula generale fornisce le soluzioni $x_1 = x_2 = -\dfrac{b}{2a}$.

  Si dice in questo caso che l'equazione ha **due soluzioni coincidenti** oppure che $x = -\dfrac{b}{2a}$ è **soluzione doppia**.

- La formula generale si può applicare anche alle equazioni incomplete, in tutti i casi in cui sia $\Delta \geq 0$.

SpiegaMatica: equazioni di secondo grado

Formula ridotta

Se il secondo coefficiente b è «multiplo» di 2, è utile ricorrere alla **formula ridotta**:

$$x_{1,2} = \frac{-\frac{b}{2} \pm \sqrt{\left(\frac{b}{2}\right)^2 - ac}}{a} \qquad \text{se } \left(\frac{b}{2}\right)^2 - ac = \frac{\Delta}{4} \geq 0$$

Δ e $\frac{\Delta}{4}$ hanno lo stesso segno. Se $\frac{\Delta}{4} < 0$ l'equazione è impossibile.

$2x^2 + 3x - 2 = 0 \quad \xrightarrow[\Delta = 3^2 - 4 \cdot 2(-2) = 25 > 0]{a=2;\ b=3;\ c=-2} \quad x = \frac{-3 \pm \sqrt{25}}{4} \quad \begin{array}{l} \nearrow x_1 = \dfrac{-3-5}{4} = -2 \\ \searrow x_2 = \dfrac{-3+5}{4} = \dfrac{1}{2} \end{array}$

$2^2 - 2x\sqrt{2} + 2 = 0 \quad \xrightarrow[\frac{\Delta}{4} = (-\sqrt{2})^2 - 1 \cdot 2 = 0]{a=1;\ b=-2\sqrt{2};\ c=2} \quad x_1 = x_2 = -\dfrac{\frac{b}{2}}{a} = -\dfrac{b}{2a} = -\dfrac{-2\sqrt{2}}{2 \cdot 1} = \sqrt{2}$

$3x^2 + x + 2 = 0 \quad \xrightarrow[\Delta = 1^2 - 4 \cdot 3 \cdot 2 < 0]{a=3;\ b=1;\ c=2} \quad$ equazione impossibile

$x^2 - 2\sqrt{3}x - 2 = 0 \quad \xrightarrow[\frac{\Delta}{4} = (-\sqrt{3})^2 - 1 \cdot (-2) = 5 > 0]{a=1;\ b=-2\sqrt{3};\ c=-2} \quad \text{(formula ridotta) } x = \frac{\sqrt{3} \pm \sqrt{5}}{1} \quad \begin{array}{l} \nearrow x_1 = \sqrt{3} - \sqrt{5} \\ \searrow x_2 = \sqrt{3} + \sqrt{5} \end{array}$

Relazioni tra radici e coefficienti

Somma e prodotto delle radici

Se in un'equazione di secondo grado $ax^2 + bx + c = 0$ è $\Delta \geq 0$, indicando con x_1 e x_2 le sue radici (eventualmente coincidenti), si ha

$$x_1 + x_2 = -\frac{b}{a} \qquad x_1 \cdot x_2 = \frac{c}{a}$$

- **Problema**: scrivere l'equazione conoscendo le radici.
  Se il primo coefficiente è $a = 1$, indicando con s la somma delle radici ($s = x_1 + x_2$) e con p il loro prodotto ($p = x_1 \cdot x_2$), l'equazione $ax^2 + bx + c = 0$ assume la forma $x^2 - sx + p = 0$.
- **Problema**: trovare due numeri di cui sono noti somma e prodotto.
  Per determinare due numeri di cui si conoscono somma e prodotto è sufficiente risolvere l'equazione $x^2 - sx + p = 0$; le sue soluzioni sono i numeri richiesti.

Scomposizione del trinomio di secondo grado

Se $ax^2 + bx + c$ è un trinomio di secondo grado e se x_1 e x_2 sono le sue eventuali radici, ossia le soluzioni dell'equazione associata $ax^2 + bx + c = 0$, si ha:

- $\Delta > 0 \longrightarrow ax^2 + bx + c = a(x - x_1)(x - x_2)$
- $\Delta < 0 \longrightarrow ax^2 + bx + c$ è irriducibile
- $\Delta = 0 \longrightarrow ax^2 + bx + c = a(x - x_1)^2$

Scomponiamo in fattori il trinomio $2x^2 - x - 6$.

Abbiamo $a = 2;\ b = -1;\ c = -6;\ \Delta = (-1)^2 - 4 \cdot 2 \cdot (-6) = 49 > 0;\ x = \dfrac{1 \pm 7}{4} \quad \begin{array}{l} \nearrow x_1 = -\dfrac{3}{2} \\ \searrow x_2 = 2 \end{array}$

Quindi: $\qquad 2x^2 - x - 6 = 2\left(x + \dfrac{3}{2}\right)(x - 2) = (2x + 3)(x - 2)$

moltiplichiamo

Teoria.zip

▶ Regola di Cartesio

In una equazione di secondo grado $ax^2 + bx + c = 0$ con $\Delta \geq 0$, a ogni variazione dei segni dei coefficienti corrisponde una radice positiva e a ogni permanenza una radice negativa.
Se l'equazione ha radici discordi, la radice maggiore in valore assoluto è positiva se la variazione precede la permanenza, è negativa se la permanenza precede la variazione.

$$3x^2 - 2x - 6 = 0 \quad \longrightarrow \quad \underbrace{+3}_{\oplus}x^2 \underbrace{-2}_{\ominus}x \underbrace{-6}_{\ominus} = 0 \implies x_1 < 0 \text{ e } x_2 > 0 \text{ con } |x_1| < x_2$$

($\Delta = 76 > 0$)

variazione — permanenza

$x_1 < 0$ corrisponde alla permanenza
$x_2 > 0$ corrisponde alla variazione
$|x_1| < x_2$ variazione precede permanenza

La parabola e le equazioni di secondo grado

▶ Funzione quadratica

Equazione: $y = ax^2 + bx + c$ con $a, b, c \in \mathbb{R}, a \neq 0$

Grafico: parabola simmetrica rispetto alla retta di equazione $x = -\dfrac{b}{2a}$.

Vertice $\longrightarrow V\left(-\dfrac{b}{2a}\,;\, -\dfrac{b^2 - 4ac}{4a}\right)$

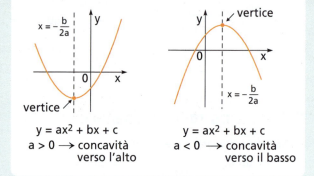

$y = ax^2 + bx + c$
$a > 0 \rightarrow$ concavità verso l'alto

$y = ax^2 + bx + c$
$a < 0 \rightarrow$ concavità verso il basso

▶ Equazioni di secondo grado e parabole

Risolvere l'equazione di secondo grado $ax^2 + bx + c = 0$ significa, dal punto di vista grafico, cercare le eventuali intersezioni della parabola di equazione $y = ax^2 + bx + c$ con l'asse delle ascisse (di equazione $y = 0$): le ascisse di tali intersezioni sono le soluzioni cercate.

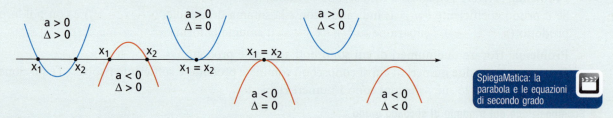

SpiegaMatica: la parabola e le equazioni di secondo grado

Equazioni di grado superiore al secondo

Equazioni binomie

Sono le equazioni che si presentano, o possono essere ridotte, nella forma

$$x^n = h \qquad n \in \mathbb{N}^*, h \neq 0$$

$x^3 = 3 \longrightarrow x = \sqrt[3]{3}$
$x^4 = 5 \longrightarrow x = \pm\sqrt[4]{5}$

equazioni binomie $x^n = h$ ($n \in \mathbb{N}^*$, $h \neq 0$)		
	$h > 0$	$h < 0$
n pari	$x = \pm\sqrt[n]{h}$	impossibile
n dispari	$x = \sqrt[n]{h}$	

▶ Nel caso sia $h = 0$, l'equazione $x^n = h$ assume la forma $x^n = 0$ (**equazione monomia**). Tutte le equazioni monomie hanno come insieme delle soluzioni $S = \{0\}$; $x = 0$ è una *soluzione di molteplicità n* dell'equazione $x^n = 0$ (l'equazione ha *n* radici coincidenti uguali a 0).

Equazioni trinomie

Sono le equazioni che si possono ridurre alla forma

$$ax^{2n} + bx^n + c = 0$$

Si riconducono a equazioni di secondo grado mediante la sostituzione $x^n = y$:

$$ax^{2n} + bx^n + c = 0 \quad \xrightarrow{x^n = y} \quad ay^2 + by + c = 0$$

Per $n = 2$ si ha un caso particolare di equazioni trinomie, dette **equazioni biquadratiche**, che si presentano nella forma

$$ax^4 + bx^2 + c = 0$$

In questo caso la sostituzione da operare è $x^2 = y$.

Equazioni risolubili mediante scomposizioni in fattori e legge di annullamento del prodotto

▶ Per risolvere un'equazione mediante scomposizione in fattori, puoi procedere così.

a. Poni l'equazione nella forma canonica $P(x) = 0$, dove $P(x)$ è un polinomio contenente l'incognita x: *al secondo membro deve comparire solo lo zero*.

b. Scomponi quindi in due o più fattori il polinomio $P(x)$; in tal modo l'equazione assume la forma

$$A(x) \cdot B(x) \cdot \ldots = 0$$

Per operare la scomposizione in fattori di $P(x)$ puoi utilizzare il *teorema* e la *regola di Ruffini*: ricorda che le eventuali **radici intere** di $P(x)$ sono divisori del termine noto e le eventuali **radici razionali** di $P(x)$ hanno per numeratore un divisore del termine noto e per denominatore un divisore del coefficiente del termine di grado massimo.

c. Risolvi quindi, una a una, le equazioni $A(x) = 0$, $B(x) = 0$, ..., ciascuna delle quali è di grado inferiore a quello dell'equazione $P(x) = 0$. L'unione degli insiemi delle loro soluzioni è l'insieme delle soluzioni dell'equazione $P(x) = 0$ che devi risolvere.

$$x^3 + x^2 - 2x = 0 \quad \longrightarrow \quad x(x^2 + x - 2) = 0 \quad \longrightarrow$$

$$\longrightarrow \quad x = 0 \ \lor \ x^2 + x - 2 \begin{cases} x = -2 \\ x = 1 \end{cases} \quad \longrightarrow \quad S = \{-2\,;\,0\,;\,1\}$$

Equazioni reciproche

$$\left.\begin{array}{l} ax^3 + bx^2 + bx + a = 0 \ (\text{radice } -1) \\ ax^3 + bx^2 - bx - a = 0 \ (\text{radice } 1) \\ ax^4 + bx^3 - bx - a = 0 \ (\text{radici } \pm 1) \end{array}\right\} \text{si scompone il primo membro con il teorema e la regola di Ruffini}$$

$$ax^4 + bx^3 + cx^2 + bx + a = 0 \ \longrightarrow \ \text{si dividono entrambi i membri per } x^2 \neq 0 \text{ e si pone } x + \frac{1}{x} = y$$

Capitolo 4 — Esercizi

- Equazioni di secondo grado
- Risoluzione delle equazioni di secondo grado
- Relazioni tra radici e coefficienti
- Equazioni numeriche frazionarie
- Equazioni letterali
- Equazioni parametriche
- La parabola e le equazioni di secondo grado
- Problemi di secondo grado
- Equazioni di grado superiore al secondo
- Autovalutazione
- Esercizi per il recupero
- Esercizi di approfondimento
- Verso la Prova Invalsi

Equazioni di secondo grado

Riduci in forma canonica le seguenti equazioni e, se risultano di secondo grado, specifica se sono complete o incomplete; nel caso siano incomplete, precisa se sono equazioni monomie, pure o spurie.

ESERCIZI SVOLTI

1 $(x^2+1)(x^2-1) = (x^2+2)^2$

Svolgiamo i prodotti indicati e riduciamo a forma normale:

$$(x^2+1)(x^2-1) = (x^2+2)^2 \longrightarrow \cancel{x^4} - 1 = \cancel{x^4} + 4x^2 + 4 \longrightarrow$$
$$\longrightarrow -4x^2 - 5 = 0 \longrightarrow 4x^2 + 5 = 0$$

L'equazione si presenta ora nella forma $ax^2 + bx + c = 0$, con $a = 4$, $b = 0$ e $c = 5$. Si tratta perciò di una equazione di secondo grado pura.

2 $(2x+1)^3 - 8x(x+1)^2 = (1-2x)(1+2x)$

Procediamo come nell'esercizio precedente:

$$(2x+1)^3 - 8x(x+1)^2 = (1-2x)(1+2x) \longrightarrow \ldots \longrightarrow -2x = 0$$

L'equazione data è perciò di primo grado.

3 $x(x-2)(x+3) = x(x+2)(x-3);\quad x(x+1)+(x+1)(x+3) = x(x+2)+x(x+4)$

[monomia; 1° grado]

4 $(x+1)(x+2)(x+3) = (x-1)(x-2)(x-3);\quad (x+1)(x+3)(x+5) = (x+2)(x+4)(x+6)$

[pura; completa]

5 $(x+1)^3 = 3x(x+1);\quad x(x+1)+(x+1)(x+3) = x(x+2)+x(x+4)$

[3° grado; 1° grado]

▷▷ **6** $\left(1 + \frac{1}{4}x\right)^2 = \left(1 + \frac{1}{2}x\right)^2$; $\left(x^2 + \frac{1}{3}\right)^2 = \left(x^2 + \frac{1}{3}\right)\left(x^2 - \frac{1}{3}\right)$ [spuria; pura]

Risoluzione delle equazioni di secondo grado

Equazioni incomplete

VERO O FALSO?

▷▷ **7**
a. Un'equazione monomia ha sempre le due soluzioni coincidenti $x_1 = x_2 = 0$.   V F
b. Un'equazione spuria ha sempre una soluzione uguale a zero.   V F
c. Un'equazione pura ha sempre due soluzioni opposte.   V F
d. Un'equazione spuria può essere impossibile.   V F
e. Un'equazione pura può essere impossibile.   V F

QUESITI A RISPOSTA MULTIPLA

▷▷ **8** Un'equazione di secondo grado ha le soluzioni $x_1 = 0$ e $x_2 = 6$. Essa è un'equazione
   a monomia   **b** pura   **c** spuria   **d** completa   **e** non si può sapere

▷▷ **9** Un'equazione di secondo grado ha le soluzioni $x_1 = -3$ e $x_2 = 3$. Essa è un'equazione
   a monomia   **b** pura   **c** spuria   **d** completa   **e** non si può sapere

▷▷ **10** Un'equazione di secondo grado ha le soluzioni coincidenti $x_1 = x_2 = 0$. Essa è un'equazione
   a monomia   **b** pura   **c** spuria   **d** completa   **e** non si può sapere

▷▷ **11** Quale delle seguenti equazioni ha le soluzioni $x_1 = -3$, $x_2 = 0$?
   a $-3x^2 = 0$ **b** $x^2 + 3x = 0$ **c** $x^2 - 9 = 0$ **d** $x^2 + 9 = 0$ **e** $x^2 - 3x = 0$

▷▷ **12** Quale delle seguenti equazioni ha le soluzioni $x_1 = -5$, $x_2 = 5$?
   a $25x^2 = 0$ **b** $x^2 + 5x = 0$ **c** $x^2 - 25 = 0$ **d** $x^2 + 25 = 0$ **e** $x^2 - 5x = 0$

Risolvi le seguenti equazioni di secondo grado numeriche intere e incomplete.

ESERCIZI SVOLTI

▷▷ **13** $(x^2 + 1)(x^2 - 1) - (x^2 - 1)^2 + 2 = 0$

Svolgiamo i prodotti indicati e semplifichiamo i termini simili:

$(x^2 + 1)(x^2 - 1) - (x^2 - 1)^2 + 2 = 0 \longrightarrow x^4 - 1 - x^4 + 2x^2 - 1 + 2 = 0 \longrightarrow 2x^2 = 0$

Abbiamo ottenuto un'*equazione monomia*. Come sappiamo essa ha due soluzioni coincidenti:

$$x_1 = x_2 = 0$$

▷▷ **14** $(x + \sqrt{5})^2 = (x\sqrt{5} + 1)^2 \longrightarrow x^2 + 2x\sqrt{5} + 5 = 5x^2 + 2x\sqrt{5} + 1 \longrightarrow$

$\longrightarrow x^2 + 2x\sqrt{5} + 5 - 5x^2 - 2x\sqrt{5} - 1 = 0 \longrightarrow -4x^2 + 4 = 0$

Abbiamo ottenuto un'*equazione pura*. Risolviamola:

$$-4x^2 = -4 \longrightarrow x^2 = 1 \longrightarrow x = \pm 1$$

L'equazione data ha dunque due soluzioni distinte opposte: $x_1 = -1$ e $x_2 = 1$.

ESERCIZI

▷▷ **15** $2(x+2)(x-2) = (x+4)(x-4) \longrightarrow 2(x^2 - 4) = x^2 - 16 \longrightarrow \underline{2x^2} - \underline{8} - \underline{x^2} + \underline{16} = 0 \longrightarrow$
$\longrightarrow x^2 + 8 = 0$

Risolviamo l'equazione pura così ottenuta:

$$x^2 + 8 = 0 \longrightarrow x^2 = -8$$

Poiché nessun numero reale elevato al quadrato può essere uguale a un numero negativo, l'equazione risulta **impossibile**.

▷▷ **16** $6x^2 - 16 = 0 \longrightarrow \cancel{2} \cdot 3x^2 - \cancel{2} \cdot 8 = 0 \longrightarrow 3x^2 - 8 = 0 \longrightarrow$
$\longrightarrow 3x^2 = 8 \longrightarrow x^2 = \dfrac{8}{3} \longrightarrow$
$\longrightarrow x = \pm\sqrt{\dfrac{8}{3}} = \pm\dfrac{\sqrt{8}}{\sqrt{3}} = \pm\dfrac{2\sqrt{2}}{\sqrt{3}} = \pm\dfrac{2\sqrt{2}\cdot\sqrt{3}}{\sqrt{3}\cdot\sqrt{3}} = \pm\dfrac{2\sqrt{6}}{3}$

> **OSSERVAZIONE**
> Se una soluzione di un'equazione contiene radicali al denominatore, si preferisce, di solito, razionalizzare il denominatore.

▷▷ **17** $x^2 - 3x = 0; \quad 3x^2 - 12x = 0$ $\hfill$ [0 e 3; 0 e 4]

▷▷ **18** $x^2 - 9 = 0; \quad x^2 = 25; \quad 36 - x^2 = 0$ $\hfill$ [±3; ±5; ±6]

▷▷ **19** $(2x-1)(3x+2) = 3x - 2 + x(x-2); \quad (x-3)(2x+1) - 2 = 5(x^2 - x - 1)$ $\hfill$ [0 e 0; 0 e 0]

▷▷ **20** $9x^2 - 1 = 0; \quad 121x^2 - 1 = 0; \quad x^2 - 5 = 0$ $\hfill \left[\pm\dfrac{1}{3};\ \pm\dfrac{1}{11};\ \pm\sqrt{5}\right]$

▷▷ **21** $2x^2 + 25 = 0; \quad 2x^2 - 72 = 0; \quad 7x^2 - 2 = 0$ $\hfill \left[\text{impossibile}; \pm 6; \pm\dfrac{\sqrt{14}}{7}\right]$

▷▷ **22** $2x^2 + 6x = 0; \quad x^2 = 10x; \quad 4x^2 - 3 = 0$ $\hfill \left[0 \text{ e } -3;\ 0 \text{ e } 10;\ \pm\dfrac{\sqrt{3}}{2}\right]$

▷▷ **23** $3x^2 = 5x; \quad 5x^2 - 2x = 0; \quad 7x - x^2 = 0$ $\hfill \left[0 \text{ e } \dfrac{5}{3};\ 0 \text{ e } \dfrac{2}{5};\ 0 \text{ e } 7\right]$

▷▷ **24** $(x+3)^2 = (3x+1)^2 + 8; \quad (6x-3)(3x+5) = 3(7x-5)$ $\hfill$ [0 e 0; 0 e 0]

▷▷ **25** $(2x-1)^2 + (2x+1)^2 = (4x-1)^2 + (4x+1)^2; \quad (x-1)^3 = (x+1)^3$ $\hfill$ [0 e 0; impossibile]

▷▷ **26** $\dfrac{3}{5}x^2 - x = 0; \quad \dfrac{1}{2}x^2 = \dfrac{1}{3}x$ $\hfill \left[0 \text{ e } \dfrac{5}{3};\ 0 \text{ e } \dfrac{2}{3}\right]$

▷▷ **27** $\dfrac{x(x+2)}{3} + \dfrac{x(x-3)}{2} = 0; \quad \dfrac{x(x+2)}{3} + \dfrac{x(x-4)}{6} = 0$ $\hfill$ [0 e 1; 0 e 0]

▷▷ **28** $\dfrac{x^2 + 3x + 2}{10} - \dfrac{x}{3}\left(\dfrac{1}{5} + \dfrac{x}{2}\right) = \left(\dfrac{1}{6} + \dfrac{1}{15}\right)x$ $\hfill$ [±√3]

▷▷ **29** $\dfrac{3}{2}(x+2) - (\sqrt{3} - x)(\sqrt{3} + x) = \dfrac{x(x-3)}{4}$ $\hfill$ [0 e −3]

▷▷ **30** $(2x+1)^2 - \dfrac{x^2}{2} = x\left(4 - \dfrac{1}{2}x\right)$ $\hfill$ [impossibile]

▷▷ **31** $\dfrac{9 + (x-6)^2 - (2x+3)^2}{12} + 2x = 0$ $\hfill$ [±2√3]

▷▷ **32** $\dfrac{1}{3}(x-2)(x+2) = \dfrac{1}{2}(x-3)(x+3); \quad \dfrac{(x+3)^2}{3} - \dfrac{(2x+1)^2}{2} = 0$ $\hfill \left[\pm\sqrt{19};\ \pm\dfrac{\sqrt{6}}{2}\right]$

▷▷ **33** $\left(\dfrac{2}{3}x - \dfrac{3}{2}\right)^3 = \dfrac{2}{3}\left(x - \dfrac{9}{4}\right)\left(\dfrac{4}{9}x^2 + x + \dfrac{9}{4}\right); \quad (x\sqrt{6} + 1)^2 = 2x\sqrt{6}$ $\hfill \left[0 \text{ e } \dfrac{9}{4};\ \text{impossibile}\right]$

34 $x^2 + 4\sqrt{2}x = 0$; $\left(\dfrac{1}{3} - x\right)^3 + \left(\dfrac{1}{3} + x\right)^3 + \dfrac{2}{3}(3x-1)(3x+1) = 0$ $\left[0 \text{ e } -4\sqrt{2}; \pm\dfrac{\sqrt{6}}{9}\right]$

35 $\left(2x - \dfrac{1}{2}\right)^2 - x^2 = \dfrac{15}{2} - \left(2x + \dfrac{1}{2}\right)^2$; $(\sqrt{5} - x)^2 = (5x - \sqrt{5})^2$ $\left[\pm 1; 0 \text{ e } \dfrac{\sqrt{5}}{3}\right]$

36 $(2 - x\sqrt{3})^2(2 + x\sqrt{3})^2 - 3(\sqrt{3}x^2 - 4)(\sqrt{3}x^2 + 4) = 0$ $\left[\pm\dfrac{2}{3}\sqrt{6}\right]$

37 $3\left(\dfrac{1}{5} - \sqrt{5}x\right)\left(\dfrac{1}{5} + \sqrt{5}x\right) = \left(\dfrac{1}{5} - \sqrt{5}x\right)^2 + \left(\dfrac{1}{5} + \sqrt{5}x\right)^2$ $\left[\pm\dfrac{1}{25}\right]$

38 $(x\sqrt{2} + 1)^2 + 2x(x - \sqrt{2}) = x^2 + 4$; $(\sqrt{2} + \sqrt{6})x - 2x^2 = (\sqrt{2} - x)(x - \sqrt{6})$ $[\pm 1; \pm\sqrt[4]{12}]$

39 $(x + \sqrt{2})^3 - (x - \sqrt{2})^3 = 0$; $(x + \sqrt[3]{2})^2 - (x - \sqrt[3]{2})^2 = (x\sqrt[3]{2})^2$ $[\text{impossibile}; 0 \text{ e } 2\sqrt[3]{4}]$

40 $(x - \sqrt[3]{2})^3 = x^3 - 2$; $(x - \sqrt[3]{6})^3 - x^3 = 3(x\sqrt[3]{36} - 4)$ $\left[0 \text{ e } \sqrt[3]{2}; \pm\sqrt[6]{\dfrac{4}{3}}\right]$

41 $4,\overline{4}x - 2,\overline{6}x^2 = 0$; $2,\overline{7} - 0,36x^2 = 0$ $[0 \text{ e } 1,\overline{6}; \pm 2,\overline{7}]$

Risolvi le seguenti equazioni riconducibili, con opportune sostituzioni, a equazioni incomplete di secondo grado.

Altri esercizi

ESERCIZIO SVOLTO

42 $(2x - 1)^2 - 3 = 0$

Poniamo $2x - 1 = y$ e otteniamo

$$(2x - 1)^2 - 3 = 0 \xrightarrow{2x-1=y} y^2 - 3 = 0 \longrightarrow y^2 = 3 \longrightarrow y = \pm\sqrt{3}$$

Quindi, operiamo la *sostituzione inversa* $y = 2x - 1$; avremo

$$2x - 1 = -\sqrt{3} \quad \vee \quad 2x - 1 = \sqrt{3}$$
$$\downarrow \qquad\qquad\qquad \downarrow$$
$$2x = 1 - \sqrt{3} \quad \vee \quad 2x = 1 + \sqrt{3}$$
$$\downarrow \qquad\qquad\qquad \downarrow$$
$$x = \dfrac{1 - \sqrt{3}}{2} \quad \vee \quad x = \dfrac{1 + \sqrt{3}}{2}$$

43 $(x - 1)^2 = 4$ $[-1 \text{ e } 3]$ **44** $(2x - 3)^2 = 16$ $\left[-\dfrac{1}{2} \text{ e } \dfrac{7}{2}\right]$

45 $(x - 1)^2 = \dfrac{3}{4}$ $\left[\dfrac{2 \pm \sqrt{3}}{2}\right]$ **46** $(2x - \sqrt{3})^2 = 27$ $[-\sqrt{3} \text{ e } 2\sqrt{3}]$

47 $(x - 2\sqrt{2})^2 = 18$ $[-\sqrt{2} \text{ e } 5\sqrt{2}]$ **48** $(\sqrt{5} - 2x)^2 - 125 = 0$ $[-2\sqrt{5} \text{ e } 3\sqrt{5}]$

49 $\left(2x - \dfrac{3}{5}\right)^2 = \dfrac{1}{4}$ $\left[\dfrac{1}{20} \text{ e } \dfrac{11}{20}\right]$ **50** $\left(\dfrac{2}{3} + \dfrac{3}{2}x\right)^2 = \dfrac{1}{9}$ $\left[-\dfrac{2}{9} \text{ e } -\dfrac{2}{3}\right]$

51 $(3 - x)^2 = \sqrt{3}$ $[3 \pm \sqrt[4]{3}]$ **52** $(x - \sqrt[4]{5})^2 = \sqrt{5}$ $[0 \text{ e } 2\sqrt[4]{5}]$

ESERCIZI

Equazioni complete

VERO O FALSO?

53 a. Un'equazione completa ha sempre due soluzioni, distinte o coincidenti. V F
b. La formula generale si può applicare solo alle equazioni complete. V F
c. Un'equazione completa non può avere per soluzione $x = 0$. V F
d. Se il discriminante di un'equazione di secondo grado è zero, l'equazione è impossibile. V F

54 Un'equazione di secondo grado che ha per soluzioni -1 e 3
a. è un'equazione spuria V F
b. ha il discriminante positivo V F
c. ha il termine noto diverso da zero V F
d. ha il primo coefficiente uguale a zero V F

QUESITI A RISPOSTA MULTIPLA

 Altri quesiti a risposta multipla

55 Qual è il discriminante dell'equazione $2x^2 + 4x - 1 = 0$?
a 8 b 6 c 24 d $24x^2$ e $6x^2$

56 Qual è il discriminante dell'equazione $-x^2 + 5x - 4 = 0$?
a 41 b -41 c -9 d 9 e $8x^2$

57 Qual è il discriminante dell'equazione $2x^2 + 4 = 0$?
a 0 b -32 c 32 d 8 e -8

58 Qual è il discriminante dell'equazione $x^2 + 6x = 0$?
a 36 b 32 c -32 d 9 e 8

Risolvi le seguenti equazioni numeriche intere complete. Altri esercizi

ESERCIZI SVOLTI

59 $2x^2 + x - 6 = 0$

L'equazione data è di secondo grado e completa e si presenta nella forma canonica $ax^2 + bx + c = 0$, essendo $a = 2$, $b = 1$, $c = -6$.
Calcoliamo il discriminante:

$ax^2 + bx + c = 0$
$2x^2 + 1x - 6 = 0$

$$\Delta = b^2 - 4ac \longrightarrow \Delta = 1^2 - 4 \cdot 2 \cdot (-6) = 1 + 48 = 49 > 0$$

Il discriminante è positivo, quindi l'equazione ha due soluzioni distinte. Per trovarle applichiamo la formula generale:

$$x_{1,2} = \frac{-b \pm \sqrt{b^2 - 4ac}}{2a} \longrightarrow x_{1,2} = \frac{-1 \pm \sqrt{49}}{2 \cdot 2} \nearrow x_1 = \frac{-1-7}{4} \longrightarrow x_1 = -2$$
$$\searrow x_2 = \frac{-1+7}{4} \longrightarrow x_2 = \frac{3}{2}$$

60 $13x^2 + 48x + 45 = 0$

L'equazione si presenta nella forma canonica $ax^2 + bx + c = 0$, con $a = 13$, $b = 48$, $c = 45$. Poiché il secondo coefficiente è pari, possiamo utilizzare la **formula ridotta**, con $\frac{b}{2} = 24$.

Calcoliamo il discriminante ridotto:

$$\frac{\Delta}{4} = \left(\frac{b}{2}\right)^2 - ac \quad \longrightarrow \quad \frac{\Delta}{4} = 24^2 - 13 \cdot 45 = -9 < 0$$

Essendo $\frac{\Delta}{4} < 0$, l'equazione risulta **impossibile**.

▷▶ **61** $20x^2 - 12\sqrt{5}x + 9 = 0$

L'equazione si presenta in forma canonica $ax^2 + bx + c = 0$, con $a = 20$, $b = -12\sqrt{5}$, $c = 9$.
Il secondo coefficiente è $b = -12\sqrt{5} = 2 \cdot (-6\sqrt{5})$; possiamo perciò utilizzare la **formula ridotta**, con $\frac{b}{2} = -6\sqrt{5}$. Calcoliamo il discriminante ridotto:

$$\frac{\Delta}{4} = \left(\frac{b}{2}\right)^2 - ac \quad \longrightarrow \quad \frac{\Delta}{4} = (-6\sqrt{5})^2 - 20 \cdot 9 = 180 - 180 = 0$$

Il discriminante ridotto è zero, quindi l'equazione ha due soluzioni coincidenti:

$$x_1 = x_2 = -\frac{-\frac{b}{2}}{a} \quad \longrightarrow \quad x_1 = x_2 = -\frac{-6\sqrt{5}}{20} \quad \longrightarrow \quad x_1 = x_2 = \frac{3\sqrt{5}}{10}$$

▷▶ **62** $3x^2 - x\sqrt{3} - 2 = 0$

L'equazione è già in forma canonica ed è $a = 3$, $b = -\sqrt{3}$ e $c = -2$.
Calcoliamo il discriminante:

$$\Delta = (-\sqrt{3})^2 - 4 \cdot 3 \cdot (-2) = 3 + 24 = 27 = 3^2 \cdot 3 > 0$$

Le soluzioni dell'equazione sono

$$x_{1,2} = \frac{-(-\sqrt{3}) \pm \sqrt{3^2 \cdot 3}}{2 \cdot 3} = \frac{\sqrt{3} \pm 3\sqrt{3}}{6} \quad \begin{array}{l} x_1 = \dfrac{\sqrt{3} - 3\sqrt{3}}{6} = \dfrac{-2\sqrt{3}}{6} = -\dfrac{1}{3}\sqrt{3} \\ \\ x_2 = \dfrac{\sqrt{3} + 3\sqrt{3}}{6} = \dfrac{4\sqrt{3}}{6} = \dfrac{2}{3}\sqrt{3} \end{array}$$

▷▶ **63** $x^2 - 1{,}95x + 0{,}875 = 0$

L'equazione è già in forma canonica. Utilizzando anche una *calcolatrice scientifica* avremo:

$$\left.\begin{array}{l} a = 1 \\ b = -1{,}95 \\ c = 0{,}875 \end{array}\right\} \quad \longrightarrow \quad \Delta = (-1{,}95)^2 - 4 \cdot 1 \cdot 0{,}875 = 3{,}8025 - 3{,}5 = 0{,}3025 = (0{,}55)^2 > 0$$

Le soluzioni dell'equazione sono

$$x_{1,2} = \frac{1{,}95 \pm \sqrt{(0{,}55)^2}}{2 \cdot 1} = \frac{1{,}95 \pm 0{,}55}{2} \quad \begin{array}{l} x_1 = \dfrac{1{,}95 - 0{,}55}{2} = \dfrac{1{,}4}{2} = 0{,}7 \\ \\ x_2 = \dfrac{1{,}95 + 0{,}55}{2} = \dfrac{2{,}5}{2} = 1{,}25 \end{array}$$

▷▶ **64** $(x - 3)^2 = (2x - 1)^2 - 1$

$$x^2 - 6x + 9 = 4x^2 - 4x + 1 - 1 \quad \longrightarrow \quad x^2 - 6x + 9 - 4x^2 + 4x = 0 \quad \longrightarrow$$
$$\longrightarrow \quad -3x^2 - 2x + 9 = 0 \quad \longrightarrow \quad 3x^2 + 2x - 9 = 0$$

Si ha $a = 3$, $b = 2$ $\left(\text{e quindi } \dfrac{b}{2} = 1\right)$, $c = -9$. Calcoliamo il discriminante ridotto:

$$\frac{\Delta}{4} = \left(\frac{b}{2}\right)^2 - ac = 1^2 - 3 \cdot (-9) = 28 > 0$$

ESERCIZI

Poiché risulta $\frac{\Delta}{4} > 0$, per trovare le due radici distinte applichiamo la *formula ridotta*:

$$x = \frac{-\frac{b}{2} \pm \sqrt{\frac{\Delta}{4}}}{a} = \frac{-1 \pm \sqrt{28}}{3} \quad \begin{array}{l} x_1 = \frac{-1 - \sqrt{4 \cdot 7}}{3} = \frac{-1 - 2\sqrt{7}}{3} \\ x_2 = \frac{-1 + \sqrt{4 \cdot 7}}{3} = \frac{-1 + 2\sqrt{7}}{3} \end{array}$$

65 $x^2 - x - 6 = 0$ $\quad$ [−2 e 3] $\quad$ **66** $x^2 - x - 20 = 0$ $\quad$ [−4 e 5]

67 $x^2 - 7x + 10 = 0$ $\quad$ [2 e 5] $\quad$ **68** $x^2 - 7x - 18 = 0$ $\quad$ [−2 e 9]

69 $x^2 - 8x + 15 = 0$ $\quad$ [3 e 5] $\quad$ **70** $x^2 - 2x - 35 = 0$ $\quad$ [−5 e 7]

71 $x^2 + 2x - 35 = 0$ $\quad$ [−7 e 5] $\quad$ **72** $x^2 + 2x - 8 = 0$ $\quad$ [−4 e 2]

73 $x^2 - 4x + 4 = 0$ $\quad$ [2 e 2] $\quad$ **74** $2x^2 + 3x - 20 = 0$ $\quad$ $\left[-4 \text{ e } \frac{5}{2}\right]$

75 $x^2 - 9x - 22 = 0$ $\quad$ [−2 e 11] $\quad$ **76** $8x^2 + 10x - 7 = 0$ $\quad$ $\left[-\frac{7}{4} \text{ e } \frac{1}{2}\right]$

77 $x^2 - x + 1 = 0$ $\quad$ Videolezione [impossibile] $\quad$ **78** $6x^2 - 5x - 6 = 0$ $\quad$ $\left[-\frac{2}{3} \text{ e } \frac{3}{2}\right]$

79 $6x^2 + 13x + 6 = 0$ $\quad$ $\left[-\frac{3}{2} \text{ e } -\frac{2}{3}\right]$ $\quad$ **80** $4x^2 - 12x + 9 = 0$ $\quad$ $\left[\frac{3}{2} \text{ e } \frac{3}{2}\right]$

81 $3x^2 - 2x - 8 = 0$ $\quad$ $\left[-\frac{4}{3} \text{ e } 2\right]$ $\quad$ **82** $\frac{1}{9}x^2 + \frac{2}{3}x + 1 = 0$ $\quad$ [−3 e −3]

83 $3(x-2)(x+2) - 5x = 0$ $\quad$ $\left[-\frac{4}{3} \text{ e } 3\right]$ $\quad$ **84** $(x-2)^2 - 9 = 0$ $\quad$ Videolezione [−1 e 5]

85 $(1 + 2x)^2 + 4 = 0$ $\quad$ Videolezione [impossibile] $\quad$ **86** $9x^2 - 24x + 16 = 0$ $\quad$ $\left[\frac{4}{3} \text{ e } \frac{4}{3}\right]$

87 $3x^2 - 8x + 2 = 0$ $\quad$ $\left[\frac{4 \pm \sqrt{10}}{3}\right]$ $\quad$ **88** $2x^2 + 3x - 6 = 0$ $\quad$ $\left[\frac{-3 \pm \sqrt{57}}{4}\right]$

89 $4x^2 + 4x - 7 = 0$ $\quad$ $\left[\frac{-1 \pm 2\sqrt{2}}{2}\right]$ $\quad$ **90** $x^2 - \frac{22}{15}x + \frac{8}{15} = 0$ $\quad$ $\left[\frac{2}{3} \text{ e } \frac{4}{5}\right]$

91 $x^2 + \frac{1}{6}x - \frac{1}{3} = 0$ $\quad$ $\left[\frac{1}{2} \text{ e } -\frac{2}{3}\right]$ $\quad$ **92** $2x^2 - \frac{5}{6}x - \frac{1}{2} = 0$ $\quad$ $\left[-\frac{1}{3} \text{ e } \frac{3}{4}\right]$

93 $3x^2 - \frac{7}{6}x - \frac{1}{6} = 0$ $\quad$ $\left[-\frac{1}{9} \text{ e } \frac{1}{2}\right]$ $\quad$ **94** $\sqrt{5}x^2 - 4x - \sqrt{5} = 0$ $\quad$ Videolezione $\left[-\frac{\sqrt{5}}{5} \text{ e } \sqrt{5}\right]$

95 $2\sqrt{3}x^2 - x - 2\sqrt{3} = 0$ $\quad$ $\left[-\frac{\sqrt{3}}{2} \text{ e } \frac{2}{3}\sqrt{3}\right]$ $\quad$ **96** $\sqrt{3}x^2 + x - 2\sqrt{3} = 0$ $\quad$ $\left[-\sqrt{3} \text{ e } \frac{2\sqrt{3}}{3}\right]$

97 $5x^2 - x\sqrt{5} - 2 = 0$ $\quad$ $\left[-\frac{\sqrt{5}}{5} \text{ e } \frac{2\sqrt{5}}{5}\right]$ $\quad$ **98** $0,1x^2 - 0,2x + 0,3 = 0$ $\quad$ [impossibile]

99 $30,03x^2 - 50,05x - 20,02 = 0$ $\quad$ $[-0,\overline{3} \text{ e } 2]$ $\quad$ **100** $2x^2 - 3,2x - 2,1 = 0$ $\quad$ [−0,5 e 2,1]

101 $3,2x^2 + 6x - 5 = 0$ $\quad$ [−2,5 e 0,625] $\quad$ **102** $3x^2 + 5,85x - 6,6 = 0$ $\quad$ [−2,75 e 0,8]

103 $4,5x^2 - 7,2x + 2,88 = 0$ $\quad$ [0,8 e 0,8] $\quad$ **104** $0,\overline{2}x^2 - 1,\overline{3}x + 2 = 0$ $\quad$ [3 e 3]

105 $4,\overline{4}x^2 - 12,\overline{6}x + 6 = 0$ $\quad$ [0,6 e 2,25] $\quad$ **106** $0,\overline{6}x^2 - 1,\overline{1}x - 2,\overline{6} = 0$ $\quad$ $[-1,\overline{3} \text{ e } 3]$

107 $(3x-2)^2 + (2x-3)^2 = (3x-2)(3x+2)$ $\quad$ $\left[\frac{6 \pm \sqrt{19}}{2}\right]$

▷▷ **108** $(2x-1)^3 - (2x+1)^3 = (2x+1)^2$ [impossibile]

▷▷ **109** $\left(\frac{2}{5}x - \frac{5}{2}\right)^2 + \left(\frac{2}{5} - \frac{5}{2}x\right)^2 = 2\left(\frac{2}{5} - \frac{5}{2}x\right)\left(\frac{2}{5}x - \frac{5}{2}\right)$ [1 e 1]

▷▷ **110** $x^2 - (\sqrt{3} - x)(x + \sqrt{3}) - (\sqrt{5}x + 1)(\sqrt{5}x - 1) = 2x(\sqrt{2} - 2x) - 3$ $[\sqrt{2} \pm 1]$

▷▷ **111** $\frac{2}{3} = \frac{x-1}{2} \cdot \frac{x+1}{3} + \frac{1}{3}[2 - (x-1)]$ [1 e 1]

▷▷ **112** $(2x-1)^2 + 18 = 4(2-x)(x+2)$ [impossibile]

▷▷ **113** $(3 + 2\sqrt{2})x^2 - 2\sqrt{2}(\sqrt{2}+1)x + 2 = 0$ $[2 - \sqrt{2} \text{ e } 2 - \sqrt{2}]$

Risolvi le seguenti equazioni per le quali è necessario riconoscere che il discriminante Δ è il quadrato di un binomio oppure è necessario applicare a $\sqrt{\Delta}$ la formula dei radicali doppi.

Altri esercizi

ESERCIZIO SVOLTO

▷▷ **114** $\sqrt{6}x^2 - (\sqrt{3} - \sqrt{2})x - 1 = 0$

L'equazione è di secondo grado e completa e si presenta nella forma canonica, con

$$a = \sqrt{6} \qquad b = -(\sqrt{3} - \sqrt{2}) = \sqrt{2} - \sqrt{3} \qquad c = -1$$

Primo modo
Calcoliamo il discriminante:

$$\Delta = (\sqrt{2} - \sqrt{3})^2 - 4 \cdot \sqrt{6} \cdot (-1) = (\sqrt{2})^2 - 2\sqrt{6} + (\sqrt{3})^2 + 4\sqrt{6} =$$
$$= (\sqrt{2})^2 + 2\sqrt{6} + (\sqrt{3})^2 = (\sqrt{2} + \sqrt{3})^2 > 0$$

Applichiamo ora la formula risolutiva per trovare le due radici distinte dell'equazione:

$$x = \frac{-b \pm \sqrt{b^2 - 4ac}}{2a} \longrightarrow x = \frac{\sqrt{3} - \sqrt{2} \pm \sqrt{(\sqrt{2} + \sqrt{3})^2}}{2\sqrt{6}} = \frac{\sqrt{3} - \sqrt{2} \pm (\sqrt{2} + \sqrt{3})}{2\sqrt{6}} \longrightarrow$$

$$\longrightarrow \begin{cases} x_1 = \frac{\sqrt{3} - \sqrt{2} - \sqrt{2} - \sqrt{3}}{2\sqrt{6}} = -\frac{2\sqrt{2}}{2\sqrt{6}} = -\frac{\sqrt{2}}{\sqrt{2} \cdot \sqrt{3}} \cdot \frac{\sqrt{3}}{\sqrt{3}} = -\frac{\sqrt{3}}{3} \\ x_2 = \frac{\sqrt{3} - \sqrt{2} + \sqrt{2} + \sqrt{3}}{2\sqrt{6}} = \frac{2\sqrt{3}}{2\sqrt{6}} = \frac{\sqrt{3}}{\sqrt{3} \cdot \sqrt{2}} = \frac{1}{\sqrt{2}} \cdot \frac{\sqrt{2}}{\sqrt{2}} = \frac{\sqrt{2}}{2} \end{cases}$$

Secondo modo
Calcoliamo il discriminante

$$\Delta = (\sqrt{2} - \sqrt{3})^2 - 4 \cdot \sqrt{6} \cdot (-1) =$$
$$= 2 + 3 - 2\sqrt{6} + 4\sqrt{6} = 5 + 2\sqrt{6}$$

Quindi

$$x = \frac{\sqrt{3} - \sqrt{2} \pm \sqrt{5 + 2\sqrt{6}}}{2\sqrt{6}}$$

Prima di continuare occorre semplificare il radicale doppio:

> ### I RADICALI DOPPI CI AIUTANO
> Se non riusciamo a riconoscere nel discriminante il quadrato di un binomio, possiamo provare a calcolare $\sqrt{\Delta}$ utilizzando la formula dei **radicali doppi**:
> $$\sqrt{a \pm \sqrt{b}} = \sqrt{\frac{a + \sqrt{a^2 - b}}{2}} \pm \sqrt{\frac{a - \sqrt{a^2 - b}}{2}}$$
> con $a > 0$, $b > 0$, $a^2 - b \geq 0$.

$$\sqrt{5 + 2\sqrt{6}} = \sqrt{5 + \sqrt{24}} = \sqrt{\frac{5 + \sqrt{25 - 24}}{2}} + \sqrt{\frac{5 - \sqrt{25 - 24}}{2}} = \sqrt{3} + \sqrt{2}$$

ESERCIZI

Pertanto

$$x = \frac{\sqrt{3}-\sqrt{2}\pm\sqrt{5+2\sqrt{6}}}{2\sqrt{6}} = \frac{\sqrt{3}-\sqrt{2}\pm(\sqrt{3}+\sqrt{2})}{2\sqrt{6}} = \cdots \begin{cases} x_1 = -\frac{\sqrt{3}}{3} \\ x_2 = \frac{\sqrt{2}}{2} \end{cases}$$

▶▶ **115** $\sqrt{6}x^2 - (\sqrt{2}+\sqrt{3})x + 1 = 0;\quad \sqrt{2}x^2 - (2\sqrt{2}+1)x + 2 = 0$ $\left[\frac{\sqrt{2}}{2} \text{ e } \frac{\sqrt{3}}{3};\ 2 \text{ e } \frac{\sqrt{2}}{2}\right]$

▶▶ **116** $2x^2 + (2\sqrt{3}-\sqrt{6})x - 3\sqrt{2} = 0;\quad x^2 + x(2\sqrt{3}-\sqrt{2}) - 2\sqrt{6} = 0$ $\left[-\sqrt{3} \text{ e } \frac{\sqrt{6}}{2};\ -2\sqrt{3} \text{ e } \sqrt{2}\right]$

▶▶ **117** $3\sqrt{3}x^2 - x(\sqrt{6}+6) + 2\sqrt{2} = 0;\quad x^2 - (\sqrt{2}-\sqrt{10})x - 2\sqrt{5} = 0$ $\left[\frac{\sqrt{2}}{3} \text{ e } \frac{2\sqrt{3}}{3};\ -\sqrt{10} \text{ e } \sqrt{2}\right]$

▶▶ **118** $2(\sqrt{2}-x) = \sqrt{3}x(\sqrt{2}-x);\quad x(\sqrt{2}-x) = \sqrt{3}(\sqrt{2}-x)$ $\left[\frac{2\sqrt{3}}{3} \text{ e } \sqrt{2};\ \sqrt{2} \text{ e } \sqrt{3}\right]$

▶▶ **119** $2x^2 - (5\sqrt{5}-6)x + 2 = 0$ $\left[2(\sqrt{5}-2) \text{ e } \frac{\sqrt{5}+2}{2}\right]$

▶▶ **120** $x^2 - x\sqrt{5} - 2\sqrt{5} - 4 = 0$ $[\sqrt{5}+2 \text{ e } -2]$

▶▶ **121** $x^2 + x(2-\sqrt{5}) - 2\sqrt{5} = 0$ $[\sqrt{5} \text{ e } -2]$

▶▶ **122** $x^2 + \sqrt{3}x + \sqrt{6} - 2 = 0$ $[\sqrt{2}-\sqrt{3} \text{ e } -\sqrt{2}]$

▶▶ **123** $x^2\sqrt{2} + x(\sqrt{6}-3) - \sqrt{3} + \sqrt{2} = 0$ $\left[\sqrt{2}-\sqrt{3} \text{ e } \frac{\sqrt{2}}{2}\right]$

▶▶ **124** $x^2\sqrt{5} + 2x(\sqrt{5}-1) - 4 = 0$ $\left[\frac{2\sqrt{5}}{5} \text{ e } -2\right]$

▶▶ **125** $2x^2 - x(2\sqrt{3}+1) + \sqrt{3} = 0$ $\left[\sqrt{3} \text{ e } \frac{1}{2}\right]$

Esercizi di riepilogo sulle equazioni numeriche intere

VERO O FALSO?

▶▶ **126**
a. L'equazione $4x^2 - x = (2x+2)^2$ è di secondo grado. V F
b. L'equazione $3x^2 = 3x$ è pura. V F
c. Le soluzioni dell'equazione $3x^2 + 48 = 0$ sono $x_1 = -4,\ x_2 = 4$. V F
d. Se una delle soluzioni di un'equazione di secondo grado è zero, l'equazione di secondo grado è pura. V F

▶▶ **127**
a. Le soluzioni dell'equazione $25x^2 = 0$ sono $x_1 = -5,\ x_2 = 5$. V F
b. Le equazioni $x^2 + 2x = 0$ e $x^2 = 4$ sono equivalenti. V F
c. Nella formula ridotta il discriminante è la metà del discriminante della formula risolutiva classica. V F
d. L'equazione $x^2 + x + 1 = 0$ non ha soluzioni. V F

Risolvi le seguenti equazioni.

▶▶ **128** $\frac{16}{9}x^2 = 0;\quad 16x^2 - 9 = 0;\quad 16x^2 + 9 = 0;\quad 9 \cdot 16x^2 = 0$ $\left[0 \text{ e } 0;\ \pm\frac{3}{4};\ \text{impossibile};\ 0 \text{ e } 0\right]$

129 $\frac{4}{3}x^2 = 0$; $\frac{4}{3}x^2 = 1$; $\frac{4}{3}x^2 + 1 = 0$; $\frac{3}{4}x^2 = 1$ $\left[0 \text{ e } 0; \pm\frac{\sqrt{3}}{2}; \text{ impossibile}; \pm\frac{2}{3}\sqrt{3}\right]$

130 $x^2 + 3x = 0$; $3x^2 - x = 0$; $\frac{3}{8}x^2 - x = 0$ $\left[0 \text{ e } -3; 0 \text{ e } \frac{1}{3}; 0 \text{ e } \frac{8}{3}\right]$

131 $x^2 - 6x + 5 = 0$; $5x^2 + 7x - 6 = 0$; $5x^2 + 7x + 6 = 0$ $\left[1 \text{ e } 5; -2 \text{ e } \frac{3}{5}; \text{ impossibile}\right]$

132 $2x^2 - 11x - 6 = 0$; $25x^2 - 30x + 9 = 0$; $2x^2 - 3x - 2 = 0$ $\left[-\frac{1}{2} \text{ e } 6; \frac{3}{5} \text{ e } \frac{3}{5}; -\frac{1}{2} \text{ e } 2\right]$

133 $4x^2 - 15x - 4 = 0$; $9x^2 - 15x + 4 = 0$; $9x^2 - 48x + 64 = 0$ $\left[-\frac{1}{4} \text{ e } 4; \frac{1}{3} \text{ e } \frac{4}{3}; \frac{8}{3} \text{ e } \frac{8}{3}\right]$

134 $\frac{x-2}{6} - \frac{x^2-x}{2} = \frac{(x+1)^2}{3}$; $\left(\frac{2}{3}x + \frac{3}{2}\right)\left(\frac{2}{3} - \frac{3}{2}x\right) = \left(\frac{1}{6}x - 1\right)\left(3x + \frac{43}{6}\right)$ $\left[\text{impossibile}; \pm\frac{7}{3}\right]$

135 $\frac{(3x+1)^2}{6} - \frac{3x-10}{12} = 1$; $\frac{(5x-2)^2}{4} = (2x-1)^2$ $\left[0 \text{ e } -\frac{1}{2}; 0 \text{ e } \frac{4}{9}\right]$

136 $\frac{(x+1)(x-2)}{5} - \frac{(x-1)(x+2)}{2} = 3$; $\frac{(x+2)^2}{4} - \frac{x^2-4}{6} - \frac{4(x+1)}{3} = 0$ $[\text{impossibile}; 2 \text{ e } 2]$

137 $\frac{(x-3)(x-2)}{6} = \frac{(x-3)^2}{3} - \frac{(x-2)^2}{2}$ $\left[0 \text{ e } \frac{5}{2}\right]$

138 $\left(\frac{3}{2}x - \frac{1}{3}\right)^2 - \left(\frac{1}{4}x + \frac{2}{3}\right)^2 = \frac{1}{4}\left(\frac{11}{4}x^2 - \frac{2}{3}\right)$ $\left[-\frac{1}{9} \text{ e } 1\right]$

139 $\frac{2x+3}{6} - \frac{x^2-x-1}{3} = \frac{1}{2}x$ Videolezione $\left[\frac{1}{2} \text{ e } 1\right]$

140 $\frac{2x+3}{10} - \frac{(x+1)^2}{15} = \frac{(x-2)(x-1)}{5} - \frac{4x-9}{6}$ $\left[\frac{5}{2} \text{ e } \frac{5}{2}\right]$

141 $\frac{(x+2)^2}{12} - \frac{(x+9)^2}{18} = \frac{(2x-1)^2}{6} - \frac{62}{9}$ $[\pm 2]$

142 $\frac{(3x-1)(x+3)}{3} + \frac{(2x+1)(x-2)}{2} = \frac{7}{6}x$; $\left(2x - \frac{1}{2}\right)^2 = \left(3x - \frac{1}{3}\right)^2$ $\left[\pm 1; \pm\frac{1}{6}\right]$

143 $\left(x - \frac{x-2}{3}\right)\left(x - \frac{x-3}{2}\right) - \frac{(x-2)(x-3)}{6} = \frac{(x+1)^2}{2}$ $\left[\frac{1}{2} \text{ e } 3\right]$

144 $\left(2x - \frac{1}{2}\right)^2 - \frac{4}{3}\left(x - \frac{1}{2}\right)^2 - \left(2x + \frac{1}{2}\right)\left(2x - \frac{1}{2}\right) = \frac{1}{6}$ $\left[0 \text{ e } -\frac{1}{2}\right]$

145 $\frac{(x+3)^2}{6} - \frac{(2x+1)^2}{9} = \frac{(x-3)(x+2)}{12} + \frac{34+5x}{18}$ $[0 \text{ e } 1]$

146 $(2 - \sqrt{2})x^2 - x\sqrt{2} = 0$ $[0 \text{ e } \sqrt{2}+1]$

147 $\left(\frac{2}{5}x - 1\right)^2 - \left(x - \frac{2}{5}\right)^2 + \frac{9}{5}x^2 = \left(1 + \frac{1}{5}x\right)\left(1 - \frac{1}{5}x\right)$ $\left[\pm\frac{2}{5}\right]$

148 $\left(\frac{x+2}{2} - \frac{2x+2}{3}\right)^2 - \left(\frac{x}{3} - \frac{x+1}{2}\right)\left(\frac{x}{2} - \frac{x+1}{3}\right) = \frac{(x-2)^2}{8}$ $[2 \text{ e } 4]$

149 $\frac{(4x-3)(3x+4)}{12} - \frac{(4x-3)^2}{4} + \frac{(3x+4)^2}{3} = \frac{25x^2+1}{12} + 2$ $[0 \text{ e } 7]$

150 $\frac{(x^2-4x+12)^2}{32} + \frac{(x^2+12)(x+1)}{4} = \frac{x^4}{32} + \frac{10}{3}$ $[\text{impossibile}]$

151 $\frac{(4x-3)(2x+1)}{4} - \frac{(2x+3)(3x-1)}{3} = \frac{(2x-1)^2}{2} - \frac{5x+3}{6}$ $\left[\pm\frac{\sqrt{2}}{4}\right]$

ESERCIZI

152 $\left(\dfrac{2x-1}{2} - \dfrac{x-3}{3}\right)\left(\dfrac{1}{3}x - \dfrac{2x-1}{2}\right) = \dfrac{1}{4}(5x+1)\left(1 - \dfrac{1}{4}x\right) - \dfrac{1}{4}x(x+9)$ $[0 \text{ e } -9]$

153 $\dfrac{(2x-1)^2}{2} - \dfrac{(x-2)^2}{3} = \dfrac{(2x+1)(x-2)}{4} - \dfrac{(2x+1)(2x-1)}{6}$ $\left[-\dfrac{6}{11} \text{ e } \dfrac{1}{2}\right]$

154 $\left(x + \dfrac{1}{2}\right)\left\{1 + \dfrac{18}{5}\left[\dfrac{1}{9}\left(2 - \dfrac{3x-2}{3}\right)\left(3 - \dfrac{2x-3}{2}\right) - \left(\dfrac{x-1}{2} - \dfrac{x+5}{6}\right)^2\right]\right\} = -\dfrac{1}{5}$ $\left[-\dfrac{1}{5} \text{ e } \dfrac{3}{2}\right]$

155 $\dfrac{1}{2}x - \dfrac{1}{2}x\left[\left(\dfrac{1}{3} - \dfrac{1}{2}x\right)^2 - \left(\dfrac{1}{4}x - \dfrac{1}{3}\right)\left(x + \dfrac{1}{3}\right) + \dfrac{13}{18}\right] = \left(\dfrac{x+1}{3}\right)^2$ $\left[-2 \text{ e } -\dfrac{4}{5}\right]$

156 $\dfrac{2}{5}x\left[\dfrac{5}{6}x - \dfrac{4}{5}\left(\dfrac{2}{5}x - 1\right)\left(\dfrac{5}{2}x + 1\right) + \left(\dfrac{2}{3}x - 1\right)\left(\dfrac{6}{5}x - 2\right)\right] - \dfrac{1}{5}\left(\dfrac{1}{5}x + 1\right) = x$ $[5 \text{ e } 5]$

157 $\left(\dfrac{5}{6}x - 1\right)^2 - \left(\dfrac{3}{2}x - \dfrac{1}{3}\right)^2 - \left(\dfrac{2}{3}x - \dfrac{1}{2}\right)^2 + \left(\dfrac{3}{2}x + \dfrac{2}{3}\right)\left(\dfrac{3}{2}x - \dfrac{2}{3}\right) = 1$ $\left[\pm\dfrac{\sqrt{29}}{3}\right]$

158 $\dfrac{8}{3}\left[\dfrac{5}{6}x - \dfrac{5}{6}\left(\dfrac{2}{5}x - 3\right) - 2\right]^2 + \left(\dfrac{1}{2}x - \dfrac{2}{3}\right)^2 - \left(x + \dfrac{2}{3}\right)\left(x + \dfrac{3}{2}\right) = \dfrac{5}{3}\left(\dfrac{1}{10}x^2 - x - \dfrac{1}{3}\right)$ $\left[-\dfrac{4}{3} \text{ e } 2\right]$

159 $\dfrac{2}{3}x - \dfrac{2}{3}x\left\{\dfrac{3}{2}x - \dfrac{4}{3}\left[x - \dfrac{1}{6}\left(\dfrac{2}{3}x - \dfrac{3}{2}\right)^2 + \dfrac{2}{3}x\left(\dfrac{1}{9}x - 2\right)\right]\right\} = \dfrac{1}{36}$ $\left[\dfrac{1}{6} \text{ e } \dfrac{1}{6}\right]$

160 $\dfrac{2}{3}\left\{\dfrac{3}{2}x\left[\dfrac{(3x-2)^3}{10} - \dfrac{(2x-3)^3}{15} - \dfrac{13(x-1)^3}{6}\right] - \dfrac{21x(x-1)^2}{4}\right\} = \dfrac{3x-2}{2}$ $\left[\dfrac{2}{3} \text{ e } 3\right]$

161 $(\sqrt{3}x - \sqrt{2})^2 + (x + \sqrt{6})^2 = (2\sqrt{3} - \sqrt{2}x)^2 + (\sqrt{3}x + 2\sqrt{2})^2 - 15$ $[\pm\sqrt{3}]$

162 $(x\sqrt{2} - \sqrt{3})^2 - (x\sqrt{3} + \sqrt{2})^2 - (x + \sqrt{6})(x + 3\sqrt{6}) = 19$ $[-3\sqrt{6} \text{ e } -\sqrt{6}]$

163 $\dfrac{(x-\sqrt{3})^2}{\sqrt{2}} - \dfrac{(x+\sqrt{2})^2}{\sqrt{3}} = \dfrac{(x^2+3)\sqrt{3} - 14\sqrt{2}}{\sqrt{6}} - 2x\sqrt{6}$ $[-2\sqrt{2} \text{ e } 3\sqrt{2}]$

164 $\left(x\sqrt{5} - \dfrac{1}{\sqrt{3}}\right)\left(x\sqrt{3} + \dfrac{1}{\sqrt{5}}\right) - \left(x\sqrt{3} - \dfrac{1}{\sqrt{5}}\right)^2 = (x\sqrt{15} - 1)\left(x + \dfrac{1}{5}\right)$ $\left[\dfrac{\sqrt{15}}{15} \text{ e } \dfrac{1}{3}\right]$

Equazioni di secondo grado e moduli

ESERCIZIO SVOLTO

165 $x|x-2| - 3x + 2 = 0$

Per definizione di valore assoluto sappiamo che

$$|x-2| = \begin{cases} x-2 & \text{per } x \geq 2 \\ 2-x & \text{per } x < 2 \end{cases}$$

e quindi

$$x|x-2| - 3x + 2 = 0 \longrightarrow \begin{cases} x \geq 2 \\ x(x-2) - 3x + 2 = 0 \end{cases} \text{ sistema A} \quad \vee \quad \begin{cases} x < 2 \\ x(2-x) - 3x + 2 = 0 \end{cases} \text{ sistema B}$$

Le soluzioni dell'equazione data si ottengono perciò riunendo le soluzioni dei sistemi A e B.

▶ **Sistema A**

$$\begin{cases} x \geq 2 \\ x^2 - 2x - 3x + 2 = 0 \end{cases} \longrightarrow \begin{cases} x \geq 2 \\ x^2 - 5x + 2 = 0 \end{cases} \longrightarrow \begin{cases} x \geq 2 \\ x = \begin{cases} \dfrac{5 - \sqrt{17}}{2} \simeq 0{,}44 \longrightarrow \text{non accettabile} \\ \dfrac{5 + \sqrt{17}}{2} \simeq 4{,}56 \longrightarrow \text{accettabile} \end{cases} \end{cases}$$

▶ **Sistema B**

$$\begin{cases} x < 2 \\ 2x - x^2 - 3x + 2 = 0 \end{cases} \longrightarrow \begin{cases} x < 2 \\ -x^2 - x + 2 = 0 \end{cases} \longrightarrow \begin{cases} x < 2 \\ x^2 + x - 2 = 0 \end{cases} \longrightarrow$$

$$\longrightarrow \begin{cases} x < 2 \\ x = \begin{cases} -2 \longrightarrow \text{accettabile} \\ 1 \longrightarrow \text{accettabile} \end{cases} \end{cases}$$

Concludiamo che l'equazione data ha tre soluzioni:

$$x_1 = -2 \qquad x_2 = 1 \qquad x_3 = \frac{5 + \sqrt{17}}{2}$$

▷▶ **166** $x^2 - 2|x| + 1 = 0$ $\qquad x|x| - 2x + 3 = 0$ $\qquad [\pm 1;\ -3\text{ e }1]$

▷▶ **167** $(x+1)|x| + x^2 = 1$ $\qquad (x+1)|x+1| - 2x = 5$ $\qquad \left[-1 \text{ e } \dfrac{1}{2};\ 2\right]$

▷▶ **168** $|x-3| + 2x^2 - 5x - 0{,}5 = 0$ $\qquad (x+1)|x-1| - 3x = 1$ $\qquad \left[\dfrac{1}{2} \text{ e } \dfrac{5}{2};\ -3 \text{ e } 0 \text{ e } \dfrac{3+\sqrt{17}}{2}\right]$

▷▶ **169** $(x-2)(|2x-1| + x) = 6$ $\qquad (2x+1)|x+4| + 3x + 12 = 0$ $\qquad \left[\dfrac{7+\sqrt{97}}{6};\ -4 \text{ e } -2\right]$

▷▶ **170** $|x+3|(2x-1) + x + 7 = 0$ $\qquad (x-1)|x-1| + 3x^2 = 31$ $\qquad [-1-\sqrt{6} \text{ e } -2 \text{ e } -1;\ -1-\sqrt{65} \text{ e } 3]$

■ **ESERCIZIO SVOLTO**

▷▶ **171** $|x+2| + |x-3| = x^2 + 4$

Dallo schema a lato, che riporta i segni degli argomenti dei due moduli, deduciamo i tre sistemi che individuano le soluzioni dell'equazione data.

segno di $(x+2)$ — — — — 0+ + + + + + + + + + (−2)
segno di $(x-3)$ — — — — — — — — 0+ + + + + (3)

• $\begin{cases} x < -2 \\ (-x-2) + (3-x) = x^2 + 4 \end{cases} \longrightarrow \begin{cases} x < 2 \\ x^2 + 2x + 3 = 0\ (\Delta < 0) \end{cases} \longrightarrow \text{impossibile}$

• $\begin{cases} -2 \leq x \leq 3 \\ (x+2) + (3-x) = x^2 + 4 \end{cases} \longrightarrow \begin{cases} -2 \leq x \leq 3 \\ x^2 = 1 \end{cases} \longrightarrow \begin{cases} -2 \leq x \leq 3 \\ x = \pm 1 \end{cases} \longrightarrow \text{accettabili}$

• $\begin{cases} x > 3 \\ (x+2) + (x-3) = x^2 + 4 \end{cases} \longrightarrow \begin{cases} x > 3 \\ x^2 - 2x + 5 = 0\ (\Delta < 0) \end{cases} \longrightarrow \text{impossibile}$

Possiamo concludere che l'equazione data è verificata per $x = \pm 1$.

▷▶ **172** $|x| - 2|x-1| = x^2 - 10$ $\qquad x|x| + (x-1)|x-1| = 1$ $\qquad [3;\ 1]$

▷▶ **173** $|x+3| - |2x-1| = x^2 + x + 1$ $\qquad |x+1| + |x-2| = x^2 - 1$ $\qquad [1-\sqrt{2} \text{ e } 1;\ -1-\sqrt{3} \text{ e } 2]$

ESERCIZI

▷▶ **174** $|2x-1|+3=x(2+|x-1|)$ $\qquad$ $|2x-1|-2x^2=1-|x+1|$ $\qquad$ $\left[2;\ -1\ \text{e}\ \dfrac{1}{2}\ \text{e}\ 1\right]$

▷▶ **175** $|x+1|\cdot|x-4|+x-7=0$ $\qquad$ $|x-1|+2|x-5|-4|x^2+1|=0$ $\qquad$ $\left[1\pm2\sqrt{3}\ \text{e}\ 1\ \text{e}\ 3;\ -\dfrac{7}{4}\ \text{e}\ 1\right]$

■ Relazioni tra radici e coefficienti

Somma e prodotto delle radici

VERO O FALSO?

▷▶ **176**
a. La somma delle radici dell'equazione $x^2+x+1=0$ è -1. $\qquad$ V F
b. Il prodotto delle radici dell'equazione $x^2-3x+1=0$ è 1. $\qquad$ V F
c. Se nell'equazione $ax^2+bx+c=0$ si ha $\Delta\geq 0$ e a e c sono concordi, le due radici hanno lo stesso segno. $\qquad$ V F
d. Se nell'equazione $ax^2+bx+c=0$ è $b=-c$, allora la somma delle radici è uguale al loro prodotto. $\qquad$ V F

▷▶ **177**
a. Se l'equazione $ax^2+bx+c=0$ ha due radici opposte, allora $b=0$. $\qquad$ V F
b. In un'equazione pura la somma delle radici, se esistono, è 0. $\qquad$ V F
c. In un'equazione spuria il prodotto delle radici è sempre 0. $\qquad$ V F
d. Se la somma dei coefficienti di un'equazione di secondo grado è zero, allora una delle due radici è uguale al prodotto delle radici. $\qquad$ V F

QUESITI A RISPOSTA MULTIPLA

▷▶ **178** In quale delle seguenti equazioni si ha $x_1\cdot x_2=-2$?
a $x^2-2x=0$ $\qquad$ b $2x^2+x-4=0$
c $4x^2+4x-2=0$ $\qquad$ d $3x^2-10x+6=0$
e $x^2+2x=0$

▷▶ **179** In quale tipo di equazione di secondo grado il prodotto delle radici è zero?
a Equazioni pure con $\Delta>0$ $\qquad$ b Equazioni spurie
c Equazioni complete con $\Delta>0$ $\qquad$ d Nessuna delle precedenti

▷▶ **180** In quale tipo di equazione di secondo grado la somma delle radici è zero?
a Equazioni pure con $\Delta>0$ $\qquad$ b Equazioni spurie
c Equazioni complete con $\Delta>0$ $\qquad$ d Nessuna delle precedenti

Determina la somma e il prodotto delle radici delle seguenti equazioni, senza risolverle.

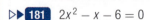

▷▶ **181** $2x^2-x-6=0$

L'equazione data è nella forma canonica $ax^2+bx+c=0$, con $a=2$, $b=-1$, $c=-6$. Il discriminante è
$$\Delta=b^2-4ac \quad\longrightarrow\quad \Delta=(-1)^2-4\cdot 2\cdot(-6)=49$$

Essendo $\Delta > 0$, l'equazione ha due radici distinte e abbiamo

$$x_1 + x_2 = -\frac{b}{a} \quad \longrightarrow \quad x_1 + x_2 = -\frac{-1}{2} \quad \longrightarrow \quad x_1 + x_2 = \frac{1}{2}$$

$$x_1 \cdot x_2 = \frac{c}{a} \quad \longrightarrow \quad x_1 \cdot x_2 = \frac{-6}{2} \quad \longrightarrow \quad x_1 \cdot x_2 = -3$$

▷▷ **182** $3x^2 - 2x + 1 = 0$

L'equazione data è nella forma canonica $ax^2 + bx + c = 0$, con $a = 3$, $b = -2$, $c = 1$. Il discriminante è

$$\Delta = b^2 - 4ac \quad \longrightarrow \quad \Delta = (-2)^2 - 4 \cdot 3 \cdot 1 = -8$$

Essendo $\Delta < 0$, l'equazione è impossibile e quindi non ha senso calcolare la somma e il prodotto delle radici, che non esistono.

▷▷ **183** $x^2 - 9x + 8 = 0$ $[s = 9 \text{ e } p = 8]$ ▷▷ **184** $4x^2 - 12x + 5 = 0$ $\left[s = 3 \text{ e } p = \frac{5}{4}\right]$

▷▷ **185** $4x^2 - 16x + 15 = 0$ $\left[s = 4 \text{ e } p = \frac{15}{4}\right]$ ▷▷ **186** $x^2 + 2x - 3 = 0$ $[s = -2 \text{ e } p = -3]$

▷▷ **187** $x^2 + 2x + 3 = 0$ [le radici non esistono]   ▷▷ **188** $\frac{1}{6}x^2 - \frac{7}{12}x + \frac{1}{2} = 0$ $\left[s = \frac{7}{2} \text{ e } p = 3\right]$

▷▷ **189** $0{,}1x^2 - 0{,}51x + 0{,}05 = 0$ $[s = 5{,}1 \text{ e } p = 0{,}5]$ ▷▷ **190** $1{,}1x^2 - 2{,}75x + 1{,}65 = 0$ $[s = 2{,}5 \text{ e } p = 1{,}5]$

▷▷ **191** $2{,}2x^2 - 7{,}7x + 6{,}6 = 0$ $[s = 3{,}5 \text{ e } p = 3]$ ▷▷ **192** $1{,}8x^2 - 9x + 10{,}8 = 0$ $[s = 5 \text{ e } p = 6]$

▷▷ **193** $x^2 - 5{,}\overline{3}x + 1{,}\overline{6} = 0$ $[s = 5{,}\overline{3} \text{ e } p = 1{,}\overline{6}]$

▷▷ **194** $3x^2 + (3\sqrt{2} - 6)x - 6\sqrt{2} = 0$ $[s = 2 - \sqrt{2} \text{ e } p = -2\sqrt{2}]$

▷▷ **195** $\sqrt{2}x^2 + \sqrt{6}x - 6\sqrt{2} = 0$ $[s = -\sqrt{3} \text{ e } p = -6]$

Nelle seguenti equazioni di secondo grado è assegnata una soluzione che indicheremo con x_1. Determina x_2, senza risolvere l'equazione.

■ ESERCIZIO SVOLTO

▷▷ **196** $2x^2 + 3x - 2 = 0$ $(x_1 = -2)$

Possiamo indifferentemente sfruttare la relazione $x_1 + x_2 = -\frac{b}{a}$ oppure la relazione $x_1 \cdot x_2 = \frac{c}{a}$.

Primo modo. Sappiamo che

$$x_1 + x_2 = -\frac{b}{a} \quad \longrightarrow \quad \underbrace{x_1}_{=-2} + x_2 = -\frac{3}{2} \quad \longrightarrow \quad -2 + x_2 = -\frac{3}{2} \quad \longrightarrow$$

$$\longrightarrow \quad x_2 = -\frac{3}{2} + 2 \quad \longrightarrow \quad x_2 = \frac{1}{2}$$

Secondo modo. Sappiamo che

$$x_1 \cdot x_2 = \frac{c}{a} \quad \longrightarrow \quad \underbrace{x_1}_{=-2} \cdot x_2 = \frac{-2}{2} \quad \longrightarrow \quad -2 \cdot x_2 = -1 \quad \longrightarrow \quad x_2 = \frac{1}{2}$$

▷▷ **197** $3x^2 - 2x - 8 = 0$ $(x_1 = 2)$ $\left[-\frac{4}{3}\right]$ ▷▷ **198** $11x^2 + 3x - 14 = 0$ $(x_1 = 1)$ $\left[-\frac{14}{11}\right]$

ESERCIZI

▷▷ **199** $35x^2 - x - 34 = 0$ $\left(x_1 = -\dfrac{34}{35}\right)$ [1] ▷▷ **200** $39x^2 + x - 40 = 0$ $(x_1 = 1)$ $\left[-\dfrac{40}{39}\right]$

▷▷ **201** $740x^2 + 3x - 743 = 0$ $(x_1 = 1)$ $\left[-\dfrac{743}{740}\right]$ ▷▷ **202** $\sqrt{3}x^2 - 9x + 6\sqrt{3} = 0$ $(x_1 = 2\sqrt{3})$ $[\sqrt{3}]$

▷▷ **203** $5x^2 - 4\sqrt{5}x - 5 = 0$ $(x_1 = \sqrt{5})$ $\left[-\dfrac{\sqrt{5}}{5}\right]$ ▷▷ **204** $x^2 - 6x + 7 = 0$ $(x_1 = 3 + \sqrt{2})$ $[3 - \sqrt{2}]$

Problema: scrivere l'equazione conoscendo le radici

Scrivi un'equazione di secondo grado che abbia per soluzioni i due numeri dati.

■ **ESERCIZIO SVOLTO**

▷▷ **205** $-\dfrac{1}{2}$ e $\dfrac{3}{5}$

Dobbiamo scrivere un'equazione di secondo grado che abbia come radici $x_1 = -\dfrac{1}{2}$ e $x_2 = \dfrac{3}{5}$.

Calcoliamo

$$s = x_1 + x_2 = -\dfrac{1}{2} + \dfrac{3}{5} = \dfrac{1}{10} \qquad p = x_1 \cdot x_2 = -\dfrac{1}{2} \cdot \dfrac{3}{5} = -\dfrac{3}{10}$$

L'equazione che risolve il nostro problema è

$$x^2 - sx + p = 0 \quad \longrightarrow \quad x^2 - \dfrac{1}{10}x - \dfrac{3}{10} = 0 \quad \longrightarrow \quad 10x^2 - x - 3 = 0$$

▷▷ **206** 2 e -2 3 e 0 $[x^2 - 4 = 0;\ x^2 - 3x = 0]$

▷▷ **207** 3 e $\dfrac{1}{3}$ $\dfrac{1}{2}$ e $\dfrac{1}{2}$ $[3x^2 - 10x + 3 = 0;\ 4x^2 - 4x + 1 = 0]$

▷▷ **208** $2\sqrt{2}$ e $\sqrt{2}$ $\sqrt{5}$ e $\sqrt{5}$ $3\sqrt{2}$ e $-\sqrt{2}$ $[x^2 - 3\sqrt{2}x + 4 = 0;\ x^2 - 2\sqrt{5}x + 5 = 0;$
$x^2 - 2\sqrt{2}x - 6 = 0]$

Problema: trovare due numeri di cui sono noti somma e prodotto

Determina due numeri conoscendone la somma s e il prodotto p.

■ **ESERCIZI SVOLTI**

▷▷ **209** $s = \dfrac{17}{4};\quad p = 1$

I due numeri che cerchiamo, se esistono, sono le radici dell'equazione $x^2 - sx + p = 0$.

$$x^2 - sx + p = 0 \xrightarrow[s=\frac{17}{4} \wedge p=1]{} x^2 - \dfrac{17}{4}x + 1 = 0 \quad \longrightarrow \quad 4x^2 - 17x + 4 = 0$$

Abbiamo

$$\Delta = (-17)^2 - 4 \cdot 4 \cdot 4 = 289 - 64 = 225 = 15^2$$

$$x_{1,2} = \dfrac{17 \pm 15}{8} \quad \longrightarrow \quad x_1 = \dfrac{1}{4} \quad \text{e} \quad x_2 = 4$$

I due numeri cercati sono quindi $\dfrac{1}{4}$ e 4. Infatti, puoi verificare che

$$\dfrac{1}{4} + 4 = \dfrac{17}{4} \quad \text{e} \quad \dfrac{1}{4} \cdot 4 = 1$$

▷▷ **210** $s = -3; \quad p = 9$

Procediamo come nell'esercizio precedente:

$$x^2 - sx + p = 0 \xrightarrow{s=-3 \land p=9} x^2 + 3x + 9 = 0$$

Abbiamo

$$\Delta = 3^2 - 4 \cdot 1 \cdot 9 = 9 - 36 = -27$$

Essendo $\Delta < 0$, l'equazione risulta impossibile. Dunque non esistono due numeri reali aventi somma -3 e prodotto 9.

▷▷ **211** $s = \dfrac{19}{4}; \quad p = 3$ $\left[\dfrac{3}{4} \text{ e } 4\right]$ ▷▷ **212** $s = \dfrac{5}{7}; \quad p = \dfrac{10}{7}$ [non esistono]

▷▷ **213** $s = \dfrac{17}{12}; \quad p = \dfrac{1}{2}$ $\left[\dfrac{2}{3} \text{ e } \dfrac{3}{4}\right]$ ▷▷ **214** $s = 1; \quad p = \dfrac{1}{4}$ $\left[\dfrac{1}{2} \text{ e } \dfrac{1}{2}\right]$

▷▷ **215** $s = 1; \quad p = -\dfrac{11}{4}$ $\left[\dfrac{1}{2} \pm \sqrt{3}\right]$ ▷▷ **216** $s = 0{,}1; \quad p = -0{,}2$ $[-0{,}4 \text{ e } 0{,}5]$

▷▷ **217** $s = -10{,}5; \quad p = 27{,}5$ $[-5{,}5 \text{ e } -5]$ ▷▷ **218** $s = 3{,}5; \quad p = 3{,}25$ [non esistono]

▷▷ **219** $s = 3{,}\overline{3}; \quad p = 1$ $[0{,}\overline{3} \text{ e } 3]$ ▷▷ **220** $s = -3{,}\overline{3}; \quad p = 4{,}\overline{4}$ [non esistono]

▷▷ **221** $s = 6{,}\overline{3}; \quad p = -4{,}\overline{6}$ $[-0{,}\overline{6} \text{ e } 7]$ ▷▷ **222** $s = \dfrac{3\sqrt{3}}{2}; \quad p = \dfrac{3}{2}$ $\left[\dfrac{\sqrt{3}}{2} \text{ e } \sqrt{3}\right]$

▷▷ **223** $s = -\dfrac{5\sqrt{5}}{2}; \quad p = -\dfrac{15}{2}$ $\left[-3\sqrt{5} \text{ e } \dfrac{\sqrt{5}}{2}\right]$ ▷▷ **224** $s = 2; \quad p = 1 - \sqrt{2}$ $[1 - \sqrt[4]{2} \text{ e } 1 + \sqrt[4]{2}]$

▷▷ **225** $s = 1 + 3\sqrt{2}; \quad p = 4 + 2\sqrt{2}$ $[\sqrt{2} + 1 \text{ e } 2\sqrt{2}]$

Scomposizione del trinomio di secondo grado

VERO O FALSO?

▷▷ **226** **a.** Se il trinomio $ax^2 + bx + c$ è scomponibile nella forma $a(x - x_1)(x - x_2)$, allora le soluzioni dell'equazione $ax^2 + bx + c = 0$ sono x_1 e x_2.   V   F

b. Se il trinomio $ax^2 + bx + c$ ha due radici coincidenti $x_1 = x_2$, allora si può scrivere $ax^2 + bx + c = a(x - x_1)^2$.   V   F

c. Se il trinomio $ax^2 + bx + c$ è scomponibile nella forma $(x - x_1)(x - x_2)$, allora il primo coefficiente è $a = 1$.   V   F

d. Se il discriminante del trinomio $x^2 + bx + c$ è zero, allora il trinomio è il quadrato di un binomio.   V   F

Scomponi in fattori i seguenti trinomi di secondo grado.

Altri esercizi

ESERCIZI SVOLTI

Altro esercizio svolto

▷▷ **227** $2x^2 + 3x - 9$

Il trinomio dato è nella forma $ax^2 + bx + c$, con $a = 2$, $b = 3$, $c = -9$. Il discriminante è

$$\Delta = 3^2 - 4 \cdot 2 \cdot (-9) = 81 = 9^2 > 0$$

Il trinomio ha dunque due radici distinte che sono

$$x_{1,2} = \dfrac{-3 \pm 9}{2 \cdot 2} \quad \begin{array}{l} x_1 = \dfrac{-3 - 9}{4} \longrightarrow x_1 = -3 \\ x_2 = \dfrac{-3 + 9}{4} \longrightarrow x_2 = \dfrac{3}{2} \end{array}$$

ESERCIZI

La scomposizione in fattori richiesta è dunque

$$ax^2 + bx + c = a(x - x_2)(x - x_1)$$

$$2x^2 + 3x - 9 = 2\left(x - \frac{3}{2}\right)[x - (-3)] = (2x - 3)(x + 3)$$

moltiplichiamo

▷▷ **228** $\dfrac{3}{2}x^2 - 2x + \dfrac{2}{3}$

Abbiamo $a = \dfrac{3}{2}$, $b = -2\left(\dfrac{b}{2} = -1\right)$, $c = \dfrac{2}{3}$. Risulta $\dfrac{\Delta}{4} = (-1)^2 - \dfrac{3}{2} \cdot \dfrac{2}{3} = 0$.

Il trinomio ha dunque due radici coincidenti:

$$x_1 = x_2 = -\frac{\frac{b}{2}}{a} \quad \longrightarrow \quad x_1 = x_2 = -\frac{-1}{\frac{3}{2}} = \frac{2}{3}$$

La scomposizione in fattori richiesta è dunque

$$ax^2 + bx + c = a(x - x_1)^2$$

$$\frac{3}{2}x^2 - 2x + \frac{2}{3} = \frac{3}{2}\left(x - \frac{2}{3}\right)^2 = \frac{3}{2}\left(\frac{3x-2}{3}\right)^2 = \frac{\cancel{3}}{2} \cdot \frac{(3x-2)^2}{\cancel{9}_3} = \frac{(3x-2)^2}{6}$$

In questo caso si può procedere, più semplicemente, anche così:

$$\frac{3}{2}x^2 - 2x + \frac{2}{3} = \frac{9x^2 - 12x + 4}{6} = \frac{(3x-2)^2}{6}$$

▷▷ **229** $18x^2 - 6x + 5$

Calcoliamo il discriminante ridotto: $\dfrac{\Delta}{4} = \left(\dfrac{-6}{2}\right)^2 - 18 \cdot 5 = -81$. Essendo $\Delta < 0$, il trinomio dato è **irriducibile**.

▷▷ **230** $x^2 - x - 2$ $\quad [(x-2)(x+1)]$ ▷▷ **231** $m^2 - m - 12$ $\quad [(m+3)(m-4)]$

▷▷ **232** $2x^2 + 3x - 2$ $\quad [(2x-1)(x+2)]$ ▷▷ **233** $6t^2 + 5t + 1$ $\quad [(3t+1)(2t+1)]$

▷▷ **234** $4x^2 - 12x + 9$ $\quad [(2x-3)^2]$ ▷▷ **235** $15a^2 - a - 2$ $\quad [(3a+1)(5a-2)]$

▷▷ **236** $4x^2 - 4\sqrt{3}x + 3$ $\quad [(2x-\sqrt{3})^2]$ ▷▷ **237** $x^2 + x + 4$ $\quad$ [irriducibile]

▷▷ **238** $x^2 + 4x + \sqrt{17}$ $\quad$ [irriducibile] ▷▷ **239** $3x^2 + 4\sqrt{3}x + 4$ $\quad [(x\sqrt{3}+2)^2]$

▷▷ **240** $x^2 + \dfrac{3}{2}\sqrt{3}x - 3$ $\quad \left[\left(x - \dfrac{\sqrt{3}}{2}\right)(x + 2\sqrt{3})\right]$

▷▷ **241** $2x^2 - (\sqrt{3} - 2\sqrt{5})x - \sqrt{15}$ $\quad [(2x-\sqrt{3})(x+\sqrt{5})]$

▷▷ **242** $x^2 - 0{,}9x - 0{,}1$ $\quad [(x-1)(x+0{,}1)]$ ▷▷ **243** $2x^2 + 0{,}5x - 0{,}03$ $\quad [2(x+0{,}3)(x-0{,}05)]$

▷▷ **244** $2x^2 + 1{,}6x + 0{,}32$ $\quad [2(x+0{,}4)^2]$ ▷▷ **245** $4x^2 + 5{,}2x + 1{,}2$ $\quad [4(x+1)(x+0{,}3)]$

▷▷ **246** $x^2 + 0{,}\overline{6}x + 0{,}\overline{1}$ $\quad [(x+0{,}\overline{3})^2]$ ▷▷ **247** $x^2 - 1{,}\overline{6}x - 0{,}\overline{6}$ $\quad [(x-2)(x+0{,}\overline{3})]$

▷▷ **248** $x^2 - 2\sqrt{3}x - 1$ $\quad [(x-\sqrt{3}+2)(x-\sqrt{3}-2)]$

▷▷ **249** $x^2 - 2(\sqrt{5} - 1)x + 5 - 2\sqrt{5}$ $\quad [(x-\sqrt{5}+2)(x-\sqrt{5})]$

▷▷ **250** $x^2 - (4\sqrt{3} + 3)x + 2(3\sqrt{3} + 7)$ $\quad [(x-2-2\sqrt{3})(x-1-2\sqrt{3})]$

Semplificazioni di frazioni algebriche

Semplifica le seguenti frazioni algebriche.

Altri esercizi

ESERCIZI SVOLTI

▷▶ **251** $\dfrac{4x^2 + 7x + 3}{8x^2 - 10x - 12}$

▶ Le radici del numeratore sono $x_1 = -1$ e $x_2 = -\dfrac{3}{4}$, e quindi

$$4x^2 + 7x + 3 = 4(x+1)\left(x + \dfrac{3}{4}\right)$$

▶ Le radici del denominatore sono $x_1 = -\dfrac{3}{4}$ e $x_2 = 2$, e quindi

$$8x^2 - 10x - 12 = 8\left(x + \dfrac{3}{4}\right)(x-2)$$

Ritorniamo ora alla frazione data e semplifichiamola:

$$\dfrac{4x^2 + 7x + 3}{8x^2 - 10x - 12} = \dfrac{\cancel{4}(x+1)\cancel{\left(x+\dfrac{3}{4}\right)}}{\cancel{8}_{2}\cancel{\left(x+\dfrac{3}{4}\right)}(x-2)} = \dfrac{x+1}{2(x-2)}$$

▷▶ **252** $\dfrac{\sqrt{3}x^2 - 4x + \sqrt{3}}{x^2 - 3}$

▶ Le radici del numeratore sono $x_1 = \dfrac{1}{\sqrt{3}}$ e $x_2 = \sqrt{3}$ e quindi

$$\sqrt{3}x^2 - 4x + \sqrt{3} = \sqrt{3}\left(x - \dfrac{1}{\sqrt{3}}\right)(x - \sqrt{3}) = \left[\sqrt{3}\left(x - \dfrac{1}{\sqrt{3}}\right)\right](x - \sqrt{3}) = (\sqrt{3}x - 1)(x - \sqrt{3})$$

▶ Il denominatore può essere considerato una differenza di quadrati:

$$x^2 - 3 = x^2 - \left(\sqrt{3}\right)^2 = (x + \sqrt{3})(x - \sqrt{3})$$

Pertanto avremo

$$\dfrac{\sqrt{3}x^2 - 4x + \sqrt{3}}{x^2 - 3} = \dfrac{(\sqrt{3}x - 1)\cancel{(x - \sqrt{3})}}{(x + \sqrt{3})\cancel{(x - \sqrt{3})}} = \dfrac{\sqrt{3}x - 1}{x + \sqrt{3}}$$

▷▶ **253** $\dfrac{x^2 + 4x + 3}{2x^2 + 5x - 3}$ $\left[\dfrac{x+1}{2x-1}\right]$ ▷▶ **254** $\dfrac{4x^2 - 12x + 9}{2x^2 - x - 3}$ $\left[\dfrac{2x-3}{x+1}\right]$

▷▶ **255** $\dfrac{4x^2 + 5x - 6}{2x^2 + 3x - 2}$ $\left[\dfrac{4x-3}{2x-1}\right]$ ▷▶ **256** $\dfrac{3x^2 + 13x - 10}{x^2 + 4x - 5}$ $\left[\dfrac{3x-2}{x-1}\right]$

▷▶ **257** $\dfrac{2m^2 - m - 3}{2m^2 + m - 1}$ $\left[\dfrac{2m-3}{2m-1}\right]$ ▷▶ **258** $\dfrac{2x^2 - 3x - 2}{-x^2 + 6x - 8}$ $\left[\dfrac{2x+1}{4-x}\right]$

▷▶ **259** $\dfrac{x^2 - 1}{2x^2 - x - 1}$ $\left[\dfrac{x+1}{2x+1}\right]$ ▷▶ **260** $\dfrac{2 + 3a + a^2}{a^2 - a - 6}$ $\left[\dfrac{a+1}{a-3}\right]$

▷▶ **261** $\dfrac{y^2 - 3y - 4}{4y^2 - 14y - 8}$ $\left[\dfrac{y+1}{2(2y+1)}\right]$ ▷▶ **262** $\dfrac{6x^2 + x - 1}{8x^2 + 2x - 1}$ $\left[\dfrac{3x-1}{4x-1}\right]$

▷▶ **263** $\dfrac{2x^2 + 7x - 15}{2x^2 - x - 3}$ $\left[\dfrac{x+5}{x+1}\right]$ ▷▶ **264** $\dfrac{4x^2 + 4x - 3}{6x^2 - 5x + 1}$ $\left[\dfrac{2x+3}{3x-1}\right]$

ESERCIZI

▷▷ **265** $\dfrac{3x^2 - 1}{\sqrt{3}x^2 + 4x + \sqrt{3}}$ $\left[\dfrac{\sqrt{3}x - 1}{x + \sqrt{3}}\right]$ ▷▷ **266** $\dfrac{x^2 + \sqrt{5}x - 10}{x^2 + 3\sqrt{5}x + 10}$ $\left[\dfrac{x - \sqrt{5}}{x + \sqrt{5}}\right]$

▷▷ **267** $\dfrac{2\sqrt{3}x^2 - 5x + \sqrt{3}}{3 - 4x^2}$ $\left[\dfrac{1 - x\sqrt{3}}{2x + \sqrt{3}}\right]$ ▷▷ **268** $\dfrac{x^2 - x\sqrt{2} + \sqrt{2} - 1}{x^2 + (2 - \sqrt{2})x - \sqrt{2} + 1}$ $\left[\dfrac{x - 1}{x + 1}\right]$

Regola di Cartesio

▷▷ **269** L'equazione $x^2 - 4x + \sqrt{17} = 0$ presenta due variazioni. È possibile dedurre che l'equazione ha due radici positive? Giustifica la risposta.

Per ciascuna delle seguenti equazioni indica, senza risolverla, i segni delle soluzioni, dopo aver verificato che esistono.

■ **ESERCIZI SVOLTI**

▷▷ **270** $18x^2 - x - 17 = 0$

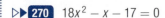

Il discriminante dell'equazione data è certamente positivo perché il primo e il terzo coefficiente sono discordi ($\Delta = (-1)^2 - 4 \cdot 18 \cdot (-17) = 1225 = 35^2 > 0$). L'equazione ha quindi due soluzioni distinte e, poiché il primo membro presenta **una variazione** e **una permanenza**, una radice è positiva (in corrispondenza alla variazione) e l'altra è negativa (in corrispondenza alla permanenza).
Infatti, risolvendo l'equazione troviamo

$$x_1 = -\dfrac{17}{18} \quad \text{e} \quad x_2 = 1$$

Inoltre, poiché la variazione precede la permanenza, la radice maggiore in valore assoluto è quella positiva $\left(\text{infatti } |x_1| = \dfrac{17}{18} < 1 = x_2\right)$.

▷▷ **271** $x^2 + 3x + 2 = 0$

Il discriminante è $\Delta = 9 - 8 = 1 > 0$, perciò vi sono due soluzioni distinte. Poiché l'equazione presenta **due permanenze**, le soluzioni sono entrambe negative. Infatti

$$x_1 = -2 \quad \text{e} \quad x_2 = -1$$

▷▷ **272** $4x^2 - 12x + 9 = 0$

Il discriminante è uguale a zero $\left(\dfrac{\Delta}{4} = 36 - 36 = 0\right)$; quindi le soluzioni sono coincidenti e, poiché il trinomio presenta **due variazioni**, risulta $x_1 = x_2 > 0$. Infatti, risolvendo l'equazione, otteniamo $x_1 = x_2 = \dfrac{3}{2}$.

▷▷ **273** $x^2 - 6x - 7 = 0$ $x^2 + 3x - 11 = 0$ $7x^2 - 2x - 342 = 0$

▷▷ **274** $10x^2 + 399x - (\sqrt[6]{3} + \sqrt[4]{8}) = 0$ $2x^2 + (\sqrt{2} + \sqrt{3})x - \pi = 0$

▷▷ **275** $x^2 - 3x + 2 = 0$ $x^2 + (1 + \sqrt{3})x + \sqrt{3} = 0$ $3x^2 - 295 = 0$

▷▷ **276** $x^2 - 2\sqrt{3}x + 2 = 0$ $x^2\sqrt{3} + 9x + 6\sqrt{3} = 0$ $x^2 + x - (\sqrt{10} - \pi) = 0$

Equazioni numeriche frazionarie

Risolvi le seguenti equazioni numeriche frazionarie.

Altri esercizi

ESERCIZIO SVOLTO

277 $\dfrac{x}{x+2} - \dfrac{13}{10-3x} = \dfrac{32}{3x^2-4x-20}$

Altri esercizi svolti

Per prima cosa scomponiamo in fattori il denominatore della frazione al secondo membro utilizzando la regola per scomporre in fattori un trinomio di secondo grado. A tale scopo calcoliamo il discriminante e le radici del trinomio $3x^2 - 4x - 20$:

$$\frac{\Delta}{4} = \left(\frac{-4}{2}\right)^2 - 3\cdot(-20) = 64 \longrightarrow x_{1,2} = \frac{-(-2) \pm \sqrt{64}}{3} \nearrow x_1 = \frac{2-8}{3} = -2$$
$$\searrow x_2 = \frac{2+8}{3} = \frac{10}{3}$$

Abbiamo quindi

$$3x^2 - 4x - 20 = 3[x-(-2)]\left(x - \frac{10}{3}\right) = 3(x+2)\frac{3x-10}{3} = (x+2)(3x-10)$$

Possiamo perciò riscrivere l'equazione data in questo modo:

$$\frac{x}{x+2} - \frac{13}{10-3x} = \frac{32}{(x+2)(3x-10)} \longrightarrow$$

$$\longrightarrow \frac{x}{x+2} + \frac{13}{-(10-3x)} = \frac{32}{(x+2)(3x-10)} \longrightarrow \frac{x}{x+2} + \frac{13}{3x-10} = \frac{32}{(x+2)(3x-10)}$$

Le *condizioni di accettabilità* delle soluzioni sono

$$\text{C.A.: } x \neq -2 \wedge x \neq \frac{10}{3}$$

Poniamo ora al minimo comune denominatore i due membri dell'equazione e svolgiamo i calcoli, eliminando i denominatori e trasportando tutti i termini al primo membro:

$$\frac{x(3x-10)+13(x+2)}{(x+2)(3x-10)} = \frac{32}{(x+2)(3x-10)} \longrightarrow 3x^2 - 10x + 13x + 26 - 32 = 0 \longrightarrow$$

$$\longrightarrow 3x^2 + 3x - 6 = 0 \longrightarrow x^2 + x - 2 = 0$$

Abbiamo

$$\Delta = 1^2 - 4\cdot 1\cdot(-2) = 9 \longrightarrow x_{1,2} = \frac{-1\pm\sqrt{9}}{2} \nearrow x_1 = \frac{-1-3}{2} = -2 \text{ (non accettabile)}$$
$$\searrow x_2 = \frac{-1+3}{2} = 1 \text{ (accettabile)}$$

La soluzione $x = -2$ non è accettabile come soluzione perché non soddisfa le C.A., quindi l'equazione data ha l'**unica soluzione** $x = 1$.

278 $2\left(\dfrac{x}{3}-1\right) = \dfrac{1}{2}\left(1 - \dfrac{3}{x}\right)$; $\quad \dfrac{1}{x+1} + \dfrac{x+2}{x} = \dfrac{2}{x^2+x}$ $\qquad \left[\dfrac{3}{4} \text{ e } 3; \ -4\right]$

279 $\dfrac{x^2+2}{x+1} = \dfrac{3}{2}$; $\quad \dfrac{x+1}{3x^2-6x} - \dfrac{x-1}{2x^3-4x^2} = \dfrac{4-x}{x^2-2x}$ $\qquad \left[\dfrac{1}{2} \text{ e } 1; \ \dfrac{1}{8} \text{ e } 3\right]$

280 $\dfrac{x}{x+2} - \dfrac{3}{2-x} = \dfrac{8}{x^2-4}$; $\quad \dfrac{8}{1-x} + 3 = \dfrac{4}{x+1}\left(1 + \dfrac{1+x}{1-x}\right)$ $\qquad \left[1; \ -\dfrac{1}{3} \text{ e } 3\right]$

281 $\dfrac{2}{2x-1} - \dfrac{3}{2x+1} = \dfrac{4x^2+5}{4x^2-1}$; $\quad \dfrac{3}{9x^2-12x+4} = \dfrac{1}{3-2x} - \dfrac{2}{2-3x}$ $\qquad \left[0; \ 1 \text{ e } \dfrac{17}{3}\right]$

ESERCIZI

282 $\dfrac{1}{x+2} - \dfrac{2+x}{4x-8} = \dfrac{10+3x}{4-x^2}$; $\quad \dfrac{1}{x-1} + \dfrac{x}{x-2} = \dfrac{2}{x^2-3x+2}$ $\qquad [14; -2]$

283 $2x = \dfrac{2+x-x^2}{x-2}$; $\quad 4(x+1) + \dfrac{3(2x-1)}{1-x} = \dfrac{2x-4}{x-1}$ $\qquad \left[-\dfrac{1}{3}; \dfrac{1}{2} \text{ e } \dfrac{3}{2}\right]$

284 $\dfrac{1}{x} + \dfrac{1}{x-1} = \dfrac{2}{x^2-x} + \dfrac{x}{1-x}$ $\qquad [-3]$

285 $\dfrac{6}{(x-1)^2-1} + \dfrac{2}{2-x} = 1 - \dfrac{3}{x}$; $\quad \dfrac{2}{x} + 1 + \dfrac{4}{2+x} + \dfrac{12}{2x+x^2} = 0$ $\qquad [3; -4 \text{ e } -4]$

286 $1 + \dfrac{1-2x}{x+1} = \dfrac{5}{3} + \dfrac{1+2x}{3-2x}$; $\quad \dfrac{x^2-8}{x^2+2x} - \left(1+\dfrac{1}{x}\right)\dfrac{x-2}{x+2} = 1 - \dfrac{3}{x}$ $\qquad \left[0 \text{ e } \dfrac{7}{2}; 2\right]$

287 $\dfrac{x-1}{x^2-4} \cdot \dfrac{12x-24}{x^2-1} + 2\left(x+\dfrac{1}{x-2}\right) : \dfrac{x^2-1}{3x-6} = \dfrac{3+x}{2x+4}$ $\qquad \left[\dfrac{3}{11}\right]$

288 $\dfrac{x+3}{x^2-2x+1} + \dfrac{1}{2x-2} + \dfrac{5+x}{1-x^2} = 0$ $\qquad [\text{impossibile}]$

289 $4 - \dfrac{3}{2} \cdot \dfrac{x+1}{x+\frac{1}{2}} = \dfrac{2(x-1)}{x}$; $\quad \dfrac{x+1}{x+5} - \dfrac{4}{x-3} = \dfrac{x-7}{x+1}$ $\qquad [-2 \text{ e } -1; \text{impossibile}]$

290 $\dfrac{x-2}{x} = \dfrac{(x+2)^2}{x^2-2x} - \dfrac{8}{x-2}$ $\qquad [\text{indeterminata: } S = \mathbb{R} - \{0; 2\}]$

291 $\dfrac{x+1}{x^2-x} + \dfrac{2}{x^3-2x^2+x} = \dfrac{1}{x} + \dfrac{2}{x^2-2x+1}$ $\qquad [\text{indeterminata: } S = \mathbb{R} - \{0; 1\}]$

292 $\dfrac{x - \frac{2}{x+1}}{2x^2+2x-4} + \dfrac{7x+8}{4x-8} = \dfrac{5}{x^2-x-2} - 1$ $\qquad \left[-\dfrac{24}{11}\right]$

293 $\dfrac{5(12-7x)}{3(6x^2+5x-6)} = \dfrac{1}{2x+3} - \dfrac{1}{3}$ $\qquad \left[\dfrac{5}{2} \text{ e } 4\right]$

294 $\dfrac{3}{2x} + \dfrac{\frac{1}{x}-1}{2+\frac{1}{x}} = \dfrac{3-\frac{6}{x}}{4x+2} + \dfrac{3x+1}{2x}$; $\quad \dfrac{\frac{x}{5}+1}{1-\frac{5}{x}} = 1$ $\qquad [\pm 1; \text{impossibile}]$

295 $\dfrac{10x^2+59x-43}{15x^2-19x+6} = \dfrac{20}{5x-3}$ $\qquad \left[-\dfrac{1}{2}\right]$

296 $\dfrac{x+\sqrt{5}}{x} - \dfrac{3}{2} = \dfrac{x}{\sqrt{5}-x} + 2$; $\quad \dfrac{x-x^2}{x-2\sqrt{3}} = \dfrac{x^2-x}{x+2\sqrt{3}} - 2x$ $\qquad \left[\dfrac{\sqrt{5}}{3} \text{ e } 2\sqrt{5}; 0 \text{ e } 12\right]$

297 $\dfrac{2(x-1)(x+1)-\sqrt{2}x}{\sqrt{2}x-2} = \dfrac{2x^2-2}{\sqrt{2}x}$ $\qquad [-\sqrt{2}]$

298 $\dfrac{x}{x\sqrt{3}+1} = \dfrac{\sqrt{3}-x}{x\sqrt{3}-1} + \dfrac{2\sqrt{3}}{3x^2-1}$ $\qquad \left[-\dfrac{\sqrt{3}}{2} \text{ e } \sqrt{3}\right]$

299 $\dfrac{1}{x-\sqrt{2}} + \dfrac{2x}{x+\sqrt{2}} = \dfrac{2\sqrt{2}}{x^2-2}$; $\quad \dfrac{2\sqrt{3}x}{2\sqrt{3}+x} + \dfrac{2\sqrt{3}+x}{2\sqrt{3}x} = 1$ $\qquad \left[-\dfrac{1}{2}; \text{impossibile}\right]$

300 $\dfrac{1}{x+\sqrt{3}} + \dfrac{1}{x^2-3} - \dfrac{3(1+\sqrt{3})}{x^2+3+2\sqrt{3}x} = 0$ $\qquad [2\sqrt{3} \text{ e } 2+\sqrt{3}]$

301 $\sqrt{2}\left(x+\dfrac{5}{x}\right) + 3 = 3\left(1 - \dfrac{\sqrt{2}}{x}\right)$ $\qquad [\text{impossibile}]$

302 $\dfrac{6x^2-x}{12x+6} - \dfrac{x}{2x^2-x-1} = \dfrac{x}{2} - \dfrac{1}{3x-3}$ [impossibile]

303 $\dfrac{(2x+1)^2}{2x^2+x-1} - \dfrac{(2x-1)^2}{x^2+2x+1} = \dfrac{8}{6x-3} - 2$ $\left[-\dfrac{8}{35}\right]$

304 $\dfrac{1+\dfrac{3}{3x-2}}{1-\dfrac{1}{3x+2}} = \dfrac{1}{6x-4} + \dfrac{1}{9x^2-12x+4}$ $\left[\dfrac{1\pm\sqrt{65}}{12}\right]$

305 $\left(3-\dfrac{1}{x+2}\right)\left(1+\dfrac{7x+2}{x^2-3x+2}\right) = \dfrac{12}{2-x} + \dfrac{x+1}{x-1}$ $[0 \text{ e } -12]$

306 $\dfrac{x-\dfrac{2}{3}}{x+\dfrac{2}{3}} = \dfrac{3x-12}{3x^2+20x+12}$ $\left[0 \text{ e } -\dfrac{13}{3}\right]$

307 $\dfrac{2x-\sqrt{2}}{3x+3\sqrt{2}} - \dfrac{\sqrt{2}+x}{2x-2\sqrt{2}} + \dfrac{7}{x^2-2} = 0;\quad \dfrac{x+2\sqrt{3}}{2+x} = \dfrac{2x+3-\sqrt{3}}{\sqrt{3}(x+1)-1}$ $[2\sqrt{2} \text{ e } 10\sqrt{2};\ 0 \text{ e } 2(\sqrt{3}+1)]$

308 $\dfrac{2x-\sqrt{5}}{x+\sqrt{5}} = \dfrac{3(x+2\sqrt{5})}{5x+2\sqrt{5}};\quad \dfrac{x+2\sqrt{3}}{x+2} = \dfrac{2x+\sqrt{3}}{\sqrt{3}(x+1)-1}$ $\left[-\dfrac{4}{7}\sqrt{5} \text{ e } 2\sqrt{5};\ \sqrt{3} \text{ e } 2\right]$

309 $\dfrac{3x+4}{2x-1} + \dfrac{5}{1+\dfrac{1}{x}} = \dfrac{4+x}{2x^2+x-1}$ $\left[-\dfrac{1}{13}\right]$

310 $\dfrac{x-\sqrt{2}}{x+\sqrt{2}} - \dfrac{x+3\sqrt{2}}{x-3\sqrt{2}} = 1 - \dfrac{6\sqrt{2}x}{x^2-2\sqrt{2}x-6}$ $[\pm\sqrt{6}]$

Equazioni letterali

Equazioni letterali intere

Risolvi le seguenti equazioni letterali intere per le quali non è necessaria la discussione.

Altri esercizi

> **ESERCIZI SVOLTI**
>
> **311** $2x^2 - ax = 0$
>
> $\underbrace{2x^2 - ax = 0}_{\text{equazione spuria}} \longrightarrow x(2x-a) = 0 \begin{cases} x = 0 \\ 2x - a = 0 \longrightarrow 2x = a \longrightarrow x = \dfrac{a}{2} \end{cases}$
>
> **312** $2x^2 + 3ax + a^2 = 0$
>
> L'equazione è completa e i suoi tre coefficienti, che qui indichiamo con le lettere maiuscole per evitare confusione, sono $A = 2$, $B = 3a$, $C = a^2$.
> Il discriminante è
>
> $\Delta = (3a)^2 - 4 \cdot 2 \cdot a^2 = 9a^2 - 8a^2 = a^2$
>
> Come puoi osservare, risulta $\Delta \geq 0$ per qualsiasi valore di $a \in \mathbb{R}$.
>
> > **ATTENZIONE!**
> >
> > Per indicare una generica equazione di secondo grado in forma canonica usiamo solitamente la scrittura $ax^2 + bx + c = 0$. Se l'equazione che stai considerando è letterale, non devi fare confusione tra le lettere che vi compaiono (parametri) e le lettere a, b, c che si usano per indicare i coefficienti di una generica equazione.

Pertanto abbiamo

$$x = \frac{-3a \pm \sqrt{a^2}}{4} \quad \begin{matrix} \nearrow \; x = \dfrac{-3a - a}{4} = -a \\ \searrow \; x = \dfrac{-3a + a}{4} = -\dfrac{a}{2} \end{matrix}$$

Possiamo osservare che il discriminante è nullo per $a = 0$ e infatti per tale valore le due radici trovate coincidono.

> **■ IMPORTANTE**
>
> Nello studio dei radicali abbiamo visto che $\sqrt{a^2}$ è un numero positivo o nullo indipendentemente dal segno di a:
>
> $$\sqrt{a^2} = |a|$$
>
> Nel caso dell'equazione considerata risulterà quindi $\sqrt{\Delta} = \sqrt{a^2} = |a|$ e le sue soluzioni risultano dunque
>
> $$x = \frac{-3a \pm |a|}{4}$$
>
> Ma scrivendo $\pm|a|$ si indicano due numeri opposti aventi lo stesso valore assoluto di a: questi stessi numeri possono essere quindi indicati scrivendo semplicemente $\pm a$; pertanto $\pm|a| = \pm a$.
> È quindi inutile usare il simbolo di valore assoluto e le soluzioni dell'equazione considerata si possono indicare, come è stato fatto prima:
>
> $$x = \frac{-3a \pm a}{4}$$
>
> Analoghe considerazioni si possono fare tutte le volte che il discriminante di un'equazione di secondo grado è il quadrato di un'espressione letterale. Ad esempio:
>
> $$\pm\sqrt{(a-2)^2} = \pm|a-2| = \pm(a-2) \longrightarrow \pm\sqrt{(a-2)^2} = \pm(a-2)$$

▷▶ **313** $x^2 - 4ax = 0$ $\qquad$ [0 e 4a] $\qquad$ ▷▶ **314** $2x^2 - 8a^2 = 0$ $\qquad$ [$\pm 2a$]

▷▶ **315** $2x^2 - (x-a)^2 = 2ax$ $\qquad$ [$\pm a$] $\qquad$ ▷▶ **316** $(3x-2b)^2 - 2b^2 = 2b(x+b)$ $\qquad$ $\left[0 \text{ e } \dfrac{14}{9}b\right]$

▷▶ **317** $(3x-a)x = 2ax - x^2$ $\qquad$ $\left[0 \text{ e } \dfrac{3}{4}a\right]$ $\qquad$ ▷▶ **318** $x^2 - 4a^2 = b(4a+b)$ $\qquad$ [$\pm(2a+b)$]

▷▶ **319** $x^2(1+2a) = a(2x^2 + 3bx)$ $\qquad$ [0 e 3ab] $\qquad$ ▷▶ **320** $3k^2 + 7kx = 3(k+x)^2 - x$ $\qquad$ $\left[0 \text{ e } \dfrac{1+k}{3}\right]$

▷▶ **321** $x^2 - 2(a-b)x - 4ab = 0$ $\qquad$ [$-2b$ e $2a$] $\qquad$ ▷▶ **322** $x^2 - 3ax + 2a^2 = 0$ $\qquad$ [a e $2a$]

▷▶ **323** $x^2 + mx - 6m^2 = 0$ $\qquad$ [$-3m$ e $2m$] $\qquad$ ▷▶ **324** $x^2 - 2bx - 3b^2 = 0$ $\qquad$ [$-b$ e $3b$]

▷▶ **325** $4x^2 - 4mx + m^2 - n^2 = 0$ $\qquad$ $\left[\dfrac{m \pm n}{2}\right]$ $\qquad$ ▷▶ **326** $(3x+m)x = 2mx + x^2$ $\qquad$ $\left[0 \text{ e } \dfrac{m}{2}\right]$

▷▶ **327** $(x+3k)^2 + (x-3k)^2 = 9k^2(3x+2) - 2x^2$ $\qquad$ $\left[0 \text{ e } \dfrac{27k^2}{4}\right]$

▷▶ **328** $(2x-3a)(2x+3a) + ax = (x-a)(3x+4a)$ $\qquad$ [$\pm a\sqrt{5}$]

▷▶ **329** $x(1-a^2) - \dfrac{x^2}{1+a^2} = 0$ $\qquad$ [0 e $1-a^4$]

▷▶ **330** $(2x-a)^2 + ax(ax+6) = (ax-1)^2$ $\qquad$ $\left[-\dfrac{a+1}{2} \text{ e } \dfrac{1-a}{2}\right]$

Risolvi e discuti le seguenti equazioni.

ESERCIZI SVOLTI

331 $\dfrac{x}{a} - \dfrac{x^2}{a+1} = 0$

L'equazione è letterale intera e compaiono due denominatori letterali:

$$\text{C.E.: } a \neq 0 \wedge a \neq -1$$

Nell'ipotesi che sia $a \neq 0$ e $a \neq -1$, possiamo procedere ponendo a denominatore comune ed eliminando poi i denominatori:

$$\dfrac{(a+1)x - ax^2}{a(a+1)} = 0 \;\longrightarrow\; \cancel{a(a+1)} \dfrac{(a+1)x - ax^2}{\cancel{a(a+1)}} = 0 \cdot a(a+1) \;\longrightarrow\; \underbrace{(a+1)x - ax^2 = 0}_{\text{equazione spuria}} \;\longrightarrow\;$$

$$\longrightarrow\; x[(a+1) - ax] = 0 \begin{cases} x = 0 \\ a + 1 - ax = 0 \;\longrightarrow\; \underset{\neq 0 \text{ per C.E.}}{ax} = a + 1 \;\longrightarrow\; x = \dfrac{a+1}{a} \end{cases}$$

Riassumendo:

- $a = 0 \vee a = -1 \longrightarrow$ l'equazione perde significato
- $a \neq 0 \wedge a \neq -1 \longrightarrow$ l'equazione è verificata per $x = 0 \vee x = \dfrac{a+1}{a}$

332 $\dfrac{x^2}{k} + 4 = 0$

Innanzitutto osserviamo che, se è $k = 0$, l'equazione perde significato:

$$\text{C.E.: } k \neq 0$$

Nell'ipotesi che sia $k \neq 0$ possiamo procedere nel modo seguente:

$$\dfrac{x^2}{k} + 4 = 0 \;\longrightarrow\; \cancel{k} \cdot \dfrac{x^2 + 4k}{\cancel{k}} = 0 \cdot k \;\longrightarrow\; \underbrace{x^2 + 4k = 0}_{\text{equazione pura}} \;\longrightarrow\; x^2 = -4k$$

Osserviamo che

- se $k > 0$, allora $-4k < 0$ e quindi l'equazione $x^2 = -4k$ è impossibile
- se $k < 0$, allora $-4k > 0$ e quindi $x^2 = -4k \longrightarrow x = \pm\sqrt{-4k} = \pm 2\sqrt{-k}$

Riassumendo:

- $k = 0 \longrightarrow$ l'equazione perde significato
- $k > 0 \longrightarrow$ equazione impossibile
- $k < 0 \longrightarrow x_1 = -2\sqrt{-k}$ e $x_2 = +2\sqrt{-k}$

333 $(a-1)x^2 - 2x - a - 1 = 0$

L'equazione proposta è completa e i suoi coefficienti sono

$$\underset{\text{1° coefficiente}}{A = a - 1} \qquad \underset{\text{2° coefficiente}}{B = -2} \qquad \underset{\text{3° coefficiente}}{C = -a - 1}$$

Cominciamo a osservare che tale equazione è effettivamente di secondo grado solo se è $a \neq 1$. Esaminiamo pertanto separatamente il caso $a = 1$.

ESERCIZI

▶ $a = 1 \longrightarrow$ l'equazione si *abbassa di grado* e diviene di primo grado:

$$(a-1)x^2 - 2x - a - 1 = 0 \xrightarrow{a=1} (1-1)x^2 - 2x - 1 - 1 = 0 \longrightarrow 0 \cdot x^2 - 2x - 2 = 0 \longrightarrow$$

$$\longrightarrow -2x - 2 = 0 \longrightarrow -2x = 2 \longrightarrow x = -1$$

Quindi per $a = 1$ la soluzione è $x = -1$.

▶ $a \neq 1 \longrightarrow$ l'equazione è di secondo grado. Calcoliamo il discriminante ridotto:

$$\frac{\Delta}{4} = \left(\frac{-2}{2}\right)^2 - (a-1)[-(a+1)] = 1 + (a-1)(a+1) = 1 + a^2 - 1 = a^2$$

Risulta $a^2 \geq 0$ per qualsiasi valore di a e, più precisamente:

- $a = 0 \longrightarrow \frac{\Delta}{4} = 0$ e quindi l'equazione ha *due soluzioni coincidenti*:

$$x_1 = x_2 = -\frac{\frac{B}{2}}{A} = -\frac{-1}{a-1} = \frac{1}{a-1} \xrightarrow{a=0} x_1 = x_2 = \frac{1}{0-1} = -1$$

- $a \neq 0 \wedge a \neq 1 \longrightarrow \frac{\Delta}{4} > 0$ e quindi l'equazione ha *due soluzioni distinte*:

$$x_{1,2} = \frac{-\frac{B}{2} \pm \sqrt{\frac{\Delta}{4}}}{A} \longrightarrow x_{1,2} = \frac{-(-1) \pm \sqrt{a^2}}{a-1} \begin{array}{l} \nearrow x_1 = \frac{1-a}{a-1} = -\frac{a-1}{a-1} = -1 \\ \searrow x_2 = \frac{1+a}{a-1} = \frac{a+1}{a-1} \end{array}$$

Riassumendo, si devono distinguere tre casi:

- $a = 1 \longrightarrow$ equazione di primo grado $\longrightarrow x = -1$ ($x = -1$ soluzione semplice)
- $a = 0 \longrightarrow$ due soluzioni coincidenti $\longrightarrow x_1 = x_2 = -1$ ($x = -1$ soluzione doppia)
- $a \neq 0 \wedge a \neq 1 \longrightarrow$ due soluzioni distinte $\longrightarrow x_1 = -1$ e $x_2 = \frac{a+1}{a-1}$

■ **ATTENZIONE!**

Le espressioni delle due soluzioni distinte in realtà hanno significato anche per $a = 0$. Infatti, per tale valore di a esse divengono

$$x_1 = -1 \quad \text{e} \quad x_2 = \frac{a+1}{a-1} = \frac{0+1}{0-1} = -1$$

e quindi si hanno le due soluzioni coincidenti. Questo significa che possiamo riformulare la soluzione in modo più sintetico:

- $a = 1 \longrightarrow$ equazione di primo grado $\longrightarrow x = -1$
- $a \neq 1 \longrightarrow x_1 = -1$ e $x_2 = \frac{a+1}{a-1}$.

▷▶ **334** $\dfrac{x}{k-2} + \dfrac{x^2}{k+2} = 0$ $\qquad \left[k = \pm 2, \text{ l'equazione perde significato}; k \neq \pm 2, 0 \text{ e } \dfrac{2+k}{2-k} \right]$

▷▶ **335** $\dfrac{x}{a^2-9} + x^2 = 0$ $\qquad \left[a = \pm 3, \text{ l'equazione perde significato}; a \neq \pm 3, 0 \text{ e } \dfrac{1}{9-a^2} \right]$

▷▶ **336** $1 + h + \dfrac{x^2}{1+h} = 0$ $\qquad [h = -1, \text{ l'equazione perde significato}; h \neq -1, \text{ impossibile}]$

▷▶ **337** $a^2 - \dfrac{x^2}{a^2} = 0$ $\qquad [a = 0, \text{ l'equazione perde significato}; a \neq 0, \pm a^2]$

▷▷ **338** $\dfrac{x(x-1)}{a+1} - \dfrac{x(x+1)}{a-1} = 0$ $\quad[a = \pm 1,$ l'equazione perde significato; $a \neq \pm 1,$ 0 e $-a]$

▷▷ **339** $\dfrac{x^2-4}{k^2+4} = \dfrac{x^2+4}{k^2-4}$ $\quad[k = \pm 2,$ l'equazione perde significato; $k = 0,$ 0 e $0;$ $k \neq \pm 2 \wedge k \neq 0,$ impossibile$]$

▷▷ **340** $x^2 - 2\sqrt{3}x + 3 + a^2 = 0$ $\quad[a \neq 0,$ impossibile; $a = 0,$ $\sqrt{3}$ e $\sqrt{3}]$

▷▷ **341** $x^2 - 6bx + 25b^2 = 0$ $\quad[b \neq 0,$ impossibile; $b = 0,$ 0 e $0]$

▷▷ **342** $x^2 + 6x + 9 - m = 0$ $\quad[m < 0,$ impossibile; $m \geq 0,$ $-3 \pm \sqrt{m}]$

▷▷ **343** $x^2 - 2ax + a^2 + b^2 = 0$ $\quad[b \neq 0,$ impossibile; $b = 0,$ a e $a]$

▷▷ **344** $mx(x - m) + nx(n + x) = 0$ $\quad[m = -n,$ indeterminata; $m \neq -n,$ 0 e $m - n]$

▷▷ **345** $x^2 + 2ax + a^2 - 9b = 0$ $\quad[b < 0,$ impossibile; $b \geq 0,$ $-a \pm 3\sqrt{b}]$

▷▷ **346** $2ax(ax+3) - bx(2bx-9) = 3bx$ $\quad\left[a = -b,$ indeterminata; $a = b \neq 0,$ $0;$ $a \neq \pm b,$ 0 e $\dfrac{3}{b-a}\right]$

▷▷ **347** $(2a-1)x^2 - ax = 0$ $\quad\left[a = \dfrac{1}{2},$ $0;$ $a \neq \dfrac{1}{2},$ 0 e $\dfrac{a}{2a-1}\right]$

▷▷ **348** $ax^2 + (a-b)x = 0$ $\quad\left[a = b = 0,$ indeterminata; $a = 0 \wedge b \neq 0,$ $0;$ $a \neq 0,$ 0 e $\dfrac{b-a}{a}\right]$

▷▷ **349** $x^2 - \sqrt{a}x - 2a = 0$ $\quad[a < 0,$ l'equazione perde significato; $a \geq 0,$ $-\sqrt{a}$ e $2\sqrt{a}]$

▷▷ **350** $ax(x+2) - bx = bx(x+1)$ $\quad[a = b,$ indeterminata; $a \neq b,$ 0 e $-2]$

▷▷ **351** $x^2 - 3a\sqrt{a}x + 2a^3 = 0$ $\quad[a < 0,$ l'equazione perde significato; $a \geq 0,$ $a\sqrt{a}$ e $2a\sqrt{a}]$

▷▷ **352** $x^2 - 2\sqrt{b}x + b - 9 = 0$ $\quad[b < 0,$ l'equazione perde significato; $b \geq 0,$ $\sqrt{b} \pm 3]$

▷▷ **353** $ax^2 - (a+1)x + 1 = 0$ $\quad\left[a = 0,$ $1;$ $a \neq 0,$ 1 e $\dfrac{1}{a}\right]$

▷▷ **354** $2ax^2 - (a+2)x + 1 = 0$ $\quad\left[a = 0,$ $\dfrac{1}{2};$ $a \neq 0,$ $\dfrac{1}{2}$ e $\dfrac{1}{a}\right]$

▷▷ **355** $2ax^2 - (4a^2+1)x + 2a = 0$ $\quad\left[a = 0,$ $0;$ $a \neq 0,$ $2a$ e $\dfrac{1}{2a}\right]$

▷▷ **356** $4a^2x^2 - 12ax + 8 - a^2 = 0$ $\quad\left[a = 0,$ impossibile; $a \neq 0,$ $\dfrac{3 \pm \sqrt{a^2+1}}{2a}\right]$

▷▷ **357** $(k-3)x^2 + 2(k-4)x - 4 = 0$ $\quad\left[k = 3,$ $-2;$ $k \neq 3,$ -2 e $\dfrac{2}{k-3}\right]$

▷▷ **358** $a(x-1)^2 - (x-a)^2 + a^2 = 2(ax-1)$ $\quad\left[a = 1,$ $\dfrac{3}{2};$ $a > 2,$ impossibile; $a \leq 2 \wedge a \neq 1,$ $\dfrac{a \pm \sqrt{2-a}}{a-1}\right]$

▷▷ **359** $\dfrac{ax(x-a)}{a^2-1} = a - x$ $\quad\left[a = \pm 1,$ l'equazione perde significato; $a = 0,$ $0;$ $a \neq \pm 1 \wedge a \neq 0,$ $\dfrac{1-a^2}{a}$ e $a\right]$

▷▷ **360** $b(x-2)^2 - 2(x-1)(x-2b) = 1$ $\quad\left[b = 2,$ $\dfrac{1}{2};$ $b < 1,$ impossibile; $b \geq 1 \wedge b \neq 2,$ $\dfrac{-1 \pm \sqrt{b-1}}{b-2}\right]$

▷▷ **361** $(cx-1)^2 - x(cx-2) + x(2c-1) = 2$ $\quad\left[c = 0 \vee c = 1,$ $1;$ $c \neq 0 \wedge c \neq 1,$ $\dfrac{1}{c}$ e $\dfrac{1}{1-c}\right]$

▷▷ **362** $a(x-1)^2 - (x-a)2 + (a-1)^2 = 2$ $\quad\left[a < -1 \vee a = 1,$ impossibile; $a \geq -1 \wedge a \neq 1,$ $\pm\sqrt{\dfrac{a+1}{a-1}}\right]$

▷▷ **363** $b(x+1)^2 - 2x^2 = x + b$ $\quad\left[b = 2,$ $0;$ $b \neq 2,$ 0 e $\dfrac{1-2b}{b-2}\right]$

ESERCIZI

▷▷ **364** $x^2 - 9x = \dfrac{4x^2 - 11mx + 3m}{m+1}$ $\left[m = -1, \text{ l'equazione perde significato}; m = 3, x = -3; \right.$
$\left. m \neq -1 \wedge m \neq 3, -3 \text{ e } \dfrac{m}{m-3} \right]$

▷▷ **365** $\dfrac{(kx-1)^2}{k-2} = 1$ $\left[k = 2, \text{ l'equazione perde significato}; k < 2, \text{ impossibile}; k > 2, \dfrac{1 \pm \sqrt{k-2}}{k} \right]$

Scomposizione di trinomi di secondo grado letterali

Scomponi in fattori i seguenti trinomi.

▷▷ **366** $4a^2 + 15ab - 4b^2$; $4x^2 + 3xy + 4y^2$ $\qquad [(a+4b)(4a-b); \ 4x^2 + 3xy + 4y^2]$

▷▷ **367** $8x^2 + 10xy + 3y^2$; $8x^2 + 14xy + 3y^2$ $\qquad [(2x+y)(4x+3y); \ (2x+3y)(4x+y)]$

▷▷ **368** $3c^2 - 5dc - 2d^2$ $\qquad [(3c+d)(c-2d)]$

▷▷ **369** $5x^2 + 3xy - 2y^2$ $\qquad [(5x-2y)(x+y)]$

▷▷ **370** $\sqrt{2}ax^2 + (a^2 + 2\sqrt{2})x + 2a$ $\qquad [(\sqrt{2}x+a)(ax+2)]$

▷▷ **371** $\sqrt{3}a^2 - 2ab - \sqrt{3}b^2$ $\qquad [(\sqrt{3}a+b)(a-\sqrt{3}b)]$

Semplifica le seguenti frazioni.

▷▷ **372** $\dfrac{6a^2 - ab - b^2}{6a^2 + 2ab}$; $\dfrac{25a^2 - 15ab - 4b^2}{25a^2 - 40ab + 16b^2}$ $\qquad \left[\dfrac{2a-b}{a}; \dfrac{5a+b}{5a-4b} \right]$

▷▷ **373** $\dfrac{15x^2 - 28xy + 5y^2}{10x^2 + 3xy - y^2}$; $\dfrac{12x^2 + 17xy - 5y^2}{16x^2 - 8xy + y^2}$ $\qquad \left[\dfrac{3x-5y}{2x+y}; \dfrac{3x+5y}{4x-y} \right]$

▷▷ **374** $\dfrac{3x^2 - 4ax + a^2}{2x^2 + ax - 3a^2}$; $\dfrac{2x^2 - 7ax + 3a^2}{8x^2 - 14ax + 5a^2}$ $\qquad \left[\dfrac{3x-a}{2x+3a}; \dfrac{x-3a}{4x-5a} \right]$

▷▷ **375** $\dfrac{x^2 - 8ax - 9a^2}{2x^2 + ax - a^2}$; $\dfrac{(2b^2 + 3ab + a^2)(a-b)}{a^2 + ab - 2b^2}$ $\qquad \left[\dfrac{x-9a}{2x-a}; a+b \right]$

▷▷ **376** $\dfrac{\sqrt{b}x^2 + (2b+1)x + 2\sqrt{b}}{4b - x^2}$; $\dfrac{2x^2 + 2\sqrt{2}ax + a^2}{\sqrt{2}x^2 - 3ax - 2\sqrt{2}a^2}$ $\qquad \left[\dfrac{x\sqrt{b}+1}{2\sqrt{b}-x} \text{ per } b \geq 0; \dfrac{x\sqrt{2}+a}{x-2\sqrt{2}a} \right]$

▷▷ **377** $\dfrac{6x^2 + x\sqrt{a} - 2a}{4x^2 - a}$; $\dfrac{\sqrt{3}x^2 + a(\sqrt{3}-1)x - a^2}{\sqrt{5}x^2 + a(\sqrt{5}-1)x - a^2}$ $\qquad \left[\dfrac{3x + 2\sqrt{a}}{2x + \sqrt{a}} \text{ per } a \geq 0; \dfrac{x\sqrt{3}-a}{x\sqrt{5}-a} \right]$

▷▷ **378** $\dfrac{2x^2 + (5-4k)x + 3(1-2k)}{6x^2 + 7x - 3}$ $\qquad \left[\dfrac{x - 2k + 1}{3x - 1} \right]$

Equazioni letterali frazionarie

Risolvi e discuti le seguenti equazioni letterali frazionarie.

Altri esercizi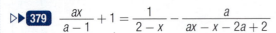

■ **ESERCIZIO SVOLTO**

▷▷ **379** $\dfrac{ax}{a-1} + 1 = \dfrac{1}{2-x} - \dfrac{a}{ax - x - 2a + 2}$

L'equazione data può essere scritta nella forma equivalente

$$\dfrac{ax}{a-1} + 1 = -\dfrac{1}{x-2} - \dfrac{a}{(a-1)(x-2)}$$

Osserviamo che, per $a = 1$, l'equazione perde significato:

$$\text{C.E.: } a \neq 1$$

Inoltre, potremo accettare solo valori di x per cui non si annulli alcun denominatore:

$$\text{C.A.: } x \neq 2$$

Dopo opportuni calcoli la ① diventa

$$ax^2 - (a+1)x + 1 = 0 \qquad ②$$

▶ Se $a = 0$ l'equazione ② si abbassa di grado e diventa

$$0x^2 - (0+1)x + 1 = 0 \longrightarrow -x + 1 = 0 \longrightarrow x = 1$$

▶ Se $a \neq 0 \land a \neq 1$ calcoliamo

$$\Delta = [-(a+1)]^2 - 4a = (a-1)^2$$

e osserviamo che, per $a \neq 0 \land a \neq 1$, è senz'altro $\Delta > 0$. L'equazione ha per soluzioni

$$x_{1,2} = \frac{a+1 \pm (a-1)}{2a} \quad \begin{matrix} \nearrow x_1 = 1 \\ \searrow x_2 = \dfrac{1}{a} \end{matrix}$$

Vediamo ora se le soluzioni della ② sono accettabili come soluzioni della ①.
La soluzione $x_2 = 1$ è senz'altro accettabile perché soddisfa la C.A. ($x_1 = 1 \neq 2$).
La soluzione $x_1 = \dfrac{1}{a}$ è accettabile se soddisfa la C.A., cioè se

$$\frac{1}{a} \neq 2 \longrightarrow a \neq \frac{1}{2}$$

Quindi, se $a = \dfrac{1}{2}$, la soluzione x_2 non è accettabile per la ① e l'equazione ha quindi solo la soluzione $x_2 = 1$.

Riassumendo:

- $a = 1 \longrightarrow$ l'equazione ① perde significato

- $a = 0 \longrightarrow$ l'equazione ① si abbassa di grado: $x = 1$ ⎫
- $a = \dfrac{1}{2} \longrightarrow$ una sola soluzione accettabile: $x = 1$ ⎬ $a = 0 \lor a = \dfrac{1}{2} \longrightarrow x = 1$

- $a \neq 0 \land a \neq \dfrac{1}{2} \land a \neq 1 \longrightarrow$ due soluzioni distinte $x_1 = 1$ e $x_2 = \dfrac{1}{a}$

▷▷ **380** $\dfrac{1}{x+1} + \dfrac{2x}{a} = \dfrac{a+4}{2a}$ $\qquad \left[a = 0, \text{ l'equazione perde significato; } a \neq 0, \; 1 \text{ e } \dfrac{a-4}{4}\right]$

▷▷ **381** $\dfrac{a}{x-2} + \dfrac{ax-1}{x+1} + \dfrac{a+1}{2} = 0$ $\qquad \left[a = -1 \lor a = -\dfrac{1}{3} \lor a = 0, \; 1; \right.$
$$\left. a \neq -1 \land a \neq -\dfrac{1}{3} \land a \neq 0, \; 1 \text{ e } \dfrac{2}{3a+1}\right]$$

▷▷ **382** $\dfrac{x+3}{x+2} + \dfrac{x}{a^2+4a+3} = \dfrac{a+5}{a+3}$ $\qquad [a = -3 \lor a = -1, \text{ l'equazione perde significato;}$
$$a \neq -3 \land a \neq -1, \; a \pm 1]$$

▷▷ **383** $\dfrac{1}{x+1} + \dfrac{ax}{a-1} = \dfrac{1-3a}{2-2a}$ $\qquad \left[a = 1, \text{ l'equazione perde significato;}\right.$
$$\left. a = 0, \; 1; \; a \neq 0 \land a \neq 1, \; 1 \text{ e } -\dfrac{a+1}{2a}\right]$$

ESERCIZI

384 $\dfrac{a}{x-1} + \dfrac{x}{a} = a + \dfrac{2}{a}$ $\qquad$ [$a=0$, l'equazione perde significato; $a \neq 0$, 2 e a^2+1]

385 $\dfrac{2k-x}{x+1} - \dfrac{k}{x} - \dfrac{7k-4}{6} = 0$ $\qquad \left[k=-\dfrac{1}{2} \vee k=-\dfrac{2}{7} \vee k=0, 2; \right.$
$\left. k \neq -\dfrac{1}{2} \wedge k \neq -\dfrac{2}{7} \wedge k \neq 0, 2 \text{ e } -\dfrac{3k}{7k+2} \right]$

386 $\dfrac{x+a}{x-1} + \dfrac{(a-1)^2}{a} = \dfrac{1-x}{x+a} - 2$ $\qquad$ [$a=0$, l'equazione perde significato; $a \neq 0$, 0 e $1-a$]

387 $\dfrac{1}{a-1} + \dfrac{x^2}{2x-1} + \dfrac{ax}{1-a} = 0$ $\qquad \left[a=1, \text{ l'equazione perde significato}; a=-1, 1; \right.$
$\left. a \neq \pm 1; 1 \text{ e } \dfrac{1}{a+1} \right]$

388 $3(1-b) + \dfrac{b}{x}(x^2+2) = x+2$ $\qquad \left[b=0 \vee b=1, 1; b \neq 0 \wedge b \neq 1, 1 \text{ e } \dfrac{2b}{b-1} \right]$

389 $\dfrac{x-b}{x+b} - \dfrac{x+2b}{x-2b} = 3$ $\qquad$ [$b=0$, impossibile; $b \neq 0$, $-2b$ e b]

390 $\dfrac{x^2+a^2}{x^2+ax-2a^2} + \dfrac{a}{a-x} + \dfrac{9a}{x+2a} = \dfrac{5}{2}$ $\qquad \left[a=0, \text{ impossibile}; a \neq 0, \dfrac{5}{3}a \text{ e } 2a \right]$

391 $ax + \dfrac{2a}{a+1} - \dfrac{8}{x(a-1)} = \dfrac{4}{a^2-1}$ $\qquad \left[a=\pm 1, \text{ l'equazione perde significato}; a=0, -2; \right.$
$\left. a \neq \pm 1 \wedge a \neq 0, -\dfrac{4}{a} \text{ e } \dfrac{2}{a-1} \right]$

392 $\dfrac{2x+3b}{2x-3b} + \dfrac{x+b}{x-b} + 2 = 0$ $\qquad \left[b=0, \text{ impossibile}; b \neq 0, 0 \text{ e } \dfrac{5}{4}b \right]$

393 $\dfrac{x^2(a-1) + \dfrac{2}{a-1}}{x + \dfrac{1}{a-1}} = \dfrac{3}{2}$ $\qquad \left[a=1, \text{ l'equazione perde significato}; a \neq 1, \dfrac{1}{2(a-1)} \text{ e } \dfrac{1}{a-1} \right]$

394 $\dfrac{2x+3a(3a+1)}{x^2-6ax+9a^2} - 1 = \dfrac{1}{3a-x}$ $\qquad$ [$a=-1$, 0; $a=0$, 3; $a \neq -1 \wedge a \neq 0$, 0 e $3(1+2a)$]

395 $\dfrac{a}{x} + \dfrac{2}{a} + \dfrac{a+2}{a+x} + \dfrac{3a^2}{ax+x^2} = 0$ $\qquad$ [$a=0$, l'equazione perde significato; $a=1$, -2;
$a \neq 0 \wedge a \neq 1$, $-a^2$ e $-2a$]

Equazioni parametriche

Esercizi con richieste sulle soluzioni

Senza risolvere le seguenti equazioni letterali, determina i valori dei parametri reali che verificano le condizioni richieste.

ESERCIZI SVOLTI

396 Determiniamo il valore del parametro a in modo che l'equazione
$$x^2 - 2(a-1)x + 4 + a^2 = 0 \qquad a \in \mathbb{R}$$
abbia radici coincidenti.

L'equazione data è di secondo grado e ha due radici coincidenti se il suo discriminante è nullo. In questo caso il primo, il secondo e il terzo coefficiente dell'equazione sono rispettivamente

$$A = 1 \qquad B = -2(a-1) \qquad C = 4 + a^2$$

Le radici dell'equazione sono coincidenti se:

$$\Delta = 0 \;\rightarrow\; \frac{\Delta}{4} = 0 \;\rightarrow\; \left(\frac{B}{2}\right)^2 - AC = 0 \;\rightarrow\; [-(a-1)]^2 - 1 \cdot (4 + a^2) = 0 \;\rightarrow$$

$$\rightarrow\; (a-1)^2 - 4 - a^2 = 0 \;\rightarrow\; a^2 - 2a + 1 - 4 - a^2 = 0 \;\rightarrow\; -2a - 3 = 0 \;\rightarrow\; a = -\frac{3}{2}$$

Possiamo verificare che l'equazione data, per $a = -\frac{3}{2}$, ha due soluzioni coincidenti:

$$x^2 - 2(a-1)x + 4 + a^2 = 0 \;\xrightarrow{a=-\frac{3}{2}}\; x^2 - 2\left(-\frac{3}{2} - 1\right)x + 4 + \left(-\frac{3}{2}\right)^2 = 0 \;\rightarrow$$

$$\rightarrow\; 4x^2 + 20x + 25 = 0 \;\rightarrow\; (2x+5)^2 = 0 \;\rightarrow\; x_1 = x_2 = -\frac{5}{2}$$

▷▷ **397** Data l'equazione

$$(k-1)x^2 - x + 4 = 0 \qquad k \in \mathbb{R}$$

determiniamo k in modo che l'equazione

a. abbia due soluzioni;

b. abbia una sola soluzione, semplice o doppia;

c. abbia due soluzioni distinte;

d. non abbia soluzioni.

Osserviamo innanzitutto che l'equazione è di secondo grado solo se $k \neq 1$.
Per $k = 1$ l'equazione diventa di primo grado e risulta

$$(1-1)x^2 - x + 4 = 0 \;\rightarrow\; -x = -4 \;\rightarrow\; x = 4$$

Calcoliamo, per $k \neq 1$, il discriminante dell'equazione dopo avere osservato che i coefficienti dell'equazione sono $a = k-1$, $b = -1$, $c = 4$:

$$\Delta = b^2 - 4ac \;\rightarrow\; \Delta = (-1)^2 - 4 \cdot (k-1) \cdot 4 = 17 - 16k$$

a. Affinché l'equazione abbia **due soluzioni** (distinte o coincidenti), deve essere

$$\begin{cases} \Delta \geq 0 \\ k \neq 1 \end{cases} \;\rightarrow\; \begin{cases} 17 - 16k \geq 0 \\ k \neq 1 \end{cases} \;\rightarrow\; k \leq \frac{17}{16} \land k \neq 1$$

b. Affinché le soluzioni siano distinte occorre escludere il valore di k per cui è $\Delta = 0$, cioè $k = \frac{17}{16}$.

Pertanto l'equazione ha **due soluzione distinte** per $k < \frac{17}{16} \land k \neq 1$.

c. In base a quanto osservato in precedenza abbiamo che:

- per $k = 1$ l'equazione è di primo grado e ha **una soluzione semplice**;
- per $k = \frac{17}{16}$ l'equazione, avendo $\Delta = 0$, ha **una soluzione doppia**.

d. L'equazione **non ha soluzioni** se $\Delta < 0$, cioè

$$17 - 16k < 0 \;\rightarrow\; k > \frac{17}{16}$$

Possiamo infine osservare che per $k \leq \frac{17}{16}$ l'equazione data ha soluzioni (due soluzioni distinte, una soluzione doppia o un'unica soluzione semplice).

▷▷ **398** Determiniamo il parametro a in modo che l'equazione

$$ax^2 - 2ax + 4a - 3 = 0 \qquad a \in \mathbb{R}$$

abbia due soluzioni.

ESERCIZI

Affinché l'equazione abbia due soluzioni, distinte o coincidenti, l'equazione data deve essere di secondo grado ($a \neq 0$) e il suo discriminante deve essere positivo o nullo ($\Delta \geq 0$).
Osserviamo che per $a = 0$ l'equazione diventa $-3 = 0$ ed è quindi impossibile.
Dopo aver osservato che i tre coefficienti dell'equazione sono

$$\underbrace{a}_{1° \text{ coeff.}} \quad \underbrace{-2a}_{2° \text{ coeff.}} \quad \underbrace{4a-3}_{3° \text{ coeff.}}$$

calcoliamo il discriminante ridotto:

$$\frac{\Delta}{4} = (-a)^2 - a \cdot (4a - 3) = a^2 - 4a^2 + 3a = 3a - 3a^2$$

Affinché l'equazione data abbia due soluzioni deve risultare, come abbiamo prima detto,

$$\begin{cases} a \neq 0 \\ \Delta \geq 0 \end{cases} \longrightarrow \frac{\Delta}{4} \geq 0 \longrightarrow \begin{cases} a \neq 0 \\ 3a - 3a^2 \geq 0 \end{cases}$$

La disequazione

$$3a - 3a^2 \geq 0 \longrightarrow \cancel{3}a(1-a) \geq 0 \longrightarrow \underbrace{a}_{A}\underbrace{(1-a)}_{B} \geq 0$$

è verificata per $0 \leq a \leq 1$ (vedi schema a lato).
Pertanto il precedente sistema diventa

$$\begin{cases} a \neq 0 \\ 0 \leq a \leq 1 \end{cases} \longrightarrow 0 < a \leq 1$$

Quindi **per $0 < a \leq 1$ l'equazione** data ha **due soluzioni** (per $a = 1$ vi sono **due soluzioni coincidenti** e per **$0 < a < 1$ due soluzioni distinte**).

▷▷ **399** Determiniamo il parametro b in modo che l'equazione

$$2bx^2 - 2\sqrt{2}x + b - 2 = 0 \qquad b \in \mathbb{R}$$

abbia una soluzione uguale a $\sqrt{2}$.

Poiché $\sqrt{2}$ deve essere soluzione dell'equazione data, sostituendo $\sqrt{2}$ al posto di x l'equazione deve trasformarsi in una uguaglianza vera:

$$2b(\sqrt{2})^2 - 2\sqrt{2} \cdot \sqrt{2} + b - 2 = 0 \longrightarrow 4b - 4 + b - 2 = 0 \longrightarrow 5b - 6 = 0 \longrightarrow b = \frac{6}{5}$$

Quindi per $b = \frac{6}{5}$ una delle soluzioni dell'equazione data è uguale a $\sqrt{2}$. Tale valore di b è senz'altro accettabile perché in corrispondenza a esso c'è una soluzione e quindi per $b = \frac{6}{5}$ l'equazione non può risultare impossibile.

▷▷ **400** Nell'equazione $x^2 - 2kx + k + 6 = 0$ determina i valori di k in modo che

 a. le radici siano coincidenti; $[-2 \text{ e } 3]$

 b. una radice sia nulla; $[-6]$

 c. una radice sia uguale a 3. $[3]$

▷▷ **401** Determina i valori di k in modo che l'equazione $x^2 - 6kx + 9k^2 - 3k - 20 = 0$ abbia due soluzioni distinte.

$$\left[k > -\frac{20}{3}\right]$$

▷▷ **402** Determina per quali valori del parametro reale m l'equazione $2mx^2 - 4mx - 4m - 1 = 0$ ha due soluzioni distinte.

$$\left[m < -\frac{1}{6} \vee m > 0\right]$$

403 Determina per quali valori del parametro reale a l'equazione $3ax^2 - 6ax - 6a - 1 = 0$ non ha soluzioni. $\left[-\dfrac{1}{9} < a \leq 0\right]$

404 Determina per quali valori del parametro k l'equazione $(k-1)x^2 - (1-k)x + k + 1 = 0$ ha due radici coincidenti. $\left[-\dfrac{5}{3}\right]$

405 Per quali valori di k l'equazione $x^2 - 2(k-2)x - 4k + 3 = 0$ ha soluzioni reali? $[\forall k \in \mathbb{R}]$

406 Determina i valori di k in modo che l'equazione $(k+2)x^2 - (4k+1)x + 4k - 1 = 0$ abbia due soluzioni distinte. $\left[k < \dfrac{9}{20} \land k \neq -2\right]$

407 È data l'equazione $x^2 + 3x - 1 + 4k = 0$. Determina k in modo che l'equazione abbia

    a. una radice doppia; $\left[\dfrac{13}{16}\right]$

    b. una radice uguale a -1. $\left[\dfrac{3}{4}\right]$

408 Determina i valori di k in modo che l'equazione $x^2 - 2(k-1)x + k^2 + 2k = 0$

    a. abbia una soluzione doppia; $\left[\dfrac{1}{4}\right]$

    b. abbia radici reali; $\left[k \leq \dfrac{1}{4}\right]$

    c. non abbia soluzioni reali; $\left[k > \dfrac{1}{4}\right]$

    d. abbia una radice uguale a 1; [impossibile]

    e. abbia una radice uguale a -3. $[-4 \pm \sqrt{13}]$

409 Considera l'equazione $(a-1)x^2 + (2-a)x - 1 = 0$. Per quali valori di a l'equazione ha due radici distinte? $[a \neq 1 \land a \neq 0]$

410 Determina i valori di a in modo che l'equazione $x^2 + \sqrt{2}(a-2)x + a^2 - 3a - 4 = 0$ abbia una radice uguale a $\sqrt{2}$. $[-2 \text{ e } 3]$

Esercizi che richiedono anche le formule sulla somma e il prodotto delle radici

Senza risolvere le equazioni letterali seguenti, determina i valori dei parametri reali che verificano le condizioni richieste.

Altri esercizi

■ ESERCIZI SVOLTI

411 Determiniamo i valori di k in modo che nell'equazione

$$x^2 + 2(1-k)x + k^2 = 0 \qquad k \in \mathbb{R}$$

il prodotto delle radici sia uguale a 9.

I coefficienti dell'equazione data sono

$$a = 1 \qquad b = 2(1-k) \qquad c = k^2$$

Il prodotto delle radici è

$$x_1 \cdot x_2 = \frac{c}{a} \longrightarrow x_1 \cdot x_2 = \frac{k^2}{1} \longrightarrow x_1 \cdot x_2 = k^2$$

ESERCIZI

Il discriminante ridotto è

$$\frac{\Delta}{4} = \left(\frac{b}{2}\right)^2 - ac \quad \longrightarrow \quad \frac{\Delta}{4} = (1-k)^2 - 1 \cdot k^2 = 1 - 2k$$

A questo punto l'esercizio può essere affrontato con due procedimenti diversi.

▶ **Primo metodo**

Per prima cosa determiniamo la **condizione di realtà delle radici** dell'equazione data:

$$\Delta \geq 0 \quad \longrightarrow \quad \frac{\Delta}{4} \geq 0 \quad \longrightarrow \quad 1 - 2k \geq 0 \quad \longrightarrow \quad k \leq \frac{1}{2}$$

Ora, affinché il prodotto delle radici sia uguale a 9 dovrà risultare

$$k^2 = 9 \begin{cases} k_1 = -3 & \left(\text{accettabile perché } -3 \leq \frac{1}{2}\right) \\ k_2 = 3 & \left(\text{non accettabile perché } 3 > \frac{1}{2}\right) \end{cases}$$

Concludiamo quindi che l'equazione data ha il prodotto delle radici uguale a 9 solo per $k = -3$.

▶ **Secondo metodo**

Poiché il prodotto delle radici, che è k^2, deve essere uguale a 9, risolviamo subito l'equazione

$$k^2 = 9 \begin{cases} k_1 = -3 \\ k_2 = 3 \end{cases}$$

Per verificare l'accettabilità delle due soluzioni trovate calcoliamo il valore di $\frac{\Delta}{4} = 1 - 2k$ in corrispondenza a ciascuna di esse:

$$k_1 = -3 \quad \longrightarrow \quad \frac{\Delta}{4} = 1 - 2(-3) = 7 > 0 \quad \longrightarrow \quad k_1 = -3 \quad \text{(accettabile)}$$

$$k_2 = 3 \quad \longrightarrow \quad \frac{\Delta}{4} = 1 - 2 \cdot 3 = -5 < 0 \quad \longrightarrow \quad k_2 = 3 \quad \text{(non accettabile)}$$

■ **ATTENZIONE!**

▶ Il primo metodo è utile quando siamo in grado di risolvere la disequazione $\Delta \geq 0$. In questo modo risulterà agevole verificare l'accettabilità di tutti i valori del parametro che verranno trovati risolvendo i quesiti sulle radici dell'equazione stessa.

▶ Il secondo metodo è utile quando la disequazione $\Delta \geq 0$ non è di facile risoluzione o quando non si è in grado di risolverla.

▶▶ **412** Determiniamo i valori di k in modo che nell'equazione

$$x^2 + 2(1-k)x + k^2 = 0$$

a. la somma delle radici sia -6 **b.** le radici siano opposte

c. $x_1 + x_2 > -2$ **d.** $\dfrac{1}{x_1} + \dfrac{1}{x_2} = -1$

L'equazione è ancora quella dell'esercizio precedente.

La **condizione di realtà** delle soluzioni è $k \leq \dfrac{1}{2}$.

a. La somma delle radici è

$$x_1 + x_2 = -\frac{b}{a} \quad \longrightarrow \quad x_1 + x_2 = -\frac{2(1-k)}{1} = -2(1-k)$$

e quindi, dovendo tale somma essere -6,

$$-2(1-k) = -6 \quad \longrightarrow \quad 1 - k = 3 \quad \longrightarrow \quad k = -2 \text{ (accettabile)}$$

Possiamo verificare che per $k = -2$ l'equazione data diventa $x^2 + 6x + 4 = 0$, le cui soluzioni sono $x_{1,2} = -3 \pm \sqrt{5}$; la loro somma è

$$x_1 + x_2 = (-3 - \sqrt{5}) + (-3 + \sqrt{5}) = -6$$

b. $x_1 = -x_2 \longrightarrow x_1 + x_2 = 0$
Poiché $x_1 + x_2 = -2(1 - k)$, come abbiamo visto al punto **a.**, dovremo avere

$$-2(1 - k) = 0 \longrightarrow k = 1 \text{ (non accettabile)}$$

c. Poiché $x_1 + x_2 = -2(1 - k)$ e deve essere $x_1 + x_2 > -2$, avremo

$$-2(1 - k) > -2 \longrightarrow 1 - k < 1 \longrightarrow k > 0$$

dividiamo i due membri per $-2 < 0$ e cambiamo verso

Ma, per la condizione di realtà delle radici, deve essere $k \leq \dfrac{1}{2}$ e quindi

$$\begin{cases} k \leq \dfrac{1}{2} \\ k > 0 \end{cases} \longrightarrow 0 < k \leq \dfrac{1}{2}$$

d. $\dfrac{1}{x_1} + \dfrac{1}{x_2} = -1 \longrightarrow \dfrac{x_2 + x_1}{x_1 \cdot x_2} = -1 \longrightarrow \dfrac{x_1 + x_2}{x_1 \cdot x_2} = -1$

Ricordando che $x_1 + x_2 = -2(1 - k)$ e $x_1 \cdot x_2 = \dfrac{c}{a} = k^2$ dobbiamo avere

$$\dfrac{x_1 + x_2}{x_1 \cdot x_2} = -1 \longrightarrow \dfrac{-2(1 - k)}{k^2} = -1 \xrightarrow{k \neq 0} k^2 + 2k - 2 = 0 \begin{array}{l} k_1 = -1 - \sqrt{3} \\ k_2 = -1 + \sqrt{3} \end{array}$$

Confrontiamo i valori trovati con la condizione di realtà $k \leq \dfrac{1}{2}$:

$$k_1 = -1 - \sqrt{3} < \dfrac{1}{2} \longrightarrow k_1 = -1 - \sqrt{3} \text{ è accettabile}$$

$$k_2 = -1 + \sqrt{3} \simeq 0{,}73 > \dfrac{1}{2} \longrightarrow k_2 = -1 + \sqrt{3} \text{ non è accettabile}$$

▷▷ 413 Verifica che l'equazione $(a + 2)x^2 - 2(a + 1)x + a = 0$ ha soluzioni per qualsiasi valore di a. Successivamente determina a in modo che la somma delle radici sia 3. $[-4]$

▷▷ 414 Nell'equazione $x^2 - 2kx - 8 = 0$ determina il valore del parametro k in modo che
   a. la somma delle radici sia 14; $[7]$ **b.** le radici siano opposte. $[0]$

▷▷ 415 Nell'equazione $kx^2 - 2(k - 1)x - 4 = 0$ determina il valore del parametro k in modo che
   a. una soluzione sia uguale a 2; $[\forall k \in \mathbb{R}]$ **b.** le radici siano opposte; $[1]$
   c. il prodotto delle radici sia 4. $[-1]$

▷▷ 416 Nell'equazione $2k^2x^2 - 3kx + 1 = 0$ determina il valore del parametro k in modo che
   a. una soluzione sia uguale a 0; [impossibile]

   b. le radici siano reciproche, cioè il prodotto delle radici sia 1; $\left[\pm \dfrac{\sqrt{2}}{2}\right]$

   c. la somma delle radici sia $\dfrac{1}{2}$. $[3]$

ESERCIZI

417 Nell'equazione $x^2 - 2(k-6)x + k^2 = 0$ determina il valore del parametro k in modo che
  a. la somma delle soluzioni sia -4;   [impossibile]   b. il prodotto delle radici sia 4; $[\pm 2]$
  c. una delle radici sia $-\dfrac{25}{3}$. $\left[-\dfrac{55}{3}; \dfrac{5}{3}\right]$

418 Nell'equazione $kx^2 - 2x + 1 = 0$ determina il valore del parametro k in modo che
  a. la somma delle soluzioni sia -1; $[-2]$ b. il prodotto delle radici sia 8; $\left[\dfrac{1}{8}\right]$
  c. una delle radici sia 6. $\left[\dfrac{11}{36}\right]$

419 Nell'equazione $x^2 - 6x - k^2 = 0$ determina k in modo che
  a. le radici siano coincidenti;   [impossibile]   b. una radice sia uguale a -3; $[\pm 3\sqrt{3}]$
  c. le radici siano reciproche.   [impossibile]

420 Nell'equazione $kx^2 - kx + 2k - 1 = 0$ determina k in modo che
  a. le radici siano coincidenti; $\left[\dfrac{4}{7}\right]$ b. le radici siano reali; $\left[0 < k \leq \dfrac{4}{7}\right]$
  c. le radici siano reciproche;   [impossibile]
  d. una radice sia l'opposta della reciproca dell'altra $\left(x_1 = -\dfrac{1}{x_2}\right)$. $\left[\dfrac{1}{3}\right]$

421 Nell'equazione $kx^2 - 2(k-1)x - k = 0$ determina k in modo che
  a. le radici siano opposte; $[1]$ b. una radice sia uguale a 2; $[4]$
  c. la somma delle radici sia uguale al loro prodotto; $\left[\dfrac{2}{3}\right]$
  d. le radici siano reciproche;   [impossibile]
  e. una radice sia l'opposta della reciproca dell'altra. $[k \neq 0]$

422 Nell'equazione $x^2 + 2(k-1)x + k^2 + 2k = 0$ determina k in modo che   Videolezione
  a. le radici siano reali e distinte; $\left[k < \dfrac{1}{4}\right]$ b. $x_1 = 0$ $[0 \text{ e } -2]$
  c. $x_1 + x_2 = 6$ $[-2]$ d. $\dfrac{1}{x_1} + \dfrac{1}{x_2} = -4$ $\left[-1 \text{ e } -\dfrac{1}{2}\right]$

423 Nell'equazione $ax^2 - 2(a-3)x - 4(2a-3) = 0$ determina a in modo che
  a. le radici siano coincidenti; $[1]$ b. le radici siano opposte; $[3]$
  c. le radici siano una l'opposto del reciproco dell'altra; $\left[\dfrac{12}{7}\right]$
  d. la somma delle radici sia uguale al loro prodotto meno 2. $\left[\dfrac{3}{2}\right]$

424 Nell'equazione $(3m-1)x^2 - 2mx - m + 1 = 0$ determina m in modo che
  a. una radice sia nulla; $[1]$ b. la somma delle radici sia $-\dfrac{4}{3}$; $\left[\dfrac{2}{9}\right]$
  c. il prodotto delle radici sia $-\dfrac{2}{3}$; $\left[-\dfrac{1}{3}\right]$
  d. la somma delle radici meno il doppio del loro prodotto sia uguale a $\dfrac{3}{2}$. $[-1]$

425 Nell'equazione $(2a+1)x^2 - 5ax + 2(a-2) = 0$ determina a in modo che
  a. la somma delle radici sia $\dfrac{5}{3}$; $[1]$
  b. la somma dei reciproci delle radici sia 2; $[-8]$

c. le radici siano una l'opposto del reciproco dell'altra; $\left[\dfrac{3}{4}\right]$

d. il prodotto tra la somma delle radici e il loro prodotto sia uguale a 6. $\left[-3; -\dfrac{1}{7}\right]$

426 Nell'equazione $(k+2)x^2 - 2kx + k - 1 = 0$ determina k in modo che
  a. l'equazione abbia due radici reali e distinte; $[k < 2 \wedge k \neq -2]$
  b. la somma delle due radici reali e distinte sia positiva. $[k < -2 \vee 0 < k < 2]$

427 Nell'equazione $x^2 - 2x + a - 3 = 0$ determina a in modo che
  a. $x_1 + x_2 < x_1 \cdot x_2$ [impossibile]   **b.** $x_1 \cdot x_2 > -2$ $[1 < a \leq 4]$

428 Nell'equazione $(h-2)x^2 - 2hx + h + 2 = 0$ determina h in modo che
  a. $\dfrac{1}{x_1} + \dfrac{1}{x_2} = 3$ $[-6]$ **b.** $x_1 \cdot x_2 > 0$ $[h < -2 \vee h > 2]$

429 Nell'equazione $2x^2 + x - 2k + 3 = 0$ determina k in modo che
  a. $x_1 \cdot x_2 > \dfrac{1}{3}(x_1 + x_2)$ $\left[\dfrac{23}{16} \leq k < \dfrac{5}{3}\right]$ **b.** $\dfrac{1}{x_1} + \dfrac{1}{x_2} = \dfrac{1}{2}$ $\left[\dfrac{5}{2}\right]$
  c. $\dfrac{1}{x_1} + \dfrac{1}{x_2} < \dfrac{2}{3}$ $\left[\dfrac{23}{16} \leq k < \dfrac{3}{2} \vee k > \dfrac{9}{4}\right]$

430 Determina il parametro a in modo che le radici dell'equazione $x^2 - 2x + 2a - 3 = 0$ siano entrambe positive (dovrà essere $\Delta \geq 0 \wedge x_1 \cdot x_2 > 0 \wedge x_1 + x_2 > 0$). $\left[\dfrac{3}{2} < a \leq 2\right]$

431 Determina il parametro a in modo che le radici dell'equazione $(a+2)x^2 - 2(a+1)x + a = 0$ siano
  a. entrambe positive (deve essere $\Delta \geq 0 \wedge x_1 \cdot x_2 > 0 \wedge x_1 + x_2 > 0$); $[a < -2 \vee a > 0]$
  b. entrambe negative (deve essere $\Delta \geq 0 \wedge x_1 \cdot x_2 > 0 \wedge x_1 + x_2 < 0$). [impossibile]

432 Determina k in modo che le radici dell'equazione $kx^2 + (1-2k)x + k - 3 = 0$ siano concordi. $\left[-\dfrac{1}{8} \leq k < 0 \vee k > 3\right]$

433 Determina per quali valori di a le radici dell'equazione $(a-2)x^2 - 4ax + 4a = 0$ sono entrambe positive. $[a > 2]$

■ **ESERCIZIO SVOLTO**

434 Nell'equazione
$$x^2 - 2kx + 3 = 0$$
determiniamo il valore del parametro k in modo che la somma dei quadrati delle radici sia 10.

Deve essere
$$x_1^2 + x_2^2 = 10$$

Ricorriamo alla relazione
$$\boxed{x_1^2 + x_2^2 = (x_1 + x_2)^2 - 2x_1 x_2}$$ ①

che possiamo facilmente verificare sviluppando il quadrato del binomio che compare nel secondo membro:
$$(x_1 + x_2)^2 - 2x_1 x_2 = x_1^2 + x_2^2 + 2x_1x_2 - 2x_1x_2 = x_1^2 + x_2^2$$

ESERCIZI

La relazione $x_1^2 + x_2^2 = 10$ per la (1) diviene

$$(x_1 + x_2)^2 - 2x_1 x_2 = 10 \qquad \text{(2)}$$

In questo modo abbiamo ottenuto un'uguaglianza in cui compaiono la somma delle radici, $x_1 + x_2$, e il loro prodotto $x_1 x_2$. Ma sappiamo che si ha

$$x_1 + x_2 = -\frac{b}{a} \longrightarrow x_1 + x_2 = -\frac{-2k}{1} \longrightarrow x_1 + x_2 = 2k$$

$$x_1 x_2 = \frac{c}{a} \longrightarrow x_1 x_2 = \frac{3}{1} \longrightarrow x_1 x_2 = 3$$

Sostituiamo ora, nella (2), $2k$ al posto di $x_1 + x_2$ e 3 al posto di $x_1 x_2$ e trattiamo l'uguaglianza ottenuta come un'equazione nell'incognita k; risolvendola, si ha

$$(2k)^2 - 2 \cdot 3 = 10 \longrightarrow 4k^2 - 6 = 10 \longrightarrow 4k^2 = 16 \longrightarrow k^2 = 4 \longrightarrow k = \pm 2$$

Per verificare l'accettabilità delle soluzioni ottenute, sostituiamo i valori -2 e $+2$ nell'espressione del discriminante ridotto:

$$\frac{\Delta}{4} = k^2 - 3 \xrightarrow{k=-2} \frac{\Delta}{4} = (-2)^2 - 3 = 1$$

$$\frac{\Delta}{4} = k^2 - 3 \xrightarrow{k=2} \frac{\Delta}{4} = 2^2 - 3 = 1$$

In entrambi i casi è $\frac{\Delta}{4} > 0$ e quindi entrambe le soluzioni, $k_1 = -2$ e $k_2 = 2$, sono accettabili.

435 Nell'equazione $ax^2 - 3ax + 1 = 0$ determina il valore del parametro a per cui

    a. le radici sono coincidenti; $\left[\frac{4}{9}\right]$ **b.** il prodotto delle radici è 10; [impossibile]

    c. la somma dei quadrati delle radici è 8. [2]

436 Nell'equazione $4x^2 + 4hx - 2h - 1 = 0$ determina il valore del parametro h per cui

    a. le radici sono coincidenti; $[-1]$ **b.** la somma dei reciproci delle radici è 1; $\left[\frac{1}{2}\right]$

    c. il prodotto dei reciproci delle radici è -2; $\left[\frac{1}{2}\right]$

    d. la somma dei quadrati delle radici è $\frac{5}{4}$. $\left[-\frac{3}{2} \text{ e } \frac{1}{2}\right]$

437 Data l'equazione $x^2 - 6x + k - 2 = 0$, determina il valore di k affinché, dette x_1 e x_2 le sue radici, si abbia

    a. $x_1 \cdot x_2 = -16$ $[-14]$ **b.** $x_1 \cdot x_2 = x_1 + x_2$ $[8]$

    c. $x_1^2 + x_2^2 = 20$ $[10]$

438 Nell'equazione $x^2 - 2(a-1)x + a^2 - 1 = 0$ determina a in modo che si abbia

    a. $x_1 = 0$ $[\pm 1]$ **b.** $x_1 = -x_2$ $[1]$

    c. $x_1 + x_2 - 2x_1 x_2 + 40 = 0$ $[-4]$ **d.** $x_1 = -\frac{1}{x_2}$ $[0]$

    e. $x_1^2 + x_2^2 = 16$ $[-1]$

439 Nell'equazione $x^2 - (k+1)x + k = 0$ verifica che le radici esistono per qualsiasi valore di k e poi determina k in modo che

    a. le radici siano coincidenti; $[1]$ **b.** la somma delle radici sia $\sqrt{2}$; $[\sqrt{2} - 1]$

    c. la somma dei reciproci delle radici sia 4; $\left[\frac{1}{3}\right]$ **d.** una radice sia nulla; $[0]$

    e. le radici siano opposte; $[-1]$ **f.** la somma dei quadrati delle radici sia 10. $[\pm 3]$

▷▷ **440** Nell'equazione $kx^2 - 2(k-1)x + k - 2 = 0$ determina il parametro k in modo che

    a. le radici siano coincidenti; [impossibile]

    b. una radice sia 2; [−2]

    c. una radice sia l'opposto del doppio della reciproca dell'altra; $\left[\dfrac{2}{3}\right]$

    d. la somma dei quadrati delle soluzioni sia $\dfrac{10}{9}$. $\left[\dfrac{3}{2} \text{ e } 3\right]$

▷▷ **441** Nell'equazione $(3a-1)x^2 + (3a-4)x - 2(3a+2) = 0$ determina il parametro a in modo che

    a. le radici siano coincidenti; [0]

    b. le radici siano reali e distinte; $[a \neq 0]$

    c. una radice sia nulla; $\left[-\dfrac{2}{3}\right]$

    d. la somma delle radici sia -1; [impossibile]

    e. la somma dei reciproci delle radici sia $\dfrac{5}{4}$; [−2]

    f. la somma dei quadrati delle radici sia 8; $\left[0 \text{ e } \dfrac{4}{3}\right]$

    g. la somma dei quadrati delle radici sia uguale a $\dfrac{5}{2}$ del loro prodotto; $\left[-\dfrac{1}{6} \text{ e } \dfrac{2}{15}\right]$

    h. la somma dei reciproci dei quadrati delle radici sia $\dfrac{1}{2}$. $\left[0 \text{ e } \dfrac{4}{3}\right]$

■ **ESERCIZIO SVOLTO**

▷▷ **442** Data l'equazione
$$x^2 - (k+2)x + k + 1 = 0$$
determiniamo k in modo che, dette x_1 e x_2 le sue due soluzioni, risulti
$$x_1^3 + x_2^3 = 2$$

Incominciamo a osservare che il discriminante dell'equazione è
$$\Delta = [-(k+2)]^2 - 4(k+1) = k^2 + 4k + 4 - 4k - 4 = k^2$$

Quindi risulta
$$\Delta \geq 0 \qquad \forall k \in \mathbb{R}$$

Tutte le soluzioni che troveremo saranno quindi senz'altro accettabili.
Deve risultare $x_1^3 + x_2^3 = 2$.
Cerchiamo per prima cosa un'espressione di $x_1^3 + x_2^3$ in funzione di $x_1 + x_2$ e di $x_1 x_2$.
Dall'uguaglianza
$$(x_1 + x_2)^3 = x_1^3 + x_2^3 + 3x_1^2 x_2 + 3x_1 x_2^2$$
si deduce che è
$$x_1^3 + x_2^3 = (x_1 + x_2)^3 - 3x_1^2 x_2 - 3x_1 x_2^2$$
e perciò:
$$\boxed{x_1^3 + x_2^3 = (x_1 + x_2)^3 - 3x_1 x_2 (x_1 + x_2)} \qquad \text{①}$$

Dall'equazione data deduciamo che
$$x_1 + x_2 = k + 2 \quad \text{e} \quad x_1 x_2 = k + 1$$

ESERCIZI

Quindi avremo, tenuto conto della ①,

$$x_1^3 + x_2^3 = 2 \longrightarrow (x_1+x_2)^3 - 3x_1x_2(x_1+x_2) = 2 \longrightarrow (k+2)^3 - 3(k+1)(k+2) = 2 \longrightarrow$$
$$\longrightarrow k^3 + 3k^2 + 3k = 0 \longrightarrow k(k^2+3k+3) = 0 \xrightarrow{\text{legge di annullamento del prodotto}} k=0 \lor k^2+3k+3=0$$

Ma l'equazione $k^2 + 3k + 3 = 0$ non ha soluzioni perché il suo discriminante è negativo e quindi l'unica soluzione è

$$k = 0$$

Notiamo che per $k = 0$ l'equazione data ha due soluzioni coincidenti che, come si trova facilmente, sono $x_1 = x_2 = 1$: si verifica così che è $x_1^3 + x_2^3 = 1^3 + 1^3 = 2$.

▷▷ **443** Dette x_1 e x_2 le radici dell'equazione $x^2 - (m+1)x + m = 0$ determina m in modo che

a. $x_1 \neq x_2$ $\qquad\qquad\qquad\qquad [m \neq 1]$ **b.** $2x_1x_2 + 3x_1 + 3x_2 = 28$ $\qquad\qquad [5]$

c. $x_1^2 + x_2^2 = 5$ $\qquad\qquad\qquad [\pm 2]$ **d.** $x_1^3 + x_2^3 = 28$ $\qquad\qquad\qquad\qquad [3]$

e. $\dfrac{1}{x_1^2} + \dfrac{1}{x_2^2} = \dfrac{5}{4}$ $\qquad\qquad [\pm 2]$ **f.** $\dfrac{1}{x_1^3} + \dfrac{1}{x_2^3} = 28$ $\qquad\qquad\qquad \left[\dfrac{1}{3}\right]$

▷▷ **444** Nell'equazione $x^2 - 2(a-1)x + a - 1 = 0$ determina a in modo che le radici x_1 e x_2 soddisfino le seguenti condizioni:

a. $x_1 = x_2$ $\qquad\qquad\qquad [1 \text{ e } 2]$ **b.** $x_1 \neq x_2$ $\qquad\qquad\qquad\qquad [a<1 \lor a>2]$

c. $x_1^2 + x_2^2 = 12$ $\qquad\left[-\dfrac{1}{2} \text{ e } 3\right]$ **d.** $\dfrac{1}{x_1^2} + \dfrac{1}{x_2^2} = \dfrac{7}{2}$ $\qquad\qquad\qquad [5]$

e. $\dfrac{1}{x_1^3} + \dfrac{1}{x_2^3} = 5$ $\qquad\qquad [3]$

▷▷ **445** Dette x_1 e x_2 le radici dell'equazione $x^2 - (h+1)x + 2h = 0$ determina h in modo che

a. $\dfrac{1}{x_1^2} + \dfrac{1}{x_2^2} = 1$ $\qquad\qquad [-1]$ **b.** $x_1^3 + x_2^3 = 91$ $\qquad\qquad\qquad\qquad [6]$

▷▷ **446** Nell'equazione $kx^2 - (2k-1)x + k - 1 = 0$ determina k in modo che

a. la somma dei quadrati delle radici sia 1; $\qquad\qquad\qquad\qquad\qquad\qquad\qquad\qquad\qquad\qquad [1]$

b. la somma dei cubi delle radici sia 2; $\qquad\qquad\qquad\qquad\qquad\qquad\qquad\qquad\qquad\qquad$ [impossibile]

c. la somma dei reciproci dei quadrati delle radici sia uguale a cinque volte il prodotto dei reciproci dei quadrati delle radici. $\qquad\qquad\qquad\qquad\qquad\qquad\qquad\qquad\qquad\qquad\qquad\qquad\qquad\left[-1 \text{ e } \dfrac{1}{3}\right]$

▷▷ **447** Nell'equazione $(m-2)x^2 - (6m-1)x + 5m + 1 = 0$ determina m in modo che

a. le radici siano coincidenti; $\qquad\qquad\qquad\qquad\qquad\qquad\qquad\qquad\qquad\qquad\qquad\left[-\dfrac{3}{4}\right]$

b. le radici siano opposte; $\qquad\qquad\qquad\qquad\qquad\qquad\qquad\qquad\qquad\qquad\qquad\qquad\left[\dfrac{1}{6}\right]$

c. le radici siano una l'opposto del reciproco dell'altra; $\qquad\qquad\qquad\qquad\qquad\qquad\left[\dfrac{1}{6}\right]$

d. il doppio del prodotto delle radici sia uguale alla loro somma; $\qquad\qquad\qquad\qquad\left[-\dfrac{3}{4}\right]$

e. la somma dei reciproci delle radici sia uguale a 2; $\qquad\qquad\qquad\qquad\qquad\qquad\left[-\dfrac{3}{4}\right]$

f. la somma dei quadrati delle radici sia uguale a 2; $\qquad\qquad\qquad\qquad\qquad\qquad\left[-\dfrac{3}{4} \text{ e } \dfrac{1}{6}\right]$

g. la somma dei reciproci dei quadrati delle radici sia uguale a 1; $\qquad\qquad\qquad\qquad$ [impossibile]

h. la somma dei cubi delle radici sia 1. $\qquad\qquad\qquad\qquad\qquad\qquad\qquad\qquad\qquad\left[-\dfrac{1}{5}\right]$

ESERCIZIO SVOLTO

448 Data l'equazione

$$x^2 - (k+2)x + k + 1 = 0$$

determiniamo k in modo che, dette x_1 e x_2 le sue due soluzioni, risulti

$$3x_1 + x_2 = 8$$

Abbiamo già osservato, nell'**ESERCIZIO SVOLTO 442**, che l'equazione ha soluzioni $\forall k \in \mathbb{R}$.
Dobbiamo determinare k in modo che sia

$$3x_1 + x_2 = 8$$

In questo caso non è possibile operare come nei casi visti fin qui.
Osserviamo allora che deve essere

$$\begin{cases} 3x_1 + x_2 = 8 \\ x_1 + x_2 = k+2 \end{cases} \longrightarrow \begin{cases} x_2 = 8 - 3x_1 \\ x_1 + 8 - 3x_1 = k+2 \end{cases}$$

Si possono quindi ricavare x_1 e x_2 in funzione di k, ottenendo

$$\begin{cases} x_1 = \dfrac{6-k}{2} \\ x_2 = \dfrac{3k-2}{2} \end{cases}$$

Dovendo anche essere $x_1 \cdot x_2 = k + 1$, si avrà

$$\dfrac{6-k}{2} \cdot \dfrac{3k-2}{2} = k+1 \longrightarrow (6-k)(3k-2) = 4(k+1) \longrightarrow$$

$$\longrightarrow 3k^2 - 16k + 16 = 0 \longrightarrow k = \dfrac{4}{3} \vee k = 4$$

Si conclude che, per $k = \dfrac{4}{3}$ e per $k = 4$, le radici x_1 e x_2 dell'equazione data soddisfano la relazione $3x_1 + x_2 = 8$.

449 Determina k nell'equazione $x^2 - 2(1-2k)x + 2(2k^2 - 1) = 0$ in modo che

a. le soluzioni siano reali e distinte; $\left[k < \dfrac{3}{4}\right]$

b. il prodotto delle radici sia 14; $[-2]$

c. la somma delle radici superi di 4 il loro prodotto; $[-1 \text{ e } 0]$

d. la somma dei quadrati delle radici sia 8; $[0]$

e. la somma dei cubi delle radici sia 0. $\left[\dfrac{1}{2}\right]$

450 Dette x_1 e x_2 le radici dell'equazione $x^2 + kx + 16 = 0$, determina k in modo che

a. le radici siano reali $[k \leq -8 \vee k \geq 8]$ b. $x_1^2 + x_2^2 = 4$ [impossibile]
c. $x_2 = 4x_1$ $[\pm 10]$

451 Dette x_1 e x_2 le radici dell'equazione $2kx^2 - (1-k)x + 1 + k = 0$, determina k in modo che

a. $x_1 = x_2$ $\left[\dfrac{-5 \pm 4\sqrt{2}}{7}\right]$ b. $x_1^2 + x_2^2 = \dfrac{37}{4}$ $\left[-\dfrac{1}{4}\right]$

c. $x_2 = 1 + x_1$ $\left[-1 \text{ e } \dfrac{1}{11}\right]$

ESERCIZI

452 Determina k nell'equazione $kx^2 - 2(k+1)x + 1 + 2k = 0$ in modo che le sue radici x_1 e x_2 soddisfino le seguenti condizioni:

a. $x_1 = -x_2$ [impossibile] **b.** $\left(\dfrac{1}{x_1} + \dfrac{1}{x_2}\right)^2 = \dfrac{16}{9}$ [1]

c. $\dfrac{1}{x_1^2} + \dfrac{1}{x_2^2} = \dfrac{13}{16}$ $\left[\dfrac{3}{2}\right]$ **d.** $2x_1 + 3x_2 = 9$ $\left[1 \text{ e } \dfrac{24}{17}\right]$

453 Data l'equazione $(k-2)x^2 - 2(k-2)x + 1 - k = 0$, determina k in modo che

a. l'equazione abbia soluzioni reali; $\left[k \leq \dfrac{3}{2} \vee k > 2\right]$

b. una radice sia l'inversa del triplo dell'altra; $\left[\dfrac{5}{4}\right]$

c. la somma dei quadrati delle radici sia 1; [impossibile]

d. $x_1 + 2x_2 = 1$ $\left[\dfrac{5}{2}\right]$

e. $x_1^2 + x_2^2 < \dfrac{16}{3}$ $\left[-1 < k \leq \dfrac{3}{2}\right]$

Esercizi che richiedono l'applicazione della regola di Cartesio

La parabola e le equazioni di secondo grado

Il grafico della funzione quadratica: la parabola

QUESITI A RISPOSTA MULTIPLA

454 Il vertice della parabola di equazione $y = 3x^2 - 4x + 1$ è il punto

a $(0 \, ; \, 1)$ **b** $\left(-\dfrac{2}{3} \, ; \, -\dfrac{1}{3}\right)$ **c** $\left(\dfrac{2}{3} \, ; \, \dfrac{1}{3}\right)$ **d** $\left(\dfrac{2}{3} \, ; \, -\dfrac{1}{3}\right)$

455 Trova l'affermazione errata.

a La parabola di equazione $y = x - x^2$ ha la concavità rivolta verso il basso

b La parabola di equazione $y = x^2 + 1$ non ha punti nel 3° e 4° quadrante

c Il vertice della parabola di equazione $y = -x^2 + 3x - 1$ ha ascissa negativa

d La parabola di equazione $y = 2 - x^2$ è simmetrica rispetto all'asse y

456 La parabola a fianco rappresentata può avere equazione

a $y = x^2 + 2$ **b** $y = x^2 - 3$

c $y = -x^2 + 2$ **d** $y = -x^2 - 2$

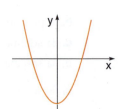

Disegna le parabole che hanno le seguenti equazioni.

457 $y = -x^2$; $y = x^2 - 1$; $y = 1 + x^2$

458 $y = x^2 - 2x$; $y = -x + x^2$; $y = 2x^2 + x$

459 $y = x^2 + 2x + 1$; $y = 4x^2 + 4x + 1$; $y = -x^2 + 4x - 4$

460 $y = x^2 + x - 2$; $y = 2x^2 - x - 1$; $y = -x^2 + 3x - 2$

461 $y = \dfrac{1}{2}x^2 + x - 1$; $y = -x^2 + x - 3$; $y = x^2 + 2x + 4$

462 Disegna, nello stesso sistema di riferimento, la retta $y = x$ e la parabola $y = x^2 - x$. Determina graficamente i loro punti d'intersezione. $[(0 \, ; \, 0); \, (2 \, ; \, 2)]$

463 Determina il valore di a in modo che la retta $y = 2x + 3$ e la parabola $y = x^2 + 2x + a$ abbiano in comune il punto di ascissa zero. Verifica graficamente che la retta e la parabola così determinata non hanno altri punti in comune.   [$a = 3$]

464 Associa a ciascuna figura la relativa equazione scegliendola tra le seguenti.

a. $y = -x^2 + 2$ **b.** $y = x^2 - 2$ **c.** $y = x^2 + 2x$ **d.** $y = -x^2 - 2$

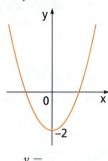
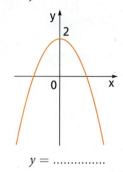
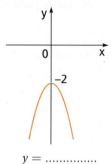
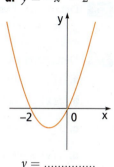

$y = ...$ $y = ...$ $y = ...$ $y = ...$

465 Disegna in uno stesso piano cartesiano la parabola di equazione $y = ax^2$ con $a = 1$, $a = 2$, $a = 3$. Come cambia la parabola al variare del coefficiente a?

466 Disegna in uno stesso piano cartesiano la parabola $y = ax^2$ con $a = \frac{1}{2}$, $a = \frac{1}{3}$, $a = \frac{1}{4}$. Come cambia la parabola al variare del coefficiente a?

467 Disegna in uno stesso piano cartesiano la parabola $y = ax^2$ con $a = -1$, $a = -2$, $a = -3$. Come cambia la parabola al variare del coefficiente a?

468 Disegna in uno stesso piano cartesiano la parabola $y = ax^2$ con $a = -\frac{1}{2}$, $a = -\frac{1}{3}$, $a = -\frac{1}{4}$. Come cambia la parabola al variare del coefficiente a?

469 Facendo riferimento alla **FIGURA 1** associa a ogni parabola l'equazione corrispondente scegliendola tra le seguenti: $y = -\frac{1}{3}x^2$; $y = 2x^2$; $y = -x^2$; $y = \frac{1}{2}x^2$.

470 Facendo riferimento alla **FIGURA 2** associa a ogni parabola l'equazione corrispondente scegliendola tra le seguenti: $y = 2x^2$; $y = \frac{1}{2}x^2$; $y = \frac{1}{4}x^2$; $y = x^2$.

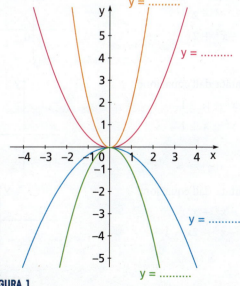

FIGURA 1

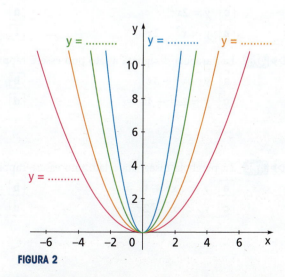

FIGURA 2

ESERCIZI

471 Determina il valore di k per cui la parabola $y = 2x^2 + 2(k-1)x + 3$ ha il vertice sull'asse y e poi disegnala.
$$[k = 1]$$

472 Determina il valore di k per cui la parabola $y = -x^2 + (k^2 + 2k)x + k + 2$ ha il vertice nell'origine e poi disegnala. $\quad [k = -2]$

473 Determina il valore di k per cui la parabola $y = -x^2 + 2(k-1)x - k^2$ ha il vertice sull'asse x e poi disegnala.
$$\left[k = \frac{1}{2}\right]$$

474 Determina i valori minimi e massimi delle seguenti funzioni quadratiche.

a. $f(x) = 2x^2 + 3$ $\qquad [min f(x) = 3 \text{ (per } x = 0)]$

b. $f(x) = -x^2 + 2$ $\qquad [Max f(x) = 2 \text{ (per } x = 0)]$

c. $f(x) = -x^2 + 3x - 4$ $\qquad \left[Max f(x) = -\frac{7}{4} \text{ (per } x = \frac{3}{2})\right]$

d. $f(x) = x^2 + 4x$ $\qquad [min f(x) = -4 \text{ (per } x = -2)]$

Equazioni di secondo grado e parabole

QUESITI A RISPOSTA MULTIPLA

475 Qual è l'equazione della parabola rappresentata in figura?

- **a** $y = -2x^2 + 1$
- **b** $y = 2x^2 + 2$
- **c** $y = -x^2 + 2$
- **d** $y = 2x^2 - 2$
- **e** $y = x^2 - 2$
- **f** $y = -2x^2 + 2$

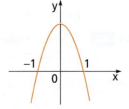

476 Qual è l'equazione della parabola rappresentata in figura?

- **a** $y = -2x^2 + 1$
- **b** $y = -2x^2 - 2$
- **c** $y = 2x^2 - 1$
- **d** $y = \frac{1}{2}x^2 - 1$
- **e** $y = \frac{1}{4}x^2 - 1$
- **f** $y = -\frac{1}{4}x^2 - 2$

477 Qual è l'equazione della parabola rappresentata in figura?

- **a** $y = -2x^2$
- **b** $y = -x^2 + 2$
- **c** $y = 2x^2$
- **d** $y = -x^2 + 2x$
- **e** $y = x^2 - 2x$
- **f** $y = -x^2$

478 La parabola disegnata a lato può essere rappresentata dall'equazione

- **a** $y = x^2 + 3x$
- **b** $y = x^2 + x + 1$
- **c** $y = 2x^2 - 4x$
- **d** $y = x^2 - x + 1$

479 La parabola disegnata a lato può essere rappresentata dall'equazione

- **a** $y = -x^2 + 1$
- **b** $y = -x^2 - x$
- **c** $y = -x^2 + 2x$
- **d** $y = -x^2 - 2x - 1$

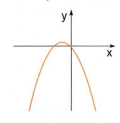

480 La parabola a fianco rappresentata può avere equazione

a $y = x^2 + 2x + 3$
b $y = x^2 + 3x - 4$
c $y = -x^2 - x + 1$
d $y = x^2 - 4x + 3$

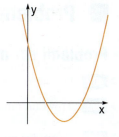

481 L'equazione della parabola a fianco rappresentata è

a $y = x^2 - 16$
b $y = 16 - x^2$
c $y = -\dfrac{x^2}{8} + 2$
d $y = \dfrac{x^2}{8} - 2$
e $y = 2 - 16x^2$

482 Associa a ciascuna parabola la relativa equazione scegliendola tra le seguenti.

a. $y = x^2 - 3x$ **b.** $y = x^2 - 2x + 1$ **c.** $y = -x^2 - 4x - 4$

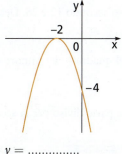 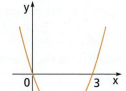 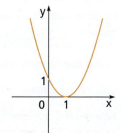

$y = \ldots\ldots\ldots$ $y = \ldots\ldots\ldots$ $y = \ldots\ldots\ldots$

483 Determina gli zeri della funzione $y = x^2 - 5x + 6$. Che cosa rappresentano graficamente i valori determinati? $[x = 2 \lor x = 3]$

484 Determina i punti di intersezione A e B con l'asse x della parabola $y = -x^2 + 8x - 12$. Calcola la misura dell'area del triangolo ABV, dove V è il vertice della parabola. $[V(4\,;\,4),\ A(2\,;\,0),\ B(6\,;\,0)\,;\,8]$

485 Determina l'equazione di una parabola, sapendo che $a = \dfrac{1}{2}$, $x_1 + x_2 = -2$ e $x_1 x_2 = -48$, dove x_1 e x_2 sono le ascisse dei suoi punti di intersezione con l'asse x. $\left[y = \dfrac{1}{2}x^2 + x - 24\right]$

486 Determina i valori di k per cui la parabola $y = 3x^2 + 2kx + 2k - 3$ interseca l'asse x in due punti distinti. $[k \neq 3]$

487 Determina i valori di k per cui la parabola $y = x^2 + 2(k+2)x + k^2$ non interseca l'asse x. $[k < -1]$

488 La misura dell'altezza di un triangolo è uguale a due volte la misura della base meno 8.

a. Determina la funzione f che rappresenta l'area del triangolo al variare della misura x della base. $[f(x) = x^2 - 4x]$

b. Rappresenta graficamente la funzione f ricordando che l'area non può assumere valori negativi.

c. Determina sul grafico il punto P che corrisponde al valore dell'area del triangolo quando la base misura 5. $[P(5\,;\,5)]$

ESERCIZI

■ Problemi di secondo grado

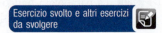
Esercizio svolto e altri esercizi da svolgere

Problemi sui numeri

▷▷ **489** La somma tra il quadrato di un numero e il triplo del numero stesso è 4. Trova il numero. $\quad[-4 \text{ e } 1]$

▷▷ **490** Trova un numero naturale, sapendo che il prodotto della sua metà con il suo consecutivo è 210. $\quad[20]$

▷▷ **491** Trova due numeri interi positivi, sapendo che il loro rapporto è $\frac{2}{3}$ e che la somma dei loro quadrati è 208. $\quad[8 \text{ e } 12]$

▷▷ **492** Trova due numeri interi consecutivi tali che la somma dei loro quadrati sia 761. $\quad[19 \text{ e } 20; -20 \text{ e } -19]$

▷▷ **493** Trova due numeri naturali dispari consecutivi tali che la differenza dei loro quadrati sia 24. $\quad[7; 5]$

▷▷ **494** Trova due numeri pari consecutivi tali che la somma dei loro reciproci sia $\frac{7}{24}$. $\quad[6; 8]$

▷▷ **495** Trova tre numeri naturali pari consecutivi tali che la somma dei loro quadrati sia 116. $\quad[4; 6; 8]$

▷▷ **496** Trova un numero x tale che il quadruplo del suo quadrato sia uguale al numero che si ottiene aggiungendo 90 al doppio del numero x. $\quad\left[5 \text{ e } -\frac{9}{2}\right]$

▷▷ **497** La differenza tra il quadrato di un numero e il multiplo del numero stesso secondo 12 è 28. Determina quel numero. $\quad[14 \text{ e } -2]$

▷▷ **498** Trova due numeri interi positivi consecutivi tali che la somma di $\frac{2}{9}$ del quadrato del minore e di $\frac{1}{10}$ del quadrato del maggiore sia uguale a 28. $\quad[9; 10]$

▷▷ **499** Scomponi il numero 13 in due parti sapendo che il quadrato della prima parte diviso per la seconda dà per quoziente 12 e per resto 4. $\quad[8; 5]$

▷▷ **500** Trova due numeri, sapendo che la loro differenza è 3 e che sottraendo dal quadrato del maggiore $\frac{4}{5}$ del minore si ottiene 60. $\quad\left[8 \text{ e } 5; -\frac{36}{5} \text{ e } -\frac{51}{5}\right]$

▷▷ **501** In una frazione il numeratore supera il denominatore di 3. Trova la frazione, sapendo che la somma della frazione stessa con il suo reciproco è $\frac{65}{28}$. $\quad\left[\frac{7}{4} \text{ e } \frac{-4}{-7}\right]$

▷▷ **502** In una frazione il numeratore supera di 5 il denominatore. Trova la frazione, sapendo che, diminuendo di 3 entrambi i termini della frazione, si ottiene una nuova frazione che supera la prima di $\frac{5}{36}$. $\quad\left[\frac{17}{12} \text{ e } \frac{-4}{-9}\right]$

▷▷ **503** Trova quel numero positivo che aggiunto al triplo del suo quadrato è uguale alla differenza tra il quadrato del doppio del suo consecutivo e il numero 82. $\quad[6]$

▷▷ **504** In una frazione il numeratore supera di 3 il doppio del denominatore. Trova la frazione, sapendo che essa supera di $\frac{11}{40}$ la frazione che si ottiene aggiungendo 2 a entrambi i suoi termini. $\quad\left[\frac{19}{8}\right]$

▷▷ **505** Trova tre numeri interi che siano multipli consecutivi di 3 e tali che la somma del quadrato del minore con il prodotto degli altri due sia 414. $\quad[12; 15; 18]$

▷▷ **506** Trova un numero di due cifre, sapendo che la cifra delle decine è il doppio della cifra delle unità e sapendo che esso supera del triplo del quadrato della sua cifra delle unità il numero che si ottiene scambiando le sue cifre. $\quad[63]$

318

Problemi vari

ESERCIZIO SVOLTO

▷▷ **507** **MATEMATICA E... REALTÀ** Da una striscia metallica larga un metro vogliamo ottenere, ripiegandone i bordi, una grondaia di sezione rettangolare di area 1200 cm² (vedi figura). Calcoliamo la misura della larghezza del bordo da ripiegare.

Indichiamo con x la misura, in centimetri, dei bordi da ripiegare. La larghezza di ciascun bordo deve essere inferiore alla metà della larghezza della striscia, quindi le soluzioni saranno accettabili se

$$0 < x < 50$$

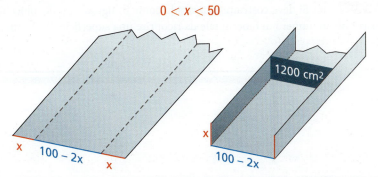

Come puoi vedere dalla figura, la sezione della grondaia così ottenuta sarà un rettangolo con la base di misura $100 - 2x$ e l'altezza di misura x. L'area di tale sezione è pertanto, in centimetri quadrati,

$$(100 - 2x) \cdot x$$

Il problema richiede che tale area sia di 1200 cm². Quindi dev'essere

$$(100 - 2x) \cdot x = 1200 \longrightarrow 100x - 2x^2 - 1200 = 0 \longrightarrow 2x^2 - 100x + 1200 = 0 \longrightarrow$$
$$\longrightarrow x^2 - 50x + 600 = 0$$

Risolviamo:

$$\frac{\Delta}{4} = (-25)^2 - 600 = 25 \longrightarrow x_{1,2} = 25 \pm 5 \begin{cases} x_1 = 25 - 5 = 20 \\ x_2 = 25 + 5 = 30 \end{cases}$$

Entrambe le soluzioni sono accettabili. Concludiamo che i bordi da ripiegare possono essere larghi 20 cm oppure 30 cm.

▷▷ **508** **MATEMATICA E... REALTÀ** Trova l'età di una persona, sapendo che fra due anni la sua età sarà uguale al quadrato della quarta parte dell'età che aveva tre anni fa. [23]

▷▷ **509** **MATEMATICA E... REALTÀ** Utilizzando 240 m di filo spinato si vuole recintare un appezzamento di terreno, di forma rettangolare, della superficie di 3200 m². Quali dimensioni dovrà avere tale appezzamento?
[40 m; 80 m]

▷▷ **510** **MATEMATICA E... REALTÀ** Un certo numero di colonne deve sostenere il carico di 18 t. Se se ne tolgono due, il carico per ogni colonna aumenta di 3 q. Quante sono le colonne? [12]

▷▷ **511** **MATEMATICA E... REALTÀ** Un negoziante con 720 euro si riprometteva di acquistare un certo numero di magliette, ma, poiché ogni maglietta è costata 4 euro in più, ne ha dovute acquistare 6 in meno. Quante magliette ha comprato? [30]

▷▷ **512** **MATEMATICA E... REALTÀ** Si deve realizzare una piattaforma pavimentata e coperta all'interno di un giardino, entrambi di forma quadrata come in figura. Sapendo che l'area della superficie non pavimentata è 56 m², quanto deve essere lungo il lato della piattaforma? [5 m]

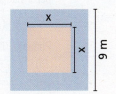

ESERCIZI

▷▷ **513** **MATEMATICA E... REALTÀ** Si vuole decorare l'invito per un ricevimento ricoprendo gli angoli di raso come in figura. Sapendo che l'area della superficie dell'invito non ricoperto dovrà essere di 126 cm², quanto possono essere lunghi i lati dei triangoli di raso?

[6 cm e 2 cm oppure 4 cm e 3 cm]

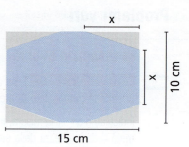

▷▷ **514** **MATEMATICA E... REALTÀ** Si deve costruire una strada come in figura, con dei blocchi di pietra. Sapendo che si ha a disposizione un numero di blocchi tale da ricoprire una superficie di 624 m², quanto potrà essere larga la strada?

[4 m]

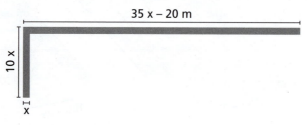

■ ESERCIZIO SVOLTO

▷▷ **515** **MATEMATICA E... FISICA** Un'automobile parte per un viaggio dalla località A alla località B, distante 60 km, percorrendo il tragitto a una velocità costante, e fa quindi ritorno da B ad A, sempre a velocità costante. Poiché il percorso da A a B è in salita, all'andata la velocità dell'auto è inferiore di 10 km/h rispetto alla velocità con cui fa ritorno. In totale il viaggio di andata e ritorno dura 1 ora e 25 minuti. Quale velocità ha tenuto l'auto all'andata? E con quale velocità ha fatto ritorno?

a. Individuiamo l'incognita

Assumiamo come incognita x la velocità, in kilometri orari, che l'automobile ha tenuto all'andata; la velocità del percorso di ritorno pertanto sarà, in kilometri orari, $x + 10$:

x: velocità all'andata (km/h)

$x + 10$: velocità al ritorno (km/h)

b. Poniamo le condizioni di accettabilità

La soluzione ha significato solo se il valore di x, che rappresenta una velocità, è positivo:

$$x > 0$$

c. Cerchiamo l'equazione

Il tempo impiegato per percorrere il viaggio di andata può essere espresso grazie alla relazione $t = \frac{s}{v}$; essendo nel nostro caso $s = 60$ km e x la velocità in km/h, il tempo in ore impiegato all'andata è $\frac{60}{x}$.

Analogamente il tempo in ore impiegato per il viaggio di ritorno, percorso alla velocità di $(x + 10)$ km/h, è $\frac{60}{x + 10}$.

Pertanto il tempo totale, in ore, è

$$\frac{60}{x} + \frac{60}{x + 10}.$$

■ **SAI GIÀ CHE...**

In un moto uniforme, ossia a velocità costante, valgono le seguenti relazioni tra lo spazio s, la velocità v e il tempo t:

$$s = v \cdot t \qquad v = \frac{s}{t} \qquad t = \frac{s}{v}$$

■ **ATTENZIONE!**

Le unità di misura che utilizzi devono essere coerenti tra loro: se la velocità è espressa in kilometri all'ora, lo spazio deve essere espresso in kilometri e il tempo in ore. Sarebbe ad esempio un errore esprimere la velocità in kilometri orari e il tempo in minuti.

Nel nostro caso il tempo di 1 ora e 25 minuti va trasformato in ore: per farlo basta ricordare che un minuto è la sessantesima parte di un'ora; quindi 25 minuti equivalgono a $\frac{25}{60}$ di ora.

Sappiamo che la durata di tutto il viaggio è di 1 ora e 25 minuti. Perciò, esprimendo il tempo in ore, otteniamo la seguente equazione:

$$\frac{60}{x} + \frac{60}{x+10} = 1 + \frac{25^5}{60_{12}} \quad \longrightarrow \quad \frac{60}{x} + \frac{60}{x+10} = \frac{17}{12}$$

Tale equazione è frazionaria; tuttavia non è necessario imporre ulteriori condizioni di accettabilità, perché la condizione $x > 0$, già posta al punto **b.**, garantisce che entrambi i denominatori non si possano annullare.

d. Risolviamo l'equazione

$$\frac{60}{x} + \frac{60}{x+10} = \frac{17}{12} \quad \longrightarrow \quad \ldots \quad \longrightarrow \quad x_1 = -\frac{90}{17} \quad \text{e} \quad x_2 = 80$$

e. Confrontiamo le soluzioni con le condizioni di accettabilità
Abbiamo $x_1 < 0$ e $x_2 > 0$. Quindi delle due soluzioni trovate solo $x_2 = 80$ è accettabile.

f. Formuliamo la soluzione
- La velocità tenuta all'andata è di 80 km/h
- la velocità tenuta al ritorno è di 80 km/h + 10 km/h = 90 km/h

---

516 **MATEMATICA E... FISICA** Due automobili partono contemporaneamente per un viaggio di 360 km, che percorrono a velocità costante. La prima automobile, che viaggia a una velocità superiore di 10 km/h a quella della seconda, arriva mezz'ora prima. Determina la velocità delle due automobili. [90 km/h; 80 km/h]

517 **MATEMATICA E... FISICA** Un ciclista percorre 50 km a velocità costante e ritorna quindi al punto di partenza, lungo la stessa strada, a una velocità inferiore di 5 km/h a quella tenuta all'andata. Determina la velocità all'andata e al ritorno, sapendo che il ciclista impiega complessivamente 4 ore e 30 minuti. [25 km/h; 20 km/h]

518 **MATEMATICA E... FISICA** Due automobili partono contemporaneamente dallo stesso punto, viaggiando rispettivamente a 60 km/h e 80 km/h in direzioni perpendicolari. Dopo quanto tempo la loro distanza sarà di 200 km? [2 ore]

519 **MATEMATICA E... FISICA** Un'automobile, per andare da A a B e ritornare in A, impiega 2 ore. Poiché la strada all'andata è in salita, la velocità media all'andata è di 30 km/h inferiore alla velocità media al ritorno. A e B distano 72 km. Calcola la velocità del veicolo all'andata e al ritorno. [all'andata 60 km/h e al ritorno 90 km/h]

520 **MATEMATICA E... FISICA** Un corpo viene lanciato verso l'alto a una velocità di 49 m/s. Dopo quanto tempo ricade a terra? [10 s]

521 **MATEMATICA E... FISICA** Un corpo viene lanciato verso l'alto a una velocità di 10 m/s. Dopo quanto tempo raggiunge un'altezza di 7 m? [non raggiunge mai tale altezza]

522 **MATEMATICA E... FISICA** Un corpo viene lanciato verso il basso, con una velocità iniziale di 2,1 m/s, da una torre alta 50,4 m. Dopo quanto tempo il corpo giunge a terra? [3 s]

523 **MATEMATICA E... FISICA** Una pietra viene lasciata cadere in un burrone. Quanti secondi impiega la pietra a toccare il fondo del burrone, se il rumore dell'urto viene percepito dopo 9 s? Quanto è profondo il burrone? (*Ricorda.* Velocità del suono: $\simeq 340$ m/s; accelerazione di gravità: $g \simeq 9{,}8$ m/s².)

$$\left[\frac{1}{2}gt^2 = 340 \cdot (9-t) \longrightarrow \simeq 8 \text{ s}; \simeq 320 \text{ m}\right]$$

524 **MATEMATICA E... ECONOMIA** Un capitale di 9000 euro, depositato in banca a un tasso d'interesse costante, viene ritirato dopo due anni. Calcola il tasso annuo d'interesse, sapendo che dopo due anni si ritira la somma di 9734,40 euro. [4%]

525 **MATEMATICA E... ECONOMIA** Un capitale di 10 000 euro viene depositato presso una società finanziaria. Gli interessi maturati dopo il primo anno non vengono ritirati. Durante il secondo anno viene praticato un tasso d'interesse inferiore di 1,5 punti percentuali rispetto a quello prima praticato. Al termine del secondo anno si ritira la somma di 11 717,50 euro. Calcola i tassi d'interesse praticati. [9%; 7,5%]

▶▶ **526** **MATEMATICA E... ECONOMIA** Una banca propone a un suo cliente di investire 5000 euro di capitale al tasso di interesse semplice del 5% per un certo numero di anni e, passato quel periodo, di investire capitale e interessi maturati al tasso del 7% per un periodo inferiore al precedente di 2 anni. Al termine di tutto il periodo gli interessi sarebbero uguali a 1840 euro. Qual è il periodo totale della durata dell'investimento proposto?

[6 anni]

Problemi di geometria

Problemi di geometria piana

ESERCIZIO SVOLTO

▶▶ **527** In un rettangolo $ABCD$ la base AB misura $2a$ e l'altezza AD misura a. Determiniamo un punto E internamente ad AD e un punto F internamente ad AB in modo che sia

$$FB \cong 2EF \cong 4ED \qquad \boxed{1}$$

Consideriamo la figura e indichiamo con x la misura di ED rispetto alla stessa unità scelta per misurare le dimensioni del rettangolo dato.
Dalla relazione $\boxed{1}$ del problema deduciamo che

$$\overline{ED} = x \qquad \overline{EF} = 2\overline{ED} = 2x \qquad \overline{FB} = 4x$$

e deve risultare (condizione di accettabilità):

$$\begin{cases} x > 0 \\ x < a \\ 4x < 2a \end{cases} \longrightarrow \quad 0 < x < \frac{a}{2}$$

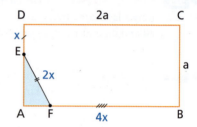

Nel triangolo rettangolo AFE si ha

$$\overline{AE} = a - x \qquad \overline{AF} = 2a - 4x \qquad \overline{EF} = 2x$$

Applichiamo a tale triangolo il teorema di Pitagora:

$$\overline{AE}^2 + \overline{AF}^2 = \overline{EF}^2 \quad \longrightarrow \quad (a-x)^2 + (2a-4x)^2 = (2x)^2$$

Sviluppando i calcoli e riducendo i termini simili, si ottiene l'equazione

$$13x^2 - 18ax + 5a^2 = 0 \quad \longrightarrow \quad x = a \ \lor \ x = \frac{5}{13}a$$

La soluzione $x = a$ non è accettabile perché non soddisfa le condizioni di accettabilità. La soluzione $x = \frac{5}{13}a$ è invece accettabile.

▶▶ **528** L'area di un rombo è 960 cm², una diagonale è $\frac{15}{8}$ dell'altra. Trova il perimetro del rombo. [136 cm]

▶▶ **529** L'ipotenusa di un triangolo rettangolo è 75 cm; un cateto è $\frac{7}{24}$ dell'altro. Trova l'area del triangolo.

[756 cm²]

▶▶ **530** Il perimetro di un rombo è 204 cm e una diagonale è $\frac{15}{8}$ dell'altra. Calcola l'area del rombo.

[2160 cm²]

531 Un pentagono è formato da un quadrato e da un triangolo isoscele avente per base un lato del quadrato. L'altezza del triangolo è $\frac{6}{5}$ del lato di base e l'area del pentagono è di 640 cm². Trova il perimetro del pentagono. [112 cm]

532 Un rettangolo ha il perimetro di 80 cm e la base di 26 cm. Determina i lati di un secondo rettangolo interno al rettangolo dato, con i lati equidistanti dai lati del primo, e di area 28 cm². [14 cm; 2 cm]

533 In un rettangolo la base supera di 24 cm i $\frac{4}{7}$ dell'altezza. Determina il perimetro del rettangolo, sapendo che l'area è di 448 cm². [92 cm]

534 Un triangolo rettangolo, in cui un cateto è $\frac{2}{3}$ dell'altro, è equivalente alla differenza tra il quadrato dell'ipotenusa e il rettangolo avente una dimensione di 20 cm e l'altra doppia del cateto maggiore del triangolo. Determina i cateti. [24 cm; 36 cm]

535 Un cateto di un triangolo rettangolo misura $3a$ e la misura dell'ipotenusa supera quella dell'altro cateto di a. Determina l'area del triangolo. [$6a^2$]

536 Sui lati del quadrato $ABCD$, il cui lato misura a, considera successivamente quattro segmenti $\overline{AE} = x$, $\overline{BF} = 2x$, $\overline{CM} = x$, $\overline{DN} = 3x$, in modo che la misura dell'area del quadrilatero $EFMN$ sia $\frac{1}{2}a^2$. Determina x. $\left[\frac{a}{5}\right]$

537 Le misure dei lati di due quadrati differiscono di a, la somma delle loro aree misura $25a^2$. Determina i lati dei due quadrati. [$3a$; $4a$]

538 Dato un quadrato di lato di misura a, prolunga tutti i lati, nello stesso verso, di un segmento di misura x in modo che la misura dell'area del quadrato ottenuto congiungendo gli estremi di tali prolungamenti sia $2a^2$. Determina x. $\left[\frac{a}{2}(\sqrt{3}-1)\right]$

539 Il quadrato $ABCD$ ha il lato di 9 cm. Sui suoi lati prendi, a partire dai vertici e procedendo sempre in senso orario, quattro segmenti congruenti AE, BF, CG, DH (vedi figura). Quale deve essere la lunghezza di tali segmenti se si vuole che l'area del **quadrato inscritto** $EFGH$ sia di 45 cm²? [3 cm o 6 cm]

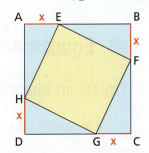

540 Inscrivi in un quadrato di lato 5 cm un altro quadrato la cui area sia $\frac{17}{25}$ dell'area del quadrato dato.
[le due parti in cui resta diviso il lato sono 1 cm e 4 cm]

541 I lati di un rettangolo sono lunghi 20 cm e 30 cm. Aumentando i lati di due segmenti di uguale lunghezza, l'area aumenta di 336 cm². Calcola le lunghezze di tali segmenti. [6 cm]

542 In un triangolo isoscele la base supera di 2 cm l'altezza, mentre ciascuno dei due lati congruenti supera di 2 cm la base. Trova il perimetro e l'area del triangolo. [100 cm; 480 cm²]

543 Determina le lunghezze dei lati di un trapezio rettangolo, di area $\frac{43}{3}$ cm², sapendo che la diagonale minore è lunga 5 cm e che l'altezza supera di 1 cm la base minore. $\left[3 \text{ cm}; 4 \text{ cm}; \frac{25}{6} \text{ cm}; \frac{25}{6} \text{ cm}\right]$

544 La semidiagonale maggiore di un rombo supera di 1 cm la semidiagonale minore. L'area del rombo è $\frac{2}{3}$ di quella del quadrato che ha per lato la diagonale minore del rombo. Determina il perimetro del rombo. [20 cm]

ESERCIZI

▷▶ **545** In un trapezio rettangolo la somma delle basi è 1 cm e l'altezza supera la base minore di 0,25 cm. Determina la base minore, sapendo che l'area del trapezio, aumentata dell'area del quadrato costruito sulla base maggiore, è 0,625 cm². [0,5 cm; in tal caso il trapezio è...]

▷▶ **546** Sul prolungamento di un lato del quadrato $ABCD$ di lato di misura a determina un punto in modo che la somma dei quadrati delle misure delle sue distanze dai quattro vertici e dal centro del quadrato sia $\frac{93}{4}a^2$.

$\left[\text{il lato deve essere prolungato di un segmento di misura } \frac{3}{2}a\right]$

Problemi di geometria solida

▷▶ **547** I lati di base di un parallelepipedo rettangolo sono rispettivamente il doppio e il triplo dell'altezza. Sapendo che la superficie totale del parallelepipedo è di 88 dm², calcolane le dimensioni. [2 dm; 4 dm; 6 dm]

Videolezione

▷▶ **548** Aumentando di 4 cm la lunghezza dello spigolo di un cubo si verifica che il suo volume aumenta di 2368 cm³. Determina la lunghezza dello spigolo. [12 cm]

▷▶ **549** In un parallelepipedo rettangolo la base è quadrata e il lato di base supera di 10 cm l'altezza. Determina le dimensioni, sapendo che l'area della superficie totale è 1600 cm². [lato di base: 20 cm; altezza: 10 cm]

▷▶ **550** Raddoppiando il raggio di una sfera, la sua superficie aumenta di 1728π cm². Determina il raggio. [12 cm]

▷▶ **551** In un cilindro circolare retto, inscritto in una sfera di raggio 10 cm, il diametro di base supera di 4 cm l'altezza. Determina il raggio e l'altezza del cilindro. [raggio di base 8 cm; altezza 12 cm]

▷▶ **552** Un cono circolare retto ha l'apotema di lunghezza 10 cm e la sua superficie totale è di 75π cm². Determina il raggio di base. [5 cm]

■ Equazioni di grado superiore al secondo

Equazioni binomie

Quesiti a risposta multipla, esercizi "Completare..."

Risolvi le seguenti equazioni.

Altri esercizi

ESERCIZI SVOLTI

Altri esercizi svolti

▷▶ **553** $x^{240} = 1$

Si tratta di un'equazione binomia nella forma $x^n = h$, dove l'esponente $n = 240$ è pari ed è $h = 1 > 0$. L'equazione ha perciò due soluzioni opposte:

$$x^{240} = 1 \longrightarrow x = \pm\sqrt[240]{1} \longrightarrow x = \pm 1$$

▷▶ **554** $x^{241} = -1$

L'esponente $n = 241$ è dispari; l'equazione ha perciò un'unica soluzione:

$$x^{241} = -1 \longrightarrow x = \sqrt[241]{-1} \longrightarrow x = -1$$

▷▶ **555** $x^8 = -256$

L'esponente $n = 8$ è pari ed è $h = -256 < 0$. L'equazione perciò è **impossibile**: infatti x^8 è sempre maggiore o uguale a zero e non può essere uguale al numero negativo -256.

▷▷ **556** $3x^4 - 9 = 0$

Prima di procedere alla risoluzione dobbiamo porre l'equazione nella forma $x^n = h$:

$$3x^4 - 9 = 0 \longrightarrow \cancel{3}x^4 = \cancel{9}^3 \longrightarrow x^4 = 3 \longrightarrow x = \pm\sqrt[4]{3}$$

▷▷ **557** $12x^{10} - 9 = 0$

$$12x^{10} - 9 = 0 \longrightarrow \cancel{12}^4 x^{10} = \cancel{9}^3 \longrightarrow x^{10} = \frac{3}{4} \longrightarrow x = \pm\sqrt[10]{\frac{3}{4}}$$

▷▷ **558** $\sqrt{3}x^5 + 3 = 0$

$$\sqrt{3}x^5 = -3 \longrightarrow x^5 = -\frac{3}{\sqrt{3}} \longrightarrow x^5 = -\frac{3}{\sqrt{3}} \cdot \frac{\sqrt{3}}{\sqrt{3}} = -\frac{\cancel{3}\sqrt{3}}{\cancel{3}} \longrightarrow$$

$$\longrightarrow x^5 = -\sqrt{3} \longrightarrow x = \sqrt[5]{-\sqrt{3}} \longrightarrow x = -\sqrt[5]{\sqrt{3}} \longrightarrow x = -\sqrt[10]{3}$$

▷▷ **559** $x^3 = 27$; $x^3 = 8$; $2x^3 + 54 = 0$; $x^3 - 64 = 0$ $[3;\ 2;\ -3;\ 4]$

▷▷ **560** $8x^3 - 1 = 0$; $x^3 + 1 = 0$; $x^4 - 625 = 0$; $x^4 + 81 = 0$ $\left[\frac{1}{2};\ -1;\ \pm 5;\ \text{impossibile}\right]$

▷▷ **561** $16x^4 + 81 = 0$; $x^5 - 1 = 0$; $x^6 - 64 = 0$; $32x^5 + 1 = 0$ $\left[\text{impossibile};\ 1;\ \pm 2;\ -\frac{1}{2}\right]$

▷▷ **562** $128x^6 - 2 = 0$; $x^5 + 32 = 0$; $\frac{x^3}{125} - 1 = 0$; $\frac{x^4}{27} - \frac{3}{16} = 0$ $\left[\pm\frac{1}{2};\ -2;\ 5;\ \pm\frac{3}{2}\right]$

▷▷ **563** $x^7 + 29 = 0$; $x^8 - 15 = 0$; $\frac{x^5}{8} - 1 = 0$; $\frac{x^6}{75} - \frac{3}{15} = 0$ $[-\sqrt[7]{29};\ \pm\sqrt[8]{15};\ \sqrt[5]{8};\ \pm\sqrt[6]{15}]$

▷▷ **564** $0{,}01x^4 - 0{,}16 = 0$; $100x^5 + 0{,}032 = 0$; $\frac{x^3}{5{,}12} - 0{,}0512 = 0$ $[\pm 2;\ -0{,}2;\ 0{,}64]$

▷▷ **565** $0{,}3x^5 - 9{,}6 = 0$; $16{,}2x^4 - 0{,}2 = 0$; $0{,}\overline{6}x^3 + 18 = 0$ $[2;\ \pm 0{,}\overline{3};\ -3]$

▷▷ **566** $x^4 - \sqrt{3} = 0$; $x^3 + \sqrt[4]{5} = 0$; $x^8 + \sqrt[3]{9} = 0$ $[\pm\sqrt[8]{3};\ -\sqrt[12]{5};\ \text{impossibile}]$

▷▷ **567** $\sqrt{3}x^3 - 9 = 0$; $x^4\sqrt[3]{4} - 2 = 0$; $x^6\sqrt[3]{5} - 5 = 0$ $[\sqrt{3};\ \pm\sqrt[12]{2};\ \pm\sqrt[9]{5}]$

▷▷ **568** $x^3 = k$ $[k = 0,\ x_1 = x_2 = x_3 = 0;\ k \neq 0,\ x = \sqrt[3]{k}]$

▷▷ **569** $x^4 = k$ $[k < 0,\ \text{impossibile};\ k = 0,\ x_1 = x_2 = x_3 = x_4 = 0;\ k > 0,\ x = \pm\sqrt[4]{k}]$

Equazioni trinomie

Risolvi le seguenti equazioni trinomie.

Esercizi "Vero o falso?", quesiti a risposta multipla

Altri esercizi

ESERCIZIO SVOLTO

▷▷ **570** $8x^6 + 63x^3 - 8 = 0$

Si tratta di un'equazione trinomia di sesto grado, ossia nella forma $ax^{2n} + bx^n + c = 0$, con $n = 3$. Eseguiamo la sostituzione $x^3 = y$, osservando che è $x^6 = (x^3)^2$.

$$8x^6 + 63x^3 - 8 = 0 \longrightarrow 8(x^3)^2 + 63(x^3) - 8 = 0 \xrightarrow{x^3 = y} 8y^2 + 63y - 8 = 0$$

Risolviamo l'equazione ottenuta:

$$\Delta = 63^2 - 4 \cdot 8 \cdot (-8) = 4225 \longrightarrow y_{1,2} = \frac{-63 \pm \sqrt{4225}}{2 \cdot 8} \begin{array}{l} \nearrow y_1 = \dfrac{-63 - 65}{16} = -8 \\ \searrow y_2 = \dfrac{-63 + 65}{16} = \dfrac{1}{8} \end{array}$$

In corrispondenza di ciascuno dei valori di y trovati, sostituiamo x^3 al posto di y (sostituzione inversa):

- $y = -8 \xrightarrow{y=x^3} x^3 = -8 \longrightarrow x = -2$
- $y = \dfrac{1}{8} \xrightarrow{y=x^3} x^3 = \dfrac{1}{8} \longrightarrow x = \dfrac{1}{2}$

$\longrightarrow S = \left\{-2; \dfrac{1}{2}\right\}$

▷▶ **571** $x^6 + 9x^3 + 8 = 0$ $\quad [-2 \text{ e } -1]$ ▷▶ **572** $x^8 - 9x^4 + 8 = 0$ $\quad [\pm 1 \text{ e } \pm \sqrt[4]{8}]$

▷▶ **573** $x^6 - 28x^3 + 27 = 0$ $\quad [1 \text{ e } 3]$ ▷▶ **574** $x^{10} - 2x^5 + 1 = 0$ $\quad [1 \text{ e } 1]$

▷▶ **575** $8x^6 - 65x^3 + 8 = 0$ $\quad \left[\dfrac{1}{2} \text{ e } 2\right]$ ▷▶ **576** $8x^6 - 7x^3 - 1 = 0$ $\quad \left[-\dfrac{1}{2} \text{ e } 1\right]$

▷▶ **577** $x^6 + 126x^3 + 125 = 0$ $\quad [-5 \text{ e } -1]$ ▷▶ **578** $x^6 - 15x^3 + 56 = 0$ $\quad [\sqrt[3]{7} \text{ e } 2]$

▷▶ **579** $x^{10} - 31x^5 - 32 = 0$ $\quad [-1 \text{ e } 2]$ ▷▶ **580** $x^8 - 21x^4 + 80 = 0$ $\quad [\pm\sqrt[4]{5} \text{ e } \pm 2]$

▷▶ **581** $81x^8 - 82x^4 + 1 = 0$ $\quad \left[\pm\dfrac{1}{3} \text{ e } \pm 1\right]$ ▷▶ **582** $x^{12} - 65x^6 + 64 = 0$ $\quad [\pm 1 \text{ e } \pm 2]$

▷▶ **583** $x^8 + 15x^4 - 16 = 0$ $\quad [\pm 1]$ ▷▶ **584** $x^8 - 15x^4 - 16 = 0$ $\quad [\pm 2]$

▷▶ **585** $x^6 - 35x^3 + 216 = 0$ $\quad [2 \text{ e } 3]$ ▷▶ **586** $8x^6 - 217x^3 + 27 = 0$ $\quad \left[\dfrac{1}{2} \text{ e } 3\right]$

▷▶ **587** $x^6 + \sqrt{2}x^3 - 4 = 0$ $\quad [-\sqrt{2} \text{ e } \sqrt[6]{2}]$ ▷▶ **588** $\sqrt{3}x^6 + 18x^3 - 81\sqrt{3} = 0$ $\quad [-\sqrt[6]{243} \text{ e } \sqrt{3}]$

▷▶ **589** $\sqrt{2}x^{10} - 9x^5 + 4\sqrt{2} = 0$ $\quad \left[\sqrt{2} \text{ e } \dfrac{1}{\sqrt[10]{2}}\right]$ ▷▶ **590** $\sqrt[3]{4}x^{12} - 2\sqrt[3]{6}x^6 + \sqrt[3]{9} = 0$ $\quad \left[\pm\sqrt[18]{\dfrac{3}{2}}\right]$

▷▶ **591** $x^8 + \sqrt[3]{2}x^4 - 2\sqrt[3]{4} = 0$ $\quad [\pm\sqrt[12]{2}]$ ▷▶ **592** $\sqrt[3]{25}x^8 - 6\sqrt[3]{5}x^4 + 5 = 0$ $\quad \left[\pm\sqrt[6]{5} \text{ e } \pm\dfrac{1}{\sqrt[12]{5}}\right]$

▷▶ **593** $625x^8 - 17x^4 + 0{,}0256 = 0$ $\quad [\pm 0{,}2 \text{ e } \pm 0{,}4]$ ▷▶ **594** $2x^6 - 3{,}75x^3 - 0{,}5 = 0$ $\quad [-0{,}5 \text{ e } \sqrt[3]{2}]$

Equazioni biquadratiche

Risolvi le seguenti equazioni biquadratiche.

Altri esercizi

■ ESERCIZI SVOLTI

Altro esercizio svolto

▷▶ **595** $9x^4 - 31x^2 + 12 = 0$

L'equazione data è biquadratica, ossia nella forma $ax^4 + bx^2 + c = 0$. Sostituiamo $x^2 = y$, ricordando che si ha $x^4 = (x^2)^2 = y^2$:

$$9x^4 - 31x^2 + 12 = 0 \xrightarrow{x^2 = y} 9y^2 - 31y + 12 = 0$$

Risolviamo l'equazione ottenuta:

$$\Delta = (-31)^2 - 4 \cdot 9 \cdot 12 = 529 \longrightarrow y_{1,2} = \dfrac{31 \pm \sqrt{529}}{2 \cdot 9} \begin{cases} y_1 = \dfrac{31 - 23}{18} = \dfrac{4}{9} \\ y_2 = \dfrac{31 + 23}{18} = 3 \end{cases}$$

In corrispondenza di ciascuno dei valori di y trovati, sostituiamo x^2 al posto di y:

- $y = \dfrac{4}{9} \xrightarrow{y=x^2} x^2 = \dfrac{4}{9} \longrightarrow x = \pm\dfrac{2}{3}$
- $y = 3 \xrightarrow{y=x^2} x^2 = 3 \longrightarrow x = \pm\sqrt{3}$

$\longrightarrow S = \left\{-\sqrt{3}; -\dfrac{2}{3}; \dfrac{2}{3}; \sqrt{3}\right\}$

▷▶ **596** $24x^4 + 29x^2 - 4 = 0 \xrightarrow{x^2 = y} 24y^2 + 29y - 4 = 0$

$$\Delta = 29^2 - 4 \cdot 24 \cdot (-4) = 1225 \longrightarrow y_{1,2} = \frac{-29 \pm \sqrt{1225}}{2 \cdot 24} \begin{array}{l} y_1 = \frac{-29-35}{48} = -\frac{4}{3} \\ y_2 = \frac{-29+35}{48} = \frac{1}{8} \end{array}$$

In corrispondenza di ciascuno dei valori di y trovati, sostituiamo x^2 al posto di y:

- $y = -\frac{4}{3} \xrightarrow{y = x^2} x^2 = -\frac{4}{3} \longrightarrow$ impossibile

- $y = \frac{1}{8} \xrightarrow{y = x^2} x^2 = \frac{1}{8} \longrightarrow x = \pm\sqrt{\frac{1}{8}} = \pm\frac{\sqrt{2}}{4}$

L'equazione è quindi verificata per $x = \pm\frac{\sqrt{2}}{4}$.

▷▶ **597** $2x^4 + 7x^2 + 3 = 0 \xrightarrow{x^2 = y} 2y^2 + 7y + 3 = 0$

$$\Delta = 7^2 - 4 \cdot 2 \cdot 3 = 25 \longrightarrow y_{1,2} = \frac{-7 \pm \sqrt{25}}{2 \cdot 2} \begin{array}{l} y_1 = \frac{-7-5}{4} = -3 \\ y_2 = \frac{-7+5}{4} = -\frac{1}{2} \end{array}$$

In corrispondenza di ciascuno dei valori di y trovati, sostituiamo x^2 al posto di y:

- $y = -3 \xrightarrow{y = x^2} x^2 = -3 \longrightarrow$ impossibile

- $y = -\frac{1}{2} \xrightarrow{y = x^2} x^2 = -\frac{1}{2} \longrightarrow$ impossibile.

Osserva che, nonostante l'equazione $2y^2 + 7y + 3 = 0$ abbia due soluzioni, a nessuna di esse corrispondono soluzioni dell'equazione data, che quindi è **impossibile**.

▷▶ **598** $x^4 - 9x^2 = 0$ [0 e 0 e ± 3]   ▷▶ **599** $x^4 + 81x^2 = 0$ [0 e 0]

▷▶ **600** $\sqrt{2}x^4 - 2x^2 = 0$ [0 e 0 e $\pm\sqrt[4]{2}$]   ▷▶ **601** $x^4 - 3x^2 + 2 = 0$ [± 1 e $\pm\sqrt{2}$]

▷▶ **602** $4x^4 - 4x^2 + 1 = 0$ $\left[\pm\frac{\sqrt{2}}{2} \text{ e } \pm\frac{\sqrt{2}}{2}\right]$ ▷▶ **603** $x^4 - 6x^2 + 8 = 0$ [± 2 e $\pm\sqrt{2}$]

▷▶ **604** $x^4 - 8x^2 + 16 = 0$ [± 2 e ± 2]   ▷▶ **605** $x^4 + 6x^2 + 9 = 0$ [impossibile]

▷▶ **606** $x^4 - 7x^2 - 18 = 0$ [± 3]   ▷▶ **607** $9x^4 - 10x^2 + 1 = 0$ $\left[\pm 1 \text{ e } \pm\frac{1}{3}\right]$

▷▶ **608** $\frac{1}{4}x^4 - \frac{5}{4}x^2 + 1 = 0$ Equazioni di grado superiore al primo con GeoGebra   [± 1 e ± 2]

▷▶ **609** $x^4 - 13x^2 + 36 = 0$ [± 2 e ± 3]   ▷▶ **610** $81x^4 - 234x^2 + 25 = 0$ $\left[\pm\frac{1}{3} \text{ e } \pm\frac{5}{3}\right]$

▷▶ **611** $9x^4 - 19x^2 + 2 = 0$ $\left[\pm\frac{1}{3} \text{ e } \pm\sqrt{2}\right]$ ▷▶ **612** $25x^4 + 99x^2 - 4 = 0$ $\left[\pm\frac{1}{5}\right]$

▷▶ **613** $x^4 - 2(4+\sqrt{3})x^2 + 8(2+\sqrt{3}) = 0$ [± 2 e $\pm(1+\sqrt{3})$]

▷▶ **614** $x^4 - 3\sqrt{2}x^2 + 4 = 0$ [$\pm\sqrt[4]{2}$ e $\pm\sqrt[4]{8}$]   ▷▶ **615** $\sqrt{3}x^4 - 2x^2 - \sqrt{3} = 0$ [$\pm\sqrt[4]{3}$]

▷▶ **616** $2\sqrt{2}x^4 - 10x^2 - 6\sqrt{2} = 0$ [$\pm\sqrt[4]{18}$]   ▷▶ **617** $\frac{x^4}{\sqrt{5}} - 6x^2 + 5\sqrt{5} = 0$ [$\pm\sqrt[4]{5}$ e $\pm\sqrt[4]{125}$]

▷▶ **618** $100x^4 + x^2 - 0{,}02 = 0$ [$\pm 0{,}1$]   ▷▶ **619** $25x^4 - 5x^2 + 0{,}16 = 0$ [$\pm 0{,}2$ e $\pm 0{,}4$]

▷▶ **620** $0{,}5x^4 - 3{,}1x^2 + 0{,}6 = 0$ $\left[\pm\sqrt{6} \text{ e } \pm\frac{\sqrt{5}}{5}\right]$ ▷▶ **621** $3x^4 + 0{,}\overline{6}x^2 - 0{,}\overline{1} = 0$ [$\pm 0{,}\overline{3}$]

ESERCIZI

Applicazioni alla scomposizione in fattori dei polinomi

Scomponi in fattori i seguenti trinomi.

ESERCIZIO SVOLTO

▷▷ **622** $2x^8 - 7x^4 - 4 \xrightarrow{x^4 = y} 2y^2 - 7y - 4$

Scomponiamo ora il trinomio di secondo grado ottenuto; ricerchiamone le radici:

$$\Delta = (-7)^2 - 4 \cdot 2 \cdot (-4) = 81 \longrightarrow y_{1,2} = \frac{7 \pm 9}{4} \quad \begin{array}{l} y_1 = -\frac{1}{2} \\ y_2 = 4 \end{array}$$

Si ha quindi:

$$2y^2 - 7y - 4 = 2\left[y - \left(-\frac{1}{2}\right)\right](y - 4) = \cancel{2}\frac{2y+1}{\cancel{2}}(y-4) = (2y+1)(y-4)$$

A questo punto basta eseguire la sostituzione inversa:

$$(2y + 1)(y - 4) \xrightarrow{y = x^4} (2x^4 + 1)(x^4 - 4)$$

Per finire, scomponiamo il secondo fattore, che è una differenza di quadrati; in questo modo si ha

$$2x^8 - 7x^4 - 4 = (2x^4 + 1)(x^4 - 4) = (2x^4 + 1)(x^2 - 2)(x^2 + 2)$$

ATTENZIONE!

Abbiamo visto che il trinomio di secondo grado $ax^2 + bx + c$ non è scomponibile in fattori nel caso sia $\Delta < 0$. **Questo risultato non si può estendere ai trinomi di grado superiore al secondo.** Ad esempio, per il trinomio $x^4 + x^2 + 1$, trasformato con la sostituzione $x^2 = y$ in $y^2 + y + 1$, si ha $\Delta = -3 < 0$. Ma il trinomio $x^4 + x^2 + 1$ si può scomporre in fattori. Infatti risulta

$$x^4 + x^2 + 1 = (x^2 + x + 1)(x^2 - x + 1)$$

come puoi facilmente verificare calcolando il prodotto indicato al secondo membro.

▷▷ **623** $x^4 - 5x^2 + 4$; $x^4 - 29x^2 + 100$ $\qquad [(x-1)(x+1)(x-2)(x+2); \ (x-2)(x+2)(x-5)(x+5)]$

▷▷ **624** $9x^4 - 82x^2 + 9$; $4x^4 - 25x^2 + 36$ $\qquad [(x-3)(x+3)(3x-1)(3x+1); \ (x-2)(x+2)(2x-3)(2x+3)]$

▷▷ **625** $x^4 - 27x^2 + 50$; $36x^4 - 25x^2 + 4$ $\qquad [(x^2-2)(x-5)(x+5); \ (2x-1)(2x+1)(3x-2)(3x+2)]$

▷▷ **626** $x^6 - 7x^3 - 8$ $\qquad [(x+1)(x^2-x+1)(x-2)(x^2+2x+4)]$

▷▷ **627** $27x^6 - 26x^3 - 1$ $\qquad [(x-1)(x^2+x+1)(3x+1)(9x^2-3x+1)]$

▷▷ **628** $x^8 - 15x^4 - 16$ $\qquad [(x-2)(x+2)(x^2+4)(x^4+1)]$

▷▷ **629** $x^8 - 82x^4 + 81$ $\qquad [(x-1)(x+1)(x^2+1)(x-3)(x+3)(x^2+9)]$

▷▷ **630** $81x^8 + 161x^4 - 2$ $\qquad [(3x-1)(3x+1)(9x^2+1)(x^4+2)]$

Semplifica le seguenti frazioni algebriche.

▷▷ **631** $\dfrac{x^4 + 3x^2 + 2}{x^4 - x^2 - 6}$ $\qquad \left[\dfrac{x^2 + 1}{x^2 - 3}\right]$ ▷▷ **632** $\dfrac{x^4 - 9}{x^4 - 5x^2 - 24}$ $\qquad \left[\dfrac{x^2 - 3}{x^2 - 8}\right]$

▷▷ **633** $\dfrac{3x^4 + 7x^2 + 2}{3x^4 + 5x^2 - 2}$ $\qquad \left[\dfrac{3x^2 + 1}{3x^2 - 1}\right]$ ▷▷ **634** $\dfrac{2x^4 - x^2 - 1}{x^4 - 1}$ $\qquad \left[\dfrac{2x^2 + 1}{x^2 + 1}\right]$

▶▶ **635** $\dfrac{x^4+6x^2+9}{4x^4+11x^2-3}$ $\left[\dfrac{x^2+3}{4x^2-1}\right]$ ▶▶ **636** $\dfrac{2x^4-3x^2-2}{2x^4+3x^2+1}$ $\left[\dfrac{x^2-2}{x^2+1}\right]$

▶▶ **637** $\dfrac{4x^4-25x^2+36}{2x^2+x-6}$ $[(x-2)(2x+3)]$ ▶▶ **638** $\dfrac{9x^4-10x^2+1}{(3x^2-2x-1)(x^2-x-2)}$ $\left[\dfrac{3x-1}{x-2}\right]$

Altri tipi di equazioni risolubili mediante sostituzione

Risolvi le seguenti equazioni mediante opportune sostituzioni.

Altri esercizi

■ ESERCIZI SVOLTI

▶▶ **639** $(x^4-2)^4 - 1 = 0$

Sostituiamo y al posto di $x^4 - 2$, cioè poniamo $x^4 - 2 = y$:

$$(x^4-2)^4 - 1 = 0 \xrightarrow{x^4-2=y} y^4 - 1 = 0 \longrightarrow \underbrace{y^4 = 1}_{\text{equazione binomia}} \longrightarrow y = \pm 1$$

- $y = -1 \xrightarrow{y=x^4-2} x^4 - 2 = -1 \longrightarrow \underbrace{x^4 = 1}_{\text{eq. binomia}} \longrightarrow x = \pm 1$
- $y = 1 \xrightarrow{y=x^4-2} x^4 - 2 = 1 \longrightarrow \underbrace{x^4 = 3}_{\text{eq. binomia}} \longrightarrow x = \pm\sqrt[4]{3}$

$\longrightarrow S = \{-\sqrt[4]{3}; -1; 1; \sqrt[4]{3}\}$

▶▶ **640** $\sqrt{2}(2\sqrt{2}+x^3)^3 - 32 = 0 \xrightarrow{2\sqrt{2}+x^3=t} \sqrt{2}t^3 = 32 \longrightarrow \underbrace{t^3 = \dfrac{32}{\sqrt{2}}}_{\text{equazione binomia}} \longrightarrow t^3 = \dfrac{32}{\sqrt{2}} \cdot \dfrac{\sqrt{2}}{\sqrt{2}} \longrightarrow$

$\longrightarrow t^3 = 16\sqrt{2} \longrightarrow t = \sqrt[3]{16\sqrt{2}} \longrightarrow t = \sqrt[3]{2^4 \cdot \sqrt{2}} \longrightarrow t = \sqrt[3]{\sqrt{2^8 \cdot 2}} \longrightarrow$

$\longrightarrow t = \sqrt[6]{2^9} \longrightarrow t = \sqrt{2^3} \longrightarrow t = 2\sqrt{2} \xrightarrow{t=2\sqrt{2}+x^3} 2\sqrt{2} + x^3 = 2\sqrt{2} \longrightarrow$

$\longrightarrow x^3 = 0 \longrightarrow x_1 = x_2 = x_3 = 0$

L'equazione data ha tre soluzioni coincidenti uguali a 0 e l'insieme delle sue soluzioni è quindi $S = \{0\}$.

▶▶ **641** $(x^3+2)^2 = 4$ $[-\sqrt[3]{4} \text{ e } 0 \text{ e } 0 \text{ e } 0]$ ▶▶ **642** $(x^6-2)^2 = 1$ $[\pm 1; \pm\sqrt[6]{3}]$

▶▶ **643** $64(x^4+1)^3 = 125$ $\left[\pm\dfrac{\sqrt{2}}{2}\right]$ ▶▶ **644** $(x^2-\sqrt{2})^4 = 4$ $[0; 0; \pm\sqrt[4]{8}]$

▶▶ **645** $(x^3-2\sqrt{3})^4 = 9$ $[\sqrt[6]{3}; \sqrt{3}]$ ▶▶ **646** $\sqrt{3}(x^3+\sqrt{3})^3 = 9$ $[0; 0; 0]$

▶▶ **647** $(\sqrt{5}x^3-5)^2 = 400$ $[-\sqrt[6]{45}; \sqrt{5}]$ ▶▶ **648** $(2x^2-\sqrt{2})^3 = 2\sqrt{2}$ $[\pm\sqrt[4]{2}]$

■ ESERCIZIO SVOLTO

Altri esercizi svolti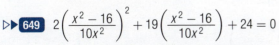

▶▶ **649** $2\left(\dfrac{x^2-16}{10x^2}\right)^2 + 19\left(\dfrac{x^2-16}{10x^2}\right) + 24 = 0$

La condizione di accettabilità delle soluzioni è

C.A.: $x \neq 0$

Poniamo $\dfrac{x^2-16}{10x^2} = y$:

$$2\left(\dfrac{x^2-16}{10x^2}\right)^2 + 19\left(\dfrac{x^2-16}{10x^2}\right) + 24 = 0 \longrightarrow 2 \cdot y^2 + 19 \cdot y + 24 = 0$$

ESERCIZI

Risolviamo l'equazione $2y^2 + 19y + 24 = 0$:

$$\Delta = 19^2 - 4 \cdot 2 \cdot 24 = 169 \longrightarrow y_{1,2} = \frac{-19 \pm \sqrt{169}}{2 \cdot 2} \begin{matrix} \nearrow y_1 = \frac{-19-13}{4} = -8 \\ \searrow y_2 = \frac{-19+13}{4} = -\frac{3}{2} \end{matrix}$$

- $y = -8 \longrightarrow \frac{x^2 - 16}{10x^2} = -8 \longrightarrow \frac{x^2 - 16}{10x^2} = \frac{-8 \cdot 10x^2}{10x^2} \xrightarrow{x \neq 0} x^2 - 16 + 80x^2 = 0 \longrightarrow$

  $\longrightarrow 81x^2 = 16 \longrightarrow x^2 = \frac{16}{81} \longrightarrow x = \pm \frac{4}{9}$

- $y = -\frac{3}{2} \longrightarrow \frac{x^2 - 16}{10x^2} = -\frac{3}{2} \longrightarrow \frac{x^2 - 16}{10x^2} = \frac{-3 \cdot 5x^2}{10x^2} \xrightarrow{x \neq 0} x^2 - 16 + 15x^2 = 0 \longrightarrow$

  $\longrightarrow 16x^2 = 16 \longrightarrow x^2 = 1 \longrightarrow x = \pm 1$

L'insieme delle soluzioni dell'equazione data è quindi $S = \left\{-1; -\frac{4}{9}; \frac{4}{9}; 1\right\}$.

▶▶ **650** $(x^2 + 2)^2 - 9(x^2 + 2) + 18 = 0$ $\qquad [\pm 1 \text{ e } \pm 2]$

▶▶ **651** $(x^3 - 1)^2 - 5(x^3 - 1) - 14 = 0$ $\qquad [-1 \text{ e } 2]$

▶▶ **652** $(2x^2 + 1)^2 - 24(2x^2 + 1) + 95 = 0$ $\qquad [\pm 3 \text{ e } \pm \sqrt{2}]$

▶▶ **653** $(2x^2 - 9)^2 - 4(2x^2 - 9) - 21 = 0$ $\qquad [\pm \sqrt{3} \text{ e } \pm 2\sqrt{2}]$

▶▶ **654** $(2x^2 + 3x)^2 - 7(2x^2 + 3x) - 8 = 0$ $\qquad \left[-1 \text{ e } -\frac{1}{2} \text{ e } \frac{-3 \pm \sqrt{73}}{4}\right]$

▶▶ **655** $(2x^2 - 5x + 1)^2 + (2x^2 - 5x + 1) - 2 = 0$ $\qquad \left[0 \text{ e } 1 \text{ e } \frac{3}{2} \text{ e } \frac{5}{2}\right]$

▶▶ **656** $(3x^5 + 1)^2 - 11(3x^5 + 1) + 28 = 0$ $\qquad [1 \text{ e } \sqrt[5]{2}]$

▶▶ **657** $8(x^6 - 3)^2 + 15(x^6 - 3) - 23 = 0$ $\qquad \left[\pm \sqrt[3]{2} \text{ e } \pm \frac{\sqrt{2}}{2}\right]$

▶▶ **658** $9(x^2 - 2x)^2 + 17(x^2 - 2x) + 8 = 0$ $\qquad \left[\frac{2}{3} \text{ e } 1 \text{ e } 1 \text{ e } \frac{4}{3}\right]$

▶▶ **659** $8(x^5 \sqrt[3]{2} - 2)^2 - (x^5 \sqrt[3]{2} - 2) - 30 = 0$ $\qquad \left[\frac{1}{\sqrt[3]{4}} \text{ e } \sqrt[3]{2}\right]$

▶▶ **660** $100(10x^3 - 0{,}02)^2 - 5(10x^3 - 0{,}02) - 0{,}06 = 0$ $\qquad [0{,}1 \text{ e } 0{,}2]$

▶▶ **661** $0{,}1(0{,}04x^3 - 10)^2 - 1{,}5(0{,}04x^3 - 10) - 45 = 0$ $\qquad [-5 \text{ e } 10]$

▶▶ **662** $\left(\frac{x+2}{3x-1}\right)^2 - 5 \cdot \frac{x+2}{3x-1} + 6 = 0$ $\qquad \left[\frac{5}{8} \text{ e } \frac{4}{5}\right]$

▶▶ **663** $(x+2)^6 - 28(x+2)^3 + 27 = 0$ (Poni $(x+2)^3 = y$...) $\qquad [\pm 1]$

▶▶ **664** $\left(\frac{x+2}{x-4}\right)^4 - 13\left(\frac{x+2}{x-4}\right)^2 + 36 = 0$ $\left(\text{Poni } \left(\frac{x+2}{x-4}\right)^2 = y...\right)$ $\qquad \left[2 \text{ e } \frac{5}{2} \text{ e } 7 \text{ e } 10\right]$

▶▶ **665** $\left(\frac{x+1}{x-1}\right)^6 + 19\left(\frac{x+1}{x-1}\right)^3 - 216 = 0$ $\qquad \left[\frac{1}{2} \text{ e } 3\right]$

▶▶ **666** $(2x^2 + 3x)^6 - 7(2x^2 + 3x)^3 - 8 = 0$ $\qquad \left[-2 \text{ e } -1 \text{ e } \pm \frac{1}{2}\right]$

▶▶ **667** $(x-3)^2 x^2 - 8x(x-3) - 20 = 0$ $\qquad [-2 \text{ e } 1 \text{ e } 2 \text{ e } 5]$

Equazioni risolubili mediante scomposizioni in fattori e legge di annullamento del prodotto

Risolvi le seguenti equazioni.

Altri esercizi

ESERCIZIO SVOLTO

Altro esercizio svolto

▷▶ **668** $x^5 - 2x^4 - 16x + 32 = 0$

L'equazione è già nella forma canonica $P(x) = 0$. Scomponiamo in fattori il primo membro con un raccoglimento parziale:

$$x^5 - 2x^4 - 16x + 32 = 0 \longrightarrow x^4(x-2) - 16(x-2) = 0$$

da cui

$$(x-2)(x^4 - 16) = 0 \qquad \boxed{1}$$

Per la legge di annullamento del prodotto, le soluzioni della $\boxed{1}$ si ottengono riunendo le soluzioni delle due equazioni

$$x - 2 = 0 \qquad x^4 - 16 = 0$$

- $x - 2 = 0 \longrightarrow x = 2$
- $x^4 - 16 = 0 \longrightarrow x^4 = 16 \longrightarrow x = \pm\sqrt[4]{16} \longrightarrow x = \pm 2$ $\Bigg\} \longrightarrow S = \{-2\,;\,2\}$

Notiamo che la soluzione $x = 2$ è stata trovata due volte (soluzione doppia). Le soluzioni dell'equazione sono quindi

$$x_1 = -2 \qquad e \qquad x_2 = x_3 = 2$$

Osserva che, in questo caso, continuando a scomporre il primo membro della $\boxed{1}$ avremmo avuto

$$(x-2)(x^2+4)(x-2)(x+2) = 0 \longrightarrow (x+2)(x-2)^2(x^2+4) = 0$$

da cui, per la legge di annullamento del prodotto,

- $x + 2 = 0 \longrightarrow x_1 = -2$
- $(x-2)^2 = 0 \longrightarrow x_2 = x_3 = 2$
- $x^2 + 4 = 0 \longrightarrow x^2 = -4 \longrightarrow$ impossibile

Ritroviamo così le stesse soluzioni di prima.

▷▶ **669** $x - x^3 = 0$ $\qquad [0 \text{ e } \pm 1]$ ▷▶ **670** $x^4 - 4x^2 = 0$ $\qquad [0 \text{ e } 0 \text{ e } \pm 2]$

▷▶ **671** $x^3 - 3x^2 + 2x = 0$ $\qquad [0 \text{ e } 1 \text{ e } 2]$ ▷▶ **672** $2x^3 - 7x^2 + 3x = 0$ $\qquad \left[0 \text{ e } \dfrac{1}{2} \text{ e } 3\right]$

▷▶ **673** $x^6 - x^2 = 0$ $\qquad [0 \text{ e } 0 \text{ e } \pm 1]$ ▷▶ **674** $x^5 - 16x = 0$ $\qquad [0 \text{ e } \pm 2]$

▷▶ **675** $x^3 - x^2 + x - 1 = 0$ $\qquad [1]$ ▷▶ **676** $x^3 - x + 3 - 3x^2 = 0$ $\qquad [\pm 1 \text{ e } 3]$

▷▶ **677** $x^3 - x^2 - 9x + 9 = 0$ $\qquad [\pm 3 \text{ e } 1]$ ▷▶ **678** $x^3 - 5x^2 - x + 5 = 0$ $\qquad [\pm 1 \text{ e } 5]$

▷▶ **679** $x^4 + 2x^3 - 8x - 16 = 0$ $\qquad [\pm 2]$ ▷▶ **680** $x^4 - 2x^3 - 27x + 54 = 0$ $\qquad [2 \text{ e } 3]$

▷▶ **681** $x^3 - x^2 - 5x + 5 = 0$ $\qquad [1 \text{ e } \pm\sqrt{5}]$ ▷▶ **682** $3x^3 + 3x^2 - x - 1 = 0$ $\qquad \left[-1 \text{ e } \pm\dfrac{\sqrt{3}}{3}\right]$

▷▶ **683** $x^3 + 3x^2 - x - 3 = 0$ $\qquad [-3 \text{ e } -1 \text{ e } 1]$ ▷▶ **684** $x^3 - 3x^2 - 4x + 12 = 0$ $\qquad [-2 \text{ e } 2 \text{ e } 3]$

▷▶ **685** $x^5 - 4x^4 - x + 4 = 0$ $\qquad [\pm 1 \text{ e } 4]$ ▷▶ **686** $2x^5 - x^4 - 6x + 3 = 0$ $\qquad \left[\dfrac{1}{2} \text{ e } \pm\sqrt[4]{3}\right]$

▷▶ **687** $x^3 - 3x^2 + x\sqrt{2} - 3\sqrt{2} = 0$ $\qquad [3]$ ▷▶ **688** $2x^3 + x^2 - 2x\sqrt{3} - \sqrt{3} = 0$ $\qquad \left[-\dfrac{1}{2} \text{ e } \pm\sqrt[4]{3}\right]$

ESERCIZI

▷▷ **689** $\dfrac{x^6+1}{\sqrt{5}} = x^2 + \dfrac{x^4}{5}$ $\left[\pm \dfrac{1}{\sqrt[4]{5}} \text{ e } \pm \sqrt[8]{5}\right]$ ▷▷ **690** $\dfrac{1}{\sqrt{6}}x^3 + \dfrac{x^4\sqrt{3}}{\sqrt{2}} = \dfrac{x^7+1}{\sqrt{2}}$ $\left[\pm \dfrac{1}{\sqrt[8]{3}} \text{ e } \sqrt[6]{3}\right]$

▷▷ **691** $2x^3 - x^2 - 0{,}02x + 0{,}01 = 0$ $[\pm 0{,}1 \text{ e } 0{,}5]$ ▷▷ **692** $0{,}4x^3 - x^2 + 0{,}004x - 0{,}01 = 0$ $[2{,}5]$

Applicazione del teorema e della regola di Ruffini

Risolvi le seguenti equazioni.

Esercizio svolto

▷▷ **693** $x^3 + 2x^2 - 5x - 6 = 0$ $[-3 \text{ e } -1 \text{ e } 2]$

▷▷ **694** $x^3 - 4x^2 - 19x - 14 = 0$ $[-2 \text{ e } -1 \text{ e } 7]$

▷▷ **695** $3x^3 + 4x^2 - 17x - 6 = 0$ $\left[-3 \text{ e } -\dfrac{1}{3} \text{ e } 2\right]$

▷▷ **696** $2x^4 + 3x^3 - 4x^2 - 3x + 2 = 0$ $\left[-2 \text{ e } \dfrac{1}{2} \text{ e } \pm 1\right]$

▷▷ **697** $2x^4 + x^3 - 5x^2 - 2x + 2 = 0$ $\left[-1 \text{ e } \dfrac{1}{2} \text{ e } \pm\sqrt{2}\right]$

▷▷ **698** $x^4 - x^3 - x^2 - x - 2 = 0$ $[-1 \text{ e } 2]$

▷▷ **699** $x^4 - 2x^3 + 2x - 1 = 0$ $[-1 \text{ e } 1 \text{ e } 1 \text{ e } 1]$

▷▷ **700** $3x^3 - 7x^2 - 7x + 3 = 0$ $\left[-1 \text{ e } \dfrac{1}{3} \text{ e } 3\right]$

▷▷ **701** $x^5 + 3x^4 - 5x^3 - 15x^2 + 4x + 12 = 0$ $[-3 \text{ e } \pm 1 \text{ e } \pm 2]$

▷▷ **702** $4x^3 - 12x^2 + 5x + 6 = 0$ $\left[-\dfrac{1}{2} \text{ e } \dfrac{3}{2} \text{ e } 2\right]$

▷▷ **703** $3x^4 - 2x^3 + 2x^2 - 2x - 1 = 0$ $\left[-\dfrac{1}{3} \text{ e } 1\right]$

▷▷ **704** $2x^3 - x^2 - 4x + 3 = 0$ $\left[-\dfrac{3}{2} \text{ e } 1 \text{ e } 1\right]$

▷▷ **705** $x^3 + x^2 - 10x + 8 = 0$ $[-4 \text{ e } 1 \text{ e } 2]$

▷▷ **706** $8x^4 + 4x^3 - 14x^2 - x + 3 = 0$ $\left[-\dfrac{3}{2} \text{ e } \pm \dfrac{1}{2} \text{ e } 1\right]$

Equazioni reciproche

Equazioni di terzo grado $ax^3 + bx^2 + bx + a = 0$ e $ax^3 + bx^2 - bx - a = 0$

Risolvi le seguenti equazioni.

■ **ESERCIZIO SVOLTO**

▷▷ **707** $\underbrace{2x^3 - 7x^2 + 7x - 2}_{P(x)} = 0$

È un'equazione reciproca del tipo $ax^3 + bx^2 - bx - a = 0$, con $a = 2$ e $b = -7$.
Poiché $P(1) = 2 - 7 + 7 - 2 = 0$, $P(x)$ è divisibile per $(x-1)$. Calcoliamo il quoziente $Q(x)$ con la regola di Ruffini:

	2	−7	7	−2
1		2	−5	2
	2	−5	2	0

$Q(x) = 2x^2 - 5x + 2$
$R = 0$

Quindi

$$2x^3 - 7x^2 + 7x - 2 = 0 \longrightarrow (x-1)(2x^2 - 5x + 2) = 0 \longrightarrow$$

$$x - 1 = 0 \ \vee \ \underbrace{2x^2 - 5x + 2 = 0}_{\Delta = 25 - 16 = 9} \longrightarrow x = 1 \ \vee \ x = \frac{5 \pm \sqrt{9}}{4} \nearrow \frac{5-3}{4} = \frac{1}{2}$$
$$\searrow \frac{5+3}{4} = 2$$

Le soluzioni dell'equazione data sono 1; $\frac{1}{2}$; 2.

▷▶ **708** $4x^3 - 13x^2 - 13x + 4 = 0$ $\left[-1 \text{ e } \frac{1}{4} \text{ e } 4\right]$

▷▶ **709** $7x^3 + 43x^2 - 43x - 7 = 0$ $\left[-7 \text{ e } -\frac{1}{7} \text{ e } 1\right]$

▷▶ **710** $2x^3 - 3x^2 - 3x + 2 = 0$ $\left[-1 \text{ e } \frac{1}{2} \text{ e } 2\right]$

▷▶ **711** $2x^3 - 3x^2 + 3x - 2 = 0$ $[1]$

▷▶ **712** $3x^3 + 13x^2 + 13x + 3 = 0$ $\left[-3 \text{ e } -1 \text{ e } -\frac{1}{3}\right]$

▷▶ **713** $2x^3 + 3x^2 - 3x - 2 = 0$ $\left[-2 \text{ e } -\frac{1}{2} \text{ e } 1\right]$

▷▶ **714** $5x^3 - 31x^2 + 31x - 5 = 0$ $\left[1 \text{ e } \frac{1}{5} \text{ e } 5\right]$

▷▶ **715** $5x^3 - 21x^2 - 21x + 5 = 0$ $\left[-1 \text{ e } \frac{1}{5} \text{ e } 5\right]$

▷▶ **716** $15x^3 - 19x^2 - 19x + 15 = 0$ $\left[-1 \text{ e } \frac{3}{5} \text{ e } \frac{5}{3}\right]$

▷▶ **717** $20x^3 + 61x^2 + 61x + 20 = 0$ $\left[-\frac{5}{4} \text{ e } -1 \text{ e } -\frac{4}{5}\right]$

▷▶ **718** $x^3 - 3x^2 - 3x + 1 = 0$ $[-1 \text{ e } 2 \pm \sqrt{3}]$

▷▶ **719** $2x^3 + 3x^2 + 3x + 2 = 0$ $[-1]$

▷▶ **720** $\sqrt{7}x^3 - (8 - \sqrt{7})x^2 + (\sqrt{7} - 8)x + \sqrt{7} = 0$ $\left[-1 \text{ e } \frac{\sqrt{7}}{7} \text{ e } \sqrt{7}\right]$

▷▶ **721** $2x^3 - (3\sqrt{2} + 2)x^2 + (3\sqrt{2} + 2)x - 2 = 0$ $\left[\frac{\sqrt{2}}{2} \text{ e } 1 \text{ e } \sqrt{2}\right]$

Equazioni di quarto grado $ax^4 + bx^3 - bx - a = 0$

Risolvi le seguenti equazioni.

■ **ESERCIZIO SVOLTO**

▷▶ **722** $12x^4 - 25x^3 + 25x - 12 = 0$

L'equazione è del tipo $ax^4 + bx^3 - bx - a = 0$, con $a = 12$ e $b = -25$.
Indicando con $P(x)$ il primo membro osserviamo che

$$P(1) = 12 - 25 + 25 - 12 = 0$$
$$P(-1) = 12 + 25 - 25 - 12 = 0$$

4. Equazioni di secondo grado e di grado superiore

ESERCIZI

Il polinomio $P(x)$ è quindi divisibile sia per $(x - 1)$ sia per $(x + 1)$. Dividiamo $P(x)$ per $(x - 1)$ e dividiamo il quoziente ottenuto per $(x + 1)$. Dallo schema a lato possiamo dedurre che l'equazione data può essere scritta nella forma

$$(x - 1)(x + 1)(12x^2 - 25x + 12) = 0$$

	12	−25	0	25	−12
1		12	−13	−13	12
	12	−13	−13	12	//
−1		−12	25	−12	
	12	−25	12	//	

Le soluzioni dell'equazione data si ottengono risolvendo le seguenti equazioni:

- $x - 1 = 0 \longrightarrow x_1 = 1$
- $x + 1 = 0 \longrightarrow x_2 = -1$
- $12x^2 - 25x + 12 = 0 \xrightarrow{\Delta = (-25)^2 - 4 \cdot 144 = 49} x = \dfrac{25 \pm \sqrt{49}}{24} \begin{array}{c} \nearrow x_3 = \dfrac{3}{4} \\ \searrow x_4 = \dfrac{4}{3} \end{array} \Bigg\} \longrightarrow S = \left\{ -1; \dfrac{3}{4}; 1; \dfrac{4}{3} \right\}$

▷▷ **723** $\quad 6x^4 - 13x^3 + 13x - 6 = 0 \hfill \left[\pm 1 \text{ e } \dfrac{2}{3} \text{ e } \dfrac{3}{2}\right]$

▷▷ **724** $\quad 3x^4 - 2x^3 + 2x - 3 = 0 \hfill [\pm 1]$

▷▷ **725** $\quad 2x^4 - 5x^3 + 5x - 2 = 0 \hfill \left[\pm 1 \text{ e } \dfrac{1}{2} \text{ e } 2\right]$

▷▷ **726** $\quad 5x^4 - 26x^3 + 26x - 5 = 0 \hfill \left[\pm 1 \text{ e } \dfrac{1}{5} \text{ e } 5\right]$

▷▷ **727** $\quad x^4 - 14x^3 + 14x - 1 = 0 \hfill [\pm 1 \text{ e } 7 \pm 4\sqrt{3}]$

▷▷ **728** $\quad 3x^4 + x^3 - x - 3 = 0 \hfill [\pm 1]$

▷▷ **729** $\quad 2x^4 + 7x^3 - 7x - 2 = 0 \hfill \left[\pm 1 \text{ e } \dfrac{-7 \pm \sqrt{33}}{4}\right]$

▷▷ **730** $\quad 15x^4 - 34x^3 + 34x - 15 = 0 \hfill \left[\pm 1 \text{ e } \dfrac{3}{5} \text{ e } \dfrac{5}{3}\right]$

▷▷ **731** $\quad x^4 - 2\sqrt{5}x^3 + 2\sqrt{5}x - 1 = 0 \hfill [\pm 1 \text{ e } \sqrt{5} \pm 2]$

▷▷ **732** $\quad x^4 - 2\sqrt{2}x^3 + 2\sqrt{2}x - 1 = 0 \hfill [\pm 1 \text{ e } \sqrt{2} \pm 1]$

Equazioni di quarto grado $ax^4 + bx^3 + cx^2 + bx + a = 0$

Risolvi le seguenti equazioni utilizzando un opportuno cambiamento di incognita.

ESERCIZIO SVOLTO

▷▷ **733** $\quad 12x^4 + 4x^3 - 41x^2 + 4x + 12 = 0$

Osserviamo che l'equazione è del tipo $ax^4 + bx^3 + cx^2 + bx + a = 0$, con 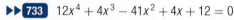 $1 = 12$, $b = 4$, $c = -41$.

- Dopo aver osservato che $x = 0$ non è soluzione dell'equazione data, dividiamo entrambi i membri per x^2:

$$12x^2 + 4x - 41 + 4\dfrac{1}{x} + 12\dfrac{1}{x^2} = 0 \longrightarrow 12\left(x^2 + \dfrac{1}{x^2}\right) + 4\left(x + \dfrac{1}{x}\right) - 41 = 0$$

- Poniamo

$$x + \dfrac{1}{x} = y$$

e quindi osserviamo che risulta

$$\left(x+\frac{1}{x}\right)^2 = y^2 \longrightarrow x^2+\frac{1}{x^2}+2 = y^2 \longrightarrow x^2+\frac{1}{x^2} = y^2-2$$

- L'equazione data diventa

$$12(y^2-2)+4y-41 = 0 \longrightarrow 12y^2+4y-65 = 0 \quad\begin{array}{l} y_1 = -\dfrac{5}{2} \\ y_2 = \dfrac{13}{6} \end{array}$$

- Eseguendo la sostituzione inversa, abbiamo

$$x+\frac{1}{x} = -\frac{5}{2} \quad \vee \quad x+\frac{1}{x} = \frac{13}{6}$$

$$2x^2+5x+2 = 0 \quad \vee \quad 6x^2-13x+6 = 0$$

- Risolvendo queste due equazioni otteniamo le soluzioni dell'equazione data:

$$x_1 = -2 \qquad x_2 = -\frac{1}{2} \qquad x_3 = \frac{2}{3} \qquad x_4 = \frac{3}{2}$$

▶▶ **734** $3x^4-16x^3+26x^2-16x+3 = 0$ $\qquad\left[\dfrac{1}{3} \text{ e } 1 \text{ e } 1 \text{ e } 3\right]$

▶▶ **735** $2x^4+3x^3-x^2+3x+2 = 0$ $\qquad\left[-2 \text{ e } -\dfrac{1}{2}\right]$

▶▶ **736** $3x^4+4x^3-14x^2+4x+3 = 0$ $\qquad\left[-3 \text{ e } -\dfrac{1}{3} \text{ e } 1 \text{ e } 1\right]$

▶▶ **737** $12x^4-4x^3-41x^2-4x+12 = 0$ $\qquad\left[-\dfrac{3}{2} \text{ e } -\dfrac{2}{3} \text{ e } \dfrac{1}{2} \text{ e } 2\right]$

▶▶ **738** $3x^4+16x^3+26x^2+16x+3 = 0$ $\qquad\left[-3 \text{ e } -1 \text{ e } -1 \text{ e } -\dfrac{1}{3}\right]$

▶▶ **739** $10x^4-27x^3-110x^2-27x+10 = 0$ $\qquad\left[-2 \text{ e } -\dfrac{1}{2} \text{ e } \dfrac{1}{5} \text{ e } 5\right]$

▶▶ **740** $6x^4-5x^3-38x^2-5x+6 = 0$ $\qquad\left[-2 \text{ e } -\dfrac{1}{2} \text{ e } \dfrac{1}{3} \text{ e } 3\right]$

▶▶ **741** $10x^4+27x^3-110x^2+27x+10 = 0$ $\qquad\left[-5 \text{ e } -\dfrac{1}{5} \text{ e } \dfrac{1}{2} \text{ e } 2\right]$

▶▶ **742** $15x^4-128x^3+290x^2-128x+15 = 0$ $\qquad\left[\dfrac{1}{5} \text{ e } \dfrac{1}{3} \text{ e } 3 \text{ e } 5\right]$

Esercizi di riepilogo sulle equazioni di grado superiore al secondo

Risolvi le seguenti equazioni.

Esercizi svolti e altri esercizi da svolgere

▷▶ **743** $(x-3)^4-2(x-3)^3-(x-3) = -2$ $\qquad[4 \text{ e } 5]$

▷▶ **744** $2x^9-x^8-4x^5+2x^4-16x+8 = 0$ $\qquad\left[\dfrac{1}{2} \text{ e } \pm\sqrt{2}\right]$

▷▶ **745** $4x^6-4x^5-8x^4-9x^2+9x+18 = 0$ $\qquad\left[-1 \text{ e } \pm\dfrac{\sqrt{6}}{2} \text{ e } 2\right]$

▷▶ **746** $\left(\dfrac{3x}{x^2+1}\right)^4-2\left(\dfrac{3x}{x^2+1}\right)^2-\dfrac{9}{16} = 0$ $\qquad[\pm 1 \text{ e } \pm 1]$

ESERCIZI

747 $30x^3 + 31x^2 - 31x - 30 = 0$ $\qquad\left[-\dfrac{6}{5} \text{ e } -\dfrac{5}{6} \text{ e } 1\right]$

748 $\dfrac{5}{x+1} - \dfrac{5}{x-1} + \dfrac{19}{3} = x^2 - 1$ $\qquad\left[\pm 2 \text{ e } \pm \dfrac{\sqrt{39}}{3}\right]$

749 $\dfrac{x^2-2}{3} + \left(\dfrac{x^2-1}{5}\right)^2 = \dfrac{7}{9}(x^2-2)$ $\qquad\left[\pm\sqrt{11} \text{ e } \pm\dfrac{1}{3}\sqrt{19}\right]$

750 $16\left(\dfrac{x^2-1}{x^2+1}\right)^8 - 17\left(\dfrac{x^2-1}{x^2+1}\right)^4 + 1 = 0$ $\qquad\left[0 \text{ e } 0 \text{ e } \pm\dfrac{\sqrt{3}}{3} \text{ e } \pm\sqrt{3}\right]$

751 $x^4 - x^3 + x + 2 = 3x^2$ $\qquad[-1 \text{ e } -1 \text{ e } 1 \text{ e } 2]$

752 $2(3x-1)^3 + 7(3x-1)^2 + 7(3x-1) + 2 = 0$ $\qquad\left[-\dfrac{1}{3} \text{ e } 0 \text{ e } \dfrac{1}{6}\right]$

753 $4(x^2-1)(x^2+1) + 17x = 17x^3$ $\qquad\left[\pm 1 \text{ e } \dfrac{1}{4} \text{ e } 4\right]$

754 $\left(x^2 + \dfrac{1}{x^2}\right)^4 - 40\left(x^2 + \dfrac{1}{x^2}\right)^2 + 144 = 0$ $\qquad[\pm 1 \text{ e } \pm(\sqrt{2}\pm 1)]$

755 $24x^5 + 14x^4 - 87x^3 - 87x^2 + 14x + 24 = 0$ $\qquad\left[-\dfrac{4}{3} \text{ e } -1 \text{ e } -\dfrac{3}{4} \text{ e } \dfrac{1}{2} \text{ e } 2\right]$

756 $x^4 - 2x^3 - 7x^2 + 20x - 12 = 0$ $\qquad[-3 \text{ e } 1 \text{ e } 2 \text{ e } 2]$

757 $x^5 + 2x^4 - 16x - 32 = 0$ $\qquad[-2 \text{ e } -2 \text{ e } 2]$

758 $2x^5 + x^4 - 11x^3 + 7x^2 - 13x + 6 = 0$ $\qquad\left[-3 \text{ e } \dfrac{1}{2} \text{ e } 2\right]$

759 $x^5 - ax^4 + 2x^3 - 2ax^2 - 3x + 3a = 0$ $\qquad[\pm 1 \text{ e } a]$

760 $\dfrac{3}{x^2-1} + \dfrac{2x^2}{x^2+3} = \dfrac{10}{x^4+2x^2-3}$ $\qquad\left[\pm\dfrac{\sqrt{2}}{2}\right]$

761 $12x^3 - 13x^2y - 13xy^2 + 12y^3 = 0$ $\qquad\left[-y \text{ e } \dfrac{3}{4}y \text{ e } \dfrac{4}{3}y\right]$

762 $x^3 - 5x^2 + 5x - 1 = 0$ $\qquad[2-\sqrt{3} \text{ e } 1 \text{ e } 2+\sqrt{3}]$

763 $3\left(\dfrac{x^2-1}{x+3}\right)^2 - 8 \cdot \dfrac{x^2-1}{x+3} - 3 = 0$ $\qquad\left[-2 \text{ e } -\dfrac{1}{3} \text{ e } 0 \text{ e } 5\right]$

764 $4\left(\dfrac{2x-1}{x^2-4}\right)^2 - \dfrac{2x-1}{x^2-4} - 3 = 0$ $\qquad\left[-4 \text{ e } -1 \text{ e } \dfrac{4}{3} \text{ e } 3\right]$

765 $2x^4 - 17x^3 + 34x^2 - 17x + 2 = 0$ $\qquad\left[3-2\sqrt{2} \text{ e } \dfrac{1}{2} \text{ e } 2 \text{ e } 3+2\sqrt{2}\right]$

766 $x^4 - 6x^3 + 2x^2 - 6x + 1 = 0$ $\qquad[3-2\sqrt{2} \text{ e } 3+2\sqrt{2}]$

767 $x^5 + x^4 - 8x - 8 = 0$ $\qquad[-\sqrt[4]{8} \text{ e } -1 \text{ e } \sqrt[4]{8}]$

768 $x^5 - 8x^3 - 4x^2 + 32 = 0$ $\qquad[-2\sqrt{2} \text{ e } \sqrt[3]{4} \text{ e } 2\sqrt{2}]$

769 $\dfrac{3x-2}{3x+2} - \dfrac{3x+2}{3x-2} + \dfrac{24x}{9x^2-4} = x^2 - 9$ $\qquad[-3 \text{ e } 3]$

770 $\dfrac{2x+\sqrt{3}}{2x\sqrt{3}-3} - \dfrac{2x-\sqrt{3}}{2x\sqrt{3}+3} + \dfrac{x(x-2)(x^2+2x+4)}{4x^2-3} = 1$ $\qquad[-\sqrt{3} \text{ e } -1 \text{ e } 1 \text{ e } \sqrt{3}]$

771 $\dfrac{x\sqrt{6}+1}{x\sqrt{6}+\sqrt{3}} + \dfrac{\sqrt{3}+1}{2x^2\sqrt{3}-\sqrt{3}} = \dfrac{\sqrt{6}(x^2\sqrt{3}+1)}{3x} + \dfrac{x\sqrt{2}-1}{x\sqrt{2}+1}$ $[-1 \text{ e } 1]$

772 $\sqrt{3}x^3 - (4-\sqrt{3})x^2 - (4-\sqrt{3})x + \sqrt{3}; \quad \sqrt{2}x^3 - (3-\sqrt{2})x^2 - (3-\sqrt{2})x + \sqrt{2} = 0$

$\left[-1 \text{ e } \dfrac{\sqrt{3}}{3} \text{ e } \sqrt{3}; -1 \text{ e } \dfrac{\sqrt{2}}{2} \text{ e } \sqrt{2}\right]$

773 $x^4 - 2\sqrt{2}x^3 + 2\sqrt{2}x - 1 = 0; \quad 4\sqrt{5}x^3 - (21+4\sqrt{5})x^2 + (21+4\sqrt{5})x - 4\sqrt{5} = 0$

$\left[\pm 1 \text{ e } \sqrt{2} \pm 1; \ 1 \text{ e } \dfrac{\sqrt{5}}{4} \text{ e } \dfrac{4}{5}\sqrt{5}\right]$

774 $x^4 - 2ax^3 + 2ax - 1 = 0$ $\left[a^2 < 1, \pm 1; \ a^2 \geq 1, \pm 1 \text{ e } a \pm \sqrt{a^2-1}\right]$

775 $\sqrt{a}x^3 + (a-\sqrt{a}+1)x^2 - (a-\sqrt{a}+1)x - \sqrt{a} = 0$ $\left[\begin{array}{l}a < 0, \text{ l'equazione perde significato;} \\ a = 0, \ 0 \text{ e } 1; \ a > 0, \ -\sqrt{a} \text{ e } -\dfrac{1}{\sqrt{a}} \text{ e } 1\end{array}\right]$

776 $ax^3 - bx^2 - ax + b = 0$ $\left[\begin{array}{l}a = 0 \wedge b = 0, \text{ indeterminata;} \\ a = 0 \wedge b \neq 0, \pm 1; \ a \neq 0, \pm 1 \text{ e } \dfrac{b}{a}\end{array}\right]$

777 $\left(\dfrac{3x-2a}{3x+2a}\right)^4 - 13\left(\dfrac{3x-2a}{3x+2a}\right)^2 + 36 = 0$ $\left[\begin{array}{l}a = 0, \text{ impossibile;} \\ a \neq 0, -2a \text{ e } -\dfrac{4}{3}a \text{ e } -\dfrac{a}{3} \text{ e } -\dfrac{2}{9}a\end{array}\right]$

Osservando che la somma di due potenze di grado pari non può essere uguale a zero, a meno che non siano uguali a zero entrambe le loro basi, risolvi le seguenti equazioni.

778 $(x^2+x-6)^4 + (x^2-7x+10)^2 = 0$ $[2]$

779 $(x^4-5x^2+4)^{10} + (x^4-4x^2+3)^8 = 0$ $[\pm 1]$

780 $(4x^4-9x^2+2)^{12} + (4x^4-5x^2+1)^2 = 0$ $\left[\pm\dfrac{1}{2}\right]$

781 $(x^2+4x-5)^6 + (x^2+10x+25)^4 = 0$ $[-5]$

782 $(x^2+4x-21)^4 + [3(x^2-5)-4x]^2 = 0$ $[3]$

Autovalutazione

TEMPO MASSIMO: 90 MINUTI

Soluzione della scheda di autovalutazione

1 Tra le seguenti equazioni di secondo grado incomplete qual è impossibile?

- **a** $2x^2 - 9x = 0$
- **b** $3x^2 - 4 = 0$
- **c** $x + 2x^2 = 0$
- **d** $6x^2 + 36 = 0$

2 L'equazione $3x^2 + k = 0$ ha le soluzioni $x = \pm 2$. Quindi $k = \ldots$

- **a** 4
- **b** -4
- **c** 12
- **d** -12

3 L'equazione $kx^2 + 2x = 0$ ha le soluzioni $x = 0$ e $x = \dfrac{1}{2}$. Quindi $k = \ldots$

- **a** 4
- **b** -4
- **c** 1
- **d** -1
- **e** 8
- **f** -8

4 Quale delle seguenti equazioni ha due soluzioni?

- **a** $-8x^4 + \dfrac{\sqrt{6}}{\sqrt[3]{2}} = 0$
- **b** $2x^5 - 11 = 0$
- **c** $\sqrt{3}x^2 + \sqrt{6} = 0$
- **d** $x^3 - 8 = 0$
- **e** $0{,}1x^7 + 0{,}01 = 0$

5 Quale delle seguenti equazioni ha una sola soluzione?

- **a** $x^4 = 4$
- **b** $5x^{72} + 1 = 0$
- **c** $\dfrac{7}{8}x^{11} + \sqrt[3]{12} = 0$
- **d** $x^6 = 6$
- **e** $0{,}0025x^{10} - 25 = 0$

6 Risolvi l'equazione $\dfrac{5}{16x^2 + 24x - 16} + \dfrac{x}{2 - 4x} + \dfrac{x - 1}{3x + 6} = 0$.

7 Nell'equazione $(a+1)x^2 + (a+1)x - 1 + a = 0$, determina il parametro a in modo che

- **a.** le soluzioni siano coincidenti;
- **b.** le soluzioni siano distinte;
- **c.** il triplo di una radice sia uguale al reciproco dell'altra;
- **d.** la somma dei quadrati delle radici sia 5.

8 L'altezza di un rettangolo è inferiore di 3 cm rispetto alla base e supera di 1 cm il lato di un quadrato. Determina l'altezza del rettangolo, sapendo che la sua area è 10 volte quella del quadrato.

Risolvi le seguenti equazioni.

9 $(4x^2 - 3)^4 - (4x^2 - 3)^2 - 12 = 0$

10 $8x^6 - 19x^3 - 27 = 0$

esercizio	1	2	3	4	5	6	7	8	9	10	totale
punteggio	0,25	0,25	0,25	0,5	0,5	1,25	2	1,5	2	1,5	10
esito											

Esercizi per il recupero

VERO O FALSO?

1
a. L'equazione $x^2 - 3x = (x-3)^2$ è di secondo grado. □ V □ F
b. Le soluzioni dell'equazione $9x^2 = 0$ sono $x_{1,2} = \pm 3$. □ V □ F
c. Se i coefficienti di un'equazione pura sono discordi, l'equazione ha due soluzioni opposte. □ V □ F
d. Le soluzioni dell'equazione $x^2 + 9 = 0$ sono $x_{1,2} = \pm 3$. □ V □ F

2
a. L'equazione spuria ha sempre due soluzioni o nessuna. □ V □ F
b. L'equazione $2x^2 - x = 1$ è spuria. □ V □ F
c. L'equazione $4x^2 - 2x + 1 = 0$ non ha soluzioni reali. □ V □ F
d. Se si applica la formula ridotta all'equazione $5x^2 - 6x - 11 = 0$ si ottiene $x_{1,2} = \dfrac{3 \pm \sqrt{9+55}}{10}$. □ V □ F

3
a. Le soluzioni dell'equazione $\dfrac{x-6}{x^2 - 2x} = \dfrac{1}{x} - \dfrac{x}{x-2}$ sono $x_{1,2} = \pm 2$. □ V □ F
b. Nell'equazione $6x^2 - x - 1 = 0$ la somma e il prodotto delle radici sono entrambi uguali a $-\dfrac{1}{6}$. □ V □ F
c. L'equazione che ha per radici 2 e -5 è $x^2 + 3x - 10 = 0$. □ V □ F
d. È sempre possibile determinare due numeri che abbiano somma e prodotto assegnati. □ V □ F

4
a. I due numeri che hanno somma e prodotto entrambi uguali a 6 sono $3 - \sqrt{3}$ e $3 + \sqrt{3}$. □ V □ F
b. L'equazione $x^2 - 5x - 5 = 0$ ha una radice positiva e una negativa, e la positiva ha il valore assoluto maggiore. □ V □ F
c. Le equazioni $9x^4 - 8x^3 + x^2 = 0$ e $9x^2 - 8x + 1 = 0$ sono equivalenti. □ V □ F
d. Le radici dell'equazione $x^4 + 16 = 0$ sono $x_{1,2} = \pm 2$. □ V □ F

5
a. L'equazione $9x^4 - 1 = 0$ è equivalente all'equazione pura $3x^2 - 1$. □ V □ F
b. L'equazione trinomia $Ax^{2n} + Bx^n + C = 0$ con n dispari ha sempre lo stesso numero di radici dell'equazione $At^2 + Bt + C = 0$. □ V □ F
c. La scomposizione del trinomio biquadratico $Ax^4 + Bx^2 + C$ è data da $A(x - t_1)(x - t_2)$ se t_1 e t_2 sono le radici dell'equazione $At^2 + Bt + C = 0$. □ V □ F

Risolvi le seguenti equazioni numeriche.

6 $8x^2 = 0$; $9x^2 + 16 = 0$; $25x^2 - 1 = 0$ $\left[0 \text{ e } 0; \text{ impossibile}; \pm \dfrac{1}{5}\right]$

7 $(4x - 1)^2 = (x - 4)^2$; $(2x + 17)(2x - 1) = (7 - 6x)(2x - 3)$ $[\pm 1; \text{ impossibile}]$

8 $\dfrac{(3x-1)(x+1)}{8} - \dfrac{(x+9)(x-2)}{4} - \dfrac{(x-3)^2}{4} = 1$ $[\pm 3]$

9 $5x^2 - 4x = 0$; $\dfrac{1}{2}x + \dfrac{2}{3}x^2 = 0$; $(3x - 1)^2 = 1$ $\left[0 \text{ e } \dfrac{4}{5}; -\dfrac{3}{4} \text{ e } 0; 0 \text{ e } \dfrac{2}{3}\right]$

10 $(x + 2)^2 + (x - 2)(x + 2) = 3x(x - 1)$ $[0 \text{ e } 7]$

11 $x^2 - 6x + 13 = 0$; $49x^2 - 42x + 9 = 0$ $\left[\text{impossibile}; \dfrac{3}{7} \text{ e } \dfrac{3}{7}\right]$

12 $x(4x + 11) = -6$; $x^2 + \dfrac{17}{4}x + 1 = 0$; $(3x + 2)^2 + x = 0$ $\left[-2 \text{ e } -\dfrac{3}{4}; -4 \text{ e } -\dfrac{1}{4}; -1 \text{ e } -\dfrac{4}{9}\right]$

ESERCIZI

13 $(2x-5)(x-4)-7 = (x-2)(x-3)$ [1 e 7]

14 $\dfrac{3-2x}{x-4} - \dfrac{7x+17}{x^2-2x-8} = \dfrac{x-4}{x+2}$ [impossibile]

15 $\dfrac{(x-4)(x-2)}{x^3+1} - \dfrac{5}{x+1} = \dfrac{1-x}{x^2-x+1}$ $\left[\dfrac{2}{3}\right]$

Risolvi e discuti le seguenti equazioni letterali intere.

16 $ax^2 - a^2 = 0$ [$a < 0$; impossibile; $a = 0$, identità; $a > 0$, $\pm\sqrt{a}$]

17 $m^2x^2 - 4 = 0$ $\left[m = 0, \text{ impossibile}; m \neq 0, \pm\dfrac{2}{m}\right]$

18 $\dfrac{a}{a+1} = \dfrac{(x-a)^2}{a} + \dfrac{x^2}{a^2+a}$ $\left[a \neq -2 \wedge a \neq -1 \wedge a \neq 0, \dfrac{a^2}{a+2} \text{ e } a; a = -2, a;\right.$

$\left. a = -1 \vee a = 0, \text{ priva di significato}\right]$

Determina la somma e il prodotto delle radici delle seguenti equazioni, senza risolverle.

19 $3x^2 + 4x - 15 = 0$ $\left[s = -\dfrac{4}{3} \text{ e } p = -5\right]$ **20** $x^2 - x + 7 = 0$ [le radici non esistono]

Determina la soluzione x_2 di ciascuna delle seguenti equazioni, per le quali è nota la soluzione x_1, senza risolverle.

21 $x^2 + 6x - 7 = 0$ $(x_1 = 1)$ [-7] **22** $x^2 - x\sqrt{3} - 18 = 0$ $(x_1 = 3\sqrt{3})$ $[-2\sqrt{3}]$

Scrivi un'equazione di secondo grado che abbia per soluzioni i numeri dati.

23 -1 e -2 $[x^2 + 3x + 2 = 0]$ **24** $\dfrac{1}{2}$ e $\dfrac{1}{3}$ $[6x^2 - 5x + 1 = 0]$

Determina due numeri conoscendone la somma s e il prodotto p.

25 $s = -\dfrac{4}{3}$; $p = \dfrac{5}{12}$ $\left[-\dfrac{5}{6} \text{ e } -\dfrac{1}{2}\right]$ **26** $s = 7$; $p = 8$ [non esistono]

Scomponi in fattori i seguenti trinomi.

27 $6x^2 - x - 15$; $16x^2 + 8x - 3$ $[(3x-5)(2x+3); (4x-1)(4x+3)]$

28 $12x^2 - 16x + 5$; $12x^2 + 25x + 7$ $[(2x-1)(6x-5); (4x+7)(3x+1)]$

Senza risolvere le seguenti equazioni, determina il segno delle eventuali radici reali x_1 e x_2 e, in caso di soluzioni discordi, stabilisci qual è quella di maggior valore assoluto.

29 $x^2 - 7x - 12 = 0$ **30** $5x^2 + 6x + 1 = 0$

31 Nell'equazione $x^2 - 2x - k = 0$, determina k in modo che

   a. le radici siano reali e distinte; [$k > -1$]

   b. una radice sia 2; [$k = 0$]

   c. le radici siano opposte; [impossibile]

   d. la somma dei quadrati delle radici sia 9. $\left[k = \dfrac{5}{2}\right]$

32 Determina il valore del parametro m affinché l'equazione $x^2 - (2m+1)x + m^2 - 3m + 1 = 0$

   a. ammetta radici reali; $\left[m \geq \dfrac{3}{16}\right]$

   b. ammetta radici opposte; [impossibile]

340

c. ammetta radici reciproche; $[m = 3]$

d. abbia la somma dei quadrati delle radici uguale a $\dfrac{9}{2}$. $\left[m = \dfrac{1}{2}\right]$

33 Associa a ciascuna figura la relativa equazione scegliendola tra le seguenti.

a. $y = x^2 - 3$ b. $y = x^2 - 3x$ c. $y = -x^2 + 3$ d. $y = -x^2 - 3$

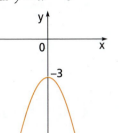
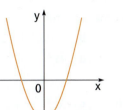
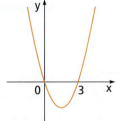
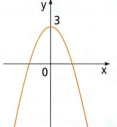

$y = \ldots\ldots$ $y = \ldots\ldots$ $y = \ldots\ldots$ $y = \ldots\ldots$

Disegna le parabole che hanno le seguenti equazioni.

34 $y = -1 - x^2$ **35** $y = -x^2 + 3x$ **36** $y = 2x^2 + 4x$

37 $y = 3x^2 - 2x - 1$ **38** $y = x^2 + 6x + 9$

Risolvi i seguenti problemi.

39 MATEMATICA E... REALTÀ Carla ha 8 anni più della cugina Paola e il prodotto delle loro età è 468. Quanti anni hanno le due cugine? $[26; 18]$

40 Un numero è formato da due cifre consecutive. Se lo si moltiplica per il numero che si ottiene scambiandone le cifre, si ha 2430. Qual è quel numero? $[54 \text{ oppure } 45]$

41 In un triangolo rettangolo l'ipotenusa supera il cateto maggiore di 8 cm e quello minore di 16 cm. Quanto è lungo il perimetro? $[96 \text{ cm}]$

Risolvi le seguenti equazioni.

42 $x^3 + 16 = 0;\quad 9x^4 - 16 = 0;\quad 32x^4 - 1 = 0;\quad 27x^6 - 8 = 0$ $\left[-2\sqrt[3]{2};\ \pm\dfrac{2}{3}\sqrt{3};\ \pm\dfrac{1}{4}\sqrt[4]{8};\ \pm\dfrac{1}{3}\sqrt{6}\right]$

43 $8x^6 + 65x^3 + 8 = 0;\quad x^6 - 16x^3 + 64 = 0$ $\left[-\dfrac{1}{2}\ \text{e}\ -2;\ 2\ \text{e}\ 2\right]$

44 $16x^8 + 15x^4 - 1 = 0;\quad 16x^8 - 15x^4 - 1 = 0$ $\left[-\dfrac{1}{2}\ \text{e}\ \dfrac{1}{2};\ -1\ \text{e}\ 1\right]$

45 $x^4 - 82x^2 + 81 = 0;\quad x^4 + 82x^2 + 81 = 0$ $[\pm 9\ \text{e}\ \pm 1;\ \text{impossibile}]$

46 $(x^2 + 6)^2 - (2x^2 + 11)(2x^2 + 1) = 2(x^2 + 4)$ $[-1\ \text{e}\ 1]$

47 $3x^3 - 11x^2 + 6x = 0;\quad 6x^4 - 7x^3 - 5x^2 = 0$ $\left[0\ \text{e}\ \dfrac{2}{3}\ \text{e}\ 3;\ -\dfrac{1}{2}\ \text{e}\ 0\ \text{e}\ 0\ \text{e}\ \dfrac{5}{3}\right]$

48 $x^5 - 16x = 0;\quad x^3 - x^2 - 4x + 4 = 0$ $[-2\ \text{e}\ 0\ \text{e}\ 2;\ -2\ \text{e}\ 1\ \text{e}\ 2]$

49 $x^3 - 12x - 16 = 0;\quad 4x^4 - 11x^2 - 9x - 2 = 0$ $\left[-2\ \text{e}\ -2\ \text{e}\ 4;\ -1\ \text{e}\ -\dfrac{1}{2}\ \text{e}\ -\dfrac{1}{2}\ \text{e}\ 2\right]$

50 $(2x + 1)^2 - 10(2x + 1) + 9 = 0$ $[0\ \text{e}\ 4]$

51 $(x^2 - 3)^2 + 2(x^2 - 3) - 3 = 0$ $[\pm 2\ \text{e}\ 0\ \text{e}\ 0]$

ESERCIZI

QUESITI A RISPOSTA MULTIPLA

52 Qual è il discriminante dell'equazione $3x^2 + x - 4 = 0$?
- **a** 13
- **b** 49
- **c** −47
- **d** −11

53 Qual è il discriminante ridotto dell'equazione $-x^2 - 4x + 5 = 0$?
- **a** 36
- **b** −1
- **c** −4
- **d** 9

54 Quale delle seguenti equazioni ha il discriminante uguale a zero?
- **a** $x^2 + 4x - 4 = 0$
- **b** $-18x^2 + 12x + 2 = 0$
- **c** $3x^2 - 6x + 3 = 0$
- **d** $4x^2 - 2x + 1 = 0$

55 In quale delle seguenti equazioni si ha $x_1 \cdot x_2 = 1$?
- **a** $3x^2 + 4x - 3 = 0$
- **b** $2x^2 + 12x + 2 = 0$
- **c** $3x^2 - x + 3 = 0$
- **d** $5x^2 - 5x + 1 = 0$

56 In quale delle seguenti equazioni si ha $x_1 + x_2 = 2$?
- **a** $2x^2 + 4x - 1 = 0$
- **b** $2x^2 - 4x + 5 = 0$
- **c** $3x^2 - 6x + 1 = 0$
- **d** $5x^2 - 5x - 10 = 0$

57 Quale delle seguenti è un'equazione binomia?
- **a** $2x^3 + x = 0$
- **b** $4x = x^4$
- **c** $\frac{2x^4}{3} - \frac{8}{7} = 0$
- **d** $(2x - 1)^2 = 0$
- **e** $3x^2 = 0$

58 Quale delle seguenti equazioni è impossibile?
- **a** $x^2 - 9 = 0$
- **b** $8x^3 + 1 = 0$
- **c** $5x^7 = \sqrt[3]{-2}$
- **d** $\sqrt{2}x^4 + 2 = 0$
- **e** $-3x^6 = -5$

VERO O FALSO?

59
- **a.** Un'equazione binomia di grado dispari ammette un'unica soluzione reale. V F
- **b.** Un'equazione biquadratica ha sempre radici reali. V F
- **c.** Un'equazione trinomia può non ammettere radici. V F
- **d.** Un'equazione reciproca di grado dispari e di seconda specie ha una soluzione uguale a +1. V F

Esercizi di approfondimento

Esercizio svolto ed esercizi da svolgere di matematica e... economia

Altri esercizi di approfondimento

1 Per quale valore di k, semplificando la frazione $\frac{x^2 - 2kx + 2k - 1}{x^2 - 4x + 3}$, si ottiene $\frac{x - 5}{x - 3}$? $[3]$

2 Per quale valore di k, semplificando la frazione $\frac{(k+1)x^2 - 3x + 4k}{x^2 + 3x - 4}$, si ottiene $\frac{2x + 7}{5 - 5x}$? $\left[-\frac{7}{5}\right]$

3 Verifica, per via algebrica, che la funzione $f(x) = 2x^2 - 3x + 1$ assume il valore minimo per $x = \frac{3}{4}$.

4 Risolvi la seguente equazione

$$x^4 - 4x^2 + 5 + \frac{x^4 - 4x^2 + 5}{2} + \frac{x^4 - 4x^2 + 5}{4} + \frac{x^4 - 4x^2 + 5}{8} + \ldots + \frac{x^4 - 4x^2 + 5}{256} = \frac{511}{128}$$

$[\pm 1; \pm\sqrt{3}]$

5 Fra tutti i rettangoli che hanno lo stesso perimetro di 80 cm, determina quello che ha la massima area. (Se x è la misura di un lato del generico rettangolo, la misura dell'area è rappresentata dalla funzione quadratica $y = 40x - x^2$ con $0 < x < 40$...) [il quadrato]

6 **MATEMATICA E... REALTÀ** Da una striscia metallica larga un metro vogliamo ottenere, ripiegandone i bordi come in figura, una grondaia di sezione rettangolare e di massima portata. Quale deve essere la lunghezza del bordo da ripiegare? [25 cm]

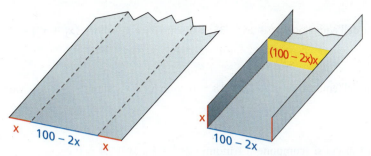

7 Determina tutte le coppie ordinate $(a; b)$, con $a \in \mathbb{Z}$, tali che $9a^4 + 12a^2b^2 + 4b^4 = 144$.

$$\left[(\pm 2; 0); \left(1; \pm \frac{3\sqrt{2}}{2}\right); \left(-1; \pm \frac{3\sqrt{2}}{2}\right); (0; \pm\sqrt{6})\right]$$

8 Determina tutte le coppie ordinate $(a; b)$ formate da numeri naturali tali che $25(a^2 - 25) + b^2 = -10ab$.

$$[(0; 25); (1; 20); (2; 15); (3; 10); (4; 5); (5; 0)]$$

9 Considerata l'equazione $x^5 - 2x^3 + 1 = 0$, spiegare, con il metodo preferito ma in maniera esauriente, perché non può ammettere più di una soluzione *razionale*.
(*Esame di stato liceo scientifico, 2006 – sessione straordinaria*)

10 Considera l'espressione $E = (x^n - y^m)^2 + (x^n - 1)^3 + x^{n-1}(2xy^m - x^{2n+1}) - 3x^n - (y^m - 1)(y^m + 1)$ con $x \in \mathbb{Q}, y \in \mathbb{Q}^*, m \in \mathbb{N}^*, n \in \mathbb{N}$.

a. Verifica che il valore di E è indipendente da y e da m.
b. Determina i valori di x e n in corrispondenza dei quali E perde significato. $[x = n = 0]$
c. Determina per quali valori del parametro non nullo k l'equazione binomia $E = k$ ammette soluzioni.
$[k < 0]$
d. Determina le coppie ordinate $(n; k)$, con $n < 5$, in corrispondenza delle quali l'equazione binomia $E = k$ è equivalente all'equazione $x^6 - 27 = 0$. $[(1; -6); (2; -18); (3; -54); (4; -162)]$

11 Dopo aver semplificato l'espressione $E = \left[\sqrt[4]{x\sqrt[3]{\frac{x^2-1}{x+2}}} \cdot \sqrt[3]{(x+2)\sqrt{\frac{x-1}{x^2+2x+1}}} : \sqrt{(x-1)\sqrt{\frac{1}{x+2}}}\right]^4$

risolvi l'equazione $E = \dfrac{2x^2 + x}{x - 1}$. $\left[E = \dfrac{x(x+2)^2}{x^2-1} \text{ per } x > 1; x = \dfrac{1+\sqrt{13}}{2}\right]$

12 Il poligono in figura è costituito da un quadrato e da quattro triangoli isosceli congruenti, le cui basi coincidono con i lati del quadrato. Determina la misura del segmento BG, sapendo che il prolungamento HL di AH è tale che $\overline{HL} = \dfrac{3}{4}\overline{BL}$ e che la differenza tra l'area della parte colorata in arancio e quella della parte colorata in verde è uguale a $\dfrac{5}{3}a^2$. $\left[\dfrac{5}{6}\sqrt{3}a\right]$

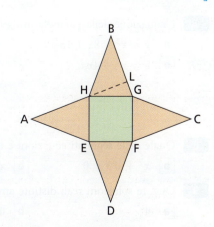

Verso la Prova Invalsi

QUESITI A RISPOSTA MULTIPLA

1 Se le soluzioni dell'equazione $x^2 + 2x - 35 = 0$ sono x_1 e x_2, allora $(x_1 + x_2) - \frac{1}{5}x_1 x_2$ vale

   a 5   **b** −5   **c** 9   **d** −9

2 Se le soluzioni dell'equazione $x^2 + 3x - 18 = 0$ sono x_1 e x_2, allora $\frac{1}{x_1} + \frac{1}{x_2}$ vale

   a 6   **b** $\frac{1}{6}$ **c** −6   **d** $-\frac{1}{6}$

3 Uno dei fattori in cui si scompone il trinomio $2x^2 + 8\sqrt{3}x + 24 = 0$ è

   a $\sqrt{2}x - 2\sqrt{6}$ **b** $\sqrt{2}(x + 2\sqrt{3})$
   c $2(x - \sqrt{6})$ **d** il trinomio è irriducibile

4 Se $y = ax^2 + bx + c$ è l'equazione della parabola in figura, allora

   a $b = 0 \wedge a > 0$ **b** $c = 0 \wedge a < 0$
   c $b = 0 \wedge a < 0$ **d** $c = 0 \wedge a > 0$

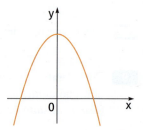

5 L'equazione della parabola in figura è

   a $y = x^2 - 4x + 4$ **b** $y = x(x - 2)$
   c $y = x(x + 4)$ **d** $y = -(x - 2)^2$

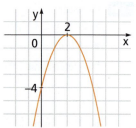

6 L'equazione della parabola in figura è

   a $y = x^2 - 2x - 3$ **b** $y = -x^2 - 2x + 3$
   c $y = x^2 + 2x - 3$ **d** $y = -x^2 + 2x + 3$

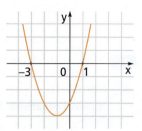

7 L'equazione della parabola in figura è

   a $y = x^2 - 8x + 16$ **b** $y = x^2 + 8x + 16$
   c $y = x^2 + 4x$ **d** $y = x^2 - 4x$

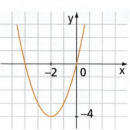

8 Quale delle seguenti equazioni è impossibile?

   a $x^7 + \sqrt{3} = 0$ **b** $x^4 - \sqrt{3} = 0$ **c** $x^5 + 3 = 0$ **d** $x^6 + 3 = 0$

9 Quante soluzioni reali distinte ammette l'equazione $x^4 - 18x^2 + 81 = 0$?

   a 4   **b** 0   **c** 2   **d** 1

Capitolo 5

Disequazioni di secondo grado e di grado superiore

- Disequazioni di secondo grado
- Segno del trinomio di secondo grado
- Disequazioni binomie e trinomie

Quanto tempo a disposizione per l'attacco?

Chiara è una giocatrice di pallavolo nel ruolo di attaccante e, in vista della prossima e decisiva partita, vuole studiare nuove tecniche di attacco così da sorprendere i futuri avversari.

Dopo diverse prove con la palleggiatrice Paola, Chiara vuole provare l'attacco in cui si «anticipa la palla», cioè vuole riuscire a colpire la palla prima del raggiungimento della massima altezza. Per studiare come svolgere questo attacco, Chiara si chiede:

FIGURA 1

per quanto tempo la palla lanciata dall'alzatrice rimane sopra la rete? Da che punto a che punto la palla si trova sopra la rete, cioè in una posizione utile per poter effettuare una schiacciata?

Soluzione a pag. 361

Disequazioni di secondo grado

1. Risoluzione grafica

Le disequazioni di secondo grado, ridotte a **forma canonica**, si presentano in una delle seguenti forme:

$$ax^2 + bx + c > 0 \qquad ax^2 + bx + c < 0$$
$$ax^2 + bx + c \geq 0 \qquad ax^2 + bx + c \leq 0 \qquad a \neq 0$$

> Come al solito, indicheremo generalmente con x l'incognita.

Un esempio di risoluzione grafica

Vogliamo risolvere graficamente la disequazione

$$x^2 + 2x - 3 > 0 \qquad \boxed{1}$$

Tracciamo, nel piano cartesiano, il grafico della funzione quadratica di equazione

$$y = x^2 + 2x - 3 \qquad \boxed{2}$$

Come sappiamo, esso è una parabola con asse parallelo all'asse y e concavità verso l'alto. Il suo vertice è il punto $V(-1; -4)$.
Gli eventuali punti in cui la parabola interseca l'asse x hanno ordinata $y = 0$ e si ottengono risolvendo l'equazione

$$\underbrace{x^2 + 2x - 3 = 0}_{\Delta > 0} \quad \begin{array}{l} x_1 = -3 \\ x_2 = 1 \end{array}$$

Le due soluzioni trovate sono le ascisse dei punti di intersezione A e B tra la parabola e l'asse x (**FIGURA 2**).
I punti della parabola che si trovano *al di sopra* dell'asse x hanno ordinata positiva, ossia $y > 0$.
Quindi le ascisse di tali punti, per la $\boxed{2}$, soddisfano la relazione $x^2 + 2x - 3 > 0$, cioè la disequazione $\boxed{1}$ considerata.
In altre parole, la disequazione $\boxed{1}$ è verificata dalle ascisse dei punti della parabola la cui ordinata è positiva.

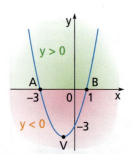

$y = x^2 + 2x - 3$

FIGURA 2

> ### SAI GIÀ CHE...
>
> La **funzione quadratica** ha equazione
>
> $$y = ax^2 + bx + c \qquad a \neq 0$$
>
> e il suo grafico è una parabola con asse di simmetria parallelo all'asse y.
>
> - Se $a > 0$ la **concavità** della parabola è rivolta **verso l'alto**.
>
> - Se $a < 0$ la **concavità** della parabola è rivolta **verso il basso**.
>
> - Il vertice della parabola è il punto
>
> $$V\left(-\frac{b}{2a}; -\frac{b^2 - 4ac}{4a}\right)$$
>
> Le ascisse degli eventuali **punti di intersezione** della parabola con l'asse x si determinano risolvendo l'**equazione associata**
>
> $$ax^2 + bx + c = 0$$
> $$(\Delta = b^2 - 4ac)$$
>
> - Se $\Delta > 0$ l'equazione associata ha due soluzioni distinte e quindi la parabola ha due punti di intersezione con l'asse x.
>
> - Se $\Delta = 0$ l'equazione associata ha due soluzioni coincidenti e quindi la parabola è tangente all'asse x.
>
> - Se $\Delta < 0$ l'equazione associata non ha soluzioni e quindi la parabola non interseca l'asse x.

Tali valori, come puoi vedere dalla **FIGURA 3**, sono i numeri reali minori di -3 e i numeri reali maggiori di 1. Quindi le soluzioni della ① possono essere espresse scrivendo

$$x < -3 \ \vee \ x > 1$$

oppure indicando l'insieme delle soluzioni:

$$S = (-\infty \,;\, -3) \cup (1 \,;\, +\infty)$$

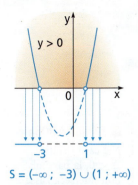

FIGURA 3

Metodo generale

▶ Supponiamo che la disequazione sia del tipo

$$ax^2 + bx + c > 0$$

Per risolverla graficamente dobbiamo rappresentare la **parabola** di equazione $y = ax^2 + bx + c$ e quindi individuare i **punti che si trovano al di sopra dell'asse x**. Infatti per tali punti si ha $y > 0$ e quindi, essendo $y = ax^2 + bx + c$, risulta anche $ax^2 + bx + c > 0$. Le ascisse di tali punti costituiscono perciò l'insieme delle soluzioni della disequazione $ax^2 + bx + c > 0$.

▶ Se invece la disequazione è del tipo

$$ax^2 + bx + c < 0$$

dobbiamo considerare i **punti della parabola** di equazione $y = ax^2 + bx + c$ **che si trovano al di sotto dell'asse x**, perché per essi si ha $y < 0$, cioè $ax^2 + bx + c < 0$; quindi le ascisse di tali punti verificano la disequazione $ax^2 + bx + c < 0$.

In entrambi i casi non dobbiamo considerare gli eventuali punti di intersezione della parabola con l'asse x, perché per essi si ha $y = 0$, cioè $ax^2 + bx + c = 0$. Tali punti di intersezione vanno invece considerati quando si risolvono disequazioni del tipo $ax^2 + bx + c \geq 0$ o $ax^2 + bx + c \leq 0$.

$$ax^2 + bx + c \geq 0$$
$$\downarrow$$
$$ax^2 + bx + c > 0$$
$$\text{oppure}$$
$$ax^2 + bx + c = 0$$

ESEMPI

1 Risolviamo la disequazione $x^2 \leq 4$.

Poniamola in forma canonica:

$$x^2 - 4 \leq 0$$

Dobbiamo individuare i punti della parabola di equazione $y = x^2 - 4$ che giacciono nel semipiano delle ordinate negative o nulle (l'asse x è compreso). Disegniamo la parabola di equazione $y = x^2 - 4$ (**FIGURA 4**).
Essa ha la concavità rivolta verso l'alto; i suoi punti di intersezione con l'asse x si determinano risolvendo l'equazione associata

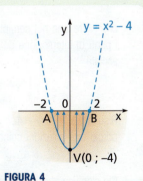

FIGURA 4

$$x^2 - 4 = 0 \ \longrightarrow \ x = \pm 2$$

La parabola quindi interseca l'asse x nei punti $A(-2\,;\,0)$ e $B(2\,;\,0)$.

Di tale parabola si devono considerare i punti dell'arco $\widehat{AB}$, estremi compresi. Le soluzioni della disequazione data sono perciò le ascisse di tali punti:

$$-2 \leq x \leq 2$$

NON FARLO!

▶ Sarebbe un **grave errore** risolvere la disequazione $x^2 \leq 4$ operando nel modo seguente:

$$x^2 \leq 4 \ \longrightarrow \ x \leq 2$$

▶ Un altro **grave errore** sarebbe risolverla così:

$$x^2 \leq 4 \ \longrightarrow \ x \leq \pm 2$$

L'insieme delle soluzioni della disequazione data è dunque l'intervallo chiuso e limitato

$$S = [-2\,;2]$$

la cui rappresentazione grafica è in **FIGURA 5**.

FIGURA 5

2 Risolviamo la disequazione

$$-2x^2 + 5x - 7 > 0$$

Si tratta di individuare i punti della parabola di equazione $y = -2x^2 + 5x - 7$ che giacciono nel semipiano delle ordinate positive (l'asse x è escluso).
Poiché $a = -2 < 0$ la parabola volge la concavità verso il basso. Per determinare gli eventuali punti di intersezione tra la parabola e l'asse x, dobbiamo risolvere l'equazione associata

$$-2x^2 + 5x - 7 = 0 \longrightarrow$$
$$\longrightarrow 2x^2 - 5x + 7 = 0$$

Poiché risulta $\Delta = -31 < 0$, tale equazione non ha soluzioni e quindi la parabola non interseca l'asse x; pertanto essa, avendo la concavità verso il basso, giace interamente nel semipiano delle ordinate negative (**FIGURA 6**).
In conclusione, nessun punto della parabola giace nel semipiano delle ordinate positive, quindi la disequazione data è **impossibile**:

$$S = \varnothing$$

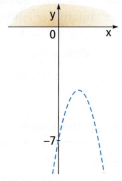

FIGURA 6

> **OSSERVAZIONE**
>
> Nel caso risulti $\Delta < 0$, la parabola non interseca l'asse x e giace interamente o nel semipiano $y > 0$ se $a > 0$ o nel semipiano $y < 0$ se $a < 0$. Ai fini della risoluzione della disequazione non ha rilevanza un accurato disegno della parabola.
> Nell'esempio a lato il vertice è
>
> $$V\left(\frac{5}{4}\,;-\frac{31}{8}\right)$$
>
> ma la sua determinazione non è essenziale per la risoluzione della disequazione.

3 Risolviamo la disequazione

$$\frac{1}{4}x^2 - 2x + 4 > 0$$

Dobbiamo determinare i punti della parabola di equazione

$$y = \frac{1}{4}x^2 - 2x + 4$$

che si trovano nel semipiano delle ordinate positive.
I punti di intersezione della parabola con l'asse x si trovano risolvendo l'equazione associata

$$\frac{1}{4}x^2 - 2x + 4 = 0 \longrightarrow x^2 - 8x + 16 = 0$$

Risulta $\Delta = b^2 - 4ac = 0$; l'equazione ha perciò due soluzioni coincidenti:

$$x_1 = x_2 = 4$$

Ciò significa che la parabola, che volge la concavità verso l'alto, è tangente all'asse x nel punto $A(4\,;0)$, che è il suo vertice, e ha tutti gli altri punti nel semipiano delle ordinate positive (**FIGURA 7**). Perciò la disequazione data è soddisfatta

$$\forall x \neq 4 \longrightarrow S = \mathbb{R} - \{4\}$$

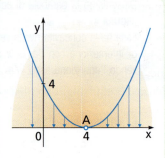

FIGURA 7

> **OSSERVAZIONE**
>
> Se, risolvendo l'equazione associata
>
> $$ax^2 + bx + c = 0$$
>
> risulta
>
> $$\Delta = 0 \longrightarrow$$
> $$\longrightarrow x_1 = x_2 = -\frac{b}{2a}$$
>
> la parabola è tangente all'asse x nel suo vertice
>
> $$V\left(-\frac{b}{2a}\,;0\right)$$

2. Schema generale per la risoluzione grafica

SpiegaMatica: disequazioni di secondo grado

TABELLA 1

primo coeff.	discr.	grafico di $y = ax^2 + bx + c$	$ax^2 + bx + c > 0$	$ax^2 + bx + c \geq 0$	$ax^2 + bx + c < 0$	$ax^2 + bx + c \leq 0$
	$\Delta > 0$		$x < x_1 \lor x > x_2$	$x \leq x_1 \lor x \geq x_2$	$x_1 < x < x_2$	$x_1 \leq x \leq x_2$
$a > 0$	$\Delta = 0$		$x \neq x_1 = x_2$	qualunque valore di x	nessun valore di x	$x = x_1 = x_2$
	$\Delta < 0$		qualunque valore di x	qualunque valore di x	nessun valore di x	nessun valore di x
	$\Delta > 0$		$x_1 < x < x_2$	$x_1 \leq x \leq x_2$	$x < x_1 \lor x > x_2$	$x \leq x_1 \lor x \geq x_2$
$a < 0$	$\Delta = 0$		nessun valore di x	$x = x_1 = x_2$	$x \neq x_1 = x_2$	qualunque valore di x
	$\Delta < 0$		nessun valore di x	nessun valore di x	qualunque valore di x	qualunque valore di x

Si può sempre fare in modo che sia

$$a > 0$$

Infatti, se è $a < 0$ si può cambiare il segno di entrambi i membri della disequazione, pur di cambiare il verso del simbolo di disuguaglianza, ottenendo una disequazione equivalente: ciò equivale a moltiplicare per -1 entrambi i membri. Ad esempio:

$$-3x^2 + 2x + 1 > 0$$
$$\downarrow$$
$$3x^2 - 2x - 1 < 0$$

5. Disequazioni di secondo grado e di grado superiore

ESEMPIO

1 Risolviamo la disequazione

$$-2x^2 + 6x - 5 < 0$$

▶ In questo caso risulta $\frac{\Delta}{4} = -1 < 0 \longrightarrow \Delta < 0$ ed è $a = -2 < 0$. Osservando l'ultima riga della **TABELLA 1** possiamo affermare che la disequazione è soddisfatta da qualsiasi valore di x. Pertanto l'insieme delle soluzioni è $S = \mathbb{R}$.

▶ Possiamo risolvere la disequazione anche in questo modo: cambiamo il segno di entrambi i membri, cambiando contemporaneamente il verso del simbolo di disuguaglianza:

$$-2x^2 + 6x - 5 < 0 \longrightarrow 2x^2 - 6x + 5 > 0$$

La disequazione ottenuta è equivalente a quella data, essa ha $a = 2 > 0$ e $\frac{\Delta}{4} = -1 < 0 \longrightarrow \Delta < 0$. In base alla **TABELLA 1** (terza riga) otteniamo ancora che l'insieme delle soluzioni è $S = \mathbb{R}$.

> x_1 e x_2 sono le radici dell'equazione associata $ax^2 + bx + c = 0$ nel caso $\Delta \geq 0$.

Precisiamo infine che l'intervallo $(x_1 ; x_2)$ si chiama **intervallo delle radici**.

▶ I numeri reali x compresi tra x_1 e x_2, cioè tali che

$$x_1 < x < x_2$$

sono i **valori interni** all'intervallo delle radici.

▶ I numeri reali x minori di x_1 e quelli maggiori di x_2, cioè tali che

$$x < x_1 \ \lor \ x > x_2$$

sono i **valori esterni** all'intervallo delle radici.

Il motivo di questa terminologia risulta evidente dalla **FIGURA 8**.

FIGURA 8

Regole riassuntive

Osservando la **TABELLA 1** possiamo formulare alcune **regole per la risoluzione delle disequazioni di secondo grado in forma canonica**. Per fissare le idee, prendiamo in esame le disequazioni in cui compare il simbolo > o < (quarta e sesta colonna della **TABELLA 1**), considerando il segno del discriminante dei corrispondenti trinomi (seconda colonna):

$$ax^2 + bx + c > 0 \qquad ax^2 + bx + c < 0$$

Caso $\Delta > 0$ (prima e quarta riga della **TABELLA 1**)

- Sia nel caso in cui $a > 0$ e $ax^2 + bx + c > 0$ sia nel caso in cui $a < 0$ e $ax^2 + bx + c < 0$, cioè quando, come si usa dire (sia pur impropriamente), **il primo coefficiente e il verso del simbolo di disuguaglianza sono *concordi***, la disequazione è verificata per

$$x < x_1 \ \lor \ x > x_2$$

cioè le sue soluzioni sono i **valori esterni all'intervallo delle radici**.

- Invece, sia nel caso in cui $a > 0$ e $ax^2 + bx + c < 0$ sia nel caso in cui $a < 0$ e $ax^2 + bx + c > 0$, cioè quando **il primo coefficiente e il verso del simbolo di disuguaglianza sono *discordi***, la disequazione è verificata per

$$x_1 < x < x_2$$

cioè le sue soluzioni sono i valori interni all'intervallo delle radici.

Caso $\Delta = 0$ (seconda e quinta riga della **TABELLA 1**)

- Quando **il primo coefficiente e il verso del simbolo di disuguaglianza sono *concordi***, le soluzioni sono date da tutti i valori di x eccetto $x = x_1 = x_2$.
- Quando **il primo coefficiente e il verso del simbolo di disuguaglianza sono *discordi***, la disequazione è impossibile.

Se $\Delta = 0$ è più conveniente, nei casi più semplici, trasformare il primo membro in modo che vi compaia il quadrato di un binomio.

Caso $\Delta < 0$ (terza e sesta riga della **TABELLA 1**)

- Quando **il primo coefficiente e il verso del simbolo di disuguaglianza sono *concordi***, le soluzioni sono date da tutti i valori di x.
- Quando **il primo coefficiente e il verso del simbolo di disuguaglianza sono *discordi***, la disequazione è impossibile.

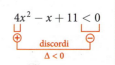

Se invece il simbolo di disuguaglianza è $\geq$ o $\leq$, tra le soluzioni si devono considerare anche gli eventuali valori di x per cui si annulla il trinomio al primo membro, ossia le eventuali radici dell'equazione associata.

Riassumiamo le precedenti considerazioni nella **TABELLA 2**, che ti consentirà di risolvere le disequazioni di secondo grado anche senza tracciare grafici, come illustrato nei successivi esempi.

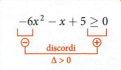

TABELLA 2

		disequazioni di secondo grado	
discriminante	primo coefficiente a e verso del simbolo di disuguaglianza	$ax^2 + bx + c > 0$ $ax^2 + bx + c < 0$	$ax^2 + bx + c \geq 0$ $ax^2 + bx + c \leq 0$
		soluzioni	soluzioni
$\Delta > 0$	concordi	$x < x_1 \lor x > x_2$	$x \leq x_1 \lor x \geq x_2$
	discordi	$x_1 < x < x_2$	$x_1 \leq x \leq x_2$
$\Delta = 0$	concordi	qualunque $x \neq x_1 = x_2$	qualunque x
	discordi	nessuna	$x = x_1 = x_2$
$\Delta < 0$	concordi	qualunque x	qualunque x
	discordi	nessuna	nessuna

ESEMPI

2 Risolviamo la disequazione

$$x^2 - 3x + 2 > 0$$

Il discriminante del trinomio $x^2 - 3x + 2$ è

$$\Delta = (-3)^2 - 4 \cdot 1 \cdot 2 = 1 > 0$$

L'equazione associata è $x^2 - 3x + 2 = 0$. Risolviamola:

$$x^2 - 3x + 2 = 0 \begin{cases} x_1 = 1 \\ x_2 = 2 \end{cases}$$

Siamo nel caso contemplato dalla prima riga della **TABELLA 2** ($\Delta > 0$, *a* concorde con il verso del simbolo di disuguaglianza). La disequazione è verificata per i valori di *x* esterni all'intervallo $(x_1 \, ; \, x_2)$ delle radici, cioè per $x < x_1 \lor x > x_2$:

$$x < 1 \lor x > 2 \longrightarrow S = (-\infty \, ; \, 1) \cup (2 \, ; \, +\infty)$$

3 Risolviamo la disequazione

$$x^2 + 4x - 5 \leq 0$$

Il discriminante del trinomio $x^2 + 4x - 5$ è positivo, infatti

$$\frac{\Delta}{4} = 4 - 1 \cdot (-5) = 9 > 0 \longrightarrow \Delta > 0$$

L'equazione associata è

$$x^2 + 4x - 5 = 0 \begin{cases} x_1 = -5 \\ x_2 = 1 \end{cases}$$

Si ha $\Delta > 0$ e il verso della disequazione (≤ 0) è discorde con $a = 1 > 0$. Come vedi dalla seconda riga della **TABELLA 2**, la disequazione è verificata per

$$-5 \leq x \leq 1 \longrightarrow S = [-5 \, ; \, 1]$$

4 Risolviamo la disequazione

$$-2x^2 + 2x - \frac{1}{2} \geq 0$$

Il discriminante del trinomio $-2x^2 + 2x - \frac{1}{2}$ è

$$\frac{\Delta}{4} = 1 - (-2) \cdot \left(-\frac{1}{2}\right) = 0 \longrightarrow \Delta = 0$$

Risolviamo l'equazione associata:

$$-2x^2 + 2x - \frac{1}{2} = 0 \longrightarrow x_1 = x_2 = \frac{1}{2}$$

Si ha $\Delta = 0$ e $a = -2$ è discorde con il verso del simbolo di disuguaglianza. Dalla quarta riga della **TABELLA 2** vediamo che, in questo caso, la disequazione ha come unica soluzione il valore delle soluzioni coincidenti $x_1 = x_2$ dell'equazione associata:

$$x = \frac{1}{2} \longrightarrow S = \left\{\frac{1}{2}\right\}$$

Possiamo anche risolvere la disequazione osservando che essa può essere scritta nella forma

$$-2x^2 + 2x - \frac{1}{2} \geq 0 \longrightarrow 4x^2 - 4x + 1 \leq 0 \longrightarrow (2x - 1)^2 \leq 0$$

Poiché il quadrato di un numero reale non può essere negativo, ma può essere uguale a 0 se il numero è 0, si ha

$$(2x - 1)^2 \leq 0 \longrightarrow 2x - 1 = 0 \longrightarrow x = \frac{1}{2}$$

> **5** Risolviamo la disequazione $x^2 + x + 2 > 0$.
>
> Il discriminante del trinomio $x^2 + x + 2$ è $\Delta = 1 - 8 = -7 < 0$.
> Il primo coefficiente è $a = 1 > 0$ ed è concorde con il verso della disequazione. Dalla quinta riga della **TABELLA 2** deduciamo che la disequazione è verificata
>
> $$\forall x \in \mathbb{R} \quad \longrightarrow \quad S = \mathbb{R}$$

■ Segno del trinomio di secondo grado

3. Studio del segno per via grafica

Consideriamo il trinomio di secondo grado

$$ax^2 + bx + c \qquad a \neq 0$$

e la corrispondente funzione quadratica

$$y = ax^2 + bx + c \qquad a \neq 0$$

il cui grafico è, come sappiamo, una parabola con asse di simmetria parallelo all'asse y.

Studiare il segno del trinomio $ax^2 + bx + c$ significa studiare il segno dei valori di y al variare di $x \in \mathbb{R}$. Tali valori sono le ordinate dei punti della parabola di equazione $y = ax^2 + bx + c$.

I risultati che abbiamo sintetizzato nelle **TABELLE 1** e **2** possono essere reinterpretati alla luce del problema dello studio del segno del trinomio di secondo grado.

Caso $\Delta > 0$

- Il trinomio assume valori dello stesso segno del primo coefficiente per i valori di x esterni all'intervallo delle radici ($x < x_1 \lor x > x_2$).

  Quindi per $x < x_1 \lor x > x_2$ il valore del trinomio è concorde con il primo coefficiente (**FIGURA 9**).

FIGURA 9

- Il trinomio assume valori di segno opposto a quello del primo coefficiente per i valori di x interni all'intervallo delle radici ($x_1 < x < x_2$).

  Quindi per $x_1 < x < x_2$ il valore del trinomio è discorde con il primo coefficiente (**FIGURA 10**).

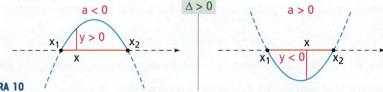

FIGURA 10

Come sappiamo, per $x = x_1$ e per $x = x_2$ il trinomio si annulla.

Caso $\Delta = 0$

Il trinomio assume valori dello stesso segno del primo coefficiente per qualsiasi valore di x diverso da $x_1 = x_2 = -\dfrac{b}{2a}$. Quindi per $x \neq x_1 = x_2$ il valore del trinomio è concorde con il primo coefficiente (FIGURA 11).

Come sappiamo, per $x = x_1 = x_2 = -\dfrac{b}{2a}$ il trinomio si annulla.

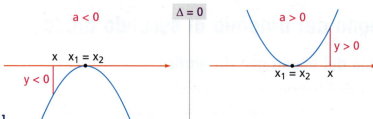

FIGURA 11

Caso $\Delta < 0$

Il trinomio assume valori dello stesso segno del primo coefficiente per qualsiasi valore di x. Quindi il valore del trinomio è sempre concorde con il primo coefficiente (FIGURA 12). Come sappiamo il trinomio, in questo caso, non si annulla mai.

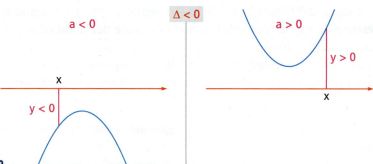

FIGURA 12

ESEMPIO

Studiamo il segno del trinomio $5x^2 - 6x - 8$.

Poniamo $y = 5x^2 - 6x - 8$.

Il discriminante è *positivo* perché $\dfrac{\Delta}{4} = (-3)^2 - 5(-8) = 49 > 0$.

Le radici del trinomio si ottengono risolvendo l'equazione

$$5x^2 - 6x - 8 = 0 \longrightarrow x = \dfrac{3 \pm 7}{5} \begin{array}{l} \nearrow x_1 = -\dfrac{4}{5} \\ \searrow x_2 = 2 \end{array}$$

Il primo coefficiente è positivo ($a = 5 > 0$) ed essendo $\Delta > 0$ possiamo dire che risulta

- $y > 0$ per $x < -\dfrac{4}{5} \vee x > 2$ (infatti per i valori di x esterni all'intervallo delle radici il trinomio assume valori positivi, cioè concordi con il primo coefficiente)

- $y = 0$ per $x = -\dfrac{4}{5} \vee x = 2$

- $y < 0$ per $-\dfrac{4}{5} < x < 2$ (infatti per i valori di x interni all'intervallo delle radici il trinomio assume valori negativi, cioè discordi con il primo coefficiente).

4. Studio del segno per via algebrica

Il segno del trinomio $ax^2 + bx + c$ ($a \neq 0$) può essere dedotto anche con ragionamenti di tipo algebrico, che conducono alle stesse conclusioni ottenute nel paragrafo precedente.

Caso $\Delta > 0$

Se il discriminante è positivo, il trinomio ha due radici distinte x_1 e x_2 (supporremo $x_1 < x_2$) ed è scomponibile in fattori:

$$ax^2 + bx + c = a(x - x_1)(x - x_2) \qquad \boxed{3}$$

Studiamo ora il segno del prodotto $(x - x_1)(x - x_2)$ utilizzando lo schema in **FIGURA 13**. Tenendo conto di tale schema e della $\boxed{3}$, possiamo concludere che:

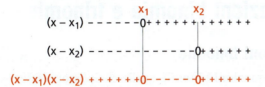

FIGURA 13

- per $x < x_1$ e per $x > x_2$ il prodotto $(x - x_1)(x - x_2)$ è positivo e quindi il trinomio assume valori concordi con il primo coefficiente a;
- per $x_1 < x < x_2$ il prodotto $(x - x_1)(x - x_2)$ è negativo e quindi il trinomio assume valori discordi con il primo coefficiente a.

  Sempre dalla $\boxed{3}$ possiamo osservare che il trinomio si annulla per $x = x_1$ e per $x = x_2$.

Caso $\Delta = 0$

In questo caso il trinomio ha due radici coincidenti $x_1 = x_2$ e sappiamo che risulta

$$ax^2 + bx + c = a(x - x_1)^2 \quad \text{con } x_1 = x_2 = -\frac{b}{2a}$$

Poiché il fattore $(x - x_1)^2$ è positivo per $x \neq x_1$ possiamo concludere che il trinomio assume valori concordi con il primo coefficiente a per qualsiasi valore di x diverso da x_1. Inoltre il trinomio si annulla per $x = x_1 = x_2$.

Caso $\Delta < 0$

Se il discriminante è negativo, il trinomio non ha radici e quindi non si annulla mai. Trasformiamo l'espressione del trinomio nel modo seguente:

$$\underbrace{ax^2 + bx + c}_{\text{raccogliamo } a} = a\left(x^2 + \frac{b}{a}x + \frac{c}{a}\right) = a\Big(\underbrace{x^2 + \frac{b}{a}x + \frac{b^2}{4a^2}}_{\text{quadrato di un binomio}} + \underbrace{\frac{c}{a} - \frac{b^2}{4a^2}}_{\text{sommiamo}}\Big) =$$

(sommiamo e sottraiamo $\frac{b^2}{4a^2}$)

$$= a\left[\left(x + \frac{b}{2a}\right)^2 + \frac{4ac - b^2}{4a^2}\right] = a\left[\left(x + \frac{b}{2a}\right)^2 + \frac{-(b^2 - 4ac)}{4a^2}\right]$$

Poiché $b^2 - 4ac$ è il discriminante, che nel caso considerato è negativo, abbiamo ottenuto

$$ax^2 + bx + c = a\left[\underbrace{\left(x + \frac{b}{2a}\right)^2 + \frac{-\Delta}{4a^2}}_{\oplus}\right]$$

dove $-\Delta > 0$ e $\left(x + \dfrac{b}{2a}\right)^2 \geq 0$ per qualsiasi $x \in \mathbb{R}$.

L'espressione entro parentesi quadre è quindi sempre positiva; concludiamo che il trinomio con discriminante negativo assume, per qualsiasi $x \in \mathbb{R}$, valori concordi con il segno del primo coefficiente.

■ Disequazioni binomie e trinomie

5. Disequazioni binomie

> Per $n = 1$, le disequazioni binomie esprimono già le loro soluzioni.

Chiamiamo **disequazioni binomie** quelle che possono essere scritte nella forma

$$\boxed{\begin{array}{ll} x^n > h & x^n < h \\ x^n \geq h & x^n \leq h \end{array} \quad n \in \mathbb{N}^*,\ h \neq 0}$$

Nel caso particolare in cui sia $h = 0$, le disequazioni precedenti diventano *monomie* e si risolvono con semplici ragionamenti. Ad esempio, $x^6 > 0 \longrightarrow x \neq 0$.

La funzione $y = x^n$

> Per $n = 1$ si ha $y = x$, che è l'equazione della bisettrice del 1°-3° quadrante.

Consideriamo la **funzione potenza** di esponente n, che ha equazione

$$\boxed{y = x^n \qquad n \in \mathbb{N}^*}$$

Distinguiamo due casi.

Caso n dispari

Se n è dispari, il valore di x^n **cresce** al crescere di x. Ciò significa che se a e b sono due numeri reali tali che $a < b$, allora risulta $a^n < b^n$:

$$a < b \longrightarrow a^n < b^n \qquad n \text{ dispari},\ a \in \mathbb{R},\ b \in \mathbb{R}$$

Ad esempio:

$$\begin{array}{lll} 3 < 5 & \longrightarrow 3^3 < 5^3 & \text{infatti } 27 < 125 \\ -2 < -1 & \longrightarrow (-2)^7 < (-1)^7 & \text{infatti } -128 < -1 \\ -2 < 3 & \longrightarrow (-2)^5 < 3^5 & \text{infatti } -32 < 243 \end{array}$$

In generale, i grafici delle funzioni di equazione $y = x^n$, per n **dispari** e diverso da 1, sono simili a quelli che rappresentiamo in **FIGURA 14** e che si riferiscono ai casi $n = 3$, $n = 5$, $n = 7$.

Tutti i grafici, come possiamo vedere dalla **FIGURA 14**, passano per i punti di coordinate

$$(-1\,;\,-1) \qquad (0\,;\,0) \qquad (1\,;\,1)$$

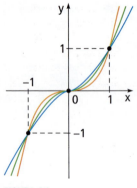

FIGURA 14

Caso n pari

Se n è pari possiamo osservare che

- se $x \geq 0$ il valore di x^n **cresce** al crescere di x;
- se $x \leq 0$ il valore di x^n **decresce** al crescere di x.

Ciò significa che

- se a e b sono due numeri reali **entrambi positivi** e tali che $a < b$, allora risulta $a^n < b^n$:

$$a < b \longrightarrow a^n < b^n \qquad n \text{ pari}, \; a > 0, \; b > 0$$

ad esempio:

$$5 < 6 \longrightarrow 5^2 < 6^2 \qquad \text{infatti } 25 < 36$$

- se a e b sono due numeri reali **entrambi negativi** e tali che $a < b$, allora risulta $a^n > b^n$:

$$a < b \longrightarrow a^n > b^n \qquad n \text{ pari}, \; a < 0, \; b < 0$$

ad esempio:

$$-3 \boxed{<} -2 \longrightarrow (-3)^2 \boxed{>} (-2)^2 \quad \text{infatti } 9 > 4$$

attenzione!

> **ATTENZIONE!**
> Se si elevano a una stessa potenza con esponente pari due numeri **disuguali e discordi**, si possono ottenere sia numeri disuguali nello stesso senso sia numeri disuguali in senso contrario:
> $$-2 < 5 \longrightarrow$$
> $$\longrightarrow \underbrace{(-2)^2 < 5^2}_{4 < 25}$$
> $$-4 < 1 \longrightarrow$$
> $$\longrightarrow \underbrace{(-4)^2 > 1^2}_{16 > 1}$$

In generale, i grafici delle funzioni di equazione $y = x^n$, per n **pari**, sono simili a quelli che rappresentiamo in **FIGURA 15** e che si riferiscono ai casi $n = 2$, $n = 4$, $n = 6$.
Tutti i grafici, come possiamo vedere dalla **FIGURA 15**, passano per i punti di coordinate

$$(-1 \,;\, 1) \qquad (0 \,;\, 0) \qquad (1 \,;\, 1)$$

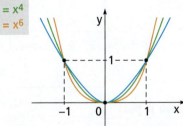

FIGURA 15

> Per $n = 2$ si ha $y = x^2$, cioè l'equazione della parabola con vertice nell'origine e asse di simmetria coincidente con l'asse y.

Risoluzione delle disequazioni binomie

Caso n dispari

- Supponiamo di dover risolvere la disequazione

$$x^3 > 27$$

Rappresentiamo il grafico della funzione di equazione $y = x^3$ (**FIGURA 16**). Osserviamo poi che si ha

$$x^3 = 27 \longrightarrow x = \sqrt[3]{27} \longrightarrow$$
$$\longrightarrow x = 3$$

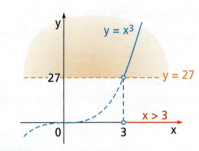

FIGURA 16

> **ATTENZIONE!**
> Nella **FIGURA 16** e nelle tre successive abbiamo fissato, sui due assi cartesiani, differenti unità di misura, al fine di rendere più «leggibili» i grafici disegnati.

La disequazione data, $x^3 > 27$, si può interpretare graficamente mediante il sistema

$$\begin{cases} y = x^3 \\ y > 27 \end{cases}$$

le cui soluzioni sono i punti del grafico della funzione $y = x^3$ che si trovano al di sopra della retta di equazione $y = 27$. Dall'esame della **FIGURA 16** possiamo quindi dedurre che

$$x^3 > 27 \longrightarrow x > 3$$

- Supponiamo ora di dover risolvere la disequazione

$$x^5 \leq -6$$

Rappresentiamo il grafico della funzione di equazione $y = x^5$ (**FIGURA 17**). Osserviamo poi che

$$x^5 = -6 \longrightarrow x = \sqrt[5]{-6} \longrightarrow$$
$$\longrightarrow x = -\sqrt[5]{6}$$

Ragionando in modo analogo a quanto fatto nell'esempio precedente, dalla **FIGURA 17** possiamo dedurre che

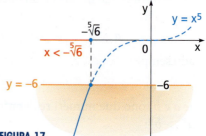

FIGURA 17

$$x^5 \leq -6 \longrightarrow x \leq -\sqrt[5]{6}$$

Possiamo generalizzare il procedimento applicato nei due esempi formulando le seguenti regole:

$x^n > h$	$\longrightarrow$	$x > \sqrt[n]{h}$
$x^n < h$	$\longrightarrow$	$x < \sqrt[n]{h}$
$x^n \geq h$	$\longrightarrow$	$x \geq \sqrt[n]{h}$
$x^n \leq h$	$\longrightarrow$	$x \leq \sqrt[n]{h}$

n **dispari**, $h \in \mathbb{R}$

Caso n pari

- Supponiamo di dover risolvere la disequazione

$$x^2 > 25$$

Rappresentiamo la parabola di equazione $y = x^2$ (**FIGURA 18**).
Osserviamo poi che

$$x^2 = 25 \longrightarrow x = \pm\sqrt{25} \longrightarrow$$
$$\longrightarrow x = \pm 5$$

La disequazione data, $x^2 > 25$, si può interpretare graficamente mediante il sistema

$$\begin{cases} y = x^2 \\ y > 25 \end{cases}$$

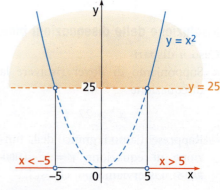

FIGURA 18

le cui soluzioni sono i punti della parabola di equazione $y = x^2$ che si trovano al di sopra della retta di equazione $y = 25$. Dall'esame della **FIGURA 18** possiamo concludere che

$$x^2 > 25 \longrightarrow x < -5 \lor x > 5$$

cioè la disequazione $x^2 > 25$ è verificata per i valori di x esterni all'intervallo delle radici della corrispondente equazione associata $x^2 = 25$.

- Supponiamo ora di dover risolvere la disequazione

$$x^4 \leq 5$$

Rappresentiamo il grafico della funzione di equazione $y = x^4$ (**FIGURA 19**).

Osserviamo poi che

$$x^4 = 5 \longrightarrow x = \pm\sqrt[4]{5}$$

Ragionando in modo analogo a quanto fatto nell'esempio precedente, dall'esame della **FIGURA 19** possiamo dedurre che

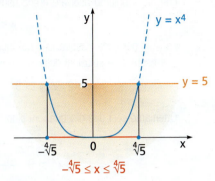

FIGURA 19

$$x^4 \leq 5 \longrightarrow -\sqrt[4]{5} \leq x \leq \sqrt[4]{5}$$

Pertanto la disequazione $x^4 \leq 5$ è verificata per i valori di x interni all'intervallo delle radici della corrispondente equazione associata $x^4 = 5$ e per i valori estremi di tale intervallo.

Possiamo generalizzare il procedimento appena applicato formulando le seguenti regole:

$$\begin{aligned} x^n > h &\longrightarrow x < -\sqrt[n]{h} \lor x > \sqrt[n]{h} \\ x^n < h &\longrightarrow -\sqrt[n]{h} < x < \sqrt[n]{h} \\ x^n \geq h &\longrightarrow x \leq -\sqrt[n]{h} \lor x \geq \sqrt[n]{h} \\ x^n \leq h &\longrightarrow -\sqrt[n]{h} \leq x \leq \sqrt[n]{h} \end{aligned} \qquad n \text{ pari, } h > 0$$

> **ATTENZIONE!**
> Queste regole per la risoluzione delle disequazioni binomie di grado pari valgono *solo* nel caso **h positivo**.

6. Disequazioni trinomie

Chiamiamo **disequazioni trinomie** quelle che hanno forma canonica

$$\begin{aligned} ax^{2n} + bx^n + c > 0 & \qquad ax^{2n} + bx^n + c < 0 \\ ax^{2n} + bx^n + c \geq 0 & \qquad ax^{2n} + bx^n + c \leq 0 \end{aligned} \qquad n \in \mathbb{N}^*, \ a \neq 0$$

> Per $n = 1$ si ottengono le disequazioni di secondo grado.

Per risolvere queste disequazioni si opera una sostituzione del tipo

$$x^n = y$$

In tal modo ci si riconduce a risolvere disequazioni di secondo grado e, successivamente, disequazioni binomie.

> **ESEMPI**
>
> **1** Risolviamo la disequazione trinomia
>
> $$x^4 - 11x^2 + 18 > 0 \qquad \boxed{4}$$
>
> Poniamo
>
> $$x^2 = y$$
>
> osservando che $x^4 = (x^2)^2 = y^2$; in questo modo la ❹ si trasforma nella disequazione di secondo grado in y
>
> $$y^2 - 11y + 18 > 0 \qquad \boxed{5}$$

> Le disequazioni trinomie di grado 4 prendono anche il nome di **disequazioni biquadratiche**.

che già sappiamo risolvere e che risulta verificata per
$$y < 2 \lor y > 9$$

La ④ è però una disequazione nell'incognita x; dobbiamo perciò operare, nella relazione che esprime le soluzioni della ⑤, la sostituzione inversa della precedente:

$$y < 2 \lor y > 9 \xrightarrow{y = x^2} x^2 < 2 \lor x^2 > 9$$

Otteniamo così due disequazioni binomie di secondo grado, che già sappiamo risolvere:

$$x^2 < 2 \longrightarrow -\sqrt{2} < x < \sqrt{2}$$
$$x^2 > 9 \longrightarrow x < -3 \lor x > 3$$

Nella relazione $x^2 < 2 \lor x^2 > 9$, il simbolo $\lor$ di *disgiunzione* indica che dobbiamo includere tra le soluzioni della disequazione data sia quelle di $x^2 < 2$ sia quelle di $x^2 > 9$ e pertanto (**FIGURA 20**) la ④ è verificata per

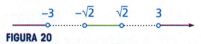

FIGURA 20

$$x < -3 \lor -\sqrt{2} < x < \sqrt{2} \lor x > 3$$

2 Risolviamo la disequazione trinomia di sesto grado
$$x^6 - 7x^3 - 8 < 0$$

Poniamo
$$x^3 = y \longrightarrow x^6 = (x^3)^2 = y^2$$

Con tale sostituzione, la disequazione data si trasforma nella disequazione di secondo grado in y

$$y^2 - 7y - 8 < 0 \longrightarrow -1 < y < 8$$

Per ottenere i valori di x che verificano la disequazione data dobbiamo operare la sostituzione inversa della precedente, cioè $y = x^3$. La relazione $-1 < y < 8$ diventa quindi $-1 < x^3 < 8$ che equivale al seguente sistema, formato da due disequazioni binomie di terzo grado:

$$\begin{cases} x^3 > -1 \\ x^3 < 8 \end{cases} \longrightarrow \begin{cases} x > \sqrt[3]{-1} \\ x < \sqrt[3]{8} \end{cases} \longrightarrow \begin{cases} x > -1 \\ x < 2 \end{cases} \longrightarrow -1 < x < 2$$

Quanto tempo a disposizione per l'attacco?

 Soluzione del problema di pag. 345

Per quanto tempo la palla lanciata da un'alzatrice di pallavolo rimane sopra la rete? Da che punto a che punto la palla si trova sopra la rete, cioè in una posizione utile per poter effettuare una schiacciata?

Per risolvere il primo problema proposto all'inizio del capitolo è necessario conoscere con quale velocità viene lanciata la palla. Chiara osserva e misura alcune alzate della palleggiatrice e si accorge che, in condizioni normali, Paola alza la palla partendo da circa 30 cm sotto la rete, imprimendole una velocità di circa $v_{0y} = 5{,}2 \; \frac{m}{s}$ in verticale e di $v_{0x} = 3{,}3 \; \frac{m}{s}$ in orizzontale. La rete per le gare femminili è posta a una altezza da terra di 2,24 metri.

Consideriamo un sistema di coordinate cartesiane dove l'origine è nel punto inferiore della palla al momento del lancio, l'asse x è parallelo sia al pavimento sia alla rete ed è orientato da destra a sinistra e l'asse y ha la direzione dell'alzatore.

Trascurando la resistenza dell'aria e indicando con $g = 9{,}8 \; \frac{m}{s^2}$ il valore dell'accelerazione di gravità, Chiara sa che le coordinate della palla, trascorso un tempo t dal lancio, sono

FIGURA 21

$$\begin{cases} x = v_{0x} t \\ y = v_{0y} t - \frac{1}{2} g t^2 \end{cases}$$

Possiamo riformulare la domanda chiedendoci: per quanto tempo l'ordinata y della palla è superiore a 0,3 metri? In altre parole, vogliamo risolvere la disequazione $y > 0{,}3$.
Sostituendo y con l'espressione in funzione della componente verticale della velocità iniziale e del tempo t trascorso, abbiamo

$$v_{0y} t - \frac{1}{2} g t^2 > 0{,}3$$

Sostituendo in questa espressione i valori noti otteniamo

$$5{,}2 t - \frac{1}{2} 9{,}8 t^2 > 0{,}3 \quad \longrightarrow \quad 5{,}2 t - 4{,}9 t^2 > 0{,}3 \quad \longrightarrow \quad 4{,}9 t^2 - 5{,}2 t + 0{,}3 < 0$$

L'intervallo di tempo cercato, cioè il tempo che ha a disposizione l'attaccante, è fornito dalla soluzione di questa disequazione di secondo grado, che possiamo riscrivere, moltiplicando entrambi i membri per 10:

$$49 t^2 - 52 t + 3 < 0$$

Per risolverla occorre determinare le radici dell'equazione associata, che sono $t_1 \simeq 0{,}06$ (s) e $t_2 = 1$ (s). I valori interni all'intervallo delle radici sono le soluzioni della disequazione.
Quindi la palla resterà sopra la rete circa dall'istante 0,06 s fino a 1 s dal lancio. Il tempo a disposizione dell'attaccante è molto esiguo e la precisione è davvero decisiva in un buon attacco!

Sfruttando la relazione $x = v_{0x} t$ che lega l'ascissa al tempo, nella quale $v_{0x} = 3{,}3 \; \frac{m}{s}$, possiamo anche calcolare tra quali punti della rete la palla è a disposizione dell'attaccante.
Per $t_1 \simeq 0{,}06$ (s) si ottiene $x_1 \simeq 0{,}2$ (m), per $t_2 = 1$ (s) si ottiene $x_2 \simeq 3{,}3$ (m).
Quindi Chiara ha a disposizione uno spazio di attacco che va da 0,2 metri a 3,3 metri di distanza dall'alzatore. Non gli rimane che decidere in quale punto attaccare e allenarsi per essere il più precisa possibile!

Teoria.zip

Disequazioni di secondo grado e di grado superiore

Disequazioni di secondo grado

▶ **Disequazioni di secondo grado**

Sono le disequazioni che, ridotte a forma canonica, si presentano in una delle forme seguenti:

$$ax^2 + bx + c > 0 \qquad ax^2 + bx + c < 0 \qquad ax^2 + bx + c \geq 0 \qquad ax^2 + bx + c \leq 0$$

con $a \neq 0$.

▶ **Risoluzione delle disequazioni di secondo grado**

Le disequazioni di secondo grado, scritte in forma canonica, si possono *risolvere graficamente* rappresentando la parabola di equazione $y = ax^2 + bx + c$.

Per tracciare correttamente la parabola, ai fini della risoluzione della disequazione, dovrai determinarne gli eventuali punti di intersezione con l'asse x, risolvendo l'*equazione associata* $ax^2 + bx + c = 0$, e dovrai ricordare che la parabola volge la concavità verso l'alto o verso il basso a seconda che sia $a > 0$ o $a < 0$. A questo punto

- se nella disequazione compare il simbolo $>$, le soluzioni saranno le ascisse dei punti della parabola che si trovano al di sopra dell'asse x;
- se nella disequazione compare il simbolo $<$, le soluzioni saranno le ascisse dei punti della parabola che si trovano al di sotto dell'asse x;
- se il simbolo di disuguaglianza è $\geq$ o $\leq$, si considerano anche i punti di intersezione della parabola con l'asse x.

Ad esempio, consideriamo la disequazione $x^2 - 4x > 0$.

L'equazione associata $x^2 - 4x = 0$ ha per soluzione $x = 0 \vee x = 4$.

La parabola $y = x^2 - 4x$ interseca l'asse x nei punti di ascissa $x = 0$ e $x = 4$.

Dovendo essere $y > 0$ le soluzioni sono le ascisse dei punti della parabola che si trovano al di sopra dell'asse x:

$$x < 0 \vee x > 4$$

In alternativa ti puoi servire della seguente tabella riassuntiva.

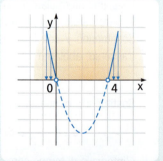

SpiegaMatica: disequazioni di secondo grado

discriminante $\Delta = b^2 - 4ac$	primo coefficiente a e verso del simbolo di disuguaglianza	$ax^2 + bx + c > 0$ $ax^2 + bx + c < 0$	$ax^2 + bx + c \geq 0$ $ax^2 + bx + c \leq 0$
		soluzioni	soluzioni
$\Delta > 0$	concordi	$x < x_1 \vee x > x_2$	$x \leq x_1 \vee x \geq x_2$
	discordi	$x_1 < x < x_2$	$x_1 \leq x \leq x_2$
$\Delta = 0$	concordi	qualunque $x \neq x_1 = x_2$	qualunque x
	discordi	nessuna	$x = x_1 = x_2$
$\Delta < 0$	concordi	qualunque x	qualunque x
	discordi	nessuna	nessuna

- I valori di x tali che $x_1 < x < x_2$ sono i valori di x *interni* all'intervallo $(x_1\,;\,x_2)$ delle radici.
- I valori di x tali che $x < x_1 \lor x > x_2$ sono quelli *esterni* all'intervallo delle radici.

$\underbrace{x^2 + 4x - 5 \le 0}_{\substack{a=1>0 \text{ discorde} \\ \text{con il verso} \le 0}} \xrightarrow[x_1=-5;\ x_2=1]{\Delta>0} -5 \le x \le 1$

$\underbrace{x^2 - 2x + 1 > 0}_{\substack{a=1>0 \text{ concorde} \\ \text{con il verso} > 0}} \xrightarrow[x_1=x_2=1]{\Delta=0} x \ne 1$ [infatti $x^2 - 2x + 1 > 0 \longrightarrow (x-1)^2 > 0 \longrightarrow$
$\longrightarrow x - 1 \ne 0 \longrightarrow x \ne 1$]

$\underbrace{2x^2 - x + 3 \ge 0}_{\substack{a=2>0 \text{ concorde} \\ \text{con il verso} \ge 0}} \xrightarrow[\text{non esistono radici}]{\Delta>0} \forall x \in \mathbb{R}$

Segno del trinomio di secondo grado $f(x) = ax^2 + bx + c$

- $\Delta > 0$
  - $f(x)$ è concorde con a per $x < x_1 \lor x > x_2$
  - $f(x)$ è discorde con a per $x_1 < x < x_2$
- $\Delta = 0 \longrightarrow f(x)$ è concorde con a per $x \ne x_1 = x_2$
- $\Delta < 0 \longrightarrow f(x)$ è concorde con a per qualsiasi $x \in \mathbb{R}$

Disequazioni binomie e trinomie

▶ **Disequazioni binomie**: hanno la forma

$$x^n > h \quad x^n < h \quad x^n \ge h \quad x^n \le h \quad n \in \mathbb{N}^*,\ h \ne 0$$

Se $h = 0$ si hanno *disequazioni monomie*; n è il grado della disequazione.

▶ **Disequazioni binomie di grado dispari**

$$x^n > h \longrightarrow x > \sqrt[n]{h}$$
$$x^n < h \longrightarrow x < \sqrt[n]{h}$$
n **dispari**, $h \in \mathbb{R}$

Al posto dei simboli $>$ e $<$ si possono considerare rispettivamente i simboli $\ge$ e $\le$.

$x^3 > -27 \longrightarrow x < \sqrt[3]{-27} \longrightarrow x > -3 \qquad x^5 < 3 \longrightarrow x < \sqrt[5]{3}$

▶ **Disequazioni binomie di grado pari**

$$x^n > h \longrightarrow x < -\sqrt[n]{h} \lor x > \sqrt[n]{h}$$
$$x^n < h \longrightarrow -\sqrt[n]{h} < x < \sqrt[n]{h}$$
n **pari**, $h > 0$

Al posto dei simboli $>$ e $<$ si possono considerare rispettivamente i simboli $\ge$ e $\le$.
Se $h < 0$, le disequazioni binomie di grado pari si risolvono con semplici ragionamenti.

$x^4 > 2 \longrightarrow x < -\sqrt[4]{2} \lor x > \sqrt[4]{2}$
$x^6 < 1 \longrightarrow -\sqrt[6]{1} < x < \sqrt[6]{1} \longrightarrow -1 < x < 1$

▶ **Disequazioni trinomie**: sono quelle che si possono ricondurre alla forma

$$ax^{2n} + bx^n + c > 0 \qquad ax^{2n} + bx^n + c < 0 \qquad n \in \mathbb{N}^*,\ a \ne 0$$

Al posto dei simboli $>$ e $<$ si possono considerare rispettivamente i simboli $\ge$ e $\le$. Si risolvono con una sostituzione del tipo $x^n = y$ e ci si riconduce a disequazioni di secondo grado e binomie.

Capitolo 5 — Esercizi

- Disequazioni di secondo grado
- Sistemi di disequazioni
- Disequazioni frazionarie
- Disequazioni binomie e trinomie
- Esercizi di riepilogo sulle disequazioni di secondo grado e di grado superiore
- Esercizi vari di applicazione delle disequazioni
- Autovalutazione
- Esercizi per il recupero
- Esercizi di approfondimento
- Verso la Prova Invalsi

■ Disequazioni di secondo grado

> **AVVERTENZA**
>
> Nel caso di una disequazione di secondo grado $ax^2 + bx + c \gtrless 0$ con *discriminante positivo*, il primo membro può essere scomposto in fattori di primo grado. La disequazione può quindi essere risolta con lo studio del segno di tali fattori e con l'applicazione della regola dei segni.
> In questo capitolo ti invitiamo però a risolvere le disequazioni di secondo grado con le regole qui viste, al fine di consolidare questa importante tecnica risolutiva.

Disequazioni numeriche intere

Risolvi graficamente le seguenti disequazioni.

■ **ESERCIZI SVOLTI**

 1 $x^2 + 5x - 6 > 0$

Dobbiamo individuare i punti della parabola di equazione

$$y = x^2 + 5x - 6$$

che si trovano nel semipiano delle ordinate positive (l'asse x è escluso). Le ascisse dei punti in cui la parabola interseca l'asse x si ottengono ponendo $y = 0$ nella sua equazione:

$$x^2 + 5x - 6 = 0 \quad \longrightarrow \quad x = -6 \ \lor \ x = 1$$

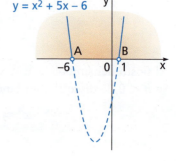

I punti cercati sono dunque $A(-6\,;\,0)$ e $B(1\,;\,0)$; poiché $a = 1 > 0$, la concavità della parabola è rivolta verso l'alto.
I punti della parabola che si trovano nel semipiano delle ordinate positive sono quelli che hanno ascissa minore di -6 o maggiore di 1, cioè quelli per cui si ha

$$x < -6 \ \lor \ x > 1 \quad \longrightarrow \quad S = (-\infty\,;\,-6) \cup (1\,;\,+\infty)$$

▷▶ **2** $-3x^2 - 8x + 3 \leq 0$

Rappresentiamo la parabola di equazione $y = -3x^2 - 8x + 3$. I suoi punti d'intersezione con l'asse x si determinano risolvendo l'equazione associata

$$-3x^2 - 8x + 3 = 0 \quad \longrightarrow \quad \frac{\Delta}{4} = 25 \begin{cases} x_1 = -3 \\ x_2 = \frac{1}{3} \end{cases}$$

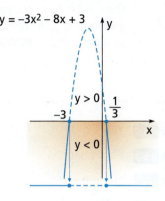

Essendo $a = -3 < 0$ la parabola volge la concavità verso il basso.
I valori di x che soddisfano la disequazione data sono le ascisse dei punti della parabola per cui è $y \leq 0$. Tali punti, come si vede dalla figura, sono quelli che hanno ascissa minore o uguale a -3 oppure maggiore o uguale a $\frac{1}{3}$. Dunque le soluzioni della disequazione sono

$$x \leq -3 \lor x \geq \frac{1}{3} \quad \longrightarrow \quad S = (-\infty\,;\,-3] \cup \left[\frac{1}{3}\,;\,+\infty\right)$$

▷▶ **3** $2x^2 + 6x + 5 > 0$

Rappresentiamo la parabola di equazione $y = 2x^2 + 6x + 5$. Si ha:

$$2x^2 + 6x + 5 = 0 \quad \longrightarrow \quad \frac{\Delta}{4} = -1 < 0 \quad \longrightarrow \quad \text{equazione impossibile}$$

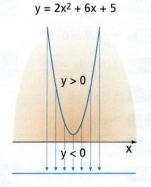

La parabola non interseca l'asse x. Essendo $a = 2 > 0$, essa volge la concavità verso l'alto.
I valori di x che soddisfano la disequazione $2x^2 + 6x + 5 > 0$ sono le ascisse dei punti della parabola per cui è $y > 0$, ossia dei punti che si trovano sopra l'asse x. Come si vede dalla figura a lato, *tutti i punti* della parabola si trovano al di sopra dell'asse x. Pertanto la disequazione data è soddisfatta da qualunque valore di x

$$\forall x \in \mathbb{R} \quad \longrightarrow \quad S = \mathbb{R}$$

▷▶ **4** $-\frac{1}{9}x^2 + 2x - 9 \leq 0$

Dobbiamo individuare i punti della parabola di equazione

$$y = -\frac{1}{9}x^2 + 2x - 9$$

che si trovano nel semipiano delle ordinate negative o nulle (l'asse x è compreso). I punti di intersezione della parabola con l'asse x si trovano risolvendo l'equazione associata

$$-\frac{1}{9}x^2 + 2x - 9 = 0 \quad \longrightarrow \quad x^2 - 18x + 81 = 0 \quad \longrightarrow \quad x_1 = x_2 = 9$$

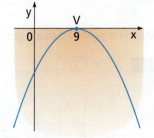

La parabola volge la concavità verso il basso $\left(a = -\frac{1}{9} < 0\right)$ ed è tangente all'asse x nel vertice $V(9\,;\,0)$.

Come vedi in figura, tutti i punti della parabola, compreso il vertice, giacciono nel semipiano delle ordinate negative o nulle. Perciò la disequazione data è soddisfatta da qualunque valore di x:

$$\forall x \in \mathbb{R} \quad \longrightarrow \quad S = \mathbb{R}$$

▷▶ **5** $-x^2 - 3x - \frac{9}{4} \geq 0$

Dobbiamo individuare i punti della parabola di equazione $y = -x^2 - 3x - \frac{9}{4}$ la cui ordinata è maggiore o uguale a zero.

ESERCIZI

Procedendo come negli esercizi precedenti, troviamo che tale parabola volge la concavità verso il basso ed è tangente all'asse x nel vertice $V\left(-\dfrac{3}{2}\,;\,0\right)$.

Come vedi in figura, tutti i punti della parabola hanno ordinata negativa, eccetto il vertice V la cui ordinata è zero. Perciò l'unico valore di x che soddisfa la disequazione data è l'ascissa del vertice:

$$x = -\dfrac{3}{2} \quad \longrightarrow \quad S = \left\{-\dfrac{3}{2}\right\}$$

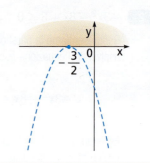

▶▶ **6** $\;3x^2 > 0$ $\hspace{4em}$ $[x \neq 0]$ $\hspace{2em}$ ▶▶ **7** $\;4x^2 < 0$ $\hspace{4em}$ [impossibile]

▶▶ **8** $\;x^2 + 1 > 0$ $\hspace{3em}$ $[\forall x \in \mathbb{R}]$ $\hspace{2em}$ ▶▶ **9** $\;5x^2 + 1 \leq 0$ $\hspace{3em}$ [impossibile]

▶▶ **10** $\;2x^2 \geq 0$ $\hspace{3em}$ $[\forall x \in \mathbb{R}]$ $\hspace{2em}$ ▶▶ **11** $\;7x^2 \leq 0$ $\hspace{4em}$ $[x = 0]$

▶▶ **12** $\;2x^2 + 3 \geq 0$ $\hspace{2em}$ $[\forall x \in \mathbb{R}]$ $\hspace{2em}$ ▶▶ **13** $\;-3x^2 \geq 0$ $\hspace{3em}$ $[x = 0]$

▶▶ **14** $\;-5x^2 < 0$ $\hspace{3em}$ $[x \neq 0]$ $\hspace{2em}$ ▶▶ **15** $\;-x^2 - 5 > 0$ $\hspace{2em}$ [impossibile]

▶▶ **16** $\;-1 - 4x^2 \geq 0$ $\hspace{3em}$ Videolezione $\hspace{2em}$ [impossibile]

▶▶ **17** $\;x^2 - 9 > 0$ $\hspace{3em}$ $[x < -3 \vee x > 3]$ $\hspace{1em}$ ▶▶ **18** $\;x^2 - 4 < 0$ $\hspace{3em}$ $[-2 < x < 2]$

▶▶ **19** $\;2x^2 + 3x \geq 0$ $\hspace{2em}$ Videolezione $\hspace{2em}$ $\left[x \leq -\dfrac{3}{2} \vee x \geq 0\right]$

▶▶ **20** $\;x^2 - 3x < 0$ $\hspace{3em}$ $[0 < x < 3]$ $\hspace{2em}$ ▶▶ **21** $\;-x^2 + 3x \geq 0$ $\hspace{2em}$ $[0 \leq x \leq 3]$

▶▶ **22** $\;-x^2 - 3x < 0$ $\hspace{2em}$ $[x < -3 \vee x > 0]$ $\hspace{1em}$ ▶▶ **23** $\;8 - 2x^2 > 0$ $\hspace{3em}$ $[-2 < x < 2]$

▶▶ **24** $\;-2x^2 + 18 < 0$ $\hspace{2em}$ $[x < -3 \vee x > 3]$ $\hspace{1em}$ ▶▶ **25** $\;x^2 - 5x + 6 > 0$ $\hspace{1em}$ $[x < 2 \vee x > 3]$

▶▶ **26** $\;x^2 - 3x + 2 \leq 0$ $\hspace{2em}$ Videolezione $\hspace{2em}$ $[1 \leq x \leq 2]$

▶▶ **27** $\;x^2 + 3x + 5 > 0$ $\hspace{2em}$ $[\forall x \in \mathbb{R}]$ $\hspace{2em}$ ▶▶ **28** $\;-x^2 + 3x - 5 < 0$ $\hspace{1em}$ $[\forall x \in \mathbb{R}]$

▶▶ **29** $\;x^2 - 2x + 10 < 0$ $\hspace{2em}$ Videolezione $\hspace{2em}$ [impossibile]

▶▶ **30** $\;2x^2 - 3x + 5 \leq 0$ $\hspace{1em}$ [impossibile] $\hspace{2em}$ ▶▶ **31** $\;x^2 - 6x + 9 > 0$ $\hspace{2em}$ $[x \neq 3]$

▶▶ **32** $\;x^2 - 4x + 4 \leq 0$ $\hspace{2em}$ $[x = 2]$ $\hspace{2em}$ ▶▶ **33** $\;x^2 - 2x + 3 \geq 0$ $\hspace{2em}$ $[\forall x \in \mathbb{R}]$

▶▶ **34** $\;x^2 + 4x + 4 < 0$ $\hspace{2em}$ [impossibile] $\hspace{2em}$ ▶▶ **35** $\;x^2 + 4x + 4 > 0$ $\hspace{2em}$ $[x \neq -2]$

Associa a ogni risoluzione grafica la sua disequazione scrivendo accanto alla lettera il numero corrispondente.

▶▶ **36** $\;$**a.** $(x+1)^2 \leq 0$ $\hspace{2em}$ **b.** $x^2 + 1 < 0$ $\hspace{2em}$ **c.** $x^2 + x \geq 0$ $\hspace{2em}$ **d.** $3x^2 - 3 > 0$

1. 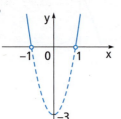 $\hspace{2em}$ **2.** 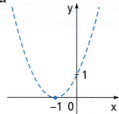 $\hspace{2em}$ **3.** 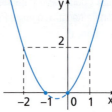 $\hspace{2em}$ **4.**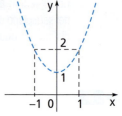

a. ... $\hspace{6em}$ **b.** ... $\hspace{6em}$ **c.** ... $\hspace{6em}$ **d.** ...

37 **a.** $x^2 + 3 \geq 0$ **b.** $-x^2 + 3x > 0$ **c.** $x^2 - 9 \leq 0$ **d.** $-(x-3)^2 < 0$

1. 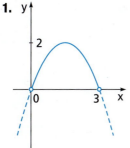 **2.** 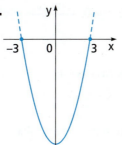 **3.** 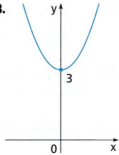 **4.**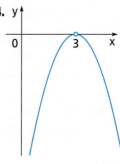

a. ...   **b.** ...   **c.** ...   **d.** ...

Risolvi le seguenti disequazioni numeriche intere, facendo riferimento alla **TABELLA 2**.   Altri esercizi

ESERCIZI SVOLTI

38 $3x^2 + 2x - 1 > 0$

$+3x^2 + 2x - 1 > 0$ $\xrightarrow{\frac{\Delta}{4} = 1 + 3 > 0 \;\; x_1 = -1;\; x_2 = \frac{1}{3}}$ $x < -1 \;\vee\; x > \frac{1}{3}$

concordi ($\Delta > 0$) valori esterni

39 $-4x^2 + 19x + 5 \geq 0$

Per comodità, cambiamo segno e verso:

$+4x^2 - 19x - 5 \leq 0$ $\xrightarrow{\Delta = 19^2 - 4 \cdot 4(-5) = 21^2 \;\; x_1 = -\frac{1}{4};\; x_2 = 5}$ $-\frac{1}{4} \leq x \leq 5$

discordi ($\Delta > 0$) valori interni e valori estremi

40 $3x^2 - 2x + \frac{1}{3} > 0$

Conviene avere coefficienti interi: $\dfrac{9x^2 - 6x + 1}{3} > 0$

$9x^2 - 6x + 1 > 0 \xrightarrow{\frac{\Delta}{4} = 9 - 9 = 0} (3x-1)^2 > 0 \longrightarrow 3x - 1 \neq 0 \longrightarrow x \neq \frac{1}{3}$

Abbiamo considerato che

- se $\Delta = 0$, il primo membro di una disequazione di secondo grado in forma canonica può essere trasformato in modo che vi compaia il quadrato di un binomio;
- il quadrato di un numero è sempre positivo o nullo e quindi $a^2 > 0 \longrightarrow a \neq 0$.

41 $x^2 + 4 \leq 4x$

Scriviamo la disequazione in forma canonica:

$x^2 - 4x + 4 \leq 0 \xrightarrow{\Delta = 0} (x-2)^2 \leq 0 \longrightarrow x - 2 = 0 \longrightarrow x = 2$

Osserviamo che il quadrato di un numero è sempre positivo o nullo e quindi $a^2 \leq 0 \longrightarrow a = 0$.

ESERCIZI

▷▶ **42** $2x^2 + x + 3 > 0$

$$2x^2 + x + 3 > 0 \xrightarrow{\Delta = 1 - 24 < 0} \forall x \in \mathbb{R}$$

concordi $(\Delta < 0)$

Osserva che saremmo giunti allo stesso risultato nel caso $2x^2 + x + 3 \geq 0$.

> ■ **NON FARLO!**
> Dopo aver calcolato il discriminante e aver constatato che risulta
> $$\Delta < 0$$
> sarebbe un **grave errore** se tu concludessi che la disequazione è *impossibile*. Infatti
> - **un'equazione** di secondo grado con $\Delta < 0$ è sempre impossibile
> - **una disequazione** di secondo grado con $\Delta < 0$ può risultare sempre verificata o mai verificata a seconda, rispettivamente, della concordanza o meno tra primo coefficiente e verso del simbolo di disuguaglianza.

▷▶ **43** $-2x^2 + 3x - 7 > 0$

Per comodità, cambiamo segno e verso:

$$2x^2 - 3x + 7 < 0 \xrightarrow{\Delta = 9 - 56 < 0} \text{nessun valore di } x \text{ (disequazione impossibile)}$$

discordi $(\Delta < 0)$

Per la disequazione $-2x^2 + 3x - 7 \geq 0$ le conclusioni sarebbero state le stesse.

▷▶ **44** $x^2 - x \geq 0$

Risolviamo l'equazione associata, che è spuria:

$$x^2 - x = 0 \longrightarrow x(x-1) = 0 \longrightarrow x_1 = 0 \text{ e } x_2 = 1$$

Il primo coefficiente è concorde con il verso della disequazione: essa è verificata per i valori di x esterni all'intervallo delle radici e per i valori estremi, cioè per

$$x \leq 0 \lor x \geq 1$$

> ■ **OSSERVAZIONE**
> Se in una disequazione di secondo grado scritta in forma canonica sono evidenti le radici distinte del trinomio di secondo grado, allora il discriminante è necessariamente positivo.

▷▶ **45** $x^2 + 1 > 0$

Possiamo subito osservare che $x^2 + 1$ è positivo per qualsiasi valore di x, perché somma del numero positivo 1 con il quadrato di x, che è positivo o nullo. Quindi $x^2 + 1 > 0 \longrightarrow \forall x \in \mathbb{R}$.
Si ottiene lo stesso risultato osservando che $x^2 + 1 = 1x^2 + 0x + 1$. Quindi $\Delta = 0^2 - 4 \cdot 1 \cdot 1 = -4 < 0$ ed è $a = 1 > 0$. Poiché il primo coefficiente è concorde con il verso della disequazione, questa risulta verificata per qualsiasi valore di x.
Possiamo osservare che anche la disequazione $x^2 + 1 \geq 0$ è verificata $\forall x \in \mathbb{R}$.

▷▶ **46** $3x^2 - 12 \geq 0$ $\qquad [x \leq -2 \lor x \geq 2]$ ▷▶ **47** $x^2 - 25 \leq 0$ $\qquad [-5 \leq x \leq 5]$

▷▶ **48** $-2x^2 \geq 0$ $\qquad [x = 0]$ ▷▶ **49** $4 - 9x^2 < 0$ $\qquad \left[x < -\dfrac{2}{3} \lor x > \dfrac{2}{3}\right]$

▷▶ **50** $x^2 + 4x > 0$ $\qquad [x < -4 \lor x > 0]$ ▷▶ **51** $6x - x^2 > 0$ $\qquad [0 < x < 6]$

▷▶ **52** $x^2 + 2 > 0$ $\qquad [\forall x \in \mathbb{R}]$ ▷▶ **53** $x^2 - x > 0$ $\qquad [x < 0 \lor x > 1]$

▷▶ 54	$2x^2 + 1 < 0$	[impossibile]		▷▶ 55	$-x^2 - 3 > 0$	[impossibile]
▷▶ 56	$4x - x^2 > 0$	$[0 < x < 4]$		▷▶ 57	$x^2 \geq 0$	$[\forall x \in \mathbb{R}]$
▷▶ 58	$x^2 - 4 > 0$	$[x < -2 \lor x > 2]$		▷▶ 59	$x^2 > 0$	$[x \neq 0]$
▷▶ 60	$2x^2 + 5 > 0$	$[\forall x \in \mathbb{R}]$		▷▶ 61	$x^2 - x - 2 > 0$	$[x < -1 \lor x > 2]$
▷▶ 62	$x^2 + 6x + 5 < 0$	$[-5 < x < -1]$		▷▶ 63	$-x^2 + 4x - 3 > 0$	$[1 < x < 3]$
▷▶ 64	$x^2 - 7x \geq 0$	$[x \leq 0 \lor x \geq 7]$		▷▶ 65	$x^2 - 49 \leq 0$	$[-7 \leq x \leq 7]$
▷▶ 66	$x^2 - 5x - 6 > 0$	$[x < -1 \lor x > 6]$		▷▶ 67	$x^2 + 2x - 3 \leq 0$	$[-3 \leq x \leq 1]$
▷▶ 68	$2x^2 + x - 1 > 0$	$\left[x < -1 \lor x > \frac{1}{2}\right]$		▷▶ 69	$x^2 + 2x + 1 > 0$	$[x \neq -1]$
▷▶ 70	$x^2 + 2x + 1 \geq 0$	$[\forall x \in \mathbb{R}]$		▷▶ 71	$x^2 - x + 4 > 0$	$[\forall x \in \mathbb{R}]$
▷▶ 72	$-x^2 + 2x - 5 > 0$	[impossibile]		▷▶ 73	$-9x^2 + 12x - 4 \geq 0$	$\left[x = \frac{2}{3}\right]$
▷▶ 74	$x^2 - 4x + 4 > 0$	$[x \neq 2]$		▷▶ 75	$x^2 + 4x + 4 \leq 0$	$[x = -2]$
▷▶ 76	$4x^2 - 4x + 1 < 0$	[impossibile]		▷▶ 77	$x^2 + x + 3 > 0$	$[\forall x \in \mathbb{R}]$
▷▶ 78	$2x^2 + 3x - 2 \geq 0$	$\left[x \leq -2 \lor x \geq \frac{1}{2}\right]$		▷▶ 79	$3x^2 + 5x - 2 < 0$	$\left[-2 < x < \frac{1}{3}\right]$
▷▶ 80	$x^2 - 8x + 16 > 0$	$[x \neq 4]$		▷▶ 81	$5x^2 - 7x + 10 \leq 0$	[impossibile]
▷▶ 82	$4x^2 - 12x + 9 \geq 0$	$[\forall x \in \mathbb{R}]$		▷▶ 83	$4x^2 - 9 > 0$	$\left[x < -\frac{3}{2} \lor x > \frac{3}{2}\right]$
▷▶ 84	$2x^2 + 7 > 0$	$[\forall x \in \mathbb{R}]$		▷▶ 85	$5x - x^2 > 0$	$[0 < x < 5]$
▷▶ 86	$x^2 - 16 \geq 0$	$[x \leq -4 \lor x \geq 4]$		▷▶ 87	$-x^2 + 8x - 12 > 0$	$[2 < x < 6]$
▷▶ 88	$4x^2 - 20x + 25 > 0$	$\left[x \neq \frac{5}{2}\right]$		▷▶ 89	$x^2 > 5$	$[x < -\sqrt{5} \lor x > \sqrt{5}]$
▷▶ 90	$x^2 \leq 121$	$[-11 \leq x \leq 11]$		▷▶ 91	$2x^2 - 1 < 0$	$\left[-\frac{\sqrt{2}}{2} < x < \frac{\sqrt{2}}{2}\right]$
▷▶ 92	$9x^2 + 8x - 1 < 0$	$\left[-1 < x < \frac{1}{9}\right]$		▷▶ 93	$7x - 2x^2 < 0$	$\left[x < 0 \lor x > \frac{7}{2}\right]$
▷▶ 94	$x^2 - 10x + 25 < 0$	[impossibile]		▷▶ 95	$2x^2 + 16x + 32 > 0$	$[x \neq -4]$
▷▶ 96	$x^2 + 10x + 25 \leq 0$	$[x = -5]$		▷▶ 97	$-x^2 + 8x - 7 \leq 0$	$[x \leq 1 \lor x \geq 7]$
▷▶ 98	$x^2 - 3x - 4 < 0$	$[-1 < x < 4]$		▷▶ 99	$5x - 15x^2 > 0$	$\left[0 < x < \frac{1}{3}\right]$
▷▶ 100	$x - 7x^2 - 2 < 0$	$[\forall x \in \mathbb{R}]$		▷▶ 101	$4x + 21 - x^2 > 0$	$[-3 < x < 7]$
▷▶ 102	$x^2 - 8x + 15 < 0$	$[3 < x < 5]$		▷▶ 103	$x^2 + 13x + 36 \leq 0$	$[-9 \leq x \leq -4]$
▷▶ 104	$\frac{3}{5}x^2 - 2x < 0$	$\left[0 < x < \frac{10}{3}\right]$		▷▶ 105	$\frac{1}{2}x^2 + \frac{1}{8} > 0$	$[\forall x \in \mathbb{R}]$
▷▶ 106	$\frac{1}{2}x^2 - \frac{1}{3}x > 0$	$\left[x < 0 \lor x > \frac{2}{3}\right]$		▷▶ 107	$4x^2 - \frac{1}{4} < 0$	$\left[-\frac{1}{4} < x < \frac{1}{4}\right]$
▷▶ 108	$x^2 - \frac{3}{5}x + \frac{1}{3} > 0$	$[\forall x \in \mathbb{R}]$		▷▶ 109	$3x^2 - \frac{7}{4}x + \frac{1}{4} < 0$	$\left[\frac{1}{4} < x < \frac{1}{3}\right]$
▷▶ 110	$x^2 + \frac{23}{5}x - 2 > 0$	$\left[x < -5 \lor x > \frac{2}{5}\right]$		▷▶ 111	$4x^2 + 10x + \frac{25}{4} > 0$	$\left[x \neq -\frac{5}{4}\right]$

ESERCIZI

▶▶ **112** $5x^2 < 8x - \dfrac{16}{5}$ [impossibile]

▶▶ **113** $\dfrac{x^2}{4} - x < \dfrac{21}{4}$ $[-3 < x < 7]$

▶▶ **114** $0,\overline{3}x^2 + \dfrac{1}{2}x > 0$ $[x < -1,5 \lor x > 0]$

▶▶ **115** $1,\overline{3}x^2 - 2,2x < 0$ $[0 < x < 1,65]$

▶▶ **116** $0,01x^2 - 1 \leq 0$ $[-10 \leq x \leq 10]$

▶▶ **117** $0,32x^2 - 0,02 > 0$ $\left[x < -\dfrac{1}{4} \lor x > \dfrac{1}{4}\right]$

▶▶ **118** $0,16x^2 - 0,36 \leq 0$ $\left[-\dfrac{3}{2} \leq x \leq \dfrac{3}{2}\right]$

▶▶ **119** $0,1x^2 - 0,2x + 0,3 \leq 0$ [impossibile]

▶▶ **120** $0,5x^2 - 0,8x + 0,32 > 0$ $[x \neq 0,8]$

▶▶ **121** $0,\overline{2}x^2 - 1,\overline{3}x + 2 \geq 0$ $[\forall x \in \mathbb{R}]$

▶▶ **122** $0,\overline{6}x^2 - 1,\overline{1}x - 2,\overline{6} < 0$ $[-1,\overline{3} < x < 3]$

▶▶ **123** $x^2 + x + \sqrt{3} > 0$ $[\forall x \in \mathbb{R}]$

▶▶ **124** $2x^2 - x + \sqrt{2} < 0$ [impossibile]

▶▶ **125** $x^2 - \sqrt{2}x + 4 > 0$ $[\forall x \in \mathbb{R}]$

▶▶ **126** $x^2 - 2\sqrt{3}x + 3 > 0$ $[x \neq \sqrt{3}]$

▶▶ **127** $x^2 - \sqrt{3}x \geq 0$ $[x \leq 0 \lor x \geq \sqrt{3}]$

▶▶ **128** $\sqrt{2}x^2 - 2x + 2\sqrt{2} \leq 0$ [impossibile]

▶▶ **129** $x^2 + \sqrt{2}x < 0$ $[-\sqrt{2} < x < 0]$

▶▶ **130** $4x^2 - 4x\sqrt{3} + 3 \leq 0$ $\left[x = \dfrac{\sqrt{3}}{2}\right]$

▶▶ **131** $3x^2 + \sqrt{3}x + 8 < 0$ [impossibile]

▶▶ **132** $3x^2 - 2\sqrt{3}x + 1 > 0$ $\left[x \neq \dfrac{\sqrt{3}}{3}\right]$

▶▶ **133** $x^2 < 2(3\sqrt{2}x - 8)$ $[2\sqrt{2} < x < 4\sqrt{2}]$

▶▶ **134** $x^2 + \sqrt{7}x - 14 \geq 0$ $[x \leq -2\sqrt{7} \lor x \geq \sqrt{7}]$

▶▶ **135** $4x^2 - 4\sqrt{5}x + 1 < 0$ $\left[\dfrac{\sqrt{5}-2}{2} < x < \dfrac{\sqrt{5}+2}{2}\right]$

▶▶ **136** $x^2 - 2\sqrt{2}x + \sqrt{7} > 0$ $[\forall x \in \mathbb{R}]$

▶▶ **137** $x^2 - 2\sqrt{3}x + 2 > 0$ $[x < \sqrt{3}-1 \lor x > \sqrt{3}+1]$

▶▶ **138** $-7x^2 + 2x\sqrt{7} - 1 \geq 0$ $\left[x = \dfrac{\sqrt{7}}{7}\right]$

▶▶ **139** $4(x^2 - 1) < 4x - 1$ $\left[-\dfrac{1}{2} < x < \dfrac{3}{2}\right]$

▶▶ **140** $25(4x - 1) + (x - 5)^2 \geq 0$ $[x \leq -90 \lor x \geq 0]$

▶▶ **141** $\dfrac{3(x^2 - 1)}{4} > 3x^2 + \dfrac{5}{2}$ [impossibile]

▶▶ **142** $3(x - 1)(x + 3) > 7 + 2(3x - 2)$ $[x < -2 \lor x > 2]$

▶▶ **143** $\dfrac{x-1}{5} + \dfrac{1}{3} < \dfrac{(x-2)(x-3)}{6}$ $\left[x < 1 \lor x > \dfrac{26}{5}\right]$

▶▶ **144** $4x(x - 2) < 11 + (x - 4)^2$ $[-3 < x < 3]$

▶▶ **145** $\dfrac{2x - (3 + x^2)}{2} - 1 > \dfrac{3 - x^2}{4}$ [impossibile]

▶▶ **146** $(3x + 2)^3 \geq (3x - 2)^3$ $[\forall x \in \mathbb{R}]$

▶▶ **147** $(x + 5)(x^2 - 5x + 25) < (x + 5)^3$ $[x < -5 \lor x > 0]$

▶▶ **148** $(2x - 1)(4x^2 + 2x + 1) \leq (2x - 1)^3$ $\left[0 \leq x \leq \dfrac{1}{2}\right]$

▶▶ **149** $(2x - 1)(x - 3) - (x - 1)[2(2x - 1) + x] < 0$ $\left[x < -\dfrac{\sqrt{3}}{3} \lor x > \dfrac{\sqrt{3}}{3}\right]$

▶▶ **150** $(x + 5)^2 - (x - 1)(2x + 1) > 13(x + 2)$ $[-2 < x < 0]$

▷▷ **151** $[x - 4(1-x) + 2](1-x) < x - 2(1-2x)$ $\left[x < 0 \lor x > \dfrac{2}{5}\right]$

▷▷ **152** $[x^2 - (1-x)^2](1-2x) + 10 < 3(x-1) + x(1-x)$ $[x < -2 \lor x > 2]$

▷▷ **153** $\dfrac{1-3x}{5} - \dfrac{(2-x)(2+x)}{3} < x - \dfrac{6}{5} + \dfrac{1+x^2}{15}$ $[0 < x < 6]$

▷▷ **154** $\dfrac{5+3x^2}{6} \geq \dfrac{1}{4}\left(3 + \dfrac{1}{3} + 2x^2\right) - \dfrac{x^2-4}{3}$ $[x \leq -2 \lor x \geq 2]$

▷▷ **155** $\dfrac{1}{3}x^2 - \dfrac{3}{4} \leq \left(\dfrac{1}{3}x + \dfrac{1}{2}\right)\left(\dfrac{1}{3}x - \dfrac{1}{2}\right) - \left(\dfrac{1}{3}x - \dfrac{1}{2}\right)^2$ $\left[-\dfrac{1}{2} \leq x \leq \dfrac{3}{2}\right]$

▷▷ **156** $\left(\dfrac{1}{3}x - \dfrac{1}{2}\right)^2 < \left(\dfrac{1}{2}x + \dfrac{1}{3}\right)^2 - \dfrac{1}{36}(x+5)^2$ $\left[x < -5 \lor x > \dfrac{3}{2}\right]$

▷▷ **157** $\dfrac{1}{2}\left[x - \dfrac{1}{3}\left(x - \dfrac{1}{2}\right)\right] \geq \left(x + \dfrac{1}{2}\right)^2 + \dfrac{2}{3}\left[1 - \dfrac{1}{2}(x-1)^2\right]$ $\left[-\dfrac{3}{2} \leq x \leq -\dfrac{1}{2}\right]$

▷▷ **158** $\left(x - \dfrac{x+1}{2}\right)\left[\dfrac{2}{3}x - \dfrac{1}{2}\left(2 - \dfrac{3x-1}{6}\right)(x-1)\right] \geq \dfrac{1}{8}\left(x - \dfrac{1}{3}\right)^3 - \dfrac{1}{27}$ $\left[1 \leq x \leq \dfrac{3}{2}\right]$

▷▷ **159** $x - (2x - \sqrt{5})(x + \sqrt{5}) + \sqrt{5} \leq 0$ $\left[x \leq -\sqrt{5} \lor x \geq \dfrac{1+\sqrt{5}}{2}\right]$

QUESITI A RISPOSTA MULTIPLA

▷▷ **160** Risolvendo la disequazione $x^2 < 25$ si ottiene

a $x < 5$ b $x \leq \pm 5$ c $-5 < x < 5$ d $x < -5 \lor x > 5$

▷▷ **161** Risolvendo la disequazione $x^2 > 3^2$ si ottiene

a $-3 < x < 3$ b $x > 3$ c $x < 3$ d $x < -3 \lor x > 3$

▷▷ **162** Quale delle seguenti disequazioni è impossibile?

a $x^2 - 2x + 1 > 0$ b $x^2 - x + 1 > 0$ c $x^2 + x + 1 \leq 0$ d $x^2 - 2x + 1 \leq 0$

▷▷ **163** Quale delle seguenti disequazioni non è impossibile?

a $x^2 - 4x + 4 < 0$ b $x^2 - 2x + 4 < 0$ c $x^2 + 2x + 4 \leq 0$ d $x^2 - 4x + 4 \leq 0$

COMPLETARE...

Sostituisci ai puntini gli opportuni segni, numeri e simboli di disuguaglianza.

▷▷ **164** $x^2 \ldots 25 > 0 \longrightarrow \forall x \in \mathbb{R}$; $x^2 \ldots 7 < 0 \longrightarrow$ impossibile; $3x^2 + 2x + 5 \ldots 0 \longrightarrow$ impossibile

▷▷ **165** $x^2 \ldots 4 > 0 \longrightarrow x < -2 \lor x > 2$; $x^2 \ldots\ldots > 0 \longrightarrow x < -3 \lor x > 3$

▷▷ **166** $x^2 \ldots\ldots < 0 \longrightarrow -2 < x < 2$; $x^2 - 2x \ldots\ldots > 0 \longrightarrow x \neq 1$

▷▷ **167** $x^2 - \ldots x + \ldots\ldots < 0 \longrightarrow 2 < x < 5$; $x^2 - \ldots x + \ldots\ldots \geq 0 \longrightarrow x \leq 4 \lor x \geq 6$

Segno del trinomio di secondo grado

Studia il segno dei seguenti trinomi di secondo grado.

ESERCIZI SVOLTI

▷▷ **168** $y = -x^2 + 5x - 4$

Il discriminante è *positivo*: infatti $\Delta = 5^2 - 4(-1)(-4) = 9 > 0$. Le radici sono $x_1 = 1$ e $x_2 = 4$.

ESERCIZI

In questo caso il primo coefficiente è negativo ($a = -1 < 0$), perciò avremo

- $y > 0$ per $1 < x < 4$
- $y = 0$ per $x = 1 \vee x = 4$
- $y < 0$ per $x < 1 \vee x > 4$

▷▷ **169** $y = -9x^2 + 6x - 1$

▶ Il discriminante è *nullo*: infatti $\dfrac{\Delta}{4} = 9 - (-9)(-1) = 0 \longrightarrow \Delta = 0$. Il trinomio ha due radici coincidenti:
$$x_1 = x_2 = \frac{1}{3}$$

Poiché siamo nel caso $\Delta = 0$ e il primo coefficiente è negativo ($a = -9 < 0$), avremo

- $y < 0$ per $x \neq \dfrac{1}{3}$
- $y = 0$ per $x = \dfrac{1}{3}$

Ovviamente il trinomio non può essere positivo per alcun valore di x.

▶ Il risultato ottenuto è ancora più evidente se osserviamo che
$$y = -9x^2 + 6x - 1 = -(9x^2 - 6x + 1) = -(3x - 1)^2$$

▷▷ **170** $y = -x^2 + 5x - 9$

Il trinomio ha il discriminante *negativo* ($\Delta = -11 < 0$) e il primo coefficiente negativo ($a = -1 < 0$). Pertanto risulta:
$$y < 0 \quad \forall x \in \mathbb{R}$$

■ **OSSERVAZIONE**

Quando il discriminante è negativo, il trinomio è sempre dello stesso segno del suo primo coefficiente.

▷▷ **171** $y = 2x^2 + x + 7$

Il trinomio ha il discriminante negativo ($\Delta = -55 < 0$) e il primo coefficiente positivo ($a = 2 > 0$). Pertanto risulta:
$$y > 0 \quad \forall x \in \mathbb{R}$$

▷▷ **172** $y = 2x^2 + 3x - 2$ $\qquad \left[y > 0 \text{ per } x < -2 \vee x > \dfrac{1}{2}; \; y < 0 \text{ per } -2 < x < \dfrac{1}{2}; \right.$
$\left. y = 0 \text{ per } x = -2 \vee x = \dfrac{1}{2}\right]$

▷▷ **173** $y = -x^2 - 5x - 6$ $\qquad [y > 0 \text{ per } -3 < x < -2; \; y < 0 \text{ per } x < -3 \vee x > -2;$
$y = 0 \text{ per } x = -3 \vee x = -2]$

▷▷ **174** $y = 4x - x^2$ $\qquad [y > 0 \text{ per } 0 < x < 4; \; y < 0 \text{ per } x < 0 \vee x > 4; \; y = 0 \text{ per } x = 0 \vee x = 4]$

▷▷ **175** $y = x^2 - 5x + 10$ $\qquad [y > 0 \text{ per qualsiasi } x \in \mathbb{R}]$

▷▷ **176** $y = \sqrt{3}x^2 + 3x + 4\sqrt{3}$ $\qquad [y > 0 \text{ per qualsiasi } x \in \mathbb{R}]$

▷▷ **177** $y = -3x^2 + x - 4$ $\qquad [y < 0 \text{ per qualsiasi } x \in \mathbb{R}]$

▷▷ **178** $y = 4x^2 - 4x + 1$ $\qquad \left[y > 0 \text{ per } x \neq \dfrac{1}{2}; \; y = 0 \text{ per } x = \dfrac{1}{2}\right]$

▷▷ **179** $y = -x^2 + 6x - 9$ $\qquad [y < 0 \text{ per } x \neq 3; \; y = 0 \text{ per } x = 3]$

▷▷ **180** $y = 25 - 9x^2$ $\qquad \left[y > 0 \text{ per } -\dfrac{5}{3} < x < \dfrac{5}{3}; \; y < 0 \text{ per } x < -\dfrac{5}{3} \vee x > \dfrac{5}{3}; \; y = 0 \text{ per } x = \pm\dfrac{5}{3}\right]$

▷▷ **181** $y = 2x^2 - 50$ $\qquad [y > 0 \text{ per } x < -5 \vee x > 5; \; y < 0 \text{ per } -5 < x < 5; \; y = 0 \text{ per } x = \pm 5]$

▷▷ **182** $y = -6x^2 + 2\sqrt{6}x - 1$ $\qquad \left[y < 0 \text{ per } x \neq \dfrac{\sqrt{6}}{6}; \; y = 0 \text{ per } x = \dfrac{\sqrt{6}}{6}\right]$

▷▶ **183** $y = x^2 + (\sqrt{3} - \sqrt{2})x - \sqrt{6}$ $\quad [y > 0 \text{ per } x < -\sqrt{3} \vee x > \sqrt{2};\ y < 0 \text{ per } -\sqrt{3} < x < \sqrt{2};$
$y = 0 \text{ per } x = -\sqrt{3} \vee x = \sqrt{2}]$

Disequazioni letterali intere

Risolvi le seguenti disequazioni letterali intere.

ESERCIZIO SVOLTO

▷▶ **184** $x^2 + ax - 2a^2 > 0$ con $a < 0$

Calcoliamo il discriminante dell'equazione associata: $\Delta = 9a^2 > 0$ (osserva che $a < 0 \longrightarrow a^2 > 0$).
Le radici dell'equazione associata sono

$$x_1 = a \quad \text{e} \quad x_2 = -2a$$

Poiché il primo coefficiente è concorde con il verso della disequazione ed è $\Delta > 0$, la disequazione è verificata per

$$x < a \vee x > -2a$$

▷▶ **185** $2x^2 - 5ax < 0$, con $a > 0$ $\quad \left[0 < x < \dfrac{5}{2}a\right]$ ▷▶ **186** $x^2 - 2ax < 0$, con $a < 0$ $\quad [2a < x < 0]$

▷▶ **187** $x^2 + 7ax > 0$, con $a > 0$ $\quad [x < -7a \vee x > 0]$ ▷▶ **188** $2x^2 + 6ax < 0$, con $a < 0$ $\quad [0 < x < -3a]$

▷▶ **189** $x^2 - 6ax + 8a^2 > 0$, con $a > 0$ $\quad [x < 2a \vee x > 4a]$

▷▶ **190** $x^2 - 7ax + 12a^2 > 0$, con $a < 0$ $\quad [x < 4a \vee x > 3a]$

▷▶ **191** $x^2 - 5ax + 4a^2 < 0$, con $a > 0$ $\quad [a < x < 4a]$

▷▶ **192** $x^2 - 3ax - 4a^2 < 0$, con $a < 0$ $\quad [4a < x < -a]$

▷▶ **193** $ax^2 - 9a^2x < 0$, con $a > 0$ $\quad [0 < x < 9a]$

▷▶ **194** $ax^2 - 5a^2x < 0$, con $a < 0$ $\quad [x < 5a \vee x > 0]$

▷▶ **195** $(1-a)x^2 + 4 > 0$, con $a \leq 1$ $\quad [\forall x \in \mathbb{R}]$

▷▶ **196** $(ax+1)^2 > (x+a)(x-a) + a^2(x^2+2)$ $\quad [a-1 < x < a+1]$

▷▶ **197** $(x-2a)^2 + 3a(a+2) \leq (3a-x)(2a+3)$ $\quad [a-3 \leq x \leq a]$

VERO O FALSO?

▷▶ **198** **a.** $x^2 - ax > 0$ con $a > 0 \longrightarrow x < 0 \vee x > a$ $\quad$ V F
b. $x^2 - ax > 0$ con $a < 0 \longrightarrow x < 0 \vee x > a$ $\quad$ V F
c. $x^2 + ax > 0$ con $a < 0 \longrightarrow x < -a \vee x > 0$ $\quad$ V F
d. $ax^2 - a^3 < 0$ con $a < 0 \longrightarrow x < a \vee x > -a$ $\quad$ V F

QUESITI A RISPOSTA MULTIPLA

▷▶ **199** $x^2 - 4a^2 \leq 0$ con $a < 0$ è verificata per

a $-2a \leq x \leq 2a$ $\qquad$ **b** $2a \leq x \leq -2a$

c $x \leq 2a \vee x \geq -2a$ $\qquad$ **d** $x \leq -2a \vee x \geq 2a$

e nessuno dei precedenti risultati

ESERCIZI

▶▶ **200** $3x^2 + ax > 0$ con $a > 0$ è verificata per

    a $x < 0 \vee x > -\dfrac{a}{3}$ **b** $-\dfrac{a}{3} < x < 0$ **c** $x < -\dfrac{a}{3} \vee x > 0$ **d** $0 < x < -\dfrac{a}{3}$

▶▶ **201** $9a^2 - x^2 > 0$ con $a < 0$ è verificata per

    a $-3a < x < 3a$ **b** $x < 3a \vee x > -3a$ **c** $3a < x < -3a$ **d** $x < -3a \vee x > 3a$

▶▶ **202** $ax^2 + 1 < 0$ con $a > 0$ è verificata per

    a $-\dfrac{\sqrt{a}}{a} < x < \dfrac{\sqrt{a}}{a}$ **b** $\forall x \in \mathbb{R}$ **c** $a < -\dfrac{1}{x^2}$ **d** nessun valore di x

▶▶ **203** $ax^2 - 3x > 0$ con $a < 0$ è verificata per

    a $x < 0 \vee x > \dfrac{3}{a}$ **b** $\dfrac{3}{a} < x < 0$ **c** $x < \dfrac{3}{a} \vee x > 0$ **d** $0 < x < \dfrac{3}{a}$

Risolvi e discuti le seguenti disequazioni.

Altri esercizi

■ ESERCIZIO SVOLTO

Altri esercizi svolti

▶▶ **204** $(k-2)x^2 - 2kx + k + 2 < 0$

La disequazione è già scritta in forma canonica.
In questo caso osserviamo subito che la disequazione data è di secondo grado se $k \neq 2$.

▶ Per $k = 2$ la diventa la disequazione di primo grado

$$-4x + 4 < 0 \longrightarrow x > 1$$

▶ Supponiamo ora che sia $k \neq 2$.
Il discriminante ridotto del trinomio al primo membro è

$$\frac{\Delta}{4} = (-k)^2 - (k-2)(k+2) = k^2 - k^2 + 4 = 4$$

Quindi risulta

$$\Delta > 0 \text{ per qualsiasi } k \in \mathbb{R}$$

Le radici del trinomio sono, per $k \neq 2$,

$$x = \frac{k \pm \sqrt{4}}{k-2} \quad \begin{matrix} \nearrow 1 \\ \searrow \dfrac{k+2}{k-2} \end{matrix}$$

Poiché non conosciamo il valore di k dobbiamo stabilire per quali valori di k una delle due radici è maggiore o minore dell'altra.
Ad esempio ricerchiamo i valori di k per i quali è

$$\frac{k+2}{k-2} > 1 \longrightarrow \frac{k+2-k+2}{k-2} > 0 \longrightarrow \frac{4}{k-2} > 0 \longrightarrow k > 2$$

Quindi

- se $k > 2$ risulta $\dfrac{k+2}{k-2} > 1$ $\left(\text{quindi } x_1 = 1 < x_2 = \dfrac{k+2}{k-2}\right)$

- se $k < 2$ risulta $\dfrac{k+2}{k-2} < 1$ $\left(\text{quindi } x_1 = \dfrac{k+2}{k-2} < x_2 = 1\right)$

Osserviamo poi che

- se $k > 2$ il *primo coefficiente* del trinomio al primo membro della è *positivo*
- se $k < 2$ il *primo coefficiente* del trinomio al primo membro della è *negativo*

Possiamo quindi dire che

- se $k > 2$, essendo $\Delta > 0$, il primo coefficiente positivo e discorde dal verso del simbolo di disuguaglianza, la ① è verificata per

$$1 < x < \frac{k+2}{k-2}$$

- se $k < 2$, essendo $\Delta > 0$, il primo coefficiente negativo e concorde con il verso del simbolo di disuguaglianza, la ① è verificata per

$$x < \frac{k+2}{k-2} \ \lor \ x > 1$$

Riassumendo

- $k < 2 \longrightarrow x < \dfrac{k+2}{k-2} \lor x > 1$
- $k = 2 \longrightarrow x > 1$
- $k > 2 \longrightarrow 1 < x < \dfrac{k+2}{k-2}$

▷▷ **205** $ax^2 - 2ax + a + 1 < 0$ $\qquad \left[a < 0, \ x < \dfrac{a + \sqrt{-a}}{a} \lor x > \dfrac{a - \sqrt{-a}}{a}; \ a \geq 0, \ \text{impossibile} \right]$

▷▷ **206** $ax^2 - 2ax + a + 1 > 0$ $\qquad \left[a < 0, \ \dfrac{a + \sqrt{-a}}{a} < x < \dfrac{a - \sqrt{-a}}{a}; \ a \geq 0, \ \forall x \in \mathbb{R} \right]$

▷▷ **207** $x^2 - a + 1 < 0$ $\qquad \left[a \leq 1, \ \text{impossibile}; \ a > 1, \ -\sqrt{a-1} < x < \sqrt{a-1} \right]$

▷▷ **208** $x^2 - (a+2)x + a + 1 \leq 0$ $\qquad \left[a < 0, \ a+1 \leq x \leq 1; \ a = 0, \ x = 1; \ a > 0, \ 1 \leq x \leq a+1 \right]$

▷▷ **209** $x^2 - (m-2)x - 2m > 0$ $\qquad \left[m < -2, \ x < m \lor x > -2; \ m = -2, \ x \neq -2; \ m > -2, \ x < -2 \lor x > m \right]$

▷▷ **210** $a^2x^2 - 2a^2x + a^2 - 1 > 0$ $\qquad \left[\begin{array}{l} a < 0, \ x < \dfrac{a+1}{a} \lor x > \dfrac{a-1}{a}; \\ a = 0, \ \text{impossibile}; \ a > 0, \ x < \dfrac{a-1}{a} \lor x > \dfrac{a+1}{a} \end{array} \right]$

▷▷ **211** $(a+2)x^2 - (a^2 - 4)x \leq 0$ $\qquad \left[\begin{array}{l} a < -2, \ x \leq a-2 \lor x \geq 0; \ a = -2, \ \forall x \in \mathbb{R}; \\ -2 < a < 2, \ a-2 \leq x \leq a; \ a = 2, \ x = 0; \ a > 2, \ 0 \leq x \leq a-2 \end{array} \right]$

▷▷ **212** $(a+3)x^2 + 2ax + a - 3 \geq 0$ $\qquad \left[\begin{array}{l} a < -3, \ \dfrac{3-a}{a+3} \leq x \leq -1; \ a = -3, \ x \leq -1; \\ a > -3, \ x \leq -1 \lor x \geq \dfrac{3-a}{a+3} \end{array} \right]$

▷▷ **213** $(k-2)x^2 - 2(k+1)x + k + 4 < 0$ $\qquad \left[\begin{array}{l} k < 2, \ x < \dfrac{k+4}{k-2} \lor x > 1; \ k = 2, \ x > 1; \\ k > 2, \ 1 < x < \dfrac{k+4}{k-2} \end{array} \right]$

▷▷ **214** $\dfrac{x^2 - 1}{m - 1} > 2m - x + 1$ $\qquad \left[\begin{array}{l} m = 1, \ \text{la disequazione perde significato}; \\ m < \dfrac{1}{3}, \ m < x < 1 - 2m; \ m = \dfrac{1}{3}, \ \text{impossibile}; \\ \dfrac{1}{3} < m < 1, \ 1 - 2m < x < m; \ m > 1, \ x < 1 - 2m \lor x > m \end{array} \right]$

ESERCIZI

◼ Sistemi di disequazioni

Risolvi i seguenti sistemi numerici contenenti anche disequazioni di secondo grado.

Altri esercizi

▸▸ ESERCIZI SVOLTI

▷▷ 215 $\begin{cases} 4x^2 + 3x - 1 > 0 \\ 3x^2 + 5x - 2 \leq 0 \end{cases}$

Le due disequazioni, già in forma canonica, del sistema devono essere verificate contemporaneamente, cioè per gli stessi valori di x.

- **Prima disequazione**

  L'equazione associata $4x^2 + 3x - 1 = 0$ ha discriminante positivo ($\Delta = 25$) e radici $x_1 = -1$ e $x_2 = \dfrac{1}{4}$.

  Il primo coefficiente è concorde con il verso della disequazione.
  Quindi

  $$4x^2 + 3x - 1 > 0 \quad \text{per } x < -1 \lor x > \frac{1}{4} \quad \longrightarrow \quad S_1 = (-\infty\,;\,-1) \cup \left(\frac{1}{4}\,;\,+\infty\right)$$

- **Seconda disequazione**

  L'equazione associata $3x^2 + 5x - 2 = 0$ ha discriminante positivo ($\Delta = 49$) e radici $x_1 = -2$ e $x_2 = \dfrac{1}{3}$.

  Il primo coefficiente è discorde con il verso della disequazione.
  Quindi

  $$3x^2 + 5x - 2 \leq 0 \quad \text{per } -2 \leq x \leq \frac{1}{3} \quad \longrightarrow \quad S_2 = \left[-2\,;\,\frac{1}{3}\right]$$

Il solito schema ci aiuterà nella ricerca dei valori di x che verificano entrambe le disequazioni.

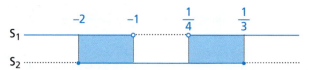

Si ottiene quindi che il sistema dato è verificato per

$$-2 \leq x < -1 \lor \frac{1}{4} < x \leq \frac{1}{3}$$

e l'insieme delle sue soluzioni è $S = S_1 \cap S_2 \quad \longrightarrow \quad S = [-2\,;\,-1) \cup \left(\dfrac{1}{4}\,;\,\dfrac{1}{3}\right]$.

▷▷ 216 $\begin{cases} 5x - 2 \geq 0 \\ x^2 + 3x + 7 \leq 0 \\ 2x^2 + x - 3 < 0 \end{cases}$

Prima disequazione

$5x - 2 \geq 0 \longrightarrow x \geq \dfrac{2}{5}$

Seconda disequazione

$\underline{x^2 + 3x + 7 \leq 0} \longrightarrow$ impossibile
$\Delta < 0$; 1° coefficiente
e verso discordi

Terza disequazione

....

Poiché **una delle disequazioni del sistema è impossibile**, ossia non ha soluzioni, non possono esistere numeri che soddisfino contemporaneamente tutte le disequazioni del sistema; pertanto non è necessario risolvere la terza disequazione. Il sistema è impossibile ed è quindi $S = \varnothing$.

▷▷ 217 $\begin{cases} 6x - x^2 \leq 0 \\ x^2 - 2x - 15 > 0 \end{cases}$ $\qquad [x < -3 \lor x \geq 6]$ **▷▷ 218** $\begin{cases} 3 - x < 0 \\ x^2 - 25 \geq 0 \end{cases}$ $\qquad [x \geq 5]$

219 $\begin{cases} 4x^2 - 12x + 9 \leq 0 \\ x^2 + 9 > 0 \end{cases}$ $\left[x = \dfrac{3}{2}\right]$ **220** $\begin{cases} x + 7 > 0 \\ x^2 + 6x - 16 \leq 0 \end{cases}$ $[-7 < x \leq 2]$

221 $\begin{cases} x^2 - 12x + 36 \geq 0 \\ x^2 + x + 5 > 0 \end{cases}$ $[\forall x \in \mathbb{R}]$ **222** $\begin{cases} 4x^2 - 9 \leq 0 \\ x^2 + 9 < 0 \end{cases}$ [impossibile]

223 $\begin{cases} x^2 - 4x + 3 \leq 0 \\ x^2 - 4 > 0 \end{cases}$ $[2 < x \leq 3]$ **224** $\begin{cases} 5x^2 - 4x < 0 \\ 2x^2 + 5x - 3 < 0 \end{cases}$ $\left[0 < x < \dfrac{1}{2}\right]$

225 $\begin{cases} 3x^2 - 4x - 7 < 0 \\ \dfrac{4x-6}{3} + x < x + 1 \end{cases}$ $\left[-1 < x < \dfrac{9}{4}\right]$ **226** $\begin{cases} 3x^2 - x + 5 < 0 \\ \dfrac{x+2}{3} - x > \dfrac{x-1}{4} \end{cases}$ [impossibile]

227 $\begin{cases} x^2 + 3x > 4 \\ x(x+1) - 6x + 6 > 0 \end{cases}$ $[x < -4 \lor 1 < x < 2 \lor x > 3]$

228 $\begin{cases} 3x^2 - x - 2 > 0 \\ 6x^2 - x - 7 > 0 \end{cases}$ $\left[x < -1 \lor x > \dfrac{7}{6}\right]$ **229** $\begin{cases} x^2 - 5x + 6 \leq 0 \\ x^2 + 3x \geq 4 \end{cases}$ $[2 \leq x \leq 3]$

230 $\begin{cases} x^2 - 4x + 4 > 0 \\ x^2 + 3x + 5 > 0 \end{cases}$ $[x \neq 2]$ **231** $\begin{cases} 6x^2 + 7x + 2 < 0 \\ 4x^2 - 3x + 15 > 0 \end{cases}$ $\left[-\dfrac{2}{3} < x < -\dfrac{1}{2}\right]$

232 $\begin{cases} (3x-1)^2 > (x+5)^2 + 2 \\ x^2 - 2x + 1 < 0 \end{cases}$ [impossibile] **233** $\begin{cases} x^2 \geq 9 \\ 121 > x^2 \end{cases}$ $[-11 < x \leq -3 \lor 3 \leq x < 11]$

234 $\begin{cases} 4x^2 + 81 > 0 \\ 4 - 2x > 0 \\ 9 - x^2 \leq 0 \end{cases}$ $[x \leq -3]$ **235** $\begin{cases} x^2 + 4x - 5 \leq 0 \\ x^2 - 2x + 1 > 0 \\ -3x < 0 \end{cases}$ $[0 < x < 1]$

236 $\begin{cases} x^2 - 3 > 0 \\ x^2 - 6x \leq 0 \end{cases}$ $[\sqrt{3} < x \leq 6]$ **237** $\begin{cases} x^2 - x\sqrt{2} \leq 0 \\ x^2 - (\sqrt{2} - 1)x - \sqrt{2} \geq 0 \end{cases}$ $[x = \sqrt{2}]$

238 $\begin{cases} x^2 - 4x + 3 \geq 0 \\ 3x - x^2 \geq 0 \end{cases}$ $[0 \leq x \leq 1 \lor x = 3]$ **239** $\begin{cases} 3x^2 - 2x - 3 > 0 \\ 11x > \dfrac{16}{5} \end{cases}$ $\left[x > \dfrac{1 + \sqrt{10}}{3}\right]$

240 $\begin{cases} (5x+1)^2 > 10x + 1 \\ x^2 + x\sqrt{2} \leq 2(x + \sqrt{2}) \end{cases}$ $[-\sqrt{2} \leq x \leq 2 \land x \neq 0]$

241 $\begin{cases} x^2 - 5x + 6 \geq 0 \\ 2(2x - 9) < x \\ x^2 + 2x - 15 \leq 0 \end{cases}$ Videolezione $[-5 \leq x \leq 2 \lor x = 3]$

242 $\begin{cases} 2x^2 - x - 6 \geq 0 \\ \dfrac{1}{3} + \dfrac{x-2}{6} \leq \dfrac{1}{2} \\ (2x-1)(1+x) \leq 5 + 2x \end{cases}$ $\left[x = -\dfrac{3}{2} \lor x = 2\right]$

243 $\begin{cases} \dfrac{1}{3}x \leq \dfrac{1}{4}x^2 + \dfrac{5}{6}x \\ x - \dfrac{1}{10} < \dfrac{3}{5}x^2 + \dfrac{1}{2}x \end{cases}$ $\left[x \leq -2 \lor 0 \leq x < \dfrac{1}{3} \lor x > \dfrac{1}{2}\right]$

244 $\begin{cases} \dfrac{(x+2)^2}{2} - \dfrac{x+1}{3} - \dfrac{3x-2}{6} > 3 \\ \left(\dfrac{3}{2}x - 2\right)^2 - \left(\dfrac{3}{2}x - 1\right)\left(x - \dfrac{3}{2}\right) \leq 1 \end{cases}$ $\left[\dfrac{2}{3} < x \leq 3\right]$

ESERCIZI

▷▷ **245** $\begin{cases} \left(2x + \dfrac{1}{3}\right)^2 \geq \left(\dfrac{1}{3}x - 2\right)^2 \\ \dfrac{1}{2}\left(x - \dfrac{3}{2}\right)\left(x + \dfrac{3}{2}\right) < \dfrac{4}{5}\left(\dfrac{1}{2} - x\right)\left(\dfrac{1}{2}x - 1\right) \end{cases}$ $\left[\dfrac{5}{7} \leq x < \dfrac{29}{18}\right]$

▷▷ **246** $\begin{cases} \left(x + \dfrac{1}{2}\right)^2 \leq \left(\dfrac{1}{4}x - 2\right)^2 \\ \dfrac{(x+2)^2}{2} - \dfrac{(2x+1)(2x-1)}{3} > \dfrac{7}{2} \\ (x+1)^3 < (x+3)(x^2+2) \end{cases}$ $\left[1 < x \leq \dfrac{6}{5}\right]$

▷▷ **247** $\begin{cases} \dfrac{x(3x+1)}{3} - \dfrac{x^2-1}{4} + \dfrac{(x+1)(x-3)}{12} \geq 1 + \dfrac{x}{3} \\ (2x - \sqrt{3})^2 \geq 4x^2 - 3 + x(2x - \sqrt{3}) \end{cases}$ $[-2\sqrt{3} \leq x \leq -1]$

■ Disequazioni frazionarie

Risolvi le seguenti disequazoni numeriche frazionarie.

Altri esercizi

■ ESERCIZI SVOLTI

▷▷ **248** $1 - \dfrac{1}{x-2} \leq \dfrac{2}{3x-1}$

Possiamo subito porre le condizioni di accettabilità delle soluzioni:

$$\text{C.A.: } x \neq \dfrac{1}{3} \wedge x \neq 2$$

Dobbiamo ora scrivere la disequazione in forma canonica:

$$1 - \dfrac{1}{x-2} - \dfrac{2}{3x-1} \leq 0 \longrightarrow \ldots \longrightarrow \dfrac{3x^2 - 12x + 7}{(x-2)(3x-1)} \leq 0$$

Occorre ora studiare il segno del numeratore e quello del denominatore e applicare la regola dei segni con l'aiuto del solito schema.

- $N = 3x^2 - 12x + 7 > 0 \longrightarrow x < \dfrac{6 - \sqrt{15}}{3} \vee x > \dfrac{6 + \sqrt{15}}{3}$

- $D = (x-2)(3x-1) > 0 \longrightarrow x < \dfrac{1}{3} \vee x > 2$

Infatti $(x-2)(3x-1)$ può essere considerato come un trinomio di secondo grado scomposto in fattori (quindi con discriminante necessariamente positivo) le cui radici sono $x_1 = \dfrac{1}{3}$ e $x_2 = 2$. Poiché il termine di secondo grado del trinomio è $3x^2$, il primo coefficiente è positivo ($a = 3 > 0$) ed è concorde con il verso della disequazione: questa è quindi verificata per valori di x esterni all'intervallo delle radici.

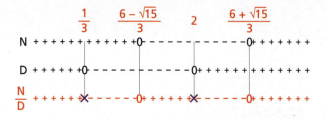

Le soluzioni della disequazione sono i valori di x per i quali *il rapporto tra numeratore e denominatore è negativo* o *nullo*. Dallo schema possiamo quindi dedurre che la disequazione è verificata per

$$\frac{1}{3} < x \le \frac{6-\sqrt{15}}{3} \lor 2 < x \le \frac{6+\sqrt{15}}{3}$$

▶▶ **249** $\dfrac{4x^2 - 9}{6x^2 - 11x + 3} > 0$

Il trinomio al denominatore ha discriminante $\Delta = (-11)^2 - 4 \cdot 6 \cdot 3 = 49 > 0$ e le sue radici sono $x_1 = \dfrac{1}{3}$ e $x_2 = \dfrac{3}{2}$. Possiamo quindi porre le condizioni di accettabilità:

$$\text{C.A.: } x \ne \frac{1}{3} \land x \ne \frac{3}{2}$$

La disequazione è già in forma canonica.

- $N = 4x^2 - 9 > 0$ per $x < -\dfrac{3}{2} \lor x > \dfrac{3}{2}$

- $D = 6x^2 - 11x + 3 > 0$ per $x < \dfrac{1}{3} \lor x > \dfrac{3}{2}$

Compiliamo il solito schema.

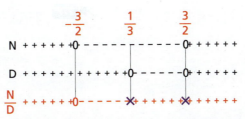

Poiché il rapporto tra numeratore e denominatore deve essere positivo, deduciamo che la disequazione è verificata per

$$x < -\frac{3}{2} \lor \frac{1}{3} < x < \frac{3}{2} \lor x > \frac{3}{2}$$

Le soluzioni possono anche essere espresse nella forma $x < -\dfrac{3}{2} \lor \left(x > \dfrac{1}{3} \land x \ne \dfrac{3}{2}\right)$.

In alternativa potevamo osservare, inizialmente, che $\dfrac{3}{2}$ è radice sia del denominatore sia del numeratore e quindi

$$\frac{4x^2-9}{6x^2-11x+3} > 0 \rightarrow \frac{(2x-3)(2x+3)}{6\left(x-\frac{1}{3}\right)\left(x-\frac{3}{2}\right)} > 0 \rightarrow \frac{\cancel{(2x-3)}(2x+3)}{(3x-1)\cancel{(2x-3)}} > 0 \rightarrow$$

<small>semplifichiamo tenendo poi conto delle C.A.</small>

$$\rightarrow \frac{2x+3}{3x-1} > 0 \rightarrow \ldots \rightarrow x < -\frac{3}{2} \lor x > \frac{1}{3}$$

Tenendo poi conto delle C.A. ritroviamo $x < -\dfrac{3}{2} \lor \left(x > \dfrac{1}{3} \land x \ne \dfrac{3}{2}\right)$.

▶▶ **250** $\dfrac{x-2}{x^2-2x-3} > 0$ $\qquad [-1 < x < 2 \lor x > 3]$ ▶▶ **251** $\dfrac{2x^2+3x-2}{x-1} \le 0$ $\qquad \left[x \le -2 \lor \dfrac{1}{2} \le x < 1\right]$

▶▶ **252** $\dfrac{4x^2}{3-2x} \le 0$ $\qquad \left[x = 0 \lor x > \dfrac{3}{2}\right]$ ▶▶ **253** $\dfrac{2x-4}{x^2+x+2} \ge 0$ $\qquad [x \ge 2]$

▶▶ **254** $\dfrac{3-2x}{2x^2+1} \ge 0$ $\qquad \left[x \le \dfrac{3}{2}\right]$ ▶▶ **255** $\dfrac{x^2}{x^2-1} \le 0$ $\qquad [-1 < x < 1]$

▶▶ **256** $\dfrac{x^2}{x^2-4} \ge 0$ $\qquad [x < -2 \lor x = 0 \lor x > 2]$ ▶▶ **257** $\dfrac{25x^2-20x+4}{8x-1} \le 0$ $\qquad \left[x < \dfrac{1}{8} \land x = \dfrac{2}{5}\right]$

258 $\dfrac{20x - 4 - 25x^2}{1 - 8x} > 0$ $\quad \left[x > \dfrac{1}{8} \land x \neq \dfrac{2}{5}\right]$ **259** $\dfrac{x^2 + x + \sqrt{17}}{2x + 3} \leq 0$ $\quad \left[x < -\dfrac{3}{2}\right]$

260 $\dfrac{x + 1}{2x^2 + x + \sqrt{3}} \geq 0$ $\quad [x \geq -1]$ **261** $\dfrac{x^2 - 3x + 5}{x^2 - 1} \leq 0$ $\quad [-1 < x < 1]$

262 $\dfrac{5x^2 - 3x - 2}{9x^2 + 15x - 6} > 0$ $\quad \left[x < -2 \lor -\dfrac{2}{5} < x < \dfrac{1}{3} \lor x > 1\right]$

263 $\dfrac{x^2 + 10x - 56}{x^2 - 2x - 48} > 0$ $\quad [x < -14 \lor -6 < x < 4 \lor x > 8]$

264 $\dfrac{3x^2 - x - 2}{6x^2 - x - 7} < 0$ $\quad \left[-1 < x < -\dfrac{2}{3} \lor 1 < x < \dfrac{7}{6}\right]$

265 $\dfrac{x^2 - 2x + 1}{6 + x - x^2} > 0$ $\quad [-2 < x < 3 \land x \neq 1]$ **266** $\dfrac{8x - x^2 - 7}{9x^2 - 8x - 1} > 0$ $\quad \left[-\dfrac{1}{9} < x < 7 \land x \neq 1\right]$

267 $\dfrac{x^2 + 5x + 4}{x^2 - 5x - 6} < 0$ $\quad [-4 < x < 6 \land x \neq -1]$ **268** $\dfrac{4x^2 + 4x + 1}{x^2 + x + 5} \leq 0$ $\quad \left[x = -\dfrac{1}{2}\right]$

269 $\dfrac{2}{x^2 + 1} - 1 > 0$ $\quad [-1 < x < 1]$ **270** $\dfrac{3x}{4 - x^2} \leq 1$ $\quad [x \leq -4 \lor -2 < x \leq 1 \lor x > 2]$

271 $\dfrac{6}{4x - x^2} \geq 1$ $\quad [0 < x < 4]$ **272** $\dfrac{x^2}{12(x - 3)} > 1$ $\quad [x > 3 \land x \neq 6]$

273 $\dfrac{4x + 5x^2}{x^2 - 1} \geq 1$ $\quad \left[x < -1 \lor x = -\dfrac{1}{2} \lor x > 1\right]$

274 $\dfrac{x^2 - 4}{3x} - \dfrac{1}{x} \leq \dfrac{1}{2} - \dfrac{2}{x}$ $\quad \left[x \leq -\dfrac{1}{2} \lor 0 < x \leq 2\right]$

275 $\dfrac{1}{x^2 + 2x} - \left(\dfrac{1}{x} + \dfrac{1}{3}\right) < -\dfrac{1}{x + 2}$ $\quad [x < -2 \lor x > 0]$

276 $\dfrac{x}{x + 2} < 5 - \dfrac{x}{3 - x}$ $\quad [x < -\sqrt{6} \lor -2 < x < \sqrt{6} \lor x > 3]$

277 $\dfrac{x}{6} - \dfrac{1}{x - 6} > \dfrac{x - 1}{6} - \dfrac{x - 1}{6 - x} + \dfrac{x}{6}$ $\quad [x < 6]$ **278** $\dfrac{x - 5}{3} > \dfrac{3}{x - 5}$ $\quad [2 < x < 5 \lor x > 8]$

279 $\dfrac{x - 1}{x + 1} + \dfrac{3}{x} < \dfrac{1}{4}$ $\quad [-1 < x < 0]$ **280** $\dfrac{x - 5}{x + 3} \leq \dfrac{8 - x}{3 - x}$ $\quad [-3 < x < 3 \lor x \geq 13]$

281 $\dfrac{3}{x^2 - 5x + 6} + \dfrac{4 - x}{3 - x} > \dfrac{6 - x}{2 - x}$ $\quad \left[2 < x < \dfrac{7}{3} \lor x > 3\right]$

282 $\dfrac{x}{\sqrt{3}} - 1 > 1 - \dfrac{\sqrt{3}}{x}$ $\quad [x > 0 \land x \neq \sqrt{3}]$

283 $\dfrac{x + 2}{x - 2} - \dfrac{2 - x}{x + 3} > \dfrac{10}{x(x + 1) - 6}$ $\quad \left[x < -3 \lor -\dfrac{1}{2} < x < 0 \lor x > 2\right]$

284 $\dfrac{x - 2}{x + 2} - \dfrac{x - 4}{x} > 1$ $\quad [-4 < x < -2 \lor 0 < x < 2]$

285 $x - \dfrac{2}{x - 1} \geq \dfrac{(x + 1)^2}{x}$ $\quad \left[-1 \leq x < 0 \lor \dfrac{1}{2} \leq x < 1\right]$

286 $\dfrac{2x + 2}{x + 3} + \dfrac{x^2 + x + 2}{2x^2 - 18} - \dfrac{x + 1}{2x - 6} \leq 1$ $\quad \left[-3 < x \leq \dfrac{1}{2} \lor 3 < x \leq 5\right]$

287 $\dfrac{3}{x - 1} + \dfrac{5}{x + 1} - \dfrac{3(4x - 11)}{x^2 - 1} \geq 1$ $\quad [-8 \leq x < -1 \lor 1 < x \leq 4]$

288 $\dfrac{5x}{1 - x} < \dfrac{8}{x - 2}$ $\quad \left[x < \dfrac{1 - \sqrt{41}}{5} \lor 1 < x < \dfrac{1 + \sqrt{41}}{5} \lor x > 2\right]$

289 $\dfrac{1}{x^2-5x+6} - \dfrac{x+2}{x-2} \geq \dfrac{x+3}{x-3}$ $\left[-\dfrac{\sqrt{26}}{2} \leq x < 2 \vee \dfrac{\sqrt{26}}{2} \leq x < 3\right]$

290 $\dfrac{2x}{3x-1} - \dfrac{3-x^2}{9x^2-6x+1} < 1$ $\left[x \neq \dfrac{1}{3}\right]$

291 $\left(\dfrac{x-1}{x+2} - \dfrac{x+1}{x-2}\right) \cdot \dfrac{x+2}{x^2} + \dfrac{x+2}{x} \leq 1$ $[x < 0 \vee 2 < x \leq 5]$

Risolvi le seguenti disequazioni frazionarie letterali. Altri esercizi

292 $\dfrac{b+a-x}{a} + \dfrac{x-b}{x} < 1$ con $a > b > 0$ $[0 < x < b \vee x > a]$

293 $\dfrac{5x+2k}{2x^2-3kx} \geq 0$ con $k < 0$ $\left[\dfrac{3}{2}k < x < 0 \vee x \geq -\dfrac{2k}{5}\right]$

294 $\dfrac{x^2-3ax+2a^2}{x^2+ax} > 0$ $\begin{bmatrix} a < 0,\ x < 2a \vee a < x < 0 \vee x > -a; \\ a = 0,\ x \neq 0; \\ a > 0,\ x < -a \vee 0 < x < a \vee x > 2a \end{bmatrix}$

295 $\dfrac{x-b}{x+b} - \dfrac{x+2b}{x-2b} < 3$ $\begin{bmatrix} b < 0,\ x < 2b \vee b < x < -b \vee x > -2b; \\ b = 0,\ x \neq 0;\ b > 0,\ x < -2b \vee -b < x < b \vee x > 2b \end{bmatrix}$

296 $\dfrac{x}{x+a} - \dfrac{x+a}{x-a} + \dfrac{7}{3} < 0$ $\begin{bmatrix} a < 0,\ 2a < x < a \vee -\dfrac{5}{7}a < x < -a; \\ a = 0,\ \text{impossibile};\ a > 0,\ -a < x < -\dfrac{5}{7}a \vee a < x < 2a \end{bmatrix}$

Disequazioni binomie e trinomie

Disequazioni binomie

Risolvi le seguenti disequazioni.

> **ESERCIZI SVOLTI**
>
> **297**
> - $x^3 > -1 \longrightarrow x > \sqrt[3]{-1} \longrightarrow x > -1$ $\qquad$ $x^7 < 128 \longrightarrow x < \sqrt[7]{128} \longrightarrow x < 2$
> - $x^3 < 7 \longrightarrow x < \sqrt[3]{7}$ $\qquad$ $x^5 \geq 32 \longrightarrow x \geq \sqrt[5]{32} \longrightarrow x \geq 2$
> - $x^7 \geq -3 \longrightarrow x \geq \sqrt[7]{-3} \longrightarrow x \geq -\sqrt[7]{3}$
>
> **298**
> - $x^4 > 16 \longrightarrow x < -\sqrt[4]{16} \vee x > \sqrt[4]{16} \longrightarrow x < -2 \vee x > 2$
> - $x^2 \leq 6 \longrightarrow -\sqrt{6} \leq x \leq \sqrt{6}$
> - $x^8 \geq 1 \longrightarrow x \leq -\sqrt[8]{1} \vee x \geq \sqrt[8]{1} \longrightarrow x \leq -1 \vee x \geq 1$
> - $x^6 < 7 \longrightarrow -\sqrt[6]{7} < x < \sqrt[6]{7}$
>
> ▶ Invece si ha
> - $x^4 > -16 \longrightarrow \forall x \in \mathbb{R}$, perché la potenza con esponente pari di un numero reale è un numero positivo o nullo ed è quindi senz'altro maggiore di un numero negativo.
> - $x^6 < -7 \longrightarrow$ impossibile, perché la potenza con esponente pari di un numero reale è un numero positivo o nullo e quindi non può essere minore di un numero negativo.

299 $x^3 > 64;\quad x^4 > 1;\quad x^6 \leq 1;\quad x^5 < -1$ $[x > 4;\ x < -1 \vee x > 1;\ -1 \leq x \leq 1;\ x < -1]$

ESERCIZI

▷▷ **300** $x^4 > 3$; $x^6 \geq 16$; $x^8 < 32$ $\qquad \left[x < -\sqrt[4]{3} \vee x > \sqrt[4]{3};\ x \leq -\sqrt[6]{4} \vee x \geq \sqrt[6]{4};\ x < -\sqrt[8]{32} \vee x > \sqrt[8]{32}\right]$

▷▷ **301** $x^4 \leq 64$; $x^5 > -32$; $x^5 < -3$ $\qquad \left[-2\sqrt{2} \leq x \leq 2\sqrt{2};\ x > -2;\ x < -\sqrt[5]{3}\right]$

▷▷ **302** $x^4 > \dfrac{81}{16}$; $x^6 > 128$; $x^3 + 2 > 0$ $\qquad \left[x < -\dfrac{3}{2} \vee x > \dfrac{3}{2};\ x < -2\sqrt[6]{2} \vee x > 2\sqrt[6]{2};\ x > -\sqrt[3]{2}\right]$

▷▷ **303** $8x^3 + 1 > 0$; $x^3 - 8 \leq 0$; $x^5 - 1 \geq 0$ $\qquad \left[x > -\dfrac{1}{2};\ x \leq 2;\ x \geq 1\right]$

▷▷ **304** $2x^3 - 4 \leq 0$; $2x^4 - 3 < 0$; $32x^5 - 1 > 0$ $\qquad \left[x \leq \sqrt[3]{2};\ -\sqrt[4]{\dfrac{3}{2}} < x < \sqrt[4]{\dfrac{3}{2}};\ x > \dfrac{1}{2}\right]$

▷▷ **305** $\dfrac{1}{x^3 - 27} < 0$; $\dfrac{-2}{8 - x^3} > 0$; $\dfrac{-\sqrt{2}}{8x^3 - 1} \geq 0$ $\qquad \left[x < 3;\ x > 2;\ x < \dfrac{1}{2}\right]$

▷▷ **306** $\dfrac{x^3 - 1}{x^5 + 1} > 0$; $\dfrac{x^3 - 8}{1 - 8x^3} < 0$ $\qquad \left[x < -1 \vee x > 1;\ x < \dfrac{1}{2} \vee x > 2\right]$

▷▷ **307** $\dfrac{x^3 - 2}{x^5 + 1} \geq 0$; $\dfrac{2x^3 - 1}{x^3 - 27} < 0$ $\qquad \left[x < -1 \vee x \geq \sqrt[3]{2};\ \dfrac{\sqrt[3]{4}}{2} < x < 3\right]$

▷▷ **308** $\dfrac{x - 3}{x^3 - 8} \geq 0$; $\dfrac{x^5 - 32}{x + 2} \leq 0$ $\qquad \left[x < 2 \vee x \geq 3;\ -2 < x \leq 2\right]$

▷▷ **309** $\dfrac{27x^3 - 8}{1 - x^7} > 0$; $\dfrac{2 - x^3}{3 - x^3} > 0$ $\qquad \left[\dfrac{2}{3} < x < 1;\ x < \sqrt[3]{2} \vee x > \sqrt[3]{3}\right]$

▷▷ **310** $\dfrac{x^3 + 125}{x^2 - 25} \leq 0$; $\dfrac{2x + 1}{8x^3 - 1} < 0$ $\qquad \left[x < 5 \wedge x \neq -5;\ -\dfrac{1}{2} < x < \dfrac{1}{2}\right]$

▷▷ **311** $\dfrac{2x - 3}{8x^3 + 27} < 0$; $\dfrac{27x^3 - 8}{x^2 - x - 6} > 0$ $\qquad \left[-\dfrac{3}{2} < x < \dfrac{3}{2};\ -2 < x < \dfrac{2}{3} \vee x > 3\right]$

▷▷ **312** $\dfrac{-\sqrt{3}}{\sqrt[3]{2}x^4 - 1} > 0$; $\dfrac{x^4}{x^3 - 1} \geq 0$ $\qquad \left[-\dfrac{1}{\sqrt[12]{2}} < x < \dfrac{1}{\sqrt[12]{2}};\ x = 0 \vee x > 1\right]$

▷▷ **313** $\dfrac{1 - x^4}{x^4} > 0$; $\dfrac{x^6 - 2}{x^3} > 0$ $\qquad \left[-1 < x < 1 \wedge x \neq 0;\ -\sqrt[6]{2} < x < 0 \vee x > \sqrt[6]{2}\right]$

▷▷ **314** $\dfrac{x^6 - 1}{x^4 - 1} > 0$; $\dfrac{x^2}{x^8 - 1} \geq 0$ $\qquad \left[x \neq \pm 1;\ x < -1 \vee x = 0 \vee x > 1\right]$

▷▷ **315** $\dfrac{x^6 - 256}{x^2} \leq 0$ $\qquad \left[-2\sqrt[3]{2} \leq x \leq 2\sqrt[3]{2} \wedge x \neq 0\right]$

▷▷ **316** $\dfrac{x^6 - 3}{x^4 - 5} > 0$ $\qquad \left[x < -\sqrt[4]{5} \vee -\sqrt[6]{3} < x < \sqrt[6]{3} \vee x > \sqrt[4]{5}\right]$

▷▷ **317** $\dfrac{x^5 - 2}{2 - x^4} > 0$ $\qquad \left[x < -\sqrt[4]{2} \vee \sqrt[5]{2} < x < \sqrt[4]{2}\right]$

Disequazioni trinomie

Risolvi le seguenti disequazioni.

■ ESERCIZI SVOLTI

▷▷ **318** $x^4 + 7x^2 - 8 < 0$

Eseguiamo la sostituzione di incognita

$$x^2 = y$$

osservando che $x^4 = (x^2)^2 = y^2$; la disequazione diventa
$$y^2 + 7y - 8 < 0 \quad \longrightarrow \quad -8 < y < 1$$

Sostituiamo ora, al posto di y, l'espressione x^2:

$$-8 < y < 1 \xrightarrow{y = x^2} -8 < x^2 < 1 \longrightarrow \begin{cases} x^2 < 1 \\ x^2 > -8 \end{cases} \longrightarrow \begin{cases} -1 < x < 1 \\ \forall x \in \mathbb{R} \end{cases} \longrightarrow -1 < x < 1$$

▷▷ **319** $8x^6 - 7x^3 - 1 > 0$

Sostituiamo y al posto di x^3, osservando che è $x^6 = (x^3)^2 = y^2$:

$$8x^6 - 7x^3 - 1 > 0 \xrightarrow{x^3 = y} 8y^2 - 7y - 1 > 0 \longrightarrow y < -\frac{1}{8} \lor y > 1$$

Sostituiamo ora, al posto di y, l'espressione x^3:

$$y < -\frac{1}{8} \lor y > 1 \xrightarrow{y = x^3} x^3 < -\frac{1}{8} \lor x^3 > 1 \longrightarrow x < -\frac{1}{2} \lor x > 1$$

▷▷ **320** $9x^4 - 37x^2 + 4 \leq 0 \xrightarrow{x^2 = y} 9y^2 - 37y + 4 \leq 0 \longrightarrow \frac{1}{9} \leq y \leq 4$

Poiché $y = x^2$ otteniamo

$$\frac{1}{9} \leq x^2 \leq 4 \longrightarrow \begin{cases} x^2 \geq \frac{1}{9} \\ x^2 \leq 4 \end{cases}$$

Tale sistema è formato da due disequazioni (binomie) di secondo grado:

- $x^2 \geq \frac{1}{9} \longrightarrow x \leq -\frac{1}{3} \lor x \geq \frac{1}{3} \longrightarrow S_1 = \left(-\infty; -\frac{1}{3}\right] \cup \left[\frac{1}{3}; +\infty\right)$

- $x^2 \leq 4 \longrightarrow -2 \leq x \leq 2 \longrightarrow S_2 = [-2; 2]$

Rappresentando tali insiemi mediante il solito schema possiamo determinare l'insieme delle soluzioni del sistema, $S = S_1 \cap S_2$, che è anche l'insieme delle soluzioni della disequazione data:

$$S = \left[-2; -\frac{1}{3}\right] \cup \left[\frac{1}{3}; 2\right]$$

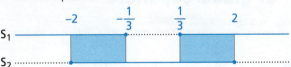

Le soluzioni della disequazione proposta sono quindi $-2 \leq x \leq -\frac{1}{3} \lor \frac{1}{3} \leq x \leq 2$.

▷▷ **321** $x^8 + 8x^4 + 15 < 0 \xrightarrow{x^4 = y} y^2 + 8y + 15 < 0 \longrightarrow -5 < y < -3 \xrightarrow{y = x^4} -5 < x^4 < -3$

Ma per qualsiasi valore di x si ha $x^4 \geq 0$; perciò x^4 non può assumere alcuno dei valori compresi tra -5 e -3, in quanto tali valori sono tutti negativi. La disequazione proposta è **impossibile**.

▷▷ **322** $x^8 - 3x^4 - 4 > 0 \xrightarrow{x^4 = y} y^2 - 3y - 4 > 0 \longrightarrow y < -1 \lor y > 4 \xrightarrow{y = x^4} x^4 < -1 \lor x^4 > 4$

La disequazione $x^4 < -1$ è impossibile e quindi le soluzioni della disequazione data sono quelle della disequazione binomia di grado pari

$$x^4 > 4 \longrightarrow x < -\sqrt[4]{4} \lor x > \sqrt[4]{4} \xrightarrow{\sqrt[4]{4} = \sqrt[4]{2^2} = \sqrt{2}} x < -\sqrt{2} \lor x > \sqrt{2}$$

▷▷ **323** $x^4 - 10x^2 + 9 < 0$ $\qquad [-3 < x < -1 \lor 1 < x < 3]$

▷▷ **324** $x^4 - 7x^2 - 18 > 0$ $\qquad [x < -3 \lor x > 3]$

▷▷ **325** $x^4 - 3x^2 + 2 < 0$ $\qquad [-\sqrt{2} < x < -1 \lor 1 < x < \sqrt{2}]$

ESERCIZI

▷▷ **326** $x^4 - 8x^2 + 15 \geq 0$ $\qquad [x \leq -\sqrt{5} \vee -\sqrt{3} \leq x \leq \sqrt{3} \vee x \geq \sqrt{5}]$

▷▷ **327** $x^4 + 5x^2 - 6 < 0$ $\qquad [-1 < x < 1]$

▷▷ **328** $x^4 + 3x^2 - 4 > 0$ $\qquad [x < -1 \vee x > 1]$

▷▷ **329** $9x^4 - 19x^2 + 2 > 0$ $\qquad \left[x < -\sqrt{2} \vee -\dfrac{1}{3} < x < \dfrac{1}{3} \vee x > \sqrt{2}\right]$

▷▷ **330** $-\dfrac{1}{4}x^4 + \dfrac{5}{4}x^2 - 1 < 0$ Disequazioni di grado superiore al primo con GeoGebra $\qquad [x < -2 \vee -1 < x < 1 \vee x > 2]$

▷▷ **331** $x^4 + 7x^2 + 10 < 0$ $\qquad$ [impossibile]

▷▷ **332** $x^6 + 7x^3 - 8 > 0$ $\qquad [x < -2 \vee x > 1]$

▷▷ **333** $8x^6 - 9x^3 + 1 < 0$ $\qquad \left[\dfrac{1}{2} < x < 1\right]$

▷▷ **334** $27x^6 + 26x^3 - 1 \leq 0$ $\qquad \left[-1 \leq x \leq \dfrac{1}{3}\right]$

▷▷ **335** $x^4 - 5x^2 + 4 > 0$ $\qquad [x < -2 \vee -1 < x < 1 \vee x > 2]$

▷▷ **336** $2x^{16} + x^8 - 1 > 0$ $\qquad \left[x < -\dfrac{1}{\sqrt[8]{2}} \vee x > \dfrac{1}{\sqrt[8]{2}}\right]$

▷▷ **337** $x^8 - 10x^4 + 24 < 0$ $\qquad [-\sqrt[4]{6} < x < -\sqrt{2} \vee \sqrt{2} < x < \sqrt[4]{6}]$

▷▷ **338** $x^{12} - 67x^6 + 192 > 0$ $\qquad [x < -2 \vee -\sqrt[6]{3} < x < \sqrt[6]{3} \vee x > 2]$

■ Esercizi di riepilogo sulle disequazioni di secondo grado e di grado superiore

Risolvi le seguenti disequazioni numeriche, intere o frazionarie.

Altri esercizi

▷▷ **339** $\left(\dfrac{2}{3}x - \dfrac{1}{6}\right)^2 - \left(x + \dfrac{1}{2}\right)\left(x - \dfrac{1}{2}\right) < \left(\dfrac{1}{6}x + \dfrac{2}{3}\right)^2 - \dfrac{1}{4}(2x+1)(2x-1)$ $\qquad \left[-\dfrac{3}{5} < x < \dfrac{5}{3}\right]$

▷▷ **340** $(2x - 1)^2 - (2 - \sqrt{2})^2 > 3$ $\qquad [x < 1 - \sqrt{2} \vee x > \sqrt{2}]$

▷▷ **341** $\dfrac{6x^2 - x - 2}{1 - x^2} \geq 0 \qquad \dfrac{x^2 + 6x + 9}{1 + x} < 0$ $\qquad \left[-1 < x \leq -\dfrac{1}{2} \vee \dfrac{2}{3} \leq x < 1; \; x < -1 \wedge x \neq -3\right]$

▷▷ **342** $\dfrac{2x^2 + 3}{2x^2 - 2} - \dfrac{x + 4}{x - 1} + \dfrac{1}{2x + 2} \geq 1$ $\qquad \left[-4 \leq x < -1 \vee -\dfrac{1}{2} \leq x < 1\right]$

▷▷ **343** $\left(x - 2 - \dfrac{x^2}{x+1}\right)\left[x - \dfrac{(x+1)^2}{x-2}\right] \leq \dfrac{x+2}{x^2 - x - 2}$ $\qquad [-2 \leq x < -1 \vee 0 \leq x < 2]$

■ ESERCIZIO SVOLTO

Altro esercizio svolto

▷▷ **344** $\dfrac{(4x^2 - 1)(3x + 1)}{3x(2x^2 - 7x + 6)} \geq 0$

La disequazione è già in forma canonica e i fattori del numeratore e del denominatore sono di primo e di secondo grado: possiamo quindi subito studiare il segno dei vari fattori.

384

Indichiamo con N_1 e N_2 i fattori del numeratore e con D_1 e D_2 quelli del denominatore. Abbiamo

- $N_1 = 4x^2 - 1 > 0 \longrightarrow x < -\frac{1}{2} \vee x > \frac{1}{2}$
- $D_1 = 3x > 0 \longrightarrow x > 0$
- $N_2 = 3x + 1 > 0 \longrightarrow x > -\frac{1}{3}$
- $D_2 = 2x^2 - 7x + 6 > 0 \longrightarrow x < \frac{3}{2} \vee x > 2$

$$\text{C.A.: } x \neq 0 \wedge x \neq \frac{3}{2} \wedge x \neq 2$$

Disegniamo il solito grafico relativo a questi risultati.

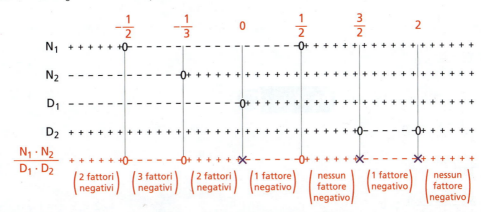

La frazione deve essere positiva o nulla e quindi la disequazione data è verificata per

$$x \leq -\frac{1}{2} \vee -\frac{1}{3} \leq x < 0 \vee \frac{1}{2} \leq x < \frac{3}{2} \vee x > 2$$

▷▷ **345** $\dfrac{5x(x^2-9)}{2x^2-5x-12} \leq 0$ $\qquad \left[x \leq -3 \vee -\dfrac{3}{2} < x \leq 0 \vee 3 \leq x < 4\right]$

▷▷ **346** $2x(x^2-9)(4-x^2)(x^2+x+3) \leq 0$ $\qquad [-3 \leq x \leq -2 \vee 0 \leq x \leq 2 \vee x \geq 3]$

▷▷ **347** $(x^2-4x+4)(3x^2-5x+2) > 0$ $\qquad \left[x < \dfrac{2}{3} \vee (x > 1 \wedge x \neq 2)\right]$

▷▷ **348** $\dfrac{2}{x^2-4} + \dfrac{x-4}{x^2+2x} \geq \dfrac{1}{x^2-2x}$ $\qquad [-2 < x < 0 \vee x \leq 3]$

▷▷ **349** $\dfrac{x+1}{x^2-4} - \dfrac{1}{x+2} - \dfrac{2-x}{x^2+4x+4} \leq 0$ $\qquad [x < 2 \wedge x \neq -2]$

▷▷ **350** $\dfrac{2x-1}{2x^2+x+1} + \dfrac{x-1}{x+1} > 1$ $\qquad [x < -1]$

▷▷ **351** $3(x^2+1)^2 - 7(x^2+1) + 4 \geq 0$ $\qquad \left[x \leq -\dfrac{\sqrt{3}}{3} \vee x = 0 \vee x \geq \dfrac{\sqrt{3}}{3}\right]$

▷▷ **352** $\dfrac{(x-1)(x-2)(x^2-5)}{(x^2-6x+9)(x+1)} \geq 0$ $\qquad [-\sqrt{5} \leq x < -1 \vee 1 \leq x \leq 2 \vee \sqrt{5} \leq x < 3 \vee x > 3]$

▷▷ **353** $x(x^2+x-12)(5x^2+14x-3) < 0$ $\qquad \left[x < -4 \vee -3 < x < 0 \vee \dfrac{1}{5} < x < 3\right]$

▷▷ **354** $\dfrac{2x+5}{1-4x^2} - \dfrac{x+2}{4x^2-4x+1} \leq \dfrac{3}{2x+1}$ $\qquad \left[-\dfrac{1}{2} < x \leq -\dfrac{1}{18} \vee \left(x \geq 0 \wedge x \neq \dfrac{1}{2}\right)\right]$

▷▷ **355** $\dfrac{x^2-3}{x^2+3} - \dfrac{x^2+3}{x^2-3} > 0$ $\qquad [-\sqrt{3} < x < \sqrt{3} \wedge x \neq 0]$

▷▷ **356** $x^3 - 6x^2 - 19x + 24 < 0$ $\qquad [x < -3 \vee 1 < x < 8]$

▷▷ **357** $2x^2 - 1 + 6x^3 - 3x < 0$ $\qquad \left[x < -\dfrac{\sqrt{2}}{2} \vee -\dfrac{1}{3} < x < \dfrac{\sqrt{2}}{2}\right]$

ESERCIZI

▷▷ **358** $x^3 - 2x^2 - 3x > 0$ $\qquad$ $[-1 < x < 0 \lor x > 3]$

▷▷ **359** $x^3 - 4x^2 < 2 - 5x$ $\qquad$ $[x < 2 \land x \neq 1]$

▷▷ **360** $(x-1)^2 > \dfrac{2}{x+2}$ $\qquad$ $[x < -2 \lor -\sqrt{3} < x < 0 \lor x > \sqrt{3}]$

▷▷ **361** $\dfrac{2x^2 - 4x - 9}{x^3 + 8} - \dfrac{1}{x+2} \leq \dfrac{1-x}{x^2 - 2x + 4}$ $\qquad$ $\left[x \leq -\dfrac{5}{2} \lor -2 < x \leq 3\right]$

▷▷ **362** $\dfrac{4x}{x^3 - x^2 - 4} - \dfrac{1}{2-x} < \dfrac{1}{x^2 + x + 2}$ $\qquad$ $[x < 2 \land x \neq -2]$

▷▷ **363** $x^5 \leq \dfrac{1}{x^3}$ $\qquad$ $[x \leq -1 \lor 0 < x \leq 1]$

▷▷ **364** $\dfrac{x^3 - 8}{1 - x^4} > 0$ $\qquad$ $[x < -1 \lor 1 < x < 2]$

▷▷ **365** $(x^3 - 27)(9x^2 - 16) > 0$ $\quad$ Videolezione $\qquad$ $\left[-\dfrac{4}{3} < x < \dfrac{4}{3} \lor x > 3\right]$

▷▷ **366** $\dfrac{1-x}{x^5 - 81x} \geq 0$ $\qquad$ $[-3 < x < 0 \lor 1 \leq x < 3]$

▷▷ **367** $\dfrac{x^4 + 8x}{x^3 - 27} \leq 0$ $\qquad$ $[x \leq -2 \lor 0 \leq x < 3]$

▷▷ **368** $\dfrac{x^4 - 5x^2 + 4}{x} > 0$ $\qquad$ $[-2 < x < -1 \lor 0 < x < 1 \lor x > 2]$

▷▷ **369** $\dfrac{x^6 + 7x^3 - 8}{3x - 2} > 0$ $\qquad$ $\left[-2 < x < \dfrac{2}{3} \lor x > 1\right]$

▷▷ **370** $\dfrac{x^4 - 7x^2 - 18}{1 - x^2} < 0$ $\qquad$ $[x < -3 \lor -1 < x < 1 \lor x > 3]$

Risolvi i seguenti sistemi. $\qquad$ Altri esercizi

■ **ESERCIZIO SVOLTO**

▷▷ **371** $\begin{cases} \dfrac{x+2}{3-2x} \geq 0 \\ 2x^2 - x - 1 > 0 \end{cases}$

- **Prima disequazione**

  Si tratta di una disequazione frazionaria la cui condizione di accettabilità è $x \neq \dfrac{3}{2}$.

  Essa è verificata per

  $$-2 \leq x < \dfrac{3}{2} \quad \longrightarrow \quad S_1 = \left[-2; \dfrac{3}{2}\right)$$

- **Seconda disequazione**

  $$2x^2 - x - 1 > 0 \quad \longrightarrow \quad x < -\dfrac{1}{2} \lor x > 1 \quad \longrightarrow \quad S_2 = \left(-\infty; -\dfrac{1}{2}\right) \cup (1; +\infty)$$

Rappresentiamo ora gli insiemi delle soluzioni delle due disequazioni nel seguente schema.

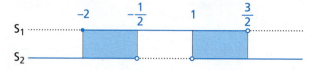

L'insieme delle soluzioni del sistema dato è perciò

$$S = S_1 \cap S_2 = \left[-2\,;\,-\frac{1}{2}\right) \cup \left(1\,;\,\frac{3}{2}\right)$$

cioè il sistema è verificato per $-2 \leq x < -\frac{1}{2} \vee 1 < x < \frac{3}{2}$.

▷▶ 372 $\begin{cases} 1 - x^2 > 0 \\ \dfrac{x}{x-3} \leq 0 \end{cases}$ $\begin{cases} x^2 + x + 2 > 0 \\ \dfrac{1}{x} < 2 \end{cases}$ $\left[0 \leq x < 1\,;\,x < 0 \vee x > \dfrac{1}{2}\right]$

▷▶ 373 $\begin{cases} \dfrac{x - \sqrt{3}}{x + \sqrt{2}} < 0 \\ 5x^2 - 2x - 7 > 0 \end{cases}$ $\left[-\sqrt{2} < x < -1 \vee \dfrac{7}{5} < x < \sqrt{3}\right]$

▷▶ 374 $\begin{cases} x^2 - 3\sqrt{3}x + 6 \geq 0 \\ \dfrac{x - \sqrt{3}}{x + 1} \geq 0 \end{cases}$ $[x < -1 \vee x = \sqrt{3} \vee x \geq 2\sqrt{3}]$

▷▶ 375 $\begin{cases} x^2 - 7x - 8 \geq 0 \\ \dfrac{2x + 5}{x - 4} < \dfrac{x + 3}{8 - 2x} \end{cases}$ $\left[-\dfrac{13}{5} < x \leq -1\right]$

▷▶ 376 $\begin{cases} \dfrac{3x + 7}{x + 1} < \dfrac{3x - 7}{x - 1} \\ 3(x - 1)^2 \leq 25 - x \end{cases}$ $[-2 \leq x < -1 \vee 0 < x < 1]$

▷▶ 377 $\begin{cases} \dfrac{2x + 1}{2x - 1} \geq \dfrac{x - 2}{x + 2} \\ \dfrac{x + 7}{x^2 - 9} < 0 \end{cases}$ $\left[-2 < x \leq 0 \vee \dfrac{1}{2} < x < 3\right]$

▷▶ 378 $\begin{cases} (x + 1)^2 < 7 - 3x \\ x^2 + 3x + 2 \geq 0 \\ \dfrac{2x + 5}{3x - 2} \leq \dfrac{1}{2} \end{cases}$ $\left[-6 < x \leq -2 \vee -1 \leq x < \dfrac{2}{3}\right]$

■ Esercizi vari di applicazione delle disequazioni

Disequazioni e condizioni di esistenza di radicali

Determina per quali valori di x hanno significato i seguenti radicali.

▷▶ 379 $\sqrt{1 + x^2}$ $[\forall x \in \mathbb{R}]$ ▷▶ 380 $\sqrt[4]{x^2 - 4x}$ $[x \leq 0 \vee x \geq 4]$

▷▶ 381 $\sqrt{x^2 - 6x + 5}$ $[x \leq 1 \vee x \geq 5]$ ▷▶ 382 $\sqrt[6]{4 - x^2}$ $[-2 \leq x \leq 2]$

▷▶ 383 $\sqrt{x^2 - 7x + 6}$ $[x \leq 1 \vee x \geq 6]$ ▷▶ 384 $\sqrt[8]{-x^2 + 8x - 15}$ $[3 \leq x \leq 5]$

▷▶ 385 $\sqrt[4]{4x^2 - 6x}$ $\left[x \leq 0 \vee x \geq \dfrac{3}{2}\right]$ ▷▶ 386 $\sqrt{(x-1)(x-2) - 6}$ $[x \leq -1 \vee x \geq 4]$

▷▶ 387 $\sqrt{x^4 + 1}$ $[\forall x \in \mathbb{R}]$ ▷▶ 388 $\sqrt{x^4 - 1}$ $[x \leq -1 \vee x \geq 1]$

▷▶ 389 $\sqrt[4]{1 - x^3}$ $[x \leq 1]$ ▷▶ 390 $\sqrt[6]{x^6 - 64}$ $[x \leq -2 \vee x \geq 2]$

▷▶ 391 $\sqrt{32 - x^5}$ $[x \leq 2]$ ▷▶ 392 $\sqrt[4]{27x^3 - 125}$ $\left[x \geq \dfrac{5}{3}\right]$

ESERCIZI

▷▷ **393** $\sqrt{x^6 + x^3 - 2}$ $\qquad [x \leq -\sqrt[3]{2} \vee x \geq 1]$ ▷▷ **394** $\sqrt{x^4 - 3x^2 - 4}$ $\qquad [x \leq -2 \vee x \geq 2]$

▷▷ **395** $\sqrt[4]{x^4 + 3x^2 + 2}$ $\qquad [\forall x \in \mathbb{R}]$ ▷▷ **396** $\sqrt[6]{x^4 + 2x^2 - 3}$ $\qquad [x \leq -1 \vee x \geq 1]$

▷▷ **397** $\sqrt[4]{-x^4 - x^2 + 2}$ $\qquad [-1 \leq x \leq 1]$ ▷▷ **398** $\sqrt[8]{8 - 7x^3 - x^6}$ $\qquad [-2 \leq x \leq 1]$

▷▷ **399** $\sqrt{x^4 - x^2}$ $\qquad [x \leq -1 \vee x = 0 \vee x \geq 1]$ ▷▷ **400** $\sqrt{\dfrac{x^3 - 1}{x^7 - 1}}$ $\qquad [x \neq 1]$

Disequazioni e domini delle funzioni

Determina il dominio delle seguenti funzioni.

▷▷ **401** $f(x) = \dfrac{1}{\sqrt{x^2 - 4}} + \sqrt{4x - x^2 - 3}$ $\qquad [D = (2\,;\,3]]$

▷▷ **402** $f(x) = \sqrt[4]{x^2 + 5x} + \left(\sqrt{x^2 - 2x + 7}\right)^{-1}$ $\qquad [D = (-\infty\,;\,-5] \cup [0\,;\,+\infty)]$

▷▷ **403** $f(x) = \dfrac{1}{x^2 - 4x + 4} + \sqrt[4]{5x - x^2}$ $\qquad [D = [0\,;\,2) \cup (2\,;\,5]]$

▷▷ **404** $f(x) = \sqrt{x^4 - 25} + \dfrac{\sqrt{5 - x}}{x - \sqrt{5}}$ $\qquad [D = (-\infty\,;\,-\sqrt{5}] \cup (\sqrt{5}\,;\,5]]$

▷▷ **405** $f(x) = \sqrt[8]{5x - 5x^3} - \sqrt{\dfrac{x}{x^4 + 1}}$ $\qquad [D = [0\,;\,1]]$

▷▷ **406** $f(x) = \sqrt{x^6 - 1} + \sqrt[6]{x^3 - 8}$ $\qquad [D = [2\,;\,+\infty)]$

▷▷ **407** $f(x) = \sqrt{8x^6 - 9x^3 + 1} - \sqrt[4]{4x^2 - 1}$ $\qquad \left[D = \left(-\infty\,;\,-\dfrac{1}{2}\right] \cup \left\{\dfrac{1}{2}\right\} \cup [1\,;\,+\infty)\right]$

▷▷ **408** $f(x) = \sqrt{\dfrac{x^3 - 27}{x}} \cdot \sqrt[4]{\dfrac{1}{8 - x^3}}$ $\qquad [D = (-\infty\,;\,0)]$

▷▷ **409** $f(x) = \sqrt{3x + 4} + \dfrac{1}{\sqrt[4]{3x^2 - 4x - 4}}$ $\qquad \left[D = \left[-\dfrac{4}{3}\,;\,-\dfrac{2}{3}\right) \cup (2\,;\,+\infty)\right]$

Disequazioni ed equazioni parametriche

Ricordando che una equazione di secondo grado ha due soluzioni quando il suo discriminante è positivo o nullo, determina per quali valori del parametro ciascuna delle seguenti equazioni ha due radici, eventualmente coincidenti.

■ **ESERCIZIO SVOLTO**

▷▷ **410** $(k + 1)x^2 - 4kx + 9 = 0 \quad k \in \mathbb{R}$

L'equazione data è di secondo grado se è

$$k + 1 \neq 0 \quad \longrightarrow \quad k \neq -1$$

Per $k = -1$ l'equazione ha una soluzione semplice $x = -\dfrac{9}{4}$.

Per $k \neq -1$ l'equazione ha due soluzioni, distinte o coincidenti, se il suo discriminante è positivo o nullo. Calcoliamo il discriminante ridotto:

$$\dfrac{\Delta}{4} = (-2k)^2 - 9(k + 1) = 4k^2 - 9k - 9$$

Deve quindi essere $4k^2 - 9k - 9 \geq 0$:

$$\underbrace{4k^2 - 9k - 9 \geq 0}_{a=4>0 \text{ concorde con il verso } \geq 0} \xrightarrow[k_1 = -\frac{3}{4};\ k_2 = 3]{\Delta = 225 > 0} k \leq -\frac{3}{4} \vee k \geq 3$$

Ma, ricordando che solo per $k \neq -1$ l'equazione data ha due soluzioni, avremo

$$\left(k \leq -\frac{3}{4} \wedge k \neq -1\right) \vee k \geq 3$$

Tali condizioni si possono anche esprimere scrivendo

$$k < -1 \vee -1 < k \leq -\frac{3}{4} \vee k \geq 3$$

411 $x^2 - 2(k-1)x + k + 5 = 0$ $\qquad [k \leq -1 \vee k \geq 4]$

412 $2x^2 - 2(a-3)x - a + 3 = 0$ $\qquad [a \leq 1 \vee a \geq 3]$

413 $x^2 - (k+1)x + k = 0$ $\qquad [\forall k \in \mathbb{R}]$

414 $2ax^2 - 2(1-3a)x - 1 + 3a = 0$ $\qquad \left[a < 0 \vee 0 < a \leq \frac{1}{3} \vee a \geq 1\right]$

415 $kx^2 - 3kx + k - 1 = 0$ $\qquad \left[k \leq -\frac{4}{5} \vee k > 0\right]$

416 $x^2 + (k-2)x - 3k^2 + 1 = 0$ $\qquad \left[k \leq 0 \vee k \geq \frac{4}{13}\right]$

417 $x^2 + (k-1)x - k + 6 = 0$ $\qquad [k \leq -1 - 2\sqrt{6} \vee k \geq -1 + 2\sqrt{6}]$

418 $(2-m)x^2 - 2(2m-3)x + 6 - 5m = 0$ $\qquad [1 \leq m \leq 3 \wedge m \neq 2]$

419 $4x(x-k) = 3 - 4k^2$ $\qquad [-1 \leq k \leq 1]$

420 $kx^2 + 2(k+1)x + 1 = 0$ $\qquad [k \neq 0]$

421 $x^2 = \dfrac{2kx+1}{k-2}x - 1$ $\qquad \left[k \leq -\dfrac{\sqrt{15}}{2} \vee \left(k \geq \dfrac{\sqrt{15}}{2} \wedge k \neq 2\right)\right]$

Altri esercizi

422 Determina per quali valori di k l'equazione $(k-3)x^2 - 2kx + 3k - 6 = 0$ ha due soluzioni distinte.
$$\left[\frac{3}{2} < k < 6 \wedge k \neq 3\right]$$

423 Determina k in modo che l'equazione $(k+1)x^2 - 3kx - k = 0$ abbia due soluzioni distinte.
$$\left[k < -1 \vee -1 < k < -\frac{4}{13} \vee k > 0\right]$$

424 Determina per quali valori di b l'equazione $x^2 - 2(b-3)x + b + 3 = 0$ **non** ha soluzioni. $\qquad [1 < b < 6]$

425 Determina per quali valori del parametro k la disequazione $x^2 - 3x - 2k + 5 > 0$ è verificata $\forall x \in \mathbb{R}$.
$$\left[k < \frac{11}{8}\right]$$

ESERCIZI

■ ESERCIZIO SVOLTO

▶▶ **426** È data l'equazione di secondo grado

$$(k+2)x^2 - 4(k-1)x + k + 2 = 0 \qquad k \in \mathbb{R}$$

Determiniamo i valori del parametro k per i quali la somma delle sue radici è minore di 6.

> ### ■ SAI GIÀ CHE...
> L'equazione $ax^2 + bx + c = 0$:
> - è di secondo grado se $a \neq 0$
> - ha due radici, distinte o coincidenti, se $\Delta = b^2 - 4ac \geq 0$
> - se x_1 e x_2 sono le sue radici, si ha $x_1 + x_2 = -\dfrac{b}{a}$; $x_1 \cdot x_2 = \dfrac{c}{a}$.

Per risolvere l'esercizio proposto, devono verificarsi le seguenti condizioni:
- $k + 2 \neq 0$
- $\dfrac{\Delta}{4} = [-2(k-1)]^2 - (k+2)^2 \geq 0 \quad \longrightarrow \quad k^2 - 4k \geq 0$
- $x_1 + x_2 = \dfrac{\cancel{4}^2(k-1)}{k+2} < \cancel{6}^3$.

Poiché le tre condizioni poste devono essere verificate contemporaneamente, cioè per gli stessi valori di k, dovremo risolvere il seguente sistema:

$$\begin{cases} k+2 \neq 0 \\ k^2 - 4k \geq 0 \\ \dfrac{2(k-1)}{k+2} < 3 \end{cases} \longrightarrow \begin{cases} k \neq -2 \\ k \leq 0 \vee k \geq 4 \\ \dfrac{k+8}{k+2} > 0 \end{cases} \longrightarrow \begin{cases} k \neq -2 \\ k \leq 0 \vee k \geq 4 \\ k < -8 \vee k > -2 \end{cases}$$

Dallo schema possiamo dedurre che il sistema è verificato per $k < -8 \vee -2 < k \leq 0 \vee k \geq 4$.

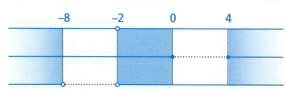

▶▶ **427** Determina i valori del parametro k per i quali l'equazione

$$x^2 - 2kx + k^2 - 4 = 0$$

ha due soluzioni concordi, dopo aver verificato che essa ha sempre due soluzioni.

$[k < -2 \vee k > 2]$

> ### ■ OSSERVAZIONE
> Se l'equazione $ax^2 + bx + c = 0$ ha le soluzioni x_1 e x_2, esse sono
> - concordi se $x_1 x_2 > 0$;
> - discordi se $x_1 x_2 < 0$.

▶▶ **428** Data l'equazione $kx^2 + 2kx - 2 + k = 0$, determina per quali valori di k le radici sono discordi.

$[0 < k < 2]$

▶▶ **429** Determina i valori del parametro k per i quali l'equazione $(5-x)^2 - (4-x)^2 = k(5-x)(2-x)$ ha due soluzioni discordi, dopo aver verificato che essa ammette sempre due soluzioni.

$\left[0 < k < \dfrac{9}{10}\right]$

▶▶ **430** Determina i valori del parametro k per i quali l'equazione $x^2 + 2x + 16k^2 - 1 = 0$ ha due radici distinte il cui prodotto è minore di 99. $\left[-\dfrac{\sqrt{2}}{4} < k < \dfrac{\sqrt{2}}{4}\right]$

▶▶ **431** Determina il parametro a in modo che l'equazione $x^2 + (1 - 3a)x + 2a^2 - a = 0$ abbia due radici distinte e concordi. $\left[a < 0 \vee \dfrac{1}{2} < a < 1 \vee a > 1\right]$

▶▶ **432** Determina i valori del parametro m per cui l'equazione $x(x + 2) = (4m - 1)(4m + 1)$ ha due soluzioni distinte, entrambe negative. $\left[-\dfrac{1}{4} < m < 0 \vee 0 < m < \dfrac{1}{4}\right]$

▶▶ **433** Data l'equazione $(k - 1)x^2 - 2kx + 3k = 0$, determina k in modo che essa ammetta soluzioni concordi. $\left[1 < k \leq \dfrac{3}{2}\right]$

▶▶ **434** Determina per quali valori di k le soluzioni dell'equazione $x^2 - 6kx + 9k^2 - 18k + 5 = 0$ sono concordi. $\left[\dfrac{5}{18} \leq k < \dfrac{1}{3} \vee k > \dfrac{5}{3}\right]$

▶▶ **435** Determina il parametro m in modo che l'equazione $2(m - 1)x^2 - 2(2m + 1)x - 3 + 6m = 0$ abbia radici concordi. $\left[\dfrac{1}{4} \leq m < \dfrac{1}{2} \vee 1 < m \leq \dfrac{5}{2}\right]$

▶▶ **436** Nell'equazione $(k - 2)x^2 - (2 - k)x + k = 0$, determina k in modo che
  a. l'equazione abbia soluzioni $\left[-\dfrac{2}{3} \leq k < 2\right]$
  b. il prodotto delle radici sia maggiore di $\dfrac{1}{2}$ [impossibile]
  c. $3x_1 + 3x_2 + k < 0$ $\left[-\dfrac{2}{3} \leq k < 2\right]$

▶▶ **437** Determina i valori di k per i quali, dette x_1 e x_2 le radici dell'equazione $x^2 - 2(3k + 1)x + k^2 - 3k - 4 = 0$ sono verificate le seguenti relazioni:
  a. $x_1 x_2 > -6$ $[k < 1 \vee k > 2]$ **b.** $x_1 + x_2 + 2x_1 x_2 < 0$ $[-\sqrt{3} < k < \sqrt{3}]$
  c. $x_1^2 + x_2^2 > 12$ $\left[k < -\dfrac{15}{17} \vee k > 0\right]$

▶▶ **438** Determina i valori di a per i quali l'equazione $(3 - 2a)x^2 + (3a - 10)x + 2(a + 4) = 0$ ammette due radici x_1 e x_2, con $x_1 \neq x_2$, che verificano la relazione $x_1 + x_2 - x_1 x_2 < \dfrac{7}{5}$. $\left[-1 < a < \dfrac{2}{5} \vee \dfrac{2}{5} < a < \dfrac{3}{2}\right]$

▶▶ **439** Data l'equazione $(k^2 - 6k + 8)x^2 - 2(k - 1)x - 3 = 0$ determina k in modo che
  a. le radici x_1 e x_2 siano distinte $\left[k \neq \dfrac{5}{2}\right]$ **b.** $x_1 + x_2 > 0$ $[1 < k < 2 \vee k > 4]$
  c. $x_1 + x_2 - x_1 x_2 < 0$ $\left[k < -\dfrac{1}{2} \vee 2 < k < 4\right]$ **d.** $\dfrac{1}{x_1} + \dfrac{1}{x_2} > 4$ $[k < -5]$

Valori assoluti

Risolvi le equazioni, le disequazioni e i sistemi che seguono in cui compaiono valori assoluti di espressioni contenenti l'incognita.

Altri esercizi

■ ESERCIZIO SVOLTO

Altri esercizi svolti

▶▶ **440** $|x^2 + 3x| < x^2 + 3|x|$

Dopo aver studiato il segno dell'argomento dei due moduli, possiamo dedurre che le soluzioni della disequazione data si ottengono riunendo le soluzioni dei seguenti sistemi A, B, C.

ESERCIZI

```
                                    -3        0
segno di (x² + 3x)  + + + + + +0- - - - - -0+ + + + +
segno di x          - - - - - - - | - - - - -0+ + + + +
```

$$|x^2 + 3x| = \begin{cases} x^2 + 3x & \text{se } x \leq -3 \vee x \geq 0 \\ -x^2 - 3x & \text{se } -3 < x < 0 \end{cases} \qquad |x| = \begin{cases} x & \text{se } x \geq 0 \\ -x & \text{se } x < 0 \end{cases}$$

▶ **Sistema A**

$$\begin{cases} x < -3 \\ x^2 + 3x < x^2 - 3x \end{cases} \to \begin{cases} x < -3 \\ 6x < 0 \end{cases} \to \begin{cases} x < -3 \\ x < 0 \end{cases} \to x < -3 \to S_1 = (-\infty ; -3)$$

▶ **Sistema B**

$$\begin{cases} -3 \leq x \leq 0 \\ -x^2 - 3x < x^2 - 3x \end{cases} \to \begin{cases} -3 \leq x \leq 0 \\ 2x^2 > 0 \end{cases} \to \begin{cases} -3 \leq x \leq 0 \\ x \neq 0 \end{cases} \to$$

$$\to -3 \leq x < 0 \to S_2 = [-3 ; 0)$$

▶ **Sistema C**

$$\begin{cases} x > 0 \\ x^2 + 3x < x^2 + 3x \end{cases} \to \begin{cases} x > 0 \\ 0 < 0 \end{cases} \to \begin{cases} x > 0 \\ \text{impossibile} \end{cases} \to \text{impossibile} \to S_3 = \emptyset$$

L'insieme delle soluzioni della disequazione data è

$$S = S_1 \cup S_2 \cup S_3 = (-\infty ; -3) \cup [-3 ; 0) \cup \emptyset \to S = (-\infty ; 0)$$

e quindi la disequazione è verificata per $x < 0$.

▶▶ **441** $|x^2 - 1| = x + 2$ $\qquad \left[\dfrac{1 \pm \sqrt{13}}{2}\right]$

▶▶ **442** $|-2x^2 + 3x| = x$ $\qquad [0; 1; 2]$

▶▶ **443** $|x^2 + 4x + 4| - |3x - 1| = 4x + 1$ $\qquad [-2; -1]$

▶▶ **444** $|x - 2| < x^2 - 1$ $\qquad \left[x < \dfrac{-1 - \sqrt{13}}{2} \vee x > \dfrac{-1 + \sqrt{13}}{2}\right]$

▶▶ **445** $|x^2 + x - 2| < 3x + 1$ $\qquad [\sqrt{5} - 2 < x < 3]$

▶▶ **446** $|x^2 - 4| < 5$ $\qquad [-3 < x < 3]$

▶▶ **447** $|x^2 - 1| > 8$ $\qquad [x < -3 \vee x > 3]$

▶▶ **448** $|x^2 - 6x + 11| \leq 2$ $\qquad [x = 3]$

▶▶ **449** $\left|\dfrac{6x^2 - 7x + 3}{2x(3x - 1)}\right| < 1$ $\qquad \left[x > \dfrac{3}{5}\right]$

▶▶ **450** $\left|\dfrac{2 + 3x}{x - x^2}\right| > 9$ $\qquad \left[\dfrac{2 - \sqrt{6}}{3} < x < \dfrac{2 + \sqrt{6}}{3} \wedge x \neq 0 \wedge x \neq 1\right]$

▶▶ **451** $3|x + 2| - x|x + 1| < 2x$ $\qquad [x > \sqrt{6}]$

▶▶ **452** $x|x| - (2x + 3) < (x + 2)|x + 2|$ $\qquad [\forall x \in \mathbb{R}]$

▶▶ **453** $2|x^2 - 3x + 2| - 3|x^2 + x| > x$ $\qquad [-5 - \sqrt{29} < x < -5 + \sqrt{29}]$

▶▶ **454** $\begin{cases} x^2 + |x| - 2 \geq 0 \\ (1 + |x|)^2 > 2x \end{cases}$ $\qquad [x \leq -1 \vee x \geq 1]$

▶▶ **455** $\begin{cases} |x^2 - 3x + 2| + y = 1 \\ |x - 1| - y = 4 \end{cases}$ $\qquad \left[\begin{cases} x = 2 - \sqrt{6} \\ y = \sqrt{6} - 5 \end{cases} \vee \begin{cases} x = 1 + \sqrt{5} \\ y = \sqrt{5} - 4 \end{cases}\right]$

Problemi di geometria

Risolvi i seguenti problemi.

■ ESERCIZIO SVOLTO

456 È dato un triangolo equilatero ABC il cui lato misura a. Nel triangolo è inscritto un rettangolo $DEFG$, la cui base DE giace sul lato AB (A, D, E, B si susseguono nell'ordine). Posto $x = \overline{AD}$, determiniamo x in modo che:

a. la misura dell'area del rettangolo sia minore di $\frac{3}{8}(2-\sqrt{3})a^2$;

b. l'area del rettangolo sia massima.

a. Poiché abbiamo posto $\overline{AD} = x$, dall'esame della figura abbiamo $\overline{DG} = x\sqrt{3}$, $\overline{DE} = \overline{GF} = a - 2x$.
Le condizioni di accettabilità delle soluzioni del problema sono

$$\text{C.A.:} \ 0 < x < \frac{a}{2}$$

Ovviamente è $a > 0$, perché a è la misura della lunghezza di un segmento.
Non consideriamo il caso di rettangoli «degeneri» in un segmento.
La misura dell'area del rettangolo $DEFG$ è data da

$$(a-2x)x\sqrt{3} = -2\sqrt{3}x^2 + a\sqrt{3}x$$

Poiché la misura di tale area deve essere minore di $\frac{3}{8}(2-\sqrt{3})a^2$,
si ha

$$-2\sqrt{3}x^2 + a\sqrt{3}x < \frac{3}{8}(2-\sqrt{3})a^2$$

cioè, svolgendo i calcoli e risolvendo,

$$x < \frac{2-\sqrt{3}}{4}a \ \lor \ x > \frac{a\sqrt{3}}{4}$$

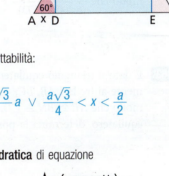

Questi valori di x devono però essere compatibili con le condizioni di accettabilità:

$$\begin{cases} x < \frac{2-\sqrt{3}}{4}a \ \lor \ x > \frac{a\sqrt{3}}{4} \\ 0 < x < \frac{a}{2} \end{cases} \longrightarrow 0 < x < \frac{2-\sqrt{3}}{4}a \ \lor \ \frac{a\sqrt{3}}{4} < x < \frac{a}{2}$$

b. La misura dell'area del rettangolo inscritto è espressa dalla **funzione quadratica** di equazione

$$y = -2\sqrt{3}x^2 + a\sqrt{3}x$$

il cui grafico è una parabola, con asse di simmetria parallelo all'asse y, concavità rivolta verso il basso e vertice $V\left(\frac{a}{4};\frac{a^2}{8}\sqrt{3}\right)$.

Possiamo quindi concludere, dall'esame della figura a lato, che per $x = \frac{a}{4}$ si ha il rettangolo di area massima e che tale area massima misura $\frac{a^2}{8}\sqrt{3}$.

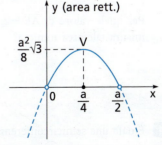

457 L'altezza di un triangolo è metà della base relativa. Determina quanto può misurare la base affinché l'area del triangolo non sia inferiore a 324 cm², ma non superi 484 cm².

$[36 \leq x \leq 44]$

▶▶ **458** In un trapezio la base minore misura come l'altezza e la misura della base maggiore è due volte la misura della minore più 10 cm. Determina quanto può misurare l'altezza se l'area del trapezio deve essere maggiore di 84 cm², ma minore di 236,5 cm². [$6 < x < 11$]

▶▶ **459** Sono dati due cerchi A e B. La lunghezza del raggio r_A del cerchio A è uguale a due volte quella del raggio r_B del cerchio B più 4 cm. Determina per quali valori del raggio r_B la differenza delle due aree è maggiore di 35π cm². [$r_B > 1$ cm]

▶▶ **460** In un triangolo rettangolo isoscele ABC l'ipotenusa BC di misura $3a$ è divisa in tre parti congruenti dai punti H e K (B, H, K, C si susseguono nell'ordine, figura a lato). Determina una retta parallela all'ipotenusa che intersechi i cateti AB e AC rispettivamente in D e in E, in modo che il trapezio isoscele $EDHK$ abbia un'area la cui misura è minore di $\frac{3}{4}a^2$.

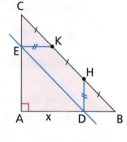

$$\left[\text{se } \overline{AD} = x, \text{ con } 0 \leq x < \frac{3}{2}a\sqrt{2}, \text{ deve essere } a\sqrt{2} < x < \frac{3}{2}a\sqrt{2} \right]$$

▶▶ **461** Inscrivi in una semicirconferenza di diametro $\overline{AB} = 2r$ un trapezio isoscele $ABCD$ in cui la misura del perimetro sia minore di $\frac{121}{25}r$ (figura a lato).

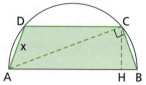

$$\left[\text{se } \overline{AD} = x, \text{ con } 0 < x \leq r\sqrt{2}, \right.$$
$$\left. \text{deve essere } a < x < \frac{3}{5}r \vee \frac{7}{5}r < x \leq r\sqrt{2} \right]$$

▶▶ **462** È dato il quadrato $ABCD$ in figura, il cui lato misura a. Internamente ai quattro lati AB, BC, CD, DA considera rispettivamente i punti M, N, P, Q in modo che $AM \cong BN \cong CP \cong DQ$. Dopo aver dimostrato che il quadrilatero $MNPQ$ è un quadrato, determina la posizione dei suoi vertici in modo che $\frac{\text{area}(MNPQ)}{\text{area}(ABCD)} > \frac{2}{3}$.

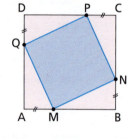

$$\left[\text{se } \overline{AM} = x, \text{ con } 0 < x < a, \right.$$
$$\left. \text{deve essere } 0 < x < \frac{a\sqrt{3}}{6}(\sqrt{3}-1) \vee \frac{a\sqrt{3}}{6}(\sqrt{3}+1) < x < a \right]$$

▶▶ **463** È dato il triangolo equilatero ABC in figura, il cui lato misura a. Internamente ai tre lati AB, BC, CA considera rispettivamente i punti E, N, D in modo che $AE \cong BN \cong CD$. Dopo aver dimostrato che il triangolo END è equilatero, determina la posizione dei suoi vertici in modo che

$$\frac{\text{area}(END)}{\text{area}(ABC)} > \frac{7}{25}.$$

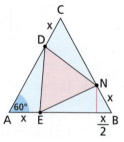

Per quale valore di $\overline{AE} = x$ l'area del triangolo END è minima? Quanto misura tale area minima?

$$\left[\text{se } \overline{AE} = x, \text{ con } 0 < x < a, \text{ deve essere } 0 < x < \frac{2}{5}a \vee \frac{3}{5}a < x < a; \right.$$
$$\left. \text{l'area è minima per } x = \frac{a}{2}; \text{ misura area minima} = \frac{\sqrt{3}}{16}a^2 \right]$$

▶▶ **464** È data una semicirconferenza di diametro $\overline{AB} = 2r$. Indica con C il punto medio dell'arco $\overset{\frown}{AB}$. Determina sull'arco $\overset{\frown}{AC}$ un punto D in modo che, tracciata la corda DE parallela ad AB, valga la relazione $\overline{DE}^2 + 2r^2 \leq \overline{AE}^2$.

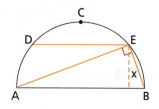

$$\left[\text{se } \overline{BE} = x, \text{ con } 0 \leq x \leq r\sqrt{2}, \text{ deve essere } r \leq x \leq r\sqrt{2} \right]$$

Autovalutazione

TEMPO MASSIMO: 50 MINUTI

Soluzione della scheda di autovalutazione

1
a. $x^2 > 4 \longrightarrow x > \pm 2$ V F
b. $x < 3$ e $x^2 < 9$ sono disequazioni equivalenti.   V F
c. $7 - x^2 > 0 \longrightarrow S = (-\sqrt{7}\,;\,\sqrt{7})$ V F
d. $\dfrac{(x-1)^2}{x^4} > 0 \longrightarrow S = \mathbb{R} - \{0\,;\,1\}$ V F

2
a. $-\sqrt{3}x^2 + x - \sqrt{5} < 0 \longrightarrow S = \mathbb{R}$ V F
b. La disequazione $a^2x^2 - 2a^2x + a^2 > 0$ è verificata per $a \neq 0$.   V F
c. Per $a < 0$, la disequazione $x^2 + 9ax < 0$ è verificata per $0 < x < -9a$.   V F
d. $\dfrac{x^2}{x-6} \geq 0 \longrightarrow S = (6\,;\,+\infty)$ V F

3 Quale delle seguenti disequazioni è impossibile?
  a. $2x^2 + 2x - 3 < 0$
  b. $x^2 - 3x + 9 > 0$
  c. $x^2 - 10x + 25 \leq 0$
  d. $x^2 + x + \sqrt{3} < 0$
  e. $-3x^2 + 2x - 1 \leq 0$

Risolvi.

4 $\begin{cases} x^2 - x - 6 \geq 0 \\ x^2 - 4x + 3 \leq 0 \end{cases}$

5 $\begin{cases} x^2 - x \geq 0 \\ x^2 + 9 > 0 \\ \dfrac{x-1}{x^2-16} > 0 \end{cases}$

6 $\dfrac{x^2 - 2x - 3}{2x^2 + x - 1} \geq 0$

7 $\dfrac{x}{x-2} - \dfrac{x-1}{3x+12} < \dfrac{11}{8 - 2x - x^2}$

8 $4x^4 - 37x^2 + 9 < 0$

esercizio	1	2	3	4	5	6	7	8	totale
punteggio	0,25 · 4	0,25 · 4	0,5	1,5	1,5	1,5	1,5	1,5	10
esito									

ESERCIZI

Esercizi per il recupero

VERO O FALSO?

1
a. Se il discriminante del trinomio $ax^2 + bx + c$ è negativo, la disequazione $ax^2 + bx + c > 0$ è impossibile.   V F
b. Se il trinomio $ax^2 + bx + c$ ha discriminante nullo, ha sempre lo stesso segno di a.   V F
c. Se il trinomio $ax^2 + bx + c$ ha discriminante positivo, ha sempre lo stesso segno di a per valori di x esterni all'intervallo delle radici.   V F
d. La disequazione $x^2 - 6x + 9 > 0$ è verificata $\forall x \in \mathbb{R}$.   V F

2
a. La disequazione $x^2 - 49 > 0$ è verificata per $x > \pm 7$.   V F
b. La disequazione $4x^2 + 9 \leq 0$ è impossibile.   V F
c. La disequazione $x^n \geq h$, con $h \in \mathbb{R}$, $h < 0$ e $n \in \mathbb{N}^*$, n pari, è impossibile.   V F
d. La disequazione $x^n > h$, con $h \in \mathbb{R}$ e n dispari, ammette soluzioni solo se $h > 0$.   V F

Deduci le soluzioni delle seguenti disequazioni dall'esame della parabola di equazione $y = ax^2 + bx + c$.

3 $ax^2 + bx + c \leq 0$ **4** $ax^2 + bx + c \geq 0$ **5** $ax^2 + bx + c < 0$ **6** $ax^2 + bx + c > 0$

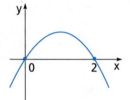 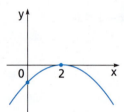 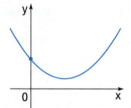 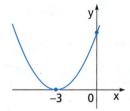

Risolvi graficamente le seguenti disequazioni.

7 $9 - 3x^2 > 0$ $[-\sqrt{3} < x < \sqrt{3}]$ **8** $x^2 - x - 6 \geq 0$ $[x \leq 2 \vee x \geq 3]$

9 $-x^2 - 2x + 3 > 0$ $[-3 < x < 1]$ **10** $-5x - x^2 < 4$ $[x < -4 \vee x > -1]$

11 $16x^2 + 8x + 1 \leq 0$ $\left[x = -\dfrac{1}{4}\right]$ **12** $x^2 - 2x + 5 \geq 0$ $[\forall x \in \mathbb{R}]$

Risolvi le seguenti disequazioni numeriche intere, facendo riferimento alla TABELLA 2 della teoria.

13 $-4x^2 + 12x - 9 > 0$ [impossibile]   **14** $x^2 - 7x + 12 < 0$ $[3 < x < 4]$

15 $4x^2 - x - 3 > 0$ $\left[x < -\dfrac{3}{4} \vee x > 1\right]$ **16** $49x^2 + 25 < 0$ [impossibile]

17 $-x^2 + 12x - 36 < 0$ $[x \neq 6]$ **18** $x^2 + 3x + 4 > 0$ $[\forall x \in \mathbb{R}]$

Risolvi le seguenti disequazioni numeriche intere.

19 $(x-4)x \leq 2(x-1)^2$ $[\forall x \in \mathbb{R}]$

20 $(x+3)(x-1) - 2 > 3$ $[x < -4 \vee x > 2]$

21 $\dfrac{1}{6}x^2 - \dfrac{3}{2}x + 3 < 0$ $[3 < x < 6]$

22 $(x-8)^2 - (x+1)^2 + (1-x)^2 < 0$ $[4 < x < 16]$

23 $(x^2 + 5x - 1)(2 - x) + (x-1)^3 \leq 5$ $\left[x \leq 1 \vee x \geq \dfrac{4}{3}\right]$

24 $(x-1)(x-2) + (x-3)^2 + (3-x)(x-5) < 16$ $\qquad [-4 < x < 5]$

25 $(2x+1)(2x-1) - 16 < 3[(x-2)^2 + 1] - 4[(x-3)^2 - 1]$ $\qquad \left[0 < x < \dfrac{12}{5}\right]$

26 $\dfrac{x^2}{2} + 2 - \dfrac{1}{3}(x-3)(x-1) > 1 - 3x$ $\qquad [x < -26 \lor x > 0]$

27 $\dfrac{(x+6)^2 - (x+2)^2}{4} > \dfrac{(x+4)^2 - 6x}{3}$ $\qquad [2(1-\sqrt{3}) < x < 2(1+\sqrt{3})]$

28 $\dfrac{(x+6)^2 - (x+2)^2}{2} + 4x > \dfrac{2(4+x)^2}{3}$ $\qquad [-2(\sqrt{3}-1) < x < 2(\sqrt{3}+1)]$

29 $x(x+6) - \dfrac{(x+2)(2x-3)}{4} < \dfrac{48+x}{8}$ Videolezione $\qquad \left[-12 < x < \dfrac{3}{4}\right]$

30 $\dfrac{(x+2)^2}{4} - \dfrac{x+4}{2} - 1 \le \dfrac{3(x+1)(x-3)}{4}$ $\qquad \left[x \le 2 - \dfrac{3}{\sqrt{2}} \lor x \ge 2 + \dfrac{3}{\sqrt{2}}\right]$

31 Completa la seguente tabella.

trinomio	Δ	a	x_1	x_2	$y < 0$	$y = 0$	$y > 0$
$y = x^2 - 9$							
$y = x^2 - 2x + 8$							
$y = -x^2 - 3x$							
$y = 7x^2 - 8x + 1$							
$y = 49x^2 - 14x + 1$							
$y = -2x^2 + x - 1$							
$y = -2x^2 + x + 1$							
$y = 5x^2 + 1$							
$y = 36 - x^2$							
$y = x^2 + 10x - 25$							

Studia il segno dei seguenti trinomi di secondo grado.

32 $y = 2x^2 - 7x + 6$ $\qquad \left[y > 0 \text{ per } x < \dfrac{3}{2} \lor x > 2;\ y < 0 \text{ per } \dfrac{3}{2} < x < 2;\ y = 0 \text{ per } x = \dfrac{3}{2} \lor x = 2\right]$

33 $y = -6x^2 + x - 1$ $\qquad [y < 0 \text{ per qualsiasi } x \in \mathbb{R}]$

34 $y = x^2 - 64$ $\qquad [y > 0 \text{ per } x < -8 \lor x > 8;\ y < 0 \text{ per } -8 < x < 8;\ y = 0 \text{ per } x = -8 \lor x = 8]$

35 $y = x^2 - 11x$ $\qquad [y > 0 \text{ per } x < 0 \lor x > 11;\ y < 0 \text{ per } 0 < x < 11;\ y = 0 \text{ per } x = 0 \lor x = 11]$

36 $y = 9x^2 - 6x + 1$ $\qquad \left[y > 0 \text{ per } x \ne \dfrac{1}{3};\ y = 0 \text{ per } x = \dfrac{1}{3}\right]$

Risolvi le seguenti equazioni e disequazioni.

37 $(x-a)^2 > a + 2 - x$ $\qquad [x < a - 2 \lor x > a + 1]$

38 $(x+a)^2 > 2(2ax - x + a)$ $\qquad [x < a - 2 \lor x > a]$

39 $\dfrac{2x}{b-1} - \dfrac{(x+1)(x-1)}{b^2 - 2b + 1} < 1$ $\qquad [b \ne 1,\ x < b - 2 \lor x > b;\ b = 1,\ \text{priva di significato}]$

ESERCIZI

40 $\dfrac{1}{6}|x^2 - x - 12| + \dfrac{1}{3}(x - 3) = \dfrac{1}{3}x(x + 1) - 3$ $\qquad\qquad\left[-\dfrac{8}{3}; 3\right]$

41 $\dfrac{4x^2 - |2x^2 - x| - 3}{x^2 - 1} = 6$ $\qquad\qquad\left[-\dfrac{3}{4}\right]$

42 $|x^2 - x - 1| < 1$ $\qquad |x^2 - 3x - 1| \geq 3$ $\qquad [-1 < x < 0 \vee 1 < x < 2; \ x \leq -1 \vee 1 \leq x \leq 2 \vee x \geq 4]$

43 $|x^2 - x| - 3x + 3 \leq 0$ $\qquad\qquad [1 \leq x \leq 3]$

Risolvi i seguenti sistemi.

44 $\begin{cases} x^2 - 4x + 4 > 0 \\ x^2 + 3x + 5 > 0 \end{cases}$ $\qquad\qquad [x \neq 2]$

45 $\begin{cases} 2x^2 + 16x + 32 > 0 \\ 7x - 2x^2 > 0 \end{cases}$ $\qquad\qquad \left[x < 0 \vee x > \dfrac{7}{2} \wedge x \neq 4\right]$

46 $\begin{cases} (2x - 3)^2 \geq 3(x - 2)^2 - 2x \\ (4x - 5)^2 > 4(x + 3)^2 - 9(4x + 3) \end{cases}$ $\qquad\qquad \left[x \leq -3 \vee x > \dfrac{4}{3}\right]$

47 $\begin{cases} (2x - 3)^2 < (3x + 2)^2 \\ 2x - 1 < 4 \\ 2(x + 5) \geq 5(x - 2) \end{cases}$ $\qquad\qquad \left[x < -5 \vee \dfrac{1}{5} < x < \dfrac{5}{2}\right]$

Risolvi le seguenti disequazioni numeriche frazionarie.

48 $\dfrac{x - 1}{(x - 1)(x - 2)} < 0$ $\qquad \dfrac{-2x^2 + 6x - 4}{7x^2 - 5x - 2} > 0$ $\qquad \left[x < 2 \wedge x \neq 1; \ -\dfrac{2}{7} < x < 2 \vee x \neq 1\right]$

49 $\dfrac{x^2 - 9x + 14}{(x - 3)(x + 1)} > 0$ $\qquad \dfrac{4}{x^2 - 6x + 9} > 1$ $\qquad [x < -1 \vee 2 < x < 3 \vee x > 7; \ 1 < x < 3 \vee 3 < x < 5]$

50 $\dfrac{2x}{x^2 + 1} < 1$ $\qquad \dfrac{5x^2 + 2}{x^2 - 9} > \dfrac{5x - 4}{x - 3}$ $\qquad \left[x < 1 \vee x > 1; \ x < -3 \vee \dfrac{14}{11} < x < 3\right]$

51 $\dfrac{2x^2 - 3x + 7}{x^2 + 1} > 3$ $\qquad \dfrac{x^2 - 2x - 1}{1 - 2x} > \dfrac{2}{3}$ $\qquad \left[-4 < x < 1; \ x < -1 \vee \dfrac{1}{2} < x < \dfrac{5}{3}\right]$

52 $\dfrac{x - 1}{x} + 2 < \dfrac{x}{x - 1}$ $\qquad\qquad \left[0 < x < \dfrac{2 - \sqrt{2}}{2} \vee 1 < x < \dfrac{2 + \sqrt{2}}{2}\right]$

53 $\dfrac{x}{x - 6} < \dfrac{x + 3}{6} + \dfrac{x + 6}{6 - x}$ $\qquad\qquad [-3 < x < 6 \vee x > 18]$

54 $\dfrac{4}{x^2 - 1} > \dfrac{x}{2x - 2} - \dfrac{1}{x + 1}$ $\qquad\qquad [-2 < x < -1 \vee 1 < x < 3]$

55 $\dfrac{3}{x + 2} - \dfrac{4}{x - 2} > \dfrac{2 - x^2}{x^2 - 4} + 1$ $\qquad\qquad [x < -12 \vee -2 < x < 2]$

56 $\dfrac{x - 1}{x + 1} + \dfrac{x + 1}{x - 1} > \dfrac{2x^2 + 4x}{x^2 - 1}$ $\qquad\qquad \left[x < -1 \vee \dfrac{1}{2} < x < 1\right]$

Risolvi le seguenti disequazioni.

57 $x^5 > 5$ $\qquad x^8 \geq 256$ $\qquad x^3 < 125$ $\qquad [x > \sqrt[5]{5}; \ x \leq -2 \vee x \geq 2; \ x < 5]$

58 $x^6 \leq 64$ $\qquad x^7 > -8$ $\qquad x^4 > -3$ $\qquad [-2 \leq x \leq 2; \ x > -\sqrt[7]{8}; \ \forall x \in \mathbb{R}]$

59 $x^8 + 2 < 0$ $\qquad 27x^3 + 1 < 0$ $\qquad 16x^4 - 1 \leq 0$ $\qquad \left[\text{impossibile}; \ x < -\dfrac{1}{3}; \ -\dfrac{1}{2} \leq x \leq \dfrac{1}{2}\right]$

60 $x^4 - 17x^2 + 16 < 0$ $\qquad\qquad [-4 < x < -1 \vee 1 < x < 4]$

61 $x^8 + 8x^4 - 9 \geq 0$ $\qquad\qquad [x \leq -1 \vee x \geq 1]$

62 $x^6 - 3x^3 - 4 > 0$ $\qquad\qquad [x < -1 \vee x > \sqrt[3]{4}]$

Risolvi i seguenti problemi.

63 Determina quanto può misurare il lato di un quadrato affinché l'area sia minore di 676 cm² e il perimetro non sia inferiore a 52 cm. $\qquad$ [$13 \leq x < 26$]

64 Determina i valori di k per cui il vertice della parabola di equazione $y = 5x^2 + (3k^2 + 4)x + 5k$ ha ascissa minore di $\frac{15}{2}$. $\qquad$ [$\forall k \in \mathbb{R}$]

QUESITI A RISPOSTA MULTIPLA

65 La disequazione $x^2 - 100 < 0$ è verificata per
- **a** $x < 10$
- **b** $x < \pm 10$
- **c** $x < -10 \lor x > 10$
- **d** $-10 < x < 10$

66 Dal grafico a fianco puoi dedurre che il trinomio $-x^2 + 5x - 6$ è non negativo per
- **a** $x < 2 \lor x > 3$
- **b** $x \leq 2 \lor x \geq 3$
- **c** $2 < x < 3$
- **d** $2 \leq x \leq 3$

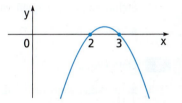

67 L'insieme S delle soluzioni della disequazione $x^2 \leq x$ è
- **a** $S = (-\infty; 0]$
- **b** $S = (-\infty; 1]$
- **c** $S = [0; 1]$
- **d** $S = \emptyset$

68 Se una disequazione di secondo grado è verificata per $x \neq 3$, allora la disequazione può essere
- **a** $x^2 + 9 > 0$
- **b** $x^2 - 6x + 9 > 0$
- **c** $3x^2 - 18x + 27 < 0$
- **d** $x^2 - 6x + 9 \leq 0$

69 Se la disequazione $ax^2 + bx + c < 0$ è verificata per $x < -1 \lor x > 2$ allora
- **a** $a > 0$ e $b^2 - 4ac > 0$
- **b** $a < 0$ e $b^2 - 4ac > 0$
- **c** $a > 0$ e $b^2 - 4ac < 0$
- **d** $a < 0$ e $b^2 - 4ac < 0$

70 Quale delle seguenti disequazioni ha come insieme delle soluzioni l'insieme vuoto?
- **a** $x^2 + 4x + 4 \leq 0$
- **b** $-x^2 + 3x - 2 > 0$
- **c** $x^2 - 4 \geq 0$
- **d** $x^2 - 5x + 7 < 0$

71 In quale figura è mostrata la corretta risoluzione della disequazione $x^2 - 4 \leq 0$?

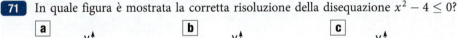

a 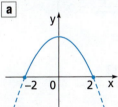 **b** 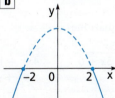 **c** 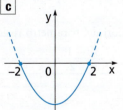 **d**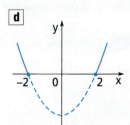

72 L'insieme delle soluzioni del sistema $\begin{cases} x^2 > 0 \\ x^2 + 1 > 0 \end{cases}$ è
- **a** $\mathbb{R}$
- **b** $\emptyset$
- **c** $x \neq 0$
- **d** $x > 0$

73 La frazione $\dfrac{x^4(x^2 + 1)}{x - 1}$ è negativa per
- **a** $x < 1 \land x \neq 0$
- **b** $0 < x < 1$
- **c** $x \leq 1$
- **d** $0 \leq x \leq 1$

ESERCIZI

74 Indicati con S_1 l'insieme delle soluzioni della disequazione $\dfrac{x^2 - 5x + 6}{3x^2} \geq 0$ e con S_2 l'insieme delle soluzioni della disequazione $3x^2(x^2 - 5x + 6) \geq 0$, senza risolverle si può dire che

a $S_1 = S_2$ 　　　**b** $S_1 \supset S_2$ 　　　**c** $S_1 \subset S_2$

d senza risolverle non è possibile dire quale delle precedenti relazioni è vera

■ Esercizi di approfondimento

1 Dopo aver determinato il valore di x in corrispondenza del quale la funzione $f: x \to -5x^2 - 9x + 2$ assume il massimo valore, verifica algebricamente il risultato ottenuto. $\left[x = -\dfrac{9}{10}\right]$

Stabilisci, poi, per quali valori di x sono verificate le seguenti disequazioni:

a. $f(x) > 0$ 　　$\left[-2 < x < \dfrac{1}{5}\right]$ 　　**b.** $|f(x)| \leq 5x(x-1) + 2$ 　　$\left[x \leq -\dfrac{2}{5} \vee 0 \leq x \leq \dfrac{2}{7}\right]$

2 Data l'equazione $k^4 x^2 - k(2k-3)x + 1 = 0$, con $k \in \mathbb{R}$, determina per quali valori di k

a. le radici sono reali e distinte; $\left[k < \dfrac{3}{4} \wedge k \neq 0\right]$

b. la somma delle radici è maggiore di -1; $[k < 0]$

c. il quadrato della somma delle radici è minore del triplo del quadrato della loro differenza.
$\left[\dfrac{-6 - 3\sqrt{6}}{2} < k < \dfrac{-6 + 3\sqrt{6}}{2} \wedge k \neq 0\right]$

3 Risolvi la disequazione $2x^6 - 9x^3 + 8 + \dfrac{4x^6 - 18x^3 + 16}{2} + \dfrac{6x^6 - 27x^3 + 24}{3} + \dfrac{8x^6 - 36x^3 + 32}{4} + \ldots +$
$+ \dfrac{30x^6 - 135x^3 + 120}{15} \leq -30$. $\left[\sqrt[3]{2} \leq x \leq \dfrac{\sqrt[3]{20}}{2}\right]$

4 Dati i predicati
$$p(x): x^4 - 5x^2 + 4 \geq 0$$
$$q(x): 36x^4 - 25x^2 + 4 > 0$$
$x \in \mathbb{R}$

determina l'insieme di verità di $\overline{p(x)} \vee \overline{q(x)}$. $\left[(-2; -1) \cup \left[-\dfrac{2}{3}; -\dfrac{1}{2}\right] \cup \left[\dfrac{1}{2}; \dfrac{2}{3}\right] \cup (1; 2)\right]$

5 Data la funzione $f(x) = 2x^2 - x$, disegnane il grafico e determina il suo codominio C. Successivamente risolvi la disequazione $f(x-1) + f(2-x) > x^2$. $\left[C = \left[-\dfrac{1}{8}; +\infty\right); x < 1 \vee x > 3\right]$

6 Determina per quali valori del parametro reale a l'equazione

$$\dfrac{\dfrac{3x-1}{x+2} - \dfrac{x}{x+3} - \dfrac{5x}{x^2+5x+6}}{\dfrac{1}{2} - \dfrac{x}{x+1}} = -\dfrac{4x^2+14x+12}{x^2+4x+3}$$

e la disequazione

$$a^2 x^2 + 4ax + 4 \leq 0$$

hanno lo stesso insieme delle soluzioni. $\left[a = \dfrac{4}{3}\right]$

7 Data l'equazione $x^2 - (k^2 - k + 5)x + 4(k^2 - k + 1) = 0$, verifica che essa ha soluzioni $\forall k \in \mathbb{R}$. (Dovrai osservare che $\Delta = (k^2 - k - 3)^2 \ldots$). Determina poi i valori di k per i quali si ha

a. $x_1 \cdot x_2 \geq 12$ 　　$[k \leq -1 \vee k \geq 2]$ 　　**b.** $x_1 + x_2 > 7$ 　　$[k < -1 \vee k > 2]$

c. $\dfrac{1}{x_1} + \dfrac{1}{x_2} > 1$ 　　$\left[\dfrac{3 - \sqrt{21}}{6} < k < \dfrac{3 + \sqrt{21}}{6}\right]$

400

8 Risolvi e discuti la disequazione intera di primo grado $(a-2)x > 1 + \dfrac{3a}{a+2}x$.

$$\left[\begin{array}{l} a = -2,\ \text{la disequazione perde significato};\ a = -1 \vee a = 4,\ \text{impossibile}; \\ -2 < a < -1 \vee a > 4,\ x > \dfrac{a+2}{a^2 - 3a - 4};\ a < -2 \vee -1 < a < 4,\ x < \dfrac{a+2}{a^2 - 3a - 4} \end{array}\right]$$

9 Determina per quali valori di k l'equazione biquadratica $x^4 - 6x^2 + k^2 - 3k + 2 = 0$ ammette quattro radici.

$$\left[\dfrac{3 - \sqrt{37}}{2} \leq k \leq 1 \vee 2 \leq k \leq \dfrac{3 + \sqrt{37}}{2}\right]$$

10 Determina i valori del parametro m per i quali l'equazione $(6m - m^2)x^4 - 2x^2 + 1 = 0$ ammette quattro radici distinte.
$[0 < m < 3 - 2\sqrt{2} \vee 3 + 2\sqrt{2} < m < 6]$

11 Determina i valori del parametro k per i quali l'equazione $x^4 + 2x^2 + k^2 - 4 = 0$ ammette solo due radici opposte.
$[-2 < k < 2]$

12 Determina per quali valori di a l'equazione biquadratica $(2a^2 - 1)x^4 - 2(a - 1)x^2 - 2 = 0$ ha solo due radici opposte. (*Suggerimento*: ricorda la regola di Cartesio.)
$\left[a \leq \dfrac{1 - \sqrt{6}}{5} \vee a > \dfrac{\sqrt{2}}{2}\right]$

13 Dato il predicato

$$p(x):\ x^3 + 27 < x + 3 \qquad x \in \mathbb{R}$$

determina i valori di x che rendono vero $p(x)$. $[x < -3]$

14 Dati i predicati

$$p(x):\ \sqrt{2}x^3 - 2x^2 - \sqrt{2}x + 2 > 0$$
$$q(x):\ (x^2 - 3\sqrt{2}x + 4)(x - 3) > 0 \qquad x \in \mathbb{R}$$

determina i valori di x che rendono vera la congiunzione $p(x) \wedge q(x)$. $[\sqrt{2} < x < 2\sqrt{2} \vee x > 3]$

15 Dati i predicati

$$p(x):\ x^2 + x + \sqrt{2} > 0$$
$$q(x):\ 2x^2 - x - 15 > 0 \qquad x \in \mathbb{R}$$

stabilisci i valori di x per cui è falsa l'implicazione $p(x) \to q(x)$. $\left[-\dfrac{5}{2} \leq x \leq 3\right]$

16 Dati i predicati

$$p(x):\ x^2 + 2x - 3 > 0$$
$$q(x):\ \left(x - \dfrac{2}{3}\right)(x + 3) < 0 \qquad x \in \mathbb{R}$$

determina per quali valori di x risulta vera la disgiunzione $p(x) \vee q(x)$.

$\left[x < -3 \vee -3 < x < \dfrac{2}{3} \vee x > 1\right]$

17 Dati i predicati

$$p(x):\ \dfrac{x^4 - 1}{x^4 - x^2 - 2} > 0$$
$$q(x):\ (x + 1)(x - 2) < 0 \qquad x \in \mathbb{R}$$

determina i valori di x per cui è falso il predicato $p(x) \vee q(x)$. $[-\sqrt{2} < x \leq -1]$

18 Dati i predicati

$$p(x):\ x^4 + 2x^2 - 3 \geq 0$$
$$q(x):\ 3x^3 + x^2 - 8x + 4 < 0 \qquad x \in \mathbb{R}$$

determina i valori di x che rendono falsa l'implicazione $p(x) \to q(x)$. $[-2 \leq x \leq -1;\ x \geq 1]$

Verso la Prova Invalsi

QUESITI A RISPOSTA MULTIPLA

1 L'equazione $x^2 + 4(a-1)x + 3a^2 - 2a - 4 = 0$ ammette due soluzioni distinte se e solo se:

- **a** $a \neq 2 \wedge a \neq 4$
- **b** $a < 2 \vee a > 4$
- **c** $a \leq 2 \vee a \geq 4$
- **d** $2 < a < 4$

2 La parabola $y = (a+2)x^2 + 2(a+2)x + 2a + 1$ ha vertice con ordinata non positiva se e solo se:

- **a** $-2 \leq a \leq 1 \vee a > 2$
- **b** $-2 \leq a \leq 1$
- **c** $a \leq -2 \vee 1 \leq a \leq 2$
- **d** $a < -2 \vee -2 < a \leq 1$

3 Date le funzioni $f(x) = 16x^4 + 1$ e $g(x) = 16x^4 - 1$, la funzione $f(x) \cdot g(x)$ è positiva:

- **a** per $x < -\frac{1}{2} \vee x > \frac{1}{2}$
- **b** per $-\frac{1}{2} < x < \frac{1}{2}$
- **c** per $x > \frac{1}{2}$
- **d** $\forall x \in \mathbb{R}$

4 Date le funzioni $f(x) = x^6$, $g(x) = x^3 + 27$ e $h(x) = x^2 - 2x + 1$, la funzione $\frac{f(x) \cdot g(x)}{h(x)}$ è non negativa:

- **a** per $-3 < x < 0$
- **b** per $x < -3 \vee x > 0$
- **c** per $x > -3 \wedge x \neq 1$
- **d** per $-3 < x < 1$

5 Date le funzioni $f(x)$ e $g(x)$ rappresentate in figura, il sistema $\begin{cases} f(x) \geq 0 \\ g(x) < 0 \end{cases}$ ha come soluzioni

- **a** tutti i numeri reali
- **b** nessun numero reale
- **c** $-3 < x < 3$
- **d** $x < -3 \vee x > 3$

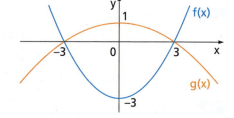

6 Date le funzioni $f(x)$ e $g(x)$ rappresentate in figura, il sistema $\begin{cases} f(x) > 0 \\ g(x) \geq 0 \end{cases}$ è verificato per:

- **a** $-2 < x \leq 2$
- **b** $x > 2$
- **c** $x \geq 2$
- **d** $x < -2 \vee x \geq 2$

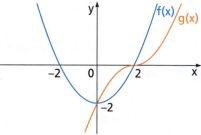

7 La figura rappresenta la risoluzione grafica della disequazione:

- **a** $x^2 + 2x \geq 0$
- **b** $x^2 + 2 \geq 0$
- **c** $x^2 + 4x + 4 \geq 0$
- **d** $x^2 - 2x \geq 0$

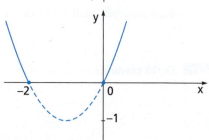

8 Quale delle seguenti disequazioni è verificata $\forall x \in \mathbb{R}$?

- **a** $\frac{1}{x^4} \geq 0$
- **b** $\frac{x^4}{1+x^2} > 0$
- **c** $\frac{1}{1+x^4} \geq 0$
- **d** $2x^6 - 1 > 0$

9 Quale delle seguenti disequazioni è impossibile?

- **a** $3x^6 - 3 \leq 0$
- **b** $\frac{1}{x^8 + 1} \leq 0$
- **c** $x^6 + x^4 \leq 0$
- **d** $\frac{x^4}{x^2 + 4} \leq 0$

Capitolo 6
Sistemi di secondo grado e di grado superiore

- Sistemi di secondo grado
- Sistemi simmetrici
- Sistemi omogenei

La gittata di un cannone

FIGURA 1

Non di rado è accaduto che le scoperte scientifiche abbiano avviato la ricerca di applicazioni nel settore militare e sovente è successo il contrario, e cioè che gli interessi bellici hanno guidato e finanziato anche la ricerca scientifica di base. Un esempio è il navigatore satellitare, presente su automobili e smartphone: esso è nato come strumento per guidare gli spostamenti delle truppe americane in ambienti ostili come il deserto.
Anche lo studio del moto di un oggetto sotto l'azione della forza di gravità, a partire dai lavori di Galileo Galilei, è stato incentivato dalla possibilità di applicare queste ricerche al moto dei proiettili dei cannoni. Oggi esiste una specifica branca della fisica che studia il moto dei proiettili, chiamata *balistica*.

Come si può descrivere il moto di un proiettile, cioè di un corpo pesante sotto l'azione della forza di gravità? È possibile prevedere la distanza a cui atterrerà (la *gittata*)?

Soluzione a pag. 409

Sistemi di secondo grado

1. Risoluzione di sistemi di due equazioni in due incognite

Il **grado di un sistema**, come sai già, è il prodotto dei gradi delle sue equazioni. Quindi un sistema di secondo grado di due equazioni in due incognite è costituito da un'equazione di primo grado e da una di secondo grado.

Un esempio introduttivo

Consideriamo il seguente sistema:

$$\begin{cases} 2x^2 + 3xy = 2y + 4 \\ 3x + y = 5 \end{cases}$$

la prima equazione è di secondo grado, mentre la seconda è di primo grado: il sistema è perciò di grado $2 \cdot 1 = 2$. Per risolverlo applichiamo il **metodo di sostituzione**, risolviamo l'equazione di primo grado rispetto a una delle incognite e sostituiamo nell'equazione di secondo grado l'espressione così trovata:

$$\begin{cases} 2x^2 + 3xy = 2y + 4 \\ y = 5 - 3x \end{cases} \longrightarrow \begin{cases} 2x^2 + 3x(5 - 3x) = 2(5 - 3x) + 4 \\ y = 5 - 3x \end{cases} \longrightarrow$$

$$\longrightarrow \begin{cases} 2x^2 + 15x - 9x^2 = 10 - 6x + 4 \\ y = 5 - 3x \end{cases} \longrightarrow \begin{cases} -7x^2 + 21x - 14 = 0 \\ y = 5 - 3x \end{cases} \longrightarrow$$

$$\longrightarrow \begin{cases} x^2 - 3x + 2 = 0 \\ y = 5 - 3x \end{cases}$$

L'equazione di secondo grado, dopo la sostituzione, contiene una sola incognita; tale equazione in una incognita si dice **equazione risolvente** del sistema. Risolviamola:

$$\underbrace{x^2 - 3x + 2 = 0}_{\text{equazione risolvente}} \xrightarrow{\Delta = (-3)^2 - 4 \cdot 1 \cdot 2 = 1} x_{1,2} = \frac{3 \pm 1}{2} \nearrow \begin{array}{l} x_1 = 1 \\ x_2 = 2 \end{array}$$

Utilizzando l'equazione $y = 5 - 3x$, mediante la quale abbiamo operato la sostituzione, calcoliamo, per ognuno dei valori di x trovati, il corrispondente valore di y:

- $\begin{cases} x_1 = 1 \\ y_1 = 5 - 3 \cdot 1 \end{cases} \longrightarrow \begin{cases} x_1 = 1 \\ y_1 = 2 \end{cases}$ • $\begin{cases} x_2 = 2 \\ y_2 = 5 - 3 \cdot 2 \end{cases} \longrightarrow \begin{cases} x_2 = 2 \\ y_2 = -1 \end{cases}$

Perciò il sistema considerato è determinato e ha **due** soluzioni, ognuna delle quali è costituita da **una coppia ordinata** di numeri reali; esse sono $(1\,;\,2)$ e $(2\,;\,-1)$: l'insieme delle soluzioni del sistema è $S = \{(1\,;\,2)\,;\,(2\,;\,-1)\}$.

Il procedimento con cui abbiamo risolto il sistema precedente può essere applicato a un qualunque sistema di secondo grado di due equazioni, che supporremo già semplificate, in due incognite; come di consueto, indicheremo con x e y le due incognite.

Per prima cosa si risolve l'equazione di primo grado rispetto a una delle due incognite, ad esempio la y, e si sostituisce nell'equazione di secondo grado, al posto di y, l'espressione trovata. In questo modo si ottiene l'**equazione risolvente** che contiene la sola incognita x.

SAI GIÀ CHE...

Soluzione di un sistema
Una soluzione di un sistema in due incognite è sempre costituita da una coppia ordinata di numeri reali.

Classificazione dei sistemi
Un sistema si dice
- **impossibile** se non ha soluzioni;
- **determinato** se ha un numero finito di soluzioni;
- **indeterminato** se ha infinite soluzioni.

Naturalmente è possibile anche risolvere l'equazione di primo grado rispetto a x; in tal modo nell'equazione risolvente comparirà solo l'incognita y.

Si possono verificare due casi.

▶ **L'equazione risolvente è di secondo grado**. In tal caso se ne calcola il discriminante Δ.

- Se $\Delta < 0$ l'equazione risolvente è impossibile e anche **il sistema è impossibile**.

- Se $\Delta = 0$ l'equazione risolvente ha due soluzioni coincidenti. Sostituendo tale valore di x nell'espressione di y utilizzata per operare la sostituzione, si determina il corrispondente valore di y. **Il sistema ha due soluzioni coincidenti**; in questo caso si dice anche che il **sistema ha una soluzione doppia**.

- Se $\Delta > 0$ l'equazione risolvente ha due soluzioni. Sostituendo nell'espressione di y ciascuno dei valori di x così trovati, si determinano i corrispondenti valori di y. Le due coppie ordinate di numeri reali trovate sono entrambe soluzioni del sistema: **il sistema ha due soluzioni**.

▶ **L'equazione risolvente si riduce alla forma $ax = b$**.

- Se tale equazione è determinata ($a \neq 0$), la si risolve, trovando così il valore di x; poi si sostituisce tale valore nell'altra equazione, determinando anche il valore di y. Quindi **il sistema ha una soluzione**; poiché l'equazione risolvente è di primo grado, si tratta di una **soluzione semplice**.

- Se l'equazione $ax = b$ è impossibile ($a = 0 \land b \neq 0$) o indeterminata ($a = 0 \land b = 0$), il sistema risulta, rispettivamente, **impossibile** o **indeterminato**.

2. I sistemi di secondo grado e le coniche

I sistemi di secondo grado di due equazioni in due incognite possono essere interpretati graficamente nel piano cartesiano.

▶ L'equazione di primo grado è rappresentata, come sappiamo, da una retta.

▶ L'equazione di secondo grado, la cui forma generale è

$$ax^2 + bxy + cy^2 + dx + ey + f = 0$$

se ha soluzioni, è rappresentata nel piano cartesiano da una curva, detta **conica**, e cioè da una **parabola**, oppure da una **circonferenza** o da un'**ellisse**, oppure da una **iperbole** (quest'ultima formata da due «rami»).
La conica può eventualmente essere *degenere*; in questo caso essa può essere rappresentata da un punto, oppure da una retta oppure da una coppia di rette.

Risolvere un sistema di secondo grado di due equazioni in due incognite significa determinare gli eventuali punti di intersezione della retta con la conica.

- Se il sistema è determinato, tali punti sono due oppure uno.

- Se il sistema è impossibile, la retta non interseca la conica.

- Se il sistema è indeterminato, la conica è degenere e la retta coincide con la conica o con una sua parte.

Le coniche

parabola
FIGURA 2

circonferenza
FIGURA 3

ellisse
FIGURA 4

iperbole
FIGURA 5

ESEMPI

1 $\begin{cases} ax - 3 = 0 \\ x^2 - 2x - y = 0 \end{cases} \longrightarrow \begin{cases} x = 3 \\ y = 3 \end{cases}$ (una soluzione semplice) (**FIGURA 6**).

$A(3\ ;\ 3)$

2 $\begin{cases} 2x + y - 4 = 0 \\ x^2 + y^2 - 1 = 0 \end{cases}$ nessuna soluzione (sistema impossibile) (**FIGURA 7**).

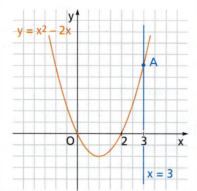

FIGURA 6

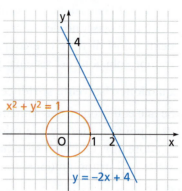

FIGURA 7

3 $\begin{cases} 3x - 2y + 6 = 0 \\ 9x^2 + 4y^2 - 36 = 0 \end{cases} \longrightarrow \begin{cases} x = -2 \\ y = 0 \end{cases} \lor \begin{cases} x = 0 \\ y = 3 \end{cases}$ (due soluzioni distinte) (**FIGURA 8**).

$A(-2\ ;\ 0)$ e $B(0\ ;\ 3)$

4 $\begin{cases} x + y - 4 = 0 \\ xy - 4 = 0 \end{cases} \longrightarrow \begin{cases} x_1 = x_2 = 2 \\ y_1 = y_2 = 2 \end{cases}$ (una soluzione doppia) (**FIGURA 9**).

$A(2\ ;\ 2)$

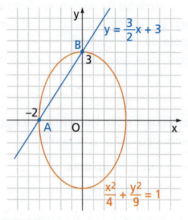

FIGURA 8

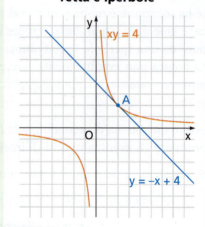

FIGURA 9

3. Sistemi di tre equazioni in tre incognite

Un sistema di secondo grado di tre equazioni in tre incognite è formato da un'equazione di secondo grado e da due equazioni di primo grado (il grado del sistema è $2 \cdot 1 \cdot 1 = 2$).

Il metodo esposto nel paragrafo precedente si può estendere facilmente alla risoluzione di tali sistemi. In questo caso si utilizzeranno le equazioni di primo grado per operare successive sostituzioni, in modo da ottenere un'equazione risolvente in una sola incognita. In qualche caso particolare può essere utile applicare anche il metodo di eliminazione, ad esempio sommando o sottraendo membro a membro le due equazioni lineari del sistema.

> Negli esercizi relativi a questo capitolo sono presenti esercizi svolti e da svolgere sui sistemi di secondo grado di tre equazioni in tre incognite.

■ Sistemi simmetrici

4. Equazioni simmetriche e sistemi simmetrici

> **DEFINIZIONE** **EQUAZIONE SIMMETRICA**
> Un'equazione in due incognite si dice simmetrica se rimane invariata scambiando tra loro le due incognite.

Ad esempio, $x + y = 1$ è un'equazione simmetrica, mentre $x + 3y = 1$ **non** è simmetrica perché scambiando x con y si ha l'equazione

$$y + 3x = 1$$

da cui

$$3x + y = 1$$

diversa da quella data.

> **DEFINIZIONE** **SISTEMA SIMMETRICO**
> Un sistema in due incognite si dice simmetrico se è formato da equazioni simmetriche.

> Matematica nella storia: un sistema simmetrico sotto le spoglie di un'equazione di secondo grado del «terzo tipo»

Ad esempio, è simmetrico il sistema

$$\begin{cases} x^2 + y^2 = 1 - xy \\ x + y = y^3 + x^3 \end{cases}$$

Infatti scambiando tra loro x e y in entrambe le equazioni, si ottengono ancora le stesse equazioni del sistema dato:

$$\begin{cases} x^2 + y^2 = 1 - xy \\ x + y = y^3 + x^3 \end{cases} \xrightarrow{x \leftrightarrow y} \begin{cases} y^2 + x^2 = 1 - yx \\ y + x = x^3 + y^3 \end{cases}$$

In ogni sistema simmetrico si ha anche una «simmetria» nelle soluzioni. Ciò significa che se una coppia ordinata $(a\,;b)$ è soluzione del sistema, lo è anche la coppia ordinata $(b\,;a)$.

5. Risoluzione dei sistemi simmetrici

> **DEFINIZIONE** **FORMA CANONICA DI UN SISTEMA SIMMETRICO**
>
> Un sistema simmetrico di secondo grado di due equazioni nelle incognite x e y si dice in forma canonica o normale se è nella forma
>
> $$\begin{cases} x + y = s \\ xy = p \end{cases}$$
>
> dove s e p sono due numeri reali.

La risoluzione di un sistema simmetrico di secondo grado in forma canonica si può ricondurre al problema della **ricerca di due numeri di cui sono noti la somma s e il prodotto p**. Come sappiamo, tali numeri, se esistono, sono le soluzioni dell'equazione di secondo grado

$$t^2 - st + p = 0$$

detta **equazione ausiliaria** o **associata** al sistema. Si possono presentare tre casi, a seconda del segno del discriminante dell'equazione associata.

▸ Se $\Delta > 0$ l'equazione associata ha due soluzioni distinte t_1 e t_2. Il sistema simmetrico ha allora **due soluzioni distinte**:

$$\begin{cases} x = t_1 \\ y = t_2 \end{cases} \quad \begin{cases} x = t_2 \\ y = t_1 \end{cases}$$

▸ Se $\Delta = 0$ l'equazione associata ha due soluzioni coincidenti $t_1 = t_2$. In tal caso il sistema simmetrico ha una **soluzione doppia** $\begin{cases} x = t_1 \\ y = t_1 \end{cases}$; si può anche dire che ha **due soluzioni coincidenti**, espresse da

$$\begin{cases} x_1 = x_2 = t_1 \\ y_1 = y_2 = t_1 \end{cases}$$

▸ Se $\Delta < 0$ l'equazione associata è impossibile e anche **il sistema è impossibile**.

Se il sistema simmetrico da risolvere non si presenta nella forma canonica, è opportuno cercare di porlo in tale forma. Inoltre, per risolvere i sistemi simmetrici di secondo grado o di grado superiore, sono talvolta utili le seguenti **identità**, dette **formule di Waring**, che puoi facilmente verificare:

$$\boxed{x^2 + y^2 = (x+y)^2 - 2xy} \qquad \boxed{x^3 + y^3 = (x+y)^3 - 3xy(x+y)}$$

> **Per risolvere il problema della ricerca di due numeri di cui sono noti la somma s e il prodotto p, abbiamo utilizzato l'equazione**
>
> $$x^2 - sx + p = 0$$
>
> In questo contesto utilizzeremo la stessa equazione, ma indicheremo l'incognita con la lettera t, per evitare confusione con l'incognita x che compare nel sistema.

> Negli esercizi, troverai esercizi svolti e da svolgere sui sistemi numerici di grado superiore al secondo.

> **ESEMPIO**
>
> Risolviamo il sistema $\begin{cases} 3x + 3y = 8 \\ xy = -1 \end{cases}$.
>
> Il sistema dato è simmetrico di secondo grado; poniamolo innanzitutto in forma canonica:
>
> $$\begin{cases} 3x + 3y = 8 \\ xy = -1 \end{cases} \longrightarrow \begin{cases} x + y = \dfrac{8}{3} \\ xy = -1 \end{cases}$$

La prima equazione è ora nella forma $x + y = s$, con $s = \frac{8}{3}$, e la seconda equazione è nella forma $xy = p$, con $p = -1$. L'equazione associata è quindi

$$t^2 - st + p = 0 \xrightarrow{s = \frac{8}{3} \wedge p = -1} t^2 - \frac{8}{3}t - 1 = 0 \longrightarrow 3t^2 - 8t - 3 = 0$$

Risolviamola:

$$\frac{\Delta}{4} = (-4)^2 - 3 \cdot (-3) = 25 \longrightarrow t_{1,2} = \frac{4 \pm 5}{3} \begin{array}{l} \nearrow t_1 = -\frac{1}{3} \\ \searrow t_2 = 3 \end{array}$$

Quindi il sistema dato ha due soluzioni:

$$\begin{cases} x = -\frac{1}{3} \\ y = 3 \end{cases} \quad \begin{cases} x = 3 \\ y = -\frac{1}{3} \end{cases}$$

> Se si risolve il sistema con il metodo di sostituzione si ottengono, evidentemente, gli stessi risultati.

■ Sistemi omogenei

I sistemi omogenei di due equazioni in due incognite sono quelli della forma

$$\begin{cases} ax^2 + bxy + cy^2 = 0 \\ a'x^2 + b'xy + c'y^2 = 0 \end{cases}$$

dove i primi membri delle due equazioni sono trinomi omogenei di secondo grado nelle due variabili x e y.

Nella parte di esercizi di questo capitolo potrai vedere come si risolvono tali sistemi e anche quelli della forma

$$\begin{cases} ax^2 + bxy + cy^2 = d \\ a'x^2 + b'xy + c'y^2 = d' \end{cases}$$

dove almeno uno dei due termini noti è diverso da zero. Anche i sistemi di questo tipo sono chiamati, sia pure impropriamente, sistemi omogenei.

La gittata di un cannone

 Soluzione del problema di pag. 403

Come si può descrivere il moto di un proiettile, cioè di un corpo pesante sotto l'azione della forza di gravità? È possibile prevedere la distanza a cui atterrerà (la *gittata*)?

Sappiamo che su un proiettile agisce la forza di gravità e in prossimità della superficie terrestre questa è verticale e costante, uguale a $F_g = m \cdot g$, dove m è la massa del corpo e g è l'accelerazione di gravità.

Le leggi della dinamica ci permettono di concludere che il moto può essere scomposto in due componenti: il moto orizzontale, che è rettilineo uniforme, e il moto verticale, che è uniformemente accelerato, di accelerazione $g = -9,8$ m/s^2 (il segno meno indica che l'accelerazione è verso il basso).

FIGURA 10

Per semplificare i nostri ragionamenti utilizziamo un sistema di riferimento cartesiano (**FIGURA 11**) in cui l'asse *x* giace sul terreno e ha la direzione e il verso dello sparo, l'asse *y* è perpendicolare al terreno e l'origine coincide con la posizione del cannone.

Ovviamente le dimensioni del cannone non possono coincidere con un punto ma, confrontando le dimensioni di un cannone (lungo qualche metro) con la gittata (lunga qualche kilometro), possiamo almeno approssimativamente assumere che il cannone coincida con l'origine degli assi.

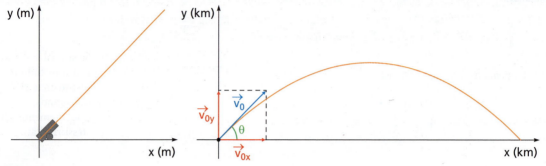

FIGURA 11
Il sistema di riferimento cartesiano che descrive il moto di un cannone. Nella prima figura l'unità di misura è il metro, nella seconda è il kilometro.

In questo caso le equazioni del moto del proiettile si possono scrivere nel modo seguente:

$$\begin{cases} x = v_{0x} \cdot t \\ y = v_{0y} \cdot t + \frac{1}{2} g \cdot t^2 \end{cases}$$

dove v_{0x} e v_{0y} sono rispettivamente i moduli delle componenti orizzontale e verticale del vettore $\vec{v}_0$ «velocità iniziale», e si possono calcolare a partire dal modulo del vettore e dalla sua inclinazione rispetto all'orizzontale:

$$\begin{cases} v_{0x} = v_0 \cdot \cos \theta \\ v_{0y} = v_0 \cdot \sin \theta \end{cases}$$

Applichiamo questo ragionamento a un caso concreto: supponiamo che il cannone spari proiettili a 400 m/s e sia inclinato di 30° rispetto all'orizzontale. A quale distanza atterrerà il proiettile?
Con i dati proposti, il sistema scritto prima diventa

$$\begin{cases} x = 400 \cdot \frac{\sqrt{3}}{2} \cdot t = 200\sqrt{3} \cdot t \\ y = 400 \cdot \frac{1}{2} \cdot t - 4{,}9 \cdot t^2 = 200 \cdot t - 4{,}9 \cdot t^2 \end{cases}$$

Il sistema è composto da due equazioni in tre incognite e descrive, al passare del tempo t, la posizione $(x\,;\,y)$ del proiettile sul piano cartesiano. Siamo sicuri di non avere altri dati? In realtà un dato è nascosto nella domanda: *Dove atterrerà il proiettile?* È importante capire come possiamo tradurre questa domanda in termini matematici. *Atterrare* significa *tornare ad altezza zero*, quindi in realtà ci stiamo chiedendo *quale sarà il valore di x quando y varrà zero*. Sostituendo a *y* il valore 0, il sistema si può riscrivere con due incognite:

$$\begin{cases} x = 200\sqrt{3} \cdot t \\ 0 = 200 \cdot t - 4{,}9 \cdot t^2 \end{cases}$$

e possiamo risolverlo per sostituzione.
Ricaviamo i valori del tempo, $t_1 = 0$ (s) e $t_2 \simeq 40{,}8$ (s), a cui corrispondono i valori delle distanze, $x_1 = 0$ (m) e $x_2 \simeq 14\,139$ (m).

Il valore x_1 corrisponde al momento dello sparo. Il valore che ci interessa è il secondo, il quale dice che il cannone ha una gittata di circa 14 km.
Questo risultato è attendibile?
Abbiamo considerato la gravità come unica forza agente, ma in realtà qualunque oggetto che cade in prossimità della superficie terrestre è soggetto anche all'attrito viscoso dovuto all'aria. Per un sasso lanciato a qualche metro di distanza questo non ha una grandissima influenza, ma per un proiettile che viaggia per più di mezzo minuto e per oltre dieci kilometri, sicuramente sì. Di conseguenza, la gittata reale sarà minore di quella che abbiamo calcolato; tuttavia, essendo il calcolo molto complesso, non lo affronteremo.
A quali situazioni può essere applicato il ragionamento che abbiamo seguito?
Esistono molte altre situazioni che possono essere descritte dalle equazioni che abbiamo esaminato, molte delle quali in ambito sportivo: la battuta di un servizio di pallavolo, un pallonetto nel calcio, un tiro a pallacanestro, un passaggio di football americano... In tutti questi casi, dal momento in cui la palla lascia le mani o i piedi del lanciatore è soggetta essenzialmente alla forza di gravità, che determina almeno la forma essenziale della traiettoria, oltre all'attrito dell'aria. Nel caso poi che venga lanciata imprimendole anche una rotazione (un tiro *ad effetto*, come si dice nel calcio), la palla può essere spinta anche da una differenza di pressione sui due lati.

FIGURA 12

Tra gli esempi citati, il caso in cui il contributo dell'attrito è minore, e quindi il nostro modello può dare risultati più attendibili, è quello del tiro a canestro, perché il volo è breve e la palla è più pesante che negli altri sport.

ESERCIZI

1. Prova a costruire un modello di un tiro a pallacanestro, eventualmente ricavando la velocità con cui viene lanciata la palla dall'analisi di un filmato.

2. Utilizza le equazioni proposte nel testo per prevedere la distanza a cui atterra una palla in un servizio a pallavolo (misura la velocità iniziale filmando il colpo), poi confronta il risultato con quello reale e valuta l'effetto dell'attrito.

Sistemi di secondo grado e di grado superiore

Sistemi di secondo grado

▶ **Sistemi di due equazioni in due incognite**

Un sistema di secondo grado di due equazioni in due incognite è formato da un'equazione di primo grado e da un'equazione di secondo grado.
Per risolverlo si applica il **metodo di sostituzione**. Se il sistema non è indeterminato, può avere una, due o nessuna soluzione.

Sistemi simmetrici

▶ **Equazioni e sistemi simmetrici**

Un'equazione in due incognite si dice **simmetrica** se rimane invariata scambiando tra loro le due incognite. Ad esempio $3x + 3y = xy$.
Un sistema in due incognite si dice **simmetrico** se è formato da equazioni simmetriche.
Se $(a\,;\,b)$ è una soluzione di un sistema simmetrico, anche $(b\,;\,a)$ è soluzione del sistema.

▶ **Forma canonica di un sistema simmetrico di secondo grado:** $\begin{cases} x + y = s \\ xy = p \end{cases}$

▶ **Risoluzione di un sistema simmetrico di secondo grado**

Le sue soluzioni si determinano risolvendo l'**equazione associata** o **ausiliaria** nell'incognita t:

$$t^2 - st + p = 0$$

	soluzioni dell'equazione ausiliaria $t^2 - st + p = 0$	soluzioni del sistema $\begin{cases} x + y = s \\ xy = p \end{cases}$
$\Delta < 0$	nessuna	nessuna
$\Delta = 0$	$t_1 = t_2$	$\begin{cases} x = t_1 \\ y = t_1 \end{cases}$ (soluzione doppia)
$\Delta > 0$	t_1 e t_2	$\begin{cases} x = t_1 \\ y = t_2 \end{cases}$ $\begin{cases} x = t_2 \\ y = t_1 \end{cases}$

$$\begin{cases} x + y = \dfrac{7}{2} \\ xy = \dfrac{3}{2} \end{cases} \longrightarrow t^2 - \dfrac{7}{2}t + \dfrac{3}{2} = 0 \longrightarrow 2t^2 - 7t + 3 = 0 \xrightarrow{\Delta = 25} \begin{array}{l} t_1 = \dfrac{1}{2} \\ t_2 = 3 \end{array}$$

Le soluzioni del sistema sono $\begin{cases} x = \dfrac{1}{2} \\ y = 3 \end{cases}$ e $\begin{cases} x = 3 \\ y = \dfrac{1}{2} \end{cases}$.

▶ **Identità o formule di Waring**

Se il sistema simmetrico, di secondo grado o di grado superiore, non si presenta in forma canonica, si può cercare di porlo in tale forma, eventualmente sfruttando le **identità di Waring**:

$$x^2 + y^2 = (x + y)^2 - 2xy \qquad x^3 + y^3 = (x + y)^3 - 3xy(x + y)$$

Capitolo 6 — Esercizi

- Sistemi di secondo grado e sistemi a essi riconducibili
- Sistemi simmetrici
- Sistemi omogenei
- Problemi di grado superiore al primo con due o più incognite
- Autovalutazione
- Esercizi per il recupero
- Esercizi di approfondimento
- Verso la Prova Invalsi

Sistemi di secondo grado e sistemi a essi riconducibili

VERO O FALSO?

1
a. Le equazioni di un sistema di secondo grado sono tutte di secondo grado. V F
b. L'equazione risolvente di un sistema di secondo grado può essere di primo grado. V F
c. Se un sistema di secondo grado ha una sola soluzione, allora questa è sempre una soluzione doppia. V F
d. Un sistema di secondo grado può essere impossibile. V F

2
a. Il grado di un sistema è la somma dei gradi delle sue equazioni. V F
b. Il sistema $\begin{cases} x^2 + y = 5xy^3 \\ x + y = 4 \end{cases}$ è di quarto grado. V F
c. Il sistema $\begin{cases} (x+y)^2 - 2xy = x^2 + y^2 \\ \left(\dfrac{x}{y}\right)^{-1} = \dfrac{y}{x} \end{cases}$ è indeterminato. V F
d. La terna $(0\,;\,0\,;\,0)$ è soluzione del sistema $\begin{cases} x^2 + y^2 + z^2 = 0 \\ x + y = 0 \\ x \cdot z^{-1} = 0 \end{cases}$ V F

Sistemi di secondo grado di due equazioni in due incognite

Sistemi numerici di equazioni intere

Risolvi i seguenti sistemi.

ESERCIZI SVOLTI

3 $\begin{cases} xy - x + y = 2 \\ 4y + x = 7 \end{cases}$

Risolviamo la seconda equazione, che è di primo grado, rispetto a x; poi nella prima equazione sostituiamo al posto di x l'espressione trovata:

$\begin{cases} (7-4y)y - (7-4y) + y = 2 \\ x = 7 - 4y \end{cases} \longrightarrow \begin{cases} 7y - 4y^2 - 7 + 4y + y = 2 \\ x = 7 - 4y \end{cases} \longrightarrow \begin{cases} \underline{4y^2 - 12y + 9 = 0} \\ \text{equazione risolvente} \\ x = 7 - 4y \end{cases}$

ESERCIZI

Determiniamo le soluzioni dell'equazione risolvente:

$$4y^2 - 12y + 9 = 0 \xrightarrow{\frac{\Delta}{4} = (-6)^2 - 4 \cdot 9 = 0} y_1 = y_2 = \frac{6}{4} = \frac{3}{2}$$

Ora operiamo la sostituzione $y = \frac{3}{2}$ nella seconda equazione, $x = 7 - 4y$, per determinare il corrispondente valore di x:

$$\begin{cases} y = \frac{3}{2} \\ x = 7 - 4 \cdot \frac{3}{2} \end{cases} \quad\rightarrow\quad \begin{cases} x = 1 \\ y = \frac{3}{2} \end{cases} \text{(soluzione doppia)}$$

Possiamo anche dire che il sistema dato ha due soluzioni coincidenti, costituite dalla coppia $\left(1; \frac{3}{2}\right)$, oppure che il sistema è verificato per $\begin{cases} x_1 = x_2 = 1 \\ y_1 = y_2 = \frac{3}{2} \end{cases}$.

▷▶ **4** $\begin{cases} x + y = 3 \\ 3x^2 + 2y^2 = 5 \end{cases}$

Abbiamo:

$$\begin{cases} x = 3 - y \\ 3(3-y)^2 + 2y^2 = 5 \end{cases} \rightarrow \begin{cases} x = 3 - y \\ 27 - 18y + 3y^2 + 2y^2 = 5 \end{cases} \rightarrow \begin{cases} x = 3 - y \\ 5y^2 - 18y + 22 = 0 \end{cases}$$

L'equazione risolvente è

$$5y^2 - 18y + 22 = 0 \quad\rightarrow\quad \frac{\Delta}{4} = (-9)^2 - 5 \cdot 22 = -29 < 0 \quad\rightarrow\quad \text{equazione impossibile}$$

Il sistema è quindi **impossibile**.

▷▶ **5** $\begin{cases} 2x = 3 - y \\ 2x^2 - y^2 = 1 + xy \end{cases}$

Abbiamo:

$$\begin{cases} y = 3 - 2x \\ 2x^2 - (3 - 2x)^2 = 1 + x(3 - 2x) \end{cases} \rightarrow \begin{cases} y = 3 - 2x \\ 2x^2 - 9 + 12x - 4x^2 = 1 + 3x - 2x^2 \end{cases} \rightarrow$$

$$\rightarrow \begin{cases} y = 3 - 2x \\ 9x - 10 = 0 \end{cases}$$

L'equazione risolvente è di primo grado. Procediamo quindi nella risoluzione:

$$\begin{cases} y = 3 - 2x \\ x = \frac{10}{9} \end{cases} \rightarrow \begin{cases} y = 3 - 2 \cdot \frac{10}{9} \\ x = \frac{10}{9} \end{cases} \rightarrow \begin{cases} x = \frac{10}{9} \\ y = \frac{7}{9} \end{cases}$$

In questo caso il sistema ha una sola soluzione: **soluzione semplice**.

▷▶ **6** $\begin{cases} x^2 + 4xy - 5x + 4y = 6 \\ x + 4y = 6 \end{cases}$

Risolviamo l'equazione di primo grado rispetto a x e sostituiamo nell'altra equazione il valore di x trovato:

$$\begin{cases} x = 6 - 4y \\ (6-4y)^2 + 4y(6-4y) - 5(6-4y) + 4y = 6 \end{cases} \rightarrow \ldots \rightarrow \begin{cases} x = 6 - 4y \\ 6 = 6 \end{cases}$$

La seconda equazione si riduce a una identità verificata per qualsiasi valore di y: perciò è indeterminata e anche il **sistema è indeterminato**.

Le soluzioni del sistema sono le infinite coppie ordinate

$$(6 - 4y\,;\,y) \quad \text{con } y \in \mathbb{R}$$

Indicando con t un parametro reale le soluzioni possono anche essere scritte nella forma

$$(6 - 4t\,;\,t) \quad \text{con } t \in \mathbb{R}$$

7 $\begin{cases} y - 2x = 0 \\ 2x^2 - y^2 + 3x = 3(y - 9) \end{cases}$ Videolezione $\left[\begin{cases} x = 3 \\ y = 6 \end{cases} \begin{cases} x = -\dfrac{9}{2} \\ y = -9 \end{cases}\right]$

8 $\begin{cases} x(x + 2y) = 0 \\ 4x - y = 18 \end{cases}$ $\left[\begin{cases} x = 0 \\ y = -18 \end{cases} \begin{cases} x = 4 \\ y = -2 \end{cases}\right]$

9 $\begin{cases} x^2 - xy = y^2 + 11 \\ 2x + 4 + y = 0 \end{cases}$ $\left[\begin{cases} x = -3 \\ y = 2 \end{cases} \begin{cases} x = -9 \\ y = 14 \end{cases}\right]$

10 $\begin{cases} 3x = y + 2 \\ x^2 - xy + y^2 = 36 + xy \end{cases}$ $\left[\begin{cases} x = -2 \\ y = -8 \end{cases} \begin{cases} x = 4 \\ y = 10 \end{cases}\right]$

11 $\begin{cases} x - y = 1 \\ (x + y)^2 + y(1 - 2x) = 18 - x \end{cases}$ $\left[\begin{cases} x = 3 \\ y = 2 \end{cases} \begin{cases} x = -3 \\ y = -4 \end{cases}\right]$

12 $\begin{cases} 2x - y = 5 \\ xy - y^2 = y - 27 \end{cases}$ $\left[\begin{cases} x = -\dfrac{1}{2} \\ y = -6 \end{cases} \begin{cases} x = 7 \\ y = 9 \end{cases}\right]$

13 $\begin{cases} (x - y)^2 = 4x^2 + 1 \\ 3x + y = 1 \end{cases}$ Sistemi di secondo grado con GeoGebra $\left[\begin{cases} x = 0 \\ y = 1 \end{cases} \begin{cases} x = \dfrac{2}{3} \\ y = -1 \end{cases}\right]$

14 $\begin{cases} x^2 - 2y^2 - 2x + 5y - 5 = 0 \\ x - 2y = -2 \end{cases}$ $\left[\begin{cases} x = -1 \\ y = \dfrac{1}{2} \end{cases} \begin{cases} x = 4 \\ y = 3 \end{cases}\right]$

15 $\begin{cases} 9x^2 - 4xy + y^2 - y - 2 = 0 \\ 4x - y = 2 \end{cases}$ $\left[\begin{cases} x = \dfrac{2}{3} \\ y = \dfrac{2}{3} \end{cases} \begin{cases} x = \dfrac{2}{3} \\ y = \dfrac{2}{3} \end{cases}\right]$

16 $\begin{cases} 2x - y = 0 \\ (x - y)^2 = 4 + xy \end{cases}$ [impossibile]

17 $\begin{cases} 9x^2 + y^2 = 5 \\ 3(x - 1) - y = 0 \end{cases}$ $\left[\begin{cases} x = \dfrac{1}{3} \\ y = -2 \end{cases} \begin{cases} x = \dfrac{2}{3} \\ y = -1 \end{cases}\right]$

18 $\begin{cases} x + y = 8 \\ x^2 - (y^2 + 16) = 16 \end{cases}$ $\left[\begin{cases} x = 6 \\ y = 2 \end{cases}\right]$

19 $\begin{cases} 2x + y + 7 = 0 \\ 4x^2 = (y + 7)^2 \end{cases}$ [indeterminato]

20 $\begin{cases} 2x + y = \dfrac{9}{2} \\ x(x - y) = 3 \end{cases}$ $\left[\begin{cases} x = 1 \\ y = 1 \end{cases} \begin{cases} x = \dfrac{1}{2} \\ y = \dfrac{5}{4} \end{cases}\right]$

21 $\begin{cases} (x + 2y - 1)^2 = (2x + y)(2x - y) \\ x - 3y - 2 = 3x - y \end{cases}$ $\left[\begin{cases} x = -1 \\ y = 0 \end{cases} \begin{cases} x = 5 \\ y = -6 \end{cases}\right]$

ESERCIZI

22 $\begin{cases} (x+y)(x+1) = 2(1-x) - 5 \\ 1 + 2[x - (1 - y + x)] = 1 \end{cases}$ $\left[\begin{cases} x = -2 \\ y = 1 \end{cases} \begin{cases} x = -2 \\ y = 1 \end{cases} \right]$

23 $\begin{cases} 4x + 3y = 3 \\ x(2x - 1) = y(y - 2) \end{cases}$ $\left[\begin{cases} x = \frac{3}{2} \\ y = -1 \end{cases} \begin{cases} x = 3 \\ y = -3 \end{cases} \right]$

24 $\begin{cases} 2xy + y^2 + x - 4 = 0 \\ 3x + 2y + 1 = 0 \end{cases}$ [impossibile]

25 $\begin{cases} 2x + 6y - 1 = 0 \\ (x - 1)^2 + (3y + 1)^2 = \frac{1}{4} \end{cases}$ $\left[\begin{cases} x = 1 \\ y = -\frac{1}{6} \end{cases} \begin{cases} x = \frac{3}{2} \\ y = -\frac{1}{3} \end{cases} \right]$

26 $\begin{cases} 2x = \frac{1}{2}(1 - y) \\ (4x + y)^2 + 4x + y + 1 = 0 \end{cases}$ [impossibile]

27 $\begin{cases} (4x - 6)^2 + 15y^2 = 1 - 8y(4x - 6) \\ 5y = 2(3 - 2x) \end{cases}$ [impossibile]

28 $\begin{cases} 3x + \frac{1}{2}y = \left(x - \frac{1}{3}\right)^2 \\ \frac{3x - 1}{3} = \frac{y + 2}{2} \end{cases}$ $\left[\begin{cases} x = \frac{1}{3} \\ y = -2 \end{cases} \begin{cases} x = \frac{13}{3} \\ y = 6 \end{cases} \right]$

29 $\begin{cases} \frac{(x - 2y)^2}{4} + \frac{(x + y)^2}{9} = \frac{(2y - x)(x + y)}{3} \\ \left(\frac{1}{2}x + y\right)\left(\frac{1}{2}x - y\right) = \left(\frac{1}{2}x - 1\right)^2 - \left(\frac{1}{3} - y\right)^2 \end{cases}$ $\left[\begin{cases} x = \frac{16}{3} \\ y = \frac{20}{3} \end{cases} \right]$

30 $\begin{cases} x + y = 1 \\ x^2 - xy = 2 \end{cases}$ $\left[\begin{cases} x = \frac{1 - \sqrt{17}}{4} \\ y = \frac{3 + \sqrt{17}}{4} \end{cases} \begin{cases} x = \frac{1 + \sqrt{17}}{4} \\ y = \frac{3 - \sqrt{17}}{4} \end{cases} \right]$

31 $\begin{cases} 2x + y = 1 \\ x(x - y) = 5 \end{cases}$ $\left[\begin{cases} x = \frac{1 - \sqrt{61}}{6} \\ y = \frac{2 + \sqrt{61}}{3} \end{cases} \begin{cases} x = \frac{1 + \sqrt{61}}{6} \\ y = \frac{2 - \sqrt{61}}{3} \end{cases} \right]$

32 $\begin{cases} x\sqrt{3} - y + 13 = 0 \\ \frac{x^2}{3} + \frac{y^2}{4} = 845 \end{cases}$ $\left[\begin{cases} x = 13\sqrt{3} \\ y = 52 \end{cases} \begin{cases} x = -19\sqrt{3} \\ y = -44 \end{cases} \right]$

33 $\begin{cases} x\sqrt{2} - y\sqrt{3} = -1 \\ x^2 + y^2 = 5 \end{cases}$ $\left[\begin{cases} x = \sqrt{2} \\ y = \sqrt{3} \end{cases} \begin{cases} x = -\frac{7}{5}\sqrt{2} \\ y = -\frac{3}{5}\sqrt{3} \end{cases} \right]$

34 $\begin{cases} x\sqrt[3]{4} + y + 1 = 0 \\ x^2 \cdot \sqrt[3]{2} - xy\sqrt[3]{4} = 8 \end{cases}$ $\left[\begin{cases} x = \sqrt[3]{2} \\ y = -3 \end{cases} \begin{cases} x = -\frac{4\sqrt[3]{2}}{3} \\ y = \frac{5}{3} \end{cases} \right]$

35 $\begin{cases} 0{,}5x + y = 0 \\ x^2 - 0{,}4y^2 = 3{,}6 \end{cases}$ $\left[\begin{cases} x = -2 \\ y = 1 \end{cases} \begin{cases} x = 2 \\ y = -1 \end{cases} \right]$

36 $\begin{cases} 3x + 3{,}5 = 0{,}2y \\ x^2 - 0{,}8xy + 0{,}16y^2 = 4 \end{cases}$ $\left[\begin{cases} x = -1{,}8 \\ y = -9{,}5 \end{cases} \begin{cases} x = -1 \\ y = 2{,}5 \end{cases} \right]$

Sistemi numerici frazionari

Risolvi i seguenti sistemi contenenti equazioni frazionarie.

ESERCIZIO SVOLTO

37 $\begin{cases} x - y = 1 \\ \dfrac{6x - y^2 - y}{x(x - 3)} = \dfrac{6}{x} + \dfrac{1 + x}{x - 3} \end{cases}$

Nel sistema è presente un'*equazione frazionaria*; è quindi necessario porre le **condizioni di accettabilità delle soluzioni**, individuando quei valori delle incognite per cui si annulla qualche denominatore.
I denominatori della seconda equazione si annullano per $x = 0$ e $x = 3$. Quindi scriviamo:

$$\text{C.A.: } x \neq 0 \ \wedge \ x \neq 3$$

Ora poniamo a denominatore comune i due membri della seconda equazione e poi eliminiamo i denominatori:

$\begin{cases} x - y = 1 \\ \dfrac{6x - y^2 - y}{x(x - 3)} = \dfrac{6(x - 3) + x(1 + x)}{x(x - 3)} \end{cases} \longrightarrow \begin{cases} x - y = 1 \\ 6x - y^2 - y = 6x - 18 + x + x^2 \end{cases} \longrightarrow$

$\longrightarrow \begin{cases} x = y + 1 \\ -y^2 - y = -18 + y + 1 + (y + 1)^2 \end{cases} \longrightarrow \begin{cases} x = y + 1 \\ -2y^2 - 4y + 16 = 0 \end{cases}$

L'equazione risolvente del sistema è la seconda; dividiamo entrambi i membri per -2 e risolviamola:

$$y^2 + 2y - 8 = 0 \quad \xrightarrow{\frac{\Delta}{4} = 1^2 - 1 \cdot (-8) = 9} \quad y_{1,2} = -1 \pm 3 \begin{array}{l} \nearrow y_1 = -4 \\ \searrow y_2 = 2 \end{array}$$

Sostituiamo nella prima equazione i valori trovati di y:

$\begin{cases} x = y + 1 \\ y = -4 \end{cases} \longrightarrow \begin{cases} x = -3 \\ y = -4 \end{cases} \longrightarrow$ accettabile

$\begin{cases} x = y + 1 \\ y = 2 \end{cases} \longrightarrow \begin{cases} x = 3 \\ y = 2 \end{cases} \longrightarrow$ non accettabile

Il sistema dato ha quindi una sola soluzione, che è la coppia $(-3\,;\ -4)$.

38 $\begin{cases} x + 3y = 5 \\ \dfrac{x}{y} - \dfrac{y}{x} = \dfrac{3}{2} \end{cases}$ $\qquad \left[\begin{cases} x = 2 \\ y = 1 \end{cases} \begin{cases} x = -1 \\ y = 2 \end{cases} \right]$

39 $\begin{cases} y - 2x = -1 \\ \dfrac{1 - x}{1 - y} = \dfrac{2}{1 + 2y} \end{cases}$ $\qquad \left[\begin{cases} x = \dfrac{5}{4} \\ y = \dfrac{3}{2} \end{cases} \right]$

40 $\begin{cases} 2 + \dfrac{3}{4}x = \dfrac{4y + 9}{4} \\ \dfrac{x - 3}{x - 2} = 1 - \dfrac{2y - 3}{y - 1} \end{cases}$ $\qquad \left[\begin{cases} x = 3 \\ y = 2 \end{cases} \begin{cases} x = \dfrac{11}{6} \\ y = \dfrac{9}{8} \end{cases} \right]$

41 $\begin{cases} \dfrac{x - 2}{x + y - 5} = 1 \\ x^2 + xy - 10 = 0 \end{cases}$ $\qquad \left[\begin{cases} x = -5 \\ y = 3 \end{cases} \right]$

ESERCIZI

42 $\begin{cases} \dfrac{1}{x-3} - \dfrac{1}{y-1} = \dfrac{1}{3} \\ \dfrac{y+1}{x+3} = 1 \end{cases}$ $\qquad \left[\begin{cases} x = 5 \\ y = 7 \end{cases} \right]$

43 $\begin{cases} \dfrac{x-y}{x+1} + \dfrac{x}{y-1} = 4 \\ \dfrac{1}{x+1} = \dfrac{2}{1-y} \end{cases}$ $\qquad \left[\begin{cases} x = -2 \\ y = 3 \end{cases} \right]$

44 $\begin{cases} \dfrac{x}{x+1} + \dfrac{2y}{x+2y} = 1 \\ \dfrac{3y-1}{y} - \dfrac{2x-1}{x+1} = 1 \end{cases}$ $\qquad \left[\begin{cases} x = 0 \\ y = \dfrac{1}{3} \end{cases} \begin{cases} x = \dfrac{1}{2} \\ y = \dfrac{1}{2} \end{cases} \right]$

45 $\begin{cases} \dfrac{x+2y}{x-2y} + \dfrac{x+y}{x-y} = -2 \\ \dfrac{3x-1}{x} - \dfrac{3y+1}{y} = -\dfrac{5}{xy} \end{cases}$ $\qquad \left[\begin{cases} x = 3 \\ y = 2 \end{cases} \right]$

46 $\begin{cases} \dfrac{y+1}{x-1} = \dfrac{1}{2} \\ \dfrac{1}{x-1} + \dfrac{1}{y} = \dfrac{5y+6}{y^2} \end{cases}$ $\qquad \left[\begin{cases} x = -1 \\ y = -2 \end{cases} \begin{cases} x = \dfrac{9}{7} \\ y = -\dfrac{6}{7} \end{cases} \right]$

47 $\begin{cases} \dfrac{2x+3y}{x} = 8 \\ \dfrac{2x-1}{y-1} + \dfrac{y+2}{x} = \dfrac{2x-y}{xy-x} \end{cases}$ $\qquad \left[\begin{cases} x = -\dfrac{2}{3} \\ y = -\dfrac{4}{3} \end{cases} \right]$

48 $\begin{cases} \dfrac{x-1}{y+1} - \dfrac{x+1}{y-1} = \dfrac{x^2}{1-y^2} - \dfrac{1}{3} \\ \dfrac{2x-y-4}{x+y-5} = 1 \end{cases}$ $\qquad \left[\begin{cases} x = -\dfrac{5}{13} \\ y = \dfrac{4}{13} \end{cases} \right]$

49 $\begin{cases} (4x-6)^2 + 15y^2 = 1 - 8y(4x-6) \\ \dfrac{5y}{3-2x} = 2 \end{cases}$ $\qquad$ [impossibile]

50 $\begin{cases} \dfrac{x}{x+y} + \dfrac{y}{x-y} = \dfrac{4x}{x^2-y^2} \\ x + \sqrt{3}y = 6 \end{cases}$ $\qquad \left[\begin{cases} x = 3 \\ y = \sqrt{3} \end{cases} \begin{cases} x = 3 \\ y = \sqrt{3} \end{cases} \right]$

51 $\begin{cases} 2x\sqrt{2} - 3y = 1 \\ \dfrac{x+\sqrt{2}}{y+1} - \dfrac{x-\sqrt{2}}{y+2} = \sqrt{2} \end{cases}$ $\qquad \left[\begin{cases} x = \sqrt{2} \\ y = 1 \end{cases} \begin{cases} x = -\dfrac{11}{16}\sqrt{2} \\ y = -\dfrac{5}{4} \end{cases} \right]$

Sistemi letterali

Risolvi i seguenti sistemi contenenti equazioni intere o frazionarie.

Altri esercizi

52 $\begin{cases} xy = \dfrac{4}{3}a^2 \\ x = 3y \end{cases}$ $\qquad \left[\begin{cases} x = \pm 2a \\ y = \pm \dfrac{2}{3}a \end{cases} \right]$

53 $\begin{cases} x + 2y = 3a \\ x^2 + xy + 2y^2 = 4a^2 \end{cases}$ $\qquad \left[\begin{cases} x = a \\ y = a \end{cases} \begin{cases} x = \dfrac{a}{2} \\ y = \dfrac{5}{4}a \end{cases} \right]$

54 $\begin{cases} x + 2y = 8a \\ xy - x^2 = 2a^2 \end{cases}$ $\qquad\qquad\left[\begin{cases} x = 2a \\ y = 3a \end{cases} \begin{cases} x = \dfrac{2}{3}a \\ y = \dfrac{11}{3}a \end{cases}\right]$

55 $\begin{cases} x + y = 3a \\ xy - y^2 = -2(a+1)(a+4) \end{cases}$ $\qquad\left[\begin{cases} x = a - 2 \\ y = 2a + 2 \end{cases} \begin{cases} x = \dfrac{7a + 4}{2} \\ y = -\dfrac{a + 4}{2} \end{cases}\right]$

56 $\begin{cases} x - y = 2 \\ x^2 - 2xy - y^2 + 2a^2 = 2(1 + 2a) \end{cases}$ $\qquad\left[\begin{cases} x = a + 1 \\ y = a - 1 \end{cases} \begin{cases} x = 3 - a \\ y = 1 - a \end{cases}\right]$

57 $\begin{cases} \dfrac{x^2}{a^2} + \dfrac{y}{2a} = 2 \\ x + y = 3a \end{cases}$ $\qquad\left[\begin{matrix} \text{il sistema perde significato per } a = 0; \\ \begin{cases} x = -\dfrac{a}{2} \\ y = \dfrac{7}{2}a \end{cases} \text{e} \begin{cases} x = a \\ y = 2a \end{cases} \text{per } a \neq 0 \end{matrix}\right]$

58 $\begin{cases} \dfrac{y - 1}{a} - \dfrac{x + y - a}{a - 1} = 1 \\ (x - 1)^2 = \dfrac{y - 1}{a} + 1 \end{cases}$ $\qquad\left[\begin{matrix} \text{il sistema perde significato per } a = 0 \lor a = 1; \\ \begin{cases} x = 0 \\ y = 1 \end{cases} \text{e} \begin{cases} x = 1 \\ y = 1 - a \end{cases} \text{per } a \neq 0 \land a \neq 1 \end{matrix}\right]$

59 $\begin{cases} \dfrac{1}{x - m} - \dfrac{1}{y - m} + \dfrac{3}{2m} = 0 \\ 2x + 4y + 3m = 0 \end{cases}$ $\qquad\left[\begin{matrix} \text{il sistema perde significato per } m = 0; \\ \begin{cases} x = \dfrac{m}{2} \\ y = -m \end{cases} \text{e} \begin{cases} x = -5m \\ y = \dfrac{7}{4}m \end{cases} \text{per } m \neq 0 \end{matrix}\right]$

60 $\begin{cases} \dfrac{2x - y}{b} = 1 \\ \dfrac{2b}{y + 2b} - \dfrac{b}{x - y} = \dfrac{y^2 - 4x^2}{xy + 2bx - y^2 - 2by} \end{cases}$ $\qquad\left[\begin{matrix} \text{il sistema perde significato per } b = 0; \\ \text{indeterminato per } b \neq 0 \end{matrix}\right]$

61 $\begin{cases} x^2 - y(2y + x - 5a) = a(2a + x) \\ \dfrac{1}{x + 2} = \dfrac{1}{y - 2} \end{cases}$ $\qquad\left[\begin{matrix} \text{impossibile per } a = 0 \lor a = 6; \\ \begin{cases} x = a - 2 \\ y = a + 2 \end{cases} \text{e} \begin{cases} x = a - 8 \\ y = a - 4 \end{cases} \text{per } a \neq 0 \land a \neq 6 \end{matrix}\right]$

Sistemi di secondo grado di tre equazioni in tre incognite

Risolvi i seguenti sistemi.

Altri esercizi

ESERCIZI SVOLTI

Altro esercizio svolto

62 $\begin{cases} 2x - y = 0 \\ 2x + y + z = 21 \\ x^2 + y^2 + z^2 = 294 \end{cases}$

Risolviamo la prima equazione rispetto all'incognita y e poi, nelle altre equazioni, sostituiamo al posto di y l'espressione così trovata:

$$\begin{cases} y = 2x \\ 2x + 2x + z = 21 \\ x^2 + (2x)^2 + z^2 = 294 \end{cases} \longrightarrow \begin{cases} y = 2x \\ 4x + z = 21 \\ 5x^2 + z^2 = 294 \end{cases}$$

> 6. Sistemi di secondo grado e di grado superiore

ESERCIZI

Ora risolviamo la seconda equazione rispetto all'incognita z e poi sostituiamo nella terza equazione l'espressione trovata:

$$\begin{cases} y = 2x \\ z = 21 - 4x \\ 5x^2 + (21 - 4x)^2 = 294 \end{cases} \longrightarrow \ldots \longrightarrow \begin{cases} y = 2x \\ z = 21 - 4x \\ 21x^2 - 168x + 147 = 0 \end{cases}$$

L'equazione risolvente del sistema è perciò

$$21x^2 - 168x + 147 = 0 \longrightarrow x^2 - 8x + 7 = 0 \longrightarrow x = 4 \pm 3 \begin{cases} x = 1 \\ x = 7 \end{cases}$$

▶ Per $x = 1$ troviamo

$$\begin{cases} x = 1 \\ y = 2 \cdot 1 \\ z = 21 - 4 \cdot 1 \end{cases} \longrightarrow \begin{cases} x = 1 \\ y = 2 \\ z = 17 \end{cases}$$

▶ Per $x = 7$ troviamo

$$\begin{cases} x = 7 \\ y = 2 \cdot 7 \\ z = 21 - 4 \cdot 7 \end{cases} \longrightarrow \begin{cases} x = 7 \\ y = 14 \\ z = -7 \end{cases}$$

Il sistema dato ha quindi per soluzioni le **terne ordinate** $(1; 2; 17)$ e $(7; 14; -7)$.

▷▶ **63** $\begin{cases} 2x - y + 2z = 0 \\ 3x + y - 2z = 5 \\ x^2 + y^2 = 10 \end{cases}$

Invece di applicare il metodo di sostituzione, come nel precedente esercizio, è più conveniente in questo caso applicare *inizialmente* il **metodo di eliminazione**. Infatti possiamo osservare che sommando membro a membro le prime due equazioni siamo in grado di ricavare subito il valore di x:

$$\begin{cases} 2x - y + 2z = 0 \\ 3x + y - 2z = 5 \\ x^2 + y^2 = 10 \end{cases} \oplus \quad 2x + 3x = 0 + 5 \longrightarrow x = 1$$

Sostituiamo la prima equazione con $x = 1$ e come seconda equazione teniamo, ad esempio, la prima; sostituiamo poi il valore $x = 1$ nelle restanti equazioni e risolviamo:

$$\begin{cases} x = 1 \\ 2x - y + 2z = 0 \\ x^2 + y^2 = 10 \end{cases} \longrightarrow \begin{cases} x = 1 \\ 2 \cdot 1 - y + 2z = 0 \\ 1^2 + y^2 = 10 \end{cases} \longrightarrow \begin{cases} x = 1 \\ y - 2z = 2 \\ y^2 = 9 \end{cases} \longrightarrow \begin{cases} x = 1 \\ y - 2z = 2 \\ y = \pm 3 \end{cases} \longrightarrow$$

$$\longrightarrow \begin{cases} x = 1 \\ y = -3 \\ y - 2z = 2 \end{cases} \vee \begin{cases} x = 1 \\ y = +3 \\ y - 2z = 2 \end{cases} \longrightarrow \begin{cases} x = 1 \\ y = -3 \\ z = -\dfrac{5}{2} \end{cases} \vee \begin{cases} x = 1 \\ y = 3 \\ z = \dfrac{1}{2} \end{cases}$$

▷▶ **64** $\begin{cases} 2x + y - z = 1 \\ x - y + z = 5 \\ x^2 + z^2 = 8 \end{cases}$ $\left[\begin{cases} x = 2 \\ y = -1 \\ z = 2 \end{cases} \begin{cases} x = 2 \\ y = -5 \\ z = -2 \end{cases}\right]$

▷▶ **65** $\begin{cases} x + y + z = 6 \\ x^2 + y^2 + z^2 = 14 \\ x - y - z = 0 \end{cases}$ $\left[\begin{cases} x = 3 \\ y = 1 \\ z = 2 \end{cases} \begin{cases} x = 3 \\ y = 2 \\ z = 1 \end{cases}\right]$

▷▶ **66** $\begin{cases} x + y + 2z = 3 \\ x - 2y - z = -24 \\ x^2 + y^2 + z^2 = 126 \end{cases}$ $\left[\begin{cases} x = -9 \\ y = 6 \\ z = 3 \end{cases} \begin{cases} x = -5 \\ y = 10 \\ z = -1 \end{cases}\right]$

420

67 $\begin{cases} 2x + y + z = 7 \\ x - 2y - z = -6 \\ x^2 + y^2 = 5 \end{cases}$ $\left[\begin{cases} x = 1 \\ y = 2 \\ z = 3 \end{cases} \begin{cases} x = -\dfrac{2}{5} \\ y = -\dfrac{11}{5} \\ z = 10 \end{cases}\right]$

68 $\begin{cases} 3(x - y) + 2z = 49 \\ x + y = 21 \\ x^2 + y^2 = 14(x - z) + z^2 + 49 \end{cases}$ $\left[\begin{cases} x = 14 \\ y = 7 \\ z = 14 \end{cases} \begin{cases} x = 20 \\ y = 1 \\ z = -4 \end{cases}\right]$

69 $\begin{cases} \sqrt{3}x = \sqrt{2}y \\ x\sqrt{3} + z = \sqrt{2}(3\sqrt{3} - y) \\ xy = 2\sqrt{6} - z \end{cases}$ $\left[\begin{cases} x = \sqrt{2} \\ y = \sqrt{3} \\ z = \sqrt{6} \end{cases} \begin{cases} x = \sqrt{2} \\ y = \sqrt{3} \\ z = \sqrt{6} \end{cases}\right]$

70 $\begin{cases} 8x^2 + y^2 - 4z^2 = 2a^2 \\ x + z = a \\ 2x - y = 2a \end{cases}$ $\left[\begin{cases} x = -\dfrac{a}{2} \\ y = -3a \\ z = \dfrac{3}{2}a \end{cases} \begin{cases} x = \dfrac{a}{2} \\ y = -a \\ z = \dfrac{a}{2} \end{cases}\right]$

71 $\begin{cases} x + 2y + z = 5a \\ -x + y - z = a \\ xz - yz - xy = -2a^2 \end{cases}$ $\left[\begin{cases} x = a \\ y = 2a \\ z = 0 \end{cases} \begin{cases} x = 0 \\ y = 2a \\ z = a \end{cases}\right]$

72 $\begin{cases} x + y + z = 0 \\ x + y - z = a \\ 4(x^2 - y^2) = a(a - 4) \end{cases}$ $\left[\text{indeterminato per } a = 0; \begin{cases} x = \dfrac{a - 2}{2} \\ y = 1 \\ z = -\dfrac{a}{2} \end{cases} \text{ per } a \neq 0 \right]$

Sistemi di grado superiore al secondo

Risolvi i seguenti sistemi.

Altri esercizi

ESERCIZIO SVOLTO

Altri esercizi svolti

73 $\begin{cases} x^2 + y^2 - 2x - 4y + 4 = 0 \\ x^2 + y^2 - 6x - 8y + 20 = 0 \end{cases}$

Il sistema è di quarto grado e quindi può avere al massimo quattro soluzioni. Conviene applicare subito il **metodo di eliminazione**.

Sottraendo membro a membro le due equazioni del sistema otteniamo l'equazione di primo grado

$$4x + 4y - 16 = 0 \longrightarrow x + y - 4 = 0$$

che possiamo sostituire a una delle due equazioni del sistema, ad esempio alla seconda:

$$\begin{cases} x^2 + y^2 - 2x - 4y + 4 = 0 \\ x + y - 4 = 0 \end{cases}$$

Il sistema ottenuto, equivalente a quello dato, è di secondo grado e può essere risolto con il metodo di sostituzione; in questo modo otteniamo le due soluzioni $\begin{cases} x = 2 \\ y = 2 \end{cases}$ e $\begin{cases} x = 1 \\ y = 3 \end{cases}$.

ESERCIZI

▷▷ **74** $\begin{cases} x^2 + y^2 - 6x + y + 8 = 0 \\ x^2 + y^2 + 4y - 1 = 0 \end{cases}$ $\left[\begin{cases} x = 2 \\ y = -1 \end{cases} \begin{cases} x = 2 \\ y = -1 \end{cases} \right]$

▷▷ **75** $\begin{cases} x^2 + y^2 + 9x + 5y - 6 = 0 \\ x^2 + y^2 + 3x + y - 4 = 0 \end{cases}$ $\left[\begin{cases} x = 1 \\ y = -1 \end{cases} \begin{cases} x = -1 \\ y = 2 \end{cases} \right]$

▷▷ **76** $\begin{cases} x^2 + y^2 - 4x - 9 = 0 \\ x^2 + y^2 - 8x = 1 + 6y \end{cases}$ $\left[\begin{cases} x = 5 \\ y = -2 \end{cases} \begin{cases} x = -1 \\ y = 2 \end{cases} \right]$

▷▷ **77** $\begin{cases} x^2 + y^2 - 10y + 30 = 0 \\ 3x^2 + 3y^2 - 10x - 10 = 0 \end{cases}$ [impossibile]

▷▷ **78** $\begin{cases} x^2 + y^2 - 4x - 2y + 1 = 0 \\ x^2 + y^2 = 3 - 2y \end{cases}$ $\left[\begin{cases} x = 2 \\ y = -1 \end{cases} \begin{cases} x = 0 \\ y = 1 \end{cases} \right]$

▷▷ **79** $\begin{cases} \dfrac{x^2}{16} + \dfrac{y^2}{4} = 1 \\ x^2 + y^2 = \dfrac{25}{4} \end{cases}$ $\left[\begin{cases} x = \sqrt{3} \\ y = -\dfrac{\sqrt{13}}{2} \end{cases} \begin{cases} x = \sqrt{3} \\ y = \dfrac{\sqrt{13}}{2} \end{cases} \begin{cases} x = -\sqrt{3} \\ y = -\dfrac{\sqrt{13}}{2} \end{cases} \begin{cases} x = -\sqrt{3} \\ y = \dfrac{\sqrt{13}}{2} \end{cases} \right]$

▷▷ **80** $\begin{cases} 3x^2 + 4y^2 - 48 = 0 \\ x^2 + y^2 - 13 = 0 \end{cases}$ $\left[\begin{cases} x = -2 \\ y = 3 \end{cases} \begin{cases} x = 2 \\ y = 3 \end{cases} \begin{cases} x = 2 \\ y = -3 \end{cases} \begin{cases} x = -2 \\ y = -3 \end{cases} \right]$

▷▷ **81** $\begin{cases} \dfrac{2}{x} = \dfrac{y}{6} \\ x - y + 11 = xy \end{cases}$ $\left[\begin{cases} x = -3 \\ y = -4 \end{cases} \begin{cases} x = 4 \\ y = 3 \end{cases} \right]$

▷▷ **82** $\begin{cases} (x - 3)^2 = 3x(y - 2) \\ x(2y - 3) = 3 \end{cases}$ $\left[\begin{cases} x = 3 \\ y = 2 \end{cases} \begin{cases} x = \dfrac{3}{2} \\ y = \dfrac{5}{2} \end{cases} \right]$

▷▷ **83** $\begin{cases} x - y - 2z = 2 \\ x + y - 2z = 0 \\ xyz = -6 \end{cases}$ $\left[\begin{cases} x = -3 \\ y = -1 \\ z = -2 \end{cases} \begin{cases} x = 4 \\ y = -1 \\ z = \dfrac{3}{2} \end{cases} \right]$

▷▷ **84** $\begin{cases} x + z = 2 \\ x^2 + y^2 + z^2 = 24 \\ x^2 - y^2 - z^2 = 8 \end{cases}$ $\left[\begin{cases} x = 4 \\ y = 2 \\ z = -2 \end{cases} \begin{cases} x = 4 \\ y = -2 \\ z = -2 \end{cases} \right]$

Sistemi simmetrici

Sistemi simmetrici di secondo grado

Risolvi i seguenti sistemi simmetrici di secondo grado numerici.

Altri esercizi

■ **ESERCIZI SVOLTI**

Altri esercizi svolti

▷▷ **85** $\begin{cases} x + y = -1 \\ 4xy = -15 \end{cases}$

Per porre il sistema in forma canonica dividiamo entrambi i membri della seconda equazione per 4:

$$\begin{cases} x + y = -1 \\ xy = -\dfrac{15}{4} \end{cases}$$

Il sistema è ora in forma canonica, con $s = -1$ e $p = -\dfrac{15}{4}$. Scriviamone l'equazione associata:

$$\begin{cases} x + y = s \\ xy = p \end{cases} \longrightarrow t^2 - st + p = 0$$

$$\downarrow \qquad\qquad\qquad \downarrow$$

$$\begin{cases} x + y = -1 \\ xy = -\dfrac{15}{4} \end{cases} \longrightarrow t^2 - (-1)t + \left(-\dfrac{15}{4}\right) = 0$$

Semplifichiamo l'equazione e risolviamola:

$$4t^2 + 4t - 15 = 0 \xrightarrow{\frac{\Delta}{4} = 64} t_{1,2} = \dfrac{-2 \pm 8}{4} \begin{array}{l} \nearrow t_1 = -\dfrac{5}{2} \\ \searrow t_2 = \dfrac{3}{2} \end{array}$$

Il sistema dato ha perciò due soluzioni distinte:

$$\begin{cases} x = -\dfrac{5}{2} \\ y = \dfrac{3}{2} \end{cases} \quad \text{e} \quad \begin{cases} x = \dfrac{3}{2} \\ y = -\dfrac{5}{2} \end{cases}$$

▷▶ **86** $\begin{cases} xy + 2x + 2y = 0 \\ x + y = -8 \end{cases}$

Scriviamo il sistema nella forma

$$\begin{cases} xy + 2(x + y) = 0 \\ x + y = -8 \end{cases}$$

Nella prima equazione sostituiamo al posto di $x + y$ il valore -8 dato dalla seconda equazione. Successivamente scambiamo di posto le due equazioni:

$$\begin{cases} xy + 2 \cdot (-8) = 0 \\ x + y = -8 \end{cases} \longrightarrow \begin{cases} x + y = -8 \\ xy = 16 \end{cases}$$

Il sistema è ora scritto nella forma canonica con $s = -8$ e $p = 16$. Scriviamo l'equazione ausiliaria e risolviamo:

$$t^2 - (-8)t + 16 = 0 \longrightarrow t^2 + 8t + 16 = 0 \longrightarrow (t+4)^2 = 0 \longrightarrow t_1 = t_2 = -4$$

Possiamo quindi concludere che il sistema dato ha due soluzioni coincidenti

$$\begin{cases} x = -4 \\ y = -4 \end{cases} \quad \text{e} \quad \begin{cases} x = -4 \\ y = -4 \end{cases}$$

In alternativa possiamo dire che il sistema ha la soluzione doppia $\begin{cases} x = -4 \\ y = -4 \end{cases}$.

▷▶ **87** $\begin{cases} 3x + 3y = 5 \\ 9x^2 + 9y^2 = 27xy - 5 \end{cases}$

Per porre il sistema in forma canonica dividiamo entrambi i membri della prima equazione per 3, raccogliamo 9 a fattore comune al primo membro della seconda equazione e applichiamo la formula di Waring $x^2 + y^2 = (x + y)^2 - 2xy$:

$$\begin{cases} x + y = \dfrac{5}{3} \\ 9(x^2 + y^2) = 27xy - 5 \end{cases} \longrightarrow \begin{cases} x + y = \dfrac{5}{3} \\ 9[(x + y)^2 - 2xy] = 27xy - 5 \end{cases}$$

Sfruttando la prima equazione, sostituiamo nella seconda, al posto del binomio $x + y$, il numero $\frac{5}{3}$ e poi semplifichiamo:

$$\begin{cases} x + y = \frac{5}{3} \\ 9\left[\left(\frac{5}{3}\right)^2 - 2xy\right] = 27xy - 5 \end{cases} \longrightarrow \begin{cases} x + y = \frac{5}{3} \\ 9\left[\frac{25}{9} - 2xy\right] = 27xy - 5 \end{cases} \longrightarrow$$

$$\longrightarrow \begin{cases} x + y = \frac{5}{3} \\ 25 - 18xy = 27xy - 5 \end{cases} \longrightarrow \begin{cases} x + y = \frac{5}{3} \\ 45xy = 30 \end{cases} \longrightarrow \begin{cases} x + y = \frac{5}{3} \\ xy = \frac{2}{3} \end{cases}$$

Il sistema si trova ora in forma canonica; scriviamone l'equazione associata e risolviamola:

$$t^2 - \frac{5}{3}t + \frac{2}{3} = 0 \longrightarrow 3t^2 - 5t + 2 = 0 \xrightarrow{\Delta = 1} t_{1,2} = \frac{5 \pm 1}{6} \begin{matrix} \nearrow t_1 = \frac{2}{3} \\ \searrow t_2 = 1 \end{matrix}$$

Le soluzioni del sistema considerato sono perciò:

$$\begin{cases} x = \frac{2}{3} \\ y = 1 \end{cases} \quad \text{e} \quad \begin{cases} x = 1 \\ y = \frac{2}{3} \end{cases}$$

▷▶ **88** $\begin{cases} x + y = 9 \\ xy = 18 \end{cases}$ $\left[\begin{cases} x = 3 \\ y = 6 \end{cases} \begin{cases} x = 6 \\ y = 3 \end{cases}\right]$ ▷▶ **89** $\begin{cases} x + y = 2 \\ xy = -8 \end{cases}$ $\left[\begin{cases} x = -2 \\ y = 4 \end{cases} \begin{cases} x = 4 \\ y = -2 \end{cases}\right]$

▷▶ **90** $\begin{cases} x + y = 2 \\ xy = 1 \end{cases}$ $\left[\begin{cases} x = 1 \\ y = 1 \end{cases} \begin{cases} x = 1 \\ y = 1 \end{cases}\right]$ ▷▶ **91** $\begin{cases} x + y = \frac{3}{5} \\ xy = -\frac{2}{5} \end{cases}$ $\left[\begin{cases} x = 1 \\ y = -\frac{2}{5} \end{cases} \begin{cases} x = -\frac{2}{5} \\ y = 1 \end{cases}\right]$

▷▶ **92** $\begin{cases} 2x + 2y = 1 \\ 3xy = 1 \end{cases}$ [impossibile]

▷▶ **93** $\begin{cases} 6x + 6y - 1 = 0 \\ 6xy + 1 = 0 \end{cases}$ $\left[\begin{cases} x = -\frac{1}{3} \\ y = \frac{1}{2} \end{cases} \begin{cases} x = \frac{1}{2} \\ y = -\frac{1}{3} \end{cases}\right]$

▷▶ **94** $\begin{cases} x + y = 1 + \sqrt{3} \\ xy = \sqrt{3} \end{cases}$ $\left[\begin{cases} x = \sqrt{3} \\ y = 1 \end{cases} \begin{cases} x = 1 \\ y = \sqrt{3} \end{cases}\right]$

▷▶ **95** $\begin{cases} x + y = 3\sqrt{3} \\ xy = 6 \end{cases}$ $\left[\begin{cases} x = \sqrt{3} \\ y = 2\sqrt{3} \end{cases} \begin{cases} x = 2\sqrt{3} \\ y = \sqrt{3} \end{cases}\right]$

▷▶ **96** $\begin{cases} x + y = 2\sqrt{2} \\ xy = -6 \end{cases}$ $\left[\begin{cases} x = -\sqrt{2} \\ y = 3\sqrt{2} \end{cases} \begin{cases} x = 3\sqrt{2} \\ y = -\sqrt{2} \end{cases}\right]$

▷▶ **97** $\begin{cases} x + y = 5 \\ (x-2)(y+3) = (2+x)(3-y) \end{cases}$ $\left[\begin{cases} x = 2 \\ y = 3 \end{cases} \begin{cases} x = 3 \\ y = 2 \end{cases}\right]$

▷▶ **98** $\begin{cases} xy + 3x + 3y = \frac{17}{2} \\ 2x + 2y = 5 \end{cases}$ $\left[\begin{cases} x = \frac{1}{2} \\ y = 2 \end{cases} \begin{cases} x = 2 \\ y = \frac{1}{2} \end{cases}\right]$

▷▶ **99** $\begin{cases} 3(x+y)^2 = x + y - xy \\ 3x + 3y + 1 = 0 \end{cases}$ $\left[\begin{cases} x = \frac{2}{3} \\ y = -1 \end{cases} \begin{cases} x = -1 \\ y = \frac{2}{3} \end{cases}\right]$

100 $\begin{cases} x+y=6 \\ x^2+y^2=36 \end{cases}$ $\left[\begin{cases} x=6 \\ y=0 \end{cases} \begin{cases} x=0 \\ y=6 \end{cases}\right]$

101 $\begin{cases} x+y=6 \\ x^2+y^2=10 \end{cases}$ [impossibile]

102 $\begin{cases} x+y=10 \\ x^2+y^2=56 \end{cases}$ $\left[\begin{cases} x=5+\sqrt{3} \\ y=5-\sqrt{3} \end{cases} \begin{cases} x=5-\sqrt{3} \\ y=5+\sqrt{3} \end{cases}\right]$

103 $\begin{cases} x^2+y^2=30 \\ x+y=4\sqrt{3} \end{cases}$ Videolezione $\left[\begin{cases} x=3\sqrt{3} \\ y=\sqrt{3} \end{cases} \begin{cases} x=\sqrt{3} \\ y=3\sqrt{3} \end{cases}\right]$

104 $\begin{cases} x+y=6 \\ x^2+y^2-xy=9 \end{cases}$ $\left[\begin{cases} x=3 \\ y=3 \end{cases} \begin{cases} x=3 \\ y=3 \end{cases}\right]$

105 $\begin{cases} x+y=6\sqrt{2} \\ x^2+y^2-xy=18 \end{cases}$ $\left[\begin{cases} x=3\sqrt{2} \\ y=3\sqrt{2} \end{cases} \begin{cases} x=3\sqrt{2} \\ y=3\sqrt{2} \end{cases}\right]$

106 $\begin{cases} 3x+3y+2=0 \\ x^2+y^2+xy=\dfrac{7}{9} \end{cases}$ $\left[\begin{cases} x=\dfrac{1}{3} \\ y=-1 \end{cases} \begin{cases} x=-1 \\ y=\dfrac{1}{3} \end{cases}\right]$

107 $\begin{cases} \sqrt{3}x+\sqrt{3}y=4 \\ x^2+y^2=\dfrac{10}{3} \end{cases}$ $\left[\begin{cases} x=\sqrt{3} \\ y=\dfrac{\sqrt{3}}{3} \end{cases} \begin{cases} x=\dfrac{\sqrt{3}}{3} \\ y=\sqrt{3} \end{cases}\right]$

108 $\begin{cases} \sqrt[3]{2}x+\sqrt[3]{2}y=-2 \\ \sqrt[3]{4}xy=-8 \end{cases}$ $\left[\begin{cases} x=\sqrt[3]{4} \\ y=-2\sqrt[3]{4} \end{cases} \begin{cases} x=-2\sqrt[3]{4} \\ y=\sqrt[3]{4} \end{cases}\right]$

Esercizi sui sistemi simmetrici di secondo grado letterali

Sistemi simmetrici di grado superiore al secondo

Risolvi i seguenti sistemi.

Altri esercizi

ESERCIZI SVOLTI

Altri esercizi svolti

109 $\begin{cases} x^2+y^2=53 \\ xy=-14 \end{cases}$

Si tratta di un sistema simmetrico di quarto grado. Applichiamo al primo membro della prima equazione l'identità $x^2+y^2=(x+y)^2-2xy$:

$\begin{cases} (x+y)^2-2xy=53 \\ xy=-14 \end{cases} \longrightarrow \begin{cases} (x+y)^2-2(-14)=53 \\ xy=-14 \end{cases} \longrightarrow \begin{cases} (x+y)^2=25 \\ xy=-14 \end{cases}$

Esaminando la prima equazione, $(x+y)^2=25$, deduciamo che può essere $x+y=-5$ oppure $x+y=5$. Considerando ciascuna di queste due equazioni insieme alla seconda, $xy=-14$, otteniamo due sistemi simmetrici di secondo grado in forma canonica:

$\begin{cases} x+y=-5 \\ xy=-14 \end{cases} \longrightarrow t^2+5t-14=0 \xrightarrow{\Delta=81} \begin{matrix} t_1=-7 \\ t_2=2 \end{matrix}$

da cui otteniamo le due soluzioni $\begin{cases} x=-7 \\ y=2 \end{cases}$ e $\begin{cases} x=2 \\ y=-7 \end{cases}$.

$$\begin{cases} x+y=5 \\ xy=-14 \end{cases} \longrightarrow t^2-5t-14=0 \xrightarrow{\Delta=81} \begin{matrix} t_1=-2 \\ t_2=7 \end{matrix}$$

da cui otteniamo le due soluzioni $\begin{cases} x=7 \\ y=-2 \end{cases}$ e $\begin{cases} x=-2 \\ y=7 \end{cases}$.

Riunendo le soluzioni ottenute nei due casi si hanno complessivamente quattro soluzioni:

$$\begin{cases} x=-7 \\ y=2 \end{cases} \quad \begin{cases} x=2 \\ y=-7 \end{cases} \quad \begin{cases} x=7 \\ y=-2 \end{cases} \quad \begin{cases} x=-2 \\ y=7 \end{cases}$$

▶▶ **110** $\begin{cases} 2x+2y-3xy=16 \\ 3x-2xy+3y=9 \end{cases}$

Dopo aver osservato che il sistema dato è simmetrico di quarto grado, lo scriviamo nella forma seguente in cui si evidenziano la somma e il prodotto delle incognite:

$$\begin{cases} 2(x+y)-3xy=16 \\ 3(x+y)-2xy=9 \end{cases}$$

Introduciamo due incognite ausiliarie

$$x+y=s \qquad xy=p$$

Il sistema può quindi essere così riscritto:

$$\begin{cases} 2s-3p=16 \\ 3s-2p=9 \end{cases}$$

Risolvendo questo sistema lineare nelle incognite s e p troviamo

$$\begin{cases} s=-1 \\ p=-6 \end{cases} \longrightarrow \begin{cases} x+y=-1 \\ xy=-6 \end{cases} \longrightarrow \begin{cases} x=-3 \\ y=2 \end{cases} \lor \begin{cases} x=2 \\ y=-3 \end{cases}$$

▶▶ **111** $\begin{cases} 2x=9-2y \\ xy(xy-3)=-2 \end{cases} \longrightarrow \begin{cases} 2x+2y=9 \\ x^2y^2-3xy=-2 \end{cases} \longrightarrow \begin{cases} x+y=\dfrac{9}{2} \\ (xy)^2-3xy+2=0 \end{cases}$

Il sistema è quindi simmetrico. Consideriamo la seconda equazione del sistema come un'equazione di secondo grado nell'incognita $xy=p$:

$$p^2-3p+2=0 \xrightarrow{\Delta=1} p=\dfrac{3+1}{2} \begin{matrix} p_1=1 \\ p_2=2 \end{matrix}$$

Pertanto risulta $xy=2$ oppure $xy=1$. Dobbiamo quindi risolvere separatamente i due sistemi seguenti:

$$\begin{cases} x+y=\dfrac{9}{2} \\ xy=2 \end{cases} \longrightarrow t^2-\dfrac{9}{2}t+2=0 \longrightarrow 2t^2-9t+4=0 \xrightarrow{\Delta=49} \begin{matrix} t_1=\dfrac{1}{2} \\ t_2=4 \end{matrix}$$

da cui si ottengono le soluzioni $\begin{cases} x=4 \\ y=\dfrac{1}{2} \end{cases}$ e $\begin{cases} x=\dfrac{1}{2} \\ y=4 \end{cases}$.

$$\begin{cases} x+y=\dfrac{9}{2} \\ xy=1 \end{cases} \longrightarrow t^2-\dfrac{9}{2}t+1=0 \longrightarrow 2t^2-9t+2=0 \xrightarrow{\Delta=65} \begin{matrix} t_1=\dfrac{9-\sqrt{65}}{4} \\ t_2=\dfrac{9+\sqrt{65}}{4} \end{matrix}$$

da cui si ottengono le soluzioni $\begin{cases} x=\dfrac{9+\sqrt{65}}{4} \\ y=\dfrac{9-\sqrt{65}}{4} \end{cases}$ e $\begin{cases} x=\dfrac{9-\sqrt{65}}{4} \\ y=\dfrac{9+\sqrt{65}}{4} \end{cases}$.

Riunendo le soluzioni ottenute, possiamo concludere che le quattro soluzioni del sistema dato sono:

$$\begin{cases} x = 4 \\ y = \dfrac{1}{2} \end{cases} \quad \begin{cases} x = \dfrac{1}{2} \\ y = 4 \end{cases} \quad \begin{cases} x = \dfrac{9 + \sqrt{65}}{4} \\ y = \dfrac{9 - \sqrt{65}}{4} \end{cases} \quad \begin{cases} x = \dfrac{9 - \sqrt{65}}{4} \\ y = \dfrac{9 + \sqrt{65}}{4} \end{cases}$$

112 $\begin{cases} x^2 + y^2 = 29 \\ xy = -10 \end{cases}$ $\left[\begin{cases} x = 5 \\ y = -2 \end{cases} \begin{cases} x = -5 \\ y = 2 \end{cases} \begin{cases} x = 2 \\ y = -5 \end{cases} \begin{cases} x = -2 \\ y = 5 \end{cases} \right]$

113 $\begin{cases} x^2 + y^2 = 10 \\ xy = 3 \end{cases}$ $\left[\begin{cases} x = 3 \\ y = 1 \end{cases} \begin{cases} x = -3 \\ y = -1 \end{cases} \begin{cases} x = 1 \\ y = 3 \end{cases} \begin{cases} x = -1 \\ y = -3 \end{cases} \right]$

114 $\begin{cases} xy = \dfrac{3}{4} \\ x^2 + y^2 = \dfrac{5}{2} \end{cases}$ $\left[\begin{cases} x = \dfrac{1}{2} \\ y = \dfrac{3}{2} \end{cases} \begin{cases} x = -\dfrac{1}{2} \\ y = -\dfrac{3}{2} \end{cases} \begin{cases} x = \dfrac{3}{2} \\ y = \dfrac{1}{2} \end{cases} \begin{cases} x = -\dfrac{3}{2} \\ y = -\dfrac{1}{2} \end{cases} \right]$

115 $\begin{cases} 1 - 3xy = 0 \\ 2x + 2y = 3 - xy \end{cases}$ $\left[\begin{cases} x = \dfrac{1}{3} \\ y = 1 \end{cases} \begin{cases} x = 1 \\ y = \dfrac{1}{3} \end{cases} \right]$

116 $\begin{cases} x^2 + y^2 + xy = 7 \\ x + y = 1 + xy \end{cases}$ $\left[\begin{cases} x = 1 \\ y = 2 \end{cases} \begin{cases} x = 2 \\ y = 1 \end{cases} \begin{cases} x = 1 \\ y = -3 \end{cases} \begin{cases} x = -3 \\ y = 1 \end{cases} \right]$

117 $\begin{cases} x^2 + y^2 = 1 \\ x + y + xy = 1 \end{cases}$ $\left[\begin{cases} x = 1 \\ y = 0 \end{cases} \begin{cases} x = 0 \\ y = 1 \end{cases} \right]$

118 $\begin{cases} xy + 2 = 0 \\ x^2 + y^2 - x = 4 + y \end{cases}$ $\left[\begin{cases} x = 2 \\ y = -1 \end{cases} \begin{cases} x = -1 \\ y = 2 \end{cases} \begin{cases} x = \sqrt{2} \\ y = -\sqrt{2} \end{cases} \begin{cases} x = -\sqrt{2} \\ y = \sqrt{2} \end{cases} \right]$

119 $\begin{cases} (x + y)^2 = 3x + 3y + 10 \\ x^2 + y^2 = 20 \end{cases}$ $\left[\begin{cases} x = 2 \\ y = -4 \end{cases} \begin{cases} x = -4 \\ y = 2 \end{cases} \begin{cases} x = \dfrac{5 \pm \sqrt{15}}{2} \\ y = \dfrac{5 \mp \sqrt{15}}{2} \end{cases} \right]$

120 $\begin{cases} (x + y)^2 = 61 + xy \\ x^2 + y^2 = 21 + xy \end{cases}$ $\left[\begin{cases} x = 4 \\ y = 5 \end{cases} \begin{cases} x = 5 \\ y = 4 \end{cases} \begin{cases} x = -4 \\ y = -5 \end{cases} \begin{cases} x = -5 \\ y = -4 \end{cases} \right]$

121 $\begin{cases} (x + y)^2 = 9 + \dfrac{8}{3}xy \\ x^2 + y^2 - 31 + 3xy = 0 \end{cases}$ $\left[\begin{cases} x = 3 \\ y = 2 \end{cases} \begin{cases} x = 2 \\ y = 3 \end{cases} \begin{cases} x = -3 \\ y = -2 \end{cases} \begin{cases} x = -2 \\ y = -3 \end{cases} \right]$

122 $\begin{cases} xy = 3\sqrt{3} \\ \dfrac{1}{x} + \dfrac{1}{y} = \dfrac{4}{9}\sqrt{3\sqrt{3}} \end{cases}$ $\left[\begin{cases} x = 3\sqrt[4]{3} \\ y = \sqrt[4]{3} \end{cases} \begin{cases} x = \sqrt[4]{3} \\ y = 3\sqrt[4]{3} \end{cases} \right]$

ESERCIZIO SVOLTO

123 $\begin{cases} x^3 + y^3 = 19 \\ x + y = 1 \end{cases}$

Si tratta di un sistema simmetrico di terzo grado. Applichiamo l'identità

$$x^3 + y^3 = (x + y)^3 - 3xy(x + y)$$

al primo membro della prima equazione e sostituiamo quindi 1 al posto di $x + y$:

$$\begin{cases} (x+y)^3 - 3xy(x+y) = 19 \\ x + y = 1 \end{cases} \longrightarrow \begin{cases} 1^3 - 3xy \cdot 1 = 19 \\ x + y = 1 \end{cases} \longrightarrow \begin{cases} xy = -6 \\ x + y = 1 \end{cases}$$

Abbiamo così ottenuto un sistema simmetrico di secondo grado in forma canonica che possiamo facilmente risolvere, ottenendo le soluzioni

$$\begin{cases} x = 3 \\ y = -2 \end{cases} \text{ e } \begin{cases} x = -2 \\ y = 3 \end{cases}$$

▷▶ **124** $\begin{cases} x + y = 2 \\ x^3 + y^3 = 56 \end{cases}$ $\left[\begin{cases} x = -2 \\ y = 4 \end{cases} \begin{cases} x = 4 \\ y = -2 \end{cases} \right]$ ▷▶ **125** $\begin{cases} x^3 + y^3 = \dfrac{7}{2} \\ x + y = 2 \end{cases}$ $\left[\begin{cases} x = \dfrac{1}{2} \\ y = \dfrac{3}{2} \end{cases} \begin{cases} x = \dfrac{3}{2} \\ y = \dfrac{1}{2} \end{cases} \right]$

▷▶ **126** $\begin{cases} x + y - 3 = 0 \\ 9 - x^3 - y^3 = 0 \end{cases}$ $\left[\begin{cases} x = 1 \\ y = 2 \end{cases} \begin{cases} x = 2 \\ y = 1 \end{cases} \right]$ ▷▶ **127** $\begin{cases} x + y = x^3 + y^3 \\ x^3 + y^3 = -1 \end{cases}$ $\left[\begin{cases} x = -1 \\ y = 0 \end{cases} \begin{cases} x = 0 \\ y = -1 \end{cases} \right]$

▷▶ **128** $\begin{cases} 3x + 3y = 5 \\ 27x^3 + 27y^3 = 35 \end{cases}$ $\left[\begin{cases} x = \dfrac{2}{3} \\ y = 1 \end{cases} \begin{cases} x = 1 \\ y = \dfrac{2}{3} \end{cases} \right]$

▷▶ **129** $\begin{cases} x + y + 2 = 2x^3 + 2y^3 \\ x^3 + y^3 = x + y \end{cases}$ $\left[\begin{cases} x = 1 \\ y = 1 \end{cases} \begin{cases} x = 1 \\ y = 1 \end{cases} \right]$

■ Sistemi omogenei

Risolvi i seguenti sistemi omogenei di quarto grado.

■ **ESERCIZIO SVOLTO**

▷▶ **130** $\begin{cases} x^2 - xy - 2y^2 = 0 \\ x^2 + xy - 6y^2 = 0 \end{cases}$

Innanzitutto osserviamo che se $y = 0$, dalle due equazioni del sistema si deduce che deve essere $x = 0$. Pertanto $(0 ; 0)$ è una soluzione del sistema. Per ricercare eventuali altre soluzioni potremo quindi supporre $y \neq 0$. Risolviamo ora le due equazioni del sistema rispetto a x.

$$\begin{cases} x^2 - xy - 2y^2 = 0 \quad (\Delta = y^2 + 8y^2 = 9y^2 > 0) \longrightarrow x = 2y \lor x = -y \\ x^2 + xy - 6y^2 = 0 \quad (\Delta = y^2 + 24y^2 = 25y^2 > 0) \longrightarrow x = 2y \lor x = -3y \end{cases}$$

In corrispondenza a ciascuna delle due soluzioni della prima equazione, consideriamo ciascuna delle due soluzioni della seconda equazione:

$$\underbrace{\begin{cases} x = 2y \\ x = 2y \end{cases}}_{\text{sistema A}} \lor \underbrace{\begin{cases} x = 2y \\ x = -3y \end{cases}}_{\text{sistema B}} \lor \underbrace{\begin{cases} x = -y \\ x = 2y \end{cases}}_{\text{sistema C}} \lor \underbrace{\begin{cases} x = -y \\ x = -3y \end{cases}}_{\text{sistema D}}$$

Da ciascuno dei sistemi B, C, D si ritrova solo la soluzione $(0 ; 0)$ che abbiamo già determinato. Il sistema A è indeterminato ed è soddisfatto dalle infinite coppie $\left(x ; \dfrac{x}{2} \right)$, con $x \in \mathbb{R}$, tra le quali si ritrova la soluzione $(0 ; 0)$. Si può anche scrivere, indicando con t un parametro reale, che le soluzioni del sistema dato sono espresse da

$$\begin{cases} x = t \\ y = \dfrac{t}{2} \end{cases} \quad \forall \, t \in \mathbb{R}$$

131 $\begin{cases} x^2 + 3xy - 4y^2 = 0 \\ x^2 + 6xy + 8y^2 = 0 \end{cases}$ $\left[\begin{cases} x = t \\ y = -\dfrac{t}{4} \end{cases} \forall t \in \mathbb{R}\right]$

132 $\begin{cases} 2x^2 + 3xy - 2y^2 = 0 \\ 2x^2 + xy - y^2 = 0 \end{cases}$ $\left[\begin{cases} x = t \\ y = 2t \end{cases} \forall t \in \mathbb{R}\right]$

133 $\begin{cases} x^2 + 7xy + 10y^2 = 0 \\ 2x^2 + 9xy - 5y^2 = 0 \end{cases}$ $\left[\begin{cases} x = t \\ y = -\dfrac{t}{5} \end{cases} \forall t \in \mathbb{R}\right]$

134 $\begin{cases} x^2 + 3xy + 2y^2 = 0 \\ 2x^2 + xy + y^2 = 0 \end{cases}$ $\left[\begin{cases} x = 0 \\ y = 0 \end{cases}\right]$

135 $\begin{cases} 6x^2 - xy - y^2 = 0 \\ 3x^2 = 2xy + y^2 \end{cases}$ $\left[\begin{cases} x = t \\ y = -\dfrac{x}{3} \end{cases} \forall t \in \mathbb{R}\right]$

136 $\begin{cases} x^2 - xy = 2y^2 \\ 2x^2 = xy + y^2 \end{cases}$ $\left[\begin{cases} x = 0 \\ y = 0 \end{cases}\right]$

Risolvi i seguenti sistemi di quarto grado.

ESERCIZIO SVOLTO

137 $\begin{cases} x^2 + xy - 2y^2 = 0 \\ 2x^2 + xy + y^2 = 16 \end{cases}$

Iniziamo a osservare che se $y = 0$, dalla prima equazione si ottiene $x = 0$, mentre dalla seconda equazione si ha $x = \pm 4$; tali uguaglianze sono incompatibili e dunque non esistono soluzioni per le quali è $y = 0$.

Consideriamo ora il caso $y \neq 0$.
Risolviamo rispetto a x la prima equazione del sistema ($\Delta = y^2 - 4(-2y^2) = 9y^2 > 0$) e otteniamo

$$\begin{cases} x = y \lor x = -2y \\ 2x^2 + xy + y^2 = 16 \end{cases}$$

da cui si deduce che le soluzioni del sistema dato si ottengono riunendo le soluzioni dei seguenti sistemi:

- $\begin{cases} x = y \\ 2x^2 + xy + y^2 = 16 \end{cases} \longrightarrow \begin{cases} x = y \\ 2y^2 + y^2 + y^2 = 16 \end{cases} \longrightarrow \begin{cases} x = y \\ y = \pm 2 \end{cases}$

  da cui le soluzioni $(-2 ; -2)$ e $(2 ; 2)$;

- $\begin{cases} x = -2y \\ 2x^2 + xy + y^2 = 16 \end{cases} \longrightarrow \begin{cases} x = -2y \\ 8y^2 - 2y^2 + y^2 = 16 \end{cases} \longrightarrow \begin{cases} x = -2y \\ y = \pm \dfrac{4}{7}\sqrt{7} \end{cases}$

  da cui le soluzioni $\left(\dfrac{8}{7}\sqrt{7} ; -\dfrac{4}{7}\sqrt{7}\right)$ e $\left(-\dfrac{8}{7}\sqrt{7} ; \dfrac{4}{7}\sqrt{7}\right)$.

Quindi possiamo concludere che il sistema dato ha le quattro soluzioni

$\begin{cases} x = -2 \\ y = -2 \end{cases}$ $\begin{cases} x = 2 \\ y = 2 \end{cases}$ $\begin{cases} x = \dfrac{8}{7}\sqrt{7} \\ y = -\dfrac{4}{7}\sqrt{7} \end{cases}$ $\begin{cases} x = -\dfrac{8}{7}\sqrt{7} \\ y = \dfrac{4}{7}\sqrt{7} \end{cases}$

138 $\begin{cases} 4x^2 - 4xy - 3y^2 = 0 \\ 12x^2 + 3xy - y^2 = 2 \end{cases}$ $\left[\begin{cases} x = 1 \\ y = -2 \end{cases}; \begin{cases} x = -1 \\ y = 2 \end{cases}; \begin{cases} x = \dfrac{3}{61}\sqrt{61} \\ y = \dfrac{2}{61}\sqrt{61} \end{cases}; \begin{cases} x = -\dfrac{3}{61}\sqrt{61} \\ y = -\dfrac{2}{61}\sqrt{61} \end{cases}\right]$

139 $\begin{cases} x^2 + xy - 6y^2 = 0 \\ x^2 - 3xy + y^2 = -1 \end{cases}$ $\left[\begin{cases} x = -2 \\ y = -1 \end{cases}; \begin{cases} x = 2 \\ y = 1 \end{cases}\right]$

429

ESERCIZI

140 $\begin{cases} x^2 - 2xy - 3y^2 = 0 \\ x^2 + xy - 4y^2 = -36 \end{cases}$ $\left[\begin{cases} x = -3 \\ y = 3 \end{cases}; \begin{cases} x = 3 \\ y = -3 \end{cases}\right]$

141 $\begin{cases} 2x^2 + 5xy + 2y^2 = 0 \\ 3x^2 - 2xy - 4 = 0 \end{cases}$ $\left[\begin{cases} x = -1 \\ y = \frac{1}{2} \end{cases}; \begin{cases} x = 1 \\ y = -\frac{1}{2} \end{cases}; \begin{cases} x = \frac{2}{7}\sqrt{7} \\ y = -\frac{4}{7}\sqrt{7} \end{cases}; \begin{cases} x = -\frac{2}{7}\sqrt{7} \\ y = \frac{4}{7}\sqrt{7} \end{cases}\right]$

142 $\begin{cases} x^2 + 2xy - 3y^2 = 12 \\ 3x^2 + xy + y^2 = 0 \end{cases}$ [impossibile]

143 $\begin{cases} x^2 - 3xy + 4y^2 = 0 \\ 345x^2 + xy - 267y^2 = 1388 \end{cases}$ [impossibile]

144 $\begin{cases} 2x^2 + xy - 3y^2 = 0 \\ x^2 - 4xy + 6y^2 = 27 \end{cases}$ $\left[\begin{cases} x = 3 \\ y = 3 \end{cases}; \begin{cases} x = -3 \\ y = -3 \end{cases}; \begin{cases} x = -\frac{9}{19}\sqrt{19} \\ y = \frac{6}{19}\sqrt{19} \end{cases}; \begin{cases} x = \frac{9}{19}\sqrt{19} \\ y = -\frac{6}{19}\sqrt{19} \end{cases}\right]$

ESERCIZIO SVOLTO

145 $\begin{cases} x^2 - xy + 2y^2 = 11 \\ 2x^2 - xy = 4 \end{cases}$

Moltiplichiamo entrambi i membri della prima equazione per 4 e quelli della seconda equazione per 11, poi sottraiamo membro a membro le due equazioni ottenute. Sostituiamo quindi l'equazione così ottenuta alla prima equazione del sistema dato:

$$\begin{cases} 4x^2 - 4xy + 8y^2 = 44 \\ 22x^2 - 11xy = 44 \end{cases}$$
$$\overline{-18x^2 + 7xy + 8y^2 = 0} \longrightarrow \begin{cases} -18x^2 + 7xy + 8y^2 = 0 \\ 2x^2 - xy = 4 \end{cases}$$

Ora possiamo risolvere tale sistema con lo stesso procedimento utilizzato nel precedente esercizio svolto, ottenendo le soluzioni

$\begin{cases} x = -1 \\ y = 2 \end{cases}$ $\begin{cases} x = 1 \\ y = -2 \end{cases}$ $\begin{cases} x = -\frac{4}{7}\sqrt{14} \\ y = -\frac{9}{14}\sqrt{14} \end{cases}$ $\begin{cases} x = \frac{4}{7}\sqrt{14} \\ y = \frac{9}{14}\sqrt{14} \end{cases}$

146 $\begin{cases} x^2 - 4y^2 = 48 \\ xy + 6y^2 = 8 \end{cases}$ $\left[\begin{cases} x = 8 \\ y = -2 \end{cases}; \begin{cases} x = -8 \\ y = 2 \end{cases}; \begin{cases} x = 5\sqrt{2} \\ y = \frac{\sqrt{2}}{2} \end{cases}; \begin{cases} x = -5\sqrt{2} \\ y = -\frac{\sqrt{2}}{2} \end{cases}\right]$

147 $\begin{cases} 4x^2 + 3y^2 = 10xy - 68 \\ x^2 - y^2 = -20 \end{cases}$ $\left[\begin{cases} x = -4 \\ y = -6 \end{cases}; \begin{cases} x = 4 \\ y = 6 \end{cases}\right]$

148 $\begin{cases} x^2 + 4y^2 = 40 \\ xy + 2y^2 = 24 \end{cases}$ $\left[\begin{cases} x = -2 \\ y = -3 \end{cases}; \begin{cases} x = 2 \\ y = 3 \end{cases}; \begin{cases} x = -2\sqrt{2} \\ y = -2\sqrt{2} \end{cases}; \begin{cases} x = 2\sqrt{2} \\ y = 2\sqrt{2} \end{cases}\right]$

149 $\begin{cases} 5x^2 - 3xy + y^2 = 1 \\ 8x^2 + y^2 = 1 \end{cases}$ $\left[\begin{cases} x = 0 \\ y = 1 \end{cases}; \begin{cases} x = 0 \\ y = -1 \end{cases}; \begin{cases} x = \frac{1}{3} \\ y = -\frac{1}{3} \end{cases}; \begin{cases} x = -\frac{1}{3} \\ y = \frac{1}{3} \end{cases}\right]$

150 $\begin{cases} (2x+y)(x-3y) + 20 = 0 \\ (x+y)(y-x) + 12 = 0 \end{cases}$ $\left[\begin{cases} x = 4 \\ y = 2 \end{cases}; \begin{cases} x = -4 \\ y = -2 \end{cases}\right]$

151 $\begin{cases} x(5x + y\sqrt{3}) + (x - \sqrt{3}y)(x + \sqrt{3}y) = 7 \\ 6x^2 - \sqrt{3}y(y\sqrt{3} + x) = 3 \end{cases}$ $\left[\begin{cases} x = \frac{2}{3}\sqrt{3} \\ y = 1 \end{cases}; \begin{cases} x = -\frac{2}{3}\sqrt{3} \\ y = -1 \end{cases}\right]$

▷▷ **152** $\begin{cases} (x+y)^2 = 11 - y(y-x) \\ (x-y)^2 = 13 - y(4x+y) \end{cases}$ $\left[\begin{cases} x=1 \\ y=2 \end{cases}; \begin{cases} x=-1 \\ y=-2 \end{cases}; \begin{cases} x=2\sqrt{2} \\ y=\dfrac{\sqrt{2}}{2} \end{cases}; \begin{cases} x=-2\sqrt{2} \\ y=-\dfrac{\sqrt{2}}{2} \end{cases}\right]$

■ Problemi di grado superiore al primo con due o più incognite

Problemi sui numeri

Altri esercizi

■ **ESERCIZIO SVOLTO** Altro esercizio svolto

▷▷ **153** Determiniamo un numero di due cifre sapendo che, se al suo doppio aggiungiamo 7, si ha un numero formato dalle stesse cifre cambiate però di posto e, se dividiamo il numero per il prodotto delle sue cifre, otteniamo 1 per quoziente e 14 per resto.

Se indichiamo con

$x =$ **cifra delle decine** $y =$ **cifra delle unità**

il numero che cerchiamo è indicato da

$10x + y$

Le condizioni di accettabilità delle soluzioni del problema sono

C.A.: $x \in \mathbb{N}, \ y \in \mathbb{N}, \ 1 \le x \le 9, \ 0 \le y \le 9$

Dall'enunciato del problema avremo il seguente sistema di secondo grado:

$\begin{cases} 2(10x+y) + 7 = 10y + x \\ 10x + y = 1 \cdot xy + 14 \end{cases} \longrightarrow \begin{cases} 19x - 8y = -7 \\ 10x + y - xy = 14 \end{cases}$

Risolvendo con il metodo di sostituzione, otteniamo

$\begin{cases} x = \dfrac{8y-7}{19} \\ 4y^2 - 53y + 168 = 0 \end{cases} \longrightarrow \begin{cases} x = 3 \\ y = 8 \end{cases} \lor \begin{cases} x = \dfrac{35}{19} \\ y = \dfrac{21}{4} \end{cases}$

■ **OSSERVAZIONE**

Il valore $y = \dfrac{21}{4}$ non è accettabile per le C.A. e quindi puoi anche evitare di calcolare il corrispondente valore di x.

Per le C.A. solo la prima soluzione è accettabile e il numero richiesto è 38.

▷▷ **154** In un numero di due cifre il prodotto delle cifre è $\dfrac{2}{5}$ del numero stesso; scambiando l'ordine delle cifre si ottiene un numero che supera di 2 il doppio del precedente. Trova il numero. [25]

▷▷ **155** Qual è il numero di due cifre in cui la cifra delle unità è doppia di quella delle decine e che, diviso per il prodotto delle due cifre, dà per quoziente 2? [36]

▷▷ **156** Trova un numero di due cifre tale che $\dfrac{8}{3}$ del prodotto delle sue cifre siano uguali al numero stesso e tale che la differenza tra il numero dato e quello ottenuto permutando le due cifre sia $\dfrac{3}{4}$ del prodotto delle cifre. [64]

▷▷ **157** Trova due numeri, sapendo che il loro prodotto è $\dfrac{8}{3}$ e che la somma dei loro reciproci è $\dfrac{31}{20}$. $\left[\dfrac{4}{5} \text{ e } \dfrac{10}{3}\right]$

▷▷ **158** Determina due numeri, sapendo che la somma del primo e della quarta parte del secondo è 4 e che la somma dei loro reciproci è $\dfrac{7}{12}$. $\left[3 \text{ e } 4; \ \dfrac{16}{7} \text{ e } \dfrac{48}{7}\right]$

ESERCIZI

▷▷ **159** Determina due numeri, sapendo che il prodotto della loro semisomma per la metà del minore è uguale a 14 e che, sommando al minore $\frac{2}{5}$ del maggiore, si ottiene 8. [10 e 4]

▷▷ **160** Due numeri sono gli estremi di una proporzione i cui medi sono 9 e 12. Trova i due numeri, sapendo che il rapporto tra la loro somma e il loro prodotto è $\frac{2}{9}$. [6 e 18]

▷▷ **161** Scomponi 15 in due parti, sapendo che la somma dei loro quadrati è 113. [7 e 8]

▷▷ **162** Dividendo un numero $n \in \mathbb{N}$ per un altro $m \in \mathbb{N}^*$ si ottiene 3 come quoziente e 1 come resto; trova n ed m, sapendo che la differenza dei loro quadrati è 231. [$n = 16$ e $m = 5$]

▷▷ **163** Determina due numeri negativi, sapendo che il valore assoluto della loro somma è 12 e che la differenza dei loro quadrati è 24. [−7 e −5]

▷▷ **164** Una frazione a termini positivi è equivalente a $\frac{4}{3}$. Trova la frazione, sapendo che la differenza tra il quadrato del numeratore e il quadrato del denominatore è 112. $\left[\frac{16}{12}\right]$

▷▷ **165** In un numero di due cifre, la somma delle cifre è 3 e il prodotto del numero dato con quello ottenuto scrivendo le cifre in ordine inverso è 252. Trova il numero. [21 o 12]

▷▷ **166** In un numero di tre cifre la cifra delle unità è doppia di quella delle centinaia e, scambiando tra loro le cifre delle centinaia e delle decine, si ottiene un numero che supera di 90 il precedente. Trova il numero, sapendo che la somma dei quadrati delle sue cifre è 29. [234]

▷▷ **167** Determina un numero di tre cifre, sapendo che la somma dei quadrati delle sue cifre è 29, che la cifra delle unità è la semisomma delle altre due cifre e che se dal doppio della cifra delle centinaia si sottrae la somma delle altre due cifre si ottiene la cifra delle unità. [423]

▷▷ **168** In una proporzione continua a termini positivi la somma dei tre termini è 14 e la somma dei quadrati degli estremi è 68. Trova i tre numeri. [2; 4; 8]

▷▷ **169** Trova due numeri positivi, sapendo che la loro somma sta al loro prodotto come 8 sta a 15 e che la somma dei loro quadrati è 34. [3 e 5]

▷▷ **170** Determina due numeri positivi, sapendo che la somma dei loro quadrati è 26 e che il quadrato della loro somma supera di 20 il quadrato della loro differenza. [5 e 1]

▷▷ **171** La somma di tre numeri è 48, la somma dei quadrati dei due numeri minori è uguale al quadrato del maggiore e il prodotto dei due numeri minori è 192. Determina i tre numeri. [12; 16; 20]

Problemi di algebra

▷▷ **172** Determina due monomi, funzioni della variabile a, sapendo che la loro somma è $-\frac{14}{3}a$ e che il loro prodotto è $-\frac{5}{3}a^2$. $\left[\frac{1}{3}a; -5a\right]$

▷▷ **173** Determina due monomi, funzioni della variabile b, sapendo che la loro somma è $2b$ e il loro rapporto è $\frac{1}{2}$. $\left[\frac{2}{3}b; \frac{4}{3}b\right]$

▷▷ **174** Determina due binomi, funzioni della variabile k, sapendo che la loro somma è $2k$ e il loro prodotto è $k^2 - 36$. [$k+6; k-6$]

▶▶ **175** Determina due binomi, funzioni della variabile a, sapendo che la loro somma è $5a$ e che la somma dei loro quadrati è $13a^2 + 2a + 2$. $\quad [2a - 1;\ 3a + 1]$

▶▶ **176** Determina due binomi, funzioni delle variabili a e b, sapendo che la loro differenza è $5b$ e che la differenza dei loro quadrati è $5b(2a - b)$. $\quad [a + 2b;\ a - 3b]$

▶▶ **177** Determina un monomio, funzione della variabile h, e un binomio, funzione delle variabili h e k, sapendo che la differenza dei loro quadrati è $-16h^3(h+1)$ e il loro rapporto è $\dfrac{1}{2h+1}$. $\quad [\pm 2h;\ \pm(4h^2 + 2h)]$

▶▶ **178** Determina un monomio, funzione della variabile b, e un binomio, funzione delle variabili a e b, il cui prodotto è $2ab + 3b^2$ e il cui rapporto è $\dfrac{18a + 27b}{b}$. $\quad \left[\pm \dfrac{1}{3}b;\ \pm(6a + 9b)\right]$

▶▶ **179** Determina due binomi, funzioni delle variabili p e q, sapendo che la loro somma è $5(p+q)$ e la differenza dei loro quadrati è $15(q^2 - p^2)$. $\quad [p + 4q;\ 4p + q]$

▶▶ **180** Determina due frazioni algebriche, funzioni della variabile t, sapendo che la loro somma è $\dfrac{4}{t^2}(2-t)$ e il loro rapporto è $-\dfrac{t}{2}$. $\quad \left[-\dfrac{4}{t};\ \dfrac{8}{t^2}\right]$

▶▶ **181** Determina due frazioni algebriche, funzioni delle variabili a e b, il cui prodotto è $\dfrac{2}{25a^2 - b^2}$ e il cui rapporto è $\dfrac{5a+b}{10a-2b}$. **Videolezione** $\quad \left[\pm \dfrac{1}{5a-b};\ \pm \dfrac{2}{5a+b}\right]$

▶▶ **182** Determina due frazioni algebriche, funzioni della variabile p, sapendo che la loro somma è $\dfrac{2(p^2+1)}{p^2-1}$ e il loro prodotto è 1. $\quad \left[\dfrac{p-1}{p+1};\ \dfrac{p+1}{p-1}\right]$

Problemi vari

▶▶ **183** **MATEMATICA E... REALTÀ** La somma delle età di due fratelli, è 15; l'anno prossimo il prodotto delle età sarà 60. Trova l'età attuale dei due fratelli. $\quad [4 \text{ e } 11]$

▶▶ **184** **MATEMATICA E... REALTÀ** Trova l'età di due fratelli, sapendo che tre anni fa l'età del minore era la metà dell'età del maggiore e che la differenza tra il quadrato dell'età attuale del minore e la somma delle due età attuali è 73. $\quad [10 \text{ e } 17]$

▶▶ **185** **MATEMATICA E... REALTÀ** Si acquistano 200 cartoncini di due diverse grandezze spendendo per quelli di grandezza maggiore 24 euro e per gli altri 30 euro. Sapendo che i cartoncini di grandezza maggiore costano 0,05 euro in più di quelli piccoli, calcola il numero dei cartoncini delle due diverse grandezze e il costo unitario di ciascuno dei due tipi. $\quad [80 \text{ e } 120;\ 0{,}30 \text{ euro e } 0{,}25 \text{ euro}]$

▶▶ **186** **MATEMATICA E... REALTÀ** La piantina di un appartamento riproduce il muro principale con un segmento di una certa lunghezza. Inoltre riproduce un altro muro, lungo quanto la riproduzione del muro principale, in un segmento di 8 cm. Sapendo che la somma delle lunghezze dei due muri è 8,8 m, trova le lunghezze reali dei due muri dell'appartamento. $\quad [8 \text{ m e } 80 \text{ cm}]$

▶▶ **187** **MATEMATICA E... REALTÀ** In un cassetto ci sono calzini bianchi uguali fra loro e calzini colorati uguali fra loro. Le possibili paia di calzini formate da uno colorato e l'altro bianco sono 40. Se invece nel cassetto ci fossero un calzino bianco in meno e uno colorato in più, le possibili paia di calzini «ibridi» sarebbero 42. Quanti sono i calzini bianchi e quelli colorati nel cassetto? $\quad [8 \text{ bianchi e } 5 \text{ colorati}]$

ESERCIZI

▷▷ **188** **MATEMATICA E... REALTÀ** In un'azienda agricola si producono uova. Ci sono 108 galline: 72 bianche e 36 marroni. In media le galline bianche producono un numero di uova giornaliero inferiore a quello prodotto da quelle marroni; il rapporto tra la media di produzione delle seconde e la media di produzione delle prime è uguale alla media globale di produzione di uova giornaliera. Determina la media di produzione globale giornaliera di uova, sapendo che, se si scambiasse il numero di galline bianche con il numero di galline marroni, la media di produzione giornaliera sarebbe 2,5. (Indica con x la media di produzione giornaliera relativa alle galline bianche e con y quella delle galline marroni...) [2]

▷▷ **189** **MATEMATICA E... REALTÀ** Su un'autostrada viene sistemato un apparecchio per determinare il numero di veicoli che vi transitano. La rilevazione dei dati avviene a intervalli regolari. Dalle 7 alle 8 a ogni rilevazione le auto aumentano, risultando sempre il doppio di quelle della rilevazione precedente. Alla terza rilevazione il numero delle auto è uguale a 12 volte il numero dei minuti fra una rilevazione e l'altra, mentre alla seconda rilevazione il numero dei veicoli è uguale a 10 volte il numero delle rilevazioni fra le 7 e le 8. Determina il numero delle auto alla prima rilevazione e i minuti intercorrenti fra l'una e l'altra rilevazione. [30; 10]

▷▷ **190** **MATEMATICA E... REALTÀ** In una piccola città vi sono solo strade parallele a una certa direzione e altre a esse perpendicolari. A ogni incrocio c'è un semaforo. I semafori sono in tutto 864. Se da un incrocio si contano tutti i semafori posti sulle due strade che lo attraversano, si ottiene 58, compreso il semaforo dell'incrocio stesso. Quante sono le strade parallele alla prima direzione indicata e quante quelle perpendicolari?
[32; 27]

■ **ESERCIZIO SVOLTO**

▷▷ **191** **MATEMATICA E... FISICA** Un corpo, inizialmente fermo, a un certo istante comincia a muoversi di moto uniformemente accelerato. Quando ha percorso un metro, la sua velocità è di un metro al secondo. Determiniamo l'accelerazione.

Poiché il corpo è inizialmente fermo, l'equazione del suo moto è $s = \frac{1}{2}at^2$, mentre la sua velocità è $v = at$. Perciò, se a un certo istante t il corpo ha percorso 1 metro e la sua velocità è di 1 metro al secondo, devono essere soddisfatte entrambe le equazioni del sistema

$$\begin{cases} 1 = \frac{1}{2}at^2 \\ 1 = at \end{cases}$$

dove le incognite sono l'accelerazione a, misurata in metri al secondo quadrato, e il tempo t, misurato in secondi. Il sistema è di sesto grado nelle incognite a e t e dovrà essere $a > 0$ e $t > 0$.
Risolviamo la seconda equazione del sistema rispetto a t e sostituiamo l'espressione trovata nella prima equazione:

$$\begin{cases} 1 = \frac{1}{2}a\left(\frac{1}{a}\right)^2 \\ t = \frac{1}{a} \end{cases} \rightarrow \begin{cases} 1 = \frac{1}{2a} \\ t = \frac{1}{a} \end{cases} \rightarrow \begin{cases} 2a = 1 \\ t = \frac{1}{a} \end{cases} \rightarrow \begin{cases} a = \frac{1}{2} \\ t = 2 \end{cases}$$

Possiamo quindi concludere che l'accelerazione richiesta è **0,5 m/s²**.

▷▷ **192** **MATEMATICA E... FISICA** Due punti materiali A e B si muovono di moto rettilineo uniforme e partono nello stesso istante per percorrere lo stesso cammino di 4 km. Determina la velocità di A e B, sapendo che A giunge alla fine del cammino $1^m 40^s$ prima di B e che A percorre in un secondo due metri in più di B.
[8 m/s; 10 m/s]

▷▷ **193** **MATEMATICA E... FISICA** Un punto si muove di moto uniformemente accelerato e al tempo $t = 0$ la sua velocità è nulla. Dopo t secondi ha percorso 16 m e ha la velocità di 8 m/s. Determina l'accelerazione e il tempo impiegato a percorrere i primi 16 m.
[2 m/s²; 4 s]

Problemi di geometria

ESERCIZIO SVOLTO

▷▷ **194** Un triangolo rettangolo ha l'ipotenusa di 13 m e l'area di 30 m². Calcoliamo le lunghezze dei cateti.

Indichiamo con x e y le misure, in metri, dei cateti da determinare. Dovrà essere, naturalmente, $x > 0$ e $y > 0$. Poiché l'ipotenusa è di 13 m, per il teorema di Pitagora si deve avere

$$x^2 + y^2 = 13^2 \longrightarrow x^2 + y^2 = 169$$

Poiché l'area è di 30 m², dev'essere

$$\frac{1}{2}xy = 30 \longrightarrow xy = 60$$

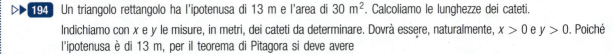

Si ottiene così il sistema simmetrico di quarto grado

$$\begin{cases} x^2 + y^2 = 169 \\ xy = 60 \end{cases}$$

le cui soluzioni sono

$$\begin{cases} x = -12 \\ y = -5 \end{cases} \quad \begin{cases} x = -5 \\ y = -12 \end{cases} \quad \begin{cases} x = 5 \\ y = 12 \end{cases} \quad \begin{cases} x = 12 \\ y = 5 \end{cases}$$

Le prime due soluzioni non sono accettabili, perché non soddisfano le condizioni $x > 0$ e $y > 0$. Perciò **i cateti del triangolo rettangolo sono di 5 m e di 12 m**.

▷▷ **195** In un triangolo isoscele l'area è di 300 cm² e il lato è lungo 25 cm. Determina la lunghezza del perimetro. [80 cm oppure 90 cm]

▷▷ **196** Calcola il perimetro di un rettangolo, sapendo che l'area è 108 cm² e che la diagonale è 15 cm. [42 cm]

▷▷ **197** Calcola l'area di un rettangolo, sapendo che il perimetro è 34 cm e la diagonale è 13 cm. [60 cm²]

▷▷ **198** Determina la diagonale di un rettangolo, sapendo che il perimetro è 28 cm e l'area è 48 cm². [10 cm]

▷▷ **199** In un trapezio isoscele la base minore è 10 cm e il perimetro è 68 cm. Calcola l'area, sapendo che l'altezza è 12 cm. [228 cm²]

▷▷ **200** Determina i cateti di un triangolo rettangolo, note l'area di 60 cm² e l'ipotenusa di 17 cm. [8 cm e 15 cm]

▷▷ **201** Determina i cateti di un triangolo rettangolo, sapendo che il perimetro è 12 cm e che la somma dei quadrati dei tre lati è 50 cm². [3 cm e 4 cm]

▷▷ **202** La differenza dei cateti di un triangolo rettangolo è 2 m e l'area è 2 m². Determina i cateti e l'ipotenusa. [$(\sqrt{5} \pm 1)$ m; $2\sqrt{3}$ m]

▷▷ **203** In un triangolo rettangolo la somma dei cateti è 4 cm e l'ipotenusa è $\sqrt{10}$ cm. Determina i due cateti. [1 cm e 3 cm]

▷▷ **204** In un triangolo rettangolo un cateto è 8 cm e il triplo dell'altro cateto supera di 28 cm l'ipotenusa. Calcola il perimetro e l'area del triangolo. [40 cm; 60 cm²]

▷▷ **205** In un triangolo isoscele di area 120 cm² ciascuno dei lati congruenti è di 17 cm. Determina il perimetro. [50 cm o 64 cm]

Autovalutazione

TEMPO MASSIMO: 60 MINUTI

Soluzione della scheda di autovalutazione

1 Il sistema $\begin{cases} x^2 + y^2 = 2xy \\ x^2y^2 = 16 \end{cases}$

    a. è di quarto grado   V F

    b. è simmetrico   V F

    c. ha tra le soluzioni la coppia $(2\,;\,2)$ V F

    d. ha tra le soluzioni la coppia $(2\,;\,-2)$ V F

2 Il sistema $\begin{cases} x^2y^2 + xy + 105 = 0 \\ \dfrac{x}{y} = 2 \end{cases}$

    a è simmetrico   **b** è impossibile   **c** è di 8° grado   **d** è di 5° grado

3 Qual è l'equazione ausiliaria del sistema simmetrico $\begin{cases} xy = -3 \\ x + y = -2 \end{cases}$?

    a $t^2 + 3t + 2 = 0$ **b** $t^2 + 2t - 3 = 0$ **c** $t^2 - 2t - 3 = 0$

    d $t^2 - 2t + 3 = 0$ **e** $t^2 - 3t + 2 = 0$ **f** $t^2 + 3t - 2 = 0$

Risolvi i seguenti sistemi.

4 $\begin{cases} x^2 - 2xy + 3y + 3 = 0 \\ 2x - y = 6 \end{cases}$

5 $\begin{cases} x^2 + xy = 4 \\ x\sqrt{2} - y\sqrt{2} = 6 \end{cases}$

6 $\begin{cases} x^2 - 2zy = 9 \\ 2x - y = 0 \\ x + 2z = 3 \end{cases}$

7 $\begin{cases} x^2y^2 - xy = 3,75 \\ 2x + 2y = 5 \end{cases}$

esercizio	1	2	3	4	5	6	7	totale
punteggio	0,25 · 4	0,5	0,5	2	2	2	2	10
esito								

436

Esercizi per il recupero

VERO O FALSO?

1 **a.** Il sistema $\begin{cases} x^2 - y = x + y^2 \\ x^3 + y^3 = 9 \end{cases}$ è di quinto grado in x e y. ☐V ☐F

b. La coppia (2 ; 2) è una soluzione del sistema $\begin{cases} (x-y)^2 = (x+1)(y-2) \\ (x+y)^2 = (x+5)(y+2) \end{cases}$. ☐V ☐F

c. L'equazione risolvente del sistema $\begin{cases} x^2 - 3xy = x + 3y \\ 2x - y = 2 \end{cases}$ è $5x^2 + x - 6 = 0$. ☐V ☐F

d. Il sistema $\begin{cases} (x-2y)^2 = (x+2)(y-2) \\ 4y - x = 1 \end{cases}$ ha la sola soluzione $(-5 ; -1)$. ☐V ☐F

2 **a.** Il sistema $\begin{cases} (3x-y)(x+7) = 3(y-12) \\ (x-2)(y+1) = (x+1)(y+2) \end{cases}$ ha due soluzioni coincidenti in $(-4 ; 0)$. ☐V ☐F

b. Il sistema $\begin{cases} (3x-y)(x+7) = 3(y-12) \\ (x-2)(y+1) = (x+1)(y-2) \end{cases}$ non ha soluzioni. ☐V ☐F

c. $\begin{cases} (x-y)^2 = x+y+2 \\ xy = 10 \end{cases}$ è un sistema simmetrico. ☐V ☐F

d. Il sistema $\begin{cases} x+y = 4 \\ xy = 4 \end{cases}$ ha due soluzioni coincidenti. ☐V ☐F

QUESITI A RISPOSTA MULTIPLA

3 Quale dei seguenti sistemi è simmetrico?

a $\begin{cases} x^2 + 2x = y^2 + 2xy \\ x + y = 1 \end{cases}$ b $\begin{cases} x^2 + y^2 = 1 - 2xy \\ x + y = 3 - 2x - 2y \end{cases}$

c $\begin{cases} x + 2y^2 = x + 2y \\ 3x^2 + y = 3y + x \end{cases}$ d $\begin{cases} x - y = 1 \\ x^2 - y^2 = -1 \end{cases}$

e $\begin{cases} 3xy = 2x + 1 \\ 2xy = 3y + 1 \end{cases}$ f Nessuno dei precedenti

4 Quale dei seguenti sistemi **non** è simmetrico?

a $\begin{cases} x^2 + 2y = 2y^2 + x \\ 2x + 2y = 1 \end{cases}$ b $\begin{cases} x^2 + y^2 = 1 - 2xy \\ y + x = 2xy - 1 \end{cases}$

c $\begin{cases} 3x + 3y = 1 \\ 4x + 4y = -1 \end{cases}$ d $\begin{cases} x^2 + y^2 = 1 + x + y \\ x^2 + xy + y^2 = 3 \end{cases}$

e $\begin{cases} xy + 2 = 3x + 1 + 3y \\ x^3 + y^3 + 3xy = xy + 1 \end{cases}$ f Nessuno dei precedenti

Risolvi i seguenti sistemi.

5 $\begin{cases} x - y = 3 \\ x^2 - 2xy + 3y = 11 \end{cases}$ $\left[\begin{cases} x=4 \\ y=1 \end{cases} \begin{cases} x=5 \\ y=2 \end{cases}\right]$

6 $\begin{cases} x^2 + 2y^2 + y = 0 \\ 3x - 6y = 2 \end{cases}$ $\left[\begin{cases} x=-\frac{2}{9} \\ y=-\frac{4}{9} \end{cases} \begin{cases} x=\frac{1}{3} \\ y=-\frac{1}{6} \end{cases}\right]$

ESERCIZI

7 $\begin{cases} (x+2y)^2 = (x-2y)(x+y) \\ (x+1)(2y+1) = (2x-1)(y+1) \end{cases}$ $\left[\begin{cases} x = \dfrac{4}{7} \\ y = -\dfrac{10}{21} \end{cases} \begin{cases} x = 2 \\ y = 0 \end{cases}\right]$

8 $\begin{cases} \dfrac{x-1}{y+2} - \dfrac{y+2}{x-1} = \dfrac{3}{2} \\ \dfrac{x}{y+2} = 3 \end{cases}$ $\left[\begin{cases} x = 3 \\ y = -1 \end{cases} \begin{cases} x = \dfrac{6}{7} \\ y = -\dfrac{12}{7} \end{cases}\right]$

9 $\begin{cases} \dfrac{x}{y} + \dfrac{4x+1}{4y+1} = \dfrac{3}{2} \\ \dfrac{x-1}{y} = \dfrac{4x+1}{4y+1} \end{cases}$ $\left[\begin{cases} x = \dfrac{7}{17} \\ y = -\dfrac{2}{17} \end{cases}\right]$

10 $\begin{cases} 2x - y + z = 0 \\ 3x - 4y = 2 \\ 3(x-2y)^2 = z + 3 \end{cases}$ $\left[\begin{cases} x = 2 \\ y = 1 \\ z = -3 \end{cases} \begin{cases} x = \dfrac{1}{3} \\ y = -\dfrac{1}{4} \\ z = -\dfrac{11}{12} \end{cases}\right]$

11 $\begin{cases} 2x - 3y = -3 \\ x - 3y = z \\ (x-2y)^2 = (z-1)^2 \end{cases}$ $\left[\begin{cases} x = -3 \\ y = -1 \\ z = 0 \end{cases} \begin{cases} x = -\dfrac{9}{2} \\ y = -2 \\ z = \dfrac{3}{2} \end{cases}\right]$

12 $\begin{cases} x + y = -2 \\ xy = -15 \end{cases}$ $\left[\begin{cases} x = -5 \\ y = 3 \end{cases} \begin{cases} x = 3 \\ y = -5 \end{cases}\right]$

13 $\begin{cases} x + y = -5 \\ xy = 7 \end{cases}$ [impossibile]

14 $\begin{cases} 8(x-1)(y-1) + 8(x+y) = -1 \\ (x+y-2)^2 = (x+y)^2 + 1 \end{cases}$ $\left[\begin{cases} x = -\dfrac{3}{4} \\ y = \dfrac{3}{2} \end{cases} \begin{cases} x = \dfrac{3}{2} \\ y = -\dfrac{3}{4} \end{cases}\right]$

15 $\begin{cases} x - 2y = (x+2)(y+5) \\ x(y-2) - y(x+2) = 2 \end{cases}$ $\left[\begin{cases} x = -3 \\ y = 2 \end{cases} \begin{cases} x = 2 \\ y = -3 \end{cases}\right]$

16 $\begin{cases} x^2 + y^2 = 5x + 5y \\ x + y = 1 \end{cases}$ $\left[\begin{cases} x = -2 \\ y = 1 \end{cases} \begin{cases} x = 2 \\ y = -1 \end{cases}\right]$

17 $\begin{cases} x^2 + y^2 + 3xy + 4 = 0 \\ x + y = 2 \end{cases}$ $\left[\begin{cases} x = -2 \\ y = 4 \end{cases} \begin{cases} x = 4 \\ y = -2 \end{cases}\right]$

18 $\begin{cases} 4x^2y^2 + 4x^2 + 4y^2 = 21 \\ xy + 1 = 0 \end{cases}$ $\left[\begin{cases} x = -2 \\ y = \dfrac{1}{2} \end{cases} \begin{cases} x = \dfrac{1}{2} \\ y = -2 \end{cases} \begin{cases} x = 2 \\ y = -\dfrac{1}{2} \end{cases} \begin{cases} x = -\dfrac{1}{2} \\ y = 2 \end{cases}\right]$

Risolvi i seguenti problemi.

19 Determina due numeri interi, sapendo che il loro prodotto è 120 e che il rapporto tra il primo e il secondo è $\dfrac{6}{5}$.

[12 e 10; −12 e − 10]

20 Determina due numeri, sapendo che la loro differenza è 5 e la differenza dei loro quadrati è 95. [12 e 7]

21 Un triangolo isoscele ha il perimetro di 48 cm e l'altezza di 12 cm. Calcola l'area. [108 cm^2]

Esercizi di approfondimento

1 **MATEMATICA E... FISICA** Due corpi di masse $m_1 = 3$ kg e $m_2 = 5$ kg con velocità iniziali rispettivamente $v_1^{in} = +4$ m/s e $v_2^{in} = -3$ m/s si urtano frontalmente. L'urto è perfettamente elastico. Calcola le velocità finali.
$$[v_1^{fin} = -4{,}75 \text{ m/s}; \; v_2^{fin} = 2{,}25 \text{ m/s}]$$

2 **MATEMATICA E... FISICA** Una mole di gas perfetto alla temperatura costante di 304,6 K subisce una trasformazione a seguito della quale la sua pressione finale supera di 0,5 atm il doppio di quella iniziale, e il suo volume finale è inferiore di 4 litri rispetto a quello iniziale. Calcola volume e pressione iniziali del gas. $\Big($Costante dei gas: $R = 0{,}0821 \; \dfrac{\text{atm} \cdot \ell}{\text{K} \cdot \text{mol}}.\Big)$
$$[p = 2{,}15 \text{ atm}; \; V = 11{,}6 \; \ell]$$

3 **MATEMATICA E... FISICA** Nel caso di uno specchio sferico, la distanza q dallo specchio a cui si forma l'immagine di un oggetto posto a distanza p è legata al raggio di curvatura R dello specchio dalla relazione $\dfrac{1}{p} + \dfrac{1}{q} = \dfrac{2}{R}$ (*legge dei punti coniugati*). In uno specchio di raggio di curvatura 40 cm l'immagine di un oggetto si forma a una distanza che supera di 25 cm il triplo della distanza a cui si trova l'oggetto. Quali sono le distanze dallo specchio dell'oggetto e dell'immagine?
$$[p = 25 \text{ cm}; \; q = 100 \text{ cm}]$$

4 Un'urna contiene solo palline bianche e palline nere. La probabilità di estrarre una pallina bianca è $\dfrac{4}{5}$, mentre la probabilità di estrarre una pallina nera è uguale all'inverso del numero delle palline nere stesse. Stabilisci quante sono le palline nere e le palline bianche. (Ricorda che la probabilità di estrarre una pallina bianca è uguale al rapporto tra il numero di palline bianche e il numero totale delle palline nell'urna.)
$$[5 \text{ nere e } 20 \text{ bianche}]$$

5 **MATEMATICA E... FISICA** La stella più vicina alla Terra, dopo il Sole, dista dalla Terra $4 \cdot 10^{13}$ km. Un'ipotetica sonda spaziale, che viaggiasse alla velocità di v km all'anno, impiegherebbe un numero molto grande di anni per raggiungerla. Si calcola che per diminuire di $6 \cdot 10^4$ il numero degli anni del viaggio bisognerebbe aumentare la velocità della sonda di $6 \cdot 10^8$ km all'anno. Determina la velocità v della sonda e il tempo del viaggio. (Conviene risolvere il problema esprimendo i numeri in notazione scientifica.)
$$[v = 4 \cdot 10^8 \text{ km/anno}; \; 10^5 \text{ anni}]$$

6 **MATEMATICA E... FISICA** Sono date due semirette OX e OY perpendicolari tra loro: tre corpi A, B, C si muovono di moto uniforme allontanandosi da O nello stesso istante. Il corpo A si muove lungo la semiretta OX, mentre i corpi B e C si muovono lungo la semiretta OY; le velocità di A, B, C sono proporzionali ai numeri 3, 4, 7. Determina le tre velocità sapendo che dopo t secondi la distanza tra A e C è $20\sqrt{58}$ m e che dopo altri due secondi la distanza tra B e C è di 72 m.
$$[6 \text{ m/s}; \; 8 \text{ m/s}; \; 14 \text{ m/s}]$$

Verso la Prova Invalsi

Soluzioni degli esercizi

QUESITI A RISPOSTA MULTIPLA

1 Sono dati tre numeri interi x, y e z, con $x^2 + y^2 = 25$, $y + z = 1$ e $\dfrac{x}{z} = -1$. Qual è il valore di $x + y$?

- **a** 4
- **b** 5
- **c** 6
- **d** 7

2 Il grado del sistema $\begin{cases} x^2 y = 1 \\ x^3 + y^3 = 16 \end{cases}$ è

- **a** 3
- **b** 6
- **c** 9
- **d** 2

ESERCIZI

3 Individua il sistema di secondo grado.

a $\begin{cases} x^2 - y^2 = 2 \\ x^2 + y^2 = 4 \end{cases}$ **b** $\begin{cases} x^2 y = 1 \\ xy^2 = 2 \end{cases}$ **c** $\begin{cases} x^2 + y^2 = 7 \\ xy = 3 \end{cases}$ **d** $\begin{cases} x^2 - y^2 = 5 \\ x = 3 - y \end{cases}$

4 Quale delle seguenti è una delle soluzioni del sistema $\begin{cases} xy = -6 \\ x + y = 5 \end{cases}$?

a $(6; -1)$ **b** $(3; 2)$ **c** $(2; 3)$ **d** $(-6; 1)$

5 Quale fra questi sistemi non è simmetrico?

a $\begin{cases} x^2 + y^2 = 4 \\ xy = 7 \end{cases}$ **b** $\begin{cases} x + y = 2 \\ x^2 + y^2 = 8 \end{cases}$ **c** $\begin{cases} x - y = 2 \\ x^2 + y^2 = 12 \end{cases}$ **d** $\begin{cases} x = -y + 2 \\ x^2 + y^2 = xy \end{cases}$

6 L'equazione risolvente di un sistema è $x^2 + x + 1 = 0$. Si può affermare che il sistema è:

a determinato e ammette due soluzioni coincidenti

b determinato e ammette due soluzioni distinte

c indeterminato

d impossibile

7 Quale dei seguenti sistemi permette di risolvere il problema «scomponi 20 in due parti in modo tale che la differenza dei quadrati di queste ultime superi di 29 il loro prodotto»?

a $\begin{cases} x - y = 20 \\ x^2 - y^2 = xy + 29 \end{cases}$ **b** $\begin{cases} x + y = 20 \\ x^2 - y^2 + 29 = xy \end{cases}$

c $\begin{cases} x + y = 20 \\ x^2 - y^2 = xy + 29 \end{cases}$ **d** $\begin{cases} x - y = 20 \\ x^2 - y^2 + 29 = xy \end{cases}$

8 Il sistema $\begin{cases} -7x^2 + ay^2 = 5 \\ y = 5 + x \end{cases}$ è simmetrico per:

a $a = 7$ **b** $a = -7$ **c** ogni valore di a **d** nessun valore di a

9 Quale dei seguenti sistemi ammette come soluzione $(2; -2)$?

a $\begin{cases} x^2 - y^2 = 0 \\ \frac{1}{2}x + 2y + 3 = 0 \end{cases}$ **b** $\begin{cases} x^2 + y^2 = 0 \\ \frac{1}{2}x + 2y = 3 \end{cases}$

c $\begin{cases} x^2 + y^2 = 8 \\ 2x + \frac{1}{2}y + 3 = 0 \end{cases}$ **d** $\begin{cases} x^2 - y^2 = 8 \\ 2x + \frac{1}{2}y + 3 = 0 \end{cases}$

10 Sono dati tre numeri interi x, y e z, con $x^2 - y^2 = 0$, $x = y + z$ e $xy = -1$. Qual è il valore di $x + y$?

a 2   **b** 0   **c** 1   **d** 3

Capitolo 7
Equazioni e disequazioni irrazionali

- Le equazioni irrazionali
- Equazioni contenenti radicali quadratici
- Equazioni con radicali cubici o di indice n
- Disequazioni irrazionali

Che aria tira?

Da molti secoli grosse navi solcano gli oceani percorrendo grandi distanze, ma in passato il rischio di rimanere vittima di una tempesta inattesa era elevato.

Nel 1805 l'ammiraglio britannico Francis Beaufort perfezionò, in base alla sua esperienza, una scala contenente dei criteri per quantificare l'intensità del vento in mare.

Così divenne più facile diffondere informazioni affidabili sulla forza del vento e sulle condizioni di navigazione in modo tale che qualsiasi marinaio le potesse interpretare. La scala si suddivide in 13 gradi e oggi è nota come *scala di Beaufort*. A ogni grado corrisponde un tipo di vento (dal grado 0 = «calma» al grado 12 = «uragano»), inoltre ciascun grado è associato a un intervallo di velocità del vento.

È possibile scrivere una formula che leghi direttamente un qualsiasi valore della velocità del vento al corrispondente grado della scala di Beaufort, senza dover avere sempre a disposizione una tabella?

FIGURA 1

Soluzione a pag. 457

Le equazioni irrazionali

1. Definizione e richiami

> **DEFINIZIONE**   **EQUAZIONE IRRAZIONALE**
> Un'equazione in una incognita si dice irrazionale se in essa compaiono uno o più radicali contenenti l'incognita.

Ad esempio, sono **irrazionali** le seguenti equazioni:

$$\sqrt{x-3} = 4 - 7x \qquad \sqrt[3]{x+1} + x = 3$$

$$\sqrt{x} = \sqrt[7]{x+1} - 2 \qquad \frac{\sqrt{x} + \sqrt[3]{x}}{\sqrt[4]{x}} = 1$$

Invece **non** sono **irrazionali** equazioni del tipo

$$x\sqrt{2} + \sqrt{3} = 0 \qquad x^2 + x\sqrt[3]{5} + 1 = 0$$

perché in esse l'incognita non compare sotto il simbolo di radice: si tratta di equazioni razionali con uno o più coefficienti irrazionali.

In questo capitolo ci occuperemo principalmente di equazioni irrazionali contenenti radicali quadratici, ma esamineremo anche semplici casi di equazioni contenenti radicali non quadratici.

Prima di iniziare lo studio delle equazioni irrazionali è necessario richiamare le seguenti nozioni su radicali e dominio di un'equazione.

> *Le equazioni che abbiamo visto in precedenza, come le lineari e quelle di secondo grado, sono **equazioni razionali**.*

■ SAI GIÀ CHE...

Radicali di indice n ($n \in \mathbb{N}^*$)

- La radice di indice pari di un numero positivo esiste ed è un numero positivo.
- La radice di indice pari di un numero negativo non ha significato.
- La radice di indice dispari di un numero reale esiste sempre: è positiva se il numero è positivo, è negativa se il numero è negativo.
- $\sqrt[n]{0} = 0$ per n pari o dispari.

Pertanto la **condizione di esistenza** (C.E.) di un radicale dipende dal suo indice, pari o dispari:

$$\sqrt[n]{a} \text{ con } n \text{ pari} \longrightarrow \text{C.E.} \quad a \geq 0$$
$$\sqrt[n]{a} \text{ con } n \text{ dispari} \longrightarrow \text{C.E.} \quad \forall a \in \mathbb{R}$$

Dominio

Il **dominio** di un'equazione è l'insieme dei numeri reali che, sostituiti all'incognita, trasformano l'equazione in un'uguaglianza dotata di significato (o vera o falsa).

Pertanto, se l'equazione contiene radicali di indice pari, i valori dell'incognita che rendono negativo almeno un radicando *non* appartengono al dominio dell'equazione.

Se poi nell'equazione irrazionale sono presenti anche dei denominatori, per

determinare il dominio occorrerà anche esprimere le condizioni affinché questi siano diversi da zero.
Ad esempio, il dominio dell'equazione

$$\sqrt{x+1} - \frac{3}{x} = 1$$

si trova ponendo le condizioni

$$\begin{cases} x+1 \geq 0 \\ x \neq 0 \end{cases} \longrightarrow \begin{cases} x \geq -1 \\ x \neq 0 \end{cases} \longrightarrow x \geq -1 \wedge x \neq 0$$

Il dominio dell'equazione data è perciò l'insieme $D = [-1\,;\,0) \cup (0\,;\,+\infty)$.

Equazioni contenenti radicali quadratici

2. Eliminazione dei radicali

Per risolvere un'equazione irrazionale si deve cercare di *eliminare i radicali* che contengono l'incognita, in modo da *ricondursi alla risoluzione di un'equazione razionale*. Per fare ciò, se nell'equazione figurano dei radicali quadratici si dovranno elevare al quadrato, una o più volte, entrambi i membri dell'equazione. Occorre tuttavia tener presente che non esiste un principio di equivalenza delle equazioni che permetta tale operazione: **elevando al quadrato entrambi i membri di un'equazione, si ottiene un'equazione che potrebbe non essere equivalente a quella data**.

Consideriamo ad esempio la seguente **equazione irrazionale**:

$$\sqrt{x^2 - 8} = x - 4$$

Elevando al quadrato entrambi i membri, otteniamo:

$$\left(\sqrt{x^2 - 8}\right)^2 = (x-4)^2 \longrightarrow x^2 - 8 = (x-4)^2$$

> Ricorda che per definizione di radice quadrata si ha $(\sqrt{a})^2 = a$ per $a \geq 0$.

L'equazione ottenuta è un'*equazione razionale* che possiamo facilmente risolvere:

$$x^2 - 8 = x^2 - 8x + 16 \longrightarrow 8x = 24 \longrightarrow x = 3$$

Ma, se sostituiamo 3 al posto di x nell'equazione irrazionale considerata, otteniamo

$$\sqrt{3^2 - 8} = 3 - 4 \longrightarrow 1 = -1 \quad (falso)$$

Poiché quest'ultima uguaglianza è falsa possiamo affermare che:

- $x = 3$ è soluzione dell'equazione razionale $x^2 - 8 = (x-4)^2$;
- $x = 3$ **non** è soluzione dell'equazione irrazionale $\sqrt{x^2 - 8} = x - 4$ e quindi l'equazione irrazionale data è **impossibile**.

Pertanto le equazioni

$$\sqrt{x^2 - 8} = x - 4 \quad \text{e} \quad x^2 - 8 = (x-4)^2$$

> In altri casi, invece, l'equazione irrazionale e quella razionale sono equivalenti.

non sono equivalenti.
Osserviamo che, nel caso considerato, $x = 3$ non è soluzione dell'equazione irrazionale ma appartiene al suo dominio (infatti $3^2 - 8 = 1 > 0$). Vi sono però esempi in cui la soluzione dell'equazione razionale non è soluzione dell'equazione irrazionale e non appartiene al suo dominio.

3. Considerazioni sull'elevamento al quadrato dei due membri di un'equazione

In generale, data un'equazione

$$A(x) = B(x) \qquad \boxed{1}$$

e detto S_1 l'insieme delle sue soluzioni, elevandone al quadrato entrambi i membri si ottiene l'equazione

$$[A(x)]^2 = [B(x)]^2 \qquad \boxed{2}$$

il cui insieme S delle soluzioni contiene l'insieme S_1 delle soluzioni di $A(x) = B(x)$:

$$S_1 \subseteq S$$

In altre parole, tutte le eventuali soluzioni della $\boxed{1}$ sono anche soluzioni della $\boxed{2}$, ma quest'ultima equazione può avere anche altre soluzioni, che non sono soluzioni della $\boxed{1}$.
Infatti, se consideriamo l'equazione

$$A(x) = -B(x) \qquad \boxed{3}$$

e ne eleviamo al quadrato entrambi i membri, otteniamo ancora l'equazione $\boxed{2}$, cioè $[A(x)]^2 = [B(x)]^2$.
Questo conferma che la $\boxed{1}$ e la $\boxed{2}$, in generale, non sono equivalenti: infatti tra le soluzioni della $\boxed{2}$ vi sono sia le eventuali soluzioni della $\boxed{1}$ sia le eventuali soluzioni della $\boxed{3}$.

Inoltre nel caso particolare di un'equazione contenente radicali quadratici, *eliminando tali radicali si potrebbe ottenere un'equazione con un dominio diverso da quello dell'equazione che si vuole risolvere*. Si potrebbero così ottenere delle soluzioni non accettabili perché rendono negativo il radicando di qualche radicale quadratico.

Quindi, **elevando al quadrato entrambi i membri di un'equazione, si può ottenere un'equazione che non è equivalente a quella data**: tutte le soluzioni dell'equazione che dobbiamo risolvere sono anche soluzioni dell'equazione che otteniamo elevandone al quadrato i due membri, ma l'equazione così ottenuta può avere anche altre soluzioni (**soluzioni estranee**), che non sono soluzioni dell'equazione originaria.
In generale, se indichiamo con

- S_1 l'insieme delle soluzioni di $A(x) = B(x)$
- S_2 l'insieme delle soluzioni di $A(x) = -B(x)$
- S l'insieme delle soluzioni di $[A(x)]^2 = [B(x)]^2$

allora risulta

$$(S_1 \cup S_2) \subseteq S$$

Nei prossimi due paragrafi vedremo che per risolvere un'equazione irrazionale contenente uno o più radicali quadratici è possibile seguire **due metodi**, tra loro alternativi:

- risoluzione con *verifica delle soluzioni* trovate;
- risoluzione con la ricerca e l'utilizzo delle *condizioni di accettabilità*.

4. Risoluzione con verifica delle soluzioni: primo metodo

Nel primo dei due metodi per risolvere un'equazione irrazionale contenente uno o più radicali quadratici si procede come segue.

a. Si elevano al quadrato, una o più volte, entrambi i membri dell'equazione, dopo averla eventualmente trasformata in modo opportuno, così da ottenerne un'altra che sia razionale.

b. Si trovano le soluzioni dell'equazione razionale così ottenuta.

c. Si esegue la **verifica delle soluzioni** per stabilire quali soluzioni dell'equazione razionale siano soluzioni anche dell'equazione irrazionale data: si accettano solo queste ultime, scartando le eventuali soluzioni estranee.

Ribadiamo che, in generale, il dominio dell'equazione irrazionale è diverso da quello dell'equazione razionale da essa ottenuta: può quindi anche accadere che una soluzione dell'equazione razionale sia estranea all'equazione irrazionale perché non appartiene al dominio di quest'ultima (vedi il prossimo esempio [2]). In ogni caso, se si procede alla verifica delle soluzioni, non è neppure necessario determinare il dominio dell'equazione irrazionale.

ESEMPI

1 Risolviamo l'equazione irrazionale

$$\sqrt{2x - 3} = 5 - 2x \quad [4]$$

Eleviamo al quadrato entrambi i membri:

$$\left(\sqrt{2x - 3}\right)^2 = (5 - 2x)^2$$

Otteniamo così l'equazione razionale

$$2x - 3 = (5 - 2x)^2 \quad [5]$$

da cui, svolgendo i calcoli,

$$2x^2 - 11x + 14 = 0$$

che è verificata per

$$x = 2 \lor x = \frac{7}{2}$$

Verifichiamo ora *se* le due soluzioni trovate per l'equazione razionale sono anche soluzioni dell'equazione irrazionale [4]. Sostituendo nella [4] prima $x = 2$ e poi $x = \frac{7}{2}$ otteniamo

- $x = 2 \longrightarrow \sqrt{2 \cdot 2 - 3} = 5 - 2 \cdot 2 \longrightarrow \sqrt{1} = 1 \longrightarrow 1 = 1$ (vero)

- $x = \frac{7}{2} \longrightarrow \sqrt{2 \cdot \frac{7}{2} - 3} = 5 - 2 \cdot \frac{7}{2} \longrightarrow \sqrt{4} = -2 \longrightarrow 2 = -2$ (falso)

Quindi $x = 2$ è accettabile, perché è soluzione anche della [4], mentre $x = \frac{7}{2}$ non è accettabile, in quanto soluzione *estranea* alla [4].
Concludendo, la [4] ammette una sola soluzione: essa è $x = 2$.

ATTENZIONE!

Per eseguire la verifica delle soluzioni trovate, devi sostituirle al posto dell'incognita nell'equazione originaria, e **non** in quella che hai ottenuto elevando al quadrato i due membri!

In questo caso, l'equazione irrazionale [4] e l'equazione razionale [5] **non** sono **equivalenti**.

TEORIA

■ PER COMPRENDERE MEGLIO

Da dove provengono le «soluzioni estranee» che talvolta si trovano risolvendo le equazioni irrazionali?

▶ Abbiamo prima considerato l'equazione ④

$$\sqrt{2x-3} = 5 - 2x$$

di cui abbiamo determinato una soluzione accettabile, $x = 2$, e una soluzione estranea, $x = \dfrac{7}{2}$. Come abbiamo visto, sostituendo tali soluzioni al posto di x nella ④ si ottiene:

per $x = 2 \longrightarrow 1 = 1$ per $x = \dfrac{7}{2} \longrightarrow 2 = -2$

Ma se sostituiamo tali valori nell'equazione che si ottiene elevando al quadrato entrambi i membri della ④, ossia

$$2x - 3 = (5 - 2x)^2$$

otteniamo invece:

per $x = 2 \longrightarrow 1 = 1$ per $x = \dfrac{7}{2} \longrightarrow 4 = 4$

Avremmo potuto aspettarci questo risultato? Certamente, visto che la ⑤ si ottiene elevando al quadrato entrambi i membri della ④: i valori che assumono i due membri della ⑤, quando al posto di x si sostituisce un numero, sono i quadrati di quelli che si ottengono operando la stessa sostituzione nella ④. Perciò

- l'uguaglianza *vera* $1 = 1$ diviene $1^2 = 1^2 \longrightarrow 1 = 1$, che è ancora vera;
- l'uguaglianza *falsa* $2 = -2$ diviene $2^2 = (-2)^2 \longrightarrow 4 = 4$, che è un'uguaglianza vera.

▶ Ricordando che numeri opposti hanno lo stesso quadrato, possiamo osservare che l'equazione ⑤ può essere ottenuta anche elevando al quadrato i due membri dell'equazione

$$\sqrt{2x-3} = -(5 - 2x) \qquad \qquad ⑥$$

Infatti $\left(\sqrt{2x-3}\right)^2 = [-(5-2x)]^2 \longrightarrow 2x - 3 = (5-2x)^2$, che è ancora la ⑤ e ha per soluzioni $x = 2 \lor x = \dfrac{7}{2}$.

Si verifica facilmente che solo $x = \dfrac{7}{2}$ è soluzione della ⑥, mentre $x = 2$ è soluzione estranea.

Quindi nelle soluzioni della ⑤ vi sono le soluzioni sia della ④ sia della ⑥.

Per concludere, poniamo

$$A(x) = \sqrt{2x - 3} \qquad \text{e} \qquad B(x) = 5 - 2x$$

e osserviamo che

- l'equazione $A(x) = B(x)$, cioè la ④, ha per soluzione $x = 2$, mentre $x = \dfrac{7}{2}$ è soluzione estranea;

- l'equazione $[A(x)]^2 = [B(x)]^2$, cioè la ⑤, ha per soluzione sia $x = 2$ sia $x = \dfrac{7}{2}$;

- l'equazione $A(x) = -B(x)$, cioè la ⑥, ha per soluzione $x = \dfrac{7}{2}$, mentre $x = 2$ è soluzione estranea.

Indichiamo con

- $S_1 = \{2\}$ l'insieme delle soluzioni dell'equazione
$$A(x) = B(x)$$

- $S = \left\{2\,;\,\dfrac{7}{2}\right\}$ l'insieme delle soluzioni dell'equazione
$$[A(x)]^2 = [B(x)]^2$$

- $S_2 = \left\{\dfrac{7}{2}\right\}$ l'insieme delle soluzioni dell'equazione
$$A(x) = -B(x)$$

Avremo, in questo caso, $S_1 \cup S_2 = S$.
Tuttavia, come abbiamo già detto, in generale risulta $(S_1 \cup S_2) \subseteq S$.

2 Consideriamo l'equazione
$$\sqrt{x^2 - 9} = \sqrt{3x - 11}$$

Eleviamo al quadrato entrambi i membri:
$$\left(\sqrt{x^2 - 9}\right)^2 = \left(\sqrt{3x - 11}\right)^2 \longrightarrow x^2 - 9 = 3x - 11 \longrightarrow$$
$$\longrightarrow x^2 - 3x + 2 = 0 \begin{cases} x = 1 \\ x = 2 \end{cases}$$

Eseguiamo la verifica delle due soluzioni trovate:

$x = 1 \longrightarrow \sqrt{1^2 - 9} = \sqrt{3 \cdot 1 - 11} \longrightarrow \sqrt{-8} = \sqrt{-8}$

$x = 2 \longrightarrow \sqrt{2^2 - 9} = \sqrt{3 \cdot 2 - 11} \longrightarrow \sqrt{-5} = \sqrt{-5}$

In entrambi i casi, sostituendo nell'equazione considerata le soluzioni trovate, si ottengono due uguaglianze in cui *i due membri*, pur formalmente identici, *non hanno significato*. Le due soluzioni perciò non sono accettabili e quindi l'equazione è impossibile. Possiamo osservare che i valori 1 e 2 non appartengono al dominio dell'equazione data; infatti tale dominio, come puoi verificare, è l'intervallo $D = \left[\dfrac{11}{3}\,;\,+\infty\right)$ e risulta $1 \notin D$ e $2 \notin D$.

> In questo caso, l'equazione irrazionale e l'equazione razionale **non** sono **equivalenti**.

3 Risolviamo l'equazione irrazionale
$$\sqrt{2x + 3} = \sqrt{3x + 4}$$

Elevando entrambi i membri al quadrato, otteniamo l'equazione razionale
$$2x + 3 = 3x + 4$$

che è verificata per $x = -1$.
Sostituendo $x = -1$ nell'equazione data, vediamo subito che $x = -1$ è soluzione accettabile: infatti per $x = -1$ l'equazione irrazionale diventa $\sqrt{1} = \sqrt{1}$, che è un'uguaglianza vera.

> In questo caso, l'equazione irrazionale e l'equazione razionale **sono equivalenti**.

> **4** Risolviamo l'equazione irrazionale
>
> $$\sqrt{1-x} = \sqrt{x-3}$$
>
> Eleviamo al quadrato entrambi i membri dell'equazione:
>
> $$\left(\sqrt{1-x}\right)^2 = \left(\sqrt{x-3}\right)^2$$
>
> cioè
>
> $$1 - x = x - 3$$
>
> L'equazione razionale così ottenuta è verificata per $x = 2$.
> La soluzione $x = 2$ non è accettabile per l'equazione data. Infatti per $x = 2$ tale equazione diventa $\sqrt{-1} = \sqrt{-1}$, che è un'uguaglianza priva di significato. L'equazione data, non avendo soluzioni, è **impossibile**.
> Se poniamo $A(x) = \sqrt{1-x}$ e $B(x) = \sqrt{x-3}$, possiamo osservare che
>
> - l'equazione $A(x) = B(x)$, cioè $\sqrt{1-x} = \sqrt{x-3}$, ha come insieme delle soluzioni $S_1 = \varnothing$;
> - l'equazione $A(x) = -B(x)$, cioè $\sqrt{1-x} = -\sqrt{x-3}$, è anch'essa impossibile e quindi, detto S_2 il suo insieme delle soluzioni, è $S_2 = \varnothing$;
> - l'equazione $[A(x)]^2 = [B(x)]^2$, cioè $1 - x = x - 3$, ha come insieme delle soluzioni $S = \{2\}$.
>
> In questo caso risulta
>
> $$(S_1 \cup S_2) \subset S$$

> In questo caso, l'equazione irrazionale e l'equazione razionale **non** sono **equivalenti**.

5. Risoluzione con le condizioni di accettabilità: secondo metodo

Per risolvere un'equazione irrazionale contenente radicali quadratici, è possibile applicare un **secondo metodo**, alternativo al precedente.
Esso si fonda sulla ricerca e sull'utilizzo delle **condizioni di accettabilità** delle soluzioni (**C.A.**): le soluzioni che si trovano dopo gli opportuni elevamenti al quadrato di entrambi i membri dell'equazione dovranno soddisfare contemporaneamente

a. la *condizione di appartenenza al dominio dell'equazione*, cioè le **condizioni di esistenza** (**C.E.**) di tutti i radicali che figurano nell'equazione e le condizioni affinché gli eventuali denominatori siano diversi da zero;

b. la **condizione di concordanza di segno** (**C.C.S.**) tra i due membri dell'equazione.

Supponiamo di dover risolvere l'equazione

$$A(x) = B(x)$$

La condizione di concordanza di segno tra i due membri dell'equazione va posta *prima* di elevarli al quadrato; in tal modo, risolvendo l'equazione $[A(x)]^2 = [B(x)]^2$ si escluderanno le soluzioni estranee per cui $A(x) = -B(x)$. Se nel corso della risoluzione dell'equazione è necessario elevare al quadrato entrambi i membri due o più volte, occorre porre ogni volta la corrispondente condizione di concordanza di segno.
I prossimi esempi chiariranno quanto ora esposto. A tal fine ci serviremo di al-

cuni degli esempi già svolti in precedenza e che ora verranno affrontati con questo diverso metodo.

ESEMPI

1 Risolviamo l'equazione

$$\sqrt{2x-3} = 5 - 2x$$

a. La **condizione di esistenza** del radicale quadratico che figura al primo membro è

$$2x - 3 \geq 0 \longrightarrow x \geq \frac{3}{2}:$$

$$\text{C.E.: } x \geq \frac{3}{2}$$

b. Per i valori di x soddisfacenti la C.E. il primo membro è positivo o nullo e pertanto bisogna porre la condizione che anche il secondo membro sia positivo o nullo; dobbiamo cioè imporre la **condizione di concordanza di segno** tra il primo e il secondo membro, condizione data da $5 - 2x \geq 0 \longrightarrow x \leq \frac{5}{2}$:

$$\text{C.C.S.: } x \leq \frac{5}{2}$$

Possiamo quindi concludere che le **condizioni di accettabilità** delle soluzioni sono date da

$$\begin{cases} x \geq \frac{3}{2} \\ x \leq \frac{5}{2} \end{cases} \longrightarrow \frac{3}{2} \leq x \leq \frac{5}{2} \longrightarrow \text{C.A.: } \frac{3}{2} \leq x \leq \frac{5}{2}$$

Risolviamo ora l'equazione data elevandone al quadrato entrambi i membri:

$$(\sqrt{2x-3})^2 = (5-2x)^2 \longrightarrow 2x - 3 = 25 - 20x + 4x^2 \longrightarrow$$

$$\longrightarrow 2x^2 - 11x + 14 = 0 \begin{cases} x_1 = 2 \\ x_2 = \frac{7}{2} \end{cases}$$

- La soluzione $x = 2$ dell'equazione razionale è accettabile perché soddisfa le C.A.; infatti $\frac{3}{2} < 2 < \frac{5}{2}$.

- Invece la soluzione $x = \frac{7}{2}$ non è accettabile perché non soddisfa le C.A.; infatti $\frac{7}{2} > \frac{5}{2}$.

L'equazione $\sqrt{2x-3} = 5 - 2x$ ha quindi l'unica soluzione $x = 2$.

2 Risolviamo l'equazione

$$\sqrt{x^2 - 9} = \sqrt{3x - 11}$$

L'equazione data contiene due radicali quadratici e quindi deve risultare

$$\begin{cases} x^2 - 9 \geq 0 \\ 3x - 11 \geq 0 \end{cases} \longrightarrow \begin{cases} x \leq -3 \vee x \geq 3 \\ x \geq \frac{11}{3} \end{cases} \longrightarrow \text{C.E.: } x \geq \frac{11}{3}$$

Osserviamo ora che per $x \geq \frac{11}{3}$ entrambi i membri dell'equazione data sono positivi o nulli e quindi la concordanza di segno tra il primo e il secondo membro è già verificata per $x \geq \frac{11}{3}$.

In questo caso le condizioni di accettabilità delle soluzioni dell'equazione data coincidono con le condizioni di esistenza dei radicali:

$$\text{C.A.: } x \geq \frac{11}{3}$$

Risolviamo ora l'equazione assegnata:

$$\sqrt{x^2 - 9} = \sqrt{3x - 11} \longrightarrow \left(\sqrt{x^2 - 9}\right)^2 = \left(\sqrt{3x - 11}\right)^2 \longrightarrow$$

$$\longrightarrow x^2 - 9 = 3x - 11 \longrightarrow x^2 - 3x + 2 = 0 \begin{cases} x_1 = 1 \\ x_2 = 2 \end{cases}$$

Nessuna delle due soluzioni trovate soddisfa le C.A. perché $1 < 2 < \frac{11}{3}$, quindi l'equazione irrazionale assegnata è *impossibile*.

3 Risolviamo l'equazione

$$\sqrt{1 - x} = \sqrt{x - 3}$$

Deve risultare

$$\begin{cases} 1 - x \geq 0 \\ x - 3 \geq 0 \end{cases} \longrightarrow \begin{cases} x \leq 1 \\ x \geq 3 \end{cases} \longrightarrow \text{sistema impossibile}$$

Quindi il dominio dell'equazione proposta è l'insieme vuoto: l'equazione non può avere soluzioni ed è perciò *impossibile*.

■ **FINO A QUATTRO CONDIZIONI PER UNA EQUAZIONE**

Le condizioni di esistenza dei radicali presenti in un'equazione non vanno confuse con le condizioni di esistenza dell'equazione.
Ad esempio, nell'equazione

$$\sqrt{a} + \sqrt{x - 1} = 3 - x \qquad a \in \mathbb{R}$$

dove a è un parametro, avremo:

- $a \geq 0 \longrightarrow$ condizione di esistenza dell'equazione;
- $x \geq 1 \longrightarrow$ condizione di esistenza del radicale $\sqrt{x - 1}$;
- $x \leq 3 \longrightarrow$ condizione di concordanza di segno tra i due membri;
- $\begin{cases} x \geq 1 \\ x \leq 3 \end{cases} \longrightarrow 1 \leq x \leq 3 \longrightarrow$ condizioni di accettabilità delle soluzioni.

---

6. Risoluzione dell'equazione $\sqrt{f(x)} = g(x)$

Spesso, nelle applicazioni, si incontrano equazioni irrazionali della forma

$$\sqrt{f(x)} = g(x) \qquad \boxed{7}$$

dove $f(x)$ e $g(x)$ sono espressioni razionali in x che, per semplicità, supporremo intere.
Risolviamo la ⑦ con il metodo esposto nel paragrafo precedente.
Le condizioni di accettabilità delle soluzioni sono

$$\text{C.A.: } \begin{cases} f(x) \geq 0 & \text{(condizione di esistenza del radicale)} \\ g(x) \geq 0 & \text{(condizione di concordanza di segno)} \end{cases}$$

Se ora eleviamo al quadrato entrambi i membri della ⑦, otteniamo l'equazione razionale

$$f(x) = [g(x)]^2 \qquad \text{⑧}$$

Osserviamo ora che risulta $[g(x)]^2 \geq 0$; pertanto, per i valori di x che sono soluzioni della ⑧, essendo $f(x) = [g(x)]^2$, sarà anche $f(x) \geq 0$: questo significa che tutte le soluzioni della ⑧ soddisferanno «automaticamente» la condizione $f(x) \geq 0$. La condizione di esistenza del radicale dell'equazione ⑦ è quindi senz'altro soddisfatta da tutte le radici della ⑧; in altre parole la condizione $f(x) \geq 0$ risulta già implicitamente verificata e dunque può essere tralasciata.

Le condizioni di accettabilità della ⑦ si riducono quindi alla condizione di concordanza di segno $g(x) \geq 0$. Riassumendo:

$$\boxed{\sqrt{f(x)} = g(x) \quad \longrightarrow \quad \begin{cases} g(x) \geq 0 \\ f(x) = [g(x)]^2 \end{cases}}$$

Nel caso in cui $f(x)$ e $g(x)$ siano espressioni non intere occorrerà evidentemente anche tener conto delle condizioni affinché i denominatori presenti nell'equazione siano diversi da zero.

ESEMPIO
Risolviamo nuovamente l'equazione

$$\sqrt{2x-3} = 5 - 2x$$

Notiamo che si tratta di un'equazione del tipo $\sqrt{f(x)} = g(x)$ con $f(x) = 2x - 3$ e $g(x) = 5 - 2x$.
Possiamo subito scrivere

$$\sqrt{2x-3} = 5 - 2x \quad \longrightarrow \quad \begin{cases} 5 - 2x \geq 0 \\ 2x - 3 = (5 - 2x)^2 \end{cases} \longrightarrow$$

$$\longrightarrow \quad \dots \quad \longrightarrow \quad \begin{cases} x \leq \dfrac{5}{2} \\ x = 2 \ \lor \ x = \dfrac{7}{2} \end{cases}$$

L'unica soluzione accettabile è $x = 2$; infatti $2 < \dfrac{5}{2}$ mentre $\dfrac{7}{2} > \dfrac{5}{2}$.

■ Equazioni con radicali cubici o di indice *n*

7. Risoluzione di un'equazione contenente solo radicali cubici

Se vogliamo risolvere un'equazione contenente radicali cubici nei quali compare l'incognita, dobbiamo cercare di eliminare i radicali elevando al cubo entrambi i membri dell'equazione.
In questo caso i problemi che abbiamo affrontato risolvendo equazioni contenenti radicali quadratici non si presentano. Infatti **la radice cubica di un numero reale esiste sempre**, indipendentemente dal segno del radicando, e ha lo stesso segno del radicando; perciò non dobbiamo preoccuparci del dominio dell'equazione, a meno che non si tratti di un'equazione frazionaria. Inoltre due numeri

hanno lo stesso cubo se e solo se sono uguali: quindi elevando al cubo entrambi i membri di un'equazione non si introducono soluzioni estranee.

Per tali motivi possiamo affermare che **elevando al cubo entrambi i membri di un'equazione si ottiene una nuova equazione, equivalente a quella data**. Perciò, se per risolvere un'equazione si elevano al cubo entrambi i membri, non è necessario eseguire la verifica delle soluzioni trovate.

ESEMPIO
Risolviamo l'equazione
$$\sqrt[3]{x^2 + 3x} = \sqrt[3]{4x + 2}$$

Eleviamo al cubo entrambi i membri:
$$\left(\sqrt[3]{x^2 + 3x}\right)^3 = \left(\sqrt[3]{4x + 2}\right)^3 \longrightarrow x^2 + 3x = 4x + 2 \longrightarrow$$
$$\longrightarrow x^2 - x - 2 = 0 \begin{cases} x = -1 \\ x = 2 \end{cases}$$

Entrambe le soluzioni sono accettabili.

8. Risoluzione di un'equazione contenente radicali di indice n

Vogliamo generalizzare le considerazioni esposte nei precedenti paragrafi.
Se per risolvere un'equazione irrazionale fosse necessario elevare entrambi i membri a una potenza con esponente intero $n \geq 4$, occorre tenere presente quanto segue.

▶ Elevando entrambi i membri di un'equazione a una potenza con esponente **pari**, si ottiene un'equazione che può non essere equivalente alla data, cioè può avere delle soluzioni estranee all'equazione data.

▶ Elevando entrambi i membri di un'equazione a una potenza con esponente **dispari**, si ottiene un'equazione equivalente alla data.

ESEMPI

1 Risolviamo l'equazione
$$\sqrt[5]{x^2 - 4x} = \sqrt[5]{-3}$$

Osserviamo che l'indice dei radicali è dispari: non dobbiamo porre alcuna condizione di esistenza.
Elevando a potenza con esponente 5, e quindi dispari, entrambi i membri otteniamo l'equazione equivalente
$$x^2 - 4x = -3 \longrightarrow x^2 - 4x + 3 = 0 \longrightarrow x = 1 \lor x = 3$$

2 Risolviamo l'equazione
$$\sqrt[3]{-x^2} = \sqrt{x}$$

Innanzitutto osserviamo che

- il primo membro dell'equazione è definito $\forall x \in \mathbb{R}$, perché il radicale che vi compare ha indice dispari;

- il secondo membro è definito per $x \geq 0$, perché il radicale che vi compare ha indice pari.

> Affinché l'equazione abbia significato deve quindi essere $x \geq 0$:
>
> $$\text{C.E.: } x \geq 0$$
>
> Notiamo che
>
> - per $x = 0$ entrambi i membri dell'equazione assumono il valore zero e quindi, per $x = 0$, l'equazione è verificata;
>
> - per $x > 0$ il primo membro è negativo (perché la radice cubica di un numero negativo, cioè $-x^2$, è negativa), mentre il secondo membro è positivo (perché la radice quadrata di un numero positivo è positiva); ne deduciamo che non vi sono soluzioni per $x > 0$.
>
> Concludiamo che l'equazione data ha per unica soluzione $x = 0$.

■ Disequazioni irrazionali

9. Nozioni fondamentali

Disuguaglianze

▶ Se a e b sono due numeri reali ed n è un numero naturale **dispari**, si ha

$$\boxed{a < b \iff a^n < b^n \quad n \text{ dispari}, a \in \mathbb{R}, b \in \mathbb{R}} \quad \text{[9]}$$

La proprietà vale per valori concordi o discordi di a e b.

Ad esempio:

$2 < 3 \longrightarrow 2^3 < 3^3$ (infatti $8 < 27$) e, viceversa, $\underbrace{2^3}_{8} < \underbrace{3^3}_{27} \longrightarrow 2 < 3$

▶ Se a e b sono due numeri reali positivi e n è un numero naturale **pari**, si ha

$$\boxed{a < b \iff a^n < b^n \quad n \text{ pari}, a > 0, b > 0} \quad \text{[10]}$$

La proprietà vale solo per $a > 0 \land b > 0$: in caso contrario potrebbe non valere. Ad esempio, $-4 < 3$ ma $(-4)^2 > 3^2$.

Ad esempio:

$3 < 4 \longrightarrow 3^2 < 4^2$ (infatti $9 < 16$) e, viceversa, $\underbrace{3^2}_{9} < \underbrace{4^2}_{16} \longrightarrow 3 < 4$

Disequazioni irrazionali

> **DEFINIZIONE** **DISEQUAZIONE IRRAZIONALE**
>
> Una disequazione in una incognita è detta irrazionale se in essa compaiono uno o più radicali contenenti l'incognita.

Ci occuperemo di semplici casi di disequazioni contenenti *radicali quadratici* o *radicali cubici*.
Ricordiamo che il **dominio di una disequazione** in una incognita è l'insieme dei numeri reali che, sostituiti all'incognita, trasformano la disequazione in una disuguaglianza dotata di significato (o vera o falsa).

Risoluzione di disequazioni irrazionali

▸ Per risolvere una disequazione irrazionale contenente solo **radicali cubici**, si cercherà di trasformarla in una disequazione razionale mediante opportuni elevamenti al cubo di entrambi i membri.

Il dominio della disequazione razionale così ottenuta è lo stesso della disequazione irrazionale. Inoltre, per la proprietà ⑨, le due disequazioni sono equivalenti.

▸ Per risolvere una disequazione irrazionale contenente solo **radicali quadratici**, si cercherà di trasformarla in una disequazione razionale mediante opportuni elevamenti al quadrato di entrambi i membri.

In questo caso è fondamentale determinare il **dominio** della disequazione irrazionale: questo corrisponde a determinare le **condizioni di esistenza** sia **dei radicali quadratici** sia delle eventuali frazioni. Infatti la disequazione irrazionale contenente radicali quadratici e la disequazione razionale che si ottiene con gli opportuni elevamenti al quadrato generalmente *non* hanno lo stesso dominio. Ad esempio, la disequazione $\sqrt{x} < 4$ ha come dominio l'intervallo $[0\,;\,+\infty)$, mentre la disequazione razionale $(\sqrt{x})^2 < 4^2 \longrightarrow x < 16$ ha dominio $\mathbb{R}$.

Inoltre, ricordando la proprietà ⑩ delle disuguaglianze, possiamo enunciare un principio di equivalenza di fondamentale importanza per risolvere le disequazioni irrazionali contenenti radicali quadratici.

Data una disequazione di dominio D, è possibile elevare al quadrato i suoi membri solo se essi sono entrambi positivi o nulli; la disequazione che si ottiene è equivalente alla disequazione data, ma solo nel dominio D.

> Non è possibile risolvere una disequazione irrazionale contenente radicali quadratici con il metodo della verifica delle soluzioni, come invece si può fare per le equazioni irrazionali, perché generalmente le disequazioni hanno infinite soluzioni.

ESEMPI

1 Risolviamo la disequazione $\sqrt{x-3} < 4$.

Il radicale quadratico al primo membro è definito se $x - 3 \geq 0 \longrightarrow x \geq 3$ (*condizione di esistenza* del radicale).
Il dominio della disequazione è quindi l'intervallo $D = [3\,;\,+\infty)$.
Osserviamo che per $x \geq 3$

- il primo membro è positivo o nullo;
- il secondo membro, uguale a 4, è senz'altro positivo.

Perciò, per $x \geq 3$, possiamo elevare al quadrato entrambi i membri della disequazione:

$$\sqrt{x-3} < 4 \longrightarrow \begin{cases} x - 3 \geq 0 \\ x - 3 < 4^2 \end{cases} \longrightarrow \begin{cases} x \geq 3 \\ x < 19 \end{cases} \longrightarrow 3 \leq x < 19$$

La disequazione razionale $x - 3 < 4^2$ risulta equivalente a quella data, ma solo nel dominio D, cioè solo se è anche $x \geq 3$.

2 Consideriamo la disequazione $\sqrt{x-1} < -2$.

Per i valori di x che soddisfano la condizione di esistenza del radicale, cioè per $x \geq 1$, il primo membro è positivo o nullo e quindi non può essere minore del numero negativo -2, cioè del secondo membro.
La disequazione data è quindi **impossibile**.

> ■ **NON FARLO!**
> In questo caso non è possibile elevare i due membri al quadrato perché essi non sono entrambi positivi o nulli: se tu lo facessi, troveresti un risultato errato.

3 Risolviamo la disequazione $\sqrt{x^2 - 2x} > -1$.

La condizione di esistenza del radicale è

$$x^2 - 2x \geq 0 \longrightarrow x \leq 0 \vee x \geq 2$$

Per tali valori di x il primo membro della disequazione è positivo o nullo e quindi è senz'altro maggiore del secondo membro che è il numero negativo -1. Possiamo concludere che la disequazione proposta è soddisfatta per ogni x appartenente al suo dominio, cioè per

$$x \leq 0 \vee x \geq 2$$

■ NON FARLO!
Anche in questo caso non sarebbe possibile elevare al quadrato entrambi i membri della disequazione: se lo si facesse si perverrebbe a un risultato errato.

10. Disequazioni del tipo $\sqrt{f(x)} \gtreqless g(x)$

Risoluzione delle disequazioni della forma $\sqrt{f(x)} < g(x)$

Consideriamo le disequazioni del tipo

$$\sqrt{f(x)} < g(x) \qquad [11]$$

Occorrerà innanzitutto porre la *condizione di esistenza del radicale*:

$$f(x) \geq 0 \qquad [12]$$

Se è soddisfatta tale condizione, il primo membro della [11] è positivo o nullo; osserviamo allora che deve necessariamente essere

$$g(x) > 0 \qquad [13]$$

perché $g(x)$ deve risultare maggiore di $\sqrt{f(x)}$ che, se esiste, è positivo o nullo.
È evidente che se fosse $g(x) < 0$ la [11] non potrebbe avere soluzioni.
Pertanto, se valgono la [12] e la [13], la [11] è una disequazione con i due membri positivi o nulli; quindi possiamo elevarne entrambi i membri al quadrato:

$$f(x) < [g(x)]^2 \qquad [14]$$

Possiamo quindi concludere che la disequazione [11] è equivalente al sistema formato dalle condizioni [12], [13] e [14]:

$$\boxed{\sqrt{f(x)} < g(x) \longrightarrow \begin{cases} f(x) \geq 0 \\ g(x) > 0 \\ f(x) < [g(x)]^2 \end{cases}} \qquad [15]$$

Si ha anche:
$$\sqrt{f(x)} \leq g(x)$$
$$\downarrow$$
$$\begin{cases} f(x) \geq 0 \\ g(x) \geq 0 \\ f(x) \leq [g(x)]^2 \end{cases}$$

ESEMPIO

1 Risolviamo la disequazione $\sqrt{x^2 - 4x + 3} < 5 - x$.

Applicando la [15], possiamo affermare che le soluzioni della disequazione proposta sono quelle del sistema

$$\begin{cases} x^2 - 4x + 3 \geq 0 \\ 5 - x > 0 \\ x^2 - 4x + 3 < (5-x)^2 \end{cases} \longrightarrow \ldots \longrightarrow \begin{cases} x \leq 1 \vee x \geq 3 \\ x < 5 \\ x < \dfrac{11}{3} \end{cases} \longrightarrow$$

$$\longrightarrow x \leq 1 \vee 3 \leq x < \dfrac{11}{3}$$

Risoluzione delle disequazioni della forma $\sqrt{f(x)} > g(x)$

Vediamo ora come risolvere una disequazione del tipo

$$\sqrt{f(x)} > g(x) \qquad [16]$$

Anche in questo caso si deve porre la condizione di esistenza del radicale:

$$f(x) \geq 0 \qquad [17]$$

A differenza del caso visto prima, dove il verso della disequazione era l'opposto di quello qui considerato, il secondo membro della [16] può ora essere positivo o negativo o nullo: infatti, se sussiste la condizione [17], il primo membro è positivo o nullo e quindi la [16] può essere verificata sia se $g(x) > 0$ sia se $g(x) < 0$ sia se $g(x) = 0$.

Nel caso in cui il secondo membro della [16] sia positivo o nullo, potremo elevare al quadrato entrambi i membri. Nel caso invece in cui il secondo membro della [16] sia negativo, la disequazione sarà soddisfatta per qualsiasi valore di x che soddisfi la [17]: in tal caso infatti il primo membro, positivo o nullo, sarà senz'altro maggiore di una quantità negativa.

L'insieme delle soluzioni della [16] sarà quindi dato dall'*unione* degli insiemi delle soluzioni dei due sistemi seguenti:

$$\begin{cases} f(x) \geq 0 \\ g(x) \geq 0 \\ f(x) > [g(x)]^2 \end{cases} \qquad [18] \qquad \begin{cases} f(x) \geq 0 \\ g(x) < 0 \end{cases} \qquad [19]$$

Fissiamo ora l'attenzione sul sistema [18]. La condizione $f(x) > [g(x)]^2$ implica che $f(x)$ sia maggiore di un quadrato, cioè $f(x) > 0$: quindi la prima delle tre condizioni, cioè $f(x) \geq 0$, è implicitamente soddisfatta dalla condizione $f(x) > [g(x)]^2$ e può quindi essere tralasciata.

Riassumendo, il sistema [18] diventa

> **OSSERVAZIONE**
>
> Nel sistema [18] basterebbe porre $f(x) > 0$: infatti $f(x)$ non può essere uguale a zero perché altrimenti, avendo supposto $g(x) \geq 0$, il primo membro della [16] non potrebbe essere maggiore del secondo.

$$\begin{cases} g(x) \geq 0 \\ f(x) > [g(x)]^2 \end{cases}$$

mentre il sistema [19] rimane inalterato (l'ordine delle due disequazioni è ininfluente); avremo quindi

> Nel caso sia
> $$\sqrt{f(x)} \geq g(x)$$
> la seconda disequazione del primo sistema diventa
> $$f(x) \geq [g(x)]^2$$

$$\boxed{\sqrt{f(x)} > g(x) \longrightarrow \begin{cases} g(x) \geq 0 \\ f(x) > [g(x)]^2 \end{cases} \vee \begin{cases} g(x) < 0 \\ f(x) \geq 0 \end{cases}}$$

Le soluzioni della disequazione [16] sono sia quelle del primo sistema sia quelle del secondo sistema. In altre parole, detto S l'insieme delle soluzioni della disequazione [16] e detti rispettivamente S_1 e S_2 gli insiemi delle soluzioni del primo e del secondo sistema, si ha

$$S = S_1 \cup S_2$$

ESEMPIO

2 Risolviamo la disequazione $\sqrt{4-x} > x - 2$.

Avremo

$$\sqrt{4-x} > x - 2 \longrightarrow \begin{cases} x - 2 \geq 0 \\ 4 - x > (x-2)^2 \end{cases} \vee \begin{cases} x - 2 < 0 \\ 4 - x \geq 0 \end{cases} \longrightarrow$$

$$\longrightarrow \ldots \longrightarrow \begin{cases} x \geq 2 \\ 0 < x < 3 \end{cases} \vee \begin{cases} x < 2 \\ x \leq 4 \end{cases} \longrightarrow 2 \leq x < 3 \vee x < 2$$

La disequazione data è quindi verificata per $2 \leq x < 3 \vee x < 2$.
Detto $S_1 = [2\,;\,3)$ l'insieme delle soluzioni del primo sistema e $S_2 = (-\infty\,;\,2)$ l'insieme delle soluzioni del secondo sistema, possiamo dire che l'insieme delle soluzioni della disequazione proposta è

$$S = S_1 \cup S_2 = S_2 \cup S_1 = (-\infty\,;\,2) \cup [2\,;\,3) \longrightarrow S = (-\infty\,;\,3)$$

Possiamo quindi concludere che la disequazione data è soddisfatta per $x < 3$.

Che aria tira?

 Soluzione del problema di pag. 441

È possibile scrivere una formula che leghi direttamente un qualsiasi valore della velocità del vento al corrispondente grado della scala di Beaufort, senza dover avere sempre a disposizione una tabella?

Negli ultimi decenni si è sentita spesso la necessità di convertire alcune scale, fissate inizialmente in modo empirico, in formule calcolabili a partire da dati ottenuti sperimentalmente. In passato non esisteva questa esigenza, perché molte grandezze non erano misurabili e si potevano osservare solo alcune conseguenze qualitative. Un esempio è la scala dei terremoti o quella della magnitudine delle stelle. Si tratta di conciliare due esigenze: rendere le grandezze facilmente calcolabili in modo oggettivo (magari anche da un computer), ma allo stesso tempo non rinunciare all'abitudine, a volte secolare, di usare certi valori numerici predeterminati.

FIGURA 2
Una foto aerea dell'uragano «Isidoro», scattata negli Stati Uniti il 19 settembre 2002 a 2000 m di quota

Torniamo all'esempio della scala di Beaufort, che è stata introdotta a inizio capitolo e che è riportata nella seguente tabella.

grado	tipo di vento	velocità (km/h)	velocità (nodi)	velocità (m/s)	condizioni a terra e in mare
0	calma	< 1	< 1	< 0,3	il fumo sale verticalmente; il mare è uno specchio
1	bava di vento	1 - 5	1 - 3	0,3 - 1,5	il vento devia il fumo; increspature dell'acqua
2	brezza leggera	6 - 11	4 - 6	1,6 - 3,3	le foglie si muovono; onde piccole ma evidenti
3	brezza tesa	12 - 19	7 - 10	3,4 - 5,4	foglie e rametti costantemente agitati; piccole onde, creste che cominciano a infrangersi
4	vento moderato	20 - 28	11 - 16	5,5 - 7,9	il vento solleva polvere e foglie secche, i rami sono agitati; piccole onde che diventano più lunghe

grado	tipo di vento	velocità (km/h)	velocità (nodi)	velocità (m/s)	condizioni a terra e in mare
5	vento teso	29 - 38	17 - 21	8 - 10,7	oscillano gli arbusti con foglie; si formano piccole onde nelle acque interne, onde moderate allungate in mare
6	vento fresco	39 - 49	22 - 27	10,8 - 13,8	grandi rami agitati, sibili tra i fili della corrente elettrica; si formano marosi con creste di schiuma bianca e spruzzi
7	vento forte	50 - 61	28 - 33	13,9 - 17,1	interi alberi agitati, difficoltà a camminare contro vento; il mare è grosso, la schiuma comincia a essere sfilacciata in scie
8	burrasca	62 - 74	34 - 40	17,2 - 20,7	rami spezzati, camminare contro vento è impossibile; marosi di altezza media e più allungati, dalle creste si distaccano turbini di spruzzi
9	burrasca forte	75 - 88	41 - 47	20,8 - 24,4	camini e tegole asportati; grosse ondate, spesse scie di schiuma e spruzzi, sollevate dal vento, riducono la visibilità
10	tempesta	89 - 102	48 - 55	24,5 - 28,4	rara in terraferma, alberi sradicati, danni agli edifici; enormi ondate con lunghe creste a pennacchio
11	fortunale	103 - 117	56 - 63	28,5 - 32,6	raro, gravissimi danni agli edifici; onde di eccezionale altezza, che possono nascondere navi di media stazza, ridotta visibilità
12	uragano	118 e oltre	64 e oltre	32,7 e oltre	distruzione di edifici, manufatti, ecc.; onde enormi, in mare la schiuma e gli spruzzi riducono molto la visibilità

Per la conversione dall'intensità del vento nella scala di Beaufort (prima colonna della tabella) alla velocità in km/h (terza colonna), e viceversa, esistono diverse formule: alcune più accurate ma più complicate, altre un po' approssimative ma più semplici, altre che valgono solo in alcune situazioni.
Ti proponiamo la seguente formula, in cui non vi è una suddivisione per casi, presente invece in altre formule:

$$B = 1{,}82 \cdot \sqrt{0{,}55v + 4{,}26} - 3{,}75$$

In tale formula B è il grado della scala di Beaufort e v è la velocità del vento in km/h.
Da questa formula diventa molto semplice passare dalla velocità (magari misurata da un anemometro) al valore in gradi Beaufort.
Supponiamo di voler effettuare il calcolo opposto: a quale velocità corrisponde un vento di 7 gradi (vento forte)? Inserendo il valore nella formula abbiamo un'equazione nell'incognita v:

$$7 = 1{,}82 \cdot \sqrt{0{,}55v + 4{,}26} - 3{,}75$$

Poiché l'incognita compare sotto radice, si tratta di un'equazione irrazionale. Per risolverla isoliamo la radice ed eleviamo al quadrato, ma dovremo controllare alla fine che la soluzione sia accettabile. Dunque

$$7 + 3{,}75 = 1{,}82 \cdot \sqrt{0{,}55v + 4{,}26}$$
$$115{,}6 = 1{,}82v + 14{,}11$$
$$v = 56 \ (\text{km/h})$$

Verifichiamo la validità della soluzione sostituendo la soluzione trovata nell'equazione iniziale:

$$10{,}75 = 1{,}82 \cdot \sqrt{0{,}55 \cdot 56} + 4{,}26$$

L'uguaglianza risulta vera (a parte una piccola differenza dovuta agli arrotondamenti). Osserviamo anche che il risultato è in accordo con la tabella della scala di Beaufort (56 km/h = vento forte).

ESERCIZIO

In mare le velocità vengono misurate spesso in miglia marine all'ora (nodi) anziché in km/h. Prova a convertire la formula per poterla usare con questa unità.
$\left[B = 1{,}82 \cdot \sqrt{v + 4{,}26} - 3{,}75 \right]$

Teoria.zip — Equazioni e disequazioni irrazionali

Le equazioni irrazionali

▶ **Equazioni irrazionali**: un'equazione in un'incognita si dice irrazionale se in essa compaiono uno o più radicali contenenti l'incognita.

▶ **Condizione di esistenza di un radicale** $\sqrt[n]{f(x)}$ **con *n* pari**: $f(x) \geq 0$

▶ I radicali di indice dispari sono definiti purché sia definito il radicando.

Equazioni contenenti radicali quadratici

▶ **Equazioni irrazionali con radicali quadratici**

Per risolverle occorre cercare di eliminare i radicali, elevando al quadrato entrambi i membri dell'equazione, eventualmente anche più di una volta. L'equazione che si ottiene può però avere un *dominio diverso* rispetto a quello dell'equazione data e può avere delle *soluzioni estranee*, che non sono soluzioni dell'equazione da risolvere.

È pertanto necessario eseguire la **verifica delle soluzioni** trovate (**primo metodo**) oppure, in alternativa, determinare le **condizioni di accettabilità delle soluzioni** (**secondo metodo**).

$$\sqrt{x+1} = \sqrt{2x} \longrightarrow (\sqrt{x+1})^2 = (\sqrt{2x})^2 \longrightarrow x+1 = 2x \longrightarrow x = 1$$

Verifica:

$$\sqrt{x+1} = \sqrt{2x} \xrightarrow{x=1} \sqrt{1+1} = \sqrt{2 \cdot 1} \longrightarrow \sqrt{2} = \sqrt{2} \quad (vero)$$

Quindi l'equazione è verificata per $x = 1$.

▶ **Un'equazione particolare**

$$\sqrt{f(x)} = g(x) \longrightarrow \begin{cases} g(x) \geq 0 \\ f(x) = [g(x)]^2 \end{cases}$$

Equazioni con radicali cubici o di indice *n*

▶ Elevando entrambi i membri di un'equazione a una potenza con **esponente dispari** si ottiene un'equazione equivalente alla data.

▶ Elevando entrambi i membri di un'equazione a una potenza con **esponente pari** si ottiene un'equazione che può non essere equivalente alla data.

▶ Quindi, in generale,
- se per risolvere un'equazione irrazionale si eseguono elevamenti a potenza solo con esponente dispari, le soluzioni trovate sono senz'altro accettabili e non è necessaria alcuna verifica;
- se per risolvere un'equazione irrazionale si eseguono elevamenti a potenza con esponente pari, occorre eseguire la verifica delle soluzioni ottenute oppure, in alternativa, si devono porre, nel corso della risoluzione, le opportune condizioni di accettabilità.

Disequazioni irrazionali

$$\sqrt{f(x)} < g(x) \longrightarrow \begin{cases} f(x) \geq 0 \\ g(x) > 0 \\ f(x) < [g(x)]^2 \end{cases} \qquad \sqrt{f(x)} > g(x) \longrightarrow \begin{cases} g(x) \geq 0 \\ f(x) > [g(x)]^2 \end{cases} \vee \begin{cases} g(x) < 0 \\ f(x) \geq 0 \end{cases}$$

Capitolo 7 — Esercizi

- Le equazioni irrazionali
- Equazioni contenenti radicali quadratici
- Equazioni con radicali cubici o di indice n
- Problemi
- Disequazioni irrazionali
- Autovalutazione
- Esercizi per il recupero
- Esercizi di approfondimento

Le equazioni irrazionali

QUESITI A RISPOSTA MULTIPLA

1 Quale delle seguenti è un'equazione irrazionale?

- **a** $x\sqrt{2} - 1 = 3x + \sqrt{3}$
- **b** $\dfrac{x}{1 + 2\sqrt{5}} = 3\sqrt{2 - \sqrt{3}}$
- **c** $\sqrt[7]{x^2 - 4} = x + 1$
- **d** $\sqrt[8]{x^2 - 3} = 2 + x$
- **e** $\dfrac{x}{2 + x\sqrt{5}} = \dfrac{\sqrt{5} - x}{\sqrt{10}}$
- **f** Nessuna delle precedenti

2 Quale delle seguenti **non** è un'equazione irrazionale?

- **a** $\sqrt{x - 2} + 2 = 0$
- **b** $\sqrt{5} + \dfrac{1}{\sqrt{1 + x}} = x + 1$
- **c** $\dfrac{5 + x}{5 - \sqrt{5}} - \dfrac{5 - x}{5 + \sqrt{5}} = 0$
- **d** $\dfrac{1}{\sqrt{x}} \cdot \sqrt{\dfrac{1 + x}{2}} = 1$
- **e** $\sqrt[3]{\dfrac{x + 1}{x - 1}} = \dfrac{\sqrt{2}}{3}$
- **f** Nessuna delle precedenti

Dominio delle equazioni irrazionali

Determina il dominio delle seguenti equazioni irrazionali.

> **ESERCIZIO SVOLTO**
>
> **3** $\sqrt{x - 1} - 3\sqrt[4]{4 - x} + \sqrt[3]{x} = 0$
>
> Poiché $\sqrt[3]{x}$ esiste per qualsiasi $x \in \mathbb{R}$, mentre i due radicali di indice pari 2 e 4 hanno significato solo se i corrispondenti radicandi sono positivi o nulli, dovrà essere
>
> $$\begin{cases} x - 1 \geq 0 \\ 4 - x \geq 0 \end{cases} \rightarrow \begin{cases} x \geq 1 \\ x \leq 4 \end{cases} \rightarrow 1 \leq x \leq 4$$
>
> Il dominio dell'equazione è quindi l'intervallo $D = [1\,;\,4]$.

4 $\sqrt{4 - x} + x = 3$; $\sqrt{2 + 3x} - \sqrt{x - 1} + 3 - x^2 = 0$ $\qquad [D = (-\infty\,;\,4];\ D = [1\,;\,+\infty)]$

5 $\sqrt{2x + 5} + \dfrac{1}{x + 1} = 2$; $\dfrac{1}{\sqrt{x - 2}} - \dfrac{1}{\sqrt{7 - x}} = 1$ $\qquad \left[D = \left[-\dfrac{5}{2}\,;\,-1\right) \cup (-1\,;\,+\infty);\ D = (2\,;\,7)\right]$

6 $\sqrt{\dfrac{x - 4}{x}} - \dfrac{x}{x - 4} = 1$; $\dfrac{\sqrt{1 + x^2}}{2 + x^2} = 4$ $\qquad [D = (-\infty\,;\,0) \cup (4\,;\,+\infty);\ \mathbb{R}]$

▷▷ **7** $\sqrt{2x+1} + \sqrt{4x-1} - \sqrt{1-x} = 1;$ $\quad \sqrt{4-x} + \sqrt{x-6} = 3$ $\qquad \left[D = \left[\dfrac{1}{4}; 1\right]; D = \varnothing\right]$

▷▷ **8** $\sqrt{\dfrac{x-1}{x-3}} + \sqrt{6-x} = 17;$ $\quad \sqrt{\dfrac{x-2}{x+1}} + \sqrt[4]{-x-1} = 2$ $\qquad [D = (-\infty; 1] \cup (3; 6]; D = (-\infty; -1]]$

▷▷ **9** $\sqrt{x^2 + 2x - 3} + x - 6 = 0;$ $\quad \sqrt{2 - x - x^2} + \sqrt{x-1} = 4$ $\qquad [D = (-\infty; -3] \cup [1; +\infty); D = \{1\}]$

▷▷ **10** $\sqrt{2 - x - x^2} + \dfrac{1}{\sqrt{x-1}};$ $\quad \sqrt{-x^2 + 2x - 1} - x = 0$ $\qquad [D = \varnothing; D = \{1\}]$

Equazioni risolubili in modo immediato

Giustifica perché ciascuna delle seguenti equazioni non può ammettere soluzioni.

Altri esercizi

■ ESERCIZI SVOLTI

▷▷ **11** $\sqrt{2x - 3} = -5$

L'equazione non ha soluzioni, ossia è impossibile; infatti la radice quadrata di un numero, se esiste, è positiva o nulla e quindi non può essere uguale a -5. Nota che siamo giunti a questa conclusione senza aver dovuto determinare il dominio dell'equazione.

▷▷ **12** $\sqrt{x - 1} + x^2 + 3 = 0$

L'equazione non può avere soluzioni perché il radicale $\sqrt{x-1}$, se esiste, è positivo o nullo e inoltre risulta sempre $x^2 + 3 \geq 3$; pertanto il primo membro dell'equazione, se esiste, non può essere uguale a zero.
Osserva poi che il radicale esiste per $x \geq 1$ e quindi risulta $x^2 + 3 \geq 4$. Pertanto il primo membro dell'equazione è, nel dominio dell'equazione stessa, sempre maggiore o uguale a 4.

▷▷ **13** $\sqrt{x - 6} + \sqrt{1 - x} + x - 4 = 0$

L'equazione non può avere soluzioni perché il suo dominio è l'insieme vuoto: infatti deve essere

$$\begin{cases} x - 6 \geq 0 \\ 1 - x \geq 0 \end{cases} \longrightarrow \begin{cases} x \geq 6 \\ x \leq 1 \end{cases} \longrightarrow \text{sistema impossibile} \longrightarrow D = \varnothing$$

▷▷ **14** $\sqrt{4 - 3x} = -2;$ $\quad \sqrt{2 + x^2} + 3 = 0;$ $\quad \sqrt{x-3} + \sqrt{x-7} = 0$

▷▷ **15** $\sqrt{x-3} = \sqrt{1-x};$ $\quad \sqrt{x} + x + 7 = 0;$ $\quad \sqrt{x-2} + x - 2 = -4$

▷▷ **16** $\sqrt{x^2 + 9} = x;$ $\quad \sqrt{x-4} + x + 5 = 0;$ $\quad \sqrt{x-3} + x - 2 = 0;$ $\quad \sqrt[5]{x-3} + x^2 = 0$

▷▷ **17** $3\sqrt{x+1} + 5\sqrt{4x} = 0;$ $\quad \sqrt{x^2+1} = 0;$ $\quad \sqrt{x^2 + x^4 + 7} = 0;$ $\quad \sqrt{4-x^2} - \sqrt{x^2-81} - x = 0$

▷▷ **18** $\sqrt[6]{(x-1)(2-x)} = \sqrt[4]{x^2-9};$ $\quad -\sqrt[4]{x-1} = \sqrt[3]{x^2+4};$ $\quad \sqrt[3]{x^2 - 2x + 1} = -2$

Risolvi, in modo immediato, le equazioni seguenti e giustifica la risposta data.

■ ESERCIZI SVOLTI

▷▷ **19** $\sqrt[3]{x^2 + 2x} = 0$

Sappiamo che un radicale è nullo solo se il suo radicando è nullo; perciò

$$\sqrt[3]{x^2 + 2x} = 0 \quad \longrightarrow \quad x^2 + 2x = 0 \quad \longrightarrow \quad x = -2 \lor x = 0$$

Osserva che non è stato necessario determinare il dominio dell'equazione.

ESERCIZI

▷▶ **20** $\sqrt[4]{x^2+x} + \sqrt{x} = 0$

L'equazione ha l'unica soluzione $x=0$. Infatti la somma di due radicali di indice pari può essere nulla solo se si annullano entrambi i radicali; $\sqrt{x}$ è nullo solo per $x=0$ e per tale valore di x anche il radicale $\sqrt[4]{x^2+x}$ è nullo.

▷▶ **21** $\sqrt{x(x-7)} = 0$; $\sqrt{x-3} + \sqrt{3-x} = 0$ [0 e 7; 3]

▷▶ **22** $\sqrt{x(x+3)} + \sqrt{(x+3)(x+1)} = 0$; $\sqrt[3]{x} \cdot \sqrt[5]{x-1} = 0$ [-3; 0 e 1]

▷▶ **23** $\sqrt{x^4 - x^2} + x^2 = 0$; $\sqrt{-x^2} + \sqrt{-x^4} = 0$ [0; 0]

▷▶ **24** $\sqrt{-x^2 + 2x - 1} + x - 1 = 0$; $\sqrt[3]{x^2 - 4} = 0$ [1; ± 2]

▷▶ **25** $\sqrt{(x+1)(x+4)} + (x+4)^4 = 0$; $\sqrt{-(2x-3)^2} + 4x^2 - 9 = 0$ $\left[-4; \dfrac{3}{2}\right]$

■ Equazioni contenenti radicali quadratici

Equazioni per le quali è necessario un solo elevamento al quadrato dei due membri

Risolvi le seguenti equazioni irrazionali numeriche intere o frazionarie.

Altri esercizi

■ **ESERCIZI SVOLTI**

Altro esercizio svolto

▷▶ **26** $\sqrt{x+1} + x = 11$

Risolviamo l'equazione irrazionale con il **primo metodo**, quello della verifica delle soluzioni.
In questo caso **non** conviene elevare subito al quadrato entrambi i membri; infatti, così facendo, l'equazione proposta diverrebbe:

$$\left(\sqrt{x+11} + x\right)^2 = 1^2 \longrightarrow \left(\sqrt{x+11}\right)^2 + 2 \cdot \sqrt{x+11} \cdot x + x^2 = 1 \longrightarrow$$

$$(A + B)^2 \qquad\qquad A^2 \quad + 2 \cdot \quad A \quad \cdot B + B^2$$

$$\longrightarrow x + 11 + 2x\sqrt{x+11} + x^2 = 1$$

Come vedi, al primo membro compare ancora un radicale contenente l'incognita: esso proviene dal doppio prodotto dei due addendi al primo membro, cioè $\sqrt{x+11}$ e x.
In casi come questo, prima di procedere a elevare al quadrato entrambi i membri dell'equazione, si deve **isolare** il radicale, cioè fare in modo che in uno dei due membri compaia solo il radicale contenente l'incognita e nessun altro termine. Nel nostro caso è sufficiente trasportare x al secondo membro, ottenendo l'equazione equivalente

$$\sqrt{x+11} = 1 - x$$

Ora possiamo elevare al quadrato entrambi i membri:

$$\left(\sqrt{x+11}\right)^2 = (1-x)^2 \longrightarrow x + 11 = 1 - 2x + x^2 \longrightarrow x^2 - 3x - 10 = 0 \begin{cases} x = -2 \\ x = 5 \end{cases}$$

Eseguiamo la verifica delle soluzioni trovate, sostituendole nell'equazione $\sqrt{x+11} + x = 1$:

- $x = -2 \longrightarrow \sqrt{-2+11} + (-2) = 1 \longrightarrow \sqrt{9} - 2 = 1 \longrightarrow 1 = 1$ (vero)
- $x = 5 \longrightarrow \sqrt{5+11} + 5 = 1 \longrightarrow \sqrt{16} + 5 = 1 \longrightarrow 9 = 1$ (falso)

La soluzione $x = -2$ è accettabile, perché è soluzione anche dell'equazione $\sqrt{x+11} + x = 1$, mentre la soluzione $x = 5$ è estranea a tale equazione e quindi non accettabile.
L'equazione data ha pertanto una sola soluzione che è $x = -2$.

▷▷ **27** $\sqrt{2x^2 - x - 1} = -2x - 1$

Risolviamo l'equazione irrazionale con il **secondo metodo**, quello con le condizioni di accettabilità delle soluzioni.
L'unico radicale è già *isolato* nel primo membro.
La condizione di esistenza del radicale è

$$2x^2 - x - 1 \geq 0 \longrightarrow \ldots \longrightarrow x \leq -\frac{1}{2} \vee x \geq 1 \longrightarrow \text{C.E.: } x \leq -\frac{1}{2} \vee x \geq 1$$

Se x soddisfa le C.E. il primo membro è positivo o nullo; affinché anche il secondo membro sia positivo o nullo deve essere $-2x - 1 \geq 0 \longrightarrow 2x + 1 \leq 0$ (condizione di concordanza di segno):

$$\text{C.C.S.: } x \leq -\frac{1}{2}$$

Ponendo a sistema le C.E. e la C.C.S. otteniamo le condizioni di accettabilità

$$\begin{cases} x \leq -\frac{1}{2} \vee x \geq 1 \\ x \leq -\frac{1}{2} \end{cases} \longrightarrow \text{C.A.: } x \leq -\frac{1}{2}$$

Eleviamo al quadrato entrambi i membri dell'equazione data e risolviamo:

$$\sqrt{2x^2 - x - 1} = -2x - 1 \longrightarrow 2x^2 - x - 1 = (-2x - 1)^2 \longrightarrow 2x^2 + 5x + 2 = 0 \begin{cases} x = -2 \\ x = -\frac{1}{2} \end{cases}$$

Entrambe le soluzioni trovate soddisfano le C.A. e quindi sono accettabili.
L'equazione data è verificata per

$$x = -2 \vee x = -\frac{1}{2}$$

▷▷ **28** $\sqrt{2x^2 - 2x + 1} = 2x - 3$

Risolviamola come **equazione particolare della forma** $\sqrt{f(x)} = g(x)$:

$$\sqrt{2x^2 - 2x + 1} = 2x - 3 \longrightarrow \begin{cases} 2x - 3 \geq 0 \\ 2x^2 - 2x + 1 = (2x - 3)^2 \end{cases} \longrightarrow \ldots \longrightarrow \begin{cases} x \geq \frac{3}{2} \\ x = 1 \vee x = 4 \end{cases}$$

La soluzione $x = 1$ non è accettabile perché $1 < \frac{3}{2}$, mentre $x = 4$ è accettabile perché $4 > \frac{3}{2}$.
L'equazione data è verificata per $x = 4$.

▷▷ **29** $\sqrt{2x^2 + x} = \sqrt{3}$

Risolviamola come **equazione particolare della forma** $\sqrt{f(x)} = g(x)$ con $g(x) = \sqrt{3}$. Poiché, in questo caso, $g(x) \geq 0$ per qualsiasi $x \in \mathbb{R}$, l'equazione razionale che si ottiene elevando al quadrato entrambi i membri è equivalente a quella data:

$$\sqrt{2x^2 + x} = \sqrt{3} \longrightarrow \left(\sqrt{2x^2 + x}\right)^2 = \left(\sqrt{3}\right)^2 \longrightarrow 2x^2 + x = 3 \longrightarrow$$

$$\longrightarrow 2x^2 + x - 3 = 0 \begin{cases} x = -\frac{3}{2} \\ x = 1 \end{cases}$$

▷▷ **30** $\sqrt{x^2 - 5x} = \sqrt{2x - 6}$

▷ **Primo metodo** (verifica delle soluzioni)
Eleviamo al quadrato entrambi i membri:

$$\left(\sqrt{x^2 - 5x}\right)^2 = \left(\sqrt{2x - 6}\right)^2 \longrightarrow x^2 - 5x = 2x - 6 \longrightarrow x^2 - 7x + 6 = 0 \begin{cases} x = 1 \\ x = 6 \end{cases}$$

Eseguiamo la verifica delle soluzioni trovate:
- $x = 1 \longrightarrow \sqrt{1^2 - 5 \cdot 1} = \sqrt{2 \cdot 1 - 6} \longrightarrow \sqrt{-4} = \sqrt{-4} \longrightarrow$ **soluzione non accettabile**
- $x = 6 \longrightarrow \sqrt{6^2 - 5 \cdot 6} = \sqrt{2 \cdot 6 - 6} \longrightarrow \sqrt{6} = \sqrt{6} \longrightarrow$ **soluzione accettabile**

Come vedi, la soluzione $x = 1$ non è accettabile perché, sostituendo 1 al posto di x, i due membri dell'equazione si trasformano in espressioni che, pur essendo formalmente identiche, non hanno significato.
L'equazione proposta ha perciò solo una soluzione: $x = 6$.

▶ **Secondo metodo** (condizioni di accettabilità)
Affinché entrambi i radicali siano definiti deve essere

$$\begin{cases} x^2 - 5x \geq 0 \\ 2x - 6 \geq 0 \end{cases} \longrightarrow \begin{cases} x \leq 0 \vee x \geq 5 \\ x \geq 3 \end{cases} \longrightarrow \text{C.E.: } x \geq 5$$

Per $x \geq 5$ entrambi i membri sono positivi o nulli e quindi la condizione di concordanza di segno è verificata per i valori di x soddisfacenti la C.E. La condizione di accettabilità delle soluzioni coincide, in questo caso, con la C.E.:

$$\text{C.A.: } x \geq 5$$

Eleviamo entrambi i membri al quadrato:

$$\left(\sqrt{x^2 - 5x}\right)^2 = \left(\sqrt{2x - 6}\right)^2 \longrightarrow \ldots \begin{cases} x = 1 & \text{(non accettabile perché } 1 < 5\text{)} \\ x = 6 & \text{(accettabile perché } 6 > 5\text{)} \end{cases}$$

L'unica soluzione soddisfacente la C.A. è $x = 6$ che quindi è la soluzione dell'equazione data.

▷▷ **31** $\sqrt{x + 2} = 4$ [14] ▷▷ **32** $\sqrt{2 - x} = 1$ [1]

▷▷ **33** $\sqrt{4 - 3x} = 1$ [1] ▷▷ **34** $\sqrt{4 + 2x} = 6$ [16]

▷▷ **35** $\sqrt{6x - 14} - 2 = 0$ [3] ▷▷ **36** $\sqrt{5 + 4x} = 11$ [29]

▷▷ **37** $\sqrt{x^2 - x} = 1$ $\left[\dfrac{1 \pm \sqrt{5}}{2}\right]$ ▷▷ **38** $\sqrt{2x^2 + x} = \sqrt{2}$ $\left[\dfrac{-1 \pm \sqrt{17}}{4}\right]$

▷▷ **39** $3x - \sqrt{1 - 4x^2} = 1$ $\left[\dfrac{6}{13}\right]$ ▷▷ **40** $x^2 - \sqrt{1 - x^2} = 2$ [impossibile]

▷▷ **41** $\sqrt{2x^2 - 5x + 2} + x = 2$ [−1 e 2] ▷▷ **42** $\sqrt{x^2 + x - 12} - 4 = x$ **Videolezione** [−4]

▷▷ **43** $\sqrt{x + 1} = 11 - x$ [8] ▷▷ **44** $\sqrt{x + 1} = x - 11$ [15]

▷▷ **45** $\sqrt{x + 3} = x + 1$ [1] ▷▷ **46** $\sqrt{x^2 + 4x} = x$ [0]

▷▷ **47** $\sqrt{x - 3} = 3x - 11$ [4] ▷▷ **48** $\sqrt{x - 3} = 11 - 3x$ $\left[\dfrac{31}{9}\right]$

▷▷ **49** $x - 6 = \sqrt{x^2 - 12}$ [impossibile] ▷▷ **50** $\sqrt{2x - 10} = 9 - x$ [7]

▷▷ **51** $\sqrt{2x + 1} = \sqrt{4 - x}$ [1] ▷▷ **52** $\sqrt{x^2 - 3x + 4} = \sqrt{2x + x^2 - 31}$ [7]

▷▷ **53** $\sqrt{x^2 - 4} = \sqrt{14 - x^2}$ [−3 e 3] ▷▷ **54** $\sqrt{x^2 + x + 2} - \sqrt{x + 6} = 0$ [−2 e 2]

▷▷ **55** $\sqrt{4 - x - x^2} = \sqrt{x^2 + x}$ [−2 e 1] ▷▷ **56** $\sqrt{x + 1} - x + 1 = 0$ [3]

▷▷ **57** $3\sqrt{x + 3} - 4x = -15$ [6] ▷▷ **58** $\sqrt{x^2 - 1} = x - 2$ [impossibile]

▷▷ **59** $x + \sqrt{10x + 6} = 9$ [3] ▷▷ **60** $\sqrt{3(x + 1) + 1} = x - 2$ [7]

▷▷ **61** $\sqrt{x^6 + x^3 - 2} = x^3$ $\left[\sqrt[3]{2}\right]$ ▷▷ **62** $\sqrt{x^4 + x^2 - 2} = x^2$ $\left[\pm\sqrt{2}\right]$

▷▷ **63** $x + \sqrt{x} - 20 = 0$ (l'equazione si può anche risolvere ponendo $\sqrt{x} = t$...) **Videolezione** [16]

▷▷ **64** $2x - 5\sqrt{x} + 2 = 0$ $\left[\dfrac{1}{4} \text{ e } 4\right]$ ▷▷ **65** $x - 2\sqrt{x} = 15$ [25]

Equazioni per le quali sono necessari due successivi elevamenti al quadrato

Risolvi le seguenti equazioni irrazionali numeriche intere.

Altri esercizi

ESERCIZI SVOLTI

Altri esercizi svolti

 66 $\sqrt{x + \sqrt{3x - 2}} = 2$

In questo caso conviene risolvere l'equazione con il **primo metodo**, quello con verifica delle soluzioni.
Eleviamo entrambi i membri al quadrato:

$$\left(\sqrt{x + \sqrt{3x - 2}}\right)^2 = 2^2 \longrightarrow x + \sqrt{3x - 2} = 4$$

Prima di procedere isoliamo il radicale al primo membro:

$$x + \sqrt{3x - 2} = 4 \longrightarrow \sqrt{3x - 2} = 4 - x$$

> **OSSERVAZIONE**
>
> Le C.E. del radicale al primo membro comporterebbero la risoluzione di una disequazione irrazionale, argomento che affronteremo solo in seguito.

Possiamo ora elevare al quadrato entrambi i membri una seconda volta:

$$\left(\sqrt{3x - 2}\right)^2 = (4 - x)^2 \longrightarrow 3x - 2 = 16 - 8x + x^2 \longrightarrow x^2 - 11x + 18 = 0 \begin{cases} x = 2 \\ x = 9 \end{cases}$$

- $x = 2 \longrightarrow \sqrt{2 + \sqrt{3 \cdot 2 - 2}} = 2 \longrightarrow \sqrt{2 + \sqrt{4}} = 2 \longrightarrow 2 = 2 \longrightarrow$ **soluzione accettabile**
- $x = 9 \longrightarrow \sqrt{9 + \sqrt{3 \cdot 9 - 2}} = 2 \longrightarrow \sqrt{9 + \sqrt{25}} = 2 \longrightarrow \sqrt{14} = 2 \longrightarrow$ **soluzione estranea**

L'equazione data ha una sola soluzione: $x = 2$.

67 $\sqrt{x - 3} = 4 - \sqrt{x + 5}$

Risolviamo questa equazione con il **secondo metodo**, quelle delle condizioni di accettabilità.
Affinché siano definiti entrambi i radicali quadratici, deve essere

$$x - 3 \geq 0 \land x + 5 \geq 0 \longrightarrow x \geq 3 \land x \geq -5 \longrightarrow \text{C.E.: } x \geq 3$$

Conviene ora riscrivere l'equazione nella forma equivalente

$$\sqrt{x - 3} + \sqrt{x + 5} = 4 \qquad \boxed{1}$$

In tal modo possiamo osservare che, se è soddisfatta la condizione di esistenza $x \geq 3$, i due membri della $\boxed{1}$ sono senz'altro positivi e quindi la condizione di concordanza di segno è sicuramente verificata. Quindi le condizioni di accettabilità sono

$$\text{C.A.: } x \geq 3 \qquad \boxed{2}$$

Risolviamo la $\boxed{1}$:

$$\sqrt{x - 3} + \sqrt{x + 5} = 4 \longrightarrow \left(\sqrt{x - 3} + \sqrt{x + 5}\right)^2 = 4^2 \longrightarrow$$

$$\longrightarrow x - 3 + 2 \cdot \sqrt{x - 3} \cdot \sqrt{x + 5} + x + 5 = 16$$

Osserviamo che per $x \geq 3$ possiamo scrivere $\sqrt{x - 3} \cdot \sqrt{x + 5} = \sqrt{(x - 3)(x + 5)}$ e quindi avremo:

$$2x + 2 + 2\sqrt{(x - 3)(x + 5)} = 16 \longrightarrow$$

$$\longrightarrow 2\sqrt{(x - 3)(x + 5)} = 14 - 2x \longrightarrow \underbrace{\sqrt{(x - 3)(x + 5)}}_{\geq 0} = 7 - x$$

$$\boxed{3}$$

Osserviamo ora che la condizione di esistenza del radicale al primo membro della $\boxed{3}$ è senz'altro soddisfatta se è soddisfatta la $\boxed{2}$.

ESERCIZI

Prima di elevare al quadrato i due membri della ③ dobbiamo però porre la condizione di concordanza di segno tra i due membri, cioè $7 - x \geq 0$:

$$\text{C.C.S.: } x \leq 7 \qquad \text{④}$$

Tenendo conto della ② e della ④, le *nuove condizioni di accettabilità* sono date da

$$\begin{cases} x \geq 3 \\ x \leq 7 \end{cases} \longrightarrow 3 \leq x \leq 7 \longrightarrow \text{C.A.: } 3 \leq x \leq 7$$

Risolviamo ora la ③:

$$\sqrt{(x-3)(x+5)} = 7 - x \longrightarrow \left(\sqrt{x^2 + 2x - 15}\right)^2 = (7-x)^2 \longrightarrow$$

$$\longrightarrow \cancel{x^2} + 2x - 15 = 49 - 14x + \cancel{x^2} \longrightarrow 16x = 64 \longrightarrow x = 4$$

Poiché $3 < 4 < 7$, la soluzione $x = 4$ soddisfa le C.A. ed è quindi accettabile.
Perciò l'equazione ①, e quindi l'equazione data, ha l'unica soluzione $x = 4$.

▷▶ **68** $\sqrt{x + \sqrt{x+3}} = 3$ [6] ▷▶ **69** $\sqrt{x + \sqrt{x^2+1}} = 1$ [0]

▷▶ **70** $\sqrt{2x - \sqrt{x+1}} = \sqrt{13}$ [8] ▷▶ **71** $\sqrt{x^2 - x\sqrt{x+1}} = x$ [0]

▷▶ **72** $\sqrt{3x+1 + \sqrt{x+2}} = 3$ [2] ▷▶ **73** $\sqrt{2 + \sqrt{2+x}} = 4 - \sqrt{2+x}$ [2]

▷▶ **74** $\sqrt{x+8} - \sqrt{x} = 2$ [1] ▷▶ **75** $\sqrt{x+8} + \sqrt{x} = 2$ [impossibile]

▷▶ **76** $\sqrt{x+24} - 4 = \sqrt{x}$ [1] ▷▶ **77** $\sqrt{2-x} = 7 - \sqrt{9-x}$ [−7]

▷▶ **78** $\sqrt{x+3} - \sqrt{x-5} = 2$ [6] ▷▶ **79** $\sqrt{2x-1} + \sqrt{2x+1} = 1$ [impossibile]

▷▶ **80** $2\sqrt{x+4} = 7\sqrt{2} - \sqrt{2x+10}$ [4] ▷▶ **81** $\sqrt{x-2} = \sqrt{8-x} - 2$ $[5 - 2\sqrt{2}]$

▷▶ **82** $\sqrt{9+x} + \sqrt{x+1} = 2$ [impossibile] ▷▶ **83** $\sqrt{x^2+x+1} + \sqrt{4-x} = x - 3$ [impossibile]

Equazioni contenenti tre o quattro radicali

Risolvi le seguenti equazioni irrazionali numeriche intere.

Esercizio svolto e altri esercizi da svolgere

▷▶ **84** $\sqrt{x+4} + \sqrt{x-1} = \sqrt{5x}$ [1 e 5] ▷▶ **85** $\sqrt{x+6} - \sqrt{x+1} = \sqrt{2x-5}$ [3]

▷▶ **86** $\sqrt{3(x+4)+1} - \sqrt{x} - \sqrt{2x+1} = 0$ [4] ▷▶ **87** $\sqrt{x-2} + \sqrt{x-3} - \sqrt{x+4} = 0$ $\left[\dfrac{2\sqrt{43}+1}{3}\right]$

▷▶ **88** $\sqrt{4-x} + \sqrt{2-x} = \sqrt{6-2x}$ [2] ▷▶ **89** $\sqrt{1-x} = \sqrt{4-2x} - \sqrt{3-x}$ [1]

▷▶ **90** $\sqrt{5x-1} - \sqrt{2x} - \sqrt{x-1} = 0$ [2] ▷▶ **91** $\sqrt{2x+5} - \sqrt{x+2} = \sqrt{3x-5}$ [2]

▷▶ **92** $\sqrt{x-4} - \sqrt{3x-1} = 1 - \sqrt{2x+4}$ [5] ▷▶ **93** $\sqrt{x+2} + \sqrt{x-2} = \sqrt{2x+3} + \sqrt{2x-3}$ [impossibile]

▷▶ **94** $\sqrt{3x+16} - \sqrt{3x+7} = \sqrt{x+13} - \sqrt{x+6}$ [3] ▷▶ **95** $\sqrt{2x-1} - \sqrt{2x+6} = \sqrt{x-1} - \sqrt{x+4}$ [5]

Equazioni irrazionali frazionarie

Risolvi le seguenti equazioni numeriche.

> **ESERCIZIO SVOLTO**

96 $\sqrt{3x-1} + 2\sqrt{x} = \dfrac{3x}{\sqrt{3x-1}}$

L'equazione è irrazionale non intera, perché al secondo membro compare l'incognita al denominatore.

Primo metodo (con verifica delle soluzioni)
Poiché faremo la verifica delle soluzioni, non è necessario porre alcuna condizione, neppure quella che il denominatore sia diverso da zero.
Risolviamo:

$$\sqrt{3x-1} + 2\sqrt{x} = \dfrac{3x}{\sqrt{3x-1}} \longrightarrow \sqrt{3x-1}(\sqrt{3x-1} + 2\sqrt{x}) = 3x \longrightarrow$$

$$\longrightarrow (\sqrt{3x-1})^2 + 2\sqrt{x} \cdot \sqrt{3x-1} = 3x \longrightarrow 3x - 1 + 2\sqrt{x(3x-1)} = 3x \longrightarrow$$

$$\longrightarrow 2\sqrt{3x^2 - x} = 1 \longrightarrow 12x^2 - 4x - 1 = 0 \begin{cases} x = -\dfrac{1}{6} \\ x = \dfrac{1}{2} \end{cases}$$

Verifichiamo ora l'accettabilità delle due soluzioni trovate.

- Si vede subito che $x = -\dfrac{1}{6}$ non può essere accettabile perché per $x = -\dfrac{1}{6}$ i radicali dell'equazione proposta perdono significato in quanto i loro radicandi diventano negativi.

- Verifichiamo ora se $x = \dfrac{1}{2}$ è accettabile. Sostituendo tale valore prima nel primo e poi nel secondo membro dell'equazione data, avremo:

1º membro: $\sqrt{\dfrac{3}{2} - 1} + 2\sqrt{\dfrac{1}{2}} = \sqrt{\dfrac{1}{2}} + 2\sqrt{\dfrac{1}{2}} = 3\sqrt{\dfrac{1}{2}} = 3 \cdot \dfrac{1}{\sqrt{2}} = \dfrac{3}{\sqrt{2}} \cdot \dfrac{\sqrt{2}}{\sqrt{2}} = \dfrac{3\sqrt{2}}{2}$

2º membro: $\dfrac{3 \cdot \dfrac{1}{2}}{\sqrt{\dfrac{3}{2} - 1}} = \dfrac{\dfrac{3}{2}}{\sqrt{\dfrac{1}{2}}} = \dfrac{3}{2} \cdot \sqrt{2} = \dfrac{3\sqrt{2}}{2}$

Essendo, per $x = \dfrac{1}{2}$, il primo membro uguale al secondo, si conclude che $x = \dfrac{1}{2}$ è accettabile ed è l'unica soluzione dell'equazione proposta.

97 $2\sqrt{x-5} - \dfrac{5(7+x)}{\sqrt{x-5}} + 3\sqrt{2x} = 0$ [45]

98 $2\sqrt{x-1} + 3\sqrt{2x} = \dfrac{7+5x}{\sqrt{x-1}}$ [9]

99 $x + \sqrt{x^2+16} = \dfrac{10}{\sqrt{x^2+16}}$ [−3]

100 $\sqrt{x-2} = \dfrac{3}{\sqrt{2+x}} - \sqrt{2+x}$ [impossibile]

ESERCIZI

101 $x - \sqrt{x^2-16} = \dfrac{16}{\sqrt{x^2-16}}$ [impossibile]

102 $\dfrac{\sqrt{x+16}}{\sqrt{4-x}} + \dfrac{\sqrt{4-x}}{\sqrt{x+16}} = \dfrac{5}{2}$ [0 e −12]

103 $\sqrt{1+x} = 4 - \sqrt{x} - \dfrac{1}{\sqrt{1+x} - \sqrt{x}}$ $\left[\dfrac{9}{16}\right]$

104 $\dfrac{1}{\sqrt{2+x} - \sqrt{2-x}} + \dfrac{1}{\sqrt{2+x} + \sqrt{2-x}} = 1$ [2]

105 $\dfrac{1}{x + \sqrt{2+x^2}} + \dfrac{1}{x - \sqrt{2+x^2}} = \dfrac{x}{2}$ [0]

106 $\sqrt{3-x} - \sqrt{3+x} = \dfrac{6\sqrt{2}}{\sqrt{3+x} + \sqrt{3-x}}$ [impossibile]

107 $\dfrac{1}{2\sqrt{x}} + \dfrac{1}{\sqrt{4x+9}} = \dfrac{9}{\sqrt{16x^2+36x}}$ [4]

108 $\dfrac{\sqrt{1+x} + \sqrt{1-x}}{\sqrt{1+x} - \sqrt{1-x}} = 2$ $\left[\dfrac{4}{5}\right]$

109 $\sqrt{x - \sqrt{5}} = \dfrac{7-x^2}{\sqrt{x+\sqrt{5}}}$ $[\sqrt{6}]$

110 $\sqrt{2x-1} + 3\sqrt{x} = \dfrac{x-1}{\sqrt{2x-1}}$ [impossibile]

111 $\dfrac{1}{4\sqrt{2x^2-1}} + x\sqrt{2} + \sqrt{2x^2-1} = 0$ $\left[-\dfrac{3}{4}\right]$

112 $\dfrac{2\sqrt{4+x}-2}{\sqrt{4+x}+1} = \dfrac{\sqrt{4+x}-1}{2}$ [−3 e 5]

113 $\sqrt{x + \sqrt{x}} = \dfrac{2\sqrt{x}}{\sqrt{x+\sqrt{x}}} + \sqrt{x-\sqrt{x}}$ [1]

114 $\dfrac{4x-1}{\sqrt{2x+1}} - 7\sqrt{x} + 3\sqrt{2x+1} = 0$ $\left[\dfrac{1}{2} \text{ e } 4\right]$

115 $\dfrac{1}{x-\sqrt{1-x^2}} = 1 + \dfrac{1}{x+\sqrt{1-x^2}}$ $\left[\pm\sqrt{\dfrac{\sqrt{3}}{2}} = \pm\dfrac{\sqrt[4]{12}}{2}\right]$

116 $\dfrac{\sqrt{3x+4} + \sqrt{x+1}}{2\sqrt{x+1}+1} = 1$ [0 e −1]

117 $\dfrac{1}{x-\sqrt{x^2-4}} + \dfrac{1}{x+\sqrt{x^2-4}} = x - 1$ [2]

118 $\dfrac{\sqrt{x+1} + \sqrt{x-1}}{\sqrt{x+1} - \sqrt{x-1}} = \dfrac{4x-1}{2}$ $\left[\dfrac{5}{4}\right]$

119 $\sqrt{\dfrac{1-x}{x+3}} + \sqrt{\dfrac{x+3}{1-x}} = \dfrac{5}{2}$ $\left[-\dfrac{11}{5} \text{ e } \dfrac{1}{5}\right]$

(conviene osservare che i due radicali sono uno il reciproco dell'altro e quindi porre $\sqrt{\dfrac{1-x}{x+3}} = t...$)

120 $\sqrt{3x + \sqrt{6x-1}} = \dfrac{x}{\sqrt{3x - \sqrt{6x-1}}}$ $\left[\dfrac{1}{4} \text{ e } \dfrac{1}{2}\right]$

Equazioni irrazionali letterali

Risolvi e discuti le seguenti equazioni irrazionali intere.

ESERCIZIO SVOLTO

121 $\sqrt{x^2 - 2a} = x - a$

Procediamo con il metodo della verifica delle soluzioni.

$$\sqrt{x^2 - 2a} = x - a \longrightarrow \left(\sqrt{x^2 - 2a}\right)^2 = (x-a)^2 \longrightarrow x^2 - 2a = x^2 - 2ax + a^2 \longrightarrow$$
$$\longrightarrow 2ax = a^2 + 2a$$

▶ Osserviamo che per $a = 0$ l'equazione razionale ora ottenuta è verificata $\forall x \in \mathbb{R}$; ma noi dobbiamo risolvere l'equazione $\sqrt{x^2 - 2a} = x - a$, che generalmente non è equivalente all'equazione $2ax = a^2 + 2a$. Poniamo quindi $a = 0$ nell'equazione data:

$$\sqrt{x^2 - 2a} = x - a \xrightarrow{a=0} \sqrt{x^2} = x \longrightarrow |x| = x$$

Poiché $|0| = 0$ e i numeri positivi coincidono con il loro valore assoluto concludiamo che

$$|x| = x \longrightarrow x \geq 0$$

▶ Supponiamo ora $a \neq 0$.

L'equazione $2ax = a^2 + 2a$, per $a \neq 0$, dà $x = \dfrac{a+2}{2}$.

Verifichiamo ora se tale soluzione è anche soluzione dell'equazione data; per $x = \dfrac{a+2}{2}$ l'equazione data diventa

$$\sqrt{\left(\frac{a+2}{2}\right)^2 - 2a} = \frac{a+2}{2} - a \longrightarrow \sqrt{\frac{a^2 + 4a + 4 - 8a}{4}} = \frac{a+2-2a}{2} \longrightarrow$$
$$\longrightarrow \frac{\sqrt{(a-2)^2}}{2} = \frac{2-a}{2} \longrightarrow |a-2| = 2-a$$

Osserviamo che per $a = 2$ l'equazione $|a - 2| = 2 - a$ diviene $|0| = 0$ e che per $a < 2$ è $|a - 2| = 2 - a$. Quindi $|a - 2| = 2 - a$ è verificata per $a \leq 2$.

Concludiamo che $x = \dfrac{a+2}{2}$ è soluzione accettabile per l'equazione data se $a \leq 2$.

Riassumendo

- per $a \leq 2 \wedge a \neq 0 \longrightarrow x = \dfrac{a+2}{2}$
- per $a = 0 \longrightarrow x \geq 0$
- per $a > 2 \longrightarrow$ impossibile

122 $\sqrt{k^2 + 2x^2 + 2kx} = x + 2k$ $\qquad [k < 0, \text{impossibile}; k = 0, 0; k > 0, -k \text{ e } 3k]$

123 $\sqrt{x - 12a} + 6 = \sqrt{x}$ $\qquad [a < -3, \text{impossibile}; a \geq -3, (a+3)^2]$

124 $\sqrt{2x - 3a} = 3\sqrt{a} - 2\sqrt{\dfrac{x}{2}}$ $\qquad [a < 0, \text{l'equazione perde significato}; a \geq 0, 2a]$

125 $\sqrt{x^2 + a} - x = \sqrt{a - 4x}$ $\qquad \left[a < -4; \text{impossibile}; -4 \leq a < 0, \dfrac{a-4}{4}; a \geq 0, 0 \text{ e } \dfrac{a-4}{4}\right]$

126 $2x = a - \sqrt{2x^2 + ax - a^2}$ $\qquad \left[a < 0, \dfrac{a}{2} \text{ e } 2a; a \geq 0, \dfrac{a}{2}\right]$

127 $\sqrt{ax - x - a + 2} = x$ $\qquad [a < 2, 1; a \geq 2, 1 \text{ e } a - 2]$

128 $\sqrt{1 - bx} = b\sqrt{x + 1}$ $\qquad \left[b \leq 0 \wedge b \neq -1, \text{impossibile}; b = -1, -1; b > 0, \dfrac{1-b}{b}\right]$

129 $\sqrt{x - 3a} + \sqrt{x + a} = 2a$ $\qquad [a < 1 \wedge a \neq 0, \text{impossibile}; a = 0, 0; a \geq 1, a^2 + a + 1]$

ESERCIZI

Equazioni con radicali cubici o di indice *n*

Equazioni irrazionali contenenti solo radicali cubici

Risolvi le seguenti equazioni.

Altri esercizi

ESERCIZI SVOLTI

▷▷ **130** $\sqrt[3]{2x+3} + \sqrt[3]{x-4} = 0$

Isoliamo i radicali, trasportando uno di essi al secondo membro:
$$\sqrt[3]{2x+3} + \sqrt[3]{x-4} = 0 \longrightarrow \sqrt[3]{2x+3} = -\sqrt[3]{x-4}$$

Eleviamo al cubo entrambi i membri dell'equazione:
$$\left(\sqrt[3]{2x+3}\right)^3 = \left(-\sqrt[3]{x-4}\right)^3 \longrightarrow 2x+3 = -(x-4) \longrightarrow 3x = 1 \longrightarrow x = \frac{1}{3}$$

Non è necessaria la verifica: la soluzione trovata è senz'altro accettabile.

▷▷ **131** $\sqrt[3]{x^3 - 6x^2 + 4} + 2 = x$

Prima di elevare al cubo entrambi i membri, *isoliamo* il radicale al primo membro:
$$\sqrt[3]{x^3 - 6x^2 + 4} = x - 2 \longrightarrow \left(\sqrt[3]{x^3 - 6x^2 + 4}\right)^3 = (x-2)^3 \longrightarrow$$
$$\longrightarrow \cancel{x^3} - \cancel{6x^2} + 4 = \cancel{x^3} - \cancel{6x^2} + 12x - 8 \longrightarrow 12x = 12 \longrightarrow x = 1$$

▷▷ **132** $\sqrt[3]{8-2x} = 0$ [4] ▷▷ **133** $\sqrt[3]{1+3x} = -2$ [−3]

▷▷ **134** $2 - \sqrt[3]{x-4} = 0$ [12] ▷▷ **135** $\sqrt[3]{4x-1} = \sqrt[3]{7}$ [2]

▷▷ **136** $\sqrt[3]{x-2} = \sqrt[3]{3x-4}$ [1] ▷▷ **137** $\sqrt[3]{4x-2} - \sqrt[3]{7x+1} = 0$ [−1]

▷▷ **138** $\sqrt[3]{x-1} + \sqrt[3]{2x-1} = 0$ $\left[\dfrac{2}{3}\right]$ ▷▷ **139** $\sqrt[3]{x^2+2x} = \sqrt[3]{x^2+3x-1}$ [1]

▷▷ **140** $\sqrt[3]{x^3+4x^2-3} = x+1$ [−1 e 4] ▷▷ **141** $\dfrac{1}{\sqrt[3]{x-1}} - \dfrac{1}{4} = 0$ [65]

▷▷ **142** $1 = \dfrac{2}{\sqrt[3]{3x+2}}$ [2] ▷▷ **143** $\sqrt[3]{x^3+26} - x = 2$ [−3 e 1]

▷▷ **144** $\sqrt[3]{(x+1)^3 + 10x + 17} = 2 + x$ $\left[-\dfrac{5}{3} \text{ e } 2\right]$ ▷▷ **145** $\left(\sqrt[3]{x}\right)^2 + \sqrt[3]{x} - 6 = 0$ [−27 e 8]

▷▷ **146** $2\sqrt[3]{x^2} + 5\sqrt[3]{x} = 33$ $(\sqrt[3]{x} = t \ldots)$ $\left[-\dfrac{1331}{8} \text{ e } 27\right]$

Equazioni contenenti radicali di indice *n*

Risolvi le seguenti equazioni.

Altri esercizi

ESERCIZIO SVOLTO

Altro esercizio svolto

▷▷ **147** $\sqrt[3]{x} = \sqrt{x}$

Il radicale quadratico ha significato per $x \geq 0$ e, per tali valori di x, entrambi i membri sono positivi o nulli e quindi la condizione di concordanza di segno è soddisfatta:

C.A.: $x \geq 0$

Eleviamo entrambi i membri a potenza con esponente 6 che è il *mcm* dei due indici:

$$\left(\sqrt[3]{x}\right)^6 = \left(\sqrt{x}\right)^6 \rightarrow \sqrt[3]{x^{6}}^{2} = \sqrt[6]{x^{8}}^{3} \rightarrow x^2 = x^3 \rightarrow$$

$$\rightarrow x^2 - x^3 = 0 \rightarrow x^2(1-x) = 0 \rightarrow x = 0 \lor x = 1$$

Entrambe le soluzioni sono accettabili perché soddisfano la C.A.

> **OSSERVAZIONE**
> Per le equazioni irrazionali non ci occuperemo della molteplicità delle radici.

▶▶ **148** $\sqrt[3]{x-2} = \sqrt[5]{2}$ $\qquad\qquad [2 + \sqrt[5]{8}]$ ▶▶ **149** $\sqrt[3]{x-2} = \sqrt{2}$ $\qquad\qquad [2 + 2\sqrt{2}]$

▶▶ **150** $\sqrt[4]{x^4 + 3x - 2} = x$ $\qquad\qquad \left[\dfrac{2}{3}\right]$ ▶▶ **151** $\sqrt[4]{4x} = \sqrt[3]{2x}$ $\qquad\qquad [0\ e\ 4]$

▶▶ **152** $\sqrt[3]{13x+1} = \sqrt{4x+1}$ $\qquad\qquad [0\ e\ 2]$ ▶▶ **153** $\sqrt{1-x} = \sqrt[4]{2x+1}$ $\qquad\qquad [0]$

▶▶ **154** $\sqrt[3]{10x+45} = \sqrt{3x+1}$ $\qquad\qquad [8]$ ▶▶ **155** $3\sqrt[3]{x} = \sqrt[5]{81x}$ $\qquad\qquad \left[0\ e\ \pm\dfrac{\sqrt{3}}{9}\right]$

▶▶ **156** $\sqrt[3]{x+1} = \sqrt{x+1}$ $\qquad\qquad [0\ e\ -1]$ ▶▶ **157** $\sqrt[12]{x^7} + \sqrt[4]{x} - \sqrt[3]{x} = 1$ ($\sqrt[12]{x} = y\ldots$) $\qquad [1]$

▶▶ **158** $x - 4\sqrt[7]{x^5} + 32\sqrt[7]{x^2} = 128$ ($\sqrt[7]{x} = y\ldots$) $\qquad\qquad [\pm 128]$

▶▶ **159** $\dfrac{1}{\sqrt[5]{x^3}} + \dfrac{1}{\sqrt[5]{x^2}} - \dfrac{2}{\sqrt[5]{x}} = 2$ (esegui una sostituzione di incognita...) $\qquad\qquad \left[-1\ e\ \pm\dfrac{\sqrt{2}}{8}\right]$

■ Problemi

Esercizio svolto e altri esercizi da svolgere

Risolvi i seguenti problemi utilizzando una sola incognita.

▶▶ **160** Aggiungendo 5 al doppio della radice quadrata di un numero si ottiene 9. Trova il numero. $\qquad [4]$

▶▶ **161** Il consecutivo di un numero *n* equivale alla radice quadrata del numero che si ottiene aggiungendo 49 al quadruplo del primo numero. Trova il numero. $\qquad [8]$

▶▶ **162** La radice quadrata della somma del triplo di un numero con 16 è uguale al numero stesso aumentato di 2. Trova il numero. $\qquad [3]$

▶▶ **163** La radice quadrata della differenza fra il quadrato di un numero e 16, aumentata di 2, dà il numero stesso. Determina questo numero. $\qquad [5]$

▶▶ **164** La somma di due numeri è 130 e quella delle loro radici quadrate è 16. Trova i due numeri. $\qquad [49;\ 81]$

▶▶ **165** La radice quadrata della somma di 25 con il triplo di $n \in \mathbb{N}$ supera di 5 il numero *n*. Trova *n*. $\qquad [0]$

▶▶ **166** Aggiungendo 14 al doppio di un numero ed estraendo la radice quadrata dalla somma ottenuta, si ottiene la radice quadrata del numero stesso, aumentata di 3. Trova il numero. $\qquad [1;\ 25]$

▶▶ **167** In un triangolo isoscele *ABC*, i lati *AC* e *CB* sono di 5 cm ciascuno. Determina la lunghezza della base *AB* sapendo che la somma della base con l'altezza a essa relativa è di 10 cm. (Poni $\overline{AB} = 2x\ldots$) $\qquad [6\ cm]$

▶▶ **168** Determina sul prolungamento dalla parte di *B* del lato *AB* di un quadrato *ABCD*, avente il perimetro di 16 cm, un punto *E* in modo che il triangolo *CDE* abbia lo stesso perimetro del quadrato *ABCD*.
$$\left[BE = \left(3\sqrt{2} - 2\right)\ cm\right]$$

▶▶ **169** Un triangolo rettangolo ha i cateti di misura 3*a* e 4*a*. Prolunga il cateto maggiore, dalla parte dell'angolo acuto, in modo da ottenere un nuovo triangolo rettangolo. Trova la misura del prolungamento in modo che il nuovo triangolo abbia un perimetro doppio di quello dato. $\left[\dfrac{44}{7}a\right]$

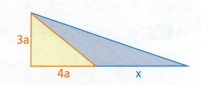

ESERCIZI

170 Determina i lati di un rettangolo il cui perimetro misura $4r$, inscritto in una semicirconferenza di raggio di misura r. (Poni uguale a x la misura di un lato.) $\left[\text{i lati del rettangolo misurano } \dfrac{4}{5}r \text{ e } \dfrac{6}{5}r\right]$

171 Data una circonferenza di centro O e raggio di misura r, determina la distanza $\overline{OH} = x$ di una corda AB dal centro O in modo che il rettangolo $ABCD$ inscritto nella circonferenza abbia area di misura $r^2\sqrt{3}$. Calcola la misura del perimetro del rettangolo. $\left[2r(1+\sqrt{3})\right]$

172 Determina la base minore $2x$ di un trapezio isoscele di perimetro $\dfrac{19}{4}r$, inscritto in una semicirconferenza di raggio r. Calcola poi la misura dell'area del trapezio. $\left[\dfrac{7}{4}r;\ \dfrac{15\sqrt{15}}{64}r^2\right]$

173 Sia AOB un quadrante di un cerchio di centro O e raggio $\overline{AO} = \overline{OB} = r$. Determina un punto C sul raggio OB in modo che, detto P il punto di intersezione dell'arco $\overset{\frown}{AB}$ con la perpendicolare condotta per C al raggio OB, la corda AP misuri $\dfrac{r\sqrt{2}}{3}$. (Poni $\overline{OC} = x$.) $\left[\overline{OC} = \dfrac{\sqrt{17}}{9}r\right]$

174 Trova la base maggiore $\overline{AB} = 2x$ di un trapezio isoscele $ABCD$, di perimetro di misura $6r$, circoscritto a un semicerchio il cui raggio misura r. $\left[\overline{AB} = \dfrac{5}{2}r;\ \text{per } \overline{AB} = 2r,\ ABCD \text{ è un rettangolo}\right]$

175 Determina la base maggiore $\overline{AB} = 2x$ di un trapezio isoscele circoscritto a un semicerchio il cui raggio misura r, sapendo che la misura dell'area del trapezio è $2r^2$. $\left[\overline{AB} = \dfrac{10}{3}r;\ \overline{AB} = 2r\right]$

176 Determina i lati di un rettangolo la cui area misura $\dfrac{240}{289}r^2$ inscritto in una semicirconferenza il cui raggio misura r. (*Suggerimento*: poni uguale a x la misura di un lato.) $\left[\text{i lati del rettangolo misurano } \dfrac{15}{17}r \text{ e } \dfrac{16}{17}r\right]$

177 Data una semicirconferenza di diametro $\overline{AB} = 2r$, determina la misura x del raggio di una circonferenza tangente in D al diametro AB e in E alla semicirconferenza in modo che, detto C il suo centro, si abbia $\overline{AD} + \overline{DC} + \overline{CE} = \dfrac{5}{4}r$. $\left[\overline{AD} = \dfrac{r}{2};\ \overline{CD} = \dfrac{3}{8}r\right]$

178 Considera due semicirconferenze γ e γ' tangenti internamente, di diametro rispettivamente $\overline{AB} = 2r$ e $\overline{AO} = r$. Da un punto H interno ad AO traccia la perpendicolare ad AO che incontra γ in E e γ' in F. Determina la misura di OH in modo tale che sia verificata la relazione $\overline{BE} + \overline{OF} = r\sqrt{6}$. $\left[\overline{OH} = 4r(4-\sqrt{15})\right]$

Disequazioni irrazionali

Nozioni fondamentali

VERO O FALSO?

Quesiti, altri esercizi "Vero o falso?"

179 a. $\sqrt{x+1} > -1$ è una disequazione impossibile.   V   F
b. $1 + \sqrt{x} < 0$ è una disequazione impossibile.   V   F
c. $\sqrt{x} \geq 0$ è verificata per qualsiasi valore di x.   V   F
d. $\sqrt{x} \geq 2 \longrightarrow x \geq 4$ V   F

180 a. $\sqrt[3]{x+1} < \sqrt[3]{x+2}$ è verificata $\forall x \in \mathbb{R}$.   V   F   b. $\sqrt[3]{x^2+3} < 0$ è impossibile.   V   F
c. $\sqrt[3]{\dfrac{x^2+1}{x^2}} > -2$ è verificata $\forall x \in \mathbb{R}$.   V   F   d. $\sqrt[3]{-x^2-1} < -5$ è impossibile.   V   F

Risolvi le seguenti disequazioni contenenti solo radicali cubici.

ESERCIZIO SVOLTO

▷▷ **181** $\sqrt[3]{x^3 - x} - x < 1$

Isoliamo il radicale al primo membro, non poniamo alcuna condizione di esistenza perché $\sqrt[3]{x^3 - x}$ è definito per qualsiasi $x \in \mathbb{R}$ ed eleviamo al cubo entrambi i membri. In tal modo otterremo una disequazione razionale equivalente alla data:

$$\sqrt[3]{x^3 - x} < x + 1 \longrightarrow \left(\sqrt[3]{x^3 - x}\right)^3 < (x+1)^3 \longrightarrow \cancel{x^3} - x < \cancel{x^3} + 3x^2 + 3x + 1 \longrightarrow$$

$$\longrightarrow 3x^2 + 4x + 1 > 0 \longrightarrow x < -1 \vee x > -\frac{1}{3}$$

▷▷ **182** $\sqrt[3]{2-x} < 1$ $\qquad$ $\sqrt[3]{(x-3)^2} < -2$ $\qquad$ $[x > 1;$ impossibile$]$

▷▷ **183** $\sqrt[3]{2x-5} < 1$ $\qquad$ $\sqrt[3]{1-2x} > 3$ $\qquad$ $[x < 3; x < -13]$

▷▷ **184** $3 > \sqrt[3]{2+x^2}$ $\qquad$ $\sqrt[3]{x^4+1} > -\sqrt[3]{10}$ $\qquad$ $[-5 < x < 5; \forall x \in \mathbb{R}]$

▷▷ **185** $\sqrt[3]{x^3 - 2x} < x$ $\qquad$ $\sqrt[3]{x^3 + 2} > x - 1$ $\qquad$ $[x > 0; \forall x \in \mathbb{R}]$

▷▷ **186** $\sqrt[3]{x^3 - 8} < x - 2$ $\qquad$ $1 + 2x > \sqrt[3]{1 + 8x^3}$ $\qquad$ $\left[0 < x < 2; x < -\frac{1}{2} \vee x > 0\right]$

▷▷ **187** $\sqrt[3]{3x - 2} \leq \sqrt[3]{1+x}$ $\qquad$ $\sqrt[3]{2x - 7} - \sqrt[3]{x - 3} > 0$ $\qquad$ $\left[x \leq \frac{3}{2}; x > 4\right]$

▷▷ **188** $\sqrt[3]{\dfrac{2x-1}{x^2}} < 1$ $\qquad$ $\sqrt[3]{\dfrac{1-x}{1+x^2}} + 1 > 0$ $\qquad$ $[x \neq 1 \wedge x \neq 0; \forall x \in \mathbb{R}]$

▷▷ **189** $\sqrt[3]{\dfrac{x^4 - 2x^3}{x+1}} + 1 < x$ $\qquad$ $\sqrt[3]{\dfrac{x-1}{x+2}} - \sqrt[3]{x} \geq 0$ $\qquad$ $\left[x < -1 \vee x > \frac{1}{2}; x < -2\right]$

▷▷ **190** $\sqrt[3]{\dfrac{2x^2}{x^2-1}} \leq \sqrt[3]{\dfrac{3}{x+1}}$ $\qquad$ $\sqrt[3]{x(x^7 + x^2 + 3x + 3)} < x + 1$ $\qquad$ $[-1 < x < 1; -1 < x < 1]$

Risolvi le seguenti disequazioni contenenti solo radicali quadratici.

Altri esercizi

ESERCIZI SVOLTI

▷▷ **191** $\sqrt{x^2 + 3x} < 2$

La condizione di esistenza del radicale è

$$x^2 + 3x \geq 0$$

Se tale condizione è soddisfatta, il primo membro è positivo o nullo; il secondo membro è $2 > 0$ e quindi possiamo elevare al quadrato entrambi i membri della disequazione proposta.
Quindi avremo

$$\sqrt{x^2 + 3x} < 2 \longrightarrow \begin{cases} x^2 + 3x \geq 0 \\ x^2 + 3x < 2^2 \end{cases} \longrightarrow \begin{cases} x \leq -3 \vee x \geq 0 \\ x^2 + 3x - 4 < 0 \end{cases} \longrightarrow \begin{cases} x \leq -3 \vee x \geq 0 \\ -4 < x < 1 \end{cases}$$

Le soluzioni del sistema sono anche le soluzioni della disequazione data:

$$-4 < x \leq -3 \vee 0 \leq x < 1$$

▷▷ **192** $\sqrt{\dfrac{x-1}{x-2}} > 0$

Innanzitutto deve essere $x \neq 2$ affinché il denominatore del radicando sia diverso da zero.

ESERCIZI

Sappiamo che un radicale quadratico, se esiste, è positivo o nullo. In questo caso il radicale deve essere positivo ma non nullo e quindi le soluzioni della disequazione data si trovano risolvendo

$$\frac{x-1}{x-2} > 0 \quad \longrightarrow \quad x < 1 \lor x > 2$$

▶▶ **193** $\sqrt{2-3x} > \sqrt{4x-1}$

Se sono soddisfatte le condizioni di esistenza dei due radicali, il primo e il secondo membro della disequazione sono positivi o nulli e quindi potremo elevare al quadrato entrambi i membri; dobbiamo pertanto risolvere il seguente sistema:

$$\begin{cases} 2-3x \geq 0 \\ 4x-1 \geq 0 \\ 2-3x > 4x-1 \end{cases} \longrightarrow \begin{cases} x \leq \frac{2}{3} \\ x \geq \frac{1}{4} \\ x < \frac{3}{7} \end{cases} \longrightarrow \frac{1}{4} \leq x < \frac{3}{7}$$

▶▶ **194** $\sqrt{\dfrac{x-1}{x+2}} \geq 2$

Dovrà essere $x \neq -2$ e inoltre

$$\begin{cases} \dfrac{x-1}{x+2} \geq 0 \\ \dfrac{x-1}{x+2} \geq 2^2 \end{cases}$$

Possiamo osservare che, per i valori di x per cui è soddisfatta la seconda disequazione, è soddisfatta, a maggior ragione, anche la prima; quindi basterà che risulti

$$\frac{x-1}{x+2} \geq 4 \quad \longrightarrow \quad \frac{x-1-4(x+2)}{x+2} \geq 0 \quad \longrightarrow \quad \frac{-3x-9}{x+2} \geq 0 \quad \longrightarrow \quad \frac{x+3}{x+2} \leq 0$$

Quest'ultima disequazione, che è frazionaria, è verificata per $-3 \leq x < -2$.

▶▶ **195** $\sqrt{x-1} \geq 0$ $\sqrt{x-2} > 0$ $[x \geq 1; \ x > 2]$

▶▶ **196** $\sqrt{x+3} \leq 0$ $\sqrt{x-5} < 0$ $[x = -3; \ \text{impossibile}]$

▶▶ **197** $\sqrt{x+3} < 4$ $\sqrt{2x+1} > 3$ $[-3 \leq x < 13; \ x > 4]$

▶▶ **198** $1 \leq \sqrt{x+2}$ $\sqrt{x-2} + 2 > 0$ $[x \geq -1; \ x \geq 2]$

▶▶ **199** $\sqrt{3x-2} > -2$ $\sqrt{3+2x} > 1$ $\left[x \geq \dfrac{2}{3}; \ x > -1\right]$

▶▶ **200** $\sqrt{x-1} - \dfrac{1}{4} < 0$ $1 - \sqrt{1-x} > 0$ $\left[1 \leq x < \dfrac{17}{16}; \ 0 < x \leq 1\right]$

▶▶ **201** $\sqrt{x^2-9} + 3 > 0$ $\sqrt{x^2-4} < -3$ $[x \leq -3 \lor x \geq 3; \ \text{impossibile}]$

▶▶ **202** $\sqrt{x^2+x+25} < -4$ $\sqrt{x^3-x} + 4 < 0$ $[\text{impossibile}; \ \text{impossibile}]$

▶▶ **203** $\sqrt{4x-1} > \sqrt{-x+2}$ $\sqrt{3-2x} - \sqrt{3+2x} < 0$ $\left[\dfrac{3}{5} < x \leq 2; \ 0 < x \leq \dfrac{3}{2}\right]$

▶▶ **204** $\sqrt{3x-2} - \sqrt{x+1} > 0$ $\sqrt{5x+1} > \sqrt{x+4}$ $\left[x > \dfrac{3}{2}; \ x > \dfrac{3}{4}\right]$

▶▶ **205** $\sqrt{x-4} - \sqrt{2x+1} < 0$ $\sqrt{x-2} + \sqrt{3x-4} < 0$ $[x \geq 4; \ \text{impossibile}]$

▶▶ **206** $\sqrt{2-x} + \sqrt{x+1} > 0$ $\sqrt{x^2-1} + \sqrt{x^2+6x-7} \leq 0$ $[-1 \leq x \leq 2; \ x = 1]$

▶▶ 207	$\sqrt{x-3} < \sqrt{2x}$	$\sqrt{x-3} > \sqrt{-2x}$	$[x \geq 3;\ \text{impossibile}]$
▶▶ 208	$\sqrt{x^2+x-2} \geq \sqrt{4-x^2}$	$\sqrt{x^2+3x-4} < \sqrt{x+2x^2}$	$\left[x=-2 \vee \dfrac{3}{2} \leq x \leq 2;\ x \leq -4 \vee x \geq 1\right]$
▶▶ 209	$\sqrt{x^2+2x-8} \geq \sqrt{4-x^2}$	$\sqrt{x^2+2x+8} > \sqrt{4+2x^2}$	$[x=2;\ 1-\sqrt{5} < x < 1+\sqrt{5}]$
▶▶ 210	$\sqrt{7x+8-x^2} < \sqrt{1+x^2}$		$\left[-1 \leq x < \dfrac{7-\sqrt{105}}{4} \vee \dfrac{7+\sqrt{105}}{4} < x \leq 8\right]$
▶▶ 211	$\sqrt{\dfrac{1-x}{2+x}} \geq 0$	$\sqrt{\dfrac{3-x}{x+4}} > 0$	$[-2 < x \leq 1;\ -4 < x < 3]$
▶▶ 212	$\sqrt{\dfrac{x-3}{x-2}} + 1 > 0$	$\sqrt{\dfrac{x-4}{x+1}} \leq 0$	$[x < 2 \vee x \geq 3;\ x=4]$
▶▶ 213	$\sqrt{\dfrac{x-1}{x+1}} > 2$	$\sqrt{\dfrac{x-2}{x-1}} > 2$	$\left[-\dfrac{5}{3} < x < -1;\ \dfrac{2}{3} < x < 1\right]$
▶▶ 214	$\sqrt{\dfrac{x-1}{x-2}} \geq \sqrt{x-1}$	$\sqrt{\dfrac{1-x}{x-3}} \leq \sqrt{1-x}$	$[x=1 \vee 2 < x \leq 3;\ x=1]$
▶▶ 215	$\dfrac{x+1}{\sqrt{x^2-1}} > 0$	$\dfrac{3x-1}{\sqrt{1-9x^2}} < 0$	$\left[x > 1;\ -\dfrac{1}{3} < x < \dfrac{1}{3}\right]$
▶▶ 216	$\sqrt{|x-2|} < \dfrac{4}{3}$	$\sqrt{|1-x|} > \sqrt{2}$	$\left[\dfrac{2}{9} < x < \dfrac{34}{9};\ x < -1 \vee x > 3\right]$
▶▶ 217	$\sqrt{x^4-x^2} + x^2 + 1 \geq 0$		$[x \leq -1 \vee x=0 \vee x \geq 1]$
▶▶ 218	$\sqrt{5+4x} > |3+2x|$	$\sqrt{5+4x} < |3+2x|$	$\left[\text{impossibile};\ x \geq -\dfrac{5}{4} \wedge x \neq -1\right]$
▶▶ 219	$\dfrac{x-3}{1-\sqrt{x^2-1}} < 0$		$[-\sqrt{2} < x \leq -1 \vee 1 \leq x < \sqrt{2} \vee x > 3]$
▶▶ 220	$\sqrt{|x^2-x|} \leq |x-3|$	$\sqrt{-\dfrac{x^2(2-x)}{x+2}} \leq |x|+2$	$\left[x \leq 0 \vee 1 \leq x \leq \dfrac{9}{5};\ x \geq 2 \wedge x = 0\right]$

Disequazioni del tipo $\sqrt{f(x)} \gtreqless g(x)$

Altri esercizi

Risolvi le seguenti disequazioni.

▶▶ 221	$\sqrt{x+2} < x$	$\sqrt{x^2-x} \geq 2x$	$[x > 2;\ x \leq 0]$
▶▶ 222	$\sqrt{x^2-x} < 2x$	$\sqrt{x^2-x} < -2x$	$\left[x \geq 1;\ x < -\dfrac{1}{3}\right]$
▶▶ 223	$\sqrt{2x-x^2} < x$	$\sqrt{3-x+x^2} > x$	$[1 < x \leq 2;\ x < 3]$
▶▶ 224	$\sqrt{x+2} > x$	$\sqrt{x+2} > -x$	$[-2 \leq x < 2;\ x > -1]$
▶▶ 225	$\sqrt{2x+7} \leq x+1$	$1+\sqrt{2x^2-x-1} < x$	$[x \geq \sqrt{6};\ \text{impossibile}]$
▶▶ 226	$x-1 > \sqrt{x^2-x+4}$	$\sqrt{x^2-5x} > 2x$	$[\text{impossibile};\ x < 0]$

475

ESERCIZI

▷▶ **227** $\sqrt{2x^2 - 5x + 3} > x - \dfrac{5}{2}$ $x < \sqrt{x^2 - 4} - 4$ $\left[x \leq 1 \vee x \geq \dfrac{3}{2}; \ x < -\dfrac{5}{2}\right]$

▷▶ **228** $x \geq \sqrt{x^2 - 4} - 4$ $\sqrt{x^2 - 4x + 3} < 3 - 2x$ $\left[-\dfrac{5}{2} \leq x \leq -2 \vee x \geq 2; \ x \leq 1\right]$

▷▶ **229** $\sqrt{x^2 - 4x + 3} < 1 - x$ $\sqrt{x^2 - 4x + 3} \leq 1 - x$ [impossibile; $x = 1$]

▷▶ **230** $\sqrt{x^2 - 8x + 15} + 2 \geq x$ $\sqrt{x^2 - 8x + 15} + 4 > x$ $\left[x \leq \dfrac{11}{4}; \ x \leq 3\right]$

▷▶ **231** $\sqrt{|1 - x^2|} < x + 1$ $\sqrt{x^2 + 2|x|} > 3 - |x|$ $\left[x > 0; \ x < -\dfrac{9}{8} \vee x > \dfrac{9}{8}\right]$

476

Autovalutazione

TEMPO MASSIMO: 60 MINUTI

Soluzione della scheda di autovalutazione

1 a. L'equazione $\sqrt[3]{x^2+3} = -1$ è impossibile.   V F

    b. L'equazione $\sqrt{x-2} + \sqrt{x^2-4} = 0$ ha per unica soluzione $x = 2$.   V F

    c. L'equazione $\sqrt{x(x-2)} + \sqrt{x(x-3)} = -1$ ha per unica soluzione $x = 0$.   V F

    d. L'equazione $\sqrt{x^3(x-2)} + \sqrt{x(x^2-4)} = 0$ ha per unica soluzione $x = 0$.   V F

2 a. $\sqrt{x+1} > 0 \longrightarrow x > -1$ V F   b. $\sqrt{x^2-4} \leq 0 \longrightarrow x = \pm 2$ V F

    c. $\dfrac{\sqrt{|x+3|}}{|x+1|} \geq 0 \longrightarrow x \neq -1$ V F   d. $\dfrac{|x|}{\sqrt{x^2-5}} > 0 \longrightarrow x \neq \pm\sqrt{5}$ V F

Risolvi le seguenti equazioni.

3 $\sqrt{3x-2} + 1 = 2x$

4 $\sqrt{2+x} = 3 - \sqrt{2x-3}$

5 $\sqrt{3+2x} = \sqrt{x} + \sqrt{x+3}$

6 $\sqrt[3]{26+x^3} = x+2$

7 $\dfrac{1}{\sqrt{x+2}} + \sqrt{x+3} = \sqrt{x+2}$

8 $\dfrac{3}{x-3} = \dfrac{9}{1+\sqrt{4-x}} + \dfrac{4}{1-\sqrt{4-x}}$

9 $\sqrt{(x+1)^2 - x} - x - 2 > 0$

10 $x - \sqrt{25-x^2} > 1$

esercizio	1	2	3	4	5	6	7	8	9	10	totale
punteggio	0,25 · 4	0,25 · 4	1	1	1	1	1	1	1	1	10
esito											

Esercizi per il recupero

VERO O FALSO?

1 **a.** L'equazione $x\sqrt{2} - \dfrac{1}{\sqrt{3}} = \dfrac{\sqrt{5}}{x^2}$ è irrazionale.   V F

    b. $\sqrt{1-x^2} = -2$ è un'equazione impossibile.   V F

    c. $\sqrt{1-x} = \sqrt{x-1}$ è un'equazione impossibile.   V F

    d. $\sqrt{-x} = 3$ è un'equazione impossibile.   V F

2 **a.** $\sqrt{x+1} = 1 \longrightarrow x = 0$ V F

    b. $\sqrt[4]{-1-x^2} = 3$ è un'equazione impossibile.   V F

    c. $\sqrt{x} = -\sqrt{x}$ è un'equazione impossibile.   V F

    d. Un'equazione irrazionale può avere soluzioni negative.   V F

3 **a.** $\sqrt[3]{x} > 1 \longrightarrow x > 1$ V F   **b.** $\sqrt{x} < 1 \longrightarrow x < 1$ V F

    c. $\sqrt[3]{4-x} < 0 \longrightarrow x < 4$ V F   **d.** $\sqrt{x+1} < 2 \longrightarrow -1 \leq x < 3$ V F

4 **a.** $\sqrt{\dfrac{x}{x^2+1}} \geq 0$ è sempre verificata.   V F   **b.** $\dfrac{|x+1|}{\sqrt{x+3}} \geq 0$ è sempre verificata.   V F

    c. $\dfrac{|x|}{\sqrt{x^2+2}} < 0$ non è mai verificata.   V F   **d.** $\dfrac{\sqrt{x}}{x^2+3} \leq 0$ non è mai verificata.   V F

Risolvi le seguenti equazioni.

5 $\sqrt{x^2-8x} = 3$ $[-1 \text{ e } 9]$ **6** $\sqrt{x-1} + \sqrt{x-3} = 0$ [impossibile]

7 $\sqrt{x-7} + \sqrt{5-x} = 0$ [impossibile]   **8** $\sqrt{2x-3} = \sqrt{x+2}$ $[5]$

9 $\sqrt{x^2-x-6} - \sqrt{x-3} = 0$ $[3]$ **10** $\sqrt{x^2+7x+6} = \sqrt{3x^2+x-2}$ $[-1 \text{ e } 4]$

11 $\sqrt{7x-5} - x = 1$ $[2 \text{ e } 3]$ **12** $2x - 7 = \sqrt{3x-5} - x$ $[3]$

13 $\sqrt{4-x^2} + 2 = 2x$ $\left[\dfrac{8}{5}\right]$ **14** $3 + \sqrt{2x-x^2} = 2x$ $\left[\dfrac{9}{5}\right]$

15 $\sqrt{2x-1} + \sqrt{x-1} = x$ $[1 \text{ e } 5]$ **16** $\sqrt{3x-3} - \sqrt{x-3} = 2$ $[4]$

17 $\sqrt{x+2} + \sqrt{3-x} = 3$ $[-1 \text{ e } 2]$ **18** $\sqrt{x+4} + \sqrt{x-4} = 4$ $[5]$

19 $\sqrt{x^2+5x+4} - \sqrt{x^2+2x} = 2$ $[0]$ **20** $\sqrt{2x-5} - \sqrt{x-3} - \sqrt{8-x} = 0$ $[7]$

21 $\sqrt{2x+1} - \sqrt{6x-5} = 3 - \sqrt{4x+3}$ $\left[\dfrac{3}{2} \text{ e } 4\right]$ **22** $\sqrt{2x-2} - \sqrt{1-x} = \sqrt{3-3x}$ $[1]$

23 $\dfrac{x}{\sqrt{3x+4}} = \sqrt{3x+4} - 3$ $\left[-\dfrac{5}{4} \text{ e } 4\right]$ **24** $\dfrac{x+\sqrt{x+3}}{\sqrt{x+3}} = \dfrac{3}{4}\sqrt{x+3}$ $[1]$

25 $\dfrac{5x-4}{\sqrt{5x+5}+3} - \dfrac{\sqrt{5x+5}-3}{2} = 1$ $[4]$ **26** $\sqrt[3]{3x+4} = 2$ $\left[\dfrac{4}{3}\right]$

27 $\sqrt[3]{x^3-7x^2} + 1 = x$ $\left[-1 \text{ e } \dfrac{1}{4}\right]$ **28** $\sqrt[3]{4x^2-9} = \sqrt[3]{7x+6}$ $\left[-\dfrac{5}{4} \text{ e } 3\right]$

29 $\sqrt[4]{x+3} = \sqrt{x}$ $\left[\dfrac{1+\sqrt{13}}{2}\right]$ **30** $\sqrt[3]{(x-1)(2x+1)} = \sqrt[3]{5x+7}$ $[-1 \text{ e } 4]$

31 La radice quadrata del successivo di un numero $n \in \mathbb{N}$ è uguale a 4. Trova il numero. $\quad[15]$

32 La radice quadrata della somma di 9 con il quadrato di un numero uguaglia la differenza tra 21 e il quadrato del numero stesso. Trova il numero. $\quad[\pm 4]$

33 Se al triplo della radice quadrata di un numero si aggiunge 1, si ottiene la somma di 4 con il doppio della radice quadrata del numero stesso. Trova il numero. $\quad[9]$

34 La terza parte della differenza fra il quadruplo della radice quadrata di un numero e 3, meno un quarto della differenza fra il triplo della radice quadrata dello stesso numero e 5, è uguale a 2. Trova il numero. $\quad[9]$

Risolvi le seguenti disequazioni irrazionali.

35 $\sqrt[3]{1-2x} > x+1$ $\qquad$ $\sqrt[3]{1+x^3} < x+1$ $\qquad$ $[x<0;\ x<-1 \vee x>0]$

36 $\sqrt[3]{1+x} \geq \sqrt[3]{2-x}$ $\qquad$ $\sqrt[3]{3x-2} < \sqrt[3]{1+x}$ $\qquad$ $\left[x \geq \dfrac{1}{2};\ x < \dfrac{3}{2}\right]$

37 $\sqrt[3]{-4x^3+1} - x > x+1$ $\qquad$ $[x<0]$

38 $\sqrt[3]{x^3-2x} + \sqrt[3]{2-x} > 0$ $\qquad$ $[x>-2 \wedge x \neq 1]$

39 $\sqrt{\dfrac{3x^2-1}{x^2+1}} < 4$ $\qquad$ $\left[x \leq -\dfrac{\sqrt{3}}{3} \vee x \geq \dfrac{\sqrt{3}}{3}\right]$

40 $\sqrt{x^2-3x} < \sqrt{2x^2+1}$ $\qquad$ $\left[x < \dfrac{-3-\sqrt{5}}{2} \vee \dfrac{-3+\sqrt{5}}{2} < x \leq 0 \vee x \geq 3\right]$

41 $x + \sqrt{25+x^2} > 1$ $\qquad$ $[x>-12]$

42 $1 + 2x > \sqrt{4x^2-5x+1}$ $\qquad$ $\sqrt{2x-x^2} > x$ $\qquad$ $\left[0 < x \leq \dfrac{1}{4} \vee x \geq 1;\ 0 < x < 1\right]$

43 $\sqrt{4x^2+3x-1} + 3 - 2x > 0$ $\qquad$ $x+1 > \sqrt{x^2+2}$ $\qquad$ $\left[x \leq -1 \vee x \geq \dfrac{1}{4};\ x > \dfrac{1}{2}\right]$

Esercizi di approfondimento

1 Il dominio della funzione $f(x) = \sqrt{x - \sqrt{x^2 - 2x}}$ è l'insieme degli x reali tali che:

a. $x \leq 0$ e/o $x > 2$ $\quad$ **b.** $x \leq 0$ e/o $x \geq 2$ $\quad$ **c.** $x = 0$ e/o $x > 2$ $\quad$ **d.** $x = 0$ e/o $x \geq 2$

(*Esame di stato liceo scientifico pni, 2003 – sessione suppletiva*) $\qquad$ $[x = 0 \vee x \geq 2]$

2 Data l'equazione $(b+2)x^2 - 2bx - b + 2 = 0$, con $b > -2$, determina per quali valori del parametro b il valore assoluto della differenza delle sue radici è minore di 1. $\quad \left[-\dfrac{10}{7} < b \leq -\sqrt{2} \vee \sqrt{2} \leq b < 2\right]$

3 Determina per quali valori di k le disequazioni $\sqrt{2x+1} \leq \sqrt[3]{x+1}$ e $(k+1)x^2 + 2x \leq -k+3$ sono equivalenti. $\quad [k=3]$

4 Determina per quale valore del parametro positivo h la funzione $f(x)$ di equazione

$$y = (x^2 - hx - 12h^2)\sqrt{1 - \dfrac{2x}{2h+x}}$$

è definita in $D = (-2;\ 2]$. $\qquad$ $\left[h = 1 \rightarrow f(x) = (x^2 - x - 12)\sqrt{\dfrac{-x+2}{x+2}}\right]$

In corrispondenza del valore trovato:

a. verifica che $f(x) < 0,\ \forall x \in D$;

b. risolvi l'equazione $f(x+1) = \dfrac{x^3 + 4x^2 - 9x - 36}{\sqrt{x+3}}$. $\qquad$ $\left[x = \dfrac{\sqrt{17}-7}{2}\right]$

ESERCIZI

5 Indica rispettivamente con A, B e C gli insiemi delle soluzioni delle seguenti disequazioni.

a. $\sqrt{2x^3 - x + 1} \leq x + 1$

b. $2\sqrt{x+3} + \sqrt{x} \leq \sqrt{x+8}$

c. $\sqrt{|x^2 - 4|} > -|x+2|$

Verifica che $A \cup B = A$ e $A - C = B$. $\left[A = \{-1\} \cup \left[0; \dfrac{3}{2}\right]; \ B = \emptyset; \ C = \mathbb{R} - \{-2\}\right]$

6 Considera le funzioni definite nel modo seguente:

$$f: x \to \dfrac{\sqrt{1-x^2} + kx}{k-x} \qquad e \qquad g: x \to \sqrt{\dfrac{2-2x^2}{3x^2}}$$

Determina per quale valore del parametro k esse hanno lo stesso dominio. $[k=0]$
In corrispondenza del valore trovato, risolvi le seguenti disequazioni:

a. $f(x) - g(x) \geq 0$ $[-1 \leq x < 0 \lor x = 1]$

b. $f(x) - 2f(-x) < \sqrt{3}$ $\left[-1 \leq x < -\dfrac{\sqrt{3}}{2} \lor 0 < x \leq 1\right]$

Capitolo 8

Trasformazioni geometriche nel piano cartesiano

- ▶ Concetti fondamentali
- ▶ Simmetrie centrali
- ▶ Simmetrie assiali
- ▶ Traslazioni
- ▶ Rotazioni
- ▶ Dilatazioni e omotetie
- ▶ Composizione di trasformazioni

Questione di punti di vista

Alcune migliaia di spettatori stanno osservando dei motociclisti in gara; uno di questi è impegnato in una curva. Ciascuno degli spettatori si trova in una posizione diversa, e quindi vedrà la scena in modo diverso. Tuttavia questo non significa che l'evento che osservano (in questo caso una moto in gara) non sia sempre il medesimo: con un po' di tempo a disposizione ogni spettatore, con qualche nozione di matematica e di fisica, sarebbe in grado di descrivere che cosa vede l'altro.

Sappiamo che uno dei modi più semplici e intuitivi per descrivere i moti è rappresentare in un diagramma *spazio-tempo* le diverse posizioni assunte da un corpo che si muove di moto rettilineo; nel diagramma si riportano sull'asse delle ascisse gli istanti (il tempo) e sull'asse delle ordinate le posizioni corrispondenti.

FIGURA 1

La posizione del corpo in un determinato istante è rappresentata nel diagramma da un punto $(t\,;\,s)$. Il grafico formato da tutti i punti $(t\,;\,s)$ descrive il moto del corpo.

Su questo diagramma un oggetto fermo corrisponde a un segmento orizzontale, infatti occupa sempre la stessa posizione al passare del tempo, mentre un oggetto in moto uniforme è rappresentato da un segmento inclinato rispetto all'asse delle ascisse, tanto più inclinato quanto più si muove velocemente.

Come appaiono le rappresentazioni nel diagramma spazio-tempo di un oggetto in moto rettilineo, visto da due osservatori situati in punti diversi?

💡 Soluzione a pag. 489

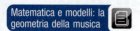

Matematica e modelli: la geometria della musica

■ Concetti fondamentali

Nello studio della geometria euclidea sono stati introdotti i concetti fondamentali sulle trasformazioni geometriche.
Una trasformazione geometrica del piano è una corrispondenza biunivoca tra i punti del piano.
Se t è una trasformazione, per indicare che t trasforma il punto P nel punto P', scriviamo:

$$t: P \to P' \quad \text{o anche} \quad P' = t(P) \quad \text{oppure} \quad P \xrightarrow{t} P'$$

▶ Il punto P' è l'**immagine** di P ed è anche detto *punto trasformato di P*. Il punto P viene anche detto **controimmagine** di P'.

▶ Un **punto P è unito** nella trasformazione t se $t(P) = P$.

▶ Una **figura γ è unita** nella trasformazione t se $t(\gamma) = \gamma$.

▶ Una **trasformazione** geometrica del piano si dice **isometrica**, cioè è una **isometria**, se la distanza tra due punti del piano comunque scelti è uguale alla distanza tra le loro immagini.

In altre parole, se A' e B' sono le immagini dei punti A e B in una isometria, si ha $AB \cong A'B'$.
Un'isometria trasforma una figura F in una figura F' congruente a F.

In questo capitolo rappresenteremo nel piano cartesiano alcune importanti e particolari isometrie (simmetrie centrali e assiali, traslazioni, rotazioni) e due trasformazioni non isometriche (dilatazioni e omotetie).

■ Simmetrie centrali

1. Simmetria rispetto a un punto

Simmetria rispetto a un generico punto

Sia $C(x_0; y_0)$ un punto del piano cartesiano. Consideriamo un punto $P(x; y)$ e sia $P'(x'; y')$ il simmetrico di P rispetto a C (**FIGURA 2**).
Poiché C è il punto medio del segmento PP' si deve avere

$$\frac{x + x'}{2} = x_0 \longrightarrow x' = 2x_0 - x$$

$$\frac{y + y'}{2} = y_0 \longrightarrow y' = 2y_0 - y$$

Pertanto le coordinate $(x'; y')$ del punto P' sono espresse dalle seguenti **equazioni della simmetria rispetto al punto $C(x_0; y_0)$**:

$$\sigma_C: \begin{cases} x' = 2x_0 - x \\ y' = 2y_0 - y \end{cases}$$

> **SIMMETRIA CENTRALE**
> Due punti P e P' si dicono simmetrici rispetto a un punto C se C è il punto medio del segmento PP'.
> La **simmetria centrale di centro C**, che si indica con σ_C, è la trasformazione che associa a ogni punto del piano il suo simmetrico rispetto a C. Il centro C di simmetria è l'unico punto unito.

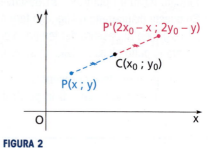

FIGURA 2

Simmetria rispetto all'origine

Dalle precedenti formule si possono ricavare le **equazioni della simmetria rispetto all'origine** (FIGURA 3), ponendo in esse $x_0 = 0$ e $y_0 = 0$:

$$\sigma_O: \begin{cases} x' = -x \\ y' = -y \end{cases}$$

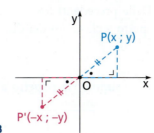

FIGURA 3

Simmetrie assiali

2. Simmetria rispetto a una parallela a un asse cartesiano

Simmetria rispetto a una parallela all'asse x

Consideriamo una retta r, parallela all'asse x, di equazione $y = q$, e siano $P(x; y)$ un punto e $P'(x'; y')$ il simmetrico di P rispetto a r.
Come si vede dalla FIGURA 4, P e P' hanno la stessa ascissa, e quindi è $x' = x$; inoltre il punto H, in cui il segmento PP' interseca r, è il punto medio di PP' ed è $y_H = q$, perciò si ha:

$$y_H = \frac{y_P + y_{P'}}{2} \rightarrow q = \frac{y + y'}{2} \rightarrow y' = 2q - y$$

Pertanto le coordinate $(x'; y')$ del punto P' sono espresse dalle seguenti **equazioni della simmetria rispetto alla retta di equazione $y = q$**:

$$\sigma_{y=q}: \begin{cases} x' = x \\ y' = 2q - y \end{cases}$$

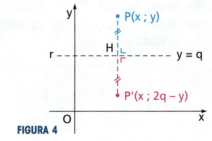

FIGURA 4

> **SIMMETRIA ASSIALE**
>
> Due punti P e P' si dicono simmetrici rispetto a una retta r se la retta r è l'asse del segmento PP'.
> La **simmetria assiale di asse r** è la trasformazione che associa, a ogni punto del piano, il suo simmetrico rispetto a r. L'asse di simmetria r è l'unico punto unito.

> **SIMBOLI**
>
> La simmetria rispetto a una retta r si indica con il simbolo σ_r; nel caso in cui r sia una retta del piano cartesiano, al posto di r si può scrivere la sua equazione. Dunque $\sigma_{y=q}$ indica la simmetria rispetto alla retta di equazione $y = q$.

Simmetria rispetto a una parallela all'asse y

Con ragionamenti analoghi a quelli appena svolti, osservando la FIGURA 5, si possono ottenere le **equazioni della simmetria rispetto a una retta s parallela all'asse y**, di equazione $x = p$:

$$\sigma_{x=p}: \begin{cases} x' = 2p - x \\ y' = y \end{cases}$$

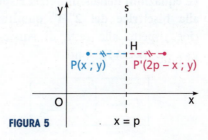

FIGURA 5

Simmetrie rispetto all'asse *x* e all'asse *y*

RICORDA!
L'equazione dell'asse x è $y = 0$ e si ottiene dall'equazione $y = q$ per $q = 0$.
L'equazione dell'asse y è $x = 0$ e si ottiene dall'equazione $x = p$ per $p = 0$.

Dalle precedenti formule si possono ricavare le **equazioni delle simmetrie rispetto a ciascuno dei due assi cartesiani** (FIGURE 6 e 7), ponendo rispettivamente $q = 0$ e $p = 0$:

simmetria rispetto all'asse x

$$\sigma_{y=0}: \begin{cases} x' = x \\ y' = -y \end{cases}$$

simmetria rispetto all'asse y

$$\sigma_{x=0}: \begin{cases} x' = -x \\ y' = y \end{cases}$$

La simmetria rispetto all'asse x si può indicare con $\sigma_{y=0}$ oppure con σ_x.
La simmetria rispetto all'asse y si può indicare con $\sigma_{x=0}$ oppure con σ_y.

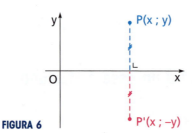

FIGURA 6

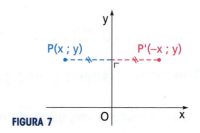

FIGURA 7

3. Simmetrie rispetto alle bisettrici dei quadranti

Simmetria rispetto alla bisettrice del 1°-3° quadrante

Le **equazioni della simmetria rispetto alla bisettrice del 1°-3° quadrante**, cioè rispetto alla retta di equazione $y = x$ (FIGURA 8), sono

$$\sigma_{y=x}: \begin{cases} x' = y \\ y' = x \end{cases}$$

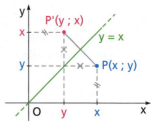

FIGURA 8

Simmetria rispetto alla bisettrice del 2°-4° quadrante

In FIGURA 9 è $x < 0$ e $y > 0$.

Le **equazioni della simmetria rispetto alla bisettrice del 2°-4° quadrante**, cioè rispetto alla retta di equazione $y = -x$ (FIGURA 9), sono

$$\sigma_{y=-x}: \begin{cases} x' = -y \\ y' = -x \end{cases}$$

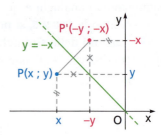

FIGURA 9

■ Traslazioni

4. Equazioni della traslazione

Possiamo rappresentare un vettore mediante un segmento orientato con il primo estremo nell'origine. In questo modo, se $Q(a;b)$ è il secondo estremo di questo segmento, possiamo individuare il vettore mediante le coordinate di Q, indicandolo con $\vec{v}(a;b)$.

Siano ora $P(x;y)$ un qualsiasi punto del piano cartesiano e $P'(x';y')$ la sua immagine nella traslazione di vettore $\vec{v}(a;b)$.
Come si vede dalla **FIGURA 10** le coordinate di P' sono $(x+a;y+b)$; pertanto, le **equazioni della traslazione di vettore** $\vec{v}(a;b)$, che indicheremo con il simbolo $\tau(a;b)$ oppure $\tau_{\vec{v}}$, sono

$$\tau(a;b): \begin{cases} x' = x + a \\ y' = y + b \end{cases}$$

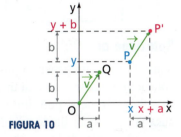

FIGURA 10

Matematica e modelli: chi pagherà la nuova imposta?

■ SEGMENTI E VETTORI

Un segmento si dice **orientato** se su di esso è stato fissato un verso di percorrenza. Due segmenti orientati si dicono **equipollenti** se sono congruenti, paralleli e orientati nello stesso verso (le rette sostegno dei segmenti sono parallele e distinte o coincidenti).
Si dice **vettore** l'insieme di tutti i segmenti equipollenti a un segmento dato.

Casi particolari

▶ Se $a \neq 0 \wedge b = 0$, il vettore $\vec{v}(a;0)$ ha la stessa direzione dell'asse x: la **traslazione** è **orizzontale**. Inoltre
  - se $a > 0$ la traslazione è verso destra;
  - se $a < 0$ la traslazione è verso sinistra.

▶ Se $a = 0 \wedge b \neq 0$, il vettore $\vec{v}(0;b)$ ha la stessa direzione dell'asse y: la **traslazione** è **verticale**. Inoltre
  - se $b > 0$ la traslazione è verso l'alto;
  - se $b < 0$ la traslazione è verso il basso.

▶ Se $a = b = 0$, il trasformato di ogni punto del piano è il punto stesso: in questo caso la traslazione è la *trasformazione identica* o *identità*.

■ TRASLAZIONE

La **traslazione di vettore** $\vec{v}$ è la trasformazione che associa a ogni punto P del piano il punto P' tale che $\overrightarrow{PP'} = \vec{v}$. Se $\vec{v}$ è diverso dal vettore nullo, non vi sono punti uniti in $\tau_{\vec{v}}$.

■ Rotazioni

5. Rotazioni attorno all'origine

■ ROTAZIONE

Fissati un punto del piano O e un'ampiezza orientata α, si dice **rotazione di centro O e ampiezza** α (e si indica con $\rho_{O,\alpha}$) la trasformazione che fa corrispondere a ogni punto P del piano il punto P' tale che $OP \cong OP'$ e che l'ampiezza dell'angolo orientato $P\widehat{O}P'$ sia α (**FIGURA 11**).
L'unico punto unito di una rotazione è il centro di rotazione.

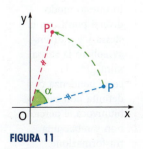

FIGURA 11

Ci limiteremo a considerare le rotazioni attorno all'origine del piano cartesiano di angoli orientati di ampiezze $\pm 90°$.

Rotazione di 90°

Siano $P(x;y)$ un generico punto del piano e $P'(x';y')$ la sua immagine in una rotazione *in senso antiorario* di un angolo retto attorno all'origine (cioè una rotazione di $+90°$). Come si può dimostrare (**FIGURA 12**), le coordinate di P' sono $(-y;x)$, e quindi le **equazioni della rotazione di $+90°$ attorno all'origine** sono

$$\rho_{O,90°}: \begin{cases} x' = -y \\ y' = x \end{cases}$$

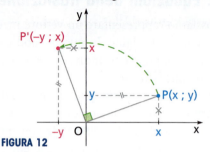

FIGURA 12

Rotazione di −90°

Siano $P(x;y)$ un generico punto del piano e $P'(x';y')$ la sua immagine in una rotazione *in senso orario* di un angolo retto attorno all'origine (cioè una rotazione di $-90°$). Come si può dimostrare (**FIGURA 13**), le coordinate di P' sono $(y;-x)$, e quindi le **equazioni della rotazione di $-90°$ attorno all'origine** sono

$$\rho_{O,-90°}: \begin{cases} x' = y \\ y' = -x \end{cases}$$

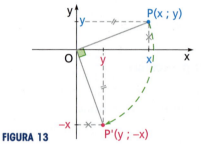

FIGURA 13

Dilatazioni e omotetie

6. Dilatazioni

Le dilatazioni sono trasformazioni non isometriche che non sono state trattate nella parte di geometria euclidea, in quanto la loro definizione è più agevole nel piano cartesiano.

■ **PERCHÉ DIVERSI DA ZERO?**

Se fosse, ad esempio, $h = 0$, l'immagine di un qualunque punto $P(x;y)$ avrebbe coordinate $(0;ky)$. In questo modo diversi punti con la stessa y e x diverse avrebbero la stessa immagine: la corrispondenza così definita non sarebbe biunivoca, e perciò non sarebbe una trasformazione.

> **DEFINIZIONE DILATAZIONE**
>
> Dati due numeri reali h e k diversi da zero, si chiama dilatazione di coefficienti (o rapporti) h e k la trasformazione che associa a ogni punto $P(x;y)$ il punto $P'(hx;ky)$.

Le equazioni di una dilatazione di coefficienti h e k sono perciò

$$\delta(h;k): \begin{cases} x' = hx \\ y' = ky \end{cases} \quad h \neq 0 \land k \neq 0$$

▶ Se $h = k = 1$ le equazioni della dilatazione diventano

$$\begin{cases} x' = x \\ y' = y \end{cases}$$

L'immagine di ogni punto $P(x;y)$ è il punto P stesso e quindi la dilatazione coincide con l'**identità**.

▶ Se $h = k = -1$ le equazioni della dilatazione diventano

$$\begin{cases} x' = -x \\ y' = -y \end{cases}$$

e quindi la dilatazione coincide con la **simmetria rispetto all'origine**.

Dilatazione orizzontale

Se è $h \neq 1$ e $k = 1$ si ha una **dilatazione orizzontale** di coefficiente h (**FIGURA 14**), di equazioni

$$\delta(h\,;\,1): \begin{cases} x' = hx \\ y' = y \end{cases} \quad h \neq 0$$

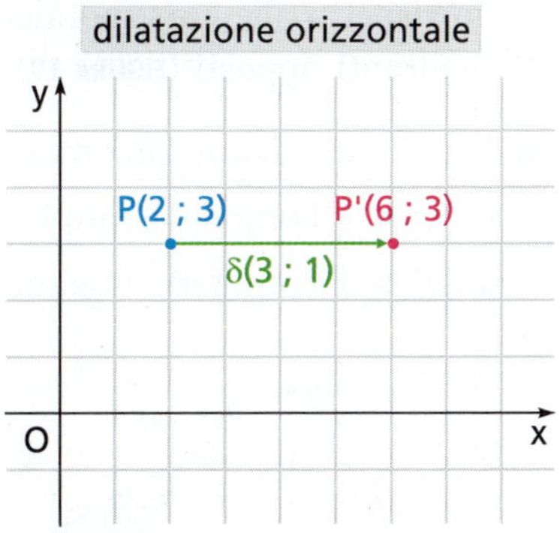

dilatazione orizzontale

P(2 ; 3)   P'(6 ; 3)
$\delta(3\,;\,1)$

FIGURA 14

Dilatazione verticale

Se è $h = 1$ e $k \neq 1$ si ha una **dilatazione verticale** di coefficiente k (**FIGURA 15**), di equazioni

$$\delta(1\,;\,k): \begin{cases} x' = x \\ y' = ky \end{cases} \quad k \neq 0$$

dilatazione verticale

P(2 ; 4)
$\delta\left(1\,;\,-\dfrac{1}{2}\right)$
P'(2 ; −2)

FIGURA 15

7. Omotetie

Quando i coefficienti h e k di una dilatazione sono uguali, si ha una particolare dilatazione che prende il nome di **omotetia** (**FIGURE 16** e **17**). Indicheremo l'**omotetia con il centro nell'origine e coefficiente k** con il simbolo ω_k: le equazioni sono

$$\omega_k: \begin{cases} x' = kx \\ y' = ky \end{cases}$$

Il numero k è detto anche **rapporto di omotetia**.

OMOTETIA

L'omotetia di centro O e rapporto $k \neq 0$ è la trasformazione che lascia fisso O e associa a ogni punto P del piano, distinto da O, il punto P', allineato con O e P, tale che $\dfrac{OP'}{OP} = |k|$ e che

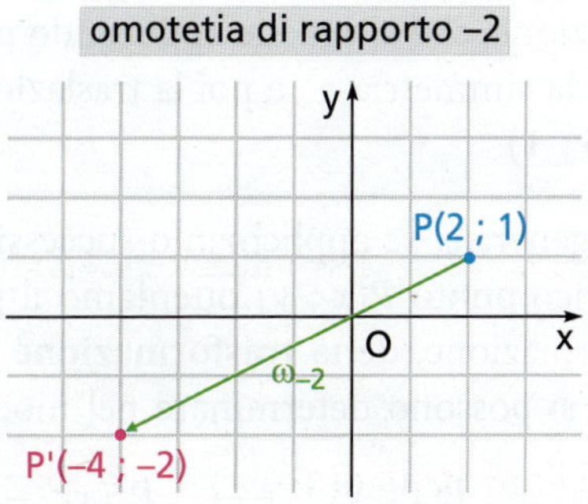

• se $k > 0$, P e P' giacciono dalla stessa parte rispetto a O;

• se $k < 0$, P e P' giacciono da parti opposte rispetto a O.

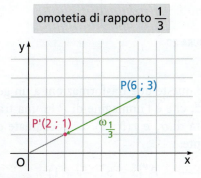

omotetia di rapporto $\dfrac{1}{3}$

P(6 ; 3)
P'(2 ; 1)
$\omega_{\frac{1}{3}}$

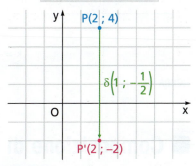

omotetia di rapporto −2

P(2 ; 1)
ω_{-2}
P'(−4 ; −2)

FIGURA 16   **FIGURA 17**

Si può osservare che

- se $k > 0$ l'**omotetia** si dice **diretta**. Le coordinate di P' hanno lo stesso segno delle corrispondenti coordinate di P: i punti P e P' si trovano nello stesso quadrante (**FIGURA 18**).
- se $k < 0$ l'**omotetia** si dice **contraria**. Le coordinate di P' hanno segno opposto rispetto alle corrispondenti coordinate di P: i punti P e P' si trovano in quadranti opposti (**FIGURA 19**).

Inoltre l'immagine in un'omotetia di una figura è una figura simile a essa:

- se $|k| < 1$ l'omotetia rimpicciolisce la figura (**FIGURA 18**);
- se $|k| > 1$ l'omotetia ingrandisce la figura (**FIGURA 19**).

> Come abbiamo già visto per le dilatazioni, se $k = 1$ l'omotetia coincide con l'identità. Se $k = -1$ l'omotetia coincide con la simmetria rispetto all'origine.

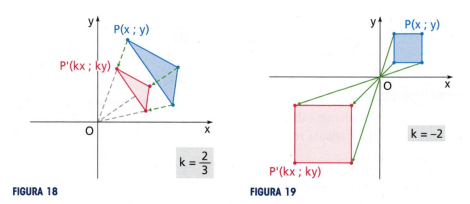

FIGURA 18

FIGURA 19

■ Composizione di trasformazioni

8. Trasformazione composta

Considera il punto $P(-3\,;\,2)$ in **FIGURA 20**. La sua immagine, nella simmetria σ_x rispetto all'asse x è il punto $P'(-3\,;\,-2)$. Applichiamo a P' una traslazione di vettore $\vec{v}(5\,;\,1)$; l'immagine di P' in questa trasformazione è il punto $P''(2\,;\,-1)$.

Il punto P'' può essere considerato l'immagine di P in una nuova trasformazione, che si ottiene applicando prima la simmetria σ_x e poi la traslazione $\tau(5\,;\,1)$.

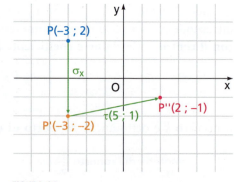

FIGURA 20

> **DA DESTRA A SINISTRA**
>
> In generale la composizione di trasformazioni **non è commutativa**: ad esempio, se applichiamo a $P(-3\,;\,2)$ *prima* la traslazione $\tau(5\,;\,1)$ e *poi* la simmetria σ_x otteniamo il punto $Q(2\,;\,-3)$, distinto dal punto P'' che abbiamo ottenuto applicando prima σ_x e poi $\tau(5\,;\,1)$.
> La trasformazione composta che si ottiene applicando *prima* la trasformazione s e *poi* la trasformazione t si indica con $t \circ s$; osserva che la trasformazione che si applica per prima è quella scritta a destra.

In generale, se applichiamo successivamente queste due trasformazioni a un generico punto $P(x\,;\,y)$ otteniamo il punto P'', che è l'immagine di P in una trasformazione, detta **trasformazione composta** di σ_x e $\tau(5\,;\,1)$. Le coordinate di P'' si possono determinare nel modo seguente:

$$P(x\,;\,y) \xrightarrow{\sigma_x} P'(x\,;\,-y) \xrightarrow{\tau(5\,;\,1)} P''(x+5\,;\,-y+1)$$

Pertanto le equazioni di questa nuova trasformazione, che si indica con $\tau(5\,;\,1) \circ \sigma_x$, sono

$$\begin{cases} x' = x + 5 \\ y' = -y + 1 \end{cases}$$

Questione di punti di vista

 Soluzione del problema di pag. 481

Come appaiono le rappresentazioni nel diagramma spazio-tempo di un oggetto in moto rettilineo, visto da due osservatori situati in punti diversi?

Per rispondere alla domanda dobbiamo studiare come sono le descrizioni di un moto visto da due osservatori che si trovano in posizioni diverse e verificare se c'è qualche legame tra le due descrizioni.
Sappiamo che i due osservatori sono fermi uno rispetto all'altro, ma si trovano in due punti diversi e supponiamo, per semplicità, che stiano osservando un oggetto che si muove di moto rettilineo uniforme.

FIGURA 21

Supponiamo anche che la traiettoria del corpo e i due osservatori siano tutti sullo stesso piano.
L'equazione oraria del moto rettilineo uniforme è

$$s = s_0 + vt$$

dove s_0 è la posizione iniziale e v la velocità.
Per rappresentare il moto sul diagramma spazio-tempo poniamo il tempo t in ascissa e la posizione s in ordinata. Confrontando l'equazione del moto rettilineo uniforme con la generica equazione di una retta $y = q + mx$, osserviamo che il grafico di tale moto corrisponde a una retta di coefficiente angolare v e intercetta all'origine s_0.
Un osservatore, che si trovi in un punto dello spazio diverso rispetto al primo e con un orologio sincronizzato rispetto a esso, vedrà il moto svolgersi con la stessa velocità ma con un punto di partenza diverso (s'_0). Quindi assegnerà un valore diverso alle posizioni dell'oggetto che vede in moto. Consideriamo ad esempio il caso in **FIGURA 22**, dove gli osservatori A e B studiano il moto di un carrello. Per A la posizione del carrello al tempo t è data da s; per B, allo stesso tempo, è data da s'.

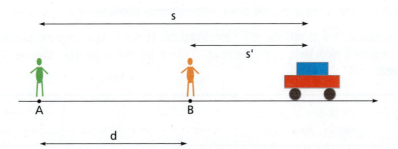

FIGURA 22

Per l'osservatore A, che vede l'oggetto nella posizione iniziale s_0, l'equazione oraria del moto sarà

$$s = s_0 + vt$$

mentre per l'osservatore B, che vede l'oggetto nella posizione iniziale s'_0, sarà

$$s' = s'_0 + vt'$$

Poiché abbiamo detto che gli orologi sono sincronizzati, sappiamo che $t = t'$.
Poiché inoltre i due osservatori si trovano a una distanza d, anche la differenza tra le posizioni di partenza viste da A e B sarà d:

$$s'_0 = s_0 - d$$

Quindi possiamo riscrivere l'equazione oraria secondo B nel modo seguente:

$$s' = s_0 - d + vt'$$

Il grafico del moto visto da B sarà dunque una retta con la stessa pendenza del moto visto da A, dato che la velocità dell'oggetto non varia, ma con un'intercetta all'origine diversa (**FIGURA 23**).

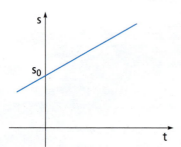 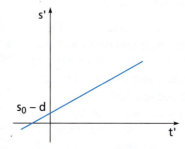

FIGURA 23

Un moto uniforme visto da due osservatori situati in punti diversi

Infine possiamo scrivere come sono legati le posizioni e i tempi osservati da A e B:

$$\begin{cases} t' = t \\ s' = s - d \end{cases}$$

Ricordando che t rappresenta i valori delle ascisse e s rappresenta quelli delle ordinate, riconosciamo in questa trasformazione l'equazione di una traslazione. Osservando la **FIGURA 23** si può dedurre subito che si tratta di una traslazione.

ESERCIZI

1. Applica la trasformazione all'equazione del moto visto dall'osservatore A e ricava l'equazione oraria vista dall'osservatore B.

2. In realtà sappiamo che durante una gara motociclistica i partecipanti non mantengono la stessa velocità. Ad esempio, prima di affrontare una curva si diminuisce la velocità, cioè ci si muove di moto uniformemente decelerato (prova a immaginare che cosa accadrebbe se un motociclista provasse ad affrontare una curva a 300 km/h). L'equazione del moto uniformemente decelerato è $s = s_0 + vt - \frac{1}{2}at^2$, dove s_0 è lo spazio iniziale, v è la velocità, a è l'accelerazione, in questo caso negativa perché l'oggetto sta rallentando. Descrivi il moto visto da due osservatori che si trovano in posizioni diverse. Che legame c'è tra le due descrizioni?

Trasformazioni geometriche nel piano cartesiano

Simmetrie centrali

▶ Equazioni della simmetria rispetto a un punto $C(x_0; y_0)$:

$$\sigma_C: \begin{cases} x' = 2x_0 - x \\ y' = 2y_0 - y \end{cases}$$

▶ Equazioni della simmetria rispetto all'origine:

$$\sigma_O: \begin{cases} x' = -x \\ y' = -y \end{cases}$$

Simmetrie assiali

▶ Equazioni della simmetria rispetto a una parallela all'asse x, di equazione $y = q$:

$$\sigma_{y=q}: \begin{cases} x' = x \\ y' = 2q - y \end{cases}$$

▶ Equazioni della simmetria rispetto a una parallela all'asse y, di equazione $x = p$:

$$\sigma_{x=p}: \begin{cases} x' = 2p - x \\ y' = y \end{cases}$$

▶ Equazioni della simmetria rispetto all'asse x:

$$\sigma_x: \begin{cases} x' = x \\ y' = -y \end{cases}$$

▶ Equazioni della simmetria rispetto all'asse y:

$$\sigma_y: \begin{cases} x' = -x \\ y' = y \end{cases}$$

▶ Equazioni della simmetria rispetto alla bisettrice del 1°-3° quadrante:

$$\sigma_{y=x}: \begin{cases} x' = y \\ y' = x \end{cases}$$

▶ Equazioni della simmetria rispetto alla bisettrice del 2°-4° quadrante:

$$\sigma_{y=-x}: \begin{cases} x' = -y \\ y' = -x \end{cases}$$

Traslazioni

▶ Equazioni della traslazione di vettore $\vec{v}(a; b)$:

$$\tau(a; b): \begin{cases} x' = x + a \\ y' = y + b \end{cases}$$

Rotazioni

▶ Equazioni della rotazione di $+90°$ attorno all'origine:

$$\rho_{O,90°}: \begin{cases} x' = -y \\ y' = x \end{cases}$$

Teoria.zip

▸ Equazioni della rotazione di $-90°$ attorno all'origine:

$$\rho_{O,-90°}: \begin{cases} x' = y \\ y' = -x \end{cases}$$

Dilatazioni e omotetie

▸ Equazioni della dilatazione di coefficienti h e k:

$$\delta(h;k): \begin{cases} x' = hx \\ y' = ky \end{cases} \quad h \neq 0 \wedge k \neq 0$$

▸ Dilatazione orizzontale:

$$\delta(h;1): \begin{cases} x' = hx \\ y' = y \end{cases}$$

▸ Dilatazione verticale:

$$\delta(1;k): \begin{cases} x' = x \\ y' = ky \end{cases}$$

▸ Omotetia di rapporto k:

$$\omega_k: \begin{cases} x' = kx \\ y' = ky \end{cases}$$

Composizione di trasformazioni

Si chiama **trasformazione composta** di s e t e si indica con $t \circ s$ la trasformazione che si ottiene applicando prima la trasformazione s e poi la trasformazione t.

Capitolo 8 — Esercizi

- Simmetrie centrali
- Simmetrie assiali
- Traslazioni
- Rotazioni
- Dilatazioni e omotetie
- Composizione di trasformazioni
- Autovalutazione
- Esercizi per il recupero
- Esercizi di approfondimento
- Verso la Prova Invalsi

■ Simmetrie centrali

Simmetria rispetto a un generico punto

■ ESERCIZIO SVOLTO

1 Determina l'immagine del punto $A(-2\,;\,3)$ nella simmetria di centro $C(3\,;\,-2)$.

Scriviamo le equazioni della simmetria rispetto al punto C, sostituendo le coordinate $(3\,;\,-2)$ di C al posto delle coordinate $(x_0\,;\,y_0)$:

$$\sigma_C: \begin{cases} x' = 2x_0 - x \\ y' = 2y_0 - y \end{cases} \longrightarrow \begin{cases} x' = 2 \cdot 3 - x \\ y' = 2 \cdot (-2) - y \end{cases} \longrightarrow \begin{cases} x' = 6 - x \\ y' = -4 - y \end{cases}$$

Possiamo ora determinare le coordinate dell'immagine di A utilizzando tali equazioni; basta sostituire in queste le coordinate di A al posto di x e y:

$$\begin{cases} x' = 6 - (-2) \\ y' = -4 - 3 \end{cases} \longrightarrow \begin{cases} x' = 8 \\ y' = -7 \end{cases}$$

Concludiamo che l'immagine di A nella simmetria assegnata è $A'(8\,;\,-7)$.

Determina le immagini dei seguenti punti nella simmetria di centro $C(2\,;\,-3)$.

2 $(1\,;\,1)$ $[(3\,;\,-7)]$ **3** $(-1\,;\,3)$ $[(5\,;\,-9)]$

4 $(3\,;\,-2)$ $[(1\,;\,-4)]$ **5** $(-3\,;\,3)$ $[(7\,;\,-9)]$

Determina le immagini dei seguenti punti nella simmetria di centro $C(-1\,;\,4)$.

6 $(1\,;\,1)$ $[(-3\,;\,7)]$ **7** $(-1\,;\,3)$ $[(-1\,;\,5)]$

8 $(3\,;\,-2)$ $[(-5\,;\,10)]$ **9** $(-3\,;\,3)$ $[(1\,;\,5)]$

---

10 L'immagine del punto $P(-1\,;\,-1)$ in una simmetria centrale è il punto $P'(7\,;\,-3)$. Determina il centro della simmetria. $[(3\,;\,-2)]$

ESERCIZI

▶▶ **11** Disegna il triangolo di vertici $A(-3;2)$, $B(1;3)$, $C(-2;5)$ e determina le coordinate dei vertici del triangolo $A'B'C'$, simmetrico di ABC rispetto al punto $D(3;2)$. Calcola le misure delle lunghezze dei lati dei due triangoli.
$$[\overline{AB} = \overline{A'B'} = \sqrt{17};\ \overline{BC} = \overline{B'C'} = \sqrt{13};\ \overline{CA} = \overline{C'A'} = \sqrt{10}]$$

▶▶ **12** Disegna il quadrilatero di vertici $A(-5;2)$, $B(-2;1)$, $C(-1;-2)$, $D(-4;-1)$ e determina la sua immagine $A'B'C'D'$ nella simmetria rispetto al punto $E(2;-1)$. Verifica che entrambi i quadrilateri sono rombi.
$$[A'(9;-4),\ B'(6;-3),\ C'(5;0),\ D'(8;-1);$$
$$\overline{AB} = \overline{A'B'} = \overline{BC} = \overline{B'C'} = \overline{CD} = \overline{C'D'} = \overline{DA} = \overline{D'A'} = \sqrt{10}]$$

Simmetria rispetto all'origine

Trasformazione di punti

Quesiti a risposta multipla, altri esercizi

▶▶ **13** Dati i punti $A(-6;1)$ e $B(6;6)$, determina i loro simmetrici A' e B' rispetto all'origine; disegna i segmenti AB e $A'B'$ e calcolane le misure. $[\overline{AB} = \overline{A'B'} = 13]$

▶▶ **14** Dati i punti $A(-7;-3)$ e $B(1;5)$, determina i loro simmetrici A' e B' rispetto all'origine; calcola poi le coordinate dei punti medi M e M' dei segmenti AB e $A'B'$ e verifica che M' è il simmetrico di M rispetto all'origine. $[M'(3;-1)]$

▶▶ **15** I punti $A'(-1;3)$ e $B'(1;2)$ sono i simmetrici rispetto all'origine di due punti A e B. Determina i punti A e B e verifica che il quadrilatero $ABA'B'$ è un parallelogramma le cui diagonali si intersecano nell'origine.

▶▶ **16** Dati i punti $A(-2;0)$ e $B(1;6)$, determina i loro simmetrici A' e B' rispetto all'origine; scrivi poi le equazioni delle rette AB e $A'B'$. Che cosa puoi osservare? $[y = 2x+4;\ y = 2x-4]$

Trasformazione di rette e di parabole

Altri esercizi

> ### ESERCIZIO SVOLTO
>
> ▶▶ **17** Data la retta r di equazione $y = 2x - 3$, determina l'equazione della retta r', simmetrica di r rispetto all'origine.
>
> Scriviamo le equazioni della simmetria rispetto all'origine e da queste ricaviamo x e y:
>
> $$\sigma_O: \begin{cases} x' = -x \\ y' = -y \end{cases} \longrightarrow \begin{cases} x = -x' \\ y = -y' \end{cases}$$
>
> Sostituiamo le espressioni così trovate al posto di x e y nell'equazione di r:
>
> $$y = 2x - 3 \xrightarrow{x = -x';\ y = -y'} -y' = 2(-x') - 3 \longrightarrow$$
> $$\longrightarrow y' = 2x' + 3$$
>
>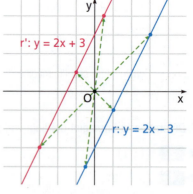
>
> L'equazione così ottenuta è una relazione tra le ascisse e le ordinate dei punti di r'. Possiamo perciò indicare, in tale equazione, le ascisse e le ordinate con x e y anziché x' e y'. Otteniamo così l'equazione di r':
>
> $$y = 2x + 3$$

▶▶ **18** Data la retta r di equazione $y = \frac{1}{2}x + 2$, determina l'equazione della retta r' simmetrica di r rispetto all'origine; traccia poi le due rette. $\left[y = \frac{1}{2}x - 2\right]$

19 Data la parabola γ di equazione $y = x^2 - 3$, determina l'equazione della parabola γ' simmetrica di γ rispetto all'origine; traccia le due parabole. $[y = -x^2 + 3]$

20 Date le rette r di equazione $y = x + 2$ e s di equazione $y = -x + 4$, determina le coordinate del punto P in cui si intersecano. Scrivi le equazioni delle rette r' e s', simmetriche di r e s rispetto all'origine, e determina il punto Q in cui si intersecano. Verifica infine che Q è il simmetrico di P rispetto all'origine. $[P(1\,;\,3);\ Q(-1\,;\,-3)]$

21 Date la retta r di equazione $y = x - 2$ e la parabola γ di equazione $y = -x^2 + 4$, determina le coordinate dei punti A e B in cui si intersecano. Scrivi le equazioni della retta r' e della parabola γ', simmetriche di r e γ rispetto all'origine, e determina i punti C e D in cui si intersecano. Verifica infine che C e D sono i simmetrici di A e B rispetto all'origine. $[A(-3\,;\,-5);\ B(2\,;\,0);\ y = x + 2;\ y = x^2 - 4;\ C(3\,;\,5);\ D(-2\,;\,0)]$

Simmetrie assiali

Simmetria rispetto a una parallela a un asse cartesiano

Altri esercizi

ESERCIZIO SVOLTO

22 Determina l'immagine del punto $A(4\,;\,-3)$ nella simmetria rispetto alla retta di equazione $y = 2$.

Scriviamo le equazioni della simmetria rispetto alla retta di equazione $y = 2$:

$$\sigma_{y=q}: \begin{cases} x' = x \\ y' = 2q - y \end{cases} \longrightarrow \sigma_{y=2}: \begin{cases} x' = x \\ y' = 2 \cdot 2 - y \end{cases} \longrightarrow \sigma_{y=2}: \begin{cases} x' = x \\ y' = 4 - y \end{cases}$$

Possiamo ora determinare le coordinate dell'immagine di A utilizzando tali equazioni; basta sostituire in queste le coordinate di A al posto di x e y:

$$\begin{cases} x' = 4 \\ y' = 4 - (-3) \end{cases} \longrightarrow \begin{cases} x' = 4 \\ y' = 7 \end{cases}$$

Concludiamo che l'immagine di A nella simmetria assegnata è $A'(4\,;\,7)$.

Determina le immagini dei seguenti punti nella simmetria rispetto alla retta di equazione $y = -3$.

23 $(1\,;\,1)$ $[(1\,;\,-7)]$ **24** $(-2\,;\,5)$ $[(-2\,;\,-11)]$

25 $(-3\,;\,-2)$ $[(-3\,;\,-4)]$ **26** $(3\,;\,-3)$ $[(3\,;\,-3)]$

Determina le immagini dei seguenti punti nella simmetria rispetto alla retta di equazione $x = 4$.

27 $(1\,;\,1)$ $[(7\,;\,1)]$ **28** $(-1\,;\,3)$ $[(9\,;\,3)]$

29 $(3\,;\,-2)$ $[(5\,;\,-2)]$ **30** $(-3\,;\,-3)$ $[(11\,;\,-3)]$

---

31 L'immagine del punto $P(-5\,;\,5)$ in una simmetria rispetto a una retta parallela all'asse x è il punto $P'(-5\,;\,-1)$. Determina l'equazione dell'asse di simmetria. $[y = 2]$

32 L'immagine del punto $P(6\,;\,-2)$ in una simmetria rispetto a una retta parallela all'asse y è il punto $P'(-4\,;\,-2)$. Determina l'equazione dell'asse di simmetria. $[x = 1]$

33 Disegna il triangolo di vertici $A(5\,;\,6)$, $B(2\,;\,2)$, $C(8\,;\,2)$ e determina le coordinate dei vertici del triangolo $A'B'C'$, simmetrico di ABC rispetto alla retta di equazione $y = 3$. Verifica che entrambi i triangoli sono isosceli. $[\overline{AB} = \overline{AC} = \overline{A'B'} = \overline{A'C'} = 5]$

ESERCIZI

▶▶ **34** Disegna il quadrilatero di vertici $A(-2;6)$, $B(-2;2)$, $C(1;1)$, $D(1;5)$ e determina le coordinate dei vertici del quadrilatero $A'B'C'D'$, simmetrico di $ABCD$ rispetto alla retta di equazione $x=-1$. Verifica che entrambi i quadrilateri sono parallelogrammi. $\quad[A'(0;6);\ B'(0;2);\ C'(-3;1);\ D'(-3;5)]$

▶▶ **35** Determina il simmetrico del triangolo di vertici $A(-3;4)$, $B(2;6)$, $C(2;2)$ rispetto alla retta di equazione $y=4$. Che cosa si può osservare? $\quad[A'\equiv A;\ B'\equiv C;\ C'\equiv B]$

▶▶ **36** Dati i punti $A(6;5)$, $B(5;3)$ e la retta r di equazione $x=3$, determina le coordinate dei punti A' e B' simmetrici di A e B rispetto a r. Scrivi poi le equazioni delle rette AB e $A'B'$ e verifica che la loro intersezione è un punto di r. $\quad[\text{il punto d'intersezione è } (3;-1)]$

Simmetrie rispetto all'asse x e all'asse y

Trasformazione di punti

Quesiti a risposta multipla, altri esercizi

▶▶ **37** Dati i punti $A(3;-1)$ e $B(-1;2)$, determina i loro simmetrici A' e B' rispetto all'asse x; disegna i segmenti AB e $A'B'$ e calcolane le misure. $\quad[\overline{AB}=\overline{A'B'}=5]$

▶▶ **38** Dati i punti $A(-2;-1)$, $B(-2;2)$, $C(2;-1)$, determina i loro simmetrici A', B', C' rispetto all'asse x; disegna i triangoli ABC e $A'B'C'$ e calcola le misure $2p$ e $2p'$ dei loro perimetri. $\quad[2p=2p'=12]$

▶▶ **39** Dati i punti $A(-4;-3)$, $B(-4;3)$, $C(2;2)$, determina i loro simmetrici A', B', C' rispetto all'asse y; disegna i triangoli ABC e $A'B'C'$ e calcola le misure S e S' delle loro aree. $\quad[S=S'=18]$

▶▶ **40** Dati i punti $A(-4;-6)$, $B(-4;2)$, $C(2;-6)$ determina i loro simmetrici A', B', C' rispetto all'asse y; disegna i triangoli ABC e $A'B'C'$ e calcola le misure $2p$ e $2p'$ dei loro perimetri. $\quad[2p=2p'=24]$

▶▶ **41** Dati i punti $A(3;-1)$, $B(3;3)$, $C(-2;-3)$, determina i loro simmetrici A', B', C' rispetto all'asse y; disegna i triangoli ABC e $A'B'C'$ e calcola le misure S e S' delle loro aree. $\quad[S=S'=10]$

▶▶ **42** Dati i punti $A(-5;2)$ e $B(3;6)$, determina i loro simmetrici A' e B' rispetto all'asse x; calcola poi le coordinate dei punti medi M e M' dei segmenti AB e $A'B'$ e verifica che M' è il simmetrico di M rispetto all'asse x. $\quad[M'(-1;-4)]$

▶▶ **43** Dati i punti $A(-1;5)$ e $B(7;-5)$, determina i loro simmetrici A' e B' rispetto all'asse x; verifica poi che i segmenti AB e $A'B'$ hanno lo stesso punto medio. $\quad[M\equiv M'(3;0)]$

▶▶ **44** Dati i punti $A(7;-2)$ e $B(-1;8)$, determina i loro simmetrici A' e B' rispetto all'asse y; calcola poi le coordinate dei punti medi M e M' dei segmenti AB e $A'B'$ e verifica che M' è il simmetrico di M rispetto all'asse y. $\quad[M'(-3;3)]$

▶▶ **45** I punti $A(-1;3)$ e $C(5;-3)$ sono vertici opposti del quadrato $ABCD$. Dopo aver determinato le coordinate di B e D, disegna il quadrato e trova le coordinate del suo simmetrico rispetto all'asse x. Che cosa si può osservare? $\quad[B\equiv C'(5;3);\ D\equiv A'(-1;-3);\ ...]$

Trasformazione di rette e di parabole

Altri esercizi

■ **ESERCIZIO SVOLTO**

▶▶ **46** Data la retta r di equazione $y=-\dfrac{2}{3}x+2$, determina l'equazione della retta r', simmetrica di r rispetto all'asse delle ascisse.

Scriviamo le equazioni della simmetria rispetto all'asse delle ascisse e da queste ricaviamo x e y:

$$\begin{cases} x'=x \\ y'=-y \end{cases} \longrightarrow \begin{cases} x=x' \\ y=-y' \end{cases}$$

Sostituiamo le espressioni così trovate al posto di x e y nell'equazione di r:

$$y = -\frac{2}{3}x + 2 \xrightarrow{x=x';\, y=-y'} -y' = -\frac{2}{3}x' + 2 \longrightarrow$$

$$\longrightarrow y' = \frac{2}{3}x' - 2$$

L'equazione così ottenuta è una relazione tra le ascisse e le ordinate dei punti di r'. In tale equazione, possiamo perciò indicare le ascisse e le ordinate con x e y anziché x' e y'. Otteniamo così l'equazione di r':

$$y = \frac{2}{3}x - 2$$

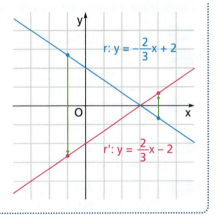

47 Data la retta r di equazione $y = \frac{1}{2}x + 2$, determina l'equazione della retta r', simmetrica di r rispetto all'asse x; traccia poi le due rette. $\left[y = -\frac{1}{2}x - 2\right]$

48 Data la retta r di equazione $y = x - 3$, determina l'equazione della retta r', simmetrica di r rispetto all'asse y; traccia poi le due rette. $[y = -x - 3]$

49 Data la parabola γ di equazione $y = -x^2 + 4$, determina l'equazione della parabola γ', simmetrica di γ rispetto all'asse x; traccia poi le due parabole. $[y = x^2 - 4]$

50 Data la parabola γ di equazione $y = 2x^2 + x - 1$, determina l'equazione della parabola γ', simmetrica di γ rispetto all'asse y; traccia poi le due parabole. $[y = 2x^2 - x - 1]$

51 Disegna la parabola di equazione $y = x^2 + 2x$ e determina l'equazione della sua simmetrica rispetto all'asse x. Verifica poi che i vertici delle due parabole sono simmetrici rispetto all'asse x. $[y = -x^2 - 2x;\ V(-1;\, -1)\ e\ V'(-1;\, 1)]$

52 Traccia la parabola di equazione $y = x^2 + 6x + 10$ e scrivi l'equazione della sua simmetrica rispetto all'asse y. Verifica poi che i vertici delle due parabole sono simmetrici rispetto all'asse y. $[y = x^2 - 6x + 10;\ V(-3;\, 1)\ e\ V'(3;\, 1)]$

53 Data la retta r di equazione $y = 2x - 4$, scrivi l'equazione della retta r', simmetrica di r rispetto all'asse x. Determina poi le coordinate del punto d'intersezione di r e r', verificando che appartiene all'asse x. [il punto d'intersezione è $(2;\, 0)$]

54 Data la retta r di equazione $y = -3x + 2$, scrivi l'equazione della retta r', simmetrica di r rispetto all'asse y. Determina poi le coordinate del punto d'intersezione di r e r', verificando che appartiene all'asse y. [il punto d'intersezione è $(0;\, 2)$]

55 Dati i punti $A(3;\, 3)$ e $B(2;\, 1)$, determina le coordinate dei punti A' e B' simmetrici di A e B rispetto all'asse y. Scrivi poi l'equazione della retta AB e trova l'equazione della retta a essa simmetrica rispetto all'asse y, verificando che passa per i punti A' e B'. $[y = 2x - 3;\ y = -2x - 3]$

Simmetrie rispetto alle bisettrici dei quadranti

Trasformazione di punti

Quesiti a risposta multipla, altri esercizi

Determina le immagini dei seguenti punti nella simmetria rispetto alla bisettrice del 1°-3° quadrante.

56 $(2;\, 2)$ $[(2;\, 2)]$ **57** $(-2;\, 3)$ $[(3;\, -2)]$

58 $(-6;\, -2)$ $[(-2;\, -6)]$ **59** $(3;\, -3)$ $[(-3;\, 3)]$

ESERCIZI

Determina le immagini dei seguenti punti nella simmetria rispetto alla bisettrice del 2°-4° quadrante.

▷▷ **60** $(3; -3)$ $[(3; -3)]$ ▷▷ **61** $(-2; 4)$ $[(-4; 2)]$

▷▷ **62** $(10; 10)$ $[(-10; -10)]$ ▷▷ **63** $(0; -7)$ $[(7; 0)]$

▷▷ **64** Dati i punti $A(-3; 2)$ e $B(-1; 3)$, determina i loro simmetrici A' e B' rispetto alla bisettrice del 1°-3° quadrante; disegna i segmenti AB e $A'B'$ e calcolane le misure. $[\overline{AB} = \overline{A'B'} = \sqrt{5}]$

▷▷ **65** Dati i punti $A(2; 2)$ e $B(5; -2)$, determina i loro simmetrici A' e B' rispetto alla bisettrice del 2°-4° quadrante; disegna i segmenti AB e $A'B'$ e calcolane le misure. $[\overline{AB} = \overline{A'B'} = 5]$

▷▷ **66** Dati i punti $A(6; -3)$ e $B(-2; -1)$, determina i loro simmetrici A' e B' rispetto alla bisettrice del 1°-3° quadrante; calcola poi le coordinate dei punti medi M e M' dei segmenti AB e $A'B'$ e verifica che M' è il simmetrico di M rispetto alla retta di equazione $y = x$. $[M'(-2; 2)]$

▷▷ **67** Dati i punti $A(-1; 3)$ e $B(7; 1)$, determina i loro simmetrici A' e B' rispetto alla bisettrice del 2°-4° quadrante; calcola poi le coordinate dei punti medi M e M' dei segmenti AB e $A'B'$ e verifica che M' è il simmetrico di M rispetto alla retta di equazione $y = -x$. $[M'(-2; -3)]$

▷▷ **68** Dati i punti $A(-2; -2)$ e $B(6; 2)$, determina le coordinate del punto B' simmetrico di B rispetto alla bisettrice del 1°-3° quadrante. Verifica poi che il triangolo ABB' è isoscele e calcolane la misura dell'area. $[24]$

▷▷ **69** Dati i punti $A(-2; 4)$ e $B(1; 5)$, determina le coordinate dei punti A' e B' a essi simmetrici rispetto alla bisettrice del 1°-3° quadrante. Scrivi quindi le equazioni delle rette AB e $A'B'$ e trova le coordinate del loro punto d'intersezione, verificando che appartiene alla bisettrice del 1°-3° quadrante. $[(7; 7)]$

Trasformazione di rette

Altri esercizi

> **ESERCIZIO SVOLTO**
>
> ▷▷ **70** Data la retta r di equazione $y = \frac{1}{3}x + 2$, determina l'equazione della retta r', simmetrica di r rispetto alla bisettrice del 2°-4° quadrante.
>
> Scriviamo le equazioni della simmetria rispetto alla retta di equazione $y = -x$ e da queste ricaviamo x e y:
>
> $$\begin{cases} x' = -y \\ y' = -x \end{cases} \longrightarrow \begin{cases} x = -y' \\ y = -x' \end{cases}$$
>
> Sostituiamo le espressioni così trovate al posto di x e y nell'equazione di r:
>
> $$y = \frac{1}{3}x + 2 \xrightarrow{x = -y'; \, y = -x'} -x' = \frac{1}{3}(-y') + 2$$
>
> L'equazione così ottenuta è una relazione tra le ascisse e le ordinate dei punti di r'. Indichiamo perciò, in tale equazione, le ascisse e le ordinate con x e y anziché x' e y' e poniamola poi nella forma $y = mx + q$:
>
> $$-x = \frac{1}{3}(-y) + 2 \longrightarrow -x = -\frac{1}{3}y + 2 \longrightarrow -3x = -y + 6 \longrightarrow y = 3x + 6$$

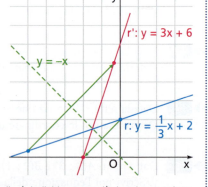

Determina le equazioni delle rette simmetriche rispetto alla bisettrice del 1°-3° quadrante delle rette di cui sono date le seguenti equazioni. Traccia poi ciascuna retta e la sua simmetrica.

▷▷ **71** $y = x - 1$ $\qquad$ $y = x + 2$ $\qquad\qquad$ $[y = x + 1; \, y = x - 2]$

▷▷ **72** $y = 2x$ $\qquad$ $y = -3x$ $\qquad\qquad$ $\left[y = \frac{1}{2}x; \, y = -\frac{1}{3}x\right]$

▷▷ **73** $y = -\frac{1}{2}x$ $y = \frac{1}{3}x$ $\left[y = -2x;\ y = 3x\right]$

▷▷ **74** $y = -4x + 3$ $y = 3x - 4$ $\left[y = -\frac{1}{4}x + \frac{3}{4};\ y = \frac{1}{3}x + \frac{4}{3}\right]$

Determina le equazioni delle rette simmetriche rispetto alla bisettrice del 2°-4° quadrante delle rette di cui sono date le seguenti equazioni. Traccia poi ciascuna retta e la sua simmetrica.

▷▷ **75** $y = 2x + 1$ $\left[y = \frac{1}{2}x + \frac{1}{2}\right]$ ▷▷ **76** $y = -\frac{1}{2}x + 2$ $\left[y = -2x - 4\right]$

▷▷ **77** $y = -3x$ $\left[y = -\frac{1}{3}x\right]$ ▷▷ **78** $y = \frac{2}{3}x + \frac{4}{3}$ $\left[y = \frac{3}{2}x + 2\right]$

▷▷ **79** Verifica che la retta simmetrica rispetto alla bisettrice del 1°-3° quadrante della retta r di equazione $y = 4 - x$ coincide con r.

▷▷ **80** Verifica che la retta simmetrica rispetto alla bisettrice del 2°-4° quadrante della retta r di equazione $y = x + 2$ coincide con r.

▷▷ **81** Dati i punti $A(-2;\ 2)$ e $B(1;\ 3)$, determina le coordinate dei punti A' e B' simmetrici di A e B rispetto alla bisettrice del 1°-3° quadrante. Scrivi poi l'equazione della retta AB e quella della retta a essa simmetrica rispetto alla bisettrice del 1°-3° quadrante, verificando che la retta trasformata passa per i punti A' e B'.

$\left[y = \frac{1}{3}x + \frac{8}{3};\ y = 3x - 8\right]$

▷▷ **82** Dati i punti $A(2;\ 1)$ e $B(1;\ 3)$, determina le coordinate dei punti A' e B' simmetrici di A e B rispetto alla bisettrice del 2°-4° quadrante. Scrivi poi l'equazione della retta AB e quella della retta a essa simmetrica rispetto alla bisettrice del 2°-4° quadrante, verificando che la retta trasformata passa per i punti A' e B'.

$\left[y = -2x + 5;\ y = -\frac{1}{2}x - \frac{5}{2}\right]$

Traslazioni

Trasformazione di punti

Quesiti a risposta multipla, altri esercizi

ESERCIZIO SVOLTO

▷▷ **83** Determina l'immagine del punto $A(-2;\ 3)$ nella traslazione di vettore $\vec{v}(4;\ -2)$.

Scriviamo le equazioni della traslazione:

$\tau(a;\ b): \begin{cases} x' = x + a \\ y' = y + b \end{cases} \longrightarrow \tau(4;\ -2): \begin{cases} x' = x + 4 \\ y' = y - 2 \end{cases}$

Possiamo ora determinare le coordinate dell'immagine di A utilizzando tali equazioni; basta sostituire in queste le coordinate di A al posto di x e y:

$\begin{cases} x' = -2 + 4 \\ y' = 3 - 2 \end{cases} \longrightarrow \begin{cases} x' = 2 \\ y' = 1 \end{cases}$

Concludiamo che l'immagine di A nella traslazione assegnata è $A'(2;\ 1)$.

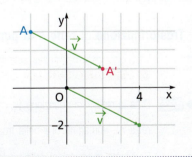

▷▷ **84** Scrivi le equazioni della traslazione di vettore $\vec{v}(-5;\ 4)$. $\left[\begin{cases} x' = x - 5 \\ y' = y + 4 \end{cases}\right]$

▷▷ **85** Scrivi le equazioni della traslazione orizzontale verso sinistra di 2 unità. $\left[\begin{cases} x' = x - 2 \\ y' = y \end{cases}\right]$

ESERCIZI

▷▶ **86** Scrivi le equazioni della traslazione verticale verso l'alto di 3 unità. $\left[\begin{cases} x' = x \\ y' = y + 3 \end{cases}\right]$

Determina le immagini dei seguenti punti nella traslazione di vettore $\vec{v}(-3\,;\,2)$.

▷▶ **87** $(3\,;\,-2)$ $[(0\,;\,0)]$ ▷▶ **88** $(-2\,;\,3)$ $[(-5\,;\,5)]$

▷▶ **89** $(-4\,;\,-1)$ $[(-7\,;\,1)]$ ▷▶ **90** $(4\,;\,2)$ $[(1\,;\,4)]$

Determina le immagini del punto $P(1\,;\,-5)$ nelle traslazioni definite dai seguenti vettori.

▷▶ **91** $\vec{v}(1\,;\,-5)$ $[(2\,;\,-10)]$ ▷▶ **92** $\vec{v}(2\,;\,3)$ $[(3\,;\,-2)]$

▷▶ **93** $\vec{v}(-1\,;\,-2)$ $[(0\,;\,-7)]$ ▷▶ **94** $\vec{v}(5\,;\,5)$ $[(6\,;\,0)]$

▷▶ **95** Dati i punti $A(-5\,;\,3)$ e $B(2\,;\,-1)$, determina i loro trasformati A' e B' nella traslazione $\tau(-3\,;\,2)$; disegna i segmenti AB e $A'B'$ e calcolane le misure. Calcola infine i coefficienti angolari delle rette AB e $A'B'$, verificando che esse sono parallele. $\left[\overline{AB} = \overline{A'B'} = \sqrt{65};\ m_{AB} = m_{A'B'} = -\dfrac{4}{7}\right]$

▷▶ **96** Dati i punti $A(0\,;\,2)$ e $B(-3\,;\,-1)$, determina i loro trasformati A' e B' nella traslazione $\tau(5\,;\,-3)$ e verifica che il quadrilatero $ABB'A'$ è un parallelogramma.

▷▶ **97** Dati i punti $A(7\,;\,2)$ e $B(-1\,;\,-4)$, determina le loro immagini A' e B' nella traslazione $\tau(4\,;\,-1)$; calcola poi le coordinate dei punti medi M e M' dei segmenti AB e $A'B'$ e verifica che M' è l'immagine di M nella traslazione τ. $[M'(7\,;\,-2)]$

▷▶ **98** Dati i punti $A(-2\,;\,-2)$ e $B(1\,;\,2)$, determina i loro trasformati A' e B' nella traslazione di vettore $\vec{v}(5\,;\,-12)$. Verifica che il quadrilatero $ABB'A'$ è un parallelogramma e determinane la misura del perimetro. (*Suggerimento*: basta verificare che i lati opposti sono congruenti.) $[2p = 36]$

▷▶ **99** Il punto $A'(5\,;\,-4)$ è l'immagine del punto A nella traslazione di vettore $\vec{v}(6\,;\,4)$. Determina le coordinate di A. $[(-1\,;\,-8)]$

▷▶ **100** Il trasformato di $P(4\,;\,1)$ in una traslazione è il punto $P'(6\,;\,-2)$. Determina la traslazione. $[\tau(2\,;\,-3)]$

▷▶ **101** Determina il vettore della traslazione che fa corrispondere al punto $A\left(2\,;\,-\dfrac{3}{2}\right)$ il punto $A'\left(\dfrac{1}{3}\,;\,-2\right)$. $\left[\vec{v}\left(-\dfrac{5}{3}\,;\,-\dfrac{1}{2}\right)\right]$

▷▶ **102** Il trasformato del segmento di estremi $A(-3\,;\,-2)$ e $B(-7\,;\,2)$ in una traslazione è il segmento $A'B'$ il cui punto medio è $M'(0\,;\,2)$. Determina la traslazione. $[\tau(5\,;\,2)]$

Trasformazione di rette e di parabole

Altri esercizi

ESERCIZIO SVOLTO

▷▶ **103** Data la retta r di equazione $y = -\dfrac{2}{3}x + 2$, determina l'equazione della retta r', immagine di r nella traslazione di vettore $\vec{v}(2\,;\,-4)$.

Scriviamo le equazioni della traslazione data e da queste ricaviamo x e y:

$$\begin{cases} x' = x + 2 \\ y' = y - 4 \end{cases} \longrightarrow \begin{cases} x = x' - 2 \\ y = y' + 4 \end{cases}$$

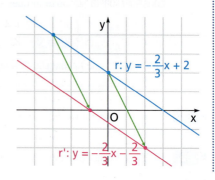

Sostituiamo le espressioni così trovate al posto di x e y nell'equazione di r:

$$y = -\frac{2}{3}x + 2 \xrightarrow{x=x'-2;\, y=y'+4} y' + 4 = -\frac{2}{3}(x'-2) + 2 \longrightarrow y' = -\frac{2}{3}x' - \frac{2}{3}$$

Indicando nell'ultima equazione le ascisse e le ordinate con x e y anziché x' e y', otteniamo l'equazione di r':

$$y = -\frac{2}{3}x - \frac{2}{3}$$

Date le rette aventi le seguenti equazioni, determina le equazioni delle loro trasformate nella traslazione di vettore $\vec{v}(-1\,;\,3)$.

▷▶ **104** $y = x$ $\qquad [y = x + 4]$ ▷▶ **105** $y = -x - 2$ $\qquad [y = -x]$

▷▶ **106** $y = 2x - 2$ $\qquad [y = 2x + 3]$ ▷▶ **107** $y = -3x + 1$ $\qquad [y = -3x + 1]$

Data la retta di equazione $y = 2x - 3$, determina le equazioni delle sue trasformate nelle traslazioni definite dai seguenti vettori.

▷▶ **108** $\vec{v}(-1\,;\,-1)$ $\qquad [y = 2x - 2]$ ▷▶ **109** $\vec{v}(1\,;\,-2)$ $\qquad [y = 2x - 7]$

▷▶ **110** $\vec{v}(2\,;\,4)$ $\qquad [y = 2x - 3]$ ▷▶ **111** $\vec{v}(-2\,;\,3)$ $\qquad [y = 2x + 4]$

▷▶ **112** Data la retta di equazione $y = 4x - 3$, determina l'equazione della sua trasformata nella traslazione $\tau(-4\,;\,-1)$ e verifica che le due rette sono parallele. $\qquad [y = 4x + 12]$

▷▶ **113** Data la parabola di equazione $y = x^2$, determina l'equazione della sua trasformata nella traslazione di vettore $\vec{v}(4\,;\,0)$. $\qquad [y = x^2 - 8x + 16]$

▷▶ **114** Data la parabola di equazione $y = x^2 - 3$, determina l'equazione della sua trasformata nella traslazione di vettore $\vec{v}(0\,;\,3)$. $\qquad [y = x^2]$

Rotazioni

Trasformazione di punti

Quesiti a risposta multipla

■ **ESERCIZIO SVOLTO**

▷▶ **115** Determina il punto medio M del segmento di estremi $A(-2\,;\,4)$ e $B(2\,;\,2)$; trova quindi le immagini A', B' e M' dei punti A, B e M nella rotazione di $-90°$ attorno all'origine. Infine verifica che M' è il punto medio di $A'B'$.

Le coordinate del punto medio di AB sono:

$$\left. \begin{array}{l} x_M = \dfrac{x_A + x_B}{2} = \dfrac{-2 + 2}{2} = 0 \\[2mm] y_M = \dfrac{y_A + y_B}{2} = \dfrac{4 + 2}{2} = 3 \end{array} \right\} \longrightarrow M(0\,;\,3)$$

Scriviamo le equazioni della rotazione:

$$\rho_{O,-90°}: \begin{cases} x' = y \\ y' = -x \end{cases}$$

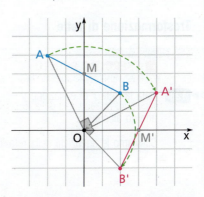

ESERCIZI

Determiniamo le coordinate delle immagini di A, B e M utilizzando tali equazioni:

$$\text{punto } A \quad \begin{cases} x' = 4 \\ y' = -(-2) \end{cases} \longrightarrow A'(4\,;\,2)$$

$$\text{punto } B \quad \begin{cases} x' = 2 \\ y' = -2 \end{cases} \longrightarrow B'(2\,;\,-2)$$

$$\text{punto } M \quad \begin{cases} x' = 3 \\ y' = -0 \end{cases} \longrightarrow M'(3\,;\,0)$$

Le coordinate del punto medio di $A'B'$ sono

$$\frac{x_{A'} + x_{B'}}{2} = \frac{4+2}{2} = 3 \qquad \frac{y_{A'} + y_{B'}}{2} = \frac{2+(-2)}{2} = 0 \quad \longrightarrow \quad (3\,;\,0)$$

Resta così verificato che il punto medio di $A'B'$ coincide con l'immagine M' del punto medio M di AB.

Determina le immagini dei seguenti punti nella rotazione di 90° attorno all'origine.

▷▶ **116** $(3\,;\,-2)$ $\qquad\qquad [(2\,;\,3)]$ ▷▶ **117** $(-2\,;\,3)$ $\qquad\qquad [(-3\,;\,-2)]$

▷▶ **118** $(-4\,;\,-1)$ $\qquad\qquad [(1\,;\,-4)]$ ▷▶ **119** $(4\,;\,2)$ $\qquad\qquad [(-2\,;\,4)]$

Determina le immagini dei seguenti punti nella rotazione di −90° attorno all'origine.

▷▶ **120** $(3\,;\,-2)$ $\qquad\qquad [(-2\,;\,-3)]$ ▷▶ **121** $(-2\,;\,3)$ $\qquad\qquad [(3\,;\,2)]$

▷▶ **122** $(-4\,;\,-1)$ $\qquad\qquad [(-1\,;\,4)]$ ▷▶ **123** $(4\,;\,2)$ $\qquad\qquad [(2\,;\,-4)]$

▷▶ **124** Dati i punti $A(-3\,;\,3)$ e $B(5\,;\,-1)$, determina le coordinate delle loro immagini A' e B' nella rotazione di $-90°$ attorno all'origine. Trova quindi le coordinate dei punti medi M e M' dei segmenti AB e $A'B'$ e verifica che M' è l'immagine di M nella rotazione. $\qquad [M(1\,;\,1);\ M'(-1\,;\,1)]$

▷▶ **125** Dati i punti $A(-1\,;\,1)$ e $B(3\,;\,4)$, determina le coordinate delle loro immagini A' e B' nella rotazione di 90° attorno all'origine. Calcola quindi le misure dei segmenti AB e $A'B'$ e verifica che sono congruenti. $\qquad [\overline{AB} = \overline{A'B'} = 5]$

▷▶ **126** Dati i punti $A(-2\,;\,-2)$, $B(6\,;\,-2)$ e $C(4\,;\,2)$, determina i loro trasformati A', B' e C' nella rotazione di 90° attorno all'origine. Disegna i triangoli ABC e $A'B'C'$ e calcola le misure S e S' delle loro aree. $\qquad [S = S' = 8]$

▷▶ **127** Dati i punti $A(5\,;\,1)$ e $B(3\,;\,5)$, determina le coordinate delle loro immagini A' e B' nella rotazione di 90° attorno all'origine. Trova quindi le equazioni delle rette AB e $A'B'$ e verifica che le due rette sono perpendicolari. $\qquad \left[y = -2x + 11;\ y = \frac{1}{2}x + \frac{11}{2}\right]$

Trasformazione di rette

■ **ESERCIZIO SVOLTO**

▷▶ **128** Data la retta r di equazione $y = \frac{1}{2}x - 1$, determina l'equazione della retta r', immagine di r nella rotazione di 90° attorno all'origine.

Scriviamo le equazioni della rotazione e da queste ricaviamo x e y:

$$\begin{cases} x' = -y \\ y' = x \end{cases} \longrightarrow \begin{cases} x = y' \\ y = -x' \end{cases}$$

Sostituiamo le espressioni così trovate al posto di x e y nell'equazione di r:

$$y = \frac{1}{2}x - 1 \quad \xrightarrow{x = y';\, y = -x'} \quad -x' = \frac{1}{2}y' - 1$$

Indichiamo le ascisse e le ordinate con x e y anziché x' e y' e scriviamo l'equazione ottenuta nella forma $y = mx + q$:

$$-x = \frac{1}{2}y - 1 \quad \longrightarrow \quad -2x = y - 2 \quad \longrightarrow \quad y = -2x + 2$$

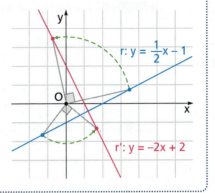

Date le rette aventi le seguenti equazioni, determina le equazioni delle loro trasformate nella rotazione di 90° attorno all'origine.

▷▷ **129** $y = 2x$ $\left[y = -\frac{1}{2}x\right]$ ▷▷ **130** $y = -x - 2$ $[y = x - 2]$

▷▷ **131** $y = \frac{3}{2}x - \frac{1}{2}$ $\left[y = -\frac{2}{3}x + \frac{1}{3}\right]$ ▷▷ **132** $y = \frac{1}{4}x + 1$ $[y = -4x - 4]$

Date le rette aventi le seguenti equazioni, determina le equazioni delle loro trasformate nella rotazione di −90° attorno all'origine.

▷▷ **133** $y = -3x$ $\left[y = \frac{1}{3}x\right]$ ▷▷ **134** $y = x + 1$ $[y = -x + 1]$

▷▷ **135** $y = -\frac{2}{5}x + 2$ $\left[y = \frac{5}{2}x - 5\right]$ ▷▷ **136** $y = \frac{1}{3}x - 2$ $[y = -3x - 6]$

▷▷ **137** Dati i punti $A(2\,;\,-1)$ e $B(5\,;\,2)$, determina i loro trasformati A' e B' nella rotazione di −90° attorno all'origine. Scrivi poi l'equazione della retta AB e della sua immagine nella rotazione, verificando che quest'ultima passa per A' e B'. $[y = x - 3\,;\, y = -x - 3]$

▷▷ **138** Dati i punti $A(5\,;\,3)$ e $B(-1\,;\,-1)$, determina i loro trasformati A' e B' nella rotazione di 90° attorno all'origine. Scrivi poi l'equazione dell'asse del segmento AB e verifica che la sua immagine nella rotazione coincide con l'asse del segmento $A'B'$. $[y = -x + 4;\, y = x + 4]$

■ Dilatazioni e omotetie

Dilatazioni

Trasformazione di punti

Quesiti a risposta multipla

▶ **ESERCIZIO SVOLTO**

▷▷ **139** Determina le immagini dei punti $A(3\,;\,2)$ e $B(1\,;\,-2)$ nella dilatazione di coefficienti $h = 3$ e $k = \frac{1}{2}$. Calcola poi le misure dei segmenti AB e $A'B'$. Si può concludere che la dilatazione è un'isometria?

Scriviamo le equazioni della dilatazione:

$$\delta(h\,;\,k): \begin{cases} x' = hx \\ y' = ky \end{cases} \longrightarrow \delta\left(3\,;\,\frac{1}{2}\right): \begin{cases} x' = 3x \\ y' = \frac{1}{2}y \end{cases}$$

ESERCIZI

Determiniamo le coordinate delle immagini di A e B utilizzando tali equazioni:

punto A $\begin{cases} x' = 3 \cdot 3 \\ y' = \frac{1}{2} \cdot 2 \end{cases} \longrightarrow \begin{cases} x' = 9 \\ y' = 1 \end{cases} \longrightarrow A'(9\,;\,1)$

punto B $\begin{cases} x' = 3 \cdot 1 \\ y' = \frac{1}{2} \cdot (-2) \end{cases} \longrightarrow \begin{cases} x' = 3 \\ y' = -1 \end{cases} \longrightarrow B'(3\,;\,-1)$

Calcoliamo ora le misure dei due segmenti:

$\overline{AB} = \sqrt{(x_B - x_A)^2 + (y_B - y_A)^2} = \sqrt{(1-3)^2 + (-2-2)^2} = \sqrt{20} \longrightarrow \overline{AB} = 2\sqrt{5}$

$\overline{A'B'} = \sqrt{(x_{B'} - x_{A'})^2 + (y_{B'} - y_{A'})^2} = \sqrt{(3-9)^2 + (-1-1)^2} = \sqrt{40} \longrightarrow \overline{A'B'} = 2\sqrt{10}$

Si può osservare che $\overline{AB} \neq \overline{A'B'}$. Concludiamo che, in generale, le dilatazioni non sono isometrie.

▷▷ **140** Scrivi le equazioni della dilatazione di coefficienti $h = -\frac{2}{5}$, $k = 5$. $\left[\begin{cases} x' = -\frac{2}{5}x \\ y' = 5y \end{cases}\right]$

▷▷ **141** Scrivi le equazioni della dilatazione orizzontale di coefficiente 3. $\left[\begin{cases} x' = 3x \\ y' = y \end{cases}\right]$

▷▷ **142** Scrivi le equazioni della dilatazione verticale di coefficiente -2. $\left[\begin{cases} x' = x \\ y' = -2y \end{cases}\right]$

Determina i corrispondenti dei seguenti punti nella dilatazione di coefficienti $h = -2$, $k = \frac{1}{3}$.

▷▷ **143** $(3\,;\,-3)$ $[(-6\,;\,-1)]$ ▷▷ **144** $(-1\,;\,6)$ $[(2\,;\,2)]$

▷▷ **145** $(0\,;\,-9)$ $[(0\,;\,-3)]$ ▷▷ **146** $(4\,;\,0)$ $[(-8\,;\,0)]$

Determina le immagini del punto $P(-6\,;\,6)$ nelle dilatazioni seguenti.

▷▷ **147** $\delta(1\,;\,-2)$ $[(-6\,;\,-12)]$ ▷▷ **148** $\delta\left(2\,;\,-\frac{2}{3}\right)$ $[(-12\,;\,-4)]$

▷▷ **149** $\delta(3\,;\,-1)$ $[(-18\,;\,-6)]$ ▷▷ **150** $\delta\left(-\frac{1}{3}\,;\,\frac{5}{3}\right)$ $[(2\,;\,10)]$

▷▷ **151** Dati i punti $A(3\,;\,-1)$ e $B(-1\,;\,2)$, determina i loro trasformati A' e B' nella dilatazione $\delta(2\,;\,5)$. Rappresenta poi i segmenti AB e $A'B'$ e calcolane le misure. $[\overline{AB} = 5;\ \overline{A'B'} = 17]$

▷▷ **152** Dati i punti $A(5\,;\,-2)$ e $B(2\,;\,2)$, determina i loro trasformati A' e B' nella dilatazione $\delta(-1\,;\,2)$. Rappresenta poi i segmenti AB e $A'B'$ e calcolane le misure. $[\overline{AB} = 5;\ \overline{A'B'} = \sqrt{73}]$

▷▷ **153** Dati i punti $A(2\,;\,1)$, $B(2\,;\,-3)$, $C(3\,;\,-1)$, determina i loro trasformati A', B', C' nella dilatazione orizzontale di coefficiente 4; rappresenta poi i triangoli ABC e $A'B'C'$ e calcola le misure $2p$ e $2p'$ dei loro perimetri. $[2p = 2(2+\sqrt{5});\ 2p' = 4(1+\sqrt{5})]$

▷▷ **154** Dati i punti $A(4\,;\,-3)$, $B(4\,;\,3)$, $C(2\,;\,-2)$, determina i loro trasformati A', B', C' nella dilatazione verticale di coefficiente 3; rappresenta poi i triangoli ABC e $A'B'C'$ e calcola le misure S e S' delle loro aree. $[S = 6;\ S' = 18]$

▷▷ **155** Dati i punti $A(4\,;\,1)$ e $B(-2\,;\,7)$, determina i loro trasformati A' e B' nella dilatazione $\delta(3\,;\,-2)$. Calcola quindi le coordinate dei punti medi M e M' dei segmenti AB e $A'B'$ e verifica che M' è l'immagine di M in δ. $[M(1\,;\,4)\ e\ M'(3\,;\,-8)]$

▷▷ **156** Dati i punti $A(-1;5)$ e $B(7;-5)$, determina i loro trasformati A' e B' nella dilatazione verticale di coefficiente $\frac{3}{5}$. Verifica poi che i segmenti AB e $A'B'$ hanno lo stesso punto medio. $[M \equiv M'(3;0)]$

▷▷ **157** I punti $A'(4;-2)$ e $B'(6;6)$ sono le immagini di due punti A e B nella dilatazione orizzontale di coefficiente -2. Determina i punti A e B e calcola la misura dell'area del quadrilatero $ABB'A'$. $[60]$

Trasformazione di rette e di parabole

Altri esercizi

ESERCIZIO SVOLTO

▷▷ **158** Data la retta r di equazione $y = 4x - 3$, determina l'equazione della retta r', immagine di r nella dilatazione orizzontale di coefficiente -2.

Scriviamo le equazioni della dilatazione data e da queste ricaviamo x e y:

$$\begin{cases} x' = -2x \\ y' = y \end{cases} \longrightarrow \begin{cases} x = -\frac{1}{2}x' \\ y = y' \end{cases}$$

Sostituiamo le espressioni così trovate al posto di x e y nell'equazione di r:

$$y = 4x - 3 \xrightarrow[x=-\frac{1}{2}x';\ y=y']{} y' = 4\left(-\frac{1}{2}x'\right) - 3 \longrightarrow$$

$$\longrightarrow y' = -2x' - 3$$

Indicando, come di consueto, le ascisse e le ordinate con x e y anziché x' e y' otteniamo l'equazione di r':

$$y = -2x - 3$$

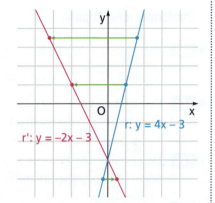

Date le rette aventi le seguenti equazioni, determina le equazioni delle loro trasformate nella dilatazione $\delta(3;-1)$.

▷▷ **159** $y = x$ $\left[y = -\frac{1}{3}x\right]$ ▷▷ **160** $y = -x - 2$ $\left[y = \frac{1}{3}x + 2\right]$

▷▷ **161** $y = 6x - 3$ $[y = -2x + 3]$ ▷▷ **162** $y = -3x + 1$ $[y = x - 1]$

Data la retta di equazione $y = 2x + 3$, determina le equazioni delle sue trasformate nelle dilatazioni seguenti.

▷▷ **163** $\delta(-1;-1)$ $[y = 2x - 3]$ ▷▷ **164** $\delta(1;-2)$ $[y = -4x - 6]$

▷▷ **165** $\delta(2;4)$ $[y = 4x + 12]$ ▷▷ **166** $\delta(-2;3)$ $[y = -3x + 9]$

▷▷ **167** Determina l'equazione dell'immagine della parabola di equazione $y = x^2$ nella dilatazione orizzontale di coefficiente 3. $\left[y = \frac{1}{9}x^2\right]$

▷▷ **168** Determina l'equazione dell'immagine della parabola di equazione $y = x^2$ nella dilatazione $\delta(2;4)$. $[y = x^2]$

▷▷ **169** Dati i punti $A(2;-3)$ e $B(-2;3)$, determina i loro trasformati A' e B' nella dilatazione verticale di coefficiente $\frac{4}{3}$. Scrivi poi l'equazione della retta AB e della sua immagine nella dilatazione, verificando che la retta trasformata passa per A' e B'. $\left[A'(2;-4);\ B'(-2;4);\ y = -\frac{3}{2}x;\ y = -2x\right]$

ESERCIZI

▶▶ **170** Disegna la parabola γ di equazione $y = 4x^2 + 8x$ e determina l'equazione della curva γ' che si ottiene applicando a γ la dilatazione orizzontale di coefficiente 2; traccia γ', verificando che è una parabola e che il suo vertice è l'immagine del vertice di γ nella dilatazione considerata.
$$[y = x^2 + 4x; \; V(-1; -4) \text{ e } V'(-2; -4)]$$

▶▶ **171** Disegna la parabola γ di equazione $y = 3x^2 + 1$ e determina l'equazione della curva γ' che si ottiene applicando a γ la dilatazione $\delta(3; 2)$. Verifica che γ' è anch'essa una parabola e che il suo vertice V' è il trasformato del vertice V di γ nella dilatazione $\delta(3; 2)$.
$$\left[\gamma': y = \frac{2}{3}x^2 + 2; \; V(0; 1) \text{ e } V'(0; 2)\right]$$

Omotetie

Trasformazione di punti

Quesiti a risposta multipla, altri esercizi

▶▶ **172** Dati i punti $A(2; 4)$ e $B(4; 2)$, determina i loro trasformati A' e B' nell'omotetia di rapporto $\frac{3}{2}$. Disegna i segmenti AB e $A'B'$ e calcolane le misure.
$$\left[\overline{AB} = 2\sqrt{2}; \; \overline{A'B'} = 3\sqrt{2}\right]$$

▶▶ **173** Dati i punti $A(-2; -1)$, $B(4; -1)$ e $C(1; 3)$, determina i loro trasformati nell'omotetia di rapporto -2. Disegna poi i triangoli ABC e $A'B'C'$ e calcola le misure $2p$ e $2p'$ dei loro perimetri.
$$[2p = 16; \; 2p' = 32]$$

▶▶ **174** Dati i punti $A(-2; 3)$, $B(2; 3)$ e $C(-1; -1)$, determina i loro trasformati A', B', C' in un'omotetia di rapporto 3. Disegna i triangoli ABC e $A'B'C'$ e calcola le misure S e S' delle loro aree. $[S = 8; \; S' = 72]$

▶▶ **175** Dati i punti $A(12; -9)$ e $B(-6; 9)$, determina i loro trasformati A' e B' nell'omotetia di rapporto $-\frac{2}{3}$. Calcola quindi le coordinate dei punti medi M e M' dei segmenti AB e $A'B'$ e verifica che M' è l'immagine di M nell'omotetia considerata.
$$[M(3; 0) \text{ e } M'(-2; 0)]$$

▶▶ **176** Dati i punti $A(4; 1)$ e $B(1; 5)$, determina i loro trasformati A' e B' nell'omotetia di rapporto -3. Scrivi poi le equazioni delle rette AB e $A'B'$ e verifica che tali rette sono parallele.
$$\left[y = -\frac{4}{3}x + \frac{19}{3}; \; y = -\frac{4}{3}x - 19\right]$$

Trasformazione di rette e di parabole

■ **ESERCIZIO SVOLTO**

▶▶ **177** Data la parabola γ di equazione $y = x^2 - 4x$, determina l'equazione della parabola γ', immagine di γ nell'omotetia di rapporto $\frac{3}{2}$. Verifica poi che l'immagine del vertice V di γ è il vertice V' di γ'.

Scriviamo le equazioni dell'omotetia e da queste ricaviamo x e y:

$$\begin{cases} x' = \frac{3}{2}x \\ y' = \frac{3}{2}y \end{cases} \longrightarrow \begin{cases} x = \frac{2}{3}x' \\ y = \frac{2}{3}y' \end{cases}$$

Sostituiamo le espressioni così trovate al posto di x e y nell'equazione di γ:

$$y = x^2 - 4x \xrightarrow{x = \frac{2}{3}x'; \; y = \frac{2}{3}y'} \frac{2}{3}y' = \left(\frac{2}{3}x'\right)^2 - 4\left(\frac{2}{3}x'\right) \longrightarrow \frac{2}{3}y' = \frac{4}{9}x'^2 - \frac{8}{3}x'$$

Indichiamo le ascisse e le ordinate con x e y anziché x' e y' e poniamo l'equazione nella forma $y = ax^2 + bx + c$:

$$\frac{2}{3}y = \frac{4}{9}x^2 - \frac{8}{3}x \longrightarrow y = \frac{2}{3}x^2 - 4x$$

Le parabole γ e γ' hanno vertici

$$V(2\,;\,-4) \qquad V'(3\,;\,-6)$$

Se ora applichiamo le equazioni dell'omotetia alle coordinate di V troviamo le coordinate della sua immagine nell'omotetia:

$$\begin{cases} x' = \dfrac{3}{2} \cdot 2 = 3 \\ y' = \dfrac{3}{2} \cdot (-4) = -6 \end{cases} \longrightarrow (3\,;\,-6)$$

Osserviamo così che l'immagine di V coincide con V'.

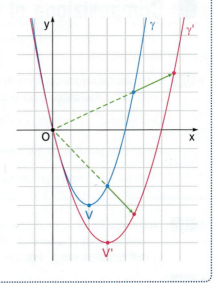

Date le rette aventi le seguenti equazioni, determina le equazioni delle loro trasformate nell'omotetia di rapporto $-\dfrac{2}{3}$.

▷▷ **178** $y = 3x$ $\qquad\qquad\qquad\qquad [y = 3x]$ ▷▷ **179** $y = -x + 3$ $\qquad\qquad [y = -x - 2]$

▷▷ **180** $y = 2x - 6$ $\qquad\qquad\quad [y = 2x + 4]$ ▷▷ **181** $y = -3x + 1$ $\qquad\quad \left[y = -3x - \dfrac{2}{3}\right]$

Data la retta di equazione $y = -2x + 6$, determina le equazioni delle sue trasformate nelle omotetie di cui sono dati i seguenti rapporti k.

▷▷ **182** $k = -\dfrac{2}{3}$ $\qquad\qquad\quad [y = -2x - 4]$ ▷▷ **183** $k = -2$ $\qquad\qquad\quad [y = -2x - 12]$

▷▷ **184** $k = 3$ $\qquad\qquad\qquad [y = -2x + 18]$ ▷▷ **185** $k = \dfrac{5}{2}$ $\qquad\qquad\quad [y = -2x + 15]$

▷▷ **186** Dati i punti $A(4\,;\,6)$ e $B(-2\,;\,3)$, scrivi l'equazione della retta r passante per A e per B e quindi determina l'equazione della sua trasformata r' nell'omotetia di rapporto $\dfrac{1}{2}$. Trova quindi le coordinate dei punti A' e B', immagini di A e B nell'omotetia, e verifica che r' passa per A' e B'.

$$\left[y = \dfrac{1}{2}x + 4;\ y = \dfrac{1}{2}x + 2\right]$$

▷▷ **187** Data la parabola di equazione $y = \dfrac{1}{2}x^2$, determina l'equazione della sua immagine nell'omotetia di rapporto 2. $\qquad\qquad\qquad\qquad\qquad\qquad\qquad\qquad\qquad\qquad\qquad\qquad\qquad\qquad \left[y = \dfrac{1}{4}x^2\right]$

▷▷ **188** Scrivi le coordinate del vertice V della parabola γ di equazione $y = -x^2 + 6x$. Determina l'immagine γ' di γ nell'omotetia di rapporto -3. Verifica infine che γ' è una parabola e che l'immagine di V nell'omotetia coincide con il vertice V' di γ'.

$$\left[V(3\,;\,9);\ \gamma'\colon y = \dfrac{1}{3}x^2 + 6x;\ V'(-9\,;\,-27)\right]$$

▷▷ **189** Verifica che l'immagine della parabola di equazione $y = x^2$ in un'omotetia di rapporto k è la parabola di equazione $y = \dfrac{1}{k}x^2$.

Composizione di trasformazioni

ESERCIZIO SVOLTO

190 Determina l'immagine del punto $A(-2; 3)$ nella trasformazione composta che si ottiene applicando prima la rotazione di 90° attorno all'origine e poi la traslazione di vettore $\vec{v}(3; 0)$.

Determiniamo le coordinate dell'immagine A' di A nella rotazione data: $A(-2; 3) \xrightarrow[\rho_{O,90°}]{} A'(-3; -2)$.

Applichiamo poi ad A' la traslazione $\tau(3; 0)$: $A'(-3; -2) \xrightarrow[\tau(3;0)]{} A''(-3+3; -2+0)$.

L'immagine di A nella trasformazione composta è perciò $A''(0; -2)$.

191 Determina l'immagine del punto $A(-2; 3)$ nella trasformazione composta che si ottiene applicando prima la traslazione di vettore $\vec{v}(3; 0)$ e poi la rotazione di 90° attorno all'origine. Confronta il risultato con quello dell'**ESERCIZIO SVOLTO 190**: che cosa si può osservare? $[(-3; 1)]$

192 Determina l'immagine del punto $A(1; 4)$ nella trasformazione composta che si ottiene applicando prima la simmetria rispetto all'origine e poi la simmetria rispetto alla retta di equazione $y = 2$. $[(-1; 8)]$

193 Determina l'immagine del punto $A(3; -3)$ nella trasformazione composta che si ottiene applicando prima la simmetria rispetto al punto $C(2; 1)$ e poi la traslazione di vettore $\vec{v}(-1; 4)$. $[(0; 9)]$

ESERCIZIO SVOLTO

194 Scrivi le equazioni della trasformazione che si ottiene applicando prima la rotazione di 90° attorno all'origine e poi la traslazione di vettore $\vec{v}(3; 0)$.

Applichiamo, a un generico punto $P(x; y)$, la rotazione $\rho_{O,90°}$: $P(x; y) \xrightarrow[\rho_{O,90°}]{} P'(-y; x)$.

Al punto P' applichiamo poi la traslazione $\tau(3; 0)$: $P'(-y; x) \xrightarrow[\tau(3;0)]{} P''(-y+3; x)$.

Dunque nella trasformazione composta $\tau(3; 0) \circ \rho_{O,90°}$ l'immagine del punto di coordinate $(x; y)$ è il punto di coordinate $(-y+3; x)$. Pertanto le equazioni di questa trasformazione sono

$$\begin{cases} x' = -y + 3 \\ y' = x \end{cases}$$

195 Scrivi le equazioni della trasformazione che si ottiene applicando prima la traslazione di vettore $\vec{v}(3; 0)$ e poi la rotazione di 90° attorno all'origine. Confronta il risultato ottenuto con quello dell'**ESERCIZIO SVOLTO 194**.

$\left[\begin{cases} x' = -y \\ y' = x + 3 \end{cases}\right]$

196 Scrivi le equazioni della trasformazione che si ottiene applicando prima la simmetria rispetto all'origine e poi la simmetria rispetto alla retta di equazione $y = 2$.

$\left[\begin{cases} x' = -x \\ y' = y + 4 \end{cases}\right]$

197 Scrivi le equazioni della trasformazione che si ottiene applicando prima la simmetria rispetto alla retta di equazione $x = 2$ e poi la simmetria rispetto alla bisettrice del 1°-3° quadrante.

$\left[\begin{cases} x' = y \\ y' = -x + 4 \end{cases}\right]$

Autovalutazione

TEMPO MASSIMO: 50 MINUTI

Soluzione della scheda di autovalutazione

1 Le coordinate dell'immagine del punto $P(4;-2)$ nella traslazione di vettore $\vec{v}(-2;4)$ sono
- **a** $(0;0)$
- **b** $(-4;2)$
- **c** $(2;2)$
- **d** $(2;-4)$
- **e** $(-2;-2)$

2 Le coordinate dell'immagine del punto $P(-3;2)$ nella rotazione di 90° attorno all'origine sono
- **a** $(2;3)$
- **b** $(-2;3)$
- **c** $(3;2)$
- **d** $(3;-2)$
- **e** $(-2;-3)$

3 L'immagine della retta di equazione $y=x-7$ nella simmetria rispetto all'asse y è la retta di equazione
- **a** $y=x+7$
- **b** $y=x-7$
- **c** $y=x+14$
- **d** $y=-x+7$
- **e** $y=-x-7$

4 L'immagine della retta di equazione $y=x+3$ nella dilatazione orizzontale di coefficiente 3 è la retta di equazione
- **a** $y=\frac{1}{3}x+9$
- **b** $y=\frac{1}{3}x+1$
- **c** $y=3x+9$
- **d** $y=\frac{1}{3}x+3$
- **e** $y=3x+3$

5 L'immagine della parabola di equazione $y=x^2$ nell'omotetia di rapporto $\frac{1}{2}$ è la parabola di equazione
- **a** $y=x^2$
- **b** $y=2x^2$
- **c** $y=\frac{1}{2}x^2$
- **d** $y=\frac{1}{4}x^2$
- **e** $y=4x^2$

6 Se al punto $P(2;3)$ si applica prima la simmetria rispetto alla retta di equazione $y=2$ e poi la simmetria rispetto alla retta di equazione $y=-2$ si ottiene il punto di coordinate
- **a** $(2;-3)$
- **b** $(2;3)$
- **c** $(2;11)$
- **d** $(-3;2)$
- **e** $(2;-5)$

7 Applicando prima la simmetria rispetto all'origine e poi la traslazione di vettore $\vec{v}(5;-1)$ si ottiene la trasformazione di equazioni
- **a** $\begin{cases} x'=-x+5 \\ y'=-y-1 \end{cases}$
- **b** $\begin{cases} x'=-x-5 \\ y'=-y+1 \end{cases}$
- **c** $\begin{cases} x'=x-5 \\ y'=y+1 \end{cases}$
- **d** $\begin{cases} x'=x+5 \\ y'=y-1 \end{cases}$
- **e** $\begin{cases} x'=-y+5 \\ y'=-x-1 \end{cases}$

esercizio	1	2	3	4	5	6	7	totale
punteggio	1	1	1,5	1,5	1,5	1,5	2	10
esito								

ESERCIZI

Esercizi per il recupero

Altri esercizi per il recupero

1 Determina i corrispondenti dei seguenti punti nella simmetria di centro $E(-1; 2)$:

$$A(0; 0) \quad B(-1; 1) \quad C(-3; 2) \quad D(4; 4)$$

$[A'(-2; 4); \ B'(-1; 3); \ C'(1; 2); \ D'(-6; 0)]$

2 L'immagine del punto $P(3; -4)$ in una simmetria centrale è il punto $P'(-7; 10)$. Determina il centro C di simmetria. $[C(-2; 3)]$

3 Disegna il quadrilatero di vertici $A(-3; 1)$, $B(-1; 1)$, $C(-1; -1)$ e $D(-3; -1)$ e determina la sua immagine $A'B'C'D'$ nella simmetria rispetto al punto $E(2; 1)$. Verifica poi che entrambi i quadrilateri sono quadrati e che hanno la stessa area. $[A'(7; 1); \ B'(5; 1); \ C'(5; 3); \ D'(7; 3); \ S = S' = 4]$

4 Dato il triangolo di vertici $A(2; 3)$, $B(6; 3)$ e $C(6; 1)$, determina il suo simmetrico $A'B'C'$ rispetto all'origine. Rappresenta i due triangoli nel piano cartesiano e verifica che hanno la stessa area.

$[A'(-2; -3); \ B'(-6; -3); \ C'(-6; -1); \ S = S' = 4]$

5 Data la retta r di equazione $2x + 3y - 5 = 0$, determina l'equazione della retta r', simmetrica di r rispetto all'origine. Traccia poi le due rette. $[2x + 3y + 5 = 0]$

6 Data la parabola γ di equazione $y = -x^2 + 2$, determina la parabola γ', simmetrica di γ rispetto all'origine. Traccia quindi le due parabole. $[y = x^2 - 2]$

7 Determina i corrispondenti dei seguenti punti nella simmetria rispetto alla retta di equazione $y = 1$:

$$A(-3; 3) \quad B(2; 2) \quad C(-2; -1) \quad D(5; -1)$$

$[A'(-3; -1); \ B'(2; 0); \ C'(-2; 3); \ D'(5; 3)]$

8 L'immagine del punto $P(-2; 1)$ in una simmetria rispetto a una retta parallela all'asse y è il punto $P'(10; 1)$. Determina l'equazione dell'asse di simmetria e verifica che vi appartiene il punto medio M del segmento PP'.

$[x = 4; \ M(4; 1)]$

9 Dato il triangolo di vertici $A(1; 7)$, $B(4; 3)$ e $C(-2; 3)$, determina il suo simmetrico $A'B'C'$ rispetto alla retta di equazione $y = 2$. Verifica che i due triangoli hanno lo stesso perimetro.

$[A'(1; -3); \ B'(4; 1); \ C'(-2; 1); \ 2p = 2p' = 16]$

10 Data la retta r di equazione $x + 2y - 7 = 0$, determina l'equazione della retta r', simmetrica di r' rispetto all'asse delle ascisse. Traccia poi le due rette e determina le coordinate del punto P di intersezione di r e r' verificando che appartiene all'asse x. $[-x + 2y + 7 = 0; \ P(7; 0)]$

11 Data la parabola γ di equazione $y = \frac{1}{3}x^2 - 2x + 1$, determina l'equazione della parabola γ', simmetrica di γ rispetto all'asse delle ordinate. Traccia poi le due parabole. $\left[y = \frac{1}{3}x^2 + 2x + 1\right]$

12 Determina i corrispondenti dei seguenti punti nella simmetria rispetto alla bisettrice del 1°-3° quadrante:

$$A(-1; 4) \quad B(-3; 1) \quad C(2; 3) \quad D(4; 1)$$

$[A'(4; -1); \ B'(1; -3); \ C'(3; 2); \ D'(1; 4)]$

13 Dati i punti $A(4; 1)$ e $B(1; 2)$, determina i loro simmetrici A' e B' rispetto alla bisettrice del 2°-4° quadrante. Rappresenta poi i segmenti AB e $A'B'$ e calcolane le misure.

$[A'(-1; -4); \ B'(-2; -1); \ \overline{AB} = \overline{A'B'} = \sqrt{10}]$

14 Dato il rettangolo di vertici $A(1; 4)$, $B(-1; 2)$, $C(3; -2)$ e $D(5; 0)$, determina il suo simmetrico $A'B'C'D'$ rispetto alla bisettrice del 1°-3° quadrante. Dopo aver verificato che quest'ultimo è un rettangolo, calcola la misura S' della sua area. $[A'(4; 1); \ B'(2; -1); \ C'(-2; 3); \ D'(0; 5); \ S' = 16]$

15 Data la retta di equazione $-7x + y - 12 = 0$, determina l'equazione della retta r' simmetrica di r rispetto alla bisettrice del 2°-4° quadrante. $\quad [x - 7y + 12 = 0]$

16 Dati i punti $A(-2; 1)$ e $B(2; 3)$, determina le coordinate dei punti A' e B', simmetrici di A e B rispetto alla bisettrice del 1°-3° quadrante. Scrivi poi l'equazione della retta AB e trova l'equazione della retta a essa simmetrica rispetto alla stessa bisettrice, verificando che tale retta passa per i punti A' e B'.
$$[A'(1; -2); \ B'(3; 2); \ -x + 2y - 4 = 0; \ -2x + y + 4 = 0]$$

17 Il punto $A'(7; 4)$ è l'immagine del punto A nella traslazione di vettore $\vec{v}(5; -1)$. Determina le coordinate di A. $\quad [A(2; 5)]$

18 Dati i punti $A(-2; 6)$ e $B(3; -6)$, determinane i trasformati A' e B' nella traslazione di vettore $\vec{v}(3; 4)$. Dopo aver verificato che $ABB'A'$ è un parallelogramma, determina la misura del suo perimetro.
$$[A'(1; 10); \ B'(6; -2); \ 2p = 36]$$

19 Data la retta r di equazione $y = \frac{1}{4}x - \frac{5}{4}$, determina l'equazione della retta r', immagine di r nella traslazione di vettore $\vec{v}(1; 6)$. $\quad \left[y = \frac{1}{4}x + \frac{9}{2}\right]$

20 Dato il quadrato di vertici $A(3; 4)$, $B(7; 6)$, $C(9; 2)$ e $D(5; 0)$, determinane il trasformato $A'B'C'D'$ nella rotazione di $+90°$ attorno all'origine e calcola la misura S' dell'area di $A'B'C'D'$.
$$[A'(-4; 3); \ B'(-6; 7); \ C'(-2; 9); \ D'(0; 5); \ S' = 20]$$

21 Dati i punti $A(-3; -1)$ e $B(2; 3)$, determina le coordinate delle loro immagini A' e B' nella rotazione di $-90°$ attorno all'origine. Determina poi le coordinate dei punti medi M e M' dei segmenti AB e $A'B'$ e verifica che M' è l'immagine di M nella rotazione.
$$\left[A'(-1; 3); \ B'(3; -2); \ M\left(-\frac{1}{2}; 1\right); \ M'\left(1; \frac{1}{2}\right)\right]$$

22 Data la retta r di equazione $y = -\frac{1}{2}x + \frac{7}{2}$, determina l'equazione della retta r', immagine di r nella rotazione di $90°$ attorno all'origine. $\quad [y = 2x + 7]$

23 Dati i punti $A(-4; -4)$ e $B(5; -1)$, determina i loro trasformati A' e B' nella rotazione di $90°$ attorno all'origine. Scrivi poi l'equazione della retta AB e della sua immagine nella rotazione, verificando che sono perpendicolari e che la retta trasformata passa per A' e B'. $\quad [A'(4; -4); \ B'(1; 5); \ x - 3y - 8 = 0; \ y = -3x + 8]$

24 Dati i punti $A(-1; 1)$ e $B(1; 4)$, determina i loro trasformati nella dilatazione $\delta\left(3; \frac{1}{2}\right)$. Rappresenta poi i segmenti AB e $A'B'$ e calcolane le misure.
$$\left[A'\left(-3; \frac{1}{2}\right); \ B'(3; 2); \ \overline{AB} = \sqrt{13}; \ \overline{A'B'} = \frac{\sqrt{153}}{2}\right]$$

25 Dato il rettangolo di vertici $A(-6; -2)$, $B(4; -2)$, $C(4; 3)$ e $D(-6; 3)$, determina il suo trasformato $A'B'C'D'$ nella dilatazione orizzontale di coefficiente $\frac{3}{2}$. Rappresenta poi i due rettangoli e calcola le misure S e S' delle loro aree. $\quad [A'(-9; -2); \ B'(6; -2); \ C'(6; 3); \ D'(-9; 3) \ S = 50; \ S' = 75]$

26 Dati i punti $A\left(1; \frac{1}{2}\right)$ e $B\left(-1; \frac{1}{4}\right)$, determina i loro trasformati A' e B' nella dilatazione verticale di coefficiente -4. Calcola poi le coordinate dei punti medi M e M' dei segmenti AB e $A'B'$ e verifica che M' è l'immagine di M nella dilatazione.
$$\left[A'(1; -2), \ B'(-1; -1), \ M\left(0; \frac{3}{8}\right), \ M'\left(0; -\frac{3}{2}\right)\right]$$

27 Data la retta di equazione $y = -x - 4$, determina l'equazione della sua trasformata nella dilatazione $\delta\left(\frac{1}{2}; -6\right)$.
$$[y = -12x + 24]$$

ESERCIZI

28 Determina l'equazione dell'immagine della parabola di equazione $y = -\dfrac{1}{6}x^2 + 1$ nella dilatazione $\delta(2\,;\,-6)$.

$$\left[y = \dfrac{1}{16}x^2 - 6\right]$$

29 Dati i punti $A(-3\,;\,-2)$, $B(-3\,;\,6)$ e $C(6\,;\,6)$, determina i loro trasformati nell'omotetia di rapporto $\dfrac{1}{3}$. Rappresenta poi i triangoli ABC e $A'B'C'$ e calcola le misure $2p$ e $2p'$ dei loro perimetri.

$$\left[A'\left(-1\,;\,-\dfrac{2}{3}\right);\ B'(-1\,;\,2);\ C'(2\,;\,2);\ 2p = 17 + \sqrt{145};\ 2p' = \dfrac{17 + \sqrt{145}}{3}\right]$$

30 Dato il rettangolo di vertici $A(4\,;\,1)$, $B(6\,;\,1)$, $C(6\,;\,-2)$ e $D(4\,;\,-2)$, determina il suo trasformato nell'omotetia di rapporto -2. Rappresenta poi i rettangoli $ABCD$ e $A'B'C'D'$ e calcolane le misure S e S' delle aree.

$$[A'(-8\,;\,-2),\ B'(-12\,;\,-2),\ C'(-12\,;\,4),\ D'(-8\,;\,4);\ S = 6;\ S' = 24]$$

31 Dati i punti $A(-4\,;\,-2)$ e $B(-2\,;\,-4)$, determina i loro trasformati A' e B' nell'omotetia di rapporto $-\dfrac{3}{2}$. Scrivi poi le equazioni delle rette AB e $A'B'$ e verifica che tali rette sono parallele.

$$[A'(6\,;\,3);\ B'(3\,;\,6);\ x + y + 6 = 0;\ x + y - 9 = 0]$$

32 Data la retta di equazione $y = \dfrac{1}{4}x + \dfrac{1}{2}$, determinane la trasformata nell'omotetia di rapporto 5.

$$\left[y = \dfrac{1}{4}x + \dfrac{5}{2}\right]$$

33 Data la parabola di equazione $y = -3x^2 + 6$, determina l'equazione della sua trasformata nell'omotetia di rapporto $\dfrac{1}{3}$.

$$[y = -9x^2 + 2]$$

34 Determina l'immagine A'' del punto $A(-6\,;\,3)$ nella trasformazione composta che si ottiene applicando prima la rotazione di $-90°$ attorno all'origine e poi la simmetria rispetto alla retta $y = 2$. $\quad [A''(3\,;\,-2)]$

35 Determina l'immagine A'' del punto $A(-7\,;\,-3)$ nella trasformazione composta che si ottiene applicando prima la simmetria rispetto all'origine e poi la dilatazione $\delta(2\,;\,-3)$. $\quad [A''(14\,;\,-9)]$

36 Determina l'immagine A'' del punto $A(4\,;\,-1)$ nella trasformazione composta che si ottiene applicando prima la traslazione di vettore $\vec{v}(-3\,;\,3)$ e poi la simmetria rispetto alla bisettrice del 2° e 4° quadrante.

$$[A''(-2\,;\,-1)]$$

Esercizi di approfondimento

1 In figura è rappresentato il grafico γ della funzione $y = f(x)$, dove $\widehat{AO}$ è un arco di parabola con vertice nell'origine e asse di simmetria coincidente con l'asse y.

a. Determina la legge matematica che definisce $y = f(x)$ e individua dominio e codominio della funzione.

$$\left[f(x) = \begin{cases} -x^2 & \text{per } -1 \leq x \leq 0 \\ 1 - x & \text{per } 0 < x \leq 1 \end{cases};\ D = [-1\,;\,1];\ C = [-1\,;\,1)\right]$$

b. Sottoponi il grafico γ alla trasformazione $\rho_{O,-90°} \circ \sigma_{y=x}$ ottenendo così il grafico trasformato γ^*. Determina la legge con cui è definita la funzione $y = g(x)$, il cui grafico è γ^*. Qual è il codominio di $g(x)$?

$$\left[g(x) = \begin{cases} x^2 & \text{per } -1 \leq x \leq 0 \\ x - 1 & \text{per } 0 < x \leq 1 \end{cases};\ C = (-1\,;\,1]\right]$$

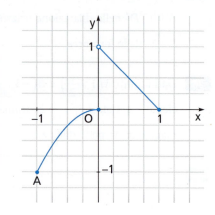

2 Verifica analiticamente che la simmetria rispetto all'origine è un'isometria. (*Suggerimento*: considera due generici punti $A(x_A\,;\,y_A)$ e $B(x_B\,;\,y_B)$ e le loro immagini nella simmetria rispetto all'origine. Esprimi quindi $\overline{AB}$ e $\overline{A'B'}$ mediante la formula della distanza tra due punti e verifica che è $\overline{AB}=\overline{A'B'}$.)

3 Verifica che la simmetria rispetto a un generico punto $C(x_0\,;\,y_0)$ è un'isometria.

4 Verifica analiticamente che la simmetria rispetto a una retta parallela all'asse x è un'isometria.

5 Verifica analiticamente che la simmetria rispetto a una retta parallela all'asse y è un'isometria.

6 Verifica analiticamente che una retta non parallela agli assi e la sua simmetrica rispetto all'asse delle ascisse si intersecano in un punto dell'asse delle ascisse.

7 Verifica analiticamente che una retta non parallela agli assi e la sua simmetrica rispetto all'asse delle ordinate si intersecano in un punto dell'asse delle ordinate.

8 Verifica analiticamente che la simmetria rispetto alla bisettrice del 1°-3° quadrante è un'isometria.

9 Verifica analiticamente che la simmetria rispetto alla bisettrice del 2°-4° quadrante è un'isometria.

10 Verifica analiticamente che la simmetria rispetto alla bisettrice del 1°-3° quadrante trasforma una retta di coefficiente angolare m in una retta di coefficiente angolare $\dfrac{1}{m}$.

11 Verifica analiticamente che la simmetria rispetto alla bisettrice del 2°-4° quadrante trasforma una retta di coefficiente angolare m in una retta di coefficiente angolare $\dfrac{1}{m}$.

12 Verifica analiticamente che una traslazione di vettore $\vec{v}(a\,;\,b)$ è un'isometria.

13 Verifica che una qualsiasi retta è parallela alla sua immagine in una generica traslazione di vettore $\vec{v}(a\,;\,b)$.

14 Siano $P(x_0\,;\,y_0)$ un qualsiasi punto distinto dall'origine e P' la sua immagine nella rotazione di 90° attorno all'origine O. Verifica che l'area del triangolo POP' misura $\dfrac{{x_0}^2+{y_0}^2}{2}$.

15 Verifica analiticamente che la rotazione di 90° attorno all'origine è un'isometria.

16 Verifica analiticamente che la rotazione di $-90°$ attorno all'origine è un'isometria.

17 L'immagine della parabola γ di equazione $y=x^2$ in una dilatazione $\delta(h\,;\,k)$ è la stessa parabola γ. Quale relazione intercorre tra i coefficienti h e k? $[k=h^2]$

18 Se si sottopone la parabola γ di equazione $y=x^2$ a una dilatazione orizzontale, si ottiene una parabola γ'; sottoponendo γ a una dilatazione verticale, si ottiene una parabola γ''. Quale relazione deve intercorrere tra i coefficienti di dilatazione affinché le due parabole γ' e γ'' coincidano? $[h^2\cdot k=1]$

19 Il segmento $A'B'$ è l'immagine del segmento AB nell'omotetia di rapporto k. Verifica analiticamente che il rapporto tra la misura di $A'B'$ e la misura di AB è k.

20 Verifica analiticamente che l'immagine in un'omotetia di una retta passante per l'origine è la retta stessa.

21 Verifica analiticamente che l'immagine in un'omotetia di una retta non passante per l'origine è una retta parallela alla retta data.

22 Verifica analiticamente che la trasformazione composta che si ottiene applicando prima la simmetria rispetto alla retta di equazione $x=x_0$ e poi la simmetria rispetto alla retta di equazione $y=y_0$ coincide con la simmetria rispetto al punto $(x_0\,;\,y_0)$. Che cosa succede se si cambia l'ordine in cui vengono applicate le due trasformazioni?

ESERCIZI

23 Verifica analiticamente che la trasformazione composta che si ottiene applicando prima la simmetria rispetto all'asse x e poi la simmetria rispetto alla bisettrice del 1°-3° quadrante coincide con la rotazione di 90° attorno all'origine. Che cosa succede se si cambia l'ordine in cui vengono applicate le due trasformazioni?

[si ottiene la rotazione di $-90°$ attorno all'origine]

24 Verifica analiticamente che la trasformazione composta che si ottiene applicando prima la traslazione di vettore $\vec{v}(3\,;\,1)$ e poi la traslazione di vettore $\vec{v}(2\,;\,5)$ coincide con la traslazione di vettore $\vec{v}(3+2\,;\,1+5)$. Come si può generalizzare questo risultato?

25 Verifica analiticamente che applicando alla parabola di equazione $y = x^2$ prima l'omotetia di rapporto k e poi la dilatazione verticale di rapporto k si ottiene la stessa parabola data.

Verso la Prova Invalsi

Soluzioni degli esercizi

QUESITI A RISPOSTA MULTIPLA

1 Il poligono $A'B'C'D'E'$ è stato ottenuto da $ABCDE$ applicando una trasformazione. Quale?

- **a** La simmetria rispetto all'origine
- **b** La simmetria rispetto all'asse y
- **c** Una rotazione attorno all'origine
- **d** Una traslazione

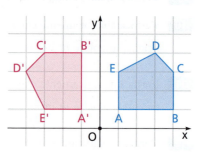

Osserva i grafici seguenti e rispondi alle domande.

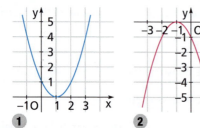
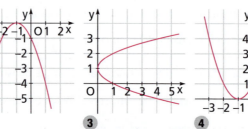
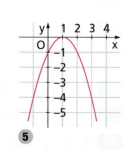

2 Quale grafico è il simmetrico del grafico 1 rispetto all'origine?

- **a** Il grafico 2
- **b** Il grafico 3
- **c** Il grafico 4
- **d** Il grafico 5

3 Quale grafico è il simmetrico del grafico 1 rispetto all'asse y?

- **a** Il grafico 2
- **b** Il grafico 3
- **c** Il grafico 4
- **d** Il grafico 5

4 Quale grafico è il simmetrico del grafico 1 rispetto alla bisettrice del 1°-3° quadrante?

- **a** Il grafico 2
- **b** Il grafico 3
- **c** Il grafico 4
- **d** Il grafico 5

5 Applicando una delle seguenti trasformazioni al grafico 1 si ottiene il grafico 4. Qual è la trasformazione?

- **a** Una rotazione
- **b** Un'omotetia
- **c** La simmetria rispetto all'asse x
- **d** Una traslazione

6 Il punto P nella figura ha coordinate (5 ; 2).

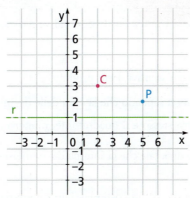

Segna sulla figura il punto A, simmetrico di P rispetto a C, e poi il punto B, simmetrico di A rispetto alla retta r. Quali sono le coordinate di B?

| a | (−1 ; 4) | b | (−1 ; 6) | c | (5 ; 0) | d | (−1 ; −2) |

Segna ora il punto D, simmetrico di P rispetto alla retta r, e poi il punto E, simmetrico di D rispetto a C. Quali sono le coordinate di E?

| e | (−1 ; 4) | f | (−1 ; 6) | g | (5 ; 0) | h | (−1 ; −2) |

Verso le competenze

1 Determina due numeri dispari consecutivi il cui prodotto è 35.

2 Determina un numero di due cifre, sapendo che la cifra delle decine supera di 2 quella delle unità e che il rapporto tra il quadrato del numero stesso e il quadrato del numero che si ottiene invertendo le cifre è $\frac{49}{16}$.

3 Determina il numero, maggiore di 5, tale che la somma del numero stesso con 20 volte il suo reciproco è uguale a 12.

4 La legge fisica che descrive il moto di un corpo lasciato cadere da un'altezza h con velocità iniziale v_0 sotto l'azione della forza di gravità è $x(t) = h - v_0 t - 4{,}9 t^2$. Un bambino lascia cadere il mazzo di chiavi al fratello dal balcone di casa, che si trova a un'altezza di 4,2 m, con una velocità iniziale di 2 m/s. Per evitare di farsi male il fratello lascia che le chiavi tocchino terra. Quanto tempo impiega il mazzo di chiavi per raggiungere il suolo ($x = 0$)? Quanto tempo impiegherebbe se il bambino lasciasse cadere le chiavi senza lanciarle?

5 Viene depositato in banca un capitale di 4500 euro per due anni consecutivi in cui non viene modificato il tasso di interesse applicato. Al termine dei due anni il capitale aumenta di 181,8 euro. Qual è stato il tasso di interesse applicato al capitale?

6 Un centro di ricerca in storia della matematica ha ritrovato le lettere in cui due famosi matematici si scambiavano i risultati conseguiti nel tentativo di trovare la dimostrazione di un teorema. Data l'entità della scoperta, il centro vuole trascrivere al computer le lettere, con l'intento di pubblicare un libro. Una stima su lavori simili svolti in passato ha permesso di stabilire che un ricercatore impiegherebbe, lavorando da solo, un giorno e mezzo in meno del secondo ricercatore dello studio, mentre se lavorassero insieme impiegherebbero 10 giorni. Quanti giorni di lavoro dovrebbero considerare impegnati i due ricercatori se lavorassero da soli?

7 In un trapezio la base minore è $\frac{7}{8}$ dell'altezza e la base maggiore è 30 cm. Sapendo che l'area del trapezio è 612 cm², calcola la base minore del trapezio e l'altezza.

8 In un rombo la diagonale maggiore è tre volte la diagonale minore diminuita di 2 cm e il perimetro è $4\sqrt{5}$ cm. Determina l'area del rombo.

9 Un semicerchio di raggio R ha la stessa area di un cerchio di raggio r. Sapendo che R supera di 4 cm il raggio r, calcola la lunghezza della circonferenza di raggio maggiore.

10 L'area del poligono in figura è 130 cm². Determina il perimetro.

11 Il quadrato rosso in figura è inscritto nel quadrato verde di area 441 cm². Sapendo che il perimetro del quadrato rosso è 60 cm, determina la lunghezza del segmento AP.

12 Il lato dell'esagono regolare in figura supera l'altezza dei triangoli isosceli di 4 cm. Sapendo che l'area del poligono è $(24\sqrt{3} + 96)$ cm², determina il lato dell'esagono.

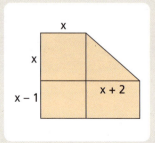

13 Determina per quali valori del parametro k le rette

$$(k+4)x + (k+5)y + \frac{k}{2} = 0 \quad \text{e} \quad (k-4)x + (4k-1)y - k + 1 = 0$$

sono parallele.

14 Determina per quali valori del parametro k le rette

$$(-k+3)x + \frac{k-2}{2}y + k - 8 = 0 \quad \text{e} \quad (k-5)x + \frac{2k-1}{3}y + k = 0$$

sono perpendicolari.

15 Determina un punto C sull'asse del segmento di vertici $A(1\,;\,4)$ e $B(11\,;\,4)$ in modo tale che il perimetro del triangolo ABC sia 36 cm.

16 La legge fisica che descrive il moto di un corpo lanciato verso l'alto da un'altezza h con velocità iniziale v_0 sotto l'azione della forza di gravità è $x(t) = h + v_0 t - 4{,}9t^2$. Se un sasso viene lanciato verso l'alto da un'altezza di 3 m e con una velocità $v_0 = 7{,}2$ m/s, dopo quanto tempo raggiunge l'altezza massima? Qual è l'altezza massima che raggiunge?

17 Determina la coppia di numeri tali che il triplo del primo supera di 1 l'opposto del secondo e che il loro prodotto sia massimo.

18 Un signore ha comprato una rete da giardino lunga 10 m e la vuole dividere in due parti per recintare due aiuole circolari in modo che queste coprano insieme una superficie del giardino minima. In che modo divide la rete?

19 Inscrivi un quadrato in un secondo quadrato di lato 25 cm in modo che abbia area minima.

20 Con un filo di raso lungo 42 cm vuoi decorare il bordo di un biglietto di auguri di forma rettangolare in modo che abbia la maggiore superficie possibile così da contenere tutte le firme dei tuoi amici. Con quali dimensioni ritaglierai il biglietto di auguri?

21 Un'insegnante di spagnolo vuole iniziare un nuovo corso per principianti. Osservando i dati degli anni precedenti, ha stimato che chiedendo una quota di iscrizione di 450 euro si iscriveranno mediamente 14 persone e che per ogni diminuzione di 10 euro della quota si iscriveranno mediamente 2 persone in più. A quanto fisserà la quota di iscrizione la professoressa, in modo da massimizzare il guadagno? Quanti saranno i partecipanti stimati?

22 In figura è rappresentato il grafico di una funzione polinomiale di secondo grado $y = f(x)$; determina il polinomio leggendo le informazioni necessarie dal grafico. Quali sono le soluzioni dell'equazione $f(x) = 0$? Qual è la soluzione della disequazione $f(x) > 0$?

23 In figura è rappresentato il grafico di una funzione polinomiale di terzo grado $y = f(x)$; determina il polinomio leggendo le informazioni necessarie dal grafico. Quali sono le soluzioni dell'equazione $f(x) = 0$? Qual è la soluzione della disequazione $f(x) < 0$?

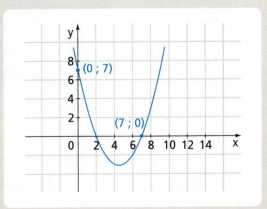

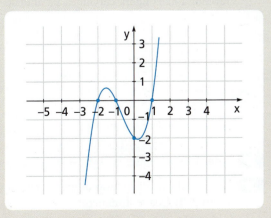

VERSO LE COMPETENZE

24 Un'azienda produttrice di riso vuole realizzare la nuova confezione del riso integrale. Il volume di 1 kg di riso integrale sottovuoto è 1710 cm³. Il designer della confezione vuole che la scatola sia un parallelepipedo a base rettangolare, con una delle due dimensioni fissa a 15 cm, e che l'altezza superi di 1,5 cm i $\frac{2}{3}$ del lato di base variabile. Quali saranno le dimensioni della nuova confezione?

25 Determina due numeri dispari consecutivi tali che la somma dei loro quadrati sia minore di 50 e maggiore di 26.

26 La legge fisica che permette di calcolare l'intensità della forza attrattiva tra due masse m e M è $F = G\frac{mM}{r^2}$, dove M e m sono le due masse (espresse in kg), G è una costante che vale $6{,}7 \cdot 10^{-11}$ (espressa in $\frac{\text{Nm}^2}{\text{kg}^2}$) e r è la distanza tra le due masse (espressa in m). Due masse sono una $\frac{1}{3}$ dell'altra e sono poste a una distanza di 10 m. Determina in che intervallo possono variare le due masse affinché la forza attrattiva tra loro sia minore di $20{,}1 \cdot 10^{-3} N$.

27 Sono stati ritagliati da un disco 15 dischetti più piccoli il cui raggio è $\frac{1}{5}$ del raggio R del disco maggiore diminuito di 2 cm. In che intervallo può variare il raggio R affinché la superficie rimanente del disco non superi 850π cm²?

28 Devi appendere una tela alla parete della tua stanza. La parete è lunga 4 m e alta 3 m. Vuoi appendere la tela in modo tale che i lati siano paralleli alle pareti, le distanze dalle pareti laterali e dal pavimento siano uguali tra loro e doppie rispetto alla distanza dal soffitto. La superficie della parete è 4 volte quella della tela. Quali sono le dimensioni della tela?

29 Il conto del ristorante per la cena di compleanno di due tuoi amici è 234 euro. Decidete di offrire ai due festeggiati la cena; in questo modo la spesa di ciascun invitato aumenta di 3,9 euro. In quanti siete al ristorante?

30 Determina il dominio della funzione di equazione $y = \sqrt[4]{x^4 - 8x^2 + 15} + \sqrt[3]{\dfrac{1}{x^3 - 3x + 2}}$.

31 Determina il dominio della funzione di equazione $y = \sqrt{x^2 + \dfrac{1}{x^2} + 4} + \sqrt{\dfrac{1}{x^2 - 4x + 4}}$.

32 Determina il dominio della funzione di equazione $y = \dfrac{\sqrt{x^4 - x^3 - x^2 - x - 2}}{(x^2 - 1)^3 - 27}$.

33 Per quanti punti del piano cartesiano vale che la somma delle coordinate $(x\,;\,y)$ supera di 1 il loro prodotto? Indicando con k la somma delle coordinate, come scrivi in funzione di k le coordinate dei punti che soddisfano questa condizione?

34 Determina in che intervallo deve variare il lato del quadrato affinché l'area racchiusa dalla figura curvilinea sia almeno 18π cm².

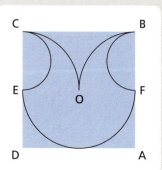

35 Risolvi l'equazione $(x^2 + y^2 - 10)^6 + (xy - 4)^8 = 0$.

36 Sommando 13 all'opposto di un numero si ottiene un valore la cui radice quadrata è uguale al numero diminuito di 1. Qual è il numero?

37 La radice cubica del doppio di un numero positivo è uguale alla metà del numero stesso. Qual è il numero?

38 La radice quadrata della somma di un numero con 7 è uguale alla differenza tra 7 e la radice quadrata del numero stesso. Qual è il numero?

39 La legge fisica che permette di calcolare il tempo che impiega un corpo a toccare terra se lasciato cadere da un'altezza h è $t_c = \sqrt{\dfrac{2h}{g}}$ dove $g = 9{,}8$ m/s^2. Lasciando cadere due corpi da altezze differenti si verifica che toccano terra uno 0,25 s dopo l'altro. Il corpo che cade dopo parte 4 m più in alto del secondo. Da che altezza sono stati lasciati cadere i due corpi?

40 La legge fisica che permette di calcolare la velocità di fuoriuscita di un fluido da un foro praticato nel contenitore del fluido è $v = \sqrt{2gh}$ dove $g = 9{,}8$ m/s^2 e h è la distanza in metri tra il livello della superficie del fluido nel contenitore e il punto in cui è praticato il foro. Dell'acqua è contenuta in una tanica in cui è stato praticato un foro. Si osserva che la velocità di fuoriuscita dell'acqua dal foro, dopo che il livello della superficie dell'acqua è diminuito di 20 cm, è uguale alla velocità di fuoriuscita iniziale diminuita di 0,7 m/s. Qual è il livello della superficie dell'acqua nella tanica prima di praticare il foro?

41 La legge fisica che permette di calcolare la velocità di un corpo di massa m data la sua energia cinetica E_K è $v = \dfrac{\sqrt{2E_K}}{m}$. Aumentando di 600 J (Joule) l'energia cinetica di un corpo di 3 kg, la sua velocità aumenta di 10 m/s. Qual è l'energia cinetica iniziale del corpo?

42 I cateti di un triangolo rettangolo sono lunghi rispettivamente 12 cm e 35 cm. Aumentando di x il cateto minore e di $(x + 48$ cm$)$ il cateto maggiore, l'ipotenusa aumenta di $(x + 47$ cm$)$. Determina l'area del triangolo modificato.

43 Il perimetro di un triangolo rettangolo è 7 cm e un suo cateto è 2 cm; determina l'area del triangolo.

44 Il perimetro di un triangolo isoscele è $16(2 + \sqrt{3})$ cm. Determina l'area sapendo che l'altezza è 8 cm.

45 Una retta interseca una circonferenza in due punti A e B in modo tale che la lunghezza della corda AB è quattro volte la distanza della corda dal centro della circonferenza diminuita di 2 cm e il raggio supera di 1 cm due volte la distanza della corda dal centro. Determina la lunghezza della circonferenza.

46 Le tangenti condotte da un punto P a una circonferenza di centro O e raggio r incontrano la circonferenza nei punti A e B. Sapendo che il perimetro del quadrilatero $PAOB$ è 90 cm e che $PO = r\sqrt{5}$ cm, determina l'area del cerchio.

47 Sono date due circonferenze tangenti C_1 e C_2 rispettivamente di raggio r_1 e r_2 e centro O_1 e O_2. La tangente condotta da O_2 alla circonferenza C_1 la interseca in un punto A. Sapendo che O_2A supera di 7 cm raggio r e che la distanza tra i due centri O_1O_2 supera di 32 cm il raggio r, determina la lunghezza delle due circonferenze.

48 Il perimetro di un trapezio rettangolo è 24 cm. Sapendo che la base minore del trapezio è due volte l'altezza e la base maggiore supera di 1 cm tre volte l'altezza, determina l'area del trapezio.

49 Determina la lunghezza dei cateti di un triangolo rettangolo sapendo che l'ipotenusa BC è 20 cm e che, se AH è l'altezza a essa relativa, vale $AH + HB = 12$ cm.

Laboratorio di matematica

Altri laboratori

Risoluzione delle equazioni di secondo grado numeriche intere

Con GeoGebra possiamo risolvere un'equazione di secondo grado numerica intera in modo immediato.
Supponiamo di voler risolvere l'equazione $x^2 - 5x + 6 = 0$.
Per prima cosa dobbiamo inserirla, digitandola nella riga 1 della *Vista CAS* nella forma x^2−5x+6=0. Facciamo clic sul pulsante *Risolvi*, denotato dall'icona.
Nella riga 1, sotto all'equazione inserita, viene visualizzato l'insieme delle soluzioni dell'equazione: **x=3** e **x=2**. In questo caso infatti l'equazione ha discriminante positivo e quindi ha due soluzioni (**FIGURA 1**).

FIGURA 1

Supponiamo ora di voler risolvere l'equazione $x^2 - 4x + 4 = 0$.
La inseriamo nella riga 2 della *Vista CAS* e facciamo nuovamente clic su *Risolvi*. Otterremo la soluzione **x=2**, che è l'unica soluzione dell'equazione in oggetto, che, in questo caso, ha discriminante nullo (**FIGURA 2**).

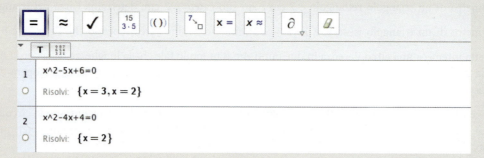

FIGURA 2

Supponiamo infine di voler risolvere l'equazione $x^2 + 2x + 5 = 0$.
Risolvendola, nella *Vista CAS* di GeoGebra viene visualizzata la soluzione: **{ }**, cioè un insieme vuoto.
Ciò indica che l'equazione è impossibile: infatti l'equazione ha discriminante negativo (**FIGURA 3**).

File GeoGebra del laboratorio

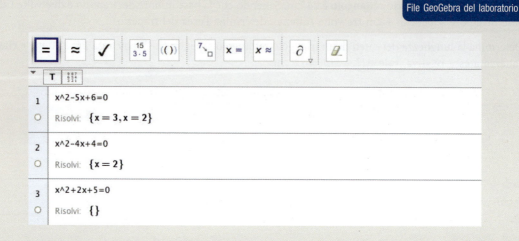

FIGURA 3

English for Maths

Quadratic equations

1 A rectangle is inscribed in a circle of radius $\frac{1}{2}\sqrt{41}$ cm and its perimeter is 18 cm. Calculate the dimensions of the rectangle.

Solution

First of all let's make a picture of the rectangle $ABCD$.
Let $\overline{AB} = x$ and $\overline{BC} = y$, so you can write

$$2(x + y) = 18 \qquad \boxed{1}$$

since the perimeter of the rectangle is 18 cm.
Moreover, the hypotenuse of the right triangle ABC is the diameter $\overline{AC} = \sqrt{41}$ cm of the circle circumscribed about the rectangle. So, applying the Pythagorean Theorem, you get

$$\overline{AB}^2 + \overline{BC}^2 = \overline{AC}^2$$

that is

$$x^2 + y^2 = 41 \qquad \boxed{2}$$

Recalling $\boxed{1}$, you know that $x + y = 9$ and you can rewrite $\boxed{2}$ in the following way

$$(x+y)^2 - 2xy = 41 \quad \longrightarrow \quad 9^2 - 2xy = 41 \quad \longrightarrow \quad -2xy = -40 \quad \longrightarrow \quad xy = 20$$

So you can solve the problem by finding two numbers x and y, whose sum is 9 and whose product is 20: in order to determine these two numbers, you have to find the solutions of the following quadratic equation

$$x^2 - 9x + 20 = 0$$

Note that you have some geometrical restraints on x and y, more precisely they must satisfy $0 < x < \sqrt{41}$ and $0 < y < \sqrt{41}$, since the circle circumscribed about the rectangle has a diameter of $\sqrt{41}$ cm.
In order to solve the equation above, let's first calculate its discriminant

$$\Delta = (-9)^2 - 4 \cdot 1 \cdot 20 = 81 - 80 = 1$$

and then apply the quadratic formula

$$\frac{-b \pm \sqrt{\Delta}}{2a} = \frac{9 \pm 1}{2}$$

You get $x = \frac{10}{2} = 5$ and $y = \frac{8}{2} = 4$, so you can conclude that the rectangle is 5 cm long and 4 cm wide or vice versa.

2 Solve the rational quadratic equation $\dfrac{x - \sqrt{3}}{x + \sqrt{5}} - \dfrac{x - \sqrt{5}}{x + \sqrt{3}} = \dfrac{2}{\sqrt{15}}$.

Solution

Since this is a rational equation, it is possible that, for certain values assigned to the variable x, some algebraic expressions become meaningless. Therefore you need to specify the *existence conditions* on

ENGLISH FOR MATHS

x under which the equation is properly defined. In particular, you must assure that the denominator of each fraction does not become 0: the variable x must satisfy the two following conditions

$$x + \sqrt{5} \neq 0 \longrightarrow x \neq -\sqrt{5}, \quad x + \sqrt{3} \neq 0 \longrightarrow x \neq -\sqrt{3} \qquad \boxed{3}$$

otherwise at least one of the rational expressions in the equation would be undefined.
Now let's calculate the LCD (Least Common Denominator): $\sqrt{15}(x + \sqrt{5})(x + \sqrt{3})$.
You can rewrite the equation as follows

$$\frac{\sqrt{15}(x - \sqrt{3})(x + \sqrt{3}) - \sqrt{15}(x - \sqrt{5})(x + \sqrt{5})}{\sqrt{15}(x + \sqrt{5})(x + \sqrt{3})} = \frac{2(x + \sqrt{5})(x + \sqrt{3})}{\sqrt{15}(x + \sqrt{5})(x + \sqrt{3})}$$

and, multiplying each side of the equation by $\sqrt{15}(x + \sqrt{5})(x + \sqrt{3})$ (which is not zero because of the relations $\boxed{3}$), you get

$$\sqrt{15}(x - \sqrt{3})(x + \sqrt{3}) - \sqrt{15}(x - \sqrt{5})(x + \sqrt{5}) = 2(x + \sqrt{5})(x + \sqrt{3})$$

Apply the special product $(a - b)(a + b) = a^2 - b^2$ on the left side:

$$\sqrt{15}(x^2 - 3) - \sqrt{15}(x^2 - 5) = 2(x + \sqrt{5})(x + \sqrt{3})$$

which you can rewrite as

$$\sqrt{15}x^2 - 3\sqrt{15} - \sqrt{15}x^2 + 5\sqrt{15} = 2(x^2 + \sqrt{3}x + \sqrt{5}x + \sqrt{15})$$

Combining like terms, you get

$$2x^2 + 2\sqrt{3}x + 2\sqrt{5}x = 0$$

You can see that it's an incomplete quadratic equation, so you don't need to use the quadratic formula. In order to solve this equation, let's first factor out $2x$:

$$2x(x + \sqrt{3} + \sqrt{5}) = 0$$

and now apply the zero product property:

$$2x = 0 \longrightarrow x = 0$$
$$x + \sqrt{3} + \sqrt{5} = 0 \longrightarrow x = -\sqrt{3} - \sqrt{5}$$

These are both acceptable solutions since they satisfy the conditions $\boxed{3}$.
The solution set is $S = \{0\,;\,-\sqrt{3} - \sqrt{5}\}$.

What does it mean?

(Incomplete) Quadratic equation Equazione di secondo grado (incompleta)

Discriminant Discriminante (Δ) di un'equazione di secondo grado

Quadratic formula Formula risolutiva delle equazioni di secondo grado

Special product Prodotto notevole

To combine like terms Sommare algebricamente i monomi simili

To factor out Raccogliere a fattor comune

Zero product property Legge di annullamento del prodotto

Solution set Insieme delle soluzioni

DATI E PREVISIONI

- **CAPITOLO 9**
  Calcolo delle probabilità

- VERSO LE COMPETENZE
- LABORATORIO DI MATEMATICA
- ENGLISH FOR MATHS

OBIETTIVI

Conoscenze

- Concetto di evento e di probabilità.
- Rapporto tra probabilità e frequenza di un evento.
- Teoremi sulla probabilità e concetto di probabilità condizionata.

Abilità

- Calcolare la probabilità di un evento utilizzando la definizione e i teoremi sulla probabilità.

COMPETENZE

- Individuare le strategie appropriate per la soluzione dei problemi.
- Analizzare dati e interpretarli sviluppando deduzioni e ragionamenti sugli stessi anche con l'ausilio di rappresentazioni grafiche, usando consapevolmente gli strumenti di calcolo e le potenzialità offerte da applicazioni specifiche di tipo informatico.

Capitolo 9

Calcolo delle probabilità

- Concetti fondamentali
- Eventi e probabilità
- Teoremi sulla probabilità

La lotteria della MAT Cola

FIGURA 1

FIGURA 2

L'ufficio marketing della MAT Cola, la famosa bevanda per gli scienziati, ha deciso di lanciare un'iniziativa promozionale. Sotto il tappo di ogni bottiglietta viene stampata una delle seguenti lettere: una M, una A o una T; i tre tappi vengono prodotti in quantità uguali. Le bottigliette sono vendute in confezioni da tre: chi riesce a formare la parola MAT con i tappi di un'unica confezione vince un premio. (Per evitare che un consumatore possa prendere i tappi da confezioni diverse, per le tre bottigliette di una medesima confezione viene stampato lo stesso codice numerico sul bordo esterno del tappo; ovviamente il codice è diverso per ciascuna confezione.)

Qual è la probabilità di vincere? Quale può essere un premio ragionevole secondo gli ideatori dell'iniziativa?

Soluzione a pag. 546

■ Concetti fondamentali

1. Introduzione

Se hai studiato la logica hai incontrato il concetto di *enunciato* (o *proposizione*): è un'espressione linguistica per la quale si può stabilire con certezza se è vera o falsa. Nella vita di tutti i giorni si incontrano spesso affermazioni la cui verità non si può stabilire con certezza; ad esempio:

- domani pioverà;
- quest'anno sarò promosso;
- se lancio questo dado uscirà 6.

Tali affermazioni sono relative a eventi che potrebbero accadere oppure no; per questo, spesso si usano locuzioni che esprimono un «grado di fiducia» rispetto alla possibilità che essi si verifichino:

- *difficilmente* domani pioverà;
- *quasi sicuramente* quest'anno sarò promosso;
- *è possibile che*, lanciando questo dado, esca 6.

Tali espressioni sono soddisfacenti nel linguaggio comune, ma la matematica richiede un modo «più preciso» per misurare il grado di fiducia nel verificarsi di un evento: il calcolo delle probabilità nasce per rispondere a questa esigenza.

2. Definizioni

> **DEFINIZIONE SPAZIO DEI RISULTATI**
>
> Si dice *spazio dei risultati* o *spazio campione* l'insieme di tutti i possibili esiti di un'osservazione o di un esperimento.

> **DEFINIZIONE EVENTO**
>
> Si dice *evento* ogni sottoinsieme dello spazio dei risultati.
> Se il risultato dell'osservazione o esperimento è un elemento dell'evento E, si dice che *l'evento E si è verificato* o anche che è *realizzato*. In caso contrario si dice che *l'evento E non si è verificato*.

Nel seguito chiameremo **prova** l'esecuzione dell'esperimento o dell'osservazione. In riferimento a un prefissato evento E diremo *successo* l'esecuzione di una prova in cui si verifica tale evento e *insuccesso* l'esecuzione di una prova in cui esso non si verifica.

FIGURA 3

ESEMPI

1. Consideriamo, come **esperimento**, il lancio di un dado a sei facce, numerate da 1 a 6. Assumiamo come **esito** dell'esperimento il numero riportato sulla faccia rivolta verso l'alto. Lo **spazio dei risultati** (FIGURA 3) è l'insieme $S = \{1\,;\,2\,;\,3\,;\,4\,;\,5\,;\,6\}$. Sono eventi, per esempio, i seguenti sottoinsiemi di S:

   - $A = \{6\}$, ossia l'uscita del numero 6;

- $B = \{2; 4; 6\}$, ossia l'uscita di un numero pari;
- $C = \{1; 2\}$, ossia l'uscita di un numero minore di 3.

Se, lanciando il dado, esce il numero 1 (ossia se l'esito dell'esperimento è 1), si è verificato l'evento C, perché $1 \in C$, mentre non si sono verificati gli eventi A e B, perché $1 \notin A$ e $1 \notin B$.
Analogamente, se esce il numero 2, si sono verificati gli eventi B e C, mentre non si è verificato l'evento A.

2 Consideriamo l'**osservazione** di un pezzo meccanico, prodotto da una fabbrica di ricambi, effettuata da un addetto al controllo qualità, il quale deve stabilire se il pezzo non ha difetti, oppure se ha lievi difetti che non ne pregiudicano la vendibilità, oppure se ha gravi difetti che lo rendono invendibile. L'**esito** dell'osservazione è la formulazione di uno dei tre giudizi precedenti. Lo spazio dei risultati, costituito da tre elementi, è

$$S = \{\text{non difettoso; lievemente difettoso; gravemente difettoso}\}$$

Sono eventi, ad esempio,

«Il pezzo è vendibile», che corrisponde al sottoinsieme

$$\{\text{non difettoso; lievemente difettoso}\} \subseteq S$$

«Il pezzo è invendibile», che corrisponde al sottoinsieme

$$\{\text{gravemente difettoso}\} \subseteq S$$

3 Immagina l'**esperimento** che consiste nel lanciare ripetutamente una moneta, fino a quando non esce testa. I possibili **esiti**, ossia gli elementi dello spazio dei risultati, sono

- esce testa al primo lancio;
- esce testa per la prima volta al secondo lancio;
- esce testa per la prima volta al terzo lancio;
- ...

Osserva che in questo caso lo spazio dei risultati ha infiniti elementi. Nel seguito di questo capitolo ci limiteremo a considerare casi in cui lo spazio dei risultati ha un numero finito di elementi.

3. Evento elementare, evento certo, evento impossibile, evento aleatorio

È importante ricordare che *gli eventi sono insiemi*; più precisamente, ciascun evento è un sottoinsieme dello spazio dei risultati, che è l'insieme universo nel quale si opera.

▶ Si dice **evento elementare** qualunque sottoinsieme dello spazio dei risultati S costituito da un solo elemento.
A ogni singolo risultato della prova corrisponde un evento elementare.

▶ Si dice **evento certo** l'insieme S stesso, cioè lo spazio dei risultati.
L'evento certo si verifica qualunque sia l'esito della prova.

▶ Si dice **evento impossibile** l'insieme vuoto $\emptyset$.
L'evento impossibile non si verifica qualunque sia l'esito della prova.

▶ Si dice **evento aleatorio** o anche **evento casuale** qualunque evento diverso dall'evento certo e dall'evento impossibile.
Di un evento aleatorio non è possibile affermare a priori che si verifichi o meno: ciò dipende dall'esito della prova, ossia dal caso.

> **ESEMPIO**
>
> Consideriamo ancora il lancio di un dado a sei facce, numerate da 1 a 6.
>
> ▷ L'evento «esce il numero 6» è un evento elementare perché corrisponde all'insieme $A = \{6\}$, che ha un solo elemento. L'evento «esce un numero pari» non è un evento elementare perché corrisponde all'insieme $B = \{2; 4; 6\}$, che ha tre elementi.
>
> ▷ L'evento certo è $S = \{1; 2; 3; 4; 5; 6\}$ e potrebbe essere descritto come «uscita di un numero intero compreso tra 1 e 6», oppure come «uscita di un numero minore di 10», o anche come «uscita di un numero pari o dispari» o in altri modi ancora. Evidentemente, qualunque sia l'esito dell'esperimento, ossia qualunque numero esca, l'evento S si verifica.
>
> ▷ L'evento impossibile è $\emptyset$ e potrebbe essere descritto come «uscita di un numero maggiore di 6» oppure come «uscita di un numero negativo» o in altri modi. Evidentemente, qualunque sia l'esito dell'esperimento, ossia qualunque numero esca, l'evento $\emptyset$ non si verifica.
>
> ▷ L'evento «esce un numero pari» è un evento aleatorio, perché corrisponde all'insieme $B = \{2; 4; 6\}$ ed è $B \neq S$ e $B \neq \emptyset$. Non è possibile sapere a priori se tale evento si verifica o meno: ciò dipende dall'esito dell'esperimento, ossia dal numero che esce quando si lancia il dado.

> ■ **PASSATO E FUTURO**
>
> Spesso, quando si pensa a un evento casuale, si pensa a un evento futuro. La casualità è allora dovuta al fatto che non essendo ancora stato eseguito l'esperimento o l'osservazione, non se ne conosce l'esito e non si può quindi sapere se l'evento considerato si verificherà o no. Ma in realtà la casualità di un evento non è determinata tanto dal suo collocarsi nel futuro, quanto dalla mancanza o incompletezza di informazioni sull'esito della prova.
> Anche un evento come «ieri a Stoccolma è piovuto», pur ponendosi nel passato, può essere considerato un evento aleatorio, perlomeno finché manchi una completa informazione sulle condizioni meteorologiche di Stoccolma nella giornata di ieri. Ha senso effettuare una scommessa su tale evento, come ha senso effettuare una scommessa sul numero che uscirà lanciando un dado. Si potrà conoscere l'esito della scommessa dopo aver raccolto le informazioni necessarie: ossia dopo essersi informati sul tempo di ieri a Stoccolma o, rispettivamente, dopo aver lanciato il dado.

4. Eventi unici ed eventi ripetibili. Frequenza

Un evento si dice *unico* o anche *singolo* se l'esperimento o l'osservazione cui si riferisce può essere eseguito una sola volta. Se invece tale esperimento o osservazione può essere eseguito un numero indefinito di volte, l'evento si dice *ripetibile*.

> **ESEMPIO**
>
> L'evento «l'Italia vincerà il campionato mondiale di calcio del 2026» è un evento unico: l'esperimento che può verificare tale evento infatti è lo svolgimento, nel 2026, del campionato mondiale di calcio e, come è evidente, tale prova non può essere ripetuta.
> Invece l'evento «lanciando un dado esce 6» è ripetibile, perché l'esperimento in questione, ossia il lancio di un dado, può essere ripetuto quante volte si vuole.

> **DEFINIZIONE** **FREQUENZA DI UN EVENTO RIPETIBILE**
> La frequenza di un evento ripetibile è il rapporto tra il numero di successi e il numero di prove.

Quindi, se su n prove l'evento ripetibile E si verifica m volte, la sua frequenza è

$$f = \frac{m}{n}$$

Il numero m di successi è un intero non negativo e minore o uguale al numero di prove n: $0 \leq m \leq n$; dividendo tutti i termini di tale relazione per n si ottiene

$$\frac{0}{n} \leq \frac{m}{n} \leq \frac{n}{n} \quad \longrightarrow \quad 0 \leq f \leq 1$$

Perciò **la frequenza è un numero non negativo minore o uguale a 1**. In particolare, la frequenza è zero se l'evento non si è mai verificato in alcuna prova, mentre è 1 se si è verificato in tutte le prove.

Se un evento è certo, esso si verifica in tutte le prove: in tal caso il numero di successi è uguale al numero di prove: $m = n$; pertanto la frequenza di un evento certo è 1. Analogamente, se un evento è impossibile, esso non si verifica in alcuna prova, e quindi $m = 0$; dunque la frequenza di un evento impossibile è 0.

■ **MA NON VICEVERSA**

Fai attenzione: se la frequenza di un evento è 0, non significa che l'evento sia impossibile. Ad esempio, lanciando un dado 10 volte potrebbe non uscire mai il 6: la frequenza di questo evento in tal caso sarebbe 0, ma ciò non basta certo ad affermare che l'uscita del 6 sia impossibile. Analogamente, se la frequenza di un evento è 1, non significa che l'evento sia certo.

■ Eventi e probabilità

5. Definizione di probabilità

Le facce di un dado sono tutte uguali tra loro tranne che, ovviamente, per il numero che vi appare. Quindi, se lanciamo un dado, non c'è nessuna ragione di supporre che una faccia abbia più possibilità di uscire rispetto a un'altra. Per tale motivo il grado di fiducia che ragionevolmente si può attribuire all'evento «uscita del 5» non è diverso da quello che si può attribuire all'uscita di uno qualunque degli altri cinque numeri. Si dice perciò che il 5 ha una possibilità su sei, ossia $\frac{1}{6}$, di uscire.

Anche le 40 carte di uno stesso mazzo sono uguali, eccetto che per la figura stampata su un lato di esse. Perciò, se mescoliamo le carte e ne scegliamo una, non c'è motivo di pensare che una carta abbia più possibilità di un'altra di essere estratta. Poiché nel mazzo ci sono 10 carte di cuori, diremo che le possibilità che si verifichi l'evento «estrazione di una carta di cuori» sono 10 su 40, ossia $\frac{10}{40} = \frac{1}{4}$.

> **DEFINIZIONE** **PROBABILITÀ DI UN EVENTO**
> La probabilità di un evento è il rapporto tra il numero di esiti che verificano l'evento e il numero totale di esiti possibili, supposto che essi abbiano tutti la stessa possibilità di verificarsi.

SpiegaMatica: probabilità

Si usa anche dire che la probabilità di un evento è il rapporto tra il numero dei *casi favorevoli* all'evento e il numero dei *casi possibili*.

Osserva che il numero di esiti che verificano E è il numero m di elementi dell'insieme E, sottoinsieme dello spazio dei risultati S, mentre il numero totale di esiti possibili è il numero n di elementi dello spazio dei risultati. Perciò, se indichiamo con $p(E)$ la probabilità dell'evento E, si ha

$$p(E) = \frac{m}{n}$$

▸ **Se E è l'evento impossibile**, si ha $m = 0$, perché per definizione l'evento impossibile è l'insieme vuoto, e dunque risulta $p(E) = 0$.

▸ **Se E è l'evento certo**, si ha $m = n$, perché per definizione l'evento certo è lo spazio dei risultati, per cui risulta $p(E) = 1$.

▸ **Se E è un evento aleatorio**, si ha $0 < m < n$, perché E è un sottoinsieme proprio dello spazio dei risultati che contiene n elementi, per cui risulta $0 < p(E) < 1$.

La probabilità dell'evento impossibile è 0, la probabilità dell'evento certo è 1, la probabilità di un evento aleatorio è un numero positivo minore di 1.

In generale, la probabilità di un evento E è un numero appartenente all'intervallo $[0 \,;\, 1]$:

$$0 \leq p(E) \leq 1$$

ESEMPI

1 Calcoliamo la probabilità che, lanciando un dado, esca un numero pari.

▸ Lo **spazio dei risultati** è l'insieme $S = \{1 \,;\, 2 \,;\, 3 \,;\, 4 \,;\, 5 \,;\, 6\}$ e **contiene 6 elementi**; in altre parole, *i casi possibili sono 6*. Dunque si ha $n = 6$.

▸ L'**evento** considerato è $E = \{2 \,;\, 4 \,;\, 6\}$ e **contiene 3 elementi**; in altre parole, *vi sono 3 casi favorevoli* al verificarsi dell'evento considerato. Dunque si ha $m = 3$.

▸ Se il dado non è truccato, non vi è alcuna ragione per pensare che una faccia possa uscire più facilmente di un'altra, dunque **tutti gli esiti sono ugualmente possibili**.

Possiamo dunque concludere che la probabilità richiesta è

$$p(E) = \frac{3}{6} \quad \longrightarrow \quad p(E) = \frac{1}{2}$$

2 Da un mazzo di 40 carte da gioco se ne estrae una. Calcoliamo la probabilità degli eventi:

A: «estrazione di una figura»

B: «estrazione di un asso rosso»

Per entrambi gli eventi i casi possibili sono 40, ossia uno per ogni carta del mazzo, ed essi si possono considerare tutti ugualmente possibili.

Per l'evento A i casi favorevoli sono 12, ossia tanti quante sono le figure nel mazzo, mentre per l'evento B sono 2, corrispondenti ai due assi rossi (cuori e quadri). Dunque si ha

$$p(A) = \frac{12}{40} \quad \longrightarrow \quad p(A) = \frac{3}{10}$$

$$p(B) = \frac{2}{40} \quad \longrightarrow \quad p(B) = \frac{1}{20}$$

6. Probabilità e frequenza

La frequenza di un evento ripetibile ha alcune proprietà simili a quelle della probabilità. Frequenza e probabilità sono entrambe numeri maggiori o uguali a zero e minori o uguali a 1, frequenza e probabilità dell'evento certo sono entrambe uguali a 1, così come frequenza e probabilità di un evento impossibile sono entrambe uguali a 0.

Tali analogie hanno ispirato alcuni storici esperimenti. **Georges-Louis Leclerc** (1707-1788), conte di Buffon, lanciò per 4040 volte una moneta, ottenendo testa per 2048 volte, con una frequenza quindi uguale a 0,50693...; l'esperimento fu ripetuto due volte da **Karl Pearson** (1857-1936), con due serie, la prima di 12 000 e la seconda di 24 000 lanci, ottenendo rispettivamente 6019 e 12 012 volte testa, con frequenze quindi uguali a 0,50158... e 0,5005. Questi esperimenti e altri simili portarono a formulare la seguente legge.

> **LEGGE EMPIRICA DEL CASO**
> Se si esegue un grande numero di prove, tutte nelle stesse condizioni, la frequenza di un evento assume valori prossimi alla sua probabilità, e l'approssimazione cresce all'aumentare del numero di prove.

Questa legge è di carattere empirico; essa mette in relazione due concetti appartenenti a sfere diverse e non può essere dimostrata ma solo verificata sperimentalmente. La sua importanza è duplice: da un lato essa permette di prevedere, almeno approssimativamente, la frequenza con cui si presenterà un evento di cui si conosce la probabilità; dall'altro essa permette di stimare, mediante la frequenza, la probabilità di un evento nel caso in cui non si sia in grado di determinarla applicando la definizione.

> **SIMILI MA DIVERSE**
> Nonostante le evidenti analogie, i concetti di probabilità e frequenza non coincidono: per esempio, se la probabilità di un evento è 0, l'evento è impossibile, ma, come abbiamo già osservato, non si può affermare la stessa cosa se è 0 la sua frequenza.
> In realtà probabilità e frequenza sono concetti eterogenei; in base alla definizione, la probabilità di un evento è un concetto astratto, e può essere determinata a priori, mentre la frequenza è un concetto empirico: per calcolarla occorre effettuare concretamente le prove.

ESEMPI

1 Una casa automobilistica vuole offrire ai suoi clienti una speciale garanzia contro i guasti di qualunque tipo di un certo modello di automobile nei primi tre anni dall'acquisto. Allo scopo di valutare il costo di una tale garanzia si deve conoscere la probabilità dell'evento «guasto entro i primi tre anni». Viene commissionata perciò un'apposita indagine statistica, da cui risulta che, su 12 512 auto, 431 hanno avuto almeno un guasto nei primi tre anni di vita. In base a tali risultati si può affermare che la probabilità che quel modello di automobile abbia un guasto nei primi tre anni di vita è circa

$$\frac{431}{12\,512} = 0{,}03444\ldots$$

2 Un gruppo di ricercatori deve valutare il numero di trote presenti in un lago. A tale scopo vengono pescate 187 trote che, dopo essere state marcate, vengono reimmesse nel lago. Alcuni giorni dopo vengono pescate 1215 trote e, di queste, 27 risultano marcate. Quante sono le trote nel lago?
Poiché le trote marcate sono 27 sulle 1215 pescate, si può supporre che la probabilità di pescare una trota marcata sia

$$p = \frac{27}{1215}$$

D'altra parte la probabilità di pescare una trota marcata è il rapporto tra il numero m di trote marcate e il numero n di trote presenti nel lago ossia, essendo $m = 187$,

$$p = \frac{m}{n} \longrightarrow p = \frac{187}{n}$$

Uguagliando questa espressione di p con il valore prima trovato possiamo determinare approssimativamente il numero n di trote nel lago:

$$\frac{187}{n} \simeq \frac{27}{1215} \longrightarrow n \simeq \frac{187 \cdot 1215}{27} = 8415$$

Possiamo perciò affermare che nel lago sono presenti circa 8400 trote.

> ■ **CIRCA**
>
> In questo esempio abbiamo considerato la probabilità dell'evento «pesca di una trota marcata» uguagliando il valore della probabilità basato sulla frequenza dell'evento con l'espressione della probabilità basata sulla definizione. Ma per la **LEGGE EMPIRICA DEL CASO** la frequenza di un evento è uguale solo *approssimativamente* alla sua probabilità. Perciò il risultato ottenuto non può essere considerato esatto, ma solo approssimato.

3 Un'urna contiene 3000 gettoni, in parte bianchi e in parte neri. Se ne estraggono 120, reinserendo ogni volta nell'urna il gettone estratto, e di questi 85 risultano neri e 35 bianchi. Stimare la composizione dell'urna.
Le frequenze degli eventi «estrazione di un gettone nero» e «estrazione di un gettone bianco» sono rispettivamente

$$\frac{85}{120} = \frac{17}{24} \quad \text{e} \quad \frac{35}{120} = \frac{7}{24}$$

Tali frequenze possono essere considerate approssimazioni delle probabilità dei due eventi. In base alla definizione di probabilità, tali probabilità sono rispettivamente

$$\frac{n}{3000} \quad \text{e} \quad \frac{b}{3000}$$

essendo n e b rispettivamente il numero di gettoni neri e bianchi contenuti nell'urna. Dunque si deve avere

$$\frac{n}{3000} \simeq \frac{17}{24} \longrightarrow n \simeq \frac{17}{24} \cdot 3000 = 2125$$

$$\frac{b}{3000} \simeq \frac{7}{24} \longrightarrow b \simeq \frac{7}{24} \cdot 3000 = 875$$

Si può quindi concludere che nell'urna vi sono circa 2125 gettoni neri e 875 gettoni bianchi.

7. Operazioni con gli eventi

Come abbiamo già detto, gli eventi sono sottoinsiemi dello spazio dei risultati, pertanto si possono estendere agli eventi le operazioni insiemistiche che già conosci; lo spazio dei risultati costituisce l'insieme universo in cui si opera.

> **DEFINIZIONE** **UNIONE DI DUE EVENTI**
>
> Si definisce unione di due eventi quell'evento che si verifica se e solo se si verifica almeno uno dei due eventi dati.

Osserva che dire che «si verifica almeno uno dei due eventi A o B» significa affermare che l'esito r della prova appartiene ad almeno uno dei due insiemi A o B; ciò significa che $r \in A \cup B$, ossia che si verifica l'evento $A \cup B$. Perciò la definizione di unione di due eventi è in realtà una riformulazione della già nota definizione di unione di due insiemi.

L'unione di due eventi A e B si indica con $A \cup B$.

> **DEFINIZIONE** **INTERSEZIONE DI DUE EVENTI**
> Si definisce intersezione di due eventi quell'evento che si verifica se e solo se si verificano entrambi gli eventi dati.

Dire che «si verificano entrambi gli eventi A e B» significa affermare che l'esito r della prova appartiene sia all'insieme A sia all'insieme B; ciò significa che $r \in A \cap B$, ossia che si verifica l'evento $A \cap B$.

L'intersezione di due eventi A e B si indica con $A \cap B$.

> **DEFINIZIONE** **EVENTO CONTRARIO**
> Si definisce evento contrario o evento complementare di un dato evento quell'evento che si verifica se e solo se non si verifica l'evento dato.

Osserva che dire che «non si verifica l'evento A» significa affermare che l'esito r della prova non appartiene all'insieme A; ciò significa che r appartiene all'insieme $\overline{A}$, complementare di A rispetto all'insieme universo costituito dallo spazio dei risultati.

L'evento contrario di un evento A si indica con $\overline{A}$.

> **DEFINIZIONE** **EVENTI COMPATIBILI ED EVENTI INCOMPATIBILI**
> Due eventi si dicono compatibili se si possono verificare contemporaneamente, si dicono incompatibili se non si possono verificare contemporaneamente.

Dire che due eventi A e B si possono verificare contemporaneamente significa che *possono verificarsi entrambi in una medesima prova*. Se ciò accade, l'esito r della prova appartiene sia all'insieme A sia all'insieme B e quindi $r \in A \cap B$; dunque **se due eventi A e B sono compatibili è $A \cap B \neq \emptyset$**, perché la loro intersezione contiene almeno l'elemento r (**FIGURA 4**).

Viceversa, **se due eventi A e B sono incompatibili è $A \cap B = \emptyset$**, perché la loro intersezione è priva di elementi (**FIGURA 5**).

eventi compatibili

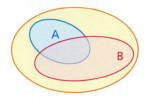

FIGURA 4

eventi incompatibili

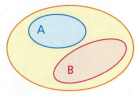

FIGURA 5

> **ESEMPIO**
> Immagina di lanciare un dado e considera i seguenti eventi:
>
> $A = \{4\,;\,5\,;\,6\}$: uscita di un numero maggiore di 3
> $B = \{2\,;\,4\,;\,6\}$: uscita di un numero pari
> $C = \{1\,;\,2\}$: uscita di un numero minore di 3
>
> Si ha $A \cup B = \{2\,;\,4\,;\,5\,;\,6\}$. L'unione degli eventi A e B è l'evento «uscita di un numero pari o maggiore di 3».

Si ha $A \cap B = \{4 ; 6\}$. L'intersezione degli eventi A e B è l'evento «uscita di un numero pari e maggiore di 3».

Si ha $\overline{C} = \{3 ; 4 ; 5 ; 6\}$. L'evento complementare dell'evento C è l'evento «uscita di un numero maggiore o uguale a 3».

Si ha poi $A \cap C = \emptyset$, ossia l'intersezione degli eventi A e C è l'evento impossibile «uscita di un numero minore di 3 e maggiore di 3». Gli eventi A e C sono perciò incompatibili.

■ Teoremi sulla probabilità

8. Probabilità totale

DEFINIZIONE **PROBABILITÀ TOTALE**
Si dice probabilità totale di due o più eventi la probabilità della loro unione.

In altre parole la probabilità totale di due eventi A e B è $p(A \cup B)$, ossia è la probabilità che si verifichi almeno uno dei due eventi.

Immagina di estrarre una carta da un mazzo che ne contiene 40. Qual è la probabilità che esca un asso o una figura?

Se indichiamo con A l'evento «estrazione di un asso» e con F l'evento «estrazione di una figura», l'evento E_1 «estrazione di un asso o di una figura» può essere pensato come l'unione $A \cup F$ (**FIGURA 6**). Poiché nel mazzo vi sono 4 assi e 12 figure, le probabilità di ciascuno di questi due eventi sono, rispettivamente (volutamente non semplifichiamo le frazioni),

$$p(A) = \frac{4}{40} \quad \text{e} \quad p(F) = \frac{12}{40}$$

I casi favorevoli all'evento $E_1 = A \cup F$ sono $4 + 12 = 16$ perché i due insiemi A e F sono disgiunti (ossia i due eventi sono incompatibili), e perciò il numero degli elementi dell'unione di A e F è la somma del numero di elementi di A e del numero di elementi di F (**FIGURA 6**). Si ha pertanto

$$p(A \cup F) = \frac{4+12}{40} = \frac{4}{40} + \frac{12}{40} \quad \longrightarrow \quad p(A \cup F) = p(A) + p(F)$$

Consideriamo ora l'evento E_2 «estrazione di una figura o di una carta di cuori». Se indichiamo con C l'evento «estrazione di una carta di cuori» si ha $E_2 = F \cup C$ (**FIGURA 7**). Poiché nel mazzo vi sono 12 figure e 10 carte di cuori si ha

$$p(F) = \frac{12}{40} \quad \text{e} \quad p(C) = \frac{10}{40}$$

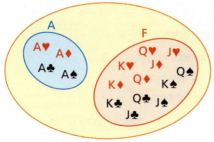

FIGURA 6

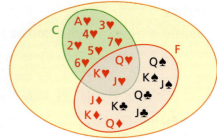

FIGURA 7

In questo caso però il numero di casi favorevoli all'evento $F \cup C$, ossia il numero di elementi di tale insieme, non è la somma del numero di elementi dei due insiemi F e C. Infatti i due insiemi F e C non sono disgiunti (ossia i due eventi sono compatibili) perché hanno in comune le tre figure di cuori. Nella somma $12 + 10$ tali carte sarebbero contate due volte: una volta come figure e una come carte di cuori. Per ottenere il numero corretto degli elementi di $F \cup C$ occorre quindi sottrarre a tale somma il numero degli elementi di $F \cap C$. Pertanto i casi favorevoli all'evento $F \cup C$ sono $12 + 10 - 3 = 19$, e si ha

$$p(F \cup C) = \frac{12 + 10 - 3}{40} = \frac{12}{40} + \frac{10}{40} - \frac{3}{40}$$

Osserva che $\frac{3}{40}$ è la probabilità dell'evento $F \cap C$ «estrazione di una figura di cuori». L'ultima uguaglianza perciò si può scrivere:

$$p(F \cup C) = p(F) + p(C) - p(F \cap C)$$

I ragionamenti che abbiamo svolto si possono generalizzare, giustificando così i seguenti teoremi.

> **TEOREMA DELLA PROBABILITÀ TOTALE DI EVENTI INCOMPATIBILI**
> Se due eventi sono incompatibili, la probabilità della loro unione è la somma delle loro probabilità.

In simboli si ha quindi

$$A \cap B = \emptyset \quad \longrightarrow \quad p(A \cup B) = p(A) + p(B)$$

> **TEOREMA DELLA PROBABILITÀ TOTALE DI EVENTI COMPATIBILI**
> Se due eventi sono compatibili, la probabilità della loro unione è la somma delle loro probabilità diminuita della probabilità della loro intersezione.

In simboli si ha quindi

$$p(A \cup B) = p(A) + p(B) - p(A \cap B)$$

■ **PER APPROFONDIRE**

L'ultima formula, che consente di calcolare la probabilità totale di eventi compatibili, si può considerare la formula generale della probabilità totale, in quanto essa consente di calcolare anche la probabilità totale di eventi incompatibili. Infatti in questo caso si ha $p(A \cap B) = 0$:

$$A \cap B = \emptyset \quad \longrightarrow \quad p(A \cap B) = 0 \quad \longrightarrow$$

$$\longrightarrow \quad p(A \cup B) = p(A) + p(B) - \underbrace{p(A \cap B)}_{p(A \cap B) = 0} = p(A) + p(B)$$

ESEMPIO

Nel gioco del Lotto si estraggono, per ogni «ruota», cinque numeri da un'urna contenente 90 sfere numerate da 1 a 90. Calcoliamo la probabilità che il primo numero del Lotto estratto sulla ruota di Napoli sia:

a. A: un numero dispari o un multiplo di 18

b. B: un numero pari o un multiplo di 9

a. L'evento A è l'unione dei due eventi seguenti:

C: il primo estratto è un numero dispari

D: il primo estratto è un multiplo di 18

I due eventi sono incompatibili, in quanto i multipli di 18 sono pari, quindi se il primo estratto è un multiplo di 18, esso non può essere dispari e viceversa. Dovremo quindi applicare la formula della probabilità totale di eventi *incompatibili*:

$$p(A) = p(C \cup D) = p(C) + p(D)$$

Per entrambi gli eventi i casi possibili sono 90.
Per l'evento C i casi favorevoli corrispondono ai 45 numeri dispari compresi tra 1 e 90.
Per l'evento D i casi favorevoli corrispondono ai 5 multipli di 18 compresi tra 1 e 90, ossia 18, 36, 54, 72, 90.
Quindi si ha

$$p(C) = \frac{45}{90} = \frac{1}{2} \qquad p(D) = \frac{5}{90} = \frac{1}{18}$$

e perciò

$$p(A) = p(C \cup D) = p(C) + p(D) = \frac{1}{2} + \frac{1}{18} \longrightarrow p(A) = \frac{5}{9}$$

b. L'evento B è l'unione dei due eventi seguenti:

E: il primo estratto è un numero pari

F: il primo estratto è un multiplo di 9

I due eventi sono compatibili perché vi sono multipli di 9 che sono numeri pari: essi sono i multipli di 18, ossia, in questo caso, 18, 36, 54, 72, 90. L'estrazione di uno di essi verificherebbe sia l'evento E sia l'evento F. Applicheremo perciò la formula della probabilità totale di eventi *compatibili*:

$$p(E \cup F) = p(E) + p(F) - p(E \cap F)$$

Per l'evento E i casi favorevoli corrispondono ai 45 numeri pari compresi tra 1 e 90.
Per l'evento F i casi favorevoli corrispondono ai 10 multipli di 9 compresi tra 1 e 90, ossia 9, 18, 27, 36, 45, 54, 63, 72, 81, 90.
Per l'evento $E \cap F$ i casi favorevoli corrispondono, come già detto, ai 5 multipli di 18.
Quindi si ha

$$p(E) = \frac{45}{90} = \frac{1}{2} \qquad p(F) = \frac{10}{90} = \frac{1}{9} \qquad p(E \cap F) = \frac{5}{90} = \frac{1}{18}$$

e dunque

$$p(B) = p(E \cup F) = p(E) + p(F) - p(E \cap F) = \frac{1}{2} + \frac{1}{9} - \frac{1}{18} \longrightarrow$$

$$\longrightarrow p(B) = \frac{5}{9}$$

9. Probabilità contraria

> **DEFINIZIONE PROBABILITÀ CONTRARIA**
> La probabilità contraria di un evento è la probabilità dell'evento contrario.

In altre parole, la probabilità contraria di un evento A è la probabilità $P(\overline{A})$ che l'evento A non si verifichi.

Consideriamo un esempio. Qual è la probabilità che lanciando un dado non esca un numero multiplo di 3? Se indichiamo con A l'evento «esce un numero multiplo di 3», l'evento di cui si vuole calcolare la probabilità è $\overline{A}$, ossia l'evento contrario di A.
Si ha

$$A = \{3\,;\,6\} \quad \text{e} \quad \overline{A} = \{1\,;\,2\,;\,4\,;\,5\}$$

Pertanto, considerato che i casi possibili sono 6, risulta

$$p(A) = \frac{2}{6} \quad \text{e} \quad p(\overline{A}) = \frac{4}{6}$$

Osserva che si ha:

$$p(A) + p(\overline{A}) = \frac{2}{6} + \frac{4}{6} = \frac{2+4}{6} \longrightarrow p(A) + p(\overline{A}) = 1$$

Che la somma delle due probabilità sia 1 non è un caso. Infatti i numeratori delle due frazioni (che volutamente non abbiamo semplificato) rappresentano i casi favorevoli di ciascuno dei due eventi. Poiché stiamo considerando un evento e il suo contrario, ogni elemento dello spazio dei risultati appartiene a uno e uno solo di questi due insiemi. Perciò la somma dei due numeratori è uguale al numero di casi possibili, ossia 6, che è proprio il numero che figura al denominatore delle due frazioni (**FIGURA 8**).
I ragionamenti svolti si potrebbero generalizzare, giustificando il seguente teorema.

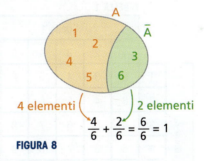

FIGURA 8

> **TEOREMA DELLA PROBABILITÀ CONTRARIA**
> La somma delle probabilità di un evento e del suo contrario è 1.

In simboli si ha

$$p(A) + p(\overline{A}) = 1$$

da cui si ottiene

$$\boxed{p(\overline{A}) = 1 - p(A)}$$

ossia, come si usa dire, la probabilità dell'evento $\overline{A}$, contrario di A, è il *complemento a 1* della probabilità di A.

> **ESEMPIO**
>
> Calcoliamo la probabilità che estraendo una carta da un mazzo di 40, questa non sia una figura rossa.
>
> Se indichiamo con A l'evento «estrazione di una figura rossa», l'evento di cui si richiede la probabilità è l'evento contrario $\overline{A}$. Cercheremo perciò di determinare la probabilità dell'evento A e poi applicheremo l'ultima formula.
>
> - I risultati possibili sono 40, ciascuno dei quali corrisponde a una carta del mazzo.
> - Le figure rosse del mazzo sono sei, tre di cuori e tre di quadri; quindi i casi favorevoli all'evento A sono 6, ciascuno dei quali corrisponde all'estrazione di una figura rossa.
>
> Si ha perciò
>
> $$p(A) = \frac{6}{40} = \frac{3}{20}$$
>
> Si ottiene quindi
>
> $$p(\overline{A}) = 1 - \frac{3}{20} \quad \longrightarrow \quad p(\overline{A}) = \frac{17}{20}$$

Matematica e modelli: acquisto di tablet

10. Probabilità condizionata

Immaginiamo di lanciare due dadi. Qual è la probabilità che la somma dei punti usciti sia 9? Per rispondere a questa domanda bisogna analizzare lo spazio dei risultati, ossia l'insieme dei casi possibili. I possibili esiti del lancio di ciascuno dei due dadi sono 6: vi sono quindi $6 \cdot 6 = 36$ combinazioni possibili. Nella **TABELLA 1**, in corrispondenza di ciascuna combinazione è riportata la somma dei punti.

TABELLA 1

		dado 1					
		1	2	3	4	5	6
dado 2	1	2	3	4	5	6	7
	2	3	4	5	6	7	8
	3	4	5	6	7	8	9
	4	5	6	7	8	9	10
	5	6	7	8	9	10	11
	6	7	8	9	10	11	12

TABELLA 2

		dado 1					
		1	2	3	4	5	6
dado 2	1	2	3	4	5	6	7
	2	3	4	5	6	7	8
	3	4	5	6	7	8	9
	4	5	6	7	8	9	10
	5	6	7	8	9	10	11
	6	7	8	9	10	11	12

Come si vede i risultati possibili sono 36, e di questi 4 verificano l'evento A «la somma dei numeri usciti è 9». Si ha quindi

$$p(A) = \frac{4}{36} = \frac{1}{9}$$

Supponiamo ora di lanciare un dado per volta e, dopo aver visto che sul primo dado è uscito il numero 3, ripetiamoci la domanda: qual è la probabilità che la somma dei numeri usciti sia 9? Ora abbiamo un'informazione che prima ci mancava e che potrebbe dunque cambiare la valutazione della probabilità. In effetti l'insieme dei risultati possibili non contiene più 36 elementi, ma solo i 6 elementi della colonna evidenziata in **TABELLA 2**, corrispondente all'uscita del numero 3 sul primo dado; di questi 6 possibili risultati, uno solo verifica l'evento A, la cui probabilità è quindi $\frac{1}{6}$.

> **DEFINIZIONE PROBABILITÀ CONDIZIONATA**
>
> Si chiama probabilità dell'evento A condizionata o *subordinata* all'evento aleatorio B, e si indica con $p(A/B)$, la probabilità che si verifichi l'evento A nell'ipotesi che si verifichi l'evento B.

Riprendendo l'esempio precedente, se indichiamo con B l'evento «sul primo dado esce 3», la probabilità dell'evento A «la somma dei numeri usciti è 9», condizionata all'evento B, si indica con $p(A/B)$ e si ha

$$p(A/B) = \frac{1}{6}$$

In pratica, per calcolare $p(A/B)$ si considerano un «nuovo» spazio dei risultati, che consiste nell'insieme B (nel nostro esempio gli elementi della colonna evidenziata in **TABELLA 2**), e un nuovo evento, costituito dagli elementi di A che appartengono a B, ossia $A \cap B$. Se indichiamo con n_B e $n_{A \cap B}$ rispettivamente il numero degli elementi di B e di $A \cap B$ si ha allora

$$p(A/B) = \frac{n_{A \cap B}}{n_B}$$

Dividendo numeratore e denominatore per il numero n degli elementi dello spazio degli eventi «originale» si ha

$$p(A/B) = \frac{\frac{n_{A \cap B}}{n}}{\frac{n_B}{n}}$$

Come puoi osservare, in questa frazione il numeratore $\frac{n_{A \cap B}}{n}$ rappresenta la probabilità dell'evento $A \cap B$, mentre il denominatore $\frac{n_B}{n}$ è la probabilità dell'evento B. Vale perciò il seguente teorema.

> **TEOREMA DELLA PROBABILITÀ CONDIZIONATA**
>
> La probabilità condizionata $p(A/B)$ è uguale al rapporto tra $p(A \cap B)$ e $p(B)$.

In simboli si ha

$$p(A/B) = \frac{p(A \cap B)}{p(B)}$$

> **ESEMPIO**
>
> Calcoliamo la probabilità che estraendo una carta da un mazzo di 40, questa sia una figura, sapendo che la carta estratta è rossa.
> L'esperimento che dobbiamo esaminare è l'estrazione di una carta da un mazzo di 40. Lo spazio dei risultati contiene quindi 40 elementi, ciascuno dei quali corrisponde a una carta

---

PROBABILITÀ INCONDIZIONATA

A volte, per evitare possibilità di confusione, $p(A)$ è detta **probabilità incondizionata** dell'evento A, per distinguerla dalla probabilità condizionata $p(A/B)$.

del mazzo. Consideriamo gli eventi
- A: «la carta estratta è una figura»
- B: «la carta estratta è rossa»

Dobbiamo calcolare $p(A/B)$. L'insieme $A \cap B$ è costituito dalle figure rosse e contiene quindi 6 elementi, perciò $p(A \cap B) = \frac{6}{40} = \frac{3}{20}$, mentre l'insieme B è costituito dalle carte rosse e contiene 20 elementi, dunque $p(B) = \frac{20}{40} = \frac{1}{2}$. Si ha quindi

$$p(A/B) = \frac{p(A \cap B)}{p(B)} \longrightarrow p(A/B) = \frac{\frac{3}{20}}{\frac{1}{2}} \longrightarrow p(A/B) = \frac{3}{10}$$

■ PER APPROFONDIRE

Nella definizione di probabilità condizionata abbiamo supposto che B sia un evento aleatorio, cioè diverso dall'evento impossibile e dall'evento certo. Vediamo il perché.

▶ Se B è l'evento impossibile, non ha senso chiedersi qual è la probabilità che si verifichi l'evento A nell'ipotesi che si verifichi l'evento B, perché tale ipotesi non si può realizzare.

▶ Nel caso che B sia l'evento certo, la probabilità che si verifichi A nell'ipotesi del verificarsi di B è la probabilità incondizionata di A:
$$p(A/B) = p(A)$$

11. Eventi dipendenti, eventi indipendenti

Abbiamo visto che se si lanciano due dadi, la probabilità dell'evento A «la somma dei numeri usciti è 9», nel caso che si sia verificato l'evento B «sul primo dado esce 3», è $p(A/B) = \frac{1}{6}$.

Domandiamoci ora: qual è la probabilità che la somma dei numeri usciti sia 9 nel caso che sul primo dado **non** sia uscito 3? Si tratta di calcolare $p(A/\overline{B})$: ripetendo i ragionamenti che abbiamo fatto osservando la **TABELLA 2**, puoi renderti conto che $p(A/\overline{B}) = \frac{1}{10}$; pertanto si ha

$$p(A/B) \neq p(A/\overline{B})$$

ossia la probabilità dell'evento A dipende dal verificarsi o no dell'evento B. Invece, estraendo una carta da un mazzo di 40, la probabilità che sia una figura è $\frac{3}{10}$ sia nel caso che sia stata estratta una carta rossa sia nel caso che non sia stata estratta una carta rossa; pertanto in questo caso si ha

$$p(A/B) = p(A/\overline{B})$$

ossia in questo caso la probabilità dell'evento A non dipende dal verificarsi o no dell'evento B.

> **DEFINIZIONE** **EVENTI INDIPENDENTI**
> Si dice che l'evento A è stocasticamente indipendente (o semplicemente *indipendente*) dall'evento B se la probabilità dell'evento A non dipende dal verificarsi o no dell'evento B.

In altri termini l'evento A è indipendente dall'evento B se risulta

$$p(A/B) = p(A/\overline{B})$$

Invece, nel caso che la probabilità di A dipenda dal verificarsi dell'evento B, ossia se $p(A/B) \neq p(A/\overline{B})$, si dice che l'evento A è **dipendente** dall'evento B.
Si può dimostrare che

▶ l'evento A è indipendente dall'evento B se e solo se l'evento B è indipendente dall'evento A.

Per tale motivo si parla solitamente di *eventi indipendenti*, senza specificare quale dei due eventi sia indipendente dall'altro. Analogamente si parla di *eventi dipendenti*.
Inoltre, si può dimostrare che

▶ **A e B sono eventi indipendenti se e solo se si ha $p(A) = p(A/B)$.**

Quindi se i due eventi sono indipendenti non è necessario ricorrere al concetto di probabilità condizionata, perché questa è uguale alla probabilità incondizionata.

> **ESEMPIO**
> Si estrae una carta da un mazzo di 40; quale dei seguenti eventi è indipendente dall'evento A «la carta estratta è un Re»?
>
> **a.** B: «la carta estratta è rossa»   **b.** C: «la carta estratta è una figura»
>
> **a.** In un mazzo di 40 carte, 20 sono rosse e 20 sono nere. Perciò la probabilità incondizionata di B, ossia la probabilità di estrarre una carta rossa, è
>
> $$p(B) = \frac{1}{2}$$
>
> Supponiamo che la carta estratta sia un Re: possiamo calcolare $p(B/A)$ applicando la formula della probabilità condizionata, ma è più semplice considerare che i Re presenti nel mazzo sono quattro, di cui due rossi e due neri, e perciò $p(B/A)$, ossia la probabilità che estraendo un Re, questo sia rosso, è
>
> $$p(B/A) = \frac{2}{4} = \frac{1}{2}$$
>
> Si ha perciò $p(B/A) = p(B)$ e quindi gli eventi A e B sono indipendenti.
>
> **b.** In un mazzo di 40 carte vi sono 12 figure. Perciò la probabilità incondizionata di C è
>
> $$p(C) = \frac{12}{40} = \frac{3}{10}$$
>
> Se è noto che la carta estratta è un Re, è certamente vero che la carta estratta è una figura. Perciò la probabilità che, estraendo un Re, questo sia una figura è
>
> $$p(C/A) = 1$$
>
> Essendo $p(C/A) \neq p(C)$ si può affermare che gli eventi A e C non sono indipendenti.

12. Probabilità composta

> **DEFINIZIONE** **PROBABILITÀ COMPOSTA**
>
> Si dice probabilità composta di due o più eventi la probabilità della loro intersezione.

In altre parole la probabilità composta di due eventi A e B è $p(A \cap B)$, ossia è la probabilità che si verifichino entrambi gli eventi.
Per ottenere una formula che consenta di calcolare la probabilità composta, riscriviamo la formula della probabilità condizionata, scambiando A e B:

$$p(B/A) = \frac{p(A \cap B)}{p(A)}$$

Moltiplicando entrambi i membri per $p(A)$ si ottiene

$$\boxed{p(A \cap B) = p(A) \cdot p(B/A)}$$

Vale perciò il seguente teorema.

> **TEOREMA DELLA PROBABILITÀ COMPOSTA**
>
> La probabilità composta di due eventi è il prodotto della probabilità del primo per la probabilità del secondo evento condizionata al verificarsi del primo.

Osserva che se i due eventi considerati sono indipendenti, si ha $p(B/A) = p(B)$, e perciò la formula appena vista assume una forma più semplice:

$$\boxed{p(A \cap B) = p(A) \cdot p(B) \quad (A \text{ e } B \text{ indipendenti})}$$

> **TEOREMA DELLA PROBABILITÀ COMPOSTA DI EVENTI INDIPENDENTI**
>
> La probabilità composta di due eventi indipendenti è il prodotto delle loro probabilità.

Le due formule viste si possono generalizzare all'intersezione di tre o più eventi. Nel caso della probabilità di tre eventi, si ha

$$p(A \cap B \cap C) = p(A) \cdot p(B/A) \cdot p(C/(A \cap B))$$

Il terzo fattore che figura in questa formula, $p(C/(A \cap B))$, rappresenta la probabilità dell'evento C nel caso che si verifichino sia A sia B.
In particolare, se A, B, C sono eventi a due a due indipendenti si ha

$$p(A \cap B \cap C) = p(A) \cdot p(B) \cdot p(C)$$

> ■ **OSSERVAZIONE**
>
> Per stabilire se due eventi sono dipendenti o indipendenti non è in genere necessario verificare una delle relazioni viste nel precedente paragrafo, in quanto solitamente la dipendenza o indipendenza dei due eventi può essere stabilita sulla base di semplici considerazioni sulla natura degli eventi considerati.

ESEMPIO

Da un'urna che contiene otto palline, di cui tre rosse e cinque blu, se ne estraggono due. Calcoliamo la probabilità di estrarre due palline blu nei casi seguenti:

a. la prima pallina viene reinserita nell'urna prima di procedere alla seconda estrazione;

b. la prima pallina non viene reinserita nell'urna prima di procedere alla seconda estrazione.

I due eventi da considerare sono

A: la prima pallina estratta è blu

B: la seconda pallina estratta è blu

e l'evento di cui dobbiamo calcolare la probabilità è $A \cap B$.

a. Se la prima pallina estratta viene reinserita nell'urna, le composizioni dell'urna alla prima e alla seconda estrazione sono identiche e quindi il colore della prima pallina estratta non influisce sull'esito della seconda estrazione. I due eventi sono indipendenti; considerando che vi sono otto esiti ugualmente possibili, uno per ciascuna pallina contenuta nell'urna, e di questi otto, cinque sono favorevoli sia all'evento A sia all'evento B, si ha $p(A) = p(B) = \frac{5}{8}$; si ottiene

$$p(A \cap B) = p(A) \cdot p(B) \longrightarrow p(A \cap B) = \frac{5}{8} \cdot \frac{5}{8} \longrightarrow$$

$$\longrightarrow p(A \cap B) = \frac{25}{64} \simeq 0{,}391$$

b. Se la prima pallina estratta non viene reinserita nell'urna, la composizione dell'urna nella seconda estrazione è diversa da quella che era nella prima estrazione; quindi il colore della prima pallina estratta influisce sull'esito della seconda estrazione. I due eventi sono dipendenti, quindi la probabilità da calcolare è $p(A \cap B) = p(A) \cdot p(B/A)$.

Per calcolare $p(A)$ consideriamo che nella prima estrazione vi sono otto esiti ugualmente possibili, uno per ciascuna pallina contenuta nell'urna, e di questi, cinque sono favorevoli all'evento A: si ha $p(A) = \frac{5}{8}$.

Per calcolare $p(B/A)$ dobbiamo supporre che si sia verificato l'evento A. Quindi, alla seconda estrazione, nell'urna sono rimaste 7 palline, di cui 4 sono blu. Si ha perciò $p(B/A) = \frac{4}{7}$ e si ottiene

$$p(A \cap B) = p(A) \cdot p(B/A) = \frac{5}{8} \cdot \frac{4}{7} \longrightarrow p(A \cap B) = \frac{5}{14} \simeq 0{,}357$$

13. Applicazione dei teoremi sulla probabilità

I teoremi esposti nei paragrafi precedenti consentono di calcolare la probabilità di eventi complessi composti da eventi più semplici di cui sia nota la probabilità. A tale scopo, per sapere quale teorema utilizzare, è utile analizzare la proposizione che descrive l'evento, ricordando che al connettivo logico di disgiunzione (*vel*, ossia «oppure») corrisponde l'unione tra eventi, mentre al connettivo logico di congiunzione (*et*) corrisponde l'intersezione tra eventi. Dunque in presenza di una disgiunzione occorrerà applicare il **TEOREMA DELLA PROBABILITÀ TOTALE**, facendo attenzione a distinguere il caso di eventi compatibili da quello di eventi incompatibili, mentre in presenza di una congiunzione si applicherà il **TEOREMA DELLA PROBABILITÀ COMPOSTA**, distinguendo il caso di eventi dipendenti da quello di eventi indipendenti.

Talvolta si rivela utile l'utilizzo del **TEOREMA DELLA PROBABILITÀ CONTRARIA**, in quanto in alcuni casi risulta più semplice calcolare la probabilità dell'evento contrario piuttosto che quella dell'evento considerato.

> **ESEMPI**
>
> **1** Si lanciano cinque dadi. Calcoliamo la probabilità che, su almeno uno di essi, esca il 6.
> L'evento di cui si deve calcolare la probabilità è
>
> $$E: \text{esce il 6 su almeno un dado}$$
>
> In questo caso è più semplice calcolare la probabilità dell'evento contrario:
>
> $$\overline{E}: \text{il 6 non esce su alcun dado}$$
>
> e quindi applicare il **TEOREMA DELLA PROBABILITÀ CONTRARIA** determinando $p(E) = 1 - p(\overline{E})$.
> L'evento $\overline{E}$ è l'intersezione di 5 eventi:
>
> - E_1: il 6 non esce sul primo dado
> - E_2: il 6 non esce sul secondo dado
>
> ...
>
> Questi eventi sono ovviamente indipendenti tra loro, perché l'esito del lancio di un dado non può influenzare l'esito del lancio degli altri, e la probabilità di ciascuno di essi è $\frac{5}{6}$.
> Si ha quindi
>
> $$p(\overline{E}) = p(E_1 \cap E_2 \cap E_3 \cap E_4 \cap E_5) = p(E_1) \cdot p(E_2) \cdot p(E_3) \cdot p(E_4) \cdot p(E_5) \longrightarrow$$
>
> $$\longrightarrow p(\overline{E}) = \frac{5}{6} \cdot \frac{5}{6} \cdot \frac{5}{6} \cdot \frac{5}{6} \cdot \frac{5}{6} = \left(\frac{5}{6}\right)^5$$
>
> Per il **TEOREMA DELLA PROBABILITÀ CONTRARIA** si ha perciò
>
> $$p(E) = 1 - p(\overline{E}) \longrightarrow p(E) = 1 - \left(\frac{5}{6}\right)^5 \simeq 0{,}6$$
>
> Possiamo perciò affermare che, lanciando cinque dadi, la probabilità che su almeno uno di essi esca il 6 è circa **0,6**.
>
> **2** In una fabbrica meccanica vi sono due macchinari che producono viti dello stesso tipo. Il primo macchinario produce il 5% di viti difettose, il secondo produce il 3% di viti difettose. I due macchinari contribuiscono rispettivamente per il 60% e per il 40% alla produzione complessiva. Calcoliamo la probabilità che una vite sia difettosa.
> L'evento di cui si chiede la probabilità può essere così descritto: la vite è stata prodotta dal primo macchinario ed è difettosa oppure è stata prodotta dal secondo macchinario ed è difettosa. In simboli, posto
>
> M_1: la vite è stata prodotta dal primo macchinario
>
> M_2: la vite è stata prodotta dal secondo macchinario
>
> D: la vite è difettosa
>
> l'evento di cui si chiede la probabilità è quindi
>
> $$E = (M_1 \cap D) \cup (M_2 \cap D)$$
>
> Ed è l'unione dei due eventi $M_1 \cap D$ e $M_2 \cap D$, ossia
>
> $M_1 \cap D$: la vite è stata prodotta dal primo macchinario ed è difettosa
>
> $M_2 \cap D$: la vite è stata prodotta dal secondo macchinario ed è difettosa
>
> Questi eventi sono incompatibili, perché la vite non può essere stata prodotta da entram-

bi i macchinari. Dunque applicheremo il **TEOREMA DELLA PROBABILITÀ TOTALE DI EVENTI INCOMPATIBILI**:

$$p(E) = p(M_1 \cap D) + p(M_2 \cap D)$$

Per calcolare la probabilità di $M_1 \cap D$ e di $M_2 \cap D$ applicheremo il **TEOREMA DELLA PROBABILITÀ COMPOSTA** tenendo presente che la probabilità che la vite sia difettosa dipende dal macchinario che l'ha prodotta, e quindi ci troviamo in presenza di eventi dipendenti:

$$p(M_1 \cap D) = p(M_1) \cdot p(D/M_1) \qquad p(M_2 \cap D) = p(M_2) \cdot p(D/M_2)$$

Quindi è

$$p(E) = p(M_1 \cap D) + p(M_2 \cap D) \longrightarrow$$
$$\longrightarrow p(E) = p(M_1) \cdot p(D/M_1) + p(M_2) \cdot p(D/M_2)$$

In base ai dati si ha

$$p(M_1) = 60\% = \frac{60}{100} \qquad p(M_2) = 40\% = \frac{40}{100}$$

$p(D/M_1) = 5\% = \frac{5}{100}$ (probabilità che una vite prodotta dalla prima macchina sia difettosa)

$p(D/M_2) = 3\% = \frac{3}{100}$ (probabilità che una vite prodotta dalla seconda macchina sia difettosa)

Possiamo infine calcolare la probabilità richiesta:

$$p(E) = p(M_1) \cdot p(D/M_1) + p(M_2) \cdot p(D/M_2) \longrightarrow$$
$$\longrightarrow p(E) = \frac{60}{100} \cdot \frac{5}{100} + \frac{40}{100} \cdot \frac{3}{100} \longrightarrow p(E) = \frac{21}{500} = 4,2\%$$

■ **PER COMPRENDERE MEGLIO**

Per determinare rapidamente la formula con cui calcolare la probabilità di un evento complesso, come quello esaminato nell'ultimo esempio, possiamo procedere così:

a. Scriviamo l'evento facendo uso dei simboli delle operazioni insiemistiche. In questo caso, come abbiamo visto:

$$E = (M_1 \cap D) \cup (M_2 \cap D)$$

b. All'unione di due eventi incompatibili facciamo corrispondere la somma delle loro probabilità; all'intersezione di due eventi facciamo corrispondere il prodotto delle loro probabilità. Schematicamente:

$$E = (M_1 \cap D) \cup (M_2 \cap D)$$
$$p(E) = p(M_1 \cap D) + p(M_2 \cap D)$$
$$p(E) = p(M_1) \cdot p(D/M_1) + p(M_2) \cdot p(D/M_2)$$

Matematica nella storia: le origini del calcolo delle probabilità

È possibile anche schematizzare l'evento mediante un diagramma ad albero come quello a lato.
Su ogni ramo si riporta la sua probabilità di «essere percorso», quindi il 60% è la probabilità che porta a M_1, ossia che la vite sia prodotta da M_1, il 5% è la probabilità che la vite sia difettosa se è stata prodotta da M_1, e così via.

Per ogni «cammino», la probabilità che la vite sia difettosa se è stata prodotta da una certa macchina è data dal prodotto delle probabilità relative a ciascun ramo di quel «cammino».
Per calcolare la probabilità richiesta basta sommare i prodotti delle probabilità di ciascuno dei «cammini» che portano al realizzarsi dell'evento «vite difettosa».

La lotteria della MAT Cola

 Soluzione del problema di pag. 525

Qual è la probabilità di vincere un premio comprando una MAT Cola? Quale può essere un premio ragionevole secondo gli ideatori dell'iniziativa?

All'inizio del capitolo ci siamo chiesti qual è la probabilità di vincere un premio comprando una confezione da tre bottiglie di MAT Cola in cui sotto ogni tappo ci siano rispettivamente una M, una A e una T.
Per rispondere, innanzitutto è necessario sapere quali sono le possibili combinazioni di lettere in una confezione, cioè bisogna conoscere quali sono i casi possibili, e poi occorre contare, tra questi, quelli in cui sono presenti una M, una A e una T, cioè bisogna contare i casi favorevoli. Possiamo valutare questi casi costruendo un diagramma, in cui a ogni riga corrisponde l'apertura di una bottiglietta.

FIGURA 9

FIGURA 10

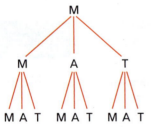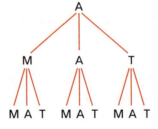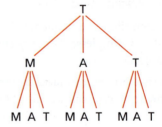

FIGURA 11

Dallo schema possiamo osservare che le possibili combinazioni sono 27:

MMM	MMA	MMT	MAM	MAA	MAT	MTM	MTA	MTT
AMM	AMA	AMT	AAM	AAA	AAT	ATM	ATA	ATT
TMM	TMA	TMT	TAM	TAA	TAT	TTM	TTA	TTT

In rosso abbiamo evidenziato le triplette vincenti, cioè quelle che contengono le tre lettere.
Dunque i casi favorevoli sono sei, mentre quelli totali sono ventisette. Questo ci permette di calcolare la probabilità di vincere:

$$P_{MAT} = \frac{6}{27} = 0,22$$

Si tratta di una probabilità piuttosto alta per un concorso a premi, visto che corrisponde a più di una vittoria ogni cinque tentativi!
All'inizio del capitolo ci siamo chiesti anche quale possa essere un premio ragionevole secondo gli ideatori della promozione.

Con i dati che hai a disposizione finora non puoi rispondere.

Aggiungiamo perciò due informazioni: una confezione di MAT Cola costa 4 euro, di cui è stato deciso che 0,50 euro debbano servire per coprire il costo del premio.

Poiché un acquirente vince ogni $\frac{1}{0,22} = 4,54$ volte, non è ragionevole offrire un premio che vada oltre il valore di € $(4,54 \cdot 0,50)$ = € 2,27, altrimenti la MAT Cola rischierebbe di andare in perdita e l'iniziativa promozionale sarebbe un fallimento. Premi opportuni potrebbero essere, ad esempio, una o due bottigliette omaggio, un portachiavi...

Se volessimo offrire un premio di valore maggiore dovremmo rendere la vittoria più difficile, e quindi diminuire la probabilità di trovare una M, una A e una T. Ad esempio, potremmo mettere sotto i tappi tutte le lettere dell'alfabeto.

In questo caso, come potrai verificare svolgendo l'**ESERCIZIO 1**, il premio può essere ben più consistente: ci sarebbero abbastanza soldi a disposizione per mettere in palio, ad esempio, un tablet e uno smartphone di ultimissima generazione.

Indubbiamente, in sé questa è una prospettiva di vincita ben più allettante, ma... qualsiasi consumatore si rende conto perfettamente che se un concorso mette in palio due lattine oppure un'accoppiata tablet + smartphone, le possibilità di vincita non possono essere le stesse.

Dunque si fa strada un'importante domanda per il responsabile marketing della MAT Cola: qual è l'iniziativa promozionale più efficace? Mettere in palio un premio economico, ma facile da vincere, oppure un premio prestigioso, che però è molto più improbabile conquistare?

La risposta non è affatto scontata ed esige un'analisi accurata. Ma il responsabile marketing della MAT Cola è un manager in gamba e anche stavolta non sbaglierà il colpo...

ESERCIZI

1 Utilizzando le 26 lettere dell'alfabeto latino, quale sarebbe la probabilità di trovare una M, una A e una T? Che valore potrebbe avere il premio? [0,00034; 1460 euro]

2 Un'altra possibilità per rendere più difficile vincere è quella di inserire le diverse lettere in proporzioni diverse. Quale sarebbe la probabilità di vittoria se venissero inserite ogni cinque bottigliette una M, due A e due T? [0,19]

Calcolo delle probabilità

Concetti fondamentali

▷ **Spazio dei risultati**: insieme di tutti i possibili esiti di una prova (ossia di un esperimento o di un'osservazione).

▷ **Evento**: ogni sottoinsieme dello spazio dei risultati S. L'**evento certo** è lo stesso spazio dei risultati S, l'**evento impossibile** è l'insieme vuoto ∅; ogni altro evento si dice **aleatorio**. Ogni sottoinsieme di S contenente un solo elemento è un **evento elementare**.

▷ **Evento ripetibile**: evento che si riferisce a un esperimento o osservazione che può essere eseguito un numero indefinito di volte.

▷ **Frequenza** di un evento ripetibile: rapporto tra il numero di prove in cui si verifica l'evento e il numero di prove eseguite.

Eventi e probabilità

▷ **Probabilità di un evento**: rapporto tra il numero di casi favorevoli all'evento e il numero di casi possibili.

▷ **Unione di eventi**: evento che si verifica se e solo se si verifica almeno uno degli eventi dati. L'unione di due eventi A e B si indica con $A \cup B$.

▷ **Intersezione di eventi**: evento che si verifica se e solo se si verificano tutti gli eventi dati. L'intersezione di due eventi A e B si indica con $A \cap B$.

▷ **Evento contrario**: evento che si verifica se e solo se non si verifica l'evento dato. L'evento contrario di un evento A si indica con $\overline{A}$.

▷ **Eventi compatibili**: due eventi che si possono verificare contemporaneamente, ossia in una stessa prova. Se due eventi non si possono verificare contemporaneamente si dicono **incompatibili**.

Teoremi sulla probabilità

▷ **Probabilità totale**
La probabilità dell'unione di due eventi A e B è

$$p(A \cup B) = p(A) + p(B) \text{ se i due eventi sono incompatibili}$$
$$p(A \cup B) = p(A) + p(B) - p(A \cap B) \text{ se i due eventi sono compatibili}$$

▷ **Probabilità contraria**
La probabilità dell'evento $\overline{A}$, contrario dell'evento A, è $p(\overline{A}) = 1 - p(A)$.

▷ **Probabilità condizionata**
È la probabilità che si verifichi l'evento A nell'ipotesi che si verifichi l'evento B: $p(A/B) = \dfrac{p(A \cap B)}{p(B)}$.

▷ **Eventi dipendenti e indipendenti**
Se la probabilità di un evento non dipende dal verificarsi di un altro evento si dice che i due eventi sono **indipendenti**. Se ciò non accade i due eventi si dicono **dipendenti**.

▷ **Probabilità composta**
La probabilità dell'intersezione di due eventi A e B è $p(A \cap B) = p(A) \cdot p(B/A)$. Nel caso che i due eventi siano indipendenti è $p(A \cap B) = p(A) \cdot p(B)$.

Capitolo 9 — Esercizi

- Concetti fondamentali
- Eventi e probabilità
- Teoremi sulla probabilità
- Autovalutazione
- Esercizi per il recupero
- Esercizi di approfondimento
- Verso la Prova Invalsi

Concetti fondamentali

Spazio dei risultati, eventi

ESERCIZIO SVOLTO

1 Si lanciano tre monete. Elenca gli elementi dello spazio dei risultati.

Osserva la figura a fianco: sulla prima moneta può uscire testa o croce (che indicheremo rispettivamente con T e C).
In corrispondenza di ciascuna di queste due possibilità vi sono due possibilità per la seconda moneta, per un totale di $2 \cdot 2 = 4$ possibilità.

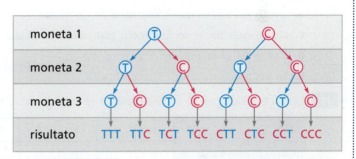

In corrispondenza di ciascuna di queste quattro possibilità vi sono due possibilità per la terza moneta, per un totale di 8 possibilità.
Per elencare ciascuna di queste possibilità usiamo tre lettere, ognuna delle quali rappresenta l'esito del lancio di una moneta; per esempio TCT indica l'uscita di testa sulla prima moneta, croce sulla seconda e testa sulla terza.
Constatiamo dunque che lo spazio dei risultati S contiene 8 elementi:

$$S = \{\text{TTT}\,;\,\text{TTC}\,;\,\text{TCT}\,;\,\text{TCC}\,;\,\text{CTT}\,;\,\text{CTC}\,;\,\text{CCT}\,;\,\text{CCC}\}$$

2 Si lanciano quattro monete. Elenca gli elementi dello spazio dei risultati.

3 Si lanciano due dadi, ciascuno numerato da 1 a 6. Quanti elementi ha lo spazio dei risultati? [36]

4 Si lanciano due dadi a sei facce, contrassegnati in modo che, su ciascuno, due facce riportino il numero 1, due facce il numero 2 e due facce il numero 3. Elenca gli elementi dello spazio dei risultati.

5 Da un mazzo di carte si tolgono i quattro assi e, dopo averli mescolati, se ne estraggono due. Quanti elementi ha lo spazio dei risultati? [6]

6 In un'urna sono contenute 90 palline numerate; quelle con i numeri da 1 a 45 sono bianche, quelle con i numeri da 46 a 90 sono rosse. Stabilisci quali tra i seguenti eventi sono impossibili, aleatori o certi.
   a. Si estrae una pallina rossa con un numero dispari.
   b. Si estrae una pallina rossa con un numero minore di 10.
   c. Si estrae una pallina bianca o con un numero maggiore di 10.
   d. Si estrae una pallina bianca con un numero minore di 10.

ESERCIZI

7 Si lanciano due dadi, ciascuno numerato da 1 a 6. Stabilisci quali tra i seguenti eventi sono impossibili, aleatori o certi.

    a. Escono due numeri dispari la cui somma è pari.

    b. Escono due numeri pari la cui somma è dispari.

    c. Escono un numero pari e un numero dispari.

    d. Escono due numeri pari o almeno un numero dispari.

Eventi unici ed eventi ripetibili. Frequenza

VERO O FALSO?

8   **a.** La frequenza dell'evento certo è 1.   V   F

    b. Se la frequenza di un evento è 0, l'evento è impossibile.   V   F

    c. La frequenza dell'evento impossibile è 0.   V   F

    d. Se la frequenza di un evento è 1, l'evento è certo.   V   F

9 Quali tra i seguenti eventi sono unici e quali sono ripetibili?   **unico**   **ripetibile**

    a. L'esito del lancio di un dado.

    b. L'esito dell'estrazione di una carta da un mazzo.

    c. L'esito della finale dei 100 metri piani alle Olimpiadi.

    d. L'esito dell'estrazione del Superenalotto.

    e. La tua promozione agli scrutini finali.

10 Lancia un dado per 50 volte e riassumi gli esiti dei lanci nella seguente tabella.

esito	1	2	3	4	5	6
numero di successi						
frequenza						

11 Lancia una coppia di dadi per 50 volte, calcolando la somma dei punti mostrati dalle facce, e riassumi gli esiti dei lanci nella seguente tabella.

esito	2	3	4	5	6	7	8	9	10	11	12
numero di successi											
frequenza											

12 Calcola la frequenza dell'uscita del numero 47 sulla ruota di Napoli nelle ultime 30 estrazioni del Lotto (cerca i dati in Internet).

Eventi e probabilità

Probabilità di un evento

13 Calcola la probabilità che lanciando un dado esca un numero multiplo di 3. $\left[\dfrac{1}{3}\right]$

14 In un'urna sono contenute 90 palline numerate da 1 a 90. Calcola la probabilità di estrarre

    a. un numero dispari $\left[\dfrac{1}{2}\right]$ **b.** un multiplo di 3 $\left[\dfrac{1}{3}\right]$

    c. un multiplo di 25 $\left[\dfrac{1}{30}\right]$ **d.** un numero con le due cifre uguali $\left[\dfrac{4}{45}\right]$

▷▶ **15** Calcola la probabilità che estraendo una carta da un mazzo di 40, questa sia nera con un numero da 2 a 7. $\left[\dfrac{3}{10}\right]$

▷▶ **16** Calcola la probabilità che estraendo una carta da un mazzo di 40, su questa sia rappresentato un numero dispari (considera gli assi come carte con il numero 1 e ricorda che sulle figure non sono riportati numeri). $\left[\dfrac{2}{5}\right]$

▷▶ **17** Calcola la probabilità che estraendo una carta da un mazzo di 52, su questa sia rappresentato un numero pari (sulle figure non sono riportati numeri). $\left[\dfrac{5}{13}\right]$

▷▶ **18** In un'urna sono contenute 90 palline numerate; quelle con i numeri da 1 a 45 sono bianche, quelle con i numeri da 46 a 90 sono rosse. Calcola la probabilità che estraendo una pallina, questa sia rossa e con un numero dispari. $\left[\dfrac{11}{45}\right]$

> ■ **ESERCIZIO SVOLTO**
>
> ▷▶ **19** Si lanciano tre monete. Calcola la probabilità che escano due teste e una croce.
>
> Nell'**ESERCIZIO SVOLTO 1** abbiamo elencato gli 8 elementi dello spazio dei risultati, ossia gli 8 esiti possibili. Tra questi, quelli che verificano l'evento *E* «uscita di due teste e una croce» sono tre, e precisamente TTC, TCT, CTT.
>
> Dunque la probabilità richiesta è $\dfrac{3}{8}$.

▷▶ **20** Si lanciano tre monete. Calcola la probabilità che escano almeno due teste. $\left[\dfrac{1}{2}\right]$

▷▶ **21** Si lanciano tre monete. Calcola la probabilità che escano tre croci. $\left[\dfrac{1}{8}\right]$

▷▶ **22** Si lanciano quattro monete. Calcola la probabilità che escano due teste e due croci. $\left[\dfrac{3}{8}\right]$

▷▶ **23** Si lanciano quattro monete. Calcola la probabilità che escano almeno due teste. $\left[\dfrac{11}{16}\right]$

▷▶ **24** Si lanciano due dadi. Calcola la probabilità che la somma dei punti sia 4. $\left[\dfrac{1}{12}\right]$

▷▶ **25** Si lanciano due dadi. Calcola la probabilità che la somma dei punti sia minore di 5. $\left[\dfrac{1}{6}\right]$

▷▶ **26** Si lanciano due dadi. Calcola la probabilità che 1 non esca su alcun dado. $\left[\dfrac{25}{36}\right]$

▷▶ **27** Si lanciano due dadi. Calcola la probabilità che escano due numeri pari. $\left[\dfrac{1}{4}\right]$

▷▶ **28** Il professore di matematica sceglie a caso uno studente da interrogare con questo sistema: apre a caso un libro di 300 pagine e somma le cifre del numero della pagina trovata, quindi chiama lo studente il cui numero sul registro corrisponde al numero così determinato. Qual è la probabilità che sia interrogato lo studente a cui è associato il numero 1? $\left[\dfrac{1}{100}\right]$

▷▶ **29** Alberto e Beatrice sono nati in un anno non bisestile. Qual è la probabilità che i loro compleanni cadano nello stesso giorno? $\left[\dfrac{1}{365}\right]$

ESERCIZI

LA ROULETTE

Nel gioco della roulette una pallina viene lanciata in una sorta di scodella contenente un disco in rotazione. Il disco è suddiviso in 37 settori numerati da 0 a 36; lo zero è colorato in verde mentre gli altri numeri sono colorati in rosso o in nero. Il settore in cui si ferma la pallina determina il numero vincente.

Vi sono diversi modi di giocare, puntando su un apposito tabellone.

▷ *Plein*: si punta su un singolo numero.
▷ *Cheval*: si punta su una coppia di numeri adiacenti nel tabellone.
▷ *Transversale*: si punta sui tre numeri di una riga del tabellone.
▷ *Carré*: si punta su quattro numeri adiacenti nel tabellone.
▷ *Douzaine*: si punta sui numeri di una stessa dozzina (da 1 a 12 oppure da 13 a 24 oppure da 25 a 36).
▷ *Colonne*: si punta sui numeri di una stessa colonna del tabellone.
▷ *Pair/Impair*: si punta sui numeri pari o sui numeri dispari.
▷ *Manque/Passe*: si punta sui numeri da 1 a 18 (*manque*) o su quelli da 19 a 36 (*passe*).
▷ *Rouge/Noir*: si punta sui numeri rossi o su quelli neri.

▷▷ **30** Calcola la probabilità di vincere un *plein*, un *cheval*, un *transversale*. $\left[\dfrac{1}{37}; \dfrac{2}{37}; \dfrac{3}{37}\right]$

▷▷ **31** Calcola la probabilità di vincere un *carré*, una *douzaine*, una *colonne*. $\left[\dfrac{4}{37}; \dfrac{12}{37}; \dfrac{12}{37}\right]$

▷▷ **32** Calcola la probabilità di vincere un *pair*, un *manque*, un *rouge*. $\left[\dfrac{18}{37}; \dfrac{18}{37}; \dfrac{18}{37}\right]$

Probabilità e frequenza

▷▷ **33** Un'urna contiene 1200 palline, in parte rosse e in parte verdi. Se ne estraggono 60, di cui 36 risultano rosse e 24 verdi. Quante palline rosse e quante palline verdi ci sono nell'urna? [circa 720 rosse e 480 verdi]

▷▷ **34** Mario possiede un dado a 6 facce irregolare, a forma di tronco di piramide a basi quadrate, sulle cui facce sono scritti i numeri da 1 a 6. Lanciando il dado 600 volte ha annotato i risultati riportati in tabella.

faccia	1	2	3	4	5	6	totale
n. uscite	222	88	90	92	84	24	600

a. Qual è la probabilità che lanciando il dado esca 6? [4%]
b. Qual è la probabilità che esca un numero dispari? [66%]

▷▷ **35** Si lanciano due dadi e si calcola la somma dei punteggi usciti su ciascun dado. Calcola la probabilità di ciascuno degli esiti possibili. Verifica quindi la legge empirica del caso: lancia per cento volte una coppia di dadi e calcola la frequenza, assoluta e relativa, di ciascun esito, confrontando la frequenza relativa di ciascun esito con la rispettiva probabilità.

 Simulazione del lancio di due dadi con il foglio elettronico

552

Operazioni con gli eventi. Eventi compatibili

QUESITI A RISPOSTA MULTIPLA

36 Individua l'affermazione vera fra le seguenti.

a Se A è un evento e $\overline{A}$ il suo contrario, A e $\overline{A}$ sono incompatibili

b Se A è un evento e $\overline{A}$ il suo contrario, $A \cup \overline{A}$ è l'evento impossibile

c Se A è un evento e $\overline{A}$ il suo contrario, $A \cap \overline{A}$ è l'evento certo

d Se A è un evento elementare, A e $\overline{A}$ sono compatibili

---

37 Si estraggono due palline da un'urna che ne contiene 10, di cui 5 verdi e 5 rosse.

   a. Descrivi l'evento contrario di ciascuno dei seguenti eventi:
   A: si estraggono due palline dello stesso colore;   [si estraggono due palline di colori diversi]
   B: si estraggono due palline rosse;
   C: si estraggono due palline verdi.

   b. Descrivi gli eventi $A \cup B$ e $A \cap C$.   [$A \cup B$: si estraggono due palline dello stesso colore; $A \cap C = ...$]

   c. Tra gli eventi $A \cup B$, $A \cup C$ e $B \cup C$ c'è l'evento certo? Se sì, qual è?

   d. Tra gli eventi $A \cap B$, $A \cap C$ e $B \cap C$ c'è l'evento impossibile? Se sì, qual è?

38 Si estrae una carta da un mazzo di 40. Considera i seguenti eventi:

   A: si estrae una carta rossa B: si estrae una carta di fiori C: si estrae una figura

   a. Descrivi i seguenti eventi: $B \cap C$, $B \cup C$, $(A \cup B) \cap C$, $\overline{A} \cap C$.

   b. Tra i seguenti eventi c'è l'evento impossibile? Se sì, qual è?

   $(A \cap C) \cup B$ $(B \cap C) \cup A$ $(A \cup B) \cap C$ $(A \cap B) \cup C$

Si lancia una coppia di dadi; considera i seguenti eventi:

   A: escono due numeri uguali B: la somma dei numeri usciti è 7
   C: escono due numeri dispari D: escono due numeri diversi

39 Quali tra i seguenti eventi sono aleatori, quali impossibili, quali certi?

	aleatorio	impossibile	certo
a. $A \cap B$	☐	☐	☐
b. $A \cap C$	☐	☐	☐
c. $D \cap \overline{C}$	☐	☐	☐
d. $A \cup D$	☐	☐	☐

40 Quali tra le seguenti coppie di eventi sono compatibili? Quali incompatibili?

	compatibili	incompatibili
a. A, C	☐	☐
b. B, C	☐	☐
c. C, D	☐	☐
d. B, D	☐	☐

I seguenti esercizi si riferiscono al gioco della roulette (pag. 552).

41 R è l'evento «vince un numero rosso». Qual è l'evento contrario?   [vince un numero nero o lo zero]

42 D_3 è l'evento «vince un numero della terza dozzina». Qual è l'evento contrario?

[vince un numero da 0 a 24]

43 Considera gli eventi R «vince un numero rosso» e N «vince un numero nero». Qual è l'evento $R \cup N$? E qual è l'evento contrario di $R \cup N$?   [vince un numero diverso da zero; vince lo zero]

ESERCIZI

▷▶ **44** Considera gli eventi C_3 «vince un numero della terza colonna» e P «vince un numero pari». Qual è l'evento $C_3 \cap P$? [vince un numero multiplo di 6]

▷▶ **45** Considera gli eventi D_1 «vince un numero della prima dozzina» e M «vince un numero *manque*». Qual è l'evento $D_1 \cup M$? Qual è l'evento $D_1 \cap M$? [M; D_1]

▷▶ **46** Considera gli eventi D_1 «vince un numero della prima dozzina» e P «vince un numero *passe*». Qual è l'evento $D_1 \cap P$? [∅]

■ Teoremi sulla probabilità

Probabilità totale

QUESITI A RISPOSTA MULTIPLA

▷▶ **47** La probabilità che si verifichi almeno uno di due eventi dati è
- [a] minore della somma delle loro probabilità
- [b] minore o uguale alla somma delle loro probabilità
- [c] uguale alla somma delle loro probabilità
- [d] maggiore o uguale alla somma delle loro probabilità
- [e] maggiore della somma delle loro probabilità

■ **ESERCIZIO SVOLTO**

▷▶ **48** Si estrae una carta da un mazzo di 40. Calcolare la probabilità che sia un asso o una carta di cuori.

L'evento di cui si chiede la probabilità è l'unione dei due eventi seguenti:

A: viene estratto un asso

B: viene estratta una carta di cuori

Questi due eventi sono compatibili: infatti essi si verificano contemporaneamente se viene estratto l'asso di cuori. Dovremo perciò utilizzare la formula

$$p(A \cup B) = p(A) + p(B) - p(A \cap B)$$

Per calcolare la probabilità dei vari eventi consideriamo che i casi possibili sono 40, uno per ciascuna carta del mazzo.

▶ Per l'evento A i casi possibili sono 4, quanti sono gli assi:

$$p(A) = \frac{4}{40} = \frac{1}{10}$$

▶ Per l'evento B i casi possibili sono 10, quante sono le carte di cuori:

$$p(A) = \frac{10}{40} = \frac{1}{4}$$

▶ Per l'evento $A \cap B$ che, come abbiamo detto, è «viene estratto l'asso di cuori», vi è un solo caso favorevole:

$$p(A \cap B) = \frac{1}{40}$$

Perciò si ha

$$p(A \cup B) = p(A) + p(B) - p(A \cap B) = \frac{1}{10} + \frac{1}{4} - \frac{1}{40} \quad \longrightarrow \quad p(A \cup B) = \frac{13}{40}$$

49 Da un mazzo di 40 carte ne viene estratta una. Calcola la probabilità dei seguenti eventi:

  la carta è nera   la carta è una figura   la carta è un asso
  la carta non è un fante   la carta non è di quadri

Calcola quindi le probabilità dei seguenti eventi applicando l'opportuno teorema della probabilità totale:

a. la carta è nera o è una figura $\left[\dfrac{13}{20}\right]$ **b.** la carta è una figura o un asso $\left[\dfrac{2}{5}\right]$

c. la carta è una figura o non è un fante $[1]$ **d.** la carta è un asso o non è di quadri $\left[\dfrac{31}{40}\right]$

e. la carta è nera o non è un fante $\left[\dfrac{19}{20}\right]$

50 Da un'urna contenente 30 palline numerate da 1 a 30 ne viene estratta una. Calcola la probabilità dei seguenti eventi:

  il numero estratto è pari   il numero estratto è multiplo di 3   il numero estratto è dispari
  il numero estratto è multiplo di 9   il numero estratto è maggiore di 25

Applicando l'opportuno teorema della probabilità totale calcola poi le probabilità dei seguenti eventi:

a. il numero estratto è pari o multiplo di 3 $\left[\dfrac{2}{3}\right]$

b. il numero estratto è dispari o multiplo di 9 $\left[\dfrac{8}{15}\right]$

c. il numero estratto è dispari o maggiore di 25 $\left[\dfrac{3}{5}\right]$

d. il numero estratto è multiplo di 3 o multiplo di 9 $\left[\dfrac{1}{3}\right]$

e. il numero estratto è pari o maggiore di 25 $\left[\dfrac{17}{30}\right]$

51 Nel gioco della tombola si estrae un numero da 1 a 90. Calcola la probabilità che sia un numero pari o multiplo di 10. $\left[\dfrac{1}{2}\right]$

52 In una scatola ci sono 20 gettoni; 12 gettoni sono quadrati, di cui 8 rossi e 4 blu, e 8 gettoni sono rotondi, di cui 3 rossi e 5 verdi. Si estrae un gettone.

a. Qual è la probabilità di estrarre un gettone quadrato oppure verde? $\left[\dfrac{17}{20}\right]$

b. Qual è la probabilità di estrarre un gettone rotondo oppure rosso? $\left[\dfrac{4}{5}\right]$

c. Qual è la probabilità di estrarre un gettone blu o verde? $\left[\dfrac{9}{20}\right]$

53 Calcola la probabilità che nel gioco della roulette vinca un numero pari o dispari. $\left[\dfrac{36}{37}\right]$

54 Calcola la probabilità che nel gioco della roulette vinca lo zero o un numero rosso. $\left[\dfrac{19}{37}\right]$

55 Calcola la probabilità che nel gioco della roulette vinca un numero della prima dozzina o della prima colonna. $\left[\dfrac{20}{37}\right]$

Probabilità contraria

56 Calcola la probabilità che estraendo una carta da un mazzo di 40, questa non sia un asso nero (calcola la probabilità di estrarre un asso nero e quindi applica il teorema della probabilità contraria). $\left[\dfrac{19}{20}\right]$

57 Si lancia un dado; considera l'evento E: esce una faccia minore di 4. Qual è l'evento contrario? Applicando la definizione di probabilità calcola la probabilità di E e dell'evento contrario e verifica che la loro somma è 1. $\left[\dfrac{1}{2}; \dfrac{1}{2}\right]$

ESERCIZI

58 Da un mazzo di 40 carte se ne estrae una. Considera l'evento E: esce una carta di fiori; qual è l'evento contrario? Applicando la definizione di probabilità calcola la probabilità di E e dell'evento contrario e verifica che la loro somma è 1. $\left[\frac{1}{4}; \frac{3}{4}\right]$

59 Un'urna contiene 30 palline numerate da 1 a 30; ne viene estratta una. Considera l'evento «il numero estratto è pari e multiplo di 5». Qual è l'evento contrario? Qual è la probabilità di entrambi? [0,1; 0,9]

60 Si lanciano tre monete. Dopo aver calcolato la probabilità che escano tre teste, applicando il teorema della probabilità contraria calcola la probabilità che esca almeno una croce. [0,875]

61 Si lanciano due dadi. Dopo aver calcolato la probabilità che la somma dei punteggi sia 2, applicando il teorema della probabilità contraria calcola la probabilità che la somma dei punteggi sia maggiore di 2. $\left[\frac{35}{36}\right]$

62 Si lanciano due dadi. Dopo aver calcolato la probabilità che nessuna delle due facce presenti il numero 1, applicando il teorema della probabilità contraria calcola la probabilità che almeno una faccia presenti il numero 1. $\left[\frac{11}{36}\right]$

Probabilità condizionata

QUESITI A RISPOSTA MULTIPLA

63 La probabilità condizionata $p(A/B)$ è uguale a

a $\dfrac{p(A)}{p(B)}$ b $\dfrac{p(B)}{p(A \cap B)}$ c $\dfrac{p(A)}{p(A \cap B)}$ d $\dfrac{p(A \cap B)}{p(B)}$ e $\dfrac{p(A \cap B)}{p(A)}$

64 Si lancia un dado; sapendo che è uscito un numero dispari, qual è la probabilità che questo sia 3?

a 0   b $\dfrac{1}{6}$ c $\dfrac{1}{3}$ d $\dfrac{1}{2}$ e 1

ESERCIZIO SVOLTO

65 Si lanciano due dadi. Calcola la probabilità che la somma dei punti delle due facce uscite sia 7, sapendo che su una di esse è uscito 3.

Consideriamo gli eventi

A: la somma dei punti è 7 B: in un dado è uscito 3

Dobbiamo calcolare

$$p(A/B) = \frac{p(A \cap B)}{p(B)}$$

Dalla tabella si vede che, su 36 casi ugualmente possibili, 11 verificano l'evento B (uscita del 3 in un dado) e 2 l'evento $A \cap B$ (uscita del 3 in un dado e somma dei punti uguale a 7). Si ha dunque

$$p(B) = \frac{11}{36} \quad \text{e} \quad p(A \cap B) = \frac{2}{36}$$

La probabilità richiesta pertanto è

$$p(A/B) = \frac{\frac{2}{36}}{\frac{11}{36}} \longrightarrow p(A/B) = \frac{2}{11}$$

		dado 1				
	1	2	3	4	5	6
1	2	3	4	5	6	7
2	3	4	5	6	7	8
3	4	5	6	7	8	9
4	5	6	7	8	9	10
5	6	7	8	9	10	11
6	7	8	9	10	11	12

(dado 2)

66 Si lanciano due dadi. Calcola la probabilità che su almeno una faccia sia uscito 3, sapendo che la somma dei punti delle due facce uscite è 7. $\left[\dfrac{1}{3}\right]$

67 Calcola la probabilità che estraendo una carta da un mazzo da 40, questa sia un asso, sapendo che non è una figura. (Se A è l'evento «si estrae un asso» e B è «non si estrae una figura», la probabilità richiesta è la probabilità condizionata $p(A/B)$.) $\left[\dfrac{1}{7}\right]$

68 Calcola la probabilità che estraendo una carta da un mazzo da 40, questa sia un asso, sapendo che non è una carta di fiori. $\left[\dfrac{1}{10}\right]$

69 Calcola la probabilità che lanciando due volte una moneta si abbiano due teste, sapendo che la prima volta è uscita testa. $\left[\dfrac{1}{2}\right]$

70 Si estraggono consecutivamente due carte da un mazzo di 40. Calcola la probabilità che la seconda carta estratta sia un asso, sapendo che la prima estratta è un 2. $\left[\dfrac{4}{39}\right]$

Eventi dipendenti, eventi indipendenti

QUESITI A RISPOSTA MULTIPLA

ATTENZIONE! I seguenti quesiti possono avere più di una risposta corretta.

71 Da un mazzo di 40 carte ne viene estratta una. Dei seguenti eventi, quale è indipendente dall'evento «la carta è un re»?

- **a** La carta è nera
- **b** La carta è una figura (l'asso non si considera figura)
- **c** La carta è un asso
- **d** La carta non è un fante

72 Da un mazzo di 40 carte ne viene estratta una. Dei seguenti eventi, quali sono indipendenti dall'evento «la carta è di fiori»?

- **a** La carta è nera
- **b** La carta è una figura
- **c** La carta è un asso
- **d** La carta non è di cuori

73 Un'urna contiene 30 palline numerate da 1 a 30; le palline con un numero pari sono rosse, quelle con un numero dispari sono verdi. Dei seguenti eventi, quale è indipendente dall'evento «la pallina è rossa»?

- **a** Il numero estratto è pari
- **b** Il numero estratto è multiplo di 3
- **c** Il numero estratto è dispari
- **d** La pallina è verde
- **e** Il numero estratto è maggiore di 25

74 Si lancia un dado. Dei seguenti eventi, quali sono indipendenti dall'evento «esce un numero minore o uguale a 4»?

- **a** Esce un numero pari
- **b** Esce un numero dispari
- **c** Esce il 6
- **d** Esce un numero minore o uguale a 3

75 Nel gioco della tombola si estrae un numero da 1 a 90. Dei seguenti eventi, quali sono indipendenti dall'evento «esce un numero pari»?

- **a** Esce un multiplo di 10
- **b** Esce un multiplo di 3
- **c** Esce il 90
- **d** Esce un numero minore o uguale a 50

Probabilità composta

ESERCIZI SVOLTI

▶▶ **76** Calcola la probabilità che lanciando quattro dadi non esca 3 su alcuno di essi.

L'evento E di cui si richiede la probabilità è intersezione di quattro eventi:

E_1: non esce 3 sul primo dado $\qquad E_2$: non esce 3 sul secondo dado

E_3: non esce 3 sul terzo dado $\qquad E_4$: non esce 3 sul quarto dado

Per ciascuno di questi eventi vi sono sei casi possibili di cui cinque favorevoli, corrispondenti alle cinque facce su cui è riportato un numero diverso da 3:

$$p(E_1) = p(E_2) = p(E_3) = p(E_4) = \frac{5}{6}$$

I quattro eventi sono indipendenti, perché l'esito del lancio di uno dei dadi non può modificare le probabilità degli esiti dei lanci degli altri tre dadi. Si ha perciò:

$$p(E) = p(E_1 \cap E_2 \cap E_3 \cap E_4) = p(E_1) \cdot p(E_2) \cdot p(E_3) \cdot p(E_4) = \left(\frac{5}{6}\right)^4 \longrightarrow p(E) = 0{,}482\ldots$$

▶▶ **77** Calcola la probabilità che lanciando quattro dadi esca almeno un 3.

Conviene considerare l'evento contrario di quello di cui si chiede la probabilità; esso è l'evento E «non esce 3 su alcun dado», che abbiamo considerato nel precedente **ESERCIZIO SVOLTO 76**. Per il teorema della probabilità contraria si ha perciò:

$$p(\overline{E}) = 1 - p(E) = 1 - \left(\frac{5}{6}\right)^4 \longrightarrow p(\overline{E}) = 0{,}517\ldots$$

▶▶ **78** Calcola la probabilità che lanciando cinque dadi escano cinque 6. $\left[\dfrac{1}{7776}\right]$

▶▶ **79** Calcola la probabilità che lanciando cinque dadi non esca alcun 6; quindi, applicando il teorema della probabilità contraria, calcola la probabilità che esca almeno un 6. $\left[\dfrac{3125}{7776}\,;\,\dfrac{4651}{7776}\right]$

▶▶ **80** Calcola la probabilità che lanciando cinque monete escano cinque teste. $\left[\dfrac{1}{32}\right]$

▶▶ **81** Calcola la probabilità che lanciando cinque monete non esca alcuna testa; quindi, applicando il teorema della probabilità contraria, calcola la probabilità che esca almeno una testa. $\left[\dfrac{1}{32}\,;\,\dfrac{31}{32}\right]$

DIVERSI MODI DI ESTRARRE

Per risolvere l'esercizio seguente e molti altri dei successivi occorre sapere se, dopo ogni estrazione di una carta da un mazzo, si reinserisce nel mazzo la carta estratta prima di procedere all'estrazione successiva (*estrazione con reinserimento*) oppure non la si reinserisce (*estrazione senza reinserimento*).
Noi supporremo, salvo diverso avviso, che le estrazioni siano eseguite senza reinserimento, come del resto avviene in quasi tutti i giochi di carte e in altri giochi, come la tombola e il Lotto.

ESERCIZIO SVOLTO

▶▶ **82** Da un mazzo di 40 carte se ne estraggono 3. Calcola la probabilità che siano tutte e tre carte di fiori.

L'evento indicato è costituito dall'intersezione di tre eventi:

A: la prima carta estratta è di fiori $\qquad B$: la seconda carta estratta è di fiori $\qquad C$: la terza carta estratta è di fiori

Tali eventi sono dipendenti perché dopo un'estrazione la composizione del mazzo cambia, e dunque cambia la probabilità di estrarre una carta di fiori. Si ha perciò

$$p(A \cap B \cap C) = p(A) \cdot p(B/A) \cdot p(C/(A \cap B))$$

Calcoliamo le probabilità dei tre eventi.

$p(A) = \dfrac{10}{40} = \dfrac{1}{4}$ perché i casi possibili sono 40, uno per ogni carta del mazzo, e i casi favorevoli sono 10, corrispondenti alle 10 carte di fiori

$p(B/A) = \dfrac{9}{39} = \dfrac{3}{13}$ perché se si è verificato A, nel mazzo sono rimaste 39 carte, di cui 9 sono di fiori

$p(C/(A \cap B)) = \dfrac{8}{38} = \dfrac{4}{19}$ perché se si sono verificati sia A sia B, nel mazzo sono rimaste 38 carte, di cui 8 sono di fiori

Si ha pertanto

$$p(A \cap B \cap C) = \dfrac{1}{4} \cdot \dfrac{3}{13} \cdot \dfrac{4}{19} \longrightarrow p(A \cap B \cap C) = \dfrac{3}{243}$$

▶▶ **83** Calcola la probabilità che estraendo due carte da un mazzo di 40, queste siano due assi. $\left[\dfrac{1}{130}\right]$

▶▶ **84** Calcola la probabilità che estraendo due carte da un mazzo di 40, queste siano due carte di cuori. $\left[\dfrac{3}{52}\right]$

▶▶ **85** Calcola la probabilità che, estraendo cinque carte da un mazzo di 40, queste siano tutte carte di cuori.

[0,00038...]

▶▶ **86** Vi sono tre mazzi di 40 carte; si estrae una carta da ciascuno di essi. Calcola la probabilità di estrarre tre figure. $\left[\dfrac{27}{1000}\right]$

▶▶ **87** In una scatola vi sono 16 caramelle, di cui 5 sono alla menta. Tizio mangia 4 caramelle, estraendole a caso. Calcola la probabilità che le caramelle mangiate siano

a. tutte alla menta; $\left[\dfrac{1}{364}\right]$ **b.** nessuna alla menta; $\left[\dfrac{33}{182}\right]$

c. almeno una alla menta. $\left[\dfrac{149}{182}\right]$

▶▶ **88** Si lanciano tre monete. Calcola la probabilità di avere

a. tre teste; [0,125]

b. tre croci, sapendo che la prima è croce; [0,25]

c. almeno due teste sapendo che la prima è testa. [0,75]

QUESITI A RISPOSTA MULTIPLA

▶▶ **89** Si estraggono due carte da un mazzo di 40, *senza reinserire* la carta estratta prima di procedere alla seconda estrazione. La probabilità che escano due re è

|a| 0 |b| $\dfrac{1}{9}$ |c| $\dfrac{1}{10}$ |d| $\dfrac{1}{100}$ |e| $\dfrac{1}{130}$

▶▶ **90** Si estraggono due carte da un mazzo di 40, *reinserendo* la carta estratta prima di procedere alla seconda estrazione. La probabilità che escano due re è

|a| 0 |b| $\dfrac{1}{9}$ |c| $\dfrac{1}{10}$ |d| $\dfrac{1}{100}$ |e| $\dfrac{1}{130}$

ESERCIZI

91 Un'urna contiene 24 palline di cui 6 rosse e 18 bianche. Si estraggono due palline *reinserendo* la prima pallina estratta prima di procedere alla seconda estrazione. Calcola la probabilità di estrarre

a. due palline rosse; $\left[\dfrac{1}{16} = 0{,}0625\right]$ **b.** due palline bianche. $\left[\dfrac{9}{16} = 0{,}5625\right]$

92 Un'urna contiene 24 palline di cui 6 rosse e 18 bianche. Si estraggono due palline *senza reinserire* la prima pallina estratta prima di procedere alla seconda estrazione. Calcola la probabilità di estrarre

a. due palline rosse; $\left[\dfrac{5}{92} = 0{,}054...\right]$ **b.** due palline bianche. $\left[\dfrac{51}{92} = 0{,}55...\right]$

Applicazione dei teoremi sulla probabilità

93 Calcola la probabilità che estraendo due carte da un mazzo di 40, tra queste vi sia almeno una carta di fiori. (*Suggerimento*: calcola prima la probabilità che nessuna delle due carte sia di fiori e quindi applica il teorema della probabilità contraria.) $\left[\dfrac{23}{52}\right]$

94 Un'urna contiene 10 palline, di cui 4 rosse e 6 verdi. Calcola la probabilità che, estraendone due, almeno una di esse sia verde. $\left[\dfrac{13}{15}\right]$

95 Calcola la probabilità che estraendo quattro carte da un mazzo di 40, tra queste vi sia almeno un asso. $\left[\dfrac{6497}{18\,278} \simeq 0{,}355\right]$

■ **ESERCIZIO SVOLTO**

96 Si lanciano tre dadi. Calcola la probabilità di ottenere 6 su uno e un solo dado.

Siano A_1, A_2, A_3 rispettivamente gli eventi «esce 6 sul primo dado», «esce 6 sul secondo dado», «esce 6 sul terzo dado». L'evento E di cui si chiede la probabilità si può così descrivere:

«esce 6 sul primo dado e non esce 6 sul secondo dado e non esce 6 sul terzo dado, oppure non esce 6 sul primo dado ed esce 6 sul secondo dado e non esce 6 sul terzo dado, oppure non esce 6 sul primo dado e non esce 6 sul secondo dado ed esce 6 sul terzo dado»

In simboli:

$$E = (A_1 \cap \overline{A_2} \cap \overline{A_3}) \cup (\overline{A_1} \cap A_2 \cap \overline{A_3}) \cup (\overline{A_1} \cap \overline{A_2} \cap A_3)$$

I tre eventi A_1, A_2, A_3 sono evidentemente indipendenti: l'esito del lancio di uno dei tre dadi non può modificare le probabilità degli esiti del lancio degli altri; inoltre i tre eventi $A_1 \cap \overline{A_2} \cap \overline{A_3}$, $\overline{A_1} \cap A_2 \cap \overline{A_3}$ e $\overline{A_1} \cap \overline{A_2} \cap A_3$ sono incompatibili: se esce 6 solo sul primo dado (ossia se si verifica $A_1 \cap \overline{A_2} \cap \overline{A_3}$) non è possibile che esca 6 solo sul secondo dado (ossia che si verifichi $\overline{A_1} \cap A_2 \cap \overline{A_3}$) ecc.

Pertanto per calcolare la probabilità di E dobbiamo applicare i teoremi della probabilità composta per eventi indipendenti e della probabilità totale per eventi incompatibili, seguendo il seguente schema:

$$E = (A_1 \cap \overline{A_2} \cap \overline{A_3}) \cup (\overline{A_1} \cap A_2 \cap \overline{A_3}) \cup (\overline{A_1} \cap \overline{A_2} \cap A_3)$$

$$p(E) = p(A_1) \cdot p(\overline{A_2}) \cdot p(\overline{A_3}) + p(\overline{A_1}) \cdot p(A_2) \cdot p(\overline{A_3}) + p(\overline{A_1}) \cdot p(\overline{A_2}) \cdot p(A_3)$$

Si ha

$$p(A_1) = p(A_2) = p(A_3) = \dfrac{1}{6} \quad \text{e} \quad p(\overline{A_1}) = p(\overline{A_2}) = p(\overline{A_3}) = \dfrac{5}{6}$$

e dunque è

$$p(E) = \dfrac{1}{6} \cdot \dfrac{5}{6} \cdot \dfrac{5}{6} + \dfrac{5}{6} \cdot \dfrac{1}{6} \cdot \dfrac{5}{6} + \dfrac{5}{6} \cdot \dfrac{5}{6} \cdot \dfrac{1}{6} \quad \longrightarrow \quad p(E) = \dfrac{25}{72}$$

Si può notare che i tre prodotti da sommare sono uguali tra loro, infatti i denominatori sono uguali e i numeratori si scambiano di posto. Per calcolare $p(E)$ basta allora moltiplicare il primo prodotto per 3.

Il primo prodotto rappresenta la probabilità di ottenere 6 sul primo dado e un risultato diverso da 6 sugli altri due. Il risultato 6 può aversi sul primo, sul secondo o sul terzo dado, cioè in tre modi diversi. Quindi per calcolare la probabilità richiesta basta calcolare la probabilità di ottenere 6 sul primo dado e un risultato diverso da 6 sugli altri due, e infine moltiplicare per 3 il prodotto ottenuto, perché il 6 ha tre modi possibili di comparire (1°, 2°, 3° dado).

Se i dadi fossero cinque la probabilità di ottenere 6 su uno e un solo dado sarebbe $p(E) = \frac{1}{6} \cdot \frac{5}{6} \cdot \frac{5}{6} \cdot \frac{5}{6} \cdot \frac{5}{6} \cdot 5$ perché in questo caso il 6 ha cinque modi possibili di comparire (1°, 2°, 3°, 4°, 5° dado).

▶▶ **97** Si lanciano quattro dadi. Calcola la probabilità di ottenere 6 su uno e un solo dado. $\left[\frac{125}{324}\right]$

▶▶ **98** Si lanciano tre dadi. Calcola la probabilità di ottenere 6 esattamente su due dadi. $\left[\frac{5}{72}\right]$

▶▶ **99** Si estraggono due carte da un mazzo di 40. Calcola la probabilità che una e una sola sia una carta di quadri. $\left[\frac{5}{13}\right]$

▶▶ **100** Si estraggono tre carte da un mazzo di 40. Calcola la probabilità che una e una sola sia un asso. $\left[\frac{63}{247}\right]$

▶▶ **101** Si estraggono due carte da un mazzo di 40. Calcola la probabilità che almeno una sia un asso. $\left[\frac{5}{26}\right]$

Il gioco del Lotto è basato su estrazioni che vengono effettuate contemporaneamente in dieci città italiane. A ciascuna delle città corrisponde una «ruota» che prende il nome della città stessa, tranne Roma che ha due ruote: la ruota di Roma e la ruota Nazionale. Per ogni ruota vengono estratti 5 numeri tra 1 e 90.

▶▶ **102** Calcola la probabilità che su tutte le undici ruote il primo numero estratto sia 37. $[\simeq 3{,}2 \cdot 10^{-22}]$

▶▶ **103** Calcola la probabilità che su tutte le ruote il primo numero estratto non sia 37. $[\simeq 0{,}894]$

▶▶ **104** Calcola la probabilità che su almeno una ruota il primo numero estratto sia 37. $[\simeq 0{,}106]$

▶▶ **105** Calcola la probabilità che tra i cinque numeri estratti sulla ruota di Napoli non vi sia il numero 37. $\left[\frac{17}{18}\right]$

▶▶ **106** Calcola la probabilità che tra i cinque numeri estratti sulla ruota di Napoli vi sia il numero 37. $\left[\frac{1}{18}\right]$

▶▶ **107** Un'urna contiene 30 palline, di cui 12 rosse, 10 bianche, 8 nere. Se ne estraggono due. Calcola la probabilità che siano dello stesso colore nei due casi seguenti.

a. La prima pallina viene reinserita nell'urna prima di procedere alla seconda estrazione. $\left[\frac{77}{225}\right]$

b. La prima pallina non viene reinserita nell'urna prima di procedere alla seconda estrazione. $\left[\frac{139}{435}\right]$

■ ESERCIZIO SVOLTO

▶▶ **108** Alice, Bruno, Carla e Davide sono quattro amici; nessuno di essi conosce la data del compleanno degli altri. Prima di rivelare le loro date di compleanno, gli amici decidono di calcolare la probabilità che almeno due di essi compiano gli anni lo stesso giorno. Qual è questa probabilità?

Calcoleremo prima la probabilità dell'evento contrario, ossia la probabilità che i compleanni dei quattro amici cadano in quattro giorni diversi, e quindi utilizzeremo il teorema della probabilità contraria.
L'evento E «i compleanni cadono in giorni diversi» può essere considerato l'intersezione di tre eventi:

E_1: Il compleanno di Bruno è in un giorno diverso da quello di Alice

E_2: Il compleanno di Carla è in un giorno diverso da quelli di Alice e Bruno

E_3: Il compleanno di Davide è in un giorno diverso da quelli di Alice, Bruno e Carla

ESERCIZI

Si ha
$$p(E) = p(E_1 \cap E_2 \cap E_3) = p(E_1) \cdot p(E_2/E_1) \cdot p(E_3/(E_2 \cap E_1))$$ [1]

Per calcolare le probabilità dei singoli eventi faremo l'ipotesi che nessuno dei quattro sia nato in un anno bisestile.

- $p(E_1)$: qualunque sia la data di nascita di Alice, l'evento si verifica se Bruno è nato in un diverso giorno dell'anno: su 365 casi possibili, 364 sono favorevoli. Quindi è
$$p(E_1) = \frac{364}{365}$$

- $p(E_2/E_1)$: dobbiamo calcolare una probabilità condizionata. Faremo perciò l'ipotesi che si sia verificato E_1, ossia che Alice e Bruno siano nati in giorni dell'anno diversi. In tale ipotesi E_2 si verifica se il compleanno di Carlo cade in un giorno diverso sia dal compleanno di Alice sia da quello di Bruno. Su 365 casi possibili, i casi favorevoli sono $365 - 2 = 363$. Si ha
$$p(E_2/E_1) = \frac{363}{365}$$

- $p(E_3/(E_2 \cap E_1))$: dobbiamo fare l'ipotesi che si siano verificati sia E_1 sia E_2, cioè che i compleanni di Alice, Bruno e Carla siano in tre giorni diversi. L'evento E_3 si verifica se il compleanno di Davide cade in un giorno diverso da questi tre. I casi favorevoli sono $365 - 3 = 362$ su 365 casi possibili. Otteniamo
$$p(E_3/(E_1 \cap E_2)) = \frac{362}{365}$$

Possiamo ora applicare la [1]:
$$p(E) = \frac{364}{365} \cdot \frac{363}{365} \cdot \frac{362}{365} \simeq 0{,}984$$

La probabilità richiesta è la probabilità dell'evento contrario $\overline{E}$:
$$p(\overline{E}) \simeq 1 - 0{,}984 \longrightarrow p(\overline{E}) \simeq 0{,}016$$

▷▶ **109** Calcola la probabilità che in una classe di 25 studenti ve ne siano almeno due il cui compleanno cade lo stesso giorno. $[\simeq 0{,}567]$

▷▶ **110** Calcola la probabilità che lanciando quattro dadi, su almeno due di essi esca lo stesso numero. $\left[\dfrac{13}{18}\right]$

▷▶ **111** Si estraggono quattro carte da un mazzo di 40. Calcola la probabilità che siano di quattro semi diversi. $\left[\dfrac{1000}{9139}\right]$

▷▶ **112** Si estraggono cinque carte da un mazzo di 40. Calcola la probabilità che tra di esse ve ne siano almeno due dello stesso valore. $[\simeq 0{,}5]$

▷▶ **113** Calcola la probabilità che lanciando otto dadi, su almeno due di essi esca lo stesso numero. $[1]$

▷▶ **114** Calcola la probabilità che a Bologna ci siano almeno due persone con lo stesso numero di capelli in testa. (Considera che Bologna ha circa 385 000 abitanti e che nessuno può avere in testa più di 200 000 capelli.) $[1]$

Autovalutazione

TEMPO MASSIMO: 40 MINUTI

Soluzione della scheda di autovalutazione

1
a. Se A e B sono eventi incompatibili è $p(A \cap B) = 0$. V F
b. Se A e B sono eventi compatibili è $p(A \cup B) = 1$. V F
c. Se A e B sono eventi incompatibili è $p(A) \cdot p(B) = 0$. V F
d. Se A e B sono eventi compatibili è $p(A) + p(B) = 1$. V F

2 Si lanciano 4 dadi. Qual è l'evento contrario di «escono quattro 6»?

a. Non esce alcun 6
b. Esce almeno un 6
c. Su almeno un dado non esce 6
d. Esce almeno un 5
e. Su tre dadi non esce 6

3 Un dado tetraedrico ha quattro facce tra loro uguali, numerate da 1 a 4. Si lanciano due dadi tetraedrici; elenca gli elementi dello spazio dei risultati.

4 A e B sono due eventi tali che $p(A) = p(B) = \frac{3}{5}$ e $p(A \cap B) = \frac{2}{5}$. Calcola $p(A \cup B)$.

5 A e B sono due eventi indipendenti. La probabilità che si verifichino entrambi è 0,2 e la probabilità di A è 0,4. Qual è la probabilità di B?

6 Si lanciano 4 dadi tetraedrici. Determina la probabilità che
a. escano quattro 1;
b. non esca alcun 1;
c. esca almeno un 1.

7 Si estraggono due carte da un mazzo di 40. Calcola la probabilità che tra esse vi sia il re di quadri ma non l'asso di cuori. (L'evento si verifica se la prima carta estratta è il re di quadri e la seconda non è l'asso di cuori oppure se...)

esercizio	1	2	3	4	5	6	7	totale
punteggio	0,75	0,75	1	1,5	1,5	2,25	2,25	10
esito								

Esercizi per il recupero

1 La seguente tabella mostra il numero degli iscritti a un club dedicato al gioco degli scacchi, suddivisi per sesso e classi di età.

	14-18 anni	19-30 anni	31-50 anni	più di 50 anni
femmine	12	26	45	48
maschi	15	32	40	32

a. Si sceglie a caso un iscritto al club; qual è la probabilità che sia maschio? [47,6%]
b. Qual è la probabilità che la persona scelta a caso abbia più di 30 anni? [66%]
c. Qual è la probabilità che sia una femmina di età inferiore a 31 anni? [15,2%]

2 Alice, Bruno e Cinzia si accordano per fare il seguente gioco. Si lanciano due monete:
- se escono due teste vince Alice;
- se escono due croci vince Bruno;
- se escono una testa e una croce vince Cinzia.

Quali sono le probabilità di vittoria di Alice, Bruno e Cinzia? [0,25 per Alice; 0,25 per Bruno; 0,5 per Cinzia]

3 Si lanciano una moneta e un dado.

a. Qual è la probabilità che escano testa e 6? $\left[\dfrac{1}{12}\right]$

b. Qual è la probabilità che escano croce e un numero pari? $\left[\dfrac{1}{4}\right]$

4 Si estraggono, da un mazzo di carte, le 10 carte di cuori, si mescolano e se ne estrae una, quindi si lancia una moneta.

a. Elenca tutti i casi possibili completando la seguente tabella.

	A	2	3	4	5	6	7	J	Q	K
testa	T; A	T; 2								
croce	C; A		C; 3							

b. La probabilità che escano testa e una figura è

a $\dfrac{1}{2}$ **b** $\dfrac{3}{20}$ **c** $\dfrac{3}{10}$ **d** $\dfrac{1}{4}$

Esercizi di approfondimento

Risolvi i seguenti problemi. Essi furono ideati da un noto giocatore d'azzardo, Antoine Gombaud, cavaliere di Méré (1607-1684), che lanciò una sfida per chi avesse saputo risolverli. La sfida venne raccolta dai matematici francesi Blaise Pascal (1623-1662) e Pierre de Fermat (1601-1665).

1 **Il problema della divisione della posta**.

Tizio e Caio si sfidano a un gioco articolato in diverse partite. I due giocatori hanno la stessa probabilità di vincere ogni singola partita e si accordano che si aggiudicherà la posta in gioco il primo che vincerà 6 partite. Quando Tizio ha vinto 5 partite e Caio ne ha vinte 3 il gioco dev'essere interrotto e i due giocatori si accordano per dividere la posta in proporzione alle rispettive probabilità di vincerla. Se la posta è di 24 euro, quanto riceve ciascuno? (È più semplice calcolare la probabilità di Caio, che per vincere la posta dovrebbe aggiudicarsi 3 partite consecutive.)

[Tizio riceve 21 euro e Caio 3 euro]

2 **Il problema dei dadi.**
È più probabile avere almeno un 6 lanciando quattro volte un dado o avere almeno una volta il doppio 6 lanciando ventiquattro volte due dadi?

a. Calcola la probabilità di ottenere almeno un 6 lanciando quattro volte un dado. $[\simeq 0{,}518]$

b. Calcola la probabilità di ottenere almeno un doppio 6 lanciando ventiquattro volte due dadi (applica il teorema della probabilità contraria). $[\simeq 0{,}491; \text{ dunque...}]$

---

3 Aldo, Beatrice e Carlo sono nati in anni non bisestili. Qual è la probabilità che i loro compleanni cadano nello stesso giorno? $\left[\dfrac{1}{365^2} = 0{,}0000075...\right]$

4 L'urna X contiene 9 palline bianche e una nera, l'urna Y contiene 3 palline bianche e 7 nere. Si lancia una moneta: se esce testa si estrae una pallina dall'urna X, se viene croce si estrae una pallina dall'urna Y. Calcola la probabilità di estrarre una pallina bianca. $\left[\dfrac{3}{5}\right]$

5 In un'urna vi sono 8 palline rosse e 2 nere; in una seconda urna vi sono 4 palline rosse e 5 nere. Si estrae una pallina dalla prima urna e la si inserisce nella seconda, e da questa si estrae una pallina. Calcola la probabilità che essa sia rossa. $\left[\dfrac{12}{25}\right]$

6 In un'urna vi sono 5 palline rosse e 10 gialle; in una seconda urna vi sono 8 palline rosse. Si prende a caso una pallina dalla prima urna e la si inserisce nella seconda. Si estrae poi, a caso, una pallina dalla seconda urna. Qual è la probabilità che questa pallina sia rossa? $\left[\dfrac{25}{27}\right]$

7 In un'urna vi sono 5 palline rosse e 10 gialle; in una seconda urna vi sono 8 palline rosse. Si prende a caso una pallina dalla prima urna e la si inserisce nella seconda. Si estraggono poi a caso due palline, una da ciascuna urna. Qual è la probabilità che siano entrambe rosse? $\left[\dfrac{58}{189}\right]$

8 Tre frecce vengono lanciate contro un bersaglio da tre arcieri. Poiché i tre arcieri sono a diversa distanza dal bersaglio, si stima in $\dfrac{3}{5}$ la probabilità dell'arciere A di fare centro, in $\dfrac{1}{2}$ la probabilità di far centro dell'arciere B e in $\dfrac{4}{5}$ l'analoga probabilità dell'arciere C. Qual è la probabilità che una sola freccia raggiunga il bersaglio? $\left[\dfrac{13}{50}\right]$

Verso la Prova Invalsi

Soluzioni degli esercizi

1 In un lago, popolato esclusivamente da pesci persici di varietà scura, vengono liberati 60 esemplari della stessa specie ma di varietà chiara. Dopo alcuni giorni si pescano 100 pesci e di questi 12 sono di varietà chiara. Qual è il numero di pesci nel lago?

2 Fabio per andare a scuola prende l'autobus che passa alle 7:30, ma ha notato che l'autobus non sempre arriva puntuale alla fermata. Nel 35% dei casi è in orario, nel 30% dei casi ha un ritardo di 4 minuti, nel 20% dei casi ritarda di 7 minuti, nel 15% dei casi arriva con un ritardo di 8 minuti o più. Se Giorgio arriva alla fermata alle 7:35, che probabilità ha di riuscire a prendere l'autobus?

3 Per la ricorrenza della festa della mamma, la signora Luisa organizza una cena a casa sua, con le sue amiche che hanno almeno una figlia femmina. La signora Anna è una delle invitate e perciò ha almeno una figlia femmina. Durante la cena, la signora Anna dichiara di avere esattamente due figli. Qual è la probabilità che anche l'altro figlio della signora Anna sia femmina? (*Esame di stato di liceo scientifico PNI 2010*)

ESERCIZI

4 Un'officina meccanica fabbrica viti servendosi di due macchinari. Ogni vite, uscita dal primo macchinario senza filettatura, entra successivamente nel secondo che realizza la filettatura. Il primo macchinario ha un indice di qualità di 0,97 (ossia la probabilità che un pezzo lavorato da tale macchina non sia difettoso è del 97%), mentre l'indice di qualità del secondo è 0,95.

a. La probabilità che un pezzo uscito dal primo macchinario sia difettoso è

- **a** 0,03
- **b** 0,97
- **c** 0,05
- **d** 0,95

b. Le viti vengono esaminate, per il controllo qualità, solo dopo essere state lavorate da entrambi i macchinari. Supponendo che l'esito della lavorazione del secondo macchinario sia indipendente dal fatto che il pezzo sia uscito difettoso o no dal primo macchinario, qual è la probabilità che una vite, al termine della lavorazione, non sia difettosa?

- **a** 97%
- **b** 92,15%
- **c** 7,75%
- **d** 92%

5 In una scuola frequentata da 900 studenti si svolge un'indagine sullo sport preferito. Il sondaggio, realizzato intervistando un campione di 200 studenti, fornisce i risultati rappresentati nel diagramma qui sotto.

a. Qual è il numero di studenti del campione per cui il calcio non è lo sport preferito?

- **a** 45
- **b** 90
- **c** 405
- **d** 495

b. Se si sceglie a caso uno studente del campione, qual è la probabilità che il suo sport preferito sia il nuoto?

- **a** $\frac{1}{4}$
- **b** $\frac{1}{8}$
- **c** $\frac{1}{50}$
- **d** $\frac{1}{25}$

6 Per verificare la validità di un test di gravidanza è stata condotta una ricerca statistica su un campione di 10 000 donne, delle quali 1000 sicuramente in gravidanza e 9000 sicuramente non gravide. Il test si è rivelato solo parzialmente attendibile: nel 4% dei casi risulta gravida una donna che non lo è e nell'1% dei casi risulta non gravida una donna che invece lo è. La situazione è riassunta dal seguente diagramma.

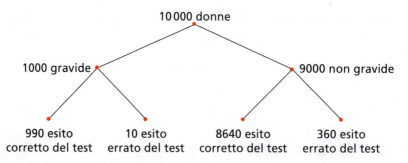

a. Utilizzando i dati del diagramma completa la seguente tabella.

	esito corretto del test	esito errato del test	totale
donne non gravide		360	
donne gravide			
totale	9630		10 000

b. Qual è la probabilità che, per una donna scelta a caso nel campione, l'esito del test sia corretto?

- **a** 99%
- **b** 86,4%
- **c** 96,3%
- **d** 96%

c. Qual è la probabilità che una donna, scelta a caso tra quelle per cui l'esito del test è corretto, non sia gravida?

Verso le competenze

1 Un'azienda produttrice di frutta vuole stimare quante mele su un intero raccolto sono danneggiate e quindi non vendibili, in modo da stabilire il prezzo sul mercato e assicurarsi un determinato guadagno. I responsabili scelgono un campione di 20 kg di mele su 250 kg totali e verificano che di queste 3,4 kg sono danneggiati. Stima la quantità di mele dell'intero raccolto che possono essere vendute.

2 Nel tuo cassetto ci sono 10 calzini neri, 7 calzini marroni e 4 blu tutti in disordine. Ti sei appena svegliato e sei in ritardo! Calcola la probabilità che scegliendo due calzini a caso uno dopo l'altro dal cassetto, tu riesca ad averli entrambi neri e la probabilità che tu ne scelga uno marrone e uno blu.

3 Ti trovi all'interno di un labirinto la cui pianta è rappresentata in figura e per uscirne decidi di affidarti al caso: lanci una moneta ad ogni bivio, se esce testa scegli la strada alla tua sinistra altrimenti quella alla tua destra. Qual è la probabilità che tu esca dal labirinto camminando lungo il percorso 1? Qual è la probabilità che tu esca dal labirinto camminando lungo il percorso 2?

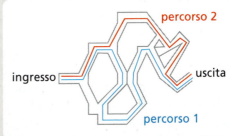

4 Ti trovi all'interno di un labirinto la cui pianta è rappresentata in figura e per uscirne decidi di affidarti al caso: tiri un dado ad ogni bivio, se ottieni 1 o 2 scegli la strada alla tua destra altrimenti quella alla tua sinistra. Qual è la probabilità che tu esca dal labirinto camminando lungo il percorso 1? Qual è la probabilità che tu esca dal labirinto camminando lungo il percorso 2?

5 La tua classe sta sostenendo una verifica; l'ultimo foglio prevede 10 domande a scelta multipla, ognuna con 5 possibili opzioni di risposta (a, b, c, d, e). Mancano due minuti alla consegna e un tuo compagno decide di provare ad affidarsi totalmente al caso nella scelta delle risposte. Calcola la probabilità che riesca a rispondere correttamente a tutte le domande e la probabilità invece che sbagli tutte le risposte.

6 Scegliendo casualmente due numeri interi positivi x e y non nulli e minori di 10, qual è la probabilità che la coppia $(x\,;\,y)$ rappresenti le coordinate di un punto che appartiene alla retta $y = 3x$? Qual è la probabilità che la coppia $(x\,;\,y)$ rappresenti le coordinate di un punto che appartiene alla parabola $y = x^2 - x$?

7 Un signore conosce tre strade per tornare a casa dal lavoro; ha stimato che nelle tre strade si creano code per il traffico nell'ora in cui le dovrebbe percorrere con le probabilità riportate in figura.
  a. Qual è la probabilità che tutte e tre le strade siano trafficate?
  b. Qual è la probabilità che nessuna delle tre strade sia trafficata?
  c. Qual è la probabilità di trovare traffico sia nella strada A che nella strada B?
  d. Qual è la probabilità di trovare traffico nella strada A o nella strada C?
  e. Qual è la probabilità di trovare traffico nella strada B sapendo che c'è traffico nella strada C?
  f. Qual è la probabilità che ci sia traffico sia nella strada A che nella strada B, ma non nella C?
  g. Qual è la probabilità che la strada B sia trafficata?

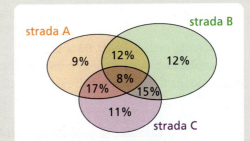

Laboratorio di matematica

Altri laboratori

Lancio di due dadi dodecaedrici

I dadi dodecaedrici sono dadi con 12 facce, numerate da 1 a 12. Immagina di lanciare due di questi dadi e di calcolare la somma dei numeri usciti: tale somma può essere un numero intero tra 2 e 24. Vogliamo utilizzare il foglio elettronico per calcolare la probabilità di ciascuno degli esiti possibili. A tale scopo realizzeremo una tabella che ci permetterà di contare i casi favorevoli per ciascuno degli esiti.

FIGURA 1

Dopo aver scritto le intestazioni inseriamo, nelle celle da **C2** a **N2** di un foglio elettronico, i numeri interi da 1 a 12, che rappresentano i possibili esiti del lancio del primo dado. Inseriamo gli stessi numeri anche nelle celle da **B3** a **B14**, per rappresentare gli esiti del lancio del secondo dado. Dobbiamo ora inserire, in ciascuna cella della tabella, la somma dei numeri che intestano la riga e la colonna corrispondenti. Scriveremo, nella cella **C3**, una formula che calcoli la somma dei numeri contenuti nelle celle **C2** e **B3** e che possa essere copiata in tutte le altre celle della tabella. A tale scopo osserviamo che i numeri che rappresentano gli esiti del lancio del primo dado si trovano tutti nella riga **2**, ma in colonne diverse. Pertanto, nella formula che scriveremo, il riferimento alla cella che rappresenta l'esito del lancio del primo dado sarà **C$2**: in questo modo, copiando la formula, verrà modificato il riferimento alla colonna ma non quello alla riga. Analogamente il riferimento alla cella che rappresenta l'esito del lancio del secondo dado sarà **$B3**. La formula da scrivere in **C3** è perciò:

$$=C\$2+\$B3$$

Copiamo poi questa formula nelle celle da **D3** a **N3**, quindi selezioniamo le celle da **C3** a **N3** e copiamole nelle righe sottostanti, fino alla **14**.

Scriviamo ora nelle celle della colonna **P** i possibili esiti, ossia i numeri da 2 a 24, come indicato in **FIGURA 2**. Nelle corrispondenti celle della colonna **Q** inseriremo delle formule che ci permettano di contare i casi favorevoli a ciascun esito, utilizzando la funzione *CONTA.SE* già illustrata nell'esercitazione *Simulazione del lancio di due dadi*. Nella cella **Q2** inseriamo la formula:

$$=CONTA.SE(\$C\$3:\$N\$14;P2)$$

e copiamola nelle celle da **Q3** a **Q24**.

La probabilità di ogni singolo esito è il rapporto tra il numero di casi favorevoli, che ora vediamo nelle celle della colonna **Q**, e il numero di casi possibili; per ottenere questo numero scriviamo nella cella **Q25** la formula

$$=SOMMA(Q2:Q24)$$

Possiamo ora calcolare le probabilità, scrivendo nella cella **R2** la formula

$$=Q2/\$Q\$25$$

e copiandola nelle celle da **R3** a **R24**.

Per evitare di visualizzare dei valori arrotondati delle probabilità selezioniamo le celle da **R2** a **R24** e dal menu *Formato* scegliamo *Celle...*; nella finestra di dialogo che appare facciamo clic in alto sulla voce

Numero e poi, nella colonna di sinistra, sulla voce *Frazione*, selezionando, nel riquadro a destra *Fino a tre cifre* (in OpenOffice Calc scriviamo ''???/???'' nella casella *Codice formato*, per indicare una frazione con numeri fino a tre cifre al numeratore e al denominatore).
Per completare il foglio copiamo la formula della cella **Q25** nella cella **R25**. Vi dovrà comparire il totale delle probabilità. In realtà sappiamo già che i totali delle celle **Q25** e **R25** devono essere rispettivamente 144 e 1, ma così facendo avremo modo di verificare la correttezza del foglio realizzato, che vediamo in **FIGURA 2**.

Foglio elettronico del laboratorio

	A	B	C	D	E	F	G	H	I	J	K	L	M	N	O	P	Q	R
1			DADO 1													Esito	Casi favorevoli	Probabilità
2			1	2	3	4	5	6	7	8	9	10	11	12		2	1	1/144
3	DADO 2	1	2	3	4	5	6	7	8	9	10	11	12	13		3	2	1/ 72
4		2	3	4	5	6	7	8	9	10	11	12	13	14		4	3	1/ 48
5		3	4	5	6	7	8	9	10	11	12	13	14	15		5	4	1/ 36
6		4	5	6	7	8	9	10	11	12	13	14	15	16		6	5	5/144
7		5	6	7	8	9	10	11	12	13	14	15	16	17		7	6	1/ 24
8		6	7	8	9	10	11	12	13	14	15	16	17	18		8	7	7/144
9		7	8	9	10	11	12	13	14	15	16	17	18	19		9	8	1/ 18
10		8	9	10	11	12	13	14	15	16	17	18	19	20		10	9	1/ 16
11		9	10	11	12	13	14	15	16	17	18	19	20	21		11	10	5/ 72
12		10	11	12	13	14	15	16	17	18	19	20	21	22		12	11	11/144
13		11	12	13	14	15	16	17	18	19	20	21	22	23		13	12	1/ 12
14		12	13	14	15	16	17	18	19	20	21	22	23	24		14	11	11/144
15																15	10	5/ 72
16																16	9	1/ 16
17																17	8	1/ 18
18																18	7	7/144
19																19	6	1/ 24
20																20	5	5/144
21																21	4	1/ 36
22																22	3	1/ 48
23																23	2	1/ 72
24																24	1	1/144
25																Totale	144	1

FIGURA 2

English for Maths

Deck of cards

1 A card is drawn at random from a shuffled deck of 40 playing cards. What is the probability that
   a. non-face card is drawn?
   b. a spade is drawn?
   c. a red card is drown?

Solution

The experiment of drawing a card has 40 equally likely outcomes. Thus the sample space S consists of 40 sample points.

a. Let E_A denote the event that a non-face card is drawn and let $p(E_A)$ be the probability of drawing a non-face card. Recall that the deck cards consists of 40 cards divided into 4 suits of 10 cards each. Since each suit has 3 face cards, there are 12 face cards and $40 - 12 = 28$ non-face cards. Note that E_A is a subset of S and consists of 28 sample points. Hence we can apply the formula $p(E) = \dfrac{m}{n}$, where m is the number of elements of E_A and n is the number of elements in the sample space. Since $m = 28$ and $n = 40$, we have $p(E_A) = \dfrac{28}{40} = \dfrac{7}{10}$.

b. Let E_B denote the event that a spade is drawn and let $p(E_B)$ denote the probability that E_B occurs. Since there are 10 spades in the deck, we have $m = 10$ and $n = 40$. It follows that the probability of drawing a spade is $p(E_B) = \dfrac{10}{40} = \dfrac{1}{4}$.

c. Let E_C denote the set of red cards and let $p(E_C)$ denote the probability of E_C. Since there are 20 red cards in the deck, we have $p(E_C) = \dfrac{20}{40} = \dfrac{1}{2}$.

What does it mean?

Non-face card Le **face cards** sono le 12 carte contrassegnate dalle lettere J, Q, K. Le **non-face cards** sono le rimanenti

Equally likely Ugualmente possibili

Spade Carta di picche

Sample space Spazio dei risultati

Sample point Elemento dello spazio dei risultati, esito. Anche **outcome**

Suit Seme. Sono quattro: **hearts, diamonds, spades, clubs**

GEOMETRIA NEL PIANO EUCLIDEO

- **CAPITOLO 10**
  Luoghi geometrici, circonferenza. Poligoni inscritti e circoscritti
- **CAPITOLO 11**
  Equivalenza delle superfici piane
- **CAPITOLO 12**
  Grandezze geometriche. Teorema di Talete
- **CAPITOLO 13**
  Similitudine e applicazioni
- **CAPITOLO 14**
  Trasformazioni geometriche nel piano euclideo
- **CAPITOLO 15**
  Applicazioni dell'algebra alla geometria

- VERSO LE COMPETENZE
- LABORATORIO DI MATEMATICA
- ENGLISH FOR MATHS

OBIETTIVI

Conoscenze

- La circonferenza, il cerchio, le loro parti e le loro proprietà.
- Poligoni inscritti e circoscritti e punti notevoli dei triangoli.
- Aree delle figure geometriche.
- Teoremi di Euclide e di Pitagora.
- Teorema di Talete e teoria della similitudine.
- Sezione aurea e rapporto aureo.
- Trasformazioni geometriche nel piano.
- Relazioni metriche in figure geometriche notevoli.

Abilità

- Eseguire semplici dimostrazioni e costruzioni geometriche utilizzando le proprietà delle figure geometriche.
- Utilizzare i criteri di similitudine per eseguire dimostrazioni e risolvere problemi.
- Riconoscere l'applicabilità dei teoremi di Euclide e di Pitagora nelle figure geometriche e utilizzarli per risolvere problemi.
- Calcolare la misura dell'area delle figure geometriche.
- Applicare le relazioni metriche tra gli elementi delle figure geometriche alla risoluzione dei problemi.
- Riconoscere simmetrie nelle figure geometriche piane e solide e applicare le trasformazioni geometriche in semplici dimostrazioni.

COMPETENZE

- Confrontare e analizzare figure geometriche, individuando invarianti e relazioni.
- Individuare le strategie appropriate per la soluzione di problemi.
- Analizzare dati e interpretarli sviluppando deduzioni e ragionamenti sugli stessi anche con l'ausilio di rappresentazioni grafiche, usando consapevolmente gli strumenti di calcolo e le potenzialità offerte da applicazioni specifiche di tipo informatico.

Capitolo 10

Luoghi geometrici, circonferenza. Poligoni inscritti e circoscritti

- ▶ Luoghi geometrici
- ▶ Definizioni e proprietà della circonferenza e del cerchio
- ▶ Posizioni reciproche di rette e circonferenze
- ▶ Angoli alla circonferenza
- ▶ Punti notevoli di un triangolo
- ▶ Poligoni inscritti e circoscritti
- ▶ Poligoni regolari

Le antenne telefoniche

FIGURA 1
La compagnia telefonica deve coprire le città di Bologna e Modena e il tratto di autostrada che le congiunge

La nuova compagnia telefonica Telepigreco deve installare una serie di ripetitori nel territorio mostrato in **FIGURA 1**. Vanno minimizzati i costi ma è necessario coprire interamente le città di Bologna e Modena e il tratto di autostrada che le congiunge.
La ditta che deve costruire e installare le antenne propone due tipi di impianti:

- antenne di 15 m di altezza, che coprono un raggio di 2 km e costano 120 000 euro l'una;
- antenne di 30 m di altezza, che coprono un raggio di 6 km e costano 500 000 euro l'una.

Quali antenne è più conveniente impiegare?

Soluzione a pag. 605

Luoghi geometrici

1. Definizione di luogo geometrico

Nel nostro studio della geometria abbiamo già introdotto numerose definizioni. Ora vogliamo riconsiderare alcuni oggetti geometrici noti, assumendo un *nuovo punto di vista*. Precisamente vogliamo indagare se i punti che appartengono a tali oggetti godono di una certa proprietà che li *caratterizza* nell'insieme dei punti del piano; in questo caso, diremo che l'oggetto in questione è un *luogo geometrico di punti del piano*.

> Nella pratica si parla comunemente di *luogo*, sottintendendo l'attributo «geometrico».

> Nel seguito, dove non diversamente indicato, considereremo luoghi geometrici nel piano.

DEFINIZIONE LUOGO GEOMETRICO
Si dice luogo geometrico l'insieme di *tutti e soli* i punti del piano (o dello spazio) che godono di una data proprietà.

Per mostrare che una figura è il luogo geometrico dei punti che godono di una certa proprietà, occorre quindi dimostrare che:

a. tutti i punti della figura godono di quella proprietà;

b. ogni punto del piano che gode di quella proprietà appartiene alla figura.

In altri termini, *condizione necessaria e sufficiente* affinché un punto appartenga a un dato luogo geometrico è che esso soddisfi la proprietà che lo identifica.

Nei prossimi due paragrafi dimostreremo che l'*asse di un segmento* e la *bisettrice di un angolo* possono essere caratterizzati come luoghi geometrici.

2. Asse di un segmento

L'*asse di un segmento* è la retta perpendicolare al segmento e passante per il suo punto medio (**FIGURA 2**). Il seguente teorema permette di caratterizzare l'asse del segmento come luogo geometrico.

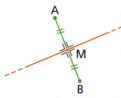

FIGURA 2

TEOREMA 1
Il luogo dei punti di un piano equidistanti da due punti dati è l'asse del segmento che ha per estremi tali punti.

Ipotesi:
$PM \perp AB$; $AM \cong MB$
Tesi:
$PA \cong PB$

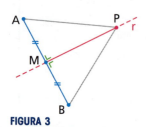

FIGURA 3

DIMOSTRAZIONE

Occorre organizzare la dimostrazione in due parti.

Prima parte (**FIGURA 3**): tutti i punti dell'asse del segmento sono equidistanti dagli estremi del segmento.
Consideriamo un punto generico P appartenente all'asse del segmento AB, cioè alla retta perpendicolare ad AB passante per il suo punto medio M. Consideriamo i triangoli AMP e BMP. Essi hanno

$AM \cong MB$ e $A\widehat{M}P \cong P\widehat{M}B \cong \dfrac{\pi}{2}$ per ipotesi

PM in comune

Quindi $AMP \cong BMP$ per il primo criterio di congruenza.

In particolare $PA \cong PB$ e dunque P è equidistante dagli estremi A e B del segmento. Poiché P è un generico punto dell'asse di AB, la dimostrazione precedente vale per tutti i punti appartenenti all'asse di AB.

Seconda parte (FIGURA 4): *tutti i punti del piano che sono equidistanti dagli estremi del segmento appartengono all'asse del segmento.*

Consideriamo un punto P del piano che sia equidistante dagli estremi del segmento dato. Il triangolo ABP è dunque isoscele e ha per base AB. Detto M il punto medio della base, PM risulta la mediana relativa alla base del triangolo isoscele ABP e quindi è anche altezza relativa alla base. Pertanto la retta PM è perpendicolare ad AB e passa per il suo punto medio M, dunque P appartiene all'asse di AB.   c.v.d.

Ipotesi:
$PA \cong PB; AM \cong MB$
Tesi:
$PM \perp AB$

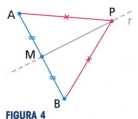

FIGURA 4

3. Bisettrice di un angolo

La *bisettrice di un angolo* di vertice O è la semiretta di origine O, interna all'angolo, che divide l'angolo in due angoli congruenti. Il prossimo teorema permette di caratterizzare la bisettrice di un angolo come luogo geometrico.

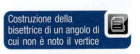
Costruzione della bisettrice di un angolo di cui non è noto il vertice

> **TEOREMA 2**
>
> Il luogo dei punti di un piano equidistanti dai lati di un angolo convesso è la bisettrice dell'angolo.

DIMOSTRAZIONE

Occorre organizzare la dimostrazione in due parti.

Prima parte (FIGURA 5): *tutti i punti della bisettrice dell'angolo sono equidistanti dai lati dell'angolo.*

Sia P un punto generico appartenente alla bisettrice b dell'angolo $M\hat{O}N$ e siano rispettivamente H e K le sue proiezioni sui lati OM e ON dell'angolo. Consideriamo i due triangoli OPH e OPK. Essi hanno

$$P\hat{H}O \cong P\hat{K}O \cong \frac{\pi}{2} \text{ e } H\hat{O}P \cong K\hat{O}P \text{ per ipotesi}$$

OP in comune

quindi i due triangoli OPH e OPK sono congruenti per il secondo criterio generalizzato. In particolare vale $PH \cong PK$, cioè P è equidistante dai lati dell'angolo $M\hat{O}N$. Poiché P è un punto generico della bisettrice, la dimostrazione precedente vale per tutti i punti appartenenti alla bisettrice di $M\hat{O}N$.

Seconda parte (FIGURA 6): *tutti i punti del piano che sono equidistanti dai lati dell'angolo appartengono alla bisettrice dell'angolo.*

Sia P un punto del piano equidistante dai lati dell'angolo $M\hat{O}N$ e siano rispettivamente H e K le sue proiezioni sui lati OM e ON dell'angolo. Consideriamo i due triangoli OPH e OPK. Essi hanno

$$P\hat{H}O \cong P\hat{K}O \cong \frac{\pi}{2} \text{ e } PH \cong PK \text{ per ipotesi}$$

OP in comune

quindi $OPH \cong OPK$ per il criterio di congruenza dei triangoli rettangoli. In particolare vale $P\hat{O}H \cong P\hat{O}K$ e perciò P appartiene alla bisettrice dell'angolo $M\hat{O}N$.   c.v.d.

Ipotesi:
$M\hat{O}P \cong N\hat{O}P$
$PH \perp OM; PK \perp ON$
Tesi:
$PH \cong PK$

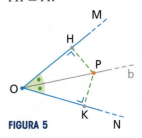

FIGURA 5

Ipotesi:
$PH \perp OM; PK \perp ON$
$PH \cong PK$
Tesi:
$P\hat{O}H \cong P\hat{O}K$

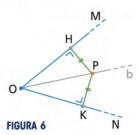

FIGURA 6

Procedendo in modo analogo, puoi verificare che il luogo dei punti di un piano equidistanti dai prolungamenti dei lati di un angolo concavo è la bisettrice dell'angolo.

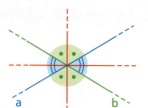

FIGURA 7

> ■ **OSSERVAZIONE**
>
> Se due rette di un piano sono incidenti, esse formano quattro angoli a due a due opposti al vertice; la retta bisettrice di uno degli angoli contiene anche la bisettrice del suo opposto al vertice. Da ciò e dal **TEOREMA 2** si deduce che il *luogo dei punti di un piano equidistanti da due rette incidenti è costituito dalle due rette bisettrici degli angoli da esse formati* (**FIGURA 7**). Tali rette bisettrici risultano perpendicolari tra loro, come puoi facilmente dimostrare.

Vediamo ora un esempio di errore che è facile commettere, se non si sta attenti, in una dimostrazione. Spetta a te scoprirlo!

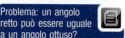

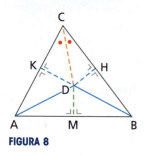

FIGURA 8

> ■ **DOV'È L'ERRORE?**
>
> **Tutti i triangoli sono isosceli!**
> È dato il triangolo ABC scaleno (**FIGURA 8**): dimostreremo, commettendo evidentemente un errore, che esso è isoscele sulla base AB.
> Tracciamo la bisettrice dell'angolo $A\widehat{C}B$ fino a incontrare in D l'asse del lato AB; siano K e H i piedi delle perpendicolari condotte dal punto D rispettivamente ai lati AC e CB ($DK \perp AC$ e $DH \perp BC$).
> Poiché D appartiene alla bisettrice dell'angolo $A\widehat{C}B$, allora D è equidistante dai lati AC e CB e quindi vale $DK \cong DH$; poiché D appartiene anche all'asse di AB, allora vale anche $DA \cong DB$. I triangoli rettangoli AKD e BHD, poiché hanno rispettivamente congruenti l'ipotenusa e un cateto, sono congruenti e, in particolare, vale $K\widehat{A}D \cong H\widehat{B}D$.
> Il triangolo DAB, essendo $DA \cong DB$, è isoscele sulla base AB e quindi risulta $D\widehat{A}B \cong D\widehat{B}A$.
> Sommando membro a membro, dalle precedenti relazioni otteniamo
>
> $$\left.\begin{array}{r} K\widehat{A}D \cong H\widehat{B}D \\ D\widehat{A}B \cong D\widehat{B}A \end{array}\right\} \longrightarrow K\widehat{A}D + D\widehat{A}B \cong H\widehat{B}D + D\widehat{B}A \longrightarrow C\widehat{A}B \cong C\widehat{B}A$$
>
> Perciò, avendo due angoli congruenti, il triangolo ABC risulta isoscele (sulla base AB) e non scaleno come invece abbiamo supposto.
> Dov'è l'errore?
>
> (Se non hai scoperto l'errore commesso nell'argomentazione precedente, troverai la spiegazione alla fine della teoria di questo capitolo.)

■ Definizioni e proprietà della circonferenza e del cerchio

4. Circonferenza e cerchio

Abbiamo già dato la definizione di circonferenza; ora ne proponiamo una riformulazione mediante il concetto di luogo geometrico.

> **DEFINIZIONE** **CIRCONFERENZA**
> La circonferenza è il luogo geometrico dei punti del piano che hanno una distanza assegnata da un punto dato.

Il punto dato è detto **centro** della circonferenza e la distanza assegnata è detta **raggio** della circonferenza. Secondo questa definizione, il raggio rappresenta dunque una lunghezza; tuttavia, si chiama *raggio* anche la misura di tale lunghezza (rispetto a una fissata unità). Inoltre, il termine raggio può essere usato per indicare ciascun *segmento* che congiunge il centro della circonferenza con un qualsiasi suo punto. Secondo tale accezione, *i raggi di una circonferenza sono tutti congruenti tra loro* (**FIGURA 9**).

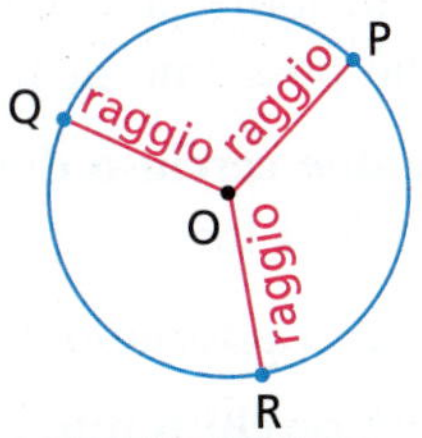

Ogni retta che passa per il centro di una circonferenza interseca la circonferenza in due punti. Il segmento che ha per estremi tali punti è detto *diametro* della circonferenza e il centro ne costituisce il punto medio (**FIGURA 10**). In altri termini, si dice **diametro** un qualsiasi segmento passante per il centro della circonferenza e avente gli estremi sulla circonferenza stessa: ogni diametro è il doppio di un raggio e quindi *i diametri di una circonferenza sono tutti congruenti tra loro*.

FIGURA 9

Vedremo nei capitoli successivi che il centro di una circonferenza è il suo *centro di simmetria*.

FIGURA 10

Dimostreremo che ogni retta che passa per il centro di una circonferenza è *asse di simmetria* per la circonferenza.

Nel capitolo **NOZIONI FONDAMENTALI DI GEOMETRIA RAZIONALE**, al **PARAGRAFO 14**, abbiamo introdotto il postulato di partizione del piano per una curva piana, chiusa e semplice. La circonferenza è anch'essa una **curva piana**, **chiusa** e **semplice**, dunque assumiamo il seguente *postulato di partizione del piano*.

> **POSTULATO DI PARTIZIONE DEL PIANO DA PARTE DI UNA CIRCONFERENZA**
> Una circonferenza divide l'insieme dei punti del piano che non le appartengono in due sottoinsiemi, non vuoti, dei quali
> - uno contiene segmenti ma non rette: i suoi punti sono detti *punti interni alla circonferenza* e hanno distanza dal centro minore del raggio;
> - l'altro contiene anche rette: i suoi punti sono detti *punti esterni alla circonferenza* e hanno distanza dal centro maggiore del raggio.
>
> Inoltre, dati due punti, uno interno e uno esterno a una data circonferenza nel piano, ogni linea (retta o curva) che li congiunge interseca la circonferenza in almeno un punto (**FIGURA 11**).

A punto interno: AO < r
B punto esterno: BO > r

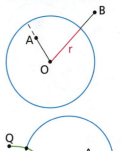

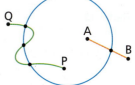

FIGURA 11

> **DEFINIZIONE** **CERCHIO**
> La figura costituita da tutti i punti di una circonferenza e dai suoi punti interni si chiama cerchio.

In base alla definizione appena data, il cerchio è il luogo dei punti del piano che hanno una distanza minore o uguale al raggio dal centro della circonferenza che ne costituisce il contorno (**FIGURA 12**).

FIGURA 12

> Si deve tenere presente che, mentre la circonferenza è una *linea*, il cerchio è una *superficie*. Tale superficie viene descritta da un raggio quando ruota attorno al centro.

Si dicono **centro**, **raggio** e **diametro di un cerchio** rispettivamente il centro, il raggio e il diametro della circonferenza contorno del cerchio.
A differenza della circonferenza, **il cerchio è una figura convessa** (ti lasciamo il compito di dimostrare questa affermazione).
Osserviamo che se due cerchi sono congruenti è possibile sovrapporli in modo che coincidano mediante un movimento rigido; così facendo, coincidono naturalmente anche i loro contorni. Poiché una circonferenza non può avere due centri distinti (altrimenti un diametro avrebbe due punti medi), dopo la sovrapposizione coincidono anche i centri dei due cerchi.
Da ciò possiamo dedurre che

▶ **se due cerchi o due circonferenze sono congruenti allora sono congruenti anche i loro raggi**.

Viceversa possiamo affermare che

▶ **due cerchi o due circonferenze aventi raggi congruenti sono congruenti**.

Infatti, sovrapponendo i centri O e O' dei due cerchi mediante un movimento rigido, accade che ogni punto avente una certa distanza da O si sovrappone a un punto avente la *stessa* distanza da O': perciò le due circonferenze, avendo raggi congruenti, coincidono e i punti interni alla prima si sovrappongono ai punti interni alla seconda; deduciamo che le due figure sono congruenti.

Le considerazioni precedenti ci permettono di concludere che **una circonferenza** (o un cerchio) **in un piano è individuata quando sono assegnati il suo centro e il suo raggio**.

Condizioni che individuano una circonferenza

Abbiamo visto, nel paragrafo precedente, che una circonferenza è individuata se si assegnano il suo centro e il suo raggio. Naturalmente è possibile individuare univocamente una circonferenza anche fissando il suo centro e un suo punto: in questo caso, infatti, il raggio è la distanza tra il centro e il punto assegnato.
Supponiamo ora di non conoscere né il centro né il raggio di una circonferenza, ma soltanto alcuni punti per cui una circonferenza passa e poniamoci la seguente domanda:

Quanti punti individuano univocamente una circonferenza?

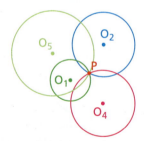

FIGURA 13

Per **un** punto P assegnato passano infinite circonferenze (**FIGURA 13**).
Anche per **due** punti assegnati P e Q passano infinite circonferenze (**FIGURA 14**): il luogo geometrico dei centri di tali circonferenze è l'asse del segmento PQ. Infatti, condizione necessaria e sufficiente perché una circonferenza passi per P e Q è che il suo centro sia equidistante da tali punti, ossia appartenga all'asse del segmento PQ.
Se cerchiamo di tracciare una circonferenza passante per **tre** punti assegnati, la situazione diventa più complessa. Ci viene in aiuto il seguente teorema.

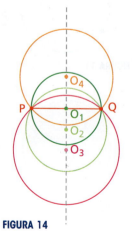

FIGURA 14

> **TEOREMA 3**
> Per tre punti allineati non passa alcuna circonferenza; per tre punti non allineati passa una e una sola circonferenza.

DIMOSTRAZIONE

Siano P, Q e R tre punti nel piano. Il centro di una qualunque circonferenza passante per P, Q e R deve essere equidistante da essi, cioè deve appartenere sia all'asse di PQ sia all'asse di QR.

▶ Se P, Q e R sono allineati (**FIGURA 15**), allora gli assi di PQ e QR, essendo perpendicolari alla stessa retta, sono paralleli e perciò non hanno punti in comune. Dunque non può esistere una circonferenza passante per P, Q e R.

▶ Se P, Q e R non sono allineati (**FIGURA 16**), allora gli assi di PQ e QR, essendo perpendicolari a due rette incidenti, si intersecano in un (unico) punto O, tale che $OP \cong OQ \cong OR$. Dall'unicità di tale punto, segue che la circonferenza con centro in O e raggio OP è l'unica circonferenza che passa per i punti P, Q e R. c.v.d.

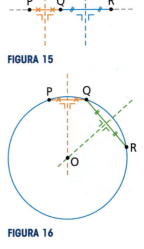

FIGURA 15

FIGURA 16

La dimostrazione di questo teorema è di tipo costruttivo, cioè ci suggerisce il modo di costruire *con riga e compasso* la circonferenza passante per tre punti non allineati.
Dal **TEOREMA 3** deduciamo anche il seguente corollario.

> **COROLLARIO 1**
> Una retta e una circonferenza non possono avere più di due punti in comune.

In particolare, osserviamo che una circonferenza non può contenere segmenti di retta: ciò giustifica il fatto che la circonferenza sia una *linea curva*.

5. Parti della circonferenza e del cerchio

Consideriamo due punti qualsiasi A e B su una circonferenza.

> **DEFINIZIONE** **ARCO**
> Si definisce arco di estremi A e B ciascuna delle due parti di circonferenza delimitata dai punti A e B.

Il centro e il raggio della circonferenza a cui appartiene un arco si dicono **centro** e **raggio dell'arco**.

Gli **estremi** di un arco appartengono all'arco stesso e qualsiasi altro punto dell'arco (diverso dagli estremi) viene detto *punto interno all'arco*.
Un arco avente per estremi i punti A e B si indica con $\overset{\frown}{AB}$.

La scrittura $\overset{\frown}{AB}$ è tuttavia ambigua, poiché esistono due archi di estremi A e B. Per precisare di quale dei due archi si intende parlare, si frappone tra A e B una terza lettera che indichi un punto interno all'arco.
In **FIGURA 17**, i punti A e B individuano i due archi $\overset{\frown}{ACB}$ e $\overset{\frown}{ADB}$.
Il segmento che si ottiene congiungendo gli estremi di un arco è detto *corda*.

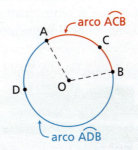

FIGURA 17

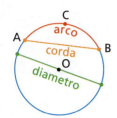

FIGURA 18

> **DEFINIZIONE** CORDA
>
> Si dice corda il segmento che ha per estremi due punti qualunque di una circonferenza.

Osserviamo che *i diametri sono corde passanti per il centro della circonferenza*. Si dice che una corda *sottende* ciascuno dei due archi che ha i suoi stessi estremi. Si dice anche che un arco *è sotteso* dalla corda avente gli stessi estremi: in **FIGURA 18** l'arco $\overset{\frown}{ACB}$ è sotteso dalla corda AB.

Ciascuno dei due archi sottesi da una corda AB può essere ottenuto come l'intersezione tra la circonferenza e uno dei due angoli $A\hat{O}B$ aventi per vertice il centro O della circonferenza e per lati le semirette OA e OB (**FIGURA 19**).

Tali angoli $A\hat{O}B$ si dicono *angoli al centro*.

FIGURA 19

> **DEFINIZIONE** ANGOLO AL CENTRO
>
> Si chiama angolo al centro di una circonferenza ogni angolo avente il vertice nel centro della circonferenza.

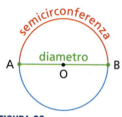

FIGURA 20

Si usa dire che un angolo al centro *corrisponde* all'arco che esso individua intersecando la circonferenza: tale corrispondenza tra archi e angoli al centro è una *corrispondenza biunivoca*. Si dice anche che l'angolo al centro *sottende* l'arco o *insiste* sull'arco corrispondente.

L'angolo al centro che corrisponde all'intera circonferenza è l'angolo giro. Si dice **semicirconferenza** un arco corrispondente a un angolo al centro piatto; una semicirconferenza è quindi un arco sotteso da un diametro (**FIGURA 20**).

FIGURA 21

> **DEFINIZIONE** SETTORE CIRCOLARE
>
> La parte di piano delimitata da un arco di circonferenza e dai due raggi che passano per i suoi estremi si chiama settore circolare (**FIGURA 21**).

Osserviamo che un settore circolare può essere ottenuto come intersezione tra un cerchio e un suo angolo al centro. Anche in questo caso, si usa dire che un angolo al centro corrisponde al settore circolare che esso individua intersecando il cerchio. Tale corrispondenza tra settori circolari e angoli al centro è una *corrispondenza biunivoca*.

Il settore circolare cui corrisponde un angolo al centro retto viene detto **quadrante circolare** (**FIGURA 21**). Si dice invece **semicerchio** un settore circolare individuato da un angolo al centro piatto.

Definiamo infine il segmento circolare.

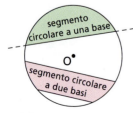

FIGURA 22

> **DEFINIZIONE** SEGMENTO CIRCOLARE
>
> La parte di piano delimitata da un arco e dalla rispettiva corda da cui l'arco è sotteso si chiama segmento circolare *a una base*. La parte di cerchio compresa tra due corde parallele è detta segmento circolare *a due basi* (**FIGURA 22**).

Osserviamo che un segmento circolare a una base si può ottenere come intersezione tra un cerchio e un semipiano la cui origine contiene una corda del cerchio. Analogamente, si può ottenere un segmento circolare a due basi come intersezione tra un cerchio e una striscia di piano i cui lati contengono due corde (parallele) del cerchio.

6. Confronto, somma, differenza di archi

Osserviamo che due o più archi si possono confrontare e sommare tra loro solo se appartengono alla stessa circonferenza o a circonferenze congruenti.

Consideriamo due archi $\widehat{AB}$ e $\widehat{CD}$ di una circonferenza di centro O e supponiamo che essi siano congruenti (**FIGURA 23**). Mediante un movimento rigido è possibile sovrapporre l'estremo A con l'estremo C e l'estremo B con l'estremo D in modo che i due archi si sovrappongano l'uno all'altro. Così facendo, gli angoli al centro $A\widehat{O}B$ e $C\widehat{O}D$ che sottendono rispettivamente gli archi $\widehat{AB}$ e $\widehat{CD}$ si sovrappongono e dunque deduciamo che $A\widehat{O}B \cong C\widehat{O}D$ (**FIGURA 24**).

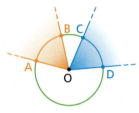

FIGURA 23

Viceversa, supponendo che due angoli al centro $A\widehat{O}B$ e $C\widehat{O}D$ di una stessa circonferenza siano congruenti, deduciamo che anche i corrispondenti archi $\widehat{AB}$ e $\widehat{CD}$ sono congruenti. In effetti, sovrapponendo mediante una rotazione attorno al centro O i due angoli $A\widehat{O}B$ e $C\widehat{O}D$, l'arco $\widehat{AB}$ e l'arco $\widehat{CD}$ risultano sovrapposti e dunque congruenti.

Queste considerazioni ci permettono di enunciare il seguente teorema.

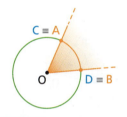

FIGURA 24

> **TEOREMA 4**
>
> In una stessa circonferenza (o in circonferenze congruenti) ad archi congruenti corrispondono angoli al centro congruenti; viceversa, se due angoli al centro di una stessa circonferenza (o di circonferenze congruenti) sono congruenti, allora lo sono anche gli archi su cui insistono.

Da questo teorema si deduce che **tutte le semicirconferenze** di una circonferenza **sono congruenti**. In effetti esse sono archi su cui insistono angoli al centro piatti che, come sappiamo, sono tutti congruenti tra loro.

> ■ **OSSERVAZIONE**
>
> Ragionando in modo analogo, è possibile formulare una versione del **TEOREMA 4** per settori circolari: *in una stessa circonferenza (o in circonferenze congruenti) a settori circolari congruenti corrispondono angoli al centro congruenti, e viceversa*. In particolare, possiamo dedurre che **tutti i semicerchi sono congruenti**, poiché essi sono settori circolari individuati da angoli al centro piatti (cioè angoli tutti congruenti tra loro).

Sempre dal **TEOREMA 4** si deduce che **la bisettrice di un angolo al centro biseca l'arco corrispondente**: quindi per dividere a metà un arco basta dividere a metà l'angolo al centro corrispondente. Si dice che $\widehat{AB}$ e $\widehat{CD}$ sono due **archi disuguali** di una stessa circonferenza (o di circonferenze congruenti) se $\widehat{AB}$ è congruente a una parte di $\widehat{CD}$ oppure $\widehat{CD}$ è congruente a una parte di $\widehat{AB}$. Nel primo caso si dice che $\widehat{AB}$ è *minore* di $\widehat{CD}$ e nel secondo che $\widehat{AB}$ è *maggiore* di $\widehat{CD}$.

Fra due archi $\widehat{AB}$ e $\widehat{CD}$ di una stessa circonferenza vale **una e una sola** delle relazioni seguenti:

$$\widehat{AB} \cong \widehat{CD} \qquad \widehat{AB} < \widehat{CD} \qquad \widehat{AB} > \widehat{CD}$$

e ciascuna di esse esclude le altre due (*legge di esclusione*).

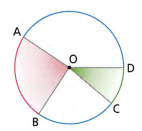

$\widehat{AB} > \widehat{CD} \Leftrightarrow A\hat{O}B > C\hat{O}D$

FIGURA 25

> **TEOREMA 5**
>
> In una stessa circonferenza (o in circonferenze congruenti) ad archi disuguali corrispondono angoli al centro disuguali e precisamente all'arco maggiore corrisponde l'angolo al centro maggiore e viceversa.

DIMOSTRAZIONE

Supponiamo che nella circonferenza di centro O valga $\widehat{AB} > \widehat{CD}$ (**FIGURA 25**). Sovrapponiamo il secondo arco al primo in modo che C coincida con A. Poiché l'arco $\widehat{CD}$ è minore di $\widehat{AB}$, esso è congruente a una parte di $\widehat{AB}$, dunque l'estremo D cade internamente all'arco $\widehat{AB}$. Perciò la semiretta OD cade internamente all'angolo $A\hat{O}B$ e da ciò si deduce $A\hat{O}B$ è maggiore di $C\hat{O}D$. Ragionando in modo analogo si può dimostrare che se $A\hat{O}B$ è maggiore di $C\hat{O}D$, allora $\widehat{AB} > \widehat{CD}$. c.v.d.

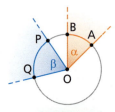

$\widehat{AB} + \widehat{PQ} \cong \widehat{FG}$
$\Updownarrow$
$\alpha + \beta \cong \gamma$

FIGURA 26

I **TEOREMI 4** e **5** riconducono il confronto fra gli archi di una stessa circonferenza (o di circonferenze congruenti) a quello fra gli angoli al centro corrispondenti. Si dice **arco nullo** l'arco corrispondente all'angolo al centro nullo.

Anche le definizioni di *somma* e *differenza di due archi* e quelle di *multiplo* e *sottomultiplo di un arco* si riconducono, considerando gli angoli al centro corrispondenti, alle analoghe definizioni di somma e differenza di angoli e di multiplo e sottomultiplo di un angolo. Ad esempio, la somma di due archi di una stessa circonferenza è un arco su cui insiste la somma degli angoli al centro corrispondenti agli archi dati (**FIGURA 26**). In particolare, due archi di una circonferenza sono *esplementari* se la loro somma è la circonferenza stessa.

7. Proprietà delle corde

Il teorema che segue stabilisce che relazione sussiste tra un diametro e una qualsiasi corda della circonferenza.

Ipotesi:
AB diametro; CD corda
$O \notin CD$

Tesi:
$AB > CD$

> **TEOREMA 6**
>
> In una circonferenza ogni diametro è maggiore di qualsiasi altra corda non passante per il centro.

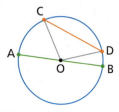

FIGURA 27

DIMOSTRAZIONE

In una circonferenza di centro O (**FIGURA 27**), sia AB un diametro e CD una corda qualsiasi non passante per O. Vogliamo dimostrare che $AB > CD$. Tracciamo i raggi OC e OD; nel triangolo COD si ha $CD < CO + OD$, perché in ogni triangolo un lato è minore della somma degli altri due.
Poiché CO e OD sono due raggi, la loro somma è congruente al diametro AB della circonferenza, quindi $CD < AB$, cioè $AB > CD$. c.v.d.

Questo teorema ci permette di affermare che, in una circonferenza, ogni diametro è una **corda massima**.
Vogliamo ora stabilire un risultato analogo al TEOREMA 4, per le corde e gli archi da esse sottesi. Iniziamo a dimostrare il seguente teorema.

> **TEOREMA 7**
>
> In una stessa circonferenza (o in circonferenze congruenti) le corde che sottendono archi congruenti sono congruenti.

DIMOSTRAZIONE

Iniziamo a osservare che se gli archi considerati sono semicirconferenze, le corde che li sottendono sono congruenti, perché diametri di una circonferenza.
Consideriamo quindi una circonferenza di centro O (**FIGURA 28**), e in essa due archi $\widehat{AB}$ e $\widehat{CD}$ congruenti ed entrambi *minori* di una semicirconferenza. Dalla congruenza dei due archi deriva (per il TEOREMA 4) quella degli angoli al centro corrispondenti $A\widehat{O}B$ e $C\widehat{O}D$.
Consideriamo ora i due triangoli AOB e COD. Essi hanno

- $OA \cong OC$, $OB \cong OD$ perché raggi di una stessa circonferenza,
- $A\widehat{O}B \cong C\widehat{O}D$ per la dimostrazione precedente,

quindi sono congruenti per il primo criterio. In particolare vale $AB \cong CD$.
Se gli archi $\widehat{AB}$ e $\widehat{CD}$ sono congruenti e *maggiori* di una semicirconferenza si può procedere in modo analogo. c.v.d.

Ipotesi:
$\widehat{AB} \cong \widehat{CD}$
Tesi:
$AB \cong CD$

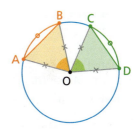

FIGURA 28

Nella formulazione del teorema inverso dobbiamo, tuttavia, prestare attenzione al fatto che *la corrispondenza tra corde e archi sottesi*, a differenza di quella tra angoli al centro e archi corrispondenti, **non** è biunivoca. Infatti, un arco è sotteso da una sola corda, invece una corda sottende due archi esplementari. Di conseguenza non possiamo limitarci ad affermare che gli archi sottesi da due corde congruenti sono tra loro congruenti, perché un tale enunciato risulterebbe ambiguo.

> **TEOREMA 8**
>
> In una stessa circonferenza (o in circonferenze congruenti) corde congruenti, non massime, sottendono archi rispettivamente congruenti, *a due a due minori o maggiori di una semicirconferenza*.

DIMOSTRAZIONE

Siano AB e CD due corde non massime congruenti tra loro (**FIGURA 29**).
I triangoli AOB e COD risultano congruenti per il terzo criterio, infatti $OA \cong OB \cong OC \cong OD$ perché raggi e $AB \cong CD$ per ipotesi.
In particolare, gli angoli convessi $A\widehat{O}B$ e $C\widehat{O}D$ sono congruenti.
Ne deduciamo, per il TEOREMA 4, che gli archi corrispondenti $\widehat{AB}$ e $\widehat{CD}$, entrambi minori di una semicirconferenza, sono congruenti tra loro. Naturalmente risultano congruenti anche i due archi esplementari, insistendo sugli angoli esplementari degli angoli convessi congruenti $A\widehat{O}B$ e $C\widehat{O}D$.
  c.v.d.

Nel caso di corde congruenti massime, cioè nel caso di diametri congruenti, gli archi sottesi sono naturalmente congruenti, essendo essi delle semicirconferenze.

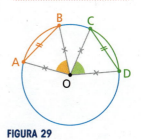

FIGURA 29

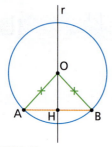

FIGURA 30

Congiungendo gli estremi A e B di una corda con il centro O della circonferenza si ottiene un triangolo isoscele di cui la corda è la base (**FIGURA 30**).
Sfruttando le proprietà dei triangoli isosceli puoi dimostrare che, se una retta r, che interseca la corda AB in un punto H, soddisfa due delle seguenti condizioni:

a. r passa per il centro O,

b. r è perpendicolare alla corda AB,

c. r passa per il punto medio della corda AB,

allora soddisfa anche la terza. In altri termini, valgono i tre seguenti teoremi:

TEOREMA 9:   **a** $\wedge$ **b** $\Longrightarrow$ **c**
TEOREMA 10: **a** $\wedge$ **c** $\Longrightarrow$ **b**
TEOREMA 11: **b** $\wedge$ **c** $\Longrightarrow$ **a**

Ipotesi: $O \in r$
$r \perp AB$
Tesi: $AH \cong HB$

TEOREMA 9

La retta passante per il centro di una circonferenza e perpendicolare a una corda dimezza la corda stessa.

Ipotesi: $O \in r$
$AH \cong HB$
Tesi: $r \perp AB$

TEOREMA 10

La retta passante per il centro di una circonferenza e per il punto medio di una corda è perpendicolare alla corda stessa.

Ipotesi: $r \perp AB$
$AH \cong HB$
Tesi: $O \in r$

TEOREMA 11

In una circonferenza l'asse di una corda passa per il centro.

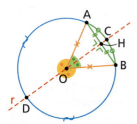

FIGURA 31

▶ **OSSERVAZIONE**

Se la retta r soddisfa due delle tre condizioni **a.**, **b.**, **c.**, allora essa biseca anche gli angoli al centro e gli archi corrispondenti individuati dalla corda AB. Infatti, grazie ai tre teoremi precedenti, se la retta r soddisfa due delle tre condizioni, allora soddisfa anche la terza.
Facendo quindi riferimento alla **FIGURA 31**, OH è l'altezza relativa alla base AB del triangolo isoscele OAB, quindi è pure bisettrice del suo angolo al vertice $A\hat{O}B$. Poiché angoli al centro congruenti insistono su archi congruenti, da $A\hat{O}C \cong C\hat{O}B$ deduciamo che $\widehat{AC} \cong \widehat{CB}$. Detto D l'ulteriore punto di intersezione della retta OH con la circonferenza, abbiamo $A\hat{O}D \cong B\hat{O}D$ (poiché supplementari di angoli congruenti) e quindi anche $\widehat{AD} \cong \widehat{DB}$. Abbiamo dunque dimostrato che la retta OH biseca entrambi gli angoli al centro e gli archi corrispondenti individuati dalla corda AB.

Dimostriamo infine due teoremi che esprimono il legame che sussiste tra le corde di una circonferenza e le loro distanze dal centro.

TEOREMA 12

In una circonferenza (o in circonferenze congruenti) due corde sono congruenti se e solo se hanno la stessa distanza dal centro.

DIMOSTRAZIONE

Siano AB e CD due corde di una circonferenza di centro O e siano OH e OK i segmenti di perpendicolare condotti dal centro O rispettivamente alle corde AB e CD (**FIGURA 32**).

▶ Sia per ipotesi $AB \cong CD$; dimostriamo che $OH \cong OK$.

Per il **TEOREMA 9** abbiamo $AH \cong \frac{1}{2} AB$ e $CK \cong \frac{1}{2} CD$; poiché, per ipotesi, vale $AB \cong CD$ allora $AH \cong CK$ perché metà di corde congruenti.
I due triangoli rettangoli AHO e CKO sono congruenti perché hanno congruenti le ipotenuse OA e OC (perché raggi di una stessa circonferenza) e i cateti AH e CK (per quanto appena detto). In particolare $OH \cong OK$.

▶ Viceversa sia per ipotesi $OH \cong OK$; dimostriamo che $AB \cong CD$.
I due triangoli rettangoli AHO e CKO sono congruenti perché hanno congruenti le ipotenuse OA e OC (perché raggi della stessa circonferenza) e i cateti OH e OK (per ipotesi). In particolare, deduciamo che $AH \cong CK$. Per il **TEOREMA 9**, $AB \cong 2AH$ e $CD \cong 2CK$, dunque $AB \cong CD$.

c.v.d.

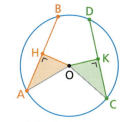

FIGURA 32

TEOREMA 13

In una stessa circonferenza (o in circonferenze congruenti) se due corde non sono congruenti allora la corda maggiore ha una distanza minore dal centro; viceversa, se due corde hanno distanze disuguali dal centro allora esse non sono congruenti e la corda maggiore è quella che ha distanza minore dal centro.

DIMOSTRAZIONE

Siano AB e CD due corde di una circonferenza di centro O; siano poi OH e OK i segmenti di perpendicolare condotti dal centro O rispettivamente alle corde AB e CD (**FIGURA 33**).

▶ Sia per ipotesi $AB > CD$; dimostriamo che $OH < OK$.
A partire da B tracciamo la corda $BE \cong CD$; per il **TEOREMA 12** il segmento $OF \perp BE$ è congruente a OK: basta perciò dimostrare che $OH < OF$.
A tale scopo congiungiamo H con F e osserviamo che, essendo BH e BF rispettivamente le metà delle corde AB e BE (**TEOREMA 9**), vale $BH > BF$ perché, per ipotesi, $AB > BE$. Perciò, poiché nel triangolo HBF a lato maggiore si oppone angolo maggiore, si ha $B\widehat{F}H > B\widehat{H}F$.
Tra i complementari di questi due angoli (rispettivamente $H\widehat{F}O$ e $F\widehat{H}O$) sussiste quindi la disuguaglianza contraria, cioè $H\widehat{F}O < F\widehat{H}O$.
Consideriamo ora il triangolo HOF: poiché ad angolo minore si oppone lato minore, risulta $OH < OF$.

▶ Viceversa, supponiamo che $OH < OK$; dimostriamo che $AB > CD$.
Infatti, non può essere $AB \cong CD$, perché allora sarebbe $OH \cong OK$ (**TEOREMA 12**); inoltre non può essere $AB < CD$, perché, per quanto dimostrato sopra, si avrebbe $OH > OK$, contro l'ipotesi. Poiché AB non può essere né uguale, né minore di CD, deve essere $AB > CD$.

c.v.d.

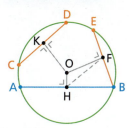

FIGURA 33

Posizioni reciproche di rette e circonferenze

8. Posizioni reciproche di una retta e di una circonferenza

Abbiamo dimostrato (**COROLLARIO 1** del **TEOREMA 3**) che una retta e una circonferenza che giacciono nello stesso piano non possono avere più di due punti in comune; quindi i casi possibili per le posizioni reciproche di una retta e di una circonferenza sono soltanto tre: o vi sono due punti in comune, o uno soltanto, o nessuno.

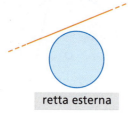

FIGURA 34

> **DEFINIZIONE** **RETTA ESTERNA A UNA CIRCONFERENZA**
> Una retta è esterna a una circonferenza se non ha punti in comune con essa.

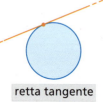

FIGURA 35

> **DEFINIZIONE** **RETTA TANGENTE A UNA CIRCONFERENZA**
> Una retta è tangente a una circonferenza se ha un solo punto in comune con essa: tale punto è detto *punto di tangenza* o *punto di contatto*.

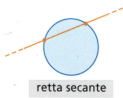

FIGURA 36

> **DEFINIZIONE** **RETTA SECANTE UNA CIRCONFERENZA**
> Una retta è secante una circonferenza se ha due punti in comune con essa.

Possiamo stabilire se una retta è esterna, secante o tangente a una circonferenza valutando la distanza della retta dal centro della circonferenza.

> **TEOREMA 14**
>
> Date una circonferenza e una retta in un piano:
> - se la distanza della retta dal centro della circonferenza è *maggiore* del raggio, allora la retta è *esterna* alla circonferenza;
> - se la distanza della retta dal centro della circonferenza è *uguale* al raggio, allora la retta è *tangente* alla circonferenza;
> - se la distanza della retta dal centro della circonferenza è *minore* del raggio, allora la retta è *secante* la circonferenza.

DIMOSTRAZIONE

Date, in uno stesso piano, una retta s e una circonferenza di centro O e raggio r, indichiamo con H il piede della perpendicolare tracciata da O alla retta s; la lunghezza di OH rappresenta perciò la distanza del centro O dalla retta s. Consideriamo i tre casi possibili.

Primo caso: $OH > r$ (**FIGURA 37**).
In questo caso il punto H è esterno alla circonferenza e perciò, a maggior ragione, è esterno *ogni* altro punto P della retta s. Infatti il segmento OP, essendo l'ipotenusa del triangolo rettangolo OPH, è maggiore del cateto OH e quindi è maggiore di r. Dunque la retta s è costituita da punti esterni alla circonferenza, cioè non ha in comune con essa alcun punto. Pertanto la retta s è *esterna* alla circonferenza.

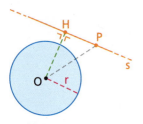

FIGURA 37

Secondo caso: $OH \cong r$ (**FIGURA 38**).

In questo caso il punto H appartiene alla circonferenza, mentre ogni altro punto P di s è esterno. Infatti, procedendo come nel primo caso, $OP > OH$ e $OH \cong r$ quindi $OP > r$. Dunque, in questo caso, la retta s ha in comune con la circonferenza il solo punto H, pertanto la retta s è *tangente* alla circonferenza (e H rappresenta il punto di contatto).

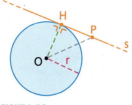

FIGURA 38

Terzo caso: $OH < r$ (**FIGURA 39**).

In questo caso il punto H è interno alla circonferenza. Prendiamo un punto P su una delle due semirette di origine H e contenute in s, in modo che risulti $HP \cong r$: sarà $OP > HP$, perché OP e HP risultano rispettivamente ipotenusa e cateto del triangolo rettangolo OHP. Perciò $OP > r$ e quindi P risulta un punto esterno alla circonferenza. Allora il segmento HP, poiché congiunge un punto interno con un punto esterno alla circonferenza, interseca la circonferenza in almeno un punto A (**POSTULATO DI PARTIZIONE DEL PIANO DA PARTE DI UNA CIRCONFERENZA**). Con considerazioni analoghe si dimostra che l'altra semiretta di origine H e contenuta in s interseca la circonferenza in almeno un punto B. Poiché una retta e una circonferenza non possono avere più di due punti in comune, i punti A e B sono i soli punti di intersezione tra la retta s e la circonferenza. Pertanto possiamo concludere che la retta s è *secante* la circonferenza. c.v.d.

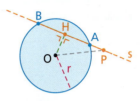

FIGURA 39

Osserviamo ora che ciascuna delle tre implicazioni contenute nell'enunciato del **TEOREMA 14** si può invertire. Ciò si deduce dal fatto che, date una retta s e una circonferenza γ, le condizioni «s esterna a γ», «s tangente a γ» e «s secante γ»

a. sono *tutte e sole* le possibili posizioni reciproche di s e γ, cioè almeno una delle tre si verifica;

b. sono *mutuamente esclusive*, cioè se si verifica una non si verificano le altre due.

Quindi, per esempio, se la retta s è tangente alla circonferenza γ allora la sua distanza dal centro è uguale al raggio. Infatti, per il **TEOREMA 14**, se tale distanza fosse minore del raggio allora la retta s sarebbe secante γ, se invece tale distanza fosse maggiore del raggio allora la retta s sarebbe esterna a γ: entrambe le conclusioni non sono, tuttavia, compatibili con l'ipotesi «s tangente a γ». Con argomentazioni analoghe si possono invertire anche le altre due implicazioni del **TEOREMA 14**. Possiamo quindi formulare il seguente teorema.

> **TEOREMA 15**
>
> Date una circonferenza e una retta in un piano:
>
> - la retta è **esterna** alla circonferenza **se e solo se** la sua distanza dal centro è **maggiore** del raggio;
>
> - la retta è **tangente** alla circonferenza **se e solo se** la sua distanza dal centro è **uguale** al raggio;
>
> - la retta è **secante** la circonferenza **se e solo se** la sua distanza dal centro è **minore** del raggio.

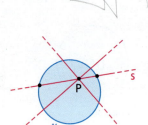

FIGURA 40

9. Rette tangenti a una circonferenza

Per discutere il problema della determinazione delle rette tangenti a una circonferenza γ condotte da un punto P del piano, è necessario distinguere tre casi.

▶ Il punto P è **interno** alla circonferenza γ.

In questo caso *non* esistono rette tangenti alla circonferenza condotte per P. Infatti, ogni retta s passante per P interseca γ in due punti (**FIGURA 40**).

▶ Il punto P **appartiene** alla circonferenza γ.

Dimostriamo che, in questo caso, esiste **una e una sola** retta tangente alla circonferenza condotta per P. Anzitutto, dal **TEOREMA 15**, si può facilmente dedurre il seguente teorema.

> **TEOREMA 16**
> Se una retta è perpendicolare a un raggio nel suo estremo appartenente alla circonferenza, allora essa è tangente alla circonferenza.

FIGURA 41

Grazie a questo teorema, la retta t perpendicolare al raggio OP nel punto P (**FIGURA 41**) è tangente alla circonferenza γ.

Esistono altre rette tangenti in P a γ? Per rispondere a tale domanda, dimostriamo l'inverso del **TEOREMA 16**.

> **TEOREMA 17**
> Se una retta è tangente a una circonferenza, allora essa è perpendicolare al raggio che ha un estremo nel punto di tangenza.

Ipotesi:
t tangente a γ
Tesi:
$OP \perp t$

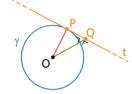

FIGURA 42

> **DIMOSTRAZIONE**
> Sia t la retta tangente a γ e sia P il punto di tangenza (**FIGURA 42**). Se, per assurdo, non fosse $OP \perp t$, allora, detto Q il piede della perpendicolare condotta dal centro O alla retta t, OQ sarebbe un raggio della circonferenza γ: infatti, per il **TEOREMA 15**, la distanza della retta tangente t dal centro è uguale al raggio. In questo modo vi sarebbero due punti (P e Q) della retta t appartenenti anche alla circonferenza γ, ossia t sarebbe secante la circonferenza γ, contro l'ipotesi.   c.v.d.

In base a questo teorema, se in **FIGURA 42** vi fosse un'altra retta s tangente a γ nel punto P, allora s dovrebbe essere perpendicolare al raggio OP.

Dall'unicità della perpendicolare deduciamo dunque l'unicità della tangente in P a γ.

▶ Il punto P è **esterno** alla circonferenza γ. In questo caso esistono **due** rette tangenti alla circonferenza condotte dal punto P: descriveremo la costruzione con riga e compasso di tali tangenti nel **PARAGRAFO 12**.

Per il **TEOREMA 17**, sappiamo che le rette tangenti sono perpendicolari al raggio nel punto di tangenza: in **FIGURA 43** gli angoli $\widehat{A}$ e $\widehat{B}$ sono quindi angoli retti.

I segmenti PA e PB, aventi per estremi il punto P e i punti di contatto A e B delle due rette tangenti con la circonferenza, si dicono **segmenti di tangente**.

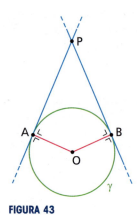

FIGURA 43

> **TEOREMA DELLE TANGENTI**
>
> I segmenti di tangente, condotti da un punto esterno a una circonferenza, sono congruenti. La semiretta che congiunge il punto da cui sono condotte le tangenti con il centro della circonferenza è bisettrice sia dell'angolo formato dalle tangenti, sia dell'angolo formato dai raggi che hanno un estremo nei punti di contatto ed è inoltre asse del segmento che congiunge i punti di contatto.

DIMOSTRAZIONE

Sia P un punto esterno a una circonferenza γ di centro O e siano a e b le tangenti a essa condotte da P, che intersecano la circonferenza rispettivamente nei punti A e B (ipotesi). Dobbiamo dimostrare che $PA \cong PB$, $A\hat{P}O \cong B\hat{P}O$, $A\hat{O}P \cong B\hat{O}P$ e che la retta OP è asse di AB (tesi).
Nella **FIGURA 44** consideriamo i due triangoli rettangoli OAP, OBP: essi hanno l'ipotenusa OP in comune e i due cateti OA e OB congruenti, perché raggi di una stessa circonferenza. Tali triangoli sono quindi congruenti per il criterio di congruenza dei triangoli rettangoli; in particolare $PA \cong PB$, $A\hat{P}O \cong B\hat{P}O$ e $A\hat{O}P \cong B\hat{O}P$.
Infine, poiché $OA \cong OB$ e $PA \cong PB$, sia il punto O sia il punto P, essendo equidistanti da A e da B, devono appartenere all'asse del segmento AB e perciò la retta OP risulta l'asse della corda AB.   c.v.d.

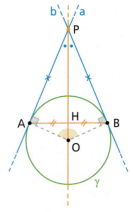

FIGURA 44

Enunciamo infine il seguente teorema.

> **TEOREMA 18**
>
> Da un punto esterno a una circonferenza non si possono condurre più di due rette tangenti.

Dimostrazione

10. Posizioni reciproche di due circonferenze

Due circonferenze distinte situate nello stesso piano non possono avere più di due punti in comune. Infatti, se le due circonferenze avessero tre punti in comune, esse coinciderebbero perché per tre punti non allineati passa una e una sola circonferenza.
I casi che si possono presentare sono cinque, come è suggerito dalle seguenti considerazioni di *carattere intuitivo*.
Supponiamo che, inizialmente, i centri di due circonferenze (di raggi diversi) siano sufficientemente lontani, in modo che esse non abbiano punti in comune e ognuna sia esterna all'altra. Avvicinando progressivamente le circonferenze lungo la retta passante per i due centri, a un certo momento esse si incontreranno in un punto rimanendo esterne l'una all'altra; se avvicinate ulteriormente, le circonferenze si intersecheranno in due punti; poi avranno nuovamente un solo punto in comune, ma una sarà interna all'altra; infine non avranno alcun punto in comune e una di esse sarà tutta interna all'altra.
Analizziamo singolarmente questi cinque casi possibili: ciascuno di essi è individuato da una relazione tra la distanza dei centri e la somma oppure la differenza dei raggi delle due circonferenze.

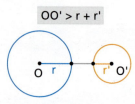

FIGURA 45

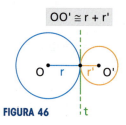

FIGURA 46

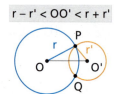

FIGURA 47

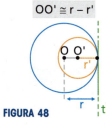

FIGURA 48

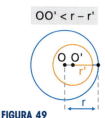

FIGURA 49

▸ Due circonferenze si dicono **esterne** se *tutti i punti di una circonferenza sono esterni all'altra e viceversa* (**FIGURA 45**). Ciò accade se e solo se la distanza dei loro centri è maggiore della somma dei raggi.

▸ Due circonferenze si dicono **tangenti esternamente** se *hanno un punto in comune* (**punto di contatto**) *e tutti gli altri punti di ciascuna circonferenza sono esterni all'altra* (**FIGURA 46**). Ciò accade se e solo se la distanza dei loro centri è uguale alla somma dei raggi. La retta t passante per il punto di contatto e perpendicolare alla retta dei centri OO' è una **tangente comune** alle due circonferenze, le quali giacciono da *parti opposte* rispetto a essa.

▸ Due circonferenze si dicono **secanti** se *hanno due punti in comune*. Ciò accade se e solo se la distanza dei loro centri è minore della somma dei raggi, ma maggiore della loro differenza. Osserviamo la **FIGURA 47**, dove supponiamo che $r > r'$. Se si considera il triangolo $OO'P$, ricordando che in ogni triangolo un lato è minore della somma e maggiore della differenza degli altri due lati, si ha

$$OP - PO' < OO' < OP + PO'$$

che rappresenta la suddetta relazione tra la distanza dei centri O, O' e i raggi $OP \cong r$ e $PO' \cong r'$ delle due circonferenze. Inoltre, la retta dei centri OO' è l'asse del segmento PQ, avente per estremi i punti di intersezione delle due circonferenze. Infatti $OP \cong OQ$ perché raggi di una stessa circonferenza e, analogamente, $O'P \cong O'Q$. Quindi O e O' sono equidistanti dai punti P e Q, cioè appartengono all'asse di PQ.

Gli ultimi due casi sono possibili solo se le circonferenze hanno **raggi diversi**.

▸ Due circonferenze con raggi diversi si dicono **tangenti internamente** se *hanno un punto in comune e tutti gli altri punti della circonferenza con raggio minore sono interni alla circonferenza con raggio maggiore* (**FIGURA 48**). Ciò accade se e solo se la distanza dei centri è uguale alla differenza dei raggi. Anche in questo caso, la retta t passante per il punto di contatto e perpendicolare alla retta dei centri OO' è la **tangente comune** alle due circonferenze, che giacciono da una *stessa parte* rispetto a essa.

▸ Due circonferenze con raggi diversi si dicono **una interna all'altra** quando *tutti i punti della circonferenza con raggio minore sono interni alla circonferenza con raggio maggiore* (**FIGURA 49**). Ciò accade se e solo se la distanza dei loro centri è minore della differenza dei raggi. In particolare, se la distanza tra i due centri è nulla, le circonferenze si dicono **concentriche** e delimitano una figura chiamata **corona circolare** (**FIGURA 50**): tale figura è costituita dai punti la cui distanza dal centro è minore o uguale a r e maggiore o uguale a r'.

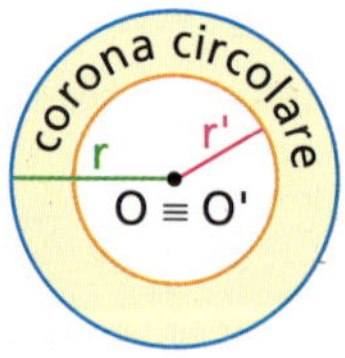

FIGURA 50

■ Angoli alla circonferenza

11. Definizioni e proprietà

> **DEFINIZIONE**   **ANGOLO ALLA CIRCONFERENZA**
>
> Si dice angolo alla circonferenza un angolo convesso che ha il vertice su una circonferenza e ciascuno dei lati secante oppure tangente alla circonferenza.

Ogni angolo alla circonferenza *insiste* su un arco che è l'intersezione tra l'angolo stesso e la circonferenza: si dice che l'angolo alla circonferenza $A\hat{B}C$ di FIGURA 51 *insiste* sull'arco $\overset{\frown}{AMC}$ (o *sottende* l'arco $\overset{\frown}{AMC}$) o, equivalentemente, che l'arco $\overset{\frown}{AMC}$ è *sotteso* dall'angolo convesso $A\hat{B}C$. L'arco $\overset{\frown}{ABC}$ è invece l'arco nel quale è *inscritto* l'angolo $A\hat{B}C$.
Nella FIGURA 52 l'arco su cui insiste l'angolo alla circonferenza $A\hat{B}C$ è l'arco $\overset{\frown}{AMB}$, mentre l'arco in cui è inscritto l'angolo $A\hat{B}C$ è l'arco $\overset{\frown}{ANB}$.
Infine, in FIGURA 53 l'arco su cui insiste l'angolo alla circonferenza $A\hat{B}C$ è l'intera circonferenza.

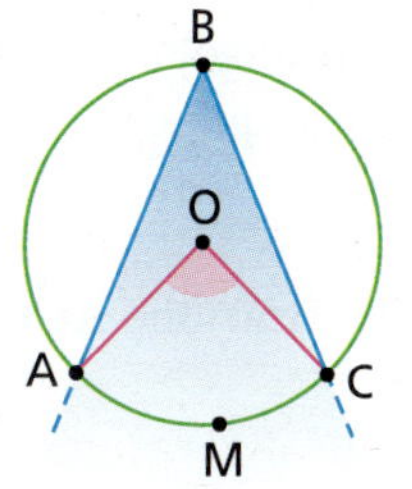

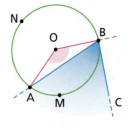

BA e BC entrambi secanti
FIGURA 51

BA secante BC tangente
FIGURA 52

Un angolo alla circonferenza e un angolo al centro si dicono **corrispondenti** se insistono sullo stesso arco.
Nella FIGURA 51 all'angolo alla circonferenza $A\hat{B}C$ corrisponde l'angolo al centro $A\hat{O}C$; nella FIGURA 52 all'angolo alla circonferenza $A\hat{B}C$ corrisponde l'angolo al centro $A\hat{O}B$. Nella FIGURA 53 all'angolo alla circonferenza $A\hat{B}C$ corrisponde l'angolo al centro giro (di vertice O).
Nella FIGURA 54 sono disegnati altri esempi di angoli alla circonferenza (in azzurro) con i relativi angoli al centro corrispondenti (in arancio).

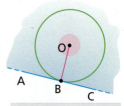

BA e BC entrambi tangenti
FIGURA 53

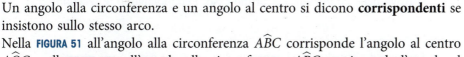

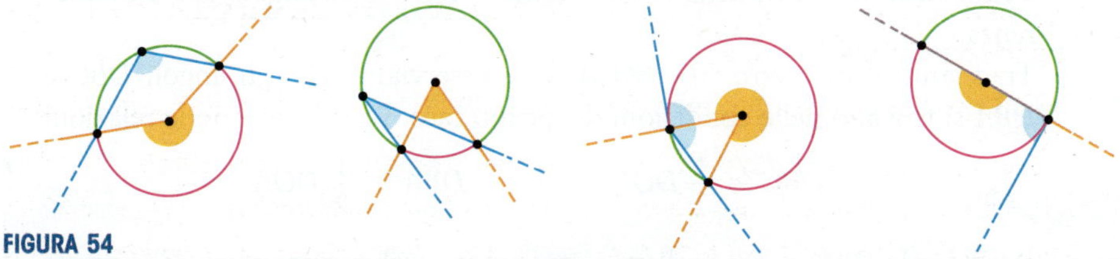

FIGURA 54

Il teorema che segue stabilisce quale relazione sussiste tra un angolo alla circonferenza e il suo corrispondente angolo al centro.

> **TEOREMA 19**
>
> Ogni angolo alla circonferenza è congruente alla metà del corrispondente angolo al centro.

DIMOSTRAZIONE

Sia $A\hat{B}C$ un angolo alla circonferenza e $A\hat{O}C$ il corrispondente angolo al centro. Supponiamo dapprima che entrambi i lati dell'angolo alla circonferenza siano secanti la circonferenza. Distinguiamo tre casi.

Primo caso: il centro della circonferenza appartiene a uno dei lati dell'angolo alla circonferenza.
Supponiamo che il centro O appartenga al lato BC (FIGURA 55). Tracciamo il raggio OA e dimostriamo che

$$A\hat{B}C \cong \frac{1}{2} A\hat{O}C$$

Osserviamo che $A\hat{O}C$ è un angolo esterno del triangolo AOB e perciò, per il secondo teorema dell'angolo esterno, risulta

$$A\hat{O}C \cong O\hat{A}B + A\hat{B}O$$

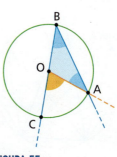

FIGURA 55

Il triangolo AOB è isoscele perché $OA \cong OB$ (raggi della stessa circonferenza) e quindi i suoi angoli alla base sono congruenti:

$$O\hat{A}B \cong A\hat{B}O$$

La relazione $A\hat{O}C \cong O\hat{A}B + A\hat{B}O$ si può quindi scrivere come

$$A\hat{O}C \cong 2 \cdot A\hat{B}O \quad \longrightarrow \quad A\hat{B}O \cong \frac{1}{2} A\hat{O}C$$

Secondo caso: il centro della circonferenza è interno all'angolo alla circonferenza.
Tracciamo i raggi OA e OC e il diametro BD (**FIGURA 56**); in questo modo l'angolo $A\hat{B}C$ viene diviso in due parti $A\hat{B}D$ e $D\hat{B}C$ ciascuna delle quali si trova nelle condizioni del primo caso. Perciò valgono le relazioni

$$A\hat{B}D \cong \frac{1}{2} A\hat{O}D \quad \text{e} \quad D\hat{B}C \cong \frac{1}{2} D\hat{O}C$$

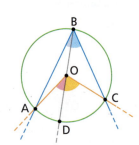

FIGURA 56

Sommando membro a membro le due relazioni precedenti, si ottiene

$$A\hat{B}D + D\hat{B}C \cong \frac{1}{2} A\hat{O}D + \frac{1}{2} D\hat{O}C \cong \frac{1}{2}(A\hat{O}D + D\hat{O}C) \longrightarrow$$
$$\longrightarrow A\hat{B}C \cong \frac{1}{2} A\hat{O}C$$

Terzo caso: il centro della circonferenza è esterno all'angolo alla circonferenza.
Tracciamo il diametro BD (**FIGURA 57**) e osserviamo che gli angoli $D\hat{B}C$ e $D\hat{B}A$ si trovano nelle condizioni del primo caso. Perciò valgono le relazioni

$$D\hat{B}C \cong \frac{1}{2} D\hat{O}C \quad \text{e} \quad D\hat{B}A \cong \frac{1}{2} D\hat{O}A$$

Poiché vale $D\hat{B}C > D\hat{B}A$, allora sottraiamo membro a membro dalla prima di queste relazioni la seconda. Si ottiene

$$D\hat{B}C - D\hat{B}A \cong \frac{1}{2}(D\hat{O}C - D\hat{O}A) \quad \longrightarrow \quad A\hat{B}C \cong \frac{1}{2} A\hat{O}C$$

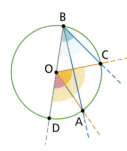

FIGURA 57

Ragionando in modo analogo, puoi verificare la tesi anche nei casi in cui uno dei lati dell'angolo alla circonferenza o entrambi i lati sono tangenti alla circonferenza, come è illustrato nelle seguenti figure.

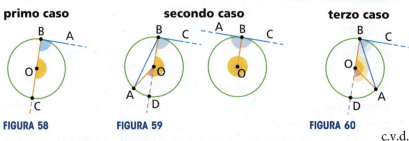

c.v.d.

FIGURA 61

Osserviamo che la corrispondenza tra angoli al centro e angoli alla circonferenza **non** è biunivoca, infatti:

- a un angolo alla circonferenza corrisponde *un solo* angolo al centro;
- a un angolo al centro corrispondono *infiniti* angoli alla circonferenza: essi però insistono tutti sullo stesso arco e quindi, per il **TEOREMA 19**, sono tutti congruenti alla metà dell'angolo al centro corrispondente.

Deduciamo quindi il seguente corollario.

> **COROLLARIO 2**
>
> In una stessa circonferenza, gli angoli alla circonferenza che insistono sullo stesso arco o su archi congruenti sono congruenti tra loro.

Ragionando in modo analogo puoi dimostrare che, viceversa, *archi di una stessa circonferenza su cui insistono angoli alla circonferenza congruenti sono congruenti tra loro.*
Per il **TEOREMA 19**, inoltre, ogni angolo alla circonferenza che insiste su una semicirconferenza è la metà del corrispondente angolo al centro, che è un angolo piatto. Possiamo dunque formulare il seguente corollario.

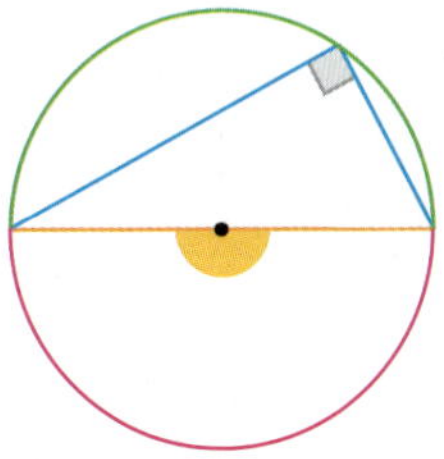

> **COROLLARIO 3**
>
> Ogni angolo alla circonferenza che insiste su una semicirconferenza è retto.

FIGURA 62

Osserviamo ora che l'arco esplementare di una semicirconferenza è ancora una semicirconferenza. Dunque un angolo che insiste su una semicirconferenza è anche inscritto in una semicirconferenza. Perciò il **COROLLARIO 3** afferma che *ogni angolo alla circonferenza inscritto in una semicirconferenza è retto.*
Questo corollario è fondamentale per dimostrare il prossimo teorema. Prima di enunciarlo, premettiamo che si dice che un triangolo è **inscritto in una semicirconferenza** se ha due vertici coincidenti con gli estremi del diametro che sottende la semicirconferenza (e quindi un lato coincidente con il diametro stesso) e, come terzo vertice, un punto interno alla semicirconferenza.

> **TEOREMA 20**
>
> Ogni triangolo inscritto in una semicirconferenza è rettangolo e, viceversa, ogni triangolo rettangolo si può inscrivere in una semicirconferenza avente l'ipotenusa come diametro.

> **DIMOSTRAZIONE**
>
> Se un triangolo è inscritto in una semicirconferenza, allora l'angolo il cui vertice è interno alla semicirconferenza è pure inscritto in una semicirconferenza e quindi, per il **COROLLARIO 3**, è retto.
> Viceversa, dato un triangolo ABC, rettangolo in C, consideriamo la circonferenza passante per i suoi vertici (che esiste ed è unica perché i vertici di un triangolo sono tre punti non allineati) e sia O il suo centro (**FIGURA 63**). L'angolo alla circonferenza $A\hat{C}B$ è retto per ipotesi e quindi, per il **TEOREMA 19**, il corrispondente angolo al centro $A\hat{O}B$ è piatto. Ciò significa che i punti A, O, B sono allineati, ossia che il centro della circonferenza O appartiene all'ipotenusa AB. Dunque ABC risulta inscritto in una semicirconferenza avente l'ipotenusa AB per diametro. c.v.d.

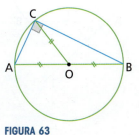

FIGURA 63

Dal **TEOREMA 20** deduciamo immediatamente la nota *proprietà caratteristica dei triangoli rettangoli*:

▸ in un triangolo rettangolo la mediana relativa all'ipotenusa è congruente alla metà dell'ipotenusa stessa; viceversa, se in un triangolo la mediana relativa a un lato è congruente alla metà del lato stesso, allora il triangolo è rettangolo e ha quel lato come ipotenusa.

Costruzione con riga e compasso: rette tangenti comuni a due circonferenze date

12. Costruzioni con riga e compasso

Descriviamo ora due costruzioni con riga e compasso: la prima permette di tracciare le rette tangenti a una circonferenza da un punto esterno a essa e completa la trattazione condotta nel **PARAGRAFO 9**, la seconda consente di costruire l'*arco capace di un angolo*.

▸ **In un piano condurre le rette tangenti a una circonferenza γ da un punto assegnato P esterno a essa.**

Congiungiamo P con il centro O di γ, quindi tracciamo la circonferenza δ di diametro PO (**FIGURA 64**). Detti A e B i due punti di intersezione delle circonferenze γ e δ, tracciamo le rette PA e PB: esse sono le tangenti alla circonferenza γ cercate. Infatti, tracciati i raggi OA e OB di γ, i due angoli $O\hat{A}P$ e $O\hat{B}P$ risultano retti, perché entrambi inscritti in una semicirconferenza (di diametro OP): allora le rette PA e PB sono tangenti in A e B alla circonferenza γ perché esse sono perpendicolari rispettivamente ai raggi OA e OB di γ (**TEOREMA 16**).

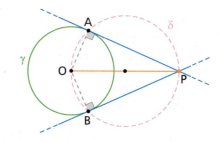

FIGURA 64

Diamo ora la seguente definizione.

> **DEFINIZIONE** **ARCO CAPACE DI UN ANGOLO**
>
> Un arco si dice capace di un dato angolo quando gli angoli in esso *inscritti* sono congruenti all'angolo dato.

▸ **In un piano costruire l'arco capace di un dato angolo α e avente gli estremi in due punti A e B assegnati.**

Tracciamo il segmento AB e una semiretta AT che formi con AB l'angolo $T\hat{A}B$ congruente all'angolo dato α (**FIGURA 65**). Tracciamo poi la perpendicolare ad AT in A e l'asse del segmento AB: queste due rette, essendo perpendicolari a due rette (AT e AB) incidenti, si intersecano in un punto O. Tracciata la circonferenza di centro O e raggio OA, affermiamo che l'arco (di estremi A e B) situato dalla parte opposta di AT rispetto ad AB è l'arco cercato.

Infatti, tutti gli angoli inscritti in tale arco sono congruenti all'angolo α, perché sono tutti angoli alla circonferenza che insistono sullo stesso arco $\overset{\frown}{ACB}$ su cui insiste l'angolo alla circonferenza $B\hat{A}T \cong \alpha$.

La costruzione si può ripetere partendo dalla semiretta AT' (**FIGURA 65**), simmetrica della semiretta AT rispetto ad AB. Vi è quindi un secondo arco capace dello stesso angolo α: esso è congruente a quello già costruito, ma i due archi appartengono a due circonferenze distinte (tranne che nel caso in cui α sia retto).

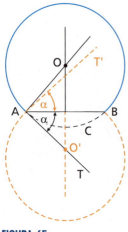

FIGURA 65

Si dice che **un punto P vede un segmento AB sotto un angolo dato** α quando l'angolo $A\hat{P}B$ che ha il vertice nel punto e i lati passanti per gli estremi del segmento è congruente all'angolo dato α.

Nella sezione di esercizi relativa a questo capitolo, sarai guidato alla stesura della dimostrazione del seguente teorema.

> **TEOREMA 21**
>
> Il luogo geometrico dei punti di un piano, da cui si vede un segmento sotto un angolo dato, è la coppia di archi di circonferenza che hanno gli stessi estremi del segmento e sono capaci dell'angolo dato.

Nella **FIGURA 66** sono disegnati i due archi $\overset{\frown}{AB}$ capaci di uno stesso angolo α. I punti E, F, G ... vedono il segmento AB sotto l'angolo α.

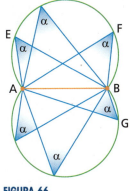

FIGURA 66

■ Punti notevoli di un triangolo

Il cerchio di Eulero o dei nove punti

13. Circocentro

> **TEOREMA 22**
>
> Gli **assi** dei lati di un triangolo passano per uno stesso punto equidistante dai vertici.

> **DIMOSTRAZIONE**
>
> Dato un triangolo ABC, costruiamo gli assi dei lati AB e AC (**FIGURA 67**): tali assi si incontrano in un punto O, perché perpendicolari a due rette incidenti. Essendo O sull'asse di AB, vale $OA \cong OB$; inoltre O appartiene anche all'asse di AC, perciò $OA \cong OC$. Per la proprietà transitiva della congruenza, anche $OB \cong OC$ e quindi O, essendo equidistante dai punti B e C, deve appartenere anche all'asse del lato BC. Abbiamo perciò dimostrato che gli assi dei tre lati passano per uno stesso punto O, equidistante dai vertici.
>
> c.v.d. **FIGURA 67**

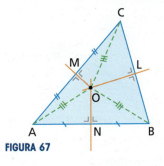

Videodimostrazione

> **DEFINIZIONE** **CIRCOCENTRO**
>
> Il punto in cui si incontrano gli assi dei lati di un triangolo si chiama circocentro.

Il termine *circocentro* verrà giustificato nel **PARAGRAFO 19**.

14. Ortocentro

> **TEOREMA 23**
>
> Le tre **altezze** di un triangolo passano per uno stesso punto.

595

TEORIA

Videodimostrazione

DIMOSTRAZIONE

Dato il triangolo *ABC*, conduciamo da ciascun vertice la parallela al lato opposto. Le tre rette tracciate si intersecano a due a due (perché le parallele a due rette incidenti sono pure incidenti) e sia $A'B'C'$ il triangolo da esse formato (**FIGURA 68**).

I vertici *A*, *B*, *C* del triangolo dato sono i punti medi dei lati del triangolo $A'B'C'$. Infatti, $AB \cong CB'$ e $AB \cong CA'$ perché lati opposti rispettivamente dei parallelogrammi $ABCB'$ e $ABA'C$, perciò $CA' \cong CB'$, ossia *C* è il punto medio di $A'B'$. Per gli altri lati vale un ragionamento analogo.

Osserviamo ora che l'altezza *CF* relativa al lato *AB* del triangolo *ABC* è, per definizione, perpendicolare ad *AB*; poiché $A'B' \parallel AB$ allora $CF \perp A'B'$.

Avendo mostrato che *C* è punto medio di $A'B'$, deduciamo che la retta *CF* è l'asse del segmento $A'B'$. Con argomentazioni analoghe, si mostra che le rette delle altezze del triangolo *ABC* sono gli assi dei lati del triangolo $A'B'C'$ e dunque devono incontrarsi in un unico punto, per il **TEOREMA 22**.

c.v.d.

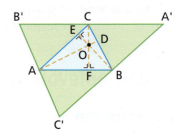

FIGURA 68

> **DEFINIZIONE** **ORTOCENTRO**
>
> Il punto in cui si incontrano le altezze di un triangolo si chiama ortocentro.

Il termine *ortocentro* deriva dalle parole greche *orthós*, che significa dritto, retto, e *kéntron*, che significa punto.
Il prefisso «orto» è giustificato dal fatto che l'angolo che ciascuna altezza forma con il lato a essa relativo sia «retto», cioè che l'altezza sia *ortogonale* al lato.

In un triangolo acutangolo l'ortocentro è interno al triangolo (**FIGURA 68**), in un triangolo rettangolo coincide con il vertice dell'angolo retto (**FIGURA 69**), in un triangolo ottusangolo è esterno al triangolo (**FIGURA 70**).

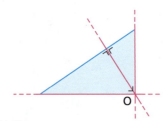

FIGURA 69

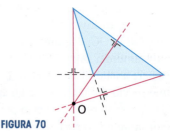

FIGURA 70

15. Incentro

> **TEOREMA 24**
>
> Le **bisettrici** degli angoli interni di un triangolo passano per uno stesso punto equidistante dai lati.

Videodimostrazione

DIMOSTRAZIONE

Dato il triangolo *ABC*, tracciamo le bisettrici degli angoli $\widehat{A}$ e $\widehat{B}$ (**FIGURA 71** a pagina seguente). Essendo $\widehat{A}$ e $\widehat{B}$ due angoli interni di un triangolo, la loro somma è minore di un angolo piatto, quindi anche la somma delle rispettive metà è minore di un angolo piatto. Perciò le due bisettrici, formando con la trasversale AB angoli coniugati interni la cui somma è minore di un angolo piatto, si intersecano in un punto O: tale punto risulta interno al triangolo perché appartiene a entrambi gli angoli $\hat{A}$ e $\hat{B}$. Il punto O è equidistante dai lati degli angoli $\hat{A}$ e $\hat{B}$, perché appartiene alle loro bisettrici; quindi, condotte dal punto O le perpendicolari ai lati del triangolo ABC ($OE \perp AC$, $OF \perp AB$, $OD \perp BC$), risulta $OE \cong OF$ e $OF \cong OD$. Per la proprietà transitiva della congruenza anche $OE \cong OD$, perciò il punto O, essendo equidistante dai lati AC e BC, deve appartenere anche alla bisettrice dell'angolo $\hat{C}$. Pertanto le bisettrici degli angoli interni del triangolo ABC passano per uno stesso punto O, equidistante dai lati.   c.v.d.

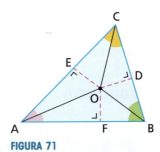

FIGURA 71

> **DEFINIZIONE INCENTRO**
>
> Il punto in cui si incontrano le bisettrici degli angoli di un triangolo si chiama incentro.

Il termine *incentro* verrà giustificato nel **PARAGRAFO 19**.

16. Excentro

> **TEOREMA 25**
>
> Le bisettrici di due angoli esterni di un triangolo e dell'angolo interno non adiacente a essi passano per uno stesso punto.

DIMOSTRAZIONE

Dato il triangolo ABC, consideriamo le bisettrici degli angoli esterni adiacenti al lato AB e indichiamo con O il loro punto di intersezione (**FIGURA 72**). Poiché O si trova sulle bisettrici degli angoli $D\hat{A}B$ ed $E\hat{B}A$, esso è equidistante dalle rette AD, AB e dalle rette AB, BE. Per la proprietà transitiva della congruenza, il punto O risulterà quindi equidistante anche dalle rette AD e BE, lati dell'angolo $A\hat{C}B$; quindi il punto O appartiene anche alla bisettrice dell'angolo interno $A\hat{C}B$.   c.v.d.

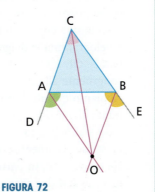

FIGURA 72

> **DEFINIZIONE EXCENTRO**
>
> Il punto in cui si incontrano le bisettrici di due angoli esterni di un triangolo e dell'angolo interno non adiacente a essi si chiama excentro.

Il termine *excentro* verrà giustificato nel **PARAGRAFO 19**.

> **OSSERVAZIONE**
>
> Dai **TEOREMI 24** e **25** si deduce che nel piano di un triangolo vi sono quattro punti equidistanti dalle rette dei suoi lati: l'incentro e i tre excentri. L'incentro O è interno al triangolo e i tre excentri O_1, O_2 e O_3 sono esterni (**FIGURA 73**).

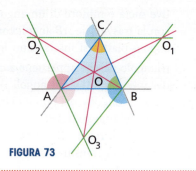

FIGURA 73

17. Baricentro

> **TEOREMA 26**
>
> Le tre **mediane** di un triangolo passano per uno stesso punto, che divide ciascuna mediana in due parti, di cui quella avente per estremo un vertice è doppia dell'altra.

Videodimostrazione

DIMOSTRAZIONE

Dato il triangolo ABC, conduciamo le mediane AN e BM rispettivamente dei lati BC e AC e sia O il loro punto di intersezione (**FIGURA 74**): dimostriamo che OB è congruente al doppio di OM e che OA è congruente al doppio di ON. A tale scopo, indichiamo con D ed E i punti medi rispettivamente di OA e di OB. Osserviamo che

- nel triangolo AOB il segmento DE, avendo per estremi i punti medi dei lati OA e OB, è parallelo al terzo lato AB e congruente alla sua metà;
- nel triangolo ABC il segmento MN, avendo per estremi i punti medi dei lati CA e CB, è parallelo al terzo lato AB e congruente alla sua metà.

Per la proprietà transitiva, deduciamo che DE e MN sono segmenti paralleli e congruenti tra loro: il quadrilatero $DENM$ è quindi un parallelogramma, avendo una coppia di lati opposti paralleli e congruenti. Poiché in ogni parallelogramma le diagonali si tagliano reciprocamente a metà, abbiamo che $OM \cong OE$ e $ON \cong OD$, ossia OM è congruente alla metà di OB e ON è congruente alla metà di OA.

Abbiamo quindi dimostrato che le mediane AN e BM si intersecano in un punto che le divide in due parti, di cui quella avente per estremo un vertice è doppia dell'altra.

Le stesse argomentazioni possono essere ripetute per le mediane CL e BM. Ne deduciamo, in particolare, che CL interseca BM in un punto tale da formare su BM due segmenti di cui quello avente un estremo nel vertice B è congruente al doppio dell'altro, ma l'unico punto di BM con tale proprietà è il punto O. Dunque anche le mediane CL e BM si incontrano in O, pertanto le tre mediane del triangolo passano per uno stesso punto O. c.v.d.

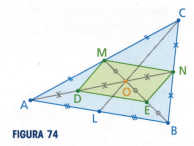

FIGURA 74

> **DEFINIZIONE** **BARICENTRO**
> Il punto in cui si incontrano le mediane di un triangolo si chiama baricentro.

In un triangolo, i quattro **punti notevoli** circocentro, ortocentro, baricentro e incentro sono generalmente distinti, ma si può dimostrare che i primi tre giacciono sempre sulla stessa retta. L'incentro è allineato agli altri tre punti se e solo se il triangolo è *isoscele*: in questo caso i quattro punti notevoli si trovano tutti sull'asse della base. Inoltre, si può dimostrare che se coincidono due dei quattro punti notevoli allora coincidono tutti e quattro: ciò avviene se e solo se il triangolo è *equilatero* e tale punto viene detto *centro del triangolo*.

Il termine *baricentro* deriva dalle parole greche *báros*, che significa peso, e *kéntron*, che significa punto.

Per approfondire: il baricentro

■ Poligoni inscritti e circoscritti

18. Definizioni e proprietà generali

> **DEFINIZIONE** **POLIGONO INSCRITTO IN UNA CIRCONFERENZA**
> Un poligono si dice inscritto in una circonferenza se tutti i suoi vertici appartengono alla circonferenza.

Se un poligono è inscritto in una circonferenza (**FIGURA 75**), la circonferenza si dice *circoscritta* al poligono. Se esiste una circonferenza passante per tutti i vertici di un poligono, si dice che il poligono è **inscrivibile** (o *inscrittibile*) in una circonferenza. Vale il seguente teorema.

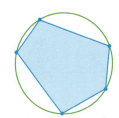

FIGURA 75

> **TEOREMA 27**
> Un poligono è inscrivibile in una circonferenza se e solo se gli assi dei suoi lati passano tutti per uno stesso punto (che è il centro della circonferenza circoscritta).

> **DIMOSTRAZIONE**
> Se un poligono è inscrivibile in una circonferenza, allora i suoi lati sono corde della circonferenza in cui è inscritto. Pertanto gli assi dei suoi lati passano tutti per il centro di tale circonferenza (**TEOREMA 11**).
> Viceversa, se gli assi dei lati di un poligono si incontrano tutti in un punto O (**FIGURA 76**), allora tale punto è equidistante dai vertici del poligono. È dunque possibile inscrivere il poligono nella circonferenza di centro O e raggio OA, dove A è uno qualsiasi dei vertici del poligono.   c.v.d.

FIGURA 76

> **DEFINIZIONE** **POLIGONO CIRCOSCRITTO A UNA CIRCONFERENZA**
> Un poligono si dice circoscritto a una circonferenza se tutti i suoi lati sono tangenti alla circonferenza.

Se un poligono è circoscritto a una circonferenza (**FIGURA 77**), la circonferenza si dice *inscritta* nel poligono. Se esiste una circonferenza tangente a tutti i lati di un poligono, si dice che il poligono è **circoscrivibile** (o *circoscrittibile*) a una circonferenza.

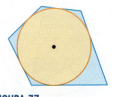

FIGURA 77

Vale il seguente teorema.

> **TEOREMA 28**
> Un poligono è circoscrivibile a una circonferenza se e solo se le bisettrici dei suoi angoli interni passano tutte per uno stesso punto (che è il centro della circonferenza inscritta).

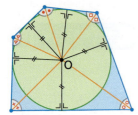

FIGURA 78

> **DIMOSTRAZIONE**
> Se un poligono è circoscrivibile a una circonferenza, allora due lati consecutivi del poligono sono le tangenti alla circonferenza a cui esso è circoscritto, condotte dal vertice comune ai due lati. Pertanto, per il **TEOREMA DELLE TANGENTI**, le bisettrici degli angoli interni del poligono passano tutte per il centro della circonferenza. Viceversa, se le bisettrici degli angoli interni di un poligono passano tutte per uno stesso punto O (**FIGURA 78**), allora tale punto è equidistante da tutti i lati del poligono. È dunque possibile circoscrivere il poligono alla circonferenza di centro O e di raggio uguale alla distanza di O da uno qualsiasi dei lati del poligono.   c.v.d.

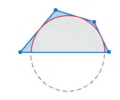

FIGURA 79

Si dice che un poligono **è circoscritto a una semicirconferenza** se uno dei suoi lati contiene il diametro della semicirconferenza e gli altri lati sono tangenti alla semicirconferenza stessa (**FIGURA 79**).

19. Triangoli inscritti e circoscritti

Sappiamo che gli assi dei lati di un triangolo passano per uno stesso punto, che è equidistante dai vertici. Dal **TEOREMA 27** deduciamo quindi che

▶ **a ogni triangolo si può sempre circoscrivere una circonferenza**

il cui centro è il punto di intersezione degli assi dei lati (**FIGURA 80**). È così giustificato il nome di **circocentro** attribuito a tale punto.

Inoltre, poiché le bisettrici degli angoli interni di un triangolo passano per uno stesso punto, che è equidistante dai lati del triangolo, dal **TEOREMA 28** deduciamo che

▶ **in ogni triangolo si può sempre inscrivere una circonferenza**

il cui centro è il punto di intersezione delle bisettrici dei suoi angoli (**FIGURA 81**). È così giustificato il nome di **incentro** dato a tale punto.

Osserviamo infine che *ogni triangolo ha tre circonferenze exinscritte*, ciascuna delle quali ha il centro in uno degli excentri del triangolo ed è tangente a un lato del triangolo e al prolungamento degli altri due lati (**FIGURA 82**).

> Che a ogni triangolo si può circoscrivere una circonferenza lo abbiamo appreso già con il **TEOREMA 3**: per tre punti non allineati passa una (e una sola) circonferenza.

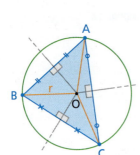

FIGURA 80

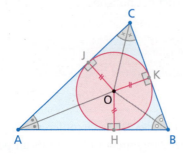

FIGURA 81

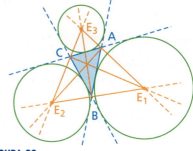

FIGURA 82

600

20. Quadrilateri inscritti e circoscritti

Abbiamo già formulato (nel **PARAGRAFO 18**) una condizione necessaria e sufficiente per l'inscrivibilità e una per la circoscrivibilità di un poligono. Nel caso particolare dei quadrilateri, valgono anche i due teoremi di questo paragrafo. Iniziamo a stabilire una condizione necessaria e sufficiente per l'inscrivibilità di un quadrilatero.

TEOREMA 29

Un quadrilatero è inscrivibile in una circonferenza se e solo se ha una coppia di angoli opposti supplementari.

DIMOSTRAZIONE

▷ Sia $ABCD$ un quadrilatero inscritto in una circonferenza di centro O (**FIGURA 83**). L'angolo alla circonferenza $\hat{B}$ è la metà del corrispondente angolo al centro concavo $A\hat{O}C$ (entrambi insistono sull'arco $\overset{\frown}{ADC}$) e l'angolo alla circonferenza $\hat{D}$ è la metà del corrispondente angolo al centro convesso $A\hat{O}C$ (entrambi insistono sull'arco $\overset{\frown}{ABC}$). La somma degli angoli $\hat{B}$ e $\hat{D}$ è quindi congruente alla metà della somma degli angoli al centro corrispondenti: essendo tali angoli al centro esplementari, la loro somma è congruente a un angolo giro, quindi $\hat{B} + \hat{D}$ è congruente a un angolo piatto, cioè $\hat{B}$ e $\hat{D}$ sono supplementari.

▷ Se $\hat{B}$ e $\hat{D}$ sono supplementari, allora il quadrilatero $ABCD$ è inscrivibile in una circonferenza: sarai guidato alla stesura della dimostrazione di questa parte del teorema nella sezione esercizi. c.v.d.

Ricorda che la somma degli angoli interni di un quadrilatero è congruente a un angolo giro. Pertanto *se due angoli opposti di un quadrilatero sono supplementari, allora lo sono anche gli altri due.*

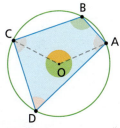

FIGURA 83

In particolare, i **rettangoli**, i **quadrati**, i **trapezi isosceli** sono inscrivibili in una circonferenza. Dimostriamo ora una condizione necessaria e sufficiente per la circoscrivibilità di un quadrilatero.

TEOREMA 30

Un quadrilatero è circoscrivibile a una circonferenza se e solo se la somma di due lati opposti è congruente alla somma degli altri due.

DIMOSTRAZIONE

▷ Sia $ABCD$ un quadrilatero circoscritto a una circonferenza ed E, F, H, K siano i punti di contatto dei lati con la circonferenza a esso inscritta (**FIGURA 84**). Sappiamo che, se da un punto esterno a una circonferenza si conducono le due tangenti, i segmenti di tangente sono congruenti (**TEOREMA DELLE TANGENTI**); quindi $AE \cong AK$, $BE \cong BF$, $CH \cong CF$, $DH \cong DK$. Sommando membro a membro le precedenti relazioni, si ottiene

$$AE + BE + CH + DH \cong AK + BF + CF + DK \longrightarrow AB + CD \cong AD + BC$$

▷ Se $AB + CD \cong AD + BC$, allora il quadrilatero $ABCD$ è circoscrivibile a una circonferenza: sarai guidato alla stesura della dimostrazione di questa parte del teorema nella sezione esercizi. c.v.d.

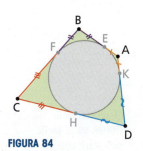

FIGURA 84

In particolare, i **rombi** e i **quadrati** sono circoscrivibili a una circonferenza.

La tassellatura del piano

Poligoni regolari

21. Definizione di poligono regolare

DEFINIZIONE POLIGONO REGOLARE

Un poligono si dice regolare quando ha i lati e gli angoli congruenti, cioè quando è *equilatero* ed *equiangolo*.

RICORDA!
La somma degli angoli interni di un poligono di n lati è congruente a $(n-2)$ angoli piatti e quindi l'ampiezza di ciascun angolo di un poligono regolare di n lati è
$$\frac{n-2}{n} \cdot 180°.$$

Sappiamo già che un poligono può essere equilatero senza essere equiangolo, come per esempio il rombo; oppure può essere equiangolo senza essere equilatero, come per esempio il rettangolo.
Nella tabella a lato puoi vedere le ampiezze degli angoli interni di alcuni poligoni regolari.

lati	poligono (regolare)	angolo
3	triangolo	60°
4	quadrato	90°
5	pentagono	108°
6	esagono	120°
8	ottagono	135°
10	decagono	144°
12	dodecagono	150°

22. Proprietà dei poligoni regolari

Affrontiamo ora il problema dell'inscrivibilità e della circoscrivibilità di un poligono regolare a una circonferenza. Vale il seguente teorema.

Dimostrazione

TEOREMA 31

Ogni poligono regolare può essere inscritto in una circonferenza e circoscritto a un'altra con lo stesso centro.

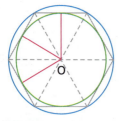

FIGURA 85

Il centro della circonferenza inscritta o circoscritta a un poligono regolare si dice **centro del poligono regolare**; il raggio della circonferenza inscritta si dice **apotema del poligono** e il raggio della circonferenza circoscritta si dice **raggio del poligono** (**FIGURA 85**).
Grazie al **TEOREMA 31**, possiamo affermare che i segmenti che congiungono il centro con i vertici di un poligono regolare di n lati lo suddividono in n *triangoli isosceli* tutti congruenti tra loro, le cui basi sono i lati del poligono, i cui lati (obliqui) sono i raggi e le cui altezze sono gli apotemi del poligono.
Poiché corde congruenti di una stessa circonferenza sottendono archi congruenti, dal teorema precedente si deduce che **i vertici di un poligono regolare dividono la circonferenza circoscritta in archi congruenti**.
Inoltre, poiché angoli al centro congruenti di una stessa circonferenza insistono su archi congruenti, dal teorema precedente si deduce anche che **i punti di contatto tra i lati di un poligono regolare e la circonferenza inscritta dividono quest'ultima in archi congruenti**.

Osservando la **FIGURA 85**, è facile mostrare che gli angoli (al centro) formati dagli apotemi di un poligono regolare sono tutti congruenti tra loro.

Queste due proprietà possono essere invertite, come espresso dal seguente teorema.

> **TEOREMA 32**
>
> Se una circonferenza è divisa in n archi congruenti ($n \geq 3$), il poligono inscritto ottenuto congiungendo successivamente i punti di suddivisione è regolare ed è regolare anche il poligono circoscritto i cui lati sono tangenti alla circonferenza in quei punti (**FIGURA 86**).

FIGURA 86

Dai **TEOREMI 31** e **32** si deduce che il problema di inscrivere (o circoscrivere) un poligono regolare in una circonferenza equivale a quello di dividere la circonferenza stessa in un dato numero di archi congruenti.
Indicheremo ora la soluzione del problema nei casi più semplici, in cui si fa uso soltanto della riga e del compasso.

▶ **Inscrivere in una circonferenza un quadrato**, ossia **dividere una circonferenza in quattro parti congruenti**.

Data una circonferenza di centro O, tracciamo due diametri perpendicolari (**FIGURA 87**), che dividono la circonferenza in quattro archi congruenti (perché gli angoli al centro corrispondenti sono tutti retti e perciò congruenti). Congiungendo i quattro punti di suddivisione si ottiene il quadrato inscritto.

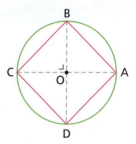

FIGURA 87

▶ **Inscrivere in una circonferenza un esagono regolare**, ossia **dividere una circonferenza in sei parti congruenti**.

Data una circonferenza di centro O, a partire da un suo punto qualunque A tracciamo una corda AB congruente al raggio. Tracciati i raggi OA e OB, il triangolo AOB è equilatero (**FIGURA 88**), dunque $A\hat{O}B$ è congruente a un terzo di un angolo piatto, ossia un sesto di angolo giro. Poiché angoli al centro congruenti insistono su archi congruenti, allora l'arco $\overset{\frown}{AB}$ (a cui corrisponde l'angolo al centro $A\hat{O}B$) è un sesto di circonferenza. Perciò, tracciando successivamente, a partire da B, altre cinque corde congruenti al raggio, la circonferenza resta divisa in sei archi congruenti e si ottiene l'esagono regolare inscritto.

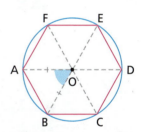

FIGURA 88

Da quanto abbiamo detto si deduce che **il lato dell'esagono regolare è congruente al suo raggio**.

Se congiungiamo i punti di suddivisione (cioè i vertici dell'esagono) in modo alternato, per esempio B con D, D con F ed F con B (**FIGURA 89**), le corde che si ottengono sono congruenti, perché sottendono archi congruenti (essendo doppi di archi congruenti): perciò il triangolo BDF è equilatero.
Resta così risolto anche il seguente problema:

▶ **inscrivere in una circonferenza un triangolo equilatero**.

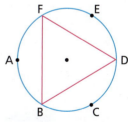

FIGURA 89

Matematica nella storia: suddivisione della circonferenza in n archi congruenti

> ■ **OSSERVAZIONE**
>
> Abbiamo visto che ogni arco di circonferenza si può dividere a metà (basta infatti bisecare l'angolo al centro corrispondente). Perciò, quando si sa dividere una circonferenza in un certo numero n di parti congruenti, si sa dividerla anche in un numero doppio di parti congruenti.
> Dunque possiamo affermare che, dato un poligono regolare inscritto in una circonferenza, si può sempre inscrivere nella stessa circonferenza il poligono regolare con un numero doppio di lati.

Per esempio, partendo dal quadrato inscritto si potrà costruire l'ottagono regolare e successivamente il poligono regolare di 16 lati e così via. Analogamente, partendo dall'esagono regolare si potranno costruire i poligoni regolari di 12, 24, 48, ... lati.

In conclusione possiamo dire che, alla luce dei teoremi studiati, sappiamo costruire con riga e compasso i poligoni regolari il cui numero di lati sia

- 4, 8, 16, ... cioè una potenza di 2 (2^n, $n \geq 2$);
- 3, 6, 12, ... cioè un numero della forma $3 \cdot 2^n$ con $n \geq 0$.

Soluzione del problema: un angolo retto può essere uguale a un angolo ottuso?

DOV'È L'ERRORE? RISPOSTA AL BOX DEL PARAGRAFO 3

Tutti i triangoli sono isosceli!

L'errore commesso nella dimostrazione fatta è nel disegno della **FIGURA 8**, in cui la bisettrice non è tracciata correttamente ($A\widehat{C}D > D\widehat{C}B$).

Eseguendo correttamente il disegno, il punto D (punto di intersezione tra la bisettrice di $A\widehat{C}B$ e l'asse di AB) risulta esterno al triangolo ABC (**FIGURA 90**), inoltre H è interno al lato BC e K esterno al lato AC. Resta ancora valido che $K\widehat{A}D \cong H\widehat{B}D$ e $D\widehat{A}B \cong D\widehat{B}A$, però $K\widehat{A}D + D\widehat{A}B \neq C\widehat{A}B$ e $H\widehat{B}D + D\widehat{B}A \neq C\widehat{B}A$, perciò non si può dedurre che gli angoli $C\widehat{A}B$ e $C\widehat{B}A$ siano congruenti.

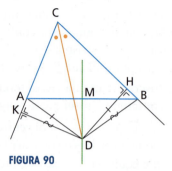

FIGURA 90

OSSERVAZIONE

Questo esempio mostra chiaramente che, quando la dimostrazione di un teorema, come nella maggioranza dei casi, si avvale di una figura che rappresenta gli elementi geometrici su cui si deve ragionare, è necessario che il disegno sia eseguito con precisione. Infatti, come nel caso esaminato, una rappresentazione grafica non adeguata può indurre a conclusioni errate.

Occorre però fare attenzione al fatto che anche una costruzione corretta dal punto di vista geometrico potrebbe causare errori nella dimostrazione. Per esempio, come già avevamo osservato, occorrerà evitare di considerare nella figura casi particolari: se si parla di un triangolo qualsiasi, sarà bene non disegnarlo né isoscele, né rettangolo...

Comunque, dobbiamo tenere presente che il disegno, su cui basiamo i nostri ragionamenti, costituisce sempre la rappresentazione di un particolare caso di una più ampia classe di figure geometriche per le quali il teorema viene dimostrato.

Proprio per questo, è importante distinguere le proprietà *generali* di una data figura dalle proprietà della *particolare* costruzione considerata nel disegno.

Le antenne telefoniche

 Soluzione del problema di pag. 573

Un'impresa ha a disposizione due tipi di antenne telefoniche per coprire Bologna, Modena e l'autostrada che le congiunge; come fa a decidere quali antenne è più conveniente impiegare?

Ogni ripetitore telefonico ritrasmette il segnale fino a 2 o 6 km di distanza: questo vuol dire che tutti i punti entro quella distanza sono raggiunti, quindi si può rappresentare l'area di copertura di un'antenna come un cerchio, con centro sull'antenna e raggio uguale alla distanza massima di trasmissione.
Proviamo allora a ricoprire il territorio che ci interessa con dei cerchi di raggio 6 km (**FIGURA 91**).
Per la copertura con le antenne più grandi sono sufficienti 4 ripetitori, per una spesa totale di 2 milioni di euro.
Proviamo a realizzare lo stesso obiettivo con antenne da 2 km (**FIGURA 92**).

FIGURA 91
Abbiamo coperto il territorio richiesto con quattro antenne da 30 m, che possono mandare il segnale fino a 6 km di distanza

FIGURA 92
Abbiamo coperto il territorio richiesto con venti antenne da 15 m, che possono mandare il segnale fino a 2 km di distanza

FIGURA 93
Abbiamo coperto il territorio richiesto con due antenne da 30 m e sei da 15 m

Utilizzando le antenne più piccole servono ben 20 tralicci, per una spesa totale di 2 400 00 euro. Sembra quindi che le antenne più grandi siano più vantaggiose, ma... se provassimo a mescolarle (**FIGURA 93**)?
Sembra verosimile che quelle più grandi siano più adatte a coprire le aree urbane, perché hanno un'area molto maggiore di quelle piccole, mentre queste ultime potrebbero essere più utili per coprire l'autostrada, visto che in questo caso l'unica cosa che conta è il diametro, e quelle grandi costano circa 40 000 euro al kilometro (500 000/12) mentre quelle piccole costano 30 000 euro al kilometro (120 000/4).

Con questo sistema possiamo utilizzare due antenne grandi e sei piccole, per una spesa totale di 1 720 000 euro.

ESERCIZIO

Utilizzando la pianta di un edificio a tua scelta, progetta un sistema di allarme con sensori di movimento impiegandone due versioni: quelli con raggio d'azione di 3 m (costo 200 euro) e quelli con raggio d'azione 5 m (costo 350 euro). Allega al progetto un preventivo di spesa.

Luoghi geometrici, circonferenza. Poligoni inscritti e circoscritti

Luoghi geometrici

▶ **Luogo geometrico**: insieme di *tutti e soli* i punti che godono di una data proprietà. Per verificare che una figura $\mathcal{F}$ è il luogo geometrico dei punti che godono della proprietà $\mathcal{P}$, occorre dimostrare che
- tutti i punti di $\mathcal{F}$ godono della proprietà $\mathcal{P}$;
- ogni punto che gode della proprietà $\mathcal{P}$ appartiene alla figura $\mathcal{F}$.

▶ **Asse di un segmento**: luogo dei punti del piano equidistanti dagli estremi del segmento.

▶ **Bisettrice di un angolo**: luogo dei punti del piano equidistanti dai lati dell'angolo.

Definizioni e proprietà della circonferenza e del cerchio

▶ **Circonferenza**: luogo geometrico dei punti del piano che hanno da un punto, detto *centro*, una distanza assegnata, detta *raggio*. Si dice raggio anche ciascun segmento che congiunge il centro della circonferenza con un qualsiasi suo punto.

▶ **Cerchio**: figura costituita da una circonferenza e dai suoi *punti interni*, ossia il luogo dei punti che hanno dal centro una distanza minore o uguale al raggio.

▶ **Arco**: ciascuna delle due parti di una circonferenza delimitate da due suoi punti qualsiasi, detti *estremi* dell'arco.

▶ **Corda**: segmento che ha per estremi due punti qualunque di una circonferenza. Ogni corda individua due archi di circonferenza, che si dicono *sottesi* a essa: la corrispondenza tra corde e archi sottesi **non è biunivoca**.

▶ **Diametro**: corda passante per il centro.

▶ **Angolo al centro**: angolo che ha il vertice nel centro della circonferenza. Si dice che un angolo al centro *corrisponde* all'arco che esso individua intersecando la circonferenza. Tale corrispondenza è **biunivoca**.
Si dice **semicirconferenza** l'arco corrispondente a un angolo al centro piatto (o anche ciascuno dei due archi sottesi a un diametro).

▶ **Settore circolare**: parte di piano delimitata da un arco di circonferenza e dai due raggi che passano per i suoi estremi. Si dice che un angolo al centro *corrisponde* al settore circolare che esso individua intersecando il cerchio. Tale corrispondenza è **biunivoca**. Si dice **semicerchio** il settore circolare corrispondente a un angolo al centro piatto.

▶ **Proprietà degli archi e degli angoli al centro**
- In una stessa circonferenza (o in circonferenze congruenti), ad archi congruenti corrispondono angoli al centro congruenti e viceversa. Ad angoli al centro disuguali corrispondono archi disuguali (all'angolo maggiore corrisponde l'arco maggiore), e viceversa.
- La bisettrice di un angolo al centro biseca l'arco corrispondente e, viceversa, una semiretta con origine nel centro della circonferenza e che biseca un arco è bisettrice del corrispondente angolo al centro.

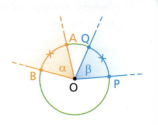

▶ **Proprietà delle corde**

- Ogni diametro è maggiore di qualsiasi corda non passante per il centro della circonferenza.
- In una stessa circonferenza (o in circonferenze congruenti), le corde che sottendono archi congruenti sono congruenti.
- In una stessa circonferenza (o in circonferenze congruenti), corde congruenti, non massime, sottendono archi rispettivamente congruenti, a due a due minori o maggiori di una semicirconferenza.
- In una stessa circonferenza (o in circonferenze congruenti), due corde sono congruenti se e solo se hanno la stessa distanza dal centro. Due corde non sono congruenti se e solo se hanno distanze disuguali dal centro e la corda maggiore ha distanza minore.
- La retta passante per il centro di una circonferenza e perpendicolare a una corda dimezza la corda.
- La retta passante per il centro di una circonferenza e per il punto medio di una corda è perpendicolare alla corda stessa.
- In una circonferenza l'asse di una corda passa per il centro e biseca gli angoli al centro e gli archi a essa corrispondenti, e viceversa.

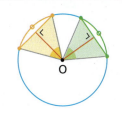

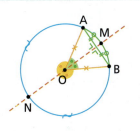

Posizioni reciproche di rette e circonferenze

▶ **Posizioni reciproche di una retta e di una circonferenza**

Poiché una retta e una circonferenza non possono avere più di due punti in comune, le possibili posizioni reciproche sono tre: una retta è **esterna** a una circonferenza se non ha punti in comune con essa, è **tangente** se ha un solo punto in comune, è **secante** se ha due punti in comune.
Indichiamo con d la distanza di una retta s dal centro O di una circonferenza γ di raggio r.

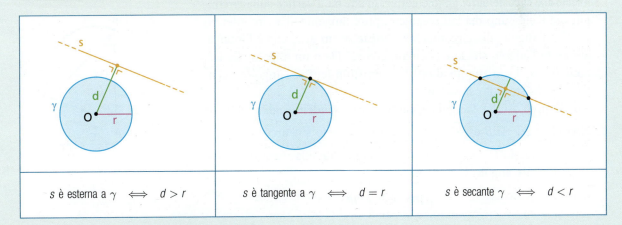

| s è esterna a $\gamma \iff d > r$ | s è tangente a $\gamma \iff d = r$ | s è secante $\gamma \iff d < r$ |

▶ **Rette tangenti a una circonferenza**

Quante sono le rette tangenti a una circonferenza γ condotte da un punto P?

- Se P è *interno* a γ non si possono condurre tangenti da P a γ.
- Se P *appartiene* a γ vi è un'unica tangente a γ passante per P.
- Se P è *esterno* a γ si possono condurre due tangenti da P a γ.

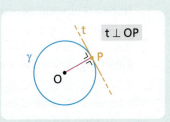

Teoria.zip

Teorema delle tangenti: i segmenti di tangente, condotti da un punto esterno a una circonferenza, sono congruenti. La semiretta che congiunge il punto da cui sono condotte le tangenti con il centro della circonferenza è bisettrice sia dell'angolo formato dalle tangenti, sia dell'angolo formato dai raggi che hanno un estremo nei punti di contatto ed è inoltre asse del segmento che congiunge i punti di contatto.

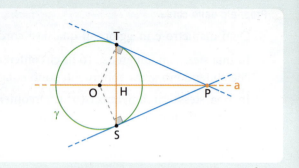

▶ **Posizioni reciproche di due circonferenze**
Indichiamo con r_1 e r_2 i raggi di due circonferenze e con d la distanza tra i loro centri.

$d > r_1 + r_2$	$d = r_1 + r_2$	$r_1 - r_2 < d < r_1 + r_2$	$d = r_1 - r_2$ $r_1 \neq r_2$	$d < r_1 - r_2$ $r_1 \neq r_2$
circonferenze esterne	circonferenze tangenti esternamente	circonferenze secanti	circonferenze tangenti internamente	circonferenze una interna all'altra

Angoli alla circonferenza

▶ **Angolo alla circonferenza**: angolo convesso che ha il vertice sulla circonferenza e ciascuno dei lati secante oppure tangente alla circonferenza. Ogni angolo alla circonferenza *insiste* su un arco che è l'intersezione tra l'angolo stesso e la circonferenza. Dato un angolo alla circonferenza, il suo **angolo al centro corrispondente** è l'angolo al centro che insiste sullo stesso arco.
Ad esempio, $A\hat{O}B$ è l'angolo al centro corrispondente agli angoli alla circonferenza $A\hat{P}B$ e $A\hat{B}Q$ poiché tutti insistono sull'arco $\overset{\frown}{ACB}$.

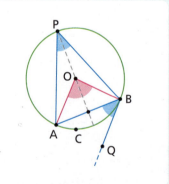

- Ogni angolo alla circonferenza è congruente alla metà del corrispondente angolo al centro:

$$A\hat{P}B \cong \frac{1}{2} A\hat{O}B$$

- Tutti gli angoli alla circonferenza che insistono su uno stesso arco (o su archi congruenti) sono congruenti tra loro:

$$A\hat{P}B \cong A\hat{B}Q$$

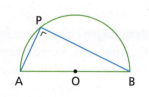

- Ogni angolo inscritto in una semicirconferenza è retto.

▶ **Arco capace di un angolo**: un arco di una circonferenza si dice capace di un angolo quando gli angoli in esso inscritti sono congruenti all'angolo dato.

Punti notevoli di un triangolo

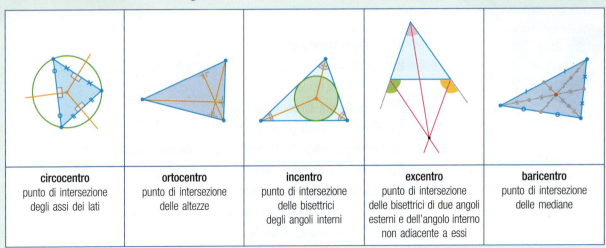

circocentro	ortocentro	incentro	excentro	baricentro
punto di intersezione degli assi dei lati	punto di intersezione delle altezze	punto di intersezione delle bisettrici degli angoli interni	punto di intersezione delle bisettrici di due angoli esterni e dell'angolo interno non adiacente a essi	punto di intersezione delle mediane

Poligoni inscritti e circoscritti e poligoni regolari

▶ **Poligono inscritto in una circonferenza**: poligono i cui vertici appartengono tutti a una stessa circonferenza. Un poligono è *inscrivibile* in una circonferenza se e solo se gli *assi* dei suoi lati passano tutti per uno stesso punto (centro della circonferenza circoscritta).

▶ **Poligono circoscritto a una circonferenza**: poligono i cui lati sono tutti tangenti a una stessa circonferenza. Un poligono è *circoscrivibile* a una circonferenza se e solo se le *bisettrici* dei suoi angoli interni passano tutte per uno stesso punto (centro della circonferenza inscritta).

▶ **Triangoli inscritti e circoscritti**
- A ogni triangolo si può *sempre* circoscrivere una circonferenza, il cui centro è il circocentro del triangolo.
- In ogni triangolo si può *sempre* inscrivere una circonferenza, il cui centro è l'incentro del triangolo.

▶ **Quadrilateri inscritti e circoscritti**
- Un quadrilatero è inscrivibile in una circonferenza se e solo se ha una coppia di angoli opposti supplementari.
- Un quadrilatero è circoscrivibile a una circonferenza se e solo se la somma di due lati opposti è congruente alla somma degli altri due.

▶ **Poligoni regolari**
- **Poligono equilatero**: poligono che ha tutti i lati congruenti tra loro.
- **Poligono equiangolo**: poligono che ha tutti gli angoli congruenti tra loro.
- **Poligono regolare**: poligono equilatero ed equiangolo.
  Ogni poligono regolare può essere inscritto in una circonferenza e circoscritto a un'altra circonferenza. La circonferenza inscritta e quella circoscritta sono *concentriche* e il loro centro comune è il **centro del poligono**. Il raggio della circonferenza inscritta è detto **apotema** del poligono e il raggio della circonferenza circoscritta è detto **raggio** del poligono.

Capitolo 10 — Esercizi

- Luoghi geometrici
- Definizioni e proprietà della circonferenza e del cerchio
- Posizioni reciproche di rette e circonferenze
- Angoli alla circonferenza
- Punti notevoli di un triangolo
- Poligoni inscritti e circoscritti. Poligoni regolari
- Problemi di primo grado
- Esercizi per il recupero
- Esercizi di approfondimento
- Verso la Prova Invalsi

Luoghi geometrici

QUESITI

1 Enuncia la definizione di luogo geometrico.

2 Quale procedimento si deve seguire per dimostrare che una figura è un luogo geometrico?

3 In un piano, dal punto medio di un segmento conduci la semiretta, perpendicolare al segmento, che giace in uno dei due semipiani generati dalla retta cui appartiene il segmento. Puoi affermare che tale semiretta è il luogo dei punti del piano equidistanti dagli estremi del segmento? Giustifica la risposta.

4 Qual è il luogo dei punti equidistanti da due rette incidenti?

VERO O FALSO?

5
a. Un punto appartenente all'asse di un segmento è equidistante dai suoi estremi.   V   F
b. Un punto non equidistante da due punti A e B può appartenere all'asse del segmento AB.   V   F
c. Un punto appartenente alla bisettrice di un angolo è equidistante dai suoi lati.   V   F
d. Congiungendo un punto della bisettrice di un angolo con due punti, ciascuno appartenente a un lato dell'angolo, si ottengono segmenti congruenti.   V   F

QUESITI A RISPOSTA MULTIPLA

6 Osserva la figura a lato. Quale delle seguenti implicazioni è errata?

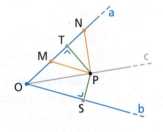

a $PS \perp b, PT \perp a, PS \cong PT \Longrightarrow S\hat{O}T \cong 2 \cdot S\hat{O}P$
b $PM \cong PN, MT \cong TN \Longrightarrow PT \perp MN$
c $T\hat{O}P \cong P\hat{O}S, PT \perp a, PS \perp b \Longrightarrow PTS$ triangolo isoscele di base TS
d $PT \perp MN \Longrightarrow PM \cong PN$

7 Dati una retta r e due punti A e B, determina un punto P appartenente a r equidistante da A e B.

8 Da un punto A della bisettrice di un angolo dato di vertice O conduci le perpendicolari AB e AC ai lati dell'angolo. Dimostra che OA è asse del segmento BC.

9 Nel triangolo ABC ($AB > AC$) conduci la bisettrice AD dell'angolo $\hat{A}$ e da D conduci la semiretta DX che formi con AD l'angolo $A\hat{D}X \cong A\hat{D}C$ e incontri il lato AB nel punto E. Dimostra che

   a. $DE \cong DC$ e $AE \cong AC$

   b. AD è asse di EC.

10 Tre semirette uscenti da uno stesso punto O dividono il piano in tre angoli congruenti. Prendi successivamente su ciascuna semiretta i segmenti $OA \cong OB \cong OC$. Dimostra che il triangolo ABC è equilatero e che le rette dei segmenti OA, OB, OC sono bisettrici, altezze e mediane di questo triangolo.

11 È dato il triangolo isoscele ABC di vertice A. Sia D il punto di intersezione delle altezze relative ai lati obliqui. Dimostra che AD è asse della base BC.

12 È dato il triangolo ABC, rettangolo in A. Conduci la bisettrice AD dell'angolo $\hat{A}$; dal punto B traccia la perpendicolare alla bisettrice AD che tagli la retta del cateto AC nel punto E. Dimostra che AD è asse di BE.

13 Due segmenti AA' e BB' hanno lo stesso asse e i punti A e B appartengono a uno stesso semipiano generato dall'asse. Dimostra che $AB \cong A'B'$ e $AB' \cong A'B$.

14 Dimostra che il luogo dei punti di un piano equidistanti da due rette parallele a e b è una retta parallela alle rette date ed equidistante da esse. Tale retta si dice *bisettrice della striscia di piano* avente per lati le rette a e b.

15 Dimostra che il luogo dei punti di un piano che hanno distanza d da una data retta r è costituito da due rette parallele a r che sono lati di una *striscia di piano* di altezza lunga $2d$.

16 Date due rette incidenti, costruisci con riga e compasso un punto che abbia dalle due rette distanze assegnate.

17 Dati tre punti A, B, C, determina un punto P in modo che i triangoli ABP e BCP siano entrambi isosceli con vertice P. Dimostra quindi che, se tale punto esiste, anche il triangolo ACP è isoscele con vertice nel punto P.

18 Date due rette parallele a e b, tagliate da una trasversale t rispettivamente nei punti A e B, determina due punti M ed N, ciascuno dei quali sia equidistante da a, b, t. Dimostra quindi che $AMBN$ è un rettangolo.

19 Dati due punti e due rette parallele non passanti per essi, trova un punto equidistante dai punti ed equidistante dalle rette date, eseguendo una costruzione con riga e compasso.

20 Trova un punto equidistante da due punti dati e avente una data distanza da una retta assegnata. Esamina i possibili casi.

21 Sono dati due segmenti AB e CD congruenti tra loro; determina un punto P in modo che i triangoli PAB e PCD risultino congruenti (considera gli assi dei segmenti aventi per estremi...). Quanti sono i punti che godono di tale proprietà? Quanti sarebbero tali punti se fosse $AB \parallel CD$? E se fosse $AB \perp CD$?

22 Determina quattro punti interni a un parallelogramma $ABCD$, ciascuno equidistante da tre dei suoi lati, e dimostra che sono vertici di un rettangolo. Che cosa accade se $ABCD$ è un rombo?

23 Determina quattro punti, ciascuno equidistante da tre dei vertici del parallelogramma $ABCD$, e dimostra che sono vertici di un parallelogramma. Che cosa accade se $ABCD$ è un rettangolo?

24 Sono dati due segmenti consecutivi AB, AC ed M è un punto del segmento AC. Dal punto M, traccia ML perpendicolare ad AB, con L sulla retta AB, e prolunga ML di un segmento $LE \cong ML$. Qual è il luogo del punto E al variare di M? [è il segmento congruente ad AC e che forma con AB l'angolo $B\hat{A}E \cong B\hat{A}C$]

25 Individua il luogo del vertice A di un triangolo ABC, di base fissa BC, e tale che la mediana AM relativa al lato BC sia congruente al lato AC. [asse del segmento MC]

26 Per gli estremi A e B di un segmento fisso AB, da una stessa parte del segmento, conduci due semirette AM e BN che formino con AB due angoli congruenti $B\hat{A}M \cong A\hat{B}N$. Determina il luogo dei punti di incontro delle due semirette al variare degli angoli.

27 Trova il luogo geometrico dei punti di intersezione delle diagonali dei rettangoli di cui il lato AB è fisso.

Definizioni e proprietà della circonferenza e del cerchio

QUESITI

▷▶ **28** Enuncia la definizione di circonferenza.

▷▶ **29** Definisci i punti interni ed esterni a una circonferenza.

▷▶ **30** Qual è la differenza tra cerchio e circonferenza?

▷▶ **31** Dimostra che il cerchio è una figura convessa.

▷▶ **32** Perché il centro di una circonferenza è il suo centro di simmetria?

▷▶ **33** Perché una retta e una circonferenza non possono avere più di due punti in comune?

▷▶ **34** Dimostra che per due punti A e B passano infinite circonferenze.

▷▶ **35** Che cos'è una corda di una circonferenza? E un arco?

▷▶ **36** Spiega perché la corrispondenza tra corde e archi non è biunivoca.

▷▶ **37** Che cos'è un angolo al centro?

▷▶ **38** Definisci il settore e il segmento circolare.

▷▶ **39** Quale angolo al centro corrisponde a una semicirconferenza? Perché tutte le semicirconferenze sono congruenti?

▷▶ **40** Che cosa si intende per somma di due archi di una stessa circonferenza?

▷▶ **41** Perché ogni diametro è una corda massima?

VERO O FALSO?

▷▶ **42**
a. Due circonferenze congruenti hanno lo stesso centro.   V F
b. Due circonferenze di raggi congruenti sono congruenti.   V F
c. Il segmento circolare è una parte di circonferenza.   V F
d. Il diametro è una particolare corda.   V F

▷▶ **43**
a. Tutti i punti di una corda appartengono alla circonferenza.   V F
b. Ogni corda di una circonferenza sottende due archi.   V F
c. Per tre punti passa sempre una circonferenza.   V F
d. Un angolo al centro è un settore circolare.   V F

▷▶ **44**
a. Un semicerchio è un particolare settore circolare.   V F
b. Una semicirconferenza è un particolare segmento circolare.   V F
c. In circonferenze congruenti ad archi congruenti corrispondono angoli al centro congruenti.   V F
d. Ogni arco di una circonferenza è intersezione tra un angolo al centro e la circonferenza stessa.   V F

▷▶ **45**
a. In una circonferenza archi non congruenti possono essere sottesi da corde congruenti.   V F
b. Data una circonferenza e il suo cerchio, esiste una corrispondenza biunivoca tra settori circolari e i corrispondenti angoli al centro.   V F
c. Se due archi di una circonferenza sono esplementari la somma dei loro rispettivi angoli al centro è un angolo piatto.   V F
d. Esiste una corrispondenza biunivoca tra le corde di una circonferenza e gli archi da esse sottesi.   V F

QUESITI A RISPOSTA MULTIPLA

46 Quante circonferenze possono passare per tre punti dati?
- [a] Una
- [b] Una o nessuna
- [c] Tre
- [d] Infinite

47 Una retta e una circonferenza
- [a] hanno sempre due punti in comune
- [b] possono avere un numero qualsiasi di punti in comune
- [c] possono avere nessuno, uno o due punti in comune
- [d] possono avere uno o due punti in comune

48 Gli archi su cui insistono due angoli al centro congruenti
- [a] sono sempre congruenti
- [b] possono essere congruenti o esplementari
- [c] sono congruenti solo se sono archi della stessa circonferenza
- [d] sono congruenti solo se hanno lo stesso raggio

49 Gli archi sottesi da due corde congruenti
- [a] sono congruenti
- [b] se hanno lo stesso raggio sono congruenti
- [c] se hanno lo stesso raggio possono essere congruenti o esplementari
- [d] se sono archi della stessa circonferenza sono congruenti

50 Se due corde di una stessa circonferenza sono disuguali
- [a] la maggiore ha distanza minore dal centro
- [b] la maggiore ha distanza maggiore dal centro
- [c] possono avere la stessa distanza dal centro
- [d] nessuna delle precedenti

---

51 Tra tutti i segmenti che uniscono un punto *P*, esterno o interno a una circonferenza, con i punti della circonferenza stessa, dimostra che quello minimo è il segmento il cui prolungamento passa per il centro. (La lunghezza di tale segmento si chiama **distanza del punto *P* dalla circonferenza**.) *Esercizio guidato*

52 Dimostra che, in una circonferenza, due corde parallele intercettano archi congruenti i cui estremi sono i vertici di un trapezio isoscele. *Esercizio guidato*

53 Dagli estremi *A* e *B* di un diametro di una circonferenza δ di centro *O* conduci le corde *AE* e *BD* tra loro parallele. Dimostra che tali corde sono congruenti e, successivamente, che i punti *E*, *O*, *D* sono allineati. *Esercizio guidato*

54 Sono dati una circonferenza e un suo punto interno. Costruisci, con riga e compasso, la corda che passa per il punto ed è dimezzata dal punto stesso.

55 Un triangolo isoscele *OAB* ha il vertice *O* nel centro di una circonferenza e i lati *OA* e *OB* intersecano la circonferenza rispettivamente nei punti *E* ed *F*. Dimostra che la corda *EF* è parallela alla base *AB* del triangolo.

56 Dimostra che in una circonferenza di centro *O* due corde *AB* e *AC* che formano angoli congruenti con il raggio *AO* sono congruenti.

57 Dimostra che se da un punto di una circonferenza si conducono due corde congruenti, esse formano angoli congruenti con il diametro passante per il loro punto comune.

ESERCIZI

▷▶ **58** Sono date due circonferenze concentriche (cioè hanno lo stesso centro). Una corda AB della circonferenza maggiore interseca la circonferenza minore nei punti C e D. Dimostra che $AC \cong BD$ e $AD \cong BC$.

▷▶ **59** Dimostra che la minima corda che si possa condurre per un punto interno a una circonferenza è quella perpendicolare al diametro passante per quel punto.

▷▶ **60** Dimostra che due punti presi su una corda a distanze congruenti dal suo punto medio sono equidistanti dal centro.

▷▶ **61** Due corde AB e CD non parallele si intersecano in un punto E interno alla circonferenza e formano angoli congruenti con il diametro passante per E. Dimostra che le corde AB e CD sono congruenti.

▷▶ **62** Le rette di due corde AB e CD di una circonferenza di centro O si intersecano in un punto E esterno alla circonferenza in modo che la retta EO sia bisettrice dell'angolo $A\widehat{E}C$. Dimostra che le corde AB e CD sono congruenti.

▷▶ **63** In una circonferenza di centro O due corde congruenti appartengono a due rette r ed r' che si incontrano in un punto P esterno alla circonferenza. Dimostra che la semiretta PO biseca l'angolo $r\widehat{P}r'$.

▷▶ **64** Determina il luogo dei punti medi delle corde di una stessa circonferenza, congruenti a una corda data.

▷▶ **65** Dimostra che il luogo dei punti medi delle corde di una circonferenza parallele a una retta data è il diametro perpendicolare a tale retta.

▶▶ **66** Dimostra che il punto medio di una corda, che non sia un diametro, divide qualunque altra corda passante per esso in parti disuguali. (*Suggerimento*: congiungi il punto medio della corda con il centro della circonferenza e ragiona per assurdo.)

▷▶ **67** Dimostra che se due corde si intersecano nel loro punto medio, allora sono diametri.

▷▶ **68** Qual è il luogo dei centri delle circonferenze passanti per due punti dati?

▶▶ **69** Dimostra che se due corde congruenti di una stessa circonferenza si intersecano in un punto interno alla circonferenza, le parti dell'una sono rispettivamente congruenti alle parti dell'altra.

▷▶ **70** Qual è il luogo dei centri delle circonferenze che hanno un dato raggio e che passano per un punto dato?

▷▶ **71** Nella circonferenza di centro O conduci il diametro PQ e una corda AB a esso parallela; da A e da B conduci i segmenti AC, BD perpendicolari al diametro. Dimostra che PC è congruente a DQ.

▷▶ **72** Dimostra che la minima e la massima corda, che si possono condurre per un medesimo punto di un cerchio, sono perpendicolari fra loro.

▷▶ **73** Prolunga una corda AB, in una circonferenza di centro O, di un segmento BC congruente al raggio; congiungi C con O e prolunga tale congiungente fino a incontrare in E la circonferenza. Dimostra che l'angolo $E\widehat{O}A$ è il triplo dell'angolo $B\widehat{C}O$.

▶▶ **74** Siano H e K le proiezioni degli estremi di un diametro AB di una circonferenza sulla retta r a cui appartiene una corda CD qualunque e sia M il punto medio di tale corda. Dimostra che M è il punto medio anche del segmento HK, sia nel caso in cui la corda CD interseca il diametro AB, sia nel caso in cui non lo interseca.

▶▶ **75** Considera una corda AB di una circonferenza e sia T il suo punto medio. Da due punti P e Q della corda equidistanti da T conduci le perpendicolari alla corda stessa e siano rispettivamente M ed N i punti di intersezione di tali perpendicolari con lo stesso arco $\widehat{AB}$. Dimostra che $MP \cong NQ$.

▶▶ **76** Il punto medio della corda AB di una circonferenza di centro O è M. Da due punti P e Q di AB equidistanti da M traccia, nel semipiano che non contiene O, due semirette perpendicolari ad AB, e siano C e D i punti in cui esse intersecano la circonferenza. Dimostra che $CD \parallel AB$.

▷▶ **77** Due corde AB e BC di una circonferenza sono perpendicolari. Dimostra che AC è un diametro. (*Suggerimento*: traccia gli assi delle corde AB e BC.)

Posizioni reciproche di rette e circonferenze

QUESITI

78 Quali sono le possibili posizioni reciproche di una circonferenza e una retta?

79 Enuncia una condizione necessaria e sufficiente affinché una retta sia secante, tangente o esterna a una circonferenza.

80 Quante rette tangenti a una circonferenza si possono condurre da un punto P interno a essa? E se P giace sulla circonferenza?

81 Perché non si possono condurre più di due rette tangenti a una circonferenza da un punto esterno a essa?

82 Una circonferenza è tangente in A e in B ai lati dell'angolo convesso $A\hat{O}B$. Detto C il centro di tale circonferenza, che cosa puoi affermare sulla retta OC?

83 Qual è la posizione reciproca di due rette tangenti a una circonferenza negli estremi di un suo diametro?

84 Se due circonferenze sono esterne, che cosa si può dire della distanza tra i loro centri? E nel caso in cui le circonferenze sono secanti?

85 Spiega quando due circonferenze sono tangenti internamente e quando esternamente.

86 Individua il centro e gli assi di simmetria della figura formata dall'unione di due circonferenze congruenti e tangenti esternamente.

87 Definisci la corona circolare. Essa è un luogo geometrico?

88 Determina il luogo dei centri delle circonferenze
   a. tangenti a una retta data in un suo punto;
   b. tangenti a due rette date;
   c. di dato raggio tangenti a una retta data;
   d. tangenti a una data circonferenza in un suo punto dato;
   e. tangenti a due circonferenze concentriche.

89 Qual è il luogo dei centri delle circonferenze di dato raggio che sono tangenti internamente o esternamente a una circonferenza data?

90 Quali sono le rette che hanno distanza costante da un punto dato?

VERO O FALSO?

91
   a. Due circonferenze si dicono tangenti se non hanno punti in comune. [V] [F]
   b. Se una retta non ha punti in comune con una circonferenza, vuol dire che la retta è esterna alla circonferenza. [V] [F]
   c. Una retta è secante una circonferenza se ha almeno un punto in comune con essa. [V] [F]
   d. Se la distanza di una retta, dal centro di una circonferenza è minore del raggio, allora la retta è secante la circonferenza. [V] [F]

92
   a. Se due circonferenze sono secanti, allora la retta dei centri è l'asse del segmento che ha per estremi i due punti di intersezione tra le circonferenze. [V] [F]
   b. Se due circonferenze sono tangenti (internamente o esternamente), allora la tangente comune è perpendicolare alla retta dei centri. [V] [F]
   c. Se due circonferenze sono tangenti internamente, tutti i punti di una sono interni all'altra. [V] [F]
   d. Se due circonferenze sono esterne, allora la distanza tra i loro centri è minore o uguale alla somma dei loro raggi. [V] [F]

ESERCIZI

QUESITI A RISPOSTA MULTIPLA

▶▶ **93** Una retta esterna a una circonferenza ha distanza dal suo centro
- a minore del raggio
- b uguale al raggio
- c uguale al diametro
- d maggiore del diametro
- e maggiore del raggio

▶▶ **94** Due circonferenze
- a hanno sempre due punti in comune
- b possono avere un numero qualsiasi di punti in comune
- c possono avere nessuno, uno o due punti in comune
- d possono avere uno o due punti in comune

▶▶ **95** Considera la figura a lato. Sapendo che PA e PB sono tangenti alla circonferenza e che $A\widehat{O}B$ ha ampiezza $120°$, qual è l'ampiezza di $A\widehat{P}O$?

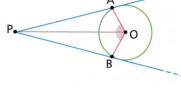

- a $60°$
- b $45°$
- c $15°$
- d $30°$
- e Nessuna delle precedenti

▶▶ **96** Considera la figura a lato. Sapendo che PA e PB sono tangenti alla circonferenza e che $P\widehat{A}B$ ha ampiezza $75°$, qual è l'ampiezza di $A\widehat{P}B$?

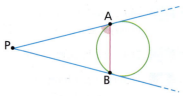

- a $60°$
- b $45°$
- c $30°$
- d $15°$
- e Nessuna delle precedenti

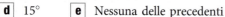

▶▶ **97** Due circonferenze δ e δ', rispettivamente di centri O e O', sono tangenti esternamente in T. Da T conduci una retta che intersechi δ in A e δ' in B. Dimostra che è $AO \parallel BO'$. [Esercizio guidato]

▶▶ **98** Siano δ una circonferenza di centro O e δ' una circonferenza di centro O'; le due circonferenze sono secanti e A è uno dei punti di intersezione. Congiungi A con il punto medio M del segmento OO' e da A conduci la perpendicolare a MA: tale perpendicolare interseca ulteriormente in B la circonferenza δ e in C la circonferenza δ'. Dimostra che $AB \cong AC$. [Esercizio guidato]

▶▶ **99** Due circonferenze con centro rispettivamente in O e in O' si intersecano in A e in B. Dimostra che OO' è l'asse della retta AB e che $O\widehat{A}O' \cong O\widehat{B}O'$.

▶▶ **100** Due circonferenze, di centri O e O', sono congruenti e secanti e ciascuna di esse passa per il centro dell'altra. Detti A e B i loro punti di intersezione, dimostra che AB biseca l'angolo $O\widehat{A}O'$.

▶▶ **101** Da un punto esterno a una circonferenza conduci due secanti che formino angoli congruenti con la secante passante per il centro. Dimostra che le due secanti hanno distanze congruenti dal centro.

▶▶ **102** Dimostra che la tangente condotta per il punto medio di un arco è parallela alla corda che sottende l'arco.

▶▶ **103** Dimostra che se due circonferenze congruenti sono secanti, esse intercettano corde congruenti su ogni retta perpendicolare alla corda comune.

▶▶ **104** Date due circonferenze secanti δ e δ' di centri rispettivamente O e O', sia t una retta perpendicolare alla retta dei centri che le incontra entrambe. Detti A e B i punti di intersezione tra t e δ e C e D quelli tra t e δ' (con A e C dalla stessa parte rispetto a OO'), dimostra che $AC \cong DB$.

105 In una circonferenza di diametro AB è inscritto il triangolo ABC tale che sia $B\hat{A}C = 60°$. Prolunga il lato BA di un segmento $AD \cong AC$ e dimostra che la retta DC è tangente in C alla circonferenza ed è parallela alla bisettrice dell'angolo $B\hat{A}C$.

106 Dimostra che due punti presi su una tangente a una circonferenza, a distanze congruenti dal punto di contatto, sono equidistanti dalla circonferenza. (*Suggerimento*: ricorda la definizione di distanza di un punto da una circonferenza.)

107 Considera una circonferenza di centro O e un segmento AB, congruente al raggio, sopra una retta esterna alla circonferenza; l'asse del segmento OB incontra la retta in un punto P. Dimostra che la distanza di P da A è uguale alla distanza di P dalla circonferenza oppure alla somma di tale distanza con il diametro.

108 Date due circonferenze secanti, da ciascun centro conduci le perpendicolari a una secante condotta per uno dei punti di intersezione. Dimostra che il segmento che ha per estremi i piedi di tali perpendicolari è congruente alla semisomma o alla semidifferenza delle corde intercettate da ciascuna circonferenza sulla stessa secante.

109 Due circonferenze γ_1 e γ_2, con centri rispettivamente nei punti O_1 e O_2, sono tangenti internamente nel punto A e il centro di γ_1 appartiene a γ_2. Traccia una semiretta con origine O_1 formante con $O_1 A$ un angolo di 60°; siano B, C, D i punti in cui essa interseca rispettivamente γ_2, γ_1 e la tangente in A comune alle due circonferenze. Dimostra che $CO_2 \parallel DA$ e che $O_1 B \cong BC$ e $O_1 C \cong CD$.

110 Due circonferenze sono secanti nei punti A e B. Traccia i due diametri AC e AD e dimostra che la retta passante per C e D è perpendicolare alla retta AB.

111 Prolunga il raggio OA di una circonferenza di un segmento $AB \cong OA$. Da B traccia le tangenti in P e in Q alla circonferenza. Dimostra che il quadrilatero $OPAQ$ è un rombo con un angolo doppio dell'altro.

112 Una retta r è tangente in P e in Q a due circonferenze δ e δ' tangenti esternamente in T. La tangente comune s in T interseca la retta PQ in M. Dimostra che $PM \cong MQ$ e che il triangolo PQT è rettangolo.

Esercizio guidato

113 Condotte le tangenti negli estremi di un diametro AB di una circonferenza δ di centro O e una terza tangente, che intersechi le precedenti in C e in D, dimostra che l'angolo $C\hat{O}D$ è retto.

Esercizio guidato

114 Prolunga un diametro AB di una circonferenza di un segmento BC congruente al raggio e per un punto M della tangente in B conduci l'altra tangente MD; dimostra che l'angolo $B\hat{M}C$ è $\frac{1}{3}$ dell'angolo $D\hat{M}C$.

115 Dimostra che se da un punto esterno a una circonferenza si conducono le due tangenti, l'angolo formato dal diametro condotto per uno dei punti di contatto con la corda che unisce i punti di contatto è metà dell'angolo formato dalle due tangenti.

116 Da un punto P esterno a una circonferenza di centro O conduci le due tangenti alla circonferenza e siano A e B i due punti di contatto. Sia T il punto di contatto di una terza tangente alla circonferenza, che interseca la retta PA in C e la retta PB in D. Dimostra che

a. se T è interno all'arco $\overset{\frown}{AB}$ minore di una semicirconferenza, allora l'angolo $C\hat{O}D$ è metà dell'angolo convesso $A\hat{O}B$;

b. se T è interno all'arco $\overset{\frown}{AB}$ maggiore di una semicirconferenza, allora l'angolo $C\hat{O}D$ è metà dell'angolo concavo $A\hat{O}B$.

117 Dimostra che se due punti esterni a una circonferenza sono equidistanti dal centro, i segmenti di tangente da essi condotti alla circonferenza sono congruenti.

118 Due circonferenze γ_1 e γ_2, con centri rispettivamente nei punti O_1 e O_2, si intersecano nei punti A e B e le rispettive tangenti in A sono tra loro perpendicolari. Dimostra che sono perpendicolari anche le tangenti in B e che i centri di ciascuna delle due circonferenze si trovano sulla tangente in A all'altra circonferenza.

ESERCIZI

▷▷ **119** Dimostra che gli angoli formati dalle tangenti nei punti di intersezione di due circonferenze secanti sono congruenti.

▷▷ **120** Sono date due circonferenze concentriche di centro O. Da un punto A esterno alle due circonferenze conduci le tangenti AB e AC alla circonferenza maggiore e poi le tangenti AD e AE alla circonferenza minore (i punti B e D sono dalla stessa parte rispetto ad AO). Dimostra che
   a. $B\widehat{A}D \cong E\widehat{A}C$;
   b. il quadrilatero BDEC è un trapezio isoscele.

▷▷ **121** Dimostra che se due circonferenze sono concentriche e hanno raggi uno doppio dell'altro, le tangenti condotte a quella di raggio minore da un punto dell'altra e la retta che congiunge i punti di contatto formano un triangolo equilatero.

▷▷ **122** Una circonferenza è tangente in A e in B ai lati dell'angolo $A\widehat{O}B$. Dimostra che una generica tangente in un punto del minore dei due archi $\widehat{AB}$ determina con i lati dell'angolo dato un triangolo di perimetro costante, al variare della tangente.

▷▷ **123** Dimostra che se per il punto di contatto di due circonferenze tangenti esternamente si conduce una secante comune, le rette tangenti nei punti di incontro di questa secante con le due circonferenze sono parallele.

▷▷ **124** È data una circonferenza di centro O; i segmenti di tangente AB e AC condotti da un punto esterno A alla circonferenza formano fra loro un angolo di ampiezza 120°.
   a. Confronta i segmenti AO, AB, AC.
   b. Congiungi i punti B e C con il punto medio M di AO: di che natura è il quadrilatero ABMC?
   c. Che relazione intercorre tra le distanze dei punti O e A dalla retta BC?

▷▷ **125** Siano γ una semicirconferenza di diametro AB, D un punto di AB e C un punto di γ. La retta per D perpendicolare ad AB e la retta AC si incontrino in F, mentre le rette DF e CB si incontrino in E. Dimostra che la tangente in C a γ interseca il segmento EF nel suo punto medio.

◼ Angoli alla circonferenza

QUESITI

▷▷ **126** Che cos'è un angolo alla circonferenza?

▷▷ **127** Che relazione c'è tra un angolo alla circonferenza e il corrispondente angolo al centro?

▷▷ **128** Spiega perché, in una circonferenza, angoli alla circonferenza che insistono su uno stesso arco sono congruenti.

▷▷ **129** Se un angolo alla circonferenza è retto, come risulta il suo corrispondente angolo al centro?

▷▷ **130** Perché ogni triangolo inscritto in una semicirconferenza è rettangolo?

▷▷ **131** Considera un arco AB di una circonferenza. Quanti sono gli angoli alla circonferenza che insistono su AB? Tra questi quanti sono quelli aventi un lato tangente alla circonferenza? Che relazione sussiste tra tali angoli?

▷▷ **132** Qual è l'ampiezza di un angolo alla circonferenza che insiste su un arco che è $\frac{1}{6}$ di circonferenza?

▷▷ **133** Dimostra che due angoli alla circonferenza che insistono su archi esplementari sono supplementari.

VERO O FALSO?

134 **a.** Vi è una corrispondenza biunivoca tra gli angoli alla circonferenza e i corrispondenti angoli al centro. V F

b. Un angolo alla circonferenza che insiste su una semicirconferenza è un angolo retto. V F

c. L'ampiezza di un angolo alla circonferenza che insiste su un arco che è $\frac{1}{4}$ di circonferenza è 45°. V F

d. Ogni angolo alla circonferenza è acuto. V F

135 **a.** A un angolo alla circonferenza con due lati tangenti non corrisponde alcun angolo al centro. V F

b. Un angolo alla circonferenza non può essere concavo. V F

c. Se un angolo è retto, allora può essere inscritto in una semicirconferenza. V F

d. Un angolo al centro è la metà di ogni angolo alla circonferenza che insiste sullo stesso arco. V F

QUESITI A RISPOSTA MULTIPLA

136 Quale tra gli angoli in figura è congruente all'angolo θ?

  a α **b** β **c** γ **d** δ

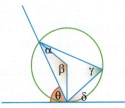

137 Quale tra gli angoli in figura è metà dell'angolo θ?

  a α **b** β **c** γ **d** δ

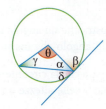

138 Quali sono le coppie di angoli congruenti tra quelli in figura?

  a $\alpha \cong \beta$, $\gamma \cong \delta$ **b** $\alpha \cong \delta$, $\beta \cong \gamma$
  c $\alpha \cong \gamma$, $\beta \cong \delta$ **d** $\alpha \cong \beta \cong \gamma \cong \delta$

139 Nella figura a lato la retta t è tangente in A alla circonferenza di centro O. Se $B\hat{O}C = 130°$, quanto vale l'ampiezza di $C\hat{A}T$.

  a 65°   **b** 30°   **c** 35°   **d** 25°   **e** 20°

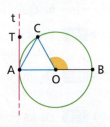

140 Per ciascuno degli angoli alla circonferenza indicati nelle figure seguenti, evidenzia l'angolo al centro corrispondente e l'arco su cui insiste.

ESERCIZI

▶▶ **141** In ciascuna delle seguenti figure è indicato un angolo al centro. In ognuna disegna due angoli alla circonferenza che abbiano l'angolo indicato come angolo al centro corrispondente, uno dei quali con i due lati secanti e l'altro con un lato secante e uno tangente.

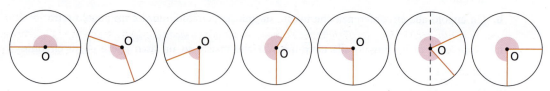

▶▶ **142** Le rette r ed s passano per il punto T comune alle due circonferenze γ_1 e γ_2, tra loro tangenti esternamente; la retta r interseca ulteriormente γ_1 in A e γ_2 in B, e la retta s interseca ulteriormente γ_1 in C e γ_2 in D. Dimostra che le corde AC e BD sono parallele.

Esercizio guidato

▶▶ **143** Due corde AB e CD di una circonferenza si intersecano in un punto P. Dimostra che i triangoli APC e BDP hanno gli angoli rispettivamente congruenti.

▶▶ **144** Dimostra che se due archi $\overset{\frown}{AB}$ e $\overset{\frown}{CD}$ di una circonferenza sono tali che $\overset{\frown}{AB} < \overset{\frown}{CD}$, gli angoli alla circonferenza che insistono su $\overset{\frown}{AB}$ sono minori di quelli che insistono su $\overset{\frown}{CD}$.

▶▶ **145** Enuncia e dimostra il teorema inverso del teorema enunciato dell'**ESERCIZIO 144**.

▶▶ **146** Siano $\overset{\frown}{AB}$ e $\overset{\frown}{CD}$ due archi congruenti di una circonferenza (A, B, C, D si susseguono nell'ordine). Dimostra che $BC \parallel AD$.

▶▶ **147** Dimostra che un angolo alla circonferenza che insiste su un arco minore di una semicirconferenza è acuto e che un angolo che insiste su un arco maggiore di una semicirconferenza è ottuso.

▶▶ **148** Dimostra che la circonferenza avente per diametro un lato di un triangolo incontra le rette degli altri due lati nei piedi delle altezze a essi relative.

▶▶ **149** Da un punto A di una circonferenza conduci la retta tangente e sia B un punto di tale retta. Da B conduci una secante che intersechi la circonferenza in C e in D (C compreso tra D e B). Dimostra che $A\hat{C}B \cong D\hat{A}B$.

▶▶ **150** Due circonferenze di centri O e O' sono secanti in A e in B. Da A conduci i diametri AA' e AA'' delle due circonferenze.

  a. Dimostra che A', B, A'' sono allineati.

  b. Quali relazioni vi sono tra i segmenti $A'A''$ e OO'?

▶▶ **151** Per il punto di contatto di due circonferenze γ_1 e γ_2 tangenti internamente traccia una retta r che interseca ulteriormente γ_1 in A e γ_2 in B. Dimostra che le tangenti alle due circonferenze in A e in B sono parallele.

▶▶ **152** Da un punto P esterno a una circonferenza γ traccia una retta r tangente a γ in A e una retta s che interseca γ in B e C. Dimostra che i triangoli PCA e PAB hanno gli angoli rispettivamente congruenti.

▶▶ **153** Da un punto P esterno a una circonferenza γ traccia una retta r che interseca γ in A e in B e una retta s che interseca γ in C e in D. Dimostra che i triangoli PAD e PCB hanno gli angoli rispettivamente congruenti.

▶▶ **154** Da un punto C di una circonferenza di diametro AB e centro O traccia la bisettrice dell'angolo $A\hat{C}B$, e sia E il suo ulteriore punto d'intersezione con la circonferenza e H la proiezione ortogonale di C su AB. Dimostra che OE è perpendicolare ad AB e che CE è bisettrice di $O\hat{C}H$.

▶▶ **155** Due circonferenze congruenti si tagliano nei punti A e B e il centro di ciascuna è sull'altra. Per il punto A conduci una secante che tagli in C una circonferenza e in D l'altra. Dimostra che il triangolo CBD è equilatero.

▶▶ **156** Dai punti A e B di una circonferenza di centro O, non diametralmente opposti, traccia le due tangenti, e sia P il loro punto di intersezione. Traccia poi il diametro AC e congiungi C con B. Dimostra che $BC \parallel PO$.

157 Due circonferenze γ_1 e γ_2 sono concentriche e il raggio di γ_1 è maggiore del raggio di γ_2. Da un punto A di γ_1 traccia le due tangenti a γ_2 e siano B e C i punti di tangenza e D ed E i punti in cui le tangenti incontrano ulteriormente γ_1. Dimostra che le corde BC e DE sono parallele.

158 In due circonferenze γ_1 e γ_2 concentriche il raggio di γ_1 è il doppio del raggio di γ_2. Da un punto A di γ_1 traccia le due tangenti a γ_2 e siano B e C i punti di tangenza e D ed E i punti in cui le tangenti incontrano ulteriormente γ_1. Dimostra che ABC e ADE sono triangoli equilateri e che la retta DE è tangente a γ_2.

159 In una circonferenza la corda AD biseca l'angolo formato dalle corde AB e AC. Traccia la corda CE parallela ad AD e dimostra che $AE \cong BD$.

160 Due circonferenze γ_1 e γ_2 di centri O_1 e O_2 sono tangenti internamente nel punto A e AB e AD sono i rispettivi diametri, essendo $AB > AD$. Traccia da B la retta tangente a γ_2 in C e sia E il punto in cui essa incontra γ_1 e M il punto in cui la corda AE interseca γ_2. Dimostra che $AE \parallel CO_2$, $DM \parallel BE$ e che C è il punto medio dell'arco $\overset{\frown}{DCM}$.

161 Due circonferenze γ_1 e γ_2 sono tangenti internamente, essendo γ_1 la circonferenza maggiore, e T è il loro punto di contatto. Traccia il diametro TP di γ_1 e da P una retta tangente a γ_2 nel punto A, che incontra ulteriormente γ_1 in B. Dimostra che la semiretta TA è bisettrice di $B\hat{T}P$.

162 Due circonferenze γ_1 e γ_2 di centri O_1 e O_2 si intersecano in A e in B. Traccia il diametro AC di γ_1 e il diametro AD di γ_2 e dimostra che i punti B, C, D sono allineati.

163 Due circonferenze γ_1 e γ_2 di centri O_1 e O_2 si intersecano in A e in B. Dal punto A traccia una retta r che incontra γ_1 in C e γ_2 in D. Dimostra che $C\hat{B}D \cong O_1\hat{A}O_2$.

164 Considera, su di una circonferenza di centro O, un arco $\overset{\frown}{AB}$ maggiore di una semicirconferenza e un punto C di tale arco. Congiungi A con C e prolunga AC di un segmento $CP \cong CB$. Dimostra che l'ampiezza di $A\hat{P}B$ è un quarto di quella dell'angolo convesso $A\hat{O}B$.

■ ESERCIZIO GUIDATO

165 Dimostra che il luogo geometrico dei punti da cui un segmento è visto sotto un angolo dato è la coppia di archi di circonferenza che hanno per estremi gli estremi del segmento e che sono capaci dell'angolo dato. (È il **TEOREMA 21** enunciato nel **PARAGRAFO 12**.)

Dimostrazione

Dati il segmento AB e l'angolo α, costruisci i due archi capaci di tale angolo e aventi gli estremi in A e in B. Da ogni punto di tali archi il segmento AB ....
Resta quindi da dimostrare che ogni altro punto del piano non gode della proprietà di cui sopra.
Consideriamo dunque un punto M interno alla regione di piano limitata dai due archi (vedi la figura a lato); congiungi M con A e indica con C il punto in cui il prolungamento di AM incontra uno dei due archi di circonferenza, infine congiungi M con B.
L'angolo $A\hat{C}B$ risulta .... perché ...., invece l'angolo $A\hat{M}B$ risulta .... perché ....
Consideriamo ora un punto N esterno alla parte di piano racchiusa dai due archi; detto D il punto in cui NB incontra ...., congiungi N con ....
Si ha $A\hat{D}B \cong$ ..... perché ....; inoltre $A\hat{N}B <$ ..... perché
.... e quindi si ha $A\hat{N}B < \alpha$.
Dunque solo i punti dei due archi $\overset{\frown}{ACB}$ e .... soddisfano alla condizione posta e formano così il luogo richiesto.
c.v.d.

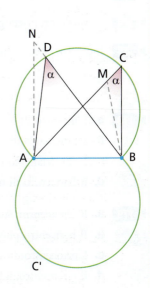

ESERCIZI

▶▶ **166** Considera, su di una circonferenza di centro O, un arco $\overset{\frown}{AB}$ minore di una semicirconferenza e un punto C di tale arco. Congiungi A con C e prolunga AC di un segmento $CP \cong CB$. Dimostra che l'ampiezza di $A\hat{P}B$ è un quarto di quella dell'angolo concavo $A\hat{O}B$.

▶▶ **167** Data una corda AB di una circonferenza traccia, dall'estremo A, una tangente e prendi su di essa un punto P in modo che $PA \cong AB$. Sia Q il punto in cui la retta PB incontra ulteriormente la circonferenza. Dimostra che $AQ \cong PQ$.

▶▶ **168** Due circonferenze γ_1 e γ_2, con centri rispettivamente nei punti O_1 e O_2, si intersecano nei punti A e B e le rispettive tangenti in A sono tra loro perpendicolari. La retta dei centri interseca γ_2 nel punto C, esterno a γ_1. Traccia la retta AC e sia D l'ulteriore punto in cui essa interseca γ_1. Dimostra che DO_1 è perpendicolare a O_1O_2.

▶▶ **169** Dimostra che il luogo dei punti medi delle corde di una circonferenza, che passano per un punto dato interno a essa, è la circonferenza avente per diametro il segmento che unisce il punto dato con il centro.

▶▶ **170** Dimostra che il luogo dei piedi delle perpendicolari condotte da un punto dato a tutte le rette passanti per un altro punto dato è la circonferenza avente per diametro il segmento che unisce i due punti.

▶▶ **171** Determina il luogo dei punti medi dei segmenti, tutti congruenti a un segmento dato, i cui estremi si trovano su due rette perpendicolari.

▶▶ **172** Dimostra che le corde viste dai punti di una circonferenza sotto uno stesso angolo sono tutte tangenti a una circonferenza concentrica alla prima.

Punti notevoli di un triangolo

QUESITI

▶▶ **173** Definisci il circocentro, l'incentro, l'ortocentro e il baricentro di un triangolo.

▶▶ **174** Definisci l'excentro di un triangolo. Quanti excentri possiede un triangolo?

▶▶ **175** In quali triangoli il circocentro è esterno al triangolo stesso? In quali esso appartiene a uno dei lati?

▶▶ **176** Di quale proprietà gode il baricentro di un triangolo?

▶▶ **177** Incentro, circocentro e baricentro di uno stesso triangolo possono essere allineati? Quando coincidono?

VERO O FALSO?

▶▶ **178**
a. L'incentro di un triangolo è sempre un punto interno al triangolo. V F
b. L'ortocentro di un triangolo è un punto sempre interno al triangolo stesso. V F
c. In un triangolo l'incentro è l'unico punto equidistante dalle rette dei tre lati. V F
d. Il baricentro di un triangolo è equidistante dai lati. V F

▶▶ **179**
a. Il circocentro può essere esterno al triangolo. V F
b. Il baricentro può essere esterno al triangolo. V F
c. L'ortocentro di un triangolo rettangolo è il vertice dell'angolo retto. V F
d. Il circocentro, il baricentro e l'ortocentro di un triangolo sono allineati se e solo se il triangolo è isoscele. V F

QUESITI A RISPOSTA MULTIPLA

180 Un triangolo in cui i quattro punti notevoli sono allineati ma non coincidono
- a è isoscele
- b è equilatero
- c è ottusangolo
- d può essere un triangolo qualsiasi

181 Un triangolo in cui i quattro punti notevoli coincidono
- a è isoscele
- b è equilatero
- c è acutangolo
- d può essere un triangolo qualsiasi

182 Il baricentro di un triangolo divide ciascuna mediana in due parti
- a tra loro congruenti
- b di cui quella che contiene il vertice è metà dell'altra
- c di cui quella che contiene il vertice è doppia dell'altra
- d nessuna delle precedenti

---

183 Dimostra che un triangolo in cui coincidono circocentro e incentro è equilatero.

Esercizio guidato

184 Nel triangolo ABC le mediane BM e CN sono congruenti e si tagliano nel punto G. Dimostra che
- **a.** $BG \cong GC$
- **b.** i due triangoli CGM e BGN sono congruenti;
- **c.** il triangolo ABC è isoscele.

185 Nel triangolo ABC il baricentro coincide con il circocentro. Dimostra che il triangolo ABC è equilatero.

186 Dimostra che in un triangolo la somma delle tre mediane è maggiore del semiperimetro.

187 Dimostra che la somma delle tre mediane di un triangolo è compresa fra i $\frac{3}{4}$ del perimetro e il perimetro del triangolo.

188 Sia O il punto di intersezione delle bisettrici degli angoli del triangolo ABC. Da O conduci le perpendicolari OD su BC, OE su AC, OF su AB. Dimostra che $AE \cong AF$, $CE \cong CD$, $BF \cong BD$.

189 Nel triangolo ABC il circocentro coincide con l'incentro. Dimostra che il triangolo ABC è equilatero.

190 Le bisettrici degli angoli esterni del triangolo ABC formano il triangolo EFG.
- **a.** Calcola le misure degli angoli $\widehat{E}$, $\widehat{F}$, $\widehat{G}$ in funzione degli angoli $\widehat{A}$, $\widehat{B}$, $\widehat{C}$.
- **b.** Dimostra che le bisettrici degli angoli interni del triangolo ABC sono le altezze del triangolo EFG.

191 Se O è il punto di intersezione delle bisettrici del triangolo ABC, dimostra che

$$A\widehat{O}B = 90° + \frac{\widehat{C}}{2} \qquad A\widehat{O}C = 90° + \frac{\widehat{B}}{2} \qquad B\widehat{O}C = 90° + \frac{\widehat{A}}{2}$$

192 Dimostra che le bisettrici degli angoli di un triangolo equilatero formano nel punto di intersezione angoli congruenti.

193 Dimostra che gli assi dei segmenti che congiungono l'incentro di un triangolo equilatero con gli estremi di un lato dividono questo lato in tre parti congruenti.

194 Dimostra che un triangolo e quello che ha per vertici i punti medi dei lati hanno lo stesso baricentro e che l'ortocentro del secondo è il circocentro del primo.

195 In un triangolo isoscele conduci le mediane relative ai lati congruenti e poi una qualunque parallela alla base. Dimostra che i segmenti staccati su questa parallela dalle rette dei lati e dalle rette delle mediane sono congruenti.

ESERCIZI

▶▶ **196** Dimostra che gli assi dei cateti di un triangolo rettangolo si incontrano nel punto medio dell'ipotenusa.

▶▶ **197** Dimostra che gli assi dei lati di un triangolo rettangolo e il segmento che unisce il loro punto di intersezione con il vertice dell'angolo retto dividono il triangolo in quattro triangoli congruenti.

▶▶ **198** Sia ABC un triangolo e H il suo ortocentro. Congiungi il punto medio M di AC con il punto medio N di BC e quindi congiungi N con il punto medio P di HB. Dimostra che MN è perpendicolare a NP.

▶▶ **199** Dato un triangolo ABC, indica le ampiezze dei suoi angoli interni di vertici A, B, C rispettivamente con 2α, 2β, 2γ. Detto O l'incentro di ABC, esprimi mediante α, β, γ le ampiezze degli angoli $A\hat{O}B$, $B\hat{O}C$, $C\hat{O}A$.

■ Poligoni inscritti e circoscritti. Poligoni regolari

QUESITI

▶▶ **200** Quando un poligono si dice inscritto in una circonferenza? E quando si dice circoscritto a una circonferenza?

▶▶ **201** Esistono triangoli in cui non si possa inscrivere una circonferenza? Perché?

▶▶ **202** Esistono quadrilateri in cui non si possa inscrivere una circonferenza?

▶▶ **203** Perché un rettangolo è inscrivibile in una circonferenza e un generico parallelogramma non lo è?

▶▶ **204** Che cos'è l'apotema di un poligono regolare?

▶▶ **205** Il centro della circonferenza inscritta in un poligono è centro di simmetria per il poligono?

VERO O FALSO?

▶▶ **206**
a. Il centro della circonferenza inscritta in un poligono è il punto di intersezione degli assi dei lati. V F
b. Il centro della circonferenza circoscritta a un poligono è equidistante dai suoi vertici. V F
c. A un triangolo si può sempre circoscrivere una circonferenza. V F
d. Ogni triangolo ha quattro circonferenze exinscritte. V F

▶▶ **207**
a. Se un quadrilatero ha gli angoli opposti supplementari allora è circoscrivibile a una circonferenza. V F
b. Se la somma di due lati opposti di un quadrilatero è congruente alla somma degli altri due, si può inscrivere una circonferenza nel quadrilatero. V F
c. Un rettangolo è circoscrivibile a una circonferenza. V F
d. Un trapezio isoscele è inscrivibile in una circonferenza. V F

▶▶ **208**
a. Un poligono inscrivibile in una circonferenza è regolare. V F
b. L'apotema di un poligono regolare è minore del suo raggio. V F
c. La circonferenza inscritta e quella circoscritta a un poligono regolare sono concentriche. V F
d. I vertici di un poligono regolare dividono la circonferenza circoscritta in archi congruenti. V F

▶▶ **209**
a. Un poligono inscrivibile in una circonferenza ammette sempre una circonferenza inscritta in esso. V F
b. Si può sempre inscrivere in una circonferenza un poligono regolare di 12 lati. V F
c. Il raggio di un poligono regolare è il raggio della circonferenza inscritta. V F
d. Se un poligono è contemporaneamente equilatero ed equiangolo, allora esso è inscrivibile e circoscrivibile. V F

QUESITI A RISPOSTA MULTIPLA

210 Quale tra i seguenti quadrilateri è sia inscrivibile sia circoscrivibile?

  a Rombo   **b** Trapezio rettangolo   **c** Rettangolo   **d** Quadrato

211 Qual è l'ampiezza di un angolo interno di un decagono regolare?

  a 36°   **b** 120°   **c** 144°   **d** 60°

212 Un esagono regolare è inscritto in una circonferenza e A e B sono due suoi vertici consecutivi. Se P è un punto della circonferenza appartenente al maggiore degli archi di estremi A e B, qual è l'ampiezza dell'angolo $A\hat{P}B$?

  a 60°   **b** 30°   **c** 120°   **d** Dipende dalla posizione di P

Triangoli inscritti e circoscritti

213 Determina l'ampiezza dell'angolo sotto il quale il lato di un triangolo equilatero è visto dall'incentro del triangolo stesso.

214 Determina l'angolo sotto il quale si vede l'ipotenusa AB di un triangolo rettangolo ABC dal suo incentro I. Supponendo poi di considerare tutti i triangoli rettangoli di ipotenusa AB, determina il luogo geometrico degli incentri degli infiniti triangoli considerati.

215 Dimostra che se l'ortocentro di un triangolo coincide con l'incentro, il triangolo è equilatero.

216 Sulla circonferenza circoscritta al triangolo ABC, prendi i tre archi $\widehat{AA'}$, $\widehat{BB'}$, $\widehat{CC'}$ congruenti fra loro e nello stesso senso. Dimostra che il triangolo $A'B'C'$ è congruente al triangolo ABC.

217 Nella circonferenza di centro O e raggio r è inscritto il triangolo rettangolo ABC, tale che sia $AC \cong r$ e $AB \cong 2r$. Prolunga BA del segmento $AD \cong r$. Dimostra che DC risulta tangente in C alla circonferenza ed è parallela alla bisettrice dell'angolo di vertice A.

218 Dimostra che in un triangolo rettangolo la somma dei due cateti è congruente alla somma dell'ipotenusa con il diametro della circonferenza inscritta nel triangolo.

219 Dimostra che la somma delle distanze del vertice di un triangolo dai punti di contatto dei prolungamenti dei lati uscenti da tale vertice con la relativa circonferenza exinscritta è uguale al perimetro del triangolo.

220 Dimostra che a seconda che un triangolo sia acutangolo, rettangolo, ottusangolo, il centro della circonferenza circoscritta al triangolo cade nell'interno, su un lato o esternamente al triangolo.

221 Dimostra che il raggio della circonferenza circoscritta a un triangolo equilatero è doppio di quello della circonferenza inscritta.

222 Dimostra che il lato del triangolo equilatero circoscritto a una circonferenza è doppio di quello del triangolo equilatero inscritto.

223 Dimostra che il raggio della circonferenza exinscritta a un triangolo rettangolo relativa all'ipotenusa è congruente al semiperimetro del triangolo.

224 Dimostra che la bisettrice di un angolo di un triangolo è pure bisettrice dell'angolo formato dal diametro del cerchio circoscritto con l'altezza uscente dal medesimo vertice.

225 Dimostra che, nel triangolo formato dalle due tangenti a una circonferenza condotte da un punto esterno e dalla corda che unisce i punti di contatto, l'incentro è il punto medio dell'arco sotteso dalla corda.

226 Dati un triangolo e la circonferenza inscritta, considera il triangolo che ha per vertici i punti di contatto della circonferenza con i lati e dimostra che gli angoli del secondo triangolo sono i complementari dei semiangoli del primo.

ESERCIZI

▶▶ 227 Dimostra che la congiungente il vertice A di un triangolo equilatero ABC con un punto qualunque P della circonferenza circoscritta a esso è congruente alla somma o alla differenza dei due segmenti PB e PC, a seconda che AP intersechi o non intersechi BC. (*Suggerimento*: nel primo caso prolunga uno dei due segmenti di un segmento congruente all'altro...)

▶▶ 228 Dal circocentro di un triangolo equilatero ABC traccia le perpendicolari ai lati AB e AC e dimostra che esse passano rispettivamente per C e B. Siano poi M ed N gli ulteriori punti di intersezione di tali perpendicolari con la circonferenza circoscritta ad ABC. Dimostra che $MN \parallel BC$ e che i restanti due lati del triangolo dividono MN in tre parti congruenti.

▶▶ 229 Sia H l'ortocentro di un triangolo ABC e AK l'altezza relativa al lato BC. Sia L il punto in cui la retta dell'altezza AK interseca la circonferenza circoscritta ad ABC. Dimostra che K è il punto medio di HL.

Quadrilateri inscritti e circoscritti

ESERCIZI GUIDATI

▶▶ 230 Dimostra che un quadrilatero con gli angoli opposti supplementari è inscrivibile in una circonferenza. (È la seconda parte della dimostrazione del **TEOREMA 29**, **PARAGRAFO 20**.)

Ipotesi: $A\hat{B}C + A\hat{D}C \cong \pi$;
$D\hat{A}B + B\hat{C}D \cong \pi$

Tesi: $ABCD$ inscrivibile in una circonferenza

Dimostrazione

Premettiamo che, poiché la somma degli angoli interni di un quadrilatero è congruente a ..... angoli piatti, se due angoli di un quadrilatero sono supplementari lo sono evidentemente anche gli altri due: pertanto la seconda delle due ipotesi potrebbe essere omessa.

Ragioniamo per assurdo e supponiamo quindi che $ABCD$ non sia inscrivibile. Poiché per tre punti non allineati passa una e una sola circonferenza, sia δ la circonferenza passante per A, B e C. Tale circonferenza, per l'ipotesi fatta, non passa per D, ma intersecherà la retta CD in un punto T (in figura T è interno al segmento DC).
Per la costruzione fatta il quadrilatero $ABCT$ è inscritto nella circonferenza δ e quindi i suoi angoli opposti sono ....
............:

$$A\hat{B}C + A\hat{T}C \cong .... \longrightarrow A\hat{T}C \cong \pi - .....$$ **(1)**

Ma, per ipotesi, è anche

$$A\hat{B}C + A\hat{D}C \cong .... \longrightarrow A\hat{D}C \cong \pi - ....$$ **(2)**

Dalle relazioni **(1)** e **(2)** si deduce che ..... $\cong$ ....., ma $A\hat{T}C$ è un angolo esterno al triangolo .... Quindi ....
....
Resta così dimostrata la tesi.

c.v.d.

▶▶ 231 Dimostra che un quadrilatero, nel quale la somma di due lati opposti è congruente alla somma degli altri due, è circoscrivibile a una circonferenza. (È la seconda parte della dimostrazione del **TEOREMA 30**, **PARAGRAFO 20**.)

Ipotesi: $AB + DC \cong AD + BC$

Tesi: $ABCD$ circoscrivibile in una circonferenza

Dimostrazione

Supponiamo, per assurdo, che il quadrilatero $ABCD$ non sia circoscrivibile. Esisterà allora la circonferenza δ tangente ai tre lati AB, BC e CD del quadrilatero (tale circonferenza avrà per centro il punto di intersezione delle .... degli angoli $A\hat{B}C$ e $B\hat{C}D$). Per l'ipotesi fatta il lato AD non è tangente a δ; conduciamo allora da A la tangente a δ che intersecherà in E la retta DC (in figura, E è interno al segmento DC).

626

Per ipotesi è

$$AB + DC \cong \ldots\ldots\ldots\ldots$$ [3]

Essendo poi il quadrilatero ABCE circoscritto a δ, si ha

$$AB + EC \cong \ldots\ldots\ldots\ldots$$ [4]

Sottraendo membro a membro dalla [3] la [4], si ha (avendo supposto $DC > EC$)

$$DC - EC \cong AD - AE \longrightarrow DE \cong AD - AE$$

Quest'ultima relazione è assurda perché nel triangolo ....
Resta così dimostrata la tesi.   c.v.d.

232 È dato un triangolo ABC e siano AE e BD due sue altezze che si intersecano nell'ortocentro F. Dimostra che i quadrilateri ABED e CDFE sono inscrivibili e individua i centri delle circonferenze rispettivamente circoscritte.

233 Dimostra che se in un quadrilatero ABCD inscritto in una circonferenza si conducono le diagonali AC e BD, gli angoli $D\hat{A}C$ e $D\hat{B}C$ sono congruenti e, viceversa, se in un quadrilatero ABCD gli angoli $D\hat{A}C$ e $D\hat{B}C$ sono congruenti, esso è inscrivibile.

234 È dato un angolo convesso di vertice O. Da un suo punto A qualunque conduci i segmenti AB e AC perpendicolari ai lati dell'angolo. Dimostra che il quadrilatero ABOC è inscrivibile in una circonferenza e determina qual è il diametro di questa circonferenza.

235 Dimostra che due vertici di un triangolo, il centro della circonferenza inscritta e quello della circonferenza exinscritta tangente al lato che ha per estremi i vertici considerati appartengono a una stessa circonferenza.

236 Dimostra che in un triangolo ABC, rettangolo in A, il piede dell'altezza AH, il vertice A e i punti medi dei lati del triangolo appartengono a una stessa circonferenza. Trova il centro e il raggio di questa circonferenza.

237 È dato il triangolo ABC; dimostra che i vertici B, C e i piedi H, H′ delle altezze BH e CH′ appartengono a una stessa circonferenza. Determina le ampiezze degli angoli del quadrilatero di vertici B, C, H, H′ in funzione delle ampiezze α, β, γ degli angoli del triangolo ABC. Determina inoltre le ampiezze degli angoli che le diagonali di questo quadrilatero formano con i lati e tra loro. (Vedi l'**ESERCIZIO 232**.)

238 Dimostra che le tre altezze AD, BE, CF di un triangolo ABC sono le bisettrici degli angoli del triangolo DEF che si ottiene unendo i piedi delle tre altezze. (Tieni presente l'**ESERCIZIO 232**.)

239 Dimostra che quattro tangenti a una stessa circonferenza parallele a due a due formano un rombo e che il quadrilatero ottenuto congiungendo a due a due i punti di contatto è un rettangolo.

240 Dimostra che le due corde di una circonferenza, perpendicolari a una corda qualunque e condotte dai suoi estremi, costituiscono i lati opposti di un rettangolo inscritto.

241 Sia ABCD un quadrilatero circoscritto a una circonferenza di centro O; i prolungamenti dei suoi lati AB e CD si incontrano in E. Dimostra che O, E e i punti in cui i lati AB e CD toccano la circonferenza inscritta sono i vertici di un quadrilatero inscrivibile in una circonferenza.

242 È data una circonferenza; per il punto medio A di un suo arco $\widehat{BAC}$, conduci due corde qualsiasi AD e AE che intersecano la corda BC in F e in G. Dimostra che il quadrilatero DEGF è inscrivibile.

243 Le bisettrici degli angoli di un quadrilatero convesso qualunque ABCD si intersecano nei quattro punti E, F, G, H. Dimostra che il quadrilatero EFGH è inscrivibile.

244 È dato il triangolo isoscele ABC di base BC. Le altezze AD, BE, CF si intersecano nel punto O.
   a. Dimostra che il quadrilatero AEOF è inscrivibile.
   b. Determina il diametro e il centro I di questa circonferenza.
   c. Congiunti D con F ed F con I, dimostra che gli angoli $O\hat{F}D$ e $A\hat{F}I$ sono congruenti e deduci che la retta DF è tangente alla circonferenza di centro I e raggio IF. (Osserva che i triangoli IAF, DFC sono isosceli...)

245 Le diagonali di un quadrilatero inscrivibile ABCD si tagliano ad angolo retto nel punto P. Il prolungamento del segmento di perpendicolare PE tracciata da P a DC incontra il lato AB in F.

    a. Quali sono nella figura gli angoli congruenti all'angolo $D\hat{P}E$?

    b. Quali sono gli angoli congruenti all'angolo $C\hat{P}E$?

    c. Dimostra che il punto F è il punto medio del lato AB.

Poligoni inscritti e circoscritti

246 Dimostra che se un poligono di un numero pari di lati è circoscritto a una circonferenza, la somma dei lati di posto pari è congruente a quella dei lati di posto dispari.

247 Sui lati di un poligono regolare prendi, sempre nello stesso ordine a partire dai successivi vertici, segmenti congruenti fra loro e unisci i secondi estremi di ciascuno con quelli del successivo. Dimostra che si ottiene un altro poligono regolare.

248 Dimostra che un poligono inscritto in una circonferenza, se è equilatero, è anche equiangolo e perciò regolare.

249 È dato un trapezio ABCD circoscritto a una circonferenza di centro O e tale che $\hat{A} \cong \hat{D} = 90°$, $\hat{B} \cong 2\hat{C}$. Siano E, F, G, H i punti di tangenza situati rispettivamente su AB, BC, CD, DA.

    a. Dimostra che il perimetro del trapezio è congruente al doppio della somma delle basi.

    b. Dimostra che il triangolo AOD è rettangolo e isoscele.

    c. Determina gli angoli del triangolo BOC e deduci che $OB \cong \dfrac{BC}{2}$.

    d. Dimostra che i segmenti HE, EF, FG, GH sono i lati di poligoni regolari inscritti nella circonferenza di centro O.

250 Dimostra che un angolo di un poligono regolare viene diviso in parti congruenti dalle diagonali uscenti dal suo vertice.

251 Dimostra che l'apotema di un esagono regolare è congruente alla metà del lato del triangolo equilatero inscritto nel medesimo cerchio.

252 Su ciascun lato di un esagono regolare costruisci esternamente un quadrato. Dimostra che i vertici di questi quadrati, che non sono vertici dell'esagono, sono vertici di un dodecagono regolare.

253 Dimostra che un poligono che sia contemporaneamente inscrivibile e circoscrivibile a due circonferenze concentriche è regolare.

254 Dimostra che, prolungando ciascun lato di un poligono regolare nel medesimo senso, di uno stesso segmento, si ottiene un altro poligono regolare.

255 Dimostra che le diagonali di un pentagono regolare si dividono a due a due in parti disuguali, di cui la maggiore è congruente al lato del pentagono.

256 Dato un pentagono regolare, prolunga ciascun apotema fino a incontrare la circonferenza circoscritta; dimostra che si ottengono così i vertici di un pentagono congruente al primo e che i lati dei due pentagoni, intersecandosi a due a due, formano un decagono regolare.

257 Dato un poligono regolare, traccia le diagonali che congiungono i vertici alterni; dimostra che tali congiungenti, incontrandosi, formano un poligono regolare.

258 È dato un triangolo equilatero ABC inscritto in una circonferenza di centro O. Per i vertici A e B conduci le tangenti alla circonferenza che si incontrano nel punto E.

    a. Qual è l'ampiezza dell'angolo $A\hat{E}B$?

    b. Dimostra che il quadrilatero AOBE è inscrivibile.

    c. Dimostra che i punti E, O, C sono allineati.

d. Determina sul segmento *EB* il punto *M* in modo che sia $EM \cong MO$.

e. Detto *N* il punto di intersezione della circonferenza data, di centro *O*, con *MO*, dimostra che il segmento *BN* è il lato del dodecagono regolare inscritto nella circonferenza data.

▶▶ **259** Sono dati una circonferenza di centro *O* e raggio *r* e un punto esterno *A* tale che i segmenti tangenti *AB* e *AC* condotti da questo punto formano fra loro un angolo retto. Di che natura è il quadrilatero *OBAC*? Dimostra che la diagonale *OA* di questo quadrilatero è congruente al lato di un poligono regolare inscritto nella circonferenza. Qual è il luogo geometrico del punto *A*?

▶▶ **260** Dai punti in cui i segmenti che congiungono i vertici di un poligono regolare con il centro intersecano la circonferenza inscritta nel poligono, traccia le tangenti alla circonferenza. Dimostra che il poligono i cui lati sono contenuti in tali tangenti è regolare, ed è circoscritto alla stessa circonferenza a cui è circoscritto il poligono dato.

■ Problemi di primo grado

Risolvi i seguenti problemi di primo grado con l'aiuto di una o più incognite (per alcuni di questi problemi occorre tener conto del teorema di Pitagora).

▶▶ **261** In una circonferenza di centro *O* è data una corda *AB* la cui lunghezza è $\frac{8}{3}$ della sua distanza dal centro; si sa inoltre che, detta *OH* tale distanza, è verificata la relazione tra le seguenti lunghezze:

$$\frac{5}{6} AH + \frac{4}{9} OH = 14 \text{ dm}$$

Determina il raggio della circonferenza. [15 dm]

▶▶ **262** In una circonferenza di diametro *AB* = 30 cm, è data una corda *CD* perpendicolare nel punto *M* al diametro *AB*. Sapendo che $\frac{3}{4} AM + \frac{1}{3} MB = 20$ cm, determina l'area del quadrilatero *ACBD*. (Poni $\overline{AM} = x$.) [360 cm²]

▶▶ **263** È data una circonferenza di centro *O* avente diametro di misura $\overline{AB} = 6a$ ($a > 0$); prolunga il diametro *AB*, oltre *B*, di un segmento *BC* di misura 2*a* e da *C* conduci le due tangenti alla circonferenza. Detti *D* ed *E* i due punti di contatto, determina il segmento *CP* di misura *x*, su *CD*, in modo che sia verificata la relazione $\frac{3}{4} \overline{CE} - 2\overline{PC} = \frac{1}{3} \overline{PD}$. Determina le misure del perimetro e dell'area del quadrilatero *ODCE*. [*CP* = *a*]

▶▶ **264** Nella semicirconferenza di diametro *AB* è inscritto il triangolo *ABC* di cui si sa che

$$AC \cong \frac{4}{3} BC \quad \text{e} \quad \frac{AC}{6} - \frac{CB}{12} = 5 \text{ cm}$$

Determina il diametro *AB*, il perimetro e l'area del triangolo *ABC*. [*AB* = 60 cm]

▶▶ **265** In una circonferenza di centro *O* è data una corda *AB* la cui misura è $\frac{8}{5}$ del raggio; si sa inoltre che $\frac{3}{8} AB + \frac{4}{5} AO = 14$ cm. Determina l'area del triangolo isoscele *ABC* inscritto nella circonferenza, contenente il centro e avente per base la corda *AB*. [128 cm²]

▶▶ **266** Nel triangolo isoscele *ABC*, la base *BC* è congruente all'altezza *AH* a essa relativa; si sa inoltre che la differenza fra $\frac{3}{4}$ di *BC* e $\frac{2}{3}$ di *AH* è 4 cm. Determina il diametro della circonferenza circoscritta al triangolo. (*Suggerimento*: detto *O* il centro della circonferenza, dopo aver determinato la base e l'altezza del triangolo, il raggio incognito della circonferenza può essere calcolato applicando il teorema di Pitagora al triangolo *BOH*...) [60 cm]

ESERCIZI

267 In un triangolo isoscele la base supera il lato di $4a$ ($a > 0$) e la somma della metà della base e di $\frac{3}{5}$ del lato è congruente alla base stessa. Determina il diametro della circonferenza circoscritta. $\quad[25a]$

268 Un triangolo isoscele ABC, di base AB e altezza CH, è inscritto in una circonferenza di centro O. Sapendo che
$$\frac{2}{9}CH + \frac{1}{6}AB = CH - AB = 3 \text{ cm}$$
verifica che la distanza tra O e i lati congruenti è $\sqrt{\frac{5}{2}}$ cm.

269 Il quadrilatero $ABCD$ ha la diagonale maggiore AC perpendicolare alla diagonale minore BD nel suo punto medio M. Determina le lunghezze delle diagonali sapendo che la loro somma è 49 m e che la differenza tra $\frac{7}{5}$ della maggiore e $\frac{3}{8}$ della minore è 26 m. Sapendo inoltre che $\overline{AM} = \frac{9}{16}\overline{CM}$, determina le lunghezze dei lati del quadrilatero e verifica che gli angoli in B e in D sono retti. Dopo aver dimostrato che il quadrilatero è circoscrivibile a una circonferenza, determina il raggio della circonferenza inscritta.
$$\left[24 \text{ m; } 25 \text{ m; } 15 \text{ m; } 20 \text{ m; } \frac{60}{7} \text{ m}\right]$$

270 I triangoli isosceli ABD e CBD hanno in comune la base BD e i vertici A e C giacciono da parti opposte rispetto alla base BD. Le misure dei perimetri dei triangoli sono rispettivamente $64a$ e $54a$ ($a > 0$). Determina le misure dei lati dei triangoli, sapendo che $\frac{4}{5}\overline{BC} - \frac{1}{4}\overline{AB} = 7a$. Verifica che gli angoli in B e in D del quadrilatero $ABCD$ sono retti e determina la misura del raggio della circonferenza circoscritta al quadrilatero.
$\quad[20a; 15a; 12,5a]$

271 Il perimetro di un triangolo isoscele è 128 m e i $\frac{3}{4}$ del lato superano di 15 m i $\frac{5}{16}$ della base. Determina le lunghezze dei raggi della circonferenza circoscritta e della circonferenza inscritta. $\quad[25 \text{ m; } 12 \text{ m}]$

272 In una circonferenza di centro O è inscritto il triangolo isoscele ABC, di base BC e la cui altezza relativa alla base è $AH > AO$. Si sa che sono verificate le seguenti relazioni:
$$\frac{1}{4}AH + \frac{2}{5}BO = 9 \text{ cm} \qquad AO - OH = 9 \text{ cm}$$
Determina il perimetro del triangolo e la sua area. $\quad[64 \text{ cm; } 192 \text{ cm}^2]$

■ Esercizi per il recupero

1 È dato il triangolo acutangolo isoscele OAB con i lati $OB \cong OA$; conduci da B la semiretta perpendicolare a OB che incontri in E il prolungamento del lato OA; da A conduci la semiretta perpendicolare a OA che incontri in D il prolungamento di OB. Sia C il loro punto di intersezione. Dimostra che sono congruenti:
  a. i triangoli rettangoli OAC e OBC;
  b. i triangoli rettangoli OAD e OBE;
  c. i segmenti OD e OE;
  d. i segmenti DC e CE.
  Deduci quindi che OC è asse del segmento DE. Dimostra infine che DE è parallelo ad AB.

2 Determina il luogo geometrico del vertice variabile A di un triangolo ABC, di base fissa BC e altezza di lunghezza costante h.

3 Un triangolo isoscele OAB ha il vertice O nel centro di una circonferenza che interseca la base AB nei punti E ed F, con $AE < AF$. Dimostra che $AE \cong BF$.

4 Dimostra che se dagli estremi di un diametro di una circonferenza si conducono le perpendicolari a una retta r che taglia la circonferenza, i segmenti di r compresi fra le intersezioni con la circonferenza e i piedi delle perpendicolari sono congruenti.

5 Dati due segmenti adiacenti congruenti, $OA \cong AB$, disegna le due circonferenze concentriche di centro O e raggi OA e OB; conduci la tangente in A che incontri la circonferenza maggiore in C e in D. Dimostra che il quadrilatero $OCBD$ è un rombo e calcola le lunghezze dei suoi angoli. $[60°; 120°]$

6 Dimostra che se una circonferenza è tangente ai lati di un angolo, il centro della circonferenza sta sulla bisettrice dell'angolo.

7 Da un punto esterno a una circonferenza conduci le due tangenti. Dimostra che l'angolo formato dalle due tangenti è il supplementare di quello formato dai due raggi aventi un estremo nei punti di contatto.

8 Sia AB un diametro di una circonferenza di centro O; per il punto A traccia una corda qualunque AC, poi la tangente in C e la tangente in B alla circonferenza. Sia D il punto di intersezione delle due tangenti. Dimostra che OD è parallelo ad AC.

9 Dimostra che due punti di una retta tangente a una circonferenza, equidistanti dal punto di tangenza, sono equidistanti anche dal centro della circonferenza.

10 Dimostra che due corde parallele di una circonferenza intercettano sopra di essa archi congruenti e che gli estremi delle due corde sono i vertici di un trapezio isoscele. In quale caso il trapezio è un rettangolo?

11 Una retta r è tangente in A e B a due circonferenze γ_1 e γ_2, tra loro tangenti esternamente in T. La retta t, tangente comune alle due circonferenze in T, interseca r in M. Dimostra che M è il punto medio di AB e che $A\widehat{T}B$ è un angolo retto.

> Costruzione geometrica con GeoGebra

12 Un angolo ha il vertice P esterno a una circonferenza γ di centro O. Un suo lato interseca γ in A e B, con A interno a PB, e l'altro lato interseca γ in C e D, con C interno a PD. Dimostra che tale angolo è congruente alla semidifferenza di $B\widehat{O}D$ e $A\widehat{O}C$.

13 Dimostra che un triangolo in cui coincidono baricentro e ortocentro è equilatero.

14 Dimostra che un triangolo in cui coincidono circocentro e ortocentro è equilatero.

15 Dimostra che le semirette bisettrici degli angoli di un triangolo dividono per metà gli archi determinati dai vertici sulla circonferenza circoscritta.

16 Dimostra che le circonferenze aventi per centro i tre vertici di un triangolo e passanti per due dei punti di contatto della circonferenza inscritta sono tangenti a due a due.

17 Il quadrilatero $ABCD$ in figura è inscrivibile in una circonferenza e M è il punto medio di AD. Spiega perché il quadrilatero $ABCM$ non è inscrivibile in una circonferenza.

18 Dimostra che ogni trapezio isoscele è inscrivibile in una circonferenza e che le sue diagonali si incontrano su un diametro perpendicolare alle basi.

19 Dimostra che i punti medi dei lati di un poligono regolare sono vertici di un altro poligono regolare.

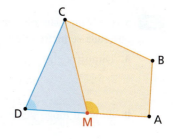

20 Dimostra che le diagonali di un esagono regolare, non passanti per il centro, sono congruenti fra loro.

21 Nella figura a lato, i punti A, B, C, D sono vertici consecutivi di un poligono regolare, e le rette AB e CD incontrandosi formano un angolo di $108°$. Quanti lati ha il poligono?

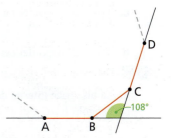

Esercizi di approfondimento

1 È dato un angolo qualunque $X\hat{O}Y$; sui lati OX e OY prendi i due segmenti congruenti $OA \cong OB$. Dal punto A conduci la perpendicolare AC al lato OY e dal punto B la perpendicolare BD al lato OX. Queste due perpendicolari si intersecano nel punto N. Dal punto A traccia la perpendicolare al lato OX e dal punto B la perpendicolare al lato OY; queste due semirette si tagliano nel punto M.

  a. Confronta gli angoli $O\hat{A}C$ e $O\hat{B}D$, e poi gli angoli $M\hat{A}N$, $M\hat{B}N$ e $X\hat{O}Y$.

  b. Dimostra che si ha $OD \cong OC$, $DN \cong NC$, $AM \cong BM$.

  c. Dimostra che i punti O, M, N sono allineati.

  d. Dimostra che OM è asse di AB e di CD.

2 È dato il triangolo ABC rettangolo in A ($AB > AC$); disegna la circonferenza circoscritta. Conduci la mediana AM e prolungala fino a incontrare la circonferenza nel punto N, poi traccia la bisettrice AD che, prolungata, incontri la circonferenza nel punto P, infine traccia l'altezza AH che, prolungata, incontri la circonferenza nel punto S. Congiungi i punti M e P.

  a. Dimostra che le rette MP e AH sono parallele.

  b. Confronta gli angoli $M\hat{A}P$, $M\hat{P}A$, $P\hat{A}S$.

  c. Deduci che AD è pure bisettrice dell'angolo formato dalla mediana e dall'altezza condotte dal vertice dell'angolo retto.

3 Sia ABC un triangolo equilatero inscritto in una circonferenza di centro O. Congiungi i tre vertici A, B, C con un qualunque punto D dell'arco AB e poi prendi su DC il segmento $DM \cong DA$.

  a. Dimostra che il triangolo DAM è equilatero e che $MC \cong DB$.

  b. Concludi che $DC \cong DA + DB$ ed enuncia la proposizione generale che traduce questa congruenza.

4 È dato un angolo retto $X\hat{O}Y$. Considera due punti A e B fissi sul lato OX e un punto M mobile sul lato OY. Traccia le perpendicolari AA' a MB e BB' a MA. Le rette AA' e BB' si incontrano in un punto N.

  a. Determina il luogo del punto A' quando M scorre sulla semiretta OY.

                              [il punto A' descrive una semicirconferenza di diametro AB]

  b. Determina il luogo del punto B'.   [il punto B' descrive l'altra semicirconferenza di diametro AB]

  c. Considera il triangolo MAB; quali sono le sue altezze? Dimostra che una di esse è invariabile e trova il luogo del loro punto di intersezione.   [le altezze sono MO, AA' e BB'; l'ortocentro N del triangolo MAB si trova sulla retta MO; mentre il punto M scorre su OY a partire da O, il punto N descrive la semiretta opposta OY' avvicinandosi al punto O]

5 Sia ABC un triangolo rettangolo inscritto in una circonferenza di centro O. Il vertice A dell'angolo retto è mobile sulla semicirconferenza BAC.

  a. Dimostra che le bisettrici interne ed esterne dell'angolo $\hat{A}$ incontrano la circonferenza in due punti fissi.

                [le bisettrici interna ed esterna dell'angolo $\hat{A}$ tagliano la circonferenza negli estremi del diametro perpendicolare a BC]

  b. Trova il luogo del punto medio E del cateto AC.

                                [il luogo del punto E è la semicirconferenza di diametro OC]

  c. Trova il luogo del punto di intersezione delle mediane del triangolo ABC.

            [il luogo del baricentro del triangolo ABC è la circonferenza di centro O e di raggio $OA/3$]

  d. Trova il luogo del centro I della circonferenza inscritta nel triangolo ABC.

                      [il luogo del punto I è l'arco capace di 135° e descritto su BC come corda]

  e. La bisettrice interna dell'angolo $\hat{B}$ e la bisettrice esterna dell'angolo $\hat{C}$ si incontrano nel punto M. Prova che l'angolo $B\hat{M}C$ è di 45° e deduci il luogo del centro M della circonferenza exinscritta al triangolo ABC e tangente ad AC.   [il luogo del punto M è l'arco capace di 45° e descritto su BC come corda]

6 Da un punto M dell'arco $\widehat{AB}$ della circonferenza circoscritta al triangolo ABC traccia le perpendicolari MD, ME, MF rispettivamente alle rette dei lati AB, AC, BC, poi conduci MA e MB.

  a. Trova nella figura così formata quattro quadrilateri inscrivibili.
  [i quadrilateri $ACBM$, $BFDM$, $AEMD$, $CFME$ sono inscrivibili]

  b. Confronta gli angoli $A\widehat{M}B$ e $E\widehat{M}F$, poi gli angoli $A\widehat{M}E$ e $B\widehat{M}F$ e infine $A\widehat{D}E$ e $B\widehat{D}F$.
  [gli angoli $A\widehat{M}B$ e $E\widehat{M}F$ supplementari dello stesso angolo $A\widehat{C}B$ sono congruenti...]

  c. Dimostra che i tre punti D, E, F sono allineati.

7 Per un punto D del diametro AB di una semicirconferenza, conduci la perpendicolare ad AB che interseca la semicirconferenza in M. Per un punto C dell'arco $\widehat{MB}$ conduci la tangente t. La retta DM incontra rispettivamente in E, in F e in P le rette AC, BC e t. Dimostra che

  a. i quadrilateri $BCED$ e $ADCF$ sono inscrivibili;

  b. triangoli EPC e FPC sono isosceli e concludi che P è il centro della circonferenza circoscritta al triangolo FEC.

8 È dato un triangolo ABC rettangolo in A nel quale sia $AB < AC$ e sia AH l'altezza relativa all'ipotenusa BC. Su BC prendi $HD \cong HB$ e dal punto C traccia il segmento CE perpendicolare ad AD. Dimostra che

  a. i triangoli BAH e HAD sono congruenti;

  b. gli angoli $D\widehat{C}E$, $H\widehat{C}A$ sono congruenti;

  c. la circonferenza di diametro AC passa per H e per E, quindi deduci la congruenza delle corde AH e HE.

9 È dato un triangolo ABC rettangolo in A e sia AH l'altezza relativa all'ipotenusa BC. Siano M e N i punti simmetrici di H rispetto ai cateti AB e AC; traccia i segmenti MA, NA, MB, NC. Dimostra che

  a. il quadrilatero $AHBM$ è inscrivibile in una circonferenza tangente ad AC;

  b. il quadrilatero $AHCN$ è inscrivibile in una circonferenza tangente ad AB;

  c. i punti M, A, N sono allineati;

  d. la circonferenza di diametro BC è tangente in A alla retta MN;

  e. la circonferenza di diametro MN è tangente in H alla retta BC;

  f. le circonferenze di centri B e C e di raggi rispettivi BM e CN sono tangenti alla retta MN e sono tangenti fra loro.

10 Sia $ABCD$ un quadrilatero inscritto in una circonferenza di diametro AC. Sia H la proiezione di A sulla diagonale DB. Indica poi con E il punto in cui il prolungamento di AH, dalla parte di H, interseca la circonferenza. Dimostra che $DE \cong BC$ e che il quadrilatero che ha per lati opposti BD e CE è un trapezio isoscele.

11 Un trapezio $ABCD$ è circoscritto a una circonferenza e la sua base maggiore è AB.

  a. Determina la misura del perimetro del trapezio sapendo che
  $$\frac{2}{3}\overline{AB} + \frac{4}{3}\overline{BC} = 16 \qquad \overline{AD} + \overline{CD} = 10 \qquad 2\overline{BC} + \overline{AD} = 20 \qquad [28]$$

  b. Determina il raggio della circonferenza inscritta nel trapezio. [2; 4]

  c. Calcola le misure delle due parti in cui ciascun lato del trapezio è diviso dai rispettivi punti di contatto con la circonferenza inscritta. $[12 = 4{,}8 + 7{,}2; \ 8 = 7{,}2 + 0{,}8; \ 2 = 0{,}8 + 1{,}2; \ 6 = 1{,}2 + 4{,}8]$

12 Sul diametro MN di un cerchio, si considerino due punti P e Q, e su MP, MQ, NP, NQ come diametri si descrivano quattro semicerchi, i primi due posti in una stessa parte rispetto alla retta MN, gli altri due posti nell'altra parte. Si dimostri che il perimetro del quadrilatero curvilineo (pelecoide) così ottenuto ha la stessa lunghezza della circonferenza data.
(*Esame di stato liceo scientifico pni, 2009 – sessione suppletiva*)
(Ricorda la formula per calcolare la lunghezza della circonferenza e, se M, P, Q, N si susseguono nell'ordine, poni $\overline{MP} = x$, $\overline{PQ} = y$, $\overline{QN} = z$...)

ESERCIZI

Verso la Prova Invalsi

1 Le immagini che seguono rappresentano un motivo del pavimento di un'antica casa romana e la sua schematizzazione geometrica.

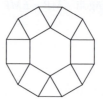

Il motivo, corrispondente a un dodecagono, è composto da un esagono regolare interno, sei quadrati congruenti e sei triangoli congruenti. I triangoli sono equilateri? Giustifica la risposta.

QUESITI A RISPOSTA MULTIPLA

2 Mario si trova in un campo pianeggiante di 90 ettari nel punto indicato dalla lettera P. Sa che per raggiungere il punto A impiega lo stesso tempo che impiegherebbe ad arrivare a uno qualsiasi degli altri tre punti B, C, D (camminando sempre in linea retta alla stessa velocità). Che cosa puoi affermare?

- **a** Il campo necessariamente ha la forma di un trapezio isoscele
- **b** Il terreno ha la forma di un quadrilatero circoscrivibile a una circonferenza
- **c** Il terreno ha la forma di un quadrilatero inscrivibile in una circonferenza
- **d** Mario raggiunge tutti i vertici nello stesso tempo perché il campo ha la forma di un poligono regolare

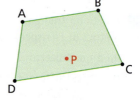

3 Il trapezio isoscele $ABCD$ è inscritto in una circonferenza e la base maggiore coincide con un diametro della circonferenza stessa. Qual è l'ampiezza degli angoli adiacenti alla base maggiore del trapezio?

- **a** $55,5°$
- **b** $67,5°$
- **c** $73,0°$
- **d** $85,5°$

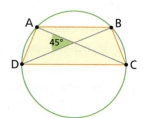

4 Nella figura a lato AB, CD e DE sono lati di uno stesso poligono regolare. Quanti lati ha questo poligono?

- **a** 8
- **b** 10
- **c** 12
- **d** 16

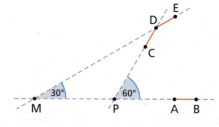

5 Il distintivo rappresentato qui a fianco ha la forma di una stella a sette punte, che si può ottenere congiungendo in modo opportuno i vertici di un ettagono regolare. Qual è, in frazioni dell'angolo giro, l'ampiezza dell'angolo che forma una punta della stella?

- **a** $\frac{1}{7}$ di angolo giro
- **b** $\frac{3}{7}$ di angolo giro
- **c** $\frac{1}{14}$ di angolo giro
- **d** $\frac{3}{14}$ di angolo giro

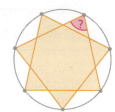

Capitolo 11

Equivalenza delle superfici piane

- Equivalenza ed equiscomponibilità
- Poligoni equivalenti
- Teoremi di Euclide e di Pitagora
- Lunghezza della circonferenza e area del cerchio

Rifacimento dell'asfalto di un parcheggio

Il parcheggio di un centro commerciale ha l'asfalto completamente rovinato dopo il gelo dell'inverno ed è necessario ripavimentarlo. Prima di dare l'incarico per i lavori, l'amministrazione vuole valutare l'entità della spesa ed è quindi necessario misurare l'area interessata dall'intervento. È disponibile una mappa del parcheggio in scala (FIGURA 2), da cui si possono ricavare le misure necessarie, tuttavia la forma complessiva del parcheggio non corrisponde a nessuna figura geometrica semplice.

FIGURA 1

10 m

FIGURA 2

Come possiamo valutare l'area della superficie totale del parcheggio, considerato che la figura è così irregolare?

Soluzione a pag. 655

Equivalenza ed equiscomponibilità

1. Area di una superficie

> Ricorda che una linea si dice *semplice* se non interseca mai se stessa e si dice *chiusa* se, partendo da uno qualunque dei suoi punti e percorrendo la linea sempre nello stesso verso, è possibile ritornare al punto di partenza.

Sappiamo che una linea piana, chiusa e semplice, sia essa una poligonale o una curva, divide i punti del piano che non le appartengono in due sottoinsiemi: uno contiene segmenti ma non rette ed è costituito dai punti *interni* alla linea, l'altro contiene anche rette ed è costituito dai punti *esterni* alla linea.

Chiamiamo **superficie piana limitata** una figura costituita da una linea piana chiusa e semplice e da tutti i suoi punti interni (FIGURA 3). Tale linea è detta anche *contorno* della superficie.

Nello studio della geometria abbiamo già introdotto alcune importanti superfici piane limitate, come i poligoni e il cerchio.

L'espressione *superficie piana limitata* si estende poi anche al caso di figure piane che sono delimitate da due o più linee piane, chiuse e semplici che non si intersecano tra loro: ne è un esempio la corona circolare, il cui contorno è costituito da due circonferenze concentriche.

Naturalmente esistono superfici *non piane*, come una superficie sferica, ed esistono anche superfici piane *illimitate*, come ad esempio un semipiano o un angolo (che non hanno, come contorno, una linea chiusa).

In questo capitolo, tuttavia, per semplicità, utilizzeremo il termine **superficie** intendendo sempre una *superficie piana limitata*.

FIGURA 3

Talvolta utilizzeremo genericamente anche il termine *figura piana* (o semplicemente figura) al posto dell'espressione *superficie piana limitata*.

Abbiamo già introdotto il concetto di *estensione superficiale* o *area* di una superficie. Non essendo semplice dare subito una definizione rigorosa di tale concetto, riprendiamo le argomentazioni intuitive che avevamo discusso alla fine del capitolo introduttivo alla geometria euclidea. Iniziamo a ricordare, con qualche esempio, che cosa si intende dire quando si afferma che due figure hanno la stessa estensione.

Supponiamo di avere due superfici piane di forma diversa, come quelle rappresentate nella FIGURA 4, e di doverle ricoprire di uno strato uniforme di vernice. È intuitivo affermare che le due figure hanno la medesima estensione superficiale se per verniciarle si deve usare la stessa quantità di vernice.

Supponiamo ora di dover ricoprire con mattonelle tutte uguali i pavimenti di due stanze. È intuitivo dire che tali pavimenti indipendentemente dalla loro forma, hanno aree uguali, se per ricoprirli dobbiamo usare lo stesso numero di mattonelle. Per portare un altro esempio, pensiamo di ritagliare da una lamina di metallo, avente spessore uniforme, delle figure di forma diversa (per esempio, un triangolo e un cerchio), ma dello stesso peso: anche in questo caso è intuitivo affermare che quelle figure hanno la medesima estensione superficiale.

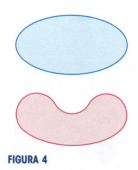

FIGURA 4

> **DEFINIZIONE   SUPERFICI EQUIVALENTI**
> Due superfici aventi la stessa estensione si dicono equivalenti (o *equiestese*).

Per esprimere che due superfici A e B sono equivalenti, si scriverà

$$A \doteq B \quad \text{(si legge «}A \text{ equivalente a } B\text{»)}$$

In base alle considerazioni intuitive che abbiamo discusso sopra l'*equivalenza* tra figure piane gode delle tre seguenti proprietà.

> **POSTULATO 1**
>
> ▶ **Ogni superficie piana è equivalente a se stessa**, cioè $A \doteq A$ (proprietà riflessiva dell'equivalenza).
>
> ▶ **Se una superficie è equivalente a un'altra, anche la seconda è equivalente alla prima**, cioè se $A \doteq B$ vale anche $B \doteq A$ (proprietà simmetrica dell'equivalenza).
>
> ▶ **Due superfici equivalenti a una terza sono equivalenti fra loro**, cioè se $A \doteq B$ e $B \doteq C$, anche $A \doteq C$ (proprietà transitiva dell'equivalenza).

Poiché la relazione di equivalenza è simmetrica, la proprietà transitiva si può riformulare in questo modo:
$$A \doteq B \land A \doteq C$$
$$\downarrow$$
$$B \doteq C$$

In altri termini, nell'insieme $\mathscr{F}$ delle figure piane, la relazione

$$\mathscr{R}: \text{«avere la stessa estensione superficiale»}$$

è una relazione di equivalenza.

Questo ci permette di dare la definizione formale di area di una superficie.

La partizione dell'insieme $\mathscr{F}$ ottenuta mediante $\mathscr{R}$ è costituita da classi di equivalenza, ciascuna delle quali contiene tutte e sole le figure equiestese e prende il nome di **area** (di tutte le figure della classe). Pertanto, per definizione, **due figure equivalenti hanno la stessa area**.

2. Somma, differenza e confronto di superfici

Consideriamo la superficie piana C nella **FIGURA 5**; essa è suddivisa in due parti mediante il segmento MN. Le due figure A e B che ne risultano hanno in comune una parte del loro contorno (precisamente il segmento MN), ma nessun altro punto; pensando le superfici A, B e C come insiemi di punti, potremo scrivere

$$A \cap B = MN \qquad A \cup B = C$$

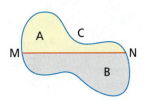

FIGURA 5

Considerando le estensioni delle superfici A, B, C, potremo dire che la superficie C è equiestesa alla *somma* delle superfici A e B e scriveremo

$$C \doteq A + B$$

In generale, date due superfici A e B che soddisfano una delle seguenti condizioni:

- $A \cap B = \emptyset$, cioè A e B non hanno punti in comune,
- A e B hanno in comune solo punti del loro *contorno*,

si definisce **somma di A e B** e si indica con $A + B$ la figura costituita dall'unione dei loro punti. Questo concetto di somma può naturalmente essere esteso anche al caso di tre o più superfici (**FIGURA 6**).

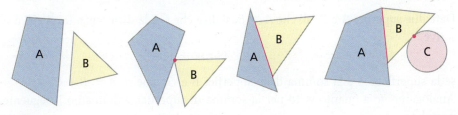

FIGURA 6

Dalle proprietà dell'unione insiemistica, si deduce che

▶ **la somma di due o più superfici gode delle proprietà commutativa e associativa**.

Quindi, se A, B, C sono tre superfici, si ha

$$A + B \doteq B + A \quad \text{(proprietà commutativa)}$$
$$(A + B) + C \doteq A + (B + C) \quad \text{(proprietà associativa)}$$

Assumiamo anche il seguente postulato.

POSTULATO 2

Somme di superfici equivalenti sono equivalenti.

$$\left. \begin{array}{r} A \doteq A' \\ B \doteq B' \end{array} \right\} \longrightarrow A + B \doteq A' + B'$$

In particolare, diremo **multiplo** (secondo il numero naturale n) di una superficie A, una figura B equivalente alla somma di n superfici equivalenti ad A e scriveremo

$$B \doteq nA$$

Analogamente, diremo che A è **sottomultiplo** di B (secondo il numero n) e scriveremo

$$A \doteq \frac{1}{n} B$$

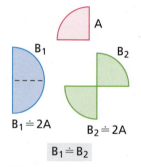

FIGURA 7

Dal **POSTULATO 2** segue che *multipli* (e *sottomultipli*) *di figure equivalenti sono equivalenti*; ad esempio, se A è il doppio di B e C è il doppio di D, se $B \doteq D$ allora $A \doteq C$.

Se di due superfici piane A e B, la seconda è equivalente a una parte della prima, si dirà che A è **maggiore** di B, o anche che A è **prevalente** a B; e che B è **minore di A** o **suvvalente** ad A. Si scriverà in tal caso

$$A > B \quad \text{oppure} \quad B < A$$

Dobbiamo assumere il seguente postulato che esprime una proprietà evidente relativa al confronto di due figure.

POSTULATO 3

Date due superfici A e B vale sempre **una e una sola** delle seguenti relazioni

$$A < B \qquad A \doteq B \qquad A > B$$

Date due superfici A e B tali che $A > B$, si dice che C è la **differenza** fra A e B e si scrive

$$C \doteq A - B$$

se la superficie A è la somma delle superfici B e C, cioè se $A \doteq B + C$.
Analogamente a quanto visto per la somma di superfici, assumiamo il seguente postulato.

POSTULATO 4

Differenze di superfici equivalenti sono equivalenti.

$$\left.\begin{array}{l} A \doteq A' \\ B \doteq B' \\ A > B \end{array}\right\} \longrightarrow \begin{array}{l} A' > B' \\ A - B \doteq A' - B' \end{array}$$

3. Figure equiscomponibili

Come possiamo stabilire se due figure sono equivalenti?
Intuitivamente possiamo iniziare ad affermare che se due figure sono congruenti allora esse hanno la stessa area. Tale proprietà deve però essere postulata.

POSTULATO 5

Se due figure sono congruenti allora sono equivalenti.

Consideriamo ora i due poligoni disegnati nella **FIGURA 8**: essi sono somme di poligoni a due a due congruenti, cioè possono essere *scomposti* in poligoni a due a due congruenti.

Diamo quindi la seguente definizione generale.

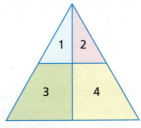

FIGURA 8

DEFINIZIONE   FIGURE EQUISCOMPONIBILI

Due figure si dicono equiscomponibili (o *equicomposte*) se sono somme di figure rispettivamente congruenti.

Poiché superfici congruenti sono equivalenti (**POSTULATO 5**) e somme di superfici equivalenti sono equivalenti (**POSTULATO 2**), vale il seguente *criterio di equivalenza* tra figure piane.

TEOREMA 1

Se due figure sono equiscomponibili allora sono equivalenti.

Per poter affermare che due figure sono equivalenti basta dunque essere in grado di stabilire se esse sono congruenti o equiscomponibili.
Osserviamo infine che né il **POSTULATO 5** né il **TEOREMA 1** possono essere invertiti. Infatti, ad esempio, i poligoni disegnati nella **FIGURA 8** sono equivalenti, poiché equiscomponibili, ma non sono congruenti; quindi due figure che hanno la stessa area non sono necessariamente congruenti. Inoltre si può mostrare che, in generale, due figure equivalenti non sono necessariamente equiscomponibili.
Tuttavia, se ci limitiamo a considerare i poligoni, si può dimostrare che se due poligoni sono equivalenti allora sono equiscomponibili; quindi la relazione di equiscomponibilità, *nell'insieme dei poligoni*, è equivalente alla relazione di equiestensione.

Poligoni equivalenti

4. Teoremi di equivalenza

Il primo teorema che dimostriamo rappresenta un criterio per stabilire l'equivalenza di due parallelogrammi.

> **TEOREMA 2**
>
> Due parallelogrammi che hanno rispettivamente congruenti una base e l'altezza relativa sono equivalenti.

DIMOSTRAZIONE

Siano $ABCD$, $MNPQ$ due parallelogrammi aventi congruenti le basi AB e MN e le rispettive altezze DH e QK (**FIGURA 9**). Vogliamo dimostrare che i due parallelogrammi sono equivalenti.

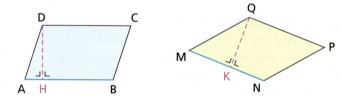

FIGURA 9

Anzitutto costruiamo il parallelogramma $ABEF$, di base AB, congruente a $MNPQ$ e situato dalla stessa parte di $ABCD$ rispetto alla retta AB.
A tal proposito, sia F il punto della retta CD tale che $F\hat{A}B \cong Q\hat{M}N$ e, condotta da B la parallela ad AF, sia E il punto di intersezione di tale parallela con la retta DC (**FIGURA 10**).

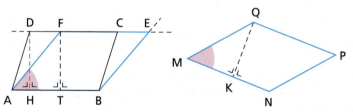

FIGURA 10

Il quadrilatero $ABEF$, avendo i lati opposti paralleli, è un parallelogramma. Ti lasciamo il compito di dimostrare che $ABEF \cong MNPQ$: a tal proposito, è utile osservare che, tracciata da F la perpendicolare FT al lato AB, si ha $FT \cong DH$ (segmenti paralleli compresi tra rette parallele) e $DH \cong QK$ (per ipotesi); dunque, per la proprietà transitiva, $FT \cong QK$.
Essendo congruenti, i parallelogrammi $ABEF$ e $MNPQ$ sono pure equivalenti (**POSTULATO 5**); per la proprietà transitiva dell'equivalenza, è quindi sufficiente dimostrare l'equivalenza dei parallelogrammi $ABCD$ e $ABEF$.

Si possono presentare tre casi, a seconda che i lati CD ed EF abbiano

- una parte comune (**FIGURA 11**);
- un estremo in comune (**FIGURA 12**);
- nessun punto in comune (**FIGURA 13**).

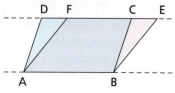

FIGURA 11

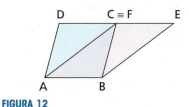

FIGURA 12

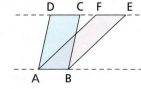

FIGURA 13

In ciascuno dei tre casi valgono le seguenti relazioni:

$$ABCD \doteq ABED - BEC \qquad ABEF \doteq ABED - AFD$$

I triangoli BEC e AFD sono inoltre congruenti per il primo criterio di congruenza, infatti essi hanno

$$\left.\begin{array}{l} BC \cong AD \\ BE \cong AF \end{array}\right\} \text{perché lati opposti di parallelogrammi}$$

$C\hat{B}E \cong D\hat{A}F$ perché angoli con i lati paralleli e concordi

In particolare vale $BEC \doteq AFD$ e deduciamo quindi che $ABCD \doteq ABEF$ perché differenze di poligoni equivalenti (**POSTULATO 4**).
Per quanto detto sopra, possiamo concludere che $ABCD \doteq MNPQ$.

c.v.d.

Enunciamo ora un corollario che segue immediatamente dal **TEOREMA 2**.

COROLLARIO 1

Un parallelogramma è equivalente a un rettangolo avente rispettivamente congruenti una base e l'altezza relativa a essa.

Il prossimo teorema riguarda l'equivalenza di un triangolo e di un parallelogramma. Dato un triangolo, scegliamo un suo lato come base e consideriamo l'altezza relativa a tale base.

TEOREMA 3

Un triangolo è equivalente a un parallelogramma avente una base congruente a metà della base del triangolo e l'altezza relativa a tale base congruente a quella del triangolo.

DIMOSTRAZIONE

Dato il triangolo ABC, dal punto medio D della base AB conduciamo la parallela al lato AC, che incontra in F il lato BC e in E la parallela al lato AB condotta per il vertice C (**FIGURA 14**). Dimostriamo che il triangolo ABC è equivalente al quadrilatero $ADEC$: esso, per come è stato costruito, è un parallelogramma avente base AD congruente alla metà della base AB del triangolo e altezza congruente a quella del triangolo (entrambe di lunghezza uguale alla distanza tra le rette parallele AB e CE).

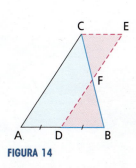

FIGURA 14

Consideriamo i due triangoli DBF ed ECF. Essi hanno

- $CF \cong FB$ poiché la retta DE parallela ad AC condotta dal punto medio D di AB incontra il lato BC nel suo punto medio F;
- $CE \cong DB$ poiché $CE \cong AD$ (lati opposti del parallelogramma $ADEC$) e $AD \cong DB$;
- $F\hat{C}E \cong F\hat{B}D$ poiché angoli alterni interni formati dalle parallele AB e CE con la trasversale BC.

Quindi $DBF \cong ECF$ per il primo criterio di congruenza. Allora il parallelogramma $ADEC$ e il triangolo ABC sono equiscomponibili, perché composti dal trapezio comune $ADFC$ e, rispettivamente, dai due triangoli congruenti FEC e DBF.

Dal **TEOREMA 1** deduciamo quindi che $ADEC \doteq ABC$. c.v.d.

Il **TEOREMA 3** si può enunciare anche così: **ogni parallelogramma è equivalente a un triangolo che abbia altezza congruente a quella del parallelogramma e base congruente al doppio di quella del parallelogramma**.

Dal **TEOREMA 2** e dal **TEOREMA 3** deduciamo il seguente corollario, la cui dimostrazione ti lasciamo per esercizio.

> **COROLLARIO 2**
>
> Due triangoli aventi basi e altezze rispettivamente congruenti sono equivalenti.

Il teorema seguente stabilisce l'equivalenza tra un trapezio e un triangolo.

> **TEOREMA 4**
>
> Un trapezio è equivalente a un triangolo avente base congruente alla somma delle basi del trapezio e altezza congruente a quella del trapezio.

DIMOSTRAZIONE

Dato il trapezio $ABCD$, sia E un punto sul prolungamento della base AB (dalla parte di B) tale che $BE \cong CD$ (**FIGURA 15**); congiungiamo D con E e chiamiamo F il punto in cui DE interseca BC. Dimostriamo che il trapezio $ABCD$ è equivalente al triangolo AED, avente base AE congruente alla somma delle basi AB e CD del trapezio e altezza congruente a quella del trapezio. Consideriamo i due triangoli DFC ed EFB. Essi hanno

- $DC \cong BE$ per costruzione;
- $D\hat{C}F \cong E\hat{B}F$ e $C\hat{D}F \cong B\hat{E}F$ perché coppie di angoli alterni interni formati dalle parallele DC e AE rispettivamente con le trasversali CB e DE.

Quindi $DFC \cong EFB$ per il secondo criterio di congruenza.

Il trapezio $ABCD$ e il triangolo AED risultano allora equiscomponibili, perché composti dal quadrilatero comune $ABFD$ e, rispettivamente, dai due triangoli congruenti DFC ed EFB.

Dal **TEOREMA 1** deduciamo quindi che $ABCD \doteq AED$. c.v.d.

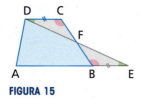

FIGURA 15

Ti lasciamo il compito di dimostrare il prossimo teorema (osserva la **FIGURA 16**).

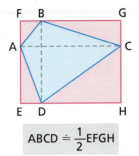

FIGURA 16

> **TEOREMA 5**
>
> Un quadrilatero con le diagonali perpendicolari è equivalente alla metà del rettangolo avente i lati congruenti alle sue diagonali.

Dal **TEOREMA 5** si deduce immediatamente il seguente corollario.

> **COROLLARIO 3**
>
> Un rombo è equivalente alla metà di un rettangolo avente i lati congruenti alle sue diagonali.

Dimostriamo infine un teorema che permette di stabilire l'equivalenza tra un poligono circoscritto a una circonferenza e un triangolo.

> **TEOREMA 6**
>
> Un poligono circoscritto a una circonferenza è equivalente a un triangolo avente base di lunghezza uguale al perimetro del poligono e altezza congruente al raggio della circonferenza.

DIMOSTRAZIONE

Eseguiamo la dimostrazione nel caso di un quadrilatero circoscritto a una circonferenza: la dimostrazione è analoga nel caso di un poligono di n lati.

Sia $ABCD$ un quadrilatero circoscritto a una circonferenza di centro O (**FIGURA 17**). Se congiungiamo O con i vertici di $ABCD$, il quadrilatero resta suddiviso in quattro triangoli: considerando come basi i lati del quadrilatero, tali triangoli hanno tutti per altezza un raggio della circonferenza.

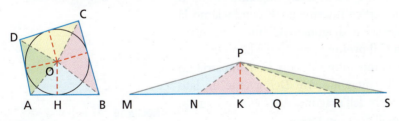

FIGURA 17

Consideriamo su una retta i segmenti adiacenti MN, NQ, QR e RS, congruenti rispettivamente ai lati AB, BC, CD e DA del quadrilatero; congiungiamo poi i loro estremi con un punto qualunque P che abbia una distanza dalla retta MS uguale al raggio della circonferenza (detto K il piede della perpendicolare condotta da P alla retta MS risulta quindi $PK \cong OH$). Dimostriamo che il quadrilatero $ABCD$ è equivalente al triangolo MSP, avente base MS di lunghezza uguale al perimetro del quadrilatero e altezza PK congruente al raggio della circonferenza alla quale esso è circoscritto.

Osserviamo anzitutto che valgono le relazioni

$$MPN \doteq AOB \qquad NPQ \doteq BOC$$
$$QPR \doteq COD \qquad RPS \doteq DOA$$

infatti ciascuna coppia è formata da due triangoli aventi basi e altezze rispettivamente congruenti (**COROLLARIO 2**). Il triangolo MSP e il quadrilatero $ABCD$ sono quindi somme di superfici equivalenti. Dal **POSTULATO 2**, deduciamo dunque che $ABCD \doteq MSP$.   c.v.d.

Poiché un poligono regolare è sempre circoscrivibile a una circonferenza, il **TEOREMA 6** ci permette di dedurre il seguente corollario.

> **COROLLARIO 4**
>
> Un poligono regolare è equivalente a un triangolo avente base di lunghezza uguale al perimetro del poligono e altezza congruente all'apotema del poligono stesso.

5. Trasformazione di poligoni

Dai teoremi dimostrati finora risulta che ogni parallelogramma, ogni trapezio e ogni poligono circoscrivibile si può *trasformare* in un triangolo equivalente (ossia è possibile costruire un triangolo equivalente a esso). Vediamo ora che tale trasformazione si può effettuare per un poligono convesso qualunque, risolvendo il seguente problema.

▶ **Trasformare un poligono convesso in un triangolo equivalente**.

Iniziamo a trasformare un poligono dato in un altro poligono equivalente a esso e *avente un lato in meno*.

È dato, per esempio, l'esagono $ABCDEF$ (**FIGURA 18**); consideriamo tre vertici consecutivi, A, F ed E. Congiungiamo A con E e dal vertice intermedio F conduciamo la parallela alla diagonale AE fino a incontrare in G il prolungamento del lato DE; congiungiamo infine A con G. Dimostriamo che il pentagono $ABCDG$, avente un lato in meno dell'esagono $ABCDEF$, è equivalente all'esagono stesso.

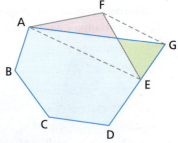

FIGURA 18

Osserviamo che, per costruzione, i punti F e G sono equidistanti dalla retta AE, poiché essi appartengono alla stessa retta parallela ad AE. Pertanto le altezze dei triangoli AEF e AEG relative alla base comune AE sono congruenti: tali triangoli risultano dunque equivalenti.

I poligoni $ABCDEF$ e $ABCDG$ sono composti dal poligono comune $ABCDE$ e, rispettivamente, dai triangoli equivalenti AEF e AEG, dunque essi sono equivalenti, essendo somme di poligoni equivalenti.

Generalizzando questo procedimento, si prova che ogni poligono si può trasformare in un altro equivalente con un lato in meno.

Ripetendo la costruzione un opportuno numero di volte, si arriverà a trasformare il poligono dato in un triangolo equivalente.

Nel paragrafo precedente, abbiamo mostrato che ogni parallelogramma si può trasformare in un rettangolo equivalente, avente rispettivamente congruenti una base e l'altezza a essa relativa. Vogliamo ora estendere questo risultato, risolvendo il seguente problema.

> Se il poligono di partenza ha n lati, al fine di ottenere un triangolo equivalente al poligono dato, bisogna ripetere la costruzione descritta $(n-3)$ volte.

▶ **Trasformare un poligono convesso in un rettangolo equivalente avente l'altezza (o la base) di lunghezza assegnata.**

Per affrontare questo problema, dobbiamo risolvere due problemi preliminari.

- **Trasformare un triangolo in un altro equivalente avente un'altezza di lunghezza assegnata.**

    Trasformiamo il triangolo ABC in un altro triangolo, equivalente a esso, avente l'altezza relativa al lato AB di lunghezza assegnata h.

    Dalla stessa parte di C rispetto alla retta AB, conduciamo la retta $t \parallel AB$ avente distanza h da AB: sia D il punto in cui t interseca il lato AC (**FIGURA 19**) oppure il suo prolungamento (**FIGURA 20**). Congiungiamo D con B e tracciamo da C la parallela a BD fino a incontrare in E la retta AB; infine congiungiamo E con D.

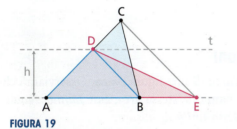

FIGURA 19

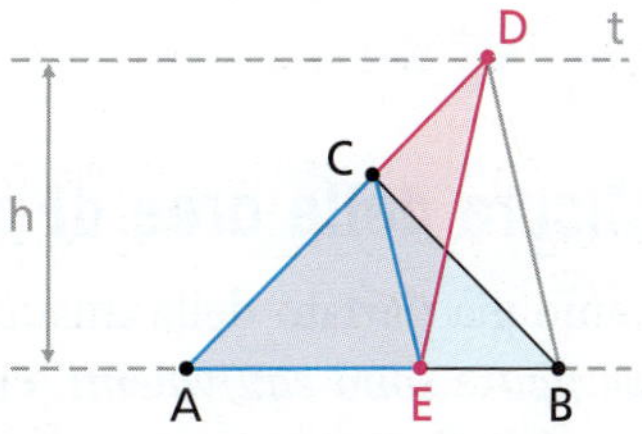

FIGURA 20

Analizziamo il caso della **FIGURA 19**, essendo l'altro caso del tutto analogo. Osserviamo innanzitutto che i triangoli DBC e DBE sono equivalenti, poiché hanno la base DB in comune e le altezze relative a essa rispettivamente congruenti: infatti i vertici C ed E, opposti alla base comune DB, sono equidistanti da tale base, poiché giacciono su una stessa retta parallela a essa.

Affermiamo che il triangolo AED è quello richiesto, infatti

- la sua altezza relativa al lato AB ha lunghezza h, essendo che il vertice D (opposto ad AB) giace sulla retta t;
- è equivalente al triangolo ABC, poiché ha in comune con esso il triangolo ABD, mentre le parti residue (i triangoli DBC e DBE) sono equivalenti per quanto mostrato sopra.

- **Trasformare un triangolo in un altro equivalente avente una base di lunghezza assegnata.**

    Questo problema si risolve con una costruzione analoga a quella indicata nel problema precedente e illustrata nella **FIGURA 21**, nella quale b rappresenta la lunghezza assegnata.

    Ti lasciamo il compito di esplicitare in modo dettagliato la costruzione che permette di risolvere questo problema.

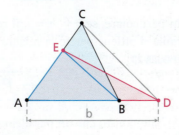

FIGURA 21

Torniamo ora al problema primario: trasformare un poligono convesso in un rettangolo equivalente avente l'altezza (o la base) di lunghezza assegnata.

Utilizzando le costruzioni presentate sopra, trasformiamo dapprima il poligono in un triangolo e poi il triangolo così ottenuto in un altro equivalente con altezza di lunghezza assegnata h.

Per il **TEOREMA 3** e il **COROLLARIO 1**, possiamo trasformare l'ultimo triangolo ottenuto in un rettangolo avente la base congruente a metà della base del triangolo e l'altezza congruente a quella del triangolo.

Il rettangolo ottenuto è così equivalente al poligono di partenza, per la proprietà transitiva dell'equivalenza, e ha l'altezza della lunghezza assegnata.

> **OSSERVAZIONE**
>
> La risoluzione di quest'ultimo problema è particolarmente importante, perché ci permette di confrontare le superfici di due poligoni dopo aver trasformato tali poligoni in rettangoli ad essi equivalenti e aventi altezze della medesima lunghezza.
>
> Dal confronto di questi rettangoli potremo decidere se i poligoni dati sono equivalenti.

6. Misure delle aree di poligoni

Talvolta si parla (impropriamente) di misura di una superficie e di un segmento intendendo con ciò la misura dell'area della superficie e la misura della lunghezza del segmento.

Abbiamo già parlato della misura dell'*area* di una figura piana. Osserviamo che, *se due figure sono equivalenti*, cioè se hanno la stessa area, esse *hanno uguali le misure delle loro aree, espresse nella stessa unità di misura*.

Ricordiamo che, convenzionalmente, **l'unità di misura delle aree è l'area del quadrato avente i lati di lunghezza uguale all'unità di misura prescelta per le lunghezze**. Quindi, se si assume come unità di misura delle lunghezze il metro, l'unità di misura delle aree è l'area di un quadrato con i lati di lunghezza un metro. Tale unità prende il nome di *metro quadrato* e si indica con il simbolo m^2, o anche mq.

Dimostreremo nel prossimo capitolo la formula che ci permette di determinare la misura dell'area di un rettangolo, note le sue dimensioni. Si tratta di una formula fondamentale perché, grazie ai teoremi sull'equivalenza che abbiamo dimostrato, permette di ricavare la misura dell'area dei principali poligoni.

▶ Detta S la misura dell'area di un **rettangolo** e dette b e h rispettivamente le misure della sua base e della sua altezza (**FIGURA 22**), si ha

$$S = b \cdot h \quad \text{area del rettangolo}$$

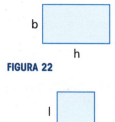

FIGURA 22

FIGURA 23

▶ In particolare, se $b = h = l$, il rettangolo è un quadrato; dalla precedente formula si ottiene perciò la misura S dell'area di un **quadrato** il cui lato misura l (**FIGURA 23**):

$$S = l^2 \quad \text{area del quadrato}$$

▶ Abbiamo visto che un parallelogramma e un rettangolo aventi rispettivamente congruenti una base e l'altezza a essa relativa sono equivalenti (**COROLLARIO 1**);

quindi, poiché due figure equivalenti hanno aree di misura uguale, possiamo affermare che la formula $S = b \cdot h$ vale anche per un **parallelogramma** generico, avente base di misura b e altezza di misura h (FIGURA 24):

$$S = b \cdot h \quad \text{area del parallelogramma}$$

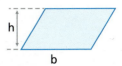

FIGURA 24

▶ Dal TEOREMA 3 deduciamo che la misura S dell'area di un **triangolo**, la cui base e la cui altezza misurano rispettivamente b e h (FIGURA 25), è

$$S = \frac{1}{2} b \cdot h \quad \text{area del triangolo}$$

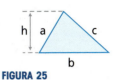

FIGURA 25

Per determinare l'area di un triangolo si può ricorrere anche alla **formula di Erone**. Indicando con a, b, c le misure dei tre lati di un triangolo e con p la misura del suo semiperimetro $\left(p = \dfrac{a+b+c}{2} \right)$, la misura S dell'area del triangolo è data da

$$S = \sqrt{p \cdot (p-a) \cdot (p-b) \cdot (p-c)} \quad \text{area del triangolo}$$

▶ Dal TEOREMA 4 si deduce che la misura S dell'area di un **trapezio**, di cui B e b sono rispettivamente le misure della base maggiore e della base minore e h è la misura dell'altezza (FIGURA 26), è

$$S = \frac{1}{2}(B+b) \cdot h \quad \text{area del trapezio}$$

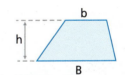

FIGURA 26

▶ Sappiamo inoltre (dal TEOREMA 5) che un quadrilatero con le diagonali perpendicolari è equivalente alla metà del rettangolo avente i lati congruenti alle diagonali del quadrilatero. Da ciò si deduce che la misura S dell'area di un *quadrilatero con le diagonali perpendicolari* (e quindi anche di un **rombo**) è

$$S = \frac{1}{2} d_1 \cdot d_2 \quad \text{area del rombo}$$

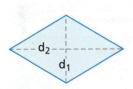

FIGURA 27

essendo d_1 e d_2 le misure delle due diagonali (FIGURA 27).

▶ Se indichiamo con p la misura del semiperimetro di un **poligono circoscritto** a una circonferenza di raggio di misura r e con S la misura della sua area, dal TEOREMA 6 deduciamo che $S = \dfrac{1}{2} \cdot 2p \cdot r$, cioè

$$S = p \cdot r \quad \text{area del poligono circoscritto}$$

▶ Se indichiamo con l la misura del lato di un **poligono regolare** di n lati e con a la misura del suo apotema, per quanto stabilito dal COROLLARIO 4 la misura S della sua area è

$$S = \frac{1}{2} n \cdot l \cdot a \quad \text{area del poligono regolare}$$

Teoremi di Euclide e di Pitagora

Presentiamo ora tre teoremi che esprimono alcune proprietà di equivalenza valide per i **triangoli rettangoli**: il *primo* e *secondo teorema di Euclide* e il *teorema di Pitagora*.

Per comodità, nel seguito useremo le seguenti notazioni:

- $q(AB)$, per indicare il quadrato costruito sopra il segmento AB (o un segmento congruente ad AB);
- $r(AB; BC)$, per indicare il rettangolo che ha per lati consecutivi i due segmenti AB e BC (o due segmenti a essi congruenti).

7. Primo teorema di Euclide

> **PRIMO TEOREMA DI EUCLIDE**
>
> In un triangolo rettangolo il quadrato costruito su un cateto è equivalente al rettangolo che ha per lati l'ipotenusa e la proiezione dello stesso cateto sull'ipotenusa.

DIMOSTRAZIONE

Consideriamo un triangolo ABC rettangolo in C (**FIGURA 28**) e sia H la proiezione del vertice C sull'ipotenusa. Essendo AH la proiezione del cateto AC sull'ipotenusa, vogliamo dimostrare che

$$q(AC) \doteq r(AB; AH)$$

Costruiamo il quadrato $ACDE$ sul cateto AC dalla parte opposta rispetto al triangolo dato. Sul prolungamento di CH, dalla parte di H, consideriamo un punto M tale che $HM \cong AB$ e completiamo il rettangolo avente per lati AH e HM, cioè il rettangolo che ha per lati l'ipotenusa e la proiezione del cateto AC sull'ipotenusa. Dobbiamo quindi dimostrare che $ACDE \doteq ANMH$.

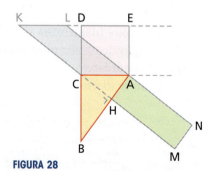

FIGURA 28

Prolunghiamo i lati AN e HM del rettangolo fino a incontrare rispettivamente in L e in K la retta ED e osserviamo che il quadrilatero $ACKL$ è un parallelogramma, perché ha i lati opposti paralleli.

Consideriamo ora i due triangoli rettangoli ACB e AEL. Essi hanno

- $AC \cong AE$ perché lati di un quadrato
- $C\widehat{A}B \cong E\widehat{A}L$ perché complementari dello stesso angolo $L\widehat{A}C$,

quindi $ACB \cong AEL$ e in particolare $AL \cong AB$.

Sappiamo inoltre che $AL \cong KC$ (lati opposti del parallelogramma $ACKL$) e $AB \cong HM$ per costruzione, quindi risulterà $KC \cong HM$.

Allora il rettangolo $ANMH$ e il parallelogramma $ACKL$ sono equivalenti, perché hanno le basi KC e HM congruenti e la stessa altezza AH relativa a tali basi (**COROLLARIO 1**).

Il parallelogramma ACKL risulta poi equivalente al quadrato ACDE perché essi hanno la stessa base AC e la stessa altezza CD (**COROLLARIO 1**); quindi, per la proprietà transitiva della relazione di equivalenza, concludiamo che il rettangolo ANMH è equivalente al quadrato ACDE.   c.v.d.

Osserva che, tenendo presente le formule per le misure delle aree viste nel paragrafo precedente, la misura dell'area del quadrato costruito su AC è $\overline{AC}^2$, la misura dell'area del rettangolo che ha per lati AB e AH è $\overline{AB} \cdot \overline{AH}$ e quindi il **PRIMO TEOREMA DI EUCLIDE** si può esprimere mediante l'uguaglianza

$$\overline{AC}^2 = \overline{AB} \cdot \overline{AH}$$

8. Teorema di Pitagora

Il teorema di Pitagora è una semplice conseguenza del primo teorema di Euclide.

> **TEOREMA DI PITAGORA**
>
> In ogni triangolo rettangolo il quadrato costruito sull'ipotenusa è equivalente alla somma dei quadrati costruiti sui due cateti.

Matematica nella storia: Pitagora e il teorema più famoso

SpiegaMatica: il teorema di Pitagora

DIMOSTRAZIONE

Consideriamo un triangolo ABC, rettangolo in C (**FIGURA 29**). Vogliamo dimostrare che

$$q(AB) \doteq q(AC) + q(BC)$$

Costruiamo i quadrati sui tre lati AB, AC e BC.
Conduciamo l'altezza CH relativa all'ipotenusa AB e prolunghiamola fino a incontrare in M il lato NL del quadrato costruito sull'ipotenusa stessa.
Il segmento HM divide il quadrato ANLB in due rettangoli ANMH e HMLB; tali rettangoli, per il **PRIMO TEOREMA DI EUCLIDE**, sono rispettivamente equivalenti ai due quadrati ACDE e CBGF.
Poiché

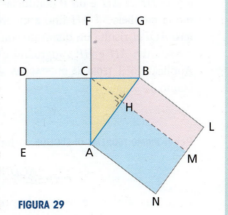

FIGURA 29

$$ANMH + HMLB \doteq ANLB$$
$$ANMH \doteq ACDE$$
$$HMLB \doteq CBGF$$

concludiamo che $ACDE + CBGF \doteq ANLB$.   c.v.d.

Considerando le formule per le misure delle aree dei quadrati costruiti sui lati del triangolo ABC, rettangolo in C, l'enunciato del **TEOREMA DI PITAGORA** si può esprimere mediante l'uguaglianza

$$\overline{AB}^2 = \overline{AC}^2 + \overline{BC}^2$$

SpiegaMatica: i teoremi di Euclide

9. Secondo teorema di Euclide

Il secondo teorema di Euclide è una conseguenza del primo teorema di Euclide e del teorema di Pitagora.

> **SECONDO TEOREMA DI EUCLIDE**
>
> In un triangolo rettangolo il quadrato costruito sull'altezza relativa all'ipotenusa è equivalente al rettangolo che ha per lati le proiezioni dei cateti sull'ipotenusa.

DIMOSTRAZIONE

Consideriamo un triangolo ABC rettangolo in C, e sia CH l'altezza relativa all'ipotenusa (**FIGURA 30**). Dobbiamo dimostrare che

$$q(CH) \doteq r(AH\,;\,HB)$$

Costruiamo il quadrato $ACDE$ su AC e il rettangolo $ANMH$ come nella dimostrazione del **PRIMO TEOREMA DI EUCLIDE**; sia poi $CHKF$ il quadrato costruito sull'altezza CH. Sia P il punto del segmento HM tale che $HP \cong AH$ e da P conducia-

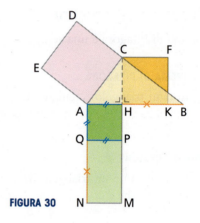

FIGURA 30

mo la parallela ad AH fino a incontrare in Q il segmento AN: il quadrilatero $AQPH$ risulta un quadrato (infatti è un parallelogramma con i due lati consecutivi AH e HP congruenti e l'angolo $A\widehat{H}P$ retto).
Applicando il **TEOREMA DI PITAGORA** al triangolo AHC, rettangolo in H, abbiamo

$$ACDE \doteq AQPH + CHKF \qquad \boxed{1}$$

Per il **PRIMO TEOREMA DI EUCLIDE**, si ha

$$ACDE \doteq ANMH \qquad \boxed{2}$$

Dalle relazioni $\boxed{1}$ e $\boxed{2}$, per la proprietà transitiva dell'equivalenza, otteniamo

$$ANMH \doteq AQPH + CHKF$$

Se sottraiamo da entrambi i membri il quadrato $AQPH$, poiché differenze di superfici equivalenti sono equivalenti, possiamo scrivere

$$ANMH - AQPH \doteq CHKF \longrightarrow QNMP \doteq CHKF \qquad \boxed{3}$$

Siccome è $HM \cong AB$ e $HP \cong AH$ (per costruzione), risulta $PM \cong HB$ (differenze di segmenti congruenti) e, poiché $PQ \cong AH$, il rettangolo $QNMP$ ha i lati congruenti alle proiezioni AH e HB dei cateti AC e CB sull'ipotenusa; perciò l'equivalenza $\boxed{3}$ coincide con la tesi.

c.v.d.

Anche il **SECONDO TEOREMA DI EUCLIDE** si può esprimere mediante un'uguaglianza in cui le misure delle aree sono espresse conformemente alle formule viste nei paragrafi precedenti:

$$\overline{CH}^2 = \overline{AH} \cdot \overline{HB}$$

I due teoremi di Euclide ci permettono di risolvere il problema della *quadratura di un rettangolo* in due modi differenti.

▶ **Trasformare un rettangolo in un quadrato equivalente**.

Primo metodo (con il **PRIMO TEOREMA DI EUCLIDE**)
Consideriamo un rettangolo *ABCD* (**FIGURA 31**): sul lato maggiore *AD* consideriamo il punto *E* tale che $AE \cong AB$, e costruiamo la semicirconferenza di diametro *AD* (dalla parte opposta del rettangolo rispetto ad *AD*). Tracciamo poi la perpendicolare in *E* al lato *AD* fino a incontrare in *F* la semicirconferenza. Congiunto *A* con *F*, dimostriamo che il quadrato costruito su *AF* è equivalente al rettangolo dato.

Se congiungiamo *F* con *D* otteniamo il triangolo *AFD* rettangolo in *F*, perché inscritto in una semicirconferenza.
Rispetto a tale triangolo, *AF* è un cateto e *ABCD* è il rettangolo che ha per lati l'ipotenusa *AD* e il segmento *AB* congruente alla proiezione *AE* del cateto *AF* sull'ipotenusa stessa: perciò $AFHK \doteq ABCD$ per il primo teorema di Euclide.

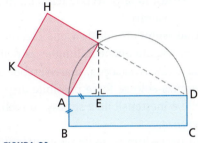

FIGURA 31

Secondo metodo (con il **SECONDO TEOREMA DI EUCLIDE**)
Dato il rettangolo *ABCD* (**FIGURA 32**), prolunghiamo il lato *AD*, dalla parte di *D*, di un segmento $DE \cong DC$. Costruiamo la semicirconferenza di diametro *AE* e prolunghiamo *DC* fino a incontrare in *F* la semicirconferenza. Dimostriamo che il quadrato *FDHK* costruito su *FD* è equivalente al rettangolo dato.
Congiunto *F* con *A* e con *E*, il triangolo *AFE* che si ottiene è rettangolo in *F* (perché inscritto in una semicirconferenza).
Rispetto a tale triangolo *FD* è l'altezza relativa all'ipotenusa *AE* e il rettangolo *ABCD* ha per lati la proiezione *AD* del cateto *AF* sull'ipotenusa e il segmento *DC* congruente alla proiezione *DE* del cateto *FE* sull'ipotenusa. Per il secondo teorema di Euclide $ABCD \doteq FDHK$.

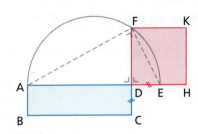

FIGURA 32

> ■ **OSSERVAZIONE**
>
> Per quanto visto in precedenza, ogni poligono convesso si può sempre trasformare in un rettangolo equivalente. Poiché abbiamo appena mostrato che si può trasformare un rettangolo in un quadrato equivalente, deduciamo che *è sempre possibile la quadratura di un poligono convesso*, ossia **un poligono convesso è sempre trasformabile in un quadrato equivalente**.

A differenza di quanto visto per i poligoni, non è possibile realizzare con riga e compasso la *quadratura del cerchio*.

Matematica nella storia: la quadratura del cerchio e la rettificazione della circonferenza

Lunghezza della circonferenza e area del cerchio

10. Misura della lunghezza della circonferenza

La circonferenza non è un segmento o una poligonale e perciò, se vogliamo dare un significato razionale al concetto intuitivo di *lunghezza della circonferenza* e calcolarne la misura, non possiamo applicare le definizioni e i risultati che già conosciamo.

Infatti, poiché l'unità di misura che si usa per misurare le lunghezze è un segmento, non è facile stabilire quante volte una circonferenza contiene l'unità di misura. Potremmo procedere empiricamente così: appoggiamo sulla circonferenza un filo, che supponiamo perfettamente flessibile e inestensibile. Una volta tagliato il filo al punto giusto (cioè in corrispondenza di un «giro completo» della circonferenza), lo si potrebbe tendere, in modo che assomigli a un segmento di retta e poi misurare.

Tale segmento ideale viene chiamato *circonferenza rettificata* e la sua lunghezza rappresenta anche la lunghezza della circonferenza. È evidente che, con la procedura descritta sopra, si arriverebbe alla misura esatta della lunghezza della circonferenza solo se fosse possibile disporre realmente di un filo perfettamente flessibile e inestensibile e se fosse possibile far aderire *perfettamente* il filo alla circonferenza.

La procedura formale mediante cui si può arrivare alla determinazione della misura esatta della lunghezza di una circonferenza è la seguente.

Disegniamo un poligono inscritto nella circonferenza e un poligono circoscritto a essa con lo stesso numero di lati, e osserviamo che il perimetro del poligono inscritto è minore della lunghezza della circonferenza, e il perimetro del poligono circoscritto è maggiore della lunghezza della circonferenza.

Osserva la **FIGURA 33**, dove abbiamo rappresentato una circonferenza, con il raggio di misura r, un quadrato a essa inscritto e un quadrato a essa circoscritto.

La misura del lato del quadrato inscritto si trova facilmente, applicando il teorema di Pitagora al triangolo AOB, rettangolo in O:

$$\overline{AB}^2 = \overline{OA}^2 + \overline{OB}^2 \longrightarrow \overline{AB}^2 = r^2 + r^2 \longrightarrow \overline{AB} = r\sqrt{2}$$

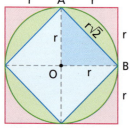
FIGURA 33

La misura del perimetro del quadrato inscritto è perciò

$$p = 4r\sqrt{2}$$

La misura del lato del quadrato circoscritto è evidentemente $2r$ e quindi il perimetro di tale quadrato misura $4 \cdot 2r = 8r$.

È perciò ragionevole supporre che la misura della lunghezza della circonferenza dovrà essere compresa tra $4r\sqrt{2} = r \cdot 5{,}656854\dots$ e $8r$.

Per ottenere delle approssimazioni migliori della misura della lunghezza della circonferenza possiamo aumentare il numero dei lati dei due poligoni (**FIGURA 34**).
Infatti, se cresce indefinitamente il numero dei lati, i perimetri dei due poligoni (inscritto e circoscritto) tendono a coincidere; allo stesso tempo, essi tendono a coincidere anche con la lunghezza della circonferenza tra loro compresa.

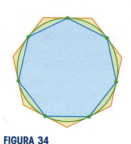
FIGURA 34

Nella tabella qui sotto abbiamo riportato le misure dei perimetri dei poligoni di n lati inscritti (p_n) e circoscritti (P_n) a una circonferenza il cui diametro misura $2r$, per alcuni valori di n.

Come puoi osservare, i valori di p_n e di P_n si avvicinano sempre di più al crescere di n: i valori dell'ultima riga della tabella infatti coincidono per le prime cinque cifre dopo la virgola. Dunque la misura della lunghezza della circonferenza di diametro unitario è un numero le cui prime cifre sono 3,14159. Continuando in questo procedimento, come si potrebbe dimostrare, si possono determinare tante cifre decimali quante si vogliono.

n	p_n	P_n
4	$2{,}8284271247 \cdot 2r$	$4 \cdot 2r$
8	$3{,}0614674589 \cdot 2r$	$3{,}3137084989 \cdot 2r$
16	$3{,}1214451522 \cdot 2r$	$3{,}1825978780 \cdot 2r$
32	$3{,}1365484905 \cdot 2r$	$3{,}1517249074 \cdot 2r$
64	$3{,}1403311569 \cdot 2r$	$3{,}1441183852 \cdot 2r$
128	$3{,}1412772509 \cdot 2r$	$3{,}1422236299 \cdot 2r$
256	$3{,}1415138011 \cdot 2r$	$3{,}1417503691 \cdot 2r$
512	$3{,}1415729403 \cdot 2r$	$3{,}1416320807 \cdot 2r$
1024	$3{,}1415877252 \cdot 2r$	$3{,}1416025102 \cdot 2r$
2048	$3{,}1415914215 \cdot 2r$	$3{,}1415951177 \cdot 2r$
4096	$3{,}1415923455 \cdot 2r$	$3{,}1415932696 \cdot 2r$

Perciò possiamo dire che il perimetro di un poligono regolare *inscritto* in una circonferenza può essere considerato come un *valore approssimato per difetto* della lunghezza della circonferenza, mentre il perimetro di un poligono regolare *circoscritto* può esserne considerato un'*approssimazione per eccesso*.

Da ciò deduciamo che il rapporto tra la misura del perimetro di un poligono inscritto a una circonferenza e la misura del diametro della circonferenza stessa può essere considerato un'approssimazione per difetto del rapporto tra la misura della lunghezza della circonferenza e quella del suo diametro; ne rappresenta invece un'approssimazione per eccesso il rapporto tra la misura del perimetro di un poligono circoscritto alla circonferenza e la misura del diametro della circonferenza stessa. In formule, possiamo scrivere

$$\frac{p_n}{2r} < \frac{C}{2r} < \frac{P_n}{2r}$$

dove C è la misura della lunghezza della circonferenza e r la misura del suo raggio. Tali approssimazioni, come abbiamo già detto, migliorano all'aumentare del numero n dei lati dei poligoni inscritto e circoscritto.

Considerando ora circonferenze di raggi diversi, si può costruire, per ciascuna di esse, una tabella analoga a quella precedente che contenga le misure p_n e P_n dei perimetri dei poligoni di n lati inscritti e circoscritti. Così facendo, potrai osservare che, per n sufficientemente elevato, i rapporti $\frac{p_n}{2r}$ e $\frac{P_n}{2r}$ approssimano (rispettivamente per difetto e per eccesso) un numero, che è lo stesso in tutte le tabelle. In effetti, vale il seguente teorema.

> **TEOREMA 7**
> Il rapporto tra la lunghezza di una circonferenza e il suo diametro è costante.

> Il numero π è irrazionale e trascendente: la sua rappresentazione decimale è illimitata e non periodica.

In altri termini, tale rapporto non dipende dal raggio, ed è uguale a un numero, detto *pi greco*, che si indica con il simbolo π. Il numero π non è razionale e la sua rappresentazione decimale con 50 cifre dopo la virgola è

$$3{,}14159265358979323846264338327950288419716939937 51$$

Quindi, indicando con C la misura della lunghezza di una circonferenza di raggio r, si ha

$$\boxed{\frac{C}{2r} = \pi \quad \longrightarrow \quad C = 2\pi r}$$

11. Misura dell'area del cerchio

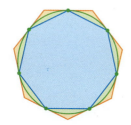

FIGURA 35

Consideriamo un poligono regolare inscritto e uno circoscritto alla circonferenza aventi lo stesso numero n di lati (**FIGURA 35**): osserviamo che l'area del poligono inscritto è minore dell'area del cerchio, mentre l'area del poligono circoscritto è maggiore dell'area del cerchio. Indicate con a_n e A_n, rispettivamente, le misure dell'area dei poligoni inscritto e circoscritto e con S la misura dell'area del cerchio, possiamo quindi scrivere

$$a_n < S < A_n$$

Questa relazione vale naturalmente *per ogni poligono inscritto e per ogni poligono circoscritto* alla circonferenza e, al crescere del numero dei lati di tali poligoni, si osserva che le misure a_n e A_n delle loro aree differiscono sempre meno tra loro e dunque rappresentano delle approssimazioni, rispettivamente per difetto e per eccesso, sempre migliori della misura S dell'area del cerchio.

Applichiamo la relazione precedente a poligoni con numero di lati rispettivamente uguale a 4, 8, 16, 4096, considerando una circonferenza di raggio r e approssimando i risultati a 10 cifre dopo la virgola:

$$
\begin{array}{lcccl}
2r^2 & < S < & 4r^2 & (n=4) \\
2{,}8284271247 \cdot r^2 & < S < & 3{,}3137084989 \cdot r^2 & (n=8) \\
3{,}1214451522 \cdot r^2 & < S < & 3{,}1825978780 \cdot r^2 & (n=16) \\
3{,}1415923455 \cdot r^2 & < S < & 3{,}1415932696 \cdot r^2 & (n=4096)
\end{array}
$$

Se dividiamo tutti i termini di tali relazioni per r^2, otteniamo

$$
\begin{array}{lcl}
2 & < \dfrac{S}{r^2} < & 4 \\[4pt]
2{,}8284271247 & < \dfrac{S}{r^2} < & 3{,}3137084989 \\[4pt]
3{,}1214451522 & < \dfrac{S}{r^2} < & 3{,}1825978780 \\[4pt]
3{,}1415923455 & < \dfrac{S}{r^2} < & 3{,}1415932696
\end{array}
$$

Al crescere del numero dei lati, i rapporti tra le misure delle aree dei poligoni inscritto e circoscritto e il quadrato della misura del raggio del cerchio rappresentano approssimazioni (rispettivamente per difetto e per eccesso), sempre più precise del rapporto $\dfrac{S}{r^2}$: tali approssimazioni sembrano convergere al numero irrazionale trascendente π. Tali rapporti sembrano, inoltre, approssimare il numero π anche se si considerano circonferenze di raggi diversi; è dunque ragionevole aspettarsi che il rapporto $\dfrac{S}{r^2}$ non dipenda dalla particolare circonferenza considerata.

In effetti, vale il seguente teorema.

> **TEOREMA 8**
>
> Il rapporto tra la misura dell'area di un cerchio e il quadrato della misura del suo raggio è uguale a π.

Grazie al precedente teorema, possiamo scrivere la formula per il calcolo della misura S dell'area di un cerchio avente raggio di misura r:

$$\frac{S}{r^2} = \pi \quad \longrightarrow \quad S = \pi r^2$$

Deriviamo infine la formula per il calcolo della misura dell'area di una corona circolare.
Siano r e R, con $r < R$, le misure dei raggi delle circonferenze concentriche che delimitano la corona circolare (**FIGURA 36**). Essendo la corona equivalente alla differenza rispettivamente del cerchio di raggio R e del cerchio di raggio r, la misura S della sua area si può calcolare con la formula

$$S = \pi R^2 - \pi r^2 = \pi(R^2 - r^2)$$

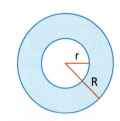

FIGURA 36

Rifacimento dell'asfalto di un parcheggio Soluzione del problema di pag. 635

Come possiamo misurare l'area della superficie totale di un parcheggio, la cui forma complessiva non corrisponde ad alcuna figura geometrica semplice?

All'inizio del capitolo ci siamo chiesti quanto spenderà l'amministrazione di un centro commerciale per asfaltare il parcheggio completamente rovinato. Per farlo dobbiamo capire quanti metri quadri vanno coperti.
Per valutare l'area di una figura complessa come quella del parcheggio del centro commerciale, una possibilità è scomporre la piantina in figure elementari più semplici, come ad esempio in **FIGURA 43** (dove le figure sono state colorate per facilitare la comprensione).
Alcune si riconoscono facilmente: la parte azzurra del parcheggio è un rettangolo e al suo interno ci sono 4 aiuole circolari (verdi); la parte viola del parcheggio è un trapezio isoscele e al suo interno c'è un'aiuola esagonale (verde).

10 m

FIGURA 37

Le rotonde (gialle) sono delle corone circolari, quindi possiamo calcolare la loro area sottraendo al cerchio più grande l'aiuola interna (verde).

In alcuni casi, come ad esempio le corsie di accesso alle rotonde, non è possibile rifarsi a figure note. Dovremo limitarci a figure che *approssimano* l'effettiva forma dell'area asfaltata.

Utilizziamo il riferimento metrico allegato alla piantina per misurare le lunghezze necessarie al calcolo delle aree.

Il rettangolo azzurro ha dimensioni 105 m e 60 m e il raggio delle aiuole interne è di 4 m, quindi la misura dell'area è $105 \cdot 60 - 4 \cdot (\pi \cdot 4^2) = 6099$ (m²).

Il trapezio viola ha le basi di 69,8 m e 37,5 m, l'altezza di 24,4 m. L'aiuola esagonale ha i lati di 5 m e il raggio della circonferenza inscritta a esso di 4,3 m.

Perciò l'area misura $\dfrac{(69,8 + 37,5) \cdot 24,4}{2} - 3 \cdot 5 \cdot 4,3 = 1244,5$ (m²).

La rotonda maggiore ha l'aiuola al suo interno di diametro 20,6 m e il diametro della circonferenza esterna è 42,5 m. L'area misura

$$\pi \cdot \left[\left(\frac{42,5}{2} \right)^2 - \left(\frac{20,6}{2} \right)^2 \right] = 1085 \text{ (m}^2\text{)}$$

Allo stesso modo la rotonda minore, con diametri di 16,6 m e 30 m, ha area

$$\pi \cdot \left[\left(\frac{30}{2} \right)^2 - \left(\frac{16,6}{2} \right)^2 \right] = 485 \text{ (m}^2\text{)}$$

Le strade di collegamento (blu) non hanno esattamente una forma rettangolare perché dove si inseriscono nelle rotonde hanno un lato curvo. Scegliamo comunque di approssimare come rettangoli due tratti di strada. Invece per gli altri tre tratti rimanenti usiamo un rettangolo e un triangolo. I rettangoli hanno tutti la stessa larghezza, 8 m, e lunghezze variabili: 32 m, 15 m, 37 m, 10 m, 10 m, per cui l'area totale è

$$(32 + 15 + 37 + 10 + 10) \cdot 8 = 832 \text{ (m}^2\text{)}$$

I tre triangoli (rossi) sono rettangoli, quindi è sufficiente misurarne i cateti: due triangoli sono congruenti e hanno i cateti di 8 m e 4 m, il terzo è isoscele e ha entrambi i cateti di 4 m, per un'area totale di

$$2 \cdot \frac{8 \cdot 4}{2} + \frac{4 \cdot 4}{2} = 40 \text{ (m}^2\text{)}$$

Quindi l'area complessiva da asfaltare è di

$$(6099 + 1244,5 + 1085 + 485 + 832 + 40) \text{ (m}^2\text{)} = 9785,5 \text{ (m}^2\text{)}$$

Sapendo che il costo di asfaltatura è di 15 euro/m², possiamo stimare un costo complessivo di circa 146 800 euro (solo per la posa, esclusa la rimozione del manto deteriorato).

ESERCIZI

1. Valuta quanto può incidere sull'area totale l'approssimazione dei tratti curvi con tratti rettilinei fatta nel calcolo dell'area del parcheggio.

2. Procurati una pianta della tua scuola, o di una parte di essa, e valuta il costo di rifacimento dei pavimenti scegliendo anche il tipo di rivestimento da utilizzare (parquet, piastrelle, ...).

Teoria.zip ▷ Equivalenza delle superfici piane

Equivalenza ed equiscomponibilità

▷ **Superficie piana limitata** (**superficie** o **figura piana**): figura costituita da una linea piana chiusa e semplice e da tutti i suoi punti interni. La linea che delimita una superficie è detta **contorno** della superficie. Esempi: poligono, cerchio.

▷ **Superfici equivalenti** (o **equiestese**)
Due superfici A e B si dicono equivalenti, e si scrive $A \doteq B$, se hanno la stessa estensione.
- Due figure congruenti sono equivalenti.
- La relazione di «equiestensione» nell'insieme delle figure piane è una *relazione di equivalenza*.

▷ **Area di una superficie**: è la classe di equivalenza di tutte le superfici piane equiestese alla superficie stessa. In particolare, *due figure equivalenti hanno la stessa area*.

▷ **Somma di due superfici**
La somma di due superfici A e B tali che
a. $A \cap B = \emptyset$
oppure
b. hanno in comune solo punti del loro contorno,
è la figura D costituita dall'unione dei loro punti e si scrive $D \doteq A + B$.

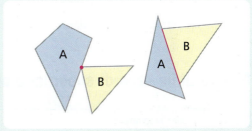

Si dice **differenza** di due superfici A e B la superficie C (si scrive $C \doteq A - B$) tale che $A \doteq B + C$. Naturalmente *somme e differenze di superfici equivalenti sono equivalenti*.

▷ **Figure equiscomponibili** (o **equicomposte**)
Due figure si dicono equiscomponibili (o equicomposte) se sono somme di figure rispettivamente congruenti.
In particolare, *figure equiscomponibili sono equivalenti*.

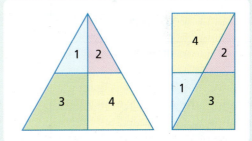

Poligoni equivalenti

▷ Due **parallelogrammi** che hanno rispettivamente congruenti una base e l'altezza relativa sono equivalenti. In particolare, *un **parallelogramma** è equivalente a un **rettangolo** avente rispettivamente congruenti una base e l'altezza relativa a essa*.

▷ Un **triangolo** è equivalente a un **parallelogramma** avente una base congruente a metà della base del triangolo e l'altezza relativa a tale base congruente a quella del triangolo.
Di conseguenza, *due triangoli aventi basi e altezze relative rispettivamente congruenti sono equivalenti*.

▷ Un **trapezio** è equivalente a un **triangolo** avente base congruente alla somma delle basi del trapezio e altezza congruente a quella del trapezio.

▷ Un **quadrilatero** con le **diagonali perpendicolari** (e in particolare un *rombo*) è equivalente alla metà del **rettangolo** avente i lati congruenti alle sue diagonali.

Teoria.zip

▸ Un **poligono circoscritto** a una circonferenza è equivalente a un **triangolo** avente base di lunghezza uguale al perimetro del poligono e altezza congruente al raggio della circonferenza.
Di conseguenza, *un poligono regolare è equivalente a un triangolo avente base di lunghezza uguale al perimetro del poligono e altezza congruente all'apotema del poligono stesso.*

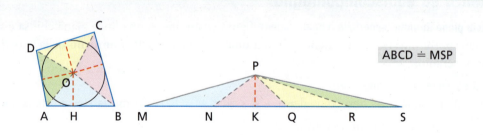

▸ **Trasformazione di poligoni**
È sempre possibile trasformare un poligono convesso
a. in un triangolo equivalente;
b. in un rettangolo equivalente (avente l'altezza o la base di lunghezza assegnata).

Misura delle aree di superfici piane

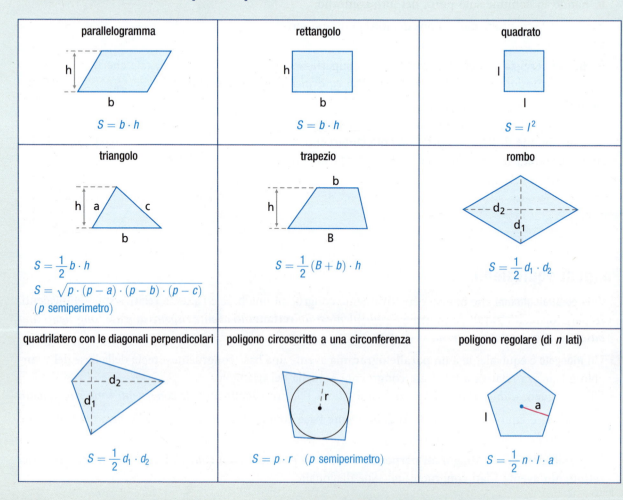

parallelogramma	rettangolo	quadrato
$S = b \cdot h$	$S = b \cdot h$	$S = l^2$

triangolo	trapezio	rombo
$S = \frac{1}{2} b \cdot h$ $S = \sqrt{p \cdot (p-a) \cdot (p-b) \cdot (p-c)}$ (*p* semiperimetro)	$S = \frac{1}{2}(B+b) \cdot h$	$S = \frac{1}{2} d_1 \cdot d_2$

quadrilatero con le diagonali perpendicolari	poligono circoscritto a una circonferenza	poligono regolare (di *n* lati)
$S = \frac{1}{2} d_1 \cdot d_2$	$S = p \cdot r$ (*p* semiperimetro)	$S = \frac{1}{2} n \cdot l \cdot a$

Teoremi di Euclide e di Pitagora

▶ **Primo teorema di Euclide**
In un triangolo rettangolo il quadrato costruito su un cateto è equivalente al rettangolo che ha per lati l'ipotenusa e la proiezione del cateto sull'ipotenusa.

▶ **Secondo teorema di Euclide**
In un triangolo rettangolo il quadrato costruito sull'altezza relativa all'ipotenusa è equivalente al rettangolo che ha per lati le proiezioni dei cateti sull'ipotenusa.

▶ **Teorema di Pitagora**
In un triangolo rettangolo la somma dei quadrati costruiti sui cateti è equivalente al quadrato costruito sull'ipotenusa.

SpiegaMatica: il teorema di Pitagora

SpiegaMatica: i teoremi di Euclide

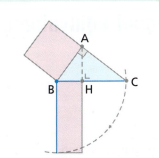

$q(AB) \doteq r(BC\,;BH)$
$\overline{AB}^2 = \overline{BC} \cdot \overline{BH}$

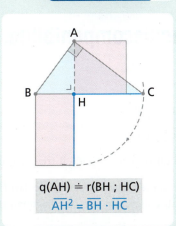

$q(AH) \doteq r(BH\,;HC)$
$\overline{AH}^2 = \overline{BH} \cdot \overline{HC}$

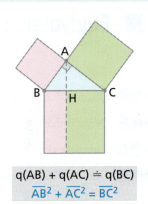

$q(AB) + q(AC) \doteq q(BC)$
$\overline{AB}^2 + \overline{AC}^2 = \overline{BC}^2$

▶ **Quadratura di un poligono convesso**
Come conseguenza dei teoremi di Euclide si può sempre trasformare un rettangolo in un quadrato equivalente; dunque *un poligono convesso è sempre trasformabile in un quadrato equivalente.*

Lunghezza della circonferenza e area del cerchio

▶ **Misura della lunghezza di una circonferenza**
Il rapporto tra la misura della lunghezza di una circonferenza e quella del suo diametro è costante e uguale al numero irrazionale π (3,1415926535589...). Detta C la misura della lunghezza di una circonferenza e r la misura del suo raggio, vale

$$\frac{C}{2r} = \pi \longrightarrow C = 2\pi r$$

▶ **Misura dell'area del cerchio**
Il rapporto tra la misura dell'area di un cerchio e il quadrato della misura del suo raggio è costante e uguale a π. Detta S la misura dell'area di un cerchio e r la misura del suo raggio, vale

$$\frac{S}{r^2} = \pi \longrightarrow S = \pi r^2$$

Capitolo 11 — Esercizi

- Equivalenza ed equiscomponibilità. Poligoni equivalenti
- Misura delle aree di superfici piane. Teoremi di Euclide e di Pitagora
- Esercizi per il recupero
- Esercizi di approfondimento
- Verso la Prova Invalsi

■ Equivalenza ed equiscomponibilità. Poligoni equivalenti

QUESITI

1 Quando due superfici si dicono equivalenti?

2 Quando due figure si dicono equiscomponibili?

3 Dimostra che una mediana di un triangolo divide il triangolo in due triangoli equivalenti.

4 Dimostra che un quadrilatero con le diagonali perpendicolari (in particolare un rombo) è equivalente alla metà del rettangolo avente i lati congruenti alle sue diagonali (**TEOREMA 5**).

5 Elenca e descrivi le operazioni necessarie per trasformare un pentagono in un triangolo equivalente.

6 Trasforma un triangolo in un altro equivalente avente una base di lunghezza assegnata.

VERO O FALSO?

7
a. Due triangoli congruenti non sono equicomposti. ☐V ☐F
b. Due triangoli equicomposti sono congruenti. ☐V ☐F
c. Due poligoni equicomposti hanno la stessa area. ☐V ☐F
d. Due poligoni che hanno la stessa area sono equicomposti. ☐V ☐F

8
a. Un triangolo acutangolo e un triangolo ottusangolo non possono essere equicomposti. ☐V ☐F
b. Due poligoni equicomposti hanno lo stesso numero di lati. ☐V ☐F
c. Se un poligono P_1 è contenuto in un poligono P_2, allora l'area di P_1 è minore dell'area di P_2. ☐V ☐F
d. Se un poligono P_1 ha area minore di un poligono P_2, allora P_1 è contenuto in P_2. ☐V ☐F

9
a. Un triangolo è equivalente a un rettangolo avente base congruente a metà della base del triangolo e altezza congruente a quella del triangolo. ☐V ☐F
b. Un trapezio è equivalente a un rettangolo avente base congruente alla somma delle basi del trapezio e altezza congruente a quella del trapezio. ☐V ☐F
c. Un trapezio è equivalente a un triangolo avente base congruente alla differenza delle basi del trapezio e altezza congruente a quella del trapezio. ☐V ☐F
d. Un pentagono regolare è equivalente a un triangolo avente base congruente a 5 volte il lato del pentagono e altezza congruente all'apotema del pentagono. ☐V ☐F

10 **a.** Un quadrato avente lato congruente al lato di un rombo è equivalente a esso. V F
b. Un parallelogramma avente base congruente al lato di un rombo e altezza congruente a un'altezza del rombo è equivalente al rombo stesso. V F
c. Un triangolo e un trapezio non possono mai essere equivalenti. V F
d. Se due rettangoli equivalenti hanno le basi rispettivamente congruenti, allora sono congruenti. V F

11 Un rombo è equivalente a
a. un quadrato che ha il lato congruente al lato del rombo V F
b. un rettangolo avente i lati rispettivamente congruenti alle diagonali del rombo V F
c. un triangolo avente la base e l'altezza rispettivamente congruenti alle diagonali del rombo V F
d. un parallelogramma avente le diagonali rispettivamente congruenti alle diagonali del rombo V F

12 Un parallelogramma è equivalente a
a. un rettangolo avente base e altezza rispettivamente congruenti alle diagonali del parallelogramma V F
b. un triangolo avente la stessa altezza del parallelogramma e base di lunghezza doppia di quella del parallelogramma V F
c. un rombo avente base e altezza rispettivamente congruenti a quelle del parallelogramma V F
d. alla metà di un trapezio avente la stessa altezza e le basi rispettivamente congruenti ai lati del parallelogramma V F

QUESITI A RISPOSTA MULTIPLA

13 Nella figura qui a fianco, quale triangolo è equicomposto con il trapezio ABCD?

a FCD   **b** ABF   **c** AED
d FGD   **e** AEC

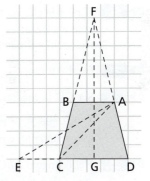

14 L'ottagono in arancio e quale dei poligoni in azzurro sono equicomposti?

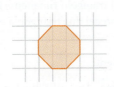

a
b
c

d
e Nessuno dei precedenti

15 In un trapezio ABCD la base maggiore è AB, la minore CD, BC e AD sono i lati obliqui. Se si tracciano le diagonali che si intersecano in O, si ha

a $ABO \doteq CDO$ **b** $CDO \doteq BCO$ **c** $BCO \doteq ADO$
d $ABO \doteq BCO$ **e** $ABO \doteq AOD$

16 Nella figura a fianco, *ABCDEF* è un esagono regolare. L'esagono *GHIJKL* rispetto a quello dato è

a $\frac{1}{2}$ **b** $\frac{1}{3}$ **c** $\frac{2}{3}$

d $\frac{5}{6}$ **e** nessuna delle precedenti

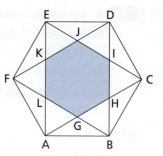

17 Dimostra che se due parallelogrammi equivalenti hanno basi congruenti, essi hanno anche le altezze, relative a quelle basi, congruenti.

18 Dimostra che se due triangoli equivalenti hanno congruenti le basi, essi hanno pure le relative altezze congruenti.

19 Dimostra che congiungendo gli estremi di uno dei lati obliqui di un trapezio con il punto medio dell'altro lato obliquo si ottiene un triangolo equivalente alla metà del trapezio.

20 È dato il parallelogramma *ABCD*: dai vertici *A* e *B* conduci le perpendicolari alla retta del lato *CD* e siano rispettivamente *E* ed *F* i piedi di tali perpendicolari su *CD*. Supponi inoltre che il punto *F* sia interno al lato *CD*. Dimostra che il parallelogramma *ABCD* è equivalente al rettangolo *AEFB*.

21 Sia *D* il punto medio del lato *AB* del triangolo *ABC*; costruisci il parallelogramma *ADEC*, dove *E* è il punto di intersezione tra le parallele condotte da *C* e da *D* rispettivamente ai lati *AB* e *AC*. Dimostra che triangolo e parallelogramma risultano equivalenti.

22 Dimostra che un triangolo *ABC* è equivalente al parallelogramma *ABDE* avente la stessa base *AB* del triangolo e altezza relativa ad *AB* congruente alla metà dell'altezza del triangolo. (*Suggerimento*: dimostra che il triangolo e il parallelogramma sono equicomposti.)

23 Qual è il luogo geometrico dei vertici dei triangoli equivalenti aventi la stessa base?

24 Sia *CM* la mediana del triangolo *ABC* relativa al lato *AB*. Detto *P* un punto di *CM*, dimostra che

a. i triangoli *AMP* e *BMP* sono equivalenti; **b.** i triangoli *APC* e *BPC* sono equivalenti.

(*Suggerimento*: considera *APC* e *BPC* come differenza di triangoli equivalenti.)

25 Nel triangolo *ABC*, sia *CM* la mediana relativa ad *AB* e sia *O* il punto medio di *CM*. Dimostra che il triangolo *OMA* è equivalente alla quarta parte del triangolo *ABC*.

26 Dimostra che due mediane di un triangolo dividono il triangolo stesso in quattro parti: tre triangoli e un quadrilatero. Dimostra che due dei tre triangoli sono equivalenti e così anche il triangolo rimanente e il quadrilatero. Dimostra infine che il quadrilatero è equivalente al doppio di ciascuno dei due triangoli a esso non equivalenti.

27 Dimostra che un triangolo è diviso dalle sue mediane in sei triangoli equivalenti.

28 Dimostra che congiungendo un punto di un lato di un triangolo con i punti medi degli altri due si forma un quadrilatero equivalente a metà triangolo.

29 Unisci un punto qualunque *E* della diagonale *AC* del parallelogramma *ABCD* con i vertici *B* e *D*; dimostra che i triangoli ottenuti *AEB* e *AED* sono equivalenti, come pure i triangoli *CEB* e *CED*.

30 Dimostra che se per un punto di una diagonale di un parallelogramma si conducono le parallele ai lati, il parallelogramma rimane scomposto in altri quattro parallelogrammi, dei quali i due non attraversati da quella diagonale sono equivalenti. (Questo teorema è noto come «*Teorema dello gnomone*».)

31 Congiungi un punto P interno al parallelogramma $ABCD$ con i vertici del parallelogramma. Dimostra che la somma dei triangoli ABP e CDP è equivalente alla somma dei triangoli ADP e BCP.

32 Dimostra che se per i vertici di un quadrilatero si tracciano le parallele alle diagonali, si ottiene un parallelogramma equivalente al doppio del quadrilatero.

33 Dimostra che congiungendo i punti medi dei lati di un triangolo, si divide il triangolo in quattro triangoli equivalenti fra loro.

34 Dimostra che il rettangolo avente per lati i cateti di un triangolo rettangolo è equivalente al rettangolo dell'ipotenusa e dell'altezza a essa relativa.

35 Dato il parallelogramma $ABCD$, sia O un punto qualunque sul prolungamento della diagonale BD. Dimostra che il triangolo ACD è equivalente alla differenza dei triangoli ABO e ADO.

36 Per il punto medio M del lato obliquo AD del trapezio $ABCD$ (di base maggiore AB) conduci la parallela all'altro lato obliquo BC e prolunga la base minore fino a incontrare in E la retta tracciata. Detto F il punto in cui tale retta interseca la base maggiore, dimostra che il parallelogramma $ECBF$ è equivalente al trapezio dato.

37 Dimostra che, conducendo per i punti medi dei lati obliqui di un trapezio le perpendicolari alle basi, si determina, con le rette delle due basi, un rettangolo equivalente al trapezio.

38 Dimostra che un trapezio è diviso dalle diagonali in quattro triangoli dei quali i due che non hanno per lato le basi del trapezio sono equivalenti.

39 In un trapezio $ABCD$ siano M e N rispettivamente i punti medi dei lati obliqui BC e DA. Dimostra che il quadrilatero $AMCN$ e il triangolo ADM sono equivalenti.

40 Costruisci i due triangoli che hanno per base i lati obliqui di un trapezio e tali che ciascuno ha per vertice opposto a tale base il punto medio dell'altro lato. Dimostra che i triangoli costruiti sono equivalenti.

41 È dato un trapezio $ABCD$ di lati obliqui BC e AD. Siano M il punto medio di BC e N il punto medio di AD; sia K il punto medio di MN. Dato un qualunque segmento con gli estremi sulle due basi e passante per K, dimostra che esso scompone il trapezio in due poligoni equivalenti.

42 In un trapezio $ABCD$ siano M e N rispettivamente i punti medi dei lati obliqui BC e DA, e sia Q il punto medio di MN. La retta DQ incontra la retta AB in E e la retta DM incontra la retta AB in F. Dimostra che i triangoli DAE e DEF sono equivalenti e che ciascuno di essi è equivalente a metà del trapezio.

43 Scomponi un trapezio in due parti equivalenti tracciando una retta per uno dei vertici (si tratta di un caso particolare dell'**ESERCIZIO 41**).

44 Dimostra che la somma delle distanze di un punto interno a un poligono equilatero dai lati del poligono è costante al variare del punto. (*Suggerimento*: congiungi i vertici con il punto interno e osserva che la somma di più triangoli di uguale base...)

45 Dimostra che unendo i vertici di un parallelogramma con un punto interno si hanno quattro triangoli tali che la somma di due di essi, aventi per basi due lati opposti, è metà del parallelogramma.

46 Dimostra che il parallelogramma che ha per vertici i punti medi dei lati di un quadrilatero è equivalente a metà del quadrilatero stesso.

47 Dimostra che due triangoli aventi due lati rispettivamente congruenti e gli angoli compresi supplementari sono equivalenti. (*Suggerimento*: disegna i due triangoli in modo che i due angoli supplementari risultino adiacenti.)

48 Dimostra che se sui lati di un triangolo si costruiscono tre quadrati e si uniscono gli estremi dei lati dei quadrati uscenti da uno stesso vertice del triangolo si ottengono tre triangoli equivalenti a quello dato (vedi **ESERCIZIO 47**).

ESERCIZI

49 Dimostra che se sui lati *AB*, *AC* di un triangolo si costruiscono due parallelogrammi e si prolungano i loro lati paralleli rispettivamente ad *AB* e ad *AC* fino a incontrarsi in *D*, la somma dei due parallelogrammi è equivalente al parallelogramma di cui un lato è *BC* e un altro è congruente e parallelo ad *AD*.

50 Dimostra che un esagono regolare inscritto in una circonferenza è equivalente al doppio del triangolo equilatero inscritto nella stessa circonferenza.

51 Dimostra che un esagono regolare è equivalente al rettangolo di altezza congruente al lato e di base congruente al triplo dell'apotema.

52 Sia *ABCDEF* un esagono regolare di centro *O*.

a. Dimostra che i triangoli *ABC* e *ABO* sono equivalenti e che ciascuno di essi è equivalente alla metà del triangolo *ACD*.

b. Detti *M* e *N* i punti medi rispettivamente dei lati *DC* e *DE*, traccia i segmenti *AM* e *AN*. Dimostra che tali segmenti, insieme alle tre diagonali uscenti da *A*, dividono l'esagono in sei triangoli equivalenti.

53 Dimostra che il quadrato costruito sopra la somma di due segmenti è equivalente alla somma dei quadrati dei due segmenti aumentata del doppio del rettangolo che ha per lati due segmenti dati (vedi **FIGURA 1**).

54 Dimostra che il quadrato costruito sulla differenza di due segmenti è equivalente alla somma dei quadrati costruiti sui due segmenti, diminuita del doppio del rettangolo che ha per lati due segmenti dati (vedi **FIGURA 2**).

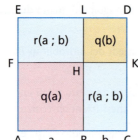

FIGURA 1

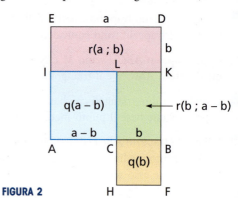

FIGURA 2

Esegui le seguenti trasformazioni di poligoni in poligoni equivalenti.

55 Trasforma un triangolo in un triangolo isoscele equivalente, di data base o di data altezza.

56 Trasforma un triangolo in un triangolo rettangolo equivalente, di data ipotenusa o di dato cateto.

57 Trasforma un triangolo in un triangolo rettangolo isoscele equivalente.

58 Trasforma un triangolo in un triangolo isoscele equivalente, avente un dato lato. (*Suggerimento*: trasforma il triangolo dato in un triangolo isoscele, poi la metà di esso in un triangolo rettangolo di data ipotenusa.)

59 Costruisci un triangolo, di data base e avente un dato angolo opposto alla base, che sia equivalente a un triangolo dato.

60 Costruisci un triangolo di data base, equivalente a un altro triangolo dato e avente una data mediana relativa a quella base.

61 Costruisci un triangolo di data base, equivalente a un altro triangolo dato e avente una data altezza non relativa a quella base.

62 Costruisci un triangolo equivalente ai $\frac{3}{4}$ di un triangolo dato.

63 Dividi un triangolo *ABC* in due parti equivalenti tracciando una trasversale condotta per un punto *D* del lato *AB*. (*Suggerimento*: trasforma il triangolo in uno equivalente di lato *AD*, poi traccia la mediana uscente dal vertice *D*.)

64 Costruisci un triangolo equivalente a un triangolo dato, avente la stessa base e uno degli altri due lati congruente a un segmento dato. Esamina i vari casi possibili.

65 Costruisci un triangolo equivalente al triplo di un quadrato dato. (*Suggerimento*: il triangolo avrà la stessa altezza del quadrato e base...)

66 Trasforma un triangolo ottusangolo in un triangolo rettangolo equivalente e avente un dato cateto.

67 Costruisci un triangolo equivalente alla somma di due triangoli dati.

68 Costruisci un triangolo equivalente alla differenza di due triangoli dati.

69 È dato un triangolo ABC; costruisci un triangolo a esso equivalente avente un vertice in A e tale che la retta r di un suo lato abbia una delle seguenti caratteristiche:
   a. passi per un punto dato;
   b. sia parallela a una retta data;
   c. sia perpendicolare a una retta data.

(*Suggerimento*: tieni presente che triangoli di base e altezza congruenti sono equivalenti; basterà perciò costruire la retta r nelle condizioni volute e, detto D il punto di intersezione di r con la retta s del lato BC, costruire su s il segmento $DE \cong BC$; dovrai congiungere poi A con...)

70 Costruisci un triangolo equivalente a un triangolo dato, avente con esso un vertice in comune e tale che un suo lato sia tangente a una circonferenza data. (Vedi **ESERCIZIO 69**.)

71 Costruisci un triangolo equivalente a un triangolo dato, avente con esso un vertice in comune e tale che un suo lato incontri una retta formando un dato angolo. (Vedi **ESERCIZIO 69**.)

72 Costruisci un parallelogramma equivalente a un triangolo dato e avente una data base.

73 Costruisci un parallelogramma equivalente a un triangolo dato e avente un dato angolo.

74 Trasforma un parallelogramma in un altro equivalente e avente un dato angolo.

75 Trasforma un parallelogramma in un altro equivalente e avente un dato lato.

76 Trasforma un parallelogramma in un rombo equivalente.

77 Trasforma un triangolo in un rombo equivalente.

78 Trasforma un rettangolo in un rombo equivalente, avente in comune una diagonale. (*Suggerimento*: trasforma il triangolo rettangolo che è metà del rettangolo in un triangolo isoscele avente per base la diagonale.)

79 Trasforma un rombo in un altro rombo equivalente, avente un dato lato. (*Suggerimento*: trasforma il rombo dato in un parallelogramma avente un lato uguale a quello dato.)

80 Trasforma un rettangolo in un altro rettangolo equivalente e avente una data base.

81 Trasforma un rettangolo in un rettangolo equivalente e avente una data diagonale.

Misura delle aree di superfici piane. Teoremi di Euclide e di Pitagora

QUESITI

82 Enuncia e dimostra il teorema di Pitagora.

83 Enuncia i due teoremi di Euclide.

84 Trasforma un triangolo in un quadrato equivalente (usando il primo teorema di Euclide).

85 Trasforma un pentagono in un quadrato equivalente (usando il secondo teorema di Euclide).

ESERCIZI

VERO O FALSO?

86 In un triangolo rettangolo:

a. il quadrato costruito su un cateto è equivalente alla somma tra il quadrato costruito sull'altro cateto e quello costruito sull'ipotenusa V F

b. il quadrato costruito sull'ipotenusa è equivalente alla somma dei quadrati costruiti sulle proiezioni dei cateti sull'ipotenusa V F

c. il quadrato costruito su un cateto è equivalente al rettangolo avente per dimensioni l'ipotenusa e la proiezione di quel cateto sull'ipotenusa V F

d. il rettangolo che ha per lati le proiezioni dei cateti sull'ipotenusa è equivalente al quadrato costruito sull'altezza relativa all'ipotenusa V F

QUESITI A RISPOSTA MULTIPLA

87 Un triangolo ha due lati lunghi 20 cm e 15 cm e l'altezza relativa a quest'ultimo di 16 cm. L'altezza relativa al primo lato è lunga

a 10 cm   b 12 cm   c 15 cm   d 18 cm   e 21 cm

88 In un triangolo isoscele l'altezza è $\frac{3}{8}$ della base e il lato obliquo è lungo 15 cm. Il perimetro del triangolo è

a 54 cm   b 56 cm   c 58 cm   d 60 cm   e 62 cm

89 Se in un triangolo rettangolo le proiezioni dei cateti sull'ipotenusa sono lunghe 9 cm e 16 cm, l'area del triangolo è di

a 300 cm²   b 225 cm²   c 150 cm²   d 125 cm²   e 100 cm²

90 È dato un triangolo rettangolo ABC nel quale l'ipotenusa BC è lunga 40 cm e il cateto AC è lungo 24 cm. Se per C si conduce la perpendicolare a BC fino a incontrare in D il prolungamento del cateto AB, il perimetro del triangolo DBC è lungo

a 105 cm   b 120 cm   c 135 cm   d 150 cm   e 180 cm

91 Osserva la figura a lato. Quale delle seguenti relazioni è vera?

a $q(AB) + q(AC) \doteq q(BC)$ b $q(DE) - q(EC) \doteq q(DC)$
c $q(BD) \doteq q(AD) + q(AB)$ d $q(BE) \doteq q(BD) - q(DE)$
e Nessuna delle precedenti

92 Osserva la figura dell'esercizio precedente. Quale delle seguenti relazioni è vera?

a $r(AC\,;\,AB) \doteq r(AB\,;\,BD)$ b $q(AC) \doteq r(AB\,;\,AD)$ c $q(BC) \doteq r(BE\,;\,EC)$
d $q(BD) \doteq r(BC\,;\,EC)$ e $q(DE) \doteq r(EC\,;\,BE)$

93 In un trapezio rettangolo con la diagonale minore perpendicolare al lato obliquo, il quadrato costruito su questo è equivalente

a al rettangolo che ha per lati la base maggiore e la differenza delle basi

b al rettangolo che ha per lati la base minore e la differenza delle basi

c alla somma dei quadrati costruiti sulla diagonale minore e sulla base maggiore

d alla differenza tra i quadrati costruiti sulla diagonale maggiore e sulla base minore

94 Completa la seguente tabella relativa a triangoli rettangoli.

primo cateto	secondo cateto	ipotenusa	perimetro	area
7 cm		25 cm		
30 cm	16 cm			
	9 dm			180 dm²
32 cm	$\frac{15}{8}$ del primo cateto			
$\frac{3}{4}$ dell'ipotenusa		20 cm		

95 Completa la seguente tabella relativa a triangoli isosceli.

base	lato	altezza relativa alla base	perimetro	area
30 cm	$\frac{5}{6}$ della base			
$\frac{8}{3}$ dell'altezza		96 cm		
18 cm				360 cm²
	170 cm		5 m	

ESERCIZIO GUIDATO

Altri esercizi guidati

96 Data una circonferenza, conduci le tangenti negli estremi di un diametro AB, poi traccia una terza tangente che passa per un terzo punto P della circonferenza; siano rispettivamente C e D i punti di intersezione della tangente per P con le tangenti per A e per B. Dimostra che il rettangolo che ha per lati i segmenti CP e PD è equivalente al quadrato costruito sul raggio.

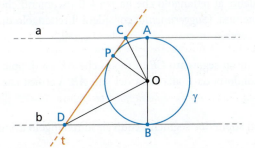

Ipotesi: AB diametro
a tangente in A a γ
b tangente in B a γ
t tangente in P a γ
$a \cap t = \{C\}$; $b \cap t = \{D\}$

Tesi: $r(CP\,;PD) \doteq q(OP)$

ESERCIZI

Dimostrazione

Dalle proprietà delle tangenti a una circonferenza, sappiamo che OA ..... a, OP ..... t, OB ..... b.
In particolare, essendo A, O e B .... (AB è un diametro), deduciamo che a ..... b, poiché rette perpendicolari alla stessa retta AB, quindi $A\hat{C}P + P\hat{D}B \cong$ ..... poiché angoli .... delle rette .... tagliate dalla trasversale t.

Dal teorema delle tangenti sappiamo inoltre che $P\hat{C}O \cong \frac{1}{2}$ ..... e $P\hat{D}O \cong \frac{1}{2}$ ....., quindi

$$P\hat{C}O + P\hat{D}O \cong \frac{1}{2}\text{.....} + \frac{1}{2}\text{.....} \cong \frac{1}{2}(\text{..... + ...}) \cong \text{.....}$$

Allora il triangolo COD è .... in O e ha CD come ....
Essendo OP .... t, il raggio OP rappresenta .... relativa all'ipotenusa e CP e PD sono rispettivamente le .... dei cateti .... e .... sull'ipotenusa. Per il .... teorema di Euclide concludiamo che

$$r(CP\,;\,PD) \doteq q(OP)$$

c.v.d.

▶▶ **97** Nel triangolo ABC l'angolo $B\hat{A}C$ è acuto; si sa che il quadrato costruito sul lato AB è equivalente al rettangolo avente per dimensioni il lato AC e la proiezione AD del lato AB su AC. Dimostra che il triangolo ABC è rettangolo e ha come ipotenusa il lato AC. (È il teorema inverso del **PRIMO TEOREMA DI EUCLIDE**. *Suggerimento*: segui la stessa costruzione fatta per dimostrare il teorema diretto.)

▶▶ **98** Dimostra che se il quadrato costruito su un lato di un triangolo è equivalente alla somma dei quadrati costruiti sugli altri due lati, l'angolo opposto al primo lato è retto. (È il teorema inverso del **TEOREMA DI PITAGORA**. *Suggerimento*: costruisci un triangolo rettangolo avente i cateti rispettivamente congruenti al secondo e al terzo lato del triangolo dato; applica al nuovo triangolo il teorema di Pitagora.)

▶▶ **99** Dimostra che se l'altezza AH di un triangolo ABC cade internamente alla base BC e se il quadrato costruito sul lato AH è equivalente al rettangolo che ha per lati i segmenti BH e HC, il triangolo ABC è rettangolo e ha per ipotenusa la base BC. (È il teorema inverso del **SECONDO TEOREMA DI EUCLIDE**. *Suggerimento*: applica inizialmente il teorema di Pitagora ai triangoli BHA e CHA; infine applica al triangolo ABC il teorema dimostrato nell'**ESERCIZIO 98**.)

▶▶ **100** Dimostra che in un triangolo ottusangolo il quadrato costruito sul lato opposto all'angolo ottuso è equivalente alla somma dei quadrati costruiti sugli altri due lati aumentata del doppio del rettangolo avente per dimensioni uno di questi lati e la proiezione dell'altro sul primo. (Questo teorema è detto *teorema di Pitagora generalizzato*.) (*Suggerimento*: nella dimostrazione occorre anche applicare il teorema enunciato nell'**ESERCIZIO 53**.)

▶▶ **101** Dimostra che in un triangolo il quadrato costruito su un lato opposto a un angolo acuto è equivalente alla somma dei quadrati costruiti sugli altri due lati, diminuito del doppio del rettangolo avente per dimensioni uno di questi lati e la proiezione dell'altro sul primo. (Anche questo teorema, come il precedente, è detto *teorema di Pitagora generalizzato*). (*Suggerimento*: nella dimostrazione occorre anche applicare il teorema dimostrato nell'**ESERCIZIO 54**.)

▶▶ **102** Dimostra che un triangolo rettangolo è equivalente al rettangolo che ha per lati i segmenti che il punto di contatto del cerchio inscritto individua sull'ipotenusa. (*Suggerimento*: considera il rettangolo di cui il triangolo è la metà e poi conduci per il centro del cerchio inscritto le parallele ai cateti.)

▶▶ **103** Prolunga la diagonale AC del quadrato $ABCD$ di un segmento CE in modo che AE sia doppio del lato del quadrato; sia F il piede della perpendicolare condotta da E alla retta del lato AB. Verifica che il triangolo AEF è equivalente al quadrato $ABCD$.

▶▶ **104** Dimostra che la differenza dei quadrati costruiti sopra due segmenti equivale al rettangolo avente per lati la somma e la differenza dei segmenti.

105 Dimostra che il quadrato costruito su una corda di una circonferenza è equivalente al quadruplo del rettangolo che ha per lati le due parti in cui la corda divide il diametro a essa perpendicolare.

106 Dimostra che la somma dei quadrati costruiti sopra due lati di un triangolo è equivalente al doppio della somma dei quadrati costruiti sopra la metà del terzo lato e sopra la mediana corrispondente a esso.

107 Dimostra che la somma dei quadrati costruiti sopra i lati di un parallelogramma è equivalente alla somma dei quadrati costruiti sulle diagonali. (*Suggerimento*: nella dimostrazione può essere utile ricorrere al teorema di Pitagora generalizzato, **ESERCIZIO 101**.)

108 Dimostra che se dal punto medio di un cateto di un triangolo rettangolo si conduce la perpendicolare all'ipotenusa, la differenza dei quadrati costruiti sopra i due segmenti in cui resta divisa l'ipotenusa è equivalente al quadrato costruito sopra l'altro cateto. (*Suggerimento*: unisci il punto medio del cateto con l'estremo opposto dell'ipotenusa.)

109 Dimostra che se due corde di una circonferenza sono perpendicolari, la somma dei quadrati costruiti sui quattro segmenti in cui esse restano divise è equivalente al quadrato costruito sul diametro. (*Suggerimento*: se AB e CD sono le due corde, conduci il diametro DD': ragiona sul quadrilatero $AD'CB$ e applica più volte il teorema di Pitagora.)

110 Dato il triangolo ABC, rettangolo in B, congiungi il vertice dell'angolo acuto $\widehat{A}$ con un punto qualunque D del cateto opposto BC; dimostra che la somma dei quadrati costruiti su BC e su AD è equivalente alla somma dei quadrati costruiti sull'ipotenusa AC e sul segmento BD.

111 Dimostra che la differenza dei quadrati costruiti sopra due lati di un triangolo è equivalente alla differenza dei quadrati costruiti sopra i segmenti determinati sul terzo lato dall'altezza a esso corrispondente.

112 Dato il triangolo ABC rettangolo in A, costruisci sull'ipotenusa BC un qualunque rettangolo $BCDE$ e congiungi il vertice A con D e con E. Dimostra che la differenza dei quadrati costruiti su AD e su AE è equivalente alla differenza dei quadrati dei cateti.

113 Dimostra che in un quadrilatero qualunque la somma dei quadrati costruiti sulle diagonali è doppia della somma dei quadrati costruiti sui lati del parallelogramma ottenuto congiungendo i punti medi dei lati.

114 Dimostra che la somma dei quadrati costruiti sulle diagonali di un quadrilatero è doppia dei quadrati costruiti sui due segmenti che congiungono i punti medi di lati opposti.

115 Dimostra che se un angolo di un triangolo è $\frac{4}{3}$ di angolo retto, il quadrato del lato opposto è equivalente alla somma dei quadrati costruiti sugli altri due lati aumentata del rettangolo avente per dimensioni i lati stessi. (*Suggerimento*: usa il teorema di Pitagora generalizzato.)

116 Dimostra che se si uniscono i vertici dei quadrati costruiti sui lati di un triangolo rettangolo, si ottiene un esagono nel quale la somma dei quadrati costruiti sui lati equivale a otto volte il quadrato costruito sull'ipotenusa.

117 In un triangolo isoscele ABC congiungi un punto qualunque D della base BC con il vertice opposto A e dimostra che la differenza dei quadrati costruiti su AB e AD è equivalente al rettangolo avente per dimensioni BD e DC. (*Suggerimento*: può essere utile il teorema di Pitagora generalizzato, **ESERCIZIO 101**).

118 Dimostra che in un triangolo isoscele il quadrato costruito sulla base è equivalente al doppio del rettangolo che ha per dimensioni un lato e la proiezione della base su di esso.

119 Dimostra che un rettangolo è equivalente alla metà del rettangolo avente per dimensioni le diagonali dei quadrati costruiti su due lati consecutivi.

120 Dimostra che in un trapezio la somma dei quadrati costruiti sulle diagonali è equivalente alla somma dei quadrati costruiti sui lati obliqui aumentata del doppio del rettangolo avente per lati le basi.

ESERCIZI

Risolvi i seguenti problemi.

> Nel testo dei seguenti problemi molto spesso ci si riferisce a un segmento intendendo la lunghezza del segmento stesso.

▷▶ **121** Determina il perimetro di un quadrato equivalente a un triangolo rettangolo che ha ipotenusa lunga 39 cm e un cateto lungo 3,6 dm. [65,72... cm]

▷▶ **122** L'area di un triangolo rettangolo è di 336 dm² e un cateto è 48 dm. Determina il perimetro; senza fare alcun calcolo, determina poi l'area di ciascuno dei due triangoli ottenuti conducendo la mediana relativa al cateto maggiore. [112 dm; 168 dm²]

▷▶ **123** Il perimetro di un rombo è 60 cm e una diagonale è $\frac{8}{5}$ del lato. Determina l'area del rombo e il perimetro del quadrato equivalente a $\frac{8}{3}$ del rombo. [216 cm²; 96 cm]

▷▶ **124** Nel triangolo isoscele ABC, la base AB misura $8a$ e il perimetro misura $18a$. Determina la misura delle tre altezze del triangolo. Dal punto medio M della base AB conduci la parallela al lato AC. Determina la misura dell'area di ciascuna delle due parti in cui il triangolo resta diviso da detta parallela.
$\left[3a; \frac{24}{5}a; \frac{24}{5}a; 3a^2; 9a^2\right]$

▷▶ **125** È dato un trapezio rettangolo $ABCD$ di cui si conoscono le misure della base minore BC, della base maggiore AD e del lato obliquo CD ($\overline{BC} = 12a$; $\overline{AD} = 17a$; $\overline{CD} = 13a$). Dal punto medio O del lato obliquo conduci la perpendicolare alle basi, che incontra in E la base maggiore AD e in F il prolungamento della base minore BC. Dopo aver dimostrato che il rettangolo $AEFB$ è equivalente al trapezio dato, determina le misure dell'area e del perimetro del rettangolo $AEFB$. [174a²; 53a]

▷▶ **126** Di un triangolo ABC, rettangolo in A, determina perimetro e area nei seguenti casi.

  a. $AB + AC = 84$ cm $\qquad AC = \frac{4}{3} AB$

  b. $BC + AC = 256$ cm $\qquad BC = \frac{17}{15} AC$

  c. $AB = \frac{4}{5} BC = 36$ cm

▷▶ **127** La base di un rettangolo è $\frac{5}{12}$ della sua altezza e la differenza tra altezza e base è 42 cm. Determina perimetro e area del rombo che si ottiene congiungendo successivamente i punti medi dei lati del rettangolo. [156 cm; 1080 cm²]

▷▶ **128** Un trapezio isoscele è diviso dalla parallela a un lato obliquo, condotta per uno degli estremi della base minore, in un triangolo e in un quadrilatero il cui rapporto è $\frac{2}{5}$. Sapendo che l'altezza è di 3 cm e che l'area del trapezio è 42 cm², determina il perimetro del trapezio dato. Conduci dal punto medio di uno dei lati obliqui la parallela alle basi e determina perimetro e area del trapezio formato da tale parallela e dalla base maggiore del trapezio dato. [38 cm; 37 cm; 24 cm²]

▷▶ **129** Il perimetro del triangolo ABC, isoscele sulla base BC, è di 64 cm e la base BC supera di 13 cm ciascuno dei lati congruenti AB e AC. Determina l'area del triangolo. Siano D il punto medio di AC e D' il simmetrico di D rispetto a BC; detto A' il punto simmetrico di A rispetto a BC, determina perimetro e area del trapezio $ADD'A'$. [120 cm²; 41 cm; 90 cm²]

▷▶ **130** Un triangolo isoscele ha l'area di 108 cm² e l'altezza è $\frac{2}{3}$ della base. Determina il perimetro del triangolo e le altezze relative ai lati congruenti. [48 cm; 14,4 cm]

▷▶ **131** Il perimetro di un triangolo isoscele è lungo 36 dm; il rapporto tra un lato e metà base è $\frac{5}{4}$. Determina l'area del triangolo e la distanza del piede dell'altezza relativa alla base da ognuno dei lati obliqui. [48 dm²; 4,8 dm]

132 In un triangolo isoscele la base supera ciascuno dei lati congruenti di 3 dm e il perimetro è di 48 dm. L'altezza relativa alla base e i due segmenti che congiungono il punto medio di tale altezza con gli estremi della base dividono il triangolo in quattro parti. Determina l'area di ciascuna di esse. [27 dm²]

133 Un rettangolo ha il perimetro di 320 m e un lato è $\frac{3}{2}$ dell'altro. Calcola l'area del rettangolo e le distanze del punto di intersezione delle diagonali dai vertici. [6144 m²; 57,69 m]

134 In un rettangolo, avente il perimetro di 70 cm, il lato maggiore supera di 10 cm i $\frac{2}{3}$ del lato minore. Determina l'area e la diagonale del rettangolo. [300 cm²; 25 cm]

135 L'area di un rombo è 960 dm² e il rapporto tra le sue diagonali è $\frac{15}{8}$. Determina il perimetro e la lunghezza dell'altezza del rombo. $\left[136 \text{ dm}; \frac{480}{17} \text{ dm}\right]$

136 Un rombo ha una diagonale di 48 cm e il perimetro di 100 cm. Determina la sua area, dopo aver osservato che il rombo è equivalente alla metà del rettangolo delle sue diagonali. Determina inoltre la distanza dai lati del punto di intersezione delle diagonali. [336 cm²; 6,72 cm]

137 Determina l'area e il perimetro di un trapezio rettangolo la cui altezza è $\frac{14}{5}$ della base minore ed è $\frac{4}{5}$ del lato obliquo, che è lungo 70 m. [2296 m²; 208 m]

138 In un trapezio isoscele l'altezza è $\frac{4}{15}$ della differenza delle basi, la base minore è $\frac{4}{7}$ della maggiore e il perimetro è di 288 cm. Trova l'area del trapezio e la lunghezza delle sue diagonali. [1760 cm²; 111,16 cm]

139 Il perimetro del rettangolo ABCD misura 11a; la base AB è $\frac{17}{5}$ dell'altezza BC. Determina la lunghezza dei lati e l'area del rettangolo. Sulla base AB prendi poi il segmento PB congruente a BC; determina il segmento PD e, successivamente, determina a in modo che il perimetro del triangolo ADP sia 60 cm.
$\left[\frac{5}{4}a; \frac{17}{4}a; \frac{85}{16}a^2; \frac{13}{4}a; a = 8 \text{ cm}\right]$

140 Nel parallelogramma ABCD i lati AB e BC sono rispettivamente di 60 cm e di 45 cm; l'altezza DH è $\frac{4}{35}$ della somma di AB con BC. Calcola la misura, in centimetri, dell'altezza relativa al lato AD. [16]

141 In un triangolo isoscele un lato è di 39 dm e la base di 72 dm. Determina l'area del triangolo e la lunghezza dell'altezza relativa a uno dei due lati congruenti. [540 dm²; ...]

142 Determina il perimetro di un triangolo isoscele, sapendo che la somma della base e di un lato è 138 cm e che il lato è $\frac{13}{12}$ dell'altezza relativa alla base. [216 cm]

143 La differenza delle basi di un trapezio isoscele è 60 cm e la somma è 68 cm. Determina l'area del trapezio, sapendo che il lato obliquo è di 34 cm. [544 cm²]

144 In un trapezio isoscele le basi sono lunghe rispettivamente 100 cm e 28 cm; l'altezza è di 48 cm. Determina il perimetro e l'area del trapezio. Verifica che la diagonale è perpendicolare al lato obliquo. [248 cm; 3072 cm²]

145 Determina l'area del quadrilatero ABCD, avente le diagonali perpendicolari tra loro nel punto O, sapendo che $AC \cong \frac{5}{4} OC$, $BO \cong 2AO$, $BD \cong \frac{4}{3} OC$, $\frac{5}{3} AO + 4OD - \frac{7}{2} OB = 2AC - 6$ cm. [120 cm²]

146 È dato il triangolo ABC, rettangolo in A, di perimetro 90 cm e nel quale il cateto AC è $\frac{5}{12}$ del cateto AB. Determina l'area del triangolo. Successivamente, prolunga il cateto AB, dalla parte di B, di un segmento BD e costruisci il rettangolo ADEC. Determina il segmento BD (poni $\overline{BD}=x$) in modo che sia verificata la relazione $\frac{2}{5}\overline{CE}+\frac{1}{3}\overline{BC}-\frac{1}{5}\overline{DE}=\frac{5}{2}\overline{BD}-\frac{1}{3}\overline{AC}$. [270 cm^2; $x=14$]

▷▷ **147** Sia AOB un triangolo rettangolo e sia O il vertice dell'angolo retto. Prolunga il cateto BO, dalla parte di O, di un segmento OD tale che $BO \cong \frac{4}{5}OD$: si forma così il segmento BD lungo 72 cm. Sapendo che $AB \cong OD$, determina l'area del triangolo AOB. Successivamente, prolunga AO, dalla parte di O, di un segmento OC; determina la lunghezza di OC in modo che l'area del quadrilatero ABCD sia di 1800 cm^2.
[384 cm^2; $OC=26$ cm]

▷▷ **148** La misura della base AB di un triangolo isoscele ABC è la soluzione della seguente equazione:

$$\left(1-\frac{a}{x}\right):\frac{5}{x}+\left(2+\frac{3a}{x}\right):\frac{5}{x}=\frac{x-2a}{5}:\left(1-\frac{4}{5}\right)$$

in cui a è un parametro positivo.
Determina la misura dell'area del triangolo, sapendo che è verificata la seguente relazione:

$$\frac{4BC+2(AB+2AC)}{2AC-AB}=13$$

$[\overline{AB}=6a; 12a^2]$

▷▷ **149** In un trapezio rettangolo l'altezza è $\frac{4}{5}$ del lato obliquo; la misura, in decimetri, della base minore è la soluzione dell'equazione seguente:

$$1+\frac{x}{2+x+\frac{2x^2}{2-x}}=\frac{3x}{4+x^2}$$

Sapendo che il perimetro del trapezio è di 20 dm, determinane l'area. [22 dm^2]

▷▷ **150** Nel trapezio isoscele ABCD, di cui AB è la base maggiore, le diagonali sono perpendicolari ai lati obliqui. Si sa che la diagonale AC è $\frac{24}{7}$ del lato BC a essa perpendicolare e che è verificata la relazione

$$2AB+4BC-3AC=60 \text{ cm}$$

Determina BC, AB, AC e, dopo aver determinato l'altezza CH del trapezio, trova la base minore DC e infine calcola l'area del trapezio. [70 cm; 250 cm; 240 cm; 67,2 cm; 210,8 cm; 15.482,88 cm^2]

▷▷ **151** In un trapezio rettangolo il lato obliquo è $\frac{5}{3}$ dell'altezza, la base maggiore supera di 2 cm il lato obliquo. Si sa che la misura in centimetri della base minore è la soluzione della seguente equazione:

$$\frac{3}{2}(x-3)+3(x-1)=\frac{x+1}{4}+x+2$$

Determina perimetro e area del trapezio. [18 cm; 15 cm^2]

▷▷ **152** Nel triangolo ABC i lati AB e AC superano rispettivamente di 28 cm e di 8 cm le loro proiezioni BH e CH sul lato BC. Determina i lati del triangolo sapendo che il perimetro è di 504 cm. Trovata l'altezza AH, determina l'area del triangolo. (Poni $\overline{BH}=x$ e $\overline{CH}=y$.) [200 cm; 234 cm; 70 cm; 56 cm; 6552 cm^2]

■ Esercizi per il recupero

1 Dimostra che se due parallelogrammi equivalenti hanno altezze congruenti, essi hanno pure le relative basi congruenti.

2 Dimostra che se due triangoli equivalenti hanno congruenti le altezze, hanno pure congruenti le basi relative.

3 Dimostra che le diagonali di un parallelogramma dividono il parallelogramma stesso in quattro triangoli equivalenti.

4 Da un punto P interno a un parallelogramma conduci le rette parallele ai lati. Dimostra che i quattro punti in cui esse intersecano i lati sono vertici di un quadrilatero equivalente alla metà del parallelogramma.

5 Dato il parallelogramma $ABCD$, sia O un punto qualunque della diagonale BD. Dimostra che il triangolo ACD è equivalente alla somma dei triangoli ABO e ADO.

6 Utilizzando il secondo teorema di Euclide costruisci un quadrato equiesteso a un dato rettangolo.

Costruzione geometrica con GeoGebra

7 Dato un parallelogramma $ABCD$, congiungi un punto P del lato AB con C e con D. Dimostra che la somma dei triangoli PAD e PBC è costante, al variare di P su AB, ed è equivalente alla metà del parallelogramma.

8 In un trapezio $ABCD$ sia M il punto medio della base minore CD. Dimostra che i trapezi $ABCM$ e $ABMD$ sono equivalenti.

9 Dimostra che il quadrato costruito sopra la diagonale di un quadrato è doppio del quadrato stesso.

10 Dimostra che in un triangolo equilatero il quadrato costruito sull'altezza è triplo del quadrato costruito su metà lato.

11 Dimostra che se un quadrilatero ha le diagonali perpendicolari, la somma dei quadrati costruiti su due lati opposti è equivalente alla somma dei quadrati costruiti sugli altri due.

12 In un trapezio rettangolo la diagonale minore è perpendicolare al lato obliquo. Dimostra che il quadrato costruito sull'altezza è equivalente al rettangolo che ha per lati la base minore e la differenza delle basi.

13 In un trapezio rettangolo le basi sono di 63 cm e di 42 cm; l'altezza è di 28 cm. Determina il perimetro e l'area del trapezio. [168 cm; 1470 cm^2]

14 Un triangolo isoscele ha il perimetro di 384 m e la base è $\frac{14}{25}$ di ciascun lato. Calcola l'area del triangolo. [6048 m^2]

15 Il rapporto tra i lati di un rettangolo è $\frac{8}{15}$ e il perimetro è 138 cm. Determina l'area del rettangolo e la sua diagonale. Dimostra poi che congiungendo i punti medi dei suoi lati, si ottiene un rombo il cui perimetro è il doppio della diagonale del rettangolo. [1080 cm^2; 51 cm]

16 L'ipotenusa di un triangolo rettangolo è $\frac{5}{4}$ di uno dei due cateti e la misura, in centimetri, dell'altro cateto è soluzione della seguente equazione:

$$\frac{x}{126} - \frac{(x-2)^2}{2} - \frac{1}{2}(x-1)^2 = \frac{1}{3}(x-2)^3 - \frac{(x-1)^3}{3}$$

Detemina l'area del triangolo. [294 cm^2]

Esercizi di approfondimento

1 Dimostra che, congiungendo un punto P interno all'angolo $B\hat{A}D$ del parallelogramma $ABCD$ con i vertici del parallelogramma, il triangolo PAC è equivalente alla differenza dei triangoli PAB e PAD. Dimostra che, invece, il triangolo PAC è equivalente alla somma dei triangoli PAB e PAD se P è interno all'angolo $D\hat{A}E$ adiacente a $B\hat{A}D$.

2 Dimostra che la somma dei quadrati costruiti sui lati di un triangolo è tripla della somma dei quadrati che hanno per lati i segmenti che uniscono i vertici con il baricentro del triangolo.

3 Dimostra che se sopra un diametro di un cerchio si prendono due punti equidistanti dal centro, la somma dei quadrati delle loro distanze da un punto qualunque della circonferenza è costante.

ESERCIZI

4 È dato un triangolo isoscele ABC, di base BC, la misura del cui lato AB è la soluzione dell'equazione

$$\frac{5x-2a}{2x-a} - \frac{x^2 + ax - \frac{1}{2}a^2}{\frac{2}{3}x^2 - \frac{1}{6}a^2} = \frac{x-a}{x+\frac{1}{2}a}$$

dove a è un parametro positivo. Sappiamo inoltre che è $2 \cdot \overline{AC} + 5 \cdot \overline{BC} = 8a$. Determina le misure del perimetro e dell'area del triangolo.

$\left[\frac{16}{5}a; \frac{12}{25}a^2\right]$

5 È dato un trapezio isoscele $ABCD$ nel quale AB è la base maggiore; sia H la proiezione ortogonale del vertice D su AB e sia $DH \cong \frac{12}{5} AH$. $\overline{DC}$ e $\overline{AH}$ siano, rispettivamente, i valori delle soluzioni x e y del sistema seguente:

$$\begin{cases} \dfrac{x+y}{a+b} - \dfrac{x+y+2b}{a-b} + \dfrac{4ab}{a^2-b^2} = 0 \\ \dfrac{2(x+b)}{a-b} + \dfrac{y}{b} = 3 \end{cases}$$

dove a e b sono parametri positivi tali che $a > 2b$. Determina la misura dei lati del trapezio e della sua area.

$\left[\overline{AB} = a; \overline{DC} = a - 2b; \overline{AD} = \overline{BC} = \frac{13}{5}b; \frac{12}{5}b(a-b)\right]$

Verso la Prova Invalsi

Soluzioni degli esercizi

1 Il poligono giallo in **FIGURA 1** è un esagono concavo ottenuto togliendo da un quadrato di lato x un quadrato più piccolo di lato y. Se scomponi l'esagono tagliandolo lungo la linea tratteggiata (**FIGURA 2**) puoi ricomporre i due frammenti in modo da ottenere un rettangolo.

   a. Di fianco all'esagono disegna il rettangolo e scrivi le sue dimensioni utilizzando le lettere x e y.

   b. Sempre utilizzando le lettere x e y esprimi le misure delle aree del rettangolo e dell'esagono, indicandole rispettivamente con A_r e A_e:

   $A_r = $ ....

   $A_e = $ ....

   c. Le due espressioni da te scritte rappresentano lo stesso numero? Giustifica la risposta.

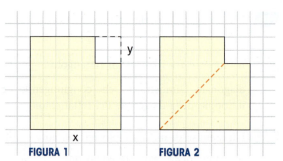

FIGURA 1   FIGURA 2

2 Francesco ha un terreno a forma rettangolare (**FIGURA 3**), che vuole dividere in modo equo fra i suoi tre figli. A tale scopo progetta di far costruire due palizzate che, partendo da A, dividano il terreno in tre parti equivalenti. In un primo tentativo di suddivisione le due palizzate sono rappresentate dai segmenti AE e AF.

   a. Con questo primo tentativo il terreno risulta diviso in tre parti equivalenti? Giustifica la risposta.

   b. Se secondo te la soluzione illustrata al punto **a.** è insoddisfacente, disegna tu le due palizzate in modo da dividere il terreno in tre parti equivalenti, partendo dallo schizzo in **FIGURA 4**; giustifica il procedimento da te seguito (anche in questo caso le due palizzate devono avere A come estremo comune).

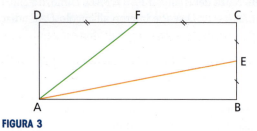

FIGURA 3

FIGURA 4

Capitolo 12

Grandezze geometriche. Teorema di Talete

- Classi di grandezze
- Grandezze proporzionali
- Teorema di Talete e sue conseguenze

Quanto è alta la piramide di Cheope?

FIGURA 1

Plutarco narra, nel *Banchetto dei sette saggi*, che il faraone Amasis avesse voluto mettere alla prova le conoscenze scientifiche di un famoso sapiente dell'epoca, sfidandolo a misurare l'altezza della piramide più grande d'Egitto, la piramide di Cheope. Quest'uomo superò la prova e il faraone gli espresse la sua ammirazione, per essere riuscito a misurare la piramide senza strumenti. Piantata un'asta all'estremo dell'ombra della piramide, il saggio mostrò che l'altezza dell'asta e quella della piramide hanno la stessa proporzione delle loro ombre.

Chi è il saggio antico a cui fa riferimento Plutarco? Come riuscì a misurare l'altezza della piramide usando solo un bastone?

Soluzione a pag. 703

Classi di grandezze

1. Classi di grandezze omogenee

Nel nostro studio della geometria, abbiamo già introdotto i concetti di *lunghezza* di un segmento, *ampiezza* di un angolo e *area* di una superficie piana.
Questi concetti sono accomunati dal fatto di essere stati definiti come classi di equivalenza rispetto a un'opportuna relazione di equivalenza: la relazione di *congruenza* per le lunghezze dei segmenti e le ampiezze degli angoli e la relazione di *equiestensione* per le aree delle superfici piane. Tale definizione ci ha permesso, in particolare, di **confrontare** e **sommare** le lunghezze, le ampiezze e le aree, traducendo le operazioni di confronto e di somma note per segmenti, angoli e superfici.
Diamo la seguente definizione generale.

> **DEFINIZIONE** **CLASSE DI GRANDEZZE**
>
> Un insieme di enti della stessa specie costituisce una classe di grandezze quando gli enti stessi si possono **confrontare** e **sommare** ed esistono perciò:
>
> ▷ un criterio mediante il quale, dati due enti della stessa classe, si può stabilire se essi sono **uguali**, oppure se uno è **maggiore** o **minore** dell'altro;
>
> ▷ un altro criterio che, dati due enti della stessa classe, permetta di trovare un terzo ente di tale classe che sia la **somma** dei primi due.

> Le parole **insieme** e **classe** in matematica sono sinonimi.

Le grandezze di una stessa specie si dicono **omogenee**.
Grazie alle considerazioni precedenti, possiamo affermare che

- l'insieme delle **lunghezze** dei segmenti,
- l'insieme delle **ampiezze** degli angoli,
- l'insieme delle **aree** delle superfici piane

sono classi di grandezze omogenee. Le definizioni e le proprietà stabilite per queste tre classi di grandezze si estendono a tutte le classi di grandezze omogenee. Nel dettaglio, quindi, valgono le relazioni riportate di seguito.

> Anche in fisica incontrerai classi di grandezze omogenee, come l'insieme delle masse dei corpi, l'insieme delle cariche elettriche, l'insieme delle pressioni, ecc.

▷ Se A e B sono due grandezze omogenee, tra esse vale una sola delle seguenti relazioni:
$$A > B \qquad A = B \qquad A < B$$
e ciascuna di esse esclude le altre due (**legge di esclusione**). L'uguaglianza fra grandezze ammette le consuete tre proprietà: **riflessiva**, **simmetrica**, **transitiva**.

▷ Date due grandezze omogenee A e B, esiste la **somma** $A + B$ e, se $A > B$, esiste la **differenza** $A - B$ (ossia una grandezza C tale che $A = B + C$).

▷ Date più grandezze omogenee A, B, C, ... esiste la grandezza **somma** $A + B + C + ...$ e la somma di più grandezze gode delle proprietà commutativa e associativa.

▷ In una classe di grandezze esiste l'*elemento neutro* per la somma: è la grandezza nulla, che si indica con 0 ed è tale che $A + 0 = 0 + A = A$.

▷ Se m è un numero intero positivo, la somma di m grandezze uguali ad A si chiama grandezza **multipla** di A secondo m e si indica con mA. Se $B = mA$, si dice che A è la grandezza **sottomultipla** di B secondo m e si scrive $A = \dfrac{1}{m} B$.

Ricordiamo però che, mentre è possibile suddividere un segmento, con riga e compasso, in un numero qualsiasi di parti congruenti (e quindi una lunghezza in un numero qualsiasi di parti uguali), non sempre è possibile costruire il generico sottomultiplo di un angolo dato. Pertanto è necessario postulare la divisibilità dell'angolo (e quindi la divisibilità dell'ampiezza di un angolo).

> **POSTULATO DI DIVISIBILITÀ DELLE GRANDEZZE**
> Ogni grandezza è divisibile in un numero qualsiasi di parti uguali.

La possibilità di suddividere un segmento in un numero qualsiasi di parti congruenti è un'applicazione del **TEOREMA DEL FASCIO DI PARALLELE**.

Il postulato enunciato afferma la possibilità logica della suddivisibilità di una grandezza qualunque in un numero qualsiasi di parti uguali, indipendentemente dalla possibilità pratica di realizzare, con riga e compasso, tale suddivisione.

> **POSTULATO DI ARCHIMEDE**
> Date due grandezze omogenee (non nulle e non uguali), esiste sempre una grandezza multipla della minore che supera la maggiore.

Matematica nella storia: Archimede tra storia e leggenda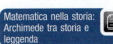

In simboli, il postulato di Archimede stabilisce che, date due grandezze non nulle A e B tali che $A > B$, esiste un numero intero positivo m per cui risulta

$$mB > A$$

Se m e n sono numeri interi positivi, il multiplo secondo m del sottomultiplo secondo n di una grandezza A si indica con $\dfrac{m}{n} A$, cioè si pone, *per definizione*,

$$\frac{m}{n} A = m \left(\frac{1}{n} A \right)$$

Osservando che $\dfrac{m}{n} A = \dfrac{1}{n}(mA)$, la grandezza $\dfrac{m}{n} A$ è anche la sottomultipla secondo n della grandezza multipla di A secondo m.

2. Misura delle grandezze

Consideriamo tutte le grandezze di una data specie e fra esse fissiamone una a piacere (non nulla), che diremo **unità di misura** e indicheremo con U.

▶ **Misurare una grandezza della specie considerata significa confrontarla con l'unità di misura e associare a essa, mediante tale confronto, un numero, il quale permetta di individuare la grandezza data**.

Per rendere più semplici le nostre considerazioni, fisseremo anzitutto la nostra attenzione sulla classe delle lunghezze dei segmenti e poi estenderemo l'argomentazione a una generica classe di grandezze.

Un caso particolare: la misura di una lunghezza

Siano U la lunghezza scelta come unità di misura e a la lunghezza da misurare. Il confronto tra le lunghezze a e U avverrà tramite il confronto tra un segmen-

Per fissare le idee, supponiamo che $a > U$.

> È già noto il concetto di misura della lunghezza di un segmento: questo paragrafo rappresenta un approfondimento di quanto già esposto.

to AB di lunghezza a e un segmento U di lunghezza uguale all'unità di misura scelta.

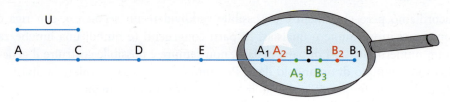

FIGURA 2

> È evidente che la misura del segmento U è 1. Per questo motivo la lunghezza U scelta per il confronto si dice *unità di misura*. Inoltre non ripeteremo che la misura di una grandezza non nulla è sempre un numero positivo.

Sulla semiretta di origine A e contenente il punto B (nel seguito indicata come semiretta AB), a partire dal punto A, riportiamo successivamente il segmento U ($AC \cong CD \cong DE \cong ... \cong U$) e sia A_1 l'ultimo punto ottenuto senza oltrepassare il punto B (**FIGURA 2**). Se il punto A_1 coincide con B e se il segmento U è stato trasportato, supponiamo, 4 volte, si dice che 4 è *la misura della lunghezza del segmento AB rispetto all'unità di misura scelta*:

$$AB \cong 4U \longrightarrow \overline{AB} = 4$$

Se invece A_1 non coincide con B trasportando il segmento U una volta di più si giungerà a un punto B_1 a destra di B: in questo caso si dirà che *la misura della lunghezza di AB rispetto all'unità di misura è maggiore di 4 e minore di 5*:

$$4U < AB < 5U \longrightarrow 4 < \overline{AB} < 5$$

Dividiamo ora il segmento U in 10 parti congruenti ed eseguiamo nuovamente le operazioni di confronto tra il segmento AB e il segmento $U_1 \cong \frac{1}{10} U$. Trasportando U_1 sulla semiretta AB un numero opportuno di volte, giungeremo a determinare due punti A_2 e B_2 (che distano fra loro $\frac{1}{10} U$), fra i quali resta compreso il punto B; eventualmente A_2 potrà coincidere con B. Per raggiungere A_2, nell'esempio che abbiamo illustrato in **FIGURA 2**, dovremo evidentemente trasportare il segmento U_1 un numero di volte compreso fra 40 e 49: supponiamo che sia 46. Allora le possibilità sono:

- il punto A_2 coincide con B e allora $AB \cong 46U_1$;
- il punto A_2 cade alla sinistra di B (e quindi B_2 cade a destra) e allora $46U_1 < AB < 47U_1$.

Complessivamente avremo

$$46U_1 \leq AB < 47U_1$$

ossia

$$46 \cdot \frac{1}{10} U \leq AB < 47 \cdot \frac{1}{10} U \longrightarrow 4{,}6U \leq AB < 4{,}7U \longrightarrow$$

$$\longrightarrow 4{,}6 \leq \overline{AB} < 4{,}7$$

Se si verifica il caso $AB \cong 46U_1$, cioè $AB \cong 4{,}6U$, le operazioni di confronto hanno termine e 4,6 è la misura esatta della lunghezza di AB rispetto all'unità U. In caso contrario, dividiamo U in 100 parti congruenti e ripetiamo le operazioni di confronto utilizzando il segmento $U_2 \cong \frac{1}{100} U$. Ragionando come abbiamo già visto, troveremo due nuovi punti A_3, B_3 $\left(\text{la cui distanza è uguale a } \dfrac{1}{100}U\right)$ tra i quali è compreso il punto B, oppure A_3 coincide con B. Procedendo in modo del tutto analogo a quanto fatto sopra, potremo scrivere, per esempio,

$$4{,}67U \leq AB < 4{,}68U \longrightarrow 4{,}67 \leq \overline{AB} < 4{,}68$$

e poi

$$4{,}671U \leq AB < 4{,}672U \longrightarrow 4{,}671 \leq \overline{AB} < 4{,}672$$
$$4{,}6713U \leq AB < 4{,}6714U \longrightarrow 4{,}6713 \leq \overline{AB} < 4{,}6714$$

e così via.
Seguendo il procedimento illustrato, si potranno presentare due casi.

▶ **Caso 1** **Le successive operazioni di confronto tra AB e i sottomultipli di U a un certo momento hanno termine**, perché si trova che un opportuno sottomultiplo decimale di U è contenuto in AB un numero esatto di volte. Ammesso che AB contenga m volte il sottomultiplo di U secondo il numero 10^n, si avrà

$$AB \cong \dfrac{m}{10^n} U$$

Si dirà allora che *il numero $\dfrac{m}{10^n}$ è la misura esatta della lunghezza del segmento AB rispetto a U* e scriveremo

$$\overline{AB} = \dfrac{m}{10^n}$$

Dato il numero $\dfrac{m}{10^n}$, è facile costruire una lunghezza avente tale misura rispetto all'unità U. Basterà infatti costruire il sottomultiplo del segmento U secondo il numero 10^n e poi il multiplo secondo m di tale sottomultiplo: la lunghezza di quest'ultimo segmento avrà misura $\dfrac{m}{10^n}$ rispetto a U.

▶ **Caso 2** **Le operazioni di confronto tra AB e i sottomultipli di U non hanno termine**, perché, anche proseguendo indefinitamente, non si trova mai un sottomultiplo decimale di U che, trasportato successivamente sulla semiretta AB, permetta di giungere esattamente in B.
In questo caso otteniamo due classi *infinite* di numeri, la prima crescente e l'altra decrescente; nell'esempio visto, esse sono

$$(H) \quad 4 \quad 4{,}6 \quad 4{,}67 \quad 4{,}671 \quad 4{,}6713 \quad \ldots$$
$$(K) \quad 5 \quad 4{,}7 \quad 4{,}68 \quad 4{,}672 \quad 4{,}6714 \quad \ldots$$

I numeri della classe H, che esprimono le misure delle lunghezze dei segmenti AA_1, AA_2, AA_3, ... minori di AB, si dicono *misure approssimate per difetto* della lunghezza del segmento AB rispetto a U; i numeri della classe K, che esprimono le misure delle lunghezze dei segmenti AB_1, AB_2, AB_3, ... maggiori di AB, si dicono *misure approssimate per eccesso*.

È evidente che l'approssimazione si può affinare a piacere, cioè si possono ottenere due misure approssimate, una per difetto e una per eccesso, tali che la loro differenza sia più piccola di un qualunque numero fissato a piacere: a questo scopo basta fare il confronto di AB con un opportuno sottomultiplo di U. Osserviamo che le due classi H e K soddisfano le seguenti proprietà:

a. ogni numero della prima classe è minore di ogni numero della seconda;

> Per esempio, se si desidera ottenere una misura della lunghezza del segmento AB approssimata a meno di un milionesimo dell'unità U, basta confrontare AB con il sottomultiplo di U secondo il numero 10^6.

b. si possono sempre trovare due numeri, uno per ciascuna classe, la cui differenza risulti minore di qualsiasi numero fissato piccolo a piacere.

In virtù della proprietà **a.**, le classi H e K si dicono **classi separate di numeri razionali**. È intuitivo che, per ogni coppia di classi separate, esiste almeno un numero maggiore o uguale di ciascun numero della prima classe e minore o uguale di ciascun numero della seconda classe: tale numero si dice **elemento separatore delle due classi**. La sua esistenza deve, tuttavia, essere postulata e, a tal proposito, si parla di *postulato di continuità (della retta)*.

Se due classi separate godono, come le classi H e K, anche della proprietà **b.**, allora esse si dicono **classi contigue di numeri razionali** e si può dimostrare che, in questo caso, l'elemento separatore è unico.

Nel caso che stiamo esaminando, tale elemento separatore avrà necessariamente uno sviluppo decimale illimitato (altrimenti si ricade nel caso 1); pertanto dobbiamo distinguere ulteriormente due casi, a seconda che tale sviluppo decimale sia *periodico* o *non periodico*.

▶ **Caso 2a** Se l'elemento separatore ha uno sviluppo decimale illimitato **periodico**, allora possiamo rappresentarlo mediante una frazione $\frac{p}{q}$. Diciamo che tale frazione è la *misura esatta della lunghezza del segmento AB rispetto all'unità di misura U*, dunque scriviamo

$$AB \cong \frac{p}{q} U \quad \longrightarrow \quad \overline{AB} = \frac{p}{q}$$

Come nel caso 1, dato il numero $\frac{p}{q}$, si può facilmente costruire una lunghezza avente tale misura rispetto all'unità U. Basterà infatti costruire il sottomultiplo del segmento U secondo q e poi il multiplo di tale sottomultiplo secondo p: la lunghezza di quest'ultimo segmento avrà misura $\frac{p}{q}$ rispetto a U.

Nei casi 1 e 2a la misura della lunghezza di AB rispetto all'unità U è un **numero razionale** $\left(\text{precisamente } \frac{m}{10^n} \text{ e } \frac{p}{q}\right)$. Per questo motivo, la lunghezza del segmento AB e la lunghezza U si dicono **commensurabili**. Osserviamo che

$$AB \cong \frac{m}{10^n} U \longrightarrow \frac{1}{m} AB \cong \frac{1}{10^n} U \qquad AB \cong \frac{p}{q} U \longrightarrow \frac{1}{p} AB \cong \frac{1}{q} U$$

quindi possiamo affermare che, in entrambi i casi, i segmenti AB e U hanno un sottomultiplo comune e perciò lo stesso si può affermare per la lunghezza di AB e la lunghezza U. Deduciamo dunque che *se due lunghezze sono commensurabili allora hanno un sottomultiplo comune.*

> I numeri che costituiscono le classi contigue H e K si dicono *valori approssimati rispettivamente per difetto e per eccesso del numero irrazionale α.*

▶ **Caso 2b** Se invece l'elemento separatore delle classi contigue H e K ha uno sviluppo **decimale illimitato non periodico**, allora esso è un **numero irrazionale** α.

Diciamo quindi che *il numero irrazionale α è la misura della lunghezza del segmento AB rispetto all'unità di misura U* e scriviamo

$$AB \cong \alpha U \quad \longrightarrow \quad \overline{AB} = \alpha$$

La lunghezza del segmento AB e la lunghezza U si dicono **incommensurabili**: *non esiste*, in questo caso, *nessun sottomultiplo comune alle due lunghezze*.
Data l'unità di misura U e un numero irrazionale positivo α, si può costruire una lunghezza che abbia misura α rispetto a U? In questo caso non è semplice come nei casi precedenti.
Anzitutto osserviamo che si può dimostrare che ogni numero reale e, in particolare, *ogni numero irrazionale può essere considerato come l'elemento separatore di due opportune classi contigue di numeri razionali*.
Siano dunque S e T le classi contigue di numeri *razionali* il cui elemento separatore è il numero irrazionale α. Secondo quanto discusso nei casi 1 e 2a, siamo ora in grado di costruire le classi S' e T' delle *lunghezze* aventi misure (rispetto a U) date rispettivamente dai numeri *razionali* delle classi S e T.
Si può dimostrare che, essendo S e T classi contigue di numeri razionali, anche le classi S' e T' godono di analoghe proprietà; più precisamente

c. ogni lunghezza di S' è minore di ogni lunghezza di T';

d. comunque si fissi una lunghezza L piccola a piacere, si possono trovare una lunghezza di T' e una di S' la cui differenza sia minore della lunghezza L.

In analogia a quanto già detto per i numeri reali, poiché le classi S' e T' godono della proprietà **c.**, esse si dicono **classi separate di lunghezze** e assumiamo il seguente postulato.

> **POSTULATO DI CONTINUITÀ**
> Due classi separate di lunghezze ammettono almeno un elemento separatore.

In questo caso, per elemento separatore s'intende una lunghezza maggiore o uguale di ogni lunghezza della prima classe e minore o uguale di ogni lunghezza della seconda classe.
Se due classi separate di lunghezze godono, come le classi S' e T', anche della proprietà **d.**, allora esse si dicono **classi contigue di lunghezze** e si può dimostrare che, in questo caso, l'elemento separatore è unico.
Possiamo dunque affermare che esiste un'*unica* lunghezza a maggiore o uguale a qualsiasi lunghezza della classe S' e minore o uguale a qualsiasi lunghezza della classe T'. La misura della lunghezza a rispetto a U sarà dunque maggiore o uguale a qualsiasi numero della classe S e minore o uguale a qualsiasi numero della classe T; dunque tale misura è elemento separatore delle classi S e T. Poiché, tuttavia, l'elemento separatore di due classi contigue di numeri razionali è unico, la misura della lunghezza a rispetto a U dovrà coincidere con α.
Concludendo, fissata una lunghezza U come unità di misura, possiamo affermare che

- data una lunghezza a (non nulla), esiste sempre un unico numero reale positivo α che ne rappresenti la misura rispetto all'unità U;
- dato un numero reale positivo α, esiste sempre un'unica lunghezza a che abbia misura α rispetto a U.

Il postulato di continuità permette dunque di stabilire una **corrispondenza biunivoca** tra i numeri reali positivi e le lunghezze dei segmenti (non nulli), misurate rispetto a una stessa unità di misura.

Talvolta si usa dire impropriamente che due segmenti sono commensurabili o incommensurabili, intendendo che lo sono le rispettive lunghezze.

La lunghezza nulla (cioè la lunghezza del segmento nullo) ha misura 0 rispetto a qualsiasi unità di misura.

Il caso generale: la misura di una grandezza qualsiasi

Le considerazioni svolte a proposito della misura delle lunghezze dei segmenti si possono ripetere per le grandezze di una specie qualunque.

Possiamo così affermare che **in ogni classe di grandezze, fissata una grandezza U come unità di misura, è possibile determinare per ciascuna grandezza non nulla della classe la sua misura rispetto a U.**

Tale misura è un numero reale positivo, razionale o irrazionale, generato dal confronto tra la grandezza e l'unità di misura. Se U è l'unità di misura, A una grandezza qualunque della stessa specie e α la sua misura rispetto a U, scriveremo $A = \alpha U$.

> La grandezza nulla ha misura 0 rispetto a qualsiasi unità di misura.

Viceversa, fissata l'unità U e dato un numero positivo α (razionale o irrazionale), si può ricostruire la grandezza A, omogenea a U, che abbia α come misura rispetto a U, purché si possa ammettere, per la classe di grandezze della specie di A, un postulato di continuità analogo a quello ammesso per le lunghezze.

Un tale postulato viene assunto per tutte le grandezze geometriche (lunghezze, ampiezze, aree, volumi, ...): per questo motivo, esse si dicono **grandezze continue**.

Possiamo così affermare che

▶ **per le grandezze continue, dati una grandezza U e un numero reale positivo α, esiste una e una sola grandezza A omogenea a U avente il numero α come misura rispetto a U e quindi tale che sia**

$$A = \alpha U$$

In ogni classe di grandezze continue, il postulato di continuità permette dunque di stabilire una **corrispondenza biunivoca** tra i numeri reali positivi e le grandezze (non nulle), misurate rispetto a una stessa unità di misura.

Date due grandezze omogenee qualsiasi, quando la misura della prima rispetto alla seconda è un numero razionale, si dirà che le due grandezze sono *commensurabili*; quando invece tale misura è un numero irrazionale si dirà che sono *incommensurabili*.

Nel prossimo paragrafo vedremo un esempio di grandezze incommensurabili.

Osserviamo infine che le misure delle grandezze di una certa classe, come si potrebbe dimostrare, «rispettano» le proprietà delle grandezze: possono essere confrontate e sommate. Più precisamente, se A e B sono due grandezze omogenee e i numeri a e b sono le loro misure rispetto a una stessa unità di misura, allora

> D'ora in poi indicheremo le grandezze di una prefissata classe con le lettere maiuscole e le loro misure con le corrispondenti lettere minuscole.

- $A < B \iff a < b$, $A = B \iff a = b$, $A > B \iff a > b$;

- la misura di $A + B$ è il numero $a + b$ e la misura di $A - B$ (con $A > B$) è il numero $a - b$;

- la misura di nA (con n intero positivo) è na e la misura di $\dfrac{1}{n}A$ è $\dfrac{1}{n}a$.

Incommensurabilità tra lato e diagonale di un quadrato

> **TEOREMA 1**
>
> Le lunghezze della diagonale e del lato di un quadrato sono incommensurabili.

DIMOSTRAZIONE

Supponiamo per assurdo che le lunghezze della diagonale AC e del lato AB del quadrato $ABCD$ siano commensurabili (**FIGURA 3**). Supponiamo, cioè, che esista un loro sottomultiplo comune e quindi che esista un segmento EF sottomultiplo comune ai due segmenti AC e AB: detti m e n due numeri interi positivi, sia

$$EF \cong \frac{1}{m} AC \cong \frac{1}{n} AB$$

Dalle relazioni precedenti segue che

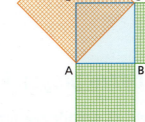

FIGURA 3

$$AC \cong mEF \quad \text{e} \quad AB \cong nEF$$

quindi il quadrato di lato AC è decomponibile in m^2 quadratini di lato congruente ad EF e quello di lato AB in n^2 quadratini di lato congruente ad EF. D'altra parte, per il teorema di Pitagora applicato al triangolo rettangolo isoscele ABC, si ha

$$q(AC) \doteq q(AB) + q(CB) \quad \longrightarrow \quad q(AC) \doteq 2 \cdot q(AB)$$

perciò otteniamo

$$m^2 \cdot q(EF) \doteq 2n^2 \cdot q(EF)$$

e quindi

$$m^2 = 2n^2$$

Dimostriamo che questa uguaglianza è assurda.
Infatti i numeri m^2 e n^2 o non contengono il fattore 2 nella loro scomposizione in fattori primi oppure esso è contenuto un numero pari di volte a causa dell'elevamento al quadrato di m e di n.
Dunque nell'uguaglianza $m^2 = 2n^2$

- a primo membro compaiono un numero pari (eventualmente zero) di fattori 2;
- a secondo membro, a causa del coefficiente 2 di n^2, compaiono un numero dispari di fattori 2.

L'uguaglianza $m^2 = 2n^2$ è quindi assurda.

Dunque è assurda la supposizione iniziale: non può essere $\frac{1}{m} AC \cong \frac{1}{n} AB$, cioè non può esistere un sottomultiplo comune ai segmenti AC e AB. In altri termini le lunghezze dei segmenti AB e AC non sono commensurabili.

c.v.d.

> Ricorda che $q(EF)$ rappresenta un quadrato avente lato congruente al segmento EF.

■ **IRRAZIONALITÀ DI $\sqrt{2}$**

La dimostrazione che la relazione $m^2 = 2n^2$ è assurda si utilizza anche per dimostrare che $\sqrt{2}$ è un numero irrazionale.
Infatti, procedendo per assurdo, si suppone che esso sia un numero razio-

nale, esprimibile quindi nella forma $\dfrac{m}{n}$ (con $n \neq 0$):

$$\dfrac{m}{n} = \sqrt{2} \longrightarrow \dfrac{m^2}{n^2} = 2 \longrightarrow m^2 = 2n^2$$

Quest'ultima relazione, come abbiamo visto, è assurda e resta così dimostrata l'irrazionalità di $\sqrt{2}$.

Grandezze proporzionali

3. Rapporto di grandezze omogenee

> **DEFINIZIONE RAPPORTO DI DUE GRANDEZZE OMOGENEE**
> Si dice rapporto di due grandezze A e B omogenee (di cui B non nulla) la misura di A rispetto a B, assunta come unità di misura.

> In fisica a volte si considerano rapporti tra grandezze non omogenee: per esempio il rapporto tra una lunghezza e un tempo è una *velocità*. In questo testo ci limiteremo a considerare rapporti tra grandezze omogenee.

Tale rapporto si indica con

$$A : B \quad \text{oppure} \quad \dfrac{A}{B}$$

ed è, per definizione, un numero reale non negativo.
In particolare, il rapporto di due grandezze uguali (e non nulle) è 1, cioè $A : A = 1$.
Il rapporto tra due grandezze omogenee si può determinare anche assumendo, come unità di misura, una terza grandezza omogenea alle due, come espresso dal seguente teorema.

> **TEOREMA 2**
> Il rapporto di due grandezze omogenee A e B (di cui B non nulla) è uguale al rapporto tra le loro misure a e b rispetto a una *stessa* unità di misura, *prefissata arbitrariamente*. In simboli
> $$A : B = a : b \quad \text{oppure} \quad \dfrac{A}{B} = \dfrac{a}{b} \qquad B \neq 0$$

DIMOSTRAZIONE

Sia r il rapporto tra le grandezze omogenee A e B cioè, per definizione, sia r la misura di A rispetto a B:

$$\dfrac{A}{B} = r \longrightarrow A = rB$$

Se U è un'unità di misura arbitraria, siano a e b rispettivamente le misure, rispetto a U, di A e di B:

$$A = aU \qquad B = bU$$

Tenendo conto delle precedenti uguaglianze, l'uguaglianza $A = rB$ diventa

$$aU = r(bU) \longrightarrow aU = rbU$$

Dall'uguaglianza delle grandezze aU e rbU, deduciamo l'uguaglianza delle loro misure rispetto a U, cioè

$$a = rb \longrightarrow r = \frac{a}{b}$$

Quindi, per l'uguaglianza $\frac{A}{B} = r$, si ha

$$\frac{A}{B} = \frac{a}{b} \qquad \text{c.v.d.}$$

Grazie a questo teorema *possiamo identificare il rapporto tra le lunghezze di due segmenti con il rapporto tra le loro misure, rispetto alla stessa unità di misura.*

In particolare, se AB e CD sono due segmenti, con la scrittura $\frac{AB}{CD}$ (oppure $AB : CD$) indicheremo (impropriamente) il rapporto tra le loro lunghezze; se $\overline{AB}$ e $\overline{CD}$ sono le misure delle lunghezze rispettivamente di AB e di CD (rispetto a una stessa lunghezza fissata come unità di misura), per il teorema ora dimostrato potremo scrivere

$$\frac{AB}{CD} = \frac{\overline{AB}}{\overline{CD}} \qquad (\text{oppure } AB : CD = \overline{AB} : \overline{CD})$$

Analoghe considerazioni si possono fare per le ampiezze e le aree.

È importante osservare che **il rapporto tra due grandezze omogenee** non nulle è un numero reale positivo che, per il teorema precedente, **non dipende dall'unità di misura prescelta per entrambe**.

ESEMPIO
Consideriamo i segmenti AB, BC e $AC = AB + BC$ di **FIGURA 4**, dove $AB \cong BC$.

FIGURA 4

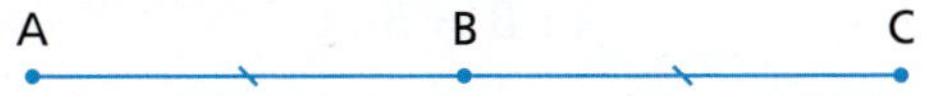

Osserviamo anzitutto che, essendo $AC \cong 2AB$, la misura della lunghezza di AC rispetto alla lunghezza di AB è 2 e quindi, per definizione, il rapporto $AC : AB$ vale 2.
Supponiamo, ad esempio, che la misura della lunghezza di AB, in centimetri, sia 5 ($AB = 5$ cm $\longrightarrow \overline{AB} = 5$).
Poiché AB e BC sono congruenti, essi hanno la stessa lunghezza, quindi anche la misura della lunghezza di BC in centimetri è 5.
Poiché la lunghezza di AC è la somma delle lunghezze di AB e BC, la misura della lunghezza di AC è la somma delle misure delle lunghezze di AB e BC, ossia è $5 + 5 = 10$.
Per il **TEOREMA 2**, il rapporto tra la lunghezza di AC e la lunghezza di AB è uguale al rapporto tra le loro misure, ossia

$$AC : AB = 10 : 5 = 2$$

Se poi si considera come unità di misura il metro anziché il centimetro, la misura della lunghezza di AB è 0,05 e la misura della lunghezza di AC è 0,1. Il rapporto tra tali misure è

$$AC : AB = 0,1 : 0,05 = 2$$

Come si vede, tale rapporto non cambia al variare dell'unità di misura (e rimane sempre uguale alla misura della lunghezza di AC rispetto alla lunghezza di AB).

4. Proporzioni tra grandezze

Sappiamo che *quattro numeri* reali a, b, c, d (con $b \neq 0$ e $d \neq 0$) sono *in proporzione* se i rapporti $\frac{a}{b}$ e $\frac{c}{d}$ sono uguali:

$$\frac{a}{b} = \frac{c}{d} \longleftrightarrow a : b = c : d$$

Il concetto di proporzione si può estendere anche alle grandezze.

> Non è necessario che le grandezze A e B siano omogenee alle grandezze C e D.

DEFINIZIONE **GRANDEZZE IN PROPORZIONE**

Siano date due grandezze A e B omogenee (con B non nulla) e altre due grandezze C e D omogenee (con D non nulla). Le quattro grandezze A, B, C e D si dicono in proporzione se il rapporto tra A e B è uguale a quello tra C e D.

Si scrive in tal caso

$$\frac{A}{B} = \frac{C}{D} \quad \text{oppure} \quad A : B = C : D$$

e si legge «A sta a B come C sta a D». La terminologia usata per le proporzioni tra grandezze è identica a quella per le proporzioni tra numeri. Nella proporzione

$$A : B = C : D$$

le grandezze A, B, C, D si dicono **termini** della proporzione; il primo e il quarto termine si dicono **estremi**, il secondo e il terzo termine **medi**; il primo e il terzo termine sono gli **antecedenti**, il secondo e il quarto termine sono i **conseguenti**. La grandezza D si dice **quarta proporzionale** dopo A, B, C.

Una proporzione avente i medi o gli estremi uguali fra loro si dice **continua**: in questo caso tutte le grandezze devono essere omogenee fra loro. Nella proporzione continua

$$A : B = B : C$$

La grandezza B si dice **media proporzionale** o **media geometrica** fra A e C e la grandezza C si dice **terza proporzionale** dopo A e B.

TEOREMA 3

Condizione necessaria e sufficiente affinché quattro grandezze A, B, C, D di cui A, B omogenee (con $B \neq 0$) e C, D omogenee (con $C \neq 0$) formino una proporzione è che siano in proporzione le loro misure a, b, c, d. In simboli:

$$A : B = C : D \iff a : b = c : d$$

DIMOSTRAZIONE

Siano a e b le misure di A e B rispetto all'unità U (omogenea ad A e B), e c e d le misure di C e D rispetto all'unità U' (omogenea a C e D). Per il **TEOREMA 2** si ha

$$A : B = a : b \quad \text{e} \quad C : D = c : d$$

Pertanto i due rapporti tra grandezze $A : B$ e $C : D$ sono uguali se e solo se sono uguali i corrispondenti rapporti tra le loro misure.   c.v.d.

Il **TEOREMA 3** permette di riscrivere una proporzione tra grandezze, in modo equivalente, in termini di una proporzione numerica.

Le proprietà delle proporzioni tra numeri non si possono tuttavia estendere immediatamente alle proporzioni fra grandezze. Occorre infatti tenere presente che

▶ la proprietà fondamentale, secondo cui il prodotto dei medi è uguale al prodotto degli estremi, non ha senso quando si considerano delle proporzioni tra grandezze, perché in matematica solitamente non si considera il prodotto di grandezze;

▶ la proprietà del permutare che consente, in una proporzione tra numeri, di scambiare tra loro i termini medi o i termini estremi, si può applicare alle proporzioni tra grandezze solo nel caso in cui le grandezze che figurano al primo membro siano omogenee a quelle che figurano al secondo membro; in caso contrario l'applicazione della proprietà del permutare produrrebbe dei rapporti tra grandezze non omogenee che, in matematica, non hanno senso.

Restano invece valide tutte le altre proprietà delle proporzioni numeriche, che ti invitiamo a ripassare (vedi **TEORIA.ZIP** a fine capitolo).

Sappiamo che, dati tre numeri reali, esiste sempre il quarto proporzionale dopo di essi; cioè dati tre numeri a, b, c, esiste un numero d che forma con i primi tre la proporzione $a : b = c : d$ (con $b \neq 0$, $d \neq 0$). Tale proprietà si può estendere alle grandezze, infatti vale il seguente teorema.

> **TEOREMA DELLA QUARTA PROPORZIONALE**
>
> Date tre grandezze A, B, C, delle quali le prime due siano omogenee (con B non nulla), esiste una e una sola grandezza non nulla e omogenea alla terza, che con le grandezze date formi una proporzione, ossia esiste una e una sola *quarta proporzionale* dopo A, B, C.

> **DIMOSTRAZIONE**
>
> Date le tre grandezze A, B, C, di cui A e B omogenee tra loro, indichiamo con r il rapporto $B : A$.
>
> Trovato il numero reale r, si può affermare che esiste *una e una sola* grandezza D, omogenea a C, la cui misura rispetto a C sia r, cioè tale che il rapporto $D : C$ sia r. Avremo quindi $B : A = D : C$ e, usando la proprietà dell'*invertire*, otteniamo
>
> $$A : B = C : D$$
>
> Dunque la grandezza D, quarta proporzionale dopo A, B, C, esiste ed è unica.
> c.v.d.

A MENO CHE...

In fisica a volte si considera il prodotto tra due grandezze, omogenee o non omogenee tra loro. Tale prodotto è a sua volta una grandezza. Ad esempio, il prodotto tra una forza e una lunghezza è un *lavoro*.

In particolare, dal precedente teorema deduciamo che

$$A : B = C : D \land A : B = C : D' \implies D = D'$$

Poiché un termine qualunque di una proporzione può sempre diventare il quarto (invertendo o permutando), si ha che **se tre termini qualunque di una proporzione sono uguali ai termini corrispondenti di un'altra, anche i rimanenti termini sono uguali.**

5. Grandezze direttamente proporzionali

Consideriamo due *classi* di grandezze

$$\mathscr{I} = \{A \, ; \, B \, ; \, C \, ; \, D \, ; \, ...\}$$
$$\mathscr{I}' = \{A' \, ; \, B' \, ; \, C' \, ; \, D' \, ; \, ...\}$$

tali che a ciascuna delle grandezze della prima classe corrisponda una e una sola grandezza della seconda e, reciprocamente, a ogni grandezza della seconda ne corrisponda una e una sola della prima; le due classi $\mathscr{I}$ e $\mathscr{I}'$ siano cioè in *corrispondenza biunivoca*.
Intenderemo che siano corrispondenti le grandezze indicate con la stessa lettera con o senza apice: per esempio, sono corrispondenti A e A', B e B', ecc.
Supporremo poi che le grandezze di ciascuna classe siano omogenee tra loro, mentre non occorre ammettere che le grandezze di una classe siano omogenee a quelle dell'altra.

> **DEFINIZIONE GRANDEZZE DIRETTAMENTE PROPORZIONALI**
> Si dice che le grandezze delle due classi $\mathscr{I}$ e $\mathscr{I}'$ sono direttamente proporzionali (o semplicemente *proporzionali*) quando il rapporto tra due qualunque grandezze della prima classe è uguale al rapporto tra le grandezze corrispondenti dell'altra.

In simboli

$$A : B = A' : B' \qquad A : C = A' : C' \qquad B : C = B' : C' \qquad ... \quad \boxed{1}$$

Parleremo quindi di **classi di grandezze proporzionali** (oppure semplicemente, anche se impropriamente, di *classi proporzionali*).
Fissata un'unità di misura per ciascuna classe di grandezze, indichiamo con a, b, c, ... a', b', c', ... rispettivamente le misure delle grandezze A, B, C, ..., A', B', C' ...
Grazie al **TEOREMA 3**, le proporzioni $\boxed{1}$ sono equivalenti alle seguenti proporzioni tra numeri:

$$a : b = a' : b' \qquad a : c = a' : c' \qquad b : c = b' : c' \qquad ... \quad \boxed{2}$$

e dunque possiamo affermare che

▶ le grandezze di due classi sono proporzionali se e solo se il rapporto tra le misure di due grandezze della prima classe è uguale al rapporto tra le misure delle due grandezze corrispondenti della seconda classe.

Le relazioni $\boxed{2}$, permutando i medi, diventano

$$a : a' = b : b' \qquad a : a' = c : c' \qquad b : b' = c : c' \qquad ...$$

ossia

$$a : a' = b : b' = c : c' = ...$$

cioè *date due classi di grandezze proporzionali, il rapporto tra le misure, rispetto a prefissate unità, di due grandezze corrispondenti è un numero costante, detto* **costante di proporzionalità**.

Si possono presentare due casi.

▸ Le grandezze della prima classe sono omogenee a quelle della seconda (ad esempio si tratta di due classi di lunghezze) e si sceglie la stessa unità di misura per le due classi. In tal caso la costante di proporzionalità, essendo il rapporto tra le misure, rispetto a una stessa unità, di due grandezze omogenee, **non dipende** dall'unità di misura prescelta.

> **ESEMPIO**
>
> **1** Sappiamo che il rapporto tra la misura della lunghezza di una circonferenza e la misura della lunghezza del suo diametro è costante ed è uguale a π, qualunque sia la circonferenza considerata.
>
> Se indichiamo allora con
>
> $$c_1 \quad c_2 \quad c_3 \quad \ldots$$
>
> le misure delle lunghezze di alcune circonferenze, rispetto a una certa unità di misura, e con
>
> $$d_1 \quad d_2 \quad d_3 \quad \ldots$$
>
> le misure delle lunghezze dei rispettivi diametri, rispetto alla stessa unità di misura (**FIGURA 5**), si ha
>
> $$c_1 : d_1 = \pi \qquad c_2 : d_2 = \pi \qquad c_3 : d_3 = \pi \qquad \ldots \qquad \boxed{3}$$
>
> cioè
>
> $$c_1 : d_1 = c_2 : d_2 \qquad c_2 : d_2 = c_3 : d_3 \qquad \ldots$$
>
> Da tali proporzioni, permutando i medi, otteniamo
>
> $$c_1 : c_2 = d_1 : d_2 \qquad c_2 : c_3 = d_2 : d_3 \qquad \ldots$$
>
> cioè, il rapporto tra le misure delle lunghezze di due circonferenze è uguale al rapporto tra le misure delle lunghezze dei rispettivi diametri; ciò basta per affermare che le lunghezze delle circonferenze e le lunghezze dei rispettivi diametri costituiscono due classi di grandezze direttamente proporzionali.
>
> Le relazioni ③ ci dicono immediatamente che la costante di proporzionalità, tra queste due classi di grandezze, è il numero π.
> Poiché le grandezze di queste due classi sono omogenee tra loro, tale costante di proporzionalità è indipendente dall'unità di misura prescelta, purché tale unità sia la medesima per le grandezze di entrambe le classi.

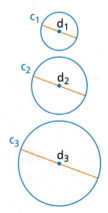

FIGURA 5

▸ Le grandezze della prima classe non sono omogenee a quelle della seconda, oppure, pur essendo tutte omogenee, sono misurate rispetto a diverse unità. In questi casi la costante di proporzionalità può essere considerata la misura di una nuova grandezza rispetto all'unità di misura data dal rapporto tra le unità di misura considerate per le due classi di grandezze. Il valore della costante **dipende** dunque dalla scelta di tali unità di misura, come si può vedere negli esempi alla pagina seguente.

> Nelle scienze applicate si usano spesso unità di misura ottenute dal rapporto tra unità di misura di grandezze non omogenee. Ad esempio nel SI la velocità si misura in $\frac{m}{s}$.

ESEMPIO

2 **MATEMATICA E... FISICA** Un corpo si muove di moto rettilineo uniforme e, durante il suo moto, vengono eseguite le seguenti misurazioni dei tempi (in secondi) e delle distanze percorse (in metri) (**TABELLA 1**).

TABELLA 1

distanze percorse	720 m	1800 m	10 800 m	14 400 m
tempi impiegati	360 s	900 s	5400 s	7200 s

Osserviamo che

$$\begin{cases} 720 : 360 = 2 \\ 1800 : 900 = 2 \\ 10\,800 : 5400 = 2 \\ 14\,400 : 7200 = 2 \end{cases}$$ (4)

In particolare, possiamo scrivere

$$720 : 360 = 1800 : 900 \qquad 1800 : 900 = 10\,800 : 5400 \qquad \dots$$

e, permutando i medi, otteniamo

$$720 : 1800 = 360 : 900 \qquad 1800 : 10\,800 = 900 : 5400 \qquad \dots$$

ossia il rapporto tra le misure (in metri) di due distanze percorse è uguale al rapporto tra le misure (in secondi) degli intervalli di tempo impiegati a percorrerle. Perciò le distanze percorse e i tempi impiegati costituiscono, in questo caso, due classi di grandezze direttamente proporzionali.

Le relazioni (4) ci dicono immediatamente che la costante di proporzionalità tra queste due classi di grandezze è il numero 2. Come avrai intuito, tale costante può essere interpretata come la misura della *velocità costante* del corpo rispetto a un'unità che si ottiene come rapporto tra l'unità utilizzata per le distanze (m) e quella utilizzata per i tempi (s), cioè $\frac{m}{s}$ (si legge «metro al secondo»).

Ora consideriamo come unità di misura per le distanze percorse il kilometro e come unità di misura per i tempi l'ora. Adattiamo la **TABELLA 1**.

TABELLA 2

distanze percorse	0,72 km	1,8 km	10,8 km	14,4 km
tempi impiegati	0,1 h	0,25 h	1,5 h	2 h

In questo caso, calcolando il rapporto costante tra le misure delle distanze percorse e le misure degli intervalli di tempo impiegati a percorrerle, otteniamo

$$\begin{cases} 0{,}72 : 0{,}1 = 7{,}2 \\ 1{,}8 : 0{,}25 = 7{,}2 \\ 10{,}8 : 1{,}5 = 7{,}2 \\ 14{,}4 : 2 = 7{,}2 \end{cases}$$

La costante di proporzionalità diventa quindi 7,2: essa rappresenta sempre la misura della velocità costante del corpo, ma ha un valore diverso rispetto a quello ottenuto prima, poiché abbiamo cambiato le unità di misura delle distanze e dei tempi.

La velocità del corpo risulta quindi $7{,}2 \, \frac{km}{h}$ (o, equivalentemente, $2 \, \frac{m}{s}$).

Vale il seguente criterio che sarà molto utile, nei paragrafi successivi, per stabilire se due classi di grandezze sono direttamente proporzionali.

> **CRITERIO GENERALE DI PROPORZIONALITÀ**
>
> Siano date due classi di grandezze in corrispondenza biunivoca, ciascuna costituita da grandezze omogenee. Condizione necessaria e sufficiente affinché le grandezze delle due classi siano direttamente proporzionali è che
>
> **a.** a grandezze uguali di una classe corrispondano grandezze uguali dell'altra;
>
> **b.** alla somma di due o più grandezze qualunque della prima classe corrisponda la somma delle grandezze corrispondenti della seconda classe.

Dimostrazione del criterio generale di proporzionalità

6. Esempi di grandezze direttamente proporzionali

Prima di procedere è bene precisare un **abuso di linguaggio** che adotteremo sistematicamente nel seguito.

> **▌ ATTENZIONE!**
>
> Nella teoria delle proporzioni, quando si parla di segmenti in proporzione o di rapporto tra segmenti, ci si intende riferire sempre alle *lunghezze* di tali segmenti; parlando di angoli ci si intende riferire alle loro *ampiezze*; parlando di superfici ci si intende riferire alle loro *aree*.
> Ricordiamo che, dati due segmenti AB e CD, indicheremo (impropriamente) con la scrittura $\frac{AB}{CD}$ (o $AB : CD$) il rapporto delle loro lunghezze; allo stesso modo, date due superfici S_1 e S_2, indicheremo (impropriamente) con la scrittura $\frac{S_1}{S_2}$ (o $S_1 : S_2$) il rapporto delle loro aree.

Vediamo ora alcuni esempi di grandezze direttamente proporzionali.

Archi, settori e rispettivi angoli al centro

> **TEOREMA 4**
>
> Gli archi di una stessa circonferenza (o di circonferenze congruenti) e i rispettivi angoli al centro sono direttamente proporzionali.
>
> **DIMOSTRAZIONE**
>
> Sappiamo che esiste una corrispondenza biunivoca fra archi e angoli al centro di una circonferenza. Dimostriamo che sono verificate le condizioni del **CRITERIO GENERALE DI PROPORZIONALITÀ**: dall'osservazione della **FIGURA 6** sappiamo che
>
> **a.** ad angoli al centro congruenti corrispondono archi congruenti (quindi a uguali ampiezze di angoli al centro, corrispondono uguali lunghezze dei rispettivi archi);

L'enunciato del **TEOREMA 4** sarebbe più corretto nella seguente forma: le lunghezze degli archi (rettificati) di una circonferenza (o di circonferenze congruenti) e le ampiezze dei rispettivi angoli al centro sono grandezze direttamente proporzionali.

b. all'angolo al centro somma di due angoli al centro corrisponde l'arco congruente alla somma dei due archi corrispondenti (quindi alla somma delle ampiezze di due angoli al centro corrisponde la somma delle lunghezze dei rispettivi archi).   c.v.d.

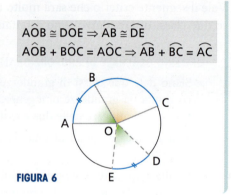

FIGURA 6

Ragionando in modo del tutto analogo, si può dimostrare il seguente teorema.

> **TEOREMA 5**
> I settori circolari di una stessa circonferenza (o di circonferenze congruenti) e i rispettivi angoli al centro sono direttamente proporzionali.

> Anche in questo caso, l'enunciato del **TEOREMA 5** sarebbe più corretto nella seguente forma: le aree di settori circolari di una circonferenza (o di circonferenze congruenti) e le ampiezze dei rispettivi angoli al centro sono grandezze direttamente proporzionali.

I **TEOREMI 4** e **5** permettono di derivare le formule per il calcolo delle misure della lunghezza di un arco di circonferenza e dell'area di un settore circolare corrispondenti a un dato angolo al centro.

Sia data una circonferenza avente raggio di misura r, la cui lunghezza misura $2\pi r$. Essa, come sappiamo, può essere considerata un arco corrispondente a un angolo al centro di ampiezza 360°. Applicando il **TEOREMA 4**, la misura l della lunghezza di un arco, corrispondente a un angolo al centro che in gradi misura α, può essere ottenuta mediante la seguente proporzione numerica:

$$l : 2\pi r = \alpha : 360 \quad \longrightarrow \quad l = \frac{\alpha \cdot 2\pi r}{360}$$

$$\boxed{l = \frac{\alpha}{180}\pi r}$$

> Per il calcolo della misura della lunghezza di un arco si suppone di aver fissato preventivamente un'unità di misura per le lunghezze. Come unità di misura per le aree, invece, si assume l'area del quadrato avente lato di lunghezza uguale all'unità di misura scelta per le lunghezze.

Analogamente, un cerchio avente raggio di misura r, la cui area misura πr^2, può essere considerato un settore circolare corrispondente a un angolo al centro di ampiezza 360°. Applicando il **TEOREMA 5**, la misura S dell'area di un settore circolare, corrispondente a un angolo al centro che in gradi misura α, può essere ottenuta mediante la seguente proporzione numerica:

$$S : \pi r^2 = \alpha : 360$$

$$\boxed{S = \frac{\alpha}{360}\pi r^2}$$

■ **PER APPROFONDIRE...**

Il radiante

L'unica unità di misura che conosciamo per l'ampiezza di un angolo è il *grado*, definito come la novantesima parte dell'ampiezza di un angolo retto. Vogliamo ora introdurre una nuova unità di misura per le ampiezze degli angoli, partendo da alcune considerazioni sulla formula $l = \dfrac{\alpha}{180}\pi r$ ricavata sopra, dove l, r sono le misure delle lunghezze rispettivamente di un arco e del raggio della circonferenza a cui appartiene l'arco (rispetto a una fissata unità di misura) e α è la misura *in gradi* dell'ampiezza dell'angolo al centro corrispondente a tale arco. Dividendo entrambi i membri dell'uguaglianza per r, otteniamo

$$\dfrac{l}{r} = \dfrac{\alpha}{180}\pi \qquad \boxed{5}$$

e, interpretando il primo membro come rapporto tra le lunghezze dell'arco e del raggio della circonferenza, osserviamo che esso

- *dipende solo dall'angolo al centro*, e non dal raggio della particolare circonferenza;
- *non dipende dall'unità di misura che si sceglie per le lunghezze*, essendo un rapporto di grandezze omogenee.

Da queste considerazioni nasce l'idea di usare tale rapporto per misurare gli angoli.

L'unità di misura dovrà essere l'ampiezza dell'angolo per cui tale rapporto vale 1, ossia **l'ampiezza dell'angolo al centro cui corrisponde un arco di lunghezza uguale al raggio**: chiamiamo tale ampiezza **radiante**.

Dato un angolo, la sua misura ρ in radianti si trova costruendo, in una *qualsiasi* circonferenza, un angolo al centro congruente a quello dato e calcolando il rapporto tra la lunghezza dell'arco corrispondente a tale angolo al centro e quella del raggio della circonferenza (**FIGURA 7**):

$$\boxed{\rho = \dfrac{l}{r}} \qquad \boxed{6}$$

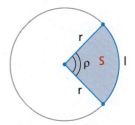

FIGURA 7

Osserviamo che la circonferenza può essere considerata un arco corrispondente a un angolo al centro congruente a un angolo giro. Essendo la misura della lunghezza della circonferenza uguale a $2\pi r$, la misura in radianti dell'ampiezza dell'angolo giro è $\dfrac{2\pi r}{r} = 2\pi$. Analogamente, la misura dell'ampiezza di un angolo piatto è π e quella di un angolo retto è $\dfrac{\pi}{2}$.

In generale, confrontando le uguaglianze $\boxed{5}$ e $\boxed{6}$, otteniamo le seguenti relazioni, che permettono di calcolare la misura ρ in radianti di un angolo, nota la sua misura α in gradi, e viceversa.

$$\boxed{\rho = \dfrac{\pi}{180}\alpha \qquad \alpha = \dfrac{180}{\pi}\rho}$$

Riportiamo, infine, le formule per il calcolo delle misure della lunghezza di un arco l e dell'area di un settore circolare S, nota la misura ρ in radianti dell'ampiezza dell'angolo al centro corrispondente (e la misura r della lunghezza del raggio):

$$\boxed{l = \rho r}$$

$$\boxed{S = \dfrac{\rho r^2}{2}}$$

Rettangoli e rispettive altezze (e basi)

TEOREMA 6

Rettangoli aventi altezze congruenti sono proporzionali alle rispettive basi.

> L'enunciato del **TEOREMA 6** sarebbe più corretto nella seguente forma: le aree di rettangoli aventi altezze congruenti sono proporzionali alle lunghezze delle rispettive basi.

DIMOSTRAZIONE

Supponiamo che i rettangoli R_1, R_2, R_3, ... (**FIGURA 8**) abbiano altezze congruenti; dimostriamo che essi sono proporzionali alle rispettive basi AB, CD, EF, ... ricorrendo al **CRITERIO GENERALE DI PROPORZIONALITÀ**.

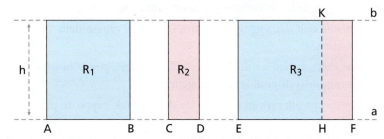

FIGURA 8

- Se le basi AB e CD avessero la stessa lunghezza, cioè se fosse $AB \cong CD$, i rettangoli R_1, R_2 risulterebbero congruenti perché avrebbero basi e altezze rispettivamente congruenti. Essendo $R_1 \cong R_2$, in particolare varrebbe $R_1 \doteq R_2$.

- Supponiamo ora che la lunghezza di una base sia la somma delle lunghezze di altre due basi, per esempio sia $EF \cong AB + CD$. Preso sopra EF il punto H tale che sia $EH \cong AB$ e quindi $HF \cong CD$ e condotta l'altezza HK del rettangolo R_3, questo risulta evidentemente diviso in due rettangoli rispettivamente congruenti a R_1 e R_2 e si ha quindi $R_3 \doteq R_1 + R_2$.

Sono dunque soddisfatte le condizioni del criterio generale di proporzionalità; ne segue la tesi, ossia

$$R_1 : R_2 = AB : CD \qquad R_2 : R_3 = CD : EF \qquad ...$$

c.v.d.

Poiché in un rettangolo si può considerare come altezza uno qualunque dei lati, il **TEOREMA 6** si può enunciare anche nella seguente forma:

▶ **rettangoli aventi basi congruenti sono proporzionali alle rispettive altezze.**

Grazie ai teoremi sull'equivalenza dei poligoni studiati nel capitolo precedente, deduciamo immediatamente i seguenti corollari del **TEOREMA 6**.

COROLLARIO 1

Parallelogrammi aventi altezze (o basi) congruenti sono proporzionali alle rispettive basi (o altezze).

COROLLARIO 2

Triangoli aventi altezze (o basi) congruenti sono proporzionali alle rispettive basi (o altezze).

Un'importantissima applicazione del **TEOREMA 6** è quella che consente di ricavare la formula per il calcolo della **misura dell'area di un rettangolo**.

> **TEOREMA 7**
> La misura dell'area di un rettangolo è uguale al prodotto delle misure delle lunghezze della base e dell'altezza.

> Questo teorema è molto importante perché dalla formula per il calcolo della misura dell'area di un rettangolo si ricavano (applicando i teoremi sull'equivalenza) tutte le altre formule per la misura delle aree dei poligoni.

DIMOSTRAZIONE

Sia R un rettangolo di base b e altezza a, sia U il quadrato avente lato u di lunghezza uguale all'unità di misura assunta per le lunghezze e sia R' un rettangolo avente base congruente a b e altezza congruente a u (**FIGURA 9**).

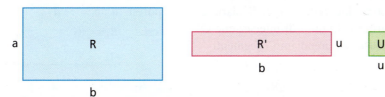

FIGURA 9

Per il **TEOREMA 6**, poiché R e R' hanno basi congruenti, mentre R' e U hanno altezze congruenti, si ha

$$R : R' = a : u \qquad R' : U = b : u$$

Se α e β sono le misure delle lunghezze di a e di b, rispetto alla lunghezza di u (ossia all'unità di misura assunta per le lunghezze), si ha $a : u = \alpha$ e $b : u = \beta$, perciò dalle proporzioni precedenti si ricava

$$R : R' = \alpha \qquad R' : U = \beta$$

ossia

$$R = \alpha R' \qquad R' = \beta U$$

e quindi, sostituendo, si ottiene

$$R = \alpha(\beta U) \quad \longrightarrow \quad R = \alpha\beta U \quad \longrightarrow \quad \frac{R}{U} = \alpha \cdot \beta$$

Essendo U il quadrato che ha il lato di lunghezza uguale all'unità di misura delle lunghezze, l'area di U rappresenta l'unità di misura delle aree. L'uguaglianza che abbiamo ottenuto ci dice quindi che il rapporto tra l'area di R e l'unità di misura delle aree è $\alpha\beta$, pertanto la misura dell'area del rettangolo R è il prodotto delle misure delle lunghezze delle sue dimensioni (a e b).

c.v.d.

7. Rettangoli equivalenti e segmenti in proporzione

Abbiamo già detto che la proprietà fondamentale delle proporzioni numeriche (*quattro numeri in un dato ordine sono in proporzione se e solo se il prodotto dei medi è uguale al prodotto degli estremi*) non può essere estesa in modo diretto al caso di proporzioni tra grandezze qualsiasi, non essendo definito, in generale, il prodotto tra due grandezze.

I teoremi di questo paragrafo rappresentano una *riformulazione* di tale proprietà nel caso di proporzioni tra lunghezze.

> **TEOREMA 8**
>
> Se quattro segmenti sono in proporzione, il rettangolo che ha per lati i segmenti medi è equivalente al rettangolo che ha per lati i segmenti estremi.

> **DIMOSTRAZIONE**
>
> Siano a, b, c, d quattro segmenti le cui lunghezze sono in proporzione, cioè sia $a : b = c : d$. Siano poi R_1 e R_2 i rettangoli aventi come lati rispettivamente i segmenti a, d e b, c: dobbiamo dimostrare che R_1 e R_2 sono equivalenti.
>
> Sopra due rette perpendicolari, a partire dal punto di intersezione O (**FIGURA 10**), prendiamo i segmenti
>
> **Ipotesi**: $a : b = c : d$
> **Tesi**: $R_1 \doteq R_2$
>
> $$OA \cong a \qquad OB \cong b$$
> $$OC \cong c \qquad OD \cong d$$
>
> e costruiamo, oltre ai due rettangoli R_1 e R_2, anche il rettangolo avente per lati i segmenti OB e OD, che indichiamo con R.
>
>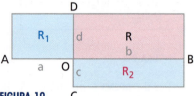
>
> **FIGURA 10**
>
> Poiché R_1 ed R hanno uguale altezza d, essi sono proporzionali alle rispettive basi, cioè
>
> $$R_1 : R = a : b \qquad \boxed{7}$$
>
> Analogamente, R_2 e R hanno la stessa base b, quindi si ha
>
> $$R_2 : R = c : d \qquad \boxed{8}$$
>
> Per ipotesi, inoltre, vale
>
> $$a : b = c : d$$
>
> quindi, dalle proporzioni $\boxed{7}$ e $\boxed{8}$, si deduce
>
> $$R_1 : R = R_2 : R$$
>
> ossia, permutando i medi,
>
> $$R_1 : R_2 = R : R$$
>
> Poiché il rapporto $R : R$ è uguale a 1, anche $R_1 : R_2$ sarà uguale a 1 e si conclude così che i due rettangoli R_1 e R_2 sono equivalenti. c.v.d.

Dal **TEOREMA 8** deduciamo, come caso particolare, il seguente corollario.

> **COROLLARIO 3**
>
> Se tre segmenti sono in proporzione continua, il quadrato costruito sopra il segmento medio è equivalente al rettangolo che ha i lati congruenti ai segmenti estremi.

Il prossimo teorema è l'inverso del **TEOREMA 8**: sarai guidato alla stesura della dimostrazione di questo teorema nella sezione di esercizi di questo capitolo.

TEOREMA 9

Se due rettangoli sono equivalenti, i lati di un rettangolo sono i medi di una proporzione e i lati dell'altro rettangolo sono gli estremi della stessa proporzione.

■ OSSERVAZIONE

Riferendoci agli elementi introdotti nella dimostrazione del **TEOREMA 8**, possiamo affermare che, in simboli, i **TEOREMI 8** e **9** stabiliscono la seguente proposizione:

$$a : b = c : d \iff R_1 \doteq R_2$$

Ricordando la formula per il calcolo della misura dell'area di un rettangolo (**TEOREMA 7**), dette $\alpha, \beta, \gamma, \delta$ le misure delle lunghezze rispettivamente dei segmenti a, b, c, d (rispetto a un'unità di misura fissata arbitrariamente), la precedente proposizione si può riscrivere nella forma

$$\alpha : \beta = \gamma : \delta \iff \alpha \cdot \delta = \beta \cdot \gamma$$

che rappresenta la *proprietà fondamentale* delle proporzioni numeriche.

8. Grandezze inversamente proporzionali

Consideriamo due classi di grandezze

$$\mathscr{I} = \{A\,;\,B\,;\,C\,;\,D\,;\,...\}$$
$$\mathscr{I}' = \{A'\,;\,B'\,;\,C'\,;\,D'\,;\,...\}$$

in corrispondenza biunivoca (dove intenderemo, come al solito, corrispondenti gli elementi indicati con la stessa lettera con e senza apice, cioè A e A', B e B', ...). Supponiamo che le grandezze di ciascuna classe siano omogenee tra loro (mentre non occorre ammettere che le grandezze di una classe siano omogenee a quelle dell'altra).

DEFINIZIONE **GRANDEZZE INVERSAMENTE PROPORZIONALI**

Se le grandezze delle due classi $\mathscr{I}$ e $\mathscr{I}'$ sono tali che il rapporto di due qualunque grandezze della prima classe è uguale al rapporto inverso delle grandezze corrispondenti dell'altra classe, si dice che esse sono inversamente proporzionali.

Si avrà in tal caso

$$A : B = B' : A' \qquad A : C = C' : A' \qquad ...$$

ESEMPIO

Un classico esempio di classi di grandezze inversamente proporzionali è costituito dalla classe delle lunghezze delle basi e da quella delle lunghezze delle altezze dei rettangoli che hanno la stessa area. Consideriamo, per esempio, i rettangoli la cui area è 8 cm^2 e rappresentiamone alcuni nella tabella che segue (**TABELLA 3**).

TABELLA 3

base	altezza	area
$b_1 = 1$ cm	$h_1 = 8$ cm	8 cm²
$b_2 = 2$ cm	$h_2 = 4$ cm	8 cm²
$b_3 = 3$ cm	$h_3 = \dfrac{8}{3}$ cm	8 cm²
$b_4 = 4$ cm	$h_4 = 2$ cm	8 cm²
$b_5 = 5$ cm	$h_5 = \dfrac{8}{5}$ cm	8 cm²
$b_6 = 4\sqrt{2}$ cm	$h_6 = \sqrt{2}$ cm	8 cm²
...	...	...

Come si può notare anche dalla **TABELLA 3**, l'insieme delle lunghezze delle basi e l'insieme delle lunghezze delle altezze sono in corrispondenza biunivoca e il rapporto tra due lunghezze qualsiasi del primo insieme (basi) è uguale al rapporto inverso delle lunghezze corrispondenti del secondo insieme (altezze). Ad esempio:

$$\frac{b_1}{b_2} = \frac{1}{2} \quad \text{e} \quad \frac{h_1}{h_2} = 2$$

$$\frac{b_3}{b_4} = \frac{3}{4} \quad \text{e} \quad \frac{h_3}{h_4} = \frac{8}{3} : 2 = \frac{8}{3} \cdot \frac{1}{2} = \frac{4}{3}$$

$$\frac{b_5}{b_6} = \frac{5}{4\sqrt{2}} \quad \text{e} \quad \frac{h_5}{h_6} = \frac{8}{5} : \sqrt{2} = \frac{8}{5} \cdot \frac{1}{\sqrt{2}} = \frac{8}{5\sqrt{2}} = \frac{8\sqrt{2}}{5(\sqrt{2})^2} = \frac{4\sqrt{2}}{5}$$

In generale, se b e b' sono le lunghezze di due basi qualsiasi e h e h' sono le lunghezze delle corrispondenti altezze, indicando con $\overline{b}$, $\overline{b'}$, $\overline{h}$, $\overline{h'}$ le rispettive misure, si ha

$$\left.\begin{array}{l} \overline{b} \cdot \overline{h} = 8 \longrightarrow \overline{b} = \dfrac{8}{\overline{h}} \\ \overline{b'} \cdot \overline{h'} = 8 \longrightarrow \overline{b'} = \dfrac{8}{\overline{h'}} \end{array}\right\} \longrightarrow \dfrac{\overline{b}}{\overline{b'}} = \dfrac{\frac{8}{\overline{h}}}{\frac{8}{\overline{h'}}} = \dfrac{8}{\overline{h}} \cdot \dfrac{\overline{h'}}{8} = \dfrac{\overline{h'}}{\overline{h}} \longrightarrow$$

$$\longrightarrow \dfrac{\overline{b}}{\overline{b'}} = \dfrac{\overline{h'}}{\overline{h}}$$

Pertanto, deduciamo che $\dfrac{b}{b'} = \dfrac{h'}{h}$; abbiamo così dimostrato l'affermazione fatta all'inizio dell'esempio.

■ Teorema di Talete e sue conseguenze

9. Teorema di Talete

Abbiamo già studiato il «piccolo teorema di Talete», noto come *teorema del fascio di parallele*. In tale occasione abbiamo definito la *corrispondenza di Talete*, ossia la corrispondenza biunivoca che sussiste tra i segmenti individuati da un fascio di parallele su due trasversali.

Il teorema del fascio di parallele stabilisce che, a segmenti congruenti sulla prima trasversale, corrispondono segmenti congruenti sulla seconda trasversale. Utilizzando il linguaggio introdotto in questo capitolo, possiamo riformulare questo teorema, dicendo che a segmenti aventi rapporto uguale a 1 sulla prima trasversale corrispondono segmenti aventi rapporto uguale a 1 sulla seconda trasversale. Il teorema di Talete *generalizza* questo risultato al caso di segmenti aventi un rapporto qualsiasi sulla prima trasversale e stabilisce che i segmenti corrispondenti sulla seconda trasversale abbiano lo stesso rapporto.

> Ricorda che per «rapporto tra due segmenti» si intende sempre il rapporto tra le loro lunghezze.

TEOREMA DI TALETE

Un fascio di rette parallele determina sopra due trasversali due insiemi di segmenti direttamente proporzionali.

DIMOSTRAZIONE

Consideriamo un fascio di rette parallele $a, b, c, d, \ldots$ tagliate dalle due trasversali r e r' (FIGURA 11).

Consideriamo la classe (delle lunghezze) dei segmenti individuati sulla trasversale r dal fascio di rette parallele e la classe (delle lunghezze) dei segmenti corrispondenti sulla trasversale r'. Dobbiamo dimostrare che esse sono classi di grandezze proporzionali, quindi verifichiamo che sono soddisfatte le condizioni del **CRITERIO GENERALE DI PROPORZIONALITÀ**.

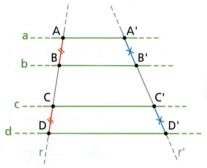

FIGURA 11

a. Per il **TEOREMA DEL FASCIO DI PARALLELE**, a segmenti congruenti su una trasversale corrispondono segmenti congruenti sull'altra trasversale; per esempio $AB \cong CD \Longrightarrow A'B' \cong C'D'$ (dunque a lunghezze uguali della prima classe corrispondono lunghezze uguali della seconda).

b. Alla somma di due segmenti di r corrisponde la somma dei segmenti corrispondenti di r'. Per esempio, sempre osservando la FIGURA 11, si ha

$$AB + BC = AC \qquad A'B' + B'C' = A'C'$$

(con indicazione dei segmenti corrispondenti)

e dunque lo stesso vale per le rispettive lunghezze.

Per il criterio generale di proporzionalità, il teorema è dimostrato. c.v.d.

10. Parallela a un lato di un triangolo

In questo paragrafo presentiamo due teoremi (di cui il secondo è l'inverso del primo), che rappresentano importanti conseguenze del **TEOREMA DI TALETE**.
Essi generalizzano i seguenti corollari del **TEOREMA DEL FASCIO DI PARALLELE**.

- Se per il punto medio di un lato di un triangolo si conduce la parallela a un altro lato, questa interseca il terzo lato nel suo punto medio.

- La retta che passa per i punti medi di due lati di un triangolo è parallela al terzo lato.

Ipotesi:
$t \parallel BC$

Tesi:
$AD : DB = AE : EC$

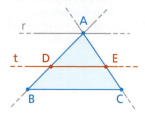

FIGURA 12

Per le proprietà delle proporzioni, se vale $AD : DB = AE : EC$ allora valgono anche $AB : DB = AC : EC$ e $AB : AD = AC : AE$.

TEOREMA 10

Se una parallela a un lato di un triangolo interseca gli altri due lati, li divide in parti proporzionali; se non li interseca, determina sui loro prolungamenti segmenti proporzionali ai lati.

DIMOSTRAZIONE

- Consideriamo il triangolo ABC e siano rispettivamente D ed E i punti in cui i lati AB e AC sono tagliati da una parallela t a BC (**FIGURA 12**). Conduciamo per il vertice A la parallela r allo stesso lato BC. Dal **TEOREMA DI TALETE** applicato alle tre parallele BC, t, r tagliate dalle due trasversali AB e AC deriva che i segmenti AD e DB sono rispettivamente proporzionali ai segmenti AE ed EC, cioè

$$AD : DB = AE : EC$$

- In modo analogo, si può dimostrare che se la parallela al lato BC non interseca gli altri due lati, determina sui loro prolungamenti segmenti proporzionali ai lati stessi (**FIGURA 13**).

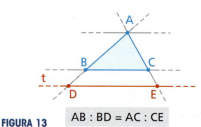

FIGURA 13 $AB : BD = AC : CE$ $AB : AD = AC : AE$ c.v.d.

TEOREMA 11

Se una retta divide in parti proporzionali due lati di un triangolo (o determina sui prolungamenti di due lati di un triangolo segmenti proporzionali a tali lati), essa è parallela al terzo lato.

DIMOSTRAZIONE

- Riferendoci alla **FIGURA 14** supponiamo che la retta t divida i lati AB e AC in parti proporzionali, cioè

$$AD : DB = AE : EC \qquad \boxed{9}$$

Supponiamo, per assurdo, che la retta t non sia parallela a BC. Tracciamo dunque la parallela a t condotta dal punto B: essa interseca la retta del lato AC in un punto F, distinto da C. Per il **TEOREMA 10** (applicato al triangolo ABF) si ha $AD : DB = AE : EF$. Confrontando questa proporzione con la proporzione $\boxed{9}$, per l'unicità della quarta proporzionale (**TEOREMA DELLA QUARTA PROPORZIONALE**), risulta $EC \cong EF$ e quindi F coincide con C, contro quanto avevamo supposto. Siamo dunque giunti a un assurdo, quindi $t \parallel BC$.

- Se la retta t interseca i *prolungamenti* dei lati AB e AC, si procede in modo del tutto analogo.   c.v.d.

Ipotesi:
$AD : DB = AE : EC$

Tesi:
$t \parallel BC$

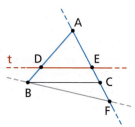

FIGURA 14

11. Costruzioni con riga e compasso

Ora descriviamo due costruzioni *con riga e compasso*, come applicazione del **TEOREMA DI TALETE**.

▶ **Costruire il segmento quarto proporzionale dopo tre segmenti dati.**

Siano a, b, c i tre segmenti dati; vogliamo costruire un quarto segmento d che formi con i precedenti la proporzione

$$a : b = c : d$$

Sopra un lato di un angolo qualunque prendiamo, a partire dal vertice O, i segmenti OA e AB rispettivamente congruenti ai segmenti a e b; sopra l'altro lato prendiamo il segmento $OC \cong c$ (**FIGURA 15**). Congiungiamo poi A con C e da B tracciamo la parallela alla retta AC: sia D il punto in cui tale parallela interseca il lato dell'angolo che contiene C. Per il teorema di Talete, vale $OA : AB = OC : CD$ e quindi il segmento CD è il quarto proporzionale d richiesto.

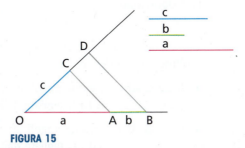

FIGURA 15

■ **OSSERVAZIONE**

Il **TEOREMA DELLA QUARTA PROPORZIONALE** ci assicura che la lunghezza del segmento d, quarta proporzionale dopo le tre lunghezze di a, b e c, è unica e quindi si ottengono sempre segmenti congruenti comunque si scelgano le due semirette che formano l'angolo e qualsiasi altra costruzione si faccia.
In particolare, se i segmenti b e c sono congruenti, si ha la proporzione continua

$$a : b = b : d$$

e in tal caso il segmento CD che si ottiene con la costruzione indicata è il **terzo proporzionale** dopo a e b.

▶ **Dividere un segmento in parti direttamente proporzionali a più segmenti dati.**

Sia MN il segmento da dividere in parti direttamente proporzionali, per esempio, ai segmenti dati a, b, c, d. Dal punto M conduciamo una semiretta arbitraria e sopra di essa, a partire da M, costruiamo i segmenti consecutivi MA, AB, BC, CD rispettivamente congruenti ad a, b, c, d (**FIGURA 16**). Congiungiamo l'ultimo estremo D con N e dagli altri punti A, B, C conduciamo le parallele a DN. Tali parallele, incontrando il segmento MN rispettivamente nei punti E, F e G, determinano su di esso i segmenti ME, EF, FG e GN che, per il teorema di Talete, sono proporzionali ai segmenti dati a, b, c, d.

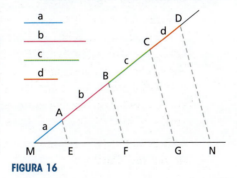

FIGURA 16

> Questa costruzione generalizza quella proposta, come applicazione del **TEOREMA DEL FASCIO DI PARALLELE**, per dividere un segmento in un numero qualsiasi di parti congruenti.

12. Teorema della bisettrice

Il seguente teorema è una conseguenza del **TEOREMA 10**.

> **TEOREMA DELLA BISETTRICE DELL'ANGOLO INTERNO DI UN TRIANGOLO**
> La bisettrice di un angolo interno di un triangolo divide il lato opposto in parti proporzionali agli altri due lati.

Ipotesi:
$B\hat{A}D \cong D\hat{A}C$

Tesi:
$BD : DC = AB : AC$

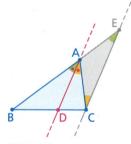

FIGURA 17

DIMOSTRAZIONE

Sia ABC il triangolo dato e sia AD la bisettrice dell'angolo interno $B\hat{A}C$, che incontra in D il lato opposto BC (**FIGURA 17**); dobbiamo dimostrare che vale la proporzione

$$BD : DC = AB : AC$$

Conduciamo da C la parallela alla bisettrice AD fino a incontrare in E il prolungamento del lato AB. Osserviamo che

- $B\hat{A}D \cong A\hat{E}C$ perché angoli corrispondenti formati dalle parallele AD ed EC tagliate dalla trasversale BE;
- $D\hat{A}C \cong A\hat{C}E$ perché angoli alterni interni formati dalle parallele AD ed EC tagliate dalla trasversale AC;
- $B\hat{A}D \cong D\hat{A}C$ per ipotesi (AD è la bisettrice dell'angolo $B\hat{A}C$).

Per la proprietà transitiva, vale quindi $A\hat{E}C \cong A\hat{C}E$. Il triangolo CAE è dunque isoscele sulla base CE, perciò $AE \cong AC$.
Consideriamo ora il triangolo EBC: essendo la retta AD parallela al lato EC, per il **TEOREMA 10**, si avrà

$$BD : DC = AB : AE$$

e quindi, ricordando che $AE \cong AC$ (cioè AE e AC hanno la stessa lunghezza),

$$BD : DC = AB : AC \qquad \text{c.v.d.}$$

$BD : DC = AB : AC$
$\Downarrow$
$B\hat{A}D \cong D\hat{A}C$

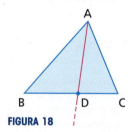

FIGURA 18

Ti lasciamo il compito di dimostrare il seguente teorema, *inverso* del teorema precedente.

> **TEOREMA 12**
> Se una semiretta, avente origine nel vertice di un angolo interno di un triangolo, divide il lato opposto in parti proporzionali agli altri due lati, essa è bisettrice dell'angolo (**FIGURA 18**).

Quanto è alta la piramide di Cheope?

 Soluzione del problema di pag. 675

Chi è il saggio antico, a cui fa riferimento Plutarco, che fu in grado di misurare l'altezza della piramide di Cheope usando solo un bastone? Come ci riuscì?

All'inizio del capitolo abbiamo raccontato l'impresa di uno dei sette saggi dell'antichità. Egli riuscì a misurare l'altezza della piramide di Cheope, un'impresa che all'epoca sembrava praticamente impossibile date le imponenti dimensioni (la base è 230 m) della piramide e la sua forma.

FIGURA 19

Alcuni di voi avranno capito che stiamo parlando di Talete da Mileto, famoso filosofo, politico, matematico e astronomo greco vissuto nel VI secolo a.C.
Come riuscì a misurare l'altezza della piramide?

Il mito forse più famoso, narrato da Plutarco, racconta che Talete si basò su semplici osservazioni.
Proviamo a creare un modello che ci aiuti a capire il possibile ragionamento di Talete.
Ipotizziamo che i raggi solari giungano sulla Terra come un fascio di rette parallele, dato che il sole si trova a una grande distanza dalla Terra (**FIGURA 20**).

FIGURA 20
Come evidenziato dalle due lenti di ingrandimento in figura, in prossimità della sorgente i raggi sono chiaramente divergenti, mentre allontanandosi progressivamente dalla sorgente, la divergenza diventa sempre meno percepibile e a grandissima distanza i raggi ci sembrano paralleli

Inoltre, osserviamo l'orientamento delle piramidi. Gli antichi egizi le costruirono in modo che i vertici alla base fossero orientati con i punti cardinali. Questo significa che la direzione dei raggi è parallela a due lati opposti del quadrato di base, e perpendicolare agli altri due, nel momento in cui il sole è più alto all'orizzonte (a mezzogiorno) e quindi a quell'ora i raggi proiettano un'ombra parallela ai lati stessi.
Quindi possiamo disegnare, come in **FIGURA 21**, la piramide, il bastone (BA') perpendicolare al terreno e fissato all'estremo dell'ombra della piramide (B) e i raggi solari, rappresentati da rette parallele gialle.
I raggi solari formano due triangoli, AHB e $A'BB'$, con i lati rispettivamente paralleli.

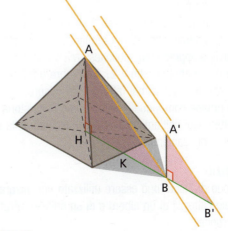

FIGURA 21

Possiamo immaginare di «spostare» $A'BB'$ e rappresentare i triangoli come nella **FIGURA 22**, dove al posto di $A'BB'$ consideriamo $A'CB'$ e al posto di AHB consideriamo ACB.

Le rette parallele AB e $A'B'$ (i raggi) individuano sulle rette AC e BC segmenti direttamente proporzionali, cioè

$$AC : BC = A'C : B'C$$

Se confrontiamo la **FIGURA 22** con la **FIGURA 21**, osserviamo che $AC \cong AH$, $BC \cong BH$, $A'C \cong A'B$ e $CB' \cong BB'$. Perciò possiamo riscrivere la proporzione così:

$$AH : BH = A'B : B'B$$

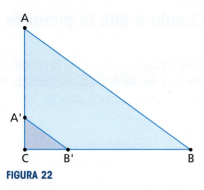

FIGURA 22

Quest'ultima relazione permette di stimare l'altezza AH della piramide in maniera indiretta, cioè dopo aver misurato l'ombra del bastone $B'B$ e la sua altezza $A'B$. BH è dato dalla somma di KB, la lunghezza dell'ombra della piramide, e HK, che corrisponde a metà del lato del quadrato di base (grazie all'orientamento della piramide e dall'ora in cui è stata effettuata la misurazione).

Quindi, per il **teorema di Talete**, otteniamo $AH = \dfrac{BH \cdot A'B}{B'B}$, cioè proprio la misura dell'altezza della piramide!

Non è noto con precisione il valore trovato da Talete; l'altezza attuale della piramide di Cheope è circa 137 m. Questo tipo di ragionamento viene spesso attribuito a Talete, ma siamo sicuri che eseguì realmente questi calcoli? Avendo poche notizie riguardanti la sua vita non possiamo sapere con certezza come fece, ma possiamo fare alcune considerazioni ulteriori rispetto a ciò che abbiamo detto finora.

Alcuni storici ritengono che all'epoca non ci fosse una profonda conoscenza delle proporzioni e che si lavorasse invece sui rapporti dei numeri razionali, cioè si consideravano i rapporti tra le figure quando esse sono, per esempio, una il doppio dell'altra, o il triplo...

Talete era in grado di misurare comunque l'altezza? Diogene Laerzio, in *Vite*, riporta un altro racconto.

Secondo tale racconto, l'idea di Talete è determinare la dimensione dell'altezza quando la misura dell'ombra del bastone coincide con la misura del bastone stesso. In quel momento anche l'altezza della piramide e la lunghezza della sua ombra avranno la stessa misura. Quindi bisogna attendere che i raggi solari siano inclinati di 45° in modo da formare due triangoli rettangoli isosceli.

È importante tenere presente l'inclinazione dei raggi; infatti per la maggior parte dell'anno, a causa della bassa latitudine dell'Egitto, a mezzogiorno la piramide non proietta ombra. Le misurazioni possono essere eseguite solo tra il 15 Ottobre e il 26 Febbraio.

Inoltre i raggi devono essere inclinati di 45° a mezzogiorno e questo avviene solo in due giorni dell'anno: il 21 Novembre e il 20 Gennaio.

In questi due momenti dell'anno basta quindi misurare l'ombra della piramide e sommarla a metà della lunghezza della base.

Non sappiamo se e come Talete abbia realmente misurato l'altezza della piramide. È possibile, come nel racconto di Plutarco, che abbia eseguito le misurazioni dopo aver dimostrato il teorema che porta il suo nome o dopo averlo appreso dai babilonesi. Ma è anche possibile, come riporta Diogene Laerzio, che abbia studiato le ombre e che abbia scelto il 21 Novembre o il 20 Gennaio per effettuare i suoi calcoli. Addirittura, è possibile anche che non abbia mai fatto queste misure.

Talete rimane comunque il primo uomo della storia al quale siano state attribuite scoperte matematiche, uno dei sette saggi dell'antichità, il primo filosofo della storia del pensiero occidentale e il primo ad aver ricevuto l'attributo di «sapiente».

ESERCIZIO

Il metodo di Talete può essere utilizzato per misurare l'altezza di oggetti inaccessibili direttamente, come ad esempio l'altezza di un albero o di un edificio. Sfruttando una giornata soleggiata, prova a effettuare una tale misurazione.

Teoria.zip — Grandezze geometriche. Teorema di Talete

Classi di grandezze

▶ **Classi di grandezze omogenee**: insieme di enti tutti della stessa specie che possono essere *confrontati* e *sommati*.
Esempi di classi di grandezze geometriche omogenee: lunghezze dei segmenti, ampiezze degli angoli, aree delle superfici.

▶ **Definizioni e proprietà**: siano date due grandezze omogenee A e B e un numero intero positivo n.
- *Legge di esclusione*: vale una e una sola tra $A > B$, $A = B$, $A < B$;
- esiste la *somma* $C = A + B$ nella classe di A e B;
- se $A > B$ esiste la *differenza* $C = A - B$ ed è tale che $A = B + C$;
- esiste *l'elemento neutro*, ossia la grandezza nulla (0) tale che $A + 0 = 0 + A = A$;
- esiste il *multiplo* nA, ossia la somma di n grandezze uguali ad A;
- se $B = nA$ allora $A = \frac{1}{n}B$ è *sottomultiplo*, secondo n, di B.

▶ **Postulati**
- **Postulato di divisibilità**: ogni grandezza è divisibile in un numero qualsiasi di parti uguali.
- **Postulato di Archimede**: date due grandezze A e B omogenee tali che $A > B$, esiste un numero intero $m > 0$ tale che $mB > A$.
- **Postulato di continuità**: due *classi separate* di grandezze ammettono almeno una grandezza che è maggiore o uguale a qualsiasi grandezza della prima classe e minore o uguale di qualsiasi grandezza della seconda classe. Tale grandezza è detta *elemento separatore* delle due classi.

Le grandezze per cui si assume il postulato di continuità sono dette *grandezze continue*. Tutte le grandezze geometriche (lunghezze, ampiezze, aree, volumi) sono continue.

Misura delle grandezze

In una classe di grandezze omogenee, fissiamo (arbitrariamente) una grandezza U come **unità di misura**.
- Data una qualsiasi grandezza A (non nulla) della classe, confrontando A con U è *sempre* possibile determinare un *unico* numero reale positivo α, detto **misura di A rispetto a U**, tale che $A = \alpha U$.
  Si distinguono due casi:
  - α razionale: A e U si dicono **grandezze commensurabili** (A e U hanno un sottomultiplo comune)
  - α irrazionale: A e U si dicono **grandezze incommensurabili** (A e U non hanno un sottomultiplo comune)

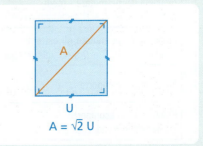

Teoria.zip

- Per le *grandezze continue*, dato un numero reale positivo $\alpha > 0$ esiste sempre un'unica grandezza A avente il numero α come misura rispetto a U, ossia $A = \alpha U$.
  In ogni classe di grandezze continue, fissata un'unità di misura U, si ha

  $$\text{grandezze (non nulle)} \xleftrightarrow{\text{corrispondenza biunivoca}} \text{numeri reali positivi}$$

  e tale corrispondenza è individuata dalla misura delle grandezze della classe rispetto all'unità U.

▶ **Proprietà della misura**: date due grandezze omogenee A e B e dette a e b le loro misure rispetto alla stessa unità, valgono le seguenti proprietà:
  - $A < B \iff a < b$, $A = B \iff a = b$, $A > B \iff a > b$;
  - la misura di $A + B$ è il numero $a + b$ e la misura di $A - B$ (con $A > B$) è il numero $a - b$;
  - la misura di nA (con n intero positivo) è na e la misura di $\frac{1}{n}A$ è $\frac{1}{n}a$.

Grandezze proporzionali

▶ **Rapporto di due grandezze omogenee** A e B: è la misura di A rispetto a B e si indica con $\frac{A}{B}$ (oppure $A : B$).
Fissata un'unità di misura U, dette a e b le misure rispettivamente di A e B rispetto a U, vale $\frac{A}{B} = \frac{a}{b}$.

▶ **Grandezze in proporzione**: date quattro grandezze A, B, C, D (con $B \neq 0$ e $D \neq 0$) di cui A e B omogenee, C e D omogenee (ma non necessariamente con A e B), esse si dicono in proporzione se il rapporto $\frac{A}{B}$ è uguale al rapporto $\frac{C}{D}$:

$$\frac{A}{B} = \frac{C}{D} \quad \text{oppure} \quad A : B = C : D$$

Dette a, b, c, d le misure di A, B, C, D (rispetto a unità di misura fissate):

$$A : B = C : D \iff a : b = c : d$$

▶ **Proprietà delle proporzioni tra grandezze**
Data la proporzione $A : B = C : D$ (dove, per semplicità, supponiamo tutte e quattro le grandezze non nulle), valgono le seguenti proprietà:
  - se $A \gtreqless B$ allora $C \gtreqless D$
  - $C : D = A : B$

Proprietà **invariantiva** dei rapporti	$mA : mB = C : D \quad A : B = nC : nD$ $mA : mB = nC : nD \quad mA : nB = mC : nD$
Proprietà dell'**invertire**	$B : A = D : C$
Proprietà del **permutare i medi** (valida se A, B, C e D sono tutte omogenee)	$A : C = B : D$
Proprietà del **permutare gli estremi** (valida se A, B, C e D sono tutte omogenee)	$D : B = C : A$
Proprietà del **comporre**	$(A + B) : B = (C + D) : D$
Proprietà dello **scomporre** (se $A > B$ e quindi $C > D$)	$(A - B) : B = (C - D) : D$

Valgono inoltre le seguenti proprietà:
- se $A : B = C : D$ e $C : D = E : F$ allora

$$A : B = E : F$$

- se $A : A' = B : B' = C : C' = \ldots$ e le grandezze sono tutte omogenee allora

$$(A + B + C + \ldots) : (A' + B' + C' + \ldots) = A : A'$$

▶ **Unicità della quarta proporzionale**: date tre grandezze A, B, C di cui le prime due omogenee e $B \neq 0$, esiste una e una sola grandezza $D \neq 0$ e omogenea a C tale che $A : B = C : D$.

▶ **Classi di grandezze (direttamente) proporzionali**
Due classi $\mathscr{I} = \{A \,;\, B \,;\, C \,;\, D \,;\, \ldots\}$ e $\mathscr{I}' = \{A' \,;\, B' \,;\, C' \,;\, D' \,;\, \ldots\}$, ciascuna costituita da grandezze omogenee e in corrispondenza biunivoca, si dicono classi di grandezze (direttamente) proporzionali se il rapporto di due qualsiasi grandezze di $\mathscr{I}$ è uguale al rapporto delle grandezze corrispondenti di $\mathscr{I}'$.

▶ **Costante di proporzionalità**: è il numero che esprime il rapporto costante tra le misure (rispetto a fissate unità) di due grandezze corrispondenti appartenenti a due classi di grandezze proporzionali.

▶ **Criterio generale di proporzionalità**
Siano date due classi di grandezze in corrispondenza biunivoca, ciascuna costituita da grandezze omogenee. *Condizione necessaria e sufficiente* affinché le grandezze delle due classi siano direttamente proporzionali è che:

a. a grandezze uguali di una classe corrispondano grandezze uguali dell'altra;

b. alla somma di due o più grandezze qualunque della prima classe corrisponda la somma delle grandezze corrispondenti della seconda classe.

▶ **Esempi di grandezze direttamente proporzionali**
- Le lunghezze degli archi di una circonferenza e le ampiezze dei rispettivi angoli al centro.
- Le aree dei settori circolari di una circonferenza e le ampiezze dei rispettivi angoli al centro.

  Applicazioni: $\begin{cases} \text{misura della lunghezza di un arco} \quad l = \dfrac{\alpha}{180} \pi r \\ \text{misura dell'area di un settore} \quad S = \dfrac{\alpha}{360} \pi r^2 \end{cases}$

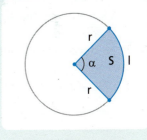

- Le aree dei rettangoli aventi altezze (basi) congruenti e le lunghezze delle rispettive basi (altezze).

  Applicazione: misura dell'area di un rettangolo $\quad S = b \cdot h$

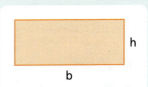

- Le aree dei triangoli aventi altezze (basi) congruenti e le lunghezze delle rispettive basi (altezze).

▶ **Classi di grandezze inversamente proporzionali**
Due classi $\mathscr{I} = \{A \,;\, B \,;\, C \,;\, D \,;\, \ldots\}$ e $\mathscr{I}' = \{A' \,;\, B' \,;\, C' \,;\, D' \,;\, \ldots\}$, ciascuna costituita da grandezze omogenee e in corrispondenza biunivoca, si dicono classi di grandezze inversamente proporzionali se il rapporto di due qualsiasi grandezze di $\mathscr{I}$ è uguale al rapporto inverso delle grandezze corrispondenti di $\mathscr{I}'$. In simboli

$$A : B = B' : A' \qquad A : C = C' : A' \qquad \ldots$$

Teoria.zip

Teorema di Talete e sue conseguenze

▶ Teorema di Talete

Un fascio di rette parallele determina sopra due trasversali due insiemi di segmenti (le cui lunghezze sono) direttamente proporzionali.

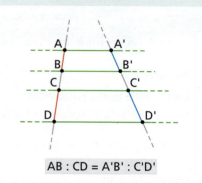

AB : CD = A'B' : C'D'

▶ Parallela a un lato di un triangolo

- Se la parallela a un lato di un triangolo interseca gli altri due lati, li divide in parti proporzionali; se non li interseca, determina sui loro prolungamenti segmenti proporzionali ai lati.
- Viceversa, se una retta divide due lati di un triangolo in parti proporzionali o se determina sui prolungamenti di due lati segmenti a essi proporzionali, essa è parallela al terzo lato.

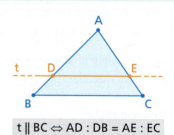

t ∥ BC ⇔ AD : DB = AE : EC

▶ Teorema della bisettrice (dell'angolo interno di un triangolo)

- La bisettrice di un angolo interno di un triangolo divide il lato opposto in parti proporzionali agli altri due lati.
- Viceversa, se una semiretta, avente origine nel vertice di un angolo interno di un triangolo, divide il lato opposto in parti proporzionali agli altri due lati, essa è bisettrice dell'angolo.

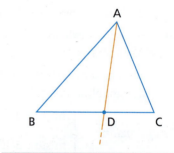

$B\hat{A}D \cong D\hat{A}C \Leftrightarrow BD : DC = AB : AC$

Capitolo 12 — Esercizi

- Classi di grandezze
- Grandezze proporzionali
- Teorema di Talete e sue conseguenze
- Esercizi per il recupero
- Esercizi di approfondimento
- Verso la Prova Invalsi

Classi di grandezze

QUESITI

1 Le aree delle superfici e le lunghezze dei segmenti sono grandezze omogenee? Perché?

2 Spiega perché le lunghezze degli archi di una circonferenza costituiscono una classe di grandezze omogenee.

3 Spiega perché la classe delle ampiezze degli angoli acuti non è un insieme di grandezze omogenee.

4 Se a e b sono le lunghezze di due segmenti, qual è il significato dell'uguaglianza $a = \frac{4}{3} b$?

5 Traduci in formula la seguente affermazione: A è una grandezza sottomultipla secondo 3 della multipla di B secondo 7.

6 Se due triangoli sono equivalenti e la lunghezza della base del primo triangolo è tripla di quella della base del secondo, che relazione c'è tra le lunghezze delle altezze dei due triangoli?

7 Enuncia il postulato di divisibilità delle grandezze. Porta l'esempio di una classe di grandezze per cui è necessario assumere tale postulato e l'esempio di una classe di grandezze per cui non è necessario.

8 Enuncia il postulato di Archimede.

9 Che cosa sono due classi contigue di grandezze?

10 Considera la seguente affermazione: data una grandezza U e un numero *irrazionale* positivo α, esiste una e una sola grandezza A omogenea con U avente il numero α come misura rispetto a U. A che tipo di classe di grandezze deve appartenere A? Quale postulato è necessario assumere?

11 Che cosa si intende per grandezze commensurabili? Fai un esempio.

12 Che cosa si intende per grandezze incommensurabili? Fai un esempio.

VERO O FALSO?

13
a. Due grandezze sono commensurabili se è possibile misurarle rispetto a una medesima unità di misura. V F

b. Se due grandezze A e B sono commensurabili con una grandezza C, allora A e B sono commensurabili tra loro. V F

c. Il postulato di continuità per le lunghezze consente di affermare che vi è una corrispondenza biunivoca tra i numeri reali e le lunghezze dei segmenti misurate rispetto a una stessa unità di misura. V F

d. Se α è un numero irrazionale positivo e A è una grandezza, allora A e αA sono incommensurabili. V F

ESERCIZI

14 **a.** Due grandezze A e B si dicono commensurabili se esiste un numero naturale $n > 0$ tale che si abbia $\frac{1}{n}A = \frac{1}{n}B$.   V F

b. Se due grandezze hanno un multiplo comune, allora sono commensurabili.   V F

c. Se $A = 0,\overline{2}B$, allora A e B sono incommensurabili.   V F

d. La misura di una grandezza, rispetto a una fissata unità, può essere un numero negativo.   V F

15 **a.** Se due classi di grandezze omogenee sono contigue, allora ogni grandezza della prima classe è minore o uguale a ogni grandezza della seconda classe.   V F

b. L'elemento separatore di due classi contigue è unico.   V F

c. La lunghezza della diagonale di un quadrato può essere un multiplo della lunghezza del lato.   V F

d. Due classi contigue possono essere costituite da grandezze non omogenee.   V F

QUESITI A RISPOSTA MULTIPLA

16 Tra quattro grandezze omogenee A, B, C, D valgono le seguenti relazioni:

$$A = \frac{4}{3}B \qquad B = \sqrt{2}C \qquad D = 3\sqrt{2}C$$

Quale delle seguenti affermazioni è falsa?

- **a** A e B sono commensurabili
- **b** A e C sono incommensurabili
- **c** B e C sono incommensurabili
- **d** B e D sono incommensurabili
- **e** D e C sono incommensurabili

17 La misura della grandezza A rispetto all'unità U è $\frac{1}{4}$. Qual è la misura di A rispetto all'unità $U' = \frac{1}{6}U$?

- **a** $\frac{1}{24}$
- **b** $\frac{2}{3}$
- **c** 24
- **d** $\frac{3}{2}$
- **e** Nessuna delle precedenti

18 Considera la figura a lato. Quale delle seguenti affermazioni è falsa?

- **a** AD e BC sono incommensurabili
- **b** DC e AB sono commensurabili
- **c** DC e AC sono incommensurabili
- **d** CB e AB sono commensurabili
- **e** Nessuna delle precedenti

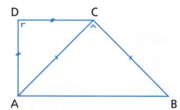

ESERCIZI GUIDATI

19 In un triangolo rettangolo l'ipotenusa è congruente a $\frac{5}{4}$ di un cateto. Dimostra che l'ipotenusa è commensurabile anche all'altro cateto.

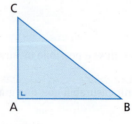

Ipotesi: $C\widehat{A}B \cong \text{.......}$; $CB \cong \frac{5}{4}AB$

Tesi: CB e CA commensurabili

Dimostrazione

Sappiamo che $CB \cong \frac{5}{4}AB$, quindi $\frac{1}{\text{...}}CB \cong \frac{1}{4}AB$. Detto u tale sottomultiplo comune a CB e AB, abbiamo che

$$\frac{1}{\text{...}}CB \cong u \quad \longrightarrow \quad CB \cong \text{...}u \qquad \text{e} \qquad \frac{1}{4}AB \cong u \quad \longrightarrow \quad AB \cong \text{...}u$$

Indicata con α (numero reale positivo) la misura della lunghezza di AC rispetto alla lunghezza di u, scriviamo $AC \cong \alpha u$. Applicando il teorema di .... otteniamo

$$q(AC) + q(.....) \doteq q(CB)$$
$$q(\alpha u) + q(.....) \doteq q(...u)$$

cioè

$$\alpha^2 q(u) + ...q(u) \doteq .....q(u)$$

da cui deduciamo che

$$\alpha^2 + ... = ... \longrightarrow \alpha^2 = ...$$

Essendo $\alpha > 0$, otteniamo $\alpha = 3$ e quindi $AC \cong 3u$. Poiché $CB \cong ...u$, allora $CB \cong ...AC$. Concludiamo che CB e AC ...., poiché la misura della lunghezza di CB rispetto a quella di AC è un numero ....

c.v.d.

▷▷ **20** Dimostra che in un rettangolo avente la base congruente a metà dell'altezza, la diagonale e la base sono incommensurabili.

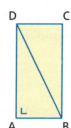

Ipotesi: ABCD rettangolo; $AB \cong \frac{1}{2}...$

Tesi: AB e BD incommensurabili

Dimostrazione
Supponiamo, per assurdo, che AB e BD siano commensurabili, ovvero abbiano un .... u comune.
Siano m e n due numeri interi positivi tali che

$$AB \cong mu \quad \text{e} \quad BD \cong nu$$

Per ipotesi, vale $AB \cong \frac{1}{2}....$, quindi .... $\cong 2AB \cong ...u$. Applicando il teorema di .... al triangolo rettangolo DAB abbiamo

$$q(BD) \doteq q(AB) + q(AD)$$
$$q(...) \doteq q(mu) + q(.....)$$

e quindi

$$.....^2 q(u) \doteq m^2 q(u) + (.....)^2 q(u)$$

cioè

$$.....q(u) \doteq 5m^2 q(u) \longrightarrow ..... = 5m^2$$

Poiché nei numeri ..... e m^2 il fattore 5 è contenuto un numero pari di volte (eventualmente zero), l'uguaglianza ottenuta è assurda poiché, a primo membro, il fattore 5 compare un numero .... di volte e, a secondo membro, esso compare un numero .... di volte, a causa del coefficiente di ....
Dunque possiamo concludere che AB e ....

c.v.d.

▷▷ **21** Le ampiezze α, β e γ di tre angoli sono legate dalle relazioni $2\alpha = 5\gamma$ e $3\beta = 7\gamma$. Determina la misura di α rispetto a β e stabilisci se α e β sono commensurabili.

▷▷ **22** Se $A = \frac{5}{4}B + 2C$ e $\frac{1}{3}B = \frac{2}{5}C$, qual è la misura di A rispetto a C? A e C sono commensurabili?

▷▷ **23** Tre grandezze omogenee A, B, C sono tali che la misura di A rispetto a B è $\frac{m}{n}$ e quella di B rispetto a C è $\frac{p}{q}$. Qual è la misura di A rispetto a C e quale quella di C rispetto a B? A e B sono commensurabili con C?

711

▷▶ **24** La misura di A rispetto a B è $\frac{m}{n}$, quella di B rispetto a C è $\frac{p}{q}$ e quella di C rispetto a D è $\frac{r}{s}$. Qual è la misura di D rispetto ad A?

▷▶ **25** Si ha $\sqrt{3}A = \sqrt{5}B$ e $3B = \sqrt{2}C$. Qual è la misura di A rispetto a C? A è commensurabile con C?

▷▶ **26** Supponiamo che valgano le seguenti relazioni: $A = \frac{\sqrt{2}}{3}B - \frac{1}{2}C$ e $\frac{1}{6}B = \sqrt{2}C$.

   a. Qual è la misura di A rispetto a C? A e C sono commensurabili?
   b. Qual è la misura di A rispetto a B? A e B sono commensurabili?

▷▶ **27** Dimostra che, se le grandezze B e A sono commensurabili e invece C e A sono incommensurabili, le due grandezze B e C sono incommensurabili. (*Suggerimento*: procedi per assurdo.)

▷▶ **28** In un triangolo rettangolo l'ipotenusa è congruente a $\frac{13}{5}$ di un cateto. Dimostra che l'ipotenusa e l'altro cateto sono commensurabili.

▷▶ **29** In un triangolo rettangolo un cateto è congruente a $\frac{9}{40}$ dell'altro cateto. Dimostra che l'ipotenusa è commensurabile a entrambi i cateti.

▷▶ **30** In un trapezio isoscele la differenza tra la base maggiore e la base minore è congruente a $\frac{3}{2}$ dell'altezza. Dimostra che i lati obliqui e l'altezza del trapezio sono commensurabili.

▷▶ **31** Dimostra che il lato e l'altezza di un triangolo equilatero sono incommensurabili. (*Suggerimento*: procedi per assurdo.)

▷▶ **32** Dimostra che il raggio della circonferenza circoscritta a un quadrato è incommensurabile rispetto al raggio della circonferenza inscritta nel quadrato.

▷▶ **33** In un rombo, la diagonale maggiore è congruente al doppio della diagonale minore. Dimostra che il lato del rombo è incommensurabile con entrambe le diagonali.

▷▶ **34** Dimostra che il lato di un triangolo equilatero e il raggio della circonferenza inscritta sono incommensurabili.

▷▶ **35** Dimostra che il lato di un triangolo equilatero e il raggio della circonferenza a esso circoscritta sono incommensurabili.

Grandezze proporzionali

QUESITI

▷▶ **36** Definisci il rapporto di due grandezze omogenee.

▷▶ **37** Quando si può affermare che quattro grandezze A, B, C, D sono in proporzione? Possono anche non essere tutte omogenee?

▷▶ **38** Quale relazione soddisfano le misure di quattro grandezze in proporzione?

▷▶ **39** Quali proprietà delle proposizioni numeriche restano valide per proporzioni tra grandezze? E quali no?

▷▶ **40** Enuncia la definizione di classi di grandezze direttamente proporzionali.

▷▶ **41** Che cosa si intende per costante di proporzionalità?

▷▶ **42** Enuncia il criterio generale di proporzionalità.

▷▶ **43** Dimostra che i settori circolari di una stessa circonferenza (o di circonferenze congruenti) e i rispettivi angoli al centro sono direttamente proporzionali.

▷▶ **44** Deriva la formula per il calcolo della misura della lunghezza di un arco di circonferenza corrispondente a un angolo al centro avente ampiezza di misura data (supponi nota anche la misura del raggio).

▷▶ **45** Dimostra che le aree dei parallelogrammi aventi basi congruenti sono proporzionali alle lunghezze delle rispettive altezze.

▷▶ **46** Dimostra che le aree dei triangoli aventi basi congruenti sono proporzionali alle lunghezze delle rispettive altezze.

▷▶ **47** C'è proporzionalità tra i segmenti obliqui condotti da un punto a una retta e le loro proiezioni su di essa?

▷▶ **48** C'è proporzionalità tra le corde di una circonferenza e gli archi che esse sottendono?

▷▶ **49** Quando due classi di grandezze sono inversamente proporzionali?

VERO O FALSO?

▷▶ **50** **a.** Se due classi $\mathscr{C}_1$ e $\mathscr{C}_2$ di grandezze sono direttamente proporzionali, allora le grandezze di $\mathscr{C}_1$ sono omogenee con le grandezze di $\mathscr{C}_2$. ⬚V ⬚F

b. Se due classi di grandezze sono proporzionali, a due grandezze incommensurabili della prima classe corrispondono sempre due grandezze incommensurabili della seconda classe. ⬚V ⬚F

c. La costante di proporzionalità tra due classi di grandezze non omogenee dipende dalle unità di misura scelte per le grandezze delle due classi. ⬚V ⬚F

d. Il rapporto tra due grandezze omogenee si può determinare solo se esse sono commensurabili. ⬚V ⬚F

▷▶ **51** **a.** Se A e B sono due grandezze e $\dfrac{A}{B} = \dfrac{1}{3}$ allora la misura di B rispetto ad A è $0,\overline{3}$. ⬚V ⬚F

b. Se $A = \sqrt{5}B$ e $A : B = C : D$ allora $\dfrac{C}{D} = \sqrt{5}$. ⬚V ⬚F

c. Se A, B, C e D sono quattro grandezze omogenee e vale $A : B = C : D$, allora $A : C = B : D$ per la proprietà dell'invertire. ⬚V ⬚F

d. La proprietà del comporre vale solo se le quattro grandezze che compaiono nella proporzione sono tutte omogenee. ⬚V ⬚F

▷▶ **52** **a.** Se tre termini di una proporzione sono uguali ai termini corrispondenti di un'altra, anche i rimanenti termini sono uguali. ⬚V ⬚F

b. Le altezze h_1 e h_2 di due rettangoli R_1 e R_2 soddisfano la relazione $h_1 = \dfrac{1}{6} h_2$. Se le basi dei rettangoli sono congruenti, allora $R_2 : R_1 = \dfrac{1}{6}$. ⬚V ⬚F

c. Le lunghezze delle circonferenze e quelle dei rispettivi raggi sono grandezze inversamente proporzionali. ⬚V ⬚F

d. La costante di proporzionalità tra due classi di grandezze può essere un numero negativo. ⬚V ⬚F

QUESITI A RISPOSTA MULTIPLA

▷▶ **53** Qual è la lunghezza media proporzionale tra 4 m e 9 cm?

⬚a 6 m ⬚b 6 cm ⬚c 3600 cm ⬚d 0,6 m ⬚e 36 cm

▷▶ **54** Tra le grandezze omogenee A, B, C sono noti i seguenti rapporti:

$$A : B = 1{,}25 \quad \text{e} \quad B : C = 0{,}4$$

Qual è il rapporto $A : C$?

⬚a 3,125 ⬚b 2 ⬚c 0,32 ⬚d 1,65 ⬚e 0,5

ESERCIZI

55 Qual è l'ampiezza quarta proporzionale dopo 30°, 45° e 60°?

a) 45° b) 75° c) 90° d) 2700° e) 1350°

56 Considera le seguenti proporzioni:

$$32 \text{ m}^2 : 8 \text{ m}^2 = 24 \text{ m}^2 : 6 \text{ m}^2 \longrightarrow 24 \text{ m}^2 : 8 \text{ m}^2 = 18 \text{ m}^2 : 6 \text{ m}^2$$

Quale proprietà è stata applicata?

a) Invertire b) Scomporre c) Comporre
d) Permutare i medi e) Nessuna delle precedenti

57 Riferendoci alla figura a lato, sappiamo che

$$CE : CD = BD : BC$$

Quale delle seguenti proporzioni risulta dalla proprietà dello scomporre?

a) $CE : BD = CD : BC$ b) $CD : CE = BC : BD$ c) $BC : CD = BD : CE$
d) $DE : CD = CD : BC$ e) Nessuna delle precedenti

58 Qual è la misura della lunghezza di un arco di una circonferenza di raggio $r = 4$ cm corrispondente a un angolo al centro di ampiezza 45°?

a) $\dfrac{\pi}{2}$ b) 2π c) $\dfrac{\pi}{4}$ d) π e) $\dfrac{3}{4}\pi$

59 Qual è la misura dell'area di un settore circolare di una circonferenza di raggio $r = 4$ cm corrispondente a un angolo al centro di ampiezza 45°?

a) $\dfrac{\pi}{2}$ b) 2π c) $\dfrac{\pi}{4}$ d) π e) 4π

ESERCIZIO GUIDATO

60 Dimostra che, se due rettangoli sono equivalenti, due lati consecutivi dell'uno sono i medi di una proporzione e due lati consecutivi dell'altro sono gli estremi della stessa proporzione. (È il **TEOREMA 9** enunciato nel **PARAGRAFO 7**.)

Dimostrazione
Consideriamo due rettangoli $R(a\,;\,b)$ e $R(c\,;\,d)$ equivalenti (**FIGURA 1**). Vogliamo dimostrare che a, b sono i medi e c, d gli .... di una stessa proporzione.

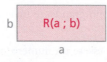

FIGURA 1

Ipotesi: $R(a\,;\,b) \ldots R(c\,;\,d)$
Tesi: $c : a = b : d$

Sopra due rette perpendicolari, a partire dal punto di intersezione O (**FIGURA 2**), consideriamo i segmenti

$$OA \cong a \quad OB \cong b \quad OC \cong \ldots.. \quad OD \cong \ldots..$$

e costruiamo il rettangolo $R(a\,;\,d)$.

- Poiché i rettangoli $R(a\,;\,d)$ e $R(c\,;\,d)$ hanno la stessa .... allora si ha la proporzione

$$R(a\,;\,d) : \ldots\ldots\ldots = a : \ldots\ldots\ldots$$

① **FIGURA 2**

- Poiché i rettangoli $R(a\,;\,d)$ e $R(a\,;\,b)$ hanno la stessa .... allora si ha la proporzione

$$R(a\,;\,d) : \text{..........} = d : \text{..........} \quad \boxed{2}$$

Per ipotesi, i rettangoli $R(a\,;\,b)$ e .... sono equivalenti, quindi i primi membri delle proporzioni $\boxed{1}$ e $\boxed{2}$ sono .... Dunque possiamo uguagliare i .... membri di tali proporzioni e scrivere

$$a : \text{........} = d : \text{........}$$

e, usando la proprietà ...., possiamo concludere che

$$\text{........} : a = \text{........} : d$$

cioè la tesi.   c.v.d.

61 Dimostra che, se due proporzioni fra grandezze omogenee hanno gli antecedenti (o conseguenti) rispettivamente uguali, i conseguenti (o gli antecedenti) sono in proporzione.

62 Dimostra che, se A, B, C, D sono grandezze omogenee, dalle due proporzioni $A : B = B : C$ e $D : B = B : E$ segue $A : D = E : C$.

63 Dimostra che, se sussistono le proporzioni $(A \pm B) : B = (C \pm D) : D$, con $A > B$ e $C > D$ sussiste anche $A : B = C : D$.

64 Dimostra che, se sussiste la proporzione $(A + B) : B = (C + D) : D$, allora sussiste anche la proporzione $(A + B) : A = (C + D) : C$.

65 Dimostra che, se sussiste la proporzione $A : B = C : D$, con $A > B$, sussiste anche la proporzione $(A + B) : (A - B) = (C + D) : (C - D)$.

66 Un rettangolo R di dimensioni a e b è equivalente a un quadrato Q di lato m. Dimostra che m è medio proporzionale tra a e b.

67 Dimostra che le aree dei due triangoli in cui l'altezza relativa all'ipotenusa divide un triangolo rettangolo sono proporzionali alle proiezioni dei cateti sull'ipotenusa.

68 Dati due segmenti a e b, indica con $Q(a)$ il quadrato costruito su a, $Q(b)$ quello costruito su b e $R(a\,;\,b)$ il rettangolo che ha per dimensioni i segmenti a e b. Dimostra che $R(a\,;\,b)$ è medio proporzionale tra $Q(a)$ e $Q(b)$.

69 Conduci da un vertice di un triangolo una semiretta che divida il triangolo in due parti le cui aree hanno rapporto $\frac{3}{4}$.

70 Dimostra che, unendo il centro della circonferenza inscritta in un triangolo con i vertici, si divide il triangolo in altri tre le cui aree sono proporzionali ai lati.

71 Dimostra che due lati di un triangolo sono inversamente proporzionali alle relative altezze.

72 Dimostra che in un triangolo rettangolo il rapporto tra l'ipotenusa e un cateto è uguale al rapporto tra l'altro cateto e l'altezza relativa all'ipotenusa. (*Suggerimento*: l'area di un triangolo rettangolo può essere calcolata in due modi diversi.)

73 **MATEMATICA E... REALTÀ** Considera la frase: *la strada percorsa da un'automobile che viaggia a velocità costante è proporzionale alla quantità di benzina consumata*. Quali sono le classi di grandezze omogenee tra cui si stabilisce una proporzionalità? Se si misurano le distanze in kilometri e i volumi di benzina in litri, qual è l'unità di misura della costante di proporzionalità?

74 **MATEMATICA E... REALTÀ** Un'automobile percorre 30 km consumando 2 l di benzina, 75 km consumando 5 l di benzina, 90 km consumando 6 l di benzina e 120 km consumando 8 l di benzina. Verifica che le distanze percorse sono proporzionali ai volumi di benzina consumata. Qual è la costante di proporzionalità? Quanti kilometri percorre l'auto con un litro di benzina?

ESERCIZI

▷▶ **75** **MATEMATICA E... REALTÀ** Una trave di calcestruzzo del volume di 3 m³ ha massa 7200 kg, una trave di 4,5 m³ ha massa 10 800 kg, una di 2,4 m³ ha massa 5760 kg e una di 5 m³ ha massa 12 000 kg. Le masse e i volumi delle travi sono proporzionali? Qual è la costante di proporzionalità e qual è il suo significato?

▷▶ **76** **MATEMATICA E... ECONOMIA** La seguente tabella mostra sulla prima riga i capitali investiti in un anno e sulla seconda riga gli interessi che ne derivano.

capitale investito	1000 euro	2500 euro	5400 euro	6000 euro
interesse	45 euro	112,50 euro	243 euro	270 euro

Verifica che gli interessi ottenuti sono proporzionali ai capitali investiti. Qual è la costante di proporzionalità? Quale interesse frutterebbe in un anno un capitale di 270 euro investito nelle stesse condizioni?

▷▶ **77** **MATEMATICA E... FISICA** Considera la frase: *l'accelerazione di un corpo è proporzionale alla forza applicata al corpo stesso*. Quale legge della fisica esprime? Qual è la costante di proporzionalità? Qual è il suo significato fisico?

■ Teorema di Talete e sue conseguenze

QUESITI

▷▶ **78** Spiega perché il teorema di Talete può essere considerato una generalizzazione del teorema del fascio di parallele.

▷▶ **79** Dimostra che se una retta parallela a un lato di un triangolo non interseca gli altri due lati, essa determina sui loro prolungamenti segmenti proporzionali ai lati stessi.

▷▶ **80** Dimostra che se una retta determina sui prolungamenti di due lati di un triangolo segmenti proporzionali a tali lati, essa è parallela al terzo lato.

▷▶ **81** Enuncia il teorema della bisettrice dell'angolo interno di un triangolo. Che cosa si può affermare di un triangolo in cui la bisettrice di un angolo interno divide a metà il lato opposto?

VERO O FALSO?

▷▶ **82** Considera la figura a lato, in cui le rette r_1, r_2, r_3, r_4 sono parallele.

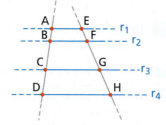

- **a.** $AB : BC = EF : FG$ V F
- **b.** $BD : AB = FG : EF$ V F
- **c.** $BC : GH = FG : CD$ V F
- **d.** $EH : FG = AD : BC$ V F

▷▶ **83** Nel triangolo ABC (figura a lato) AD è bisettrice di $B\widehat{A}C$ e $DC \cong \frac{1}{3} BC$.

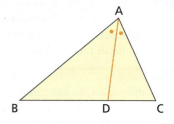

- **a.** $AB \cong 2AC$ V F
- **b.** $AB : DC = BD : AC$ V F
- **c.** $AB : AC = BD : DC$ V F
- **d.** $AB : AC = 2 : 1$ V F

716

84 Considera il triangolo *ABC* della figura a lato, dove $DG \parallel BC$ e $FE \parallel AB$.

a. $AD : AB = AG : AC$ V F
b. $AB : TE = AC : GC$ V F
c. $AD : FT = AF : FG$ V F
d. $TE : FE = GC : FC$ V F

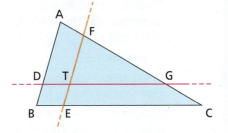

QUESITI A RISPOSTA MULTIPLA

85 Nella figura a fianco si ha $x =$

a. 5 cm   b. $\frac{15}{7}$ cm   c. $\frac{35}{3}$ cm

d. 4,2 cm   e. $\frac{5}{3}$ cm

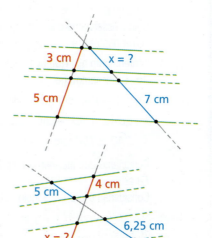

86 Nella figura a fianco si ha $x =$

a. 5 cm   b. 7,8125 cm   c. 3,2 cm

d. 4 cm   e. 8 cm

87 Nella figura a fianco la lunghezza di *BH* è 75 cm, la lunghezza di *AG* è 60 cm, la lunghezza di *EC* è 48 cm. Qual è la lunghezza di *FD*?

a. 93,75 cm   b. 38,4 cm   c. 60 cm

d. 48 cm   e. 75 cm

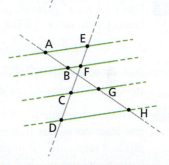

ESERCIZIO GUIDATO

88 Dimostra che la bisettrice di un angolo esterno di un triangolo, se non è parallela al lato a esso opposto al vertice considerato, ne incontra il prolungamento in un punto che determina, con gli estremi di quel lato, segmenti proporzionali agli altri due lati. (Questo teorema è noto come **teorema della bisettrice di un angolo esterno di un triangolo**.)

Dimostrazione
Sia *AD* la bisettrice dell'angolo esterno $C\widehat{A}F$ del triangolo *ABC*. Vogliamo dimostrare che $BD : CD = AB : AC$.

Ipotesi: $C\widehat{A}D \cong D\widehat{A}F$
Tesi: $BD : CD = AB : AC$

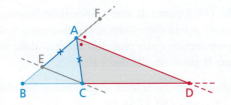

FIGURA 1

ESERCIZI

Osservazione preliminare

Supponiamo che il triangolo ABC sia isoscele con vertice in A (**FIGURA 2**); poiché $C\hat{A}F \cong \ldots + A\hat{C}B$ per il secondo teorema dell'angolo esterno ed essendo ABC ...., vale .... $\cong A\hat{C}B$, allora $C\hat{A}F \cong \ldots A\hat{C}B$; inoltre, essendo AD .... di $C\hat{A}F$ per ipotesi, vale $C\hat{A}F \cong 2C\hat{A}D$. Per la proprietà .... deduciamo che $2C\hat{A}D \cong 2 \ldots \longrightarrow C\hat{A}D \cong \ldots$ Ma $C\hat{A}D$ e ...... sono .... interni formati dalle rette AD e ..... tagliate dalla trasversale AC. Essendo essi congruenti ne dobbiamo dedurre che $AD \ldots BC$.

Quindi osserviamo che il triangolo ABC in **FIGURA 1**, poiché per ipotesi AD non è parallela a ....., ... può essere isoscele.

FIGURA 2

In riferimento alla **FIGURA 1**, tracciamo da C la parallela alla bisettrice AD e sia E il punto in cui tale retta incontra il lato AB. Osserviamo che

- ..... $\cong D\hat{A}F$ perché angoli corrispondenti rispetto alle parallele EC e ...... tagliate dalla trasversale BF;
- $E\hat{C}A \cong C\hat{A}D$ perché ....
- $C\hat{A}D \cong D\hat{A}F$ per ....

Deduciamo dunque, per la proprietà ...., che $E\hat{C}A \cong \ldots$ e quindi il triangolo AEC è ...., pertanto $EA \cong \ldots$

Consideriamo ora il triangolo ABD: poiché $EC \parallel AD$, vale

$$BD : CD = \ldots : EA$$

ed, essendo $EA \cong \ldots$, si avrà anche $BD : CD = \ldots : \ldots$ c.v.d.

▷▷ **89** Due rette r e r' passanti per uno stesso punto O vengono intersecate da due rette a e b parallele tra loro. Siano $\{A\} = a \cap r$, $\{A'\} = a \cap r'$, $\{B\} = b \cap r$ e $\{B'\} = b \cap r'$. Dimostra che

$$AB : A'B' = AO : A'O \qquad AO : OB = A'O : OB' \qquad AO : A'O = OB : OB'$$

distinguendo i due casi a seconda che O sia interno o esterno alla striscia individuata da a e da b.

▷▷ **90** Considera due rette parallele a, b e i due segmenti AB e $A'B'$ che esse staccano su due trasversali r, s. Dimostra che una retta, che divide il segmento AB in parti proporzionali rispettivamente alle parti in cui essa divide il segmento $A'B'$, è parallela ad a e a b. (*Suggerimento*: nella figura a fianco, per ipotesi si ha $AP : PB = A'P' : P'B'$; conviene ragionare per assurdo.) Questo teorema può essere considerato il teorema inverso del **TEOREMA DI TALETE**.

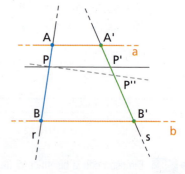

▷▷ **91** Dimostra che il segmento che congiunge i punti medi dei lati obliqui di un trapezio è parallelo alle basi. (*Suggerimento*: ricorda l'esercizio precedente.)

▷▷ **92** Dimostra che, se dal baricentro di un triangolo si conduce la parallela a un lato del triangolo, questa divide gli altri due lati in due parti l'una doppia dell'altra.

▷▷ **93** In un trapezio $ABCD$, una delle basi è AB e O è il punto di intersezione delle diagonali AC e BD. Dimostra che $AO : BO = CO : OD$. Se nella proporzione prima dimostrata si scambiano tra loro i due medi si ottiene una nuova proporzione. Da quest'ultima proporzione quale proprietà generale delle diagonali di un trapezio puoi dedurre? (*Suggerimento*: da O conduci la parallela alle due basi.)

▷▷ **94** Dal punto d'intersezione delle diagonali di un trapezio traccia le parallele ai lati obliqui, e siano E ed F i punti in cui esse intersecano la base AB. Dimostra che $AF \cong BE$.

95 È dato il triangolo ABC e sia P un punto della mediana AM relativa al lato BC. Dal punto P conduci le parallele ai lati AB e AC che incontrano il lato BC rispettivamente nei punti D ed E. Dimostra che M è punto medio del segmento DE.

96 Sia P un punto della diagonale BD di un quadrilatero dato $ABCD$. Da P conduci la parallela al lato AB che incontra in E il lato AD e, sempre da P, conduci la parallela al lato BC che incontra in F il lato CD. Dimostra che sussiste la proporzione $AD : ED = CD : FD$ da cui puoi dedurre che EF è parallela ad AC.

97 Dal punto M del lato AB di un quadrilatero $ABCD$ traccia la parallela ad AD che incontra in N la diagonale BD. Da N conduci la parallela a BC che taglia in P il lato DC. Da P traccia la parallela ad AD che interseca in Q la diagonale AC. Dimostra che QM è parallelo a BC.

98 Dimostra che, se un segmento DE è una corda del triangolo ABC parallela al lato BC (con D su AB ed E su AC), esso determina il triangolo ADE i cui lati sono proporzionali a quelli del triangolo dato ABC. (*Suggerimento*: conduci da E la parallela al lato AB.)

99 Dato un triangolo ABC, da un punto P del piano esterno al triangolo ABC conduci la retta parallela alla retta BC. Tale parallela incontra le rette dei segmenti AB e AC rispettivamente nei punti D ed E. Dimostra che AD e AE sono proporzionali ai lati AB e AC. Dimostra inoltre che si ha la proporzione $BC : DE = AB : AD$.

100 Sul lato AB di un triangolo ABC prendi due punti M e N in modo che $AM \cong NB$. Traccia la parallela a BC passante per M, che interseca AC in D, e la parallela ad AC passante per N, che interseca BC in E. Dimostra che $DE \parallel AB$.

101 Dal punto medio M del lato BC di un triangolo ABC traccia la parallela alla mediana BN, che interseca il lato AC in D, e la parallela alla mediana CQ, che interseca AB in E. Dimostra che $DE \parallel NQ$ e calcola i rapporti $AE : EB$ e $AD : DC$. $\qquad [AE : EB = AD : DC = 3]$

102 Da un punto P della diagonale AC di un parallelogramma $ABCD$ traccia le rette parallele ai lati. Tali rette dividono $ABCD$ in quattro parallelogrammi. Di questi parallelogrammi considera i due che hanno AP e CP come diagonali e dimostra che la seconda diagonale di ciascuno di essi è parallela a BD.

103 Congiungi il vertice A di un triangolo ABC con un punto D del lato opposto e congiungi un punto E del segmento AD con B e con C. Traccia da D la parallela a BE, che incontra in P il prolungamento di AB e, sempre da D, traccia la parallela a CE che incontra in Q il prolungamento di AC. Dimostra che PQ è parallelo a BC.

104 Traccia le altezze AH, BK e CJ di un triangolo acutangolo ABC e siano rispettivamente D ed E le proiezioni di H sui lati AB e AC. Dimostra che $DE \parallel KJ$.

105 Dimostra che la mediana di un triangolo relativa a un lato dimezza ogni corda del triangolo parallela a quel lato. Puoi dedurre che in un triangolo il luogo dei punti medi delle corde parallele a un lato è la mediana relativa a quel lato? (*Suggerimento*: tieni presente l'**ESERCIZIO 98**.)

106 Dimostra che in un trapezio il luogo dei punti medi delle corde parallele alle basi è il segmento che unisce i punti medi delle basi. (*Suggerimento*: tieni presente l'**ESERCIZIO 105**.)

107 Dimostra che la bisettrice di un angolo di un triangolo lo divide in due triangoli proporzionali ai due lati del triangolo adiacenti all'angolo dimezzato.

108 Dimostra che, se due triangoli hanno due angoli congruenti e due supplementari, i lati opposti agli angoli congruenti sono proporzionali ai lati opposti agli angoli supplementari. (*Suggerimento*: disponi i due triangoli in modo che gli angoli congruenti siano consecutivi e che i lati opposti siano su rette parallele, applica poi il teorema della bisettrice al triangolo... e ricorda l'**ESERCIZIO 98**.)

109 In un trapezio isoscele le diagonali bisecano gli angoli adiacenti alla base maggiore. Dimostra che il loro punto d'intersezione divide ciascuna di esse in parti proporzionali alle basi.

110 Le rette che contengono i lati obliqui di un trapezio $ABCD$, la cui base maggiore è AB, si incontrano nel punto E. Dimostra che la bisettrice dell'angolo $A\hat{E}B$ divide le basi del trapezio in parti proporzionali ai lati obliqui.

ESERCIZI

▶▶ **111** Dimostra che se una semiretta avente origine nel vertice di un angolo interno di un triangolo divide il lato opposto in parti proporzionali agli altri due lati, essa è bisettrice dell'angolo. (È l'inverso del **TEOREMA DELLA BISETTRICE DELL'ANGOLO INTERNO DI UN TRIANGOLO**.)

▶▶ **112** Dato un triangolo ABC, con $AC > BC$, prendi sul prolungamento di AB dalla parte di B un punto P tale che sia $AP : BP = AC : BC$. Dimostra che CP è bisettrice dell'angolo esterno $B\hat{C}Q$, essendo Q sul prolungamento di AC oltre C.

▶▶ **113** Dati un angolo e un suo punto interno, disegna la retta passante per il punto che determina sui lati dell'angolo due segmenti proporzionali a due segmenti dati. (*Suggerimento*: riporta sui lati, a partire dal vertice, i due segmenti.)

▶▶ **114** Qual è il luogo dei punti che dividono in un dato rapporto i segmenti condotti a una retta da un punto fissato?

▶▶ **115** Qual è il luogo dei punti le cui distanze da due rette parallele date stanno in un rapporto dato? (*Suggerimento*: prova a dividere secondo quel rapporto un segmento compreso fra le parallele.)

▶▶ **116** Trova due segmenti che stiano fra loro come due poligoni dati. (*Suggerimento*: trasforma i due poligoni in triangoli equivalenti di congruente base o congruente altezza.)

▶▶ **117** Costruisci un triangolo dati il perimetro, un lato e il rapporto fra gli altri due lati.

▶▶ **118** Costruisci un triangolo dati il perimetro e tre segmenti proporzionali ai lati.

▶▶ **119** Costruisci un triangolo dati due suoi lati e su uno di essi il punto di intersezione con la bisettrice dell'angolo opposto.

▶▶ **120** Costruisci un triangolo dati il perimetro e i segmenti in cui un lato è diviso dalla bisettrice dell'angolo opposto.

Problemi sul teorema di Talete e le sue applicazioni

■ ESERCIZI GUIDATI

▶▶ **121** Sul lato AC del triangolo ABC è dato un punto P che dista 3 cm dal vertice C e 7 cm dal vertice A; dal punto P conduci la parallela al lato AB che incontra in Q il lato BC la cui lunghezza è 25 cm. Determina i segmenti CQ e QB.

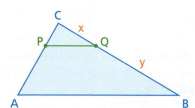

Elementi noti: $PC = 3$ cm; $PA = 7$ cm
                $BC = 25$ cm; $PQ \parallel AB$

Elementi richiesti: CQ; QB

Poniamo $\overline{CQ} = x$ e $\overline{QB} = y$, cioè siano x e y le misure (in centimetri) delle lunghezze dei segmenti CQ e QB. Dovrà essere $0 < x < 25$ e .... Poiché è $\overline{BC} = 25$, dovrà essere

$$x + y = 25 \qquad \boxed{1}$$

Perché PQ è .... ad AB, abbiamo

$$CP : PA = \ldots : \ldots \quad \longrightarrow \quad \overline{CP} : \overline{PA} = \ldots : \ldots \quad \longrightarrow \quad \ldots\ldots\ldots\ldots \quad \longrightarrow \quad 7x = 3y \qquad \boxed{2}$$

Ponendo a sistema le relazioni ❶ e la ❷, si ha

$$\begin{cases} x + y = 25 \\ 7x = 3y \end{cases} \longrightarrow \ldots\ldots\ldots\ldots\ldots\ldots\ldots \longrightarrow \begin{cases} x = \ldots \\ y = \ldots \end{cases} \text{(accettabile)}$$

Si conclude così che *CQ* = 7,5 cm e *QB* = 17,5 cm.

122 Nel triangolo rettangolo ABC il rapporto tra i cateti AC e AB è $\frac{4}{3}$ e l'ipotenusa misura $30a$. Determina i due segmenti in cui il cateto minore resta diviso dalla bisettrice dell'angolo opposto.

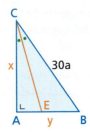

Elementi noti: $\quad \frac{AC}{AB} = \frac{4}{3}$; $\overline{BC} = 30a$; $A\widehat{C}E \cong E\widehat{C}B$

Elementi richiesti: $\overline{AE}$; $\overline{EB}$

Poniamo $\overline{AC} = x$ e $\overline{AB} = y$ con $... < x < ...$ e $... < y < ...$.
Dai dati del problema e dal teorema di Pitagora, applicato al triangolo ...., si ha

$$\begin{cases} \dfrac{x}{y} = \dfrac{4}{3} \\ x^2 + ... = ... \end{cases} \longrightarrow \quad .... \longrightarrow \begin{cases} x = 24a \\ y = ... \end{cases}$$

Poniamo ora $\overline{AE} = \alpha$ e $\overline{EB} = \beta$.

Dovendo essere $AE + EB = AB \longrightarrow \overline{AE} + \overline{EB} = \overline{AB}$, risulta $\alpha + \beta = ...$

Per il teorema della bisettrice si ha poi

$$AE : EB = AC : CB \longrightarrow \overline{AE} : \overline{EB} = \overline{AC} : \overline{CB} \longrightarrow \alpha : \beta = ... : ......$$

Quindi

$$\begin{cases} \alpha + \beta = ... \\ \alpha : \beta = ... : ...... \end{cases} \longrightarrow \quad .... \longrightarrow \begin{cases} \alpha = 8a \\ \beta = 10a \end{cases}$$

e perciò $\overline{AE} = 8a$ e $\overline{EB} = 10a$.

123 Nel triangolo ABC si ha $AC = 18$ cm e $BC = 15$ cm. Se D è un punto di AC tale che $CD = 12$ cm, a che distanza da B si deve prendere un punto E, appartenente a CB, in modo che risulti $DE \parallel AB$?

$[EB = 5 \text{ cm}]$

124 Quattro rette parallele staccano su una trasversale tre segmenti consecutivi le cui misure sono, nell'ordine, a, $4a$, $2a$. La somma di questi tre segmenti ha per corrispondente, sopra una seconda trasversale, un segmento di misura $8a$. Quanto misurano, sulla seconda trasversale, i corrispondenti dei tre segmenti inizialmente considerati?

$\left[\dfrac{8}{7}a; \dfrac{32}{7}a; \dfrac{16}{7}a\right]$

125 Nel triangolo rettangolo ABC i cateti AB e AC misurano rispettivamente $3a$ e $4a$ e un punto P dell'ipotenusa BC è tale che $PB : PC = 2 : 5$. Se K è la proiezione di P su AB e H quella di P su AC, calcola la misura dell'area del rettangolo $AKPH$.

$\left[\dfrac{120}{49}a^2\right]$

126 In un triangolo ABC rettangolo in A i cateti AB e AC sono lunghi rispettivamente 15 cm e 10 cm. La bisettrice dell'angolo retto interseca l'ipotenusa in un punto D. *Senza calcolare la lunghezza dell'ipotenusa*, determina le lunghezze dei segmenti in cui le proiezioni di D sui cateti dividono i cateti stessi.

$[AB: 9 \text{ cm e } 6 \text{ cm}; \; AC: 6 \text{ cm e } 4 \text{ cm}]$

127 La bisettrice di un angolo acuto di un triangolo rettangolo divide il cateto opposto in due segmenti lunghi 3 cm e 5 cm. Determina il raggio della circonferenza circoscritta al triangolo dato e la lunghezza della bisettrice. [5 cm; $3\sqrt{5}$ cm]

128 In un parallelogramma $ABCD$ la lunghezza dei lati opposti AB e CD è 42 cm e quella dei lati opposti AD e BC è 27 cm. Dal baricentro del triangolo ABC traccia le parallele ai lati del parallelogramma e calcola le lunghezze dei segmenti in cui i lati vengono divisi da tali parallele. [28 cm e 14 cm; 18 cm e 9 cm]

129 Nel triangolo ABC si ha $AB = 30$ cm, $BC = 45$ cm, $AC = 60$ cm. La bisettrice dell'angolo in B incontra il lato AC in D; traccia la parallela ad AB passante per D e sia E il punto in cui tale parallela interseca BC. Determina le lunghezze dei segmenti BE ed EC. [18 cm; 27 cm]

130 Nel triangolo ABC sia BD la bisettrice dell'angolo in B. Si sa che $\overline{AB} = 91a$, che $\overline{CB}$ supera di $18a$ il doppio di $\overline{DC}$ e che $\overline{AD} - \overline{DC} = 5a$. Determina la misura del perimetro di ABC. Quante soluzioni ha il problema? Perché? [$234a$; una sola perché...]

131 Date le misure a, b, c delle lunghezze dei lati di un triangolo, calcola le misure delle lunghezze dei segmenti in cui ciascun lato è diviso dalla bisettrice dell'angolo opposto.

132 In un trapezio $ABCD$ la lunghezza della base minore CD è 20 cm e quella del lato obliquo AD è 30 cm. Da un punto E di CD, distante 14 cm da C, traccia la parallela al lato BC e sia P il punto in cui essa interseca la diagonale AC. Da P traccia la parallela alle basi, che interseca il lato AD in G. Determina le lunghezze dei segmenti AG e DG. [21 cm; 9 cm]

Esercizi per il recupero

1 In un triangolo rettangolo i cateti sono lunghi 3 cm e 4 cm. Dimostra che l'ipotenusa è commensurabile con ciascuno dei due cateti.

2 Se $A = \frac{1}{3}B + \frac{1}{2}C$ e $\frac{2}{3}B = \frac{1}{4}C$, qual è la misura di A rispetto a C? A e C sono commensurabili?

3 Considera la figura a lato e sia $AD = 3$ cm.

   a. Calcola la misura di DC rispetto a DM. I segmenti DC e DM sono commensurabili?

   b. È necessario conoscere la lunghezza di AD per rispondere alla precedente domanda?

   c. I segmenti $u \cong \frac{3}{2}CD - \sqrt{2} \cdot DM$ e $v \cong \frac{1}{5\sqrt{2}} \cdot MC$ sono commensurabili?

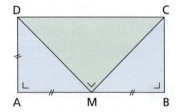

4 In un triangolo rettangolo un cateto è congruente al triplo dell'altro. Dimostra che l'ipotenusa è incommensurabile con entrambi i cateti.

5 Le grandezze A, B e C sono omogenee. La misura di A rispetto a B è 0,75 e la misura di B rispetto a C è 0,6. Quanto vale il rapporto $A : C$? [0,45]

6 Calcola la quarta proporzionale dopo le lunghezze 4 m, 20 m e 6 m. [30 m]

7 Calcola la media proporzionale tra le ampiezze 4° e 64°. [16°]

8 Il rapporto tra le lunghezze di due archi l_1 e l_2 di una circonferenza di raggio $r = 3$ cm è 5.

   a. Calcola il rapporto $\alpha_1 : \alpha_2$ tra le ampiezze dei rispettivi angoli.

   b. È necessario conoscere la lunghezza del raggio della circonferenza?

9 Dalla proporzione $A : B = C : D$, quale delle seguenti proporzioni **non** puoi dedurre? Scrivi sotto le altre quattro proporzioni la/le proprietà utilizzata/e.

a. $2A : B = 2C : D$

b. $D : C = B : A$

c. $A : C = B : D$

....

d. $B : (A + B) = D : (C + D)$

e. $B : A = C : D$

....

....

10 Dimostra che, se A, B, C, D sono grandezze omogenee, dalle due proporzioni $A : B = B : C$ e $A : D = D : C$ segue che $B = D$.

11 Considera la figura a lato. Dimostra che l'area del triangolo CMT è media proporzionale tra l'area dei triangoli ACM e ACB.

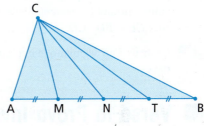

12 Osserva la figura a lato. Sapendo che $AB = 12$ cm, $CD = 18$ cm, $GH = 24$ cm, determina la lunghezza di EF. [9 cm]

13 Tre rette parallele determinano su una trasversale due segmenti consecutivi che misurano $7a$ e $8a$. Al segmento somma di questi due corrisponde, su un'altra trasversale, un segmento che misura $105a$. Determina le misure dei corrispondenti dei segmenti dati sopra la seconda trasversale. [49a; 56a]

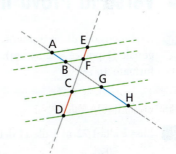

14 Sul lato AB di un triangolo ABC prendi due punti M e N in modo che $AM \cong MN \cong NB$. Traccia la parallela a BC passante per M, che interseca AC in D e la parallela ad AC passante per N, che incontra in E il lato BC. Dimostra che

a. $CD : DA = CE : EB$

b. $DE \parallel AB$

c. $DE \cong \dfrac{2}{3} AB$

15 Sul lato AD di un parallelogramma $ABCD$ prendi un punto P in modo che sia $PD \cong 2AP$ e sul lato opposto BC prendi un punto Q tale che $QB \cong 2QC$. Dimostra che i segmenti BP e DQ dividono la diagonale AC in tre parti di cui la mediana è doppia di ciascuna delle altre due.

16 Applicando il teorema della bisettrice, dimostra che la bisettrice dell'angolo al vertice di un triangolo isoscele è anche mediana.

17 Da un punto E della base minore CD di un trapezio $ABCD$ traccia la parallela al lato BC e sia P il punto in cui essa interseca la diagonale AC e F il punto in cui interseca la base AB. Da P traccia la parallela alle basi, che interseca il lato AD in G. Dimostra che $FG \parallel DB$.

18 Un triangolo ABC è inscritto in una circonferenza. Sia M il punto medio dell'arco di tale circonferenza, di estremi A e B, che non contiene C. Dimostra che CM divide il lato AB in parti proporzionali agli altri due lati.

19 Nel triangolo ABC si ha $AB = 30$ cm, $BC = 22$ cm, $AC = 25$ cm. Sia AH la bisettrice dell'angolo $B\widehat{A}C$ (con H su BC). Determina le lunghezze di BH e HC. [$BH = 12$ cm, $HC = 10$ cm]

ESERCIZI

Esercizi di approfondimento

1 Determina il luogo geometrico dei punti del piano le cui distanze da due rette r e s incidenti stanno in un rapporto dato.

2 Tenendo in considerazione il luogo trovato nel problema precedente, costruisci *con riga e compasso*:

  a. un punto A che abbia una distanza di 5 cm da un punto P assegnato e che abbia da due rette incidenti r e s (che non passano per P) distanze che stiano in rapporto 3;

  b. un punto B che abbia una distanza di 5 cm da una retta t assegnata e che abbia da altre due rette incidenti r e s distanze che stiano in rapporto 3.

  Esistono sempre tali punti A e B?

3 In un triangolo ABC la bisettrice dell'angolo interno di vertice A incontra il lato opposto nel punto D e la retta passante per A e perpendicolare ad AD incontra il prolungamento di BC nel punto E. Tenendo in considerazione entrambi i *teoremi delle bisettrici* (di un angolo interno ed esterno di un triangolo), dimostra che $BE : CE = BD : CD$.

4 Costruisci un segmento la cui lunghezza sia quarta proporzionale dopo le aree di due poligoni e una lunghezza data.

Verso la Prova Invalsi

Soluzioni degli esercizi

1 Le dimensioni di un monitor, televisivo o per computer, sono espresse dalla lunghezza in pollici della sua diagonale (1 pollice = 2,54 cm). Quali sono, in centimetri, l'altezza e la larghezza di un monitor da 42 pollici in formato 16 : 9?

QUESITI A RISPOSTA MULTIPLA

2 Elisa è alta 1,72 m e alle 11 del mattino la sua ombra è lunga $\frac{50}{43}$ della sua altezza. Sapendo che l'ombra del palazzo alla stessa ora è lunga 25 m, quanto è alto il palazzo?

  a 7,5 m   **b** 19,5 m
  c 21,5 m   **d** 25,5 m

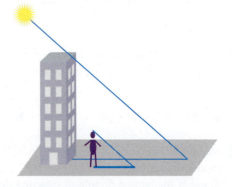

3 Marina è nel laboratorio di fisica della sua scuola e ha a disposizione una molla agganciata al soffitto. Riporta in una tabella gli allungamenti Δl (misurati in centimetri) subiti dalla molla quando al suo estremo libero vengono agganciati dei corpi di massa m nota.

m	2 kg	3 kg	5 kg	6,5 kg	7 kg
Δl	5 cm	7,5 cm	12,5 cm	16,25 cm	17,5 cm

  a. Stabilisci se la classe delle masse dei corpi e la classe degli allungamenti della molla sono proporzionali.

  b. Calcola la costante di proporzionalità ed esplicitane l'unità di misura. Qual è il suo significato?

  c. A che massa corrisponde un allungamento di 11 cm? Di quanto si allunga la molla se viene agganciato un corpo di massa 9,5 kg?

Capitolo 13

Similitudine e applicazioni

- Similitudine dei triangoli
- Teoremi di Euclide
- Corde, secanti e tangenti di una circonferenza
- Similitudine dei poligoni
- Sezione aurea e rapporto aureo

Quanto è grande lo Yeti?

Sulle nevi dell'Himalaya una spedizione di geologi ha trovato delle impronte gigantesche sulla neve. La forma è la stessa del piede umano, ma queste dimensioni raggiungono i 45 cm dal tallone all'alluce: quasi il doppio dei nostri piedi! Forse sono le orme dello Yeti, l'abominevole uomo delle nevi!

Tornati nel piccolo rifugio, durante la cena, i geologi stanno raccontando la scoperta, quando improvvisamente si sentono dei passi avvicinarsi alla porta d'ingresso. Dopo qualche colpo, la porta si spalanca e vedono un'ombra avanzare eretta verso di loro. Tra il panico generale, urla e gente che corre verso le altre stanze, la guida locale rimane seduta al suo tavolo a gustarsi la cena.

Perché non è terrorizzata dall'abominevole uomo delle nevi? Lo conosce? Sa che in realtà è innocuo?

 Soluzione a pag. 751

FIGURA 1

Matematica nella storia: applicazioni delle proprietà della similitudine

Similitudine dei triangoli

1. Introduzione intuitiva al concetto di similitudine

In questo capitolo introdurremo il concetto di similitudine a partire dai triangoli per estenderlo quindi alle figure piane in generale, con particolare riguardo ai poligoni. Prima di addentrarci in una trattazione rigorosa vogliamo però illustrare intuitivamente tale concetto.

Il concetto di similitudine può essere considerato una generalizzazione del concetto di congruenza. Due figure sono congruenti se sono sovrapponibili mediante un movimento rigido: esse hanno la stessa «forma» e le stesse «dimensioni» (FIGURA 2). Due figure simili, invece, hanno la stessa forma, ma *possono* avere dimensioni diverse (FIGURA 3). Ciò significa che due figure congruenti sono certamente simili, mentre due figure simili possono essere congruenti oppure non esserlo. Viceversa, due figure che non sono simili non possono neppure essere congruenti. Le immagini di FIGURA 4, ad esempio, pur somigliandosi hanno forme diverse e perciò non sono simili.

figure simili e congruenti
FIGURA 2

figure simili non congruenti
FIGURA 3

figure non simili
FIGURA 4

Le precedenti sono semplici considerazioni di carattere intuitivo, che servono solo a darti una prima idea dei concetti che stiamo per approfondire.

2. Triangoli simili

> **DEFINIZIONE** **TRIANGOLI SIMILI**
> Due triangoli si dicono simili se i loro angoli sono rispettivamente congruenti e i lati opposti agli angoli congruenti sono proporzionali.
> In due triangoli simili si dicono *corrispondenti* o *omologhi* gli angoli congruenti, i loro vertici e i lati opposti agli angoli congruenti.

Ricorda che quando si parla di segmenti proporzionali si intende sempre che lo sono le loro lunghezze.

In FIGURA 5, i triangoli ABC e $A'B'C'$ sono simili e si ha

$$\hat{A} \cong \hat{A'} \qquad \hat{B} \cong \hat{B'} \qquad \hat{C} \cong \hat{C'}$$

$$AB : A'B' = AC : A'C' = BC : B'C'$$

Nei triangoli ABC e $A'B'C'$ sono quindi corrispondenti gli angoli $\hat{A}$ e $\hat{A'}$, $\hat{B}$ e $\hat{B'}$, $\hat{C}$ e $\hat{C'}$, i loro vertici e i lati AB e $A'B'$, BC e $B'C'$, AC e $A'C'$.

Osserviamo che **il rapporto tra i lati omologhi di due triangoli simili è costante**, cioè non dipende dalla coppia di lati omologhi considerata.

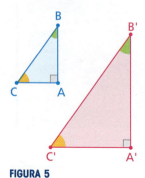

FIGURA 5

Diamo quindi la seguente definizione.

> **DEFINIZIONE** **RAPPORTO DI SIMILITUDINE**
> Si dice rapporto di similitudine tra due triangoli simili il rapporto tra un lato del primo triangolo e il corrispondente lato del secondo triangolo.

In altri termini, il rapporto di similitudine è la costante di proporzionalità delle due classi di grandezze proporzionali costituite dalle lunghezze dei lati di due triangoli simili.

> **ATTENZIONE!**
> Il rapporto di similitudine tra due triangoli dipende dall'*ordine* con cui si considerano i triangoli stessi. Riferendoci ai triangoli simili di **FIGURA 5**, osserviamo che $\frac{AB}{A'B'} = \frac{1}{2}$, quindi il rapporto di similitudine tra ABC e $A'B'C'$ è $\frac{1}{2}$. Il rapporto di similitudine tra $A'B'C'$ e ABC, essendo uguale a $\frac{A'B'}{AB}$, sarà dunque il reciproco del valore appena ottenuto, cioè 2.

Osserviamo inoltre che, se il rapporto di similitudine di due triangoli è 1, allora essi sono congruenti per il terzo criterio di congruenza dei triangoli. Viceversa, *se due triangoli sono congruenti allora sono simili* (e il loro rapporto di similitudine vale 1). La congruenza tra triangoli risulta quindi un caso particolare della similitudine tra triangoli.

La relazione di similitudine tra triangoli gode delle seguenti proprietà:

- **riflessiva**: ogni triangolo è simile a se stesso;
- **simmetrica**: se un triangolo è simile a un altro, anche questo è simile al primo;
- **transitiva**: se due triangoli sono simili a un terzo triangolo, essi sono simili tra loro.

La relazione di similitudine tra triangoli è quindi una *relazione di equivalenza* nell'insieme dei triangoli. Per indicare che due triangoli ABC e $A'B'C'$ sono simili scriveremo

$$ABC \sim A'B'C'$$

> Se il rapporto di due triangoli è 1, allora essi hanno i lati corrispondenti rispettivamente congruenti.

3. Criteri di similitudine dei triangoli

Per stabilire se due triangoli sono simili fra loro, non occorre verificare che siano soddisfatte tutte le condizioni indicate dalla definizione di similitudine, ma basta ricorrere a uno qualunque dei tre **criteri di similitudine** che illustreremo in questo paragrafo.

Primo criterio di similitudine

> **PRIMO CRITERIO DI SIMILITUDINE DEI TRIANGOLI**
> Se due triangoli hanno due angoli rispettivamente congruenti, allora sono simili (**FIGURA 6**).

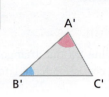
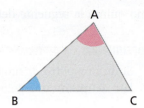

$$\left.\begin{array}{l}\hat{A} \cong \hat{A}' \\ \hat{B} \cong \hat{B}'\end{array}\right\} \Rightarrow ABC \sim A'B'C'$$

FIGURA 6

DIMOSTRAZIONE

Siano ABC, $A'B'C'$ due triangoli aventi gli angoli $\hat{A}$ e $\hat{B}$ rispettivamente congruenti ad $\hat{A}'$ e $\hat{B}'$ (**FIGURA 7**). Poiché sappiamo che la somma degli angoli interni di un triangolo è congruente a un angolo piatto, allora anche $\hat{C}$ è congruente a $\hat{C}'$; per dimostrare che i due triangoli sono simili, occorre quindi dimostrare che

$$AB : A'B' = AC : A'C' = BC : B'C'$$

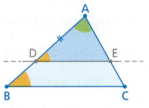

FIGURA 7

Se $AB \cong A'B'$, i due triangoli ABC e $A'B'C'$ sono congruenti per il secondo criterio di congruenza, perciò sono anche simili.
Supponiamo ora che AB non sia congruente ad $A'B'$, per esempio che sia $AB > A'B'$ (se vale la disuguaglianza opposta si procede in modo analogo). Cominciamo a dimostrare che

$$AB : A'B' = AC : A'C' \qquad \boxed{1}$$

Consideriamo allora su AB il punto D tale che risulti $AD \cong A'B'$ e da esso conduciamo la parallela al lato BC che interseca in E il lato AC. Essendo $DE \parallel BC$, da un corollario del teorema di Talete deduciamo che

$$AB : AD = AC : AE \qquad \boxed{2}$$

Osserviamo, inoltre, che $A\hat{D}E \cong A\hat{B}C$ perché angoli corrispondenti delle due rette parallele DE e BC tagliate dalla trasversale AB; poiché vale $A\hat{B}C \cong A'\hat{B}'C'$ per ipotesi, allora $A\hat{D}E \cong A'\hat{B}'C'$ per la proprietà transitiva. Inoltre $AD \cong A'B'$ per costruzione e $D\hat{A}E \cong B'\hat{A}'C'$ per ipotesi.
Quindi, per il secondo criterio di congruenza, i due triangoli ADE e $A'B'C'$ sono congruenti e, in particolare, $AE \cong A'C'$. Essendo per costruzione $AD \cong A'B'$, la $\boxed{2}$ si può scrivere così:

$$AB : A'B' = AC : A'C'$$

cioè la proporzione $\boxed{1}$ che volevamo dimostrare.
Dal punto F di BC tale che $BF \cong B'C'$ (**FIGURA 8**) tracciamo ora la parallela al lato AC che lo interseca in G il lato AB: ragionando in modo analogo, possiamo dimostrare che

$$AB : A'B' = BC : B'C' \qquad \boxed{3}$$

Dalle relazioni $\boxed{1}$ e $\boxed{3}$, per la proprietà transitiva, si può concludere

$$AB : A'B' = BC : B'C' = AC : A'C'$$

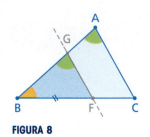

FIGURA 8

Dunque i due triangoli ABC e $A'B'C'$ sono simili. c.v.d.

Osserviamo che una retta parallela a un lato di un triangolo determina, con le rette degli altri due lati, un nuovo triangolo avente gli angoli rispettivamente congruenti a quelli del triangolo dato (**FIGURE 9, 10,** e **11**). Dal **PRIMO CRITERIO DI SIMILITUDINE DEI TRIANGOLI** discende quindi il seguente corollario.

> **COROLLARIO 1**
> Una retta parallela a un lato di un triangolo determina, con le rette degli altri due lati, un triangolo simile al triangolo dato.

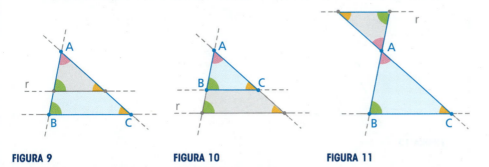

FIGURA 9   **FIGURA 10**   **FIGURA 11**

Altre conseguenze immediate del primo criterio di similitudine sono le seguenti.

▷ **Tutti i triangoli equilateri sono simili tra loro.**

▷ **Due triangoli isosceli sono simili se hanno rispettivamente congruenti un angolo alla base o l'angolo al vertice.**

▷ **Due triangoli rettangoli sono simili se hanno un angolo acuto rispettivamente congruente.**

> **OSSERVAZIONE**
> Come possiamo impostare la proporzione tra i lati di due triangoli simili? Per rispondere facciamo riferimento alla **FIGURA 12**. Scriviamo come primo termine della proporzione un lato qualsiasi del primo triangolo, ad esempio CB, e individuiamo l'angolo $\widehat{A}$ opposto a tale lato. Poi consideriamo, nel secondo triangolo, l'angolo $\widehat{F}$ congruente all'angolo $\widehat{A}$ prima individuato e scriviamo, come secondo termine della proporzione, il lato DE che gli è opposto: abbiamo così il primo rapporto della proporzione. Completiamo la proporzione procedendo con lo stesso metodo:
>
>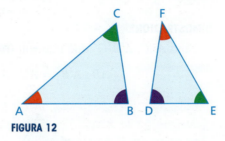
>
> **FIGURA 12**
>
> $$CB : DE = AB : DF = AC : EF$$
>
> $$\widehat{A} \rightarrow \widehat{F} \quad \widehat{C} \rightarrow \widehat{E} \quad \widehat{B} \rightarrow \widehat{D}$$

13. Similitudine e applicazioni

ESEMPIO

Costruire sopra un segmento dato un triangolo simile a un triangolo assegnato.

Dati il triangolo ABC e il segmento $A'B'$ (**FIGURA 13**), costruiamo su $A'B'$ un triangolo simile ad ABC in modo che A, A' e B, B' siano vertici corrispondenti. Supporremo, come in **FIGURA 13**, che $A'B' \parallel AB$; in caso contrario, si costruisce anzitutto il segmento $A'B'' \cong A'B'$ e parallelo ad AB, e poi si esegue la costruzione che ora esponiamo considerando B'' al posto di B'. Tracciamo da A' e B' rispettivamente le rette $r \parallel AC$ ed $s \parallel BC$ che si incontrano in un punto C' (in effetti r non può essere parallela a s poiché AC non è parallelo a BC). Affermiamo che il triangolo $A'B'C'$ è simile al triangolo ABC per il primo criterio di similitudine: infatti $\widehat{A} \cong \widehat{A'}$ e $\widehat{B} \cong \widehat{B'}$, essendo angoli con i lati rispettivamente paralleli e concordi.

FIGURA 13

Secondo criterio di similitudine

SECONDO CRITERIO DI SIMILITUDINE DEI TRIANGOLI

Se due triangoli hanno rispettivamente due lati proporzionali e l'angolo tra essi compreso congruente, allora sono simili (**FIGURA 14**).

$$\left.\begin{array}{l} \widehat{A} \cong \widehat{A'} \\ AB : A'B' = AC : A'C' \end{array}\right\} \Rightarrow ABC \sim A'B'C'$$

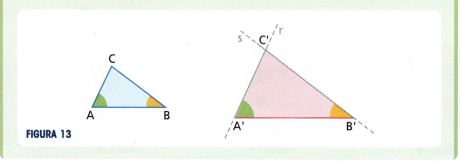

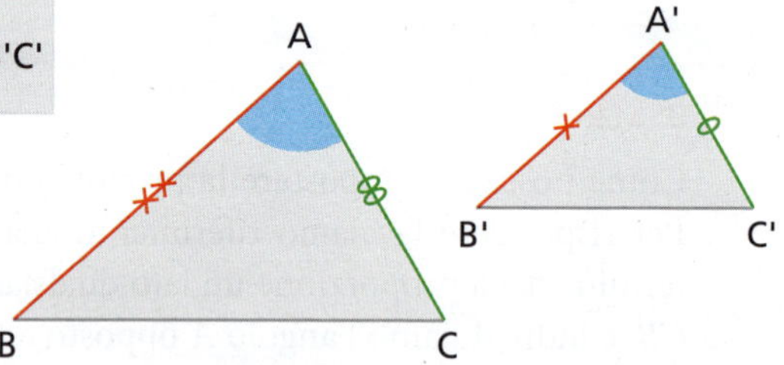

FIGURA 14

DIMOSTRAZIONE

Videodimostrazione

Siano ABC, $A'B'C'$ due triangoli (**FIGURA 15**) tali che

$$AB : A'B' = AC : A'C' \quad \text{e} \quad \widehat{A} \cong \widehat{A'}$$

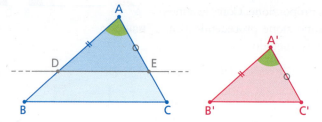

FIGURA 15

Se $AB \cong A'B'$, il primo rapporto della proporzione $AB : A'B' = AC : A'C'$ è uguale a 1, perciò anche il secondo rapporto è 1 e dunque $AC \cong A'C'$. Allora i due triangoli ABC e $A'B'C'$, avendo due lati e l'angolo compreso rispettivamente congruenti, sono congruenti (per il primo criterio di congruenza) e perciò anche simili.

Supponiamo ora che AB non sia congruente ad $A'B'$, ad esempio che sia $AB > A'B'$ (se vale la disuguaglianza opposta si procede in modo analogo). Prendiamo allora su AB il punto D in modo che sia $AD \cong A'B'$ e dal punto D conduciamo la parallela al lato BC che interseca in E il lato AC. Il triangolo ADE è simile al triangolo ABC per il **COROLLARIO 1** (essendo $DE \parallel BC$), quindi

$$AB : AD = AC : AE$$

o anche, essendo $AD \cong A'B'$,

$$AB : A'B' = AC : AE$$

Confrontando queste proporzioni con quelle ammesse per ipotesi dal teorema, si ottiene subito, per l'unicità della quarta proporzionale, che deve essere $AE \cong A'C'$.

I due triangoli ADE e $A'B'C'$ hanno anche $AD \cong A'B'$ per costruzione e $D\widehat{A}E \cong B'\widehat{A'}C'$ per ipotesi. Per il primo criterio di congruenza i due triangoli ADE e $A'B'C'$ sono quindi congruenti e dunque sono anche simili. Essendo che ADE è simile anche ad ABC, per la proprietà transitiva della relazione di similitudine, possiamo concludere che i triangoli ABC e $A'B'C'$ sono simili. c.v.d.

Una conseguenza immediata di questo criterio è il seguente corollario.

> **COROLLARIO 2**
>
> Se due triangoli rettangoli hanno i cateti rispettivamente proporzionali, allora sono simili.

Terzo criterio di similitudine

> **TERZO CRITERIO DI SIMILITUDINE DEI TRIANGOLI**
>
> Se due triangoli hanno i tre lati rispettivamente proporzionali, allora sono simili (**FIGURA 16**).

$AB : A'B' = AC : A'C' = BC : B'C' \Rightarrow ABC \sim A'B'C'$

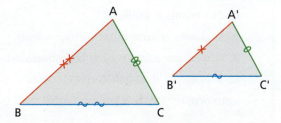

FIGURA 16

Videodimostrazione

DIMOSTRAZIONE

Siano ABC e $A'B'C'$ due triangoli (**FIGURA 17**) tali che

$$AB : A'B' = AC : A'C' = BC : B'C'$$

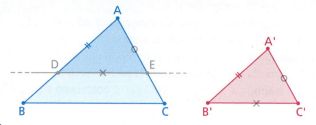

FIGURA 17

Se $AB \cong A'B'$, allora dalle proporzioni ammesse per ipotesi si ha che $AC \cong A'C'$ e $BC \cong B'C'$; perciò i due triangoli ABC e $A'B'C'$ sono congruenti per il terzo criterio di congruenza e quindi anche simili.

Supponiamo ora che AB non sia congruente ad $A'B'$, ad esempio che sia $AB > A'B'$ (se vale la disuguaglianza opposta si procede in modo analogo). Prendiamo allora su AB il punto D tale che $AD \cong A'B'$ e dal punto D conduciamo la parallela al lato BC che interseca in E il lato AC. I due triangoli ABC e ADE sono simili per il **COROLLARIO 1** ($DE \parallel BC$) e quindi possiamo scrivere

$$AB : AD = AC : AE \qquad AB : AD = BC : DE$$

o anche, essendo $AD \cong A'B'$,

$$AB : A'B' = AC : AE \qquad AB : A'B' = BC : DE$$

Confrontando queste proporzioni con quelle ammesse per ipotesi si deduce, per l'unicità della quarta proporzionale, che $AE \cong A'C'$ e $DE \cong B'C'$. Essendo inoltre $AD \cong A'B'$ (per costruzione), i triangoli ADE e $A'B'C'$ risultano congruenti per il terzo criterio di congruenza, e quindi anche simili. Essendo che ADE è simile anche ad ABC, per la proprietà transitiva della relazione di similitudine, possiamo concludere che i triangoli ABC e $A'B'C'$ sono simili.

c.v.d.

4. Proprietà dei triangoli simili

In due triangoli simili la proporzionalità non è limitata ai lati, ma si estende a tutti i segmenti corrispondenti dei due triangoli. Questo concetto è precisato dal seguente teorema.

TEOREMA 1

In due triangoli simili

a. le altezze relative a lati corrispondenti,

b. le mediane relative a lati corrispondenti,

c. le bisettrici di angoli corrispondenti

sono proporzionali ai lati omologhi.

DIMOSTRAZIONE

a. Siano ABC e $A'B'C'$ due triangoli simili (**FIGURA 18**). Dai vertici omologhi A e A' conduciamo le altezze AH e $A'H'$ relative rispettivamente ai lati corrispondenti BC e $B'C'$. Consideriamo i due triangoli rettangoli ABH e $A'B'H'$: essi hanno due angoli acuti $\hat{B}$ e $\hat{B}'$ congruenti fra loro, perché angoli corrispondenti nei triangoli simili ABC e $A'B'C'$. Per il primo criterio di similitudine abbiamo quindi $ABH \sim A'B'H'$, in particolare vale

$$AB : A'B' = AH : A'H'$$

Quindi le altezze AH e $A'H'$ relative ai lati corrispondenti BC e $B'C'$ sono proporzionali ai lati omologhi AB e $A'B'$.

Sarai guidato alla stesura della dimostrazione del punto **b.** nella sezione di esercizi di questo capitolo, mentre lasciamo a te il compito di dimostrare il punto **c.**.

c.v.d.   **FIGURA 18**

> In particolare, poiché $AB : A'B' = BC : B'C'$, le altezze AH e $A'H'$ stanno tra loro come le *rispettive* basi BC e $B'C'$.

Ora affrontiamo la seguente questione: dati due triangoli simili, qual è il rapporto tra i loro perimetri e quale quello tra le loro aree? Dimostriamo il seguente teorema.

TEOREMA 2

Dati due triangoli simili,

a. i loro perimetri sono proporzionali ai lati omologhi,

b. le loro aree sono proporzionali alle aree dei *quadrati* costruiti sui lati omologhi.

DIMOSTRAZIONE

Siano ABC e $A'B'C'$ due triangoli simili (**FIGURA 19**).

a. Applicando la proprietà del comporre nella serie di rapporti uguali

$$AB : A'B' = BC : B'C' = AC : A'C'$$

possiamo scrivere

$$(AB + BC + AC) : (A'B' + B'C' + A'C') = AB : A'B'$$

da cui deduciamo che i perimetri dei due triangoli sono proporzionali ai lati omologhi.

b. Ora dimostriamo che il rapporto tra le aree dei triangoli ABC e $A'B'C'$ è uguale al rapporto tra le aree dei quadrati costruiti sui lati omologhi BC e $B'C'$ (**FIGURA 19**), cioè

$$ABC : A'B'C' = q(BC) : q(B'C')$$

Per semplicità, siano $b \cong BC$ e $b' \cong B'C'$; su tali lati omologhi costruiamo i quadrati, che indicheremo rispettivamente con Q e Q'. Tracciate

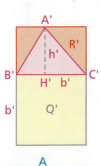
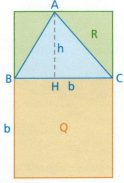

FIGURA 19

poi le altezze AH e $A'H'$ relative rispettivamente a b e b', poniamo $h \cong AH$ e $h' \cong A'H'$; costruiamo infine il rettangolo R di base b e altezza h e il rettangolo R' di base b' e altezza h'.

I poligoni Q ed R, essendo rettangoli con basi congruenti, sono proporzionali alle rispettive altezze, cioè

$$Q : R = b : h$$

Analogamente

$$Q' : R' = b' : h'$$

Poiché $ABC \sim A'B'C'$, le altezze h e h' relative ai lati omologhi b e b' sono proporzionali a essi (**TEOREMA 1**), cioè si ha

$$h : h' = b : b'$$

da cui

$$b' : h' = b : h$$

Per la proprietà transitiva, otteniamo

$$Q : R = Q' : R'$$

o anche, permutando i medi,

$$Q : Q' = R : R' \qquad \boxed{4}$$

Sappiamo che le aree dei rettangoli R ed R' sono doppie di quelle dei triangoli dati; quindi, indicando con T e T' i due triangoli, si ha

$$R : R' = 2T : 2T'$$

da cui

$$T : T' = R : R'$$

e quindi, per la $\boxed{4}$,

$$T : T' = Q : Q'$$

ossia

$$ABC : A'B'C' = q(BC) : q(B'C') \qquad \text{c.v.d.}$$

In altri termini, il **TEOREMA 2** stabilisce che, detto k il rapporto di similitudine di due triangoli simili T e T', indicati con $2p$ e $2p'$ le misure dei perimetri dei due triangoli e con S e S' le misure delle loro aree, valgono le seguenti relazioni:

$$\boxed{\frac{2p}{2p'} = k} \qquad \boxed{\frac{S}{S'} = k^2}$$

ESEMPIO

È dato il triangolo rettangolo ABC che ha il cateto AB lungo 12 cm e il cateto AC lungo 5 cm. Dal punto medio M dell'ipotenusa BC, condurre la perpendicolare all'ipotenusa stessa fino a incontrare in P il cateto AB. Determinare l'area del triangolo MBP, dopo aver dimostrato che i triangoli ABC e MBP sono simili. Verificare infine il teorema sulle aree dei triangoli simili.

Il triangolo MBP (**FIGURA 20**), rettangolo in M e interno al triangolo ABC, risulta simile al triangolo dato per il primo criterio di similitudine. Infatti i due triangoli, oltre ad avere ciascuno un angolo retto, hanno l'angolo di vertice B in comune (e quindi anche $A\hat{C}B \cong M\hat{P}B$ perché complementari dello stesso angolo $\hat{B}$).
Pertanto MBP ∼ ABC, in particolare il rapporto tra i cateti MB e AB,

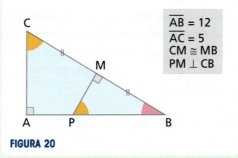

FIGURA 20

opposti rispettivamente agli angoli congruenti $M\hat{P}B$ e $A\hat{C}B$, è uguale al rapporto tra i cateti MP e AC, opposti entrambi all'angolo comune $A\hat{B}C$. Scriviamo quindi

$$MB : AB = MP : AC \qquad \boxed{5}$$

Sappiamo, dai dati del problema, che MB è congruente alla metà dell'ipotenusa BC del triangolo dato, la cui misura si può determinare con il teorema di Pitagora:

$$\overline{BC} = \sqrt{\overline{AB}^2 + \overline{AC}^2} = \sqrt{12^2 + 5^2} = \sqrt{169} = 13$$

Perciò BC = 13 cm e $MB = \dfrac{13}{2}$ cm = 6,5 cm.

Sostituiamo ora nella proporzione $\boxed{5}$ ai segmenti le loro misure (in centimetri), ottenendo

$$6{,}5 : 12 = \overline{MP} : 5$$

da cui

$$\overline{MP} = \frac{6{,}5 \cdot 5}{12} = \frac{65 \cdot 5}{120} = \frac{65}{24}$$

La misura dell'area del triangolo ABC è $\dfrac{1}{2} \cdot 12 \cdot 5 = 30$ e la misura dell'area del triangolo MPB è $\dfrac{1}{2} \cdot 6{,}5 \cdot \dfrac{65}{24} = \dfrac{845}{96}$.

Consideriamo i lati omologhi MP e AC e dimostriamo che

$$MPB : ABC = q(MP) : q(AC)$$

Riscriviamo la proporzione in modo equivalente, passando alle misure delle rispettive grandezze:

$$S(MPB) : S(ABC) = \overline{MP}^2 : \overline{AC}^2$$

$$\frac{845}{96} : 30 = \left(\frac{65}{24}\right)^2 : 5^2$$

Calcoliamo quindi separatamente i due rapporti e osserviamo che essi coincidono:

- $\dfrac{845}{96} : 30 = \dfrac{\overset{169}{\cancel{845}}}{96} \cdot \dfrac{1}{\underset{6}{\cancel{30}}} = \dfrac{169}{576}$;

- $\left(\dfrac{65}{24}\right)^2 : 5^2 = \dfrac{\overset{1}{\cancel{5^2}} \cdot 13^2}{24^2} \cdot \dfrac{1}{\underset{1}{\cancel{5^2}}} = \dfrac{169}{576}$

■ Teoremi di Euclide

In questa sezione enunciamo e dimostriamo delle nuove versioni dei teoremi di Euclide. Come vedremo, esse risultano del tutto equivalenti a quelle già presentate nel capitolo sull'equivalenza delle superfici piane. La teoria della similitudine dei triangoli permette però di semplificare notevolmente le dimostrazioni studiate in precedenza.

5. Primo teorema di Euclide

> **PRIMO TEOREMA DI EUCLIDE**
> In un triangolo rettangolo ogni cateto è medio proporzionale tra l'ipotenusa e la sua proiezione sull'ipotenusa.

DIMOSTRAZIONE

Sia ABC un triangolo, rettangolo in A, e sia AH l'altezza relativa all'ipotenusa (**FIGURA 21**): osserviamo che BH è la proiezione del cateto AB sull'ipotenusa e HC è la proiezione del cateto AC sull'ipotenusa.
Dobbiamo dimostrare che

$$BC : AB = AB : BH \quad (6)$$
$$BC : AC = AC : HC \quad (7)$$

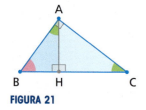

FIGURA 21

I due triangoli rettangoli ABC e ABH sono simili perché hanno l'angolo acuto di vertice B in comune (primo criterio di similitudine); in particolare, anche i rimanenti angoli acuti dei due triangoli sono congruenti, cioè $B\widehat{C}A \cong B\widehat{A}H$.
Pertanto, nei triangoli simili ABC e ABH, i lati omologhi sono BC e AB, AB e BH, AC e AH. In particolare, vale la seguente proporzione:

$$BC : AB = AB : BH$$

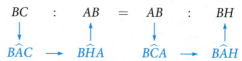

> Ricorda che sono omologhi i lati opposti agli angoli congruenti.

Abbiamo quindi dimostrato la tesi (6).
Con un ragionamento analogo, applicato ai triangoli simili ABC e AHC, si ottiene anche la tesi (7), come puoi verificare per esercizio. c.v.d.

Questo teorema rappresenta una riformulazione equivalente della versione del **PRIMO TEOREMA DI EUCLIDE** che abbiamo già presentato.
Sappiamo, infatti, che condizione necessaria e sufficiente affinché valgano le proporzioni (6) e (7) è che sussistano le analoghe proporzioni *numeriche* tra le misure:

$$\overline{BC} : \overline{AB} = \overline{AB} : \overline{BH} \qquad \overline{BC} : \overline{AC} = \overline{AC} : \overline{HC}$$

Applicando la proprietà fondamentale delle proporzioni, otteniamo quindi

$$\overline{AB}^2 = \overline{BC} \cdot \overline{BH} \qquad \overline{AC}^2 = \overline{BC} \cdot \overline{HC} \quad (8)$$

dove riconosciamo, al primo membro, le misure delle aree dei quadrati costruiti sui cateti AB e AC e, al secondo membro, le misure delle aree dei rettangoli aventi per lati l'ipotenusa BC e rispettivamente le proiezioni BH e HC dei suddetti cateti sull'ipotenusa.

Quindi è possibile riformulare il teorema appena dimostrato affermando che, *in un triangolo rettangolo, il quadrato costruito su un cateto è equivalente al rettangolo che ha per lati l'ipotenusa e la proiezione del cateto stesso sull'ipotenusa*: questa è la versione del primo teorema di Euclide che già conosciamo.

Osserviamo inoltre che, sommando le uguaglianze ⑧, si ottiene

$$\overline{AB}^2 + \overline{AC}^2 = \overline{BC} \cdot \overline{BH} + \overline{BC} \cdot \overline{HC} \longrightarrow \overline{AB}^2 + \overline{AC}^2 = \overline{BC} \cdot (\overline{BH} + \overline{HC})$$

Poiché $\overline{BH} + \overline{HC} = \overline{BC}$ (**FIGURA 21** alla pagina precedente), allora vale:

$$\overline{AB}^2 + \overline{AC}^2 = \overline{BC}^2$$

da cui deduciamo che la somma delle misure delle aree dei quadrati costruiti sui cateti *AB* e *AC* è uguale alla misura dell'area del quadrato costruito sull'ipotenusa *BC*. Abbiamo dunque derivato il **TEOREMA DI PITAGORA** come corollario del primo teorema di Euclide, seguendo lo stesso metodo proposto nel capitolo sull'equivalenza delle superfici piane, ma avendo a disposizione strumenti diversi: *in un triangolo rettangolo, il quadrato costruito sull'ipotenusa è equivalente alla somma dei quadrati costruiti sui cateti.*

Matematica nella storia: le terne pitagoriche e il teorema di Fermat

6. Secondo teorema di Euclide

> **SECONDO TEOREMA DI EUCLIDE**
>
> In un triangolo rettangolo l'altezza relativa all'ipotenusa è media proporzionale fra le proiezioni dei cateti sull'ipotenusa.

DIMOSTRAZIONE

Sia *ABC* un triangolo, rettangolo in *A*, e sia *AH* l'altezza relativa all'ipotenusa (**FIGURA 22**). Dobbiamo dimostrare che

$$BH : AH = AH : HC \qquad ⑨$$

Consideriamo i triangoli rettangoli *ABH* e *CAH*; essi hanno gli angoli acuti $A\hat{B}H$ e $C\hat{A}H$ congruenti, perché complementari dello stesso angolo $B\hat{A}H$. Dunque, per il primo criterio di similitudine, i triangoli rettangoli *ABH* e *CAH* sono simili e i loro lati omologhi sono *BH* e *AH*, *AB* e *AC*, *AH* e *HC*. In particolare vale $BH : AH = AH : HC$, cioè la proporzione ⑨.

c.v.d.

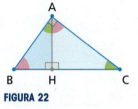

FIGURA 22

Osserviamo che la ⑨ equivale alla seguente proporzione *numerica* tra le misure:

$$\overline{BH} : \overline{AH} = \overline{AH} : \overline{HC}$$

Applicando la proprietà fondamentale delle proporzioni, otteniamo quindi

$$\overline{AH}^2 = \overline{BH} \cdot \overline{HC}$$

Da questa uguaglianza, ragionando in modo analogo a quanto visto per il primo teorema di Euclide, deduciamo che si può riformulare il teorema appena dimostrato affermando che, *in un triangolo rettangolo, il quadrato costruito sull'altezza relativa all'ipotenusa è equivalente al rettangolo che ha per lati le proiezioni dei cateti sull'ipotenusa*: questa è la versione del **SECONDO TEOREMA DI EUCLIDE** che già conosciamo.

Vediamo ora una costruzione con riga e compasso, come applicazione del **SECONDO TEOREMA DI EUCLIDE**.

▶ **Costruire il segmento medio proporzionale tra due segmenti dati.**

Siano a e b i segmenti dati; si deve trovare un terzo segmento x tale che risulti

$$a : x = x : b$$

Sopra una retta prendiamo i segmenti consecutivi AB e BC, congruenti rispettivamente ai segmenti dati a e b (**FIGURA 23**). Tracciamo poi una semicirconferenza di diametro $AC \cong a + b$ e conduciamo da B la perpendicolare al diametro, fino a incontrare la semicirconferenza in D: affermiamo che il segmento BD è il medio proporzionale richiesto. Infatti, congiunto D con C e con A, il triangolo ADC risulta rettangolo in D perché inscritto in una semicirconferenza; essendo DB l'altezza relativa all'ipotenusa ed essendo AB e BC le proiezioni dei cateti sull'ipotenusa, per il secondo teorema di Euclide, si ha $AB : BD = BD : BC$.
Ricordando che $AB \cong a$ e $BC \cong b$, otteniamo quindi

$$a : BD = BD : b$$

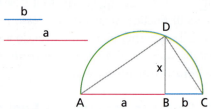

FIGURA 23

ESEMPIO

È data una semicirconferenza di diametro AB, tale che $\overline{AB} = 2r$ ($r > 0$). Determinare sulla semicirconferenza un punto P tale che, detta H la sua proiezione ortogonale su AB, sia verificata la seguente relazione:

$$\frac{5}{2}\overline{AP}^2 + \frac{15}{8}\overline{PH}^2 = \frac{16}{5}r^2 \qquad \boxed{10}$$

Sia P il punto da determinare e H la sua proiezione sul diametro AB (**FIGURA 24**). Dopo aver congiunto P con A e con B osserviamo che il triangolo ABP è rettangolo perché è inscritto in una semicirconferenza; quindi $A\hat{P}B \cong \frac{\pi}{2}$ e PH è l'altezza relativa all'ipotenusa AB.

Osserviamo che la posizione del punto P sulla semicirconferenza si può individuare *univocamente* se si conosce la misura del segmento AH, perciò poniamo $\overline{AH} = x$.
Al variare di P sulla semicirconferenza, H varia sul diametro e quindi deve essere

$$0 \le x \le 2r$$

Determiniamo ora, in funzione di x, la misura del segmento AP e quella del segmento PH. Il segmento AP è un cateto del triangolo rettangolo APB di cui si sa che $\overline{AB} = 2r$ e $\overline{AH} = x$; perciò, per il primo teorema di Euclide, possiamo scrivere

$$AB : AP = AP : AH$$

e, sostituendo ai segmenti le misure corrispondenti, otteniamo

$$2r : \overline{AP} = \overline{AP} : x \quad \longrightarrow \quad \overline{AP}^2 = 2rx \qquad \boxed{11}$$

Osserviamo ora che $\overline{HB} = \overline{AB} - \overline{AH} = 2r - x$; per il secondo teorema di Euclide (sempre applicato al triangolo rettangolo APB) possiamo scrivere

$$AH : PH = PH : HB \quad \longrightarrow \quad x : \overline{PH} = \overline{PH} : (2r - x) \longrightarrow$$

$$\longrightarrow \quad \overline{PH}^2 = x(2r - x) \qquad \boxed{12}$$

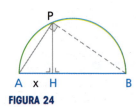

FIGURA 24

Poiché nella ⑩ compaiono $\overline{AP}^2$ e $\overline{PH}^2$, non ci serve ricavare delle espressioni per $\overline{AP}$ e $\overline{PH}$ (quindi non estraiamo la radice quadrata).

La relazione ⑩ del problema, tenuto conto delle uguaglianze ⑪ e ⑫, si può riscrivere:

$$\frac{5}{2}\overline{AP}^2 + \frac{15}{8}\overline{PH}^2 = \frac{16}{5}r^2 \longrightarrow \frac{5}{2} \cdot 2rx + \frac{15}{8}x(2r-x) = \frac{16}{5}r^2$$

Quest'ultima è un'equazione di secondo grado (nell'incognita x), che possiamo risolvere dopo averla ridotta a forma canonica:

$$200rx + 150rx - 75x^2 = 128r^2 \longrightarrow 75x^2 - 350rx + 128r^2 = 0$$

$$x = \frac{175r \pm \sqrt{30\,625r^2 - 9600r^2}}{75} =$$

$$= \frac{175r \pm 145r}{75} \begin{matrix} \nearrow x_1 = \frac{2}{5}r & \text{(accettabile)} \\ \searrow x_2 = \frac{64}{15}r & \text{(non accettabile)} \end{matrix}$$

Ricordando le limitazioni geometriche dell'incognita ($0 \leq x \leq 2r$) si vede che delle due soluzioni trovate solo x_1 è accettabile, perché è $0 < \frac{2}{5}r < 2r$, mentre x_2 non è accettabile perché è $\frac{64}{15}r > 2r$. Si ha così $\overline{AH} = \frac{2}{5}r$ e dunque resta individuato il punto P sulla semicirconferenza.

Corde, secanti e tangenti di una circonferenza

7. Teorema delle corde

In questo paragrafo illustriamo alcuni teoremi riguardanti corde, secanti e tangenti di una circonferenza, che sono conseguenze del **PRIMO CRITERIO DI SIMILITUDINE DEI TRIANGOLI**.

> **TEOREMA DELLE CORDE**
>
> Se due corde di una circonferenza si intersecano, i segmenti che si formano su una di esse sono i medi e quelli che si formano sull'altra sono gli estremi di una stessa proporzione.

In questo teorema si suppone che il punto di intersezione delle due corde sia un punto *interno* alla circonferenza, cioè che le due corde non abbiano un estremo in comune.

DIMOSTRAZIONE

Siano AB e CD due corde di una circonferenza, che si intersecano in P (**FIGURA 25**). Congiungiamo A con C e B con D e consideriamo i due triangoli APC e DPB. Essi hanno

- $A\widehat{P}C \cong B\widehat{P}D$ perché angoli opposti al vertice;
- $A\widehat{C}P \cong P\widehat{B}D$ perché angoli alla circonferenza che insistono sullo stesso arco $\widehat{AD}$.

Quindi, per il primo criterio di similitudine, $APC \sim DPB$ e, in particolare, vale $AP : PD = CP : PB$.   c.v.d.

Videodimostrazione

$AP : PD = CP : PB$

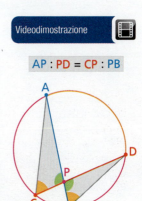

FIGURA 25

Osserva che la scelta della corda i cui segmenti saranno i termini medi della proporzione e della corda i cui segmenti saranno gli estremi è indifferente.

Dalla proporzione $AP : PD = CP : PB$, passando alle misure e applicando la proprietà fondamentale, otteniamo

$$\overline{AP} \cdot \overline{PB} = \overline{CP} \cdot \overline{PD}$$

Da questa uguaglianza si deduce che il rettangolo avente per lati AP e PB è equivalente al rettangolo avente per lati CP e PD; il **TEOREMA DELLE CORDE** si può enunciare anche nel seguente modo: **se due corde di una circonferenza si intersecano, i rettangoli aventi per lati i segmenti in cui ciascuna corda è divisa dall'altra sono equivalenti.**

8. Teorema delle secanti

Il teorema delle corde si può applicare a corde di una circonferenza che si intersecano. Esso, tuttavia, può essere esteso anche al caso di due corde, non parallele, i cui prolungamenti si intersecano in un punto esterno alla circonferenza: in questo caso, infatti, vale il seguente teorema.

> **TEOREMA DELLE SECANTI**
>
> Se da un punto esterno a una circonferenza si conducono due rette secanti e si considerano su ciascuna di esse i due segmenti aventi un estremo nel punto dato e l'altro estremo in una delle due intersezioni con la circonferenza, i segmenti di una secante sono i medi e i segmenti dell'altra secante sono gli estremi di una stessa proporzione.

Videodimostrazione

DIMOSTRAZIONE

Siano r e s due secanti condotte dal punto P esterno a una circonferenza e siano B, A e C, D i punti in cui rispettivamente r e s intersecano la circonferenza (**FIGURA 26**).

$PA : PD = PC : PB$

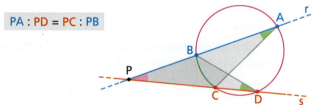

FIGURA 26

Congiunti A con C e B con D, consideriamo i due triangoli PAC e PDB. Essi hanno

- $\hat{P}$ in comune;
- $P\hat{A}C \cong P\hat{D}B$ perché angoli alla circonferenza che insistono sullo stesso arco $\overset{\frown}{BC}$.

Quindi, per il primo criterio di similitudine, $PAC \sim PDB$ e, in particolare, vale $PA : PD = PC : PB$.

c.v.d.

Osserviamo che, anche in questo caso, la scelta della secante i cui segmenti sono i medi e della secante i cui segmenti sono gli estremi della proporzione è indifferente.

Dalla proporzione $PA : PD = PC : PB$, passando alle misure e applicando la proprietà fondamentale, otteniamo

$$\overline{PA} \cdot \overline{PB} = \overline{PD} \cdot \overline{PC}$$

Da questa uguaglianza si deduce che il rettangolo avente per lati PA e PB è equivalente al rettangolo avente per lati PD e PC; perciò il **TEOREMA DELLE SECANTI** si può enunciare anche nel modo seguente: **se da un punto esterno a una circonferenza si conducono due rette secanti, i due rettangoli aventi per lati l'intera secante e la corrispondente parte esterna sono equivalenti.**

> In riferimento alla **FIGURA 26**, ciascuno dei segmenti PA e PD è detto *intera secante* e ciascuno dei segmenti PB e PC è la corrispondente *parte esterna*.

9. Teorema della tangente e della secante

Considera la **FIGURA 27** e supponi che la retta secante s ruoti attorno al punto P fino a trovarsi nella posizione della retta tangente t. In questo modo i punti C e D si troveranno *entrambi* sovrapposti al punto T. Puoi così intuitivamente comprendere che la proporzione $PA : PD = PC : PB$ fornita dal **TEOREMA DELLE SECANTI** diventa $PA : PT = PT : PB$. Il seguente teorema formalizza tale intuizione e ne dimostra la validità.

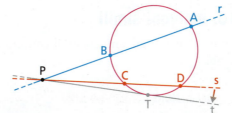

FIGURA 27

TEOREMA DELLA TANGENTE E DELLA SECANTE

Se da un punto esterno a una circonferenza si conducono una retta tangente e una secante, il segmento di tangente (compreso tra il punto esterno e il punto di contatto) è medio proporzionale tra l'intera secante e la sua parte esterna.

DIMOSTRAZIONE

Siano r una retta secante e t una retta tangente condotte dal punto P esterno a una circonferenza e siano B e A i punti in cui r interseca la circonferenza e T il punto di tangenza della retta t (**FIGURA 28**).

$PA : PT = PT : PB$

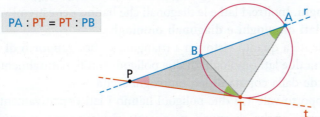

FIGURA 28

Congiungiamo i punti B e A con T. I triangoli PAT e PTB hanno

- $\widehat{P}$ in comune;
- $P\widehat{A}T \cong P\widehat{T}B$ perché angoli alla circonferenza che insistono sullo stesso arco $\widehat{BT}$.

Quindi, per il primo criterio di similitudine, $PAT \sim PTB$ e, in particolare, $PA : PT = PT : PB$. c.v.d.

Dalla proporzione $PA : PT = PT : PB$, passando alle misure e applicando la proprietà fondamentale, otteniamo

$$\overline{PT}^2 = \overline{PA} \cdot \overline{PB}$$

Da questa uguaglianza si deduce che il quadrato costruito su PT è equivalente al rettangolo avente per lati PA e PB; perciò il **TEOREMA DELLA TANGENTE E DELLA SECANTE** si può enunciare anche nel seguente modo: **se da un punto esterno a una circonferenza si conducono una retta secante e una retta tangente, il quadrato costruito sul segmento di tangente è equivalente al rettangolo avente per lati la secante e la sua parte esterna.**

Potenza di un punto rispetto a una circonferenza

■ Similitudine dei poligoni

Figure simili: riduzioni e ingrandimenti

10. Poligoni simili

Come abbiamo già anticipato, il concetto di similitudine si può estendere ai poligoni.

> **DEFINIZIONE   POLIGONI SIMILI**
>
> Due poligoni si dicono simili se è possibile stabilire una *corrispondenza biunivoca* tra i loro vertici tale che
> **a.** gli angoli con vertici corrispondenti sono congruenti;
> **b.** i lati con estremi corrispondenti sono proporzionali.

Osserviamo che se due poligoni sono simili, allora hanno lo stesso numero di lati, poiché esiste una corrispondenza *biunivoca* tra i vertici dei due poligoni.
Per esempio, i pentagoni di **FIGURA 29** sono simili, perché

a. $\widehat{A} \cong \widehat{A'}$; $\widehat{B} \cong \widehat{B'}$; ... $\widehat{E} \cong \widehat{E'}$;

b. $AB : A'B' = BC : B'C' = ... = EA : E'A'$.

In poligoni simili i vertici degli angoli rispettivamente congruenti si dicono **vertici omologhi**. Inoltre, i lati e le diagonali che hanno per estremi vertici omologhi si dicono **lati omologhi** e **diagonali omologhe**.
Analogamente a quanto visto per i triangoli, si dice **rapporto di similitudine** il rapporto tra due lati omologhi di due poligoni simili: naturalmente tale rapporto non dipende dalla coppia di lati omologhi scelta.
Se tale rapporto vale 1, i due poligoni hanno i lati rispettivamente congruenti e perciò, avendo anche gli angoli congruenti, risultano congruenti: la congruenza tra poligoni è quindi un caso particolare della similitudine tra poligoni.

Grazie ai criteri di similitudine dei triangoli, sappiamo che, affinché due triangoli siano simili, è sufficiente che sia soddisfatta una sola delle due condizioni poste nella definizione:

▶ gli angoli corrispondenti sono congruenti (primo criterio),

▶ i lati omologhi sono proporzionali (terzo criterio).

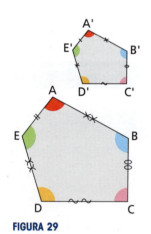
FIGURA 29

Nel caso dei poligoni, in generale, questo non avviene; riportiamo due controesempi.

- Il quadrato *ABCD* e il rettangolo *EFGH* della **FIGURA 30** hanno gli angoli tutti congruenti (essendo retti), quindi soddisfano la prima condizione della definizione di poligoni simili; tuttavia essi non sono simili, non avendo i lati omologhi in proporzione.

- Il quadrato *ABCD* e il rombo *EFGH* della **FIGURA 31** hanno i lati in proporzione $\left(\text{rapporto } \frac{1}{2}\right)$, quindi soddisfano la seconda condizione della definizione di poligoni simili; tuttavia essi non sono simili, non avendo gli angoli rispettivamente congruenti.

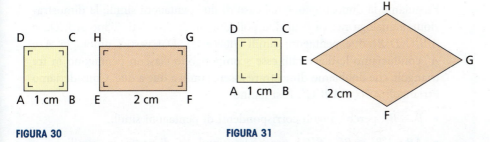

FIGURA 30   **FIGURA 31**

Per verificare che due poligoni sono simili è dunque necessario che siano soddisfatte *entrambe* le condizioni **a.** e **b.** poste nella definizione.

Abbiamo già osservato, nel **PARAGRAFO 3**, che due triangoli equilateri sono sempre simili tra loro. Il prossimo teorema estende questa considerazione al caso di due poligoni regolari qualsiasi, con lo stesso numero di lati.

> **TEOREMA 3**
>
> Due poligoni regolari con lo stesso numero di lati sono simili.

> **DIMOSTRAZIONE**
>
> Poiché la somma degli angoli interni di un poligono di n lati è congruente a $(n-2)$ angoli piatti, allora gli angoli di un poligono regolare di n lati sono tutti congruenti alla frazione $\frac{n-2}{n}$ di un angolo piatto. Poiché questo valore dipende solo dal numero dei lati, si può dire che due poligoni regolari con lo stesso numero di lati hanno gli angoli rispettivamente congruenti. Inoltre, poiché i lati di ciascun poligono sono tutti congruenti fra loro, comunque si stabilisca una corrispondenza biunivoca tra i vertici dei due poligoni, il rapporto di due lati omologhi è sempre lo stesso. Abbiamo verificato la prima e la seconda condizione della definizione, quindi i due poligoni sono simili.   c.v.d.

Osserviamo infine che, come nel caso dei triangoli, la relazione di similitudine tra poligoni gode delle proprietà riflessiva, simmetrica e transitiva ed è dunque una relazione di equivalenza.

11. Proprietà dei poligoni simili

Il prossimo teorema rappresenta un ponte tra la teoria della similitudine dei triangoli già studiata e la teoria della similitudine dei poligoni.
Esso stabilisce che è sempre possibile «scomporre» due poligoni simili in triangoli rispettivamente simili.

> **TEOREMA 4**
>
> Se da due vertici omologhi di due poligoni simili si conducono tutte le possibili diagonali, i poligoni restano divisi nello stesso numero di triangoli rispettivamente simili.

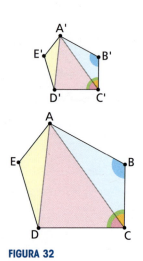

FIGURA 32

> **DIMOSTRAZIONE**
>
> Eseguiamo la dimostrazione nel caso di due pentagoni simili; la dimostrazione è analoga nel caso di due poligoni simili di n lati. Siano $ABCDE$ e $A'B'C'D'E'$ due pentagoni simili (**FIGURA 32**). Dai vertici omologhi A e A' conduciamo le diagonali: esse scompongono ciascun pentagono in tre triangoli, che dobbiamo dimostrare essere simili a due a due. Consideriamo i triangoli ABC e $A'B'C'$. Essi hanno
>
> - $\widehat{B} \cong \widehat{B}'$, perché angoli corrispondenti di pentagoni simili;
> - $AB : A'B' = BC : B'C'$, perché lati omologhi di pentagoni simili.
>
> Quindi $ABC \sim A'B'C'$ per il secondo criterio di similitudine dei triangoli e, in particolare, abbiamo che
>
> $$A\widehat{C}B \cong A'\widehat{C'}B'$$
> $$BC : B'C' = AC : A'C'$$
>
> Poiché per ipotesi vale anche $BC : B'C' = CD : C'D'$, allora per proprietà transitiva deduciamo che $AC : A'C' = CD : C'D'$. Inoltre $A\widehat{C}D \cong A'\widehat{C'}D'$ perché differenze di angoli congruenti, infatti
>
> $$A\widehat{C}D \cong B\widehat{C}D - A\widehat{C}B$$
> $$A'\widehat{C'}D' \cong B'\widehat{C'}D' - A'\widehat{C'}B'$$
>
> dove $B\widehat{C}D \cong B'\widehat{C'}D'$ perché angoli corrispondenti di pentagoni simili e $A\widehat{C}B \cong A'\widehat{C'}B'$ per la dimostrazione precedente. Dunque, per il secondo criterio di similitudine, $ACD \sim A'C'D'$.
> La similitudine dei triangoli ADE e $A'D'E'$ si dimostra in modo del tutto analogo.
> c.v.d.

Abbiamo già osservato che, in due triangoli simili, la proporzionalità non è limitata ai lati ma si estende a tutti i segmenti corrispondenti dei due triangoli. La versione di questo risultato per poligoni simili è rappresentata dal seguente corollario del **TEOREMA 4**.

> Ricorda che due diagonali di due poligoni simili sono omologhe se i loro estremi sono vertici omologhi.

> **COROLLARIO 3**
>
> In due poligoni simili il rapporto di due diagonali omologhe è uguale a quello di due lati omologhi, cioè è uguale al rapporto di similitudine.

Il **TEOREMA 4** può essere invertito, ottenendo così un *criterio di similitudine dei poligoni*. Ti lasciamo il compito di svolgerne la dimostrazione come esercizio.

> **TEOREMA 5**
>
> Se, conducendo tutte le diagonali da due vertici di due poligoni con lo stesso numero di lati, i poligoni restano divisi nello stesso numero di triangoli rispettivamente simili, allora i due poligoni sono simili.

Ora vogliamo generalizzare il risultato dato dal **TEOREMA 2**, in merito a perimetri e aree di triangoli simili, al caso di poligoni simili.

> **TEOREMA 6**
>
> Dati due poligoni simili,
>
> **a.** i loro perimetri sono proporzionali ai lati omologhi,
>
> **b.** le loro aree sono proporzionali alle aree dei *quadrati* costruiti sui lati omologhi.

DIMOSTRAZIONE

a. La dimostrazione è analoga a quella svolta nel caso di triangoli simili (**TEOREMA 2** punto **a.**).

b. Eseguiamo la dimostrazione nel caso di due pentagoni simili (si procede in modo analogo nel caso di poligoni di *n* lati). Dai vertici omologhi A e A' di due pentagoni simili $ABCDE$ e $A'B'C'D'E'$ (**FIGURA 33**), conduciamo le diagonali. I due poligoni risultano suddivisi nei triangoli T_1, T_2, T_3, e T'_1, T'_2, T'_3, rispettivamente simili per il **TEOREMA 4**. Per il punto **b.** del **TEOREMA 2**, si ha

$$T_1 : T'_1 = q(AC) : q(A'C') \qquad T_2 : T'_2 = q(AC) : q(A'C')$$

Quindi, per la proprietà transitiva, otteniamo

$$T_1 : T'_1 = T_2 : T'_2$$

Analogamente possiamo dimostrare che $T_2 : T'_2 = T_3 : T'_3$.
Si ha così

$$T_1 : T'_1 = T_2 : T'_2 = T_3 : T'_3$$

e, per la proprietà del comporre in una serie di rapporti uguali, si ha

$$(T_1 + T_2 + T_3) : (T'_1 + T'_2 + T'_3) = T_1 : T'_1$$

cioè

$$ABCDE : A'B'C'D'E' = T_1 : T'_1$$

I triangoli T_1 e T'_1, essendo simili, stanno fra loro come i quadrati costruiti sui lati omologhi AB e $A'B'$; concludiamo allora che

$$ABCDE : A'B'C'D'E' = q(AB) : q(A'B') \qquad \text{c.v.d}$$

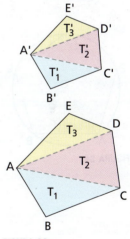

FIGURA 33

In altri termini, il **TEOREMA 6** stabilisce che, anche nel caso di due *poligoni simili*, il rapporto tra i perimetri è uguale al rapporto di similitudine, mentre il rapporto tra le aree è uguale al quadrato del rapporto di similitudine.

12. Perimetri e aree di poligoni regolari

Sappiamo già che due poligoni regolari con lo stesso numero di lati sono simili. Dal **TEOREMA 6** possiamo dunque dedurre il seguente teorema.

> Ricorda che il raggio e l'apotema di un poligono regolare sono i raggi delle circonferenze rispettivamente circoscritta e inscritta al poligono.

TEOREMA 7

Dati due poligoni regolari con lo stesso numero di lati,

a. i loro perimetri sono proporzionali ai rispettivi raggi e ai rispettivi apotemi,

b. le loro aree sono proporzionali alle aree dei *quadrati* costruiti sui rispettivi raggi e alle aree dei *quadrati* costruiti sui rispettivi apotemi.

DIMOSTRAZIONE

a. Eseguiamo la dimostrazione nel caso di due pentagoni regolari (si procede in modo analogo nel caso di due poligoni regolari di n lati). Siano $ABCDE$, $A'B'C'D'E'$ due pentagoni regolari (**FIGURA 34**); siano O e O' i centri delle circonferenze circoscritte. Poiché due pentagoni regolari sono simili, dal **TEOREMA 6** segue che i loro perimetri sono proporzionali ai lati omologhi, ad esempio AB e $A'B'$; quindi, indicando con $2p$ e $2p'$ i perimetri, si ha

$$2p : 2p' = AB : A'B' \qquad \boxed{13}$$

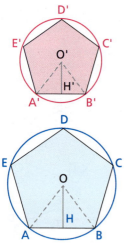

FIGURA 34

Congiunti O con A e con B e O' con A' e con B', consideriamo i triangoli OAB, $O'A'B'$. Poiché i raggi dei poligoni regolari sono le bisettrici degli angoli dei poligoni e poiché due poligoni regolari con lo stesso numero di lati hanno gli angoli congruenti, risulta $O\hat{A}B \cong O'\hat{A}'B'$ e $O\hat{B}A \cong O'\hat{B}'A'$ perché sono metà di angoli congruenti. Allora, i triangoli OAB e $O'A'B'$ sono simili per il primo criterio di similitudine, perciò si ha

$$AB : A'B' = AO : A'O' \qquad \boxed{14}$$

Inoltre, tracciate le altezze OH e $O'H'$ relative rispettivamente ad AB e $A'B'$, essendo $OAB \sim O'A'B'$, per il **TEOREMA 1** si può scrivere

$$AB : A'B' = OH : O'H' \qquad \boxed{15}$$

Per la proprietà transitiva si ha allora, dalle proporzioni $\boxed{13}$ e $\boxed{14}$,

$$2p : 2p' = AO : A'O'$$

e dalle $\boxed{13}$ e $\boxed{15}$

$$2p : 2p' = OH : O'H'$$

Poiché AO e $A'O'$ sono i raggi dei due poligoni e OH e $O'H'$ gli apotemi, queste ultime due proporzioni concludono la dimostrazione.

b. Si procede in modo analogo al punto **a.**.

c.v.d.

Il **TEOREMA 7** può essere generalizzato al caso di due poligoni simili inscritti o circoscritti a una circonferenza, come espresso dal seguente teorema, che ci limitiamo a enunciare.

> **TEOREMA 8**
>
> Dati due poligoni simili inscritti o circoscritti a due circonferenze,
> **a.** i loro perimetri sono proporzionali ai raggi delle due circonferenze,
> **b.** le loro aree sono proporzionali alle aree dei *quadrati* costruiti sui raggi delle due circonferenze.

CONGRUENZA, EQUIESTENSIONE, SIMILITUDINE

Queste sono le tre relazioni che abbiamo studiato nell'insieme dei poligoni. Sappiamo già che, dati due poligoni P_1 e P_2, valgono le implicazioni

$$P_1 \cong P_2 \implies P_1 \doteq P_2$$
$$P_1 \cong P_2 \implies P_1 \sim P_2$$

e ciascuna di tali implicazioni **non** può essere invertita.

Dato un poligono P e indicati con C_P, E_P, S_P gli insiemi dei poligoni rispettivamente congruenti, equiestesi e simili a P, valgono dunque le seguenti relazioni insiemistiche:

$$C_P \subset E_P \qquad C_P \subset S_P$$

quindi

$$C_P \subset E_P \cap S_P$$

In realtà vale $C_P = E_P \cap S_P$; infatti, se Q è un poligono equiesteso e simile a P, il rapporto delle aree di P e Q vale 1 e tale rapporto è, per il **TEOREMA 6 b.**, uguale al quadrato del rapporto di similitudine, che quindi deve essere uguale a 1: cioè Q e P devono essere congruenti. Illustriamo con un diagramma di Venn le precedenti considerazioni.

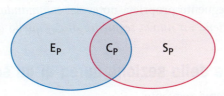

FIGURA 35

Sezione aurea e rapporto aureo

13. Sezione aurea di un segmento

> **DEFINIZIONE** **SEZIONE AUREA**
>
> Si dice sezione aurea di un segmento quella parte del segmento che è media proporzionale tra l'intero segmento e la parte restante (**FIGURA 36**).

Matematica nella storia: la sezione aurea nell'arte

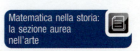
AC sezione aurea di AB
AB : AC = AC : CB

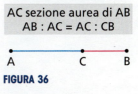
FIGURA 36

> **DEFINIZIONE** **RAPPORTO AUREO**
> Si dice rapporto aureo il rapporto tra un segmento e la sua sezione aurea.

FIGURA 37

Quando si determina la *sezione aurea* di un segmento, si dice anche che si è diviso il segmento in *media ed estrema ragione*.
Sia a la misura di un segmento: la misura x della sua sezione aurea (**FIGURA 37**) si può ricavare dalla proporzione

$$a : x = x : (a - x)$$

da cui, applicando la proprietà fondamentale, si ottiene

$$x^2 = a(a-x) \longrightarrow x^2 + ax - a^2 = 0 \longrightarrow x = \frac{-a \pm a\sqrt{5}}{2}$$

Escludendo la soluzione negativa, si ha che la misura della sezione aurea di un segmento di misura a è

$$\frac{\sqrt{5}-1}{2} a$$

Poiché x rappresenta la misura di un segmento, deve essere $x > 0$.

Dunque il rapporto aureo (cioè il rapporto tra la misura a dell'intero segmento e la misura della sua sezione aurea), che viene solitamente indicato con la lettera greca φ, vale

$$\varphi = \frac{a}{\frac{\sqrt{5}-1}{2}a} = \frac{2}{\sqrt{5}-1} = \frac{\sqrt{5}+1}{2} = 1,61803...$$

φ viene anche detto **numero aureo**.

Il numero aureo φ è un numero irrazionale, quindi la sua rappresentazione decimale è illimitata e non periodica.
Osserviamo ora che, applicando alla proporzione $a : x = x : (a - x)$ la proprietà del comporre, si ottiene

$$(a + x) : a = [x + (a - x)] : x \longrightarrow (a + x) : a = a : x$$

Ne deduciamo la seguente proprietà notevole: *sommando a un segmento la sua sezione aurea si ottiene un nuovo segmento di cui quello dato è sezione aurea*.

14. Costruzione della sezione aurea di un segmento

Risolviamo il problema seguente.

▶ **Costruire con riga e compasso la sezione aurea di un segmento dato**.

Se AB è il segmento dato (**FIGURA 38**), conduciamo la perpendicolare ad AB nell'estremo B e prendiamo su di essa un punto O tale che $BO \cong \frac{1}{2} AB$. Tracciamo la circonferenza di centro O e di raggio OB: il segmento AB, risultando perpendicolare al raggio OB nel punto di contatto B, è tangente alla circonferenza descritta.

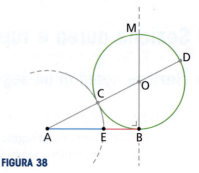

FIGURA 38

Tracciamo la retta AO e indichiamo con C e con D le sue intersezioni con la circonferenza; tracciamo infine la circonferenza di centro A e raggio AC, che interseca in E il segmento AB. Affermiamo che AE è la sezione aurea di AB, ossia che sussiste la proporzione

$$AB : AE = AE : EB$$

Per il teorema della tangente e della secante, si ha

$$AD : AB = AB : AC$$

Applicando la proprietà dello scomporre, si ottiene

$$(AD - AB) : AB = (AB - AC) : AC \qquad \boxed{16}$$

Siccome $CO \cong OD \cong OB \cong \frac{1}{2}AB$, allora $AB \cong CD$ e inoltre $AC \cong AE$. Da ciò segue che

$$AD - AB \cong AD - CD = AC \cong AE$$
$$AB - AC \cong AB - AE = EB$$

La proporzione $\boxed{16}$ quindi diventa

$$AE : AB = EB : AE$$

da cui, per la proprietà dell'invertire,

$$AB : AE = AE : EB$$

Dunque AE è la sezione aurea di AB.

15. Il rapporto aureo nelle figure geometriche

Vi sono alcune figure geometriche in cui si incontrano segmenti il cui rapporto è il numero φ.

▶ **Triangolo aureo**

È detto triangolo aureo ogni triangolo isoscele i cui angoli alla base hanno ampiezza doppia dell'angolo al vertice. Ciò avviene quando l'angolo al vertice è di 36° e gli angoli alla base di 72°, come nel triangolo ABC di **FIGURA 39**.
Se tracciamo la bisettrice dell'angolo in A, che incontra il lato opposto in D, il triangolo ABC resta diviso in due triangoli, i cui angoli di vertice A hanno ampiezza $72° : 2 = 36°$.

- Il triangolo ADB, avendo due angoli di ampiezza 36°, è un triangolo isoscele e si ha $AD \cong DB$.

- Il triangolo ACD ha l'angolo $A\hat{D}C$ di ampiezza $180° - (36° + 72°) = 72°$, quindi è anch'esso isoscele e si ha $AC \cong AD$; inoltre ADC ha gli angoli congruenti a quelli di ABC, e dunque $ACD \sim ABC$.

Da tale similitudine si ha la proporzione $BC : AC = AC : DC$. Tenendo presente che, per la proprietà transitiva, si ha $AC \cong BD$, tale proporzione diviene $BC : BD = BD : DC$. Dunque BD, e pertanto anche AC, è la sezione aurea di BC. Concludiamo che **in un triangolo aureo la base è la sezione aurea del lato** o anche che **il rapporto tra il lato e la base di un triangolo aureo è il rapporto aureo φ**.

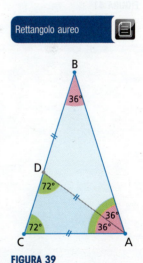

FIGURA 39

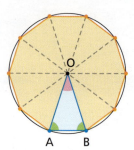

FIGURA 40

▶ Decagono regolare

Consideriamo un decagono regolare e congiungiamo il centro O della circonferenza a esso circoscritta con i suoi vertici (**FIGURA 40**).

Il decagono viene così suddiviso in 10 triangoli isosceli tra loro congruenti, ciascuno dei quali ha il vertice in O.

La somma delle ampiezze degli angoli al vertice di tali triangoli è 360° e quindi l'ampiezza di ciascuno di essi è 360° : 10 = 36°.

L'ampiezza dei loro angoli alla base è (180° − 36°) : 2 = 72° e perciò tali triangoli sono tutti triangoli aurei.

La base di ciascuno di essi, che è anche un lato del decagono, è dunque la sezione aurea del lato, che è anche raggio della circonferenza circoscritta.

Possiamo concludere che **il lato del decagono regolare è la sezione aurea del raggio della circonferenza a esso circoscritta** o anche che **il rapporto tra il raggio della circonferenza circoscritta a un decagono regolare e il suo lato è il rapporto aureo φ**.

▶ Pentagono regolare

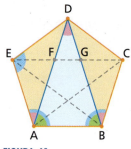

FIGURA 41

Consideriamo un pentagono regolare e tracciamone le diagonali (**FIGURA 41**).

L'ampiezza degli angoli interni di un pentagono regolare è 108°. Il triangolo EDA è isoscele, perché due dei suoi lati, essendo lati del pentagono regolare, sono congruenti e inoltre il suo angolo al vertice E è un angolo interno del pentagono e quindi ha ampiezza 108°.

L'ampiezza degli angoli alla base $E\widehat{A}D$ ed $E\widehat{D}A$ è perciò (180° − 108°) : 2 = 36°.
Essendo $D\widehat{A}B = E\widehat{A}B - E\widehat{A}D$, l'ampiezza di $D\widehat{A}B$, e analogamente quella di $D\widehat{B}A$, è 108° − 36° = 72°.

Dunque il triangolo DAB è un triangolo aureo; essendo la sua base e il suo lato rispettivamente un lato e una diagonale del pentagono regolare, possiamo dire che **in un pentagono regolare il lato è la sezione aurea della diagonale** o anche che **il rapporto tra la diagonale e il lato del pentagono regolare è il rapporto aureo φ**.

Si potrebbe anche dimostrare che una diagonale del pentagono regolare viene divisa da altre due diagonali in tre parti di cui le estreme sono la sezione aurea del lato, mentre la parte mediana è la sezione aurea dell'estrema: in **FIGURA 41** EF è la sezione aurea di ED e FG è la sezione aurea di EF.

■ **OSSERVAZIONE**

Nel capitolo **LUOGHI GEOMETRICI, CIRCONFERENZA. POLIGONI INSCRITTI E CIRCOSCRITTI** abbiamo imparato a costruire, con riga e con compasso, i poligoni regolari il cui numero di lati è 2^n (con $n \geq 2$) oppure $3 \cdot 2^n$ (con $n \geq 0$). Ora sappiamo costruire con riga e compasso anche i poligoni regolari che hanno un numero di lati uguali a

$$5, 10, 20, 40, ..., 5 \cdot 2^n$$
$$15, 30, 60, ..., 3 \cdot 5 \cdot 2^n \qquad (n \geq 0)$$

Basta infatti dividere la circonferenza in 5 o in 15 (= 3 · 5) parti congruenti (ossia costruire il pentagono o il pentadecagono regolare) e poi bisecare successivamente gli archi ottenuti.

Quanto è grande lo Yeti?

 **Soluzione del problema di pag. 725**

Perché la guida locale non è scappata, vedendo entrare nel suo piccolo rifugio il presunto «uomo delle nevi»? Lo conosce? Sa che in realtà è innocuo?

All'inizio del capitolo abbiamo spiegato l'importante scoperta fatta da una spedizione di geologi sull'Himalaya: delle impronte lunghe 45 cm, presumibilmente dell'uomo delle nevi.
Abbiamo inoltre raccontato la sventura capitata nella notte, il probabile incontro tra lo Yeti e le persone al rifugio. Ma perché la guida locale non è scappata?
Dobbiamo fare un passo indietro e tornare alla scoperta delle orme.
Le impronte del presunto Yeti hanno la stessa *forma* di quelle umane, anche se con dimensione diversa, e questo fa pensare che anche lo Yeti, nel suo complesso, abbia la stessa forma di un uomo.

FIGURA 42

Sappiamo che figure con la stessa forma sono *simili*: le misure non sono uguali, ma sono tutte in proporzione.
Se dunque facciamo l'ipotesi che lo Yeti sia simile a un uomo, possiamo supporre che il rapporto tra l'altezza dell'uomo e quella dello Yeti sia uguale al rapporto tra la lunghezza del piede umano e quella dell'impronta trovata:

$$h_{uomo} : h_{Yeti} = piede_{uomo} : piede_{Yeti}$$

quindi

$$h_{Yeti} = h_{uomo} \cdot \frac{piede_{Yeti}}{piede_{uomo}}$$

Considerato che un uomo di 1,80 m ha un piede lungo circa 25 cm, otteniamo:

$$h_{Yeti} = \left(1{,}80 \cdot \frac{45}{25}\right) \text{ m} = 3{,}24 \text{ m}$$

Avete capito perché la guida locale non si è mossa? Semplice: sapeva già che chi stava entrando non poteva essere lo Yeti. Abitando lì, e avendo già visto quelle impronte, sa che il presunto «mostro» deve essere alto più di 3 metri e poiché le porte sono alte molto meno di 3 metri, lo Yeti si sarebbe dovuto abbassare per poter entrare o avrebbe dovuto sfondare parte del rifugio. Invece l'ombra è entrata con una postura eretta!
Infatti, dopo il panico generale, scoppia una grossa risata: all'ingresso c'è il cuoco, rimasto chiuso fuori dall'uscita di servizio!

ESERCIZI

1. Quanto può essere lungo presumibilmente il braccio dello Yeti? [circa 1,2 m]
2. Se lo Yeti si discostasse dalle proporzioni umane, è più probabile che sia più o meno alto di quanto abbiamo previsto? Perché? [meno, perché la resistenza di una struttura non rispetta la scala: ossa più corte sono maggiormente resistenti]

Similitudine dei triangoli

▶ **Triangoli simili**: sono triangoli con gli angoli rispettivamente congruenti e i lati opposti agli angoli congruenti (detti *lati omologhi*) proporzionali.

▶ **Rapporto di similitudine** di due triangoli simili T_1 e T_2: è il rapporto tra un lato di T_1 e il suo omologo in T_2.

▶ **Criteri di similitudine e applicazioni**

- **1° criterio**: se due triangoli hanno **due angoli rispettivamente congruenti**, allora sono simili.
  Applicazioni
  – Una retta parallela a un lato di un triangolo determina, con le rette degli altri due lati, un triangolo simile al triangolo dato.
  – Due triangoli *rettangoli* sono simili se hanno un angolo acuto rispettivamente congruente.

- **2° criterio**: se due triangoli hanno **rispettivamente due lati proporzionali e l'angolo tra essi compreso congruente**, allora sono simili.
  Applicazione
  Se due triangoli *rettangoli* hanno i cateti rispettivamente proporzionali, allora sono simili.

- **3° criterio**: se due triangoli hanno i **tre lati rispettivamente proporzionali**, allora sono simili.

▶ **Proprietà dei triangoli simili**

- In due triangoli simili, le *altezze* e le *mediane* relative a lati omologhi, le *bisettrici* di angoli corrispondenti sono proporzionali ai lati omologhi.
- I *perimetri* di due triangoli simili sono proporzionali ai lati omologhi.
- Le *aree* di due triangoli simili sono proporzionali alle aree dei quadrati costruiti sui lati omologhi.

Teoremi di Euclide e di Pitagora

▶ **Primo teorema di Euclide**
In un triangolo rettangolo ogni cateto è medio proporzionale tra l'ipotenusa e la sua proiezione sull'ipotenusa.

▶ **Secondo teorema di Euclide**
In un triangolo rettangolo l'altezza relativa all'ipotenusa è media proporzionale tra le proiezioni dei cateti sull'ipotenusa.

▶ **Teorema di Pitagora**
In un triangolo rettangolo la somma dei quadrati delle misure dei cateti è uguale al quadrato della misura dell'ipotenusa.

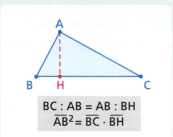

$BC : AB = AB : BH$
$\overline{AB}^2 = \overline{BC} \cdot \overline{BH}$

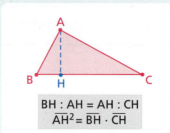

$BH : AH = AH : CH$
$\overline{AH}^2 = \overline{BH} \cdot \overline{CH}$

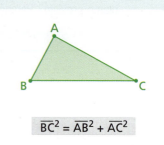

$\overline{BC}^2 = \overline{AB}^2 + \overline{AC}^2$

Corde, secanti e tangenti di una circonferenza

▶ **Teorema delle corde**
Se due corde di una circonferenza si intersecano, i segmenti che si formano su una di esse sono i medi e quelli che si formano sull'altra sono gli estremi di una stessa proporzione.

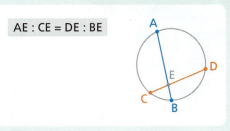

AE : CE = DE : BE

▶ **Teorema delle secanti**
Se da un punto esterno a una circonferenza si conducono due rette secanti e si considerano su ciascuna di esse i due segmenti aventi un estremo nel punto dato e l'altro estremo in una delle due intersezioni con la circonferenza, i segmenti di una secante sono i medi e i segmenti dell'altra secante sono gli estremi di una stessa proporzione.

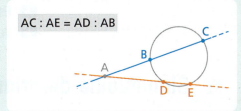

AC : AE = AD : AB

▶ **Teorema della tangente e della secante**
Se da un punto esterno a una circonferenza si conducono una retta tangente e una secante, il segmento di tangente è medio proporzionale tra l'intera secante e la sua parte esterna.

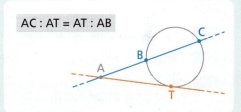

AC : AT = AT : AB

Similitudine dei poligoni

▶ **Poligoni simili**: sono poligoni tra i cui vertici è possibile stabilire una **corrispondenza biunivoca** in modo tale che gli angoli con vertici corrispondenti siano congruenti e i lati con estremi corrispondenti (detti *lati omologhi*) siano proporzionali.

▶ **Rapporto di similitudine**: è il rapporto tra lati omologhi di due poligoni simili.

▶ **Proprietà dei poligoni simili**
- Le **diagonali** omologhe e i perimetri di due poligoni simili sono proporzionali ai lati omologhi.
- Le **aree** di due poligoni simili sono proporzionali alle aree dei quadrati costruiti sui lati omologhi.

▶ **Poligoni regolari**
Due poligoni regolari **con lo stesso numero di lati**
- sono simili;
- hanno i **perimetri** proporzionali ai rispettivi raggi e ai rispettivi apotemi;
- hanno le **aree** proporzionali alle aree dei quadrati costruiti sui rispettivi raggi e alle aree dei quadrati costruiti sui rispettivi apotemi.

Sezione aurea e rapporto aureo

▶ **Sezione aurea di un segmento**
È quella parte del segmento che è media proporzionale tra l'intero segmento e la parte restante.

▶ **Rapporto aureo**
È il rapporto tra un segmento e la sua sezione aurea e si indica con $\varphi = \dfrac{1+\sqrt{5}}{2} = 1{,}61803398\ldots$

Capitolo 13 — Esercizi

- Similitudine dei triangoli
- Teoremi di Euclide
- Corde, secanti e tangenti di una circonferenza
- Similitudine dei poligoni
- Sezione aurea e rapporto aureo
- Esercizi per il recupero
- Esercizi di approfondimento
- Verso la Prova Invalsi

■ Similitudine dei triangoli

QUESITI

1 Che cosa s'intende per triangoli simili? Che cosa sono i lati omologhi?

2 Definisci il rapporto di similitudine di due triangoli simili.

3 Giustifica che, se due triangoli sono simili, il rapporto tra due lati di un triangolo è uguale al rapporto tra i lati omologhi nell'altro triangolo. Tale rapporto è uguale al rapporto di similitudine dei due triangoli?

4 Perché tutti i triangoli equilateri sono simili tra loro?

5 Spiega perché due triangoli isosceli con gli angoli al vertice congruenti sono simili.

6 Enuncia due criteri per stabilire se due triangoli *rettangoli* sono simili.

7 Se il rapporto tra i perimetri di due triangoli simili vale 3, quanto vale il rapporto tra le bisettrici di due angoli corrispondenti? Motiva la risposta.

8 Se il rapporto tra le aree di due triangoli simili è 2, qual è il rapporto di similitudine dei due triangoli? I lati omologhi sono commensurabili?

VERO O FALSO?

9
a. Due triangoli simili non possono essere congruenti. V F
b. Due triangoli congruenti sono anche simili. V F
c. Se due triangoli hanno due angoli rispettivamente congruenti, allora sono simili. V F
d. Affinché due triangoli rettangoli siano simili, è sufficiente che abbiano rispettivamente congruente un solo angolo acuto. V F

10
a. Due triangoli isosceli aventi basi congruenti sono simili tra loro. V F
b. Due triangoli rettangoli sono sempre simili. V F
c. Due triangoli rettangoli con i cateti in proporzione sono simili. V F
d. Se due triangoli isosceli hanno rispettivamente congruente uno degli angoli alla base, allora essi sono simili. V F

11
a. Se due triangoli sono simili e uno di essi è isoscele, allora è isoscele anche l'altro triangolo. V F
b. La relazione di similitudine tra triangoli non gode della proprietà transitiva. V F

c. Se due triangoli rettangoli hanno un cateto e l'ipotenusa rispettivamente proporzionali, allora sono simili. V F

d. Due triangoli simili sono sempre equivalenti. V F

QUESITI A RISPOSTA MULTIPLA

12 Due triangoli ABC e $A'B'C'$ sono simili e i lati di ABC sono di lunghezza doppia dei corrispondenti lati di $A'B'C'$. L'ampiezza dell'angolo $\widehat{A}$ è di 40°. Qual è l'ampiezza dell'angolo corrispondente $\widehat{A'}$?

a 20°   b 40°   c 80°   d 120°   e Non si può dire nulla

13 Due triangoli ABC e $A'B'C'$ hanno gli angoli corrispondenti congruenti e la lunghezza del lato AB è di 36 cm. Qual è la lunghezza del lato corrispondente $A'B'$?

a 12 cm   b 18 cm   c 36 cm   d 72 cm   e Non si può dire nulla

14 Due triangoli isosceli ABC e $A'B'C'$ di vertici rispettivamente A e A' hanno gli angoli alla base rispettivamente congruenti e, nel triangolo ABC, il lato è il doppio della base. Sapendo che la lunghezza di $B'C'$ è di 24 cm, qual è la lunghezza di $A'B'$?

a 12 cm   b 18 cm   c 24 cm   d 48 cm   e Non si può dire nulla

15 Di due triangoli ABC e $A'B'C'$ si conoscono le misure, in centimetri, dei seguenti lati: $\overline{AB} = 10$, $\overline{A'B'} = 15$, $\overline{BC} = 12$, $\overline{B'C'} = 18$, $\overline{AC} = 16$. Qual è la misura di $A'C'$?

a 32   b 24   c 15   d 18   e Non si può dire nulla

16 Nella figura a lato, ABC è un triangolo isoscele, $EC \parallel AB$ e $PE \parallel BC$. Quale delle seguenti proporzioni è errata?

a $AP : DC = PD : DE$ b $AH : KC = BC : DE$
c $PT : AP = KE : EC$ d $BH : DK = DK : PT$
e $AB : AH = EC : KC$

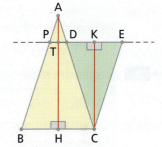

17 Nella figura a lato, $ABCD$ è un trapezio rettangolo con $AD \cong DC$ e $AC \perp CB$. Sapendo che AH è bisettrice di $C\widehat{A}B$ e CK è bisettrice di $D\widehat{C}A$, quale delle seguenti proporzioni è errata?

a $DC : AC = AC : AB$ b $DK : CH = KC : AH$
c $AC : AK = AB : HB$ d $CK : AH = AD : BC$
e $CK : AC = AC : AH$

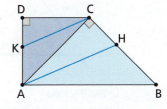

■ **ESERCIZI GUIDATI**

18 Nel trapezio rettangolo $ABCD$, AB è il lato perpendicolare alle basi e la diagonale BD è perpendicolare al lato obliquo CD. Dimostra che la diagonale BD è media proporzionale tra le due basi.

Ipotesi: $D\widehat{A}B \cong A\widehat{B}C \cong B\widehat{D}C \cong \dfrac{\pi}{2}$

Tesi: $BC : BD = BD : AD$

Dimostrazione
Gli angoli $A\widehat{D}B$ e ..... sono congruenti perché angoli alterni interni formati dalle rette .... tagliate dalla trasversale ....

I triangoli rettangoli ADB e ....., avendo un angolo acuto rispettivamente congruente, sono simili per il .... criterio di similitudine. Inoltre risulterà $A\widehat{B}D \cong$ ......

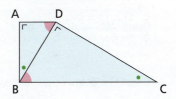

Consideriamo, nell'ordine, i due triangoli simili BCD e ABD e scriviamo la proporzione tra i lati omologhi, iniziando dal lato BC:

$$BC : \ldots = BD : \ldots$$
$$B\widehat{D}C \rightarrow B\widehat{A}C \quad \ldots \rightarrow A\widehat{B}D$$

c.v.d.

19 Considera un triangolo rettangolo e dimostra che il rettangolo che ha per lati l'altezza relativa all'ipotenusa e un cateto è equivalente al rettangolo che ha per lati la proiezione di questo cateto sull'ipotenusa e l'altro cateto.

Ipotesi: ....
Tesi: $r(AC ; AH) \doteq r(\ldots ; \ldots)$

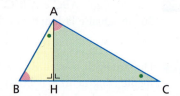

Dimostrazione
Nel triangolo rettangolo AHC l'angolo $C\widehat{A}H$ è complementare di ......; nel triangolo rettangolo $A\widehat{B}C$ l'angolo ...... è complementare di ......

Pertanto è $C\widehat{A}H \cong A\widehat{B}C$ perché ....

I triangoli .... AHC e ABH sono dunque simili perché hanno un angolo acuto ....

Dalla loro similitudine si deduce che

$$AC : \ldots = \ldots : AH$$
$$C\widehat{H}A \rightarrow A\widehat{H}B \quad C\widehat{A}H \rightarrow \ldots$$

Passando alla proporzione tra misure e applicando la proprietà fondamentale, si ottiene $\overline{AC} \cdot \overline{AH} = \ldots \cdot \ldots$, quindi il rettangolo $r(AC ; AH)$ è .... al rettangolo ....   c.v.d.

20 Dimostra che, se due triangoli sono simili, le loro mediane corrispondenti sono proporzionali ai lati omologhi. (È il punto **b.** della dimostrazione del **TEOREMA 1**, **PARAGRAFO 4**.)

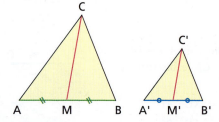

Ipotesi: $ABC \sim A'B'C'$
$AM \cong MB$; $A'M' \cong M'B'$
Tesi: $CM : C'M' = AB : \ldots$

Dimostrazione
Poiché per ipotesi i triangoli ABC e $A'B'C'$ sono simili si ha

$$AC : A'C' = AB : A'B' \qquad \boxed{1}$$

Per la proprietà invariantiva dei rapporti, possiamo scrivere

$$AC : A'C' = (AB : 2) : (A'B' : 2) \longrightarrow AC : A'C' = \ldots\ldots\ldots$$

Consideriamo i triangoli AMC e ......; essi hanno in proporzione i lati adiacenti agli angoli $\widehat{A}$ e $\widehat{A}'$, che sono congruenti perché ....

Quindi $AMC \sim A'M'C'$ per il .... criterio di similitudine dei triangoli e pertanto

$$AC : A'C' = \ldots : \ldots \qquad \boxed{2}$$

Dalla $\boxed{1}$ e dalla $\boxed{2}$, per la proprietà transitiva dell'uguaglianza, si ha ....

c.v.d.

▷▷ **21** Considera, nel triangolo ABC, le altezze AD e BE. Dopo aver dimostrato che il triangolo ABC è simile al triangolo CED deduci che $r(ED\,;\,AC) \doteq r(AB\,;\,CD)$.

Ipotesi: $AD \perp BC$; ....
Tesi: $ABC \sim CED$
$r(ED\,;\,AC) \doteq r(AB\,;\,CD)$

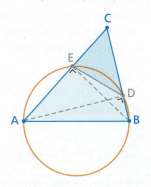

Dimostrazione

Dopo aver osservato che i triangoli ABE e ..... sono per ipotesi rettangoli e hanno la stessa ipotenusa AB, possiamo dedurre che il quadrilatero ABDE è inscritto ....

Ricordando che gli angoli opposti di un quadrilatero inscritto in una circonferenza sono ...., deduciamo che $A\hat{B}D$ è supplementare di ...... Ma anche $C\hat{E}D$ è .... e quindi $C\hat{E}D \cong A\hat{B}D$ perché ....

....

Consideriamo i triangoli ABC e CED; essi hanno $A\hat{B}C \cong C\hat{E}D$ per quanto appena dimostrato e .... Essi sono dunque simili per il .... criterio di similitudine e avranno i lati omologhi in proporzione:

$$ED : .... = CD : ....$$

Ricordando che, se quattro segmenti sono in proporzione, il rettangolo che ha per lati gli estremi è equivalente ....

c.v.d.

> **RICORDA!**
> Dati quattro segmenti a, b, c, d, dimostrare che vale
> $$r(a\,;\,b) \doteq r(c\,;\,d)$$
> è equivalente a dimostrare che vale la proporzione
> $$a : c = d : b$$

▷▷ **22** Dimostra che in un triangolo una corda parallela a un lato è dimezzata dalla mediana del triangolo relativa a quel lato.

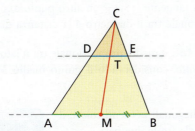

Ipotesi: $AM \cong MB$; $DE \parallel$ .....
$\{T\} = DE \cap CM$
Tesi: $DT \cong TE$

Dimostrazione

Poiché DE è .... ad AB, dal .... criterio di similitudine, si ha che

$$CDT \sim AMC \quad \text{e} \quad CTE \sim .....$$

Dalla prima relazione di similitudine si ha

$$CT : CM = ... : AM \qquad \boxed{3}$$

e dalla seconda

$$CT : ..... = TE : .... \qquad \boxed{4}$$

Dalla ③ e dalla ④, per la proprietà transitiva dell'uguaglianza, si ha

$$.... : AM = TE : ....$$

cioè, permutando i medi,

$$.... : TE = AM : ....$$

Dall'ultima proporzione scritta, essendo per ipotesi $AM \cong MB$, si deduce che, il secondo rapporto è uguale a .... e quindi anche ...., cioè $DT \cong TE$.

c.v.d.

ESERCIZI

▶▶ **23** Il triangolo ABC è rettangolo in A e sia r la retta condotta per A parallelamente all'ipotenusa BC. Siano D ed E le proiezioni ortogonali su r, rispettivamente, dei vertici B e C. Dimostra che i triangoli ABD, ACE, ABC sono simili.

▶▶ **24** È dato un triangolo rettangolo ABC, di ipotenusa BC. Una retta r passa per A e non ha altri punti in comune con il triangolo dato. Siano B' e C' le proiezioni rispettivamente di B e di C su r. Dimostra che i triangoli BAB' e CAC' sono simili.

▶▶ **25** È dato il triangolo rettangolo ABC e sia AH l'altezza relativa all'ipotenusa BC. Conduci dal vertice C la parallela ad AH che incontri in D il prolungamento del lato AB. Dopo aver dimostrato che i triangoli ADC e AHC sono simili, scrivi le proporzioni che sussistono tra i lati omologhi.

▶▶ **26** Nel trapezio rettangolo $ABCD$ il lato AB è perpendicolare alle basi e le diagonali AC e BD sono perpendicolari tra loro. Dimostra che i triangoli ABC e ABD sono simili.

▶▶ **27** Nel triangolo ABC, rettangolo in A, è inscritto un rettangolo $HKNM$ con il lato HK sull'ipotenusa, essendo $BH < BK$, $N \in AC$, $M \in AB$. Dimostra che i triangoli ABC, MAN, BHM, CKN sono simili.

▶▶ **28** Dimostra che in due triangoli simili le bisettrici di due angoli corrispondenti sono proporzionali ai lati omologhi.

▶▶ **29** Dimostra che in un triangolo il rapporto tra due lati è uguale al rapporto inverso tra le rispettive altezze.

▶▶ **30** Dimostra che in un triangolo il rapporto tra due lati è uguale al rapporto tra le rispettive proiezioni dell'uno sulla retta dell'altro lato.

▶▶ **31** Dimostra che una diagonale di un trapezio è tagliata dall'altra in parti proporzionali alle basi.

▶▶ **32** Da un punto A di una circonferenza δ conduci la tangente t. Sia P un altro punto di δ, tale che AP non sia un diametro; dimostra che PA è medio proporzionale tra il diametro e la distanza di P da t.

▶▶ **33** Dimostra che la base AB di un triangolo isoscele ABC è media proporzionale tra il lato AC e il doppio della proiezione AK della base su di esso. (*Suggerimento*: considerando il punto medio M della base AB vale $AB \cong 2AM$, quindi la tesi diventa...)

▶▶ **34** Dimostra che, in un trapezio rettangolo con le diagonali perpendicolari, il lato perpendicolare alle basi è medio proporzionale fra le due basi.

Costruzione geometrica con GeoGebra

▶▶ **35** Sia dato il triangolo isoscele ABC di base AB e sia O il centro della circonferenza in esso inscritta. Detti H e K i punti di contatto della circonferenza rispettivamente con i lati AB e BC, dimostra che si ha $CB : CO = HB : OK$ e che di conseguenza il rapporto tra CB e CO è uguale al rapporto tra la base del triangolo isoscele e il diametro della circonferenza inscritta.

▶▶ **36** Sia $ABCD$ un quadrilatero inscritto in una circonferenza e sia E il punto di intersezione delle sue diagonali. Dopo aver individuato due coppie di triangoli simili, dimostra che $r(AB \, ; DE) \doteq r(DC \, ; AE)$ e che $r(AD \, ; EB) \doteq r(CB \, ; AE)$.

▶▶ **37** Una circonferenza γ passa per i vertici A e B di un triangolo ABC e interseca i lati AC e BC rispettivamente nei punti D ed E. Dimostra che i triangoli ABC e DEC sono simili.

▶▶ **38** Da un punto D dell'ipotenusa BC del triangolo rettangolo ABC traccia la perpendicolare all'ipotenusa che incontri in E la retta AC e in F la retta AB. Dimostra che il rettangolo che ha per lati DF e DE è equivalente al rettangolo che ha per lati DC e DB.

▶▶ **39** Dimostra che una retta passante per il baricentro di un triangolo e parallela a un lato interseca gli altri lati in due punti che sono estremi di un segmento congruente a $\dfrac{2}{3}$ del primo lato.

40 Determina il rapporto tra la distanza del baricentro di un triangolo da un lato e la lunghezza dell'altezza relativa a tale lato. (*Suggerimento*: traccia la mediana relativa al lato.)

41 Nel trapezio rettangolo ABCD, il lato perpendicolare alle basi è AB e M è il suo punto medio. Sapendo che l'angolo $D\widehat{M}C$ è retto, dimostra che $r(BC\,;\,AD) \doteq \frac{1}{4}q(AB)$.

42 Data una corda AB perpendicolare al diametro di una circonferenza nel punto P, traccia un'altra corda CD passante per P e dimostra che la metà di AB è media proporzionale tra CP e PD.

43 Un triangolo isoscele ABC, di vertice A, è inscritto in una circonferenza di centro O. Detta AH l'altezza relativa alla base BC, dimostra che $r(AO\,;\,AH) \doteq \frac{1}{2}q(AB)$.

44 Una circonferenza γ_1 ha il centro O sulla circonferenza γ_2. Una corda MN di γ_2 è tangente in A a γ_1. Traccia il diametro OB di γ_2 e dimostra che $r(OM\,;\,ON) \doteq r(OA\,;\,OB)$.

45 Due triangoli ABC e $A'B'C'$ hanno le altezze CH e $C'H'$ congruenti e le relative basi appartengono alla medesima retta r. Dimostra che una retta s parallela a r e che interseca i due triangoli, determina, rispettivamente nei due triangoli, due corde DE e $D'E'$ che sono proporzionali alle basi AB e $A'B'$. (*Suggerimento*: traccia la retta CC' e ricorda il teorema di Talete.)

46 Dimostra che il punto d'incontro E delle diagonali di un trapezio ABCD è il punto medio del segmento PQ, passante per E, parallelo alle basi e avente gli estremi sui lati del trapezio. (*Suggerimento*: considera due coppie di triangoli simili e ricorda il teorema di Talete.)

47 Dato un trapezio ABCD, di basi AB e CD, conduci una parallela alle basi che intersechi in E il lato AD, in H la diagonale AC, in K la diagonale BD e in F il lato CB. Dimostra che $EH \cong KF$. (L'**ESERCIZIO 46** è un caso particolare di questo esercizio.)

48 Dato un trapezio ABCD, di basi AB e CD, sia O il punto d'incontro delle rette dei lati obliqui AD e BC. Detto H il punto d'incontro delle due diagonali del trapezio, siano M ed N le intersezioni della retta OH rispettivamente con DC e con AB. Dimostra che risulta $DM \cong MC$ e $AN \cong NB$. (*Suggerimento*: conduci da H la parallela alle basi e tieni conto dell'**ESERCIZIO 46**.)

49 Un triangolo isoscele ABC, di base AB, è inscritto in una circonferenza γ. Una corda CE di γ interseca in D la base del triangolo. Dimostra che il lato AC del triangolo è medio proporzionale tra CD e CE. (*Suggerimento*: considera i triangoli CDA e CEA.)

50 Sia ABC un qualunque triangolo inscritto in una circonferenza γ; conduci la bisettrice dell'angolo in A che incontri il lato opposto in D e la circonferenza γ in E. Dimostra che il segmento BE è medio proporzionale fra AE e DE.

51 Dimostra che il rettangolo avente per lati due lati di un triangolo è equivalente al rettangolo che ha per lati l'altezza relativa al terzo lato e il diametro della circonferenza circoscritta al triangolo. (*Suggerimento*: se ABC è il triangolo e CH è l'altezza relativa ad AB, traccia il diametro CD della circonferenza circoscritta.)

52 Da un punto A di una circonferenza conduci la tangente t e le corde AB e AE. Da B traccia poi la parallela a t e sia D il punto in cui essa incontra la retta AE. Dimostra che AB è medio proporzionale tra AE e AD.

53 Due circonferenze sono tangenti esternamente in T e una loro tangente comune, non passante per T, le tocca in A e B. Traccia i diametri AA' e BB' e dimostra che sono allineati sia i punti A, T, B' sia i punti B, T, A'. Dimostra quindi che AB è medio proporzionale tra i diametri delle due circonferenze.

54 Dimostra che in un triangolo acutangolo, l'ortocentro divide ciascuna altezza in due parti tali che il rettangolo dei segmenti dell'una è equivalente al rettangolo dei segmenti dell'altra.

55 Dimostra che, se due triangoli hanno le rette dei lati dell'uno perpendicolari alle rette dei lati dell'altro, essi sono simili.

ESERCIZI

▶▶ **56** Da un punto P del lato BC di un triangolo ABC traccia la parallela r alla mediana AM. Siano R e Q i punti in cui r interseca rispettivamente le rette AB e AC. Dimostra che la parallela a BC passante per A dimezza il segmento QR.

▶▶ **57** Dimostra che, in triangoli simili, i raggi delle circonferenze inscritte sono proporzionali ai lati omologhi.

▶▶ **58** Dimostra che, in triangoli simili, i raggi delle circonferenze circoscritte sono proporzionali ai lati omologhi.

▷▶ **59** Dimostra che in due triangoli simili i perimetri stanno fra loro come i raggi delle circonferenze inscritte o circoscritte.

Risolvi i seguenti esercizi sulle costruzioni di triangoli.

▷▶ **60** Costruisci un triangolo, simile a un triangolo dato, essendo assegnata una sua altezza.

▷▶ **61** Costruisci un triangolo, simile a un triangolo dato, essendo assegnata la bisettrice di uno dei suoi angoli.

▶▶ **62** Costruisci un triangolo che sia simile a un triangolo dato e che abbia un prefissato perimetro. (*Suggerimento*: se ABC è il triangolo dato, prolunga AB di un segmento $AQ \cong CA$ e di un segmento $BP \cong CB$. Costruisci poi un triangolo che sia simile a PQC e con un lato di lunghezza uguale a quella del perimetro prefissato...)

▶▶ **63** Dato un trapezio rettangolo $ABCD$, determina sul lato AD, perpendicolare alle basi, un punto E tale che i triangoli ECD e ABE risultino simili. $\Big($*Suggerimento*: il punto E dovrà essere tale che $C\widehat{E}B \cong \dfrac{\pi}{2}$ e quindi il problema avrà due soluzioni, o una o nessuna soluzione, a seconda che la semicirconferenza di diametro...$\Big)$

Problemi sulla similitudine dei triangoli

■ ESERCIZI GUIDATI

▶▶ **64** È dato un trapezio rettangolo $ABCD$ di cui si sa che la base maggiore AB è di 10 cm, la base minore DC di 6 cm e l'altezza AD di 3 cm. Sia E il punto di intersezione delle rette AD e CB. A quale distanza dalla base maggiore si trova il punto E?

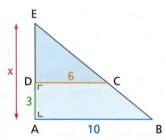

Elementi noti: $\overline{AB} = 10$; $\overline{DC} = 6$; $\overline{AD} = 3$
Elemento richiesto: $\overline{AE}$

Poniamo $\overline{AE} = x$ e osserviamo che, poiché $AE > AD$, dovrà essere $x > 3$.

Poiché $DC \parallel AB$, essendo .... di un trapezio, allora i triangoli ABE e ...... sono simili perché ....
....

I lati omologhi sono in proporzione e quindi $AE : .... = ... : DC$.

Poiché $DE \cong AE - AD$, allora $\overline{DE} = \overline{AE} - \overline{AD} = ...$ Passando quindi alle misure nella proporzione precedente, otteniamo

....

Poiché, in una proporzione numerica, il prodotto dei medi ...., possiamo scrivere l'equazione

....

che ha per soluzione $x = 7,5$: essa è accettabile, essendo le limitazioni geometriche $x > 3$. Concludiamo così che $AE = ...$

65 Nel triangolo ABC il lato AC ha misura $\overline{AC} = a$ e il suo punto D è tale che

$$\frac{AD}{DC} = \frac{3}{4}$$

La parallela ad AB passante per D interseca in E il lato CB determinando il triangolo DEC simile ad ABC. Determina il rapporto di similitudine dei due triangoli, il rapporto tra le loro aree e il rapporto tra l'area del trapezio ABED e quella del triangolo DEC.

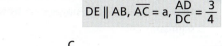
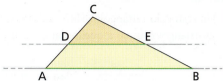

Scriviamo la relazione $\frac{AD}{DC} = \frac{3}{4}$ in forma di proporzione e applichiamo la *proprietà del comporre*:

$$AD : DC = 3 : 4 \longrightarrow (AD + DC) : DC = \ldots.. \longrightarrow AC : DC = \ldots.. \longrightarrow \frac{AC}{DC} = \ldots.$$

Il rapporto di similitudine tra i triangoli simili DEC e ABC è dato dal rapporto dei lati .... DC e AC, cioè

$$\frac{DC}{AC} = \ldots..$$

Pertanto, indicando con $S(DEC)$ e $S(ABC)$ le aree dei due triangoli simili, il rapporto tra le aree dei due triangoli è

$$\frac{S(DEC)}{S(ABC)} = \left(\frac{\ldots.}{\ldots.}\right)^2 = \ldots.$$

Scriviamo la precedente relazione sotto forma di proporzione, considerando però il rapporto inverso,

$$S(ABC) : S(DEC) = \ldots : \ldots$$

Applicando la *proprietà dello scomporre*, si ha

$$[S(ABC) - S(DEC)] : S(DEC) = \ldots. : \ldots. \longrightarrow \ldots\ldots\ldots\ldots\ldots\ldots$$

Quindi $\frac{S(ABED)}{S(DCE)} = \frac{33}{16}$.

66 Nel triangolo isoscele ABC la base AB misura $4a$ e ciascuno dei lati obliqui misura $6a$. Un quadrato DEFG è inscritto nel triangolo ABC e il suo lato DE giace sulla base AB. Determina la misura del lato del quadrato.

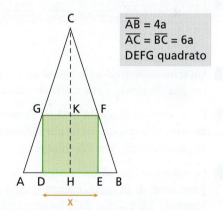

Indichiamo con x la misura del lato del quadrato: essendo $DE < AB$, deve valere $0 < x < 4a$.
Tracciamo l'altezza CH relativa alla base (che è anche .... della base) e applichiamo il teorema di Pitagora al triangolo rettangolo AHC:

$$\overline{CH} = \sqrt{\ldots\ldots\ldots\ldots} = \ldots\ldots\ldots = 4a\sqrt{2}$$

Osserviamo che i triangoli GFC e ...... sono simili, poiché ..... || .....; ricordando che, in triangoli simili, le altezze relative a segmenti omologhi sono ...., si ha

$$CK : \ldots. = GF : \ldots.$$

Poiché DEFG è un quadrato, è $GF \cong KH$, per cui passando alle misure nella precedente proporzione, otteniamo

$$(4a\sqrt{2} - x) : \ldots\ldots = \ldots. : \ldots. \longrightarrow \ldots\ldots\ldots\ldots\ldots\ldots \longrightarrow x = 4\sqrt{2}(\sqrt{2} - 1)a \quad \text{(accettabile)}$$

67 I tre lati di un triangolo sono lunghi 3 cm, 5 cm, 7 cm. Determina le lunghezze dei lati di un triangolo simile a quello dato il cui perimetro è di 210 cm.
[42 cm; 70 cm; 98 cm]

ESERCIZI

68 Le lunghezze dei lati di un triangolo sono 12 cm, 15 cm e 18 cm. Traccia, dal baricentro del triangolo, una retta parallela al lato maggiore e trova le lunghezze dei lati del triangolo che tale retta stacca dal triangolo dato. [8 cm; 10 cm; 12 cm]

69 Un triangolo rettangolo ABC ha l'ipotenusa BC di 60 cm ed è $4AC \cong 3AB$. Determina perimetro e area di un triangolo simile a quello dato, il cui cateto minore sia di 64 cm. $\left[256 \text{ cm}; \frac{8192}{3} \text{ cm}^2\right]$

70 Determina la lunghezza dei lati di un triangolo rettangolo MNP, simile a un triangolo rettangolo di cateti $AB = 16$ cm e $AC = 30$ cm, sapendo che il cateto minore del triangolo MNP è congruente all'ipotenusa BC del triangolo ABC. [34 cm; 63,75 cm; 72,25 cm]

71 Un lato di un triangolo è di 25 cm. Determina la lunghezza di un segmento parallelo a esso, che divide l'altezza relativa al lato dato in due segmenti il cui rapporto è $\frac{2}{3}$. [10 cm oppure 15 cm]

72 In un trapezio rettangolo le lunghezze delle basi sono 8 cm e 18 cm e le diagonali sono perpendicolari tra loro. Trova la lunghezza del lato perpendicolare alle basi. [12 cm]

73 In un triangolo rettangolo ABC i cateti AB e AC misurano rispettivamente, in centimetri, 15 e 36. Dal punto M del cateto AC, tale che $CM \cong 3MA$, conduci la parallela al cateto AB che incontra in N l'ipotenusa BC. Determina il perimetro del trapezio $AMNB$. [45 cm]

74 I cateti AB e AC di un triangolo rettangolo sono lunghi rispettivamente 8,25 cm e 11 cm. Da un punto P dell'ipotenusa che la divide nei segmenti BP e PC proporzionali ai numeri 5 e 6, conduci le parallele ai cateti. Determina il perimetro delle tre parti in cui resta diviso il triangolo dato. [15 cm; 18 cm; 19 cm]

75 Il perimetro del triangolo isoscele ABC è di 384 cm e la base AB è $\frac{14}{25}$ del lato AC. Determina la lunghezza della corda DE parallela alla base AB in modo che il perimetro del trapezio $ABED$ sia di 240 cm. [56 cm]

76 I cateti di un triangolo rettangolo sono di 16 cm e di 30 cm. Determina le lunghezze dei lati di un triangolo simile a quello dato il cui cateto maggiore sia congruente all'altezza relativa all'ipotenusa del primo triangolo. $\left[\frac{128}{17} \text{ cm}; \frac{240}{17} \text{ cm}; 16 \text{ cm}\right]$

77 Un trapezio isoscele ha le basi di 48 cm e 24 cm e le diagonali di 60 cm. Calcola le lunghezze dei segmenti in cui una diagonale viene divisa dall'altra. [20 cm; 40 cm]

78 Un triangolo rettangolo in A ha l'ipotenusa di 30 cm. Dal punto P dell'ipotenusa passa una retta perpendicolare all'ipotenusa stessa che incontra le rette AB e AC rispettivamente in D ed E. Sapendo che le misure in centimetri di PE e PD sono rispettivamente 6 e 36, determina la distanza di P da B. [18 cm o 12 cm]

79 Le misure dei lati di un triangolo ABC sono $\overline{AB} = 40$, $\overline{BC} = 64$, $\overline{CA} = 80$. Siano M e N rispettivamente i punti medi di BC e AC e siano E e F i punti medi di BM e AN. Calcola le misure delle due parti in cui il segmento FE è diviso dalla mediana relativa al lato AB. [15; 15]

80 Del rettangolo $ABCD$ si conoscono $AB = 48$ cm e $AD = 36$ cm; sia P il punto della diagonale BD tale che sia $DP \cong \frac{1}{6} BD$. Da P conduci la parallela ad AD e indica con H e K le intersezioni di tale parallela rispettivamente con AB e con CD. Individua tutti i triangoli simili al triangolo ABD. Determina poi l'area del quadrilatero $BCPH$. [1320 cm^2]

81 È dato un triangolo isoscele ABC il cui lato AB è di 150 cm ed è $\frac{5}{6}$ della base BC. Traccia l'altezza BK relativa al lato AC e considera su AB il punto M tale che sia $BM \cong \frac{1}{4} AM$. Conduci poi da M la parallela a BK che incontra AC nel punto N. Determina il perimetro del triangolo AMN. [268,8 cm]

82 Nel triangolo ABC il perimetro è di 62 cm, il lato AB è $\frac{3}{5}$ del lato BC, il quale supera di 2 cm i $\frac{3}{5}$ del lato AC. Dal punto M di AB, tale che $AM = 4$ cm, traccia la corda MN parallela al lato AC. Determina la lunghezza della corda MN. [20 cm]

83 Le misure, in centimetri, dei lati di un triangolo sono $\overline{AB} = 14$, $\overline{BC} = 12$, $\overline{CA} = 16$. Traccia la bisettrice dell'angolo con vertice in C e, dal punto E del lato BC tale che $\overline{BE} = 4$, la parallela ad AB. Calcola le misure del segmento che i lati del triangolo intercettano su tale retta e delle parti in cui esso viene diviso dalla bisettrice. $\left[\frac{28}{3}; 4; \frac{16}{3}\right]$

84 Un triangolo isoscele ha il lato di 10 cm e la base di 12 cm. Calcola la misura x, in centimetri, del raggio del cerchio inscritto. (*Suggerimento*: traccia l'altezza relativa alla base.) $[x = 3]$

85 È dato il rettangolo $ABCD$ di cui si sa che $AB = 16$ cm e $BC = 12$ cm. Determina internamente al lato AB un punto P in modo che, condotta da P la parallela alla diagonale AC che incontra in Q il lato BC, sia verificata la relazione $2PQ + 3BQ = 38$ cm. (*Suggerimento*: poni $\overline{AP} = x$.) $[AP = 8$ cm$]$

86 Nel triangolo ABC i lati AB, BC, AC misurano rispettivamente $5a$, $7a$, $4a$. Determina sul lato AB un punto D tale che, conducendo la corda DE parallela ad AC e la corda DF parallela a BC, il parallelogramma $DECF$ risulti un rombo. $\left[\overline{AD} = \frac{20}{11}a\right]$

87 Il triangolo ABC è inscritto nella circonferenza γ e si ha $\overline{AC} = 52$, $\overline{BC} = 60$, mentre l'altezza CH misura 48. Calcola la misura del diametro di γ. [65]

88 Le misure, in centimetri, dei lati del triangolo ABC sono $\overline{AB} = 14$, $\overline{BC} = 13$ e $\overline{CA} = 15$ e la proiezione AK del lato AB su AC misura $\frac{42}{5}$. Calcola la misura del perimetro del triangolo CHK, essendo H il piede dell'altezza relativa al lato BC. $\left[\frac{1386}{65}\right]$

89 I cateti AB e BC del triangolo rettangolo ABC sono rispettivamente 12 cm e 16 cm. Determina un punto D sul cateto AB in modo che sia verificata la relazione $\dfrac{\overline{CE}^2 - \overline{DE}^2}{\overline{EF} \cdot \overline{AD} - \overline{AE} \cdot \overline{DE}} = 7$, dove E è la proiezione ortogonale di D sull'ipotenusa AC ed F è la proiezione di E sul cateto BC. (*Suggerimento*: poni $\overline{AD} = x$.) $[AD = 5$ cm$]$

90 Considera un triangolo isoscele ABC di base BC tale che $\overline{BC} = 2a$ e $\overline{AB} = 3a$. Determina un punto P sul lato AC in modo che, detta H la sua proiezione su BC, si abbia $\overline{PC}^2 + \overline{BH}^2 = 4a^2$. In corrispondenza di tale punto P, calcola la misura di BP. $\left[\overline{BP} = \frac{4}{5}a\sqrt{6}\right]$

91 Il perimetro di un triangolo isoscele è $16a$ e la base supera di $2a$ l'altezza relativa alla base. Determina la diagonale del rettangolo di perimetro $10a$ inscritto nel triangolo dato. $\left[\sqrt{13}a\right]$

■ Teoremi di Euclide

QUESITI

92 Enuncia i due teoremi di Euclide sia in termini di equivalenza tra superfici sia in termini di proporzionalità tra i segmenti.

93 Deduci il teorema di Pitagora dal primo teorema di Euclide (nella versione presentata in questo capitolo).

94 Descrivi la costruzione con riga e compasso del segmento medio proporzionale tra due segmenti dati.

ESERCIZI

VERO O FALSO?

▷▷ **95** In base al *secondo teorema di Euclide*, nella figura a lato si può affermare che

a. $AC : AB = AB : AD$ V F
b. $BE : DE = DE : EC$ V F
c. $EC : DE = DE : DC$ V F
d. $BC : DC = DC : EC$ V F
e. $DC : BD = BD : AD$ V F

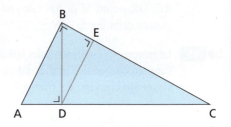

QUESITI A RISPOSTA MULTIPLA

▷▷ **96** Nella figura a lato, il triangolo ABC è inscritto in una semicirconferenza γ, D è la proiezione di C sulla tangente t in A a γ e $DE \parallel CB$. Quale delle seguenti proporzioni segue dal *primo teorema di Euclide*?

a $AD : AF = AF : AE$
b $DF : AF = AF : FE$
c $DF : DA = DA : DE$
d $CF : DF = DF : FA$
e $DE : DC = DC : DF$

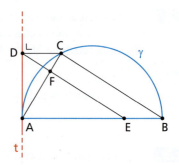

ESERCIZIO GUIDATO

▷▷ **97** Dimostra che in un triangolo isoscele il lato obliquo è medio proporzionale tra l'altezza relativa alla base e il diametro della circonferenza circoscritta.

Dimostrazione
Sia AB la base del triangolo isoscele e C il suo vertice. Tracciamo la circonferenza γ circoscritta al triangolo e l'altezza CH; sia D il punto in cui la retta CH interseca γ.

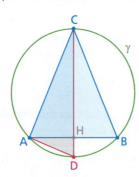

Ipotesi: $AC \cong \ldots..$; $CH \ldots.. AB$; $H \in AB$
γ circoscritta ad ABC (raggio r)
$CH \cap \gamma = \{C \, ; \, \ldots..\}$

Tesi: $CH : AC = AC : 2r$

La retta dell'altezza CH relativa alla base AB del triangolo isoscele ABC è anche .... della base AB: dunque la retta CD è .... della corda AB. Pertanto CD passa per il .... di γ ed è quindi un .... di γ.
Riscriviamo la tesi da dimostrare come $CH : AC = AC : \ldots..$
Congiungiamo i punti A e D e consideriamo il triangolo CAD: esso risulta .... in una semicirconferenza e quindi è .... in A. La sua .... è CD, mentre AC è un .... e CH la sua .... sull'ipotenusa. Per il .... teorema di Euclide, concludiamo che ....   c.v.d.

▷▷ **98** Dimostra che il segmento di perpendicolare condotto da un punto qualunque di una circonferenza a un diametro è medio proporzionale fra i segmenti che esso determina sul diametro.

▷▷ **99** Dimostra che una qualunque corda di una circonferenza è media proporzionale fra il diametro che passa per uno dei suoi estremi e la sua proiezione su tale diametro.

▷▷ **100** Considera una circonferenza γ di diametro AB e la retta t tangente in A. Traccia una semiretta r di origine B che intersechi γ in P e t in Q. Dimostra che il rettangolo che ha per lati BP e BQ ha area costante al variare della semiretta r di origine B. Quanto vale tale area? $[\overline{AB}^2]$

▷▷ **101** Dagli estremi A e B di un diametro di una circonferenza γ traccia due tangenti r ed s. Una terza retta t, tangente a γ in T, incontra r ed s rispettivamente in C e D. Dimostra che il raggio di γ è medio proporzionale tra CT e DT.

▷▷ **102** Dimostra che se un trapezio isoscele è circoscritto a una circonferenza, allora il diametro della circonferenza è medio proporzionale tra le basi.

▷▷ **103** Dimostra che, se il lato AB di un triangolo ABC è medio proporzionale tra il lato AC e la proiezione AH di AB su AC, l'angolo opposto al lato AC è retto. (È il teorema inverso del **PRIMO TEOREMA DI EUCLIDE**. *Suggerimento*: ragiona per assurdo.)

▷▷ **104** Dimostra che, se un'altezza AH di un triangolo incontra il lato opposto ed è media proporzionale fra i segmenti in cui essa lo divide, allora il triangolo è rettangolo in A. (È il teorema inverso del **SECONDO TEOREMA DI EUCLIDE**. *Suggerimento*: ragiona per assurdo.)

▷▷ **105** Dato il triangolo rettangolo ABC inscritto in una semicirconferenza di diametro AB, traccia da un punto D del diametro la perpendicolare al diametro stesso, che incontri le rette dei cateti AC e CB rispettivamente nei punti E ed F e la semicirconferenza in H. Dimostra che sussiste la proporzione $AD : DF = DE : DB$. Dimostra poi che il rettangolo costruito su DE e DF è equivalente al quadrato costruito su DH.

Problemi sui teoremi di Euclide

A fianco di ciascun triangolo rettangolo rappresentato nelle figure seguenti sono indicate le misure (in centimetri) degli elementi noti. Per ciascun triangolo calcola la misura del perimetro, facendo uso soltanto dei teoremi di Euclide. (NON applicare il teorema di Pitagora.)

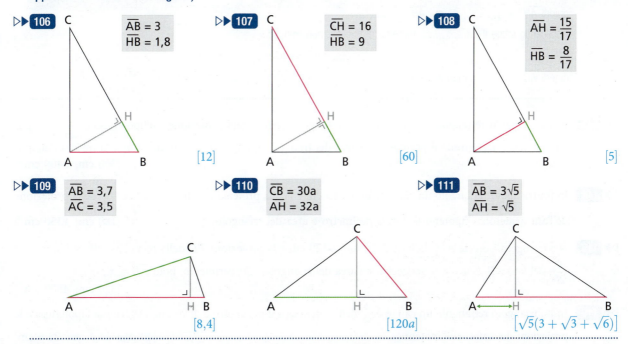

▷▷ **106** $\overline{AB} = 3$; $\overline{HB} = 1,8$ [12]

▷▷ **107** $\overline{CH} = 16$; $\overline{HB} = 9$ [60]

▷▷ **108** $\overline{AH} = \dfrac{15}{17}$; $\overline{HB} = \dfrac{8}{17}$ [5]

▷▷ **109** $\overline{AB} = 3,7$; $\overline{AC} = 3,5$ [8,4]

▷▷ **110** $\overline{CB} = 30a$; $\overline{AH} = 32a$ [120a]

▷▷ **111** $\overline{AB} = 3\sqrt{5}$; $\overline{AH} = \sqrt{5}$ $[\sqrt{5}(3+\sqrt{3}+\sqrt{6})]$

ESERCIZI

ESERCIZIO GUIDATO

▶▶ **112** L'ipotenusa di un triangolo rettangolo misura, in centimetri, 20. Sapendo che un cateto è congruente a $\frac{5}{3}$ della sua proiezione sull'ipotenusa, calcola le misure dell'altezza relativa all'ipotenusa e dell'altro cateto.

Sia ABC un triangolo rettangolo di ipotenusa BC.

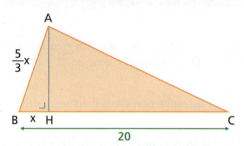

Elementi noti: $\overline{BC} = 20$

$AB \cong \frac{5}{3} BH; AH \perp BC$

Elementi richiesti: $\overline{AH}; \overline{AC}$

Poniamo $\overline{BH} = x$, così $\overline{AB} = \frac{5}{3} x$. Le limitazioni geometriche su x sono $0 < x < \ldots$

Applicando il ………… teorema di Euclide, abbiamo

$$\ldots : AB = AB : \ldots$$

quindi $\overline{AB}^2 = \ldots \cdot \ldots$, cioè

$$\left(\frac{5}{3} x\right)^2 = \ldots \longrightarrow \ldots\ldots\ldots\ldots\ldots$$

da cui si ottengono le due soluzioni

$$x = 0 \text{ (non accettabile)} \quad \text{e} \quad x = \frac{36}{5} \text{ (accettabile)}$$

Dunque $\overline{BH} = \frac{36}{5}$ e $\overline{HC} = \overline{BC} - \overline{BH} = 20 - \frac{36}{5} = \ldots\ldots$

Applicando il ………… teorema di Euclide, otteniamo

$$\ldots : AH = AH : \ldots$$

quindi $\overline{AH}^2 = \ldots\ldots$, da cui $\overline{AH} = \ldots\ldots$

Applicando infine il ………… teorema di Euclide, abbiamo

$$\ldots : AC = AC : \ldots$$

quindi $\overline{AC}^2 = \ldots$, da cui $\overline{AC} = \ldots$

▶▶ **113** In un triangolo rettangolo il cateto minore è lungo 90 cm, la sua proiezione sull'ipotenusa è $\frac{9}{25}$ dell'ipotenusa stessa. Determina il perimetro e l'area del triangolo. (*Suggerimento*: indica con x la misura dell'ipotenusa.)
[360 cm; 5400 cm²]

▶▶ **114** In un triangolo rettangolo un cateto è lungo 45 cm e la sua proiezione sull'ipotenusa è $\frac{9}{16}$ della proiezione dell'altro cateto sull'ipotenusa. Trova perimetro e area del triangolo. [180 cm; 1350 cm²]

▶▶ **115** Nel triangolo isoscele ABC la base BC è lunga 120 cm e la proiezione BD della metà base BH sul lato AB è $\frac{9}{25}$ del lato AB. Calcola il perimetro e l'area del triangolo. (*Suggerimento*: poni $\overline{AB} = x$.)
[320 cm; 4800 cm²]

▶▶ **116** In un triangolo rettangolo un cateto è $\frac{4}{5}$ dell'ipotenusa e il perimetro è di 96 cm. Determina l'ipotenusa e le proiezioni dei cateti sull'ipotenusa.
[40 cm; 14,4 cm; 25,6 cm]

117 Un rettangolo $ABCD$ ha i lati AB e AD rispettivamente di 36 cm e 48 cm. Calcola le lunghezze delle parti in cui la diagonale AC è divisa dalle proiezioni su di essa dei vertici B e D. [21,6 cm; 16,8 cm; 21,6 cm]

118 In un triangolo rettangolo la proiezione di un cateto sull'ipotenusa è $\frac{9}{25}$ dell'ipotenusa stessa e l'altezza relativa all'ipotenusa è lunga 48 m. Determina l'ipotenusa. [100 m]

119 I cateti AB e AC di un triangolo rettangolo ABC misurano, in centimetri, rispettivamente 10 e 24. Determina la misura delle loro proiezioni sull'ipotenusa. $\left[\frac{50}{13}; \frac{288}{13}\right]$

120 In un triangolo rettangolo un cateto è lungo 60 cm e la sua proiezione sull'ipotenusa è $\frac{4}{3}$ dell'altezza relativa all'ipotenusa. Trova il perimetro e l'area del triangolo. [180 cm; 1350 cm²]

121 Del rettangolo $ABCD$ si conoscono la diagonale $AC = 17$ cm e il lato $AB = 8$ cm. Determina la proiezione CH del lato BC sulla diagonale AC. $\left[\frac{225}{17} \text{ cm}\right]$

122 Nel triangolo rettangolo ABC, l'altezza AH condotta dal vertice A dell'angolo retto divide l'ipotenusa BC in due segmenti lunghi 18 cm e 50 cm. Determina la lunghezza di AH e il perimetro del triangolo. [30 cm; $4(17 + 4\sqrt{34})$ cm]

123 L'altezza relativa all'ipotenusa di un triangolo rettangolo divide l'ipotenusa in due parti che stanno tra loro come 5 sta a 12. Sapendo che l'ipotenusa è di 68 cm, determina l'altezza relativa all'ipotenusa e i due cateti. [$8\sqrt{15}$ cm; $4\sqrt{85}$ cm; $8\sqrt{51}$ cm]

124 In un triangolo rettangolo l'ipotenusa è di 20 cm e l'altezza a essa relativa di 9,6 cm. Determina le lunghezze dei cateti. [12 cm; 16 cm]

125 In un triangolo rettangolo l'altezza relativa all'ipotenusa è di 6 cm e le proiezioni dei cateti sull'ipotenusa differiscono di $6\sqrt{5}$ cm. Determina l'area del triangolo. [54 cm²]

126 I cateti AB e AC di un triangolo rettangolo soddisfano la relazione $2\overline{AB} + \overline{AC} = 2a$. Sia E il punto in cui la retta AB incontra la perpendicolare in C all'ipotenusa. Sapendo che $\overline{BE} = a$, determina i cateti AB e AC del triangolo considerato. $\left[\frac{4}{5}a; \frac{2}{5}a\right]$

127 Un rettangolo, di perimetro 92 cm, è inscritto in una circonferenza di diametro 34 cm. Calcola le lunghezze dei lati. [16 cm; 30 cm]

128 In un triangolo isoscele la base è lunga 120 cm e l'altezza 144 cm. Calcola il diametro della circonferenza circoscritta al triangolo. [169 cm]

129 In un triangolo isoscele la base è di 6 cm e l'altezza relativa a uno dei lati congruenti è di 4,8 cm. Calcola il perimetro del triangolo. [16 cm]

130 L'altezza relativa all'ipotenusa di un triangolo rettangolo è lunga 15 cm e divide l'ipotenusa in due parti la cui differenza è 16 cm. Calcola la misura del perimetro del triangolo. $[34 + 8\sqrt{34}]$

131 In un rettangolo la base supera di 4 cm i $\frac{2}{3}$ dell'altezza e l'area è 48 cm². Determina le lunghezze dei lati, della diagonale e il rapporto tra i segmenti in cui viene divisa la diagonale dalla proiezione ortogonale di uno dei vertici che non sono suoi estremi sulla diagonale stessa. $\left[8 \text{ cm}; 6 \text{ cm}; 10 \text{ cm}; \frac{16}{9}\right]$

132 In un semicerchio, il cui raggio è lungo 9 cm, è inscritto un triangolo rettangolo, avente per ipotenusa il diametro, in modo che il rapporto tra un cateto e la sua proiezione sull'ipotenusa sia $\frac{2}{3}\sqrt{3}$. Calcola la lunghezza dei cateti. [9 cm; $9\sqrt{3}$ cm]

ESERCIZI

133 In un trapezio rettangolo ABCD, la diagonale minore AC è perpendicolare al lato BC. Sapendo che la base minore CD è di 32 cm e l'altezza AD di 24 cm, calcola il perimetro del trapezio. [136 cm]

134 In un trapezio rettangolo la diagonale minore è perpendicolare al lato obliquo. Sapendo che le due basi sono di 50 cm e 18 cm, trova il perimetro e l'area del trapezio. [132 cm; 816 cm²]

135 Nel triangolo rettangolo ABC la proiezione HB del cateto AB sull'ipotenusa BC misura 4a. Sapendo che $2\overline{HC} - \overline{AB} = \overline{HB}$, determina la misura del perimetro del triangolo ABC. $[3(5+\sqrt{5})a]$

136 È data una semicirconferenza di diametro $AB = 25$ cm; sul diametro AB considera due punti H e K tali che $AH = 9$ cm e $BK = 8$ cm. Da H e da K conduci le perpendicolari al diametro che incontrano rispettivamente in C e in D la semicirconferenza. Determina CH, AC, BD, BC, AD.

$[12 \text{ cm}; \; 15 \text{ cm}; \; 10\sqrt{2} \text{ cm}; \; 20 \text{ cm}; \; 5\sqrt{17} \text{ cm}]$

137 Determina la misura del perimetro del trapezio isoscele ABCD inscritto in una semicirconferenza di diametro AB, sapendo che la misura della diagonale AC è $24a$ e che, detta HB la proiezione del lato BC sulla base maggiore AB, è $\overline{HB} = \frac{50}{13}a$. (*Suggerimento*: poni $\overline{AB} = x$, con $x > 24a$.) $\left[\frac{836}{13}a\right]$

138 In un trapezio isoscele ciascuna diagonale è perpendicolare al lato obliquo. La somma delle basi misura, in centimetri, 128 e una è $\frac{7}{25}$ dell'altra. Determina la misura del perimetro e dell'area del trapezio.

[248; 3072]

139 Data una semicirconferenza di diametro $\overline{AB} = 2r$, determina un punto C sopra di essa in modo che, indicata con H la sua proiezione su AB, risulti $2\overline{AH}^2 + 6\overline{CH}^2 = 9r^2$. (*Suggerimento*. poni $\overline{AH} = x$.)

$\left[x = \frac{3}{2}r\right]$

140 Il trapezio rettangolo ABCD è circoscritto a una circonferenza e ha le basi di 15 cm e 30 cm (vedi figura). Determina la lunghezza del lato obliquo e il raggio della circonferenza. [25 cm; 10 cm]

141 Un rombo, di perimetro 40 cm, è circoscritto a una circonferenza di raggio 4,8 cm. Determina le lunghezze delle diagonali. [12 cm; 16 cm]

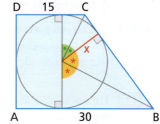

Corde, secanti e tangenti di una circonferenza

QUESITI

142 Enuncia e dimostra il teorema delle corde. Come si può riformulare tale teorema in termini di equivalenza tra superfici?

143 Due segmenti AB e CD si intersecano in un punto P che li divide in segmenti le cui misure in centimetri sono $\overline{PA} = 12$, $\overline{PB} = 6$, $\overline{PC} = 18$, $\overline{PD} = 9$. I punti A, B, C, D possono appartenere a una stessa circonferenza?

144 Enuncia il teorema delle secanti condotte da un punto P esterno a una circonferenza. Se una delle due secanti ruota attorno al punto P fino a diventare tangente alla circonferenza, come puoi riscrivere la tesi del teorema? In base a quale teorema la proporzione che hai appena scritto è valida?

VERO O FALSO?

145 Osserva la figura a lato. Stabilisci quali delle seguenti proporzioni sono vere e quali sono false.

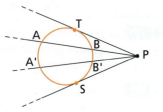

a. $PA : PT = PT : PB$ V F
b. $PA : PB = PB' : PA'$ V F
c. $PS : PB = PS : PA$ V F
d. $PS : PB' = PA' : PS$ V F

146 In riferimento alla figura dell'**ESERCIZIO 145**, stabilisci quali uguaglianze sono vere e quali sono false.

a. $\overline{PA} \cdot \overline{PA'} = \overline{PB} \cdot \overline{PB'}$ V F
b. $\overline{PA} \cdot \overline{PB} = \overline{PS}^2$ V F
c. $\overline{PT}^2 = \overline{PS}^2$ V F
d. $\overline{PA} \cdot \overline{PB} = \overline{PA'} \cdot \overline{PB'}$ V F

147 Osserva la figura a lato. Stabilisci quali relazioni sono vere e quali sono false.

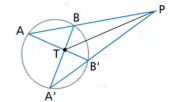

a. $\overline{AT} \cdot \overline{TB'} = \overline{BT} \cdot \overline{TA'}$ V F
b. $\overline{PT}^2 = \overline{PA} \cdot \overline{PB}$ V F
c. $PA : PA' = PB' : PB$ V F
d. $r(AT ; TB) \doteq r(A'T ; B'T)$ V F

■ ESERCIZIO GUIDATO

148 Due circonferenze γ_1 e γ_2 sono secanti in A e B e la retta t è tangente a entrambe nei punti H e K. Detto C il punto in cui t interseca la retta AB, dimostra che $CH \cong CK$.

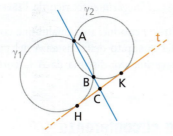

Ipotesi: $\gamma_1 \cap \gamma_2 = \{A ; B\}$
t tangente a γ_1 in H
t tangente a γ_2 in K
$t \cap AB = \{C\}$

Tesi: $CH \cong CK$

Dimostrazione

Osserviamo anzitutto che CH è tangente a γ_1 e CA è .... a γ_1. Per il teorema ...., vale

..... : $CH = CH$: .....

Passando alle misure e applicando la proprietà fondamentale, abbiamo

$$\overline{CH}^2 = ...$$ (1)

Tuttavia CA è .... anche a ...... e CK è .... a γ_2, quindi, per il teorema ...., otteniamo

..... : $CK = CK$: .....

da cui, come sopra, deduciamo

$$\overline{CK}^2 = ...$$ (2)

Dalle relazioni (1) e (2), per la proprietà transitiva, si deduce che

.... c.v.d.

ESERCIZI

▷▷ **149** Due circonferenze γ_1 e γ_2 sono secanti in A e B. Da un punto C della retta AB, esterno al segmento AB, conduci due rette r e s tali che r intersechi γ_1 in P e in Q e s intersechi γ_2 in R e in S. Dimostra che $\overline{CP} \cdot \overline{CQ} = \overline{CR} \cdot \overline{CS}$. (*Suggerimento*: usa il teorema delle secanti.)

▷▷ **150** Due circonferenze sono secanti in A e in B. Da un punto P della retta AB, esterno al segmento AB, conduci le quattro tangenti alle due circonferenze. Dimostra che i quattro segmenti compresi tra P e i punti di tangenza sono congruenti.

▷▷ **151** In un triangolo acutangolo traccia due altezze e dimostra che l'ortocentro divide ciascuna di esse in due parti in modo che i segmenti di una siano gli estremi e i segmenti dell'altra siano i medi di una stessa proporzione.

▷▷ **152** Due rette r e s si intersecano in un punto O. Dimostra che se, da parti opposte rispetto a O, si considerano i punti A e B su r, C e D su s in modo tale che sia $OA : OC = OD : OB$, allora i quattro punti A, B, C, D appartengono a una stessa circonferenza. (È il teorema inverso del **TEOREMA DELLE CORDE**. *Suggerimento*: ragiona per assurdo, tenendo presente l'unicità del quarto proporzionale dopo tre segmenti dati, oppure applica il secondo criterio di similitudine e osserva che gli angoli opposti del quadrilatero...)

▷▷ **153** Dimostra che, date due semirette, di origine comune O, se si riportano sull'una i segmenti OA e OB e sull'altra OC e OD in modo tale che sia $OA : OC = OD : OB$, allora i quattro punti A, B, C, D appartengono a una stessa circonferenza. (È il teorema inverso del **TEOREMA DELLE SECANTI**. Vedi il suggerimento dell'**ESERCIZIO 152**.)

▷▷ **154** Dimostra che, dato un segmento OA, se dal suo estremo O si conduce una semiretta e si prendono su di essa due punti B e C tali che OA sia medio proporzionale fra OB e OC, allora la circonferenza passante per i punti A, B e C è tangente in A al segmento dato OA. (È il teorema inverso del **TEOREMA DELLA TANGENTE E DELLA SECANTE**. *Suggerimento*: applica il secondo criterio di similitudine e osserva che la semiretta OA risulta tangente perché, se per assurdo non lo fosse, ...)

▷▷ **155** Data una circonferenza e un suo arco AB, disegna dal punto medio C di tale arco una corda CD che intersechi in P la corda AB. Dopo aver dimostrato che i triangoli APC e ACD sono simili, deduci che la circonferenza passante per A, P, D è tangente in A alla retta AC. (*Suggerimento*: ricorda l'**ESERCIZIO 154**.)

▷▷ **156** Per un punto dato A interno a una circonferenza di centro O conduci una qualunque corda BC. Dimostra che il rettangolo dei segmenti della corda, aumentato del quadrato della distanza del punto A dal centro della circonferenza equivale al quadrato del raggio. (*Suggerimento*: disegna da A la corda perpendicolare al segmento OA...)

Problemi su corde, secanti e tangenti di una circonferenza

QUESITI A RISPOSTA MULTIPLA

▷▷ **157** Nella figura a lato, $x =$

| a | 5 cm | b | $\dfrac{16}{3}$ cm | c | 3 cm |
| d | 27 cm | e | 6 cm | f | $\dfrac{3}{16}$ cm |

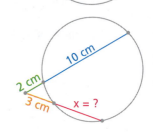

▷▷ **158** Nella figura a lato, $x =$

| a | $\dfrac{3}{5}$ cm | b | $\dfrac{20}{3}$ cm | c | $\dfrac{5}{3}$ cm |
| d | 15 cm | e | 5 cm | f | 9 cm |

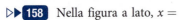

770

159 Nella figura a lato, $x =$

- **a** $3\sqrt{3}$ cm
- **b** 12 cm
- **c** 6 cm
- **d** 27 cm
- **e** 3 cm
- **f** 9 cm

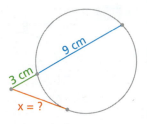

ESERCIZIO GUIDATO

160 È data una circonferenza γ di centro O e raggio 10 cm; da un punto P, esterno a γ, che dista dal centro 26 cm, traccia una secante in modo che, dette A e B le sue intersezioni con la circonferenza ($PA < PB$), si abbia $PA = 18$ cm. Determina la lunghezza della corda AB. Inoltre, condotta da P una tangente a γ e detto T il punto di contatto, determina la lunghezza di PT.

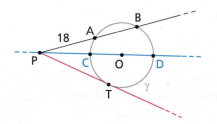

Elementi noti: $r = 10$; $\overline{PO} = 26$; $\overline{PA} = 18$
Elementi richiesti: $\overline{AB}$; $\overline{PT}$

Anzitutto prolunghiamo il segmento PO e indichiamo con C e D le intersezioni della retta PO con γ ($PC < PD$). Poiché CD e OD sono .... di γ, allora $\overline{CO} = \overline{OD} =$ ..... Dunque

$$PC \cong PD - CO \quad \longrightarrow \quad \overline{PC} = \ldots..$$
$$PD \cong PO + OD \quad \longrightarrow \quad \overline{PD} = \ldots..$$

Essendo PB e PD entrambe rette .... γ, per il teorema .... otteniamo

$$PB : \ldots.. = \ldots.. : PA \quad \longrightarrow \quad \overline{PB} \cdot \overline{PA} = \ldots......$$

Inserendo nell'ultima uguaglianza i valori numerici trovati sopra, otteniamo $\overline{PB} = \ldots..$ Dunque, essendo $AB \cong PB - \ldots..$, vale $\overline{AB} = \ldots..$

Poiché PD è .... γ e PT è .... γ, allora, applicando il teorema ...., si ha che

$$\ldots.. : PT = PT : \ldots.. \quad \longrightarrow \quad \overline{PT}^2 = \ldots.. \quad \longrightarrow \quad \overline{PT} = \ldots..$$

Applicando, a seconda dei casi, il teorema delle corde, oppure il teorema delle secanti, oppure il teorema della tangente e della secante, determina x per ogni figura tenendo conto delle misure (in centimetri) degli elementi noti indicati.

161 **a.**

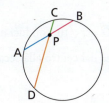

$\overline{PC} = 2$
$\overline{PB} = 3$
$\overline{PA} = 4$
$\overline{PD} = x$

$[x = 6]$

b.

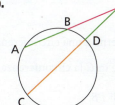

$\overline{AB} = \overline{DP} = 4$
$\overline{PB} = 5$
$\overline{CD} = x$

$\left[x = \dfrac{29}{4}\right]$

ESERCIZI

162 a. 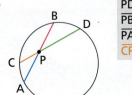 $\overline{PD} \cong 2 \cdot \overline{CP}$ $\overline{PB} = 4$ $\overline{PA} = 4,5$ $\overline{CP} = x$

$[x = 3]$

b. 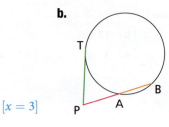 $\overline{PT} = 8a$ $\overline{PA} = 6a$ $\overline{AB} = x$

$\left[x = \dfrac{14}{3}a\right]$

163 a. 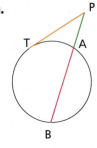 $\overline{PA} = 4$ $\overline{AB} = 32$ $\overline{TP} = x$

$[x = 12]$

b. 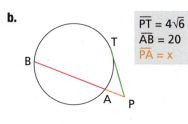 $\overline{PT} = 4\sqrt{6}$ $\overline{AB} = 20$ $\overline{PA} = x$

$[x = 4]$

---

164 In una circonferenza una corda AB misura $2a$. Per il suo punto medio M passa una seconda corda CD tale che $\overline{DM} = 2\overline{CM} + a$. Determina la misura della corda CD. (*Suggerimento*: poni $\overline{CM} = x$.)

$\left[\dfrac{5}{2}a\right]$

165 Una corda AB di una circonferenza è lunga 11 cm e interseca in P una corda CD. Sapendo che $CP = 4$ cm e $PD = 6$ cm, determina le due parti in cui AB resta divisa dal punto P. (*Suggerimento*: poni $\overline{AP} = x$, quindi $\overline{PB} = \ldots$)

[3 cm; 8 cm]

166 Da un punto P esterno a una circonferenza conduci una tangente alla circonferenza. Detto A il punto di tangenza, sia $\overline{PA} = a$. Da P conduci anche una secante che incontri la circonferenza in B e in C (con $PB > PC$). Si sa che $\overline{PC} - \overline{BC} = \dfrac{1}{6}a$. Determina la misura della corda BC. (*Suggerimento*: poni $\overline{BC} = x$.)

$\left[\dfrac{7}{12}a\right]$

167 Due corde AB e CD di una circonferenza di centro O e il cui raggio è 16 cm s'incontrano nel punto P in modo che sia $PA = 16$ cm e $PB \cong PD = 12$ cm. Determina la lunghezza delle due corde e del segmento PO. (*Suggerimento*: considera il diametro passante per P.)

[le due corde sono congruenti e la loro lunghezza è 28 cm; $PO = 8$ cm]

168 In una circonferenza di raggio di misura r le corde AB e CD misurano, rispettivamente, $\dfrac{28}{25}r$ e $\dfrac{4}{5}r$ e si intersecano in un punto P in modo che sia $AP : PB = 3 : 25$. Determina le misure delle due parti in cui P divide la corda CD.

$\left[\dfrac{r}{5}; \dfrac{3r}{5}\right]$

169 Da un punto P, esterno a una circonferenza di raggio r e centro O, tale che $\overline{PO} = r\sqrt{10}$, conduci una secante che interseca in B e in C la circonferenza ($PB < PC$). Sapendo che la distanza dal centro alla secante è $\dfrac{3}{5}r$, calcola la misura di PB.

$\left[\dfrac{r}{5}(\sqrt{241} - 4)\right]$

Similitudine dei poligoni

QUESITI

▶▶ **170** Giustifica che due quadrati sono sempre simili.

▶▶ **171** Indica la condizione necessaria e sufficiente affinché due rettangoli o due rombi o due parallelogrammi siano simili.

▶▶ **172** Se le diagonali AC e $A'C'$ di due quadrilateri $ABCD$ e $A'B'C'D'$ li dividono in coppie di triangoli simili, puoi affermare che i due quadrilateri sono simili?

▶▶ **173** Il rapporto di due diagonali omologhe di due pentagoni simili è 4. Quanto vale il rapporto tra le aree dei due pentagoni? Motiva la risposta.

VERO O FALSO?

▶▶ **174**
a. Due poligoni con lo stesso numero di lati sono simili.   V F
b. Se P è un poligono regolare e $P' \sim P$, allora anche P' è un poligono regolare.   V F
c. Il rapporto dei perimetri di due poligoni simili è uguale al quadrato del rapporto di similitudine.   V F
d. Le aree di due esagoni regolari sono proporzionali ai quadrati dei rispettivi apotemi.   V F

▶▶ **175**
a. Un quadrilatero e un pentagono non possono essere simili.   V F
b. Se due poligoni sono simili ed equivalenti, allora sono congruenti.   V F
c. Se due poligoni sono simili, allora sono equivalenti.   V F
d. Due parallelogrammi che hanno le diagonali rispettivamente proporzionali sono simili.   V F

▶▶ **176** Le diagonali di due rettangoli, incontrandosi, formano angoli rispettivamente congruenti. Dimostra che i due rettangoli sono simili.

▶▶ **177** Dimostra che due rombi, aventi le diagonali rispettivamente proporzionali, sono simili.

▶▶ **178** Dimostra che, se per un punto qualunque di una diagonale di un parallelogramma si conducono le parallele ai lati, si formano quattro parallelogrammi di cui quelli attraversati dalla diagonale sono simili.

▶▶ **179** Dimostra che, se quattro segmenti sono in proporzione, anche i quattro poligoni simili che li hanno per lati omologhi sono in proporzione.

▶▶ **180** Dimostra che, se sui lati di un triangolo rettangolo si costruiscono tre poligoni simili che hanno i lati del triangolo come lati omologhi, il poligono costruito sull'ipotenusa è equivalente alla somma dei poligoni costruiti sui cateti. (Questo teorema è un'estensione del teorema di Pitagora.)

▶▶ **181** Due pentagoni simili $ABCDE$ e $A'B'C'D'E'$ sono inscritti in due circonferenze di centri rispettivamente O e O'. Dimostra che i triangoli isosceli ABO e $A'B'O'$ sono simili. Dimostra inoltre che i perimetri dei due poligoni sono proporzionali ai raggi delle due circonferenze.

▶▶ **182** Due pentagoni simili $ABCDE$ e $A'B'C'D'E'$ sono circoscritti a due circonferenze rispettivamente di centri O e O'. Dimostra che ABO e $A'B'O'$ sono simili. Dimostra inoltre che i perimetri dei due poligoni sono proporzionali ai raggi delle due circonferenze.

▶▶ **183** Una stessa circonferenza è inscritta e circoscritta a due poligoni regolari simili. Dimostra che il suo raggio è medio proporzionale fra il raggio del poligono circoscritto e l'apotema del poligono inscritto.

Problemi sulla similitudine dei poligoni

ESERCIZIO GUIDATO

▶▶ **184** Del rettangolo *ABCD* si conoscono le misure, in centimetri, dei lati: $\overline{AB} = 72$, $\overline{BC} = 16$. Un rettangolo *MNPQ* è simile al rettangolo dato e i suoi due lati minori ($NP \cong QM$) sono lunghi 12 cm.
Determina la lunghezza del lato *MN* e verifica che i perimetri dei due rettangoli stanno tra loro come due lati omologhi e le loro aree come i quadrati di due lati omologhi.

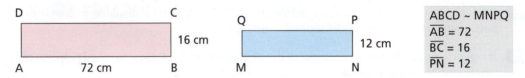

Dalla similitudine dei due rettangoli, si ha la proporzione

$$AB : MN = \ldots : \ldots \longrightarrow 72 : \overline{MN} = \ldots : \ldots \longrightarrow \overline{MN} = 54$$

Otteniamo:

$$\text{perimetro}(ABCD) = \ldots\ldots\ldots\ldots\ldots = 176 \text{ cm}$$

$$\text{area}(ABCD) = \ldots\ldots\ldots\ldots\ldots = 1152 \text{ cm}^2$$

$$\text{perimetro}(MNPQ) = \ldots\ldots\ldots\ldots\ldots$$

$$\text{area}(MNPQ) = \ldots\ldots\ldots\ldots\ldots$$

Verifichiamo la proporzionalità tra i perimetri e due lati omologhi:

$$\text{perimetro}(ABCD) : \text{perimetro}(MNPQ) = \ldots\ldots\ldots$$

$$\frac{AB}{MN} = \frac{\overline{AB}}{\overline{MN}} = \ldots$$

I precedenti rapporti sono uguali a $\frac{4}{3}$, quindi

$$\text{perimetro}(ABCD) : \text{perimetro}(MNPQ) = AB : MN$$

Verifichiamo infine la proporzionalità tra le aree dei rettangoli simili e le aree dei quadrati di due lati omologhi; infatti la proporzione tra le loro misure è data da

$$\text{area}(ABCD) : \text{area}(MNPQ) = \ldots\ldots\ldots, \quad \frac{q(AB)}{q(MN)} = \frac{\overline{AB}^2}{\overline{MN}^2} = \ldots\ldots$$

I precedenti rapporti valgono $\left(\frac{4}{3}\right)^2$, quindi

$$\ldots\ldots\ldots\ldots\ldots\ldots\ldots\ldots\ldots\ldots\ldots\ldots\ldots$$

▶▶ **185** Un rettangolo ha i lati di 2 cm e 3 cm. Un secondo rettangolo, simile al primo, ha il perimetro di 55 cm. Calcola le lunghezze dei lati del secondo rettangolo. [11 cm e 16,5 cm]

▶▶ **186** Un rettangolo ha i lati di 20 cm e 48 cm. Un secondo rettangolo, simile al primo, è inscritto in una circonferenza di raggio 6,5 cm. Determina il perimetro del secondo rettangolo. [34 cm]

▶▶ **187** Un rombo le cui diagonali sono lunghe 15 cm e 36 cm, è simile a un secondo rombo il cui perimetro è 52 cm. Trova le lunghezze delle diagonali del secondo rombo. [10 cm e 24 cm]

▶▶ **188** Un rombo ha le diagonali di 30 cm e 40 cm. Calcola il perimetro del rombo e il raggio della circonferenza inscritta. Un secondo rombo, simile al primo, è circoscritto a una circonferenza di diametro 18 cm. Calcolane il perimetro. [100 cm; 12 cm; 75 cm]

Sezione aurea e rapporto aureo

QUESITI

▶▶ **189** Che cosa s'intende per sezione aurea di un segmento? E per rapporto aureo?

▶▶ **190** Dimostra che, sommando a un segmento la sua sezione aurea, si ottiene un nuovo segmento di cui quello dato è sezione aurea.

▶▶ **191** Perché il lato di un decagono regolare è congruente alla sezione aurea del raggio della circonferenza a esso circoscritta?

▶▶ **192** Determina la lunghezza della sezione aurea di un segmento lungo 8 cm. $\quad [4(\sqrt{5}-1)\text{ cm}]$

▶▶ **193** Determina la lunghezza di un segmento, sapendo che la sua sezione aurea è lunga 6 cm. $\quad [3(\sqrt{5}+1)\text{ cm}]$

▶▶ **194** Dato un segmento AB, sia AC la sua sezione aurea. Dimostra che CB è la sezione aurea di AC. (*Suggerimento*: applica la proprietà dello scomporre nella proporzione.)

▶▶ **195** Dimostra che, se due diagonali di un pentagono regolare si intersecano, il loro punto di intersezione divide ciascuna diagonale in due parti, la minore delle quali è la sezione aurea dell'altra. Mostra poi che ciascuna diagonale di un pentagono regolare è congruente alla somma del lato e della sua sezione aurea.

▶▶ **196** Considera un pentagono stellato, ossia la figura che si ottiene tracciando le diagonali di un pentagono regolare. Con riferimento alla figura a lato, dimostra che

   a. AE è la sezione aurea di AC;

   b. AD è la sezione aurea di AE;

   c. le diagonali, incontrandosi, determinano un secondo pentagono regolare il cui lato DE è la sezione aurea della sezione aurea del lato del pentagono dato.

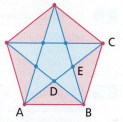

▶▶ **197** Siano A, B, C, D, E vertici consecutivi di un decagono regolare. Dimostra che il triangolo ACE è isoscele e che il suo lato è la sezione aurea della base.

▶▶ **198** Dimostra che le diagonali di un pentagono regolare determinano un altro pentagono regolare, il cui lato è congruente alla sezione aurea della sezione aurea del lato del pentagono dato.

Esercizi per il recupero

1 Nel triangolo rettangolo ABC traccia l'altezza AH relativa all'ipotenusa BC. Dimostra che i triangoli ABH e ACH sono simili e che entrambi sono simili al triangolo dato.

2 Dimostra che la parallela a un lato di un triangolo che intersechi i prolungamenti degli altri due lati determina, con il vertice opposto al lato considerato, un triangolo i cui lati sono proporzionali a quelli del triangolo dato.

3 Dimostra che in un triangolo acutangolo ABC l'altezza AH divide il segmento che i lati AB e AC intercettano su una retta parallela a BC in parti proporzionali a BH e CH.

4 Un quadrato è inscritto in un triangolo rettangolo e un suo lato appartiene all'ipotenusa, dividendo quest'ultima in tre parti. Dimostra che la parte intermedia è media proporzionale tra le altre due.
(Osservando la figura, la tesi è $AD : DE = DE : EB$.)

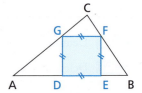

5 In una circonferenza di diametro AB, conduci una corda CD perpendicolare ad AB nel punto F e traccia una corda AE che intersechi CD in un punto M. Dimostra che $AM : AF = AB : AE$.

6 È dato un triangolo rettangolo di cui si conosce l'ipotenusa, di 15 cm, e un cateto, di 12 cm. Determina le lunghezze dei cateti di un triangolo simile a quello dato, sapendo che la sua ipotenusa è di 60 cm.
[36 cm; 48 cm]

7 Un triangolo isoscele ABC ha i lati $AC \cong BC$ lunghi 60 cm e la base AB lunga 96 cm; dal punto M del lato BC, tale che sia $MC \cong \frac{5}{6} BC$, conduci la parallela alla base AB che incontra in N il lato AC. Determina il perimetro del triangolo.
[180 cm]

8 Un triangolo ABC ha il lato BC di 24 cm. Una retta r parallela a BC divide l'altezza AH in due parti di cui quella che contiene il vertice è metà dell'altra. Determina la lunghezza del segmento che i lati AB e AC intercettano su r.
[8 cm]

9 In un triangolo isoscele la base è di 130 cm e l'altezza relativa a uno dei lati è 120 cm. Determina l'altezza relativa alla base.
[156 cm]

10 In un triangolo ABC il lato AB è di 10 cm e il lato BC è di 15 cm. Sapendo che la proiezione BH di AB su BC è di 2,8 cm, determina la lunghezza della proiezione BK di BC su AB.
[4,2 cm]

11 La base di un triangolo isoscele è 8 cm e il lato è 5 cm. Determina il lato del quadrato inscritto avente un lato che giace sulla base.
$\left[\frac{24}{11} \text{ cm}\right]$

12 È dato un triangolo rettangolo con l'ipotenusa lunga 25 cm e con un cateto lungo 20 cm. Determina la proiezione del cateto minore sull'ipotenusa.
[9 cm]

13 Il triangolo ABC è rettangolo in C e l'altezza CH relativa all'ipotenusa è lunga 24 cm e divide l'ipotenusa stessa in parti AH e HB tali che $AH \cong \frac{9}{16} HB$. Determina perimetro e area del triangolo.
[120 cm; 600 cm²]

14 In un triangolo rettangolo il cateto maggiore è lungo 120 cm, la sua proiezione sull'ipotenusa è $\frac{16}{25}$ dell'ipotenusa stessa. Determina il perimetro e l'area del triangolo.
[360 cm; 5400 cm²]

15 In un triangolo rettangolo l'ipotenusa è lunga 169 cm e l'altezza relativa all'ipotenusa 60 cm. Determina il perimetro del triangolo.
[390 cm]

16 In relazione alla figura, determina

a. la lunghezza della proiezione del cateto AB sull'ipotenusa CB, sapendo che CB è 14 m e AB è 11 m; $\left[\dfrac{121}{14}\ \text{m}\right]$

b. la lunghezza di AC; $[5\sqrt{3}\ \text{m}]$

c. la lunghezza del segmento AK; $\left[\dfrac{825}{196}\ \text{m}\right]$

d. la lunghezza dell'altezza relativa all'ipotenusa AB del triangolo AHB.

$\left[\dfrac{605}{196}\sqrt{3}\ \text{m}\right]$

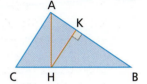

17 Del triangolo ABC, rettangolo in A, è noto che HK misura 6 mentre HB misura 12 e CH misura 4,8. Determina il perimetro del triangolo ABC e il rapporto tra HK e SH. $\left[\dfrac{126+42\sqrt{3}}{5};\ \dfrac{5}{6}\sqrt{3}\right]$

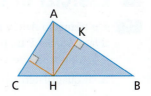

18 Determina la misura di TS, sapendo che il triangolo ABC è isoscele e che il lato AC misura 15 mentre CH misura 14. $\left[\dfrac{29}{15}\right]$

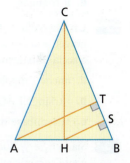

19 Dal punto medio M di una corda AB di una circonferenza traccia un'altra corda CD. Dimostra che AM è medio proporzionale tra CM e DM.

20 Determina la lunghezza del segmento EB nella circonferenza di centro O, sapendo che E è punto medio del raggio CO.

21 Determina la lunghezza del raggio della circonferenza di centro O.

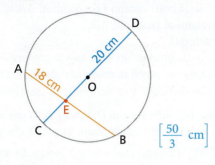

$\left[\dfrac{50}{3}\ \text{cm}\right]$

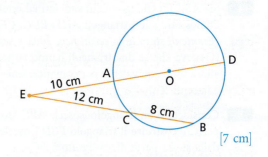

$[7\ \text{cm}]$

QUESITI A RISPOSTA MULTIPLA

22 La lunghezza del perimetro del triangolo FBD è compresa tra:

a 1650 m e 1770 m   b 1990 m e 2010 m
c 2080 m e 2110 m   d 2120 m e 2170 m
e 2310 m e 2320 m

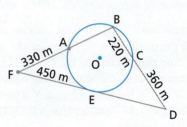

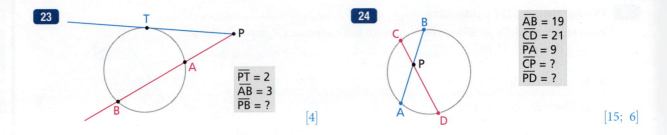

23 $\overline{PT} = 2$; $\overline{AB} = 3$; $\overline{PB} = ?$ [4]

24 $\overline{AB} = 19$; $\overline{CD} = 21$; $\overline{PA} = 9$; $\overline{CP} = ?$; $\overline{PD} = ?$ [15; 6]

Esercizi di approfondimento

1 Un triangolo ABC è rettangolo in A. Sia K il punto di intersezione tra la perpendicolare a BC passante per M e il lato AB. Sia P un punto appartenente ad AK. Traccia da M la perpendicolare a MP che incontra in Q la retta AC. Dimostra che

  a. il quadrilatero APMQ è inscrivibile in una circonferenza;

  b. il triangolo MQP è simile al triangolo ABC.

2 Un triangolo ABC è isoscele sulla base AB. Traccia la circonferenza γ con centro nel punto medio O della base e tangente ai lati. Da un punto M, interno al segmento che ha per estremi C e il punto di contatto di γ con AC, traccia la tangente a γ, che incontra BC in N. Detta a l'ampiezza degli angoli alla base di ABC, dimostra che

  a. anche l'angolo $M\hat{O}N$ ha ampiezza a;

  b. i triangoli AOM, MON e NOB sono simili;

  c. la semibase di ABC è media proporzionale tra AM e BN.

3 Siano γ_1 e γ_2 due circonferenze di centri rispettivamente O_1 e O_2 tangenti esternamente in T. Traccia una tangente comune alle due circonferenze, non passante per T e chiama AB il segmento individuato dai due punti di contatto. Sia M il punto di intersezione della tangente comune in T con il segmento AB. Dimostra che

  a. il triangolo ATB è rettangolo ed è inscritto in una semicirconferenza che è tangente alla retta O_1O_2;

  b. il triangolo O_1MO_2 è rettangolo ed è inscritto in una semicirconferenza che è tangente ad AB;

  c. il segmento AB è medio proporzionale tra i diametri di γ_1 e di γ_2.

4 Sia ABC un triangolo. Sui suoi lati ed esternamente a esso si costruiscano i tre quadrati ABDE, BGFC, CAHL. Dimostrare che i triangoli AHE, BDG, CFL sono equivalenti al triangolo ABC.
(Esame di stato liceo scientifico, 2005 – sessione straordinaria)
(Osserva che se due triangoli hanno rispettivamente congruenti due lati e gli angoli compresi supplementari, allora sono equivalenti: per convincertene puoi disporre i due triangoli in modo che gli angoli considerati siano adiacenti...)

5 Considerato un triangolo isoscele ABC, isoscele sulla base BC, indicare con D il piede della sua altezza condotta per C e costruire il triangolo ECD isoscele sulla base CD e simile a quello dato, in modo che il punto E cada dalla stessa parte di A rispetto a BC.

  a. Dimostrare che l'angolo $E\hat{C}B$ è retto.

  b. Giustificare che i punti C, D, A, E appartengono a una stessa circonferenza.
(Esame di stato liceo scientifico, 1994 – sessione ordinaria)

6 Tre circonferenze $\gamma_1, \gamma_2, \gamma_3$ sono tangenti ai lati di un angolo e si sa che γ_1 è tangente esternamente a γ_2 e γ_2 è tangente esternamente a γ_3. Dimostra che il raggio di γ_2 è medio proporzionale tra i raggi di γ_1 e γ_3. (Suggerimento: siano rispettivamente O_1, O_2, O_3 i centri di $\gamma_1, \gamma_2, \gamma_3$, essendo γ_1 la circonferenza di raggio minore. Detti rispettivamente A, B, C i punti di tangenza con uno dei lati dell'angolo, sia M il punto in cui la tangente nel punto comune a γ_1 e γ_2 interseca AB e sia N il punto in cui la tangente nel punto comune a γ_2 e γ_3 interseca BC. Dopo aver dimostrato che i quattro triangoli $O_1AM, MO_2B, BO_2N, NO_3C$ sono simili, scrivi una opportuna catena di rapporti...)

7 La stella a 10 punte rappresentata in figura è ottenuta unendo opportunamente i vertici di un decagono regolare.

a. Dimostra che il triangolo evidenziato in verde è isoscele, e che il suo lato è la sezione aurea della base.

b. Dimostra che il quadrilatero evidenziato in arancione ha i lati a due a due congruenti e che i lati minori sono la sezione aurea dei lati maggiori.

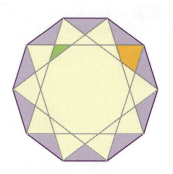

Verso la Prova Invalsi

1 Si narra che Talete di Mileto (640/625 a.C. - circa 547 a.C.), il matematico cui è attribuito l'omonimo teorema, per misurare l'altezza di una piramide seguì la procedura che qui esemplifichiamo.

Piantò verticalmente un bastone di 1,5 m nel suolo e misurò la lunghezza della sua ombra, che risultò di 2 m, e contemporaneamente misurò la distanza dell'ombra del vertice della piramide dalla sua base, che risultò di 25,36 m. Qual era l'altezza della piramide, considerando che la direzione del sole era quella della diagonale della base della piramide, e che questa è un quadrato di 230 m di lato?

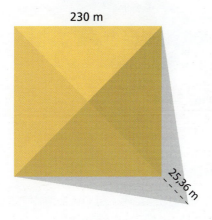

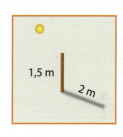

[141 m]

QUESITI A RISPOSTA MULTIPLA

2 Al luna park Mario deve colpire un palloncino che si trova a un'altezza di 2,4 metri dal suolo. Quanto spazio percorre lungo la traiettoria il proiettile sparato dal fucile ad aria compressa? (Per semplicità assumi che la traiettoria sia rettilinea.)

a 3 m **b** 3,2 m
c 4 m **d** 8 m

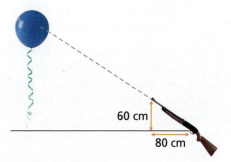

ESERCIZI

3 Le lampadine di un lampione sono poste a un'altezza di 4,10 metri da terra. A una distanza di 3,00 metri dal lampione si trova una cassetta della posta. Quanto è alta la cassetta della posta?

a 1,22 m   **b** 1,66 m   **c** 1,88 m   **d** Non ci sono dati sufficienti per rispondere

4 Occorre ricoprire un capannone di 6 m di larghezza e 4 m di altezza con un tetto di lamiera, il cui colmo deve trovarsi a 5,5 m dal suolo e deve sporgere per 1 m dal muro laterale. Calcola la lunghezza x.

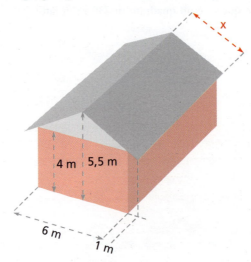

Capitolo 14

Trasformazioni geometriche nel piano euclideo

- Trasformazioni isometriche
- Simmetrie
- Traslazione e rotazione
- Composizione di trasformazioni isometriche
- Trasformazioni non isometriche
- Proprietà invarianti

Come impostare la fotocopiatrice?

FIGURA 1
Un modellino della Ferrari di Formula 1

Quanto costa l'oggetto in **FIGURA 1**? 15, forse 20 euro! Ovviamente non si tratta di una Ferrari da corsa, ma di un suo modellino!
Da bambini abbiamo giocato con macchinine, cavalieri, animali, bambole, che ci hanno fatto sognare perché ci sembrava di aver a che fare con persone e cose reali. I modellini non attraggono solo da bambini: alcuni adulti continuano a collezionarli.

Un modellino riproduce «in scala» un oggetto reale, che cosa significa riprodurre in scala?
Vuol dire «trasformare» l'oggetto reale, troppo grande, in un oggetto più piccolo, ma con la stessa forma. Esattamente come quando scattiamo una fotografia o fotocopiamo una pagina per ingrandirla o rimpicciolirla.
Ad esempio, Luca vuole ingrandire un'immagine del suo gatto (**FIGURA 2**), preparata su un foglio A4 (i fogli tipici delle stampanti), in una di formato A3 (grande il doppio), sfruttando tutto lo spazio a disposizione.
Luca sa che un foglio A3 si ottiene accostando due fogli A4 e in questo modo otterrebbe una foto di area doppia. Quindi imposta la fotocopiatrice con un ingrandimento doppio, cioè del 200%. Dalla fotocopiatrice esce un foglio A3 (**FIGURA 3**).

Dov'è finito il gatto? Che cosa ha sbagliato Luca?

💡 Soluzione a pag. 807

FIGURA 2
La foto scattata da Luca su un foglio A4

FIGURA 3
La stessa immagine ingrandita del doppio su un foglio A3

Trasformazioni isometriche

1. Trasformazioni geometriche

Introduciamo il concetto di *trasformazione geometrica piana* ragionando su alcuni esempi.

a. Fissiamo un punto O nel piano. A ogni punto P del piano facciamo corrispondere il punto P', simmetrico di P rispetto al punto O (**FIGURA 4**).

b. Fissiamo una retta r nel piano. A ogni punto P del piano facciamo corrispondere la sua proiezione (ortogonale) P' sulla retta r (**FIGURA 5**).

FIGURA 4   **FIGURA 5**

Entrambi gli esempi descrivono *corrispondenze tra punti dello stesso piano*. Osserviamo, tuttavia, che

- ogni punto P del piano ha un solo simmetrico P' rispetto a O e, viceversa, ogni punto Q' del piano è il simmetrico di *un solo* punto Q del piano;
- ogni punto P del piano ha una sola proiezione P' sulla retta r, viceversa un qualsiasi punto Q' della retta r è proiezione di *infiniti* punti del piano (tutti quelli che giacciono sulla retta passante per Q' e perpendicolare a r).

In altri termini, la corrispondenza del primo esempio è **biunivoca**, mentre quella del secondo esempio non lo è. Diremo che la corrispondenza del primo esempio è una **trasformazione geometrica piana**.

> **DEFINIZIONE** **TRASFORMAZIONE GEOMETRICA PIANA**
> Si dice trasformazione geometrica piana una corrispondenza biunivoca che associa a ogni punto di un piano un punto dello stesso piano.

Se denotiamo con f una particolare trasformazione, per indicare che f trasforma il punto P nel punto P' scriviamo in uno dei seguenti modi:

$$P' = f(P) \qquad f: P \to P' \qquad P \xrightarrow{f} P'$$

e diciamo che P' è il *corrispondente* o l'*immagine* o il *trasformato* di P. Analogamente, il punto P è detto *controimmagine* di P'.
Applicare una trasformazione geometrica f a una figura piana γ significa trasformare ogni punto di γ. L'insieme delle immagini dei punti di γ costituisce una figura geometrica γ'; usando una notazione analoga a quella introdotta per i punti, scriviamo in uno dei seguenti modi:

$$\gamma' = f(\gamma) \qquad f: \gamma \to \gamma' \qquad \gamma \xrightarrow{f} \gamma'$$

e diciamo che γ' è l'*immagine* o la *trasformata* di γ in f. Se l'immagine di un punto P, mediante una trasformazione f, coincide con il punto P stesso, ossia $f(P) = P$, si dice che P è un **punto unito** rispetto alla trasformazione f.

Se l'immagine di una figura γ coincide con la figura γ stessa, ossia se $f(\gamma) = \gamma$, si dice che γ è una **figura unita**.

> Talvolta ci si riferisce ai punti uniti e alle figure unite come agli *elementi uniti* di una trasformazione.

> **ATTENZIONE!**
>
> Data una trasformazione f, *i punti di una figura unita possono anche non essere punti uniti*. Infatti, se γ è una figura unita in f e P è un suo punto, allora anche $P' = f(P)$ appartiene a γ, ma non è detto che P' coincida con P.
> Se, invece, ciascun punto di una figura è un punto unito, allora parleremo di *figura di punti uniti*; naturalmente, una figura di punti uniti è, in particolare, una figura unita.

Una particolare trasformazione geometrica rispetto alla quale ciascun punto del piano è unito è la **trasformazione identica** o, più semplicemente, **identità**.

> **DEFINIZIONE** **IDENTITÀ**
>
> L'identità è la trasformazione geometrica che fa corrispondere a ogni punto del piano il punto stesso.

Poiché le trasformazioni geometriche sono corrispondenze biunivoche, l'inversa di una trasformazione geometrica f, indicata con f^{-1}, è ancora una trasformazione geometrica, detta **trasformazione inversa**, e vale (**FIGURA 6**)

$$f(P) = P' \iff f^{-1}(P') = P$$

FIGURA 6

Infine, se una trasformazione f è tale che, per ogni punto P del piano,

$$f(P) = P' \quad \text{e} \quad f(P') = P$$

allora f si dice **trasformazione involutoria** (oppure *involuzione*). Naturalmente l'identità è una trasformazione involutoria.

> Osserva che una trasformazione involutoria coincide con la sua trasformazione inversa.

> **ESEMPIO**
>
> Fissiamo un punto O nel piano e riconsideriamo la corrispondenza, introdotta a inizio paragrafo, che associa a ogni punto P del piano il suo simmetrico P' rispetto a O.
> In riferimento alla **FIGURA 7**, abbiamo
>
> $$f: A \to A' \qquad f: B \to B' \qquad \ldots \qquad f(Q) = Q' \qquad \text{ecc.}$$
>
> Osserviamo che l'immagine della figura γ è la figura γ', costituita dagli infiniti punti A', B', C'... che sono immagini degli infiniti punti A, B, C... di γ; perciò $\gamma' = f(\gamma)$.
> Ora analizziamo alcuni *elementi uniti* di f (cioè punti uniti e rette unite). Il punto O è l'unico punto unito, infatti $f(O) = O$ (cioè O coincide con la sua immagine) e nessun altro punto coincide con il proprio simmetrico rispetto a O.
> Consideriamo ora la circonferenza δ di centro O. L'immagine di $Q \in \delta$ è un punto Q' che appartiene ancora alla circonferenza δ (infatti se OQ è un raggio di δ, anche $OQ' \cong OQ$ è un raggio di δ).
>
>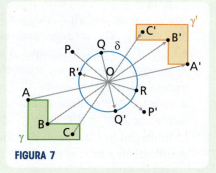
>
> FIGURA 7

In realtà, qualunque punto della circonferenza δ ha per immagine *un altro* punto della circonferenza δ. Ne deduciamo che l'immagine di δ è ancora δ: quindi $f(δ) = δ$, ossia δ è una figura unita. Osserviamo però che nessun punto di δ è un punto unito: δ è una figura unita ma *non è una figura di punti uniti*.
La trasformazione considerata si chiama *simmetria centrale* ed è un'*isometria*, oggetto di studio del prossimo paragrafo.

2. Isometrie

Le trasformazioni geometriche del piano si possono classificare in due categorie: le trasformazioni isometriche e le trasformazioni non isometriche. In questo paragrafo studieremo le prime, dette anche *isometrie*.

> Il sostantivo **isometria** e l'aggettivo **isometrico** derivano dalle parole greche *ísos* (che significa uguale) e *métron* (che significa misura).

DEFINIZIONE ISOMETRIA

Una trasformazione geometrica si dice isometria se, per ogni coppia di punti A e B del piano, dette A' e B' le rispettive immagini, il segmento $A'B'$ è congruente al segmento AB.

In altre parole, una trasformazione geometrica è un'isometria se la distanza tra due punti del piano, comunque scelti, è uguale alla distanza tra le loro immagini. Perciò si dice che **le isometrie sono trasformazioni che conservano le distanze**. Un primo esempio di isometria è dato dalla trasformazione identica. Infatti le immagini A' e B' di due punti qualsiasi A e B del piano, in questo caso, coincidono rispettivamente con A e B, quindi in particolare vale $A'B' \cong AB$. Le isometrie godono di alcune proprietà fondamentali espresse dai teoremi che seguono.

> Osserva che la trasformazione inversa di un'isometria è ancora un'isometria.

TEOREMA 1

Un'isometria trasforma rette in rette.

DIMOSTRAZIONE

Siano A, B, C tre punti di una retta r; per fissare le idee, supponiamo che B sia compreso tra A e C. Siano A', B', C' le immagini di A, B e C in un'isometria f (**FIGURA 8**). Vogliamo dimostrare che anche A', B', C' sono allineati e che anche B' è tra A' e C'.

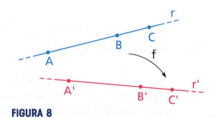

FIGURA 8

Poiché f è un'isometria, valgono le congruenze $A'B' \cong AB$, $B'C' \cong BC$ e $A'C' \cong AC$. Di conseguenza, essendo $AC \cong AB + BC$, risulta anche $A'C' \cong A'B' + B'C'$. Dunque A', B' e C' sono allineati perché, se non lo fossero, si avrebbe un triangolo $A'B'C'$ in cui, per la disuguaglianza triangolare, dovrebbe essere $A'C' < A'B' + B'C'$, contrariamente a quanto si è detto. Inoltre dalla relazione $A'C' \cong A'B' + B'C'$ segue necessariamente che $A'B' < A'C'$ e $B'C' < A'C'$ e quindi B' è tra A' e C'.
Le immagini in f dei punti di r formano perciò una retta r' che è la corrispondente di r in f; si ha quindi $r' = f(r)$.   c.v.d.

Dal **TEOREMA 1** si deduce il seguente corollario.

> **COROLLARIO 1**
>
> Un'isometria trasforma semirette in semirette e segmenti in segmenti.

Possiamo riformulare l'enunciato del **TEOREMA 1** dicendo che **le isometrie conservano l'allineamento dei punti**.

> ### ■ AFFINITÀ
>
> Le trasformazioni geometriche che conservano l'allineamento dei punti sono dette *affinità*. Per il **TEOREMA 1**, le isometrie sono quindi delle particolari affinità.
>
> Le affinità conservano anche l'incidenza e il parallelismo tra rette: il prossimo teorema, che esprime tali proprietà, è enunciato per le isometrie ma, in realtà, vale più in generale per ogni affinità. In effetti, ti accorgerai che l'unica proprietà delle isometrie cui si ricorre nella dimostrazione è il fatto di trasformare rette in rette (cioè il fatto di essere delle affinità).

Tutte le trasformazioni geometriche che studierai in questo capitolo sono delle affinità.

> **TEOREMA 2**
>
> Un'isometria trasforma
>
> **a.** rette incidenti in rette incidenti;
>
> **b.** rette parallele in rette parallele.

> **DIMOSTRAZIONE**
>
> **a.** Siano r e s due rette incidenti in un punto P (**FIGURA 9**) e sia f un'isometria. Per il **TEOREMA 1**, f trasforma rette in rette e quindi siano r' e s' le immagini in f rispettivamente delle rette r e s. La retta r' è l'insieme delle immagini dei punti di r e quindi, poiché $P \in r$, l'immagine P' di P appartiene a r'; per lo stesso motivo P' appartiene anche a s'. Dunque r' e s' hanno in comune il punto P'.
>
> D'altra parte, r' e s' non possono avere altri punti in comune; infatti, se così fosse, detto Q' un *altro* punto in comune a r' e s', essendo $r' = f(r)$ e $s' = f(s)$, la controimmagine Q di Q' dovrebbe appartenere sia a r sia a s ed essere distinta da P. Dunque le rette r e s, avendo due punti in comune, coinciderebbero e questo contraddice l'ipotesi di incidenza di r e s in P. Concludiamo che r' e s' sono incidenti in P'.
>
> **b.** Siano r e s due rette parallele e r' e s' le rispettive immagini in un'isometria f (**FIGURA 10**).
>
> Dobbiamo dimostrare che $r' \parallel s'$. Se, per assurdo, r' e s' avessero un punto Q' in comune allora, ragionando come nel punto **a.**, la sua controimmagine Q dovrebbe appartenere sia a r sia a s, contro l'ipotesi $r \parallel s$.
>
> c.v.d.

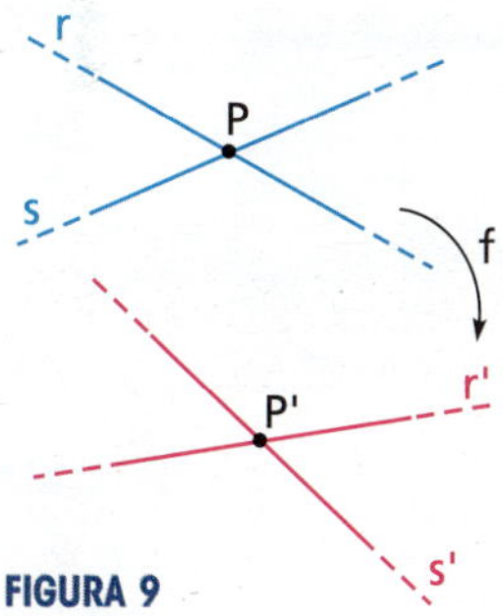

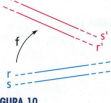

FIGURA 9

FIGURA 10

In altri termini, il **TEOREMA 2** permette di affermare che **le isometrie conservano l'incidenza e il parallelismo tra rette**.

Il seguente teorema è una conseguenza del **TEOREMA 2** e della definizione di isometria.

> **TEOREMA 3**
> Un'isometria trasforma un triangolo in un triangolo a esso congruente.

Le isometrie non **conservano** solo le distanze tra punti, ma anche **l'ampiezza degli angoli**, come stabilito dal seguente teorema.

> **TEOREMA 4**
> Un'isometria trasforma un angolo in un angolo a esso congruente.

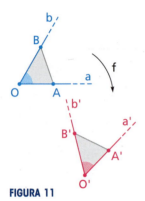

FIGURA 11

DIMOSTRAZIONE

Sia $\widehat{ab}$ un angolo di vertice O e sia f un'isometria.
Per il **COROLLARIO 1** e il **TEOREMA 2**, le immagini dei lati a e b dell'angolo dato sono due semirette a' e b' che hanno, come origine comune, il punto O' immagine di O in f (**FIGURA 11**). Pertanto l'isometria f trasforma l'angolo $\widehat{ab}$ di vertice O nell'angolo $\widehat{a'b'}$ di vertice O': dobbiamo dimostrare che $\widehat{ab} \cong \widehat{a'b'}$.
Consideriamo due punti $A \in a$ e $B \in b$ e siano $A' \in a'$ e $B' \in b'$ le rispettive immagini in f. Per il **TEOREMA 3**, i triangoli OAB e $O'A'B'$ sono congruenti; in particolare vale $A\widehat{O}B \cong A'\widehat{O}'B'$, cioè $\widehat{ab} \cong \widehat{a'b'}$.   c.v.d.

Dai **TEOREMI 2** e **4** deduciamo che **un'isometria trasforma rette perpendicolari in rette perpendicolari**. Poiché le isometrie conservano le lunghezze dei segmenti (per definizione) e le ampiezze degli angoli (per il **TEOREMA 4**), allora il risultato stabilito dal **TEOREMA 3** può essere esteso a qualsiasi figura, cioè **un'isometria trasforma una figura geometrica in una figura geometrica congruente**.
Per questo motivo le isometrie vengono anche dette **congruenze**.

Nei prossimi paragrafi presenteremo le principali isometrie: la *simmetria centrale*, la *simmetria assiale*, la *traslazione* e la *rotazione*.

■ Simmetrie

3. Simmetria centrale

Sappiamo già che due punti A e A' sono simmetrici rispetto a un punto O se O è il punto medio del segmento AA' (**FIGURA 12**).

FIGURA 12

> **DEFINIZIONE   SIMMETRIA CENTRALE**
> Si dice simmetria centrale di centro O la trasformazione che fa corrispondere a ciascun punto del piano il suo simmetrico rispetto a O.

Indicheremo la simmetria centrale di centro O con σ_O. In riferimento alla **FIGURA 12** abbiamo quindi

$$A' = \sigma_O(A) \quad \longleftrightarrow \quad AO \cong OA' \wedge (A, O, A' \text{ allineati})$$

> **TEOREMA 5**
> La simmetria centrale è un'isometria.

DIMOSTRAZIONE

Siano A e B due punti del piano e siano $A' = \sigma_O(A)$ e $B' = \sigma_O(B)$ le loro immagini nella simmetria centrale di centro O (**FIGURA 13**) (ipotesi). Dobbiamo dimostrare che $A'B' \cong AB$ (tesi).
Consideriamo i triangoli AOB e $A'OB'$. Essi hanno:

- $AO \cong OA'$ ⎫
- $BO \cong OB'$ ⎭ per definizione di simmetria centrale;

- $A\widehat{O}B \cong A'\widehat{O}B'$ perché angoli opposti al vertice.

Quindi i due triangoli AOB e $A'OB'$ sono congruenti per il primo criterio di congruenza e, in particolare, $AB \cong A'B'$. c.v.d.

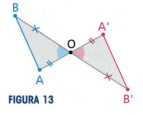

FIGURA 13

La simmetria centrale gode quindi di tutte le proprietà che abbiamo dimostrato per le isometrie nel paragrafo precedente. *La simmetria centrale è*, inoltre, *una trasformazione involutoria*; infatti, se il simmetrico di un punto P rispetto a O è il punto P', il simmetrico di P' rispetto a O è P.

Analizziamo ora gli *elementi uniti* di una simmetria centrale.

▶ **In una simmetria centrale il centro è l'unico punto unito.**
Infatti $\sigma_O(O) = O$, cioè la simmetria centrale σ_O trasforma O in O stesso; inoltre, ogni altro punto P distinto da O ha come simmetrico rispetto a O un punto P' distinto da P.

▶ **In una simmetria centrale, ogni retta passante per il centro è una retta unita.**
Infatti, detta r una qualsiasi retta passante per il centro O della simmetria σ_O, l'immagine $P' = \sigma_O(P)$ di un punto $P \in r$ è un punto allineato con P e O, quindi anche $P' \in r$.

Come agisce invece una simmetria centrale su una retta che non passa per il centro? Vale il seguente teorema.

TEOREMA 6

Una simmetria centrale trasforma una retta non passante per il centro in una retta a essa parallela.

DIMOSTRAZIONE

Siano σ_O una simmetria centrale di centro O, r una retta non passante per O e A e B due punti di r (**FIGURA 14**). Sappiamo che $\sigma_O(r)$ è una retta r' cui appartengono le immagini $A' = \sigma_O(A)$ e $B' = \sigma_O(B)$. Vogliamo dimostrare che $r' \parallel r$. Poiché il centro O è punto unito della simmetria centrale σ_O, l'immagine dell'angolo $O\widehat{A}B$ è l'angolo $O\widehat{A'}B'$. Essendo σ_O un'isometria, dal **TEOREMA 4** deduciamo che $O\widehat{A}B \cong O\widehat{A'}B'$. Poiché tali angoli sono alterni interni delle rette r e r' tagliate dalla trasversale AA', possiamo concludere che $r' \parallel r$. c.v.d.

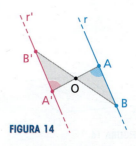

FIGURA 14

> Ricorda che due semirette si dicono discordi se giacciono da parti opposte rispetto alla retta che congiunge le loro origini.

Dalla dimostrazione del **TEOREMA 6** puoi dedurre che **una simmetria centrale trasforma una semiretta non passante per il centro in una semiretta a essa parallela e discorde.**

4. Centro di simmetria di una figura

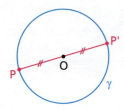

FIGURA 15

Consideriamo una circonferenza γ di centro O e un suo punto P. Sia $P' = \sigma_O(P)$ il simmetrico di P rispetto a O (**FIGURA 15**). Poiché vale $PO \cong OP'$, allora i punti P e P' sono equidistanti dal centro di γ. In particolare, poiché P appartiene alla circonferenza, anche P' vi appartiene. Queste considerazioni valgono per qualsiasi punto della circonferenza γ e quindi $\sigma_O(\gamma) = \gamma$, cioè la circonferenza γ è una figura unita rispetto alla simmetria centrale di centro O.

> **DEFINIZIONE   CENTRO DI SIMMETRIA DI UNA FIGURA**
>
> Si dice che un punto O è centro di simmetria di una figura se essa è *unita* rispetto alla simmetria di centro O. Si dice inoltre che la *figura è simmetrica rispetto al punto O*.

Le considerazioni che precedono la definizione giustificano il seguente teorema.

> **TEOREMA 7**
>
> Il centro di una circonferenza è il suo centro di simmetria.

Osserviamo che, in generale, una figura geometrica può

- *non* avere centro di simmetria; ad esempio, una semiretta non è simmetrica rispetto ad alcun punto;
- avere *un solo* centro di simmetria; ad esempio, un segmento è simmetrico rispetto al suo punto medio e, come abbiamo visto, una circonferenza è simmetrica rispetto al suo centro;
- avere *infiniti* centri di simmetria; ad esempio, una retta è simmetrica rispetto a ciascuno dei suoi punti.

Nel **PARAGRAFO 7** analizzeremo i centri di simmetria di alcuni poligoni notevoli. Presentiamo ora il caso del parallelogramma.

> **TEOREMA 8**
>
> Il punto di intersezione delle diagonali di un parallelogramma è il centro di simmetria del parallelogramma.

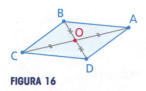

FIGURA 16

DIMOSTRAZIONE

Sia $ABCD$ un parallelogramma e sia O il punto di intersezione delle sue diagonali AC e BD (**FIGURA 16**). Poiché in un parallelogramma le diagonali si tagliano reciprocamente a metà, il punto O è il punto medio di AC e di BD. Pertanto, nella simmetria centrale σ_O di centro O, l'immagine di ciascun vertice del parallelogramma è il vertice opposto.

La simmetria σ_O è un'isometria, quindi conserva l'allineamento dei punti: poiché $\sigma_O(A) = C$ e $\sigma_O(B) = D$, deduciamo che l'immagine $\sigma_O(AB)$ del segmento AB è il segmento CD. Dunque la simmetria σ_O trasforma ogni lato del parallelogramma nel lato opposto.

Ti lasciamo il compito di dimostrare che, dato un punto P interno al parallelogramma, la sua immagine $P' = \sigma_O(P)$ è un punto interno al parallelogramma. Dunque O risulta il centro di simmetria di $ABCD$.   c.v.d.

5. Simmetria assiale

Sappiamo già che due punti A e A' sono simmetrici rispetto a una retta a se tale retta è asse del segmento AA' (FIGURA 17).

> **DEFINIZIONE** **SIMMETRIA ASSIALE**
> Data una retta a, si dice simmetria assiale di asse a la trasformazione che fa corrispondere a ciascun punto del piano il suo simmetrico rispetto alla retta a.

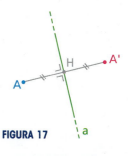

FIGURA 17

Indicheremo la simmetria assiale di asse a con σ_a. Osservando la FIGURA 17, abbiamo

$$A' = \sigma_a(A) \quad \longleftrightarrow \quad AA' \perp a, \; AH \cong HA'$$

> **TEOREMA 9**
> La simmetria assiale è un'isometria.

■ SAI GIÀ CHE...

L'asse di un segmento è il luogo geometrico dei punti del piano equidistanti dagli estremi del segmento.

DIMOSTRAZIONE

Siano A e B due punti del piano, a una retta e siano $A' = \sigma_a(A)$ e $B' = \sigma_a(B)$ le loro immagini nella simmetria assiale di asse a. Dobbiamo dimostrare che $A'B' \cong AB$. Distinguiamo quattro casi.

Primo caso: se A e B appartengono entrambi all'asse a (FIGURA 18), allora $A' \equiv A$ e $B' \equiv B$, quindi $A'B'$ coincide con AB, in particolare $A'B' \cong AB$.

Secondo caso: se solo uno dei punti A e B, ad esempio A, appartiene all'asse a (FIGURA 19), allora $A' \equiv A$. Poiché $A \in a$ e la retta a è l'asse del segmento BB', allora A è equidistante dagli estremi di BB', cioè $AB' \cong AB$. Essendo $A' \equiv A$, deduciamo che $A'B' \cong AB$.

Terzo caso: se nessuno dei due punti A e B appartiene all'asse a ed essi si trovano *dalla stessa parte rispetto ad a* (FIGURA 20), siano H e K i punti di intersezione con l'asse a rispettivamente di AA' e BB'.
Poiché $H \in a$ e la retta a è l'asse del segmento BB', allora $HB \cong HB'$, cioè il triangolo HBB' è isoscele di base BB'. Il segmento HK è mediana e altezza relativa alla base, quindi è anche bisettrice dell'angolo al vertice $B\hat{H}B'$, cioè vale $B'\hat{H}K \cong B\hat{H}K$.
Consideriamo ora i triangoli $A'HB'$ e AHB. Essi hanno:

- $A'H \cong AH$ per definizione di simmetria assiale;
- $B'H \cong BH$ perché H appartiene all'asse di BB';
- $A'\hat{H}B' \cong A\hat{H}B$ perché complementari degli angoli congruenti $B'\hat{H}K$ e $B\hat{H}K$.

Quindi, per il primo criterio di congruenza, i triangoli $A'HB'$ e AHB sono congruenti e, in particolare, $A'B' \cong AB$.

Quarto caso: se A e B si trovano *da parti opposte rispetto all'asse a* (FIGURA 21), allora $AB' \cong A'B$ (ti lasciamo il compito di dimostrarlo, procedendo in modo analogo al caso precedente).
Il quadrilatero $AA'BB'$ è tale che $AB' \cong A'B$ e $AA' \parallel BB'$ perché entrambi perpendicolari ad a.
Quindi $AA'BB'$ è un trapezio isoscele e perciò le sue diagonali sono congruenti, cioè $A'B' \cong AB$.   c.v.d.

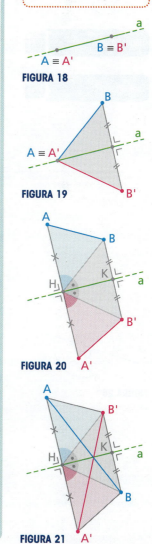

FIGURA 18

FIGURA 19

FIGURA 20

FIGURA 21

La simmetria assiale gode quindi di tutte le proprietà che abbiamo dimostrato per le isometrie. Come la simmetria centrale, anche *la simmetria assiale è una trasformazione involutoria*; infatti, se il simmetrico di un punto P rispetto all'asse a è il punto P', il simmetrico di P' rispetto ad a è P.
Analizziamo ora gli *elementi uniti* di una simmetria assiale.

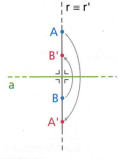

FIGURA 22

▶ **In una simmetria assiale tutti i punti dell'asse sono uniti,** in particolare **l'asse è una retta unita**.
Infatti, come abbiamo già detto, per ogni punto P appartenente all'asse a, vale $\sigma_a(P) = P$, ossia la simmetria assiale σ_a trasforma P in P stesso.
Inoltre, ogni altro punto P del piano non appartenente all'asse a, ha come immagine un punto P' distinto da P e situato da parte opposta rispetto ad a.

▶ **In una simmetria assiale, ogni retta perpendicolare all'asse è una retta unita.**
Infatti, dato un punto A appartenente a una retta $r \perp a$, il suo simmetrico $A' = \sigma_a(A)$ rispetto all'asse a è tale che $AA' \perp a$, quindi anche A' appartiene alla retta r (**FIGURA 22**).

Come agisce invece una simmetria assiale su una retta parallela all'asse? E su una generica retta incidente l'asse?
Valgono le seguenti proposizioni.

Dimostrazione

▶ **Una simmetria assiale trasforma una retta parallela all'asse in una retta anch'essa parallela all'asse** (**FIGURA 23**).

Dimostrazione

▶ **Una simmetria assiale trasforma una retta incidente l'asse in una retta anch'essa incidente l'asse nello stesso punto. Inoltre, la retta e la sua immagine formano con l'asse angoli congruenti** (**FIGURA 24**).

FIGURA 23   FIGURA 24

6. Asse di simmetria di una figura

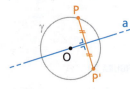

FIGURA 25

Consideriamo una circonferenza γ e una qualsiasi retta a passante per il centro O di γ. Siano P un punto di γ e $P' = \sigma_a(P)$ il suo simmetrico rispetto alla retta a (**FIGURA 25**). Poiché a è l'asse del segmento PP' e il centro O di γ appartiene ad a, allora O è equidistante dagli estremi P e P' del segmento. In particolare, poiché P appartiene alla circonferenza γ, anche P' vi appartiene.
Queste considerazioni valgono per qualsiasi punto della circonferenza γ e quindi $\sigma_a(\gamma) = \gamma$, cioè la circonferenza γ è una figura unita rispetto alla simmetria assiale di asse a.

> **DEFINIZIONE**   **ASSE DI SIMMETRIA DI UNA FIGURA**
> Si dice che una retta a è asse di simmetria di una figura se la figura è *unita* rispetto alla simmetria di asse a. Si dice inoltre che la *figura è simmetrica rispetto alla retta a*.

Le considerazioni che precedono la definizione giustificano il seguente teorema.

> **TEOREMA 10**
> Ogni retta passante per il centro di una circonferenza è un asse di simmetria della circonferenza.

Osserviamo che, in generale, una figura geometrica può
- *non* avere assi di simmetria; ad esempio, un parallelogramma (che non sia né un rettangolo, né un rombo, né un quadrato) non possiede assi di simmetria;
- avere *un solo* asse di simmetria; ad esempio, un triangolo isoscele (non equilatero) è simmetrico solo rispetto alla sua base;
- avere *un numero finito* di assi di simmetria, come vedremo nel prossimo paragrafo esaminando alcuni poligoni notevoli;
- avere *infiniti* assi di simmetria; ad esempio, una retta è simmetrica rispetto a ciascuna retta a essa perpendicolare oppure, come abbiamo visto, una circonferenza è simmetrica rispetto a ciascuna retta passante per il suo centro (**FIGURA 26**).

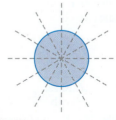

FIGURA 26

Prima di analizzare le proprietà di simmetria di alcuni poligoni notevoli, enunciamo il seguente teorema.

> **TEOREMA 11**
> La bisettrice di un angolo è asse di simmetria dell'angolo.

Dimostrazione

7. Assi e centri di simmetria di poligoni notevoli

In questo paragrafo esamineremo assi e centri di simmetria di alcuni poligoni notevoli. Prima di passare in rassegna i poligoni notevoli, è necessario osservare che se un poligono ha un centro di simmetria, ogni vertice del poligono deve avere un vertice immagine nella simmetria di tale centro e pertanto il numero dei vertici deve essere pari. In altri termini, i poligoni con un numero dispari di vertici (o lati) non possono avere un centro di simmetria; i poligoni con un numero pari di lati possono invece avere o non avere un centro di simmetria.

▶ **Triangolo isoscele**
È simmetrico rispetto all'asse *a* della base (**FIGURA 27**) e, se il triangolo isoscele non è equilatero, tale retta è l'unico asse di simmetria.
Non vi è centro di simmetria (infatti il triangolo è un poligono di tre lati).

▶ **Triangolo equilatero**
È simmetrico rispetto agli assi *a*, *b*, *c* dei tre lati (**FIGURA 28**). Dunque un triangolo equilatero ha tre assi di simmetria. Non vi è un centro di simmetria.

▶ **Parallelogramma**
Come abbiamo già detto, è simmetrico rispetto al punto di intersezione *O* delle diagonali (**FIGURA 29**). Se il parallelogramma non è un rombo, un rettangolo o un quadrato, non vi sono assi di simmetria.

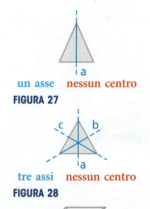

un asse   nessun centro
FIGURA 27

tre assi   nessun centro
FIGURA 28

nessun asse   un centro
FIGURA 29

TEORIA

due assi   un centro
FIGURA 30

▶ **Rombo**
È simmetrico rispetto al punto di intersezione O delle diagonali e rispetto alle rette a e b delle diagonali (**FIGURA 30**). Il rombo ha perciò un centro di simmetria e, se non è un quadrato, due assi di simmetria.

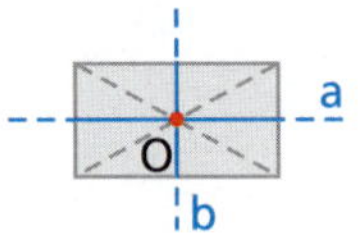

due assi   un centro
FIGURA 31

▶ **Rettangolo**
È simmetrico rispetto al punto di intersezione O delle diagonali (**FIGURA 31**). Gli assi a e b di ciascuna coppia di lati opposti coincidono e sono assi di simmetria. Un rettangolo ha perciò un centro di simmetria e, se non è un quadrato, due assi di simmetria.

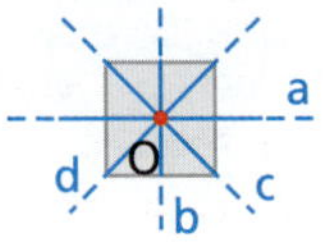

quattro assi   un centro
FIGURA 32

▶ **Quadrato**
È simmetrico rispetto al punto di intersezione O delle diagonali; inoltre è simmetrico sia rispetto agli assi a e b di ciascuna coppia di lati opposti, sia rispetto alle diagonali c e d (**FIGURA 32**). Perciò il quadrato ha un centro di simmetria e quattro assi di simmetria.

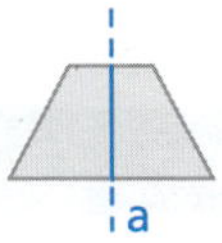

un asse   nessun centro
FIGURA 33

▶ **Trapezio isoscele**
È simmetrico rispetto alla retta a, asse comune delle due basi (**FIGURA 33**). Non vi è un centro di simmetria.

n pari

n assi   un centro
FIGURA 34

▶ **Poligono regolare con n lati (n pari)**
Il centro O del poligono è centro di simmetria; sono assi di simmetria sia ciascuna delle rette passanti per il centro del poligono e per due vertici opposti, sia ciascuna delle rette passanti per il centro e perpendicolari a una coppia di lati opposti (**FIGURA 34**).

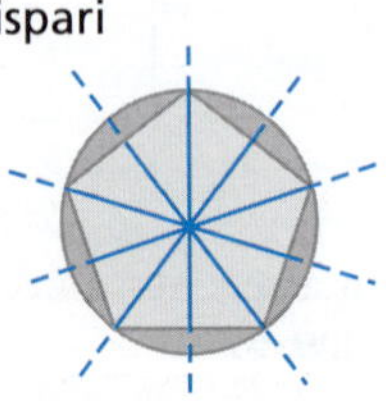

n dispari

n assi   nessun centro
FIGURA 35

▶ **Poligono regolare con n lati (n dispari)**
Il centro del poligono **non è** centro di simmetria; ciascuna delle rette passanti per un vertice e per il centro del poligono è perpendicolare al lato opposto ed è asse di simmetria del poligono (**FIGURA 35**).

■ **C'È CENTRO E CENTRO**

Abbiamo precedentemente definito il concetto di *centro di un poligono regolare*: esso è il centro comune della circonferenza inscritta nel poligono e della circonferenza circoscritta al poligono. Tale centro non è necessariamente anche il centro di simmetria. Infatti tutti i poligoni regolari hanno un centro, nel senso che abbiamo appena richiamato, ma solo quelli che hanno un numero pari di lati hanno anche un centro di simmetria, che in tal caso coincide con il centro del poligono. I poligoni regolari con un numero dispari di lati invece non hanno centro di simmetria.

Traslazione e rotazione

8. Vettori

Consideriamo un segmento AB. Sappiamo che la retta su cui esso giace può essere *orientata* in modo che A preceda B o, viceversa, in modo che B preceda A. Possiamo quindi pensare di percorrere il segmento AB procedendo da A verso B oppure da B verso A: si parla allora di **segmento orientato**.

Indicheremo il segmento orientato da A verso B con $\overrightarrow{AB}$ e lo rappresenteremo graficamente con una freccia (**FIGURA 36**).

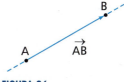

FIGURA 36

Due segmenti orientati $\overrightarrow{AB}$ e $\overrightarrow{CD}$ che giacciono su due rette parallele e distinte si dicono *orientati nello stesso verso* o *equiversi* se le semirette parallele AB e CD sono concordi; se invece tali semirette sono discordi, allora i due segmenti si dicono *orientati in versi opposti* (**FIGURA 37**).

> In questo contesto il parallelismo di due rette va inteso nella sua accezione estesa: due rette sono parallele se non hanno punti in comune oppure coincidono.

segmenti orientati nello stesso verso

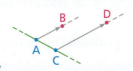

segmenti orientati in versi opposti

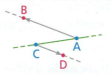

FIGURA 37

Se due segmenti orientati $\overrightarrow{AB}$ e $\overrightarrow{CD}$ giacciono sulla stessa retta, allora essi si dicono *equiversi* se l'unione delle due semirette AB e CD è ancora una semiretta; in caso contrario, essi si dicono *orientati in versi opposti* (**FIGURA 38**).

segmenti orientati nello stesso verso

segmenti orientati in versi opposti

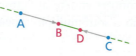

FIGURA 38

> **DEFINIZIONE   SEGMENTI ORIENTATI EQUIPOLLENTI**
> Due segmenti orientati si dicono equipollenti se sono congruenti, giacciono su rette parallele e sono equiversi (**FIGURA 39**).

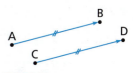

FIGURA 39

La *relazione di equipollenza* gode delle proprietà riflessiva, simmetrica e transitiva ed è, dunque, una **relazione di equivalenza** nell'insieme dei segmenti orientati del piano. Pertanto è possibile definire una partizione di tale insieme in classi di equivalenza, in ciascuna delle quali sono contenuti tutti e soli i segmenti orientati equipollenti tra loro.

> **DEFINIZIONE   VETTORE**
> Si dice vettore ciascuna delle classi di equivalenza individuate dalla relazione di equipollenza nell'insieme dei segmenti orientati del piano.

Un vettore si indica con una lettera minuscola sormontata da una freccia, ad esempio $\vec{v}$.

TEORIA

> **NOTAZIONI**
>
> Spesso indicheremo un vettore con un qualsiasi segmento orientato $\overrightarrow{AB}$ che lo rappresenta. L'espressione «il vettore $\overrightarrow{AB}$» deve quindi essere intesa come «il vettore che ha come rappresentante il segmento orientato $\overrightarrow{AB}$». Inoltre, scriveremo
>
> - $\vec{v} = \overrightarrow{AB}$, per intendere che il segmento orientato $\overrightarrow{AB}$ è un rappresentante del vettore $\vec{v}$;
> - $\overrightarrow{AB} = \overrightarrow{CD}$, per intendere che i due segmenti orientati $\overrightarrow{AB}$ e $\overrightarrow{CD}$ rappresentano lo stesso vettore, cioè che essi sono equipollenti.

Un vettore $\vec{v}$ è caratterizzato quindi da

> Ricorda che due rette parallele hanno la stessa direzione.

- un **modulo**, cioè un numero reale non negativo che rappresenta la misura della lunghezza (rispetto a una fissata unità) di ogni segmento orientato che rappresenta $\vec{v}$;
- una **direzione**, cioè la direzione comune delle rette su cui giacciono tutti i segmenti orientati che rappresentano $\vec{v}$;
- un **verso**, cioè il verso comune a ogni segmento orientato che rappresenta $\vec{v}$.

Si dice **vettore nullo** il vettore che ha come rappresentante il segmento nullo: esso ha modulo 0 e direzione e verso indeterminati.

Si dice **vettore opposto** di un vettore $\vec{v}$, e si indica con $-\vec{v}$, il vettore che ha lo stesso modulo e la stessa direzione di $\vec{v}$ e verso opposto (**FIGURA 40**).

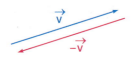

FIGURA 40

Due vettori $\vec{v}$ e $\vec{w}$ si possono sommare. Consideriamo un qualsiasi rappresentante $\overrightarrow{AB}$ di $\vec{v}$ e il rappresentante $\overrightarrow{BC}$ di $\vec{w}$ *consecutivo* ad $\overrightarrow{AB}$. Il **vettore somma** $\vec{v} + \vec{w}$ è rappresentato dal segmento orientato $\overrightarrow{AC}$.

Si possono estendere ai vettori anche l'operazione di differenza e i concetti di multiplo o sottomultiplo (**FIGURA 41**).

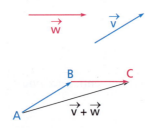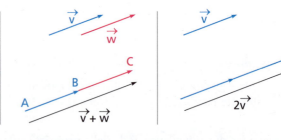

FIGURA 41

9. Traslazione

Fissiamo nel piano un vettore $\vec{v}$.

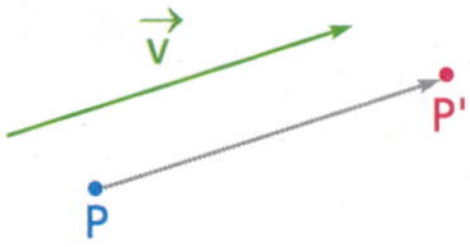

> **DEFINIZIONE** **TRASLAZIONE**
>
> Si dice traslazione di vettore $\vec{v}$ la trasformazione che fa corrispondere a ogni punto P del piano il punto P' tale che $\overrightarrow{PP'} = \vec{v}$ (**FIGURA 42**).

FIGURA 42

Indicheremo la traslazione di vettore $\vec{v}$ con τ_v.
Osserviamo che se $\vec{v}$ è il vettore nullo, ogni punto del piano ha come immagine

in τ_v se stesso, cioè τ_v è l'identità. Nel seguito, se non si dice nulla in contrario, si intende che *il vettore di una traslazione* sia *non nullo*.

> **TEOREMA 12**
> La traslazione è un'isometria.

> **DIMOSTRAZIONE**
> Siano A e B due punti del piano e, dato un vettore $\vec{v}$, siano $A' = \tau_v(A)$ e $B' = \tau_v(B)$ le loro immagini nella traslazione di vettore $\vec{v}$. Dobbiamo dimostrare che $A'B' \cong AB$ (**FIGURA 43**).
> Consideriamo il quadrilatero $ABB'A'$. Poiché, per definizione di traslazione, si ha $\overrightarrow{AA'} = \overrightarrow{BB'} = \vec{v}$, allora i lati opposti AA' e BB' sono congruenti e paralleli. Pertanto $ABB'A'$ è un parallelogramma, dunque sono congruenti anche gli altri lati opposti: $AB \cong A'B'$. c.v.d.

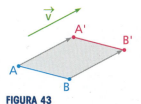

FIGURA 43

La traslazione gode quindi di tutte le proprietà che abbiamo dimostrato per le isometrie.

A differenza delle simmetrie, la traslazione **non** è una trasformazione involutoria; infatti, se $P' = \tau_v(P)$ e $P'' = \tau_v(P')$, allora P'' non coincide con P (**FIGURA 44**). Dunque τ_v non coincide con la propria trasformazione inversa; in effetti, si può dimostrare che l'inversa di τ_v è la traslazione di vettore $-\vec{v}$, cioè τ_{-v} (**FIGURA 45**).

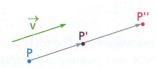

FIGURA 44 **FIGURA 45**

Analizziamo ora gli *elementi uniti* di una traslazione.

▶ **In una traslazione non vi sono punti uniti**.

▶ **In una traslazione, ogni retta parallela al vettore di traslazione è una retta unita**.
Infatti, dato un vettore $\vec{v}$ e una retta r parallela a $\vec{v}$, l'immagine $P' = \tau_v(P)$ di un punto P della retta r è tale che $\overrightarrow{PP'} = \vec{v}$, in particolare $\overrightarrow{PP'}$ è parallelo a $\vec{v}$, quindi anche P' appartiene a r.

> Una retta r è parallela a un vettore $\vec{v}$ se è parallela a ogni segmento orientato della classe $\vec{v}$.

Come agisce invece una traslazione su una retta *non* parallela al vettore di traslazione? Procedendo in modo analogo a quanto visto nella dimostrazione del **TEOREMA 12**, è possibile dimostrare la seguente proposizione.

▶ **Una traslazione τ_v trasforma una retta r non parallela a $\vec{v}$ in una retta r' parallela a r** (**FIGURA 46**).

FIGURA 46

10. Angoli orientati

Un angolo di lati a e b può essere considerato come l'insieme costituito dalle semirette a e b e dalle semirette comprese tra a e b. Ciò equivale a pensare l'angolo in modo «dinamico», come generato da una semiretta che ruota, nel piano, attorno alla sua origine: i due lati dell'angolo sono allora le due semirette che si trovano nelle due posizioni estreme.

- In **FIGURA 47**, vedi la semiretta *a* che ruota attorno a *O*, in verso antiorario, fino a sovrapporsi alla semiretta *b*. In questo caso, *a* è il *primo lato* dell'angolo e *b* il *secondo lato*, e parleremo di **angolo orientato** $\widehat{ab}$ oppure $A\widehat{O}B$.

- In **FIGURA 48**, vedi la semiretta *b* che ruota attorno a *O*, in verso orario, fino a sovrapporsi alla semiretta *a*. In questo caso, *b* è il *primo lato* dell'angolo e *a* il *secondo lato*, e parleremo di **angolo orientato** $\widehat{ba}$ oppure $B\widehat{O}A$.

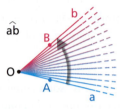
FIGURA 47

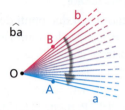
FIGURA 48

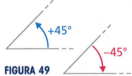
FIGURA 49

L'orientamento di un angolo viene dunque precisato distinguendo il primo lato dal secondo lato. Per convenzione, l'ampiezza di un angolo orientato, detta **ampiezza orientata**, e la sua misura (rispetto a una fissata unità) si indicano con il segno positivo se l'angolo è orientato in verso antiorario e con il segno negativo se l'angolo è orientato in verso orario (**FIGURA 49**).

11. Rotazione

> Nel seguito indicheremo con α sia un angolo sia la sua *ampiezza orientata*.

DEFINIZIONE ROTAZIONE

Fissati un punto *O* del piano e un'ampiezza orientata α, si dice rotazione di centro *O* e ampiezza α la trasformazione che a ogni punto *P* del piano fa corrispondere il punto P' tale che

- $OP' \cong OP$
- l'ampiezza dell'angolo orientato $P\widehat{O}P'$ sia α (**FIGURA 50**).

Indicheremo la rotazione di centro *O* e ampiezza α con ρ_O^α.
Osserviamo che se α è l'ampiezza nulla, ogni punto del piano ha come immagine in ρ_O^α se stesso, cioè ρ_O^α è l'identità. In seguito, se non si dice nulla in contrario, si intende che l'*ampiezza di una rotazione* sia *non nulla*.

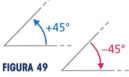
FIGURA 50

TEOREMA 13

La rotazione è un'isometria.

DIMOSTRAZIONE

Siano *A* e *B* due punti del piano e, dati un punto *O* e un'ampiezza orientata α, siano $A' = \rho_O^\alpha(A)$ e $B' = \rho_O^\alpha(B)$ le loro immagini nella rotazione di centro *O* e ampiezza α. Dobbiamo dimostrare che $A'B' \cong AB$.
Distinguiamo tre casi.

Primo caso: se uno dei punti *A* e *B*, ad esempio *A*, coincide con *O*, allora $A' \equiv A \equiv O$.
Dunque, essendo $OB' \cong OB$ per definizione, deduciamo che $A'B' \cong AB$.

Secondo caso: se A e B sono entrambi distinti da O ma allineati con O (**FIGURA 51**), allora anche i punti A' e B' sono allineati con O, perché vale $A\widehat{O}A' \cong B\widehat{O}B' \cong \alpha$.

Inoltre, essendo $OA' \cong OA$ e $OB' \cong OB$ per definizione di rotazione, e $AB = OB - OA$ e $A'B' = OB' - OA'$, vale $A'B' \cong AB$ perché differenze di segmenti congruenti.

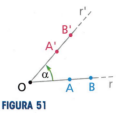

FIGURA 51

Terzo caso: se A e B sono entrambi distinti da O e non allineati con O si può avere $A\widehat{O}B > \alpha$ (**FIGURA 52**) o $A\widehat{O}B < \alpha$ (**FIGURA 53**). In entrambi i casi consideriamo i triangoli $A'OB'$ e AOB. Essi hanno:

- $OA' \cong OA$, $OB' \cong OB$ per definizione di rotazione;
- $A'\widehat{O}B' \cong A\widehat{O}B$ perché somme di angoli congruenti se $A\widehat{O}B > \alpha$, differenze di angoli congruenti se $A\widehat{O}B < \alpha$.

Pertanto i triangoli $A'OB'$ e AOB sono congruenti per il primo criterio e, in particolare, risulta $A'B' \cong AB$.   c.v.d.

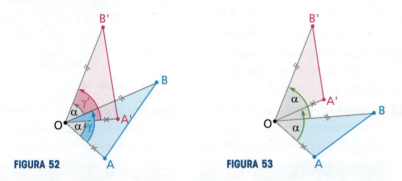

FIGURA 52

FIGURA 53

La rotazione gode quindi di tutte le proprietà che abbiamo dimostrato per le isometrie.

La rotazione, in generale, **non** è una trasformazione involutoria.
Infatti, se $\alpha \neq \pm 180°$ e $P' = \rho_O^\alpha(P)$ e $P'' = \rho_O^\alpha(P')$, allora P'' non coincide con P (**FIGURA 54**). Se $\alpha \neq \pm 180°$, la rotazione ρ_O^α non coincide dunque con la propria trasformazione inversa: in effetti, si può dimostrare che l'inversa di ρ_O^α è la rotazione di centro O e ampiezza $-\alpha$, cioè $\rho_O^{-\alpha}$ (**FIGURA 55**).
Se invece $\alpha = \pm 180°$, allora la rotazione ρ_O^α coincide con la **simmetria centrale σ_O di centro O**. Infatti, in questo caso, il centro O della rotazione, il punto P e la sua immagine $P' = \rho_O^\alpha(P)$ sono allineati e, essendo $OP \cong OP'$, il punto O è il punto medio del segmento PP'; quindi P e P' sono simmetrici rispetto a O, cioè $P' = \sigma_O(P)$ (**FIGURA 56**).

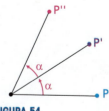

FIGURA 54

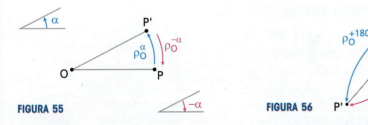

FIGURA 55

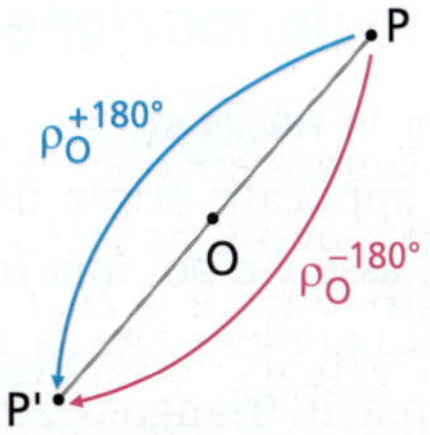

FIGURA 56

Analizziamo ora gli *elementi uniti* di una rotazione (di ampiezza $\alpha \neq \pm 180°$).

▶ **In una rotazione il centro è l'unico punto unito.**

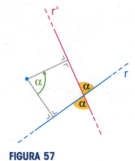

FIGURA 57

Infatti, come abbiamo già detto, vale $\rho_O^\alpha(O) = O$, cioè la rotazione ρ_O^α trasforma O in O stesso. Inoltre, ogni punto P del piano distinto da O ha come immagine un punto P' distinto da P.

▶ **In una rotazione non vi sono rette unite**.

Come agisce dunque una rotazione su una retta? È possibile dimostrare che:

▶ una rotazione di ampiezza α, diversa da $\pm 180°$, trasforma una retta in un'altra retta a essa incidente. Inoltre, la retta e la sua immagine formano una coppia di angoli opposti al vertice di ampiezza α (**FIGURA 57**).

■ **LE ISOMETRIE NELL'ARTE**

Nell'arte è facile trovare esempi di isometrie.

▶ La **FIGURA 58** riproduce un piatto del XVII secolo proveniente dalla Turchia. I fiori si corrispondono in una rotazione di $\frac{1}{9}$ di angolo giro intorno al centro del piatto.

▶ La **FIGURA 59** riproduce una scena dipinta nella tomba di Seti I (Necropoli di Tebe): i personaggi si corrispondono in traslazioni.

FIGURA 58

▶ La **FIGURA 60** riproduce un pannello di ceramica smaltata proveniente da Susa e conservata al Louvre a Parigi: anche nell'arte persiana del IV secolo a.C. sono frequenti motivi in cui si riconoscono simmetrie assiali.

FIGURA 59

FIGURA 60

■ Composizione di trasformazioni isometriche

12. Trasformazione composta

Osserva la **FIGURA 61**: al triangolo ABC abbiamo applicato prima una simmetria assiale di asse r e poi una traslazione di vettore $\vec{v}$, parallelo a r. La simmetria assiale trasforma il triangolo ABC nel triangolo $A'B'C'$ e la traslazione trasforma $A'B'C'$ in $A''B''C''$. Se pensiamo di applicare a tutti i punti del piano prima la simmetria

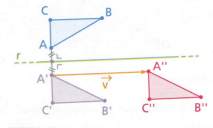

FIGURA 61

assiale e poi la traslazione, otteniamo una nuova trasformazione, nota come *glissosimmetria*.

> **DEFINIZIONE** **TRASFORMAZIONE COMPOSTA**
>
> Date due trasformazioni geometriche t_1 e t_2, si chiama trasformazione composta di t_1 e t_2 o anche *prodotto* di t_1 e t_2, e si indica con $t_2 \circ t_1$, la trasformazione che fa corrispondere a ciascun punto P del piano il punto $t_2(t_1(P))$, ossia l'immagine in t_2 dell'immagine in t_1 di P.

Per comprendere meglio questa definizione osserva la **FIGURA 62**: l'immagine di P nella trasformazione t_1 è il punto $P' = t_1(P)$; l'immagine di P' nella trasformazione t_2 è il punto $P'' = t_2(P')$ ossia, scrivendo $t_1(P)$ al posto di P', $P'' = t_2(t_1(P))$.

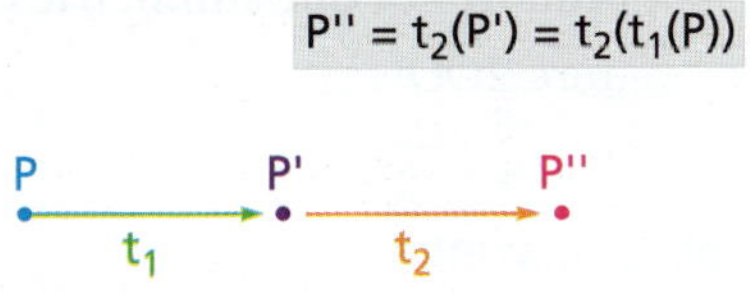

FIGURA 62

La composizione o prodotto di trasformazioni consiste quindi nell'applicazione successiva di due o più trasformazioni: occorre ricordare che scrivendo $t_2 \circ t_1$ si applica prima t_1 e poi t_2.

La composizione di trasformazioni può essere considerata un'*operazione fra trasformazioni*: infatti, mediante la composizione, da due trasformazioni geometriche se ne ottiene una terza. Tale operazione, in generale, **non è commutativa**: cambiando l'ordine in cui si applicano due trasformazioni date, si possono ottenere due trasformazioni diverse.

In **FIGURA 63** abbiamo applicato a un punto P prima una traslazione di vettore $\vec{v}$ e poi una simmetria rispetto al punto O, ottenendo il punto P''. Allo stesso punto P abbiamo inoltre applicato le stesse trasformazioni, ma in ordine inverso: prima la simmetria, ottenendo il punto Q', e poi la traslazione, ottenendo il punto Q'' distinto da P''. Quindi è

$$\sigma_O \circ \tau_v \neq \tau_v \circ \sigma_O$$

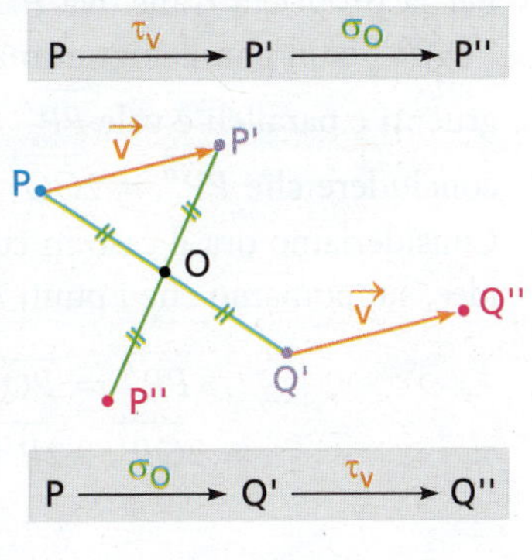

FIGURA 63

> Data una trasformazione f,
> - $f^{-1} \circ f = f \circ f^{-1}$ è l'identità;
> - se f è involutoria, $f \circ f$ è l'identità.

13. Composizione di isometrie

Consideriamo due isometrie f e g. Dati due punti A e B, siano

$$A' = f(A) \qquad A'' = g(A')$$
$$B' = f(B) \qquad B'' = g(B')$$

Pertanto, nella trasformazione $g \circ f$ il punto A'' è l'immagine di A e il punto B'' è l'immagine di B. Essendo f un'isometria, vale $A'B' \cong AB$ e, essendo g un'isometria, vale $A''B'' \cong A'B'$.
Per la proprietà transitiva della congruenza, concludiamo che $A''B'' \cong AB$, dunque anche $g \circ f$ è un'isometria.

Abbiamo quindi dimostrato il seguente teorema.

> **TEOREMA 14**
>
> La trasformazione composta di due isometrie è un'isometria.

Con i prossimi teoremi ci proponiamo di studiare la natura delle isometrie che si ottengono dalla composizione di due isometrie note.

> **TEOREMA 15**
>
> Il **prodotto di due simmetrie centrali** di centri O e O' è una **traslazione** di vettore $2\overrightarrow{OO'}$.

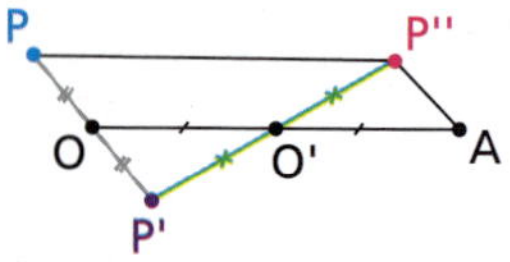

DIMOSTRAZIONE

Fissati in un piano due punti O e O', sia P un punto del piano. Siano $P' = \sigma_O(P)$ il simmetrico di P rispetto a O e $P'' = \sigma_{O'}(P')$ il simmetrico di P' rispetto a O'. Dobbiamo dimostrare che $\overrightarrow{PP''} = 2\overrightarrow{OO'}$, cioè che il vettore $\overrightarrow{PP''}$ ha la stessa direzione e lo stesso verso del vettore $\overrightarrow{OO'}$ e ha modulo doppio di quello di $\overrightarrow{OO'}$.

Consideriamo dapprima il caso in cui P non giace sulla retta OO'. Sia $A = \sigma_{O'}(O)$ il simmetrico di O rispetto a O' (**FIGURA 64**). Osserviamo che:

- $\sigma_{O'}$ trasforma $P''A$ in $P'O$, quindi $P''A \cong P'O$ e $P''A \parallel P'O$;
- P, O, P' sono allineati e $P'O \cong PO$.

Per la proprietà transitiva $P''A \cong PO$ e $P''A \parallel PO$, dunque il quadrilatero $POAP''$ è un parallelogramma. Deduciamo che anche PP'' e OA sono congruenti e paralleli e vale $\overrightarrow{PP''} = \overrightarrow{OA}$. Infine, poiché $\overrightarrow{OA} = 2\overrightarrow{OO'}$, possiamo concludere che $\overrightarrow{PP''} = 2\overrightarrow{OO'}$.

Consideriamo ora il caso in cui P è allineato con O e con O' e, per fissare le idee, supponiamo che i punti P, O e P' siano disposti come in **FIGURA 65**; vale

$$\overrightarrow{PP''} = \overrightarrow{PO} + \overrightarrow{OP'} + \overrightarrow{P'O'} + \overrightarrow{O'P''} =$$
$$= 2\overrightarrow{OP'} + 2\overrightarrow{P'O'} = 2(\overrightarrow{OP'} + \overrightarrow{P'O'}) = 2\overrightarrow{OO'} \qquad \text{c.v.d.}$$

FIGURA 64

FIGURA 65

Dimostrazione

> **TEOREMA 16**
>
> Il **prodotto di due simmetrie assiali con gli assi paralleli** è una **traslazione** di vettore avente
>
> - direzione perpendicolare agli assi di simmetria;
> - verso dal primo al secondo asse;
> - modulo doppio della misura della distanza tra i due assi (**FIGURA 66**).

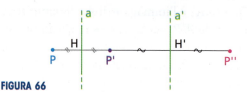

FIGURA 66

Ipotesi: $P' = \sigma_a(P); P'' = \sigma_{a'}(P')$
$a \parallel a'; \{H\} = a \cap PP'$
$\{H'\} = a' \cap P'P''$

Tesi: $\overrightarrow{PP''} = 2\overrightarrow{HH'}$

TEOREMA 17

Il **prodotto di due simmetrie assiali con gli assi incidenti** che formano un angolo di ampiezza α è una **rotazione** che ha centro nel punto di intersezione degli assi e ampiezza 2α (**FIGURA 67**).

Dimostrazione

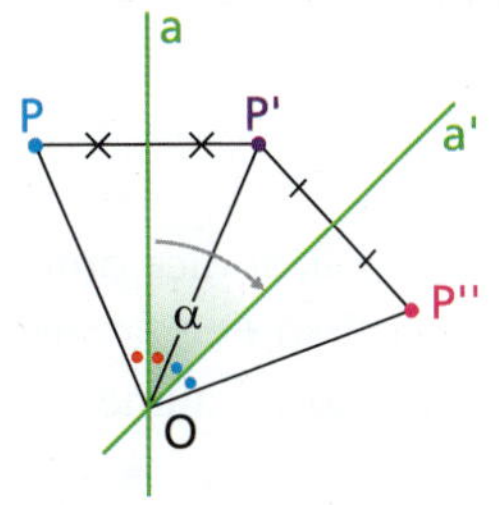

Ipotesi: $P' = \sigma_a(P); \ P'' = \sigma_{a'}(P')$
$\{O\} = a \cap a'; \ \widehat{aa'} = \alpha$

Tesi: $P'' = \rho_O^{2\alpha}(P)$

FIGURA 67

Dal **TEOREMA 17** segue che, se gli assi a e a' sono perpendicolari in O, la composizione delle simmetrie assiali σ_a e $\sigma_{a'}$ è una rotazione che ha centro O e ampiezza $\pm 180°$, perciò è una simmetria centrale di centro O. Otteniamo quindi il seguente corollario.

COROLLARIO 2

Il **prodotto di due simmetrie assiali con gli assi perpendicolari** è una **simmetria centrale** di centro il punto di intersezione degli assi.

Osservando le **FIGURE 68** e **69**, puoi dimostrare i due seguenti teoremi.

TEOREMA 18

Il **prodotto di due rotazioni** aventi lo stesso centro O e ampiezze α e β è una **rotazione** con lo stesso centro e ampiezza $\alpha + \beta$, cioè $\rho_O^\beta \circ \rho_O^\alpha = \rho_O^{\alpha+\beta}$.

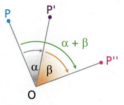

FIGURA 68

TEOREMA 19

Il **prodotto di due traslazioni** di vettori $\vec{v}$ e $\vec{v}\,'$ è una **traslazione** che ha per vettore il vettore somma dei due vettori $\vec{v}$ e $\vec{v}\,'$, cioè $\tau_{v'} \circ \tau_v = \tau_{v+v'}$.

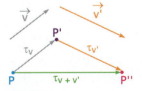

FIGURA 69

Dai **TEOREMI 16** e **17** e dal **COROLLARIO 2** risulta che una qualsiasi rotazione, traslazione o simmetria centrale può essere ottenuta componendo due opportune simmetrie assiali.
In realtà, si potrebbe dimostrare che

▶ **ogni isometria è composizione di al più tre simmetrie assiali**.

L'analisi della natura delle isometrie che si ottengono componendo tre simmetrie assiali conduce alla seguente importante conclusione: le isometrie che abbiamo studiato in questo capitolo, con l'aggiunta della *glissosimmetria* (che si ottiene componendo una simmetria assiale e una traslazione di vettore parallelo all'asse, cioè componendo tre simmetrie assiali), sono *tutte e sole* le isometrie esistenti.

Trasformazioni non isometriche

14. Omotetia

In questa sezione studiamo le trasformazioni geometriche che *non conservano le distanze*, cioè le trasformazioni *non isometriche*. Esse sono le omotetie e le similitudini.

> Ricorda che, con la scrittura $\frac{OP'}{OP}$, intendiamo il rapporto tra le lunghezze dei segmenti OP' e OP.

DEFINIZIONE OMOTETIA

Fissati un punto O nel piano e un numero reale $k \neq 0$, si dice omotetia di centro O e rapporto k la trasformazione che lascia fisso O e fa corrispondere a ogni punto P del piano distinto da O, il punto P' allineato con O e P, tale che $\frac{OP'}{OP} = |k|$ e che

- se $k > 0$, i punti P e P' giacciono dalla stessa parte rispetto a O;
- se $k < 0$, i punti P e P' giacciono da parti opposte rispetto a O.

Indicheremo l'omotetia di centro O e rapporto k con $\omega_{O,k}$.
Se $k > 0$ l'omotetia si dice *diretta*, se $k < 0$ l'omotetia si dice *contraria* (**FIGURA 70**).
Osserviamo che, per definizione, un'omotetia di rapporto ± 1 è un'isometria. Esaminiamo i due casi.

▶ Se $k = 1$, risulta $OP \cong OP'$; poiché i punti P e P' sono allineati con O e giacciono dalla stessa parte rispetto a O, essi coincidono. Dunque **un'omotetia di rapporto 1 coincide con l'identità**.

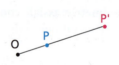
$OP' \cong 3 \cdot OP$
omotetia diretta di rapporto $k = 3$

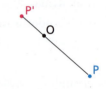
$OP' \cong \frac{1}{2} \cdot OP$
omotetia contraria di rapporto $k = -\frac{1}{2}$

FIGURA 70

▶ Se $k = -1$, risulta ancora $OP \cong OP'$; i punti P e P' sono allineati con O e giacciono da parti opposte rispetto a O, quindi essi sono simmetrici rispetto a O. Dunque **un'omotetia di rapporto -1 è una simmetria centrale**.

In seguito, se non si dice nulla in contrario, supporremo che sia $k \neq \pm 1$.
L'omotetia non è, in generale, una trasformazione involutoria; si può infatti dimostrare che la trasformazione inversa di un'omotetia di centro O e rapporto k è un'omotetia di centro O e rapporto $\frac{1}{k}$.

Dalla definizione deduciamo direttamente che l'unico punto unito di un'omotetia è il centro O e le rette passanti per il centro dell'omotetia sono rette unite.
Consideriamo ora un'omotetia di centro O e rapporto k.
Siano A e B due punti del piano, entrambi distinti da O, e A' e B' le rispettive immagini nell'omotetia.
Per definizione di omotetia si ha

$$\frac{OA'}{OA} = |k|, \quad \frac{OB'}{OB} = |k| \quad \longrightarrow \quad \frac{OA'}{OA} = \frac{OB'}{OB}$$

I triangoli OAB e $OA'B'$ (**FIGURA 71**) hanno in comune l'angolo in O e i lati a esso adiacenti sono proporzionali. Dunque, per il secondo criterio di similitudine, essi sono simili e quindi si ha

$$\frac{OA'}{OA} = \frac{OB'}{OB} = \frac{A'B'}{AB} \quad \rightarrow \quad \frac{A'B'}{AB} = |k|$$

Osserviamo che, se uno dei punti A e B coincide con il centro O dell'omotetia, che è punto unito, l'ultima uguaglianza segue direttamente dalla definizione. Possiamo perciò affermare che

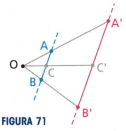

FIGURA 71

▶ **in un'omotetia il rapporto tra la distanza delle immagini di due punti e la distanza dei punti dati è uguale al valore assoluto del rapporto dell'omotetia**.

In **FIGURA 71** C è un punto interno al segmento AB, ma le considerazioni che svolgiamo si applicano anche al caso in cui C sia esterno ad AB.

Consideriamo ora un punto C della retta AB e prolunghiamo OC fino a incontrare in C' la retta $A'B'$. Poiché i triangoli AOB e $A'OB'$ sono simili, allora $O\widehat{A}B \cong O\widehat{A'}B'$, quindi le rette AB e $A'B'$ sono parallele. Per il teorema di Talete, si ha

$$\frac{OA'}{OA} = \frac{OC'}{OC} \quad \rightarrow \quad \frac{OC'}{OC} = k$$

Tenendo anche presente che O, C e C' sono allineati, si deduce che C' è l'immagine di C nell'omotetia di centro O e rapporto k; quindi si può affermare che l'immagine di un punto della retta AB è un punto della retta $A'B'$ che, come abbiamo già osservato, è parallela ad AB. Perciò

▶ **un'omotetia trasforma una retta in una retta a essa parallela**.

Questo risultato si estende ovviamente anche a semirette e segmenti. Più precisamente, un'omotetia di rapporto positivo trasforma una semiretta in una semiretta a essa parallela e concorde, mentre un'omotetia di rapporto negativo trasforma una semiretta in una semiretta a essa parallela e discorde.
Ne segue, in particolare, che un'omotetia trasforma un angolo in un angolo con entrambi i lati paralleli e concordi o paralleli e discordi a quelli dell'angolo dato. Perciò

▶ **un'omotetia trasforma un angolo in un angolo a esso congruente**.

Dalle ultime due proprietà e dal primo criterio di similitudine, deduciamo che

▶ **un'omotetia trasforma un triangolo in un triangolo a esso simile e con i lati paralleli a quelli del triangolo dato**.

In generale, due figure si dicono **omotetiche** se si corrispondono in un'omotetia (**FIGURA 72**).

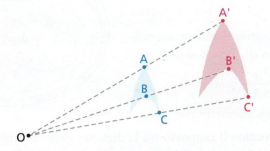

FIGURA 72

15. Similitudine

Introduciamo ora una nuova classe di trasformazioni geometriche che contiene sia l'insieme delle isometrie sia quello delle omotetie.

> **DEFINIZIONE** **SIMILITUDINE**
>
> Si dice **similitudine** ogni trasformazione risultante dalla composizione di un'omotetia e di un'isometria o viceversa. Due figure si dicono *simili* se una di esse è l'immagine dell'altra in una similitudine.

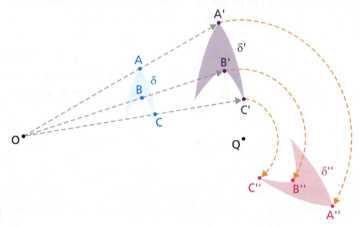

FIGURA 73

In **FIGURA 73** puoi vedere una figura δ a cui è stata applicata prima un'omotetia di centro O, ottenendo la figura δ', e poi una rotazione con centro in Q, ottenendo la figura δ''. La trasformazione composta dall'omotetia e dalla rotazione è una similitudine, che trasforma la figura δ in δ'': le figure δ e δ'' sono quindi simili. La definizione di similitudine giustifica le seguenti considerazioni.

▸ La trasformazione che si ottiene componendo un'omotetia e la trasformazione identica, che è un'isometria, è la stessa omotetia considerata. Dunque **ogni omotetia è una similitudine**.

▸ Viceversa, la trasformazione che si ottiene componendo un'omotetia di rapporto 1, che è la trasformazione identica, e una qualsiasi isometria, è la stessa isometria considerata. Dunque **ogni isometria è una similitudine**.

Possiamo rappresentare le relazioni di inclusione tra le classi delle similitudini, delle omotetie e delle isometrie mediante il diagramma di Venn in **FIGURA 74**.

Osserviamo ora che, dato un segmento AB, applicando a esso un'omotetia di rapporto k, si ottiene un segmento $A'B'$ tale che $\dfrac{A'B'}{AB} = |k|$; se poi si applica ad $A'B'$ un'isometria, si ottiene un segmento $A''B'' \cong A'B'$. Perciò si ha

$$\frac{A''B''}{AB} = |k|$$

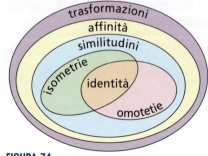

FIGURA 74

Dunque possiamo affermare che

▸ in una similitudine il rapporto tra la distanza delle immagini di due punti e la distanza dei punti dati è costante.

Tale costante $|k|$ è detta **rapporto di similitudine**. In particolare, se il rapporto di similitudine è 1, allora la similitudine è un'isometria.
Vale inoltre la seguente proprietà:

▶ in una similitudine, il rapporto tra l'area dell'immagine di una figura piana e l'area della figura data è uguale al quadrato del rapporto di similitudine.

La similitudine non è, in generale, una trasformazione involutoria; infatti si può dimostrare che la trasformazione inversa di una similitudine di rapporto h è una similitudine di rapporto $\frac{1}{h}$.

Secondo la definizione che abbiamo dato all'inizio di questo paragrafo, due figure si dicono *simili* se esiste una similitudine che trasforma l'una nell'altra.
Si può dimostrare che la *relazione di similitudine* nell'insieme delle figure piane è una **relazione di equivalenza**.
Essa *estende* all'insieme delle figure piane la relazione di similitudine che abbiamo introdotto nel capitolo precedente per i poligoni. In effetti, se ci limitiamo a considerare i poligoni, la definizione di figure simili di questo paragrafo è equivalente a quella che già conosciamo.

- *Se una similitudine trasforma un poligono P in un poligono P', allora P e P' sono simili*. Infatti, tale similitudine induce, in particolare, una corrispondenza biunivoca tra i vertici dei due poligoni tale che

  a. gli angoli con vertici corrispondenti sono congruenti; infatti, sia le omotetie sia le isometrie (e dunque anche le similitudini) conservano le ampiezze degli angoli;

  b. i lati con estremi corrispondenti sono proporzionali; infatti, come abbiamo già stabilito, il rapporto tra le lunghezze dei segmenti che si corrispondono in una similitudine è costante.

- Viceversa, si può dimostrare che, *dati due poligoni simili P e P', esiste sempre una similitudine che trasforma P in P'*.

Riassumendo, due poligoni sono simili se e solo se esiste una similitudine che trasforma l'uno nell'altro.
Osserviamo ora che il rapporto di similitudine di due poligoni simili P e P', definito nel capitolo precedente come il rapporto $\frac{AB}{A'B'}$ tra un lato AB di P e il suo omologo $A'B'$ in P', coincide con il rapporto della similitudine nella quale P è l'immagine di P'.
Questa considerazione giustifica la scelta di definire il **rapporto di similitudine di due figure simili** F e F' come il rapporto della similitudine nella quale F è l'immagine di F': esso è il rapporto tra un qualsiasi segmento di F e il suo corrispondente in F'.
Come abbiamo già visto per i poligoni, tale rapporto *dipende dall'ordine* con cui sono considerate le due figure: se il rapporto di similitudine delle figure F e F' è h, cioè h è il rapporto della similitudine $\varphi: F' \to F$, allora il rapporto di similitudine delle figure F' e F è $\frac{1}{h}$, essendo questo il rapporto della similitudine inversa $\varphi^{-1}: F \to F'$.

> Se una similitudine trasforma una figura F in una figura F', allora la sua inversa è una similitudine che trasforma F' in F.

Proprietà invarianti

Quando si applica una trasformazione geometrica a una figura F si ottiene una nuova figura F' e la trasformazione applicata può «trasmettere» a F' alcune delle proprietà di F. Sono particolarmente importanti quelle proprietà che un insieme di trasformazioni conserva non in una singola figura geometrica, ma in tutte le figure geometriche.

> **DEFINIZIONE PROPRIETÀ INVARIANTE**
> Una proprietà geometrica si dice invariante rispetto a un dato insieme di trasformazioni T se, comunque si scelgano una figura F che gode di quella proprietà e una trasformazione $\tau \in T$, allora anche la figura $F' = \tau(F)$ gode di quella proprietà.

16. Proprietà invarianti rispetto all'insieme delle similitudini

Le seguenti proprietà sono invarianti rispetto alle similitudini.

- **L'allineamento**. Dati tre o più punti allineati, le loro immagini in una similitudine sono punti ancora allineati.

- **Il parallelismo**. Comunque si scelgano due rette parallele, le loro immagini in una similitudine sono due rette ancora parallele.

- **L'incidenza**. Comunque si scelgano due rette incidenti, le loro immagini in una similitudine sono due rette ancora incidenti, il cui punto d'intersezione è l'immagine del punto d'intersezione delle rette date.

- **Il rapporto tra lunghezze**. Il rapporto tra due segmenti è uguale al rapporto delle loro immagini in una similitudine, ossia dati due segmenti AB e CD, se $A'B'$ e $C'D'$ sono i loro trasformati, si ha che $AB : CD = A'B' : C'D'$. In particolare se i due segmenti sono tra loro congruenti (ossia se il loro rapporto è 1) allora anche i loro trasformati sono tra loro congruenti.

- **Le ampiezze degli angoli**. Se $B\widehat{A}C$ è un angolo e $B'\widehat{A'}C'$ è la sua immagine in una similitudine, allora $B\widehat{A}C \cong B'\widehat{A'}C'$.

- **La perpendicolarità**. Date due rette perpendicolari, per la proprietà precedente le loro immagini in una similitudine sono ancora due rette perpendicolari.

- **La congruenza**. Comunque si scelgano due figure tra loro congruenti, le loro immagini in una similitudine sono due figure tra loro congruenti.

- **Il rapporto tra aree**. Date due superfici α e β, dette α' e β' le loro immagini in una similitudine, si ha che $\alpha : \beta = \alpha' : \beta'$.

Dall'invarianza delle proprietà delle similitudini discendono diversi risultati interessanti, di cui, senza entrare in una trattazione dettagliata, esporremo alcuni esempi, lasciandoti le dimostrazioni come esercizio.

- Una similitudine trasforma una circonferenza in una circonferenza.

- Una similitudine trasforma il circocentro, l'incentro, l'ortocentro e il baricentro di un triangolo dato rispettivamente in circocentro, incentro, ortocentro e baricentro del suo triangolo trasformato.

- Una similitudine trasforma parallelogrammi in parallelogrammi, rombi in rombi, rettangoli in rettangoli e quadrati in quadrati.

17. Proprietà invarianti rispetto all'insieme delle isometrie

Le isometrie, come abbiamo detto, sono particolari similitudini. Quindi tutte le proprietà invarianti rispetto alle similitudini sono invarianti anche rispetto alle isometrie. Oltre a queste, elencate nel paragrafo precedente, vi sono altre proprietà invarianti rispetto all'insieme delle isometrie.

▶ **La lunghezza**; infatti, se il segmento $A'B'$ è l'immagine di AB in un'isometria si ha $AB \cong A'B'$, e quindi il segmento AB e la sua immagine $A'B'$ hanno la stessa lunghezza.

▶ **L'area**; infatti, se α è una superficie e α' la sua immagine in un'isometria, risulta $\alpha \cong \alpha'$, e quindi α e α' hanno la stessa area.

Come impostare la fotocopiatrice?

Soluzione del problema di pag. 781

FIGURA 75
La foto scattata da Luca su un foglio A4

Luca vuole ingrandire la foto del suo gatto passando dal formato A4 al formato A3; come deve impostare la fotocopiatrice?

A inizio capitolo abbiamo sottolineato quanti oggetti vengano riprodotti «in scala». Però non ci siamo chiesti come controllare che un modellino mantenga la forma dell'originale.
Dallo studio delle similitudini, abbiamo imparato che la forma è mantenuta se il rapporto tra la distanza delle immagini di due punti qualsiasi e la distanza tra i punti originari rimane costante.

FIGURA 76
La stessa immagine ingrandita del doppio su un foglio A3

Quindi per capire se i formati dei fogli A3 e A4 sono effettivamente simili, occorre valutare se il rapporto tra le loro dimensioni rimane sempre lo stesso.
Confrontiamo le misure di questi formati (possiamo trovarle riportate sui pacchi delle risme di carta).

	dimensione minore	dimensione maggiore
A3	297 mm	420 mm
A4	210 mm	297 mm

I rapporti tra le corrispondenti dimensioni risultano dunque:

$$\frac{420 \text{ mm}}{297 \text{ mm}} \simeq 1{,}41 \qquad \frac{297 \text{ mm}}{210 \text{ mm}} \simeq 1{,}41$$

Con una buona approssimazione i due rettangoli risultano simili. Quindi l'idea iniziale di Luca è corretta: passare al formato A3 consente di avere una foto di area doppia senza deformare l'immagine. Dove ha sbagliato allora?

Sappiamo che il rapporto di similitudine è $\simeq 1{,}41$, quindi un segmento di misura 1 sul foglio A4 deve misurare 1,41 sul formato A3: non può misurare 2, altrimenti sarebbe troppo grande e verrebbe tagliato e inserito su più fogli... proprio com'è successo a Luca (**FIGURA 77**)!

Ciò significa che occorre un ingrandimento del 141% e non del 200%.

FIGURA 77
Immagini al 100%, 141% e 200%.

L'errore compiuto da Luca è stato quello di ritenere che il rapporto di similitudine (1,41) fosse uguale al rapporto tra le aree (2).

Sappiamo che in una similitudine il rapporto tra l'area dell'immagine di una figura e l'area della figura data è uguale al quadrato del rapporto di similitudine.

Infatti nel nostro caso $k = 1{,}41$ e $k^2 = 1{,}9881 \simeq 2$ (la costante $k = 1{,}41$ è un'approssimazione di $\sqrt{2}$!).

ESERCIZI

1 Se per passare da un formato A4 a uno A3 occorre un ingrandimento del 141%, come occorre impostare la fotocopiatrice per rimpicciolire un foglio A3 in uno A4 sfruttando tutto lo spazio possibile?

2 Oltre alla serie di fogli A (da A0 a A8) esistono anche altre due serie: B e C. Dopo aver ricercato le dimensioni di un foglio B3, stabilisci se è simile a un foglio A3.

Trasformazioni geometriche nel piano euclideo

Trasformazioni isometriche

▶ **Trasformazione geometrica**
Corrispondenza biunivoca tra i punti del piano.

Immagine e controimmagine
Se t è una trasformazione geometrica e P un punto, il punto P' corrispondente di P nella trasformazione t si indica con $t(P)$ ed è detto **immagine** di P. Il punto P è detto **controimmagine** di P'. L'immagine di una figura è l'insieme delle immagini dei suoi punti.

Punti e figure unite
- Un punto si dice unito in una trasformazione geometrica se coincide con la propria immagine.
- Una figura unita in una trasformazione geometrica è una figura che coincide con la propria immagine.

▶ **Trasformazione involutoria**: è una trasformazione t tale che, per ogni punto P del piano, vale $t(P) = P'$ e $t(P') = P$.
Una trasformazione involutoria coincide con la propria inversa.

▶ **Trasformazione isometrica**
Una trasformazione geometrica si dice isometrica se la distanza tra due punti del piano, comunque scelti, è uguale alla distanza tra le loro immagini.

▶ **Proprietà delle isometrie**
- Conservano l'allineamento dei punti.
- Trasformano rette incidenti in rette incidenti e rette parallele in rette parallele.
- Trasformano un angolo in un angolo a esso congruente.
- Trasformano una figura in una figura a essa congruente.

Simmetrie

▶ **Simmetria centrale di centro O**: è la trasformazione geometrica che fa corrispondere a ogni punto P il suo simmetrico P' rispetto al punto O, detto *centro* della simmetria.
La simmetria centrale è un'isometria ed è una trasformazione involutoria.

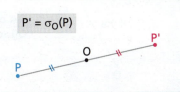

Elementi uniti
- Il centro della simmetria è l'unico punto unito.
- Ogni retta passante per il centro è una retta unita.

▶ **Centro di simmetria di una figura**: è un punto O tale che la figura è unita nella simmetria di centro O.
Si dice che la *figura è simmetrica rispetto al punto O*.

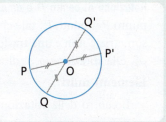

Teoria.zip

▶ **Simmetria assiale di asse *a***: è la trasformazione geometrica che fa corrispondere a ogni punto *P* il suo simmetrico *P'* rispetto alla retta *a*, detta *asse* della simmetria.
La simmetria assiale è un'isometria ed è una trasformazione involutoria.

Elementi uniti

- Tutti i punti dell'asse sono uniti, in particolare l'asse è una retta unita.
- Ogni retta perpendicolare all'asse è una retta unita.

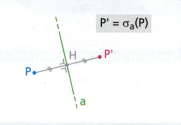

▶ **Asse di simmetria di una figura**: è una retta *a* tale che la figura è unita nella simmetria assiale di asse *a*.
Si dice che la *figura è simmetrica rispetto alla retta a*.

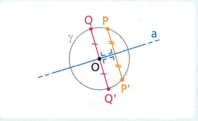

Traslazione e rotazione

▶ **Vettore**: classe di equivalenza individuata dalla relazione di equipollenza nell'insieme dei segmenti orientati del piano. Un vettore $\vec{v}$ (vedi figura) è caratterizzato da

- un *modulo*: $\overline{AB} \geq 0$;
- una *direzione*: direzione della retta *AB*;
- un *verso*.

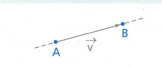

▶ **Traslazione di vettore $\vec{v}$**
È la trasformazione geometrica che fa corrispondere a ogni punto *P* il punto *P'* tale che $\overrightarrow{PP'} = \vec{v}$. La traslazione è un'isometria e **non** è una trasformazione involutoria, infatti l'inversa di τ_v è la traslazione τ_{-v} di vettore $-\vec{v}$.

Elementi uniti

- Non vi sono punti uniti.
- Ogni retta parallela al vettore di traslazione è una retta unita.

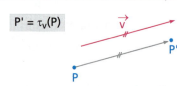

▶ **Angoli orientati**

$A\widehat{O}B$ ha ampiezza orientata *positiva*.

$B\widehat{O}A$ ha ampiezza orientata *negativa*.

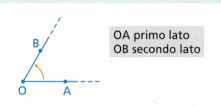

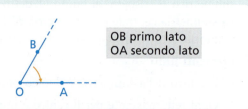

▶ **Rotazione di centro *O* e ampiezza (orientata) α**: è la trasformazione geometrica che fa corrispondere a ogni punto *P* il punto *P'* tale che $OP' \cong OP$ e l'ampiezza dell'angolo orientato $P\widehat{O}P'$ sia α. La rotazione è un'isometria e **non** è una trasformazione involutoria; infatti l'inversa di ρ_O^α è la rotazione $\rho_O^{-\alpha}$ di ampiezza $-\alpha$.

Elementi uniti

- Il centro della rotazione è l'unico punto unito.
- Se $\alpha \neq 0$, $\alpha \neq \pm 180°$, non vi sono rette unite.

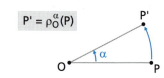

Composizione di trasformazioni isometriche

▶ **Trasformazione composta**

Date due trasformazioni t_1 e t_2, la trasformazione composta (o *prodotto*) $t_2 \circ t_1$ è la trasformazione che fa corrispondere a ogni punto P del piano il punto $t_2(t_1(P))$, cioè l'immagine in t_2 dell'immagine in t_1 di P.

La composizione di trasformazioni *non è commutativa*: in generale, infatti, vale $t_2 \circ t_1 \neq t_1 \circ t_2$.

▶ **Composizione di isometrie**

Il prodotto di due isometrie è un'isometria.

Trasformazioni non isometriche

▶ **Omotetia di centro O e rapporto k ($k \neq 0$)**: è la trasformazione geometrica che lascia fisso il punto O e fa corrispondere a ogni punto P, distinto da O, il punto P' allineato con O e P, tale che $\dfrac{OP'}{OP} = |k|$ e che

- se $k > 0$, i punti P e P' giacciono dalla stessa parte rispetto a O (omotetia *diretta*);
- se $k < 0$, i punti P e P' giacciono da parti opposte rispetto a O (omotetia *contraria*).

▶ **Similitudine**: è la trasformazione geometrica che si ottiene dalla composizione di un'omotetia e un'isometria (o viceversa).

Due figure si dicono *simili* se una è l'immagine dell'altra in una similitudine.

▶ **Relazioni di inclusione tra classi di trasformazioni geometriche**

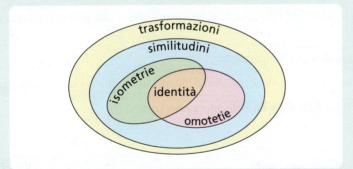

Proprietà invarianti

▶ **Proprietà invarianti**

Una certa proprietà geometrica è invariante rispetto a un dato insieme di trasformazioni T se, comunque si scelgano una figura F che gode di quella proprietà e una trasformazione $\tau \in T$, allora anche la figura $F' = \tau(F)$ gode di quella proprietà.

▶ **Proprietà invarianti rispetto all'insieme delle similitudini**: l'allineamento, il parallelismo e l'incidenza tra rette, il rapporto tra lunghezze, le ampiezze degli angoli, la perpendicolarità tra rette, la congruenza, il rapporto tra aree.

▶ **Proprietà invarianti rispetto all'insieme delle isometrie**: oltre a quelle elencate sopra, la lunghezza e l'area.

Capitolo 14 — Esercizi

- Trasformazioni isometriche
- Simmetrie
- Traslazione e rotazione
- Composizione di trasformazioni isometriche
- Trasformazioni non isometriche
- Esercizi per il recupero
- Esercizi di approfondimento
- Verso la Prova Invalsi

Trasformazioni isometriche

QUESITI

1 Tutte le trasformazioni geometriche sono isometriche?

2 Data una retta t del piano, considera la corrispondenza che associa a ogni punto P del piano la sua proiezione sulla retta t. Tale corrispondenza è una trasformazione geometrica? Perché?

3 Che cosa s'intende per figura unita in una trasformazione?

4 Che cosa s'intende per trasformazione involutoria? Che cosa puoi affermare sulla trasformazione inversa di una trasformazione involutoria?

5 Quali sono le immagini, in un'isometria, di due rette parallele?

6 Due rette r e s si intersecano in un punto P. Che cosa si può dire delle immagini di r e s in un'isometria?

7 Spiega perché un'isometria trasforma un poligono in un poligono a esso congruente.

VERO O FALSO?

8
a. Se una figura è unita allora è costituita da punti uniti. V F
b. Non esiste alcuna trasformazione rispetto alla quale sono uniti tutti i punti del piano. V F
c. Siano γ una figura, P un punto di γ, f una trasformazione. Se $\gamma' = f(\gamma)$ e $P' = f(P)$, allora $P' \in \gamma'$. V F
d. Dati due punti distinti A e B e una trasformazione f, allora valgono $f(A) \neq f(B)$ e $f^{-1}(A) \neq f^{-1}(B)$. V F

9
a. Se una figura è costituita da punti uniti, allora è unita. V F
b. L'identità non è una trasformazione involutoria. V F
c. L'identità è un'isometria. V F
d. Dati due punti A e B del piano e dette A' e B' le loro rispettive immagini in un'isometria, si ha $\overline{AB} = \overline{A'B'}$. V F

10
a. Esistono isometrie che trasformano rette in circonferenze. V F
b. L'immagine di un triangolo rettangolo in un'isometria è un triangolo rettangolo. V F
c. Le immagini di due rette perpendicolari in un'isometria possono essere due rette parallele. V F
d. Le isometrie conservano le ampiezze degli angoli. V F

QUESITI A RISPOSTA MULTIPLA

11 Considera una circonferenza γ di centro O (vedi figura) e la corrispondenza t che lascia fisso O e associa a ogni punto P, distinto da O, il punto P' di intersezione tra γ e la semiretta OP di origine O. Che cosa si può affermare su t?

- **a** t è un'isometria
- **b** Non esistono punti P del piano tali che, detto P' il corrispondente di P in t, valga $\overline{OP'} = \overline{OP}$.
- **c** t non è una trasformazione
- **d** t manda rette in rette
- **e** Nessuna delle precedenti

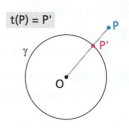

12 Osserva la figura a lato. Le rette r' e s' sono le immagini delle rette incidenti r e s nell'isometria f. Siano Z il punto di intersezione di r e s, W quello di r' e s', e valgano

$$E = f(A) \qquad F = f(B) \qquad G = f(C) \qquad H = f(D)$$

Se $ABCD$ è un parallelogramma, quale delle seguenti affermazioni è falsa?

- **a** $W = f(Z)$
- **b** Il segmento WG è l'immagine in f del segmento ZC
- **c** $AD \cong FG$
- **d** $EFGH$ è un parallelogramma
- **e** $f(Z\widehat{D}C) = W\widehat{G}H$

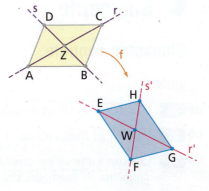

ESERCIZIO GUIDATO

13 Dimostra che l'immagine di una circonferenza in un'isometria t è una circonferenza di ugual raggio.

Dimostrazione

Sia γ una circonferenza di raggio r e centro O e sia $\gamma' = t(\gamma)$ l'immagine di γ in t. Dobbiamo dimostrare che γ' è una circonferenza di raggio r, cioè che γ' coincide con il luogo dei punti del piano che hanno distanza uguale a r da un prefissato punto, che l'intuizione ci suggerisce essere il punto $O' = t(O)$, immagine in t del centro O di γ.
Dovremo quindi dimostrare che:

a. ogni punto di γ' ha distanza uguale a r da O';

b. ogni punto del piano che ha distanza uguale a r da O' appartiene a γ'.

Così facendo, potremo concludere che γ' è la circonferenza di centro ..... e raggio .....

a. Sia P' un punto di γ'. Essendo $\gamma' = t(\gamma)$, il punto P' è immagine di un punto P di γ, e pertanto è $\overline{OP} = ...$ Poiché t è un'isometria, la .... tra O e P è uguale a quella tra le rispettive immagini O' e P'; deduciamo quindi che

$$\overline{O'P'} = ...$$

b. Sia Q' un punto del piano tale che $\overline{O'Q'} = r$. Poiché t è una corrispondenza .... tra punti del piano, sia Q il punto tale che $Q' = t(Q)$, cioè sia Q la controimmagine di Q' in t. Poiché O è la .... di O' e t è un'isometria, si ha $\overline{OQ} = ...$ e quindi $Q \in \gamma$. Pertanto, essendo $Q' = t(Q)$, vale $Q' \in .....$

c.v.d.

ESERCIZI

▷▶ **14** Dimostra che l'immagine di un triangolo isoscele in un'isometria è un triangolo isoscele.

▷▶ **15** Dimostra che l'immagine di un triangolo equilatero in un'isometria è un triangolo equilatero.

▷▶ **16** Dimostra che l'immagine di un rombo in un'isometria è un rombo.

▷▶ **17** Dimostra che l'immagine di un parallelogramma in un'isometria è un parallelogramma.

▷▶ **18** Dimostra che se M è il punto medio di un segmento AB e A', B', M' sono rispettivamente le immagini di A, B, M in un'isometria, allora M' è il punto medio di $A'B'$.

▷▶ **19** Dimostra che se la semiretta s è la bisettrice di un angolo $\widehat{ab}$ e a', b', s' sono rispettivamente le immagini di a, b, s in un'isometria, allora s' è la bisettrice dell'angolo $\widehat{a'b'}$.

■ Simmetrie

Simmetria centrale

QUESITI

▷▶ **20** Definisci la simmetria centrale di centro O. È una trasformazione involutoria?

▷▶ **21** Descrivi gli elementi uniti di una simmetria centrale.

▷▶ **22** Che cosa s'intende per centro di simmetria di una figura? Fai un esempio di una figura che non ha centri di simmetria, di una figura che ne ha uno solo e di una figura che ne ha infiniti.

▷▶ **23** Un poligono con un numero dispari di vertici può avere centro di simmetria? Perché?

QUESITI A RISPOSTA MULTIPLA

▷▶ **24** Quale delle seguenti figure ha un centro di simmetria?

| a | b | c | d |

▷▶ **25** Quale delle seguenti figure **non** ha un centro di simmetria?

| a | b | c | d |

▷▶ **26** Quale delle seguenti figure è unita in una simmetria centrale?

- **a** Una circonferenza passante per il centro di simmetria
- **b** Un triangolo equilatero le cui mediane si incontrano nel centro di simmetria
- **c** Un trapezio isoscele le cui diagonali si incontrano nel centro di simmetria
- **d** Un parallelogramma le cui diagonali si incontrano nel centro di simmetria
- **e** Nessuna delle precedenti

27 Data una simmetria centrale di centro O, siano r una retta passante per O e s una retta non passante per O e tale che $s \perp r$. Dette r' e s' le immagini rispettivamente di r e s nella simmetria centrale, quale delle seguenti affermazioni è falsa?

a $s' \parallel s$ **b** $s' \perp r'$ **c** La distanza di O da s è uguale alla distanza di O da s'

d $s' \perp r$ **e** $s' \equiv s$

28 Aiutandoti con la quadrettatura e servendoti eventualmente di riga e compasso, disegna le figure simmetriche delle figure azzurre rispetto al punto rosso, come mostrato nell'esempio.

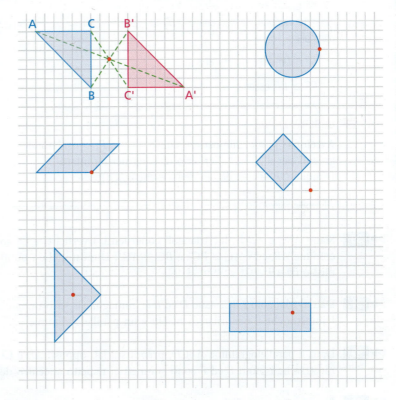

ESERCIZIO GUIDATO

29 Sono date due rette parallele a e b tagliate da una trasversale t rispettivamente nei punti A e B. Esternamente alla striscia di lati a e b, costruisci su t due segmenti AC e BD congruenti. Per il punto medio O di AB traccia una retta s che tagli in E la retta a e in F la retta b. Dimostra che $DECF$ è un parallelogramma.

Dimostrazione

Affinché il quadrilatero $DECF$ sia un parallelogramma, è sufficiente dimostrare che

$$CE \parallel DF \quad \text{e} \quad CE \cong DF$$

Ipotesi: $a \parallel b$; $AC \cong BD$; $AO \cong OB$
Tesi: $CE \parallel DF$; $CE \cong DF$

Infatti sappiamo che un quadrilatero con una coppia di lati opposti .... Osserviamo che, per ipotesi, vale $OA \cong$ ..... e $AC \cong$ ....., quindi $OA + AC \cong$ ..... + ..., cioè $OC \cong$ ..... Da ciò possiamo dedurre che C e ..... sono .... rispetto al punto O, cioè che $\sigma_O(C) =$ .....

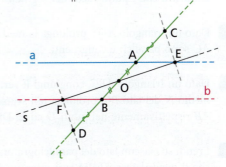

Poiché la retta a non passa per O, la simmetria σ_O trasforma a in una retta a essa .... Essendo $AO \cong$ ..... per ipotesi, abbiamo che $\sigma_O(A) = B$; dunque σ_O trasforma la retta a in una retta .... ad a e .... per B; vale quindi $\sigma_O(a) = b$.

La retta s passa per O ed è quindi una retta .... in σ_O, cioè $\sigma_O(s) \rightarrow$ .....

Deduciamo che, essendo in particolare σ_O un'...................., E_O trasforma rette incidenti in rette ....:

$$\sigma_O(a \cap s) = b \cap s \quad \text{quindi} \quad \sigma_O(E) = \ldots..$$

Abbiamo dunque stabilito che $\sigma_O(C) = $ ..... e $\sigma_O(E) = $ ..... Pertanto possiamo concludere che $\sigma_O(CE) = $ .....; in particolare

- $CE \parallel DF$ essendo σ_O una ....;
- $CE \cong DF$ essendo σ_O una ....

c.v.d.

> **OSSERVAZIONE**
>
> Avremmo potuto dimostrare che $\sigma_O(E) = F$, considerando i triangoli AOE e BOF. Essi sono congruenti per il .... criterio di congruenza; infatti ....
> Dunque $OE \cong$ ...., da cui deduce che $\sigma_O(E) = F$.

30 Siano ABC e ABC' due triangoli congruenti. I vertici C e C' sono situati da parti opposte rispetto al lato comune AB, ed è $AC \cong BC'$ e $BC \cong AC'$. Dimostra che i punti C e C' sono simmetrici rispetto al punto medio di AB.

31 Dato il triangolo ABC, siano D ed E le immagini rispettivamente dei punti B e C nella simmetria di centro A. Dimostra che il quadrilatero $BCDE$ è un parallelogramma.

32 Dato il parallelogramma $ABCD$, prendi sui lati opposti AB e CD i due segmenti congruenti AE e CF. Dimostra che i punti E ed F sono simmetrici rispetto al centro del parallelogramma.

33 Sia $ABCD$ un parallelogramma e O il punto di intersezione delle sue diagonali. Dimostra che, dato un punto P interno al parallelogramma, il suo simmetrico P' rispetto a O è un punto interno al parallelogramma. (Questo esercizio completa la dimostrazione del **TEOREMA 8**.)

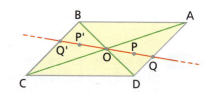

34 Dimostra che segmenti paralleli compresi tra rette parallele sono congruenti.

35 Dato il triangolo ABC, costruisci il punto D simmetrico del vertice C rispetto al punto medio M del lato AB. Dimostra che i punti medi dei segmenti AC e BD sono allineati con M.

36 Dato un triangolo ABC, prolunga la mediana CM di un segmento $MD \cong CM$. Dimostra che i segmenti BD e AC sono paralleli e congruenti.

37 Dato un triangolo ABC, congiungi il vertice B con il punto medio M del lato AC e il vertice A con il punto medio N del lato BC; prolunga tali segmenti fino a incontrare la parallela, condotta per il vertice C, al lato AB rispettivamente nei punti D ed E. Dimostra che M ed N sono i punti medi dei segmenti BD e AE.

38 Prendi su ciascun lato del parallelogramma $ABCD$ i segmenti AE, BF, CG, DH fra loro congruenti. Dimostra che il quadrilatero $EFGH$ così ottenuto è un parallelogramma.

39 Sia E un punto del lato AB del rettangolo $ABCD$ e sia E' il punto simmetrico di E rispetto al centro O del rettangolo. Dimostra che E' appartiene al lato CD e che i trapezi $AEE'D$ e $CE'EB$ sono congruenti.

Simmetria assiale

QUESITI

40 Definisci la simmetria assiale di asse a. È una trasformazione involutoria?

41 Descrivi gli elementi uniti di una simmetria assiale.

42 Che cosa s'intende per asse di simmetria di una figura? Fai un esempio di un poligono che non ha assi di simmetria, di un poligono che ha un solo asse di simmetria e di un poligono che ha due assi di simmetria.

43 Esistono figure con infiniti assi di simmetria?

QUESITI A RISPOSTA MULTIPLA

44 Quale delle seguenti figure ha un asse di simmetria?

a    b   c 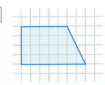   d

45 Quale delle seguenti figure ha quattro assi di simmetria?

a   b   c   d

46 Quali sono le rette unite in una simmetria assiale?

a Tutte le rette del piano
b Solo l'asse di simmetria
c L'asse di simmetria e le rette a esso parallele
d L'asse di simmetria e le rette a esso perpendicolari
e Nessuna delle precedenti

47 Data una retta a e un suo punto O, consideriamo una circonferenza γ di centro O e siano P e Q i punti di intersezione di γ con a (vedi figura). Detto RS il diametro di γ perpendicolare a PQ, quale delle seguenti uguaglianze è falsa?

a $\sigma_O(\gamma) = \gamma$
b $\sigma_a(R) = S$
c $\sigma_O(R) = S$
d $\sigma_a(P) = Q$
e $\sigma_O(P) = Q$

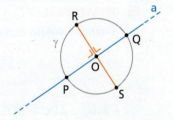

ESERCIZI

▷▶ **48** Aiutandoti con la quadrettatura e servendoti eventualmente di riga e compasso, disegna le figure simmetriche delle figure azzurre rispetto alle rette verdi.

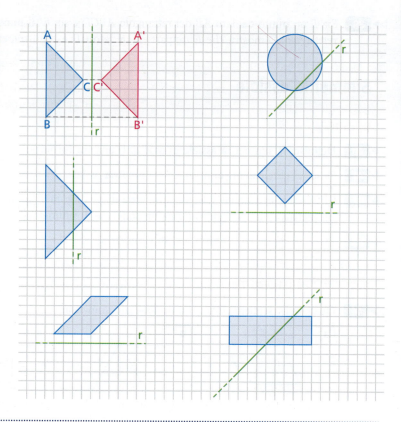

ESERCIZIO GUIDATO

▷▶ **49** Sia ABC un triangolo isoscele di base AB. Prolunga la base di due segmenti AD e BE tra loro congruenti e dimostra che i triangoli ADC e BEC sono congruenti.

Dimostrazione

Tracciamo l'altezza CH relativa alla base AB del triangolo isoscele ABC e chiamiamo r la retta che contiene CH. Poiché ABC è isoscele, la retta r è .... della base AB, quindi A e B sono .... rispetto a r, cioè $\sigma_r(.....) = ...$ In particolare, $AH \cong .....$ ed essendo $AD \cong .....$ per ipotesi, deduciamo che $DH \cong .....$ perché somme di .... Perciò anche D ed E sono ...., cioè $\sigma_r(D) = ...$ Inoltre, poiché $C \in r$, allora C è .... nella simmetria σ_r, cioè $\sigma_r(C) = ...$ Deduciamo che la simmetria σ_r trasforma il triangolo ADC nel triangolo ...... ed essendo σ_r un'........................, concludiamo ....
c.v.d.

Ipotesi: $AC \cong .....$; $AD \cong .....$; A, B, D, E allineati
Tesi: $ADC \cong BEC$

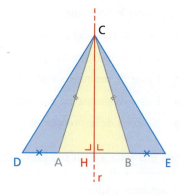

OSSERVAZIONE

Avremmo potuto dimostrare la tesi ricorrendo ai criteri di congruenza dei triangoli, infatti

$D\widehat{A}C \cong .....$ perché differenze ....
$AD \cong .....$ per ipotesi
$AC \cong .....$ per ipotesi

e dunque $ADC \cong BEC$ per il .... criterio di congruenza.

▶▶ **50** Dato un triangolo isoscele, dimostra che se si uniscono due punti dei lati, equidistanti dal vertice, con il punto medio della base, si ottengono due segmenti congruenti.

▶▶ **51** Dimostra che un punto dell'altezza relativa alla base di un triangolo isoscele è equidistante dai lati.

▶▶ **52** Sia ABC un triangolo isoscele sulla base AB. Prolungane i lati di due segmenti AD e BE tra loro congruenti e dimostra che i triangoli ABD e ABE sono simmetrici rispetto all'altezza di ABC relativa alla base e sono quindi congruenti.

▶▶ **53** Sia ABC un triangolo isoscele sulla base AB e siano P e Q due punti rispettivamente di AC e BC equidistanti dal vertice C. Dimostra che i segmenti PB e QA sono simmetrici rispetto all'altezza di ABC relativa alla base e quindi $PB \cong QA$.

▶▶ **54** Prolunga la base BC di un triangolo isoscele ABC di due segmenti congruenti BD e CE e unisci il punto D con il punto medio F del lato AC e il punto E con il punto medio G del lato AB. Dimostra che i segmenti DF ed EG sono congruenti e che il loro punto di intersezione appartiene all'altezza relativa alla base.

▶▶ **55** Dati due segmenti consecutivi e congruenti, dimostra che si corrispondono in una simmetria assiale.

▶▶ **56** Sono dati due punti A e B ed r sia l'asse del segmento AB. Preso un punto C, nel semipiano individuato da r e da A, sia $C' = \sigma_r(C)$. Dimostra che

    a. $ABC'C$ è un trapezio isoscele;

    b. se M è il punto medio di AC, $M' = \sigma_r(M)$ è il punto medio di BC';

    c. i punti B e C' sono allineati con il punto di intersezione delle rette r e AC.

▶▶ **57** Sui lati congruenti AB e AC di un triangolo isoscele ABC costruisci due triangoli equilateri ABD e ACE. Dimostra che $DE \parallel BC$, che i segmenti BE e CD sono congruenti e che il loro punto di intersezione appartiene all'altezza relativa alla base del triangolo isoscele.

▶▶ **58** Sui lati congruenti AB e AC di un triangolo isoscele ABC costruisci due triangoli equilateri ABD e ACE. Detti M il punto medio di DB e N il punto medio di CE, dimostra che il punto di intersezione dei segmenti CM e BN appartiene alla mediana relativa alla base del triangolo ABC e che il segmento MN è perpendicolare a tale mediana.

▶▶ **59** Sui lati congruenti AB e AC di un triangolo isoscele ABC prendi due punti, rispettivamente D ed E, equidistanti dal vertice A. Da D ed E traccia poi le perpendicolari alla base BC e siano rispettivamente F e G i piedi di tali perpendicolari. Dimostra che $DF \cong EG$, che i segmenti DG ed EF sono congruenti e che si incontrano in un punto dell'altezza relativa alla base del triangolo isoscele.

▶▶ **60** Dimostra che un trapezio isoscele è simmetrico rispetto all'asse comune delle due basi.

▶▶ **61** Due triangoli isosceli hanno la base in comune e i vertici da parti opposte rispetto a essa. Dimostra che il segmento che unisce i vertici è asse di simmetria del quadrilatero ottenuto.

Traslazione e rotazione

Traslazione

QUESITI

▶▶ **62** Che cos'è un vettore?

▶▶ **63** Che cosa si intende per modulo, direzione e verso di un vettore $\vec{v}$?

▶▶ **64** Definisci la traslazione di vettore $\vec{v}$. È una trasformazione involutoria?

▶▶ **65** Descrivi gli elementi uniti di una traslazione (di vettore non nullo).

ESERCIZI

VERO O FALSO?

66 **a.** La relazione di equipollenza nell'insieme dei segmenti orientati del piano non è transitiva.   V F

b. Il vettore nullo ha modulo nullo.   V F

c. Dato un vettore $\vec{v}$, il suo opposto $-\vec{v}$ ha la stessa direzione e modulo opposto.   V F

d. Dati due vettori $\vec{v}$ e $\vec{w}$, il modulo del vettore somma $\vec{v} + \vec{w}$ è uguale alla somma del modulo di $\vec{v}$ e del modulo di $\vec{w}$.   V F

67 **a.** La traslazione di vettore nullo coincide con l'identità.   V F

b. Ogni retta perpendicolare al vettore $\vec{v}$ è unita nella traslazione τ_v.   V F

c. L'inversa della traslazione τ_v di vettore $\vec{v}$ è la traslazione τ_{-v} di vettore $-\vec{v}$.   V F

d. Ogni retta parallela al vettore $\vec{v}$ è costituita da punti uniti nella traslazione τ_v.   V F

QUESITI A RISPOSTA MULTIPLA

68 Quali sono le rette unite in una traslazione di vettore non nullo?

a Tutte le rette del piano

b Le rette parallele al vettore di traslazione

c Le rette perpendicolari al vettore di traslazione

d Tutte le rette che formano con il vettore di traslazione un angolo di ampiezza 45°

e Non ci sono rette unite

69 Siano $\vec{v}$ un vettore e P un punto del piano. Detti $P' = \tau_v(P)$ e $P'' = \tau_v(P')$, quale delle seguenti uguaglianze è falsa?

a $P' = \tau_{-v}(P'')$ **b** $P'' = \tau_{2v}(P)$ **c** $\tau_v(P) = \tau_{-v}(P'')$ **d** $\overrightarrow{PP'} = \overrightarrow{P'P''}$ **e** $P \equiv P''$

70 Aiutandoti con la quadrettatura e servendoti eventualmente di riga e compasso, disegna le figure che si ottengono dalle figure azzurre applicando una traslazione il cui vettore è rappresentato dalla freccia verde, come mostrato nell'esempio.

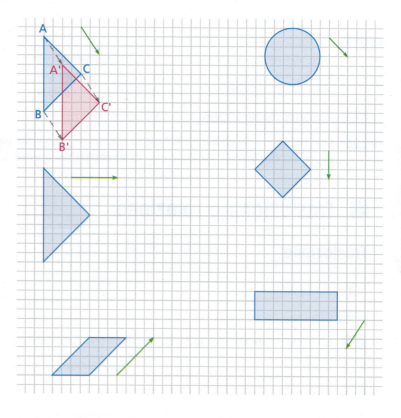

71 Disegna l'immagine di ciascuna delle figure a lato nella traslazione che associa ad A il punto A'.

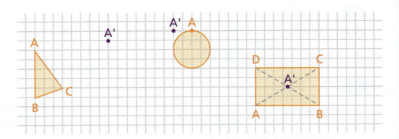

ESERCIZIO GUIDATO

72 Sia ABCD un rettangolo. L'immagine di A in una traslazione è il punto B. Qual è l'immagine di D nella stessa traslazione? Dimostra che l'immagine di ABCD in questa traslazione è un rettangolo simmetrico di ABCD rispetto alla retta BC.

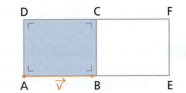

Dimostrazione
Osserviamo che se B è l'immagine di A nella traslazione, allora il vettore di traslazione è $\vec{v} = \overrightarrow{AB}$.

- Sia $D' = \tau_v(D)$ l'immagine di D nella traslazione di vettore $\vec{v}$. Allora deve essere $\overrightarrow{DD'} =$ .... ossia
$$DD' ..... AB \qquad DD' ..... AB$$
e le semirette parallele DD' e AB devono essere ...., cioè situate nello stesso semipiano di origine la retta ....

Poiché ABCD è, per ipotesi, un rettangolo, allora il punto C è tale che
$$DC \;..... \;AB \qquad DC \;..... \;AB$$
e le semirette DC e AB sono ...., dunque $\tau_v(D) =$ .....

- Siano $E = \tau_v(B)$ ed $F = \tau_v(C)$. Il quadrilatero BEFC è quindi .... in τ_v del rettangolo ABCD. In particolare
$$\overrightarrow{BE} = \overrightarrow{CF} = \vec{v} \;\longrightarrow\; BE \;...\; CF \;\text{ e }\; BE \;...\; CF$$
dunque BEFC è un ...., avendo una coppia di .... Poiché $\overrightarrow{AB} = \vec{v}$, allora la retta AB è .... in τ_v; quindi A, B ed E sono ....: deduciamo che $\widehat{CBE}$ è un angolo .... a un angolo retto e dunque è un angolo ....
Il parallelogramma BEFC ha un angolo .... e dunque è un ....

- Osserviamo che:
$$\overrightarrow{DC} = \overrightarrow{CF} = \vec{v} \;\longrightarrow\; DC \cong ..... ;\quad D\widehat{C}B \cong F\widehat{C}B \cong ......$$
$$\overrightarrow{AB} = \overrightarrow{BE} = \vec{v} \;\longrightarrow\; AB \cong ..... ;\quad A\widehat{B}C \cong E\widehat{B}C \cong ......$$

Deduciamo quindi che $F = \sigma_{BC}(.....)$ ed $E = \sigma_{BC}(.....)$, inoltre C e B sono .... nella simmetria σ_{BC}, essendo punti ....
Possiamo quindi concludere che il rettangolo $BEFC = \tau_v(ABCD)$ è .... di ABCD rispetto alla retta ......
c.v.d.

73 Sia ABC un triangolo e sia D l'immagine di C nella traslazione di vettore $\overrightarrow{AB}$. Dimostra che ABDC è un parallelogramma.

74 In un piano sono dati due punti A e B e un vettore $\vec{v}$, avente direzione diversa da quella della retta AB. Dette A' e B' rispettivamente le immagini A e di B nella traslazione di vettore $\vec{v}$, dimostra che le rette AB e $A'B'$ sono parallele. Se invece il vettore $\vec{v}$ ha la stessa direzione della retta AB, che cosa puoi affermare sulla posizione reciproca delle rette AB e $A'B'$?

ESERCIZI

75 Dato un triangolo ABC, prolunga il lato AB di un segmento $BD \cong AB$; per C conduci la parallela ad AB e su di essa considera un punto E tale che sia $\overrightarrow{CE} = \overrightarrow{AB}$. Traccia i segmenti EB ed ED. Dimostra che il triangolo BDE è congruente al triangolo ABC e che, detti M ed N i punti medi rispettivamente di BC e DE, il segmento MN è congruente ad AB.

76 Dato il triangolo ABC, sia M il punto medio del lato BC. Nella traslazione di vettore $\overrightarrow{AM}$ costruisci il triangolo $MB'C'$ immagine del triangolo dato. Prolunga la mediana AM fino a incontrare nel punto M' il lato $B'C'$. Dimostra che M' è il punto medio di $B'C'$, che $C'M \cong M'B$ e che il triangolo $CM'B$ è congruente al triangolo ABC.

77 Dato il triangolo isoscele ABC di base BC, costruisci il triangolo $CB'C'$ immagine di ABC nella traslazione di vettore $\overrightarrow{AC}$. Detti H e H' i piedi delle rispettive altezze relative alle basi dei due triangoli, dimostra che HH' è congruente al lato AC del triangolo dato e che AB' è perpendicolare a BC ed è congruente al doppio dell'altezza AH.

78 Sia $ABCD$ un quadrato. L'immagine di A in una traslazione è il punto C e le immagini di B, C, D nella stessa traslazione sono rispettivamente i punti E, F, G. Dimostra che $CEFG$ è un quadrato e che è il simmetrico di $ABCD$ rispetto a C.

79 Sia $ABCD$ un rombo. L'immagine di A in una traslazione è il punto C e le immagini di B, C, D nella stessa traslazione sono rispettivamente i punti E, F, G. Dimostra che $CEFG$ è un rombo e che è il simmetrico di $ABCD$ rispetto a C.

80 Sia ABC un triangolo equilatero, e sia BDE la sua immagine nella traslazione di vettore $\overrightarrow{AB}$. Dimostra che $ADEC$ è un trapezio isoscele e che, se F e G sono rispettivamente i simmetrici di C ed E rispetto alla retta AB, l'esagono $AFGDEC$ è regolare.

Rotazione

QUESITI

81 Che cosa s'intende per angolo orientato $A\widehat{O}B$?

82 Definisci la rotazione di centro O e ampiezza orientata α. È una trasformazione involutoria?

83 Descrivi gli elementi uniti di una rotazione (di ampiezza non nulla).

84 Con quale trasformazione coincide la rotazione $\rho_O^{180°}$? Perché?

VERO O FALSO?

85
a. La rotazione di ampiezza nulla coincide con l'identità. V F
b. Ogni retta passante per il centro della rotazione è unita nella rotazione. V F
c. Il centro è l'unico punto unito in una rotazione di ampiezza non nulla. V F
d. L'inversa di una rotazione ρ_O^α è la rotazione $\rho_O^{-\alpha}$. V F

QUESITI A RISPOSTA MULTIPLA

86 Quali sono le rette unite in una rotazione di ampiezza non nulla?

a Tutte le rette del piano

b Tutte le rette passanti per il centro della rotazione

c Se l'ampiezza della rotazione è $\pm 180°$ sono unite tutte le rette passanti per il centro della rotazione, altrimenti non ci sono rette unite

d Non ci sono rette unite

e Nessuna delle precedenti

87 Considera la figura a lato. Quale delle seguenti uguaglianze è falsa?

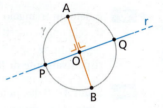

- **a** $A = \rho_O^{+90°}(Q)$
- **b** $\rho_O^{-180°}(A) = \sigma_O(A) = B$
- **c** $\rho_O^{+90°}(\gamma) = \gamma$
- **d** $P = \rho_O^{+90°}(B)$
- **e** $\rho_O^{+90°}(O) = O$

88 Aiutandoti con la quadrettatura e servendoti eventualmente di riga e compasso, disegna le figure che si ottengono dalle figure azzurre applicando una rotazione in senso antiorario di un angolo di 90° con centro nel punto rosso, come mostrato nell'esempio.

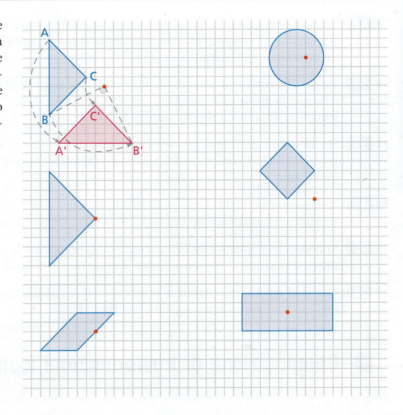

ESERCIZIO GUIDATO

89 Sia ABC un triangolo equilatero. L'immagine di B in una rotazione di centro A in senso antiorario è il punto C. Qual è l'ampiezza di tale rotazione? Dimostra che l'immagine di C in questa rotazione è il punto D simmetrico di B rispetto alla retta AC.

Dimostrazione

Osserviamo che poiché ABC è equilatero, i suoi angoli interni hanno ampiezza uguale a ...... Poiché la rotazione avviene in senso antiorario, la sua ampiezza orientata è ...., dunque $\alpha = $ .....

Sia $D = \rho_A^\alpha(C)$; in particolare risulta

$$AD \cong \ldots \quad \text{e} \quad C\widehat{A}D \cong \ldots$$

Tracciamo il segmento BD. Essendo $AB \cong AC$, il triangolo ABD è .... sulla base .... Detto H il punto di intersezione tra BD e AC, osserviamo che AH è la .... dell'angolo al vertice $B\widehat{A}D$. Dunque la retta AC (che contiene AH) è .... del segmento BD, cioè D è il .... rispetto ad AC.

c.v.d.

ESERCIZI

90 È dato un triangolo ABC con $AC < AB$. Su AB prendi un segmento $AD \cong AC$ ed esternamente al triangolo traccia una semiretta con origine in A che formi con AB un angolo congruente a $C\hat{A}B$; su di essa prendi un segmento $AF \cong AB$. Dimostra che i triangoli ACB e ADF sono congruenti e che, detti M ed N i punti medi rispettivamente di BC e DF, l'angolo $M\hat{A}N$ è congruente a $C\hat{A}B$.

91 Siano A e B due punti allineati con il punto O e sia α l'ampiezza di un angolo dato. Considera la rotazione di centro O e ampiezza α e siano A' e B' le immagini rispettivamente di A e di B in tale rotazione. Dimostra che è $AB \cong A'B'$, distinguendo i casi in cui O è interno o esterno al segmento AB.

92 Due triangoli equilateri ABC e ABD hanno il lato AB in comune e i vertici C e D da parti opposte rispetto ad AB. Utilizzando un'opportuna rotazione, dimostra che A e i punti medi dei segmenti BC e BD sono vertici di un nuovo triangolo equilatero.

93 Sia $ABCD$ un quadrato. L'immagine di B in una rotazione di centro A e ampiezza positiva è il punto D. Qual è l'ampiezza di tale rotazione? Dimostra che l'immagine di $ABCD$ in tale rotazione è un quadrato, simmetrico di $ABCD$ rispetto al punto medio di AD. [90°]

94 Sia $ABCDE$ un pentagono regolare. L'immagine di C in una rotazione di centro A e ampiezza positiva è il punto D. Qual è l'ampiezza di tale rotazione? Dimostra che, se B' è l'immagine di B in questa rotazione, il quadrilatero $AB'DE$ è un rombo. [36°]

95 Le immagini dei vertici di un quadrato $ABCD$ in una rotazione di ampiezza 45° con centro nel centro di simmetria del quadrato sono i punti A', B', C', D'. Dimostra che $AA'BB'CC'DD'$ è un ottagono regolare.

96 Considera un quadrato e sia O il punto in cui si intersecano le sue diagonali. Quali sono le ampiezze delle rotazioni di centro O rispetto alle quali il quadrato è una figura unita?

97 Considera un poligono regolare di n lati e sia O il suo centro. Quali sono le ampiezze delle rotazioni di centro O rispetto alle quali il poligono è una figura unita?

Composizione di trasformazioni isometriche

QUESITI

98 Date due trasformazioni f e g, che cosa s'intende per trasformazione composta o prodotto $g \circ f$?

99 Il prodotto di trasformazioni gode della proprietà commutativa?

100 Il prodotto di due isometrie è ancora un'isometria? Giustifica la risposta.

VERO O FALSO?

101
a. Il prodotto di due simmetrie centrali è una traslazione.   V F
b. Il prodotto di due simmetrie assiali è una rotazione.   V F
c. Il prodotto di due rotazioni con lo stesso centro è una rotazione.   V F
d. Il prodotto di due traslazioni è una traslazione.   V F

ESERCIZIO GUIDATO

102 Dato un triangolo ABC, considera il suo simmetrico $A'BC'$ rispetto al vertice B e il simmetrico del triangolo $A'BC'$ rispetto al vertice A'. Dimostra che quest'ultimo triangolo risulta traslato di un vettore $2\overrightarrow{AB}$ rispetto al triangolo ABC.

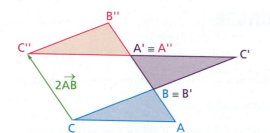

Ipotesi: $A'BC' = \sigma_B(ABC)$
$A'B''C'' = \sigma_{A'}(A'BC')$

Tesi: $A'B''C'' = \tau_{2\overrightarrow{AB}}(ABC)$

Dimostrazione

Il triangolo $A'B''C''$ è l'immagine del triangolo ABC nel prodotto delle simmetrie ...... e ....., cioè

$$A'B''C'' = (\sigma_{...} \circ \sigma_{...})(ABC)$$

Sappiamo che il prodotto di due simmetrie centrali $\sigma_{...} \circ \sigma_{...}$ è una .... di vettore $2\overrightarrow{BA'}$.
Poiché $\overrightarrow{BA'} = ...$, deduciamo che

$$A'B''C'' = \tau_{...}(ABC) \qquad \text{c.v.d.}$$

▶▶ **103** Siano r una retta e $\vec{v}$ un vettore parallelo a essa. Considera un punto P e siano P_1 la sua immagine nella traslazione di vettore $\vec{v}$ e P_2 l'immagine di P_1 nella simmetria di asse r, sia cioè $P_2 = \sigma_r(\tau_v(P))$; siano poi Q_1 l'immagine di P nella simmetria di asse r e Q_2 l'immagine di Q_1 nella traslazione di vettore $\vec{v}$, ossia $Q_2 = \tau_v(\sigma_r(P))$. Dimostra che $P_2 \equiv Q_2$. Mostra poi con un esempio che, se il vettore e l'asse di simmetria non sono paralleli, i punti P_2 e Q_2 sono distinti.

▶▶ **104** Dati due segmenti congruenti, dimostra che si corrispondono in una isometria prodotto di una traslazione e di una rotazione.

▶▶ **105** È dato un angolo retto $A\widehat{O}B$ e sia OC la sua bisettrice. Preso un punto P interno all'angolo $A\widehat{O}C$, costruisci il simmetrico P' del punto P rispetto alla bisettrice e il simmetrico P'' del punto P' rispetto al lato OB. Dimostra che l'angolo $P\widehat{O}P''$ è retto.

▶▶ **106** Sono dati una retta a e un suo punto O. Detta b la perpendicolare per O alla retta a, dimostra che il prodotto della simmetria assiale di asse a e della simmetria centrale di centro O è la simmetria assiale di asse b. Vale la proprietà commutativa?

▶▶ **107** Dimostra che il prodotto della rotazione di centro O e ampiezza $90°$ e della simmetria centrale di centro O è una rotazione di centro O e ampiezza $-90°$. Vale la proprietà commutativa?

▶▶ **108** Dimostra che, componendo una simmetria assiale e una traslazione di vettore perpendicolare all'asse della simmetria, si ottiene una nuova simmetria assiale. Qual è l'asse di questa nuova simmetria?

▶▶ **109** Sono dati un vettore $\vec{v}$ e un punto O. Costruisci il punto O' in modo che il vettore $\overrightarrow{O'O}$ sia la metà di $\vec{v}$. Dimostra che il prodotto della traslazione di vettore $\vec{v}$ e della simmetria centrale di centro O (cioè $\sigma_O \circ \tau_v$) è una simmetria centrale di centro O'. Vale la proprietà commutativa? Se non vale, scambiando l'ordine dei fattori del prodotto delle due isometrie, quale isometria si ottiene?

▶▶ **110** Sono dati una retta a e un punto O esterno a essa. Detto O' il simmetrico di O rispetto alla retta a, dimostra che $\sigma_a \circ \sigma_O = \sigma_{O'} \circ \sigma_a$.

▶▶ **111** Sono dati quattro punti allineati A, B, C, D che si susseguono nell'ordine dato e tali che $AB \cong CD$. Dimostra che il prodotto delle tre simmetrie centrali di centri A, C e D è la simmetria centrale di centro B.

▶▶ **112** Sono date due rette incidenti a e b e sia c la bisettrice di uno degli angoli da esse formato. Dimostra che il prodotto delle tre simmetrie assiali di assi a, c, b è la simmetria assiale di asse c.

Trasformazioni non isometriche

QUESITI

113 Definisci un'omotetia di centro O e rapporto k, con $k \neq 0$. È una trasformazione involutoria?

114 Che cosa s'intende per omotetia diretta e omotetia contraria?

115 Dimostra che l'immagine di un triangolo in un'omotetia è un triangolo a esso simile e con i lati paralleli a quelli del triangolo dato.

116 Che cosa s'intende per similitudine?

VERO O FALSO?

117
a. La simmetria centrale è una particolare omotetia. V F
b. La simmetria assiale è una particolare omotetia. V F
c. Applicando un'omotetia di rapporto 2 e poi un'omotetia di rapporto $\frac{1}{2}$ si ottiene un'isometria anche se i centri delle due omotetie sono distinti. V F
d. Due figure che si corrispondono in un'omotetia sono simili. V F
e. Due figure sono simili se si corrispondono in un'omotetia. V F

118
a. L'unico punto unito di un'omotetia è il centro. V F
b. Le omotetie sono particolari similitudini. V F
c. Le similitudini sono particolari isometrie. V F
d. L'inversa di una similitudine è un'omotetia. V F

Omotetia

ESERCIZIO GUIDATO

119 Dimostra che due segmenti paralleli e non congruenti si corrispondono in un'omotetia diretta.

Dimostrazione
Supponiamo (come in figura) che B e B' appartengono allo stesso semipiano di origine AA'. Poiché AB e $A'B'$ non sono congruenti, allora le rette AA' e BB' si intersecano in un punto O. Per il teorema di ...., $OA' : OA =$ ..... : ..... Detto k il rapporto comune, possiamo scrivere $\frac{OA'}{OA} = \frac{...}{...} = k$ e quindi concludiamo che A' è .... di A e B' è .... di B nell'omotetia di centro O e rapporto k. Dunque $A'B'$ è .... di .... nella stessa omotetia. Tale omotetia è .... perché AA' e BB' giacciono .... rispetto a O. c.v.d.

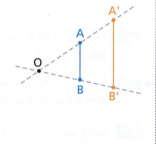

120 Il triangolo OAB è rettangolo in O ed è, in centimetri, $\overline{OA} = \overline{OB} = 10$. Le immagini di A e B in un'omotetia di centro O e rapporto 2 sono i punti A' e B'. Determina i perimetri e le aree dei triangoli OAB e $OA'B'$ e quindi calcola i rapporti tra i perimetri e le aree di $OA'B'$ e OAB. [2; 4]

121 Il triangolo OAB è rettangolo in O e $\overline{OA} = \overline{OB} = a$. Le immagini di A e B in un'omotetia di centro O e rapporto k sono i punti A' e B'. Determina i perimetri e le aree dei triangoli OAB e $OA'B'$ e quindi calcola i rapporti tra i perimetri e le aree di $OA'B'$ e OAB. [k; k^2]

122 Dimostra che componendo un'omotetia di centro O e rapporto k_1 con un'omotetia di centro O e rapporto k_2 si ottiene un'omotetia di centro O e rapporto $k_1 \cdot k_2$.

▷▷ **123** Dimostra che due segmenti paralleli e non congruenti si corrispondono in un'omotetia contraria.

▷▷ **124** Dimostra che due quadrati non congruenti e con i lati corrispondenti paralleli (vedi figura a lato) si corrispondono in un'omotetia diretta e in un'omotetia contraria.

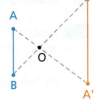

▷▷ **125** Dimostra che due parallelogrammi non congruenti e con i lati corrispondenti paralleli e proporzionali si corrispondono in un'omotetia diretta e in un'omotetia contraria.

▷▷ **126** Data una circonferenza di diametro AB, dimostra che la sua immagine in un'omotetia di centro A e rapporto 2 è la circonferenza con centro in B passante per A.

▷▷ **127** Dimostra che due circonferenze concentriche si corrispondono in un'omotetia diretta e anche in un'omotetia contraria.

▷▷ **128** Dimostra che la trasformazione che si ottiene applicando prima un'omotetia di rapporto h e quindi una seconda omotetia di rapporto $\frac{1}{h}$ è un'isometria.

▷▷ **129** Dimostra che la trasformazione che si ottiene applicando prima un'omotetia di centro O e rapporto k e poi una simmetria di centro O è un'omotetia di centro O e rapporto $-k$.

Similitudine

■ **ESERCIZIO GUIDATO**

▷▷ **130** Dimostra che l'immagine di un parallelogramma in una similitudine è un parallelogramma.

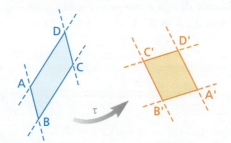

Ipotesi: $ABCD$ parallelogramma; τ similitudine
$A'B'C'D' = \tau(ABCD)$

Tesi: $A'B'C'D'$ parallelogramma

Dimostrazione
Sia $ABCD$ un parallelogramma e la sua immagine, in una similitudine τ, sia il quadrilatero $A'B'C'D'$ (vedi figura). Dobbiamo dimostrare che anche $A'B'C'D'$ è un parallelogramma.
$ABCD$ per ipotesi è un parallelogramma, e quindi $AB \parallel CD$. Ma sappiamo che le similitudini conservano il .... e quindi le immagini in τ delle rette parallele AB e CD sono le due rette $A'B'$ e $C'D'$ anch'esse ....
Analogamente, essendo per ipotesi BC ... DA risulta anche .... Pertanto il quadrilatero $A'B'C'D'$ ha i lati .... paralleli ed è quindi un .... c.v.d.

▷▷ **131** Dimostra che l'immagine di un rettangolo in una similitudine è un rettangolo.

▷▷ **132** Dimostra che l'immagine di un quadrato in una similitudine è un quadrato.

▷▷ **133** Dimostra che l'immagine di un rombo in una similitudine è un rombo.

▷▷ **134** Dimostra che l'immagine di una circonferenza in una similitudine è una circonferenza.

▷▷ **135** Il punto P è il centro del parallelogramma $ABCD$ e il punto P' è il centro del parallelogramma $A'B'C'D'$, immagine di $ABCD$ in una similitudine. Dimostra che P' è l'immagine di P nella similitudine considerata.

▷▷ **136** Dimostra che la trasformazione che si ottiene applicando prima un'omotetia, poi un'isometria e quindi una seconda omotetia è una similitudine.

Esercizi per il recupero

1 Aiutandoti con la quadrettatura e servendoti eventualmente di riga e compasso, disegna le figure simmetriche rispetto alla retta indicata. La retta ha una inclinazione di 45°.

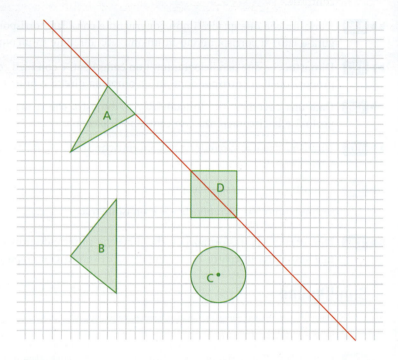

2 Aiutandoti con la quadrettatura e servendoti eventualmente di riga e compasso, indica quali e quante trasformazioni sono state operate per trasformare la figura A in A', B in B', C in C' e D in D'.

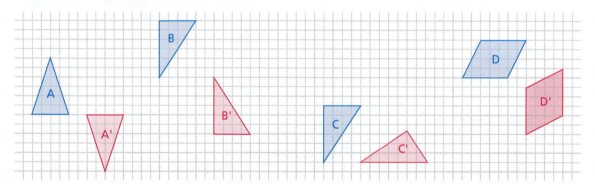

3 Aiutandoti con la quadrettatura e servendoti eventualmente di riga e compasso, disegna gli assi di simmetria relativi alle seguenti trasformazioni.

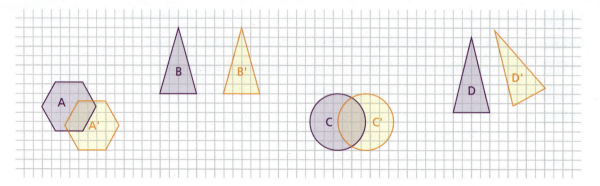

4 Aiutandoti con la quadrettatura e servendoti eventualmente di riga e compasso, indica quali e quante trasformazioni sono state operate per trasformare la figura A in A', B in B', C in C' e D in D'.

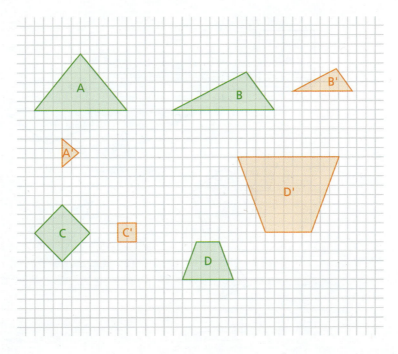

5 Aiutandoti con la riga e il goniometro, disegna il centro della rotazione, se non espressamente indicato, e l'ampiezza della rotazione stessa, come mostrato nell'esempio.

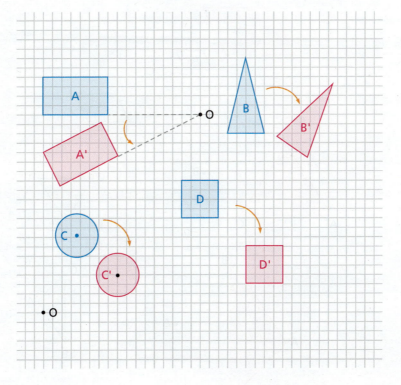

ESERCIZI

6 Aiutandoti con la riga, disegna il centro dell'omotetia diretta o contraria e determinane, per ciascuna, il rapporto.

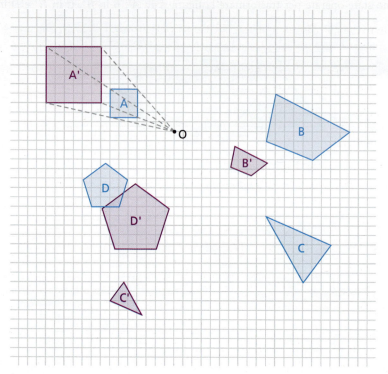

7 Aiutandoti con la quadrettatura e con una riga, disegna il centro dell'omotetia, la figura dalla quale si ottengono l'omotetia diretta e l'omotetia contraria e i relativi rapporti.

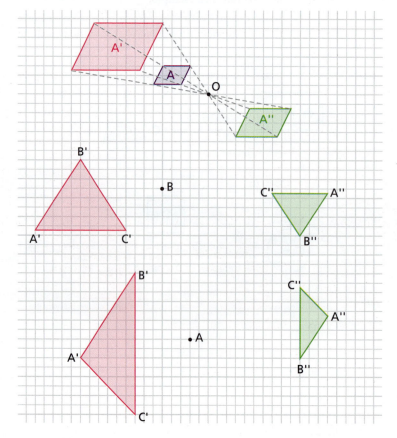

8 Sia ABC un triangolo isoscele sulla base AB e sia CH l'altezza relativa alla base. Detto M il punto medio del lato AC, dimostra che il suo corrispondente nella simmetria rispetto alla retta CH è il punto medio del lato BC.

9 Considera un triangolo ABC e un vettore $\vec{v}$. Dopo aver costruito il corrispondente $A'B'C'$ del triangolo ABC nella traslazione di vettore $\vec{v}$, dimostra che i triangoli ABC e $A'B'C'$ sono congruenti.

10 L'immagine di un segmento AB in una traslazione di vettore $\vec{v}$, non parallelo ad AB, è il segmento CD. Dimostra che $ABDC$ è un parallelogramma.

11 Considera un triangolo ABC e la rotazione $\rho_A^{90°}$, cioè la rotazione di centro A e ampiezza $\alpha = 90°$. Dopo aver costruito il triangolo $A'B'C'$, corrispondente di ABC in tale rotazione, dimostra che il triangolo $A'B'C'$ è congruente al triangolo dato ABC.

12 Sono dati un triangolo ABC e un punto O esterno a esso; considera la rotazione di ampiezza $\alpha = 90°$ e di centro O. Disegna il triangolo $A'B'C'$ corrispondente del triangolo ABC in tale rotazione e dimostra che i due triangoli sono congruenti.

Esercizi di approfondimento

1 Sono date due rette incidenti a e b che formano un angolo acuto α e sia O il loro punto di intersezione. Dimostra che il prodotto delle due simmetrie assiali di assi a e b e della rotazione di centro O e ampiezza uguale a quella dell'angolo supplementare del doppio di α (cioè $\rho_O^{180°-2\alpha} \circ (\sigma_b \circ \sigma_a)$) è la simmetria di centro O.

2 Siano $ABCD$ un rettangolo di centro O ed E un punto di AB. La parallela per E ad AC incontra BC in F, la retta FO incontri AD in F' mentre la retta EO incontri DC in E'.

  a. Qual è la natura del quadrilatero $EFE'F'$?

  b. Sia G il punto di intersezione delle rette di EF e di DC. Qual è la natura del quadrilatero $EGCA$? Che cosa si può dire dei segmenti AE e CE'?

  c. Dimostra che i segmenti FE' e FG sono simmetrici rispetto a BC.

  d. Dimostra che, qualunque sia la posizione del punto E su AB, il perimetro del quadrilatero $EFE'F'$ è uguale alla somma delle diagonali del rettangolo dato.

3 Dati un rettangolo e una circonferenza, inscrivi nella circonferenza un rettangolo omotetico a quello dato (costruisci prima la circonferenza circoscritta al rettangolo).

4 Inscrivi un quadrato in una semicirconferenza data (costruisci prima un quadrato con un lato sul diametro in modo che il centro della semicirconferenza sia il punto medio del lato).

Verso la Prova Invalsi

Soluzioni degli esercizi

1 Il professor Albert chiede a Mario di decifrare i simboli sotto disegnati: qual è il simbolo mancante?

$$\text{Ƨ ᘕ ℰ } \boxed{?} \text{ ♀}$$

QUESITI A RISPOSTA MULTIPLA

2 Sul cofano delle ambulanze si trova la seguente scritta:

$$\text{AZNAJUBMA}$$

in modo che gli automobilisti che precedono l'ambulanza possano leggere, nello specchietto retrovisore del loro autoveicolo:

AMBULANZA

ESERCIZI

Mediante quale trasformazione geometrica è ottenuta la seconda scritta dalla prima?

- **a** Simmetria centrale
- **b** Simmetria assiale con asse orizzontale
- **c** Simmetria assiale con asse verticale
- **d** Rotazione

3 Quali tra le rette disegnate a, b, c, d, possono essere considerate assi di simmetria del quadrilatero $ABCD$?

- **a** Le rette a e c
- **b** Le rette b e d
- **c** La retta d
- **d** Nessuna delle rette disegnate

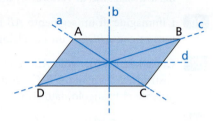

4 I trapezi isosceli A e A' in figura sono congruenti. Che tipo di trasformazione bisogna operare per sovrapporre perfettamente i due trapezi?

- **a** Una rotazione
- **b** Una traslazione lungo l'asse x e una traslazione lungo y
- **c** Una simmetria rispetto all'origine degli assi
- **d** Una traslazione lungo y e una traslazione lungo x

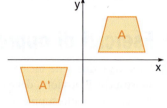

Capitolo 15

Applicazioni dell'algebra alla geometria

▶ Problemi geometrici
▶ Relazioni metriche tra gli elementi di figure notevoli

I cavi telefonici

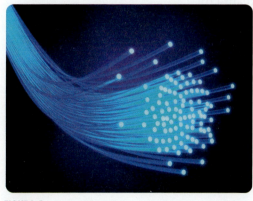

FIGURA 1
Un fascio di fibre ottiche

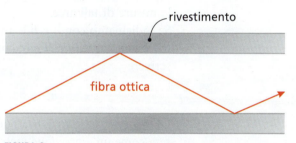

FIGURA 2
In un cavo a fibre ottiche, la luce si propaga all'interno della fibra ottica sfruttando un fenomeno fisico detto «riflessione interna totale». Esso avviene quando la luce, che si propaga in un mezzo materiale, incontra la superficie di separazione con un altro mezzo e forma con tale superficie un angolo maggiore del cosiddetto «angolo critico»

Un cavo di fibra ottica è un insieme di sottilissimi filamenti trasparenti di fibra di vetro, tenuti insieme da una guaina protettiva di gomma. Nella fibra, la luce si propaga riflettendosi internamente senza perdita di segnale anche per distanze notevoli (**FIGURA 2**), e recentemente le fibre ottiche sono state impiegate su larga scala per la trasmissione di dati ad alta velocità.

La nota compagnia telefonica Telepigreco ha deciso di cablare tutta la città per offrire Internet ad alta velocità. I tecnici devono far correre sottoterra decine di piccoli cavi del diametro di 3 mm, compresa la guaina protettiva. Tuttavia questi cavi vanno inseriti a loro volta in tubi di gomma cilindrici, e i tecnici devono valutare se rivestirli uno a uno, a coppie, a gruppi di tre, a gruppi di quattro...

Come varia la sezione del tubo di rivestimento se vengono inseriti uno, due, tre o quattro cavi? Quale situazione risulta più conveniente?

💡 Soluzione a pag. 844

Problemi geometrici

In questo capitolo riprenderemo alcune nozioni già viste e, insieme ad altre che verranno trattate per la prima volta, le inseriremo in schemi riepilogativi utili per la risoluzione di problemi.

1. Risoluzione algebrica dei problemi geometrici

Quando si risolve un problema geometrico con l'aiuto dell'algebra si dice che si usa un **metodo analitico** (o *metodo algebrico*).

Questo metodo si basa sulla seguente osservazione: dato che all'uguaglianza o a qualsiasi operazione tra due *grandezze geometriche* (lunghezze, ampiezze, aree, volumi) corrispondono rispettivamente l'uguaglianza o la medesima operazione tra rispettive *misure*, allora *a ogni relazione tra grandezze si può sostituire una relazione algebrica tra le loro misure*. In realtà questa osservazione è già stata applicata in tutti i problemi risolti in precedenza.

Ad esempio, il teorema di Pitagora, applicato al triangolo rettangolo *ABC* di **FIGURA 3**, afferma che

$$q(AB) \doteq q(AC) + q(CB)$$

Tale relazione di equivalenza tra superfici si può tradurre nell'uguaglianza tra le loro aree e, di conseguenza, nell'uguaglianza tra le misure di tali aree.
Se indichiamo con *a* e *b* le misure dei cateti e con *c* quella dell'ipotenusa, potremo scrivere

$$c^2 = a^2 + b^2$$

La precedente uguaglianza può essere pensata come un'*espressione metrica del teorema di Pitagora*.

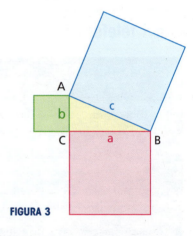

FIGURA 3

> **IL METODO SINTETICO**
>
> Il **metodo analitico** (o algebrico) si contrappone al **metodo sintetico**: con quest'ultimo metodo la figura incognita viene individuata solo con metodi geometrici, mediante opportune costruzioni con riga e compasso.

2. Le fasi della risoluzione algebrica di un problema geometrico

Esponiamo ora i passi che si compiono solitamente per la risoluzione di un problema geometrico con il metodo analitico.

a. È necessario anzitutto eseguire una lettura attenta del **testo del problema** e, dopo aver compreso qual è la figura da determinare, **si disegna la figura**: essa deve essere chiara e si devono accuratamente **evitare i casi particolari**.

b. **Si sostituiscono alle grandezze geometriche coinvolte nel problema le relative misure**, che potranno essere espresse da numeri o da lettere. Per ognuna delle grandezze incognite è necessario stabilire dei limiti dovuti a considerazioni di carattere geometrico (**limiti geometrici**).

c. In base al testo del problema, **si scrivono una o più relazioni tra le misure degli elementi noti e incogniti** che vi compaiono. Tali relazioni possono essere indicate direttamente dal problema oppure possono esprimere proprietà

> Le misure delle grandezze incognite generalmente sono indicate con le ultime lettere dell'alfabeto (*x*, *y*, *z*, ...).

relative alla figura geometrica cui si riferisce il problema. Si ottiene così un'espressione, che permette il calcolo diretto della misura della grandezza che si vuole determinare, oppure una o più relazioni che si presentano come equazioni in una o più incognite. Quando otteniamo più equazioni dobbiamo risolvere un sistema, che deve essere costituito da tante equazioni quante sono le incognite.

d. **Si risolve l'equazione o il sistema ottenuti** rispetto alle incognite poste. **Ricavate tali soluzioni, occorre stabilire se esse sono accettabili, cioè se soddisfano i limiti geometrici** che avevamo posto, che costituiscono le *condizioni di accettabilità* per le soluzioni. Quindi dovremo eventualmente escludere qualche soluzione algebrica nel caso in cui sia priva di significato geometrico. Le soluzioni così determinate sono le misure delle grandezze incognite richieste.
A tale proposito ricordiamo che un problema si dice

- **impossibile** se non ammette soluzioni,
- **determinato** se ammette una o più soluzioni, ma in numero finito,
- **indeterminato** se ammette infinite soluzioni.

e. Eseguita la risoluzione del problema per via algebrica, a volte può essere richiesta la costruzione grafica degli elementi forniti dalle espressioni algebriche trovate.

> È possibile dimostrare che, quando un problema è riconducibile a equazioni o a sistemi di primo o di secondo grado, allora esso corrisponde a questioni geometriche che graficamente si possono risolvere con l'uso della riga e del compasso.

Costruzione geometrica di espressioni algebriche

3. Osservazioni sui poligoni inscritti

Abbiamo già studiato i poligoni inscritti in una circonferenza o circoscritti a essa. In molti problemi geometrici da risolvere con l'aiuto dell'algebra si incontrano poligoni inscritti anche in figure diverse dalla circonferenza.

- Per **triangolo inscritto in una semicirconferenza** (FIGURA 4) si intende, come sappiamo, un *triangolo rettangolo* la cui ipotenusa coincide con il diametro che sottende la semicirconferenza e il cui vertice dell'angolo retto è un punto interno alla semicirconferenza.

- Per **trapezio inscritto in una semicirconferenza** (FIGURA 5) si intende un *trapezio isoscele* la cui base maggiore coincide con il diametro e la cui base minore è una corda parallela al diametro. Per dimostrare che il trapezio è isoscele basta osservare la FIGURA 5. Poiché $AB \parallel DC$, allora

$$A\hat{C}D \cong C\hat{A}B \quad \rightarrow \quad \widehat{AD} \cong \widehat{CB} \quad \rightarrow \quad AD \cong CB$$

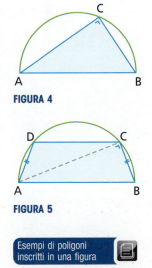

FIGURA 4

FIGURA 5

Notiamo inoltre che ciascuna diagonale è perpendicolare al lato obliquo (ad esempio, la diagonale AC è perpendicolare al lato CB perché il triangolo ABC è inscritto nella semicirconferenza di diametro AB).
In casi diversi dai precedenti si dice che un poligono $\mathcal{P}$ è inscritto in una figura $\mathcal{F}$ quando i vertici di $\mathcal{P}$ appartengono al contorno di $\mathcal{F}$.

Esempi di poligoni inscritti in una figura

4. Esempi di risoluzione algebrica di problemi geometrici

Vediamo la risoluzione di qualche problema geometrico. Tieni presente che noi daremo un esempio di risoluzione, ma per ogni problema proposto puoi trovare anche altri metodi di risoluzione.

Matematica e modelli: progettare una pista di atletica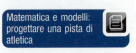

TEORIA

Altri esempi

> Le incognite vanno scelte in modo che, una volta che se ne sia trovato il valore dopo aver risolto il problema, deve essere possibile costruire *in modo univoco* (con riga e compasso) la figura che occorre determinare.
> Tuttavia, nella maggior parte dei casi non viene richiesto di eseguire una costruzione di questo tipo alla fine del problema.

ESEMPIO

Determinare i lati di un rettangolo che è inscritto in una semicirconferenza il cui raggio misura r e che ha perimetro di misura $4r$.

Osserviamo che un enunciato equivalente, ma più semplice, del problema può essere: «inscrivere in una semicirconferenza di raggio r un rettangolo di perimetro $4r$».

La figura incognita è il rettangolo; tra gli infiniti rettangoli che si possono inscrivere nella semicirconferenza data occorre determinare quello (o quelli) il cui perimetro misura $4r$.

Disegniamo la figura: tracciamo una semicirconferenza e inscriviamo in essa un **qualsiasi** rettangolo (**FIGURA 6**). Ora occorre decidere se risolvere il problema utilizzando una o più incognite.

Proponiamo la soluzione del problema in due modi diversi.

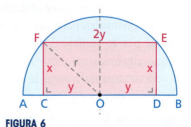

FIGURA 6

a. Risoluzione con due incognite.

Da un esame della **FIGURA 6**, risulta evidente che essa è simmetrica rispetto alla perpendicolare in O ad AB e quindi è $\overline{CO} = \overline{OD}$: per tale motivo può essere comodo porre $\overline{FE} = \overline{CD} = 2y$.

Elementi noti	$\overline{AB} = 2r$, $2p(CDEF) = 4r$
Elementi richiesti	$\overline{FC} = \overline{ED}$, $\overline{FE} = \overline{CD}$
Incognite	$\overline{FC} = \overline{ED} = x$, $\overline{FE} = \overline{CD} = 2y$
Limiti geometrici	$0 < x < r$, $0 < 2y < 2r \longrightarrow 0 < y < r$

Dalla relazione $2p(CDEF) = 4r$ si ha

$$\overline{FE} + \overline{CD} + \overline{ED} + \overline{FC} = 4r \longrightarrow 2x + 4y = 4r \longrightarrow x + 2y = 2r$$

Occorre ora ricercare un'altra equazione in x e y per ottenere un sistema di due equazioni in due incognite. Allo scopo congiungiamo F con O e applichiamo il teorema di Pitagora al triangolo FCO rettangolo in C:

$$\overline{FC}^2 + \overline{CO}^2 = \overline{FO}^2 \longrightarrow x^2 + y^2 = r^2$$

Poniamo a sistema le relazioni $x + 2y = 2r$ e $x^2 + y^2 = r^2$ e risolviamo il sistema ottenuto:

$$\begin{cases} x + 2y = 2r \\ x^2 + y^2 = r^2 \end{cases} \longrightarrow \begin{cases} x = 2r - 2y \\ (2r - 2y)^2 + y^2 = r^2 \end{cases} \longrightarrow$$

$$\longrightarrow \begin{cases} x = 2r - 2y \\ 5y^2 - 8ry + 3r^2 = 0 \end{cases} \begin{matrix} \nearrow y_1 = r \\ \searrow y_2 = \dfrac{3}{5}r \end{matrix}$$

Pertanto le due soluzioni del sistema sono

$$\begin{cases} x_1 = 0 \\ y_1 = r \end{cases} \lor \begin{cases} x_2 = \dfrac{4}{5}r \\ y_2 = \dfrac{3}{5}r \end{cases}$$

836

La prima soluzione ($x = 0 \wedge y = r$) non è compatibile con i limiti geometrici: in effetti, essa corrisponde al caso in cui il rettangolo degenera nel diametro della semicirconferenza. Dunque $x = 0 \wedge y = r$ non è una soluzione accettabile. Invece la seconda soluzione

$$x = \frac{4}{5}r \wedge y = \frac{3}{5}r$$

è accettabile perché soddisfa le limitazioni geometriche poste.

Il problema dato ammette una soluzione: i lati del rettangolo richiesto hanno le misure

$$\overline{FC} = \overline{ED} = \frac{4}{5}r \qquad \overline{FE} = \overline{CD} = 2y = \frac{6}{5}r$$

b. **Risoluzione con una incognita**.

Osserviamo che la costruzione del rettangolo si può effettuare se si conosce, per esempio, la misura del segmento AC. Poniamo dunque (**FIGURA 7**)

$$\overline{AC} = x \quad \text{con } 0 < x < r$$

La relazione imposta dal problema è

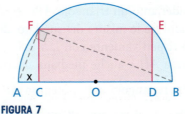

FIGURA 7

Dato il punto C, prova a costruire il rettangolo richiesto. È unico?

$$2p(CDEF) = 4r \longrightarrow 2\overline{FC} + 2\overline{CD} = 4r \longrightarrow \overline{FC} + \overline{CD} = 2r \quad \boxed{1}$$

Puoi facilmente notare che $AC \cong DB$, quindi vale

$$\overline{CD} = \overline{AB} - 2\overline{AC} = 2r - 2x \quad \boxed{2}$$

Per ricavare $\overline{FC}$ possiamo considerare il triangolo rettangolo ABF e applicare a esso il secondo teorema di Euclide (FC è l'altezza relativa all'ipotenusa AB):

$$AC : FC = FC : CB \longrightarrow \overline{AC} : \overline{FC} = \overline{FC} : \overline{CB} \longrightarrow$$
$$\longrightarrow x : \overline{FC} = \overline{FC} : (2r - x) \longrightarrow \overline{FC}^2 = x(2r - x)$$

Osserviamo che, poiché $0 < x < r$ (limiti geometrici), allora il secondo membro $x(2r - x)$ della precedente uguaglianza è positivo. Essendo $\overline{FC} > 0$, possiamo estrarre direttamente la radice quadrata:

$$\overline{FC} = \sqrt{x(2r - x)} \quad \boxed{3}$$

Tenendo conto della $\boxed{2}$ e della $\boxed{3}$, la relazione $\boxed{1}$ del problema diventa

$$\sqrt{x(2r - x)} + 2r - 2x = 2r \longrightarrow \sqrt{x(2r - x)} = 2x \quad \boxed{4}$$

Abbiamo ottenuto un'equazione irrazionale: la sua condizione di accettabilità $x \geq 0$ è garantita dai limiti geometrici $0 < x < r$. Risolvendo la $\boxed{4}$, otteniamo

$$\left(\sqrt{x(2r - x)}\right)^2 = 4x^2 \longrightarrow 5x^2 - 2rx = 0 \begin{array}{l} \nearrow x_1 = 0 \\ \searrow x_2 = \frac{2}{5}r \end{array}$$

Ricorda che un'equazione della forma $\sqrt{f(x)} = g(x)$ è equivalente al sistema

$$\begin{cases} f(x) \geq 0 \\ g(x) \geq 0 \\ f(x) = [g(x)]^2 \end{cases}$$

La soluzione $x_1 = 0$ non è accettabile dal punto di vista geometrico: essa non soddisfa i limiti geometrici $0 < x < r$ (il caso $x = 0$ corrisponde a un rettangolo degenere).

La soluzione $x = \frac{2}{5}r$ è invece accettabile perché positiva e minore di r. Per tale valore di x, dalla $\boxed{2}$ e dalla $\boxed{3}$ si ricavano le misure delle lunghezze della base e dell'altezza del rettangolo richiesto:

$$\overline{CD} = 2r - 2 \cdot \frac{2}{5}r = \frac{6}{5}r$$

$$\overline{FC} = \sqrt{\frac{2}{5}r\left(2r - \frac{2}{5}r\right)} = \sqrt{\frac{2}{5}r \cdot \frac{8}{5}r} = \frac{4}{5}r$$

TEORIA

Matematica nella storia: i problemi geometrici

Relazioni metriche tra gli elementi di figure notevoli

Esponiamo ora alcune proprietà di particolari figure geometriche, utili per la risoluzione dei problemi.

Matematica nella storia: la trisezione dell'angolo

5. Triangoli

Triangolo equilatero

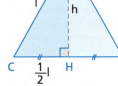

FIGURA 8

Consideriamo un triangolo ABC equilatero. Ci proponiamo di determinare delle relazioni tra le misure del suo lato, della sua altezza e della sua area, che indicheremo rispettivamente con l, h e S.
L'altezza AH è anche mediana relativa al lato BC (**FIGURA 8**), e quindi il triangolo ABH è rettangolo con ipotenusa $\overline{AB} = l$ e cateti $\overline{BH} = \dfrac{l}{2}$ e $\overline{AH} = h$.

Applicando il teorema di Pitagora a tale triangolo rettangolo si ottiene:

$$\left(\frac{l}{2}\right)^2 + h^2 = l^2 \quad \longrightarrow \quad h^2 = l^2 - \frac{l^2}{4} \quad \longrightarrow \quad h^2 = \frac{3}{4}l^2$$

da cui

$$\boxed{h = \frac{\sqrt{3}}{2}l}$$

La misura S dell'area di ABC si può allora facilmente calcolare:

$$S = \frac{1}{2}\overline{BC} \cdot \overline{AH} \quad \longrightarrow \quad S = \frac{1}{2} \cdot l \cdot \frac{\sqrt{3}}{2}l$$

da cui

$$\boxed{S = \frac{\sqrt{3}}{4}l^2}$$

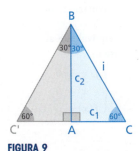

FIGURA 9

Triangolo rettangolo con angoli di 30°-60°-90°

Consideriamo un triangolo equilatero CBC' (**FIGURA 9**) e tracciamo, dal vertice B, l'altezza BA che, come sappiamo, è anche mediana e bisettrice.
Il triangolo ABC così ottenuto è rettangolo in A, il suo angolo acuto di vertice C ha ampiezza 60° e l'angolo acuto $A\widehat{B}C$, complementare dell'angolo in C, è di 30°.
Indichiamo con i la misura della sua ipotenusa e con c_1 e c_2 rispettivamente le misure dei cateti AC e AB. Essendo BA mediana del triangolo equilatero, AC metà di $BC \cong CC'$ e BA altezza del triangolo equilatero, si ha:

Viceversa, se in un triangolo rettangolo l'ipotenusa è doppia di un cateto, si può verificare che l'angolo opposto a quel cateto ha ampiezza 30°.

$$\boxed{c_1 = \frac{1}{2}i \qquad c_2 = \frac{\sqrt{3}}{2}i} \qquad \boxed{5}$$

Possiamo dunque osservare che in ogni triangolo rettangolo con gli angoli acuti di ampiezze 30° e 60° **il cateto minore è la metà dell'ipotenusa**.

838

Triangolo rettangolo isoscele

Un triangolo rettangolo isoscele ha gli angoli acuti di 45° e, viceversa, un triangolo rettangolo con un angolo acuto di 45° è isoscele (**FIGURA 10**).
Applicando il teorema di Pitagora si può facilmente determinare la relazione tra le misure dei cateti e dell'ipotenusa di tale triangolo:

$$c^2 + c^2 = i^2$$

e quindi

$$i = c\sqrt{2} \qquad c = \frac{\sqrt{2}}{2}i$$

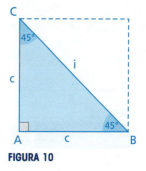
FIGURA 10

Si può anche osservare che il triangolo rettangolo isoscele è metà di un quadrato avente i lati congruenti ai cateti del triangolo e la diagonale congruente all'ipotenusa (**FIGURA 10**), quindi tra la diagonale d e il lato l di un quadrato sussiste la relazione $d = l\sqrt{2}$.

ESEMPIO

La misura della lunghezza dei lati di un triangolo equilatero ABC è $3a$. Sia D un punto di AC tale che $\overline{AD} = a$. Da D condurre le perpendicolari DH e DE rispettivamente ad AB e a CB. Calcolare la misura della lunghezza di HE.

Osserviamo la **FIGURA 11**: il triangolo rettangolo DEC ha gli angoli acuti di ampiezza 30° e 60°; perciò, dalla prima delle relazioni ⑤, e dal fatto che $\overline{DC} = \overline{AC} - \overline{AD}$, si ha

$$\overline{CE} = \frac{1}{2}\overline{DC} \longrightarrow \overline{CE} = \frac{1}{2} \cdot (3a - a) = \frac{1}{2} \cdot 2a = a$$

Avremo quindi

$$\overline{EB} = \overline{BC} - \overline{CE} = 3a - a = 2a$$

Sia K il piede della perpendicolare condotta da E ad AB: il triangolo rettangolo EKB ha gli angoli acuti di 30° e 60°, e dalle relazioni ⑤ si ha

$$\overline{KB} = \frac{\overline{EB}}{2} = \frac{2a}{2} = a$$

$$\overline{EK} = \frac{\sqrt{3}}{2} \cdot \overline{EB} = \frac{\sqrt{3}}{2} \cdot 2a = a\sqrt{3}$$

Ragionando in modo analogo per il triangolo rettangolo AHD, si ha

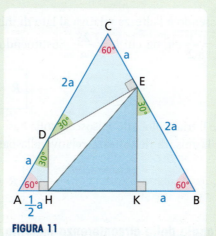
FIGURA 11

$$\overline{AH} = \frac{1}{2}\overline{AD} = \frac{1}{2}a$$

$$\overline{HK} = \overline{AB} - \overline{AH} - \overline{KB} = 3a - \frac{a}{2} - a = \frac{3}{2}a$$

Applichiamo infine il teorema di Pitagora al triangolo rettangolo HKE:

$$\overline{HE} = \sqrt{\overline{HK}^2 + \overline{EK}^2} = \sqrt{\left(\frac{3}{2}a\right)^2 + (a\sqrt{3})^2} = \sqrt{\frac{9}{4}a^2 + 3a^2} = \frac{a}{2}\sqrt{21}$$

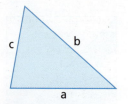

FIGURA 12
Dimostrazione della formula di Erone

Formula di Erone

La misura S dell'area di un triangolo (**FIGURA 12**) si può calcolare, quando si conoscano le misure delle lunghezze a, b, c dei suoi lati, con la seguente formula, nota con il nome di **formula di Erone**. Indicando con p la misura del semiperimetro del triangolo si ha

$$S = \sqrt{p(p-a)(p-b)(p-c)} \qquad \left(p = \frac{a+b+c}{2}\right)$$

6. Raggi delle circonferenze circoscritta e inscritta a un triangolo

Raggio della circonferenza circoscritta a un triangolo

■ **RICORDA!**
Un triangolo è sempre inscrivibile in una circonferenza: il centro di tale circonferenza è il *circocentro* del triangolo.

Sia ABC un triangolo, O il centro della circonferenza circoscritta e R la misura del suo raggio. Indichiamo con a, b e c le misure dei suoi lati, seguendo le solite convenzioni. Tracciamo l'altezza AH, di misura h, e il diametro AD, di misura $2R$ (**FIGURA 13**).

Osserviamo i triangoli ABD e AHC. Essi sono entrambi rettangoli, perché l'angolo $A\widehat{H}C$ è retto per costruzione, mentre $A\widehat{B}D$ è retto perché inscritto in una semicirconferenza. Inoltre gli angoli $B\widehat{D}A$ e $H\widehat{C}A$ sono congruenti perché insistono entrambi sullo stesso arco e quindi ABD e AHC sono simili per il primo criterio di similitudine dei triangoli. I lati dei due triangoli sono dunque in proporzione e quindi anche le loro misure. Si ha

$$c : h = 2R : b \longrightarrow 2Rh = bc \longrightarrow R = \frac{bc}{2h} \qquad \boxed{6}$$

Essendo h l'altezza relativa al lato di misura a, la misura della superficie di ABC è $S = \frac{1}{2}ah$, da cui $h = \frac{2S}{a}$. Sostituendo tale espressione di h nella $\boxed{6}$ si ottiene

$$R = \frac{abc}{4S}$$

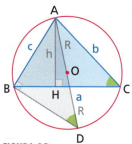

FIGURA 13

Raggio della circonferenza circoscritta a un triangolo isoscele

Se il triangolo ABC è isoscele sulla base BC, detti l la misura del lato obliquo AB e h la misura dell'altezza relativa alla base, la formula precedente diventa:

$$R = \frac{l^2}{2h}$$

Raggio della circonferenza inscritta in un triangolo

■ **RICORDA!**
Un triangolo è sempre circoscrivibile a una circonferenza: il centro di tale circonferenza è l'*incentro* del triangolo.

Dato il triangolo ABC, costruiamo la circonferenza inscritta nel triangolo (**FIGURA 14**) e sia r la misura del suo raggio. Indichiamo con a, b e c le misure delle lunghezze dei lati BC, AC, AB, con $2p$ la misura del perimetro e con S la misura dell'area del triangolo ABC. Dopo aver congiunto i vertici A, B, C con il centro O della circonferenza inscritta, consideriamo il triangolo ABC come somma dei triangoli BOC, AOC e AOB, nei quali consideriamo

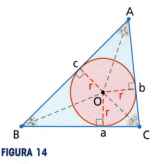

FIGURA 14

come basi rispettivamente i lati BC, AC e AB. Osserviamo che le altezze relative a tali basi sono i raggi condotti dai punti di tangenza e dunque esse sono tutte di misura r.

Possiamo scrivere

$$S = \frac{1}{2}ar + \frac{1}{2}br + \frac{1}{2}cr = \frac{r}{2}(a+b+c) \longrightarrow S = r \cdot p$$

da cui $r = \dfrac{S}{p}$ o anche, applicando la formula di Erone,

$$r = \sqrt{\frac{(p-a)(p-b)(p-c)}{p}}$$

Nel caso di un triangolo isoscele vale la formula

$$r = \frac{(2l-b)b}{4h}$$

dove l, b e h sono rispettivamente le misure del lato obliquo, della base e dell'altezza a essa relativa.

Nel caso di un triangolo rettangolo vale anche la formula

$$r = \frac{c_1 + c_2 - i}{2}$$

dove c_1 e c_2 sono le misure dei cateti e i è la misura dell'ipotenusa.

> Questo procedimento si può ripetere in modo analogo nel caso di una circonferenza inscritta in un poligono di n lati. In tal caso vale $r = \dfrac{S}{p}$, essendo S e p rispettivamente le misure dell'area e del semiperimetro del poligono.

Raggio della circonferenza inscritta in un triangolo isoscele

Raggio della circonferenza inscritta in un triangolo rettangolo

7. Trapezi circoscritti

Trapezi circoscritti a una circonferenza

Consideriamo il trapezio $ABCD$ circoscritto a una circonferenza di centro O (**FIGURA 15**) e congiungiamo O con gli estremi del lato obliquo BC.
Sappiamo che BO e CO sono bisettrici degli angoli $A\widehat{B}C$ e $B\widehat{C}D$ e che tali angoli sono supplementari (infatti sono angoli coniugati rispetto alle rette parallele AB e CD tagliate dalla trasversale BC): perciò $O\widehat{B}C$ e $O\widehat{C}B$, cioè le loro metà, sono complementari e quindi il triangolo BOC risulta rettangolo in O.

Se H è il punto di tangenza del lato BC con la circonferenza inscritta, $OH \perp BC$ e quindi OH è l'altezza relativa all'ipotenusa BC del triangolo rettangolo BOC. Per il secondo teorema di Euclide si ha

$$BH : OH = OH : HC \quad \boxed{7}$$

e perciò possiamo dedurre che

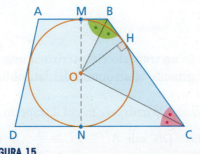

FIGURA 15

▶ in un trapezio circoscritto a una circonferenza, il raggio è medio proporzionale tra i segmenti in cui il lato obliquo è diviso dal punto di tangenza.

Nel caso particolare in cui il trapezio circoscritto alla circonferenza è *isoscele*, risulta $AD \cong BC$ (**FIGURA 16**). Essendo $BH \cong BM \cong AM$ e $CH \cong CN \cong DN$, dette r, b_1, b_2 le misure rispettivamente del raggio e delle basi, dalla ⑦ otteniamo

$$\frac{b_1}{2} : r = r : \frac{b_2}{2} \longrightarrow$$

$$\longrightarrow b_1 : 2r = 2r : b_2$$

Se ne deduce che:

▸ **in un trapezio isoscele circoscritto a una circonferenza, il diametro è medio proporzionale tra le due basi.**

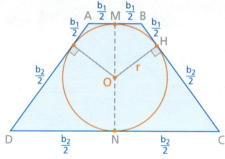

FIGURA 16

Trapezi circoscritti a una semicirconferenza

Sia $ABCD$ un trapezio circoscritto a una semicirconferenza di centro O (**FIGURA 17**).
Siano K, H e L i punti di contatto rispettivamente dei tre lati AD, DC e CB tangenti alla semicirconferenza.

Valgono le seguenti relazioni:

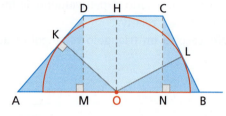

FIGURA 17

> **RICORDA!**
> Un poligono è circoscritto a una semicirconferenza se un suo lato *contiene* il diametro e gli altri lati sono tangenti alla semicirconferenza.

$$OK \perp AD \qquad OH \perp DC \qquad OL \perp BC \qquad DK \cong DH \qquad CH \cong CL$$

Inoltre i triangoli rettangoli AKO e AMD sono congruenti poiché essi hanno l'angolo $\widehat{A}$ in comune e $OK \cong DM$ (essendo entrambi congruenti al raggio OH). In particolare risulta $AO \cong AD$. Analogamente si ha $OB \cong BC$ perché i triangoli rettangoli OBL e BCN sono congruenti.
Deduciamo che:

▸ **in un trapezio circoscritto a una semicirconferenza ciascuno dei due segmenti in cui la base maggiore viene divisa dal centro della semicirconferenza è congruente al lato obliquo che ha un estremo in comune con esso.**

Da ciò segue anche che:

▸ **in un trapezio circoscritto a una semicirconferenza la base maggiore è congruente alla somma dei lati obliqui.**

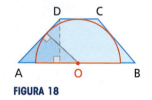

FIGURA 18

Nel caso particolare in cui il trapezio $ABCD$ è isoscele ($AD \cong BC$), essendo anche $AO \cong OB$, vale $AD \cong BC \cong \frac{1}{2} AB$ (**FIGURA 18**). Se ne deduce che:

▸ **in un trapezio isoscele circoscritto a una semicirconferenza ciascun lato obliquo è congruente a metà della base maggiore.**

ESEMPIO

Data una semicirconferenza di raggio di misura r, determinare le misure delle lunghezze delle basi del trapezio isoscele a essa circoscritto ed equivalente al rettangolo circoscritto alla stessa semicirconferenza.

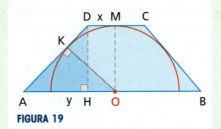

FIGURA 19

Consideriamo la **FIGURA 19** e poniamo $\overline{DM} = x$ e $\overline{AO} = y$, con le limitazioni $0 < x < r$, $y > r$.

Per quanto precedentemente esposto, si deduce che nel triangolo AHD è

$$\overline{AD} = \overline{AO} = y \qquad \overline{DH} = r \qquad \overline{AH} = \overline{AO} - \overline{HO} = \overline{AO} - \overline{DM} = y - x$$

Applicando il teorema di Pitagora al triangolo rettangolo AHD, abbiamo

$$\overline{AD}^2 = \overline{AH}^2 + \overline{DH}^2 \longrightarrow y^2 = (y-x)^2 + r^2$$

Poiché inoltre l'area del rettangolo circoscritto alla semicirconferenza misura $2r^2$, si ha

$$\frac{(\overline{AB} + \overline{DC}) \cdot \overline{DH}}{2} = (2y + 2x) \cdot r \cdot \frac{1}{2} = 2r^2 \longrightarrow x + y = 2r$$

Poniamo a sistema le due equazioni in x e y troviamo:

$$\begin{cases} y^2 = (y-x)^2 + r^2 \\ x + y = 2r \end{cases} \longrightarrow \begin{cases} x = r \\ y = r \end{cases} \lor \begin{cases} x = \dfrac{r}{3} \\ y = \dfrac{5}{3}r \end{cases}$$

La prima soluzione $x = r \land y = r$ non è accettabile (corrisponde al caso in cui $ABCD$ è il rettangolo circoscritto alla semicirconferenza); la seconda soluzione è accettabile e a essa corrisponde il trapezio le cui basi misurano $\overline{AB} = \dfrac{10}{3}r$ e $\overline{DC} = \dfrac{2}{3}r$.

> **Altro esempio**
>
> Qual è la natura del quadrilatero $ABCD$ se $x = r$, $y = r$?

8. Lati di poligoni regolari

Ci proponiamo ora di determinare le relazioni tra le misure delle lunghezze dei lati di alcuni poligoni regolari e dei raggi delle circonferenze a essi circoscritte. Indicheremo con R il raggio della circonferenza, con O il suo centro e con l_n la misura della lunghezza del lato del poligono regolare di n lati.

▶ Quadrato

Sia $ABCD$ un quadrato inscritto in una circonferenza (**FIGURA 20**). L'angolo al centro $B\hat{O}C$ è retto poiché è un quarto dell'angolo giro. Quindi applicando il teorema di Pitagora al triangolo rettangolo BOC, si ha

$$l_4 = \overline{BC} = \sqrt{R^2 + R^2} = \sqrt{2R^2} = R\sqrt{2}$$

quindi

$$\boxed{l_4 = R\sqrt{2}}$$

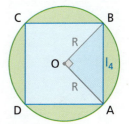

FIGURA 20

▶ Esagono regolare

Sappiamo già, dal **CAPITOLO 10**, che il lato di un esagono regolare è congruente al raggio della circonferenza circoscritta (**FIGURA 21**); perciò vale

$$\boxed{l_6 = R}$$

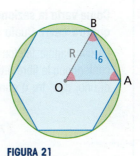

FIGURA 21

TEORIA

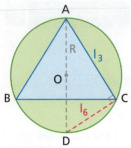

FIGURA 22

▶ **Triangolo equilatero**

Sia ABC un triangolo equilatero inscritto in una circonferenza (**FIGURA 22**). Tracciamo il diametro AD e congiungiamo D con C: osserviamo che DC risulta il lato dell'esagono regolare inscritto e che il triangolo ACD è rettangolo in C (essendo inscritto in una semicirconferenza). Si ha

$$\overline{AD} = 2R \qquad \overline{DC} = l_6 = R$$

e quindi, per il teorema di Pitagora,

$$l_3 = \overline{AC} = \sqrt{(2R)^2 - R^2} = \sqrt{4R^2 - R^2} = \sqrt{3R^2}$$

$$\boxed{l_3 = R\sqrt{3}}$$

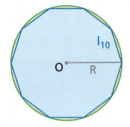

FIGURA 23

▶ **Decagono regolare**

Sappiamo già che il lato di un decagono regolare è la sezione aurea del raggio della circonferenza circoscritta. Si ha quindi (**FIGURA 23**):

$$\boxed{l_{10} = \frac{R(\sqrt{5} - 1)}{2}}$$

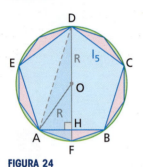

FIGURA 24

▶ **Pentagono regolare**

Osservando la **FIGURA 24**, dove AB è un lato del pentagono regolare inscritto, notiamo che, tracciato il diametro DF, vale

$$l_{10} = \overline{AF} = \frac{R(\sqrt{5} - 1)}{2}$$

Visto che, in un pentagono regolare, il lato è la sezione aurea della diagonale:

$$l_5 = \frac{\sqrt{5} - 1}{2} \overline{AD} \quad \longrightarrow \quad \overline{AD} = \frac{2}{\sqrt{5} - 1} l_5 \quad \longrightarrow \quad \overline{AD} = \frac{\sqrt{5} + 1}{2} l_5$$

Applicando il teorema di Pitagora al triangolo rettangolo ADF si ha

$$\overline{AF}^2 + \overline{AD}^2 = \overline{DF}^2 \quad \longrightarrow \quad \left(\frac{\sqrt{5} - 1}{2} R\right)^2 + \left(\frac{\sqrt{5} + 1}{2} l_5\right)^2 = (2R)^2$$

Da tale relazione si ricava

$$\boxed{l_5 = \frac{R}{2} \sqrt{10 - 2\sqrt{5}}}$$

I cavi telefonici

 Soluzione del problema di pag. 833

Come varia la sezione del tubo di rivestimento delle fibre ottiche se i tecnici inseriscono uno, due, tre o quattro cavi? Quale situazione risulta più conveniente?

La compagnia telefonica Telepigreco vuole offrire Internet ad alta velocità e deve posare decine di tubi che contengono le fibre ottiche. Per valutare se sia più conveniente inserire le fibre in un cilindro di gomma a gruppi di uno, due, tre o quattro, disegniamo la sezione che si ottiene nei diversi casi.

FIGURA 25

La sezione di un tubo contenente uno, due, tre o quattro cavi al suo interno

Indichiamo con d il diametro di una fibra ottica e calcoliamo, in funzione di d, il diametro D_n del tubo di gomma che contiene n fibre. Trovati i valori del diametro, diventa facile calcolare l'area A_n della sezione del tubo.

Nei primi due casi otteniamo facilmente $D_1 = d$ e $D_2 = 2 \cdot d$, da cui si deduce che $A_2 = 4A_1$.

Quindi il rapporto tra la sezione del tubo e la sezione totale delle fibre che passano al suo interno è 2.

Dunque non è vantaggioso avvolgere le fibre ottiche a coppie. Infatti per due fibre occorre un tubo con sezione di area doppia rispetto a quella delle fibre che passano al suo interno, e questo non conviene.

Per determinare il diametro D_3 dobbiamo identificare il centro della sezione del tubo.

Poiché i tre cavi sono tutti uguali, il centro si troverà, per simmetria, nel centro del triangolo equilatero di lato d che si forma congiungendo i tre centri dei cavi (**FIGURA 26**). Sappiamo che in un triangolo equilatero l'incentro, il baricentro, il circocentro e l'ortocentro coincidono (in figura tale punto è indicato con K). Inoltre sappiamo che

- $AK = \dfrac{2}{3} AG$ perché le mediane si dividono in due parti, una doppia dell'altra;
- l'altezza di un triangolo equilatero è $h = \dfrac{\sqrt{3}}{2} l$ e in questo caso abbiamo $AG = \dfrac{\sqrt{3}}{2} d$, essendo il lato $BC = d$.

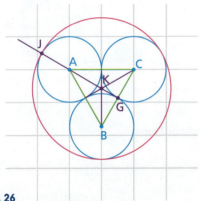

FIGURA 26
Il centro del tubo che contiene le tre fibre ottiche è il punto K, che è anche il circocentro del triangolo ABC.

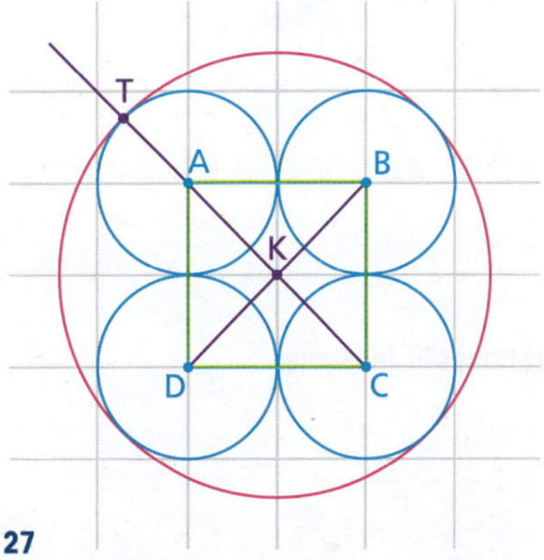

FIGURA 27
Sezione di un tubo contenente quattro fibre ottiche

Il raggio del tubo è $KJ = AJ + AK$, che possiamo riscrivere con le precedenti considerazioni come:

$$D_3 = 2KJ = 2\left(AJ + \dfrac{2}{3} AG\right) = 2\left(\dfrac{d}{2} + \dfrac{2}{3} \cdot \dfrac{\sqrt{3}}{2} d\right) = \left(1 + \dfrac{2\sqrt{3}}{3}\right) d \simeq 2{,}15d$$

Passando alla sezione del tubo, vediamo che $A_3 \simeq 4{,}65 A_1$.

Il rapporto tra la sezione del tubo e la sezione delle 3 fibre è circa 1,55.

Tale rapporto è più basso rispetto a prima, perciò inserire tre fibre è più conveniente che inserirne due.

Vediamo che cosa succede con quattro fibre (**FIGURA 27**). Anche in questo caso tracciamo il poligono avente per vertici i centri delle fibre; il quadrilatero in **FIGURA 27** è un quadrato di lato d, e il suo centro K coincide con il punto d'intersezione delle diagonali. Osserviamo che il raggio del tubo è la somma del raggio di un cavo (TA) e di metà diagonale del quadrato (AK). Inoltre sapendo che $d = \sqrt{2}$ abbiamo:

$$D_4 = 2(TA + AK) = 2\left(\dfrac{d}{2} + d\dfrac{\sqrt{2}}{2}\right) = d(1 + \sqrt{2}) \simeq 2{,}41d \quad \text{da cui} \quad A_4 \simeq 5{,}82 A_1$$

Calcoliamo ancora il rapporto tra sezione del tubo e sezione totale delle fibre e otteniamo circa 1,46.

Quindi, raggruppare i cavi a gruppi di quattro è ancora più vantaggioso.

In realtà i tecnici e gli acquirenti, per la scelta del tubo, considerano anche altri fattori tra cui il prezzo e le prestazioni effettivamente richieste: ad esempio, per l'uso quotidiano di Internet, tipico di un'abitazione domestica, bastano poche fibre. I tecnici dovranno valutare, caso per caso, il tubo più adatto alla situazione.

Applicazioni dell'algebra alla geometria

Relazioni metriche tra gli elementi di figure notevoli

Triangoli

▶ **Triangolo equilatero**

$$h = \frac{\sqrt{3}}{2}l \qquad S = \frac{\sqrt{3}}{4}l^2$$

▶ **Triangolo rettangolo 30°-60°-90°**

$$c_1 = \frac{1}{2}i \qquad c_2 = \frac{\sqrt{3}}{2}i$$

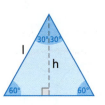
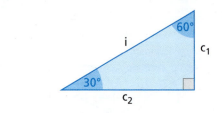

▶ **Triangolo rettangolo isoscele**

$$i = c\sqrt{2} \qquad c = \frac{\sqrt{2}}{2}i$$

▶ **Formula di Erone**

$$S = \sqrt{p(p-a)(p-b)(p-c)} \qquad \left(p = \frac{a+b+c}{2}\right)$$

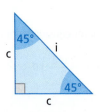
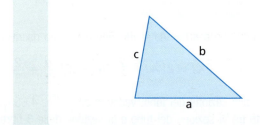

Raggi delle circonferenze circoscritta e inscritta a un triangolo

▶ **Raggio della circonferenza circoscritta a un triangolo**

$$R = \frac{abc}{4S}$$

▶ **Raggio della circonferenza circoscritta a un triangolo isoscele**

$$R = \frac{l^2}{2h}$$

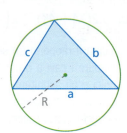

846

▶ **Raggio della circonferenza inscritta in un triangolo**

$$r = \frac{S}{p} \qquad r = \sqrt{\frac{(p-a)(p-b)(p-c)}{p}}$$

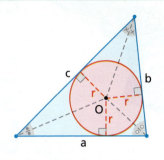

▶ **Raggio della circonferenza inscritta in un triangolo isoscele**

$$r = \frac{(2l-b)b}{4h}$$

▶ **Raggio della circonferenza inscritta in un triangolo rettangolo**

$$r = \frac{c_1 + c_2 - i}{2}$$

Trapezi circoscritti

▶ **Trapezio circoscritto a una circonferenza**

Il raggio è medio proporzionale tra i segmenti in cui il lato obliquo è diviso dal punto di tangenza:

$$a : r = r : b$$

▶ **Trapezio isoscele circoscritto a una circonferenza**

Il diametro è medio proporzionale tra le basi:

$$b : 2r = 2r : B$$

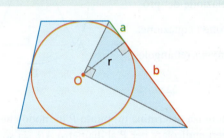

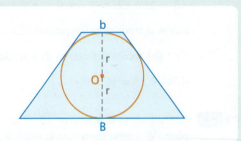

▶ **Trapezio circoscritto a una semicirconferenza**

- Ciascuno dei due segmenti in cui la base maggiore è divisa dal centro della semicirconferenza è congruente al lato obliquo che ha un estremo in comune con esso.
- La base maggiore è congruente alla somma dei lati obliqui.
- Se il trapezio è isoscele, ciascun lato obliquo è congruente a metà della base maggiore.

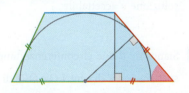

▶ **Lati di poligoni regolari inscritti in una circonferenza di raggio R**

Triangolo equilatero: $l_3 = R\sqrt{3}$

Quadrato: $l_4 = R\sqrt{2}$

Esagono regolare: $l_6 = R$

Decagono regolare: $l_{10} = \frac{\sqrt{5}-1}{2}R$

Pentagono regolare: $l_5 = \frac{1}{2}R\sqrt{10-2\sqrt{5}}$

Capitolo 15 — Esercizi

- Problemi geometrici
- Relazioni metriche tra gli elementi di figure notevoli
- Esercizi per il recupero
- Esercizi di approfondimento
- Verso la Prova Invalsi

Problemi geometrici

In tutta la sezione di esercizi adotteremo il seguente noto abuso di linguaggio: scriveremo «misura di un segmento» intendendo la misura della sua lunghezza.

Risolvi i seguenti problemi, guidato dalle indicazioni suggerite e dalla figura che affianca ciascuno di essi.

1 Determina la misura dell'area di un triangolo isoscele inscritto in una circonferenza di raggio di misura r, sapendo che la somma delle misure della base e dell'altezza a essa relativa è $\frac{16}{5}r$. (*Suggerimento*: poni $\overline{AB} = 2x$ e $\overline{CH} = y$ con $0 < x \le r$ e $0 < y < 2r$; la relazione del problema si traduce nell'equazione $2x + y = \frac{16}{5}r$; la seconda equazione, data dal secondo teorema di Euclide applicato al triangolo rettangolo ADC, è $x^2 = y(2r - y)$...) $\left[\frac{32}{25}r^2 \text{ oppure } \frac{768}{625}r^2\right]$

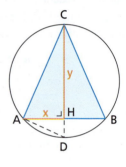

2 Internamente al diametro $\overline{AB} = 2a$ di una semicirconferenza determina un punto P in modo che, detto Q il punto di intersezione con la semicirconferenza della perpendicolare per P al diametro AB, sia soddisfatta la seguente relazione:

$$3 \cdot \overline{PQ}^2 + 2 \cdot \overline{AQ}^2 + \overline{BQ}^2 = 8a^2$$

(*Suggerimento*: poni $\overline{AP} = x$ con $0 < x < 2a$, troverai l'equazione $3x^2 - 8ax + 4a^2 = 0$. Poiché P deve essere *interno* ad AB, solo una soluzione è accettabile...) $\left[\overline{AP} = \frac{2}{3}a\right]$

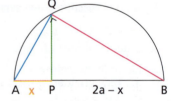

3 Siano γ e δ due circonferenze tangenti internamente nel punto A, rispettivamente di centri O e O' e di raggi $\frac{3}{2}r$ e $2r$. Determina una retta t perpendicolare alla retta OO', che intersechi entrambe le circonferenze, in modo che la somma dei quadrati costruiti sulle due corde intercettate su γ e δ sia equivalente al quadrato il cui lato misura $2r\sqrt{5}$. (*Suggerimento*: la retta t è univocamente individuata se si conosce la sua distanza da A, quindi poni $\overline{AH} = x$ con $0 < x < 3r$; deve essere $\overline{DF}^2 + \overline{EG}^2 = 20r^2$. Nel triangolo rettangolo ABD si ha, per il secondo teorema di Euclide, $\overline{DH}^2 = x(3r - x) \longrightarrow \overline{DH} = \sqrt{x(3r-x)} \longrightarrow \overline{DF} = 2\sqrt{x(3r-x)} \longrightarrow \overline{DF}^2 = 4x(3r-x)$...)

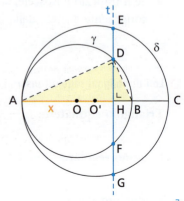

$\left[\text{la perpendicolare alla retta dei centri dista } r \text{ o } \frac{5}{2}r \text{ dal punto di tangenza delle circonferenze}\right]$

4 È data una semicirconferenza di diametro $\overline{AB} = 2r$. Determina un punto P sul diametro AB in modo che, detta C l'intersezione della semicirconferenza con la perpendicolare per P al diametro, valga la relazione

$$\sqrt{6} \cdot \overline{BC} + \sqrt{2} \cdot \overline{AC} = 2 \cdot \overline{AB}$$

(*Suggerimento*: risolvendo il problema con una sola incognita e ponendo $\overline{AP} = t$, con $0 \leq t \leq 2r$, la relazione del problema si riconduce all'equazione irrazionale $\sqrt{3t(2r-t)} = t - r$...; se invece utilizzi due incognite, puoi porre $\overline{AC} = x$ e $\overline{CB} = y$ con le limitazioni... e otterrai il sistema $\begin{cases} x^2 + y^2 = 4r^2 \\ \sqrt{6}y + \sqrt{2}x = 4r \end{cases}$ ...) $\left[\overline{AP} = \dfrac{2+\sqrt{3}}{2}r\right]$

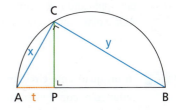

5 Considera una semicirconferenza di diametro $\overline{AB} = 2r$. Una circonferenza di centro N è tangente in T al diametro AB ed è anche tangente internamente alla semicirconferenza. Sapendo che $TN : AT = 5 : 6$, determina il raggio TN della circonferenza. (*Suggerimento*: poni $\overline{AT} = x$ e $\overline{NT} = y$ con le limitazioni...; occorre applicare il teorema di Pitagora al triangolo rettangolo NTO dove $\overline{TO} = r - x$ e $\overline{NO} = ...$)

$\left[\overline{NT} = \dfrac{5}{18}r\right]$

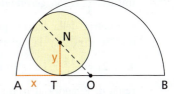

6 Determina le misure dei cateti di un triangolo rettangolo la cui ipotenusa misura $10a$ e che è circoscritto a una circonferenza il cui raggio misura $2a$. (*Suggerimento*: ricordando il teorema delle tangenti poni $\overline{BK} = \overline{BT} = x$ e $\overline{CH} = \overline{CT} = y$ con $2a < x < 10a$ e $2a < y < 10a$. Osservando che $\overline{CB} = x + y = 10a$ e applicando il teorema di Pitagora al triangolo ABC...)   [$6a$ e $8a$]

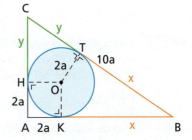

7 Determina le misure delle basi di un trapezio isoscele circoscritto a una circonferenza di raggio di misura r, sapendo che la misura della sua area è $5r^2$. (*Suggerimento*: ricordando il teorema delle tangenti, poni

$\overline{AH} = \overline{HB} = \overline{BR} = \overline{AS} = x$ con $x > r$

$\overline{SD} = \overline{DK} = \overline{KC} = \overline{CR} = y$ con $0 < y < r$

Un'equazione è ricavabile dal dato relativo all'area e quindi è $\dfrac{(2x+2y) \cdot 2r}{2} = 5r^2$. L'altra equazione si ottiene applicando il teorema di Pitagora al triangolo rettangolo CTB dove $\overline{CB} = x + y$, $\overline{CT} = 2r$ e $\overline{TB} = x - y$...) $[\overline{AB} = 4r;\ \overline{CD} = r]$

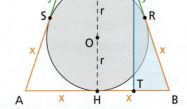

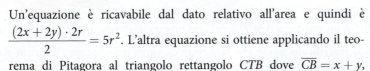

8 Determina il perimetro di un triangolo isoscele circoscritto a una circonferenza di raggio 42 cm, sapendo che l'altezza del triangolo relativa alla base è di 192 cm. (*Suggerimento*: poni $\overline{HB} = \overline{TB} = x$ con $x > 42$; essendo $\overline{CH} = 192$ e $\overline{OH} = \overline{OT} = 42$ si ha $\overline{CO} = 192 - 42 = 150$ e, per il teorema di Pitagora applicato al triangolo COT, $\overline{CT} = 144$. Dalla similitudine dei triangoli COT e CHB si ha $OT : HB = CT : CH$...)

[512 cm]

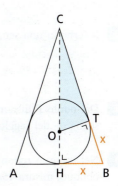

ESERCIZI

9 Un trapezio isoscele ABCD, di base maggiore AB, è circoscritto a una semicirconferenza di raggio di misura r. Determina l'area del trapezio sapendo che il suo perimetro misura $6r$. (*Suggerimento*: poni $\overline{AB} = 2x$, con $x > r$, e $\overline{CD} = 2y$ con $0 < y < r$. L'equazione relativa al dato sul perimetro è $4x + 2y = 6r$. L'altra equazione si ottiene applicando il teorema di Pitagora per esempio al triangolo AOK, osservando che $\overline{AO} = x$, $\overline{AK} = \overline{AD} - \overline{KD} = x - y$, $\overline{KO} = r$...)

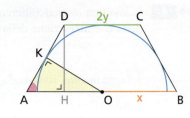

$$\left[\frac{7}{4}r^2\right]$$

10 In un quadrante circolare AOB di raggio $\overline{AO} = \overline{BO} = r$, inscrivi un rettangolo, con due vertici appartenenti all'arco $\widehat{AB}$, il cui perimetro misuri $\frac{14}{5}r$. (*Suggerimento*: osserva che la bisettrice di $A\hat{O}B$ è asse di simmetria della figura; poni $\overline{FC} = 2x$ e $\overline{CD} = \overline{HK} = \overline{FE} = y$ con $0 < 2x < r\sqrt{2}$...; la relazione del problema fornisce l'equazione $4x + 2y = \frac{14}{5}r$. La seconda equazione, che ottieni applicando il teorema di Pitagora al triangolo rettangolo ODK, dopo aver osservato che $\overline{OH} = \overline{HC} = x$, è $(x+y)^2 + x^2 = r^2$. Risolvendo il sistema delle due equazioni, solo una soluzione è accettabile...)

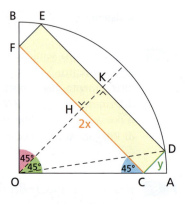

$$\left[\overline{FC} = \frac{6}{5}r \text{ e } \overline{CD} = \frac{r}{5}\right]$$

11 Un trapezio isoscele ABCD, di base maggiore AB, è circoscrivibile a una circonferenza ed è anche inscritto in una semicirconferenza di diametro $\overline{AB} = 2r$. Determina la base minore del trapezio e il raggio della circonferenza inscritta nel trapezio.

$\Bigg($ *Suggerimento*: poni $\overline{OE} = x$ e $\overline{DC} = 2y$ con $0 < x < \frac{r}{2}$ e...; puoi ricavare le due equazioni risolventi, per esempio applicando il teorema di Pitagora ai triangoli rettangoli EHC e CHB, dopo aver osservato che $\overline{EH} = y$, $\overline{EC} = r$, $\overline{CH} = 2x$, $\overline{HB} = r - y$, $\overline{CB} = ...$)

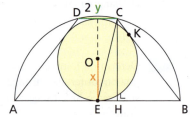

$$\left[\overline{DC} = 2(\sqrt{5} - 2)r; \ \overline{OE} = r\sqrt{\sqrt{5} - 2}\right]$$

Risolvi i seguenti problemi.

Altri esercizi

12 Un quadrato EFGH è inscritto in un quadrato ABCD il cui lato misura a. Determina la posizione, sui lati di ABCD, dei vertici del quadrato inscritto in modo che la misura dell'area del quadrato inscritto sia $\frac{5}{9}a^2$.

$$\left[\overline{AE} = \frac{a}{3} \text{ oppure } \overline{AE} = \frac{2}{3}a\right]$$

13 Inscrivi in una semicirconferenza di raggio di misura r un rettangolo la cui diagonale misuri $\frac{\sqrt{481}}{17}r$.

$$\left[\text{i lati del rettangolo sono } \frac{16}{17}r \text{ e } \frac{15}{17}r\right]$$

14 Dal punto P distante 20 cm dal centro O di una circonferenza conduci le tangenti PA e PB che sono ciascuna $\frac{4}{3}$ del raggio. Determina il perimetro e l'area del quadrilatero OAPB. [56 cm; 192 cm²]

15 Nel trapezio rettangolo ABCD l'altezza AD misura $12a$ e la diagonale minore AC, perpendicolare al lato obliquo, misura $15a$. Determina le misure del perimetro e dell'area del trapezio. [$66a$; $204a^2$]

850

▶▶ **16** In una semicirconferenza il cui raggio misura $a\sqrt{13}$ inscrivi un rettangolo, sapendo che la somma delle misure della diagonale e del lato che appartiene al diametro è $9a$. (*Suggerimento*: indica con x e y le misure dei lati del rettangolo...) [il lato sul diametro misura $4a$ e l'altro $3a$]

▶▶ **17** In una circonferenza sommando alla lunghezza di una corda la sua distanza dal centro si ottiene 22 cm; sottraendo a $\frac{3}{4}$ della corda $\frac{5}{3}$ della distanza dal centro si ottiene 2 cm. Determina la lunghezza del raggio della circonferenza e l'area del triangolo isoscele avente per base la corda e i lati tangenti alla circonferenza negli estremi della corda stessa. $\left[10 \text{ cm}; \frac{256}{3} \text{ cm}^2\right]$

▶▶ **18** In un trapezio isoscele il rapporto delle basi è $\frac{6}{5}$ e la somma delle basi è quadrupla dell'altezza. Determina la lunghezza del raggio della circonferenza circoscritta al trapezio, sapendo che l'area del trapezio è 242 cm². (*Suggerimento*: dopo aver determinato le basi e l'altezza del trapezio, indica con x e y le misure delle distanze del centro della circonferenza circoscritta dalle basi...) $[B = 24 \text{ cm}; \ b = 20 \text{ cm}; \ h = 11 \text{ cm}; \ r = 12,5 \text{ cm}]$

▶▶ **19** In una semicirconferenza di diametro $\overline{AB} = 2r$ è inscritto un trapezio isoscele $ABCD$ la cui base CD è congruente al raggio. Determina la misura del perimetro e dell'area del trapezio. Dimostra che la diagonale AC è bisettrice dell'angolo $B\hat{A}D$ e determina, inoltre, le misure delle diagonali. $\left[5r; \frac{3\sqrt{3}}{4}r^2; r\sqrt{3}\right]$

▶▶ **20** In una semicirconferenza, di centro O e di diametro $AB = 100$ cm, è inscritto il triangolo ABC di cui si sa che $AC \cong \frac{4}{3} BC$. Determina il perimetro dei due triangoli in cui l'altezza CH divide il triangolo. Traccia la corda CD parallela ad AB e determina il perimetro del trapezio $ABCD$. [192 cm; 144 cm; 248 cm]

▶▶ **21** Il diametro AB di una semicirconferenza è la base maggiore del trapezio $ABCD$ inscritto in essa. Il lato obliquo del trapezio è $\frac{3}{5}$ della base maggiore, che misura $30a$. Determina la misura del perimetro e dell'area del trapezio e la misura del perimetro del triangolo di vertici A, B e il punto d'incontro dei lati obliqui del trapezio. $[74,4a; \ 276,48a^2; \ 25a]$

▶▶ **22** Un triangolo isoscele è circoscritto a una semicirconferenza di raggio lungo 24 cm. Determina l'area del triangolo, sapendo che la base è di 60 cm. [1200 cm²]

▶▶ **23** In una semicirconferenza di raggio di misura $5a$ è inscritto un trapezio isoscele la cui base minore misura $2,8a$. Determina le misure del perimetro e dell'area del trapezio. $[24,8a; \ 30,72a^2]$

▶▶ **24** Un trapezio isoscele inscritto in una semicirconferenza di raggio di misura r ha la base minore che è metà della maggiore. Determina la misura del perimetro e quella dell'area del trapezio. $\left[5r; \frac{3}{4}\sqrt{3}r^2\right]$

▶▶ **25** Il perimetro del triangolo isoscele ABC, di base BC, è di 32 cm e la proiezione ortogonale della base BC su uno dei lati congruenti è $\frac{18}{25}$ del lato stesso. Determina l'area del triangolo e la distanza dell'ortocentro dal vertice A. [48 cm²; 3,5 cm]

▶▶ **26** In un triangolo isoscele la misura del lato supera di $8a$ i $\frac{3}{4}$ di quella dell'altezza relativa alla base. Sapendo che il perimetro misura $64a$, determina la misura dell'area del triangolo e la distanza dell'ortocentro dalla base. $[192a^2; \ 9a]$

▶▶ **27** Determina la misura del raggio della circonferenza circoscritta a un trapezio isoscele di cui si sa che le diagonali sono tra loro perpendicolari, che la somma delle misure delle basi è $3a\sqrt{2}$ e che il lato obliquo misura $a\sqrt{5}$. (*Suggerimento*: indica con x e y le misure delle due parti in cui si dividono le diagonali.) $\left[\frac{a}{2}\sqrt{10}\right]$

ESERCIZI

28 La misura dell'area del trapezio ABCD, rettangolo in A e in D, è $588a^2$, la base minore CD è $\frac{3}{4}$ della base maggiore AB e $\frac{7}{8}$ dell'altezza AD. Calcola le misure dei lati del trapezio e, dopo aver dedotto che è circoscrivibile a una circonferenza, determina la misura dell'area del cerchio inscritto.

[$21a$; $24a$; $28a$; $25a$; $144\pi a^2$]

29 In un trapezio isoscele di perimetro 100 cm il lato obliquo supera di 7 cm la base minore e la somma dei quadrati dei lati è 2598 cm^2. Verifica che si ottiene una sola soluzione corrispondente a un trapezio isoscele circoscrivibile a una circonferenza. Determina la lunghezza del raggio della circonferenza inscritta.

[12 cm]

30 Un triangolo isoscele è inscritto in una circonferenza il cui raggio è di 18 cm; l'altezza relativa alla base è $\frac{2}{3}$ del diametro. Determina i lati del triangolo dato e di quello ottenuto conducendo le tangenti alla circonferenza nei vertici del triangolo.

[$24\sqrt{2}$ cm; $12\sqrt{6}$ cm; $36\sqrt{2}$ cm; $54\sqrt{2}$ cm]

31 Calcola la lunghezza della base di un triangolo isoscele, la cui altezza è di 25 cm, sapendo che il raggio della circonferenza inscritta è di 12 cm.

[120 cm]

32 In un triangolo isoscele la base è di 24 cm e il diametro della circonferenza circoscritta è di 25 cm. Sapendo che l'altezza del triangolo è maggiore del raggio, determina perimetro e area del triangolo.

[64 cm; 192 cm^2]

33 Ciascuno dei lati obliqui di un trapezio isoscele è di 90 cm, la somma delle basi è 192 cm e la diagonale è perpendicolare al lato obliquo. Determina l'area del trapezio.

[6912 cm^2]

34 In una circonferenza di raggio 5 cm, una corda $AB = 9,6$ cm è base di due triangoli isosceli inscritti, ABC e ABD. Determina i lati AC e AD dei due triangoli. (*Suggerimento*: traccia la corda CD; il triangolo ACD è rettangolo...)

[8 cm; 6 cm]

35 Considera la quarta parte di un cerchio, di centro O e raggio lungo 24 cm, limitato dall'arco $\overset{\frown}{AB}$ e dai raggi AO e BO. Da un punto P della tangente in A all'arco considerato conduci l'altra tangente all'arco $\overset{\frown}{AB}$, nel punto T, e sia C il suo punto d'incontro con il prolungamento del raggio OB, dalla parte di B. Dopo aver dimostrato che è $OC \cong PC$, determina il segmento AP in modo che l'area del quadrilatero OAPC sia di 504 cm^2. (*Suggerimento*: poni $\overline{AP} = x$ e $\overline{OC} = y$...)

[12 cm oppure 16 cm]

36 Nella circonferenza di diametro 35 cm è inscritto un triangolo rettangolo il cui cateto minore è 21 cm. Dal punto medio dell'altezza relativa all'ipotenusa conduci la corda della circonferenza parallela all'ipotenusa stessa. Determina la lunghezza della corda.

$\left[\dfrac{7\sqrt{481}}{5} \text{ cm}\right]$

37 Determina i cateti di un triangolo rettangolo, sapendo che il raggio della circonferenza inscritta è a e l'altezza relativa all'ipotenusa è $\frac{12}{5}a$.

[$3a$; $4a$]

38 In un triangolo isoscele, di perimetro 32 cm, il raggio della circonferenza inscritta è $\frac{1}{4}$ della base. Determina la lunghezza del raggio della circonferenza inscritta e l'area del triangolo.

[3 cm; 48 cm^2]

39 Un triangolo ABC isoscele sulla base AB è circoscritto a un cerchio la cui area misura $24\pi a^2$ e il cui centro O dista dal vertice C di un segmento che misura $\overline{OC} = 7a$. Determina la misura del perimetro e dell'area del triangolo.

$\left[\dfrac{2}{5}(7+2\sqrt{6})^2 a; \dfrac{2}{5}\sqrt{6}(7+2\sqrt{6})^2 a^2\right]$

40 Dato il quadrato ABCD, prolunga la diagonale AC dalla parte di A di un segmento $\overline{AP} = a$. Determina la misura del lato del quadrato in modo che sia verificata la relazione $\overline{PC}^2 + \overline{PB}^2 + \overline{PD}^2 = 51a^2$.
(*Suggerimento*: traccia la diagonale BD che incontra AC in O; il segmento PB è ipotenusa del triangolo rettangolo...)

[$2\sqrt{2}a$]

41 Sul diametro AB, di misura $2r$, di una semicirconferenza, determina due punti C e D in modo che $AD \cong 2AC$ e che le semicorde CM e DN, perpendicolari al diametro AB, soddisfino la relazione $4\overline{MC}^2 + \overline{ND}^2 = \overline{AB}^2$. Determina la misura dell'area del trapezio rettangolo $MCDN$. $\left[\dfrac{r^2}{8}(2+\sqrt{3})\right]$

42 Nel triangolo isoscele ABC la base AB e il lato AC misurano rispettivamente $6a$ e $5a$; sia AH l'altezza relativa al lato CB. Determina $\overline{CH}$ e $\overline{HB}$. Successivamente, sul prolungamento di AH, dalla parte di H, determina un punto P in modo che sia verificata la relazione $\overline{PB}^2 = \dfrac{2}{5}\overline{PA}^2$.

$$\left[\overline{CH} = \dfrac{7}{5}a;\ \overline{HB} = \dfrac{18}{5}a;\ \overline{PH} = \dfrac{6}{5}a \text{ oppure } \overline{PH} = \dfrac{26}{5}a\right]$$

43 Nel trapezio isoscele $ABCD$ la base maggiore CD è 34 cm. Determina l'altezza e la proiezione ortogonale del lato obliquo sulla base maggiore, sapendo che $\overline{AB}^2 + \overline{BC}^2 = 481$ e che, detta E la proiezione ortogonale di A su CD, il triangolo EBC è rettangolo in B. [12 cm; 9 cm]

44 È dato il rettangolo $ABCD$ di area di misura $48a^2$ e avente l'altezza AD la cui misura supera di $2a$ quella della base AB. Dopo aver trovato le misure dei lati del rettangolo determina a quale distanza dai lati AD e AB del rettangolo deve essere preso un punto P, interno al rettangolo, affinché l'angolo $A\widehat{P}B$ sia retto e il punto P sia equidistante dalla base AB e dalla diagonale BD. $\left[6a;\ 8a;\ \dfrac{6}{5}a;\ \dfrac{12}{5}a\right]$

45 Condotta una tangente t a una circonferenza di raggio di misura r, determina a quale distanza da t deve essere condotta una corda, parallela a t, in modo che sia $r(3 + 2\sqrt{3})$ la misura del perimetro del rettangolo che si ottiene proiettando ortogonalmente la corda sulla retta t. $\left[\dfrac{3}{2}r \text{ oppure } \dfrac{(7+4\sqrt{3})r}{10}\right]$

46 Nel parallelogramma $ABCD$ la diagonale minore BD è congruente al lato AD che, a sua volta, è $\dfrac{5}{4}$ dell'altezza DH relativa al lato AB. Determina la misura dei lati, sapendo che è verificata la relazione $\overline{AC}^2 + \overline{BD}^2 = 122a^2$. A quale distanza dal lato AB la diagonale maggiore AC incontra l'altezza DH? $\left[6a;\ 5a;\ \dfrac{4}{3}a\right]$

47 In un triangolo isoscele la somma di $\dfrac{1}{3}$ della base e dell'altezza a essa relativa è 12 cm. Determina l'area del triangolo e la lunghezza del raggio della circonferenza inscritta, sapendo che il perimetro del triangolo è 32 cm. [48 cm^2; 3 cm]

48 Determina le misure dei cateti di un triangolo rettangolo, sapendo che i raggi delle circonferenze inscritta e circoscritta misurano rispettivamente $6r$ e $17r$. [$16r$; $30r$]

49 L'ipotenusa di un triangolo rettangolo è di $26\sqrt{2}$ cm e il raggio della circonferenza inscritta è $4\sqrt{2}$ cm. Determina l'area del triangolo. [240 cm^2]

50 In un triangolo rettangolo l'area è di 54 dm^2 e la somma dell'ipotenusa con l'altezza a essa relativa è di 222 cm. Determina il raggio della circonferenza inscritta nel triangolo. [3 dm]

51 Il perimetro del triangolo ABC, rettangolo in A, è 24 cm e il cateto maggiore AC supera di 5 cm la metà del cateto minore AB. Dopo aver determinato le lunghezze dei lati del triangolo, traccia la bisettrice dell'angolo $A\widehat{B}C$ e indica con D il punto di incontro con il cateto AC. Determina la lunghezza del segmento di bisettrice BD e a quale distanza da B deve essere preso un punto P sulla bisettrice BD (internamente al triangolo) in modo che la somma dei quadrati delle distanze di P dai lati del triangolo sia 18 cm^2. (*Suggerimento*: ricorda il teorema della bisettrice dell'angolo interno di un triangolo...) [6 cm; 8 cm; 10 cm; $3\sqrt{5}$ cm; $\sqrt{5}$ cm]

52 Determina le dimensioni di un rettangolo inscritto nella parte comune a due cerchi di raggio congruente, lungo 45 cm, e con i centri a distanza 60 cm, sapendo che il perimetro del rettangolo è 132 cm.

[12 cm; 54 cm]

ESERCIZI

53 Nel triangolo ABC i lati AC e CB misurano, rispettivamente, $25a$ e $30a$ e la proiezione ortogonale di C, sul lato AB, cade, internamente, nel punto H. Determina le misure dei segmenti AH e HB, sapendo che la proiezione del baricentro, sul lato AB, dista dal vertice B di un segmento di misura $\frac{43}{3}a$. Verifica che il triangolo è isoscele. $[7a;\ 18a]$

54 In un trapezio rettangolo di perimetro di misura $92a$ la base maggiore è congruente al lato obliquo e la somma dell'altezza e della terza parte della base minore misura $30a$. Determina le misure dei lati. Trova a quale distanza dalla base maggiore deve essere preso un punto sulla diagonale minore affinché la somma dei quadrati delle sue distanze dai lati del trapezio sia $528a^2$. $\left[18a;\ 24a;\ 25a;\ 25a;\ 16a \text{ oppure } \frac{208}{19}a\right]$

55 In un trapezio rettangolo la somma delle misure delle basi supera di $4l$ il lato obliquo e la somma della lunghezza della base minore e della metà della maggiore misura $6l$. Determina le misure dei lati del trapezio e stabilisci se il trapezio è circoscrivibile a una circonferenza, sapendo che il perimetro del trapezio misura $18l$. $\left[\text{circoscrivibile: } 6l,\ 3l,\ 5l,\ 4l;\ \text{non circoscrivibile: } \frac{22}{3}l,\ \frac{7}{3}l,\ \frac{17}{3}l,\ \frac{8}{3}l\right]$

Relazioni metriche tra gli elementi di figure notevoli

Risolvi i seguenti problemi.

Quesiti a risposta multipla

56 L'angolo al vertice di un triangolo isoscele è di $120°$ e la base è lunga 10 cm. Determina la lunghezza di ciascun lato e l'area del triangolo. $\left[\frac{10\sqrt{3}}{3} \text{ cm};\ \frac{25\sqrt{3}}{3} \text{ cm}^2\right]$

57 In un rombo un angolo è di $120°$ e la diagonale maggiore è lunga 80 cm. Determina perimetro e area del rombo. $\left[\frac{320\sqrt{3}}{3} \text{ cm};\ \frac{3200\sqrt{3}}{3} \text{ cm}^2\right]$

58 Nel triangolo ABC l'angolo $B\hat{A}C$ è di $30°$, il lato AB è lungo 10 cm e il lato AC è 20 cm. Determina l'area del triangolo. $[50 \text{ cm}^2]$

59 Del triangolo ABC si conoscono $AB = 10$ m, $AC = 20$ m, $B\hat{A}C = 45°$. Determina l'area del triangolo e il suo perimetro. $[50\sqrt{2} \text{ m}^2;\ 10(\sqrt{5-2\sqrt{2}}+3) \text{ m}]$

60 Determina l'area e il perimetro di un triangolo ABC tale che $\overline{AB} = a$, $\overline{BC} = 2a$ e:

a. $A\hat{B}C = 150°$ $\left[\frac{a^2}{2};\ a\left(3+\sqrt{5+2\sqrt{3}}\right)\right]$ **b.** $A\hat{B}C = 120°$ $\left[\frac{\sqrt{3}}{2}a^2;\ a(3+\sqrt{7})\right]$

c. $A\hat{B}C = 135°$ $\left[\frac{\sqrt{2}}{2}a^2;\ a\left(3+\sqrt{5+2\sqrt{2}}\right)\right]$

61 I lati di un parallelogramma $ABCD$ sono $AB = 12$ cm e $AD = 20$ cm e si conosce l'ampiezza dell'angolo tra essi compreso, $B\hat{A}D = 60°$. Determina l'area del parallelogramma. $[120\sqrt{3} \text{ cm}^2]$

62 Del parallelogramma $ABCD$ si sa che la diagonale AC, lunga 6 cm, è perpendicolare al lato AB e inoltre si sa che $A\hat{B}C = 30°$. Determina perimetro e area del parallelogramma. $[12(2+\sqrt{3}) \text{ cm};\ 36\sqrt{3} \text{ cm}^2]$

63 Calcola la misura del perimetro e dell'area del triangolo ABC in cui l'altezza AH misura a e gli angoli adiacenti alla base corrispondente:

a. di $45°$ e di $60°$; $\left[a(1+\sqrt{3}+\sqrt{2});\ \frac{3+\sqrt{3}}{6}a^2\right]$ **b.** di $30°$ e di $60°$. $\left[2a(1+\sqrt{3});\ \frac{2\sqrt{3}}{3}a^2\right]$

64 Calcola la misura dell'area di un trapezio isoscele di cui un angolo acuto è di $60°$ e la base maggiore, di misura $6a$, è tripla della base minore. $[8\sqrt{3}a^2]$

65 Da un punto P esterno a una circonferenza di centro O conduci una tangente inclinata di $30°$ sulla retta OP; detto T il punto di contatto e sapendo che è $PT = 15$ cm, determina il raggio della circonferenza e la distanza di P dal centro.
$[5\sqrt{3} \text{ cm}; \ 10\sqrt{3} \text{ cm}]$

66 Un triangolo isoscele ha l'angolo al vertice di $120°$ e il segmento congiungente i punti medi dei due lati congruenti misura $2a\sqrt{3}$. Determina le misure del perimetro e dell'area del triangolo.
$[4a(2+\sqrt{3}); \ 4a^2 \cdot \sqrt{3}]$

67 Il triangolo ABC isoscele sulla base AB ha l'angolo di vertice C di $120°$. Calcola la misura dell'area e del perimetro del triangolo, sapendo che l'altezza AH misura $6a$. Siano BS e CT le altre due altezze: dimostra che B, S, T appartengono alla stessa circonferenza di diametro BC.
$[12\sqrt{3}a^2; \ 4a(2\sqrt{3}+3)]$

68 Determina la misura dell'area di un triangolo isoscele e la misura della sua base, sapendo che ciascuno dei lati congruenti misura $2a$ e l'angolo al vertice ha ampiezza:

a. $30°$ $\left[a^2; \ 2a\sqrt{2-\sqrt{3}}\right]$ b. $135°$ $\left[\sqrt{2}a^2; \ 2a\sqrt{2+\sqrt{2}}\right]$

69 Determina il rapporto tra l'area di un esagono regolare e di un quadrato aventi lo stesso perimetro p.
$\left[\dfrac{2\sqrt{3}}{3}\right]$

70 Determina il rapporto tra le aree di un quadrato e di un triangolo equilatero aventi lo stesso perimetro p.
$\left[\dfrac{3\sqrt{3}}{4}\right]$

71 Di un trapezio $ABCD$ si conosce la base minore, $\overline{AB} = 2a$, l'altezza $\overline{AH} = a$ e gli angoli adiacenti alla base maggiore, $A\widehat{D}C = 45°$ e $B\widehat{C}D = 30°$. Determina la misura del perimetro e dell'area del trapezio.
$\left[(7+\sqrt{3}+\sqrt{2})a; \ \dfrac{5+\sqrt{3}}{2}a^2\right]$

72 Un trapezio $ABCD$ ha la base minore CD doppia dell'altezza e la base maggiore AB forma un angolo di $60°$ con il lato AD e uno di $45°$ con il lato BC. Determina l'area del trapezio, sapendo che il suo perimetro è di $3(5+\sqrt{3}+\sqrt{2})$ cm.
$\left[\dfrac{3}{2}(15+\sqrt{3}) \text{ cm}^2\right]$

73 L'area di un triangolo equilatero è $64\sqrt{3}$ cm^2. A partire da ciascun vertice, su ogni lato e nello stesso verso, segna un segmento congruente a $\dfrac{1}{4}$ del lato stesso. Congiungendo i tre punti così individuati sui lati del triangolo si ottiene un nuovo triangolo equilatero: calcola il suo perimetro e la sua area.
$[12\sqrt{7} \text{ cm}; \ 28\sqrt{3} \text{ cm}^2]$

74 L'area di un triangolo equilatero è di $64\sqrt{3}$ cm^2. Prolunga ogni lato, nello stesso verso, di un segmento congruente alla quarta parte del lato stesso: congiungi gli estremi di tali segmenti (esterni al triangolo dato) e, dopo aver dimostrato che il triangolo così ottenuto è anch'esso equilatero, determina perimetro e area.
$[12\sqrt{31} \text{ cm}; \ 124\sqrt{3} \text{ cm}^2]$

75 In un trapezio isoscele gli angoli adiacenti alla base maggiore sono di $30°$; la base minore è 6 cm e il perimetro $2(16+5\sqrt{3})$ cm. Determina l'area del trapezio. (*Suggerimento*: indica con x la misura dell'altezza...)
$[5(6+5\sqrt{3}) \text{ cm}^2]$

76 In un trapezio isoscele gli angoli adiacenti alla base minore sono di $120°$; la base maggiore è di 55 cm e il perimetro di 150 cm. Determina l'area del trapezio.
$[700\sqrt{3} \text{ cm}^2]$

77 In un trapezio rettangolo la base minore è congruente all'altezza, l'angolo ottuso è di $135°$ e l'area è di 150 cm^2. Determina il perimetro del trapezio.
$[10(4+\sqrt{2}) \text{ cm}]$

78 In un trapezio rettangolo la base minore è congruente al lato obliquo, l'angolo acuto è di $60°$ e il perimetro è lungo $10(7+\sqrt{3})$ cm. Determina l'area del trapezio.
$[250\sqrt{3} \text{ cm}^2]$

ESERCIZI

79 Determina il perimetro di un parallelogramma $ABCD$ di area 48 cm², tale che $D\widehat{A}B = 45°$ e, detto H il piede della perpendicolare condotta da D ad AB, sia $HB = 8$ cm. $\quad[8(3+\sqrt{2})\text{ cm}]$

80 Un triangolo equilatero è circoscritto a una semicirconferenza di raggio di misura r. Determina la misura dell'altezza e quella del perimetro del triangolo. $\quad[2r;\ 4r\sqrt{3}]$

81 In un triangolo rettangolo un cateto è lungo $\sqrt{6}$ cm; costruisci i triangoli equilateri esterni al triangolo rettangolo e aventi per base i lati del triangolo rettangolo dato. Determina la lunghezza dell'altro cateto, sapendo che l'area dell'esagono così ottenuto è di $15\sqrt{3}$ cm². $\quad[3\sqrt{2}\text{ cm}]$

82 Calcola il perimetro del triangolo ABC:

a. di area $125\sqrt{3}$ cm² e tale che $\widehat{B} = 120°$ e $BC \cong \dfrac{5}{4} AB$; $\quad\left[5\left(\sqrt{61}+9\right)\text{ cm}\right]$

b. di area $300\sqrt{2}$ cm² e tale che $\widehat{B} = 135°$ e $BC \cong \dfrac{3}{4} AB$. $\quad\left[10\left(7+\sqrt{25+12\sqrt{2}}\right)\text{ cm}\right]$

83 Un triangolo isoscele ha l'angolo al vertice di 30° e l'area misura $16a^2$. Calcola la misura del perimetro.
$$\left[4a\left(4+\sqrt{6}-\sqrt{2}\right)\right]$$

84 Determina il lato del quadrato inscritto in un triangolo equilatero il cui lato misura a. (*Suggerimento*: ponendo $\overline{AG} = x$, con $0 < x < a$, nel triangolo rettangolo ADG puoi ricavare $\overline{GD} = \dfrac{x}{2}\sqrt{3}$; ma il triangolo CGF è equilatero anch'esso ed è $\overline{GC} = \overline{GF} = a - x$. L'equazione risolvente si ha imponendo che sia $\overline{GD} = \overline{GF}$...) $\quad[(2\sqrt{3}-3)a]$

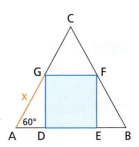

85 Inscrivi un rettangolo, con perimetro di misura $\dfrac{2}{3}(1+\sqrt{3})a$, in un triangolo equilatero di lato di misura a. (*Suggerimento*: la posizione del rettangolo inscritto è individuata, per esempio, ponendo $\overline{AG} = x$; essendo $\overline{GC} = \overline{GF} = a - x$ e $\overline{GD} = \dfrac{x}{2}\sqrt{3}$, puoi subito imporre il dato sul perimetro.)

$$\left[\overline{DE} = \dfrac{a}{3}\ \text{e}\ \overline{DG} = \dfrac{a}{3}\sqrt{3}\right]$$

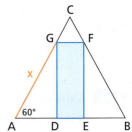

86 In un triangolo equilatero il cui lato misura a, inscrivi un rettangolo la cui diagonale misura $\dfrac{2}{3}a$.
$$\left[\text{i lati misurano } \dfrac{a}{3}\ \text{e}\ \dfrac{a}{3}\sqrt{3}\ \text{oppure}\ \dfrac{11}{21}a\ \text{e}\ \dfrac{5\sqrt{3}a}{21}\right]$$

87 Un triangolo isoscele ha l'area di misura $9a^2\sqrt{3}$ e l'angolo al vertice di 120°. Calcola la misura del perimetro del triangolo e quella del lato del quadrato in esso inscritto, con un lato sulla base del triangolo.
$$\left[6a(2+\sqrt{3});\ \dfrac{6}{11}a(6-\sqrt{3})\right]$$

88 Nel triangolo rettangolo ABC l'ipotenusa BC è di 6 cm e l'angolo $A\widehat{C}B$ è di 60°. Preso un punto D sull'ipotenusa, determina la distanza di D da C in modo che la somma dei quadrati delle distanze di D dai cateti sia 7 cm². $\quad[2\text{ cm};\ 1\text{ cm}]$

89 Nel rettangolo $ABCD$, di perimetro di misura $6a$, il lato AB è doppio del lato BC. Determina sul prolungamento del lato DC, oltre D, un punto E in modo che, conducendo da E una semiretta inclinata di 30° sul segmento EC e detto F il suo punto d'incontro con il lato AB, la misura del perimetro del trapezio $ECBF$ sia $a(8-\sqrt{3})$. Determina successivamente la misura del perimetro e quella dell'area del triangolo ECF.
$$\left[\overline{ED} = \dfrac{1}{2}a;\ \dfrac{11}{2}a,\ \dfrac{5}{4}a^2\right]$$

90 È dato il triangolo equilatero ABC di lato di misura a. Determina sul lato AB un punto P in modo che, dette H e K le proiezioni ortogonali di P rispettivamente su CB e AC,

  a. il triangolo PHK risulti equivalente alla sesta parte del triangolo dato; $\left[\overline{AP} = \dfrac{a}{3};\ \overline{AP} = \dfrac{2}{3}a\right]$

  b. il triangolo CKH abbia area uguale a $\dfrac{11}{20}$ dell'area del triangolo dato. $\left[\overline{AP} = \dfrac{a}{10}(5 \pm \sqrt{5})\right]$

91 Dato un triangolo equilatero ABC di lato di misura a, traccia una corda DE parallela al lato BC, in modo che, detto O il punto medio di BC, il triangolo DOE sia equivalente a $\dfrac{1}{5}$ del triangolo dato.
$\left[\overline{DE} = \dfrac{a}{10}(5 \pm \sqrt{5})\right]$

92 Determina la misura del perimetro e quella dell'area di un triangolo rettangolo nel quale il rapporto dei cateti è $\dfrac{4}{3}$ e la misura dell'ipotenusa supera di a quella del cateto maggiore. Determina inoltre la misura del perimetro del triangolo avente per vertici i punti di contatto della circonferenza inscritta con i lati del triangolo. $\left[12a;\ 6a^2;\ \dfrac{a}{5}(5\sqrt{2} + 4\sqrt{5} + 3\sqrt{10})\right]$

93 Nel trapezio rettangolo $ABCD$ la proiezione HB del lato obliquo CB sulla base maggiore AB misura a e si sa che $A\widehat{B}C = 30°$. Determina la misura della base minore CD, sapendo che è verificata la relazione $\dfrac{\overline{CA}^2 + \overline{AB}^2}{7\overline{CD}^2} = \dfrac{17}{28}$. $\left[\dfrac{4}{3}a\right]$

94 In una circonferenza di diametro $\overline{AC} = 2r$, conduci la corda AB congruente al lato del triangolo equilatero inscritto ($\overline{AB} = r\sqrt{3}$) e, da parte opposta di AB rispetto ad AC, una corda AD; sia AH l'altezza del triangolo ABD. Determina la misura della corda AD in modo che sia verificata la relazione $\overline{AB}^2 + 2\overline{AD}^2 - 3\overline{AH}^2 = \dfrac{66}{25}r^2$. $\left[\overline{AD} = \dfrac{6}{5}r\right]$

95 Nel trapezio rettangolo $ABCD$ la diagonale maggiore BD forma con la base maggiore AB un angolo di $30°$ ed è bisettrice dell'angolo $A\widehat{B}C$. Determina le misure delle basi del trapezio, sapendo che $2a$ è la misura dell'altezza AD. Preso un punto P su AD, determina successivamente la misura del segmento AP, sapendo che il rapporto tra i segmenti PB e PC è $\sqrt{\dfrac{39}{19}}$. $\left[\dfrac{4}{3}a\sqrt{3};\ 2a\sqrt{3};\ a\right]$

96 Nel trapezio $ABCD$ l'angolo in B, adiacente alla base maggiore AB, ha l'ampiezza di $30°$ e il punto E, comune ai prolungamenti dei lati obliqui BC e AD, forma con i vertici A e B un triangolo isoscele di base BE. Determina le misure delle basi e dell'altezza del trapezio, sapendo che il rapporto delle basi è $\dfrac{3}{2}$ e che la misura dell'area del trapezio è $5l^2\sqrt{3}$. Verifica che il triangolo ABC è isoscele e dimostralo per via geometrica.
$[6l;\ 4l;\ l\sqrt{3}]$

97 Nel parallelogramma $ABCD$ l'angolo $A\widehat{B}C$ è di $120°$ e il lato BC misura $2k$. Determina la misura del lato AB in modo che sia verificata la relazione $2\overline{AC}^2 - \overline{AB}^2 = \dfrac{65}{16}\overline{BC}^2$. (*Suggerimento*: traccia da C la perpendicolare alla retta AB...) $\left[\dfrac{3}{2}k\right]$

98 Due circonferenze sono tangenti internamente nel punto A e hanno i diametri AC e AB che misurano rispettivamente $2r$ e $4r$. Traccia per A una retta che incontra ulteriormente in M e in N le circonferenze di diametro AC e AB, in modo che la misura dell'area del quadrilatero $MCBN$ sia $3r^2$. Determina le ampiezze degli angoli del quadrilatero $MCBN$. (*Suggerimento*: poni $\overline{AM} = x$.) $[90°;\ 90°;\ 45°;\ 135°]$

99 Dato un angolo di $120°$ di vertice O si prendano rispettivamente sui due lati un segmento $OA = 12$ cm e $OB = 24$ cm. Determina sulla bisettrice dell'angolo $A\widehat{O}B$ un punto C in modo che

$$4(\overline{CO}^2 + \overline{CA}^2) = 7 \cdot \overline{CB}^2$$

Determina poi le ampiezze degli angoli del quadrilatero $OACB$ così formato.

$[CO = 24\text{ cm};\ 120°,\ 90°,\ 90°,\ 60°]$

ESERCIZI

100 Nel triangolo ABC, ottusangolo in A, l'ampiezza dell'angolo in B è di 45°. Determina le misure dei lati, sapendo che l'area misura $\dfrac{a^2(1+\sqrt{3})}{2}$ e che la somma delle misure dei lati AB e BC è $a(1+\sqrt{2}+\sqrt{3})$. Verifica successivamente che l'ampiezza dell'angolo in C è di 30° e determina la distanza dell'ortocentro dal vertice A.
$$[a\sqrt{2};\ 2a;\ a(1+\sqrt{3});\ a(\sqrt{3}-1)]$$

101 È data una semicirconferenza di diametro $\overline{AB}=2r$. Determina su AB un punto H in modo che, condotta da H la perpendicolare ad AB, che incontra in C la semicirconferenza, e detto D il punto d'incontro della retta AC con la semiretta tangente in B alla semicirconferenza, sia verificata la relazione $\overline{AC}^2 + \overline{CD}^2 + \overline{CB}^2 + \overline{DB}^2 = \dfrac{74}{15}r^2$.
$$\left[\overline{AH}=\dfrac{5}{3}r\right]$$

102 Dato il quadrato $ABCD$ di lato $(\sqrt{2}+1)$ cm, considera sui lati AB e AD e sulla diagonale AC rispettivamente tre punti E, F, H tali che sia $\overline{AE}=\overline{AF}=\overline{CH}=x$ e in modo che l'area del triangolo EFH sia $\dfrac{1}{2}(\sqrt{2}+1)$ cm^2.
$$[x=1]$$

103 In una circonferenza il cui raggio misura r è inscritto un triangolo equilatero; traccia una corda della circonferenza parallela a uno dei lati del triangolo, in modo che la somma di questa corda con il segmento di essa compreso tra gli altri due lati del triangolo abbia per misura $\dfrac{4r\sqrt{3}}{3}$. (*Suggerimento*: indica con x la misura della distanza della corda dal vertice del triangolo opposto al lato rispetto al quale la corda è parallela...)
$$\left[x=\dfrac{r}{2}\right]$$

104 Dato un triangolo equilatero inscritto in una circonferenza di raggio 5 cm, traccia una corda parallela a un lato del triangolo, in modo che la somma di questa corda con il triplo del segmento di essa compreso fra gli altri due lati del triangolo sia $2(3+\sqrt{3})$ cm.
[lunghezza corda = 6 cm]

105 Se si prolungano, da entrambe le parti, i lati di un quadrato di opportuni segmenti congruenti, congiungendo gli estremi di questi segmenti si ottiene un ottagono regolare. Determina il lato del quadrato in modo che l'area dell'ottagono sia $2(5\sqrt{2}+7)$ cm^2.
$$[(\sqrt{2}+1)\text{ cm}]$$

106 L'angolo $X\hat{O}Y$ ha l'ampiezza di 120°; presi un punto A su OX e un punto B su OY in modo che i segmenti OA e OB siano rispettivamente di misura $2l$ e l, considera la semiretta OZ interna all'angolo $X\hat{O}Y$ e perpendicolare a OY. Determina su OZ un punto P in modo che $\overline{PA}^2+\overline{PB}^2=5l^2$. Verifica poi che il quadrilatero $OAPB$ è un parallelogramma.
$$[\overline{OP}=l\sqrt{3}]$$

107 Sulla bisettrice di un angolo retto $X\hat{O}Y$ prendi il segmento $\overline{OC}=3a\sqrt{2}$ e traccia la circonferenza di centro C e tangente ai lati dell'angolo. Determina sul lato OX un punto P in modo che, conducendo da esso l'altra tangente alla circonferenza che incontra in Q il lato OY, sia $\overline{PQ}=17a$.
$[\overline{OP}=8a$ oppure $\overline{OP}=15a]$

108 In una semicirconferenza di diametro $\overline{AB}=2r$, la corda AC forma un angolo di 60° con il diametro AB. Conduci da O la perpendicolare alla corda AC che incontri in H la corda stessa e in K la semicirconferenza. Determina:

a. il rapporto tra l'area del quadrilatero $OBCH$ e quella del triangolo ABH;
$$\left[\dfrac{3}{2}\right]$$

b. il rapporto tra l'area del quadrilatero $OBCK$ e quella del triangolo ABK.
$$\left[\dfrac{1+\sqrt{3}}{2}\right]$$

109 È data una semicirconferenza di diametro $\overline{AB}=2r$; da un punto C della semicirconferenza conduci la perpendicolare alla tangente in A e sia D il piede di tale perpendicolare. Si ottiene così un trapezio rettangolo $ABCD$ di cui si sa che $\overline{CB}+2\overline{CD}=(1+\sqrt{3})r$. Determina i quattro lati del trapezio e le ampiezze dei suoi angoli. (*Suggerimento*: poni $\overline{CB}=x$ e $\overline{CD}=y$...)
$$\left[\overline{BC}=r\sqrt{3};\ \overline{CD}=\dfrac{r}{2};\ \overline{AD}=\dfrac{r}{2}\sqrt{3};\ \hat{B}=30°\right]$$

Formula di Erone e raggi delle circonferenze circoscritta e inscritta a un triangolo

▷▶ **110** Le lunghezze dei lati di un triangolo misurano, in centimetri, $2a$, $3a$, $4a$. Calcola le misure dell'area del triangolo e dei raggi delle circonferenze inscritta e circoscritta a esso. Determina poi il valore di a in modo che l'area del triangolo sia $27\sqrt{15}$ cm².
$$\left[\frac{3\sqrt{15}}{4}a^2;\ \frac{\sqrt{15}}{6}a;\ \frac{8\sqrt{15}}{15}a;\ 6\right]$$

▷▶ **111** Calcola le misure dei lati di un triangolo, sapendo che esse sono proporzionali ai numeri 13, 14, 15 e che l'area del triangolo misura 1344. (*Suggerimento*: indica con x il rapporto comune, le misure dei lati sono $13x$, $14x$ e $15x$; applicando la formula di Erone...) [52; 56; 60]

▷▶ **112** Del triangolo ABC, il cui perimetro è di 133 cm, $AB \cong \frac{8}{9}BC$ e $\frac{1}{6}AC \cong \frac{1}{5}AB$. Determina i lati del triangolo, la sua area e i raggi delle circonferenze inscritta e circoscritta.
[40 cm; 45 cm; 48 cm; 837,22 cm²; ...]

▷▶ **113** In un triangolo un lato è di 34 cm; degli altri due si sa che uno è $\frac{25}{26}$ dell'altro e che la loro somma è 102 cm. Determina perimetro e area del triangolo e, successivamente, il raggio della circonferenza inscritta e di quella circoscritta. [136 cm; 816 cm²; 12 cm; 27,08 cm]

▷▶ **114** Sapendo che i cateti di un triangolo rettangolo sono di 8 cm e 3,9 cm, determina i raggi delle circonferenze inscritta e circoscritta al triangolo. [1,5 cm; 4,45 cm]

▷▶ **115** In un triangolo isoscele la base è di 24 cm e il perimetro di 64 cm. Determina i raggi delle circonferenze inscritta e circoscritta al triangolo. [6 cm; 12,5 cm]

▷▶ **116** Ciascuno dei lati congruenti di un triangolo isoscele è di 26 cm e l'altezza relativa alla base è di 24 cm. Determina l'area del triangolo e il rapporto tra i raggi delle circonferenze rispettivamente a esso inscritta e circoscritta.
$$\left[240 \text{ cm}^2;\ \frac{80}{169}\right]$$

▷▶ **117** L'area di un triangolo isoscele è di 240 cm² e la base è di 20 cm. Determina i due lati congruenti del triangolo e il rapporto tra il raggio della circonferenza circoscritta al triangolo e quello della circonferenza inscritta.
$$\left[26 \text{ cm};\ \frac{169}{80}\right]$$

▶▶ **118** Un triangolo isoscele è inscritto in una circonferenza di raggio 75 cm e la sua altezza, relativa alla base, è $\frac{16}{25}$ del diametro. Determina i lati del triangolo e il raggio della circonferenza inscritta nello stesso triangolo.
[120 cm; 120 cm; 144 cm; 36 cm]

▷▶ **119** Il perimetro di un triangolo è 133 cm; uno dei suoi lati è lungo 40 cm e il rapporto tra gli altri due è $\frac{15}{16}$. Determina i raggi delle due circonferenze rispettivamente inscritta e circoscritta al triangolo.
[12,589... cm; 25,799... cm]

▷▶ **120** Il perimetro di un triangolo isoscele è di 40 cm e il lato è $\frac{17}{8}$ dell'altezza relativa alla base. Determina l'area del triangolo e il rapporto tra l'area del cerchio circoscritto al triangolo e quella del cerchio inscritto.
$$\left[\frac{375}{8}\text{ cm}^2;\ \frac{83\,521}{3600}\right]$$

▷▶ **121** Il perimetro di un triangolo isoscele misura $40a$ e la misura del lato supera il doppio della misura della base di $2a$. Calcola la misura dell'area del triangolo, quella dei raggi delle circonferenze circoscritta e inscritta al triangolo.
[$57,6a^2$; $8,405a$; $2,88a$]

122 Il triangolo isoscele ABC, di base $AB = 32$ cm, è inscritto in una circonferenza e la differenza tra il diametro e l'altezza relativa alla base è 4 cm. Determina l'area del triangolo e il raggio della circonferenza circoscritta. Dal centro O della circonferenza traccia la parallela alla base AB che incontra in D e in E, rispettivamente, i lati AC e BC. Determina l'area del trapezio $ABED$. $[1024 \text{ cm}^2; \ 34 \text{ cm}; \ 735 \text{ cm}^2]$

123 Dopo aver dimostrato che in un triangolo rettangolo la somma dei diametri della circonferenza inscritta e della circonferenza circoscritta al triangolo è congruente alla somma dei cateti, determina le misure dei due raggi, sapendo che la somma dei quadrati delle loro misure è $29l^2$ e che la somma delle misure dei cateti è $14l$. (*Suggerimento*: indica con x e y le misure dei cateti e usa la sostituzione $\sqrt{x^2 + y^2} = t$...) $[2l; \ 5l]$

124 In una circonferenza, il cui diametro è di 10 cm, una corda $AB = 9{,}6$ cm è base dei due triangoli isosceli ABC (acutangolo) e ABD (ottusangolo). Determina il rapporto tra il perimetro del triangolo ABC e quello del triangolo ABD. Considera poi le circonferenze inscritte nei due triangoli e calcola il rapporto tra le loro lunghezze. $\left[\dfrac{32}{27}; \ \dfrac{3}{2}\right]$

125 Le basi di un trapezio sono di 10 cm e 27 cm, gli altri due lati di 8 cm e 15 cm. Determina l'area del trapezio e la lunghezza delle diagonali. (*Suggerimento*: traccia da un estremo della base minore la parallela al lato obliquo...) $\left[\dfrac{2220}{17} \text{ cm}^2; \ \dfrac{6\sqrt{1921}}{17} \text{ cm}; \ \dfrac{5\sqrt{6817}}{17} \text{ cm}\right]$

126 Il perimetro del triangolo equilatero ABC misura $6r\sqrt{3}$. Dopo aver determinato la misura del raggio della circonferenza inscritta, traccia la retta t, parallela al lato AB e tangente alla circonferenza. Determina a quale distanza dalla retta t deve essere condotta una corda, parallela a t, in modo che il perimetro del rettangolo, che si ottiene proiettando la corda intercettata dalla circonferenza su t, misuri $r(4 + \sqrt{3})$. $\left[r; \ \dfrac{r(2 + \sqrt{3})}{2}; \ \dfrac{r(14 - 3\sqrt{3})}{10}\right]$

Trapezi circoscritti

127 La base maggiore di un trapezio isoscele circoscritto a una circonferenza è di 18 cm e il raggio di tale circonferenza è di 6 cm. Determina il perimetro e l'area del trapezio. $[52 \text{ cm}; \ 156 \text{ cm}^2]$

Costruzione geometrica con GeoGebra

128 Un trapezio $ABCD$ è circoscritto a una circonferenza di raggio di misura r; la base minore AB è divisa dal punto H di contatto con la circonferenza in due parti $\overline{AH} = \dfrac{r}{2}$ e $\overline{HB} = \dfrac{3}{4}r$. Determina le misure dei lati AD, DC, BC. $\left[\dfrac{5}{2}r; \ \dfrac{10}{3}r; \ \dfrac{25}{12}r\right]$

129 Un trapezio isoscele è circoscritto a una circonferenza il cui raggio misura r; la base minore misura $\dfrac{4}{3}r$. Determina perimetro e area del trapezio. $\left[\dfrac{26}{3}r; \ \dfrac{13}{3}r^2\right]$

130 La base minore di un trapezio rettangolo, circoscritto a una circonferenza di raggio lungo 15 cm, è di 21 cm. Determina perimetro e area del trapezio. $[147 \text{ cm}; \ 1102{,}5 \text{ cm}^2]$

131 Determina le misure delle basi di un trapezio rettangolo circoscritto a una circonferenza, di raggio r, sapendo che la misura del perimetro del trapezio è $\dfrac{49}{5}r$. (*Suggerimento*: indica con x e y le misure dei segmenti in cui rimane diviso il lato obliquo dal punto di contatto con la circonferenza.) $\left[\dfrac{7}{5}r; \ \dfrac{7}{2}r\right]$

132 Un trapezio rettangolo, di perimetro lungo 24,2 cm, è circoscritto a una circonferenza di raggio 2,8 cm. Determina le basi del trapezio. $[4{,}4 \text{ cm}; \ 7{,}7 \text{ cm}]$

133 Un trapezio rettangolo è circoscritto a una circonferenza e il lato obliquo è diviso dal punto di tangenza in due segmenti lunghi 27 cm e 48 cm. Calcola il perimetro e l'area del trapezio. Calcola, inoltre, il perimetro e l'area del triangolo avente per base la base minore del trapezio e per vertice opposto il punto d'incontro dei lati non paralleli. [294 cm; 5292 cm^2; 504 cm; 6804 cm^2]

134 Un trapezio isoscele, circoscritto a una circonferenza, ha le basi di 4,8 cm e 10,8 cm. Determina il raggio della circonferenza e il rapporto tra l'area del trapezio e quella del triangolo limitato dalla base maggiore e dai prolungamenti dei lati non paralleli. $\left[3{,}6 \text{ cm}; \dfrac{65}{81}\right]$

135 Determina le misure delle basi di un trapezio isoscele circoscritto a una circonferenza, il cui raggio misura r, sapendo che il perimetro misura $12r$. $[(3+\sqrt{5})r;\ (3-\sqrt{5})r]$

136 Determina la misura del perimetro e del lato obliquo di un trapezio isoscele circoscritto a una circonferenza, la misura del cui raggio è r, sapendo che la misura dell'area è $6r^2$. $[12r;\ 3r]$

137 Un trapezio isoscele è circoscritto a una circonferenza. Sapendo che una base del trapezio è di 32 cm e che il raggio del cerchio è di 12 cm, determina il perimetro e l'area del trapezio. Determina inoltre le distanze degli estremi di uno dei due lati obliqui del trapezio dalla retta che contiene l'altro lato obliquo.
[100 cm; 600 cm^2; 30,72 cm; 17,28 cm]

138 La parallela al lato AB del triangolo equilatero ABC divide il triangolo nel trapezio $ABMN$ circoscrivibile a una circonferenza e nel triangolo CMN. Determina il rapporto tra i raggi delle circonferenze inscritte in $ABMN$ e in CMN, sapendo che la misura del perimetro del triangolo ABC è $18a\sqrt{3}$. [3]

139 Un trapezio isoscele è circoscritto a una semicirconferenza; la base minore è lunga 20 cm e gli angoli adiacenti alla base maggiore sono di 60°. Determina perimetro e area del trapezio. [100 cm; $300\sqrt{3}$ cm^2]

140 Il trapezio $ABCD$ è circoscritto a una semicirconferenza di centro O e di raggio lungo 48 cm; sulla base maggiore AB giace il diametro della semicirconferenza. Determina perimetro e area del trapezio, conoscendo $AO = 80$ cm e $OB = 102$ cm. [392 cm; 5040 cm^2]

141 Un trapezio isoscele è circoscritto a una semicirconferenza. Determina le misure delle basi del trapezio, sapendo che:

a. il raggio della semicirconferenza misura $3r$ e l'area del trapezio è $9\sqrt{3}r^2$; $[4\sqrt{3}r;\ 2\sqrt{3}r]$

b. il raggio della semicirconferenza misura r e l'area del trapezio misura $\dfrac{7}{4}r^2$.

$\left[\text{due soluzioni: una è il trapezio le cui basi misurano } \dfrac{13}{6}r \text{ e } \dfrac{4}{3}r,\right.$
$\left.\text{l'altra è il trapezio le cui basi misurano } \dfrac{5}{2}r \text{ e } r\right]$

142 Il perimetro di un trapezio isoscele misura $24a$, la misura del lato obliquo supera di a quella della base minore e la somma dei quadrati delle misure delle basi è $116a^2$. Determina le misure dei lati e, dopo aver dimostrato che il trapezio è circoscrivibile a una semicirconferenza avente il diametro sulla base maggiore, calcola la misura del raggio della semicirconferenza. [$10a;\ 4a;\ 5a;\ 5a;\ 4a$]

143 Un trapezio isoscele è circoscritto a una semicirconferenza. Determina la lunghezza del perimetro del trapezio, sapendo che la sua area è di 2920 cm^2 e che il raggio della semicirconferenza è di 40 cm.
$\left[228 \text{ cm oppure } \dfrac{776}{3} \text{ cm}\right]$

144 Determina il perimetro di un trapezio rettangolo circoscritto a una semicirconferenza con il raggio di 56 cm, sapendo che l'area del trapezio è di 5852 cm^2.
$\left[330 \text{ cm oppure } \dfrac{988}{3} \text{ cm}\right]$

▶▶ **145** Sia O il punto medio della base AB del trapezio isoscele $ABCD$, circoscritto a una semicirconferenza di centro O, e sia H la proiezione ortogonale di O su CB. Condotta l'altezza CK, dimostra che i triangoli OHB e CKB sono congruenti. Sapendo che $HB \cong \frac{7}{50} AB$ e che $\overline{OH} = 48a$, calcola le misure del perimetro e dell'area del trapezio $ABCD$. Detto E il punto di intersezione delle rette a cui appartengono i lati BC e AD, calcola la misura del perimetro del triangolo ABE.
$$\left[272a;\ 4128a^2;\ \frac{3200}{7}a\right]$$

▶▶ **146** A una semicirconferenza di raggio 3 cm è circoscritto un trapezio rettangolo la cui base minore è di 4 cm. Determina perimetro e area del trapezio. Successivamente traccia nella semicirconferenza una corda parallela al diametro e distante da esso 1,8 cm. Determina l'area del trapezio isoscele inscritto nella semicirconferenza avente tale corda come base minore e il diametro come base maggiore.
$$[20\ \text{cm};\ 18\ \text{cm}^2;\ 9{,}72\ \text{cm}^2]$$

Poligoni regolari

▶▶ **147** Trova il rapporto tra l'area del quadrato e quella dell'esagono regolare inscritti nella circonferenza di raggio di misura r.
$$\left[\frac{4\sqrt{3}}{9}\right]$$

▶▶ **148** Determina la misura del lato dell'esagono regolare circoscritto a una circonferenza di raggio di misura r.
$$\left[l_6 = \frac{2r\sqrt{3}}{3}\right]$$

▶▶ **149** Calcola il rapporto tra l'area del triangolo equilatero e quella dell'esagono regolare, circoscritti a una circonferenza di raggio di misura r.
$$\left[\frac{3}{2}\right]$$

▶▶ **150** Calcola il rapporto tra i perimetri del quadrato e dell'esagono regolare circoscritti a una circonferenza di raggio di misura r.
$$\left[\frac{2\sqrt{3}}{3}\right]$$

▶▶ **151** Calcola il rapporto tra le aree del quadrato e dell'esagono regolare circoscritti a una circonferenza di raggio di misura r.
$$\left[\frac{2\sqrt{3}}{3}\right]$$

▶▶ **152** Determina il rapporto tra le aree di un quadrato e di un esagono regolare di perimetro congruente.
$$\left[\frac{\sqrt{3}}{2}\right]$$

▶▶ **153** Determina il rapporto tra il lato di un quadrato e di un esagono regolare equivalenti.
$$\left[\sqrt{\frac{3}{2}\sqrt{3}}\right]$$

▶▶ **154** Trova le misure del lato e dell'area dell'ottagono regolare inscritto in un cerchio di raggio di misura r.
$$\left[l_8 = r\sqrt{2-\sqrt{2}};\ 2\sqrt{2}r^2\right]$$

▶▶ **155** Trova il rapporto tra l'area del quadrato e quella dell'ottagono regolari inscritti in una circonferenza di raggio di misura r.
$$\left[\frac{\sqrt{2}}{2}\right]$$

▶▶ **156** Trova la misura del lato e quella dell'area dell'ottagono regolare circoscritto a un cerchio di raggio di misura r.
$$[l_8 = 2r(\sqrt{2}-1);\ 8r^2(\sqrt{2}-1)]$$

▶▶ **157** Calcola la misura dell'apotema del decagono regolare inscritto nella circonferenza di raggio di misura r.
$$\left[a_{10} = \frac{r\sqrt{10+2\sqrt{5}}}{4}\right]$$

▶▶ **158** Un triangolo isoscele è inscritto in una circonferenza di raggio 75 cm e la sua altezza è $\frac{16}{25}$ del diametro. Determina il rapporto fra l'area del triangolo e quella dell'esagono regolare inscritto nella stessa circonferenza.

$$\left[\frac{512}{625}\sqrt{3}\right]$$

▶▶ **159** Determina la misura del perimetro e dell'area del quadrilatero $ABCD$ inscritto in una circonferenza di raggio di misura r, sapendo che i lati AD e BC sono congruenti al lato del quadrato inscritto e il lato CD è congruente al lato del triangolo equilatero inscritto nella stessa circonferenza.

$$\left[(1+\sqrt{3}+2\sqrt{2})r;\ \frac{2+\sqrt{3}}{2}r^2\right]$$

▶▶ **160** In una circonferenza di raggio di misura r è inscritto un trapezio isoscele non contenente il centro; la base maggiore è congruente al lato del triangolo equilatero inscritto e la base minore è congruente al lato dell'esagono regolare inscritto. Determina la misura del perimetro e quella dell'area del trapezio nei due casi:

a. il trapezio non contiene il centro;

$$\left[(1-\sqrt{2}+\sqrt{3}+\sqrt{6})r;\ \frac{r^2}{2}\right]$$

b. il trapezio contiene il centro.

$$\left[(1+\sqrt{3}+2\sqrt{2})r;\ \frac{2+\sqrt{3}}{2}r^2\right]$$

▶▶ **161** In una circonferenza, il cui raggio misura r, è inscritto un trapezio isoscele contenente il centro e avente per basi il lato del quadrato e quello del triangolo equilatero inscritti nella stessa circonferenza. Calcola la misura del perimetro e dell'area del trapezio.

$$\left[\left(\sqrt{3}+\sqrt{2}+\sqrt{8-2\sqrt{6}+2\sqrt{2}}\right)r;\ \frac{\sqrt{2}+\sqrt{3}+\sqrt{6}+2}{4}r^2\right]$$

▶▶ **162** In una circonferenza di raggio di misura r è inscritto un trapezio non contenente il centro, avente per basi il lato del quadrato e quello del triangolo equilatero inscritti nella stessa circonferenza. Determina perimetro e area del trapezio.

$$\left[\left(\sqrt{2}+\sqrt{3}+\sqrt{8-2\sqrt{6}-2\sqrt{2}}\right)r;\ \frac{\sqrt{6}+2-\sqrt{3}-\sqrt{2}}{4}r^2\right]$$

▶▶ **163** In una circonferenza di raggio di misura r è inscritto un trapezio contenente il centro e avente per basi il lato del quadrato e quello dell'esagono regolare inscritti nella stessa circonferenza. Determina la misura del perimetro e quella dell'area del trapezio.

$$\left[\left(1+\sqrt{2}+\sqrt{8+2\sqrt{6}-2\sqrt{2}}\right)r;\ \frac{\sqrt{3}+\sqrt{2}+\sqrt{6}+2}{4}r^2\right]$$

Esercizi per il recupero

1 Determina i lati di un rettangolo inscritto in una circonferenza di raggio r e il cui perimetro è $\frac{28}{5}r$.

$$\left[\frac{6}{5}r;\ \frac{8}{5}r\right]$$

2 In un rombo il punto di tangenza di un lato con la circonferenza inscritta divide il lato in due parti che differiscono di 4,2 cm e tali che sottraendo a $\frac{3}{8}$ della parte maggiore $\frac{2}{9}$ della minore si ottiene 2,4 cm. Determina la lunghezza del lato e del raggio della circonferenza inscritta.

[15 cm; 7,2 cm]

3 Determina la misura del perimetro di un trapezio, inscritto in una semicirconferenza di raggio di misura r, la cui diagonale è $\frac{12}{5}$ del lato obliquo.

$$\left[\frac{836}{169}r\right]$$

4 Il triangolo isoscele ABC di base AB è circoscritto a una semicirconferenza di raggio di misura r. Detto H il punto di tangenza del lato AC, si sa che $HC \cong 3AH$. Determina le misure dei lati del triangolo e verifica che esso risulta equilatero.

$$\left[\frac{4}{3}\sqrt{3}r\right]$$

ESERCIZI

5 Data una semicirconferenza di diametro AB, traccia la tangente nel punto A e prendi su di essa il segmento $AD = 18$ cm; congiungendo D con B, indica con C il punto di intersezione di tale congiungente con la semicirconferenza. Sapendo che è $DC = 10,8$ cm, determina il raggio della semicirconferenza. (*Suggerimento*: ricorda il teorema della tangente e della secante.)
[12 cm]

6 Il perimetro di un rombo è $20(\sqrt{3}+1)$ cm e le diagonali differiscono di $2(\sqrt{3}+1)$ cm. Determina l'area del rombo.
$[48(2+\sqrt{3})\text{ cm}^2]$

7 In un rombo, la cui area è $192(3+2\sqrt{2})$ cm^2, una diagonale supera l'altra di $4(2+\sqrt{2})$ cm. Determina il perimetro del rombo.
$[40(2+\sqrt{2})\text{ cm}]$

8 In un rombo un angolo è di 60° e la diagonale minore è lunga 40 cm. Determina il perimetro e l'area del rombo.
$[160\text{ cm};\ 800\sqrt{3}\text{ cm}^2]$

9 Calcola le misure del perimetro e dell'area di un triangolo ABC in cui l'altezza AH misura a e gli angoli adiacenti alla base BC sono di 45° e di 30°.
$\left[a(3+\sqrt{2}+\sqrt{3});\ \dfrac{a^2(1+\sqrt{3})}{2}\right]$

10 Un triangolo ha un angolo di 60° e i lati a esso adiacenti di 15 cm e 24 cm. Determinane l'area.
$[90\sqrt{3}\text{ cm}^2]$

11 Un triangolo ha un angolo di 45° e i lati a esso adiacenti di 8 cm e 16 cm. Determinane l'area. $[32\sqrt{2}\text{ cm}^2]$

12 Un triangolo isoscele ha l'angolo al vertice di 30° e i lati congruenti di 48 cm. Determinane l'area.
$[576\text{ cm}^2]$

13 Un triangolo isoscele ha l'angolo al vertice di 45° e i lati congruenti di 20 cm. Determinane l'area.
$[100\sqrt{2}\text{ cm}^2]$

14 Un triangolo ha un angolo di 150° e i lati a esso adiacenti di 32 cm e 16 cm. Determinane l'area. $[128\text{ cm}^2]$

15 Un triangolo isoscele ha l'angolo al vertice di 135° e i lati congruenti di 10 cm. Determinane l'area.
$[25\sqrt{2}\text{ cm}^2]$

16 In un trapezio isoscele gli angoli adiacenti alla base maggiore sono di 45°; la base minore è di 8 cm e il perimetro di $4(9+5\sqrt{2})$ cm. Determina l'area del trapezio. (*Suggerimento*: indica con x la misura dell'altezza...)
$[180\text{ cm}^2]$

17 I lati di un triangolo sono lunghi 10 cm, 14 cm, 16 cm. Determina l'area del triangolo, il raggio della circonferenza inscritta e quello della circonferenza circoscritta al triangolo. $\left[40\sqrt{3}\text{ cm}^2;\ 2\sqrt{3}\text{ cm};\ \dfrac{14\sqrt{3}}{3}\text{ cm}\right]$

18 L'ipotenusa di un triangolo rettangolo è di 34 m e un cateto è $\dfrac{8}{15}$ dell'altro. Determina la misura, in metri, dei raggi delle circonferenze inscritta e circoscritta al triangolo.
[6; 17]

19 Nel rombo $ABCD$ l'angolo $B\hat{A}D$ è di 120° ed è $\overline{AC} = 6a$. Determina la misura del perimetro, dell'area del rombo e quella del raggio della circonferenza inscritta.
$\left[24a;\ 18\sqrt{3}a^2;\ \dfrac{3a\sqrt{3}}{2}\right]$

20 Un trapezio isoscele $ABCD$ è circoscritto a una circonferenza di centro O; la base maggiore AB è di 36 cm e la minore CD di 16 cm. Determina il raggio della circonferenza, dopo aver dimostrato che il triangolo AOD è rettangolo.
[12 cm]

21 Trova il rapporto tra l'area del triangolo e dell'esagono regolari inscritti in una circonferenza di raggio di misura r.
$\left[\dfrac{1}{2}\right]$

22 Determina le misure dei lati del triangolo equilatero circoscritto a una circonferenza di raggio di misura r.
$[l_3 = 2r\sqrt{3}]$

Esercizi di approfondimento

1 In una circonferenza, di raggio lungo 26 cm e centro O, sono inscritti il triangolo ABC, isoscele sulla base AB, e il rettangolo $ABDE$, entrambi giacenti nel semipiano generato da AB e contenente O. Sapendo che AB è $\frac{12}{13}$ del diametro, determina il perimetro, le aree del triangolo e del rettangolo e i tre segmenti determinati, sul lato DE del rettangolo, dai lati BC e AC del triangolo.

$$\left[2p_{ABC} = 24(\sqrt{13}+2) \text{ cm}; \; S_{ABC} = 864 \text{ cm}^2; \; 2p_{ABDE} = 136 \text{ cm}; \; S_{ABDE} = 960 \text{ cm}^2; \right.$$
$$\left. \frac{40}{3} \text{ cm}; \; \frac{64}{3} \text{ cm}; \; \frac{40}{3} \text{ cm}\right]$$

2 È data una semicirconferenza di diametro AB e la tangente nel punto B. Traccia una corda AC e sia D il punto medio dell'arco $\overset{\frown}{BC}$. Sia F il punto d'incontro delle due corde BC e AD e sia E il punto d'incontro del prolungamento di AD con la tangente nel punto B. Traccia la corda BD. Dimostra che il triangolo EBF è isoscele e determina il rapporto tra i perimetri dei due triangoli ABE e BDE, sapendo che si ha $\overline{AB} = 2a$ e $\overline{BE} = a$.

$$[\sqrt{5}]$$

3 Il perimetro e l'area di un triangolo isoscele misurano, rispettivamente, $36l$ e $48l^2$. Dimostra che il problema ammette due soluzioni: una corrispondente a un triangolo ottusangolo, l'altra corrispondente a un triangolo acutangolo. Dopo aver determinato le misure dei lati dei due triangoli, calcola la misura del raggio della circonferenza circoscritta al triangolo isoscele ottusangolo.

$$\left[16l, \; 10l, \; 10l; \; l(\sqrt{33}+1), \; \frac{l}{2}(35-\sqrt{33}), \; \frac{l}{2}(35-\sqrt{33}); \; \frac{25}{3}l\right]$$

4 La corda AB di una circonferenza, di centro O e raggio $\overline{AO} = r$, misura $r\sqrt{3}$ e la retta t, perpendicolare in B ad AB, incontra ulteriormente la circonferenza in C. Determina su t un punto P, nel semipiano di origine AB non contenente O, in modo che la somma dei quadrati delle misure dei lati del triangolo APC sia $32r^2$. Dimostra che P sta sulla tangente in A alla circonferenza.

$$[PB = 3r]$$

5 Nel triangolo ABC, rettangolo in C, l'altezza CH relativa all'ipotenusa è congruente alla metà della proiezione del cateto maggiore sull'ipotenusa. Determina la misura dell'ipotenusa, sapendo che il lato del quadrato, inscritto nel triangolo rettangolo e avente due vertici sull'ipotenusa, misura $\frac{20}{7}l$. Determina a quale distanza dal vertice C deve essere preso un punto P sulla mediana CM, relativa all'ipotenusa, affinché la somma delle distanze di P dai cateti e dall'altezza CH misuri $\frac{12}{5}l(\sqrt{5}+1)$.

$$[10l; \; 4l]$$

6 Sono date due circonferenze di centri O e O', tangenti esternamente in A e di raggi $\overline{OA} = 3r$ e $\overline{O'A} = r$. Traccia per A due rette, tra loro perpendicolari, che incontrino, oltre che in A, la circonferenza di centro O in M ed N e quella di centro O' in M' e in N'.

a. Dimostra che i triangoli MAN e $M'AN'$ sono simili e che il quadrilatero $MN'M'N$ è un trapezio.

b. Determina le misure dei segmenti AM' e AN' in modo che la misura del perimetro del trapezio $MN'M'N$ sia $4r(2+\sqrt{5})$.

$$[r\sqrt{2}; \; r\sqrt{2}]$$

7 Nel triangolo isoscele ABC, di base AB, il raggio della circonferenza inscritta misura $3a$ e il lato CB è diviso dal punto M di tangenza con la circonferenza inscritta in due segmenti CM e MB rispettivamente proporzionali ai numeri 2 e 3. Determina le misure dei lati del triangolo e dei segmenti CD e DB in cui il lato BC è diviso dalla bisettrice dell'angolo $C\hat{A}B$. Determina successivamente a quale distanza dal lato BC si deve condurre una retta parallela a BC, affinché la corda intercettata su di essa dalla circonferenza inscritta sia $\frac{44}{5}$ del segmento DM.

$$\left[12a; \; 10a; \; 10a; \; \frac{50}{11}a; \; \frac{60}{11}a; \; \frac{6}{5}a; \; \frac{24}{5}a\right]$$

8 Nel triangolo rettangolo ABC, di area di misura $6a^2$, la somma di $\frac{3}{2}$ del cateto maggiore AC e di $\frac{1}{3}$ del cateto minore AB misura $7a$. Determina la misura dei cateti. Condotta la perpendicolare in B all'ipotenusa, determina su di essa un punto D in modo che il quadrilatero convesso non intrecciato $ABDC$ sia circoscrivibile a una circonferenza. Calcola la misura dell'area del quadrilatero. Verifica inoltre che, sulla perpendicolare in C all'ipotenusa, non esiste alcun punto P tale che il quadrilatero convesso non intrecciato $CPBA$ sia circoscrivibile a una circonferenza. $\qquad [3a,\ 4a,\ 36a^2]$

9 Una corda CD è perpendicolare al diametro AB di una circonferenza e divide il diametro in due segmenti AH e HB, rispettivamente proporzionali a 1 e a 4. Determina la misura del segmento AH, sapendo che $\overline{CD} + \overline{AB} = 9a$. Determina successivamente la misura del raggio della circonferenza tangente internamente alla circonferenza data e tangente ai segmenti CH e HB. $\qquad [a;\ a(\sqrt{5} - 1)]$

10 Nel triangolo rettangolo isoscele ABC la misura dell'ipotenusa BC è $4a\sqrt{2}$.

a. Determina a quale distanza da AC deve essere preso un punto P sull'ipotenusa BC in modo che la distanza di P dal cateto AC sia tripla della distanza di P dal cateto AB. $\qquad [3a]$

b. Determina la misura della corda AD intercettata sulla retta AP dalla circonferenza circoscritta al triangolo ABC e dimostra che DA è bisettrice dell'angolo $C\hat{D}B$. $\qquad \left[\frac{8}{5}a\sqrt{10}\right]$

c. Determina la misura del perimetro del quadrilatero $ABCD$. $\qquad \left[\frac{8a(2\sqrt{5} + 5)}{5}\right]$

11 Il perimetro del rettangolo $ABCD$ misura $12a$ e il quadrato della diagonale è il quintuplo del quadrato costruito su uno dei lati minori.

a. Determina le misure delle lunghezze dei lati. $\qquad [2a;\ 4a]$

b. Indicati con AB e CD i lati maggiori, siano M e R, rispettivamente, i punti medi dei lati CD e BC. Determina a quale distanza da A deve essere preso un punto P sul lato AB in modo che la somma dei quadrati delle misure dei lati del quadrilatero $APRM$ sia $24a^2$.

Verifica che una delle soluzioni del problema corrisponde a un trapezio. $\qquad [3a;\ a]$

12 In un triangolo isoscele, di perimetro di misura $\frac{6}{5}r(1 + \sqrt{10})$, il quadrato dell'altezza relativa alla base è $\frac{9}{4}$ del quadrato della base.

a. Determina le misure dei lati. $\qquad \left[\frac{6}{5}r;\ \frac{3}{5}r\sqrt{10},\ \frac{3}{5}r\sqrt{10}\right]$

b. Traccia la circonferenza circoscritta al triangolo e calcola la misura del suo raggio. $\qquad [r]$

c. Traccia una corda parallela alla base del triangolo in modo da determinare con la base stessa un trapezio isoscele, inscritto nella circonferenza, avente l'altezza congruente alla semidifferenza delle basi. Calcola la distanza della corda dal vertice del triangolo isoscele. $\qquad \left[\frac{8}{5}r\right]$

13 È data una circonferenza di diametro AB, che misura $2r$; preso un punto C su AB costruisci le circonferenze di diametro AC e CB e traccia le tangenti comuni alle due circonferenze (non passanti per C) che toccano in M e in N la circonferenza di diametro AC e in P e in Q la circonferenza di diametro CB.

a. Dimostra che il quadrilatero non intrecciato di vertici M, N, P, Q è un trapezio isoscele.

b. Determina le misure dei raggi delle circonferenze di diametro AC e CB in modo che il lato obliquo del trapezio sia la metà del lato del triangolo equilatero inscritto nella circonferenza di diametro AB. $\qquad \left[\frac{r}{4};\ \frac{3}{4}r\right]$

14 Il triangolo isoscele ABC, di base AB, è inscritto in una circonferenza di raggio di misura r. Determina la misura della base AB, sapendo che la somma delle misure della base AB e dell'altezza CH a essa relativa è $3r$. Verifica che il problema ammette due soluzioni: una corrispondente al triangolo isoscele rettangolo, l'altra corrispondente a un triangolo isoscele acutangolo. Successivamente, considerato il triangolo isoscele acutangolo, traccia una retta s parallela ad AB e chiama, rispettivamente, DE il segmento di retta determinato dai lati del triangolo e MN la corda intercettata su s dalla circonferenza. Determina la misura del segmento DE in modo che sia verificata la relazione $\overline{MN}^2 - \overline{DE}^2 = \dfrac{32}{9}r^2$.

$$\left[2r \text{ (triangolo rettangolo isoscele)}; \ \dfrac{6}{5}r \text{ (triangolo acutangolo isoscele)}; \ \dfrac{2}{3}r \text{ oppure } \dfrac{8}{15}r\right]$$

15 È data una circonferenza di diametro AB, con $\overline{AB} = 3r$.

  a. Determina il raggio di una circonferenza di centro O, tangente internamente in B alla data, in modo che, condotte da A le tangenti alla circonferenza di centro O e detti M e N i punti di tangenza, la misura del perimetro del quadrilatero $ONAM$ sia $2r(1 + \sqrt{3})$. $[r]$

  b. Indicato con C il punto di intersezione del diametro AB con la circonferenza di centro O, dimostra che C è l'incentro del triangolo AMN.

  c. Determina successivamente a quale distanza da B deve essere condotta una retta t, perpendicolare ad AB, in modo che sia $12r^2$ la somma dei quadrati delle misure delle corde intercettate dalle due circonferenze su t.

$$\left[\dfrac{3}{2}r \text{ oppure } r\right]$$

16 Il raggio della circonferenza inscritta nel triangolo rettangolo ABC misura $\dfrac{r}{4}(3 - \sqrt{3})$ e il rapporto tra il cateto maggiore CB e il cateto minore CA è $\sqrt{3}$. Determina le misure dei cateti. Condotta la circonferenza passante per B e tangente in A alla retta AC, considera sul maggiore degli archi $\widehat{AB}$ un punto D in modo che sia $\dfrac{AD}{BD} = \dfrac{\sqrt{3}+1}{2}$. Determina la misura della corda BD e verifica che l'angolo $D\widehat{A}B$ è di 45°.

$$\left[\dfrac{3}{2}r; \ \dfrac{r}{2}\sqrt{3}; \ r\sqrt{2}\right]$$

17 Da un punto P, esterno a una circonferenza di centro O, traccia la semiretta PM, tangente in M alla circonferenza, e una secante che incontra in A e B la circonferenza; si sa che PA è minore di PB e che la corda AB misura $r\sqrt{3}$. Determina la misura del segmento PA in modo che sia verificata la relazione $\overline{PM} + \overline{PA} + \overline{PB} = \dfrac{7}{3}r\sqrt{3}$. Considera successivamente il caso in cui l'ampiezza dell'angolo $M\widehat{P}A$ sia di 60° e determina la misura del raggio della circonferenza, dimostrando che O appartiene a MB.

$$\left[\dfrac{r\sqrt{3}}{3}; \ r\right]$$

18 Nel trapezio $ABCD$, rettangolo in A e in D, la base maggiore AB è $\dfrac{6}{5}$ del lato obliquo BC e la misura dell'altezza supera di $2l$ la base minore CD. Determina le misure delle basi, sapendo che il perimetro del trapezio misura $32l$. Verifica che una delle due soluzioni del trapezio corrisponde a un trapezio circoscrivibile a una circonferenza. Presa in considerazione tale soluzione e detto M il punto comune ai prolungamenti dei lati BC e AD, determina la distanza PQ tra i baricentri dei triangoli AMB e DMC.

$$\left[12l; \ 4l \text{ oppure } \dfrac{3084}{275}l; \ \dfrac{118}{25}l; \ \overline{PQ} = \dfrac{4}{3}l\sqrt{13}\right]$$

19 Nel triangolo ABC la bisettrice dell'angolo di vertice A divide il lato opposto BC in due segmenti CD e DB che misurano rispettivamente $\dfrac{30}{7}a$ e $\dfrac{40}{7}a$. Determina le misure dei lati AB e AC, sapendo che la somma dei quadrati delle misure dei lati del triangolo ABC è $200a^2$ e verifica che il triangolo è rettangolo in A. Costruisci poi, con riga e compasso, la circonferenza passante per B e per C e che incontra in P il prolungamento di AC, dalla parte di C, in modo che, detto O il suo centro, l'angolo $C\widehat{O}P$ sia doppio dell'angolo $C\widehat{B}A$. (La circonferenza richiesta contiene uno dei due archi di estremi B e C capaci dell'angolo $A\widehat{B}C$...) $[8a; \ 6a]$

20 Nel trapezio $ABCD$ la misura della base maggiore AB supera di $25l$ quella della base minore DC, la misura del lato obliquo BC supera di $5l$ quella del lato AD e la misura della base minore CD supera di $5l$ quella del lato BC. Determina le misure dei lati del trapezio, sapendo che l'altezza misura $12l$. Indicato con M il punto comune ai prolungamenti dei lati AD e BC, dimostra che il punto O d'incontro delle diagonali del trapezio è il baricentro

ESERCIZI

del triangolo ABM e calcola il rapporto tra i due segmenti in cui viene divisa la base maggiore dalla proiezione di O sulla base stessa AB.

$$\left[50l;\ 20l;\ 25l;\ 15l;\ \frac{34}{41}\right]$$

21 Traccia per un punto C della semicirconferenza, di diametro $\overline{AB} = 2r$ e di centro O, la tangente alla semicirconferenza che incontra in D il prolungamento del diametro AB, dalla parte di A, e in E la tangente in B alla semicirconferenza stessa.

a. Determina la misura del segmento AD in modo che la misura del perimetro del triangolo COD sia $r(3 + \sqrt{3})$. $[r]$

b. Dimostra che il quadrilatero $OBEC$ è inscrittibile in una circonferenza e, indicato con F il suo centro, determina la misura del suo raggio. $[r]$

c. Determina a quale distanza da E deve essere condotta una retta parallela alla corda BC in modo che, indicati rispettivamente con P, Q, M, N i punti di intersezione della retta con la circonferenza di centro F e con i segmenti EC e BE, sia verificata la relazione $\overline{PQ} + \overline{MN} = \frac{4}{3}r\sqrt{3}$. $\left[\frac{r}{2}\right]$

22 Il diametro AB di una circonferenza misura $2r$. Determina un punto P, sul prolungamento di AB dalla parte di A, in modo che, condotta per P una secante che incontra in M e in N la circonferenza, la lunghezza della corda MN misuri $r\sqrt{3}$. [indeterminato]

23 Internamente al semicerchio di centro O e di diametro $\overline{AB} = 4r$, traccia la semicirconferenza di diametro AO. Determina a quale distanza AH da A si deve condurre una semiretta perpendicolare al diametro AO, in modo che, detti M e N i suoi punti di intersezione con le due semicirconferenze rispettivamente di diametro AB e AO, sia verificata la relazione $\dfrac{\overline{MN}^2 + 2 \cdot \overline{AH}^2 - \overline{AN}^2}{\overline{AH}} = 2r(2 - \sqrt{3})$. $[\overline{AH} = r]$

24 Determina i lati di un trapezio isoscele circoscritto a una circonferenza di raggio di misura r, sapendo che il suo perimetro misura $2p$.

$$\left[\text{se } 0 < p < 4r, \text{ il problema non ha soluzioni; se } p = 4r \text{ il trapezio è il quadrato circoscritto;}\right.$$
$$\left.\text{se } p > r \text{ la base maggiore misura } \frac{p + \sqrt{p^2 - 16r^2}}{2} \text{ e quella minore } \frac{p - \sqrt{p^2 - 16r^2}}{2}\right]$$

25 Determina un punto P sulla diagonale AC del quadrato $ABCD$, avente il lato di misura l, in modo che la somma dei quadrati delle distanze di P dai vertici del quadrato sia $\frac{5}{2}l^2$. Considerato il caso generale in cui è $\overline{PA}^2 + \overline{PB}^2 + \overline{PC}^2 + \overline{PD}^2 = kl^2$,

a. dimostra che per $0 < k < 2 \vee k > 4$, il problema non ammette soluzioni;

b. dimostra per via geometrica o per via algebrica che, quando il problema è possibile, esistono due punti, soluzioni del problema, simmetrici rispetto al punto medio della diagonale. $\left[\overline{AP_1} = \frac{l}{4}\sqrt{2};\ \overline{AP_2} = \frac{3}{4}l\sqrt{2}\right]$

Verso la Prova Invalsi

Soluzioni degli esercizi

1 Il triangolo ABC ha i vertici che coincidono con i centri delle tre circonferenze congruenti e tangenti tra loro. Sapendo che il raggio di ciascuna circonferenza vale r, quanto misurano l'area e il perimetro della porzione di piano colorata?

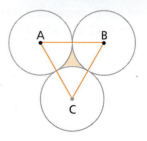

COMPLETARE...

2 Con i dati a tua disposizione è possibile determinare l'area e il perimetro del trapezio colorato in figura?   sì   no

In caso di risposta affermativa illustra i passaggi e scrivi il risultato nell'apposito spazio.

....
....
....

Area ....   Perimetro ....

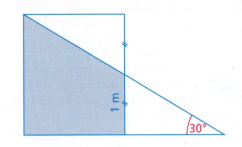

QUESITI A RISPOSTA MULTIPLA

3 Le figure B e C sono due triangoli rettangoli congruenti, mentre A è un parallelogramma. Determina l'area della figura data dalla somma di $A + B + C$.
Quale figura notevole è possibile ottenere componendo opportunamente attraverso spostamenti rigidi le tre figure?

a. Un quadrato o un rettangolo
b. Un rettangolo o un trapezio isoscele
c. Un trapezio rettangolo o un triangolo equilatero
d. Un esagono regolare o un trapezio isoscele

4 Arianna deve dipingere con della vernice il disegno riportato in figura (solo la parte colorata) su una grande parete. Sulla confezione legge che la resa della vernice è di 5 m² per ogni vasetto. Sapendo che la figura è composta da una sovrapposizione di triangoli equilateri, segna la risposta che ritieni corretta.

a. Ad Arianna serve un vasetto di vernice e lo userà tutto
b. Occorrono 1,6 vasetti di vernice per finire il lavoro
c. Ad Arianna occorre un vasetto di vernice e ne avanzerà poco più di un terzo
d. Ad Arianna occorre un vasetto di vernice e ne avanzerà meno di un quinto

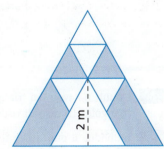

VERO O FALSO?

5 In figura sono mostrati due triangoli, uno isoscele e l'altro equilatero, il cui lato misura 5. Determina la misura del segmento ED e quella dell'area del trapezio $BHKE$.

a. Il triangolo BCE è rettangolo.   V F
b. Il triangolo BCD è rettangolo.   V F
c. Il triangolo ABD è rettangolo.   V F
d. Il triangolo BCE è congruente al triangolo AHB.   V F
e. Il trapezio $BHKE$ è rettangolo.   V F

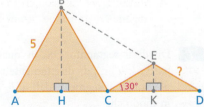

Verso le competenze

Soluzioni degli esercizi

Altri esercizi

1 Determina le ampiezze degli angoli $\alpha, \beta, \gamma, \delta, \theta$ rappresentati nella seguente figura, sapendo che le due rette sono tangenti alla circonferenza di centro O.

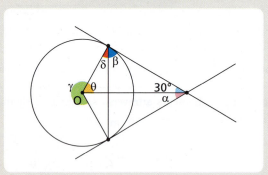

2 Determina le ampiezze degli angoli α, β, δ rappresentati nella seguente figura, sapendo che la retta r è l'asse del segmento AB.

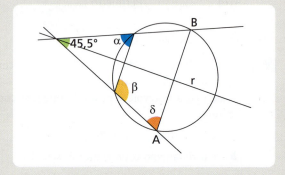

3 Traccia, aiutandoti con riga e compasso, la circonferenza circoscritta alle seguenti figure.

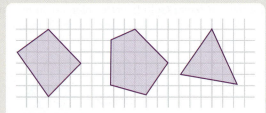

4 Traccia, aiutandoti con riga e compasso, la circonferenza inscritta nelle seguenti figure.

5 I punti notevoli dei triangoli (incentro, ortocentro, baricentro e circocentro) giacciono sempre all'interno del triangolo? In caso di risposta negativa, costruisci degli esempi di triangoli in cui tale proprietà non vale.

6 Individua il punto D interno al segmento AB tale che valga la proporzione $AB : AC = CB : DB$.

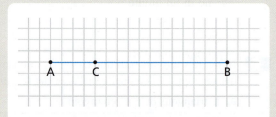

7 Dividi il segmento OK in quattro parti a', b', c', d' direttamente proporzionali ai segmenti dati a, b, c, d in modo che

$$b : b' = c : c' = d : d' = a : a'$$

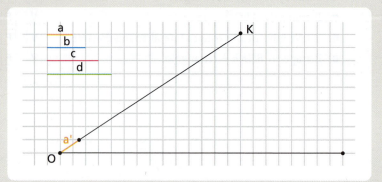

8 Determina in figura, sul prolungamento del lato BC dalla parte di C, il punto D tale che valga la proporzione $BD : CD = AB : AC$.

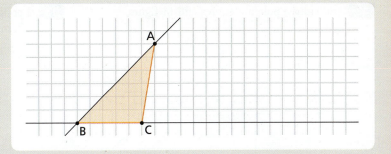

9 Determina se è possibile affermare, considerando le informazioni fornite in figura, che i triangoli delle seguenti coppie sono simili. In caso affermativo indica il criterio che puoi utilizzare per dimostrarne la similitudine.

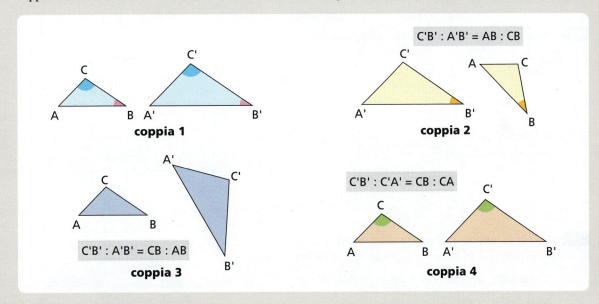

10 Dai dati forniti in figura, puoi dire che le rette passanti per DE e per AC sono parallele? Puoi concludere che i triangoli ABC e DBE sono simili? Nel caso lo siano, qual è il rapporto di similitudine?

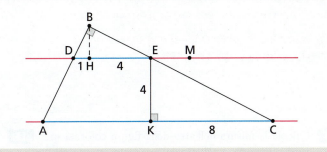

11 Determina la misura del segmento AE in figura.

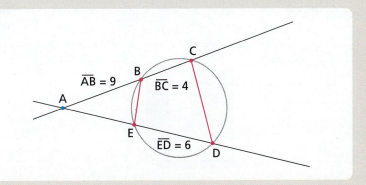

VERSO LE COMPETENZE

12 Individua i poligoni equivalenti in figura.

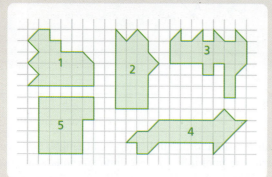

13 I poligoni in figura sono equiscomponibili? In caso affermativo dimostralo graficamente.

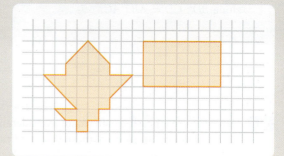

14 Disegna i quadrati equivalenti ai poligoni in figura.

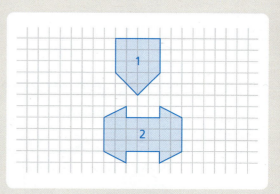

15 Calcola la misura dell'area e del contorno della figura colorata in azzurro, sapendo che il raggio AD misura a, che $BD \cong DF \cong \frac{1}{2} AD$ e che $CD \cong DE \cong \frac{1}{2} BD$.

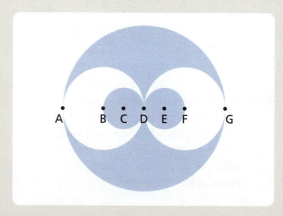

16 Calcola la misura dell'area della figura colorata in verde, sapendo che il lato del quadrato esterno misura a.

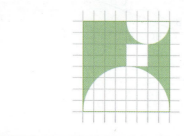

17 Determina la misura dell'area della figura seguente, sapendo che tutti i triangoli che la compongono sono isosceli rettangoli e che il lato del quadretto della griglia misura a.

18 Calcola la misura dell'area della figura seguente, sapendo che gli esagoni che la compongono sono regolari.

19 I tre ettagoni in figura sono regolari, $\overline{AB} = 4$, $\overline{AC} = 6$, $\overline{BC} = 8$. Calcola il rapporto tra le misure delle aree degli ettagoni e tra le misure dei perimetri.

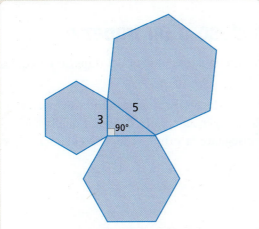

20 Costruisci un quadrato equivalente al rettangolo di lati a e c, avente un lato coincidente con il segmento b in figura e un altro che giace sulla retta r dalla parte opposta rispetto a c. Completa le proporzioni:

$$a : \ldots\ldots = \ldots\ldots : c$$
$$8 : 4 = 4 : \ldots\ldots$$

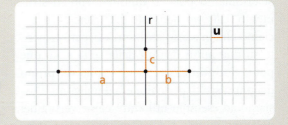

21 Per ciascuna coppia, stabilisci se esiste un'isometria o una composizione di isometrie che trasforma una figura una nell'altra e nel caso esplicitale.

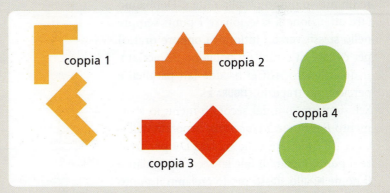

22 Determina, se esiste, il centro di simmetria delle seguenti figure. In caso affermativo individua tutte le possibili rotazioni, esclusa l'identità, che hanno come centro il centro di simmetria e che trasformano le figure in se stesse.

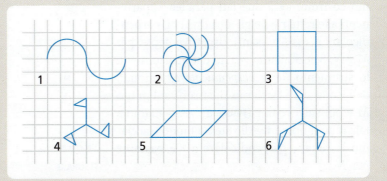

Laboratorio di matematica

Altri laboratori

Costruzione di un rettangolo equiesteso a un trapezio

Disegna un trapezio e quindi costruisci un rettangolo avente la stessa altezza del trapezio ed equiesteso a esso.

Per disegnare il trapezio tracciamo innanzitutto due rette parallele, su cui in seguito posizioneremo le basi del trapezio. Dal terzo menu scegliamo lo strumento *Retta - per due punti*, denotato dall'icona, e facciamo clic in due punti distinti della *Vista Grafica* per disegnare la prima retta, che chiameremo **r**. Selezioniamo poi dal quarto menu lo strumento *Retta parallela*, denotato dall'icona, e facciamo clic prima sulla retta appena disegnata, quindi in un punto qualsiasi della *Vista Grafica*, non appartenente alla retta (**FIGURA 1**); assegniamo il nome **s** alla nuova retta.

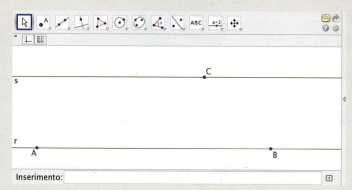

FIGURA 1

Selezioniamo poi dal quinto menu lo strumento *Poligono*, denotato dall'icona, e facciamo clic in senso antiorario rispettivamente su due punti distinti della retta *r*, su due punti distinti della retta *s* e infine sul primo dei punti scelti, per chiudere il poligono. Possiamo ad esempio utilizzare come vertici del poligono i punti *A*, *B* e *C* già presenti, e creare un nuovo punto *D* sulla retta *s*. Dobbiamo fare attenzione a selezionare i punti sempre nello stesso verso (antiorario oppure orario) per evitare di creare un poligono intrecciato. Il quadrilatero *ABCD* ha due lati paralleli e perciò è un trapezio (**FIGURA 2**).

Selezioniamo ora dal secondo menu lo strumento *Punto medio* o *centro*, denotato dall'icona, e facciamo clic sul lato *DA* per creare il punto medio di tale lato, cui assegniamo il nome **M**; allo stesso modo creiamo il punto medio **N** del lato *BC*. Il rettangolo che vogliamo costruire avrà due lati paralleli appartenenti alle rette *r* e *s* e gli altri due lati, perpendicolari a essi, passanti rispettivamente per *M* e *N*. Selezioniamo perciò dal quarto menu lo strumento *Retta perpendicolare*, denotato dall'icona, e facciamo clic prima sul punto *M* e poi sulla retta *r* (**FIGURA 3**). Assegniamo a tale retta il nome **t**. Allo stesso modo tracciamo la retta **v** perpendicolare a *r* e passante per *N*.

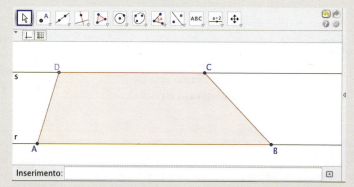

FIGURA 2

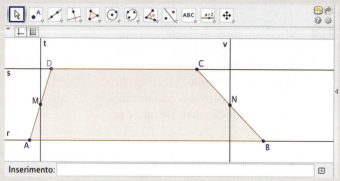

FIGURA 3

Selezioniamo dal secondo menu lo strumento *Intersezione di due oggetti*, denotato dall'icona ✕, e facciamo clic prima sulla retta *t*, quindi sulla retta *s* (**FIGURA 4**) per creare il punto d'intersezione tra le due rette, che chiamiamo **P**. In modo analogo costruiamo il punto **Q** d'intersezione tra *t* e *r*, e i punti **R** e **S** in cui la retta *v* interseca rispettivamente *r* e *s*.

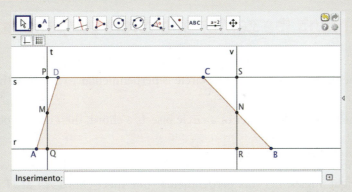

FIGURA 4

Selezioniamo ora lo strumento *Poligono* e facciamo clic in successione sui punti *P*, *Q*, *R*, *S* per creare il rettangolo, che chiuderemo con un clic sul primo vertice *P*. Coloriamo il rettangolo appena creato in azzurro, in modo da distinguerlo visivamente dal trapezio.

Il quadrilatero *PQRS* è un rettangolo perché ha quattro angoli retti per costruzione; la sua altezza è la distanza tra le rette parallele *r* e *s* ed è quindi uguale a quella del trapezio *ABCD*. Inoltre, come puoi facilmente dimostrare, i triangoli *AQM* e *DPM* sono congruenti e analogamente $BRN \cong CSN$ e pertanto il rettangolo e il trapezio sono equicomposti. Possiamo verificare che le loro aree sono uguali selezionando, dall'ottavo menu, lo strumento *Area* (icona) e facendo clic prima sul rettangolo, poi sul trapezio. Per ottenere le misure corrette il clic deve essere fatto in corrispondenza rispettivamente di una zona colorata solo in blu (per il rettangolo) e solo in rosso (per il trapezio). GeoGebra visualizzerà i valori relativi alle aree, uguali, dei due quadrilateri (**FIGURA 5**).

Puoi modificare la figura spostando i punti *A*, *B*, *C*, *D*; se la costruzione è corretta, *ABCD* resterà comunque un trapezio, *PQRS* un rettangolo e le due aree rimarranno uguali tra loro.

File GeoGebra del laboratorio

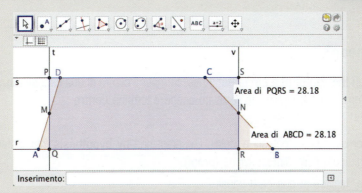

FIGURA 5

English for Maths

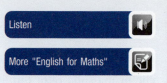

Straight line through the center of a circle perpendicular to a chord

1 Prove that:

a. if a straight line through the center of a circle is perpendicular to a chord, then it bisects the chord and its arc;

b. if a straight line through the center of a circle bisects a chord, then it is perpendicular to the chord.

Proof

a. Let AB be a chord in a circle with center O, and in it let a straight line through the center cut the chord AB at right angles. Let this perpendicular line meet chord AB at H and arc $\widehat{AB}$ at C.

Given: $OH \perp AB$

To prove: $AH \cong HB$, $\widehat{AC} \cong \widehat{CB}$

Draw OA and OB. Note that OA and OB are radii in the same circle. Therefore $AO \cong OB$ and so the triangle AOB is isosceles. It follows that the height OH is also median to AB. It may be concluded that $AH \cong HB$. Since the height OH is also the angle bisector of $A\widehat{O}B$, $A\widehat{O}C \cong C\widehat{O}B$ and since congruent central angles have congruent arcs, $\widehat{AC} \cong \widehat{CB}$.

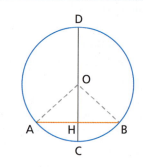

Q.E.D.

b. Given: $AH \cong HB$ To prove: $OH \perp AB$

Let AB be a chord in a circle with center O and let H be the midpoint of AB. Draw OA and OB. Note that OA and OB are radii in the same circle. Thus the triangle AOB is isosceles. Therefore the median OH to side AB is also the altitude to side AB. Hence OH is perpendicular to the chord AB.

Q.E.D.

What does it mean?

Straight line through the center of a circle Retta passante per il centro di una circonferenza. Il termine **center** è *American English*. Con lo stesso significato, è usato anche il termine **centre**

Chord Corda

Given...To Prove Corrisponde a «ipotesi» e «tesi». L'espressione **by hypothesis** (per ipotesi) viene di solito impiegata nello svolgimento della dimostrazione (**proof**)

To bisect Dimezzare, tagliare in due parti uguali

To cut a chord at right angles Corrisponde a «intersecare una corda perpendicolarmente»

Radii Raggi. È il plurale di **radius**

Height Altezza. Con lo stesso significato **altitude**

Angle bisector Bisettrice

Midpoint Punto medio

Q.E.D. Abbreviazione di *quod erat demostrandum*. Corrisponde a c.v.d. (come volevasi dimostrare)

Indice analitico

A

accettabilità, condizioni di, 448
affinità, 785
aleatorio, evento, 527, 530
allineamento
– di tre punti distinti
  – condizione di, 23
ampiezza
– orientata, 796
analitico, metodo, 834
angolo
– al centro, 580
– alla circonferenza, 590
– arco capace di un, 594
– asse di simmetria di un, 791
– orientato, 796
annullamento del prodotto, legge di, 243, 245, 264
apotema, 602
approssimazioni
– per difetto, 155
– per eccesso, 155
archi
– esplementari, 582
– somma e differenza di due, 582
Archimede
– postulato di, 677
arco, 579
– capace di un angolo, 594
– multiplo e sottomultiplo di un, 582
– nullo, 582
area di una superficie, 637
arte, isometrie nell', 798
ascissa, 4
asse
– delle ascisse, 4
– delle ordinate, 4
– di simmetria di una figura, 790
– di un segmento, 574
– reale, 4
assi cartesiani, 5
assiale, simmetria, 483, 789
aurea, sezione, 747

B

balistica, 403
baricentro, 598
binomie
– disequazioni, 356

biquadratiche, equazioni, 263
bisettrice, 575, 581, 791
– teorema della, 702
bisettrici
– dei quadranti, 12

C

cartesiano
– piano, 4
Cartesio
– regola di, 254
casi
– favorevoli, 530
– possibili, 530
caso, legge empirica del, 531
centrale, simmetria, 482, 786
centro
– della circonferenza, 577
– di simmetria di una figura, 788
cerchio, 577
– area del, 654
certo, evento, 527, 530
circocentro, 595
circonferenza, 577
– asse di simmetria di una, 791
– centro di simmetria di una, 788
– con riga e compasso, 579
– lunghezza della, 652
– nel piano cartesiano, 405
– per tre punti assegnati, 578
– posizioni reciproche di una retta e una, 586
– retta e, 406
– rette tangenti a una, 588
circonferenze, posizioni reciproche di due, 589
circoscrivibile
– poligono, 600
classe di grandezze, 676
classi
– contigue di numeri razionali, 680
– di grandezze proporzionali, 688
– separate di numeri razionali, 680
coefficiente angolare, 9, 11
– di una retta passante per due punti, 16

– infinito, 12
combinazioni, 546
commensurabili, lunghezze, 680
composizione
– di isometrie, 799
– di trasformazioni, 488
concavità
– della parabola, 257
– verso il basso, 346
– verso l'alto, 346
condizionata, probabilità, 539
condizione
– di allineamento, 23
– di concordanza di segno, 448
– di esistenza, 442
  – delle radici, 248
condizioni
– di accettabilità, 448
– di esistenza
  – di un radicale, 158
  – di un'espressione letterale irrazionale, 159
confronto
– di radicali, 165
– metodo di, 82
conica
– degenere, 405
– equazione generale, 405
– nel piano cartesiano, 405
coniche
– e sistemi di secondo grado, 405
continuità, postulato di, 680
contraria, probabilità, 537
contrario, evento, 533
controimmagine, 482, 782
coordinate
– cartesiane, 5
– del punto medio di un segmento, 8
– sistema di, 4
coppia ordinata di numeri reali, 4, 72, 404
corda, 580
corde
– congruenti, 584
– proprietà delle, 582
– teorema delle, 739

corona circolare, 590
corrispondenza biunivoca
– tra coppie di numeri reali e punti del piano, 4
– tra i punti del piano, 482
– tra numeri reali e punti di una retta orientata, 4
costruzioni
– con riga e compasso, 701
costruzioni con riga e compasso, 594
Cramer
– regola di, 86

D

decagono, 602, 844
– lato del, 750
delta, 15, 246
denominatore
– di una frazione, razionalizzazione del, 175
determinante, 86
determinata, equazione, 72
determinato, sistema, 76, 79
diametro, 577
dilatazione, 486
– equazioni della, 486
dimetrico, 5
discriminante, 246, 248, 252
– ridotto, 249
disequazione
– impossibile, 351
disequazioni
– binomie, 356
– biquadratiche, 359
– della forma $\sqrt{f(x)} < g(x)$, 455
– della forma $\sqrt{f(x)} > g(x)$, 456
– di secondo grado, 346
  – in forma canonica, 350
– irrazionali, 453
– risoluzione, 454
– trinomie, 359
distanza
– di un punto da una retta, 24
– tra due punti
  – con la stessa ascissa, 6
  – con la stessa ordinata, 6
  – formula generale della, 7

– qualsiasi, 7
dodecagono, 602

E

elemento separatore, 680
eliminazione
– metodo di, 83, 90
ellisse
– nel piano cartesiano, 405
– retta e, 406
equazione
– associata, 252, 262, 346
  – al sistema, 408
– biquadratica, 263
– contenente radicali
  – cubici, 451
  – di indice n, 452
– del fascio di rette, 22
– dell'asse x, 10
– dell'asse y, 10
– della retta passante per due punti, 23
– di secondo grado, 242
  – completa, 245
  – pura, 244
  – spuria, 245
– di una retta
  – parallela all'asse y, 14
  – passante per l'origine, 9
– in due incognite, 72
  – simmetrica, 407
– in forma esplicita, 13, 18
– in forma implicita, 18
– irrazionale, 442
– lineare
  – nella forma canonica, 73
  – rappresentazione grafica delle soluzioni di un', 73
– monomia
  – di grado n, 261
  – di secondo grado, 243
– parametrica, 256
– pura, 244
– risolvente, 404
– spuria, 245
– trinomia
  – di quarto grado, 263
equazioni
– binomie, 260
– biquadratiche, 263
– contenenti radicali quadratici, 443

877

INDICE ANALITICO

– di grado superiore al secondo, 260
– di secondo grado e parabole, 259
– in tre incognite, 89
– incompatibili, 80
– lineari, 73
– parametriche, 256
– reciproche
  – di terzo e quarto grado, 267
– simmetriche, 407
– sistemi di, 74
– trinomie, 261
equiestensione, 747
equiscomponibili
– figure, 639
equivalenti
– figure, 639
– parallelogrammi, 640
– superfici, 636
Erone, formula di, 647, 840
esagono, 602, 843
esistenza, condizioni di, 448
esito dell'esperimento, 526
esperimento, 526
esponente
– frazionario, 177
– irrazionale, 179
– razionale, 177
– reale, 177
espressioni
– letterali irrazionali, 159
Euclide
– primo teorema di, 648, 736
– secondo teorema di, 650, 737
eventi
– compatibili, 533, 535
– incompatibili, 533, 535
– indipendenti, 542
– intersezione di due, 533
– ripetibili, 528
– unione di due, 532
evento, 526
– aleatorio, 527
  – probabilità di un, 530
– casuale, 527
– certo, 527
  – frequenza di un, 529
  – probabilità dell', 530
– contrario, 533
– dipendente, 541
– elementare, 527
– impossibile, 527
  – frequenza di un, 529
  – probabilità dell', 530
– indipendente, 541
– probabilità di un, 529
– unico, 528
excentro, 597

F

fascio
– di rette
  – di centro P, 22
  – parallele, 8
– improprio di rette, 19
– proprio di rette, 22
fattore razionalizzante, 175
figura
– asse di simmetria di una, 790
– unità, 482, 783
figure
– equiscomponibili o equicomposte, 639
– equivalenti, 637, 639
  – multipli e sottomultipli di, 638
– notevoli, 838
– omotetiche, 803
– simili, 805
forma
– canonica
  – equazione di secondo grado in, 242
– normale
  – equazione nella, 73
  – sistema in, 75
forma implicita
– equazione in, 18
formula
– di Erone, 840
– generale della distanza tra due punti, 7
– ridotta, 249
– risolutiva, 246
frequenza di un evento, 529
funzione
– della proporzionalità diretta, 10
– parte frazionaria, 26
– parte intera, 25
– potenza, 356
– quadratica, 256, 346
funzioni lineari a tratti, 24

G

geometria
– analitica, 4
– nel piano cartesiano, 4
glissosimmetria, 799
grado
– dell'equazione, 73
– di un sistema, 75, 404
grandezze
– continue, 682
– direttamente proporzionali, 688
– in proporzione, 686
– inversamente proporzionali, 697
– misura delle, 677
– omogenee, 676

– postulato di divisibilità delle, 677

I

identità, 72, 485, 783
immagine, 482, 782
impossibile
– disequazione, 351
– equazione, 72
– evento, 527, 530
– sistema, 76, 79, 85
incentro, 596
incognita
– ausiliaria, 261
– cambiamento di, 261
incognite
– equazioni in due, 72
– equazioni in tre, 89
– sistema in due, 75
incommensurabili, lunghezze, 681
indeterminata, equazione, 72
indeterminato, sistema, 76, 78, 85
inscrivibile
– poligono, 599
insieme
– delle soluzioni, 242
  – del sistema, 404
  – di un sistema, 76
  – di un'equazione in due incognite, 72
– ℕ dei numeri naturali, 152
– ℚ dei numeri razionali, 152
– ℝ dei numeri reali, 152
intersezione
– di due eventi, 533
– di due rette, 20
intervallo delle radici, 350
invariante, proprietà, 806
involuzione, 783
iperbole
– nel piano cartesiano, 405
– retta e, 406
irrazionale
– disequazione, 453
– equazione, 442
– esponente, 179
isometria, 482, 784

L

lati di poligoni regolari, 843
legge di esclusione, 676
lunghezza
– della circonferenza, 652
– misura di una, 677
luogo, 9
luogo geometrico, 574

M

media proporzionale, 686

metodo
– algebrico, 834
– del completamento del quadrato, 245
– di confronto, 82
– di eliminazione, 83, 90
– di sostituzione, 81, 90
– sintetico, 834
metro quadrato, 646
misura
– delle aree
  – unità di, 646
– esatta, 679
misure approssimate, 679
modulo, 794
monometrico, 5
monomia, equazione, 243, 261
moto
– del proiettile, equazioni del, 410
– rettilineo uniforme, 489
moto rettilineo uniformemente accelerato, 256

N

numero
– aureo, 748
– irrazionale, 152
– naturale, 152
– razionale, 152
– reale, 152

O

omogenei
– sistemi, 409
omogeneo, sistema lineare, 75
omotetia, 487, 802
– equazioni, 487
ordinata, 5
origine
– ordinata all', 14
– retta passante per l', 9, 13
ortocentro, 595
ortogonale, 4
ottagono, 602

P

parabola, 256
– nel piano cartesiano, 405
– retta e, 406
– tangente all'asse x, 259
– vertice della, 257, 346
parallelismo
– relazione di, 4
parallelogramma, 791
– area del, 647
– centro di simmetria del, 788
– equivalente a un rettangolo, 641
parallelogrammi equivalenti, 640

parametrica, equazione, 256
partizione del piano, 577
pendenza
– della retta rispetto all'asse x, 11
– di una strada, 16
pentagono, 602, 844
– lato del, 750
permanenza, 254
piano
– cartesiano, 4
– postulato di partizione del, 577
Pitagora
– teorema di, 649
poligoni
– inscritti, 835
– regolari
  – lati di, 843
  – perimetri e aree di, 746
– simili, 742
– proprietà dei, 744
poligono
– circoscritto, 599
  – area del, 647
  – equivalente a un triangolo, 643
– inscritto, 599
– quadratura di un, 651
– regolare, 602, 792
  – area del, 647
  – di n lati, lato del, 843
  – equivalente a un triangolo, 644
postulato
– di Archimede, 677
– di continuità, 681
– di partizione del piano, 577
potenza
– con esponente frazionario, 177
– di un radicale, 172
probabilità
– composta, 542
– condizionata, 539
– contraria, 537
– di un evento, 529
– incondizionata, 539
– totale di eventi
  – compatibili, 535
  – incompatibili, 535
prodotto
– delle radici, 250
– di radicali, 166
– di rotazioni, 801
– di simmetrie, 800
– di traslazioni, 801
– legge di annullamento del, 264
proporzionalità
– criterio di, 691
proprietà
– invariantiva dei radicali, 162

prova, 526
punti
– distanza tra due, 6
punto
– medio di un segmento, 8
– trasformato, 482, 782
– unito, 482, 782
pura, equazione, 244

Q

quadrante circolare, 580
quadranti, 5
quadratica, funzione, 256
quadrato, 602, 792, 843
– area del, 646
– incommensurabilità tra lato e diagonale, 682
quadratura del cerchio, 651
quadrilateri inscritti e circoscritti, 601
quarta proporzionale, 687, 701
quoziente
– di radicali, 168

R

radiante, 692
radicale
– condizioni di esistenza di un, 158
– cubico, 156
– di indice zero, 153
– doppio, 176
– irriducibile, 163
– potenza di un, 172
– quadratico, 153
– radice di un, 173
– reciproco di un, 167
– semplificazione di un, 163
radicali
– di indice
  – dispari, 156
  – pari, 153
– equivalenti, 162
– minimo comune indice dei, 164
– prodotto di, 166
– proprietà invariantiva dei, 163
– quadratici doppi, 176
– quoziente di, 168
– riduzione allo stesso indice, 164
– simili, 161
radicando, 153
radice
– cubica, 156
– di indice
  – dispari, 156, 158
  – pari, 153, 158
– di molteplicità n, 261
– di un radicale, 173
– doppia, 261
– quadrata, 153
– tripla, 261

radici
– dell'equazione, 242
– intere, 265
– intervallo delle, 350
– opposte, 244
– razionali, 265
– segni delle, 254
– somma e prodotto delle, 250
raggio
– del poligono, 602
– della circonferenza, 577, 840
rapporto
– aureo, 748
– dell'omotetia, 803
– di grandezze omogenee, 684
– di omotetia, 487
– di similitudine, 727, 742, 805
razionalizzazione, 174
reciproca, equazione, 266
reciproci, numeri, 167
regola
– di Cartesio, 254
– di Cramer, 86
retta
– equazione generale della, 18
– passante per due punti, 23
  – coefficiente angolare della, 15
– passante per l'origine, 9
– equazione in forma implicita di una, 12
– passante per un punto, 22
rettangolo, 792
rettangolo, area del, 646
rette
– incidenti, 74, 78
– intersezione di due, 20
– parallele, 19, 78
– perpendicolari, 20
riduzione
– principio di, 84, 90
ripetibile, evento, 528
risolvente, equazione, 404
rombo, 792
– area del, 647
rotazione, 485, 796
– equazioni della, 486
Ruffini
– teorema e regola di, 265

S

scomposizione del trinomio, 252
secante
– retta, 586
– teorema della tangente e della, 741
secanti
– teorema delle, 740

segmento
– circolare, 580
– medio proporzionale, 738
– orientato, 793
– sezione aurea di un, 747
segno
– condizione di concordanza di, 448
– del trinomio di secondo grado, 353
– delle radici, 254
semicerchio, 580
semicirconferenza, 580
– triangolo inscritto in una, 593
semplificazione di radicali, 163
settore circolare, 580
sezione aurea, 747
similitudine, 804
– criteri di, 727
– rapporto di, 727
simmetria
– assiale, 483, 789
– centrale, 482, 786
– centro di, 788
– equazioni della, 482
simmetrica, equazione, 407
simmetrie
– rispetto all'asse x e all'asse y, 484
– rispetto alle bisettrici dei quadranti, 484
sistema
– determinante del, 87
– di due equazioni
  – in forma canonica, 75
  – soluzione di un, 76
– di equazioni, 75
– di riferimento cartesiano, 4
– di secondo grado, 404
  – di due equazioni in due incognite, 404
  – di tre equazioni in tre incognite, 407
  – simmetrico, 408
– grado di un, 75
– lineare
  – interpretazione grafica di un, 77
  – omogeneo, 76
– relazione tra i coefficienti di un, 78
sistemi
– di primo grado, 75
– equivalenti, 76, 81
– in tre incognite, 89
– lineari
  – di due equazioni in due incognite, 75
  – di tre equazioni in tre incognite, 89
– omogenei, 409

soluzione
– di un sistema
  – di equazioni in due incognite, 76
  – in tre incognite, 89
– di un'equazione
  – in due incognite, 72
  – in tre incognite, 89
– doppia, 247
– nulla, 76
– semplice, 247
soluzioni
– coincidenti, 243, 247
– distinte, 246
– estranee, 444
– verifica delle, 445
somma
– delle radici, 250
sostituzione
– di incognita, 267
– metodo di, 81, 90
– principio di, 81
spazio
– campione, 526
– dei risultati, 526
spuria, equazione, 245
superfici
– equivalenti o equiestese, 636
suvvalente, 638

T

Talete
– teorema di, 699
tangente
– retta, 586
– segmenti di, 588
– teorema della secante e della, 741
tangenti, teorema delle, 589
tangenza, punto di, 586
termine noto, 242
terna ordinata di numeri reali, 89
terza proporzionale, 686
trapezio
– area del, 647
– circoscritto
  – a una circonferenza, 841
  – a una semicirconferenza, 842
– equivalente a un triangolo, 642
– inscritto in una semicirconferenza, 835
– isoscele, 792
trasformazione
– composta, 488, 799
– di poligoni, 644
– geometrica del piano, 482
– geometrica nel piano
  – cartesiano, 481, 483, 485, 487, 489, 491

– geometrica piana, 782
– identica, 485, 783
– inversa, 783
– involutoria, 783
– isometrica, 482
trasformazioni
– isometriche, 782
– non isometriche, 802
traslazione
– di vettore $\vec{v}$, 485
– equazioni della, 485
trasporto
– dentro il simbolo di radice, 172
– fuori dal simbolo di radice, 169
triangoli
– criteri di similitudine, 727
– equivalenti, 642
– inscritti e circoscritti, 600
– simili, 726
  – proprietà dei, 732
triangolo, 602
– area del, 647
– aureo, 749
– equilatero, 791, 838, 844
– equivalente a un parallelogramma, 641
– inscritto in una semicirconferenza, 593, 835
– isoscele, 791
– parallela a un lato di un, 699
– punti notevoli di un, 595
– rettangolo
  – con angoli di 30°-60°-90°, 838
  – isoscele, 839
trinomie, disequazioni, 359
trinomio
– di secondo grado, 252
  – segno del, 353
– discriminante del, 252
– irriducibile, 252
– notevole, 254
– radici del, 252

U

unione
– di due eventi, 532
unità di misura, 4
– delle lunghezze, 4

V

valore assoluto, 160
variazione, 254
verifica delle soluzioni, 445
vettore, 485, 793

W

Waring, formule di, 408

APPUNTI

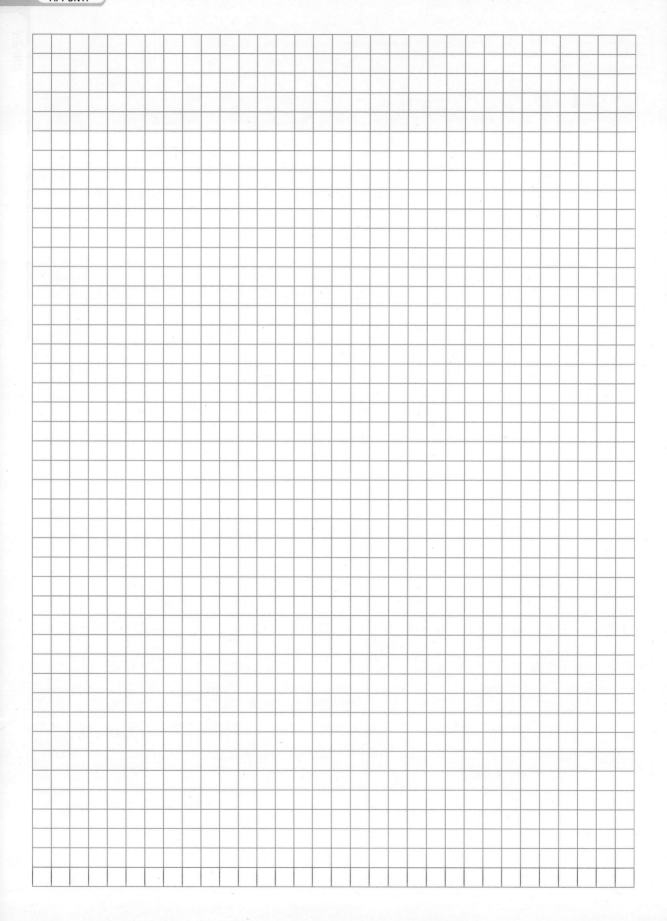

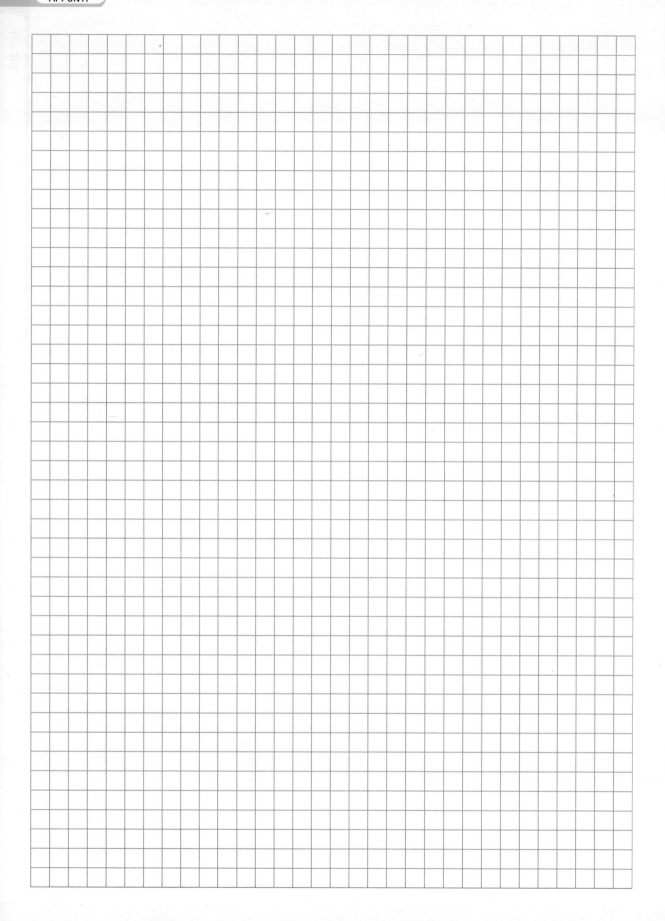

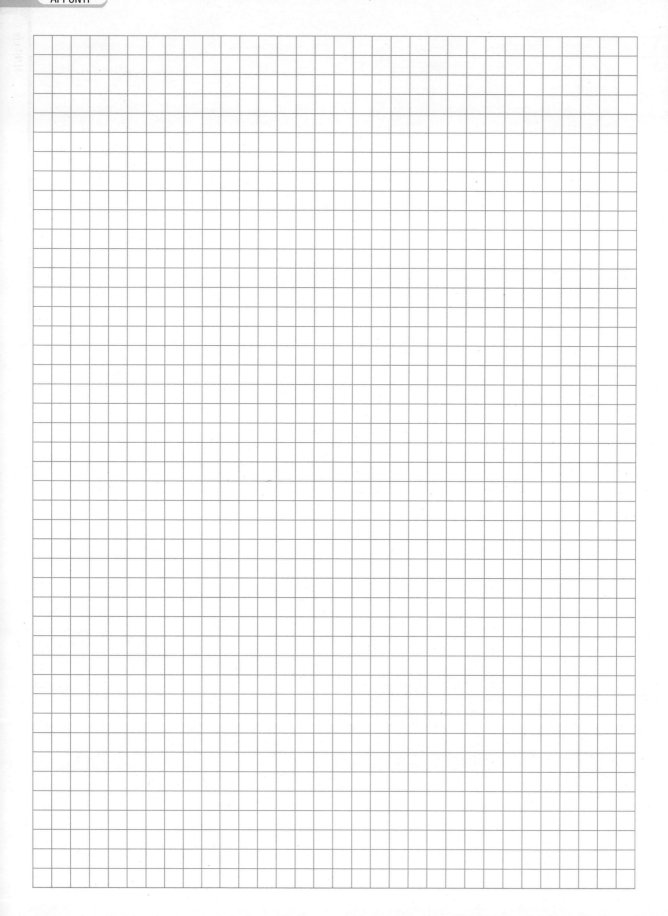

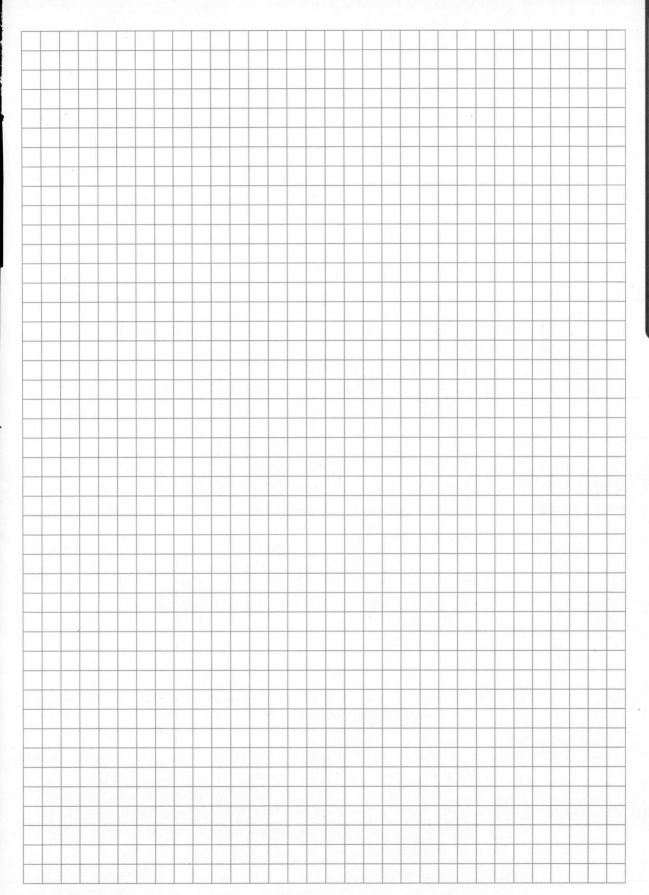